SUOMI
ENGLANTI
SUOMI

TASKUSANAKIRJA

Hellenille Jouluna Asko

WSOY TASKUSANAKIRJAT

ALBANIA
BULGARIA
ENGLANTI
ESPANJA
HOLLANTI
ITALIA
KREIKKA
NORJA
PORTUGALI
PUOLA
RANSKA
RUOTSI
SAKSA
TANSKA
TŠEKKI
TURKKI
UNKARI
VENÄJÄ
VIRO

SUOMI ENGLANTI SUOMI

TASKUSANAKIRJA

Laatinut
SINI SOVIJÄRVI

Werner Söderström Osakeyhtiö
Helsinki

1. painos 1995
6., tarkistettu painos 1998
7. painos 2000
8. painos 2001

Toimitus:
Marjut Karasmaa
Päivi Koivisto-Alanko

Toimitusjärjestelmä:
Jarmo Saajos

ISBN 951-0-20387-4

WS Bookwell Oy
Juva 2001

ALKUSANAT

Sanakirja on aina oman aikakautensa tuote. Ajat muuttuvat nopeasti ja kieli niiden myötä, erityisesti käyttökieli. Tiedotusvälineet ja teknologia syytävät uutta ja hylkäävät vanhaa. Niinpä sanakirjaa ei ole aivan helppoa pitää ajan tasalla. Tämä uusi suomi–englanti–suomi taskusanakirja pyrkii vastaamaan tämän hetken vaatimuksiin.

Kohderyhmänä ovat englantia suhteellisen vähän opiskelleet koululaiset ja aikuiset. Toisaalta kirja on kätevä apu myös matkailijalle, olipa hänen kielitaitonsa millainen tahansa. Uusi tärkeä käyttäjäryhmä ovat suomea opettelevat ulkomaalaiset, joiden joukko kasvaa suomen kielen tultua yhdeksi Euroopan unionin virallisista kielistä. Niinpä mukana on puhtaasti suomalaiseen kulttuuritaustaan kuuluvaa sanastoa, jonka kääntäminen ei ole aivan mutkatonta. Uutta on myös laajentunut selitteiden osuus monimerkityksisten sanojen yhteydessä väärinkäsitysten välttämiseksi.

Kirjan hyödylliset liitteet on laatinut Kirsi Korhonen. Hänen lisäkseen haluan kiittää sanakirjaprojektin käynnistäjää Olli Syväojaa sekä hänen työnsä jatkajia Marjut Karasmaata ja Päivi Koivisto-Alankoa sekä Jarmo Saajosta erinomaisesta työstä. Vilpittömän tunnustuksen ansaitsee myös mieheni Seppo Suhonen kaikesta antamastaan avusta ja tuesta.

Helsingissä lokakuussa 1995

Sini Sovijärvi

PREFACE

A dictionary is always a product of its time and ages quickly with constant changes in scientific, technological and political terminology. The spoken language is moulded by the media – fads come and go also in everyday speech. This new Finnish–English–Finnish pocket dictionary is an attempt to meet the requirements of our day. It aims to provide its user – a school student or an adult with a fairly limited knowledge of English, or any traveller regardless of his or her language skills – with the appropriate word quickly and efficiently.

With this new dictionary I am happy to welcome also the increasing number of foreigners who have taken up the challenge of learning the Finnish language known to be abundant in figurative and onomatopoetical words and expressions resembling, for instance, the sounds associated with fire, water, wood, wind or snow, or suggestive of a person's way of walking or talking – features that definitely make our language a fascinating object of study!

Finnish is a highly inflected language which creates a practical difficulty for the user of any Finnish dictionary, since in a speaking situation the words do not always come up in the basic form given in the dictionaries. I have tried to meet these difficulties by inserting a certain number of onomatopoetical as well as other culture-linked expressions along with some current expressions in which the words are inflected. However, I recommend active study of the Finnish grammar in order to find out how our language works. I hope you find this pocket dictionary handy in your journey into the Finnish language and culture.

Helsinki, October 1995
Sini Sovijärvi

KÄYTTÄJÄLLE

MERKINTÄTAVAT

Hakusanat on painettu puolilihavalla ja niiden vastineet tavallisella kirjasintyypillä. Sanan käyttöyhteyttä selventävät lyhenteet ja selitteet on kursivoitu. Käyttöympäristöä kuvaavat esimerkkilauseet ovat puolilihavalla kursiivilla:

jatkaa carry on; continue; *(kuv) (venyttää)* eke out; go ahead; go on; *(edetä)* proceed; ***hän haluaa jatkaa opintojaan*** she wants to continue her studies

Prepositio on annettu englanti–suomi-puolella suluissa kursivoituna ja puolilihavalla:

participate ottaa osaa (***in*** jhk)

ja suomi–englanti-puolella suluissa vastineen jälkeen:

kykenevä capable (***jhk*** of sth)

tai heti hakusanan jälkeen:

get along tulla toimeen
grope [about] hapuilla

Brittienglannin ja amerikanenglannin eroja on osoitettu vastinetta edeltävällä kursivoidulla lyhenteellä *(Br)* tai *(Am)*, esim.

antenni *(Br)* aerial; *(Am)* antenna

Englanti–suomi-osuudessa sanaluokat, homonyymit ja laajemmat merkitysryhmät on yleensä eroteltu numeroin:

1 saw 1 *s* saha **2** *v* sahata
2 saw *ks. see*

Verbien epäsäännölliset taivutusmuodot sekä useimmat substantiivien epäsäännölliset monikkomuodot on annettu heti hakusanan jälkeen:

set 1 *v (set, set)*
scarf *(pl scarves)*

Pystyviiva | erottaa sanavartalon päätteestä, jolloin sanavartalo korvataan tavuviivalla - :

men|nä -en

Esimerkkilauseissa hakusana on useimmiten korvattu aaltoviivalla ~.

Hakasulkuja [ ] on käytetty erottamaan sananosa, tavu, tai merkitystä tarkentava lauseke, joka voidaan jättää pois.

Myös joitain amerikanenglannin ja brittienglannin kirjoitusasun eroja on osoitettu hakasuluin: savo[u]r, favo[u]r

Yleisimpiä kirjoituseroja päätteissä: *(Br)* -our, *(Am)* -or *(favour, favor)*, *(Br)* -re, *(Am)* -er *(theatre, theater)*. Brittienglannissa sananloppuinen l-kirjain kahdentuu päätteen edellä *(Br)* travelling, *(Am)* traveling.

Kaarisulut ( ) osoittavat vaihtoehdon varsinaiselle esimerkkisanalle tai sanonnalle:

I must (have to) go now.

LYHENTEET
ABBREVIATIONS

a	adjektiivi	adjective
adv	adverbi	adverb
akk	akkusatiivi	accusative
alat	alatyylissä, alatyylisesti	vulgar, offensive language
Am	amerikanenglantia	American English
anat	anatomia	anatomy
anglik	anglikaaninen	Anglican
antrop	antropologia	anthropology
apuv	apuverbi	auxiliary
ark	arkikielessä	informal
astrol	astrologia	astrology
atk	automaattinen tietojenkäsittely, tietokoneala	computing
Austr	Australiassa, australianenglantia	in Australia, Australian English
aut	autoilu, autotekniikka	automobiles, motoring
Br	brittienglanti	British English
dat	datiivi	dative
el	eläintiede	zoology
elok	elokuva-ala	cinema
ent	entinen	former
erit	erityisesti	especially
esim.	esimerkiksi	for example
fem	feminiinimuoto, naisesta	feminine
fys	fysiikka	physics
fysiol	fysiologia	physiology
gen	genetiivi	genetive
geol	geologia	geology
geom	geometria	geometry
graaf	graafinen taide	graphic art
halv	halventava	derogatory
henk	henkilöstä	of a person
hist	historia	history
huutokaup	huutokaupassa	at auction
ihm	ihmisestä	of a human being

ilm	ilmailu	aviation
jne.	ja niin edelleen	etc, et cetera
kasv	kasvitiede	botany
katol	katolinen	Roman Catholic [Church]
keitt	keittotaito	cooking, cookery
kem	kemia	chemistry
kiel	kielitiede, kielioppi	linguistics, grammar
kirj	kirjallisessa tyylissä	formal, literary
kirjanp	kirjanpito	bookkeeping, accounting
kirjap	kirjapainoala	printing, typography
kirk	kirkossa, kirkollinen	ecclesiastical
konkr	konkreettisesti	concrete sense
korttip	korttipeli	card games
kosm	kosmetiikka	cosmetics
koul	koulussa, koululaiskielessä	school [language]
kuv	kuvaannollisesti	metaphorically
käs	käsityöt	needlework
lak	lakitiede	law, legal
last	lastenkielessä	used by children
lat	latinaa	in Latin
leik	leikillinen, leikillisesti	jocular
lentok	lentokoneesta	aviation
liik	liikeala, liike-elämä	business
liikenn	liikenne	traffic, communications
log	logistiikka	logistics
lyh	lyhennys	abbreviation
läh, läh vast	lähinnä, lähin vastine	approximately
lääk	lääketiede	medicine
maanmitt	maanmittaus	land surveying, geodesy
maat	maatalous	agriculture, farming
mask	maskuliinimuoto, miehestä	masculine
mat	matematiikka	mathematics
mer	merenkulku	nautical, naval
mets	metsästys	hunting
metsät	metsätiede, metsätalous	forestry
mus	musiikki	music
myt	mytologia	mythology
n	noin	about, approximately
nyk	nykyinen	current
nyrkk	nyrkkeily	boxing

obj	objekti	object
parl	parlamentti	parliament
pel	pelit	games
pl	monikko, monikollisena	plural
pol	politiikka	politics
prep	prepositio	preposition
pron	pronomini	pronoun
protest	protestanttinen	Protestant
psyk	psykologia	psychology
raam	raamatullinen, Raamatussa	biblical, in Bible
rad	radioala	radio
rak	rakennusala, arkkitehtuuri	building trade, architecture
ransk	ranskaa	in French
rautat	rautatieala	railways
run	runousoppi	poetics
runok	runokielessä	poetical language
ruok	ruokatalous, ruoka-ala	cookery
s	substantiivi	noun
Skotl	Skotlannissa	in Scotland
skotl	skotlantilainen, skotlannin kielessä	[in] Scottish
šakk	šakkipeli	chess
seks	seksuaalisesti, seksistä	sexually
sl	slangissa	slang
sot	sotilaskielessä	military
sähk	sähköala	electricity
t.	tai	or
taidehist	taidehistoria	history of art
tal	taloustiede, -elämä	economics
teatt	teatteri	theatre
tekn	tekniikka	technical, engineering
tekst	tekstiilit	textiles
teletekn	teletekniikka	telecommunications [technology]
tienrak	tienrakennustekniikka	road building
tms.	tai muuta sellaista	etc., and so on
tv	televisio	television
urh	urheilu	sports
usk	uskonto	religion, religious

v	verbi	verb
vaat	vaatetusala	clothing
valok	valokuvaus	photography
vanh	vanhentunut	archaic, old-fashioned
vesirak	vesirakennus, vesirakennus-tekniikka	hydraulic engineering
voim	voimistelu	gymnastics
vrt.	vertaa	see also, compare
yliop	yliopisto, yliopistossa	university
ylät	ylätyylissä, ylätyylisesti	literary, elevated style
ym[s].	ynnä muuta [sellaista]	etc.

PRONOMINILYHENTEET

jhk	johonkin
jk	jokin
jkhun	johonkuhun
jklla	jollakulla
jklle	jollekulle
jklta	joltakulta
jkn	jonkun
jnk	jonkin
jkna	jonakuna
jkksi	joksikuksi
jsik	joksikin
jkssa	jossakussa
jksta	jostakusta
jkta	jotakuta
jku	joku
jllak	jollakin
jllek	jollekin
jltak	joltakin
jnak	jonakin
jnnek	jonnekin
jssak	jossakin
jstak	jostakin
jtak	jotakin

ENGLANNINKIELISET LYHENTEET

sb	somebody
sb's	somebody's
sth	something
o.s.	oneself
p.	person

ENGLANNIN KIELEN AAKKOSET JA ÄÄNTÄMINEN

AAKKOSET

a [ei], b [bi:], c [si:], d [di:], e [i:], f [ef], g [dʒi:], h [eitʃ], i [ai], j [dʒei], k [kei], l [el], m [em], n [en], o [əu], p [pi:], q [kju:], r [a:], s [es], t [ti:], u [ju:], v [vi:], w ['dablju:], x [eks], y [wai], z [zed, zi:]

Vokaalit

[ʌ]	*bus* [bʌs], *luck, nut*
[ɑ:]	*father* [fɑ:ðə], *lark, last*
[e]	*letter* [letə], *dead, bet*
[i]	*list* [list], *lid, wit*
[i:]	*beat* [bi:t], *see, speak*
[ɔ]	*shop* [ʃɔp], *sock, box*
[ɔ:]	*ball* [bɔ:l], *sort, ward*
[u]	*should* [ʃud], *put, look*
[u:]	*use* [ju:z], *pool, you*
[æ]	*act* [ækt], *bad, lack*
[ə]	*agree* [əgri:], *about*
[ə:]	*turn* [tə:n], *purse, heard*

Diftongit

[ai]	*like* [laik], *behind, white*
[au]	*loud* [laud], *now, doubt*
[ei]	*say* [sei], *late, rake*
[iə]	*near* [niə], *fear, year*
[ɔi]	*boy* [bɔi], *noise, joint*
[əu]	*so* [səu], *phone, snow*
[eə]	*hair* [heə], *rare, stare*
[uə]	*poor* [puə], *sure, cure*

Konsonantit

[b]	*bull* [bul], *back, bride*
[d]	*do* [du:], *dune, down*
[f]	*fun* [fʌn], *fast, ferry*
[g]	*girl* [gə:l], *gave, good*
[h]	*heat* [hi:t], *heart, who*
[j]	*you* [ju:], *yet, yard*
[k]	*curl* [kə:l], *card, class*
[l]	*love* [lʌv], *lost, loud*
[m]	*man* [mæn], *mine, meet*
[n]	*never* [nevə], *noon, nail*
[ŋ]	*sing* [siŋ], *ring, wrong*
[p]	*peak* [pi:k], *park, port*
[r]	*read* [ri:d], *rare, rain*
[s]	*said* [sed], *soul, sea*
[t]	*tune* [tju:n], *town, twin*
[v]	*very* [veri], *vain, vast*
[w]	*wet* [wet], *wood, win*
[z]	*zoo* [zu:], *zest, zero*
[ʃ]	*she* [ʃi:], *show, Sean*
[ʒ]	*vision* [viʒən], *beige*
[ð]	*that* [ðæt], *then, these*
[θ]	*think* [θiŋk], *thin, thank*
[tʃ]	*choice* [tʃɔis], *chain, catch*
[dʒ]	*joke* [dʒəuk], *jeer, Jamie*

A

AA-kerho AA; = ***Alcoholics Anonymous***
aakkosellinen alphabetic[al]
aakkoset alphabet, ABC; *(alkeet, perusteet)* elements, ABC
aakkosjärjesty|s alphabetical order; ***-ksessä*** in alphabetical order; ***panna -kseen*** put in alphabetical order
aallokko swell; rough sea
aallonmurtaja breakwater, jetty
aallonpituus *ks.* ***aaltopituus***
aal|to wave, surge; ***lyhyet (pitkät) -lot*** short (long) waves
aaltoileva wavy; choppy
aaltoilla rise in waves, roll, billow; *(kumpuilla)* undulate
aaltopahvi corrugated [card]board
aaltopelti corrugated iron
aaltopituus wavelength; ***samalla aaltopituudella*** on the same wavelength
aaltosulkumerkki brace; *(Am)* curly brackets
aamiainen breakfast
aamu morning; ***aamulla***, ***aamuisin*** in the morning; ***huomen~***, ***huomisaamuna*** tomorrow morning; ***aikaisin ~lla*** early in the morning
aamunkoitto dawn, daybreak; ***aamunkoitteessa*** at dawn
aamupäivä morning, forenoon; ***~llä*** before noon; ***klo 10 [~llä]*** at 10 a.m.
aamurusko light of dawn, sunrise
aamutakki dressing gown
aamuvirkku early riser, morning person, *(ark)* early bird
aapinen ABC-book, spelling book
aari are
aaria aria
aarniometsä virgin (primeval) forest
aarre treasure
aarre|aitta, -kammio treasury, treasure house; *(-kätkö)* treasury trove
aasi donkey, ass
Aasia Asia
aasialainen Asian
aate idea
aateli[sto] nobility
aatelinen noble, of noble birth, of rank
aatelisarvo rank, title [of nobility]; *(korkea)* peerage; *(alempi)* knighthood
aateliskruunu coronet
aatelismies nobleman
aatelisnainen noblewoman
aatelissuku noble family
aateliton commoner
aateloida raise to the nobility; *(kuv)* ennoble
aateluus noble rank; nobleness, nobility; ~ ***velvoittaa (ransk)*** noblesse oblige
aatetoveri comrade
aatteellisuus idealism
aatto eve
aava open, wide, vast; ***~lla merellä*** on the open sea
aave ghost, spirit, phantom
aavelaiva phantom ship

aavemainen ghostly, ghostlike, spooky
aavikko *(hiekka-~)* desert
aavikoituminen desertification
aavistaa *(vaistota)* have a feeling that..., have a premonition of; *(odottaa)* anticipate; *(nähdä ennakolta)* fore|see, -tell, -feel; *(kuvitella)* envisage
aavistamaton unforeseen
aavistamatta: ***ennalta ~*** unexpectedly; ***pahaa ~*** suspecting no evil
aavistuksenomainen subtle
aavistus *(ennakkotunne)* premonition, presentiment, foreboding; *(epäily, tunne)* hunch; ***ei ~takaan*** I haven't a clue, I have not the faintest notion (idea) [of...]
abbedissa abbess
abortti abortion; ***hänelle tehtiin ~*** she got (had) an abortion
absintti absinth[e]
absolutisti [total] abstainer, teetotaller
absoluuttinen absolute
abstrahointi abstraction
abstrakti abstract; ***~ käsite*** abstraction; ***~ maalaus*** an abstract painting
abstraktio abstraction
absurdi absurd
adjektiivi adjective
adjutantti aide-de-camp *(pl aides-de-camp)*
adoptiolapsi adopted child
adoptoida adopt
adoptointi adoption
adressi greetings card; *(suru~)* remembrance card; *(vetoomus, kansalais~)* petition
Adrianmeri the Adriatic [Sea]
adventti advent
aerobic aerobics
aerosoli aerosol
aforismi aphorism
Afrikka Africa
afrikkalainen African
agentti agent
agentuuri[liike] agency
aggressiivinen aggressive
aggressio aggression
agitaattori agitator
ahavoitunut weatherbeaten
ahdas *(kapea)* narrow; *(tiukka)* tight
ahdasmielinen narrow-minded
ahdata *(mer) (laiva)* stevedore a ship; *(lasti)* stow a cargo
ahdin|ko *(hätä)* distress; *(puute, kurjuus)* plight; *(pula, kiipeli)* fix; *(rahapula)* pinch; ***hän alkaa olla -gossa (tiukoilla)*** he is beginning to feel the pinch; ***-gossa oleva*** distressed, in distress
ahdist|aa *(jankuttaa, ~ pyynnöin)* badger into doing sth (to do sth), pester sb for sth; importune sb with sth; *(painaa, piinata)* beset, distress; *(kiusata, häiritä)* harass; ***epäilyt -ivat mieltäni*** I was distressed by doubts; ***työpaineet -avat minua melkoisesti*** I feel rather harassed by all the pressures at work
ahdisteleminen *(häirintä, kimppuun käynti)* harassment; *(vaino)* persecution
ahdistelija assailant
ahdistel|la accost, harass; ***joku -i häntä kadulla eilisiltana*** she was accosted (harassed) in the street last night; *(vainota)* persecute;

(pyydellä, kiusata, häiritä) pester; ***lakatkaa jo -emasta meitä soitoillanne*** stop pestering us with phone calls
ahdistelu *ks.* ***ahdisteleminen***
ahdistuneisuus *(psyk) (huoli, levottomuus)* anxiety
ahdistus *(tuska, hätä)* anguish; ***tuntea ~ta*** be in anguish
ahertaa work hard, be busy with sth; *(ark) (jkn kimpussa t. parissa)* peg away at sth
ahjo forge
ahkera hard-working, industrious
ahkeruus industry, diligence
ahma wolverine, glutton
ahmatti glutton, gourmand
ahmia gorge (***jtak*** on sth), stuff o.s. (***with*** jtak); *(myös kuv)* devour; ~ ***[silmillään] jtak*** gloat [over] sth, feast one's eyes on sth
ahne, ahnas greedy; *(myös kuv)* voracious, avid; *(rahan~)* avaricious
ahneus greed[iness], avidity; *(rahan~)* avarice
aho clearing, glade
aho-orvokki dog violet
ahtaa *(täyteen)* cram, pack, crowd, stuff (***jtak*** with sth); ***~ itseensä ruokaa*** cram one's mouth *t.* stuff o.s. with food; *(tunkea, sulloa)* squash, crush (***jhk*** into)
ahtaaja docker
ahtaus *(tiukkuus ym.)* narrowness, tightness; *(väenpaljous, tungos)* crowdedness; *(tilan~)* lack of space
ahtautua pack, crush, squash; (***jhk*** into)
ahven perch
Ahvenanmaa the Åland Islands
aidat *(urh)* hurdle race, hurdles
aidata fence *t.* rail in, off; *(~ pensasaidalla)* hedge
aids AIDS *(Acquired Immune Deficiency Syndrome)*
aie intention, design
aihe *(syy, peruste)* cause, reason, ground[s]; *(syy, tarve)* occasion; *(alku, itu)* germ; *(keskustelun, kirjan ym.)* subject, theme, topic; *(maalauksen ym.)* motif, motive; ***antaa ~tta*** give occasion to, give cause (ground) for; ***ei ole ~tta olla vihainen*** there is no reason to be angry; ***poiketa ~esta*** stray from the subject
aiheellinen *(oikeutettu)* justifiable, justified; *(perusteltu)* well-founded, well-grounded; ***aiheellisesti*** with good cause
aiheeton *(perusteeton)* unfounded, groundless; *(tarpeeton)* uncalled-for; ***on aivan aiheetonta...*** there is no reason to...
aiheuttaa *(saada aikaan, olla syynä)* cause, occasion; *(tuoda mukanaan)* bring about; *(saada aikaan, nostattaa, synnyttää)* arouse, engender, evoke, induce, produce, provoke; ***~ suuttumusta, ~ huolta*** arouse anger, arouse concern; ***~ (synnyttää) vihaa*** engender hate; ***~ vastalausemyrsky*** evoke a storm of protest; ***tämä lääke voi ~ uneliaisuutta*** this medicine may induce drowsiness; ***~ reaktio*** produce (provoke) a reaction
aiheutua be caused by, proceed from, be the result of, be due to

aik|a *vrt. aikana* **1** *s* time, while; *(kausi)* period; *(hist)* age; *(työ~)* [working] hours; ***mihin ~an?*** [at] what time?; ***on ~ lähteä*** it's time to go; ***minulla ei ole ~a*** I don't have time, I haven't got the time; ***ajoissa*** in [good] time; ***ajallaan, aikataulun mukaisesti*** on time; ***saatte ~naan tiedon tuloksista*** you'll be informed of the results in due course; ***hän oli ~naan (-oinaan) tunnettu hahmo*** she was a well-known figure in her day (time); ***niihin -oihin*** about that time, in those times (days); ***siihen ~an, silloin*** at that time; ***näihin -oihin*** about this time; ***olla -aansa edellä*** be ahead of (before) one's time; ***kaikkina vuorokauden -oina*** at all times of the day, any time of day or night, 24 hours a day; ***kun minusta ~ jättää*** when my time comes; ***~a myöten, ajan (kuluessa) mittaan*** with time, in the course of time, in the long run; ***pitkäksi ~a*** for a long time; ***joksikin ~a*** for a (some) time, for a while; ***sillä ~a*** meanwhile, in the meantime; ***sillä ~a kun*** while; ***siitä on pitkä ~ kun tapasimme*** it's been a while (a long time) since we met, *(ark)* long time no see; ***saada ~an*** bring about, accomplish, achieve; ***~ ajoin*** every now and then, from time to time, at times **2** *adv (melko, jokseenkin)* fairly, quite, rather; *(ark)* pretty, kind of

aika-ajo *(urh)* trial

aikaansaada = ***saada aikaan***; *ks.* ***aika***

aikaansaannos accomplishment; achievement

aikaerorasitus jet lag

aikainen early; ***aikaisempi, aiempi [kuin]*** previous, prior [to]

aikaisin early

aikajärjestys chronology; ***aikajärjestyksessä etenevä*** chronological

aikakausi *(ajanjakso, vaihe)* period, time; *(hist)* age, era

aikakauslehti magazine; periodical

aikakirja chronicle, record; ***~t*** annals

aikalainen contemporary

aikamerkki time signal

aikamoinen considerable, quite a; *(ark)* whopping; ***~ valhe*** a whopping lie

aikamuoto tense; ***menneessä aikamuodossa*** in the past tense

aikana *(kuluessa, kestäessä)* during, within; *(silloin kun)* while; *(hallituskautena)* under; ***koko sinä ~, koko sen ajan*** during all that time; ***seuraavan kahden tunnin ~ (sisällä)*** within the next two hours; ***sinä ~ (sen ajan t. silloin) kun olit töissä*** while you were working (at work); ***Ruotsin vallan ~*** under Swedish rule; ***kahden viikon ~*** in two weeks' time

aikanaan in due time (course); ***hänen ~*** in his time

aikataulu schedule, timetable; ***edellä (myöhässä) ~sta*** ahead of (behind) schedule; ***~ssa*** on schedule

aikoa be going to, intend

aikoinaan at one time; in his (her)

day
aikomus intent; intention
aikuinen adult; grown-up
aikuis-, aikuisten adult
aikuiskoulutus adult education
aikuistua grow [up]
ailahteleva moody, capricious
aina always; ~ ***siitä lähtien*** ever since
ainainen constant, perpetual
aine material, matter, stuff; *(kem)* substance; *(kirjoitus)* composition, essay; *(oppi~)* subject
aineellinen material
aineenvaihdunta metabolism
aineeton immaterial
aineisto data, information; material; *(sisältö, aihepiiri)* subject-matter
aines ingredient; *(osa)* component, constituent; *(perus~)* element
ainiaaksi for ever, for good
ainoa only, single, sole
ainoastaan only, merely, exclusively
ainutlaatuinen unique
airo oar
aisa shaft, pole; ***pitää jk aisoissa*** keep sth in check; ***panna aisoihin*** put in the shaft
aisti sense; ***kuudes aisti*** the sixth sense; ***aistein havaittava*** perceptible
aistia *(aavistaa)* sense; *(havaita)* perceive, discern
aistihairahdus *(psyk)* illusion
aistiharha hallucination
aistikas chic, elegant, tasteful, stylish
aistillinen sensual
aistimus perception, sensation
aita fence, railing; barrier
aitajuoksu *(urh)* hurdle race, hurdles
aitaus enclosure; fence; *(haka)* paddock; *(lak, parl) (aidake, aitaus)* bar
aitio box; ***~paikka*** *(myös kuv)* box seat
aito real, authentic, genuine; *(kunnollinen, puhdas)* sterling
aitous authenticity, genuineness
aivan exactly, just; quite, perfectly; all, altogether, totally; ~ ***punainen*** all red; ~ ***heti*** right away; ~ ***niin*** precisely, exactly
aivastaa sneeze
aivastus sneeze
aivo- cerebral
aivohalvaus apoplexy
aivot (anat) brain; *(kuv)* brains; *(henk)* mastermind
aivotärähdys concussion
ajaa drive, ride; ~ ***parta*** shave; ~ ***hurjaa vauhtia*** *(ark)* scorch; ~ ***vaihde vapaalla*** coast; ~ ***ylinopeutta*** speed; ~ ***karille*** ground; ~ ***maanpakoon*** banish, exile; ~ ***pakosalle*** rout; ~ ***polkupyörällä*** cycle, ride a bicycle (bike); ~ ***takaa*** chase, pursue; *(lak)* ~ ***jnk asiaa*** plead
ajaja driver; *(kilpa-~)* racing driver
ajallinen temporal
ajaminen driving, *(pyörällä)* riding
ajanhukka waste of time
ajanjakso period, [lapse of] time; epoch, era
ajankohta moment [in time], point of time; date
ajankohtainen current, of current interest; timely; topical

ajankohtais|ohjelmat, -lähetykset *(rad, tv)* current affairs [programmes]
ajanlasku chronology; calendar
ajanmukainen up-to-date, latest, modern
ajanmukaistaa bring up-to-date, modernize
ajanviete pastime; *(huvi, huvitus)* amusement, distraction; *(viihde)* entertainment
ajatella think *(jtak* of, about); *(harkita, miettiä)* think over, consider; ***ajateltavissa [oleva]*** conceivable, feasible
ajatelma maxim, aphorism
ajattelematon thoughtless; *(hölmö)* foolish, harebrained; *(huoleton, välinpitämätön)* heedless; *(tahditon)* inconsiderate, tactless
ajatus thought, idea, notion; ***ajatuksiin vaipunut*** deep in thought
ajatusviiva dash
ajautua be driven; ***~ rantaan*** strand
ajelehtia drift
ajelehtiva drifting, floating
ajella cruise
ajelu drive; ride
ajettua swell [up]
ajettunut swollen
ajo drive, driving; *(takaa-~, metsästys)* chase, hunt
ajoissa: ***tulla, olla ~*** be in time
ajoittaa time; ***hyvin ajoitettu*** well-timed, good timing
ajoittainen occasional; *(epäsäännöllinen)* intermittent; ***ajoittaisia sadekuuroja*** intermittent showers
ajojää drift ice
ajokaista lane
ajokoe driving test
ajokoira hound
ajokortti *(Br)* driving licence, *(Am)* driver's licence
ajoneuvo vehicle
ajonopeus speed; ***sallittu ~*** speed limit
ajopuu[t] driftwood
ajos swelling, abscess; *(~pahka)* carbuncle
ajosuunta *(liikenn)* direction of traffic; ***kielletty ~*** no entry
ajotie roadway
ajovalot headlights
ajurinrattaat carriage, coach; *(vanh)* cab
ajuruoho thyme
akana husk
akanat chaff, husks; ***erottaa jyvät akanoista*** separate the wheat from the chaff
akateemikko academician
akateeminen academic; ***~ loppututkinto*** academic degree
akatemia academy
akileija columbine
akka old woman; *(halv)* bitch, hag
akku[mulaattori] accumulator; *(auton ym.)* battery; ***~ on mennyt*** the battery has gone flat
akrobaatti acrobat
akrobaattinen acrobatic
akrobatia acrobatics
akryyli acrylic
akseli shaft; *(rattaiden)* axle; *(kuv) (geom)* axis
aktiivinen active
aktiivisuus initiative, enthusiasm; energy; *(pol)* activity
aktivoida activate

akustiikka acoustics; ***teatterin ~ on hyvä*** the acoustics of the theatre are good
akustinen acoustical
akuutti *(lääk)* acute
akvaario aquarium
ala *(alue)* area, confines, stretch; *(laajuus)* extent; *(toimi~, oma ~)* branch, field, line, sphere; ***ei minun alaani*** not in my line; *(tiedon~, piiri)* domain, range; *(puitteet, ulottuvuus)* scope
ala-arvoinen *(huonolaatuinen)* substandard; *(arvosana)* fail[ing grade]; *(Am)* an F; ***saada ~ jssak*** fail in sth
ala-aste *(peruskoulun)* lower level [of the comprehensive school]
alahuone *(parl)* the House of Commons
alahuuli lower lip
alaikäinen minor
alaikäisyys minority
alainen *(työntekijä)* employee, subordinate; *(vaikutus-, valta- ym. piiriin kuuluva)* under, subject to, subordinate to, liable to; *(jnk kohteena, alttiina jllek)* open to, exposed to
alakerta ground (bottom) floor, downstairs; ***alakerrassa, alakertaan*** downstairs
alakuloinen blue, sad, dejected; melancholic; *(masentunut)* depressed, in low spirits; ***olla ~ (maassa)*** have the blues, be down, be [down] in the dumps
alakuloisuus blues, dejection; melancholy
alakunnossa in low (poor) condition, out of condition (shape)
alalaita: ***sivun alalaidassa*** at the bottom of the page
alaleuka lower jaw
alamaa lowland
alamainen subject; *(nöyrä, alistuva)* humble, submissive
alamaisuus subjection, subordination; *(uskollisuus)* allegiance
alamäki, alamäkeä downhill
alanko lowland
alankomaalainen Netherlander
Alankomaat the Netherlands
alanumero extension
alaosa bottom, foot, base
alaosasto subdivision, subsection
alaotsikko subhead[ing]
alapuolella, alapuolelle below; under[neath], beneath
alas down; ***~ portaita*** down the stairs
alasin anvil
alaspäin down, downward[s]
alaston *(ilman vaatteita)* naked, in the nude; *(paljas, pelkkä)* bare; ***uida alasti*** bathe in the nude; *(Am)* skinny-dip; ***ilkosen alaston*** stark naked, without a stitch
alaston[malli] nude
alati constantly
alaviite footnote
Albania Albania
albanialainen Albanian
albumi album
alemmas lower
alemmuus inferiority
alemmuuskompleksi inferiority complex
alempi lower; *(arvossa)* inferior, subordinate (***jhk nähden, kuin*** to)
aleneminen sinking, lowering,

drop; decline, decrease, fall; ***hintojen ~*** decline (fall) (drop) in prices; ***syntyvyyden ~*** decline in the birthrate
aleneva sinking, lowering; declining, decreasing, falling; ***suoraan ~ssa polvessa*** in [the line of] direct descent
alennettu: ***~ hinta*** reduced price; *(mus)* flat
alennus discount, reduction; ***alennuksella*** at a discount (reduction)
alennusmerkki *(mus)* flat
alennusmyynti [clearance] sale
alennustavaratalo cut-price store, cash and carry; *(Am)* discount store
alennustila abasement, degradation
alentaa lower, cut [down]; *(hintaa ym.)* abate, reduce, cut [down]; *(huonontaa)* debase; *(siveellisesti)* abase, debase, degrade; *(virka-arvossa)* degrade; *(vähentää)* diminish, decrease, scale [down]
alentaminen lowering, bringing down; *(virka-arvossa t. halventaminen)* degradation; *(nöyryyttäminen)* humiliation
alentava degrading, humiliating
alentua condescend, stoop (***jhk*** to); *(pudota, vähetä)* fall, go down
alentuva condescending
aleta lower, go down, sink; decline, decrease; *(kuusta)* wane
alhaalla down
alhaalta from below
alhainen low; *(kuv myös)* mean, vile
aliarvioida underestimate, underrate
alihinta giveaway price; ***myydä alihintaan*** sell at a loss, dump
alijäämä deficit
alikehittynyt underdeveloped
alikulkutunneli, alikäytävä underpass
alin lowest
alinomainen constant, continual, perpetual
aliperämies quartermaster
alipäällystö non-commissioned officers; *(mer)* ratings
alistaa *(saattaa alaisuuteen t. hallintaan)* subordinate; *(valtaansa)* subject, subdue (***jkn*** to); *(kiel)* subordinate; *(jättää ratkaistavaksi)* refer, submit (***jkn*** to)
alistaminen *(kukistaminen, nujertaminen)* subjection, subjugation; *(harkittavaksi jättäminen)* submission (***jllek*** to); *(ratkaistavaksi)* reference; (***jllek*** to); *(alaiseksi saattaminen)* subordination (***jkn*** to)
alisteinen sivulause subordinate clause
alistua resign, submit, yield; (***jhk*** to); ***~ sääntöihin*** comply with (abide by) (conform to) the rules
alistuminen *(nöyrtyminen)* submission; *(tyytyminen, myöntyminen)* resignation, compliance
alistuva[inen] acquiescent, submissive, meek
alitajunta subconscious[ness]
alituinen constant; perpetual
alituisesti constantly; perpetually
aliupseeri non-commissioned officer, N.C.O; *(mer)* petty officer
aliurakoitsija subcontractor

alivalotettu underexposed
alivuokralainen subtenant; *(Br)* lodger; *(Am)* roomer
alk|aa start, begin; *(kirj)* commence; ***-oi sataa*** it started raining (to rain), it began to rain; ***luento ~ kahdeksalta*** the lecture starts (begins) at eight o'clock; ***hän -oi opiskella englantia viisi vuotta sitten*** she began (started) learning English five years ago; ***kirja ~ murhalla*** the book begins with a murder; ***kokous voi ~*** the meeting may commence; ***herätyskello -oi soida kuudelta*** the alarm went off at six; ***joki ~ vuoristosta*** the river has its source in the mountains
alkaen *(jstak lähtien)* since, ever since, starting from
alkava *(lääk)* incipient
alkeet ABC, elements, rudiments
alkeis- elementary; primary
alkeiskirja primer
alkio embryo
alkoholi alcohol; ***alkoholin vaikutuksen alaisena*** under the influence of alcohol
alkoholijuoma alcoholic drink (beverage); ***~t*** wines and spirits
alkoholiliike retail alcohol outlet; *(Am)* liquor store; *(Br)* off-licence
alkoholisti alcoholic
alkoholiton non-alcoholic
alkoholiton juoma non-alcoholic drink (beverage)
al|ku beginning, start; outset; *(kirj)* commencement; *(synty)* genesis; *(jnk negat. asian esim. taudin ~)* onset; ***-usta alkaen*** from the beginning (start) (outset); ***-ussa*** in the beginning; ***jnk -ussa*** at the beginning of; ***saada -kunsa jstak*** have its origin in, originate in (from); ***~ t. loppu|tekstit*** *(tv, elok)* credits
alkuaine element
alkuasukas native; *(Austr)* aboriginal, aborigine
alkuerä *(urh)* heat
alkukantainen primitive
alkukesä early summer; ***~stä, ~llä*** in early summer, early in the summer
alkukirjain initial
alkulause preface
alkulähde source
alkupala appetizer
alkuperä origin
alkuperäinen original, authentic
alkusoitto overture; prelude
alkuteos original
alkuunpanija author; originator
alla below, beneath, under
allas *(uima-~)* pool; *(lavuaari, pesu~, vati)* basin; *(Br) (WC-~, pönttö)* pan
alle beneath; under
allekirjoittaa sign; *(kirj)* subscribe
allekirjoittanut undersigned
allekirjoitus signature
allergia allergy
allerginen allergic (***jllek*** to)
alleviivata underline
allikko: ***ojasta allikkoon*** from bad to worse, out of the frying-pan into the fire
almanakka calendar
almu alms
aloit|e *(~kyky)* initiative; ***kuka teki -teen?*** who took the initiative?; ***omasta -teestaan*** on his own initiative; *(parl)* motion, private bill

aloittaa begin, start; *(kirj)* commence; *(panna alulle)* initiate; *(~ hyökkäys)* launch an attack
aloittelija beginner
aloitus start, commencement
aloituslupa go-ahead
alokas recruit
Alpit the Alps
alppilajit alpine skiing
alta from below
altis *(taipuvainen)* apt, liable, prone (***jllek, jhk*** to); *(vastaanottavainen)* ready, receptive (***jllek*** to); *(herkkä)* responsive, susceptible (***jllek*** to); *(jnk alainen t. kohde)* subject to; ***joutua alttiiksi jllek*** become exposed (subjected) to; ***panna alttiiksi jllek*** expose (subject) to, endanger, risk
altistaa compromise; subject (***jllek*** to); *(sairauksille)* predispose (***jllek*** to)
altistua *(lääk)* become predisposed (***jllek*** to)
altistuminen exposure; *(lääk)* predisposition (***jllek*** to)
alttari altar
alttius *(halu, valmius)* willingness, readiness; *(taipumus, herkkyys)* liability, susceptibility (***jllek*** to); *(lääk)* predisposition (***jllek*** to)
altto *(mus)* alto
alttoviulu viola
alue area; *(seutu)* district, region; *(ala, toimiala, piiri)* domain, line, compass; *(piiri, rajoitettu ~)* precinct; *(pol)* territory; ***Suomen järvi~*** the Finnish lake district; ***kansainvälinen ~*** international territory
alue-, alueellinen regional, territorial
aluesuunnittelu area planning
aluevedet territorial waters
alumiini aluminium
alus craft, vessel
alushame petticoat, slip
alushousut *(naisten pikkuhousut)* *(Br)* pants, *(ark)* knickers, *(Am)* panties; *(miesten)* *(Br)* [under]-pants, *(Am)* shorts
alusliina mat
alusmaa dependency
aluspaita *(Br)* vest; *(Am)* undershirt
alussa *vrt.* ***alku***
alusta base, mat, tray; foundation; *(lasin)* coaster; *(auton)* chassis; *vrt.* ***alku***
alustaa introduce; *(taikina)* knead
alustava tentative; ***alustavia lomasuunnitelmia*** tentative plans for a holiday; *(valmistava, esi-)* preliminary
alustavasti tentatively
alustus introduction
alusvaatteet underclothing, underwear
amalgaamipaikka amalgam filling
amatööri amateur
Amazon the Amazon
ambulanssi ambulance
amerikanenglanti American [English]
Amerikan yhdysvallat the United States [of America]
Amerikka America
amerikkalainen American
ametisti amethyst
amfetamiini amphetamine; *(sl)* speed
amiraali admiral

ammatillinen professional
ammatinvalinnanohjaus vocational guidance
ammatti trade; *(akateeminen, henkinen)* profession; *(toimi)* occupation; calling; *(käsityö~)* art, craft
ammatti- occupational; vocational
ammattikieli argot
ammattikoulu vocational school
ammattikunta trade, craft; *(hist)* guild
ammattilainen, ammattilais- professional; *(urh)* pro
ammattiliitto [national] trade union, federation of trade unions
ammattiliittojen keskusjärjestö *(Br)* TUC *(Trade Union Congress)*
ammattimies craftsman, skilled worker
ammattitaidoton unskilled
ammattitaito craftsmanship, workmanship; professional skill
ammattitaitoinen skilled, trained; *(taitava)* proficient
ammattiyhdistys trade union [branch]; *(Am)* labor union; ***ammattiyhdistyksen jäsen*** unionist
amme *(kylpy~)* tub; *(saavi)* vat
ammentaa ladle, scoop; *(äyskäröidä vene tyhjäksi)* bail (bale) a boat; *(kuv)* draw, gather *(jstak* from)
ammoinen immemorial, very ancient; ***ammoisista ajoista asti*** from time immemorial, from very ancient times
ammollaan wide open; ***suu*** ~ gaping
ammoniakki ammonia
ammottaa gape, be wide open; *(kuilusta)* yawn
ammottava gaping, yawning; ~ ***aukko tiedoissa*** an enormous gap in one's knowledge
ammua moo; *(kirj)* low
ammukset ammunition
ammunta *(tulitus)* firing, shooting; *(lehmän)* mooing, lowing
ammus projectile, shot; *(tykin)* shell
ammuskelu firing, shooting
ammusvyö cartridge belt
ampaista dash off, bolt, shoot
ampeeri amp[ere]
ampiainen wasp
ampua shoot, fire; ~ ***avaruuteen*** launch
ampuja shooter, shot
ampuma-ase firearm, gun
ampuma-aukko loophole, porthole
ampumahaava bullet (shot) wound
ampumahauta trench
ampumahiihto biathlon
ampumamatka range; ***ampumamatkan päässä*** within range
ampumarata range
ampumatarvikkeet ammunition
amputoida amputate
analogia analogy
analoginen analogous
analysoida analyse; *(kuv)* dissect
analysoija analyst
analyysi analysis; *(pitoisuuden määrittely)* assay; *(kuv)* dissection
ananas pineapple
anarkia anarchy
anastaa steal; *(valta)* seize, usurp
anatomia anatomy
ane indulgence
anemia an[a]emia

angiina *(läh)* tonsillitis
animaatio *(elok)* animation
anis aniseed
anjovis anchovy
ankara strict, severe, stern; *(niukka)* austere; harsh, rigorous; *(ilmasto ym.)* inclement; *(kova, rankka)* intense, keen, rough, gruel[l]ing; ~ ***kipu*** an acute pain; ~ ***nuhde*** a reprimand; ~ ***päänsärky*** a splitting headache
ankaruus severity, strictness, sternness; *(niukkuus)* austerity; *(ilmaston, elämän ym.)* harshness, rigour
ankerias eel
ankka duck; *(uros~)* drake
ankkuri anchor
ankkuri[käämi] *(sähk)* armature
ankkuriköysi anchor line (cable)
ankkuripaikka anchorage, moorage, berth; *(redi)* roadstead
ankkuroida anchor
annos *(ruoka-~)* portion; *(säännöstelty ~)* ration; *(lääk)* dose, dosage; *(kuv)* ration, dose, share
annostaa dose
annostella portion out; *(sot)* ration [out]
annuiteetti *(liik)* annual instalment; *(elinkorko)* annuity
anoa apply, petition (***jtak*** for); *(kerjätä, pyytää hartaasti)* beg (***jtak*** for); *(rukoilla jklta jtak)* entreat sb for sth, beseech for sth; ~ ***stipendiä*** apply for a scholarship
anoja applicant, petitioner; *(anelija)* suppliant
anomus application, petition; ***anomuksesta*** on application; ***jättää*** ~ hand in an application, file a petition
anonyymi anonymous
anoppi mother-in-law
ansa trap; *(paula)* snare; ***joutua ~an*** fall into a trap, be caught; ***mennä ~an*** *(kuv)* take the bait, fall for it, fall into the trap
ansaita *(rahaa, elanto ym.)* earn, gain, make; *(kuv)* deserve, merit
ansaitsematon unmerited
ansio *(tulot)* earnings, income; *(voitto)* gain[s], profit; *(kunnia)* credit; *(avu)* merit
ansioitunut distinguished, of [great] merit
ansiokas meritorious, creditable
ansiokkuus merit, distinction, worth
ansioluettelo curriculum vitae, cv
ansiomerkki medal for merit; *(sot)* service medal
antaa give; *(myöntää, suoda)* grant, award, confer; *(ojentaa)* hand; *(toivoa, mahdollisuuksia ym.)* hold out; *(sallia)* allow, let; *(lääke)* administer; *(lahjoittaa jtak jklle)* present sb with sth, bestow sth on sb; *(jättää koepaperi ym.)* hand in; ***annoitko hänelle rahaa?*** did you give him some money?; ~ ***ala-arvoinen*** fail; ~ ***anteeksi*** ks. **anteeksi**; ~ ***arvosana*** grade; ~ ***jtak avustuksena jhk*** contribute sth towards sth; ~ ***ilmi*** denounce; ~ ***jklle kunnia jstak, lukea ansioksi*** credit sb with sth; ~ ***jklle jtak tehtäväksi*** charge sb with sth; ~ ***juomarahaa t. tippiä*** tip sb, give sb a tip; ~ ***lainaa jklle*** accommodate sb with a loan; ~ ***lainaksi*** lend, loan; ~ ***leimansa***

jllek characterize, feature; ~ ***jklle lupa*** authorize sb, grant a permission to sb; ~ ***myöten*** yield; ~ ***olla*** leave alone, lay off; ~ ***palkinto*** award a prize; ~ ***periksi*** give in; ~ ***pois*** give away; ~ ***potkut*** fire, sack; ~ ***puhtia jklle*** pep sb up; ~ ***rahaa keräykseen*** donate [money] to; ~ ***sanansa jstak*** give one's word for sth; ~ ***selkään jklle*** give a beating (hiding) (spanking) to sb; ~ ***selonteko jstak*** account for sth; ~ ***synninpäästö*** absolve; ~ ***takaisin, palauttaa*** give back, return, restore; ~ ***jklle vihje*** tip sb; ~ ***vuokralle*** hire; ~ ***vääriä tietoja*** misinform; ~ ***ymmärtää*** imply, insinuate, intimate

Antarktis the Antarctic

antaumus devotion, dedication; *(innostus)* zest

antautua *(sot)* capitulate, surrender, yield [o.s.]; *(viholliselle)* give o.s. up [to the enemy]; *(kuv) (alistua, suostua)* surrender, yield o.s. (***jhk*** to); *(paneutua jhk)* devote o.s. to sth, dedicate o.s. to sth

antautuminen *(sot)* surrender, capitulation; *(paneutuminen)* devotion, dedication (***jhk*** to)

anteeksi excuse me! [I am] sorry!; ~, ***en kuullut*** [I beg your] pardon; ***antaa ~ jklle*** forgive sb; ***pyytää ~ jklta*** apologize to sb

anteeksiannettava pardonable, excusable

anteeksiantamaton unpardonable, inexcusable

anteeksiantavainen forgiving

anteeksianto forgiveness; *(tuomion lievennys)* remission

anteeksipyyntö apology

anteeksipyytelevä apologetic

anteliaisuus generosity, liberality; open-handedness

antelias generous, liberal, open-handed; bounteous, bountiful

antenni *(Br)* aerial; *(Am)* antenna

anti *(panos)* contribution; *(sato)* yield; *(liik)* issue

antibiootti[nen] antibiotic

antibioottikuuri course of antibiotics; ***olla ~lla*** be on a course of antibiotics

antiikin aika antiquity

antiikkiesine antique

antiikkiesineet antiquities

antiikkiliike antique shop

antiikkinen antique

antikvariaatti antique book shop

Antillit the Antilles

antipatia antipathy

antoisa rewarding, edifying; productive

antura sole

apaja fishing ground; *(kuv)* haul, catch

apatia apathy

ape mash

aperitiivi apéritif, appetizer

apila clover, trefoil, shamrock

apina monkey, ape; *(kuv)* copycat

aplodeerata applaud, clap

aplodit applause

apostoli apostle

apotti abbot

appelsiini orange

appi father-in-law

aprikoosi apricot

aprillipäivä All Fools' Day, April Fools' Day

apteekkari *(Br)* chemist; *(Am)*

druggist
apteekki pharmacy; *(Br)* chemist's [shop]; *(Am)* drugstore
apu help, aid, assistance; ***huutaa apua*** call for help; ***apua!*** help!; ***tulla apuun*** *(vaaratilanteessa)* come to the rescue; ***tarvitsetteko apua?*** do you need help? ***avulla*** by means of, with the help (assistance) of, through
apujoukot *(sot)* auxiliary (subsidiary) troops
apulainen help, helper; assistant
apulaisprofessori assistant professor; associate professor
apuneuvo expedient, means, resource
apuraha grant, scholarship
arabi Arab
arabialainen Arabian
arbuusi watermelon
areena arena
aresti custody; *(koul)* detention; ***olla kotiarestissa*** be grounded
arina fender, grate
aristokraatti aristocrat
aristokraattinen aristocratic
aritmetiikka arithmetic
arka *(herkkä)* sensitive; *(pelokas)* timid; *(säikky)* skittish; *(kipeä)* sore, tender; *(~luontoinen)* delicate, tender, ticklish
arkaismi archaism
arkaluontoisuus delicacy
arkeologi archeologist
arkeologia archeology
arkeologinen archeological
arkiaskareet chores
arkinen everyday, day-to-day; *(tavallinen)* common, ordinary; *(lattea)* commonplace, trivial; plain
arkipuku *(miesten)* lounge suit; *(naisten)* informal dress
arkipäivä weekday, workday
arkipäiväisyys commonplaceness, triviality
arkisto archives
arkistoida file
arkistointi filing
arkistokappale file copy
arkistokortti file card
arkistonhoitaja archivist
arkki sheet [of paper]; *(raam)* ark
arkkienkeli archangel
arkkiherttua archduke
arkkiherttuatar archduchess
arkkipiispa archbishop
arkkitehti architect
arkkitehtuuri architecture
arkku *(kirstu)* chest; *(matka-~)* trunk; *(ruumis~)* coffin, *(Am myös)* casket, pall
arktinen arctic
arkunkantaja pallbearer
arkuus diffidence, timidity; *(kipeys)* soreness, tenderness
armahdus pardon; *(yleinen)* amnesty
armahtaa pardon, have mercy on, spare
armas dear, beloved; ***armaani*** my darling
armeija army; *(asepalvelu)* military service
armelias charitable, merciful
armo *(sääliväisyys)* mercy; *(suopeus)* grace; ***Jumalan armosta*** by the grace of God
armokuolema euthanasia
armollinen gracious, merciful
armonaika [period of] grace; *(lykkäys)* reprieve

armoton merciless, pitiless; ruthless, unsparing
aro steppe
aromaattinen aromatic
aromi flavo[u]r, aroma
ar|pa lot, lottery ticket; ***määrätä -valla*** decide by lot; ***heittää -paa jstak*** cast (draw) lots for sth; ***~ lankesi minulle*** the lot fell on me; ***~ on heitetty*** the die is cast
arpajaiset lottery, raffle
arpakuutio dice *(pl dice)*
arpeutua scar, heal up
arpi scar
arpinen scarred
arpominen drawing of lots
arsenaali armo[u]ry
artikkeli article
artisokka artichoke
arvaamaton incalculable, unforeseen; ***arvaamattoman kallis*** priceless
arvaamatta unexpectedly
arvata guess, take a guess; *(odottaa)* anticipate, foresee
arvatenkin presumably, very likely
arvaus guess
arvella think, expect, suppose, guess; surmise
arvelu conjecture, supposition, surmise
arvio[inti] *(laskelma)* assessment, estimate; *(arvostelu)* rating, estimation, evaluation
arvioida value, estimate, rate *(jksik* at); *(talo)* survey; *(tilanne, omaisuus ym.)* appraise, assess, evaluate; *(laskea, mitata)* calculate, compute, gauge; ***~ väärin*** miscalculate
arviolta approximately, roughly
arvo value, worth; *(merkitys)* importance; *(ansio)* merit; *(~nanto)* regard, esteem; *(~kkuus)* dignity, distinction; *(~aste, virka-~)* rank; ***antaa ~a*** appreciate; ***pitää [suuressa] ~ssa*** esteem highly, think highly of
arvoaste grade; *(luokka, taso)* order; *(asema)* rank
arvoesineet valuables
arvohenkilö dignitary, notable
arvoi|nen worth sth; ***se on miljoonan ~*** it's worth a million; ***ei se ole sen -sta*** it's not worth it
arvoisa *(kirjeessä)* Dear; *(puheessa)* ***~ yleisö*** ladies and gentlemen; ***~t vieraat*** distinguished guests
arvoituksellinen puzzling, mysterious; enigmatic
arvoitus riddle; puzzle, mystery; enigma
arvokas valuable, worthy; dignified *(olemus)*
arvokkuus dignity
arvomerkki mark (badge) of rank; *(Am)* ensign
arvonanto esteem
arvonimi title
arvonlisävero *VAT*, value-added tax
arvonta draw, drawing of lots
arvopaperipörssi stock exchange
arvopaperit securities, stock
arvoposti registered (insured) mail (postal matter)
arvosana grade, mark
arvossa pidetty esteemed, respected
arvostaa appreciate, esteem; regard highly, think highly of

arvostelija critic, reviewer
arvostella judge; criticize, review; *(antaa arvosana)* mark; *(Am)* grade; ~ ***ankarasti*** censure, denounce, condemn, castigate
arvostelu criticism, review; *(ankara)* censure, denunciation
arvostelukyky discernment, discretion, discrimination; judgement
arvostelukykyinen judicious, discerning
arvostelukyvyttömyys lack of judgement (discrimination)
arvoton of no value, unworthy; *(surkea)* shoddy
arvovalta authority; prestige
arvovaltainen authoritative, prestigious; ***arvovaltaiselta taholta*** from an authoritative source
asbesti asbestos
ase gun, weapon; ***~et*** arms; ***riisua ~ista*** disarm; ***tarttua ~isiin*** take up arms, rise in arms
aseellinen armed
aseenkantaja armo[u]rbearer, [e]squire
aseeton unarmed
aseeton palvelus noncombatant duty
aseidenriisunta disarmament
aseistaa arm
aseistakieltäytyjä conscientious objector; draft resister
aseistautua arm [up]
aseistettu armed; ***hampaisiin asti*** ~ armed to the teeth; ***olla*** ~ carry arms, go armed
aseistus armament
asekelpoinen fit for military service
aselaji arm, branch [of military service]
aselepo armistice, cease-fire; *(myös kuv)* truce; ***tehdä*** ~ conclude an armistice
asema *(rautat ym.)* station; *(tilanne ym.)* situation, place; ***sinun ~ssasi*** in your place; *(sijainti)* position, location, site; *(mer) (maant)* bearing; *(arvo, paikka)* position, rank, rating, standing, status; ***hyvä yhteiskunnallinen ~*** a good social status; ***hyvä ~ gallupeissa*** a favourable rating in the opinion polls
asemahalli railway station hall, passenger hall
asemakaava [town *t.* city] plan
asemasilta platform
asemasota trench war
asemesta instead of, in [the] place of
asenne *(suhtautuminen jhk)* attitude [towards], outlook [on]; *(kanta)* stance, stand (***jkn suhteen*** on)
asennoitua adopt an attitude to (towards) sth; *(ottaa kantaa)* take a stand (position) on sth
asennus *(laitteen, lämmityksen)* installation; *(lukon, sähkön)* fitting
asennushalli assembly hall
asentaa *(laite, lämmitys)* instal[l], *(lukko, sähkö)* fit; *(salakuuntelulaite)* bug
asentaja *(korjaaja)* mechanic, fitter; *(auton, radio~ ym.)* assembler; *(sähkö~)* electrician
asento position, posture; *(kuvat)* pose; *(urh)* stance; *(sot)* ***asento!*** attention!

asepalvelus military service
asetelma combination; arrangement; *(kuvat)* still life
aseteollisuus armaments industry
asettaa *(laittaa, panna)* put, lay, place, set; *(järjestää)* arrange, place sth in position, set; *(asetella, laittaa kohdalleen)* pose, adjust, set; *(määrätä, komentaa)* constitute, post; *(nimetä, perustaa)* appoint, set up; *~ istumaan* seat; *~ kyseenalaiseksi* question; *~ liikekannalle* mobilize; *~ makuulle* couch; *~ näytteille t. esille* exhibit, display; *~ syytteeseen* prosecute; *~ vastakkain* confront; *~ virkaan* appoint
asettua place o.s., station o.s.; *(tyyntyä)* abate, calm down, subside; *~ pysyvästi jhk* settle [down], establish o.s.; *~ ehdokkaaksi* present o.s. as a candidate, *(Br)* stand [for], *(Am)* run [for]; *~ riviin t. jonoon* line up
asetus *(lak)* decree; *(EU-laissa)* regulation
asevarustelu [re]armament
asevarustelukilpa arms race
aseveli companion-in-arms, comrade
asevelvollinen liable for military service, conscript; *(Am)* draftee
asevelvollisuus conscription, [compulsory] military service
asevelvollisuusikä call-up age
asevoimat armed forces
asfaltoitu paved, tarred
asfaltti asphalt, bitumen
asia fact, matter, thing; *(kysymys, ydin)* question, issue, point; *(~nlaita)* case; *(pol ym.)* affair; *(~nhaara, seikka)* circumstance; *(tehtävä)* errand; *(käsiteltävä ~, kohta)* item; *(lak)* case, lawsuit; *(ark) (juttu, homma)* bit, stuff; ***jos ~ kerran on niin*** if that's the case; ***itse ~ssa*** as a matter of fact, in fact; ***;~ ei kuulu sinulle*** it's none of your business, it's no concern of yours; ***mennään ~an!*** let's get to the point!; ***valtion ~t*** affairs of state; ***minun on hoidettava asioita*** I have some errands to run
asiaankuulumaton irrelevant
asiaankuuluva appropriate, due, pertinent, proper, relevant
asiaankuuluvasti duly, pertinently
asiaintila state of affairs
asiakas customer, client
asiakaspiiri [circle of] customers, clientele, connections
asiakirja document, record; deed; *(pol ym.)* act, charter
asiakirjat file, paper, proceedings
asiallinen matter-of-fact, to the point; pertinent, relevant; businesslike, proper
asiallisesti pertinently; properly
asiamies agent
asianajaja lawyer; *(Br)* solicitor; *(Am)* attorney; *(Skotl)* advocate; ***asianajajan ammatti*** the Bar
asianhaara circumstance
asianmukainen due, proper
asianmukaisesti duly, properly
asiantunteva expert
asiantuntija expert (***jssak*** at, in, on); specialist (***jssak*** in); authority (***jssak*** on)
asiaton *(sopimaton)* improper; *(aiheeton)* impertinent, irrelevant, undue

askare job, work, duty, task; ***koti-askareet*** [daily] chores, housework
askarruttaa occupy; *(huolestuttaa)* preoccupy
askartelu *(puuha)* occupation; *(harrastus)* crafts, hobbies
askeettinen ascetic
askel step; ***askel askeleelta*** step by step; *(~ten ääni)* footsteps; *(käynti)* pace, tread
askellaji pace, gait
askelma step
aste degree; *(arvo~)* grade; *(vaihe, taso ym.)* level, stage, stadium; ***10 ~tta pakkasta*** minus ten degrees, ten degrees below zero
asteikko scale
asteittain by degrees, gradually
asteittainen gradual
asti till, until, up to; *(jhk paikkaan)* to, as far as, all the way to; *(jstak lähtien)* since; *(jstak paikasta lähtien)* [right] from; ***tähän ~*** until now; ***tänne ~*** this (thus) far, all the way here; ***tiettyyn pisteeseen ~*** up to a point
astia dish, plate; vessel, container
astiakaappi cupboard; *(ruokailuhuoneen)* sideboard
astianpesuaine *(Br)* washing-up liquid *t.* powder; *(Am)* dish[washing] powder *t.* liquid
astianpesukone dishwasher
astiasto set, service
astinkivi stepping-stone
astma asthma
astrologi astrologer
astrologia astrology
astronautti astronaut
astronomi astronomer
astua step; *(astella)* tread;*(tiineyttää)* serve, cover; ***~ alas*** descend, step down; ***~ esiin*** come forward; ***~ [ulos] junasta*** get off the train; ***~ kuvaan*** come in; ***~ raskaasti*** tramp; ***~ sisään*** enter, step in; ***~ virkaan*** accede to (enter [upon]), take office
astunta *(käynti)* gait; *(askeleet)* tread
astutus *(tiineytys)* service
asu *(kokonaisuus)* outfit; *(vaatetus)* dress, wear; *(vanh)* apparel
asua live, reside; *(~ tilapäisesti)* lodge, stay; ***~ teltassa*** camp; ***~ hotellissa*** stay at (in) a hotel; ***~ ystävien luona*** stay with friends
asuinpaikka place of residence; abode, dwelling place
asuinpaikkaoikeus right of abode
asuintalo dwelling house, residential house
asukas inhabitant; *(hotellin ym.)* resident
asukasluku [number of] population
asuma-alue neighbourhood; territory
asumalähiö housing estate, residential area, suburb
asumaton uninhabited; unoccupied
asumisoikeus right of occupancy
asumistuki housing benefit
asumus dwelling; abode; habitation
asumusero separation
asunto *(Br) (huoneisto)* flat; *(Am)* apartment; lodging; ***virka-asunto*** residence
asuntoalue residential area

asuntoauto *(Am)* camper
asuntolaina mortgage; ***ottaa ~*** take out a mortgage
asuntolainarahasto *(Br)* building society; *(Am)* building and loan association
asunto-olot housing
asunto-osakeyhtiö *(läh)* house-owning company, build-and-buy company
asuntopula housing shortage
asuntovaunu *(Br)* caravan; *(Am)* trailer
asusteet *(laukku, käsineet ym.)* accessories; ***lasten ~*** children's wear; ***urheilu~*** sportswear
asuttaa populate, people, settle; *(uudis~)* pioneer
asuttava habitable; ***~ksi kelpaamaton*** uninhabitable
asuttu inhabited, populated; occupied
asutus *(asuttaminen)* settlement; *(väestö)* population; *(asuinrakennukset)* housing
asutuskeskus *ks.* ***taajama***
asuva resident; ***Suomessa ~*** resident in Finland
Ateena Athens
ateisti atheist
ateljee studio, workshop
ateria meal
aterimet cutlery
aterioida have a meal, eat
atk, ATK ADP *(automatic data processing)*
Atlantti the Atlantic Ocean
atomi 1 *s* atom **2** *a* atomic
atomipommi A-bomb, atom[ic] bomb
atsalea azalea
attaseasalkku attaché case
audienssi appointment, audience
audiovisuaalinen [opetus]välineistö audio-visual aids
auditorio auditorium
auer haze
aueta open; *(nappi ym.)* come undone; *(kääriytyä auki)* unfold
aukaista open; *(lukosta)* unlock; *(paketista)* unwrap; *(napeista)* unbutton
aukea *(metsä~)* glade; open place
aukeama *(kirjan)* double page
auki open; *(virasta)* vacant; *(rahaton)* broke
aukio square
aukioloaika office (shop) hours
aukko opening, hole; *(valok, anat)* aperture; *(tyhjä paikka)* blank; *(rako)* chink, break, gap; *(heikko kohta)* chink; *(suu~)* mouth, orifice
auktoriteetti authority
aula lounge, lobby; foyer
auliisti willingly, readily
aulis willing, ready; *(antelias)* liberal
auma stack
aura plough; *(Am)* plow
aurata plough; *(Am)* plow
auringonkukka sunflower
auringonlasku sunset
auringonnousu sunrise
auringonpaiste sunshine
auringonpilkku sunspot
auringonpimennys eclipse of the sun
auringonpistos sunstroke
auringonsäde sunbeam
auringonvalo sunlight
aurin|ko sun; ***-gon polttama*** sun-

burnt
aurinkoinen sunny
aurinkokatos awning
aurinkokello sundial
aurinkokenno solar cell
aurinkokunta solar system
aurinkolasit sunglasses; *(ark)* shades
aurinkovarjo sunshade
Australia Australia
australialainen Australian; *(ark)* Aussie
autenttinen authentic
autenttisuus authenticity
autio desert, waste; uninhabited; *(hylätty)* deserted, desolate
autioittaa devastate
autioittaminen desolation
autiomaa desert, waste[land]
autius desolation
auto car; *(vanh)* motor-car; ***~n jäähdytin*** radiator; ***~n kori*** body
autoilija *(Br)* motorist; *(Am)* driver
autoilla *(Br)* motor; *(Am)* drive
autoilu *(Br)* motoring; *(Am)* driving
autokatos carport
automaatti slot machine, vending machine; *(pankki~)* cash dispenser
automaattinen automatic
automaattinen tietojenkäsittely, **atk** automatic data processing, ADP
automerkki make [of car]
autonomia autonomy
autonominen autonomous
autonromu crock
autontorvi [car] horn; ***soittaa autontorvea*** honk (hoot) the horn
auto-onnettomuus *(Br)* motor accident; *(Am)* car accident
autopuhelin mobile phone, car phone, cellular phone
autotalli garage
autovuokraamo car rental [agency]
auttaa help, *(avustaa)* assist; ***~ lapsi maailmaan*** deliver a baby
auttamaton incorrigible
auttavasti tolerably
autuas blissful; *(raam)* blessed
autuus *(onni, ihanuus)* bliss, beatitude, blessedness; *(raam)* salvation, glory
avaimenreikä keyhole
avain key
avainasema key position
avainnippu bunch of keys
avajaiset opening [ceremony]; *(näyttelyn)* varnishing; *(vihkiminen)* inauguration
avanto hole in the ice
avantouinti outdoor winter swimming
avara wide, vast; extensive
avarakatseinen broadminded
avartaa widen, broaden, enlarge
avaruus 1 *s* space **2** *a (avaruus-)* spatial; extraterrestrial
avaruusalus spacecraft
avaruuslentäjä astronaut
avaruusolio extraterrestrial
avata *vrt.* ***aukaista***; open [up]; *(hana, laite)* turn on; *(laite)* switch on; *(purkaa)* undo; *(nauhoista ym.)* unlace; *(~ sinetti, kirje, hauta)* unseal
avautua open; *(kankaista ym.)* deploy; *(kääriytyä auki)* unfold
avio- married, marital; wedded; conjugal
avioehto marriage settlement

avioelämä married life
avioero divorce; ***ottaa ~*** get a divorce
avioitua get married ***(jkn kanssa*** to)
avioitumisikä marrying age
aviokumppani spouse, marriage partner
avioliitto marriage; matrimony
avioliittokuulutus banns
avioliittoneuvonta marriage guidance
aviolli|nen *ks.* ***avio-***; ***-set suhteet*** marital relations; ~ ***uskollisuus*** conjugal fidelity
aviomies husband
aviopuoliso spouse
avionrikkoja adulterer, adulteress
aviopari married couple
aviorikos adultery
aviosääty matrimony
avioton illegitimate
avioton lapsi illegitimate child
aviovaimo wife
avo-auto convertible
avoimesti openly; *(suoraan)* outright, straightforwardly
avoin open; *(työpaikka, virka)* vacant, vacancy; *(vilpitön)* candid, frank; *(sekki)* blank
avoinna open; *(työpaikoista)* vacant
avoin virka vacancy
avoin yliopisto open university
avojaloin barefoot[ed]
avokas *(matala)* pump; *(korkokenkä)* court shoe
avokaulainen low-cut, low-necked
avokätinen generous, open-handed
avokätisyys generosity, openhandedness
avoliitto common-law marriage, living together, cohabitation; *(lak)* concubinage
avomielinen open[-hearted], unreserved; candid, frank
avomies partner, live-in boyfriend
avonainen open
avopakettiauto pick-up [truck]
avopäin[en] bare-headed
avosylin with open arms
avovaimo partner, live-in girlfriend
avu good quality, merit; virtue; *(taito)* attainment, accomplishment, gift, talent
avulias helpful; accommodating, obliging
avulla with the help of; *ks.* ***apu***
avunanto assistance; *(rikoksessa)* aiding and abetting
avunhuuto cry for help
avustaa assist, help; *(tukipalkkioin)* aid, subsidize; *(rikoksessa)* aid and abet
avustaja assistant, helper; collaborator; *(rikoksessa)* accomplice; *(aikakauslehden ~)* contributor
avustus *(apu)* assistance, contribution, help, aid; *(sosiaali~, tuki ym.)* allowance, benefit, support; *(valtionapu)* subsidy, subvention; *(rahalahjoitus)* contribution, subscription
avuton helpless
avuttomuus helplessness
av-väline audiovisual aid
ay-liike trade union movement

B

baari bar; *(kahvila)* café, cafe; *(Am)* coffee shop; *(Am) (ruokabaari)* diner
baarikärpänen barfly
baarimikko barman, bartender
bailata party, celebrate
bakteeri germ
bakteerit bacteria
baletti ballet
Balkan the Balkans
baltti *(henk)* Balt
Baltian maat the Baltic States
bambu bamboo
banaani banana
banketti banquet
baptisti baptist
barbaari barbarian
barbaarinen barbarous
barbituraatti barb[iturate]
baritoni baritone
barrikadi barricade
basaari baza[a]r
baseball-peli baseball
basilika *(mauste)* basil; *(rak)* basilica
baski Basque
basilli bug, germ
basillinkantaja carrier
basso bass[o]
bassokitara bass guitar
bassorumpu bass drum
bassoviulu double bass
bataatti *(Am)* sweet potato
Belgia Belgium
belgialainen Belgian
benjihyppy bungee-jump[ing]
bensiini *(Br)* petrol; *(Am)* gas[oline]; ***[puhdistus]~*** benzine
bensiininkulutus mileage
bernhardilainen St. Bernard
Berliini Berlin
betoni concrete
betoniraudoitus concrete reinforcement
biennaali biennial
bikinit bikini
bileet party
biljardikeppi cue
biljardipeli billiards; *(Am)* pool
biljardipöytä billiard table; *(Am)* pool table
biologia biology
biseksuaalinen bisexual; *(ark)* AC/DC
bleiseri blazer
blondi blonde
blues-musiikki blues
bodari body builder
bodaus body building
body *(vaat)* body[suit]
bofori Beaufort; ***~asteikko*** Beaufort scale
boheemi bohemian
boikotoida boycott
boikotti boycott
boileri boiler
bonus bonus
bordeaux-punaviini claret
Bosnia ja Herzegovina Bosnia-Herzegovina
Brasilia Brazil
bridge-peli bridge
Britannia Britain
Britannian lippu British flag;

Union Jack
britti Brit
brittiläinen British
broileri broiler
brokadi brocade
brutaali brutal
brutto- gross
bruttokansantuote gross national product
bruttopaino gross weight
Bryssel Brussels
Bukarest Bucharest
bukee bouquet
Bulgaria Bulgaria
bulgaria *(kieli)* Bulgarian
bulgarialainen Bulgarian
bulldoggi bulldog
bunkkeri bunker, pillbox
businessluokka executive class
bussi bus; coach
buuata boo
buukata book
byrokratia bureaucracy
Bysantti *(hist)* Byzantium
bysanttilainen Byzantine
Böömi Bohemia

C

calmetterokotus BCG vaccination
cayennepippuri cayenne [pepper]
charterlento charter flight
CD-levy compact disc
CD-ROM levyasema CD-ROM drive
CD-soitin compact disc (disk) player
Celsiu|s: *celsiusaste* degree centigrade; *-ksen asteikko* centigrade (Celsius) scale
C-molli C minor
Coca-Cola coke
cocktailpala canapé
copy copywriter
CP-lapsi CP-child, child with cerebral palsy
curry[mauste] curry

D

daalia dahlia
debet[puoli] debit
degeneroituminen degeneration
degeneroitunut degenerated
dekaani dean
dekadenssi decadence
dekkari *(ark)* whodunit
delegoida delegate
delfiini dolphin
demobilisoida demob[ilize]
demokraattinen democratic[al]
demokratia democracy
deodorantti deodorant
desimaali decimal
desinfioida disinfect; ***desinfioiva aine*** disinfectant
despootti despot
devalvaatio devaluation
devalvoida devalue
devalvointi devaluation
diabeetikko diabetic
diadeemi diadem
diagnoosi diagnosis
diagonaalinen diagonal
diagrammi diagram
diakoni deacon
diakonissa deaconess
diakuva slide
dialogi dialogue
dieetti diet; ***dieetillä*** on a diet
diiva stuck-up
diivailla show off
diktaattori dictator
diktatuuri dictatorship
diminutiivi diminutive
dipata *(ruok)* dip
diplomaatti diplomat
diplomaattinen diplomatic; politic
diplomatia diplomacy
diplomi diploma
direktiivi directive
diskantti *(mus)* treble
diskata *(urh)* disqualify
diskontto discount; ***~korko*** bank rate
disko disco, discotheque
divisioona division
dokumentoida document
dokumentti document; *(ohjelma)* documentary ***(jstak*** on)
dollari dollar; *(Am) (ark)* buck
dominikaanimunkki Dominican friar; black friar
dominio dominion
donitsi *(Br)* doughnut, *(Am)* donut
doorilainen *(taidehist)* Doric
dosentti *(läh)* university lecturer; *(Br)* senior lecturer; *(Am)* associate professor
drakma drachma
draama drama
dramaattinen dramatic
dramatisointi dramatization
dramaturgi dramatist
drinkki drink
dubat|a dub; ***-tu elokuva*** a dubbed film
duuni job; *(Br)* graft
duuri major; ***C-duurissa*** in C major
dynaaminen dynamic
dynamiitti dynamite
dynastia dynasty
dyyni dune

E

edelle ahead of; in front of
edelleen further
edellinen preceding, former; previous
edellyttää *(olettaa)* suppose, presume; *(vaatia)* require, demand; ***edellyttäen että*** provided [that], supposing [that]
edellytykset requirements; qualifications (*jhk* for)
edellytys prerequisite; qualification; condition
edellä in front of; ahead [of]; ***~ mainittu*** above[-mentioned]; aforesaid; ***kelloni on ~*** my watch is fast
edelläkävijä forerunner; pacemaker, pioneer
edeltäjä precursor; *(henk)* predecessor
edeltäkäsin beforehand; in advance
edeltävä preceding
edeltää precede; be a precursor (*jtak* to)
edes at least; ***ei ~*** not even
edesmennyt deceased, late
edessä in front of; before; ahead of
edestakaisin back and forth; to and fro
edesvastuu responsibility, liability; ***~ssa jstak*** liable for
edesvastuuton irresponsible
edetä advance; go ahead, progress; *(matkata)* travel; *(kuv)* proceed; ***työ etenee*** work is going ahead (progressing)
edistyksellinen advanced; progressive
edistynyt advanced
edistys improvement; progress
edistysaskel breakthrough; step [up]
edistyä make progress; *(työ ym.)* progress, go ahead; *(siirtyä, mennä eteenpäin)* advance, progress; *(päästä eteenpäin)* come along, get on; ***~ ratkaisevasti*** break through, make considerable progress
edistäminen promotion
edistää promote; advance; further; ***kelloni ~*** my watch is fast
editoida edit
edullinen advantageous; favo[u]rable; *(tuottava)* profitable; ***~ asema*** vantage ground; ***~ hinta*** a good price
eduskunta Parliament
eduskuntatalo Parliament house
eduskuntavaalit parliamentary elections
edusta front; *(mer)* ***Helsingin edustalla*** off Helsinki
edustaa represent
edustaja representative; *(koulukunnan ym.)* exponent; *(valtuutettu)* delegate; *(pol ryhmän ym.)* spokes|person, -man, -woman; *(liik)* agent; ***~ kongressissa (Am)*** Congressman, Congresswoman
edustajanpaikka seat
edustus agency; representation
edut benefits; facilities; ***~ ja haitat***

the pros and cons
eebenpuu ebony
eekkeri acre
eepos epic
eeppinen epic
eetteri *(kem)* ether; *(rad, tv)* air
egoismi egoism
egoisti egoist
Egypti Egypt
ehdoin tahdoin deliberately
ehdokas candidate; nominee
ehdokkuus candidacy, nomination; ***hän ilmoitti ehdokkuutensa seuraaviin presidentinvaaleihin*** she announced her candidacy for the next presidential elections
ehdollepano nomination
ehdollinen conditional
ehdonalainen: ~ ***vankeus*** probation; ***saada ehdonalaista*** be put on probation
ehdot terms; conditions; ***saada*** ~ *(koul)* be moved up conditionally
ehdoton absolute; *(jyrkkä)* unconditional, unqualified
ehdottaa propose; suggest
ehdottoman absolutely; *(ark)* dead
ehdottomasti absolutely; definitely; positively
ehdotus proposal; proposition; suggestion; ***tehdä*** ~ make a proposal; ***tehdä [virallinen]*** ~ put forward a proposal; ***ehdotuksen tekijä*** mover; ***tehdä sopimattomia ehdotuksia*** make proposals
ehjä entire; whole; ***palata ~nä, ehjin nahoin*** come back safe and sound
ehkä maybe; perhaps; possibly
ehkäiseminen prevention; *vrt.* ***ehkäisy***
ehkäisevä preventive; *(lääk)* prophylactic
ehkäistä *(ennalta)* prevent; impede; ~ ***onnettomuuksia*** prevent accidents
ehkäisy birth control; contraception; prevention; ***käyttää ~ä*** use contraception
ehkäisypilleri the pill
ehkäisyväline contraceptive
ehostaa make up
ehostus make-up
ehtiä make, be in time for
ehto condition; term; *(vaatimus)* prerequisite; ***sillä ehdolla että*** on the condition that
ehtoollinen communion
ehtoollisleipä host
ehtymätön inexhaustible; unfailing
ehtyä run dry; peter [out (away)]
ei no; not; ~ ***Tim eikä Tom*** neither Tim nor Tom
eikä nor
eilen yesterday
eilinen, eilispäivä yesterday
eittämättä admittedly, undoubtedly
ei-ääni nay
ekologi ecologist
ekologia ecology
ekologinen ecological
eKr. B.C. *(= before Christ)*
ekseema eczema
eksoottinen exotic
ekspertti expert
ekstaasi ecstasy
eksynyt, eksyksissä lost; astray
eksyä get lost, stray; *(aiheesta)* digress
elanto livelihood, living; ***hankkia*** ~ make a living
elastinen elastic

elatus livelihood, living; *(ylläpito)* maintenance
elatusapu alimony, maintenance
ele gesture
elefantti elephant
eleganssi elegance
elegantti elegant
elehtiä gesticulate
elekieli body language; mime
elektroniikka electronics
elektroninen electronic
elementti element; *(rak)* prefabricated unit
eli or, in other words
eliitti elite
elimellinen organic
elimet *(anat)* tract
eliminoida eliminate
elimistö organism; system
elin body; organ
elinaika lifespan, lifetime
elinikä age; *ks.* ***elinaika***
elinkautinen life sentence
elinkeino occupation
elinkeinoelämä economic life
elinkorko annuity
elintarvikkeet foodstuffs, provisions
elintaso standard of living
elintila living space
elintoiminta vital functions
elintärkeä vital
elinvoima[isuus] vitality
elinvoimainen vital
eliö organism
ellei unless
ellipsi ellipse
elo life; *(vilja)* *(Br)* corn; *(Am)* grain; ***olla ~ssa*** be alive
elohopea mercury; quicksilver
eloisa lively, brisk, bubbly, frisky, vivacious; *(värit, muistot)* vivid
eloisuus spirit; vividness
elokuu August
elokuva film; *(Br)* picture; *(Am)* movie
elokuvakäsikirjoitus screenplay
elokuvat *(Br)* pictures; *(Am)* movies
elokuvataide *(Br)* cinema; *(Am)* movies
elokuvateatteri *(Br)* cinema; *(Am)* movie theater
elokuvateollisuus film industry
elokuvatähti film star; *(Am)* movie star
elollistaa personify
elonkorjuu harvest
elonleikkaaja harvester
eloonjääminen survival
eloonjäänyt survivor
elossa alive
elostelija libertine, rake
eloton dead, lifeless; inanimate
elpyminen resurgence; revival
elpyä revive, pick up; *(nopeasti)* boom; quicken
eltaantunut rancid; stale
elukka beast; *(raakimus)* brute
elvyttäminen resuscitation
elvyttävä *(hoitava)* regenerating
elvyttää *(kuolevaa)* resuscitate; *(hoitaa)* regenerate; *(vilkastuttaa)* enliven, renew, revive
elvytys *(kuolevan)* resuscitation; *(hoito)* regeneration
elähdyttää animate; invigorate; inspire
eläimellinen animal; brute
eläin animal; beast
eläinkunta fauna; animal kingdom
eläinlääkäri *(Br)* veterinary sur-

geon, *(Am)* veterinarian; vet
eläinrata zodiac
eläinsuojelu[yhdistys] [society for the] prevention of cruelty to animals
eläintarha zoo
eläintenruoka feed; dog (cat) food ym.
eläintieteilijä zoologist
eläk|e pension; ***jäädä -keelle*** retire; ***-keelle jääminen*** retirement; ***-keellä oleva*** retired
eläkeläinen pensioner; *(Am)* senior citizen
eläköön! hurrah! hurray! long live...
eläköönhuuto cheer
eläminen living
elämys experience
elämä life; existence
elämäkerta biography
elämänkaari lifespan
elättää support
elävyys vividness
elävä live; living; *(kuv)* vivid
elävöittäminen animation
elävöittää animate, enliven
elää live; ~ ***kauemmin kuin jk*** survive sb, outlive sb; ~ ***jkn kustannuksella*** sponge off sb; ~ ***laumoissa*** herd
emali enamel
emaloida enamel
emansipaatio emancipation
emootio emotion
emulsio lotion, milk
emälammas ewe
emäntä *(talon)* mistress; *(kutsujen ym.)* hostess; *(laitoksen)* matron;
emäs base
emäsika sow
endiivi endive
enemmistö majority; *(Am)* plurality
enemmän more (***kuin*** than); upwards of
energia energy; go
energinen energetic
enetä *(kuu)* wax
englanninkielinen English[-speaking]
Englanti England
englanti *(kieli)* English
englantilainen English; *(englantilaiset)* the English
enimmäkseen mostly
eniten most
enkeli angel
ennakko advance
ennakkoaavistus premonition, presentiment, anticipation; *(paha)* foreboding
ennakkokäsitys preconception
ennakkoluulo prejudice; bias
ennakkoluuloinen prejudiced (***jkta kohtaan*** against sb)
ennakkotapaus precedent
ennakoida anticipate
ennakointi anticipation
ennakolta määrätty predestined
ennakonpidätys deduction; *(Br)* stoppage, PAYE *(Pay As You Earn)*
ennalta in advance, beforehand
enne omen, augury; *(merkki jstak)* sign of, a precursor to, the forerunner of
ennen *(aiemmin)* before; *(menneisyydessä)* formerly; previously; ~ ***kuin hän tulee*** before he comes; ~ ***puoltapäivää*** before noon, a.m.
ennenaikainen premature; untime-

ly; ~ ***synnytys*** premature birth
ennenkuulumaton unheard-of; unprecedented
ennustaa predict, foretell; *(pahaa)* forebode; *(säätä)* forecast
ennustaja fortune-teller; augur
ennustaminen divination
ennuste *(sää)* forecast; *(lääk)* prognosis
ennustus divination; prophecy; *(tulevaisuudennäkymät)* prospects
ennätys record; ***tehdä*** ~ set a record [for]
eno [maternal] uncle
ensi next; ~ ***kerralla*** next time; ~ ***parvi*** dress circle; ~ ***sijassa*** primarily
ensiapu first aid
ensiarvoinen overriding, primary; ***ensiarvoisen tärkeä kysymys*** a matter of overriding (primary) importance
ensiasunto first home
ensi-ilta opening, first night
ensiksi first
ensiluokkainen first-rate; first-class
ensimmäinen first; foremost
ensin first
ensinnäkin firstly, first of all
entinen ex[-]; former; onetime; *(aikoinaan)* sometime
entiselleen, entisellään unchanged
entistää restore
entisöinti restoration
entä: ~ ***minä?*** and me? what about me?; ~ ***jos*** supposing, what if; ~ ***sitten?*** well? so? so what?
epidemia epidemic
epilepsia epilepsy; ~ ***kohtaus*** epileptic fit
epilogi epilogue
episodi episode
epistola epistle
epitafi epitaph
epäaito false, fake, factitious
epäedullinen disadvantageous; unfavourable
epähieno indiscreet, tactless
epäilemättä undoubtedly, no doubt; decidedly
epäilevä[inen] sceptical, doubtful
epäilijä sceptic
epäillä doubt; suspect (***jtak*** of); disbelieve, distrust
epäilty suspect (***jstak*** of)
epäily doubt
epäilyksenalainen suspect (***jstak*** of)
epäilyksettä definitely, no doubt
epäilys suspicion, doubt
epäilyttävä suspicious; doubtful; *(kyseenalainen)* dubious; *(hämärä)* fishy, shady
epäinhimillinen inhuman, brutish
epäitsekäs unselfish, disinterested
epäjohdonmukainen inconsistent, illogical
epäjumala[nkuva] idol
epäjärjestys commotion; confusion; disorder; ***epäjärjestyksessä [oleva]*** disorderly, dishevelled
epäkiitollinen thankless
epäkohta defect, drawback
epäkohtelias impolite, rude, disrespectful
epäkunnioittava disrespectful; irreverent
epälojaali disloyal
epäluotettava unreliable; *(viekas)*

foxy
epäluottamus distrust; mistrust
epäluottamuslause vote of no confidence
epäluulo distrust; suspicion
epäluuloinen suspicious; doubtful
epämiehekäs unmanly; effeminate
epämiellyttävä unpleasant; disagreeable
epämieluinen, epämieluisa displeasing, uncongenial
epämukava uncomfortable, *(kuv)* inconvenient;
epämukavuus discomfort; inconvenience
epämuodollinen casual, informal
epämuodostuma deformity; malformation
epämuodostunut deformed
epämääräinen vague; indefinite; nondescript; *(rönsyilevä, hajanainen)* rambling; ***~ artikkeli*** indefinite article
epänormaali abnormal
epäoikeudenmukainen unfair; unjust
epäoikeudenmukaisesti unfairly, unjustly
epäoikeudenmukaisuus injustice
epäolennainen inessential; immaterial
epäonni bad luck; mischance; unluckiness
epäonnistua fail; *(raueta)* fall through; *(Am ark)* flunk; ***~ saamaan t. ottamaan kiinni*** fumble the catch; ***suunnitelma epäonnistui*** the plan failed (fell through)
epäonnistuminen failure; *(ark)* *(floppi)* washout, flop
epäonnistunut *(ihminen t. asia)* failure
epäpuhtaus impurity
epäpätevä incompetent, unqualified
epärehellinen dishonest; crooked
epäreilu unfair; foul
epäröidä hesitate, falter, waver
epäröiminen, epäröinti indecision, hesitation
epäröivä hesitating, irresolute
epäselvyys ambiguity; blur; obscurity
epäselvä indistinct; *(samea)* clouded, obscure; *(sumuinen)* dim, blurred; ***~sti luettava*** illegible; ***~sti äännetty*** inarticulate
epäsiisti untidy; *(ryvettynyt)* bedraggled; *(resuinen)* ragged
epäsiveellinen indecent, immoral
epäsopu disagreement; split; ***poliittinen ~*** political strife
epäsosiaalinen antisocial
epäsovinnainen unconventional
epäsuhta disproportion
epäsuhtainen disproportionate
epäsuora indirect, circuitous; *(kuv)* implied; ***~ sisältö*** implication
epäsuosio disfavo[u]r; disgrace; ***~ssa [oleva]*** unpopular
epäsuotuisa unfavourable
epäsäännöllinen irregular
epätarkka inaccurate; inexact
epätasainen uneven; rough; *(rosoinen)* rugged, ragged
epätasaisuus inequality; *(konkr)* unevenness
epätavallinen extraordinary, uncommon
epäterve unsound
epäterveellinen unhealthy; un-

wholesome
epätietoinen uncertain
epätietoisuus uncertainty; *(tuskallinen)* suspense
epätodellinen unreal
epätodennäköinen improbable; unlikely
epätoivo despair, desperation
epätoivoinen desperate, in despair
epätoivoisesti desperately
epätyydyttävä unsatisfactory
epätäydellinen imperfect; incomplete
epäusko disbelief; *(usk)* unbelief
epäuskoinen incredulous; ***hän pudisti päätään epäuskoisena*** he shook his head in disbelief
epävakainen inconstant, unsettled, unstable; *(vaihteleva)* changeable
epävarma insecure, uncertain; undecided; *(arka)* diffident
epävarmuus insecurity; uncertainty; *(itsevarmuuden puute myös)* diffidence
epäviisas unwise; imprudent
epävirallinen *(ilmoitus ym.)* unofficial; *(keskustelut, asu ym.)* informal
epävire *(mus)* out of tune
epäyhtenäinen disconnected; fragmentary, fragmented; *(päämäärätön)* desultory
epäystävällinen unfriendly, unkind
epäämätön undeniable
erakko hermit; recluse
erakkomainen sequestered
erehdys mistake, error; *(lapsus)* slip[-up], oversight; ***tehdä ~*** make a mistake (an error *ym.*); ***erehdyksessä*** by mistake (oversight)
erehtymätön infallible; unerring; unmistakable
erehtyväinen fallible
erehtyä be mistaken; err; ***~ luulemaan jkksi*** mistake *(mistook mistaken)* sb for sb
erektio erection
erheellinen erroneous, mistaken
eri different; separate; distinct; extra; ***olen ~ mieltä*** I disagree; ***se on ~ asia*** it's quite another matter
eriarvoisuus inequality
erikoinen [e]special; peculiar; extraordinary; *(mielikuvituksellinen)* fanciful, fancy
erikoisala speciality
erikoisartikkeli feature
erikoisen particularly; extra
erikoisesti particularly, [e]specially, in particular
erikoiskieli jargon
erikoisleima distinction
erikoislääkäri specialist
erikoispiirre characteristic; feature
erikoissanasto terminology
erikoistua specialize (***jhk*** in)
erikoistuntija specialist; expert
erikoisuus peculiarity; *(ala)* speciality
erikseen separately; singly
erilainen various
erilainen different (***kuin*** from); dissimilar; diverse; *(eriarvoinen)* unequal; unlike
erilaisuus difference; divergence; *(poikkeavuus)* discrepancy; *(epäsuhta)* disparity; odds (***välillä*** between)
erilleen apart
erillinen separate, distinct, discrete;

(oma) self-contained
erillisyys detachment; separation
erillään apart; *(kaukana)* aloof
erimielisyys difference [of opinion]; disagreement
erinomainen excellent, outstanding; superb
erinomaisen perfectly; remarkably
erinomaisesti perfectly
erioikeus prerogative
eripuraisuus disagreement, discord; faction
eriskummallinen odd, strange; whimsical
erisnimi proper noun
eriste insulation
eristin insulator
eristyneisyys isolation, seclusion
eristys insulation
eristysnauha insulating tape
eristäytyä keep aloof, keep [o.s.] to o.s.
eristää isolate, sequester; segregate; *(myös tekn)* insulate
eritasoristeys *(Br)* flyover, *(Am)* overpass
erite secretion
eritellä analyse; *(tutkia tarkoin)* dissect; *(täsmentää)* specify
erittely analysis; *(ryhmittely)* breakdown; *(täsmennys)* specification
erittäin excessively; extremely; very
erittää *(el ja ihm)* excrete; *(el ja kasv)* secrete
erityinen particular, [e]special; specifc
erityisen particularly, peculiarly; singularly
erityisesti [e]specially, in particular
erityiskokous ad hoc meeting
eritys *(el ja ihm)* excretion; *(el ja kasv)* secretion
eriyttäminen, eriytyminen differentiation
eriytynyt differentiated
erkkeri-ikkuna bay window
ero difference; distinction; *(virasta)* resignation; *(avio~)* divorce; *(parisuhteesta)* splitting up, separation; ***tehdä ~ jdk välillä*** draw (make) a distinction between; ***hän otti miehestään ~n*** she divorced her husband; ***heille tuli ~*** *(ark)* they split up
eroaminen *(virasta)* resignation; *(ystävästä)* parting from; *(parisuhteesta)* separation; splitting up
erohakemus resignation
eronnut divorced
eroosio erosion
eroottinen erotic
erossa apart
erota differ; *(lähteä luota)* part from; separate (***jstak*** from); ***~ jksta, ottaa [avio]ero*** divorce sb, get a divorce; ***~ virasta*** resign, retire [from]
erotella discriminate
erotiikka eroticism
erottaa separate, part; divide (***jstak*** from); *(silmillään)* discern, distinguish, tell; ***en pysty erottamaan heitä toisistaan*** *(ulkonäön perusteella)* I can't tell them apart; ***~ koulusta*** expel [from school]; ***~ joukosta*** distinguish (pick out) from the crowd; ***~ palveluksesta t. virasta*** dismiss; *(Br, ark)* [give the] sack; *(Am)* fire

erottamaton inseparable; indissoluble
erottaminen separation; *(irrottaminen)* detachment; *(virasta)* dismissal, discharge; *(koulusta)* expulsion [from school]
erottelu *(rotu~)* segregation; discrimination
erottua *(edukseen)* stand out; *(epäedukseen)* stick out
erotuomari referee; *(tennis ym.)* umpire
erotus *(myös mat)* difference
erä *(tavara)* batch, lot, consignment; *(tili)* item; *(urh)* heat; *(tennis)* set; *(jääkiekko)* period; *(nyrkk)* round; *(maksu)* instal[l]ment
erämaa wilderness; *(hiekka~)* desert
eräs a, an, one; certain
erääntyä be (fall) due
esanssi essence
esihistoriallinen prehistoric
esiin out; forth; forward; up; ***astua~*** come forward, step forth; ***kaivaa ~*** dig out; ***tuoda ~*** bring up
esiinpistävä projecting; sticking out
esiintyminen appearance; *(käytös)* conduct; *(ilmeneminen)* incidence; occurrence
esiintymä deposit
esiintyvä appearing; occuring; *(teatt ym.)* performing; ***~ taiteilija*** artiste, performing artist; ***julkisuudessa mielellään ~ poliitikko*** a politician who likes appearing in the public
esiintyä *(julkisesti)* appear; *(käyttäytyä)* bear o.s.; *(poseerata)* pose; *(ilmiöstä)* occur; *(näkyä)* figure; ***~ jssak*** *(kasv)* affect
esi-isä ancestor; forebear
esi-isät antecedents
esikaupunki suburb
esikko primrose
esikoinen first-born
esikoulu *(Br)* preschool; nursery school
esikunta *(sot)* staff
esikuva example; role model
esikuvallinen exemplary
esileikki foreplay
esiliina apron; *(essu)* pinafore, pinny; *(kuv)* chaperon
esillä *(konkr)* on view; in public
esim. e.g.
esimaku foretaste
esimerkiksi for example (instance)
esimerkillinen exemplary
esimerkki example; illustration; instance; ***näyttää hyvää esimerkkiä jklle*** set a good example to sb
esimies superior; chief; *(ark)* boss
esinahka prepuce, foreskin
esine object; thing
esipuhe preface
esirippu [drop] curtain
esirukous intercession
esitaistelija champion; forerunner
esite folder, brochure, prospectus
esitellä *(tuote ym.)* demonstrate; *asettaa näytteille)* exhibit; *(henkilö)* introduce; *(paikkoja)* show sb around (round)
esitelmä lecture; paper, presentation; talk *(**jstak*** on)
esitelmöitsijä lecturer, speaker
esittely introduction; *(tuote~)* demonstration

esittäminen presentation
esittävä performing
esittää *(yleisölle, näyttämöllä)* perform; play; present; *(tuoda julki)* set forth; ***en tiedä kuinka esittäisin asiani*** I don't know how to put this; ***~ jaksoina*** serialize; ***~ jkn rooli*** play the role of; ***~ jkta henkilöä ym.*** impersonate, personify; ***~ kysymyksiä jklle*** put (pose) questions to sb; ***~ t. kohottaa malja*** make a toast; ***~ kutsu*** extend an invitation; ***~ kuvin*** figure; ***~ lyhyesti*** sum up; ***se aiotaan ~ televisiossa*** they are going to show it on television
esitys *(puhe)* discourse; *(parl)* motion; *(show, numero)* show; performance; routine; spectacle
esityslista agenda
esivalta the authorities
esivanhemmat ancestors
eskimo eskimo
eskimokoira husky
Espanja Spain
espanja *(kieli)* Spanish
espanjalainen Spanish; *(henk)* Spaniard
essee essay
essu pinny
este obstacle; barrier; *(sulku, tukos)* block, clog; *(kuv)* hindrance; impediment; *(urh)* hurdle
esteettinen aesthetic
esteettä freely; unchecked
esteettömyys liberty
esteettömyystodistus clearance certificate
estejuoksu steeplechase
esteratsastus *(maasto~)* steeplechase; *(rata~)* showjumping
estetiikka aesthethics
esto inhibition
estoton uninhibited
estradi stage
estää prevent from; keep, stop from *(doing sth)*; *(tehdä tyhjäksi)* foil, thwart; *(vaikeuttaa)* hamper; ***mikään ei estä minua menemästä sinne*** nothing can stop me from going there
etana slug; *(kuorellinen)* snail
etappi stage
eteen in front of; before
eteenpäin ahead; along; forward; on; onwards; ***liikkua ~*** move along; ***katsoa ~*** *(kuv)* look ahead; ***jatketaan ~*** let's get on
eteinen hall; vestibule
eteishalli lobby
etelä[än] south, South
etelä- southerly, southern
Etelä-Afrikka South Africa
eteläafrikkalainen South African
Etelä-Amerikka South America
eteläamerikkalainen South American
eteläinen southern; southerly, austral
etelänapa south pole
Etelämanner Antarctica
etelätuuli south[erly] wind
etelävaltiolainen *(Am)* Southerner; *(Am hist)* confederate
eteneminen progress; advance; *(edistys)* breakthrough
etenevä onward
etevyys proficiency
etevä accomplished; eminent; prominent
etevämmyys pre-eminence
etevämpi superior (***kuin*** to)

etiikka ethic[s]
etikka vinegar
etikkaliemi pickle
etsata etch
etsaus etching
etsin *(valok)* viewfinder
etsintä quest; search
etsintäkuulutettu wanted
etsivä detective
etsiä look for; seek; *(mineraaleja, öljyä)* prospect; *(haravoida, koluta alue)* scour; ~ ***sanakirjasta*** consult a dictionary; ~ ***tarkoin*** search; ~ ***verukkeita*** shuffle
ettei so as not to; *(vanh)* lest
että that
etu advantage; interest; *(hyöty)* benefit; favo[u]r; *(valtti)* asset; ***se on sinun ~si mukaista*** it is in your interest; ***edut ja haitat*** the pros and cons
etuajo-oikeus priority
etuala foreground
etuhammas front tooth
etuilija pusher
etuliite prefix
etulinja front line
etumatka lead; start
etumerkintä *(mus)* key signature
etunenässä: ***olla*** ~ be at the front, lead
etunimi *(Br)* Christian name; *(Am)* first name
etunäyttämö apron [stage]
etuoikeus priority; privilege
etuoikeutettu privileged; ~ ***osake*** preference share
etuovi front door
etupuoli front
etupää head
etupäässä chiefly
eturauhanen prostate
eturivi front row
etusija priority; preference
etusivu front-page; face
etusormi forefinger, index finger
etuvalo headlight
etuvartio outpost; advance guard
etäinen distant; remote; far-away, far-off
etäisyys distance
etäällä far away
etäännyttää *(kuv)* estrange
etääntyä draw away; *(kuv)* become estranged
eukko old woman
euroaamiainen continental breakfast
Euroopan komissio the European Commission
Euroopan neuvosto the Council of Europe
Euroopan parlamentti the European Parliament
Euroopan talousyhteisö the European Economic Community, EEC
Euroopan unioni the European Union, EU
Euroopan vapaakauppaliitto the European Free Trade Association, EFTA
Euroopan yhteisö the European Community, EC
Euroopan yhteisöjen tuomioistuin the European Court of Justice
Eurooppa Europe
eurooppalainen European
Eurooppa-neuvosto the European Council
evakuoida evacuate
evankeliumi gospel

eversti colonel
evoluutio evolution
evä fin
eväs snack; ***eväät*** picnic (packed) lunch
eväsretki picnic
evätä refuse, decline, withhold
Exodus Exodus

F

faarao pharaoh
fagotti bassoon
fajanssi faience
faksata fax
faksi fax
fanaatikko fanatic
fanaattinen fanatical
fani fan
fantasia fantasy
fantastinen fantastic
fariseus pharisee
farmari farmer
farmari[**auto**] *(Br)* estate car, *(Am)* station wagon
farmarihousut, farkut blue jeans, jeans
farmi farm
farssi farce
fasaani pheasant
fasisti fascist
federalistinen *(Am) (hist)* federal
feminiini- feminine
feodaalilaitos feudal system, feudalism
festivaali festival
fiasko fiasco
fiksu smart
filantrooppi philanthropist
filantropia philanthropy
filatelisti philatelist
filee fillet
filmata film, shoot
filmi film
filologi philologist
filologia philology
filosofi philosopher
filosofia philosophy
filosofian maisteri *(läh)* M.A., Master of Arts
filtteri filter
finaali final; *(mus, teatt)* finale
finanssi- financial
finni pimple, *(Am)* zit
Firenze Florence
firma firm, company
flanelli flannel
flegmaattinen phlegmatic
flirttailija flirt
flirttailla flirt
flirttailu, flirtti flirtation
flunssa flu
flyygeli grand piano
folio foil
folk[**musiikki**] folk [music]
foneettinen phonetic
fonetiikka phonetics
foorumi forum
formuloida formulate
fosfaattilannoite phosphate fertilizer
fosfori phosphorus
fossiili fossil
fraasi phrase
frakki tailcoat, tails
frangi franc
fraseerata *(mus)* phrase
freelance[**ri**] freelance
fregatti frigate
frekvenssimodulaatio FM, frequency modulation
frigidi frigid
friteerata deep-fry
frotee terry cloth
froteepyyhe soft towel

funkis, funktionalismi *(rak)* functionalism
fuskata cheat
futuuri future tense
fuuga *(mus)* fugue
fuusio[ituminen] fusion; *(liik)* merger
fyrkka *(ark)* cash
fysiikka physics; physical condition; *(ruumiinrakenne)* physique
fysikaalinen physical
fysikaalinen hoito, **fysioterapia** physiotherapy
fysiologia physiology
fyysikko physicist
fyysinen physical

G

gaala gala
gaelin kieli Gaelic
galaksi galaxy
galleria gallery
gallona gallon
galvanoida electroplate
gammaglobuliini *(lääk)* gamma globulin
gangsteri gangster
gaselli gazelle
gastronomia gastronomy
geeni gene
genetiikka genetics
genetiivi genitive
geologia geology
geometria geometry
gigolo gigolo
gimma *(sl) (Br)* bird, *(Am)* chick
gini gin
globaali global
glögi mulled wine
gobeliini tapestry
golf[peli] golf
golfinpelaaja golfer
golfkenttä golf course, golf links
golfmaila club
gondoli gondola
gongi gong
grafiikka graphics
graafinen graphic
gradientti *(fys) (mat)* gradient
grahamleipä brown bread
gramma gram[me]
grammari *(vanh)* gramophone
granaatti garnet
graniitti granite
gratinoida gratinate
Greenwichin aika G.M.T., Greenwich Mean Time
greippi grapefruit
grenadiini grenadine
grillata *(Br)* grill, *(Am)* broil; *(ulkona)* barbecue
grilli *(Br)* grill, *(Am)* broiler; *(ulko~)* barbecue
grillijuhla barbeque
groteski grotesque
Grönlanti Greenland
gulassi *(ruok)* goulash
guldeni guilder, gulden
gurmee gourmet
gynekologi gyn[a]ecologist

H

haahka eider [duck]
haaksirikko shipwreck
haaksirikkoutua be wrecked, suffer shipwreck
haalarit *(Br)* dungarees, *(Am)* overall[s]
haalea lukewarm; tepid
haalistaa discolo[u]r, fade
haalistua fade [away]
haamu ghost, phantom
haapa aspen
haara *(puun, joen, putken, tieteen)* branch; *(puun, joen, tien)* fork; *~t* legs
haara-asento *(voim)* straddle
haarahaukka kite
haarake *(hermon)* ramification
haara|liike, -osasto branch
haarautua branch [out]; ramify
haaremi harem
haarikka tankard
haarniska armo[u]r
haarukka fork
haaska carrion; carcass
haaskaeläin scavenger
haastaa challenge; *~ riitaa* pick a quarrel; *~ oikeuteen* arraign (*jkn perusteella* on, for); bring an action against sb, sue sb, summon sb; *~ todistajaksi* call (summon) sb as a witness, subpoena a witness; *~ todistamaan* call to testify
haastaja challenger; *(lak)* complainant; *(urh)* contender
haastatella interview
haastattelu interview
haaste challenge; *(lak)* prosecution; *(~ vastaajalle)* writ, [writ of] summons; *(~ todistajalle)* subpoena; *antaa ~ jklle* serve sb with a summons (subpoena)
haava cut, wound
haave dream; fancy; illusion
haaveilija dreamer
haaveilu reverie
haavekuva dream, illusion
haavoittaa wound
haavoittumaton invulnerable
haavoittunut wounded
haavoittuva vulnerable
hahmo shape, figure; *jkn ~ssa* in the guise of, in the form of
hahmotella outline, delineate; sketch
hahmottua take shape
hai shark
haihduttaa *(usva, huolet ym.)* dispel, dissipate; *(vesi)* evaporate; *(kasv, el)* transpire
haihtua *(usva, huolet ym.)* dissipate; *(vesi)* evaporate
haihtuva *(nesteestä)* volatile
haikara *(harmaa~)* heron; *(katto~, vauvojen tuoja)* stork
haikea sad, wistful; bittersweet, melancholy
haiku puff, whiff
hairahdus error, false step
hairahtua err; fall for; *~ kaidalta polulta* stray from the right path
haiskahtaa smell of sth; *(kuv)* savo[u]r, smack of sth
haista smell, stink
haistaa smell; *~ palaneen käryä*

(kuv) smell a rat
haistella sniff, snuff
haisunäätä skunk
haitallinen harmful; prejudicical; adverse; *(vaarallinen)* hazardous
haitata inconvenience, give trouble; hamper
haitta *(varjopuoli)* disadvantage, drawback; *(hankaluus, este)* inconvenience, hindrance, handicap; prejudice; detriment
haituva wisp
hajaannus split, disunion
hajaantua *(ryhmä, seurue)* split up, break up, disperse; *(väkijoukko, pilvet)* scatter, disperse; *(mielipiteet)* diverge, divide; *(äänet)* be scattered; *(parl)* adjourn
hajaantuminen *(väkijoukon, pilvien ym.)* dispersion; *(parl)* adjournment
hajaantunut diffuse, scattered
hajallaan [oleva] scattered, dispersed, spread out
hajalle: ***mennä ~ (rikki)*** break [down]
hajamielinen absent-minded
hajamielisyys absent-mindedness
hajanainen scattered; *(katkonainen)* fragmentary; *(epäyhtenäinen)* incoherent, disconnected
hajareisin astride
hajoama divergence
hajoaminen *(myös pol)* break-up; *(eduskunnan)* dissolution; *(kem)* decomposition
hajota *(kone, auto)* break down; *(talo)* tumble down; *(systeemi)* crack up; *(puolue, järjestö ym.)* break up; *(väkijoukko, pilvet)* scatter, disperse
hajottaa *(rikkoa)* break down; *(purkaa talo ym.)* pull (tear) down, demolish; *(väkijoukko)* break up, disperse; *(pilvet, sumu)* scatter, dispel; *(eduskunta, puolue)* dissolve; *(kem)* decompose
hajottaminen break-down; demolition; dismissal; dispersion; dissipation
haju smell, odo[u]r
hajuaisti [sense of] smell
hajuherne sweet pea
hajuvesi perfume; scent
haka *(oven, portin)* hook, clasp; fastening; *(laidun)* pasture; *(Br)* paddock; *(ark)* ace
hakanen hook; clasp
hakaneula safety pin
hakaristi swastika
hakasulkeet [square] brackets
hakata *(pöytää, ovea nyrkillä ym.)* bang on; *(kiveä, puuta)* cut; *(pilkkoa puita)* cut, chop, hew [down]; *(pahoinpidellä)* batter, beat [up]; *(voittaa)* beat, win; ***~ päätään seinään*** *(kuv)* bang one's head against the wall; ***ovi hakkasi tuulessa*** the door was banging in the wind
hake wood chips
hakea get; pick up; *(etsiä)* seek, search, look for; *(lääkäri)* send for; *(atk)* access; ***~ työpaikkaa*** apply for a job; ***~ hakulaitteella*** page sb; ***~ muutosta*** *(lak)* appeal
hakemisto index, ABC; directory
hakemus application
hakija applicant; candidate
hakkailla flirt with, court sb
hakkautua be battered (***jtak vasten*** against sth)

hakkelus hash
hakku pick
hakkuu logging, felling
hakkuuveitsi chopper
haksahdus blunder
hakusana entry, head
hakuteos encyclopedia; reference book
halailla neck; *(Am)* make out
halata hug
halaus hug
halia cuddle
haljeta burst; split
halkaisija diameter
halkaista *(kiveä, puuta)* split, cut, cleave; ~ ***omena*** halve an apple
halkeama *(seinässä ym.)* crack; *(pöydässä)* split; *(maassa, kalliossa)* fissure, crevice, cleft
halkeilla crack
halkeillut *(lasiseinä)* cracked; *(huulet)* chapped
halki across, through
halko log (billet) of wood
halla frost
halli hall
hallinnollinen administrative
hallinta control; mastery
hallinto administration
hallintohenkilöstö administrative staff
hallintoneuvosto board of directors
hallintorakennus administration (administrative) building
hallita *(olla vallassa)* rule, reign, govern; *(olla vallitseva)* dominate; *(pitää kurissa)* control; *(jk taito)* master, have a good command of
hallitseva ruling; dominant; *(vallitseva)* prevailing
hallitsija monarch; ruler; sovereign; ***~n puoliso*** consort
hallitsijasuku dynasty; house
hallitus cabinet, government; *(johtokunta)* board; trustees
hallitusjärjestelmä regime
hallituskausi administration, reign, rule
hallitusmuoto regime
hallitusneuvottelut government negotiations
hallituspohja government base
hallituspula cabinet crisis
hallituspuolue government party, party in power
hallitustapa regime
hallitusvalta rule
hallusinaatio hallucination
haloo hello
halpa cheap; inexpensive
halpahalli cash and carry; *(Am)* discount store
halpamainen base, ignoble, mean
halpamaisuus meanness
halpuus cheapness
halsteri gridiron
haltija holder, occupant; *(kuv)* elf
haltijatar fairy
haltijavelkakirja bearer bond
haltioissaan *ks.* ***haltioitunut***
haltioituminen ecstasy, raptures; excitement, thrill
haltioitunut in ecstasies, in raptures; ***hän oli ~ kuullessaan uutisen*** she was in raptures at the news
halu desire; wish; ***hillitön ~*** craving
halukas willing; *(innokas)* eager, keen (***jhk*** to)

halukkaasti heartily; readily
halu|ta want [to], wish; desire; like; ***-aisitteko jotain juotavaa?*** would you like something to drink?; ***ku-ten -atte*** as you like (please); ~ ***kiihkeästi jtak*** crave *t.* hunger for
haluton unwilling; listless
haluttava desirable
haluttomuus unwillingness; disinclination
haluttu wanted, desired
halvaannuttaa paralyse
halvaus paralysis, palsy; *(kohtaus)* stroke
halveksia contempt; despise
halveksittava contemptible; despicable
halveksiva contemptuous; scornful; ~ ***katse*** sneer
halveksunta contempt; disdain; disregard
halventaa *(kustannuksia ym.)* lower, reduce; cheapen; *(kuv)* disparage, degrade
halventaminen lowering, reduction; disparagement, degradation
halventava derogatory, disparaging
hame skirt
ham|mas tooth *(pl teeth)*; ***-paan poisto*** tooth extraction
hammasharja toothbrush
hammashoitaja dental assistant
hammashoito dental care
hammashoitola dental clinic
hammasjauhe tooth powder
hammaskiille enamel
hammaskivi tartar
hammaslanka dental floss
hammaslääkäri dentist
hammasmätä caries
hammaspyörä cog [wheel], gear, toothed wheel
hammasratas cog, pinion, rack wheel
hammasraudat braces
hammasrivi row of teeth
hammassärky toothache
hammastaa indent, tooth
hammastahna toothpaste
hammastikku toothpick
hampaat teeth
hampaaton toothless
hampaisto denture
hamppu hemp; jute
Hampuri Hamburg
hampurilainen *(ruok)* hamburger
hamstraaja *(~luonne)* acquisitive
hamuta fumble [about, around] *(**jtak** for)*
hana *(kraana) (Br)* tap, *(Am)* faucet; *(aseen)* cock
hangata rub, abrade; *(hiertää)* chafe; *(kuurata)* scour, scrub; ~ ***pois*** *(lika)* scrub off; *(kynänjälki)* erase
hanhi goose; *(uros)* gander
hanhiparvi gaggle
hankaaminen abrasion, scrubbing
hankala difficult; inconvenient, uncomfortable; *(tukala)* awkward; *(~ käsitellä)* cumbersome
hankaluus difficulty, problem, snag; inconvenience; complication
hankauma chafe; gall
hankaus friction
hanke plan, project, undertaking
hanki[ainen] crust
hankinta acquisition; *(ostos)* purchase
hankittu acquired

hankkia get, acquire; obtain; procure, provide; supply; *~ itselleen [varma] asema* establish o.s.; *~ pätevyys* qualify
hankkija supplier; *(toimittaja)* deliverer, contractor
hankkiminen acquisition; *(osto)* purchase
hanko pitchfork
hansikas glove
hanska *(urh)* mitt
hapan *(myös kuv)* sour; crabby; *(kem)* acid
hapanimelä sweet-and-sour
hapantua sour
haparoida blunder, fumble [about, around] (*jtak* for)
hapatus souring; *(kuv)* leaven
hapettuminen oxidation
happamuus[aste] acidity
happi oxygen
happo acid
hapsut fringe
hapuilla fumble [about, around] (*jtak* for); grope [about] (*jtak* for)
harakka magpie
harava rake
haravoida rake
harha illusion; *(psyk)* delusion
harhaan astray; *johtaa ~* lead astray; *astua ~* make a false step
harhaanjohdettu misguided
harhaanjohtava fallacious, misleading
harhaileva wandering, straying
harhailla ramble; rove; *(kuljeksia, vaeltaa)* wander
harhakuva illusion; phantom
harhakäsitys fallacy, misconception
harhaluoti stray bullet
harhaluulo fallacy; false notion, myth; *(psyk)* delusion
harhaoppi heresy
harhaoppinen heretic
harhauttaa mislead, elude; bluff
harhautunut misguided
harja brush; *(katon)* ridge; *(aallon)* crest; *(mäen)* brow of a slope; *(el)* mane
harjaannus practice
harjaannuttaa exercise, train
harjaantumaton untrained
harjanne ridge
harjannostajaiset *(Br)* topping-out [party]; *(Am)* roofing celebration
harjas bristle
harjata brush
harjoitella exercise, train; practise; *(esitystä)* rehearse
harjoitelma study
harjoittaa exercise; train; *(ammattia, elinkeinoa, toimintaa ym.)* carry on, ply, practise; *(politiikkaa ym.)* pursue
harjoittaminen exercise, training; plying, practice; *ks.* ***harjoittaa***
harjoitus drill; exercise; *(harjoitukset)* practice; *(esityksen)* rehearsal
harju ridge
harkinta consideration; deliberation
harkinta-aika *(lak)* reconsideration period
harkita consider; deliberate; weigh
harkitsematon inconsiderate; indiscreet; *(nopea)* rash
harkitseva prudent, circumspect
harkitsevaisuus consideration, delibertion; *(kaukokatseisuus)* fore-

sight; *(varovaisuus)* prudence
harkittu deliberate; *(murha, rikos)* premeditated
harkko bar, bullion
harmaa grey; *(Am)* gray
harmaakaihi cataract
harmaakarhu grizzly bear
harmaantua [turn] grey
harmaantunut grey, grizzly, hoary
harmahtava greyish
harmi bother, harm, trouble; *(kiusa)* nuisance
harmillinen annoying, vexatious; provoking
harmistunut annoyed, displeased, resentful
harmitella fret (*jtak* about)
harmiton harmless, inoffensive
harmittaa annoy, vex
harmonia harmony; *(mus)* harmonics
harmonikka accordion
harmoninen harmonious
harppaus bound, leap, stride
harppi [a pair of] compasses
harppoa stride
harppu harp
harppuuna harpoon
harras devoted; pious; *(omistautunut)* dedicated; *(innokas)* ardent, fervent; ~ ***pyyntö*** entreaty
harrastaa be interested in, take an interest in; go in for
harraste pastime, hobby
harrastelija amateur
harrastella dabble
harrastus hobby, interest; pursuit
harsia *(saumat)* baste; *(yhteen)* tack
harso veil
hartaasti ardently
hartaudenharjoitukset devotions
hartaushetki hour of worship (prayer)
hartia shoulder
hartiahuivi shawl, *(Skotl)* plaid
hartsi rosin
harva sparse, thin; *(vain harva)* few; *(muutama)* a few; ***vain ~ tietää siitä*** only a few know about it
harvaan sparsely, thinly
harvapuheinen taciturn; uncommunicative
harvat few
harvennus *(kirjap)* spacing out; *(kasv)* thinning [out]
harventaa *(kirjap)* space [out]; *(kasv)* thin [out]
harvinainen rare; uncommon, unusual; ~ ***esine*** curiosity
harvinaisen exceptionally, remarkably, singularly
harvinaisuus curiosity; rarity
harvoin rarely; seldom
hasis hashish
hasselpähkinä hazelnut
hassu foolish, funny; silly
hatara flimsy; *(kuv)* tenuous; ~***sti rakennettu*** flimsily constructed, jerry-built
hattu hat; *(lakki, sienen ~)* cap
hattukauppias hatter; milliner
hatunlieri brim of a hat
haudata bury
haude compress; *(kuuma ~)* fomentation; *(vesi)* [water] bath
hauduttaa simmer, braise; *(kalaa)* steam; *(lihaa)* stew; *(teetä, kahvia)* brew, infuse
haukahtaa yelp
hauki pike
haukka falcon; hawk

haukkapala bite
haukkaus bite
haukkoa: ~ ***henkeä (ilmaa)*** gasp; ~ ***henkeään*** stifle
haukkua *(koirasta)* bark; *(moittia)* criticize; *(sättiä)* abuse at sb, carp at sb, tell sb off
haukotella yawn
hauli[t] shot
hauras fragile, delicate, brittle
hauraus fragility
haureellisuus obscenity, indecency
haureus *(lak)* fornication; adultery
hauska amusing, delightful, entertaining; fun, funny, jolly; nice, pleasant; ***pitää ~a*** have a good time, enjoy o.s.; ***meillä oli ~a*** we had a good time; ***~a joulua!*** Merry Christmas!
hauskanpito fun
hauskuttaa amuse, divert
hauskuus pleasure, amusement; fun, jollity
hauta grave; tomb
hauta[kammio] sepulchre
hautaholvi crypt; tomb
hautajaiset funeral
hautakappeli cemetary chapel
hautakirjoitus epitaph
hautaus burial
hautausmaa cemetary, graveyard; burial ground
hautaustoimisto undertaker's office; *(Am)* funeral home (parlor)
hautoa *(el)* brood, hatch; ~ ***mielessään*** brood over, harbo[u]r
hautomakone incubator
hautua *(tee ym.)* brew, infuse; *(ruoka)* simmer, steam
havainnollinen clear, graphic
havainnollistaa *(esimerkein)* exemplify
havainto observation
havaintokyky perception
havainto-opetus object lesson
havaita perceive, observe, detect; *(huomata, löytää)* discover, find
havaittava perceptible
havina swish
havista swish
havu spruce (pine) twig
havupuu conifer[ous] tree
he they
heavy-musiikki heavy
hebrea *(kieli)* Hebrew
hede stamen; ***emi ja heteet*** pistil and stamens
hedelmä, hedelmät fruit; ***~n sisus*** pulp
hedelmäjuoma squash
hedelmäkakku fruitcake
hedelmällinen fertile; *(kuv)* fruitful
hedelmällisyys fertility; *(kirj)* fecundity
hedelmätarha orchard
hedelmättömyys sterility; *(maan)* aridity
hedelmätön sterile; *(karu)* barren
hedelmöittää conceive, *(kirj)* impregnate; *(kasv)* fertilize
hedelmöityminen conception
hedelmöityä conceive
hegemonia hegemony
hehku *(kuv)* fervo[u]r, fire; *(nuoruuden, tunteen ym.)* flush; *(poskilla, taivaalla ym.)* glow
hehkua glow
hehkulamppu bulb
hehkuva glowing, red-hot; burning, flaming; *(metalli)* incandescent; *(kuv)* fiery, ardent

hehkuviini mulled wine
hehtaari hectare
hehtolitra hecto|litre; *(Am)* -liter
hehtometri hecto|metre; *(Am)* -meter
hei hello; *(Am)* hi
heidän their, theirs
heidät them
hei hei bye [bye]; *(Br)* cheerio
heijastaa reflect
heijaste reflex
heijastin reflector; luminous badge
heijastua reflect, be reflected; reverberate
heijastuma reflex
heijastus reflection
heikentyminen impairment
heikentyä abate, fall off; weaken
heikentää weaken; *(voimia)* debilitate, enervate, sap; *(huonontaa)* impair; *(vaikeuttaa)* undermine
heiketä weaken, grow weaker; fail; drop
heikkeneminen abatement
heikko weak; *(voimaton)* enervate; *(huono)* poor; *(vähäinen)* faint, feeble; *(hauras)* fragile, frail
heikkohermoinen nervous, nervy, highly-strung; *(lääk)* neurotic
heikkomielinen feebleminded; *(lääk)* moron
heikkous weakness, feebleness; frailty
heikosti weakly
heila girl (boy) friend
heilahdella *(nousta ja laskea)* bob; *(keinua)* swing; *(kuv)* fluctuate; *(heiluri, myös kuv)* oscillate
heilahteleva swinging
heilahtelu fluctuation; *(myös kuv)* oscillation
heilaut|taa: ***hän -ti itsensä aidan yli*** he swayed himself over the fence; ***hän -ti kättään minulle*** she waved her hand at me; ***hevonen -ti päätään taaksepäin*** the horse tossed its head back; ***koira -ti häntäänsä*** the dog wagged its tail; ***se ei minua paljon -a*** I couldn't care less
heille [to] them, for them
heilua *(keinua ym.)* sway, swing; *(ylös ja alas)* bob; *(hännästä)* wag
heilunta sway
heiluri pendulum
heiluttaa sway, swing; *(häntää)* wag; *(vilkuttaa)* wave
heimo tribe, clan
heimopäällikkö [tribal] chief
heinä hay; grass
heinähanko pitchfork
heinäkuu July; ***~ssa*** in July
heinäseiväs hay pole
heinäsirkka grasshopper; locust
heinäsuova haystack
heisimato tapeworm
heitellä throw; toss, fling; *(kuv)* *(ideoita ym.)* bandy
heitteillejättö exposure, abandonment
heittelehtiä toss about; *(autosta)* skid
heittiö scoundrel, rascal
heitto *(urh ym.)* throw, shot; *(verkkojen, uistimen, arvan)* cast; *(paiskaus)* chuck, fling, pitch; *(lantin)* toss
heittoistuin catapult; ejectorseat
heittomerkki apostrophe
heittovapa spinning rod
heittäytyä throw o.s. down; fling

o.s. down; ~ ***jalkojen juureen, kaulaan*** fall at sb's feet, on sb's neck; ~ ***polvilleen*** fall on one's knees; ~ ***juomaan*** take to drinking

heittää throw, cast, chuck, toss; *(singauttaa, heilauttaa)* fling; *(tuikata, viskata)* pitch, sling; ~ ***arpaa*** cast lots; ~ ***kivellä jkta*** throw (sling, fling) a stone at sb; ~ ***kruunaa ja klaavaa*** flip [up], toss [up] a coin; ~ ***menemään*** throw away, chuck out; ~ ***sikseen*** *(ark)* chuck sth [in]

heitä them

heiveröinen frail, fragile, puny

hekuma lust

hekumallinen voluptuous

helakanpunainen scarlet

helatorstai Ascension Day

helikopteri helicopter; *(ark)* chopper

helinä *(kolikoiden)* chink; *(ikkunan)* rattle; *(kellojen, tiukujen)* jingle, tinkle

helistin rattle

helistä jingle, tinkle; *(kolikot)* chink; *(ikkuna)* rattle

hella *(Br)* cooker, *(Am)* stove

helle heat, sultriness

hellekypärä topee; sun helmet

hellittämättömyys determination; perseverance, persistence; insistence

hellittämätön persistent; tenacious; insistent

hellittää *(jännitystila)* ease; *(kipu)* ease [off]; *(lihakset, ponnistus)* relax; ~ ***ote jstak*** relax, loosen one's grip [on sth]

helliä cherish; coddle, cuddle; dote on

helluntai Pentecost; Whitsun[tide]

hellyys tenderness; affection

hellä affectionate, fond, tender; *(lihas ym.)* sore

helläkätinen kind, soft

hellästi dearly; tenderly

helläsydäminen softhearted

hellävarainen gentle

hellävaroen gently, with care

helma *(syli)* lap; *(hameen)* hem

helmasynti besetting sin

helmeillä sparkle

helmi pearl; *(puu~, lasi~ ym.)* bead

helmikuu February

helminauha pearl necklace

helmiäinen mother-of-pearl; *(kosmet)* pearl

helottaa shine

helposti easily; readily

helpottaa facilitate; alleviate; *(kipua)* ease; ~ ***mieltä*** ease one's mind

helpotus relief; ease; alleviation

helppo easy; smooth; *(ark)* cushy; ~ ***homma*** picnic, piece of cake; ~ ***käsitellä*** manageable

helppopääsyinen accessible

helppous ease; easiness

helteinen sultry

helttasieni toadstool

heltymätön unmoved; inexorable; relentless

heltyä relent

helvetillinen hellish; infernal

helvetti hell

hely bauble; trinket

helähdys *(metallin)* clash, clang; *(lasin)* clink; *(vongahdus)* twang

helähtää *(lasi)* clink; *(metalli)* clash, clang

hemaiseva gorgeous; *(ark)* dishy
hemmotella indulge [sb]; pamper; spoil
hemmoteltu spoiled; spoilt
hemmottelu indulgence
hempeä sweet, charming; namby-pamby
hengellinen spiritual
hengenahdistus difficulty in breathing
hengenheimolaisuus affinity
hengenvaara danger to life; ***varokaa*** ~ danger! keep clear!; ***hän on ~ssa*** his life is in danger; ***potilaalla ei ole välitöntä ~a*** the patient is out of danger
hengenvaarallinen breakneck, perilous
hengenveto gasp, breath
hengetön lifeless; vapid
hengissä alive
hengittäminen breathing
hengittää breathe; ~ ***ulos*** exhale, expire; ~ ***sisään*** inhale
hengitys breathing; respiration; *(henki)* breath, wind; ***saada ~ tasaantumaan*** catch one's breath, regain one's wind
hengitys|kone, -laite respirator
hengähdys gasp, breath
hengästynyt breathless, out of breath
henkari hanger
henkeä salpaava breathtaking
henk|i *(henkäys, hengitys)* breath, wind; *(usk, myt)* spirit; *(saduissa)* genie; *(kuv, filos)* mind, spirit; *(elämä)* life; ***hänen -ensä haisee pahalle*** he's got bad breath; ***pidättää -eään*** hold (catch) one's breath; ***-eä salpaava*** breathtaking; ***menettää -ensä*** lose one's life
henkikirjoitus census
henkilö person; personality; ***huomattava*** ~ personage
henkilöauto [passenger] car
henkilöhahmo character, personage
henkilöidä personify
henkilökohtainen personal; face-to-face
henkilökohtaisesti personally, in person
henkilökunta personnel, staff
henkilöllisyys identity
henkilöllisyystodistus identity card, I.D.
henkinen mental; spiritual; ~***paine*** stress, pressure
henkiparantaja faith healer
henkipatto outlaw
henkitorvi windpipe
henkivakuutus life insurance
henkivartija body guard; lifeguard
henkselit *(Br)* braces; *(Am)* suspenders
henkäys breath; whiff
hennoa have the heart to
hento *(hauras)* frail; *(hoikka, ohut)* slender; delicate
hentomielinen softhearted
hepenet finery
heppoinen *(leninki, selitys ym.)* flimsy
heppu guy; *(Br) (ark)* bloke
hera *(maidon)* whey; *(fysiol)* blood serum
hereillä awake
herhiläinen hornet
herjata abuse, revile, slander; *(kirjoituksin)* libel[l]; *(pyhää)* blas-

pheme
herjaus abuse, slander; *(~sana)* invective; *(kirjoitus)* libel
herkku delicacy
herkkupala dainty; *(ark)* goody
herkkusuu gourmet
herkkyys sensitivity; *(kipu~ ym.)* sensibility
herkkä sensitive (***jllek*** to); *(altis)* susceptible; *(arkaluontoinen)* delicate, tender; *(hieno)* exquisite; *(~ vaikutteille)* impressionable
herkkäuskoinen credulous; gullible; simple
herkkäuskoisuus credulity
herkullinen appetizing, dainty, delectable; *(myös kuv)* delicious, luscious
herkullisuus delicacy
herkutella feast (***jtak*** on sth); ~ ***jllak [ajatuksella ym.]*** revel in, luxuriate in sth
herkuttelija gourmet
hermo nerve; ***~ja riipivä (repivä)*** nerve-racking; ***älä menetä ~jasi*** don't lose your nerve
hermojännitys nerve strain, strain on the nerves
hermojärjestelmä nervous system
hermoromahdus nervous breakdown
hermosolmu ganglion
hermosto nervous system
hermostua get nervous, get ruffled; get irritated; *(menettää malttinsa)* lose one's temper
hermostuneisuus frustration
hermostunut nervous; *(rauhaton)* restless, ruffled; *(ark)* nervy, jittery; *(ärtyisä, yliherkkä)* edgy, touchy
hermostuttaa make sb nervous, flurry; frustrate; *(ärsyttää)* irritate
herne pea
heroiini heroin
Herra Lord
herra *(puhuteltaessa)* mister, sir; *(nimen edellä lyhenteenä)* Mr., Mr; *(Br) (kirjeessä nimen jäljessä)* Esq., esquire; *(kirjeessä ennen nimeä (Hra, Hrrat)* Mr., Messrs.; *(kirjeessä puhutteluna)* Dear Sirs!; *(nuori ~)* master; ***palvella kahta ~a*** serve two masters; ***~ ja hidalgo*** lord and master; ***hyvät naiset ja ~t!*** ladies and gentlemen!
herrasmies gentleman
herruus domination; mastery
hertta *(korttip)* hearts
herttainen dear; sweet
herttua duke; ***Windsorin*** ~ the Duke of Windsor
herttuakunta duchy
herttuatar duchess
herukka currant; ***musta~*** black currant
heräte impulse, stimulus; ***herätteitä antava*** suggestive
heräteosto impulse buy
herät|tää *(unesta)* wake [up]; *(havahduttaa)* rouse, wake (***jhk*** to); *(huomiota, epäilyksiä ym.)* arouse, provoke, stir [up]; ***-ä minut kuudelta*** wake me up at six; ***älä -ä vauvaa!*** don't wake the baby; ~ ***henkiin*** resuscitate, revive; ~ ***pahennusta*** provoke indignation, scandalize; ~ ***sekalaisia tunteita*** stir mixed feelings ; ~ ***toiveita*** raise hopes
herätys wake-up call; *(sot)* rouse;

(usk) revival; *(kuv)* awakening; ***saisinko herätyksen klo 7?*** could you call me at seven? could I have the wake-up call at seven?
herätyskello alarm [clock]; ***laittaa ~ soimaan kuudeksi*** set the alarm [clock] for six; ***~ soi kuudelta*** the alarm [clock] went off at six
herä|tä wake, wake up; *(kuv)* awake; ***-sin viideltä*** I woke [up] at five; ***onko vauva jo -nnyt?*** has the baby woken (waked) yet?
heti at once; immediately, instantly; right now, this instant (minute)
hetkellinen momentary
hetk|i instant; moment; while; ***odottakaa ~*** one (just a) moment please; ***-en kuluttua*** in a little while, after a while; ***-en mielijohteesta johtuva*** impulsive
hevo|nen horse; ***kasvattaa -sia*** breed horses
hevonpaska bullshit
hevosenharja mane
hevosenkenkä horse shoe
hevoshaka *(Br)* paddock
hevoskaakki jade
hevoskastanja horse chestnut
hevoskilpailut horse-race
hevostenhoitaja groom
hevosvoima horsepower, HP.
hidas slow, sluggish
hidasjärkinen dull[-witted], slow [of comprehension]
hidastaa slow [down]; hinder; *(prosessia)* retard; slacken; ***~ vauhtia*** slack up, slow down (up)
hidasteleva dilatory
hidastella delay, loiter
hidastettu slow motion
hidastua slacken, slow down
hieho heifer
hiekka sand
hiekkainen sandy
hiekkaranta beach
hiekkaviila emeryboard
hiekoittaa sand
hieno fine, classy, fancy, sophisticated; *(arvokas, maineikas)* distinguished; *(tasokas, hienostunut)* exclusive, exquisite, choice; *(ark)* smart; *(ohut)* thin; *(~n hieno)* delicate, subtle; ***~ hotelli (ravintola)*** exclusive hotel (restaurant); ***~ käytös*** refinement; ***~ nainen*** lady; ***~nnäköinen vanha herra*** distinguished-looking old gentleman
hienoinen, **hieno** *(konkr, kuv) (lanka, ero ym.)* tenuous
hienontaa chop [up], mince; ***~ jauheeksi*** powder; ***~ massaksi*** pulp
hienosteleva snobbish
hienostelija dude; snob
hienostelu snobbery
hienosto gentry
hienostuneisuus *(käytöksessä)* sophistication, refinement, breeding; elegance
hienostun|ut *(käytökseltään, olemukseltaan)* refined, sophisticated; *(sivistynyt)* cultivated; *(tasokas, hieno)* exclusive, exquisite; ***~ ravintola*** an exclusive restaurant; ***-eet tavat*** exquisite (refined, polished) manners; ***~ maku*** exquisite (refined, subtle) taste; ***~ puhetapa*** refined way of speaking
hienotunteinen considerate; discreet; thoughtful
hienotunteisuus consideration;

discretion
hienous fineness; refinement; elegance, delicacy
hienovaraisuus discretion
hieroa massage; rub; ~ ***kauppaa*** bargain, dicker
hieroja masseur, masseuse
hieronta massage
hiertymä chafe, sore; *(eläimellä)* gull
hiertyä be chafed
hiertää chafe
hieta fine sand
hietikko sands
hievahtaa stir, budge
hiha sleeve
hihanaukko armhole
hihaton sleeveless
hihittää giggle, snigger
hihitys giggle
hihna belt; *(laukun ym.)* strap; thong
hiihto skiing
hiihtohissi ski lift
hiihtokilpailu skirace, skiing race (competition)
hiihtäjä skier
hiihtää ski
hiili *(kem)* carbon; ***puu~*** charcoal; ***kivi~*** coal; ***kuin tulisilla ~llä*** like a cat on hot bricks
hiilidioksidi carbon dioxide
hiilihanko poker
hiilihappo carbonic acid
hiilihydraatti carbohydrate
hiilikaivos coal|mine, -pit; colliery
hiilikaivostyöläinen coalminer
hiilikellari bunker
hiililaiva collier
hiilimonoksidi carbon monoxide
hiilipaperi carbon[paper]
hiilisanko scuttle
hiilivaunu tender
hiillos embers
hiiltyä char; *(kuv)* blow one's top
hiiltää char
hiipiä creep, sneak, slink, slip, steal; ***murtovaras hiipi taloon*** the burglar crept into the house; ~ ***pois kuin varas*** steal away like a thief; ~ ***sisään*** sneak (slip) in
hiippa *(piispan)* mitre, *(Am)* miter
hiippakunta diocese
hiiri mouse *(pl mice)*
hiirihaukka buzzard
hiiskumaton breathless
hiiva yeast
hiiviskellä lurk about, sneak about
hiki sweat, perspiration
hikinauha sweatband
hikinen sweaty
hikka hiccough[s], hiccup[s]
hikoilla sweat, perspire
hikoilu sweating, perspiration
hilata haul
hiljaa quiet[ly], softly; *(liikkumatta)* still; ***ole ~!*** be quiet!; ***puhua ~*** speak quietly (softly); ***kiehua ~*** simmer
hiljainen quiet, low; *(äänetön)* silent; still; *(musiikki, ääni ym.)* soft
hiljaisuus quiet[ness]; *(äänettömyys)* silence; *(liikkumattomuus)* stillness
hiljentää *(hidastaa)* slow, slacken; *(vaimentaa)* muffle; *(vaientaa)* silence; ~ ***radiota*** turn down the radio; ~ ***vauhtia*** ease down, slow down, slacken speed
hilkka bonnet, hood
hilla cloudberry

hilleri polecat
hillitty restrained, well-controlled, composed; *(väri ym.)* subdued, discreet; soft, quiet
hillittömyys abandon; extravagance
hillit|ä control, check, curb; *(rajoittaa)* restrain, subdue; *(rauhoittaa)* calm down; *(tunteita, kyyneliä)* hold back; ~ ***itsensä*** control o.s.; ~ ***kielensä*** curb (hold) one's tongue; ~ ***menoja*** hold down the expenditure; ***-sevä tekijä***, ***pidäke*** curb; ***-sevä vaikutus jhk*** restraining influence on sth
hillitön unchecked, uncontrolled, unrestrained; extravagant, excessive; ***hillittömän hauska*** hilarious
hillo jam; preserve
hillosipuli pickled onions
hilpeys cheerfulness, gaiety; mirth
hilpeä cheerful, gay; merry, jolly; hilarious
hilse dandruff; scurf
himmennin *(valok)* diaphgram
himmentyä dim
himmentää *(valaistusta)* dim, darken; *(varjostaa)* cloud, obscure; *(loistoa, kiiltoa)* tarnish
himmeä *(valo)* dim; *(väri)* dull; *(matta)* mat
himo lust
himoita lust, covet, desire
himoitseva covetous
himottava desirable
hinaaja[laiva] tug
hinata tow; *(mer)* tug
hinausauto *(Br)* breakdown truck, *(Am)* tow truck
hinkalo bin
hinkuyskä whooping cough
hinta cost; price; ***hintojen romahdus*** slump
hinta[ilmoitus] quotation
hintapyyntö asking price
hintasäännöstely price control
hioa *(lasia)* grind; *(timantti)* cut; *(kirves)* whet; *(lattia, ovi)* sand (rub) down; *(pinta, reuna, lauta)* smooth; *(kuv)* polish, perfect
hiomaton rough; *(kuv myös)* gauche; *(tökerö)* rude
hiostava sultry
hipaista touch [lightly], brush; *(raapaista)* graze; *(hipoa)* skim; shave
hipiä complexion, skin
hipoa almost touch, verge on
hippi hippie, hippy
hirmuinen terrible, awful
hirmumyrsky hurricane
hirmuteko atrocity; enormity
hirmuvalta tyranny; despotism
hirnahdella whinny
hirnua neigh
hirsi balk; beam; log
hirsimökki log cabin
hirsipuu gallows
hirssi millet
hirttonuora rope; *(vanh)* halter
hirttää hang
hirvensarvet elk antlers
hirveä awful; terrible; horrible; monstrous; *(ark)* abominable
hirveän awfully, terribly
hirveästi horribly, terribly
hirvi elk; *(amerikan~)* moose
hirvittävyys atrocity, enormity
hirvittävä atrocious; horrifying
hirvittää horrify, terrify
hirviö monster; *(sat)* beast

hirviömäinen monstrous
hissi *(Br)* lift; *(Am)* elevator
historia history
historiallinen historic[al]
historioitsija historian
hitaus slowness; sluggishness
hitsata weld
hitti *(mus)* hit
hitto damn, darn
hitunen bit; *(ripaus)* dab; *(kuv)* element
hiukan slightly; some; somewhat
hiukkanen particle
hiuksenhieno tenuous
hiukset hair
hius hair; ***leikkauttaa hiukset*** have a haircut, have one's hair cut
hiusharja hairbrush
hiuskarva: ***~n varassa*** within a hair's breadth, touch-and-go
hiuslaite coiffure; hair-do
hiuslakka hairspray
hiuslisäke false, hair piece; *(miesten myös)* toupee
hiusneula hairpin
hius|pinni, -solki *(Br)* hairgrip, hair slide; *(Am)* bobby pin, barrette
hiussykerö bun
hiustenhoitoaine hair conditioner
hiustenkuivaaja hairdryer
hiustenleikkuri clippers
hiustenleikkuu haircut
hiusvesi hair lotion
hiutale flake
hiven: ***~ suolaa*** a grain of salt; ***epäilyksen ~*** a shade of suspicion; ***ei ~täkään järkeä*** not a particle of sense; ***~en verran*** a trifle of, a bit of
hivenaine trace element
hodari hot dog
hohde *(hehku)* glow; *(kimallus)* gleam, glimmer; *(välähdys)* glint
hohkakivi pumice
hohottaa guffaw, roar with laughter
hohtaa glow; *(loistaa)* shine; *(kimaltaa)* gleam, glimmer; *(välähtää)* glint
hohtava glowing, gleaming; shining; *(kirj)* resplendent
hohtimet [a pair of] pincers
hohto glamo[u]r; glitter
hoidettu *(puutarha, kädet)* well-kept; *(hiukset, ulkonäkö, nurmikko)* well-groomed; *(talous ym.)* well-run, well-managed
hoidokki *(laitoksessa)* inmate; *(holhokki)* ward
hoikka slender, slim, thin
hoilata bawl
hoiperrella reel
hoitaa *(lasta, vanhusta, sairasta)* take care of, care for, look after; *(potilasta)* attend [on], nurse, tend, treat; *(hoidella)* handle; *(~ kuntoon, korjata)* fix; *(asia)* attend to, see to; *(tehtävää)* be in charge of; *(hoitoaineella)* condition; *(liikettä)* run, manage; *(haavoja, konetta, myymälää ym.)* tend; *(lak)* administer; ***~ jkn taloutta*** do the house[keeping] for sb; ***~ tarjoilu*** cater, do the catering; ***~ jkn tehtäviä*** attend to, carry out the duties of; ***~ virkaa*** hold (execute, occupy) an office
hoitaja *(sairaan~)* nurse; *(lasten~)* nurse; *(Br)* nanny; *(lapsenvahti)* babysitter; *(liikkeen~)* manager
hoito care; attendance; *(sairaan)* nursing, tending; *(hallinto)* ad-

ministration; *(liikkeen)* management; *(lääke~ ym.)* treatment; therapy
hoitoaine *(hiusten)* conditioner, rinse
hoitokoti asylum; [nursing] home
hoito-ohjeet *(lääk)* regimen
hoitosarja *(lääk)* cure; *(kosm)* line of [skin care] products
hoivata nurse; tend
hoksata realize; *(Br ark)* twig, tumble to
holhokki pupil; ward
holhooja guardian; *(omaisuuden)* administrator; trustee
holhous custody; trust
Hollanti Holland
hollanti *(kieli)* Dutch
hollantilainen Dutch
holvata arch; vault
holvattu arched
holvi vault
holvikaari arch
holvikäytävä archway
home *(juustossa, leivässä)* mould; *(kasveissa ym.)* mildew
homehtua mould; mildew
homeinen mouldy; *(kirja)* musty
homesieni blight
homma job, business; hassel; *(Br)* graft
homo gay; *(Am) (ark)* fag
homssuinen slovenly
hontelo gangling; lanky
hopea silver
hopeahäät silver wedding
hopeamitali silver medal
hopeanvärinen silver[y], argent
hopeoida silver; silver-plate
hoppu rush
hoputtaa rush
horisontti horizon
horjua falter; lurch, stagger, totter; *(kuv myös)* vacillate; waver
horjumaton steady; unflinching
horjuttaa shake
horjuva shaky; staggering; unsteady
horkka ague
hormoni hormon
horoskooppi horoscope
horros stupor
horrostila torpor
hosua *(hätiköidä)* rush, fuss; *(huitoa jllak)* lay about with
hot dog hot dog
hotelli hotel
hotellihuone hotel room; ***varata ~*** reserve a room [in a hotel], book a hotel room
hotellipoika page [boy]; *(Am)* bellboy
hotkaista gulp, gobble [up]
hotkaisu gulp; ***yhdellä ~lla*** at a gulp
hotkia bolt; gobble
houkka fool, idiot
houkutella *(jhk paikkaan)* lure (entice) sb into sth; *(tekemään jtk)* tempt, entice, induce to; *(suostutella)* wheedle, coax to; *(vetää puoleensa)* attract, tempt; *(lupauksin)* allure, lure; ***~ ansaan*** decoy; ***~ esiin*** elicit
houkutin bait; decoy
houkutteleva tempting, alluring; appetizing; inviting
houkutus temptation; *(kullan, maineen ym.)* lure
houkutuslintu decoy
houraileva delirious
hourailla rave

housuliivit panty girdle
housunkannattimet *(Br)* braces; *(Am)* suspenders
housunlahje trouser leg; ***housunlahkeen käänne*** *(Br)* turn-up; *(Am)* cuff
housupuku *(Am)* pants suit, pantsuit
housut *(pitkät)* trousers; *(Am)* pants, slacks; *(urheiluhousut)* trunks
hovi court
hovimestari butler; *(ravintolan)* head-waiter, -waitress
hovimies courtier
hovipoika page
huhmare mortar
huhtikuu April
huhu rumo[u]r
huhuta rumo[u]r
huijari *(petkuttaja)* cheat, swindler, impostor, hustler; *(roisto)* crook; *(kortti~)* shark; *(teeskentelijä)* fake
huijata swindle, cheat; *(taivutella)* con; *(narrata, teeskennellä)* put on, fake
huikaista daze
huikata shout out; *(Am)* holler
huikenteleva fickle, flighty, frivolous
huikentelevaisuus frivolity, dissipation
huilu flute; pipe
huimapäinen hardy, daring, foolhardy, reckless
huimapää daredevil
huimata feel dizzy
huimaus dizziness; giddiness
huipentua culminate (*jhk* in)
huippu top, head; *(vuoren)* peak; *(kuv myös)* pinnacle, summit
huippukohta climax; culmination; zenith
huippukokous summit
huippunopeus maximum speed; top speed
huipputason neuvottelut summit talks
huiputtaa cheat, dupe, swindle
huiskauttaa *(häntää)* whisk, flick
huiskia *(pois kärpäsiä ym.)* whisk off (away)
huisku whisk
huiskuttaa *(kädellä)* wave; *(hännällä)* whisk
huiskutus wave; whisk
huitaista *(hännällä)* flick; *(lyödä)* swipe (*jkta* at); ***tehdä huitaisemalla*** botch [up], scamp, skimp
huitoa *(käsillään)* wave; *(kepillä)* lay about with
huivi scarf
hukata lose; mislay; waste
hukka loss; ***hukkaan joutunut*** lost
hukkua *(veteen)* drown
hukuttaa drown; *(työhön ym.)* swamp
huligaani hooligan, hoodlum
hulivili rascal
hullaantua go mad (*jhk* over); get infatuated with
hullaantunut mad (crazy) (*jhk* about); infatuated (*jhk* with)
hullu fool; *(mielipuoli)* lunatic; *(hassu)* cracked; *(Br)* mad, *(ark)* crackers; *(Am)* crazy, *(ark)* nuts; *(kuu~)* moonstruck
hullunkurinen funny, ludicrous, droll
hullusti: ***kaikki on ~*** everything is wrong; ***meille oli käydä ~*** we al-

most had an accident
hullutella fool
hullutus fad; folly
hulluus folly; madness; lunacy
hulmuta *(lippu)* wave, fly; *(hiukset, hame)* flow
hulttio rascal; scoundrel
humaani humane
humala drunkenness; *(kasv)* hop
humalassa drunk; intoxicated; *(ark)* boiled, smashed, *(Br)* pissed; *(huppelissa)* tipsy
humalluttaa intoxicate
humanisti|nen: ***-set aineet*** humanities, Arts [subjects]; ***-sten tieteiden kandidaatti*** *(läh)* Bachelor of Arts
humina sough, murmur
humista sough, murmur
hummeri lobster
humoristi humorist
humpuuki humbug
hunaja honey
hunnuton barefaced
huntu veil
huoata sigh; *(tuskasta, surusta)* groan
huohottaa breathe heavily, pant; gasp
huohotus heavy breathing, panting; gasping
huojennus relief
huojentaa relieve
huojua sway, rock, totter
huojunta sway
huojuva swaying, rocking, tottering
huokailla sigh; *(tuskasta, surusta)* groan
huokaus sigh; *(tuskan, surun)* groan
huokea cheap, inexpensive
huokoinen porous
huokonen pore
huokua send out; ***~ onnea*** radiate happiness
huolehtia care
huolehtia *(lapsista, asioista)* take care of, see to, attend to; *(lapsista, henkilöstä)* look after; *(vanhuksesta, sairaasta)* tend, care for; *(potilaasta)* attend [on], tend; *(asiakkaasta)* attend to, *(Am)* tend; ***yli~*** mollycoddle; ***hän huolehtii lapsista vaimon käydessä töissä*** he has charge of the children while his wife is at work
huolellinen careful; circumspect; *(tarkastelu)* close
huolenaihe preoccupation, worry
huolenpito care, charge
huolestua get worried (anxious) about
huolestunut worried, anxious
huolestuttaa worry; trouble; concern
huolestuttava alarming
huoleton carefree; *(rento)* easygoing, jaunty; *(piittaamaton)* unconcerned; *(holtiton)* reckless
huolettaa preoccupy, worry
huolettomuus *(piittaamattomuus)* unconcern; *(huolimattomuus)* carelessness; easiness
huoli worry, trouble; *(levottomuus)* concern, anxiety
huolimaton careless; *(työ ym.)* slipshod, slovenly, slapdash
huolimatta despite; regardless of, in spite of
huolimattomuus carelessness
huolinta *(liik)* forwarding, shipping

huolintaliike forwarding (shipping) agent, carrier
huoliteltu elaborate; *(ulkonäkö)* well-groomed; *(halv)* sleek
huolitsija *ks.* ***huolintaliike***
huollettava dependant
huoltaa *(rakennus, tie ym.)* maintain; *(auto ym.)* service; *(perhe)* maintain, support, provide for
huoltaja *(perheen)* provider, supporter, breadwinner; *(lapsen)* guardian
huoltajuus custody
huoltamo *ks.* ***huoltoasema***
huolto care; *(sosiaali~)* welfare; *(tekn ym.)* service; maintenance
huoltoasema garage, service station; *(Am)* gas station, filling station; *(Br)* petrol station
huoltotyö welfare work
huomaamaton inconspicious; furtive; imperceptible
huomaamatta unnoticed
huomaavainen considerate
huomata notice; *(panna merkille)* note; discover; *(joukosta)* spot
huomattava noticeable, considerable, conspicious; *(~ssa asemassa, ansioitunut)* distinguished, of distinction; notable, noteworthy, outstanding, remarkable
huomattavin foremost; leading
huomauttaa point out; remark
huomautukset commentary; observations
huomautus remark, comment; note; observation; *(varoitus)* notice; ***ala~*** explanatory note
huomenna, huominen tomorrow
huomio attention; notice; *(havainto)* observation; ***kiinnittää ~ta jhk*** pay attention to sth, take notice of sth; ***ottaa huomioon*** take into consideration, take into account, consider; ***huomioon ottaen*** considering, regarding; ***huomiota herättävä*** striking, conspicious; ***huomiota herättävän kaunis*** strikingly beautiful; ***jättää huomiotta*** disregard, ignore; ***huomio!*** attention, please!
huomioi[tsi]ja observer
huomiokyky discernment
huomiokykyinen perceptive
huomionarvoinen noteworthy
huomionosoitus *(kunnianosoitus ym.)* mark of honour, distinction
huone chamber; room; ***yhden hengen ~*** single room; ***kahden hengen ~*** double room
huoneisto flat, flatlet; suite; *(Am)* apartment
huonekalu piece of furniture
huonekalut furniture
huonesiivooja chambermaid
huono bad; poor; ***~ maine*** discredit, bad reputation; ***olla ~ssa huudossa (maineessa)*** have a bad reputation
huonoin the worst
huonoiten worst
huonokuuloinen hard-of-hearing
huonokäytöksinen unmannerly
huonomaineinen disreputable
huonommin worse
huonommuus inferiority
huonompi worse; inferior [to]
huononeminen decline; ebb
huonontaa deteriorate; *(heikentää)* weaken, impair
huonontua get worse; deteriorate; decline; ***~ suvusta*** degenerate

huonontuminen deterioration; *(heikentyminen)* impairment
huono-onninen unlucky; ill-fated
huonosti poorly
huonovointinen sick; indisposed
huopa blanket; felt; *(Br)* rug
huopahattu felthat
huora whore, prostitute; *(sl)* hooker, hustler
huosta custody
huotra sheath
hupaisa funny, amusing
hupi fun, amusement, pleasure
hupijuttu gag, joke
huppelissa tipsy
huppu hood; cowl
hupsu fool; foolish
hupsuttelu foolish behaviour; tomfoolery
hurina *(lentokoneen, liikenteen)* drone; *(moottorin)* buzz, whir[r]; *(ompelukoneen ym.)* burr
hurja wild; ferocious; drastic
hurjastelija road hog; *(ark)* scorcher
hurmaantunut fascinated, captivated; charmed, rapt, taken
hurmaava adorable, charming, ravishing
hurmata charm, ravish
hurmiotila ecstasy, raptures
hurrikaani hurricane
hurskas pious
hurskaus devotion; piety
husaari hussar
hutaista throw together, botch [up], knock off; *(kirje, artikkeli)* dash off
hutera flimsy; jerry-built
huti: *lyödä ~* muff a stroke
hutiloida skimp, scamp; do carelessly
hutiloitu perfunctory; slapdash; slovenly; ~ ***työ*** a slovenly piece of work, a botched job
huudahdus cry; exclamation
huudahtaa cry out, exclaim
huuhdella rinse; *(aallosta)* wash
huuhkaja eagle-owl
huuhtelu rinse; *(lääk)* douche
huuhtoa rinse, wash; *(WC)* flush; *(kultaa)* pan; *(pestä piha ym.)* swill
huuli lip; ***ylä~*** upper lip; ***ala~*** lower lip
huuliharppu mouthorgan
huulipuna lipstick
huumata *(aineella)* dope, drug; *(iskulla)* daze, stun; *(kuv)* intoxicate
huumausaine drug; narcotic; *(ark)* dope, junk
huume drug; *(ark)* dope
huumekauppa traffic in drugs, drug traffic
huumekauppias dealer; pusher
huumori humo[u]r
huumorintaju sense of humo[u]r
huurre frost, hoarfrost
huurruttaa frost
huuru steam; mist
huutaa shout; yell; cry [out]; call out; *(torvi, pilli, pöllö)* hoot; *(Am)* holler; ~ ***apua*** cry [out] for help; ***ihmiset kirkuivat ja huusivat*** people were screaming and yelling
huutava *(kuv)* flagrant
huuto call, cry; shout, yell; *(torvi, pilli, pöllö)* hoot; *(huutokaup)* bid; ***viimeistä huutoa*** the latest craze
huutokauppa auction; ***huutokau-***

pan pitäjä auctioneer
huutomerkki exclamation mark
huutosakki cheering section; ***huutosakin johtaja*** cheerleader
huutoäänestys acclamation
huveta *(joukko, lukumäärä)* dwindle; *(rahat)* melt away
huvi fun, enjoyment; *(viihde)* entertainment
huvila villa; bungalow; *(pieni)* cottage
huvinäytelmä comedy
huvipuisto amusement park; fairground
huviretki outing; jaunt
huvittaa entertain, amuse, divert; ***hänen juttunsa huvitti meitä*** we were amused by his story
huvittava funny; comic[al]; entertaining
huvittunut amused
huvitus entertainment, amusement; attraction; *(ajanviete)* distraction; diversion
huvivero entertainment tax
hyasintti hyacinth
hyeena hyena
hygieeninen hygienic; sanitary
hygienia hygiene
hykerrellä chuckle
hykerrys *(naurun)* chuckle
hylje seal
hylkiä *(elimistöstä)* reject; ***kangas hylkii vettä*** the fabric repels water
hylkiö drop-out; outcast
hylky wreck, derelict
hylkytavarat waste; defective goods
hylkäystuomio rejection
hylkääminen abandonment; desertion; rejection
hylly shelf *(pl shelves)*; *(matkatavara~ ym.)* rack
hylsy *(patruunan)* cartridge; *(huulipunan)* case; *(tekn) (holkki)* socket
hylätty abandoned, desert; deserted; ~ ***esine*** derelict; ~ ***arvosana*** fail
hylätä abandon, leave; reject; *(tarjous)* decline, turn down; *(tentissä)* fail
hymni anthem; hymn
hymy smile
hymyilevä smiling
hymyillä smile; ***hän hymyili minulle*** he gave me a smile, he smiled at me
hymykuoppa dimple
hypellä hop, frisk, gambol[l]
hypistellä finger; *(pyöritellä)* fiddle, twiddle (***jtak*** with sth)
hypnoosi hypnosis
hypnoottinen hypnotic
hypnotisoida hypnotize; mesmerize
hypnotisoija hypnotist
hypoteettinen hypothetical
hyppiä jump, skip; frisk
hyppy jump; *(loikka)* leap, hop, skip, spring
hyppynaru *(Br)* skipping rope, *(Am)* jump rope
hyppyri[mäki] ski jump
hyppysellinen pinch; ~***jtak*** a pinch of sth
hypähdellä jump (skip) about; *(hevosesta)* prance
hypähdys leap, spring; *(syrjään)* dodge
hypätä jump, leap, spring; *(jnk yli)* vault; ~ ***syrjään*** dodge; ***hyppäsin***

pari lausetta I skipped a few phrases
hyrinä *(ompelukoneen, moottorin)* whir[r]
hyrrä spinning top
hyrräävä: ~ ***ääni*** burr
hyräillä hum, croon
hysteerinen hysterical
hysteria hysteria
hytti cabin
hyttiemäntä stewardess
hyttipaikka berth
hyttynen mosquito; gnat, midge
hyve virtue
hyveellinen virtuous
hyvin all right; well; successfully; *(sangen)* very, well; ~ ***ajoitettu*** well-timed; ~ ***ajoittuva*** timely
hyvinvointi *(sosiaalinen)* welfare; *(aineellinen)* prosperity, well-being
hyvinvointivaltio welfare state
hyvinvoipa affluent; *(menestyvä, varakas)* prosperous
hyvittää make up; repair; credit
hyvitys bonus;*(korvaus)* restitution; *(vääryyden)* redress, atonement
hyvyys goodness; kindness
hyvä good; kind; *(kirjeissä)* dear; *(Am) (ark)* cool; ***~ on! (selvä!)*** OK, okay, fine; ***ole (olkaa) ~ ja ota (ottakaa)*** please, help yourself (yourselves); ***ole ~*** *(tarjottaessa)* here you are; ***ole ~ ja avaa ikkuna*** would (could) you please open the window; ***~ä päivänjatkoa*** have a nice day; ***~ä joulua!*** Merry Christmas!; ***hän on ~ englannissa*** he is good at English; ***~ssä kunnossa [oleva]*** fit, in good shape
hyväenteinen auspicious
hyväileminen caressing, fondling; cuddling, petting
hyväillä caress, fondle; cuddle, pet
hyväily caress
hyväks|i: ***mitä voin tehdä ~enne?*** what can I do for you?; ***käyttää ~een*** exploit; take advantage of sb (sth); *(seksuaalisesti)* abuse
hyväksikäyttö exploitation; *(seksuaalinen ~)* sexual abuse
hyväksyminen approval, acceptance; *(suostumus)* assent; *(lak)* sanction
hyväksymismerkintä endorsement
hyväksymys approval; approbation
hyväksyttävä acceptable
hyväksyä accept; approve [of]; *(oppilaitokseen ym.)* admit; *(mielipide)* go along with; *(lak)* sanction; ***olla hyväksymättä*** disapprove
hyväkuntoinen in good condition (shape), fit
hyväkäytöksinen good-mannered, well-behaved; *(vanh)* well-bred
hyväluontoinen good-natured
hyvämaineinen reputable
hyvänen: ~ ***aika!*** my goodness!
hyvänlaatuinen *(lääk)* benign
hyvänlaatuisuus *(lääk)* benignancy
hyväntahtoinen good-natured; accommodating; benevolent; *(armollinen)* benignant
hyväntahtoisuus benevolence; *(armollisuus)* benignity
hyväntekeväisyys charity; beneficence

hyväntekijä benefactor
hyväntuulinen good humo[u]red
hyväonninen fortunate, lucky
hyvästellä say goodbye; *(kirj)* bid sb farewell
hyvästi goodbye; *(vanh)* farewell
hyvästijättö parting; farewell
hyväsydäminen kind-hearted
hyvää tarkoittava well-meaning [person]
hyydyttää *(veri)* congeal, curdle; *(keitt)* set
hyypiö *(ark)* creep
hyytelö jelly; *(Am)* jello
hyytymä clot
hyytyä *(neste)* congeal; *(keitt)* jell, gel; *(hyytelö)* set; *(veri)* congeal, curdle; *(muodostaa hyytymiä)* clot
hyödyke commodity
hyödyllinen useful; helpful; *(kannattava)* profitable
hyödyllisyys usefulness, utility
hyödyttää avail; benefit; ***mitä ~ ...*** what's the point of..., what's the use of...
hyödytön useless; *(turha)* idle
hyökkäys attack, aggression; *(sot)* assault, offensive, invasion
hyökkäysvaunu tank
hyökkääjä aggressor; assailant
hyökkäämättömyyssopimus nonaggression pact
hyökkäävä aggressive; ***~ osapuoli*** aggressor
hyökyaalto surge, breaker
hyökätä attack, assail; assault; ***~ maahan*** invade; ***~ väijyksistä*** ambush
hyönteinen insect
hyönteismyrkky insecticide; pesticide
hyörinä bustle
hyöriä bustle
hyöty use; *(etu)* advantage; favo[u]r; benefit; *(tal)* profit
hyötyä benefit; *(tal)* profit ***(jstak*** from); ***hyötyä jstak*** avail of, profit from
hädin tuskin hardly, scarcely
hädissään alarmed
hädässä distressed, in distress
häijy catty, mean
häikäilemättä unscrupulously
häikäilemätön pushy; unscrupulous
häikäisevä dashing; ***~ valo*** glare
häikäistä blind, dazzle, glare
häilyä *(kuv)* vacillate; *(varjoista)* flicker; *vrt.* ***häälyä***
häipyä *(melu)* die out; *(väri, teksti ym.)* fade [away]; *(kadota, poistua)* disappear
häirikkö troublemaker
häiritsemätön undisturbed
häiritä *(aiheuttaa häiriötä, vaivata)* disturb, bother, trouble; *(puuttua jhk, keskeyttää)* interfere with, interrupt; *(viedä huomio)* distract; *(~ rauhaa, hermostuttaa)* ruffle; *(~ yksityisyyttä, ~ seksuaalisesti)* molest, harass; *(rad, TV)* jam, interfere
häiriö disturbance, trouble; *(tekn)* breakdown, failure, malfunction; *(rad, TV)* interference, atmospherics; *(lääk)* disorder; *(liikenteessä)* disruption
häivyttää fade out
häivä glimmer
häivähdys touch, tinge
häkki cage; *(kana~ ym.)* coop

häkä carbon monoxide
hälinä noise, clamo[u]r; hubbub; *(kaupungin)* clatter; *(luokassa)* commotion; *(kohu)* hullabaloo; uproar; stir
hälistä clatter
hälvetä *(sumu)* clear, dissipate, lift; *(pilvet, epäluulot)* be dispelled; *(muistot)* fade [away]
häly noise, commotion; sensation, stir, hullabaloo; rumpus; ***tästä nousee kova*** ~ this will cause quite a stir, this will create a sensation, they will make a rumpus about all this
hälytin alarm
hälyttävä alarming
hälyttää *(varoittaa)* alarm, alert; *(palokunta)* call out; *(poliisi)* call
hälytys *(palo~ ym.)* alarm; *(suur~)* alert; ***antaa*** ~ sound the (an) alarm, give the alarm *t.* alert
hälytysjärjestelmä alarm system
hälytyssireeni warning (alarm) siren
hälytystila state of emergency, alert; ***~ssa*** on the alert
hämilleen: ***saattaa*** ~ embarrass
hämillään [oleva] embarrassed, abashed
hämmennys abashment, embarrassment; bafflement, bewilderment, confusion; *(epätietoisuus)* perplexity
hämmentynyt *(kiusaantunut, nolo)* abashed, embarrassed; *(sekaisin)* baffled, bewildered, confused; *(epätietoinen, ihmeissään)* perplexed
hämmentävä *(nolo)* embarrassing; *(sekava)* baffling, bewildering, confusing; disorderly
hämmentää *(konkr)* stir, mix; *(kuv) (sekoittaa, viedä huomio)* confuse, bewilder, fluster, distract; *(hämmästyttää)* perplex; *(kiusallisesti)* disconcert, perturb
hämminki confusion, disorder; *ks.* ***hämmennys***
hämmästys amazement; astonishment; ***hämmästykseksen*i** to my amazement (astonishment)
hämmästyttävä amazing; ***~n hyvä t. hieno ym.*** stupendous, amazingly good
hämmästyttää amaze, astonish; surprise
hämmästyä be (amazed) astonished
hämähäkin|seitti, -verkko cobweb
hämähäkki spider
hämäryys dusk, dark; *(sumeus)* blur; *(kuv)* obscurity, mystery
hämärä dim, dark, shadowy; *(kuv)* obscure, mysterious; *(~n aika, hämy)* dusk, twilight; ***~n peitossa*** *(kuv)* shrouded in mystery
hämätä bluff; fool
hämäys bluff
hämäännyttävä baffling
hän *(fem)* she; *(mask)* he
hänelle *(dat) (fem)* [to, for] her; *(mask)* [to, for] him
hänen *(poss. pron) (fem)* her; *(mask)* his
hänet *(obj. pron) (fem)* her; *(mask)* him
hännys tail
hännystakki cutaway, tailcoat, tails
häntä *(pron) (fem)* her; *(mask)* him
häntä *(eläimen)* tail
häpeissään ashamed

häpeä shame, indignity; discredit, disgrace; dishono[u]r; ***olin kuolla häpeästä kun...*** I cringed with embarrassment when...
häpeällinen disgraceful, shameful; scandalous; *(kunniaton)* dishono[u]rable; *(alhainen)* ignoble
häpeämättömyys shamelessness, effrontery
häpeämätön unashamed, shameless, brazen; barefaced
häpeänmerkki stigma
häpeäpaalu *(myös kuv)* pillory
häpäistä disgrace, dishono[u]r; affront
härkä bull; *(kuohittu)* bullock, ox; *(nuori)* steer; *(astrol)* Taurus
härkäpäinen bullheaded
härkätaistelu bullfight
härmä *(kasv)* blight; *(kuura)* hoarfrost
härnätä tease; *(suututtaa)* aggravate
härski *(voi)* rancid, stale; *(kuv)* indecent, vulgar; *(karkea)* rude
häränliha beef
häränsilmä bull's-eye
hässäkkä hassel
häthätää hastily
hätiköidä hurry; rush
hätistää chase [away], shoo [away]
hätkähdyttävä startling, stunning
hätkähtää start, startle (***jtak*** at)
hätyytellä, hätyyttää molest, harass
hätä *(ahdinko)* distress; *(kiire)* hurry, rush; *(puute)* need, want; *(huoli)* anxiety, worry; ***minulla on [vessa]~*** I need to go to the bathroom (toilet); ***ystävä hädässä tunnetaan*** a friend in need is a friend indeed
hätähuuto cry of distress, cry for help
hätäillä act rushly, rush; be anxious (worried)
hätäinen hasty, hurried; precipitate
hätäisesti hastily, hurriedly
hätäjarru emergency brake
hätälasku emergency landing
hätämerkki S.O.S.
hätäraketti distress flare
hätäratkaisu emergency (temporary) solution
hätätilanne emergency; ***hätätilanteessa*** in case of emergency, in an emergency
hätävalhe fib, white lie
hätävara makeshift
hätävarjelu self-defence, justifiable defence
hätää kärsivä destitute; in distress
hätääntyä be alarmed
häveliäs shy, timid, coy
hävettävä shameful
hävettää: ***minua ~*** I am (feel) ashamed
hävetä be (feel) ashamed
hävittäjä *(mer)* destroyer; *(ilm)* fighter
hävittäminen destruction; ravage, desolation; *(jätteiden)* disposal
hävittää destroy, devastate, ravage; *(hajottaa)* demolish; *(hankkiutua eroon, heittää pois)* dispose of; *(pyyhkiä pois)* erase; ***~ juurineen*** root out; ***~ maan tasalle*** raze, level to the ground; ***~ perin pohjin*** *(uskonto, heimo ym.)* eradicate, extirpate; ***~ sukupuuttoon*** exterminate
hävitys destruction, devastation; desolation, ravage, havoc

hävitä *(pelissä ym.)* lose; *(kadota)* disappear, vanish; *(kulua)* wear off
häviäminen *(katoaminen)* disappearance
häviämätön indestructible; *(pysyvä)* indelible
häviävä: *~n pieni* minimal
häviö defeat, loss
hävyttömyys insolence; *(röyhkeys)* cheek, gall, arrogance
hävytön *(nenäkäs)* cheeky, impertinent; *(röyhkeä)* impudent
häväistys affront, insult
häväistysjuttu scandal
häväistyskirjoitus libel
häväistä disgrace; *(tahrata)* defile; *(rienata)* profane
hääjuhla wedding banquet
hääkakku wedding cake
häälahja wedding present
häälyä hover; *~ elämän ja kuoleman rajoilla* hover between life and death
häämatka honeymoon [trip]
häämöttää be [dimly] outlined (visible); *(pelottavasti)* loom
hääpari the bride and the [bride]-groom; bridal couple
hääpuku wedding dress
häät wedding
häätää evict
hökkeli hovel, shack; *(tönö)* shanty
hölkkä[äminen] jogging; *(hevosen)* jog-trot
hölkätä jog; *(hevosesta)* trot
höllä loose, slack
höllätä *(otetta ym.)* loosen, relax, slacken [off]
hölmistynyt amazed, astonished, dumbfounded
hölmistys amazement, astonishment
hölmistyä be amazed
hölmö silly, fool, stupid; *(ark)* clod, daft, ninny; *(yksinkertainen)* simpleton; *(Am)* dumb, dumbbell
hölmöillä fool about, fool around
hölmöys foolishness, stupidity
höltyä *(ote)* slacken; *(solmut ym.)* loosen
hölynpöly nonsense, bunk[um]; double-talk; poppycock; *(ark)* boloney
höperö cracked up, muddled; senile
höpistä mumble, mutter
höpöttää babble; talk nonsense
hörppiä slurp
hössöttävä fussy, meddlesome
hössöttää fuss, make a fuss
hössötys ado; fuss
höyhen feather
höyhenpatja feather bed
höyhenpeite plumage
höylä plane
höylätä plane
höyry steam; vapour
höyrykattila boiler
höyrykone steam engine
höyrylaiva steamer, steamship
höyrypilli hooter
höyrystyä vaporize
höyrytä fume; steam
höyryveturi steam engine; locomotive
höyryvoimala steam plant
höyryävä steaming
höyrähtänyt *ks.* ***hullu***, ***hölmö***
höyste *(lisuke)* side dish, side order *(mauste, maunantaja, säilyke-, kastike- ym. ~)* seasoning, fla-

vo[u]ring, relish
höystää *(juttua)* lard *(**jllak** with)*; *(ruokaa)* season with, flavo[u]r with; serve with
höyty[vä] *(villan ym.)* flock; *(pilven)* fluff

I

iankaikkinen eternal
iankaikkisesti in all eternity; eternally
iankaikkisuus eternity
idea conception; idea
idealismi idealism
identiteetti identity
identtinen identical
identtisyys identity
ideologia ideology
idiomi idiom
idiootti idiot
idioottivarma foolproof
idoli idol
idylli idyll
ien gum
ies yoke
iestää yoke
ihailija admirer; fan
ihailijaposti fan mail
ihailla admire
ihailtava admirable
ihailu admiration
ihan quite; entirely, completely
ihana wonderful, lovely, beautiful, darling, delicious, glorious; *(Am)* neat; ***~ päivä!*** what a wonderful day!; ***hän on ~ ihminen*** she is a wonderful person (*(Am)* a doll); ***löysin ~n puvun*** I found a darling dress
ihanne ideal
ihannoida idealize
ihanteellinen ideal; *(aatteellinen)* idealistic
ihanuus beauty, loveliness
ihastua *(jhk)* be charmed with, take a fancy to, take to, be taken with
ihastuminen fancy, crush
ihastunut *(mielissään)* delighted; ***olla ~ jhk*** have taken [quite] a fancy to, be infatuated with sb; *(ark)* have a crush on sb
ihastus delight; rapture
ihastuttaa delight; ravish
ihastuttava charming; delicious; delightful
ihme wonder; miracle; marvel; ***ei ihme, että ...*** [it's] no wonder that ...; ***miten ihmeessä?*** how on earth?
ihmeellinen marvellous; miraculous; wonderful
ihmelapsi infant prodigy
ihmeteko miracle
ihmetellä wonder; marvel
ihmettely astonishment
ihmetyttää astonish, surprise
ihminen human being; man; person; ***ihmiset*** people
ihmis- human
ihmisarka unsociable, timid, shy of people
ihmisarvo human dignity
ihmiskunta humanity; mankind
ihmisruumis human body
ihmissuhteet personal relationships; human (social) relations
ihmissyöjä cannibal
ihmistuntija judge of human character
ihmistyyppi character
ihmisvihaaja misanthrope
ihmisystävyys philanthropy

ihmisystävä philanthropist
ihmisystävällinen humane
ihmisyys humanity; humaneness
iho skin; complexion
ihokarva hair
ihokarvojenpoistoaine depilatory, hair remover
ihokas vest
ihomaali make-up
ihomato blackhead
ihonhoito skin care
ihonpuhdistus skin cleansing
ihonväri colo[u]r [of the skin]; complexion
ihotautilääkäri dermatologist
ihottuma rash; eczema; eruption
ihovoide skin cream
ihra fat, grease
iilimato leech
iiris iris
ikenet gums
iki-ihastunut enraptured, overjoyed
ikiliikkuja perpetual motion machine
ikinuori eternally youthful, ageless
ikinä: ***ei*** ~ never; ***kuka*** ~ whoever
ikioma very own
ikipäivinä: ***ei*** ~ never in the world, not in a million years
ikivanha very old; *(ark)* as old as the hills, as old as Adam; *(muinainen)* ancient; *(vanhentunut)* antiquated; *(ikimuistoinen)* immemorial
ikivihreä evergreen
ikkuna window
ikkunalauta windowsill
ikkunaluukku shutter
ikkunaruutu windowpane
ikkunasomistus window dressing
ikkunaverho curtain
ikoni icon, ikon
ikuinen eternal; everlasting, perpetual
ikuisesti forever
ikuistaa perpetuate
ikuisuus eternity
ikä age; ***30 vuoden iässä*** at the age of 30
ikäinen: ***minkä ~ hän on?*** how old is he?
ikäkausi age, period of life
ikäloppu fossile, aged
ikäluokka age-class
ikämies elderly man; *(ark)* not in his teens
ikäneito spinster
ikäryhmä age group
ikävystyneisyys boredom
ikävystyttävä boring, tiring; *(ihminen t. asia)* bore, drag
ikävystyttää bore, *(ark)* kill
ikävyys tediousness; *(vaikeus)* trouble; ***joutua ikävyyksiin*** get into trouble; *(kirj)* get into mischief
ikävä disagreeable; *(ikävystyttävä)* dreary, dull; tedious; ~ ***kyllä*** unfortunately; ***minulla on ~ häntä*** I miss him
ikävöidä miss; long, yearn *(jtak* for)
ikääntyminen ageing
ikääntynyt elderly
ikääntyvä ageing
ikääntyä age
ilahduttaa gladden, cheer [up]; delight
ilahduttava pleasing, joyful, gratifying
ilahtua: ***hän ilahtui siitä kovasti***

it made him very happy
ilakoida frolic
iljettävä disgusting, sickening, abominable; foul
iljettää make sb sick, fill sb with disgust
iljetä *(kehdata)* have the impudence to
ilkeys wickedness, malice; meanness
ilkeä evil, mean, nasty, wicked; *(lapsi)* naughty
ilkialaston stark naked
ilkikurinen mischevious, quizzical
ilkityö delinquency
ilkivalta vandalism, [public] mischief
ilkiö rascal, villain
ilkkua scoff, sneer (*jklle* at sb)
illallinen dinner, supper
illanistujaiset, **illanvietto** social evening (gathering), gettogether
illastaa have supper
illuusio illusion
ilma air; *(sää)* weather; ***millainen ~ (sää) siellä on?*** what's the weather like?; ***on ihana ~*** it's beautiful weather
ilmaantua arise, come up; *(tulla paikalle)* appear; ***on ilmaantunut odottamattomia vaikeuksia*** some unexpected difficulties have arisen
ilmahyökkäys air raid
ilmahälytys air raid warning, alert
ilmailu aeronautics, aviation
ilmainen free [of charge]
ilmaisin indicator; index; *(tekn)* detector
ilmaista express, phrase, put [sth in words]; *(paljastaa)* reveal; ***~ osanottonsa*** condole
ilmaisu expression; manifestation
ilmaisukeino [means of] expression; *(väline)* vehicle
ilmajohto aerial wire; air conduction
ilmakehä atmosphere
ilmakivääri air gun
ilmakuoppa airpocket, airbump
ilmalaiva blimp, dirigible
ilman without; ***~ apua*** single-handed; ***~ muuta*** definitely, of course
ilmanala climate
ilmankostutin humidifier
ilmansuunta point of the compass, cardinal point; *(pää~)* quarter
ilmapallo balloon
ilmapatja airbed
ilmapiiri atmosphere; climate; air
ilmapuntari barometer
ilmapuolustus air defence
ilmareikä vent
ilmasilta airlift
ilmasota aerial warfare
ilmasto climate
ilmastointi air-conditioning
ilmastoitu air-conditioned
ilmastollinen climatic
ilmatiivis airtight
ilmatila airspace
ilmatorjunta antiaircraft defence
ilmatorjuntaohjus antiaircraft missile
ilmatorjuntatykki antiaircraft gun
ilmatyynyalus hovercraft
ilmaus expression; *(mielipiteen~)* utterance; *(merkki)* indication
ilmava airy; spacious
ilmavaivat wind; flatulence
ilmavalokuva aerial photograph
ilmavirta *(tuulahdus)* breeze; *(veto)*

draught
ilmavoimat air force
ilme expression; air [of]; *(kasvon~)* countenance
ilmeetön expressionless
ilmeikäs expressive
ilmeinen obvious, apparent, evident, manifest
ilmeisesti obviously, apparently, evidently, clearly
ilmenemismuoto manifestation, form
ilmentävä expressive ***(jtak*** of)
ilmentää express, manifest, embody
ilmestyminen appearance; *(kirjan)* publication; *(näky)* apparition
ilmestys revelation; *(näky)* vision, sight
ilmestyskirja Apocalypse, Revelations
ilmestyä appear; come along; *(paikalle)* show up, turn up, roll up
ilmetty: ~ ***isänsä*** the very image of his father
ilmetä *(käydä ilmi)* appear; *(tulla esiin)* arise, come up; *(löytyä)* turn up
ilmi: ***~selvä*** flagrant; ***kävi ~ että hänen kertomansa piti paikkansa*** it turned out that his story was true; ***tulla*** ~ be brought to light, be discovered; ***~liekeissä*** ablaze
ilmiantaa give away, denounce; squeal
ilmiantaja informer
ilmiö phenomenon *(pl phenomena)*
ilmoittaa *(tiedottaa)* inform, let sb know; *(tehdä tiettäväksi, julistaa)* announce; *(tehdä virallinen ilmoitus)* register, notify; *(julkisuuteen)* give out; ~ ***hinta tai kurssi*** quote; ~ ***lehdessä*** advertise
ilmoittaminen *(lehdessä)* advertising
ilmoittautua present o.s.; report; *(antaa nimensä)* register, sign in; *(hotellissa, lentokentällä)* check in, *(Br)* book in; *(kurssille)* sign up; *(kilpailuun ym.)* enter for; ~ ***jäseneksi*** enrol[l]; ~ *t.* ***tarjoutua vapaaehtoiseksi*** volunteer
ilmoittautuminen registration
ilmoitus *(mainos)* advertisement; announcement; *(julistus)* declaration; notice; notification; *(lausunto)* statement
ilmoitustaulu [notice] board
ilo pleasure, joy, satisfaction; *(ilonaihe)* delight; *(runok, vanh)* rejoicing; ***minulla on [suuri] ilo toivottaa teidät tervetulleiksi*** it is a great pleasure for me to welcome you all; ***pienet lahjat tuottavat paljon iloa*** small gifts give a lot of pleasure; ***ilo silmälle*** a delight to the eye
iloinen glad; cheerful; *(ihastunut)* delighted; *(vanh)* gay, jolly, merry; ***iloista joulua*** merry Christmas; ***iloiset kasvot*** a cheerful face
iloisenvärinen gaily-colo[u]red
iloisesti cheerfully, happily
iloisuus cheerfulness, gaiety; *(vanh)* merriment
iloita be glad; *(kirj)* rejoice
ilokaasu nitrous oxide; laughing gas
ilomielin with pleasure, gladly
ilonaihe gratification
ilonpito fun, frolic; *(kirj)* merrymaking

ilosanoma good news, happy announcement; *(vanh)* good tidings
iloton cheerless
ilotulitus fireworks
ilotulitusraketti firework
ilotyttö prostitute, *(sl)* hooker
ilta evening, night; ***illalla*** in the evening; ***tänä iltana*** this evening, tonight; ***hyvää iltaa*** good evening; ***pidetään oikein hauska ilta*** let's make a night of it; ***tässä yhtenä iltana*** the other night
iltahämärä twilight
iltaisin at night, in the evenings; *(Am myös)* evenings
iltajumalanpalvelus vespers
iltajuna night train
iltapuku evening dress, ballgown
iltapäivä afternoon; ***~llä*** in the afternoon; ***klo 14 ~llä*** at 2 p.m.
iltarukous evening prayer
iltarusko sunset [glow]
iltasatu bedtime story
iltasoitto tattoo
ilveilijä jester; buffoon
ilveily jesting; buffoonery; *(kuv)* farce
ilves lynx
imago image
imarrella flatter; cajole
imartelu flattery
imbesilli imbecile
imelletty perunalaatikko sweetened potato pudding
imelä [too] sweet, sugary; *(kuv)* corny
imettäjä wet-nurse
imettäminen nursing, breast-feeding
imettää breast-feed, nurse; *(el)* suckle
imetys *ks.* ***imettäminen***
imeväinen infant, suckling
imeyttäminen *(vesirak)* infiltration
imeytyminen absorbtion
imeytyä absorb; soak
imeä suck; suckle; *(~ itseensä)* absorb, imbibe
imitaatio imitation
imitoida imitate
immuniteetti immunity
immuuni immune
immuunikato aids
imperatiivi imperative
imperiumi empire
impi maiden, virgin
improvisoida improvise; ad-lib
impulsiivinen impulsive
imu suction; *(kuv)* drive
imukykyinen [aine] absorbent
imupaperi blotter; blotting paper
imuri aspirator; *(pölyn~)* vacuum cleaner
imuroida vacuum
imusolmuke lymph node
indeksi index
inflaatio inflation
influenssa influenza, flu
informoida inform, give information [on, about sth]
inhimillinen human; *(humaani)* humane
inhimillisyys humanity
inho *(vastenmielisyys)* disgust, loathing, revulsion; *(kammo)* abhorrence
inhota detest, hate; abhor; loathe
inhottaa disgust; sicken
inhottava disgusting, obnoxious, revolting; *(halpamainen)* bitchy, beastly; *(kammottava)* hideous, abhorrent; ***~ tyyppi*** *(ark)* beast,

creep
inistä mewl; whine
injektioneula syringe
inkivääri ginger
inkiväärijuoma ginger ale
inkiväärikakku gingerbread
inkivääriolut ginger beer
innoittaa inspire
innoitus inspiration
innokas eager, keen; enthusiastic, anxious; ~ ***harrastaja*** devotee, *(ark)* freak; ***hän on*** ~ ***puutarhuri*** he is keen on gardening
innokkaasti with enthusiasm, enthusiastically, eagerly; ***hän opiskelee*** ~ he is studying with great enthusiasm; ***he ovat*** ~ ***lähdössä mukaan*** they are keen (anxious) to go; ***hän kuunteli esitelmää*** ~ she listened to the lecture with eager attention; ***odotan*** ~ ***tapaamistamme*** I'm looking forward to our meeting
innostaa *(ravistella)* rouse (***jhk*** to); *(rohkaista)* encourage
innostua: ~ ***jstak*** get enthusiastic (excited) about sth
innostunut enthusiastic, excited (***jstak*** about)
innostus eagerness, enthusiasm; zest; excitement, zeal
insesti incest
insinööri engineer
insinööriajo *ks.* ***inssi***
insinööritaito engineering
inspiraatio inspiration
inssi driving test
instituutio institution
instituutti institute
instrumentaalimusiikki instrumental music
instrumentti instrument
intellektuelli intellectual
intendentti *(museon)* curator
intensiivinen intensive
interaktiivinen interactive
internoida intern
intervalli *(mus)* interval
Intia India
intiaani Indian, Native American
Intian valtameri the Indian Ocean
intiimi intimate
into eagerness, enthusiasm; *(innostuneisuus)* excitement; zeal; *(imu)* drive
intohimo passion
intohimoinen passionate
intohimoton dispassionate
intoilija enthusiast; *(ark)* addict, freak
intomieli ardo[u]r, enthusiasm, zeal
intonaatio intonation
intoutunut enthusiastic, excited
intuitiivinen intuitive
intuitio intuition
invalidi invalid
invaliditeetti disability
inventointi stocktaking
investoida invest (***jhk*** in)
Irlanti Ireland
irlantilainen *(myös henk)* Irish
ironia irony
ironinen ironic
irrallaan disconnected; loose
irrallinen separate; disconnected, detached; *(oma)* discrete; ***irrallisia suhteita harrastava*** promiscuous
irrallisuus detachment
irrota break off; come off, fall off
irrottaa *(ote)* let go [of]; *(kytkentä)* disconnect; *(erottaa)* detach, sep-

arate; *(avata)* untie
irstailija dirty old man, libertine
irstailu licentiousness
irstas lewd, licentious, obscene
irtaimisto *vrt.* ***irtain omaisuus***
irtain loose; ~ ***omaisuus*** movables
irtautua loosen, come loose
irti off; afloat; *(tekn) (~ seinästä)* disconnected; ***päästä ~!*** let go!; ***päästää koira irti*** let the dog loose
irtisanoa give notice
irtisanominen dismissal, *(Br)* lay-off, redundancy, *(ark)* sack
irtokaulus loose collar
irtolainen vagrant, vagabond
irtolaisuus vagrancy
irtolaisväestö floating population
irtoletti, irtolisäke false [plait]
irtonainen loose, separate
irtonumero single copy
irtopäällys jacket
irtoripset false lashes
irtosolututkimus smear test, pap smear
irvikuva caricature
irvistys grimace; grin
irvistää grin (***jklle*** at sb); make faces
irvokas grotesque
isi dad, daddy, pa, *(Am)* pop[pa]
iskevä incisive
iskeä hit, strike, blow; *(maahan)* knock down; *(sysäistä, töytäistä)* thrust; *(~ jtak vasten, törmätä)* ram, collide; *(~ yhteen)* clash; *(~ nyrkillä)* punch; *(~ päänsä jhk)* punch one's head against sth; *(~ silmää jklle)* wink at sb; *(~ suonta)* bleed; *(~ veitsellä)* stab; *(~ jku)* pick up
iskias sciatic nerve
iskiassärky sciatica
isku *(myös kuv)* blow; *(nyrkin)* punch; *(ruoskan)* slash; *(kuv)* shock; *(sot, kuv)* strike, thrust; *(mus)* accent
iskujoukot shocktroops
iskulause slogan
iskunvaimennin shock absorber
iskusana *(teatt, elok)* cue
islamilainen Islamic
islaminuskoinen Islamic
Islanti Iceland
islanti *(kieli)* Icelandic
islantilainen Icelandic; *(henk)* Icelander
islantilaiset the Icelanders
iso big; large; ~ ***kirjain*** capital letter
Iso-Britannia Great Britain
isoisä grandfather; *(ark)* grandpa
isokenkäinen big shot
isorokko smallpox
isotooppi isotope
isotäti great-aunt
isovanhemmat grandparents
isovarvas big toe
isoäiti grandmother; *(ark)* granny
Israel Israel
israelilainen Israeli
istua sit; *(~ reunalla)* perch; *(~ kyykkysillään)* squat; *(~ mallina)* pose; ***ole hyvä ja istu*** please sit down, have a seat
istualleen: ***nousta*** ~ sit up
istuin seat
istukka placenta
istumapaikka seat
istumatyö sedentary job
istunto session, sitting; *(oikeuden ~)* hearing

istuttaa plant; *(kuv)* implant; *~ jtak oppia jklle* indoctrinate sb with sth
istutus planting, plantation
istuutua sit down, take a seat
istuva sitting; *(vaate)* fitting
isyys paternity
isä father; dad, daddy, pa
isällinen fatherly, paternal
Isä meidän -rukous Lord's prayer
isänmaa native country, homeland
isänmaallinen patriotic
isänmaanrakkaus patriotism
isänmaanystävä patriot
isännätön abandoned
isänpuoleinen paternal; from one's father's side
isänrakkaus paternal love
isäntä *(vieraille)* host; *(vuokra~)* landlord; *(talon)* master
isäntäväki hosts, host and hostess
isäpuoli stepfather
isätön fatherless
isäukko dad, old man
Italia Italy
italia *(kieli)* Italian
italialainen Italian
itikka insect; bug
itiö spore
itkettää: ***minua*** ~ I feel like crying
itkeä cry; weep; ~ ***tillittää*** blubber
itku cry, crying, weeping
itse itself, oneself; *(fem)* hersef; *(mask)* himself; ***~[ni]*** myself; ~ ***asiassa*** actually; ***~nsä elättävä*** self-supporting; ***~nsä toteuttaminen*** self-fulfilment
itsehallinnollinen autonomous
itsehallinto autonomy; self-government
itsehillintä self-control
itsekeskeinen egocentric; self-cent[e]red
itsekeskeisyys egoism
itsekkyys selfishness
itsekseen by oneself; ***hän puhuu ~*** he speaks to himself
itsekunnioitus self-respect
itsekäs selfish; ~ ***ihminen*** egoist
itseluottamus self-assurance, self-confidence
itsemme ourselves
itsemurha suicide
itsemurhaaja *(lak)* suicide
itsenne yourselves
itsensä *vrt.* ***itse***; itself, oneself; *(fem)* herself; *(mask)* himself; *(pl)* themselves
itsenäinen independent, sovereign; freelance
itsenäisyys independency; sovereignty
itsenäisyyspäivä independence day
itseoppinut self-educated
itsepalvelu self service
itsepalvelukahvila cafeteria
itsepalvelupesula launderette; *(Am)* laundromat
itsepetos self-deception
itsepintainen insistent; persistent; pertinacious
itsepintaisuus persistence
itsepuolustus self-defence
itsepuolustuslajit *(itämaiset)* martial arts
itsepäinen stubborn, obstinate; self-willed
itsepäisyys stubbornness, obstinacy
itserakas conceited
itserakkaus conceit

itseriittoinen *(halv)* self-satisfied, complacent
itsesi yourself
itsestään spontaneously; by itself; *~ selvä* self-evident
itsesuggestio autosuggestion
itsesuojeluvaisto instinct of self-preservation
itsesytytys spontaneous combustion
itsetehostus *(ark)* egotrip
itsevaltias despot, autocrat
itsevaltius despotism
itsevarma self-assured, self-confident
itseämme ourselves
itseäni myself
itseänsä himself, herself; oneself, itself; themselves
itu sprout, germ
itä east; ***idässä*** in the east; ***idästä*** from the east; ***itään*** to the east; ***10 km Helsingistä itään*** 10 km east of Helsinki
itä-, itäinen east; easterly; eastern
itämaat the East (Orient)
itämainen eastern; oriental
Itämeri the Baltic sea
itämisaika *(taudin)* incubation period
itäosa east, the eastern part of
itäpuolella east of
itärannikko *(Am)* the East Coast
Itä-Saksa *(ent.)* [former] East Germany
itätuuli east[erly] wind
Itävalta Austria
itävaltalainen Austrian
itää sprout, germinate
itäänpäin eastward[s]
iva mockery, derision, irony
ivahymy sneer
ivallinen mocking; ironic; derisive; sarcastic
ivamukailu parody
ivata scoff, deride, taunt
iäkäs aged, elderly
iäti for ever, eternally

J

ja and; ~ ***niin edelleen*** and so on (forth), et cetera
jaardi yard
jaaritella talk nonsense; blabber on
jaarli earl
jaa-ääni yea; aye
jade-kivi jade
jae verse
jaella give [out]; distribute
jaettava *(mat)* dividend
jaguaari jaguar
jakaa *(osiin)* divide (***jksik*** into, ***jllak*** by); split, cut; *(oikeutta, lääkkeitä)* dispense; *(posti)* deliver; *(kortit)* deal; *(paperit)* hand out; *(keskenään)* share; ~ ***kakku neljään osaan*** cut up a cake into four pieces; ~ ***ilot ja surut*** share joys and sorrows; ~ ***huone jkn kanssa*** share a room with sb; ~ ***roolit*** *(elok, teatt)* cast the roles; ~ ***vyöhykkeisiin*** zone
jakaantua divide; split (***jksik*** into)
jakaantuminen division
jakaja *(korttip)* dealer; *(mat)* divisor
jakamaton undivided; indissoluble
jakaminen *(osiin)* division, splitting; *(palkintojen, lehtien ym.)* distribution; *(korttien)* dealing
jakaus parting
jakautua *ks.* ***jakaantua***
jakautuminen division; *(fys)* fission
jakelu distribution; *(postin)* delivery
jakkara stool
jakku jacket
jakkupuku suit
jako partition, division; distribution
jakoavain [adjustable] spanner; *(Am)* wrench
jakolasku division
jakomielitauti schizophrenia
jako-osuus dividend
jakovuoro deal
jaksaa manage, have strength enough to; *(kyetä)* be able to; ***en jaksa enää [ponnistella]*** I can't any more, it's too much for me; ***en jaksa syödä enempää*** I can't manage any more
jakso *(ajan~)* period; *(kierto)* cycle; *(vaihe)* stage; *(osuus)* sequence; *(ohjelmasarjan)* part, episode
jaksoluku frequency
jalan on foot; *(vanh)* afoot
jalanjälki footprint
jalankulkija pedestrian
jalankulkutunneli *(Br)* subway, *(Am)* underpass
jalansija footing; ***saada ~a*** gain ground
jalas *(keinutuolin)* rocker; *(reen)* runner; *(lentokoneen)* skid
jalava elm
jalka *(~terä)* foot; leg; ***jalat maassa oleva [henkilö]*** a down-to-earth person
jalkaisin on foot; afoot
jalkakäytävä *(Br)* pavement;

(Am) sidewalk
jalkalamppu standard lamp
jalkapallo football
jalkapallo-ottelu football match
jalkapohja sole
jalkapuu stocks
jalkapöytä instep
jalkarauta shackle
jalkaväki *(sot)* infantry
jalkeilla up
jalkine shoe
jalkineet footwear
jalo generous; noble; *(kivi ym.)* precious
jalokivet jewellery
jalokivi gem, jewel, precious stone
jalomielisyys magnanimity, generosity
jalopeura lion
jalopuu hardwood
jalostaa *(eläimiä, kasveja)* breed; *(tekn)* refine, process; *(kuv)* elevate, ennoble; ~ ***maataloustuotteita*** process agricultural products; ~ ***puita*** graft trees; ~ ***öljyä*** refine oil; ***kärsimys ~ luonnetta*** suffering elevates the character
jalostamo refinery
jalosti nobly
jalostus breeding; *(öljyn)* refining
jalosukuinen noble; of noble birth
jalous nobility
jalusta *(patsaan, pilarin)* base, pedestal
jalustin stirrup
jano thirst; ***minulla on ~*** I am thirsty
janoinen thirsty
janota crave [for]; thirst [for]
jaollinen divisible (***jllak*** by)
jaosto section, division
Japani Japan
japani *(kiel)* Japanese
japanilainen Japanese
jarru brake
jarruttaa *(aut)* brake, put on the brake; *(kuv)* obstruct
jatkaa carry on; continue; go ahead; go on; *(edetä)* proceed; *(tulla tilalle)* take over; ***minun täytyy ~ tämän kirjoittamista*** I must go on writing this; ***jatka vain työtäsi*** go on with your work; ***hän haluaa ~ opintojaan*** she wants to continue her studies; ***~ matkaa*** move on; ~ *t.* ***jatkua [hellittämättä]*** persist
jatkaminen continuation
jatko continuation; *(kirjan, elokuvan)* sequel; extension; ***~kertomus*** serial [story]; ***~sarja***, ***~osa*** serial, sequel; *(tv- t. radiojännäristä)* cliffhanger; ***~yhteys*** connection, connexion
jatkoaika extention; *(urh)* extra time
jatkua continue; go on; ***jatkuu (jatkoa seuraa)*** to be continued
jatkuminen continuation
jatkuva *(lakkaamaton)* constant, continual; *(keskeytymätön)* continuous; *(pysyvä)* perpetual; ~ ***sade*** constant rain; ***kone tarvitsee ~a huoltoa*** the machine requires constant maintenance; ***he elävät ~ssa pelossa*** they live in continued fear; ~ ***painostus*** continuous pressure; ~ ***melu*** perpetual noise
jatkuvasti constantly, continually
jatkuvuus continuity
jauhaa grind; mill
jauhe powder

jauheliha *(Br)* minced meat; *(Am)* ground beef, hamburger
jauho[t] flour; *(karkea)* meal
jazz-orkesteri jazz-band
Jeesus Jesus
jehovantodistaja Jehova's Witness
jengi gang
jenkki Yankee
jo already; ~ ***silloin*** even then, as early as that; ~ ***lapsena*** even as a child
jodi iodine
jogurtti yogh[o]urt
johan *(jo)* already; ~ ***nyt!*** well, well!, isn't that something!, I'll be darned!
johdannainen derivative
johdanto introduction; prologue
johdattaa lead, conduct; *(opastaa)* guide; ~ ***jäljille*** clue; ~ ***mieleen*** suggest
johdatus *(kohtalo)* dispensation; guidance
johdin duct; wire
johdinauto trolley
johdonmukainen logical; consistent
johtaa lead; head; *(fys, mus)* conduct; *(liik ym.)* manage; *(ohjata)* direct; *(kiel)* derive; ***mihin tämä ~?*** where will this lead to?; ~ ***harhaan*** mislead
johtaja *(hallinto t. liik)* director, head, manager, executive; *(pol ym.)* leader; *(mus)* conductor; *(koulun)* headmaster, principal; ***pää~*** president; ***osaston*** ~ head of the division
johtaminen conduct; *(yrityksen)* management
johtava leading; managerial
johto administration; management; *(sähk) (puhelin)* wire, line, lead; *(liitäntä~)* cord; *(vesi~)* pipe; *(urh)* lead, head
johtohenkilö executive
johtokunta board [of directors] (of trustees)
johtolanka clue
johtopäätös conclusion
johtoryhmä executive team
johtua: ~ ***jstak*** be caused by, come from, arise from, be due to, result from; *(olla peräisin)* originate in, be derived from; *(~ mieleen)* occur to, cross sb's mind
joiden whose
joka[inen] any; each
joka that; which; who; whoever; ~ ***paikassa*** everywhere; ~ ***puolella*** about; [all] around; ~ ***tapauksessa*** anyhow, anyway, in any case, at any rate; ~ ***toinen*** every other (two), alternate; ~ ***vuosi*** yearly, every year; ~ ***yö*** every night, nightly; ~ ***asiasta naputtava*** fault-finding, nagging
jokaikinen every one [of]
jokainen every; everybody; every one [of]; ~ ***joka*** whoever, everyone who
jokapäiväinen daily; everyday; routine
jokavuotinen yearly, annual
jokellus babble
jokeltaa babble
jokeri *(korttip)* joker
joki river
jokialue basin
jokin a; anything; some, something
joko ... tai either ... or
jokseenkin about

joku a; anybody, anyone; some; somebody; someone
jollainen such as
jollakin tapaa somehow
jollei unless
jolloin when
jomotus gnawing pain
jompikumpi either, either one
jonka whose
jonkin [verran] some; few, a few
jonkinlainen some kind (sort) of, ... of a sort
jonne where
jonnekin somewhere
jono *(Br)* queue, *(Am)* line; *(vuori~)* range
jonottaa *(Br)* queue up, *(Am)* line up
jooga yoga
jopa even
jos if, whether
joskin even though
josko if, whether
joskus occasionally; sometime; sometimes
jospa: *~ **tietäisin*** if only I knew
jossakin anywhere; somewhere
josta: ***asia ~ halusin keskustella*** the matter [that] I wanted to talk about; ***henkilö ~ puhuin*** the person [that, who] I was talking about
jostakin from somewhere; ***~ asti*** since; ***~ huolimatta*** in spite of, despite; ***~ johtuva*** due to; ***~ puheen ollen*** regarding, talking about sth, by the way; ***~ riippuvainen*** dependent on sb; ***~ välittämättä*** regardless of; ignoring
jota: ***onko tämä se katu ~ etsitte?*** is this the street [that] you were looking for?
jotakin something; ***~ edistävä*** promoting; ***~ kohden*** *t.* ***kohti*** per; ***~ kohti*** toward, towards; ***~ mitä*** something that
jotakuinkin about, approximately
joten so, thus
jotenkin anyhow; somehow
jotensakin rather; pretty
jotka that, which; who; ***tässä ovat paperit, ~ tarvitsen heti*** these are the papers [that] I'll [be] need[-ing] right away; ***he ~ tulivat perille ensin ...*** those who arrived first ...
jotkut some
jottei in order not to ...; so that ... not; *(vanh)* lest
jouduttaa speed up; hasten; quicken; expedite
jouhi [horse-]hair
joukko crowd, bunch, party; number; *(porukka, jengi)* pack, gang; *(sot)* troop, squad; *(ark)* gaggle
joukkokokous mass meeting
joukkolähtö exodus
joukko-osasto unit
joukkotiedotusvälineet mass media
joukkue team; *(sot)* platoon
joukossa amid[st]; among
joukot troops, corps
joulu Christmas
jouluaatto Christmas Eve; ***jouluaattona*** on Christmas Eve
joulukuu December
joulukuusi Christmas tree
joululahja Christmas present (gift)
joululoma Christmas holiday
joulupukki *(Br)* Father Christmas;

(Am) Santa Claus
joulupäivä Christmas Day
jouluseimi *(Br)* crib; *(Am)* crèche
jouluvanukas plum (Christmas) pudding
journalisti journalist
jousi *(joustin)* spring; *(urh)* bow; *(mus)* string
jousiammunta archery
jousimies archer; *(astrol)* Sagittarius
joustava elastic; *(myös kuv)* flexible
joustavuus elasticity; spring; *(myös kuv)* flexiblility; buoyancy
joustin spring
joustinneule rib
joustokangas elastic
joutaa have (find) time [for]
joutava *(turha)* futile; *(typerä)* inane; *(kevytmielinen)* frivolous; *~ asia* trifle; *~ puhe* moonshine, empty talk
joutavuus *(turhuus)* futility; *(kevytmielisyys)* frivolity
joutilaisuus idleness
joutilas idle
joutomaa waste [land]
joutsen swan
joutsenlaulu swansong
joutua get; *~ jhk* get into; *~ ikävyyksiin* get into trouble; *~ sairaalaan* be taken to hospital; *~ epätoivoon* be driven to despair; *~ pakokauhun valtaan* panic
judo judo
Jugoslavia Yugoslavia
jugurtti yogh[o]urt
juhannus Midsummer
juhannuskokko bonfire
juhla[t] party, celebration; treat; *(pidot)* feast; *(musiikki-, filmi- tms.)* festival; *(vuosipäivä)* anniversary, jubilee; *(kirk)* feast, holiday; ***~n kunniaksi*** in hono[u]r of the day, to celebrate the occasion; ***viettää ~a*** celebrate; ***järjestämme pienet ~t*** we are going to have a little party (celebration); ***tämä on todellista ~a!*** this is a real treat!, a real feast!; ***kylä~*** village fete
juhla[tapahtuma] festival; festivity
juhla-ateria banquet
juhlakulkue procession; pageant
juhlallinen solemn
juhlallisuus festivity; solemnity
juhlamenot ceremon|y, -ies
juhlanäytäntö gala performance
juhlapuku evening dress; *(Br)* dinner jacket; *(Am)* tuxedo; *(kutsukorteissa)* black-tie
juhlapäivälliset banquet; gala dinner
juhlasali ballroom; *(koul)* assembly hall
juhlava festive
juhlavalaistus illumination, flood lighting
juhlia celebrate; party
juhliminen celebration
jukuripää stubborn
julist|aa announce; declare; proclaim; ***se -ettiin kansalliseksi juhlapäiväksi*** it was proclaimed a national holiday; ***Englanti -i sodan Saksalle v. 1914*** Britain declared war on Germany in 1914; ***-an kokouksen avatuksi*** I declare this meeting open; ***~ oppia*** preach; ***~ syyttömäksi*** acquit
juliste poster, bill; placard
julistus declaration; proclamation

juljeta: ***kuinka julkeat tulla tänne?*** how can you have the impudence (gall) to come here?
julkaista publish; issue; ~ ***suurin otsikoin*** splash; ~ *t.* ***valmistaa laittomasti*** pirate
julkaisu publication
julkea impudent, insolent, arrogant, unscrupulous
julkeus impudence; arrogance; gall
julkinen public
julkisivu facade; front
julkisoikeus public law
julkistaa give out; publish; make sth public (known); release
julkistaminen publication; *(levyn, elokuvan)* release
julkistamistilaisuus inauguration ceremony; *(muistomerkin)* unveiling; *(levyn ym.)* release
julkisuu|s public; publicity; ***-den valokeila*** limelight; ***esiintyä -dessa*** appear in public
julkkis celebrity
julma cruel; atrocious
julmuus cruelty; atrocity
Jumala God; Lord
jumalallinen divine; godlike
jumalallisuus divinity
jumalankieltäjä atheist
jumalanpalvelus service; worship
jumalanpelko devotion, fear of God
jumalanpilkka blasphemy
jumalatar goddess
jumalaton godless
jumaloida worship; adore; idolize
jumalointi worship; adoration
jumalolento divinity
jumaltaru myth
jumaluus deity, divinity
jumaluusoppi theology, divinity
juna train; *~lla* by train; ***nousta ~an*** get on a train; ***nousta ~sta*** get off (get out of) a train
junailija *(Br)* [train] guard; *(Am)* conductor
junalippu train ticket
junassa aboard [a train]; on the (a) train
juntta *(tekn)* ram; *(pol)* junta
juoda drink; *(ark)* swill
juoksennella: ~ ***ympäriinsä*** run around, gad about; *(erit lapset)* chase around (about)
juoksettaa curdle
juoksettua curdle; ***juoksettunut maito*** curd
juokseva *(nestemäinen)* liquid, fluid; *(virtaava)* flowing; ***~t asiat*** current matters; ***~t menot*** running expenses
juoksija runner
juoksu run; course; dash; *(virta)* flux; ***kilpa~*** race; ~ *t.* ***pikamarssi*** *(sot)* double
juoksuaika: ***olla*** ~ be on heat
juoksuhauta trench
juoksuttaa *(nestettä)* tap
juolahtaa mieleen occur; strike; ***minulle juolahti mieleen, että...*** it occurred to me..., it struck me that...
juoma drink; ***virvoitus~*** beverage
juomakausi bout of drinking
juomakelpoinen drinkable
juomakelvoton undrinkable
juomalasi [drinking] glass, tumbler
juomaraha tip; ***antaa ~a*** tip; ***tässä on teille*** ~ this is for you
juomari hard drinker, drunkard
juomavesi drinking water

juomingit *(ark)* booze-up, binge
juonet wiles
juoni intrigue, plot (***jkta vastaan*** against sb); scheme, conspiracy; *(kirjan, näytelmän)* plot
juonikas wily
juonitella plot, intrigue, connive with
juonittelija designer, intriguer, schemer
juonittelu intrigue
juonne line, wrinkle
juontaa *(ohjelmaa)* present; ***~ juurensa jstak*** derive from
juontaja *(kuuluttaja)* announcer; *(tv, radio)* presentor; *(Br)* compere; *(Am)* emcee; speaker
juopa gap; cleavage
juopotella drink; *(ark)* booze
juoppo drinker; drunk; drunkard; toper
juoppous drunkenness; intemperance
juopumus drunkenness; intoxication
juoru gossip
juoruakka, juoruaja gossip, scandalmonger
juoruta blab; gossip
juosta run; *(virrata)* flow; ***~ kylillä*** gad about; ***~ ulkona [juhlimassa]*** gallivant; ***~ kilpaa jkn kanssa*** race sb; ***~ pikamatkoja*** sprint; ***~ äkkiä jkn perään*** chase after sb
juotava drinkable; ***jotakin juotavaa*** something to drink
juote solder
juottaa *(lasta)* make (let) drink; *(väkisin)* make sb drink, make sb get drunk; *(hevosta)* water; *(vasikkaa)* feed; *(tekn)* solder
juova streak; stripe
juovikas streaked; striped
juovuksissa drunk; under the influence
jupakka broil
juristi lawyer; *(Br)* solicitor; *(Am)* attorney; ***tarvitsen ~n apua*** I need some legal advice; ***sitä täytyy kysyä ~lta*** we (you) must consult a lawyer
juro sullen, surly
jurottaa mope, sulk
jury jury; *(~n jäsen)* juror
jutella chat; talk
juttu story; *(puhe)* talk; *(asia) (ark)* stuff, bit; *(lak)* case; ***rakkaus~*** affair; ***~tuokio*** chat
jutut *(asiat) (ark)* stuff
juurakko *(kasv)* stock
juureton rootless
juuri just; *(kasv)* root; ***~ ja ~*** barely; ***juurta jaksain*** thoroughly, in detail; ***~ niin*** exactly; ***~ sama*** the very same
juurikas beet; root
juurimukula tuber
juurruttaa root; *(kuv)* implant
juurtua root, take (strike) root; ***syvälle juurtunut*** deeply rooted
juusto cheese
juustohampurilainen cheeseburger
juustohöylä cheese slicer
juustokupu cheese dome (cover)
juutalainen Jew, Jewish, *(fem)* Jewess
juutalaisvaino persecution of the Jews
juutalaisviha anti-Semitism
juutti jute
juuttua stick; get stuck
juuttunut stuck

jykevä massive
jylhä majestic; *(karu)* rugged, barren
jylistä *(aseet)* boom
jymistä din
jymy din
jymyjuttu *(lehtijuttu ym.)* scoop
jymypaukku dynamite
jymähtää thud
jyrinä *(ukkosen, aseiden)* thunder, rumble; *(kolina)* din
jyristä *(lentokone)* boom; *(ukkonen, aseet)* rumble, thunder
jyrkkyys abruptness
jyrkkä steep; *(terävä, käskevä)* sharp, peremptory; *(mielipiteissään)* radical, pronounced; *(ankara)* strict; ***~ törmä*** bluff; ***äkki~*** abrupt
jyrkänne bluff; precipice
jyrsijä rodent
jyrsiä gnaw
jyrä roller
jyrähdys boom; ***ukkosen~*** clap (peal) [of thunder]
jyskyttää *(sydän, kone)* pound, throb, thump; *(nyrkillä)* pound, thump; *(jaloilla)* thump
jysähdys bang; smash
jysähtää *(iskeytyä)* thud
jyvä corn; seed
jyvä[nen] grain
jähmettyä solidify; *(hyytyä)* congeal; *(kylmästä)* become stiff [with cold]; ***hän jähmettyi kauhusta*** he was petrified, his blood ran cold
jähmettää solidify; fix
jähmeä solid
jäidenlähtö breaking up of the ice
jäinen icy
jäkälä lichen
jäljellä left; ***~ oleva*** remaining, the rest of
jäljennös reproduction; *(kopio)* copy; double; *(printti)* print; *(väärennös)* sham
jäljentää copy; *(kirje)* duplicate; *(maalaus)* reproduce
jäljessä after; behind; ***kelloni on ~*** my watch is slow
jäljet track, trace
jäljettömiin leaving no trace
jäljitellä imitate, emulate, mimic
jäljitelty *(seteli)* counterfeit; *(materiaali)* artificial, false
jäljittely imitation
jäljittää [re]trace [sb down]; track
jälkeen after; behind
jälkeenjäänyt backward; posthumous
jälkeenpäin afterwards
jälkeinen: ***jkn ~*** subsequent to (following) sth; ***sodan~*** postwar
jälkeiset afterbirth
jälkeläinen descendant
jälkeläiset offspring; progeny
jälki trace, track; *(merkki)* mark; *(jalan~)* imprint, footstep; ***olla jäljillä*** be on the track of; ***seurata jkn jälkiä*** track a person; ***seurata isän jälkiä*** follow in one's father's footsteps
jälkihoito after-care
jälki-istunto detention
jälkijoukko rear
jälkikirjoitus postscript, P.S.
jälkimaailma posterity
jälkimmäinen latter; second
jälkipainos reprint; ***~ kielletään*** all rights reserved
jälkiruoka dessert; sweet; ***(Br)*** af-

ters, pudding
jälkisato aftermath
jälkisäädös will
jälkivaatimuksella COD *(cash on delivery)*
jälkiäänittää dub
jälleen again; ***~rakentaa*** reconstruct; ***~varustelu*** rearmament; ***~yhdistäminen*** reunification
jälleenmyyjä retailer
jälleennäkeminen reunion, meeting again
jänis hare; *(urh)* pacemaker
jäniskoira beagle
jänistää show the white feather; *(ark)* chicken out
jänne cord; sinew; tendon; ***akilles~*** Achilles tendon
jänneväli span
jännite tension; *(sähk)* voltage
jännitetty strained
jännittynyt tense; nervous; strung up
jännittyä tighten
jännittävä exciting, thrilling; ***~ kilpailu*** thrilling game; cliffhanger; ***~ elämys*** thrill
jännittää *(lihakset, köysi)* tighten; *(kangas, köysi ym.)* strain; *(pelätä)* be nervous
jännitys excitement; suspense; tension
jännityselokuva, **jännäri** thriller; whodun[n]it
jäntevä muscular; wiry
järjellinen reasonable, rational
järjenvastainen irrational, paradoxical
järjestellä arrange
järjestelmä system
järjestelmällinen methodical; systematic
järjestely arrangement; *(sot)* disposal, disposition
järjestelylaina bridging loan
järjestys order; discipline; sequence; ***kaikki on järjestyksessä*** everything is all right (in order)
järjestysluku ordinal
järjestäjä organizer; *(koul)* monitor
järjestäytyä organize; get organized; ***järjestäytynyt työväki*** organized labo[u]r
järjestää put in order; *(hoitaa asia)* see to, attend to, settle; *(Am)* fix; arrange, organize; *(esitys)* stage; ***~ t. hankkia jtak jklle*** fix sb [up with]; ***~ majapaikka*** fix [up]; ***~ riviin*** range; rank; ***~ uudelleen*** reorganize
järjestö organization; *(Am)* affiliate; ***katto~*** federation
järjettömyys absurdity, absurdness
järjetön absurd; crazy; inane
järkeistää rationalize
järkevä reasonable, sensible
järki sense; reason; brain[s]
järkiperäinen rational
järkkyminen disturbance
järkkymätön steadfast; immovable; unmoved; ***järkkymättömän levollinen*** imperturbable
järkyttävä shocking
järkyttää shock; upset; shake
järkytys shock; consternation
järkähtämätön immovable, firm, unshaken
järvi lake; ***järvellä*** on the lake
järvialue lake district, lakeland
järvimaisema lakescape
jäsen limb; member
jäsenkortti membership card

jäsenmäärä membership
jäsentää analyse; organize; outline; *(lause)* parse
jäsenyys membership
jäte waste; residue
jäteaineet waste
jäteastia *(Br)* dustbin; *(Am)* garbage can
jätehuolto refuse (waste) disposal
jätevesi effluent
jätteet refuse; waste; *(Am)* garbage
jättiläinen giant
jättiläismäinen colossal, gigantic
jättää leave; *(hylätä)* abandon, desert; *(ark)* dump; *(lopettaa)* quit; ~ *t.* ***antaa [sisään]*** hand in, give in; ~ ***heitteille*** expose; ~ ***huomaamatta*** overlook; ~ ***huomioon ottamatta*** disregard; ignore; ~ ***jälki-istuntoon*** detain; ~ ***kesken*** drop out; ~ ***[lento]matkatavarat sisään*** check in; ~ ***pois*** leave out, drop, omit; ~ ***sijaa*** admit; ~ ***sikseen*** shelve; ~ ***säilytettäväksi*** deposit; ~ ***tekemättä*** fail to do sth; omit; ~ ***ulkopuolelle*** exclude; ~ *t.* ***uskoa jnk haltuun*** consign; ~ ***vakuudeksi*** deposit; ~ ***väliin*** bypass
jäykistyä stiffen; *(seks)* have a hard-on
jäykistää benumb; stiffen
jäykkä rigid; stiff; *(seks)* hard
jäykkäkouristus tetanus
jää ice; ***olla jäässä*** be frozen
jäädyttäminen freeze
jäädyttää freeze; ice
jäädä remain; stay; ~ ***eloon*** survive; ~ ***eläkkeelle*** retire; ~ ***jumiin*** be (get) stuck, be caught in sth; ~ ***jälkeen*** lag; straggle; ~ ***kiinni*** be caught; ~ ***näkemättä*** *t.* ***kokematta*** miss; ~ ***pois [kulkuneuvosta]*** get off; ~ ***pois muodista*** go out; ; ~ ***vaille*** miss [out on]
jäähdytin condenser
jäähdyttää cool; freeze; refrigerate
jäähdytysastia cooler
jäähtyä [get] cool
jääkaappi fridge; refrigerator
jääkarhu polar bear
jääkausi glacial period; ice age
jääkiekko ice hockey; puck; *(Am)* hockey
jääkylmä ice-cold, icy
jäälautta floe
jäämistö *(lak)* estate
jäänestoaine anti-freeze solution
jäänmurtaja icebreaker
jäänne relic; ***jäänteet*** rests, remains; *(kulttuurista ym.)* vestige
jäännökset remains; wreckage
jäännös remainder; *(~pala)* remnant; *(jäte)* residue; ***pyhäin~*** relic
jäänyt *(tähteeksi t. yli ~)* leftover
jääpallo bandy
jääpuikko icicle
jääräpäinen stubborn; *(väärässä oleva)* wrongheaded
jäätelö ice cream
jäätelöannos sundae
jäätelötötterö cone
jäätikkö glacier
jäätymispiste freezing point
jäätyä freeze
jäätävä icy, ice-cold
jäävi disqualified, not competent
jäävuori iceberg
jäävuorisalaatti iceberg lettuce
jäävätä challenge [the competence of]

K

kaadin jug; pitcher
kaahata speed, scorch, drive recklessly
kaakao hot chocolate, cocoa
kaakattaa *(kana)* cackle; *(ankka)* quack; *(hanhi, ihminen)* gaggle
kaakatus *(kana)* cackle; *(ankka)* quack; *(hanhi, ihminen)* gaggle
kaakeli [glazed] tile
kaakeliuuni tiled (glazed) stove
kaakeloida tile
kaakki hack, jade
kaakko, kaakkoon southeast
kaali cabbage
kaalimato caterpillar
kaamea ghastly, grisly, gruesome, horrible
kaamos *(läh)* polar night, period of darkness [in the north]
kaanon canon
kaaos chaos
kaapata grab, snatch; *(anastaa)* seize, usurp; *(lentokone)* hijack; *(laiva)* capture; *(kidnapata)* kidnap; ~ ***syliinsä*** clasp in one's arms, pull to one's arms
kaapeli cable
kaapelitelevisio cable television
kaapia scrape; *(lääk)* abrade
kaappaaja, **kaappari** *(laivan)* capturer; *(lentokoneen)* hijacker
kaapparilaiva *(hist)* privateer
kaappaus *(pol)* coup; *(laivan)* capture; *(lentokoneen)* hijacking
kaappi cabinet, cupboard; locker; *(vaate~)* wardrobe; *(Am)* closet
kaapu gown; robe; *(munkin~)* cowl, frock
kaareutua arch, vault ***(jkn yllä, yli*** over)
kaareva bent, curved, bowed
kaari curve, arch; *(rak)* arch; *(jousen)* bow
kaarisulut round brackets, parentheses
kaarna bark
kaarre bend, curve; ***autoni ottaa kaarteet hyvin*** my car corners well
kaartaa bend, curve, turn
kaarti guards
kaartilainen guardsman
kaartua arch, curve
kaasu gas; *(aut) (Br)* accelerator, *(Am)* gas [pedal]; ***lisätä (painaa) kaasua*** accelerate, step on the gas
kaasujohto gas pipe
kaasukammio gas chamber
kaasuliesi *(Br)* gas cooker; *(Am)* gas stove
kaasumainen gaseous
kaasumittari gasmeter
kaasunaamari gasmask
kaasupoljin *(Br)* accelerator; *(Am)* gas pedal
kaasusäiliö gasholder, gasometer
kaasutin carburettor
kaataa *(kumoon)* tip over, turn over, overturn; *(iskeä kumoon t. maahan)* knock down (over), fell; *(kuppeihin t. laseihin)* pour [out]; *(läikyttää)* spill; *(puita)* chop down, fell; ~ ***hallitus*** overthrow the government

kaatopaikka [refuse] dump
kaatosade downpour
kaatua fall [down]; *(kompastua)* stumble (***jhk*** on, over); trip (***jhk*** over); *(sortua, lyyhistyä)* collapse; *(vene)* be capsized; *(sodassa)* be killed, fall, die
kaatumatauti epilepsy
kaatumatautinen epileptic
kaatuminen fall, tumble
kaatunut fallen
kaava *(asema~, ~kuva)* plan; *(muotti)* mould; *(puvun)* pattern; *(malli)* design, scheme; *(menettelytapa)* pattern, fashion; *(mat, kem)* formula
kaavailla plan, outline; sketch
kaavake form
kaavamainen schematic; formal [-istic]; *(kaavoihin kangistunut)* stereotyped
kaavio scheme, chart; *(fys)* diagram
kaavoittaa plan; make a town (city) plan
kabaree[-esitys] cabaret
kadehdittava enviable
kadehtia envy, be jealous of
kademieli envy; jealousy
kadenssi *(mus)* cadence
kadetti cadet
kadoksissa, **kadonnut** lost, gone; *(henkilöstä)* missing
kadota disappear; vanish; ***hän katosi näkyvistä[ni]*** I lost sight of him; ~ ***kuin tuhka tuuleen*** vanish into thin air
kadottaa lose; ~ ***näkyvistä*** lose sight of sth (sb)
kadotus *(kirj)* damnation, perdition
kadunkulma [street]corner; ***-ssa*** on (at) a corner
kadunlakaisija street sweeper
kadunmies the ordinary man; *(Matti Meikäläinen) (Br)* Joe Public; *(Am)* John Doe
kaduttaa regret; have second thoughts
kahakka skirmish
kahakoida skirmish
kahdeksan eight
kahdeksankymmentä eighty
kahdeksantoista eighteen
kahdeksas eighth
kahdeksasosanuotti *(Br)* quaver; *(Am)* eighth note
kahden: ***olla*** ~ just the two of us; alone, by ourselves (ym.)
kahdenkeskinen face-to-face, private; ***se on meidän ~ asiamme*** it's between you and me (us two)
kahdentua duplicate
kahdenvälinen bilateral
kahdeskymmenes twentieth
kahdesti twice
kahdestoista twelfth
kaheli crackbrain, crackpot; *(Br)* fruitcake
kahina *(vaatteiden, sanomalehden ym.)* rustle, rustling; *(vaatteiden)* swish; *(kahinointi)* riot[ing]
kahinoida riot
kahista rustle, swish
kahlaaja[lintu] wader
kahlaamo *ks.* ***kahluupaikka***
kahlata wade, ford; *(lapsista)* paddle; ~ ***kirja läpi*** wade through a book
kahle bond; chain
kahleet chains, irons; *(myös kuv)* shackles
kahlehtia chain, shackle; ~ ***t. sitoa kädet*** pinion

kahluu[paikka] ford, wade
kahluuallas paddling pool; *(Am)* wading pool
kahmaista grab
kahtia in two, in half
kahva grip; handle; *(miekan)* hilt
kahvi coffee; ***keittää kahvia*** make coffee; ***haluaisitko kahvia?*** would you like some coffee?
kahvikalusto coffee set
kahvikuppi coffee cup
kahvila café, cafe; *(Br)* coffee bar; *(Am)* coffee shop
kahvimylly coffee grinder
kahvinkeitin coffee maker; coffee percolator
kahvinporot coffee grounds
kahvipannu coffeepot
kahvi[n]pavut coffee beans
kahvitauko coffee break
kai perhaps; maybe, it may be that; probably; presumably
kaide rail; railing
kaidepuu banister[s]
kaihdin *(rullaverho)* *(Br)* blind; *(Am)* window shade; *(säle~)* Venetian blind
kaihi *(lääk)* ***harmaa~*** cataract; ***viher~*** glaucoma
kaiho longing ***(jkn*** for); nostalgia
kaihoisa longing, languishing, wistful; nostalgic, melancholy
kaihoisasti with longing; *(haikeasti)* wistfully
kaihtaa keep away from; *(välttää)* avoid *(people, work etc)*; *(karttaa)* shun *(people, publicity)*; ***mitään keinoja kaihtamatta*** stopping at nothing
[kaiken] kaikkiaan altogether, in all, all told
kaikenlaisia sundry; ***~ ihmisiä*** all and sundry
kaiketi probably; presumably
kaik|ki all; everything; ***me kaikki*** we all, all of us; ***-en päivää*** all day long; ***~ kirjat (ihmiset)*** all the books (people); ***-kea mukavaa*** all kinds of nice things; ***kerroitko hänelle -en?*** did you tell him everything?; ***-kien aikojen*** alltime
kaikkialla everywhere, all over
kaikkiruokainen omnivorous
kaikkitietävä omniscient
kaikkivoipa all-powerful; almighty; omnipotent
kaikota go away; withdraw
kaiku echo, resound
kaikua echo, resound; reverberate
kaikuluotain echo sounder
kaikuva echoing; resonant
kaima namesake
kainalo[kuoppa] armpit; ***~ssa*** under one's arm
kainalosauva crutch
kaino bashful, shy; *(vanh)* coy
kainostelu, kainous timidity, bashfulness
kaipuu nostalgia; longing, yearning ***(jhk, jkn*** for)
kaira backwoods; wilds; *(tekn)* drill; bore[r]
kairausreikä borehole
Kairo Cairo
kaisla bul[l]rush, rush; reed
kaislamatto rush mat
kaislikko rushes
kaista *(ajo~)* lane; *(sot)* sector
kaistale strip, shred; *(vaatteen reunus)* band
kaistapää cracked, fool, nut[s]
kaita narrow

kaiteet balustrade; banister[s]
kaiutin loudspeaker
kaivaa dig; *(tutkia)* delve (jtak *into*) grub (jtak *for*); rummage; *(lapioida)* scoop out (about); ***~ esiin*** dig out (up), excavate; ***~ koloja*** *(el)* burrow holes; ***~ nenäänsä (hampaitaan)*** pick one's nose (teeth); ***~ maata jkn alta*** undermine
kaivanto *(rakennuksen)* building pit; *(oja)* dike, ditch, trench
kaivata *(ikävöidä)* miss; *(tarvita)* require, call for; ***~ lohduttomasti*** ache, crave for
kaivaus *(arkeol)* excavation, diggings
kaivella dig; pick *(nenää, hampaita)*; ***~ laatikoita, taskuja*** root around in drawers, rummage in pockets; ***~ jkn menneisyyttä*** dig up sb's past; ***~ mieltä, vaivata*** bother, fret, worry
kaiverrus *(puu)* carving; *(metalli)* engraving; *(kirjoitus)* inscription
kaiverruttaa have sth engraved
kaivertaa *(kiveen t. puuhun)* chisel; *(puuhun)* carve; *(metalliin)* engrave
kaivinkone excavator; *(Am)* steam showel
kaivo well
kaivos mine, pit
kaivoskuilu pit, shaft
kaivosmies miner
kaivosteollisuus mining
kajahdus *(kellon)* clang; *(kaiku)* repercussion
kajahtaa *(kello)* clang, ring; *(kaikua)* echo, resound
kajastaa glimmer, shimmer; ***päivä ~*** the day is dawning (breaking)
kajota touch; ***~ vieraaseen omaisuuteen*** *(lak)* encroach (trespass) [up]on alien property
kajuutta cabin
kakara kid; *(halv)* brat
kakistella clear one's throat
kakku cake
kakluuni tiled register stove
ka|ksi two; ***~ kertaa*** twice; ***~ kertaa suurempi*** twice as big as; ***olla -hden vaiheilla*** be in two minds, hesitate; ***-hden hengen huone*** double room
kaksihaarainen: ***~ hius*** split end
kaksijalkainen two-footed, two-legged
kaksikamarinen two-chamber, two-house, bicameral
kaksikerroksinen two-storey, two-storied; ***~ bussi*** double-decker
kaksikielinen bilingual
kaksikotinen *(kasv)* dio[e]cious
kaksikymmentä twenty
kaksimielinen equivocal, ambiguous; *(hävytön)* suggestive, scabrous
kaksinaamainen twofaced, double-dealing
kaksineuvoinen *(kasv)* androgynous
kaksinkertai|nen double; ***~ määrä*** double (twice) the number, double (twice) as much (many); ***maksaa ~ summa*** pay the double, pay twice as much; ***-set ikkunalasit*** double-glazing
kaksinkertaistaa double
kaksinnaiminen bigamy
kaksinpeli *(tennis)* singles; *(golf)* twosome

kaksintaistelu duel
kaksio two-room flat[let]; *(Am)* two-room apartment
kaksiosainen in two parts; in two volumes
kaksipuolinen bilateral; two-sided
kaksirivinen *(takki)* double-breasted; *(haitari)* double-row
kaksiselitteinen ambiguous; equivocal
kaksiselitteisyys ambiguity
kaksisuuntainen two-way
kaksitahtimoottori two-cycle engine
kaksiteräinen two-edged
kaksitoista twelve
kaksivuorotyö two-shift work
kaksivuotinen biennial
kaksivärinen twocolo[u]r, twocolo[u]r[ed]
kaksois- double; dual; twin
kaksoiskappale double; duplicate
kaksoisolento double
kaksoispiste colon
kaksoissisar twin sister
kaksoisveli twin brother
kaksoisvuode double bed
kaksonen twin; *(astrol)* Gemini
kaksoset twins
kaktus cactus
kala fish; ***mennä ~an*** go fishing; ***kuin ~ kuivalla maalla*** like a fish out of water
kalahdus clang
kalahtaa *(vastakkain)* clash
kalaisa abounding in fish
kalakauppa fishmonger's
kalakukko *(Finnish fish pasty)* Fishcock pasty
kalalokki mew, seagull
kalanmaksaöljy cod-liver oil
kalanviljely fish breeding, hatching
kalaparvi school of fish, shoal
kalapulla fishcake
kalastaa fish; ***~ ääniä*** canvass
kalastaja fisherman
kalastella *(kuv)* tout (***jtak*** for)
kalastus fishing
kalastusalus fishing boat (vessel)
kalasääksi osprey
kalat *(astrol)* Pisces
kalavedet fisheries
kalavelk|a: ***maksaa -ojaan*** pay off an old score
kaleerilaiva galley
kalenteri calendar
kaliberi calibre, caliber
kalina *(kattilat)* clash, clatter; *(hampaat)* chatter; *(kahleet)* clank; *(veitset ym.)* rattle
kalista clash, clatter, rattle; *(hampaat)* chatter; *(kahleet)* clank
kalja beer, ale
kalju bald
kalkattaa clatter; rattle
kalke clatter[ing]
kalkita whitewash; lime
kalkkarokäärme rattlesnake
kalkkeutuminen calcification; ***verisuonten ~*** arteriosclerosis
kalkki lime; *(lääk)* calcium; *(raam)* chalice, cup
kalkkikivi limestone
kalkkiutua calcify
kalkkiväri whitewash
kalkkuna turkey
kallellaan tilted, atilt; ***olla ~*** incline, lean, tilt
kalleus expensiveness; costliness; *(arvoesine)* valuable, treasure
kalliisti dearly
kallio cliff; crag; rock

kallioinen rocky
kalliomaalaus rock painting
kallioperusta bed-rock
kallis dear; expensive
kallis[arvoinen] precious; costly
kallistaa lean, incline, tip; *(kumoon)* tilt; *~ korvansa* lend one's ear
kallistua lean, lurch, tilt; *(viettää)* incline, slant, verge; *(laiva)* heal over, list; *(hinta)* rise, go up
kallo skull; cranium
kallonmurtuma skull fracture
kalmankalpea deathly pale, pallid
kalori calorie
kalossi galosh
kalotti skullcap; *(rak)* calotte
kalottialue the Arctic area
kalpaten: *hänen kävi ~* things went badly for him, he got it in the neck
kalpea pale; pallid
kalpeus paleness; pallor
kalsea cold; chilly
kalske clank
kaltai|nen like; alike; similar to; *hän ei ole sinun -sesi* he is not like you; *he ovat toistensa -sia* they are [much] alike
kalterit bars
kalteva *(torni)* leaning; *(taso)* inclined; *(viettävä, kallellaan)* slanting, sloping
kaltevuus inclination; *(tierak)* gradient; *(kallistuma)* slope, tilt
kalu thing, article; *(miehen)* dick
kalustaa furnish
kalustamaton unfurnished
kalusteet furniture; furnishings; *(kiinteät)* fixtures; *kylpyhuoneen ~* bathroom fixtures
kalusto *(huonekalut)* [set of] furniture, suite; *(astiasto)* service, set; *(välineistö)* equipment; implements, tools; *kiinteä ~* fixtures
kalvaa gnaw (*jtak* at); *~ jkn mieltä* prey on sb's mind
kalvakka sallow
kalveta turn pale; *(haalistua)* fade; *sen rinnalla kaikki kalpenee* it puts everything in[to] the shade
kalvo *(kelmu)* foil, film; *(anat)* membrane; *(tekn) (puhelimessa, kamerassa)* diaphgram; *rummun ~* drumhead
kalvosin cuff; wristband
kalvosinnapit cuff links
kama *(rojut)* junk, rubbish, stuff; *(huumeet)* junk, stuff
kamala frightful, dreadful, terrible; *(ark)* abominable; *~ ilmestys (ark)* fright
kamari chamber
kamarimusiikki chamber music
kameli camel
kamera camera
kamferi camphor
kamiina stove
kammata comb, do one's hair
kammio cell; chamber; *sydän~* ventricle
kammiovärinä ventricular fibrillation
kammo *(pelko)* dread, horror (*jkn* of); *(inho)* aversion (*jkn* to;); *(lääk)* phobia; *hänellä on suljetun paikan ~* he has a claustrophobia
kammota dread, abhor
kammottaa fill sb with dread; have an aversion to; shudder at sth; *sen ajatteleminen ~ minua* I shudder at the thought of it, it gives me the

creeps
kammottava awful, dreadful, frightful, grisly
kampa comb
kampaaja hairdresser; hairdresser's [salon]; ***minun on mentävä ~lle*** I have to go to the hairdresser's
kampaamo hairdresser's [salon]
kampanja campaign; ***myynti~*** [sales] promotion
kampasimpukka scallop
kampata: ***~ jku nurin*** trip sb up
kampaus hairdo, hairstyle; wave
kampela flounder
kampi crank
kampiakseli crank axel, crankshaft
kamppailla struggle (***jkn psta*** for)
kampurajalka *(lääk)* clubfoot
kamreeri chief accountant
kamu pal, buddy, crony
kana hen; *(ruoka)* chicken; ***minulla on ~ kynittävänä hänen kanssaan*** I've got a score to settle with him
kanaali channel; ***Englannin ~*** the English Channel
Kanada Canada
kanadalainen Canadian
kanahäkki coop
kanala poultry farm; hen house
kananmuna egg
kananpoika chicken
kanarialintu canary
kanava *(käytävä, putki tms.)* channel; *(vesiväylä)* canal; *(rad, tv, atk)* channel; ***vaihtaa ~a*** change the channel; ***se menee kakkoskanavalla*** it's on channel two; ***harrastaa ~surffausta*** zap, channel-hop
kanavakangas *(käs)* canvas
kanavanvalitsin channel selector
kanavoida canalize; channel
kaneli cinnamon
kanerva heather
kanervikko heath[land]
kangas cloth, fabric, material; *(maalauksen)* canvas; *(maa)* moor, heath
kangaskauppias mercer; *(verhoilija)* draper
kangaspuut [hand]loom; ***kutoa kangaspuilla*** weave
kangastaa loom
kangastus mirage
kangertaa stumble in one's speech
kangistua stiffen; *(kuv)* ossify
kaniini rabbit
kanisteri can
kanjoni canyon
kankea rigid, stiff
kanki bar, rod
kankkunen hangover
kannas isthmus
kannatin *(hyllyn ym.)* bracket; *(pidike)* holder
kannattaa support, carry; *(pitää kohollu)* hold up, sustain; *(kantaa)* bear; *(antaa kannatuksensa)* support, back [up]; stand for; *(puoltaa)* second; *(tuottaa)* be profitable, pay; *(tukea rahallisesti)* support, sponsor; ***~ puoluetta*** adhere to a party; ***ei kannata yrittää*** it's no use (not worth) trying; ***kannatetaan!*** sustained!
kannattaja *(aatteen, liikkeen ym.)* supporter, advocate, proponent, follower; *(puolueen)* adherent, partisan; *(koulukunnan)* exponent, follower
kannattajajoukko following, con-

stituency
kannattamaton unprofitable, uneconomic; unproductive; ***yritys on ~*** the business doesn't pay
kannattava paying, profitable, remunerative
kannatus backing, endorsement, support
kanne *(lak)* action, lawsuit; ***nostaa ~ jkta vastaan*** prosecute, bring an action against
kannella tell (bear) tales; *(koul)* sneak; *(ark)* squeal, squeak
kannettava mobile; portable
kannikka crust of bread
kannu *(kaadin)* jug, pitcher; *(kahvi~ t. tee~)* pot
kannus spur
kannustaa *(hevosta, ihmistä)* spur [on]; ***~ (rohkaista) jkta tekemään jtak*** urge (encourage) sb to do sth
kannustin spur, stimulus, incentive; *(yllyke)* incitement; *(houkutin)* inducement
kanoot|ti canoe; ***meloa -illa*** paddle a canoe; ***mennä -illa, tehdä ~retki*** canoe, go canoeing
kansa nation; people; ***Suomen ~*** the Finnish people
Kansainliitto the League of Nations
kansainvaellus migration of peoples
kansainvälinen international; ***~ yhteisö*** international community
kansainvälistyä get (become) international
kansainvälistää internationalize
kansainvälisyys internationality
kansainyhteisö Commonwealth; ***Brittiläinen ~*** the British Commonweath of Nations
kansakoulu primary *t.* elementary school
kansakunta nation; ***suomalaiset ~na*** the Finns as a nation
kansalainen citizen; national
kansalaisoikeudet civil rights
kansalaissota civil war
kansalaistieto civics
kansalaisuus citizenship
kansallinen, kansallis- national
kansalliskiihkoinen nationalist
kansallislaulu national anthem
kansallispuku national costume
kansallisruoka national dish, speciality
kansallistaa nationalize
kansallisuus nationality
kansanedustaja member of parliament, M.P; deputy
kansankieli vernacular
kansankiihottaja demagogue
kansankiihotus sedition
kansanlaulu folk song
kansanmurha genocide
kansanmusiikki folk [music]
kansannousu uprising
kansanomainen popular; folksy, simple; vernacular
kansanperinne folklore, popular tradition
kansansatu folktale
kansantajuinen popular; intelligible to all, easily comprehensible
kansantaloudellinen economic
kansantalous political *t.* national economy; economics
kansantalous[tiede] political economy
kansan|tanhu, -tanssi folk dance
kansantasavalta people's republic

kansanterveys public health
kansantietous *ks.* ***kansanperinne***
kansantulo national income
kansantuote national product
kansanvalta democracy
kansanäänestys referendum, plebiscite (***jstak*** on); ***kysymys ratkaistiin kansanäänestyksellä*** the question was decided by referendum
kansatiede ethnology
kansi *(purkin, rasian)* top, lid; *(kirjan, kaivon)* cover; *(kattilan, arkun, pianon)* lid; *(pöydän, flyygelin)* top; *(laivan)* deck; ***kannesta kanteen*** from cover to cover; ***kannella*** on deck
kansikuva cover picture
kansio file; folder
kansipaikka deck accomodation
kansituoli deckchair
kansleri chancellor
kanslia secretariat[e]; office, bureau
kansoittaa settle, colonize, populate
kanssa with
kanssakäyminen communication; dealings; *(sukupuolinen)* intercourse
kan|ta *(lampun, kolmion)* base; *(kengän)* heel; *(kuitin ym.)* counterfoil, stub; *(naulan ~)* head; *(kiel)* root, stem; *(korko~)* rate of interest; *(asenne)* attitude, standpoint, point of view; ***mikä on sinun -tasi tässä asiassa?*** what is your position to this matter?; ***ottaa -taa jhk*** take a stand on sth; ***minun -naltani*** from my point of view
kantaa bear, carry; *(Am myös)* tote; ***~ko jää painomme?*** does the ice bear our weight?; ***vene ~ kuusi henkeä*** the boat carries six persons; ~ ***veroja*** levy, collect taxes
kanta-asiakas regular [customer]
kantaesitys premiere, première; first night
kantaisä progenitor
kantaja *(lipun ym.)* bearer; *(laukkujen)* porter; *(kuljettaja)* carrier; *(lak)* claimant, plaintiff; suitor
kantaja[puoli] prosecution
kantakaupunki downtown
kantakirja- pedigree
kantamus burden, load
kantapää heel
kantarelli chanterelle
kantata *(urh)* edge; *(käsit)* bind, encase
kantatila parent property
kantautua *(ääni)* be carried, carry, reach; *(kulkeutua)* be carried; ***tietooni on kantautunut*** it has come to my knowledge
kantavuus capacity; tonnage
kantele *(traditional Finnish instrument)* Finnish zither
kantelija telltale; talebearer
kantelu blabbing; *(lak)* complaint
kanto *(puun)* stub, stump
kantoaalto *(tekn)* carrier wave
kantoaika gestation
kantolaukku *(vauvan)* carrycot; *(Am)* portacrib
kantomatka carry; range; reach
kantoraketti carrier (booster) rocket
kantosiipialus hydrofoil
kantotuoli sedan chair
kanttiini canteen

kanttori precentor
kanuuna cannon
kanveesi canvas; boxing ring
kapakka joint; pub; public house; tavern
kapakkakierros spree, *(Br)* pub crawl
kapaloida swaddle
kapea narrow, tight
kapeikko defile
kapellimestari conductor; leader [of the band]
kapeus narrowness
kapi scab
kapina insurrection, rebellion, revolt, riot; *(sot, mer)* mutiny; ***~n lietsominen*** sedition
kapinallinen insurgent, rebel; *(sot, mer)* mutineer
kapine gadget, thing
kapinoida rebel, riot; *(sot, mer)* mutiny
kapinoiva defiant, rebellious
kapioarkku hope (bridal) chest
kapiot trousseau
kapitalismi capitalism
kapitalisti capitalist
kappa *(mitta, 5 l) (läh)* half a peck; *(verhon) (Br)* pelmet; *(Am)* valance; *(papin)* gown, robe
kappalainen chaplain; curate
kappale *(palanen)* piece; bit; object; *(lukumäärä kirjoja, lehtiä)* copy; *(tekstissä)* paragraph; passage; *(yksilö)* specimen; ***50 penniä ~*** 50 pennies apiece
kappalehinta unit (piece) price, price per unit
kappeli chapel
kapris *(ruok)* caper
kapseli capsule
kapteeni captain; skipper
kapula stick; *(suu~)* gag
kapusta wooden ladle (spoon)
kara *(hedelmän)* stem
karaatti carat, karat
karahtaa: ***~ pystyyn*** rear; ***~ punaiseksi*** blush
karahvi carafe; *(viini~)* decanter
karaista harden (toughen) [one's body]; inure; *(tekn)* harden, temper; ***~ luontoaan*** harden (steel) o.s.
karaistunut hardy
karamelli *(Br)* sweet; *(Am)* candy; *(pastilli)* drop
karanteeni quarantine
karata ran away, escape, flee; *(rakastavaiset)* elope; *(sot)* desert
karavaani caravan
kardemumma cardamom
kardinaali cardinal
karhea *(pinta)* rough, rugged, gritty; *(ääni)* harsh, husky, raucous
karhi harrow
karhiainen *(kasv)* thistle
karhu bear
karhukirje dunning letter; *(Am)* collection letter
karhunpalvelus disservice
karhunpentu bear cub
karhunpesä bear's den
karhuntalja bearskin
karhunvatukka blackberry
karhuta dun (***jklta jtak*** sb for sth); demand payment of a debt
kari rock; ***ajaa karille*** run aground, strike ground (a rock)
karikatyyri caricature
karikko range of rocks; reef
karikkoinen reefy
karistaa: ***~ takaa-ajaja kannoil-***

taan shake off a pursuer
karitsa lamb
karja cattle; livestock
karja-aitaus corral
karjafarmi ranch; cattle farm
karjalanpiirakka Karelian pasty
karjalauma herd of cattle
karjanhoito stock raising, keeping of cattle; livestock production
karjanjalostus cattle breeding
karjankasvattaja cattle breeder, stockbreeder
karjankasvatus cattle breeding (raising, rearing)
karjanäyttely cattle show
karjapaimen cowboy, cowgirl
karjarotu breed of cattle
karjatalous animal husbandry; cattle industry; ***maito~*** dairy farming
karjatila cattle farm
karju boar; hog
karjua *(ihminen)* bark, bellow; *(eläin, myrsky)* roar
karjunta roar
karkaaminen escape, flight; *(sot)* desertion; *(rakastavaisten)* elopement
karkaista *vrt.* ***karaista***
karkauspäivä leap[-year] day
karkausvuosi leap year
karkea *(pinta)* coarse, rough, rugged; *(ääni)* harsh, husky; *(loukkaava, hävytön)* abusive, gross; *(epäkohtelias)* blunt; crude, rude
karkeakarvainen wire-haired
karkeasti roughly; rudely
karkeatekoinen roughly made
karkeus coarseness, roughness; *(epäkohteliaisuus)* rudeness, vulgarity
karkottaa *(maasta)* banish, exile; *(ulkomaalainen)* deport; *(häätää)* oust; *(haihduttaa)* dispel, dissipate
karkotus banishment; exile; *(ulkomaalaisen)* deportation
karku: ***lähteä karkuun*** run away; ***päästä karkuun*** manage to escape, get away
karkuri fugitive; runaway
karmaiseva bloodcurdling, lurid
karmea ghastly, grisly
karmi *(ikkunan t. oven)* frame, case, casing; *(tuolin)* arm
karmiininpunainen crimson
karmiva spooky
karnevaali carnival
karpalo cranberry
karppi carp
karsaasti: ***katsoa ~ jkta*** look askance at sb
karsastaa squint
karsia *(myös kuv)* lop off, prune; eliminate
karsina pen
karsintakilpailu qualifying game; trials
karsintaottelu qualifying game
karski harsh, stern, rough
karsta card; *(lääk)* crust
karstata card, tease out
kartano *(rakennus)* mansion, manor house; *(maatila)* manor, estate
kartanonherra lord of the manor, squire
kartasto atlas
kartio cone
kartiomainen conic[al]
kartoittaa map; *(kuv)* survey
kartonki card-board
kartta map

karttaa avoid; evade; shun
karttakeppi pointer
karttaminen avoiding, shunning
karttapallo globe
kartteleva elusive; evasive
karttua increase; accumulate; *(korosta)* accrue
karttuminen accumulation
karttuva talletustili *(säästötili)* savings account
karu bare, barren; rugged; *(koruton)* bald
karuselli merry-go-round
karva hair
karvainen hairy
karvalakki fur cap
karvalaukku *(kasv)* woolly (coral) milk cap
karvanlähtö shedding of hair
karvas acrid, bitter
karviaismarja gooseberry
karvoitus hairy coat
karvojenpoisto depilation
karvojenpoistoaine hair remover, depilatory
kasa *(hiekkaa)* heap; *(kirjoja, sanomalehtiä)* pile; *(heinä~)* stack
kasaantua accumulate; bunch
kasaantuminen accumulation; agglomeration
kasakka Cossack
kasari saucepan
kasarmi[t] barracks
kasata *(omaisuutta, rahaa)* amass; *(läjäksi)* heap; *(torniksi, pinoksi)* pile; *(siistiin pinoon t. järjestykseen)* stack; *(kinostaa)* drift [snow]
kasauma agglomeration; *(geol)* conglomerate
kasautua *(kerääntyä)* mass
kasetti cassette; *(valok)* cartridge
kashmir cashmere
kaskas *(el)* cicada
kasku anecdote
kassa cash desk; cashier; ***voitte maksaa kassalla (kassaan)*** please pay to the cashier
kassa[nhoitaja] cashier
kassa[kone] cash register
kassakaappi safe; strong-box
kassakuitti receipt; *(Am)* sales slip
kassi bag
kassialma bag lady
kastaa *(kirk)* baptize, christen; *(upottaa)* dip [down] (***jhk*** into); steep (***jhk*** in); *(kostuttaa)* moisten, wet; ***~ pullaa kahviin*** dunk a bun in coffee
kastaja baptist; ***Johannes K~*** John the Baptist
kastanja chestnut
kastanjanruskea auburn; maroon
kastanjetti castanet
kastautua dip
kaste *(tilaisuus)* baptism, christening; *(maassa)* dew
kastella *(peltoja)* irrigate; *(kukkia)* water; wet; ***~ läpimäräksi*** drench; ***~ vuoteensa*** wet one's bed
kastelu irrigation
kastelukannu watering can
kastelulaite sprinkler
kastemalja font
kastemato earthworm
kastemekko christening robe
kasti caste
kastike sauce; *(salaatti~)* dressing; ***paistin ~*** gravy
kastroida castrate
kasvaa build; build up; grow; in-

crease; ~ ***aikuiseksi*** grow [up]; ~ ***korkoa*** accrue
kasvain growth; tumour
kasvatettu: ***hyvin*** ~ well-behaved, well-mannered
kasvattaa *(opettaa)* educate; *(lapsia)* bring up; *(hoitaa perhettä, lapsia, eläimiä)* raise, rear; *(viljellä)* grow
kasvattaja *(opettaja ym.)* educator; *(kasvatustieteilijä)* educationalist; *(karjan)* breeder
kasvattilapsi foster-child
kasvatus education, upbringing; *(eläinten)* breeding
kasvatus- educational
kasvatuslaitos community home; *(vanh)* reformatory
kasvatusneuvola child guidance clinic
kasvatusoppi pedagogy
kasvatusvanhemmat foster parents
kasvi plant
kasvihuone greenhouse; hothouse
kasvihuoneilmiö greenhouse effect
kasvikunta vegetable kingdom (world); flora
kasvillisuus vegetation
kasvioppi botany
kasvis vegetable
kasvisravintola vegetarian restaurant
kasvisruoka vegetal food
kasvissyöjä vegetarian
kasvisto *ks.* ***kasvikunta***
kasvitiede botany
kasvitieteellinen botanical; ~ ***puisto t. puutarha*** botanical garden, arboretum
kasviöljy vegetable oil
kasvojenkohotus[leikkaus] face-lift
kasvonpiirteet features, lineaments
kasvot face; *(kirj)* countenance
kasvotusten face-to-face
kasvu growth; increase
kataja juniper
katajanmarjaviina gin
katala mean, base, vile; scurvy
katalogi catalogue
katarri *(lääk)* catarrh
katastrofi catastrophe; disaster
kate cover; coverage
katedraali cathedral
kateellinen envious; jealous
kateellisuus envy
kateenkorva *(anat)* thymus; *(ruokana)* sweetbread
katekismus catechism
kateus envy; jealousy
katkaisin switch
katkaista *(jalka, niska, kahleet ym.)* break; *(köysi, keppi)* snap; *(neuvottelut, yhteydenpito, oksa)* break off; *(puhelu, siteet)* cut off; *(hakata irti)* chop off; *(tekn) (yhteys, virta)* disconnect; switch off; *(keskeyttää)* interrupt
katkarapu shrimp; *(jätti~)* prawn
katkeamaton unbroken; uninterrupted
katkelma extract; fragment
katkera bitter; acrid; poignant
katkero gentian
katkeroittaa embitter
katkeruus bitterness; *(kuv myös)* resentment
katketa break [off]; snap
katko[s] break; interruption; *(muistissa)* gap
katko *(kasv)* hemlock
katkoa break, cut; *(oksia)* lop

katkonainen fragmentary; broken *(uni)*; *(sekava)* incoherent, disconnected
katkoviiva broken (dotted) line
kato failure [of crops]; ***tuli ~vuosi*** the crops failed
katoaminen disappearance
katoava disappearing, vanishing; *(ohikiitävä)* passing, fleeting, fugacious
katolinen Catholic
katolisuus Catholicism
katos shed
katsahtaa glance (***jhk, jkta*** at)
katsastaa inspect, survey
katsastus inspection; *(aut)* motor vehicle inspection; *(Br)* M.o.T test, DoE test
katsaus look, review; survey
katse look, glance
katselija bystander; looker-on, onlooker; *vrt.* ***katsoja***
katsella look (***jtak*** at); view; *(kaupassa)* browse; *(tarkkaan)* watch; *(vihaisesti)* frown; *(tuijottaa)* stare, gaze (***jtak*** at)
katselmus survey; review
katsoa look [at]; *(kirj)* behold; *(pitää jnak)* regard as, consider; ***~ jtak läpi sormien*** connive at, overlook; ***~ perään*** look after; ***~ silmästä silmään*** face sb; ***~ tuimasti*** scowl; ***~ jtak sanakirjasta*** look sth up in a dictionary, consult a dictionary
katsoen: ***jhk ~*** considering; regarding; in view of
katsoja *(urheilukilpailuissa ym.)* spectator; *(tv)* viewer; *(kirj)* beholder
katsojaluvut viewing figures, audience
katsomo auditorium; ***täysi ~*** full house; ***urheilu~*** grandstand
katsomus outlook; ***positiivinen elämän~*** a positive outlook on life
kattaa *(käsittää)* cover; *(varustaa katolla)* roof; *(pöytä)* set *t.* lay [the table]; ***pöytä on katettu*** the dinner (lunch ym.) is served; ***~ osittain sama alue*** overlap
kattaus cover, place setting; setting; *(ajankohta)* sitting
kattausmaksu cover charge
kattava extensive
kattavuus coverage
katteeton uncovered
kattila pan, saucepan, kettle, pot
katto roof; top; *(sisä~)* ceiling
kattohuoneisto penthouse
kattoikkuna skylight window; *(vinokatossa)* dormer [window]
kattojärjestö umbrella organization
kattokruunu chandelier
kattoluukku trapdoor
kattoparru rafter, roof beam
kattoteline roof rack
kattotiili tile
katu street; ***kadulla*** *(Br)* in the street; *(Am)* on the street
katua regret; have second thoughts; *(usk)* repent
katukahvila *(Br)* pavement café; *(Am)* sidewalk café
katukauppias hawker, huckster
katukäytävä *ks.* ***jalkakäytävä***
katulamppu streetlamp
katumuksentekijä *(usk)* penitent
katumus repentance; *(tunnontuska)* remorse; *(usk)* penitence;

(~harjoitus) penance
katuoja gutter
katusoittaja street musician
katusulku barricade
katuva remorseful; *(pahoillaan)* regretful; *(usk)* penitent
katuvalaistus street lighting
kauan long, [for] a long time; ***~ sitten*** [a] long [time] ago; ***älä viivy ~*** don't be long
kauas far [away], a long way; ***niin ~ kuin silmä kantaa*** as far as the eye can see
kauemmas farther; further
kauemmin longer
kauempana farther; further
kauha dipper, ladle, scoop
kauhea awful, frightful, terrible; ghastly; horrible, horrid
kauhean awfully; terribly
kauhistus horror
kauhistuttaa appal; horrify; shock
kauhistuttava appalling; dreadful; gruesome
kauhoa scoop
kauhu *(pelko, säikähdys)* fright; *(sisäinen tunne)* horror; *(ulkoapäin tuleva)* terror; ***kauhusta kankea*** *(ark)* scared stiff
kauhuissaan frightened
kauhukakara enfant terrible
kauhuteko atrocious (horrible) deed, atrocity
kauimmas farthest
kauimpana farthest
kaukaa from far [away]
kaukainen distant; far-away, far-off; remote
kaukaisin farthest
kaukalo crib; trough; *(seimi)* manger; *(kiekko~)* rink
kaukana far; *(kirj)* afar
Kaukoitä the Far East
kaukojuna long-distance train
kaukokatseisuus foresight
kaukokirjoitin teleprinter
kaukonäköinen far-sighted
kauko-objektiivi telephoto lens
kauko-ohjain remote control
kaukopuhelu long-distance call; *(Br vanh)* trunk call
kaukoputki telescope
kaula neck
kaula-aukko neck[line]; ***paljastava ~*** low neck[line]
kaulahuivi *ks.* ***kaulaliina***
kaula|koru, -nauha necklace
kaulaliina scarf
kaulapanta collar
kaulia roll; *(levyksi)* roll out
kaulin rolling pin
kaulus collar; ruff
kauna grudge, ranco[u]r, resentment; ***kantaa kaunaa jklle*** bear (have) a grudge against sb
kauneudenhoito beauty treatment
kauneudenhoitoaineet beauty products, cosmetics
kauneus beauty; fairness
kauneushoitola beauty parlour, beauty salon; *(Am myös)* beauty shop, beauty farm
kaunis beautiful; fair; fine; *(komea)* handsome
kaunismuotoinen shapely
kaunistaa beautify; embellish
kaunistelematon bald, plain
kaunistella paint in rosy colours
kaunistus adornment
kaunokirjallisuus fiction
kaunopuheinen eloquent
kaunosielu [a]esthete, [a]esthetic

kaunotaiteet fine arts
kaunotar beauty, belle
kaupaksi menevä marketable; saleable
kaupallinen commercial
kaupankäynti commerce
kaupanpäällisiksi into the bargain, for good measure
kaupanvälittäjä broker
kaupata offer for sale, sell
kauppa *(myymälä) (Br)* shop, *(Am)* store; *(toiminta)* business, commerce; *(elinkeino)* trade; *(sopimus)* deal; *(laiton)* traffic; ***edullinen ~*** bargain
kauppahalli market hall
kauppakoju stall; stand
kauppalaiva trader
kauppamatkustaja travelling salesman
kauppapolitiikka trade [commercial] policy
kauppasaarto embargo
kauppasopimus trade [commercial] agreement
kauppasumma purchase money
kauppatase balance of trade
kauppatavara commodity
kauppatori market [place]
kauppias merchant, trader, tradesl-man, -woman; *(jälleenmyyjä)* dealer; *(tukku~)* wholesale dealer, merchant; *(kaupanpitäjä)* shopkeeper, *(Am)* storekeeper
kaupunginhallitus city (town) council; [municipal] corporation
kaupunginjohtaja mayor; city (town) manager
kaupunginkirjasto town (city) library
kaupunginorkesteri town (city) orchestra
kaupunginosa quarter; *(lähiö)* suburb
kaupungintalo town hall; *(Am)* city hall
kaupunginvaltuusto town (city) council
kaupungistuminen urbanization
kaupunki *(pieni)* town; township; *(suuri)* city; metropolis
kaupunkilaiset townspeople
kaupunkilaistaa urbanize
kaupustelija pedlar, hawker
kaupustella hawk; peddle
kaura oats
kaurahiutaleet oat flakes
kaurapuuro oatmeal porridge
kauris deer; *(astrol)* Capricorn
kausi period; bout; *(vaihe)* phase; season
kausilippu *(Br) (kulkuneuvo, ooppera, pelisarja ym.)* season ticket; *(Am) (kulkuneuvo, ooppera ym.)* subscription ticket
kausittainen, kausiluonteinen seasonal
kautta by; through; via; ***~koko maan*** throughout the country
kauttaaltaan outright; throughout
kauttakulku transit
kavahtaa flinch; recoil; ***~ pystyyn*** start up
kavala deceitful; traitorous; wily
kavallus *(rahan)* embezzlement, defalcation
kavaltaa betray; *(rahaa)* embezzle, defalcate
kavaltaja *(petturi)* traitor
kavaltaminen betrayal
kavaluus deceit; treachery
kavennus *(käsit)* decrease

kaventaa narrow; *(käs)* decrease; take in
kaventua, kaveta narrow [down]
kaveri *(tyyppi, heppu)* chap, fellow; dude, guy; *(toveri)* pal, chum; *(Am)* buddy; ***ole nyt reilu ~*** be a sport
kaviaari caviare
kavio hoof *(pl hooves)*
kavuta clamber; scramble
kehitellä elaborate
kehittymätön undeveloped
kehittyä come along; develop; evolve
kehittäminen development
kehittää develop; evolve, perfect
kehitys development; evolution; progress; advance
kehityshistoria history of evolution
kehitysmaat developing countries
kehitysvammainen handicapped
kehno lame, poor, vile
kehnosti poorly
keho body
kehonrakennus body building
kehonrakentaja body builder
kehottaa urge; advise
kehotus request; invitation; call
kehrä spindle; *(auringon)* disk, disc
kehrätä spin; *(kissa)* purr
kehräämö spinning mill
kehto cradle
kehtolaulu lullaby
kehua praise; commend
kehys frame; *(silmälasien)* rim
kehystää frame; set
kehä circle; *(ympärys)* circumference
kehäkukka marigold
kehämäinen circular
kehätie ring road; *(Am)* beltway
keidas oasis
keiden whose
keihäs spear; lance; *(urh)* javelin
keihäänheitto javelin throw
keijukainen fairy
keijusto plankton
keikahtaa toss; *(kumoon)* tip over, topple over
keikari *(vanh)* dandy; snob
keikka job; *(mus)* gig
keikkua swing, rock
keikuttaa swing, rock
keila pin, skittle
keilaaja bowler
keilahalli bowling alley
keilailu bowling
keilapallo bowl
keilapeli bowling; skittles
keilata bowl, play tenpins (skittles)
keimaileva coquettish, flirting
keimailu coquetry
keino means; way; resource
keinosiemennys artificial insemination
keinotekoinen artificial
keinotella *(liik)* speculate (***jllak*** in, on)
keinottelija *(liik)* speculator; market operator; *(pula-ajan)* profiteer
keinottelu speculation; operation; jobbery, racket; *(Am)* graft
keinu swing
keinua swing, rock; *(laudalla)* seesaw; *(laiva)* roll
keinulauta seesaw
keinunta sway
keinuttaa rock; swing
keinutuoli rocking chair
keisari emperor

keisarikunta empire
keisarileikkaus caesarian section
keisarillinen imperial
keisarinna empress
keitetty boiled
keitin cooker
keittiö kitchen
keittiökaappi cupboard
keittiömestari chef
keitto soup
keittoastia pot; boiler
keittokomero kitchenette
keittotaito cookery; culinary art
keittää *(vettä)* boil; *(ruokaa)* cook
keitä who, whom
kekkerit party
keko stack; rick; ***sokeri~*** loaf
kekseliäisyys ingenuity
kekseliäs ingenious; resourceful
keksi cracker; *(makea) (Br)* biscuit; *(Am)* cookie
keksijä inventor
keksintö discovery; invention
keksitty fictitious; made up
keksiä invent; *(löytää)* discover; *(sepittää)* fabricate; *(ratkaista)* figure out; trump up; ***~ verukkeita jklle*** cover [up] for
kekäle firebrand; ***kekäleet*** embers
kela reel; spool
kelata reel; *(kasettinauhaa)* wind
keli road conditions, state of roads; ***~rikko*** [season of] frost damaged roads
kelju *(ark)* rotten; mean
kelkka sledge, bobsled; toboggan
kelkkailu bobsleigh[ing]; tobogganing
kelkkamäki toboggan-slide
kellari cellar
kellarikerros basement
kellastua [turn] yellow
kellertävä yellowish
kelliä loll
kello clock; *(ranne~)* watch; *(soitto~)* bell; ***paljonko ~ on?*** what time is it?, what's the time?; ***~ kuusi*** at six [o'clock]; ***~n ympäri*** round the clock; ***~n koneisto*** clockwork
kellojensoitto tolling of bells; peal
kellokorttilaite time clock
kellopeli, kellot chimes
kelloseppä watchmaker
kellotapuli belfry, bell tower
kellotaulu dial; face
kellua float
kelluke pontoon; *(uima~)* inflatable
kelmi rogue; rascal
kelmu film
kelpaamaton unfit; unqualified (***jhk*** for); *(lippu ym.)* not valid; *(syötäväksi)* uneatable, inedible
kelpo good, decent, fine
kelpoinen competent; qualified for; fit for; ***vaali~*** eligible
keltainen yellow
keltanarsissi daffodil
keltatauti jaundice
kelvata do; be good enough; *(olla pätevä)* qualify; *(lippu ym.)* be valid; serve
kelvollinen good, fit (***jhk*** for)
kelvoton worthless, good-for-nothing; incompetent, unfit
kemia chemistry
kemikaali chemical
kemisti chemist
kemut party; feast; junketing
ken *(runok) ks.* ***kuka***
kenelle: ***~ puhuit?*** who did you

speak to, *(kirj)* to whom did you speak?
kenen whose
kenenkään: *ei* ~ nobody's; *ei* ~ *maa* no man's land
kengittää shoe
kenguru kangaroo
kengän|kiillote, -kiilloke shoe polish
kengännauha *(Br)* shoelace; *(Am)* shoestring
kenkienkiillotus shoeshine
kenkä shoe
kenkäkauppa shoeshop
kenkälusikka shoehorn
kenkätuki shoe tree, last
kenno cell
kennokakku honeycomb
kenraali general
kenraalibasso figured bass
kenraaliharjoitus final rehearsal; dress rehearsal
kenraalikuvernööri governor-general
kenties perhaps, maybe
kenttä field; ground
kenttäkeittiö field kitchen
kenttäpullo canteen; water bottle
keppi stick; *(kävely)* cane
keppihevonen hobby-horse; *(veruke)* pretext; *(lempiajatus)* fad
kepponen trick; practical joke; prank; *tehdä jklle* ~ play a trick on sb
kera with
keramiikka ceramics
kerettiläinen heretic[al]
kerho club, circle
keripukki scurvy
keritseminen clip
keritsimet clippers; shears
keritä *(lampaita)* shear; *en kerkiä* I have no time, I don't have time
keriä wind [up]; ~ *auki* unwind
kerjuu beggary, begging
kerjäläinen beggar
kerjäläismunkki mendicant
kerjätä beg
kerma cream
kermahyytelö mousse
kermavaahto whipped cream
kernaasti willingly
kerralla in one; in one lot, at one blow
kerrallaan at a time
kerran once; ~ *päivässä* once a day; ~ *toisensa jälkeen* over and over again; ~ *vielä* once more, one more time; *joskus toisen kerran* another time
kerrassaan absolutely, simply; altogether
kerrasto set of underwear
kerrata repeat; review; ~ *pääkohdittain* recapitulate
kerroin coefficient; factor
kerronta narration
kerros *ks.* ***kerrostuma***; floor, storey; *toisessa kerroksessa (Br)* on the first floor, *(Am)* on the second floor
kerroshampurilainen *(Am)* clubburger; *(Br)* double-decker
kerrostalo *(Br)* block of flats; *(Am)* apartment house; *(vuokrakasarmi)* tenement
kerrostuma layer; *(geol)* stratum *(pl strata)*; deposit; sediment
kersantti sergeant
kerskaileva boastful
kerskailija braggart
kerskailla brag, boast

kerskailu boast; display
ker|ta time; ***kuinka monta ~a?*** how many times?; ***~ kaikkiaan*** once and for all, outright; ***kerta -ralta*** each time; ***ensi[mmäistä] -taa*** for the first time; ***samalla -taa*** at the same time; ***tällä -taa*** this time; ***kolme ~ neljä on 12*** three times four is twelve
kertaheitolla at a stroke, at one blow
kertakaikkinen once-for-all; definite
kertakäyttö|inen, -esine disposable
kertaus revision; recapitulation
kertausharjoitus *(sot)* refresher course
kertoa tell; narrate; relate; report; *(mat)* multiply; ***~ luottamuksellisesti*** confide (***jklle*** in sb)
kertoja narrator
kertolasku multiplication
kertomus story; tale; *(raportti)* report
kertosäe refrain, burden, chorus
kertotaulu multiplication table
kertova narrative
kertyä accumulate
keruu collection; collecting
kerä ball; coil
keräilijä collector
kerätä collect, gather; assemble; *(ääniä)* canvass
kerääminen collection
kerääntyä gather; ***~ laumaksi*** flock, mass; ***~ ryhmäksi*** group; ***~ yhteen*** assemble, bunch
kesakko freckle
kesanto fallow
kesiä peel; flake [off]
keskeinen central
keskellä, keskelle in the middle; in the centre; amid[st]
keskeltä from the middle; in the middle
kesken *(välillä)* between; ***työ on vielä ~*** the work (job) is still unfinished
keskeneräinen unfinished
keskenmeno miscarriage
keskenään together; mutually
keskeyttäminen interruption; *(urh)* default
keskeyttää interrupt; stop; *(urh)* default; stop; ***~ raskaus*** terminate the pregnancy
keskeytymätön continuous
keskeytys break, pause; *(häirintä)* interference; interruption
keskeytyä stop, be interrupted
keski[kohta] middle, centre
keskiaika Middle Ages
keskiaikainen medieval
keskiarvo average; mean
keskiaukeama centrefold
keski-ikä middle age
keski-ikäinen middle-aged
keskikaupunki downtown
keskikesä midsummer
keskikohta the middle of
keskikokoinen medium[-sized]; of medium height
keskilaatu medium
keskiluokka middle class
keskiluokkainen middle-class
keskilämpötila average (mean) temperature
keskimmäinen [the one] in the middle; *(lapsi)* the middle one
keskimääräinen average; mean; ***~ elinikä*** life expectancy
keskinkertainen mediocre; indif-

ferent; middling
keskinkertaisuus mediocrity
keskinäinen mutual
keskinäisesti mutually
keskipakoisvoima centrifugal force
keskipiste centre; focus
keskipäivä midday
keskisarja middle weight
keskisormi middle finger
keskitaso average
keskitie mean; ***kultainen ~*** the golden mean
keskittyminen concentration
keskittyä concentrate (*jhk* on)
keskittäminen concentration
keskittää centre, concentrate, focus (*jhk* on); *(fys, kuv)* condense
keskitysleiri concentration camp
keskiviikko Wednesday
keskiväli middle
keskiyö midnight; ***keskiyöllä*** at midnight
keskiö *(tekn)* centre; *(Am)* center; core; *(pyörän)* boss, hub
keskonen premature baby
keskoskaappi incubator
keskus centre; *(Am)* center; focus; *(puhelin~)* operator
keskuslämmitys central heating
keskusta centre; *(Am)* center
keskustelija talker; debater
keskustella discuss, talk; converse
keskustelu talk; conversation; discussion; *(väittely)* debate
keskusteluohjelma talk show
keskuudessa among
kestit treat; feast
kestitys treat[ing]
kestitä [give a] treat; entertain
kesto[aika] duration
kestokulutushyödyke consumer good (durable)
kestokulutustavarat consumer goods
kestopäällystää pave
kestävyys endurance; durability; stamina
kestävä durable; *(pysyvä)* lasting, abiding; *(sitkeä)* hardy
kestää *(sietää)* bear, stand, take; *(sinnitellä, selviytyä)* hold [out], endure; *(ajasta)* last, take
kesy tame
kesyttäjä tamer
kesyttää tame
kesytön untamed, wild
kesyyntyä become tame
kesä summer; ***kesällä, kesäisin*** in [the] summer
kesäaika summer time; *(kellosta) (Br)* summer time, *(Am)* daylight saving time, fast time
kesäasunto, kesähuvila summer home; summer villa
kesäinen summery
kesäkuu June
kesäloma summer holidays, summer vacation
kesämökki summer cottage; bungalow
kesäpäivä summer day
kesäpäivän seisaus summer solstice
kesäyliopisto summer school
ketju chain
ketjukirje chain letter
ketjureaktio chain reaction
ketkä who
keto field; grass field
ketsuppi ketchup; *(Am)* catsup
ketteryys agility

ketterä agile; nimble
kettu fox
kettumainen foxy
kettuterrieri fox terrier
ketunmetsästys foxhunt
ketä who[m]
ketään anyone; ***en tunne täältä ~*** I don't know anyone here; ***onko täällä ~?*** is there anybody here?
keuhko lung
keuhkokuume pneumonia
keuhkopussintulehdus pleurisy
keuhkoputkentulehdus bronchitis
keuhkosyöpä lung cancer
keula bow; prow; stem
keulakuva *(myös kuv)* figurehead
kevennys ease, alleviation
keventää lighten; alleviate, ease
kevetä become light; ease
keveys lightness; buoyancy
kevyt light, airy
kevytmielinen frivolous; light-minded; *(kevytkenkäinen)* loose
kevytmielisyys frivolity
kevytmoottoripyörä light motorcycle; *(Am)* motorbike
keväinen spring[-like], of spring
kevät spring; springtime
kevätesikko cowslip
kide crystal
kidesokeri castor sugar
kidnapata kidnap; abduct
kidnappaus kidnapping; abduction
kidukset gills
kiduttaa torture, rack; *(kuv)* torment
kiduttava agonizing
kidutus torture; *(kuv)* torment
kiehauttaa parboil
kiehkura wisp
kiehnätä fidget
kiehtoa fascinate
kiehua boil; seethe
kiehumapiste boiling point
kiehuminen boil; boiling
kiehuva boiling
kiekko disk; *(urh)* discus
kiekonheitto discus throwing
kiekonheittäjä discus thrower
kiekua crow
kielellinen linguistic
kielenkäyttö [linguistic] usage; language; ***ruma ~*** bad language
kielenkääntäjä translator
kielentutkija linguist; philologist
kielentutkimus linguistics; philology
kieli *(anat)* tongue; *(puhuttu)* language, tongue; *(mus)* string
kielikello telltale
kielikurssi language course
kielikuva metaphor, image
kieliopillinen grammatical
kielioppi grammar
kielisoitin stringed instrument
kielistudio language lab[oratory]
kielisukulaisuus kinship (affinity) between languages
kielitaito language skills
kielitaitoinen: ***hän on hyvin ~*** he has a great command of languages, he is well versed in languages
kielitiede linguistics; philology
kielitieteilijä linguist; philologist
kielivirhe error
kielivä telltale
kielo lily of the valley
kieltenopettaja language teacher
kieltenopetus language teaching
kielto ban; prohibition; *(kiel)* negation
kieltolaki prohibition

kieltosana negative
kieltäminen denial
kieltämättä undeniably; unquestionably
kieltämätön undeniable, indisputable
kieltävä negative
kieltäytyä refuse; decline
kieltää forbid; refuse; *(viranomainen)* prohibit; *(kiistää)* deny, bar; ***kiellän sinua lähtemästä*** I forbid you to go; ***häneltä kiellettiin pääsy sinne*** he was refused admission there
kiemura curl; wreath
kiemurrella *(käärme, tie, joki)* wind; *(vääntelehtiä)* wriggle, squirm; *(köynnös)* creep
kiemurteleva winding; crooked; tortuous
kieppua swirl
kieriskellä *(piehtaroida)* wallow; roll
kierittää roll; trundle
kieriä roll
kiero crooked, foul, wry
kieroilla scheme, palter
kieroilu scheming; double-talk
kierosilmäisyys squint
kierous *(myös kuv)* crookedness; twist
kieroutua get twisted; become perverted
kieroutunut *(myös kuv)* twisted, crooked; perverse, pervert; screwed up; kinky
kierre *(tekn)* thread, worm; *(tal)* spiral; *(kuv)* vicious circle; *(urh)* twist, spin
kierrejousi coil spring
kierrekaihdin blind; *(Am)* window shade
kierrellä *(lintu, lentokone)* circle; *(kaupungilla)* look around; *(vältellä)* evade; *(kuv)* ***~ ja kaarrella*** beat about (around) the bush
kierreportaat winding stairs
kierros circuit; circle; tour; *(lääkärin, postinkantajan, neuvottelu~, tarjoilu~ ym.)* round; *(lenkki)* turn; *(urh)* lap; *(astron)* rotation, orbit; *(tekn)* revolution
kierrättää recycle
kierrätys recycling
kierteinen twisted
kiertelevä circuitous
kierto circulation; cycle; *(kuv)* evasion
kiertoajelu tour
kiertokanki *(tekn)* connecting rod
kiertokirje circular letter
kiertokulku circle, cycle, course
kiertokysely poll
kiertoliike circulation
kiertomatka round trip
kiertorata orbit
kiertotie detour; diversion; roundabout way
kiertotähti planet
kiertue tour; ***kiertueella*** on tour
kiertyä turn; revolve; ***~ kokoon*** coil
kiertäminen *(aste)* revolution; *(akselin ympäri)* rotation; *(kuv)* evasion
kiertävä ambulatory; itinerant
kiertää *(vääntää)* turn; *(liikkua, siirtyä)* circulate; *(kietoa)* wind, wrap; *(vältellä aihetta)* circumvent; ***~ maailmaa*** travel around the world; ***~ auki*** unscrew; ***~ radallaan*** orbit; ***~ auringon ympäri*** revolve round the sun; ***~ akselin-***

sa ympäri rotate round its axis; ~ ***kehää*** circle
kierukka spiral; *(ehkäisy)* coil, IUD *(intrauterine device)*
kiesit cabriolet, gig
kietoa fold, wrap, wind, enfold; ~ ***paperiin*** wrap (fold) [up] in paper; ***kiedoin huivin kaulaan*** I wound a scarf round my neck; ~ ***köysi jkn ympärille*** wind a rope round sth; ~ ***sideharsoa sormen ympärille*** wrap (wind) a bandage round the finger; ~ ***verkkoonsa*** enfold; ~ ***seppeleeksi*** wreathe
kietoutua wreathe; wrap (***jhk*** in); ~ ***toisiinsa*** interlace
kihara curl, lock; curly
kiharrin curling tongs
kihar|taa, -tua curl
kihelmöidä tingle
kihlakunta jurisdictional district
kihlapari engaged couple
kihlasormus engagement ring
kihlaus engagement
kihlautua get engaged
kihloissa engaged (***jkn kanssa*** to sb)
kiho big shot
kihomato pinworm
kihota: ***kyyneleet kihosivat silmiini*** tears sprang into my eyes; ***hiki kihosi hänen otsalleen*** sweat broke out on his forehead
kihti gout
kiidättää speed; hurry
kiihdytin accelerator
kiihdyttää accelerate; work up; excite
kiihkeys intesity
kiihkeä intense; frantic; hectic
kiihko ardo[u]r, heat; mania
kiihkoilija fanatic; zealot; *(uskon~)* bigot
kiihkoisänmaallinen chauvinistic
kiihkomielinen fanatical; *(pol)* partisan
kiihkoton dispassionate
kiihoke impulse; stimulus
kiihotin incentive; stimulant
kiihottaa agitate; excite; *(seksuaalisesti)* stimulate; turn on
kiihottaja agitator
kiihottua get excited; get worked up
kiihottunut *(seksuaalisesti)* excited, hot, turned on
kiihtyminen acceleration
kiihtymys excitement; agitation; flutter
kiihtynyt excited; worked up, wrought up
kiihtyvyys acceleration; pick-up
kiihtyä *(kiivastua)* bristle [up]; *(voimistua)* hot up; *(seks)* turn on; *(tekn)* accelerate
kiikari[t] binoculars; field glasses
kiikarikivääri rifle with telescopic sight
kiikastaa: ***mistä ~?*** where does the shoe pinch, where's the rub?
kiikkua perch
kiikkutuoli rocking chair
kiila wedge
kiilata wedge
kiille *(geol)* mica
kiilloke, kiillote polish; blacking
kiilloton lustreless
kiillottaa burnish; gloss, polish
kiilto *(kiiltävyys)* gloss; glaze; *(välke)* glitter; *(hohde)* lustre, luster; shine
kiiltomato glow-worm

kiiltonahka patent leather
kiiltopaperi glazed paper
kiiltävä glossy, shiny; *(karva)* sleek
kiiltää shine; *(kimaltaa)* glint, glisten
kiilua glow
Kiina China
kiina *(kieli)* Chinese
kiinalainen Chinese
kiinanpalatsikoira peke, pekinese, pekingese
kiinanpystykorva chow-chow
kiinnekohta hold, fixed point
kiinnelaina mortgage loan
kiinni closed; down; ***ottaa ~*** catch
kiinnike *(haka)* catch; *(hakanen)* fastener; *(pidike)* clip
kiinnite fixative
kiinnitettävä clip-on; stick on
kiinnittää fasten, attach; *(liimata)* stick; *(sitoa)* tie, make fast, bind; *(seinään ym.)* fix; *(lak)* mortgage; ***~ lujasti*** secure; ***~ hihnalla ym.*** strap; ***~ laiva*** moor; ***~ neulalla ym.*** pin; ***~ nupinauloilla*** tack; ***~ huomiota jhk*** pay attention to sth; ***~ jkn huomio*** draw sb's attention
kiinnitys attachment; *(lak)* mortgage
kiinnostaa interest; intrigue
kiinnostava interesting
kiinnostua become interested in
kiinnostus interest (***jhk*** in sth)
kiinteistö real estate
kiinteistövälittäjä *(Am)* real estate agent; *(Br)* estate agent
kiinteistövälitystoimisto *(Br)* estate agency; *(Am)* real estate agency
kiinteys firmness; solidity
kiinteä firm; compact; concrete; *(kiinni oleva)* fixed; set; *(paikallaan oleva)* stationary; ***~ aine*** solid; ***~ omaisuus*** real property
kiintiö quota; allotment
kiintoisa interesting, arresting
kiintopiste fixed point
kiintotähti fixed star
kiintymys affection; fondness
kiintynyt: ***~ jhk t. jkhun*** fond of, attached to
kiintyä become attached [to]
kiipeli scrape, fix
kiipijä climber
kiirastorstai Maundy Thursday
kiirastuli purgatory
kiire hurry; rush; ***minulla on ~*** I am in a hurry
kiireellinen pressing; urgent; ***~ tapaus*** emergency; ***~ tarve*** urgency
kiireellisyys urgency
kiireesti hastily, in a hurry; quickly
kiirehtiä hurry [up]; precipitate
kiireinen busy; hectic
kiista argument; dispute; *(riita)* strife
kiista[naihe] [subject of] controversy
kiistanalainen controversial; debatable; ***~ kohta*** moot point
kiistaton incontestable; unquestionable
kiistellä argue, dispute
kiistämätön indisputable
kiistää dispute
kiitettävä laudable, praiseworthy; *(arvosana)* excellent, very good; *(Am myös)* A
kiitoksia *ks.* ***kiitos***
kiitollinen grateful, thankful (***jklle*** to, ***jstak*** for); *(palkitseva)* rewarding; ***kiitollisena, kiitollisuudella***

gratefully
kiitollisuudenvelka debt of gratitude, indebtness; ***olla kiitollisuudenvelassa jklle jstak*** be indebted to sb for sth, owe sb sth
kiitollisuus gratitude
kiitorata runway
kiito|s: ~, ***~ksia*** thank you, thanks (***jstak*** for); ***hyvin paljon -ksia*** thank you very much; ***ei ~*** no thank you (thanks); ***kyllä ~*** yes please; *(tunnustus)* acknowledg[e]ment; *(ylistys)* praise
kiitoskirje letter of thanks, thank-you letter; *(lyhyt kirje tai kortti)* thank-you note
kiittämättömyys ingratitude
kiittämätön ungrateful
kiittää thank (***jstak*** for); *(~ jksik)* commend sb as sth; *(ylistää)* praise (***jstak*** for)
kiitää shoot, speed, race; *(rynnätä)* dash; *(aika, päivät)* fly, flash by; *(pilvet)* scud; ***auto kiisi pitkin tietä*** the car speeded down the road; ***aika kiitää*** time flies
kiivas fierce, heated, hot; *(~luonteinen)* hot-tempered, quick-tempered; irascible, vehement
kiivastahtinen hectic
kiivastua lose one's temper
kiivaus impetuosity, vehemence, violence; hot (quick) temper
kiivetä climb, clamber; scale; *(kasvista)* creep; ***~ puuhun*** climb a tree; ***~ tikapuita*** climb a ladder; ***~ hevosen selkään*** mount a horse
kikattaa giggle
kikatus giggle
kikka gimmick, trick
kilahtaa *(lasi)* clink; *(kolikko)* chink
kilinä *(lasien, avaimien)* clink; *(rahojen, pullojen)* rattle; *(kellojen, kulkusten)* tinkle, jingle; *(puikkojen)* clack
kilistä[ä] *(lasit, avaimet)* clink; *(rahat, pullot)* rattle; *(kellot, kulkuset)* tinkle, jingle
kiljahdus squeal, yell; *(ilon)* shout; *(intiaanien)* whoop; *(aasin)* bray
kiljaista give a cry (a yell); shout, scream; *(tuskasta)* squeal
kiljua scream, shout, yell
kiljunta shouting, yelling
kilkattaa *(kellot, kulkuset)* tinkle, jingle; *(lasit ym.)* ting; *(vasara)* clink, ring; *(kellot ym.)* tinkle
kilkutus *(puikkojen)* clack; *(kellojen)* tinkling
kilo[gramma] kilo, kilogram[me]
kilohaili sprat
kilpa competition, race; ***juosta ~a*** race [each other], run a race; ***juostaan ~a!*** I'll race you!; ***soutaa ~a*** row a race; ***syreenit kukkivat ~*** lilac bushes vie with each other in full bloom
kilpa-ajaja racing driver, racer; *(moottoripyörä~)* racing motorcyclist
kilpa-ajot race
kilpa-auto racing car
kilpahevonen race horse, racer
kilpailija competitor, contestant; *(urh myös)* contender; *(kuv)* rival
kilpailla compete, contend, vie (***jkn kanssa, jkta vastaan*** with, against sb, ***jstak*** for); *(urh myös)* race; ***he kilpailevat mestaruudesta*** they are contending for the championship

kilpailu *(yl)* competition, race; *(urh myös)* sports event; match; *(Br)* gala; *(nopeudessa)* race; *(tennis~, golf~ ym.)* tournament; *(kuv) (laulu~, arkkit ym.)* contest; *(esim. kahden henkilön välillä)* rivalry; ***liike-elämän ~ koituu kuluttajan hyödyksi*** competition in business benefits the consumer; ***opiskelijoiden välillä oli rankkaa ~a*** there was keen competition between the students; ***hevos~, ravit*** horse race; ***vene~*** boat race; ***~ ajan kanssa*** a race against time; ***koulun uinti~[t]*** *(Br)* the school's swimming gala; ***missi~*** beauty contest; ***Eurovision laulu~*** the Eurovision Song Contest
kilpajuoksija runner, racer
kilpajuoksu race, racing
kilpakenttä arena, field, ground; *(rata)* coarse, track
kilpapurjehdus yacht (sailboat) racing, yachting
kilparata *(yl)* racetrack; *(Br) (ravirata)* racecourse; *(Am)* racetrack
kilparatsastaja jockey
kilparatsastus horse racing
kilpasoutu competition rowing
kilpaurheilu competitive sports (athletics)
kilpavarustelu arms race
kilpi *(ase)* shield; *(liike~)* sign, sign-board; *(nimi~)* nameplate
kilpikonna turtle, tortoise
kilpirauhanen thyroid gland
kilta guild
kiltti good[-hearted], kind, nice; meek
kiltti *(Skotl)* kilt
kilvoittelu struggle; *(raam)* fight
kimakka sharp, shrill
kimalainen bumble-bee
kimallella glimmer, glitter, sparkle
kimallus glint; glitter
kimallusjauhe glitter
kimeä high-[pitched], shrill
kimmahtaa bounce; ***~ takaisin*** rebound
kimmellys shimmer
kimmeltää glisten; shimmer
kimmoisa elastic; springy; bouncy
kimmoisuus elasticity
kimo roan; ***harmaa ~*** dapple-grey [horse]
kimpale *(leipää, lihaa)* chunk, hump; *(paakku)* clod; *(kultaa)* nugget
kimppakyyti car pool
kimppu *(kukka)* bouquet, spray; *(avain)* bunch; *(nippu, lyhde ym.)* bundle; ***lihas~*** a bundle of muscles
-kin also; too
kina squabble, quarrel, wrangle; *(lapsen)* vernix
kinastella bicker, squabble
kinastelu bickering
kinata quarrel, wrangle
kiniini quinine
kinkku ham
kinnas mitten; ***viitata kintaalla jtak*** snap one's fingers at sth
kioski stand, kiosk, booth, stall
kipakka *(pakkanen)* keen, biting
kiperä tricky; complicated, knotty
kipeä aching, sore; *(sairas)* ill, sick
kipinä spark; *(kuv)* flicker
kipinöidä spark
kipittää scamper
kippari skipper
kippis! cheers!

kipsi gypsum; *(laasti)* plaster; *(sidos, valos)* plaster cast
kipu ache, pain, pang; ***onko teillä ~ja?*** have you got pains?; ***niskassa tuntuu vihlovaa ~a*** I've got a shooting pain in my neck; ***maha~*** stomach pain[s]
kirahvi giraffe
kireä tight, taut; *(kuv myös)* strained, tense
kiri spurt
kiristellä gnash; grind
kiristys blackmail; extortion
kiristyä tighten; *(kuv)* become strained (more critical)
kiristää tighten; *(ruuvata)* screw; *(köyttä, kangasta)* strain, stretch; *(kuv)* blackmail, extort
kiriä spurt
kirja book; ***~n kohta*** passage
kirjahylly book shelf *(pl shelves)*
kirjailija author, authoress; writer
kirjailla embroider
kirjaimellinen literal
kirjaimisto alphabet
kirjain letter
kirjainmerkki character
kirjakaappi book case
kirjakauppa *(Br)* book shop; *(Am)* book store
kirjakauppias book seller
kirjakerho book club
kirjakieli written language
kirjallinen written
kirjallisuus literature
kirjallisuusluettelo bibliography
kirjaltaja typographer
kirjanen booklet
kirjankansi book cover
kirjanmerkki book mark[er]
kirjanoppinut *(raam)* scribe
kirjanpainaja printer
kirjanpito accounting, accounts; bookkeeping
kirjanpitäjä accountant
kirjansitoja book binder
kirjapaino printing house, press
kirjapainotaito printing art
kirjasin type, printing letter (character), font
kirjasto library
kirjastonhoitaja librarian
kirjata register
kirjatoukka bookworm
kirjava many-coloured, parti-coloured; *(myös kuv)* chequered (checkered); motley, varied
kirje letter; *(raam)* epistle; ***~en vastaanottaja*** addressee, recipient; ***~en lähettäjä*** sender; ***~itse*** by letter
kirjeenkantaja *ks.* ***postinkantaja***
kirjeenvaihtaja correspondent
kirjeenvaihto correspondence
kirjeenvaihtotoveri pen friend
kirjekuori envelope
kirjekyyhky[nen] carrier pigeon
kirjelaatikko letterbox
kirjelmä letter, [written] communication; *(lak)* writ
kirjepaperi notepaper; stationery
kirjevaaka letter balance
kirjoa *ks.* ***kirjailla***
kirjoitelma essay
kirjoitettu written
kirjoittaa write; *(tavata)* spell; *(~ koneella)* type; ***~ muistiin*** write (note) down; ***~ nimensä [alle]*** *(kuitata)* sign; ***~ nimi sekin selkäpuolelle*** endorse a cheque; ***~ sekki*** write (draw) a cheque; ***~ salakirjoituksella*** cipher; ***~ yhdys-***

viivalla hyphen[ate]
kirjoittaja writer, author
kirjoittamaton unwritten; blank
kirjoittautua sign up; ~ ***hotelliin*** check in, *(Br)* book in
kirjoittautuminen enrol[l]ment; registration
kirjoitus writing; script; ***lehti~, artikkeli*** article; ***muisto~*** inscription, epitaph
kirjoituskone typewriter
kirjoituspöytä desk
kirjoitusvirhe spelling mistake
kirjolohi rainbow trout
kirjonta embroidery
kirjuri clerk; scribe
kirkaista give a scream
kirkaisu scream, shriek, yell
kirkas bright; clear; limpid; serene
kirkastaa *(kasvot)* brighten; *(selventää)* clarify; clear; *(olut)* fine; *(raam)* glorify
kirkastaminen *(raam)* glorification
kirkastua *(sää)* clear up; *(silmät)* brighten; *(kasvot)* light up
kirkastuminen *(sää ym.)* clearing; *(tekn ym.)* clarification, purification
kirkastus *(raam)* transfiguration
kirkkaus brightness; clarity
kirkko church; ***lähetys~*** mission; ***kirkon päälaiva*** nave
kirkkoherra parson; *(erik anglikaanisessa kirkossa)* rector, vicar; *(protest)* minister
kirkkoherranvirasto church registry office
kirkkohistoria church history
kirkkokunta denomination; church
kirkollinen ecclesiastical
kirkolliskokous synod, Church assembly
kirkonkello church bell
kirkonkirjoissa registered in the parish [of]
kirkonkirous ban; curse
kirkonkylä parish village
kirkonmenot church service
kirkonpenkki pew
kirkontorni steeple
kirkua scream, shriek; *(lapsi)* squall; *(lintu ym.)* screech
kirkuna cry; squall
kirnu churn
kirnupiimä buttermilk
kirnuta churn
kiroilla swear, curse; *(Am)* cuss
kirosana swearword
kirota curse; damn; *vrt.* ***kiroilla***
kirottu *(Br, ark)* bloody; *(Am, ark)* damn; *(usk)* cursed
kirous curse; malediction
kirpeä *(maku)* sharp, piquant; *(ilma)* crisp, nippy
kirppu flea
kirpputori flea market; jumble sale; *(Am)* rummage sale
kirsikka cherry
kirurgi surgeon
kirurgia surgery
kirvelevä smarting, burning
kirvellä burn; *(pistellä)* sting; smart
kirves axe; hatchet
kirvesmies carpenter
kisa game; sport
kisailla sport
kiskaista *(nyhtää)* pluck; *(tempaista)* wrest
kiskaisu pluck; wrench
kisko rail
kiskoa pull; tug; ~ ***juurineen*** uproot; ~ ***rahat pois jklta*** rip sb off

kiskoauto rail car
kiskonta rip-off
kiskurihinta extortionate price
kissa cat
kissamainen catty
kissankello bluebell; harebell
kissanpoikanen kitten
kisälli journeyman
kita mouth, throat; *(el myös)* jaws
kitakieleke uvula
kitalaki palate
kitara guitar
kiteyttää, **kiteytyä** crystallize
kitistä creak, squeak; *(valittaa)* bleat; *(lapsi)* whine
kitka friction
kitkeä weed
kitkuttaa: ***elää ~*** scrape a living
kitsas niggardly; parsimonious
kitti cement; putty
kitukasvuinen stunted
kitupiikki niggard
kiuas sauna stove
kiukku anger, crossness; temper
kiukkuinen angry, cross; rancorous
kiukkupussi spitfire
kiukutella be in a tantrum (temper)
kiulu pail
kiuru skylark
kiusa nuisance; harm
kiusaaja tempter
kiusaama afflicted
kiusaaminen *(viaton)* teasing; *(koulu~ ym.)* bullying; *(häirintä)* pestering
kiusaantunut embarrassed; uncomfortable
kiusallinen *(hankala)* awkward; *(nolo)* embarassing; troublesome
kiusata *(tehdä kiusaa)* tease; pick on; *(heikompia)* bully; *(ärsyttää)* annoy; *(häiritä)* pester, hassle; *(vaivata)* bother, trouble; *(usk)* tempt
kiusaus temptation
kiusoitella tease; kid, rag; rally
kiusoittelu teasing; railery
kiva nice, lovely; great; *(Am, ark)* cool, neat
kivenhakkaaja stonemason
kivenkova stony, hard as a rock
kivennäinen mineral
kivennäisvesi mineral water
kives testicle
kivettymä fossil
kivettyä, **kivettää** petrify
kivetä pave
kiveys stone paving
kivi stone, rock
kiviastiat *ks.* ***kivitavara***
kivihiili coal
kivijalka basement
kivikausi stone age
kivikko stony soil; *(istutus)* rockery
kivikunta mineral kingdom
kivilaatta flagstone
kivilaji rock
kivinen stony, rocky
kivistää ache
kivitaulu *(lasten)* slate
kivitavara stoneware, earthenware
kivittää stone
kivulias painful
kivulloinen ailing, sickly
kivuton painless
kivääri gun, rifle
klaani clan
klarinetti clarinet
klassikko *(teos)* classic; *(tutkija)* classicist
klassinen classical; ***~ musiikki*** classical music

klinikka clinic
klipsikorvakorut clip-on earrings
klisee cliché; commonplace
kloori chlorine
klovni clown
klubi club
klubitakki blazer
knallihattu bowler
-ko, **-kö** if, whether; ***en tiedä onko hän tullut*** I don't know if (whether) he has arrived
kodikas comfortable, cosy, warm
kodin- domestic
kodinhoitaja household help
kodinkoneet household appliances
koditon homeless; *(eläin)* stray; *(lapsi t. eläin)* waif
koe *(myös koul)* test; *(tentti)* exam; *(kokeilu)* experiment; trial; *(urh) (erä)* trial heat
koe[ajo] trial test (run)
koeaika probation, trial [period]
koe-eläin guinea pig
koe-erä sample lot; *(urh)* trial heat
koekaniini guinea pig
koekuvaus screen test
koekäyttö trial, test
koelentäjä test pilot
koeputki test tube
koetella feel, touch; *(panna koetukselle)* try, test, tax
koetinpuikko sound
koettaa try, attempt, essay; *(sovittaa ylle)* try on
koettelemus ordeal, trial; affliction
koetteleva trying, gruel[l]ing
koetus proof, trial; ***panna koetukselle*** put to the test (proof)
koevuosi year of probation
kofeiini caffeine
kohahdus flurry; ***salissa kävi innostuksen ~*** a flurry of excitement went round the hall
kohauttaa: ***~ olkapäitään*** shrug one's shoulders
kohdata meet with, encounter; ***~ rohkeasti*** face [up to]
kohde object, target; *(määränpää)* destination
kohdella treat
kohdistaa *(jhk)* direct [to]; focus [on]; aim [at]; *(kivääri)* adjust
kohdistin cursor
kohdistua jhk be directed to; be aimed at, apply to; *(koskea)* concern, be concerned with
kohdunkaula cervix
kohentaa touch up, furbish up; *(tulta)* poke; *(pielusta)* shake up
kohina bluster, roar
kohista bluster, roar
kohmeessa *(kylmästä)* numb [with cold]
kohmettaa numb
koho bob, float
kohokohta highlight
kohokuva relief
kohota rise; *(kiivetä)* climb, go up; *(kuv)* heighten, mount; ***~ korkealle*** soar, tower; ***~ yli*** surmount; ***~ äkkiä, sinkoutua*** rocket
kohottaa raise, lift; *(~ arvoon)* elevate, promote (***jhk*** to); *(lisätä)* increase, heighten
kohottaminen elevation
kohouma boss
kohta item; point; *(paikka)* spot; *(pian)* soon
kohtaaminen encounter
kohtaan toward, towards
kohtalainen fair, moderate; *(tyydyttävä)* passable

kohtalaisen fairly, reasonably
kohtalo destiny; fate; *(osa)* lot
kohtalokas fatal; *(vaikuttava)* fateful
kohtaus *(vihan, taudin)* fit; *(taudin myös)* bout, attack; ***järjestää ~*** make a scene
kohteliaasti politely; courteously
kohteliaisuus politeness; *(korrektius)* civility; *(annettu)* compliment
kohtelias polite; *(korrekti)* civil
kohtelu treatment; handling
kohti towards
kohtisuora perpendicular
kohtu uterus; womb
kohtuuhinta reasonable (fair, moderate) prise
kohtuullinen moderate; reasonable
kohtuullisuus reason[ableness]; *(pidättyvyys)* abstinence, temperance
kohtuus moderation; equity, fairness
kohtuuton unfair; unreasonable; *(alkoholin käytössä)* intemperate
kohtuuttoman unreasonably; unduly
kohtuuttomuus unreasonableness; excess
kohu hullabaloo; sensation
koi moth
koillinen north-east
koilliseen north-east
koinsyömä moth-eaten
koipi leg; *(ark)* shank
koira dog
koiraeläin canine
koirakoulu dog training school
koiranilma beastly weather
koirankoppi kennel; *(Am)* doghouse
koiranpentu puppy
koiranputki cow parsley
koiranruusu dog-rose
koiranäyttely dog show
koiras *(el)* male
koiratarha kennel; *(Br)* kennels
koirauinti dog paddle
koiravaljakko dog team
koittaa: ***päivä ~*** the day is breaking (dawning); ***hetki on koittanut*** it is time
koitua bring, cause; accrue to
koivu birch
koje[isto] apparatus
koje appliance, device, instrument
kojelauta board, dashboard, switchboard
kojetaulu switchboard
koju booth; stand
kokaiini cocaine; *(ark)* coke
kokea experience; meet [with]; undergo
kokeellinen experimental
kokeilla try; experiment
kokelas novice; candidate; trainee; *(Am ark)* rookie
kokematon inexperienced, fresh, green, raw
kokemattomuus inexperience
kokemus experience
kokenut experienced
kokka bow
kokkare clot, lump
kokki cook
kokko bonfire
koko all; full; whole; size; entire
kokoaminen accumulation; assembly; collection; roundup
kokoelma collection
kokoinen [of] the size of

kokojyväleipä whole-meal bread
kokolattiamatto [wall-to-wall] carpet[ing]
kokonaan *(täysin)* altogether, wholly, entirely, completely; *(läpi)* through; ***~ tai osittain*** wholly or partly; ***maksoitko sen ~?*** did you pay it all (in full)?
kokonainen entire; whole; total
kokonaisluku *(mat)* integer; integral number
kokonaismäärä total
kokonaisuus whole; entity
kokonaisvaikutelma general impression
kokoomus coalition; ***hallitusko-koomus*** government coalition
kokoon together; ***kerätä ~*** gather ~; ***puristaa ~ t. yhteen*** compress
kokoonajo roundup
kokoonpano composition; *(tekn)* assembly
kokoontua gather, meet; *(kokoukseen, istuntoon)* assemble; *(suuri joukko)* congregate, rally
kokoontuminen assembly; gathering
kokopäiväinen full-time
kokosivun full-page
kokous meeting; assembly; conference; *(puolue~)* convention; *(suku~, luokka~ ym.)* reunion; *(joukko~)* rally
kokoussali assembly hall; conference room
koksi coke
kolahdus bang, slam
kolahtaa bang, slam
kolari crash, smash [-up], collision; ***ajaa ~*** have a crash; ***ajaa ~ jkn kanssa*** collide with sb
kolauttaa knock; hit
kolea bleak, chilly
kolehti collection
kolera cholera
kolesteroli cholesterol
kolhaista knock, hit; *(päänsä)* bang; *(lautanen, lasi)* chip
kolhaisu knock, blow, hit
kolhia batter; damage
kolhoosi collective farm, kolkhoz
kolhu bruise; *(lommo)* dent
kolibri hummingbird
kolikko coin
kolina clank, clatter, rattle
kolista clank, clatter, rattle
kolistella make noise, rattle
kolja *(el)* haddock
kolkata mug
kolkka nook
kolkko gloomy, dismal, dreary
kolkutin knocker
kolkuttaa knock
kolkutus knock
kollaasi *(taid)* collage; *(tv)* montage
kollega colleague
kolli package, parcel; *(el)* tom[cat]
kolmanneksi thirdly
kolmannes third
kolmas third
kolmaskymmenes thirtieth
kolmastoista thirteenth
kolme three
kolmekymmentä thirty
kolmesti three times
kolmetoista thirteen
kolmikerroksinen three-storey
kolmikulmainen triangular
kolmiloikka triple jump; hop step and jump
kolminaisuus Trinity

kolminkertainen triple, threefold; treble
kolminkertaistua triple, be trebled
kolmio triangle
kolmipyöräinen [polkupyörä] tricycle
kolmisointu triad, the common chord
kolmiulotteinen three-dimensional
kolmivaihe *(sähk)* three-phase
kolmivuotias three-year old
kolmoset triplets
kolo hole; hollow; *(kanin ym.)* burrow
kolonna column
kolottaa ache; ***koko ruumistani ~*** I am aching all over
kolttonen trick, prank, practical joke
kolumnisti columnist
komea *(mies)* handsome; *(maisema, esitys, rakennus ym.)* spectacular; splendid; stately
komedia comedy
komeetta comet
komeilla jllak parade; *(ark)* sport
komeilu display, parade, show
komennella boss
komentaa command
komentaja commander
komento command
komentosilta *(mer)* bridge
komero cupboard; *(vaate~) (Br)* wardrobe; *(Am)* closet
komeus splendour; state
komisario [police] inspector; superintendent
komitea committee
kommandiittiyhtiö partnership company; limited partnership
kommari *(ark)* commy, commie
kommellus mishap; misadventure
kommentoida comment (*jtak* on sth)
kommentti comment
kommodori commodore
kommunikaatio communication
kommunikoida communicate
kommunismi communism
kommunisti communist
kommuuni commune
kompakysymys trick question
kompassi compass
kompastua stumble, trip (*jhk* on, over)
kompastuskivi stumbling block
kompleksi *(psyk)* complex; ***rakennus~*** complex
komplikaatio complication
komponentti component
komposti compost
kompostimulta compost [soil]
komppania *(sot)* company
kompromissi compromise
kompuroida blunder; stump
kondensaattori condenser
konditionaali conditional
kondomi condom; *(ark)* rubber
kondori[kotka] condor
konduktööri *(Br)* railway guard; *(Am)* railroad conductor
kone engine; machine
koneellinen mechanical
koneenkäyttäjä engineer
konehalli machine shop; machinery hall
koneistaa mechanize
koneisto machinery; mechanism; movement; ***kellon ~*** clockwork
konekirjoittaja typist
konekirjoitus typing
konekivääri machine gun

konepaja engineering works (shop)
konepelti *(Br)* bonnet, *(Am)* hood
konepistooli submachine gun, light machine gun
konerikko breakdown; machine damage
konevika engine failure
konferenssi conference
konfirmaatio confirmation
kongressi congress
koni nag
konjakki brandy, cognac
konjunktiivi subjunctive
konjunktio conjunction
konkreettinen concrete; tangible
konkurssi bankruptcy; ***~n tehnyt*** bankrupt; ***firma on mennyt ~in*** the firm has gone bankrupt
konna scoundrel, villain
konsepti draft; rough copy
konserni group of companies
konsertti concert; *(yhden esiintyjän)* recital
konserttisali concert hall
konservatiivi conservative
konservatorio conservatoire; *(Am)* conservatory
konsonantti consonant
konstaapeli constable
konsti trick; way, means
konsulaatti consulate
konsuli consul; ***~n virka*** consulate
konsultoida consult
kontakti contact
kontata crawl
kontrabasso double bass
kontrolli control; *(tarkistus, tarkastus)* check, check-up
kontti container
konttijuna *(Br)* freightliner; *(Am)* freighttrain
konttori office
konttoripäällikkö office manager
konttoristi clerk
konttoritarvikkeet office supplies
konttorituoli swivel chair
koodi code; *(salakirjoitus ym.)* cipher; *(pankkikortin ym.)* PIN *(= personal identification number)*
kookas big; large
kookospalmu coconut palm
kookospähkinä coconut
koolla gathered, assembled; ***tulla koolle*** come together, assemble
kooma *(lääk)* coma
koomikko comedian, comedienne
koominen comic[al]
koordinoida co-ordinate
koossa together
koostaa *(kirjaa, materiaalia ym.)* compile; *(julkaisua, tv- tai radio-ohjelmaa)* edit
kooste *(uutisfilmi)* newsreel, [news]report; *(radiossa)* bulletin; collage
koostua consist of
koostumus composition, consistency
koota *(kerätä)* collect; *(kerätä esim. tavarat)* gather up; *(kasata)* amass, accumulate; *(tekn)* assemble, set up; ***~ itsensä*** pull o.s. together; ***~ materiaalia*** gather material (information); ***~ varastoon*** store; ***~ voimansa*** brace o.s. [up]; ***~ yhteen [ihmisiä]*** rally, convene
kopea haughty
kopeloida paw; tamper
kopeus haughtyness
kopina *(korkojen)* click[ing]

kopio print; copy
kopioida copy; print
kopiokone copying machine, copier
kopista *(korot)* click; *(tepsuttaa)* patter
kopla band; gang
koppava high and mighty, pompous
koppi booth; catch; cell
kopse: ***kavioiden ~*** clatter of hooves
koputtaa knock; rap
koputus knock; rap
koraani *(usk)* the Koran
koralli coral
korea showy
koreilla show off, make a show of
kori basket; *(roska~)* bin; *(auton)* body; *(iso)* hamper; *(kaupan puulaatikko)* crate; ***olut~*** case of beer
korina *(lääk)* rattle
korinpunonta basketry
korintti currant
koripaju osier
koripallo basketball
koripalloilija basketball player
korista *(lääk)* rattle
koristaa *vrt.* ***koristella***; *(huone, kuusi)* decorate; *(hiukset)* adorn; *(puku ym.)* embellish (***jllak*** with); *(ikkuna)* dress; *(ruok)* garnish, decorate
koristaminen adornment
koristautua adorn o.s. (***jllak*** with), *(laittautua)* dress up
koriste *(joulu~ ym.)* decoration; *(hius~ ym.)* adornment; *(~kuvio)* ornament
koristeellinen decorative, ornamental
koristelematon plain; unadorned
koristella decorate (***jllak*** with); *(korukuvioilla ym.)* ornament
korjaamaton irreparable
korjaamo garage
korjata *(ehjäksi)* repair; *(kunnostaa)* renovate; *(auto)* do up; *(kenkiä, vaatteita)* mend; *(lelu, ikkuna)* fix; *(katto)* patch up; *(teksti)* correct, revise; ***~ virhe*** mend an error, repair a mistake; ***~ sato[a]*** harvest, reap, crop
korjaus correction; *(muutos)* alteration; amendment; ***auton ~työt*** car repairs
korjauttaa have sth repaired
korkea high; tall; *(kirj)* lofty
korkeakorkoinen *(liik)* high-interest
korkeakoulu university; *(Am myös)* college
korkealla, korkealle high; *(kirj)* aloft
korkein highest; *(kuv)* supreme
korkeintaan at [the] most
korkeus height; *(lento~, ~ merenpinnasta)* altitude; elevation; ***teidän korkeutenne*** your highness
korkeushyppy high jump
korkita cork
korkki *(pullon)* cap, top; *(myös aineena)* cork
korkkiruuvi corkscrew
korko heel; *(liik)* interest
korkokanta interest rate
korkokuva relief
korkomerkki accent
kornetti *(mus)* cornet
korni corny
koroke platform; *(lava)* stand; *(puhuja~)* dais

koronkiskonta usury
koronkiskuri usurer
korostaa *(painottaa)* emphasize, stress; *(vartaloa ym.)* accentuate; *(esim. värein)* highlight
korostua be[come] emphasized; *vrt.* ***korostaa***
korostus emphasis; *(puheessa)* accent
koroton free of interest; *(kiel)* unstressed
korottaa *(konkr)* raise, lift; *(arvossa)* enhance, promote; ***~ neliöön*** square; ***~ äänensä*** raise one's voice
korotus *(palkan, hinnan)* raise; raising
korpi wilderness
korpilakko wildcat strike
korppi raven
korppikotka vulture
korppu rusk
korppujauho breadcrumbs
korpraali corporal
korrekti *(kohtelias)* civil
korrektisti civilly, with civility
korruptio corruption
korsetti corset
korsi straw
korskea haughty
korskua snort
korsu dug-out
kortisoni cortisone
kortisto card-index; file
kortteli block
kortti card; ***luotto~*** credit card, *(liikkeen)* charge card
korttihuijari card-sharper
koru piece of jewel[le]ry; ***korut*** jewel[le]ry
koruommel embroidery
koruommella embroider
korurihkama tinsel
koruton plain
korva ear; ***hyvä ~*** good ear [for pitch]; ***pelkkänä korvana*** all ears; ***reiät korvissa*** pierced ears
korva-, nenä- ja kurkkulääkäri otorhinolaryngologist
korvaamaton irreplacable, irreparable; *(kallis)* invaluable
korvakoru earring; clip
korvakuulolta by ear
korvalappustereot walkman
korvalehti earflap, earlap
korvaläpät earmuffs
korvalääkäri aurist, ear specialist, otologist
korvannipukka ear lobe
korvapuusti box on the ear
korvarengas earring
korvasieni false morel, moril
korvasärky earache
korvata compensate; *(~ toisella)* replace; *(hyvittää)* make good, make up; *(maksaa takaisin)* refund, reimburse; ***~ vahinko*** repair a damage; ***korvaamme kaikki kulunne*** we'll refund all your expenses
korvatulehdus ear infection
korvatulpat earplugs
korvaus compensation; *(palkkio)* remuneration; *(vahingon)* reparation; *(kulujen)* repayment, refund
korventaa singe, scorch
korvia huumaava deafening
korvike substitute (***jllek*** for)
kosia propose; *(el)* woo
kosija suitor
kosinta proposal
kosiskella court; woo

kosiskelu courting; wooing
koska because; *(kun kerran)* as, since; *(milloin?)* when?
koskaan ever
koskea *(koskettaa)* touch; *(sattua)* hurt; *~ jtak* apply [to], concern
koskematon untouched; *(kuv)* intact; *(neitsyt)* virgin; *(luonto)* unspoiled
koskemattomuus *(loukkaamattomuus)* inviolability; *(alueellinen)* integrity; *(diplomaattinen)* immunity; *(naisen, luonnon)* virginity
kosketella touch
kosketin key; *(sähk)* [electric] plug
kosketinsoitin keyboard instrument
koskettaa touch
koskettava touching
koskettimisto keyboard
kosketus touch; contact
koskeva concerning, regarding
koski rapids
koskien *ks.* ***koskeva***
koskikara *(el)* dipper
kosmeettinen cosmetic
kosmetiikka, kosmeettiset aineet cosmetics
kosmetologi cosmetician, beautician
kosminen cosmic
kosmopoliitti cosmopolitan
kostaa revenge (*jklle* on); have one's revenge (*jklle* on)
kostea damp, moist; *(nihkeä)* clammy; *(ilma)* humid
kosteus damp; *(ilman)* humidity; *(maan, ihon)* moisture
kosteuspyyhe facial tissue, fresh-up towel
kosto revenge; vengeance
kostonhimo thirst for revenge
kostonhimoinen revengeful; vindictive
kostotoimenpide reprisal
kostua get damp, moisten; *(hyötyä)* gain sth (*jstak* by)
kostuttaa damp; moisten; wet
kota Lapp tent; *(kasv)* capsule
kotelo case; cover; *(perhosen)* aurelia
koti home; house; ***kotona*** at home; *(Am)* home; ***kotiin*** home; ***kotoa*** from home
kotiapulainen domestic help, maid
kotiaresti: ***olla kotiarestissa*** be grounded
kotiaskareet housework, chores, household chores
kotieläin domestic animal; *(lemmikki)* pet
kotielämä domestic life, family life
kotietsintä house search
kotietsintälupa search warrant
kotihoidontuki home care allowance
koti-ikävä homesickness
kotiinpaluu homecoming
kotiinpäin homeward[s]
kotimaa home country; homeland
kotimaan domestic; national
kotimaanlennot domestic flights
kotimainen domestic
kotiopettajatar governess
kotipaikka home; *(lak)* domicile
kotirouva housewife
kotiruoka home cooking
kotiseutu home district
kotisirkka cricket
kotitalous *(kodinhoito)* housekeeping, management of household;

(ruokakunta) household; *(koul)* home economics
kotitarkastus *ks.* ***kotietsintä***
kotitehtävät homework
kotitekoinen homemade
kotiteollisuus handicraft
kotiteollisuuskeskus crafts center
kotiuttaa *(sot)* demob[ilize]
kotiutua *(uuteen taloon)* make o.s. at home; settle down; *(juurtua)* take firm root; become established
kotiväki folks [at home], family; ***minun kotiväkeni*** my people, my family (folks)
kotiäiti housewife; *(Am)* homemaker
kotka eagle
kotoinen cosy; *(Br)* homely, homelike; domestic
kotoisin: ***mistä olet kotoisin?*** where are you from?
kotona *ks.* ***koti***
kottarainen starling
kottikärryt wheelbarrow
koukeroinen flourishy
koukistaa *(taivuttaa)* bend; *(lihaksia)* flex; ***koukista polvet*** bend your knees; ***koukista käsivartesi*** hook your arm; ***joutsen ~ kaulansa*** the swan crooks its neck
koukistaja[lihas] flexor
koukistua flex
koukku crook; hook
koukkuselkäinen round shouldered; bowed
koulu school; ***~a käymätön*** uneducated; ***~nsa keskeyttänyt*** dropout
kouluaika school days
kouluikä school age
koulukirja school book
koulukiusaaminen bullying
koulukoti approved school; *(Am)* reformatory
koulukunta school
koulukypsyyskoe preschool assessment [of learning abilities]
koululainen school|boy, -girl, pupil
koululaitos school (educational) system
koululaiva training ship
koulumaksu school fee
koulunkäynti school attendance
koulupakko *ks.* ***oppivelvollisuus***
koulupinnaus truancy
kouluradio school radio
koulusivistys schooling
koulutelevisio schools television
koulutettu educated, schooled; trained; ***korkeasti ~*** highly educated (trained), of great learning
koulutodistus report
koulutoveri school|fellow, -mate, - friend
kouluttaa educate; train; ***~ jku talon tavoille ym., t. eläin tottelemaan*** break in
kouluttaja trainer
koulutus education; schooling; training
koulutustilaisuus seminar, training; clinic, workshop
koura hollow of the hand
kouraan-, kouriin|tuntuva palpable, tangible
kourallinen handful
kouristus[kohtaus] convulsion; cramp
kouru *(lasku~)* chute; spout
kova hard; *(karkea)* harsh; *(sitkeä)* tough; *(kuv myös)* intense, *(sl)* heavy

kovakourainen heavy-handed; rough
kovaksikeitetty hard-boiled
kovakuoriainen beetle
kova|onninen, -osainen unlucky; underprivileged
kovapäinen hard-headed
kovasti hard; strongly
kovasydäminen hard-hearted
kovaääninen loud; *(laite)* loudspeaker
kovera concave
kovertaa hollow; *~ ontoksi* excavate
kove|ttaa, -ttua harden
kovettuma callus
kovettunut *(myös kuv) (känsäinen)* callous
kovin very; extremely
kovis|taa, -tella put pressure on; *(Br)* pressurize; *(Am)* pressure
kovuus hardness
kraana *(Br)* tap; *(Am)* faucet
kraatteri crater
kramppi cramp
kranaatinheitin mortar
kranaatinsiru shell splinter (fragment)
kranaatti grenade; shell; ***räjähtämätön ~*** dud
krapula hangover
Kreikka Greece
kreikka *(kieli)* Greek
kreikkalainen Greek
kreikkalaiset the Greeks
kreikkalaiskatolinen Greek Orthodox
kreivi count; earl
kreivikunta county; *(vanh)* shire
kreivitär countess
krematorio crematory
kreoli Creole
kreppi *(ruok) (vaat)* crepe, crape, crêpe
kriisi crisis
kriitikko critic
kriittinen critical (***jkn suhteen*** of); ***neuvottelujen ~ vaihe*** a critical stage in the negotiations
kriketti[peli] cricket
kristalli crystal
kristikunta Christendom, the Christian world; *(Am myös)* Christianity
kristillinen Christian
kristinusko the Christian faith, Christianity
kristitty Christian
Kristus Christ; ***e.Kr.*** before Christ, B.C.; ***j.Kr.*** after Christ; Anno Domini, A.D.
kriteeri criterion *(pl criteria)*
kritiikki criticism
kritisoida criticize; *(ark)* go on at
kroaatti Croat
Kroatia Croatia
kroatialainen Croatian
krokettipeli croquet
krokotiili crocodile
kromi chromium
kronikka chronicle
kronologinen chronological
krookus crocus
krooninen chronic
krusifiksi cross; crucifix
kruunajaiset coronation
kruunata crown
kruunu crown
kruununkalleudet regalia
kruununperillinen heir to the throne
kruununprinsessa Crown Princess

kruununprinssi Crown Prince; *(Br)* Prince of Wales
krypta crypt
kude woof, weft
kudin knitting
kudonta *(kankaan)* weaving
kudos fabric; texture; *(anat)* tissue
kuha pike-perch
kuherrella *(rakastavaiset)* bill and coo
kuherrus, kuhertelu cooing
kuherruskuukausi honeymooon
kuhertaa coo
kuhilas shock
kuhista crawl; *~ jtak* teem with
kuhmu bump; boss
kuhnailla loiter, lag, dawdle
kuhnuri dawler, slowcoach; *(el)* drone
kuihtua die; fade [away]; *(kasvit)* wither, wilt
kuihtunut *(henk)* emaciated; *(myös kasvi)* withered, wilted
kuikka loon
kuilu *(maassa, jäässä)* chasm; *(rotko)* ravine, gorge; *(syvänne)* abyss; *(kaivos~, hissi~, rak)* mine, shaft; *(kuv)* chasm, gap; ***sukupolvien välinen ~*** generation gap
kuin as; than; ***yhtä vanha ~*** as old as; ***ei niin vanha ~*** not so (as) old as; ***vanhempi ~*** older than
kuinka how; ***~ kauan?*** [for] how long?; ***vaikka ~ yrittäisin*** no matter how hard I try; ***~ ihmeessä?*** how on earth?
kuiskaaja *(teatt)* prompter
kuiskata whisper; *(teatt)* prompt
kuiskaus whisper
kuisti porch; verandah
kuitata receipt; sign
kuitenkaan: ***ei hän ~ tule*** he won't come (be coming) anyway; ***hän lupasi mutta ei ~ soittanut*** he promised to call and yet he didn't
kuitenkin anyhow, anyway; however; still, yet; ***kiitos ~*** thank you anyway; ***hän kielsi lähtemästä, mutta lähdin ~*** he told me not to leave, but I did anyhow (anyway); ***ongelmassa on ~ toinenkin puoli*** there is, however, another side to the problem; ***sataa, mutta meidän on ~ mentävä ulos*** it's raining, still, we must go out; ***kummallista ja ~ totta*** strange, yet true
kuitti *(vastaanottotodistus)* acknowledg[e]ment; *(vastamerkki)* check; *(kaupan, taksin ym.)* receipt; *(Am)* sales slip
kuitu filament
kuiva dry; arid; *(kuivattu)* dried
kuivapesu dry cleaning
kuivata dry; wipe; *(haihduttaa vesi)* dehydrate; *(puutavaraa)* season; ***~ itsensä*** dry o.s. off
kuivattaa drain; dry
kuivaushuone drying room
kuivausrumpu spin-dryer
kuivausteline drying rack; plate rack
kuivettunut arid
kuivua dry [up], get (become) dry
kuivunut dried
kuivuus drought; aridity
kuja lane; ***lehti~*** alley
kuje prank, trick, hoax, lark
kujeilla lark, play tricks
kuka who; ***kukaan*** anybody, anyone; any; ***~ t. kumpi heistä*** which

of them; ~ *tahansa* anybody, anyone, whoever
kukassa [oleva] abloom
kukaties *ks.* ***kenties***
kukikas flowered
kukin each
kukinto blossom
kukistaa *(kapina ym.)* suppress, put down, quell; *(tyranni, hallitus)* overthrow; *(vihollinen)* vanguish, defeat
kukistuminen fall
kukka flower; *(kukinto)* blossom
kukka-asetelma flower arrangement
kukkakaali cauliflower
kukkakauppa florist's [shop]
kukkakauppias florist
kukkakimppu bouquet
kukkamaljakko vase
kukkapenkki flowerbed
kukkaro purse
kukkaruukku flowerpot
kukkasipuli bulb
kukkavihko nosegay; bouquet
kukkia bloom, [be in] blossom, flower
kukko cock; rooster
kukkokiekuu cock-a-doodle-doo
kukkua: ***käki kukkuu*** the cuckoo is calling
kukkula hill; rise; height
kukkura: ***~llaan*** brimful; ***kaiken ~ksi*** to crown it all; ***~inen lusikka*** heaped spoonful of
kukoistaa flourish; flower; *(kuv myös)* prosper, thrive
kukoistus bloom; prime
kukonlaulu cock-crow; crow
kulaus gulp, draught; swig (***jtak*** of)
kulho bowl; dish
kulinaarinen culinary
kulinaristi gourmet
kulissi *(kuv)* appearances; *(teatt)* flat; ***~t*** *(teatt)* stage scenery
kuljeskella *(vaeltaa)* ramble, roam; *(kävellä)* saunter, stroll, walk about; ~ ***joutilaana*** loiter
kuljettaa *(tavaroita)* transport, carry; *(matkustajia)* convey; *(kantaa)* carry; *(viedä)* take
kuljettaja driver; chauffeur
kuljetus[maksu] carriage; freight
kuljetus transport; *(Am)* transportation; haulage; carriage; shipping; *(urh)* dribbling
kuljetusajoneuvo carrier
kuljetusauto delivery van
kuljetushihna conveyer [belt]
kuljetusliike carrier
kulkea go; travel; pass; run; ~ ***eteenpäin*** move; ~ ***jalan*** walk; ~ ***miten sattuu*** jaywalk; ~ ***ohi*** pass by; ~ ***peukalokyydillä*** thumb, hitch-hike; ~ ***raskain askelin*** plod; ~ ***yli*** *t.* ***poikki*** cross; ~ ***ympäriinsä*** go about
kulku *(elämän, ajan, joen ym.)* course; *(eteneminen)* progress; ***tapahtumien ~*** the course of events; ***kulkea ~aan*** *(myös kuv)* run (take) its course
kulkue procession
kulkukauppias pedlar
kulkukelpoinen passable
kulkukelvoton impassable
kulkukissa stray cat
kulkukoira stray dog
kulkunen sleigh bell, jingle bell
kulkuneuvo vehicle; means of transportation
kulkuri tramp; vagabond

kulkutauti epidemic
kulkuvartio patrol
kulkuvuorot service
kulkuväylä thoroughfare; *(mer)* waterway
kullankaivaja gold digger
kullanmuru dear, sweet, darling, *(Am myös)* honey
kullanväri gold
kullata gild, gold-plate
kullattu gilded, gold-plated
kullekin apiece; respectively; **~ *kuuluva*** respective
kulloinkin at any given time
kulma *(mat)* angle; -***[us]*** corner; ***rypistää kulmiaan*** knit one's brow
kulmahammas canine tooth
kulmakarvat eyebrows; *(kulmat)* brow
kulmakivi corner stone
kulmikas angular
kulo[valkea] wildfire
kulovaroitus forest fire warning
kulta gold; *(kultaseni)* darling, honey, sweetheart
kultaharkko gold bullion, bar of gold
kultahäät golden wedding
kultainen golden
kultainen noutaja golden retriever
kultakaivos gold mine
kultakala goldfish
kultakanta gold standard
kultakuume gold fever
kultalakka *(kasv)* wallflower
kultamitali gold medal
kultareunainen gilt-edged
kultaseppä goldsmith; jewel[l]er
kultasepänliike jewel[l]er's [shop]
kultaus gilding, gold plating
kultti cult
kulttuuri civilization; culture
kulttuurishokki culture shock
kulttuuritapahtuma cultural event
kulttuurivaihto cultural exchange
kulua *(aika)* pass, elapse; go; go past; *(vaatteet ym.)* wear; *(varasto)* diminish; **~ *loppuun*** *(paristo)* run down; *(vaatteet, kengät, renkaat)* wear [out]; *(varasto)* run out; **~ *pois*** wear [off]
kuluessa during
kuluminen wear [and tear]
kulunut past; *(käytetty)* worn; **~ *sanonta*** cliché, commonplace; ***kuluneena vuonna*** in the past year
kulut expenses; costs
kuluttaa *(hyödykkeitä, energiaa ym.)* consume; *(rahaa, aikaa)* spend; *(vaatteita)* wear; *(geol)* erode; **~ *aikaa [hukkaan]*** idle; while [away]; **~ *loppuun*** *(varasto, kärsivällisyys)* exhaust
kuluttaja consumer
kuluttajaneuvonta consumer advice and protection
kuluttajavalistus consumer education
kuluttaminen consumption; *(geol)* erosion
kulutus consumption; wear
kulutusluotto consumer credit
kulutustavarat consumer goods
kulutusyhteiskunta consumer society
kuluva current, present
kumahtaa toll
kumara round-shouldered
kumarrus bow; *(nöyrä)* obeisance
kumartaa bow
kumartua bend, stoop (***alas*** down,

yli over)
kumea dull, hollow
kumi gum; rubber; ***pyyhe~*** eraser; *(Br)* rubber
kumina boom; *(kasv)* caraway, cumin
kuminauha elastic
kumipallo rubber ball
kumisaappaat rubber boots; *(Br)* Wellingtons
kumista boom
kumistin gong
kumma[llinen] curious, strange, odd; queer; weird; ***kumma kyllä*** oddly (strangely) enough; ***kumma tyyppi*** *(ark)* freak
kummallisesti strangely
kummallisuus curiosity
kummastella wonder
kummastua be surprised (astonished) (***jstak***, ***jtak*** at)
kummastus surprise, astonishment; *(ihmettely)* wonder
kummastuttaa surprise, astonish
kummi godparent; sponsor
kummilapsi godchild
kummipoika godson
kummisetä godfather
kummitella haunt
kummitus ghost; *(ark)* spook
kummitusjuttu ghost story
kummitytär goddaughter
kummitäti godmother
kumoamaton irrefutable
kumoaminen abolishment; *(lak)* annulment, abatement; *(atk)* abend
kumollaan upside down, overturned
kumoon: ***kaataa ~*** upset, overturn; toss over; ***mennä ~*** turn over, capsize
kumota *(lak)* annul; *(pol)* subvert; ***~ laki*** abrogate (abate) a law; ***~ määräys*** overrule an order; ***~ huhu*** refute a rumo[u]r; ***~ teoria*** disprove a theory; ***~ poliittinen järjestelmä*** overthrow (subvert) a political order; ***~ kakku vadille*** turn the cake out on[to] a plate
kumouksellinen subversive
kumpi which; ***~ heistä?*** which of them? ***~ on ~?*** which is which? ***ota ~ hyvänsä*** take either one
kumpikaan neither
kumpikin *(yhdessä)* both; *(erikseen)* each
kumppani *(seuralainen)* companion; *(yhtiö~)* associate; *(peli~, liike~, sänky~, tanssi~, ym.)* partner
kumppanuus companionship; partnership
kumpu hillock, knoll; *(hauta~)* mound
kumpuileva hilly, undulating
kun as; when; ***~ taas*** whereas, while
kundi chap, fellow; *(ark)* guy; *(Br)* bloke; *(Am halv)* buddy
kuningas king; ***Englannin kuninkaat*** the Kings of England
kuningashuone royal house
kuningaskunta kingdom
kuningasmielinen royalist
kuningatar queen; ***Ruotsin ~*** the Queen of Sweden
kuninkaallinen royal; regal ***kuninkaalliset*** royalty; ***~ perhe*** the royal family
kuninkaanlinna royal palace (castle)
kunnallinen communal; municipal

kunnallishallinto local government, municipal administration
kunnallistekniikka municipal engineering
kunnallisvaalit local elections
kunnanvaltuusto municipal council
kunnanvaltuutettu municipal councillor
kunnes till; until
kunnia credit; glory; hono[u]r; ***tehdä kunniaa*** *(sot)* salute
kunnia-asia matter of honour
kunniajäsen hono[u]rary member
kunniakas hono[u]rable; *(kiitettävä)* creditable
kunniakirja hono[u]rary diploma
kunniakonsuli hono[u]rary consul
kunnialaukaus salute
kunniallinen respectable; hono[u]rable
kunniamaininta hono[u]rable mention
kunniamerkki decoration
kunnianarvoinen venerable
kunnianhimo ambition
kunnianhimoinen ambitious
kunnianloukkaus libel; slander
kunnianosoitus tribute, homage
kunnianteko salute
kunniantunto [sense of] hono[u]r
kunniasana word of hono[u]r; ***~lla!*** honestly! I swear!
kunniaton dishono[u]rable; infamous
kunniattomuus dishono[u]r
kunniavieras guest of hono[u]r
kunnioitettava hono[u]rable
kunnioittaa respect, esteem; hono[u]r; *(kirj)* revere; ~ ***muistoa*** commemorate
kunnioittava respectful
kunnioitus respect; *(syvä)* reverence; veneration
kunnollinen decent; respectable
kunnollisesti properly
kunnon: ~ ***mies*** a good man (fellow); ~ ***kaveri*** *(ark)* brick, buddy, sport
kunnossa all right; O.K., okay
kunnossapito maintenance, upkeep
kunnostaa put in order; *(korjata)* repair, fix, mend; *(uusia, remontoida)* renovate, redecorate, restore; *(~ auto)* overhaul a car
kunnostaminen repairs; renovation
kunnostautua excel o.s.; distinguish o.s.
kunta municipality; commune
kun taas while
kunto condition; fitness, trim; ***lihas~*** physical condition; ***hyvässä kunnossa*** in good condition (shape) (trim)
kuntoilu, kuntourheilu keep-fit (fitness) training, exercising
kuntojumppa keep-fit class[es]
kuntosali gym
kuntouttaa rehabilitate
kuntoutus rehabilitation
kuohahtaa seethe; surge up; ~ ***kiukusta*** seeth with anger; ***hänen tunteensa kuohahtivat*** his feelings surged up
kuohita geld, castrate
kuohkea *(maa)* loose; *(kakku)* spongy
kuohu foam; surge; *(kuv)* turmoil, unrest
kuohua foam; *(myös kuv)* seethe
kuohukerma whipping cream;

(Br) double cream
kuohuksissa upset, indignant
kuohunta foaming, surging; *(kuv)* agitation, fermentation
kuohuttaa *(kuv)* agitate, stir [up], ferment
kuohuva effervescent
kuohuviini sparkling wine
kuokka hoe
kuokkavieras gatecrasher, uninvited guest, intruder
kuokkia hoe
kuola drool; slobber
kuolaimet bit
kuolata drool; slaver; slobber
kuolema death; decease; toll
kuolemanrangaistus death penalty, capital punishment
kuolemansynti mortal sin
kuolemansyy cause of death
kuolemantapaus death
kuolemantuomio death sentence, capital punishment
kuolemantuottamus involuntary manslaughter
kuolemanvaara mortal danger
kuolematon immortal
kuolemattomuus inmortality
kuolettaa *(lak)* amortize
kuolettava deadly; fatal
kuoletus amortization
kuoleva dying
kuolevainen mortal
kuoliaaksi: ***lyödä ~*** strike dead, slay; ***paleltua ~*** freeze to death
kuolinilmoitus obituary notice
kuolinisku deathblow
kuolinkamppailu death struggle
kuolinpesä estate [of a deceased person]
kuolinsyyntutkija coroner
kuolintodistus death certificate
kuolio gangrene; mortification
kuolioitua become gangrenous; mortify
kuolla die; *(kirj)* expire; pass away; *(tuhoutua)* perish; ***~ sukupuuttoon*** die out, become extinct
kuolleista: ***herättää ~*** raise from the dead; ***herätä ~*** rise from the dead
kuolleisuus death rate; mortality [rate]
kuollut dead, deceased; ***kuolleena syntynyt*** stillborn *(baby, child)*
kuomu hood
kuona *(kivihiilen)* cinder; *(metallin)* dross; slag
kuono *(koiran)* muzzle; nose; snout
kuonokarva whisker
kuonokoppa muzzle
kuopia: ***~ maata*** paw
kuoppa hole; pit; *(silmä~)* socket; ***silmät kuopilla*** hollow-eyed
kuori *(kirje~)* envelope, cover; *(hedelmän)* skin, rind; *(puun)* bark; *(leivän)* crust; *(perunan)* jacket; *(kuorittu)* peeling; *(siemenen)* husk, hull; *(etanan, munan, pähkinän)* shell; *(makkaran)* skin, casing; *(tekn) case, casing, covering;* ***maan~*** the crust of the earth
kuoria *(siemeniä)* husk, hull; *(omena)* pare; *(muna, pähkinä)* shell; *(sipuli)* skin; *(banaani, appelsiini)* peel; *(puuta)* bark, rind
kuoriaiseläin shellfish
kuoriutua hatch
kuorma charge; load*; (taakka myös kuv)* burden
kuorma-auto truck; *(Br)* lorry;

(Am) dumper, dump truck
kuormakirja *ks.* ***rahtikirja***
kuormasto baggage
kuormata charge; load
kuormaus loading
kuormittaa load
kuoro choir; chorus
kuorolaulu choral singing
kuoronjohtaja choir director, choir master
kuorruttaa *(ruok)* glaze, ice
kuorrutus *(ruok)* glaze, icing
kuorsata snore
kuorsaus snore, snoring
kuosi *(kankaan malli t. kuvio)* pattern, design; *(ryhti)* shape
kuovi curlew
kupari copper
kuparikaivos copper mine
kupeet loins
kupera convex
kuperkeikka somersault; tumble
kupillinen a cup of; ***~ kahvia (teetä)*** a cup of coffee (tea)
kupla bubble
kuplia bubble
kupoli dome
kuponki voucher; slip
kuppa syphilis
kuppi cup
kupu *(kaalin ym.)* head; *(lampun)* globe; *(rak ym.)* dome
kura mud
kurainen muddy; sloppy
kureliivit [pair of] stays; corset
kuri discipline
kuriiri courier
kuristaa strangle; *(myös tekn)* choke; throttle
kuristaja strangler
kuristusläppä throttle
kuristusventtiili choke
kuriton undisciplined; unmanageable
kurittaa discipline, correct; *(piiskata)* thrash, scourge
kuritushuone convict prison
kurja miserable, wretched; *(surkea)* crummy; despicable; *(henk)* wretch
kurjenmiekka *(kasv)* iris
kurjuus misery; squalor; plight
kurki *(el)* crane
kurkistaa peep
kurkku cucumber; *(anat)* throat
kurkkumätä diphtheria
kurkkutulehdus tonsillitis
kurkottaa reach [out for]
kurkunpää larynx
kurlata gargle
kurnuttaa croak
kuroa *(kiinni)* pucker (purse) up; ***~ umpeen*** *(konkr)* stitch (sew) up; *(kuv)* reduce the lead, catch up with
kurottautua *(ottamaan)* reach [out] for
kurpitsa pumpkin; gourd
kurppa snipe
kursailematon free and easy
kursailla stand upon ceremony; ***kursailematta*** unceremoniously
kursailu ceremony
kursiivi *(kirjap)* italics
kursori cursor
kursorinen cursory
kurssi course; *(seminaari)* seminar, clinic; ***käytkö vielä englannin ~lla?*** are you still attending your English course? are you still taking English classes?
kurttu wrinkle

kurtussa wrinkled
kurvi curve
kusipää *(ark)* asshole, bastard, shithead
kustannukset *(kokonais~)* expenditure; *(kulut)* costs, expenses, outlay
kustannusarvio budget; costs estimate
kustannusliike *ks.* ***kustantaja***
kustannusoikeus copyright
kustannustoimittaja editor
kustantaa *(kirja)* publish; *(kulut)* pay the expenses (costs); *(sponsoroida)* sponsor
kustantaja publisher; *(kustantamo)* publishing house (company)
kustantaminen *(kirjan)* publication, publishing; *(maksu) vrt.* ***kustannukset, kustantaa***
kuta the; ***~ enemmän sitä parempi*** the more the better
kutea spawn
kuteet *ks.* ***kude***; clothes; *(ark)* rags
kuten as; like
kutiava ticklish; itchy
kutina itch
kutista itch
kutistaa shrink; *(kuv)* reduce *(**jhk** to)*
kutistua *(kangas)* shrink; *(fys)* contract; *(vähentyä)* dwindle
kutistumaton unshrinkable
kutistunut shrunken
kutittaa tickle
kutoa knit; *(kangasta)* weave
kutoja weaver
kutomakone loom
kutomateollisuus weaving (textile) industry
kutomo weaving mill
kutri tress
kutsu call; invitation
kutsua call; *(esittää kutsu)* invite; *(pyytää saapumaan)* summon; ***~ koolle*** *(kokoukseen)* convene (summon) [a meeting], assemble; ***meidän täytyy ~ lääkäri paikalle*** we must call (send for) a doctor; ***~ palvelukseen*** ***(sot)*** call sb up; ***~ takaisin*** recall
kutsukortti invitation card
kutsumaton uninvited
kutsumus calling; vocation
kutsunnat *(sot)* call-up; *(Am)* draft
kutsut party; reception
kutteri *(mer)* cutter
kutu spawn
kuu moon
kuudes sixth
kuukausi month
kuukausijulkaisu monthly
kuukausilippu monthly ticket
kuukausipalkka monthly salary
kuukausittain[en] monthly
kuukautiset period; menstruation
kuukautiskivut cramps
kuula ball; *(urh)* shot; *(luoti)* bullet
kuulakas clear; bright
kuulakärkikynä ballpoint pen
kuulalaakeri ballbearing
kuulantyöntö shot put
kuulas limpid; transparent
kuuleri wine cooler
kuuliainen dutiful, obedient
kuuliaisuus obedience
kuulija listener, hearer
kuulijakunta audience, floor
kuulla hear; *(vanh)* hark
kuulo hearing
kuuloke earphone; *(puhelimen)* receiver

kuulokkeet earphones, headphones
kuulolaite hearing aid
kuulomatka earshot; hearing
kuulonsuojain ear protector
kuulopuhe hearsay
kuulostaa sound
kuulovammainen person with a hearing defect (with impaired hearing)
kuultaa shine; gleam
kuulua be heard, be audible; *~ jhk (lukeutua)* rank [among]; *~ jklle t. jhk* belong to; ***se ei kuulu asiaan*** it is beside the point; ***mitä kuuluu?*** how are you?; ***hän kuuluu olevan varakas*** he is said to be wealthy
kuuluisa famous, renowned, well-known (***jstak*** for, ***jnak*** as)
kuuluisuus celebrity; notoriety
kuulumaton inaudible
kuulustella examine; interrogate; question; try
kuulustelu interrogation
kuuluttaa announce; *(kovaäänisestä)* page; ***heidät kuulutettiin [avioliittoon] viime sunnuntaina*** they had their banns called last Sunday
kuuluttaja announcer
kuulutus announcement, notice; *(julkinen)* proclamation; *(avioliitto~)* banns
kuuluva *(konkr)* audible; *(jhk liittyvä)* adherent [to]
kuuluvuus[alue] audibility; reception; *(rad, tv)* coverage area
kuuma hot; ardent; torrid
kuuma lähde boiling spring; geyser
kuumavesipullo hot-water bottle
kuumavesisäiliö boiler
kuume temperature; *(kova)* fever; ***luulen että hänellä on ~tta*** I think she's got a temperature; ***mitata ~*** take one's temperature
kuumeinen feverish; *(kuv)* frantic, hectic
kuumemittari thermometer
kuumennettu heated
kuumentaa heat [up]
kuumuus heat; *(kuv t. kirj)* ardo[u]r
kuunari schooner
kuunnella listen (***jtak*** to); attend to; hearken; *(vanh)* hark; ***~ jtak salaa*** eavesdrop on sth; listen in[to] sth
kuunnelma radio play
kuunpimennys eclipse of the moon
kuunsirppi crescent
kuuntelija listener; auditor
kuunvalo moonlight
kuuri treatment; cure; course; ***olen penisilliinikuurilla*** I am on a course of penicillin
kuuro deaf; *(sade)* shower
kuuromykkä deaf-mute
kuusama *(kasv)* honeysuckle
kuusi six; *(kasv)* spruce
kuusikulmainen hexagonal
kuusikymmentä sixty
kuusipeura fallow deer
kuusitoista sixteen
kuutamo: ***on ~*** there is a moon, the moon is out; ***~lla*** in the moonlight; ***~kävely*** moonlight-walk
kuutamourakointi moonlightning
kuutio cube; *(arpa~)* dice
kuutiojuuri cubic root
kuutiomainen cubic
kuutiometri cubic meter
kuutiotilavuus cubic capacity
kuva picture; *(havainnollistava ~)* figure, illustration; *(imago)* im-

age; ***Suomi-kuva*** the image of Finland
kuvaaja photographer; cameraman
kuvaannollinen figurative; metaphorical
kuvaava characteristic, distinctive (***jllek*** of)
kuvaelma tableau (*pl -s, -x*); scene
kuvailla describe; depict
kuvakirja picture book
kuvalevy video disc (disk)
kuvallinen pictorial
kuvanauha videotape
kuvanauhuri videotape recorder
kuvanveisto[taide] sculpture
kuvanveistäjä sculptor, sculptress
kuvapatsas statue
kuvaruutu *(tv)* screen; television screen
kuvastaa reflect; mirror
kuvastin mirror, looking-glass
kuvastua be reflected in
kuvata describe; depict; *(luonnehtia)* characterize, picture; *(esittää)* portray; *(kameralla)* take pictures; shoot, film
kuvateksti caption; *(tv)* subtitles
kuvatus sight, fright; hulk
kuvaus description; *(tv, elok)* shooting, recording; *(valok)* photographic session
kuvaussihteeri production assistant; *(vanh)* script [girl]
kuve loins; flank
kuvernööri governor
kuvio figure; *(tekstiileissä)* motive, pattern, design
kuviollinen figured, patterned
kuvitella fancy, imagine, picture
kuvitelma fancy, fantasy; illusion
kuviteltu imaginary; unreal
kuvittaa illustrate
kuvittelu imagination; idle fancy
kuvitus illustration
kuvottaa feel sick, have nausea
kuvottava sickening, disgusting; *(olo)* nauseous; *(ark)* queasy
kuvotus nausea
kvartetti quartet
kvartsi quartz
kveekari quaker
kyetä: ***~ tekemään jtak*** be able (manage) to do sth; ***~ jhk*** be capable of sth
kyhmy lump; node
kyhätä scribble; ***~ kokoon*** rig up
kykenemättömyys inability
kykenemätön unable, incapable; *(tehoton)* inefficient; *(seksuaalisesti)* impotent
kykenevyys potency
kykenevä able (***tekemään jtak*** to do sth); capable (***jhk*** of sth); fit [for sth]
ky[y]kkiä squat
kyky *(kykenevyys)* ability, capability; capacity; faculty; *(lahja)* talent, gift; *(voima)* power; ***henkiset kyvyt*** mental faculties; ***hänellä on luontaista ~ä siihen*** he has a natural talent for it; ***lisääntymis~*** capacity for reproduction
kyljellään edgeways, edgewise
kyljessä *(mer)* aboard
kyljys chop; cutlet
kylki *(eläimen)* flank; *(ihmisen)* side; *(keitt) ribs*
kylkiluu rib
kylkipala ribs
kylkiäinen free gift; by-product
kylliksi enough
kyllin enough; sufficiently

kyllä yes; *(mer)* ay[e]; ***~-vastaus*** affirmative; ***~-ääni*** yea
kylläinen full; satisfied; *(kirj)* satiated
kylläisyys *(kirj)* satiety
kyllästyminen boredom; fullness; *(kirj)* satiety
kyllästynyt fed up (***jhk*** with); tired (***jhk*** of)
kyllästyttää bore (***jllak*** with, by)
kyllästyä tire, weary (***jhk*** of)
kyllästää *(puuteoll, tekst)* impregnate; *(kem, sähk)* saturate
kylmettyminen chill
kylmettyä catch [a] cold
kylmyys cold; coldness, chill
kylmä cold; *(frigidi)* frigid
kylmäkiskoinen cold, cool
kylmänarka sensitive to cold
kylmänkyhmy chilblain
kylmäverinen cold-blooded
kylpeminen bathing
kylpeä take a bath; bathe
kylpy bath
kylpyamme bath, bathtub
kylpyhuone bathroom
kylpylä baths; bathing establishment; ***meri~*** seaside resort; ***terveys~*** spa
kylpytakki bathrobe
kyltti sign-board; *(viitta)* sign
kyltymätön insatiable
kylvettää *(Br)* bath; *(Am)* bathe
kylväjä sower
kylvää crop; sow
kylvökone drill
kylvösiemen seed
kylä village
kyläi|llä: ***mennä -lemään (kylään) jkn luo*** go to see a person, visit a person; ***olla jkn luona -lemässä*** be visiting a person, be over at sb's [place *t.* house]
kyläläinen villager
kymmenen ten; ***kymmeniä*** dozens of; ***kymmeniä tuhansia*** tens of thousands of
kymmenes[osa] tenth
kymmenkertainen tenfold
kymmenykset *(kirk)* tithes
kymmenys decimal
kymppi *(Br)* tenner
kyniä *(lintu)* pluck; ***~ jku puhtaaksi*** fleece (skin) sb; ***minulla on hänen kanssaan kana kynimättä*** I have a bone to pick with him
kynnys threshold; sill
kynsi nail; *(eläimen)* claw; *(valkosipulin)* clove
kynsienhoito manicure
kynsilakka nail varnish; *(Am)* nail polish
kynsileikkurit nail clippers
kynsiä scratch
kynteli summer savo[u]ry
kynttilä candle; ***~n sydän*** wick
kynttilänjalka candlestick
kynttilänvalo candlelight
kyntää plough
kynä pen
kynäilijä scribbler; writer
kynänteroitin pencil sharpener
kynänterä [pen] nib
kynänvarsi penholder
Kypros Cyprus
kyproslainen Cypriot
kypsentää cook, bake
kypsymätön unripe, green; *(henk)* immature
kypsyttää ripen
kypsyys maturity; ripeness
kypsyä mature; mellow; ripen

kypsä *(hedelmä)* ripe; *(viini, juusto)* mature; *(henk)* mature, mellow; *(täyteläisen ~)* mellow; *(ruok)* done
kypärä helmet
kyrpä prick
kyseenalainen doubtful; questionable
kyseinen in question
kysellä ask; question; *(tiedustella)* inquire; ~ ***juna-aikatauluja*** inquire about train schedules; ~ ***jkn vointia*** ask (inquire) sb's health
kysely inquiry; survey
kyselykaavake questionnaire
kysta cyst
kysymys question; ***kiista~*** issue; ***tehdä kysymyksiä*** ask questions; ***esittää*** ~ put a question
kysymysmerkki question mark
kysyntä demand (***jkn*** for)
kysytty wanted
kysyä ask; *(pyytää jtak)* ask for; ~ ***neuvoa*** consult, ask for advice; ~ ***tietä*** ask the way
kyteä smoulder
kytkeä *(sähk, kuv)* connect; *(hihnaan)* leash; *(sähk)* ~ ***pistorasiaan*** plug in; ~ ***yhteen*** plug into; ~ ***irti*** disconnect; disengage
kytkentä *(tekn)* coupling, connection; *(biol)* coupling, linkage
kytkentäkaavio diagram of connections, circuit diagram
kytkeytyä *(kuv)* connect, be connected, be associated (***jhk*** with)
kytkin *(auton)* clutch; *(sähk)* coupling; switch
kytkintaulu switchboard
kyttyrä *(kamelin)* hump; *(selän)* hunch
kyttyräselkä[inen] hunchback[ed]
kyvykkyys capability
kyvykäs able, capable; talented
kyvyttömyys inability; incapability
kyvytön ungifted; impotent
kyyditä drive
kyyhkyläiset lovebirds
kyyhkynen dove; pigeon
kyykky squat; knee bend
kyykäärme adder; viper
kyynel tear; ***puhjeta ~iin*** burst into tears; ***silmät ~issä*** in tears
kyynelehtiä shed tears
kyynelkaasu tear gas
kyynikko cynic
kyyninen cynical
kyynärpää elbow
kyynärvarsi forearm
kyyristyä crouch o.s. down; *(painaa pää)* duck; *(kumartua alas)* stoop; *(pelosta ym.)* cower, cringe
kyyti lift, ride; ***voimmeko tarjota kyydin kotiin?*** can we give you a ride (lift) home?
kyömynenä aquiline nose
kädenheilautus wave of the hand
kädenkäänteessä in no time
kädenliike motion; movement of the hand; *(ele)* gesture
kädenlämpöinen lukewarm
kädenpuristus handshake
kädensija handle
käherrin curling tongs (iron)
kähertää curl, wave
käheys hoarseness, huskiness
käheä hoarse, husky
kähistä croak, wheeze
kähveltää sneak
kähärä frizzy
käki cuckoo
käkikello cuckoo clock

käly sister-in-law
kämmen palm
kämmenselkä back of the hand
kämppä log cabin, log hut
känni drunkenness; ***olla kännissä*** be drunk, under the influence; ***kaatokännissä*** dead drunk, smashed; *(Br)* pissed out of one's head, stoned; ***ottaa ~*** get drunk
kännikala drunkard
kännykkä mobile phone, cellular phone
känsä callus
käpertyä *(paperi, nahka)* shrivel [up]; *(asettua mukavasti)* snuggle; *(ihminen, eläin)* curl up; ***hän käpertyi peiton alle*** she curled up under the blanket; ***~ kainaloon*** snuggle up to sb, curl up under sb's arm
käpy cone
käpälä paw
kärhi tendril
kärhö *(kasv)* clematis
käristää frizzle, fry
kärjistyä come to a head; become acute
kärjistää *(hankaloittaa)* aggravate; *(liioitella)* exaggerate
kärkevä pointed; poignant
kärki *(kynän, neulan, veitsen)* point; *(kielen, kengän, leuan, siiven)* tip; *(huippu)* top; *(ydin~)* warhead; *(geom)* apex, vertex; *(lääk) (kasv)* apex
kärkiharppi dividers
kärkijoukko vanguard; *(urh)* leading group
kärkikuokka pick axe, pickaxe
kärkiväli *(sähk)* spark gap
kärkkyä hang about for
kärkäs eager (***jhk*** for); keen (***jhk*** on); ***~ tekemään jtak*** eager, keen to do sth; ***~ moittimaan*** fault-finding
kärppä ermine; stoat; *(Am)* weasel
kärpänen fly
kärpäslätkä [fly]swatter
kärpäspaperi flypaper
kärry[t] cart
kärsimys suffering; agony; *(raam)* passion
kärsimättömyys impatience
kärsimätön impatient; testy
kärsivällinen patient (***jkn suhteen*** with)
kärsivällisyys patience; forbearance
kärsiä suffer (***jstak*** from); *(kestää)* endure, sustain
kärsä *(sian)* snout; *(norsun)* trunk
kärttyinen peevish; wrought up
kärttyisä fretful, morose
kärttää bother a person for sth; *(inttää)* be insistent, insist
kärventää char; scorch; sear; singe
käry smoky smell; smoke; *(ruoan)* smell of cooking
kärytä smell, reck, smoke
käräjät assizes
käräjöidä be in litigation
käräjöinti litigation
käsi hand; ***~en hoito*** manicure; ***~n tehty*** handmade
käsiala handwriting; writing; *(kirj)* script
käsialantutkimus graphology
käsiaseet small arms
käsijarru hand brake
käsikirja manual
käsikirjoitus manuscript; script; *(tv, elok)* scenario

käsikoukkua, käsikoukussa arm in arm, with arms linked
käsikähmä tussle
käsikäyttöinen manual
käsilaukku handbag; *(Am)* pocketbook, purse
käsillä at hand; accessible
käsin manually; by hand
käsine glove
käsiraha deposit; down payment
käsiraudat handcuffs
käsite concept; notion
käsitellä handle; treat; *(käyttää)* operate; *(tekstiä)* process; ~ ***jtak ongelmaa*** deal with a problem; ~ ***taitavasti ihmisiä*** manipulate people
käsiteollisuus handicraft industries
käsitettävä comprehensible
käsitteellinen abstract
käsittely *(konkr ja kuv)* handling; *(eläinten, kemikaalien, hakemusten ym.)* treatment; *(veneen, hevosen)* management; *(parl)* reading; *(lak)* hearing
käsittämätön incomprehensible; unintelligible
käsittää *(koostua)* comprise; consist of; *(kattaa)* cover; embrace; encompass; *(sisältää)* comprehend, include; *(ymmärtää)* grasp, realize, understand; ~ ***väärin*** misunderstand
käsitys *(mielipide, kanta)* conception; notion; idea, view; *(vaikutelma)* impression; ***vanha ~ naisista kodinhoitajina*** the old notion of women as home-makers
käsityskanta standpoint
käsityskyky cognition; comprehension; grasp
käsityö *(yl)* arts and crafts, handicraft, handiwork; *(ompelu)* needlework; *(oppiaine)* craft, manual training; ***oppilaiden käsitöitä*** handiwork by the schoolchildren; ***suomalainen ~*** Finnish handicraft
käsityöläinen artisan; craftsman
käsityötaito *(käden taito)* craft, handicraft; *(ammattitaito)* craftsmanship
käsityötuotteet handicraft [products]
käsivarsi arm
käsivarsinauha armlet
käsivarsiside sling
käskevä commanding; dictatorial
käskeä tell; *(määrätä)* order, command
käsky order; command; *(raam)* commandment
käskyläinen underling
käteinen: ~ ***[raha]*** cash; ***maksaa käteisellä*** pay in cash
käteisalennus cash discount
käteismaksu cash
kätellä shake hands (***jkta*** with sb)
kätevä handy
kätilö midwife
kätkeytyä hide
kätkeä *(konkr ja kuv)* hide, conceal; *(tunteet, ongelmat ym.)* cover up
kätkyt cradle
kätkytkuolema *(Br)* cot death; *(Am)* crib death
kättentaputukset applause
kätyri henchman
käveleminen walking
kävelijä walker
kävellä walk, take a walk; stroll; ~

rehennellen swagger; ~ ***veltosti*** slouch
kävely stroll, walk
kävelykatu pedestrian street
kävelykeppi walking stick
kävelymatka walking distance
kävelypuku skirt suit, suit
kävelyttää walk; exercise
käväistä drop in on sb, drop by
käydä go; *(pistäytyä)* pass [by]; *(kello, moottori)* run; *(kem)* ferment; ~ ***työssä*** work; ~ ***kurssilla*** attend a course; ***tapaamassa jkta*** visit; drop by sb, call on sb; ~ ***kauppaa jkn kanssa*** deal, trade with sb; ~ ***jkn kimppuun*** assault, attack, mob sb; ~ ***käsiksi jhk*** tackle sb; ~ ***läpi*** go (check) through; ~ ***ostoksilla*** shop, go shopping; ~ ***ilmi*** turn out; emerge; ~ ***ulkona*** go out
käyminen *(kem)* fermentation
käymistila *(kem, kuv)* fermentation
käymälä lavatory, toilet
käynnistin starter
käynnistää start
käynti *(askeleet)* gait; pace; *(vierailu)* visit; *(tekn)* running, motion; *(toiminnassa)* in operation; ***neuvottelut ovat käynnissä*** the negotiations are under way (in progress); ***laittaa auto käyntiin*** start the car; ***laittaa kone käyntiin*** set the machine in motion
käyntikortti [visiting] card; *(Am)* calling-card
käypä current; valid
käyristyä bend, curve; *(vääntyä)* warp
käyrä bent; curved; diagram; graph
käyrätorvi French horn
käyskennellä stroll, wander
käyteaine *(kem, ruok)* ferment
käytetty second-hand; used
käytettävissä available, at hand; ***teillä on auto käytettävissänne*** you have a car at your disposal
käyttäjä user; ***huumausaineiden*** ~ *(myös)* [drug] addict
käyttämätön unused
käyttäytyminen behaviour, conduct
käyttäytyä *(olla käytökseltään)* behave; *(kirj)* conduct o.s., bear o.s.; *(ark)* act; carry on; *(toimia)* act; ~ ***alentuvasti*** condescend
käyttää use; employ; *(vaatteita)* wear; *(konetta)* work, operate; *(rahaa)* spend; *(kuluttaa)* consume; *(viiniä)* ferment; ~ ***hyväkseen jtak*** take advantage of, make use of; ***poliisin täytyi ~ voimaa*** the police had to employ force; ~ ***väärin jtak*** abuse, misuse sth
käyttö use; *(koneen)* operation; *(vaatteiden)* wear; *(kielessä)* usage; ***henkilökohtaiseen käyttöön*** for personal use
käyttöarvo *(koneen)* functional (service) value; *(tal)* utility value
käyttökelpoinen*(suunnitelma, menetelmä ym.)* practicable; *(työkalu, kengät ym.)* serviceable
käyttökustannukset operating (running) costs
käyttömahdollisuus: ***olla jnk ~*** have access to, have sth at one's disposal
käyttöohjeet instructions
käyttöpääoma working capital
käyttövoima motive power
käyttöönotto introduction; adop-

tion
käytännöllinen practical, handy
käytäntö practice; procedure, policy
käytävä *(puiston)* alley; *(rakennuksen)* corridor; *(bussin, katsomon ym.) (Br)* gangway, *(Am)* aisle; *(yhdistävä)* passage; ***keski~*** aisle; ***maanalainen ~*** gallery
käytäväkeskustelut *(pol)* lobbying
käytös behaviour; conduct
käytöstapa manner; ***hyvät käytöstavat*** good manners
käämi coil
käänne *(muutos)* turn; change; *(lahkeen)* turnup; *(Am)* cuff; *(takin)* flap; *(kauluksen)* lapel
käännekohta turning point; crisis
käännynnäinen convert
käännyttää convert
käännytys conversion
käännös turn; *(tekstin)* translation; ***raamatun ~*** version
käänteentekevä epoch-making; radical
kääntymys conversion
käänty|ä turn; ***~ ympäri*** turn around; ***~ jnk puoleen*** turn to, approach, consult sb; ***~ tapin varassa*** pivot; ***hän ~i buddhalaisuuteen*** he converted to Buddhism
kääntäjä translator
kääntää turn; *(valitsinta, säädintä ym.)* switch; *(maata)* fork; *(tekstiä)* translate; ***~ englannista suomeksi*** translate from English into Finnish; ***~ huomio pois*** distract; ***~ kampea*** crank; ***~ jkn ylösalaisin*** turn sth upside down
kääntönasta pivot
kääntöpiiri tropic
kääntöpuoli reverse
kääntösilta swing bridge
kääpiö *(satujen)* dwarf; *(sirkuksessa ym.)* midget; *(lääk)* cretin; *(antrop t. halv)* pygmy
kääpiöpystykorva Pomeranian
kääpiösarja bantam weight
kääre *(paperi)* wrapping[s]; *(lääk)* dressing, compress
käärepaperi wrapping paper
käärinliina shroud
kääriytyä roll (wrap) o.s. (***jhk*** into)
kääriä wrap (***jhk*** in); roll; muffle; ***~ matto rullalle*** roll up the carpet; ***~ hihat*** roll up (tuck up) one's sleeves; ***~ sätkä*** roll a cigarette; ***~ auki*** unfold, unfurl; ***kaulahuiviin kääriytyneenä*** muffled up in his scarf
käärme snake; *(runok)* serpent
käärö package; parcel; roll; *(pieni)* packet; *(nyytti)* bundle; packet; ***pergamentti~*** *t.* ***paperi~*** scroll
köhiä hack
kököttää huddle; perch
köli bilge; keel
Köln Cologne
kömmähdys blunder
kömpelö awkward; clumsy; *(iso)* bulky; *(~sanainen)* blunt
kömpiä crawl, shuffle
könttäsumma lump sum
köyhdyttää impoverish
köyhtyä become poor, be reduced to poverty
köyhyys poverty; penury
köyhä poor
köyhälistö the poor, poor people; proletariat
köynnös garland; wreath; ***viini~*** vine; ***~koriste*** festoon

köynnöskasvi climber, creeper
köynnösruusu rambler
köyristynyt arched
köyristää arch; hunch
köysi rope
köysiradan vaunu cable car
köysirata cableway; funicular [railway]
köysistö rigging
köysitikkaat rope ladder
köyttää cord; rope
Kööpenhamina Copenhagen

L

laadukas exquisite, classy, of high class; ***~ta työtä oleva*** beautifully crafted
laahata drag, shuffle; ***~ perässä*** lag behind (***jssak*** in); trail
laahautuminen drag
laahus train
laahusnuotta trawl
laahustaa shamble, shuffle
laahustaminen shuffle
laahustava shambling, shuffling; ***hän kulki laahustavin askelin*** he walked with a shambling gait
laahustin train
laaja extensive, wide, broad, vast; ***~ näkymä*** *t.* ***ala*** sweep; ***-lle levinnyt*** widespread
laajakangas wide screen
laajakantoinen far-reaching
laajakulmaobjektiivi wide-angle lens
laajalti widely, extensively
laajapohjainen on a broad base
laajeneminen enlargement; expansion
laajennus *vrt.* ***laajentaa***; enlargement, expansion; *(jatke)* extension
laajentaa *(taloa)* enlarge; *(toimintaa, yritystä)* expand; *(maa-aluetta)* extend; *(kuv)* widen
laajentua *(alue)* extend; *(myös fys)* expand; *(kuv)* widen; branch [out]
laajuus vastness, width; *(kuv)* dimension, extent
laakea flat
laakeri *(tekn)* bearings; *(keitt)* laurel, bay
laakeri[puu] bay
laakerinlehti bayleaf
laakeriseppele laurel crown
laakso valley; ***kapea ~*** glen
laama llama, lama; *(usk)* Lama
laardi lard
laastari [sticking] plaster, *(Am)* bandaid
laastaroida plaster
laasti mortar
laastita plaster
laatia *(suunnitelma ym.)* draw up; *(teos)* compile; compose; *(lause, sanamuoto, ym.)* construct; frame; ***~ yksityiskohtaisesti*** elaborate
laatikko box; case; ***veto~*** drawer; ***laatikosto*** chest of drawers
laatta *(metalli~, nimi~ ym.)* plate; *(kivi~)* slab; ***paneelin ~*** pane; ***muisto~*** plaque, tablet
laattakivi flagstone
laatu quality; *(savuke~)* brand
laava lava
laboratorio laboratory; *(ark)* lab
labyrintti labyrinth
ladata load; *(paristo)* charge
laguuni lagoon
lahdelma bight; cove
lahja gift; present; ***antaa ~ksi*** give as a present
lahja[kkuus] talent
lahjakas gifted; talented, with talent; ***hän on lahjakas musiikissa*** she has a talent for music, she has musical talent

lahjakkuus abilities; talents
lahjakortti gift certificate
lahjaton untalented
lahjattomuus lack of talent
lahje [trouser] leg
lahjoa bribe; corrupt; ***lahjottavissa oleva*** corruptible
lahjoittaa *(keräyksiin)* donate; present *(**jkllle jtak*** sb with sth)
lahjoittaja donor
lahjoitus donation; ***testamentti~*** bequest
lahjomaton incorruptible
lahjonta corruption; bribery; *(Am myös)* graft
lahjus bribe
lahko *(uskon)* sect
lahna bream
laho decayed; *(mätä)* rotted, rotten; *(ränsistynyt)* dilapidated
lahota rot
lahti bay; *(suuri)* gulf
laidun pasture
laiduntaa feed; graze
laiha thin; *(liha, sato ym.)* lean; *(riutunut)* gaunt; ***langan~*** skinny
laihduttaa diet; slim
laihdutuskuuri diet; ***olen laihdutuskuurilla*** I am on a diet
laiho crop
laihtua lose weight
laikullinen speckled
lailli|nen *(lainvoimainen)* lawful; *(lainmukainen)* legal; *(oikea, oikeutettu)* legitimate; rightful
laillistaa legalize
laillisuus legality, legitimacy
laimea mild, weak; *(lattea)* flat, tame
laimentaa *(liuosta, mehua)* dilute; *(kahvia)* weaken; *(lakkaa)* thin; *(viskiä, viiniä)* split
laimeta *(liuos)* dilute, become thin[ner]; *(vähetä)* slacken, decline
laiminlyödä miss; neglect; ***~ sitoumus t. maksu*** default
laiminlyönti negligence; *(velvollisuuksien)* failure; *(maksun)* nonpayment; *(liik, lak)* default
laina loan
lainasana loan word
lainata lend, loan; borrow; *(siteerata)* cite, quote; ***~ jkllle rahaa*** lend (loan) money to sb, lend (loan) sb money; ***~ jklta rahaa*** borrow money from sb
lainaus *(lainan antaminen)* lending, granting a loan; *(lainan ottaminen)* borrowing; ***teksti~*** citation
lainausmerkit quotation marks
laine *(iso)* wave; billow
lainelauta surfboard
lainelautailu surfing
lainkaan at all
lainkuuliainen law-abiding
lainkäyttö judicature; administration of law
lainsuojaton outlaw
lainsäädäntö legislation
lainsäätäjä legislator
lainvastainen illegal, against the law
laiska lazy, sluggish; idle
laiskiainen *(el)* sloth
laiskuri lazybones, drone
laiskuus laziness, sloth; idleness
laitakaupunki periphery
laitaosa outskirts
lait|e *(mekanismi esim. kamerassa ym.)* device; *(laitteisto tai väline)*

apparatus, instrument; *(sähkö~)* appliance; *(lämmitys~)* heating apparatus; *(kuntoilu~)* sports apparatus; ***laitteet*** *(myös)* equipment; ***kuvausryhmä pystytti -teet*** the TV team set up their apparatus; ***tehtaan uudenaikaiset -teet*** the modern installations of the factory
laiton illegal, illicit
laitos establishment; institute; institution; ***teollisuus~*** plant
laitoshoito institutional care
laitossiivooja [office] cleaner
laittaa *(asettaa)* put; set; *(valmistaa)* make, prepare; *(Am myös)* fix; ~ ***ruokaa*** cook, make (breakfast, lunch, dinner); ***minun täytyy ~ tukka*** I have to do my hair; ~ ***kuntoon*** fix [up]; ~ ***töpseli seinään*** plug in; ~ ***valo[t]*** switch on the light; ~ ***välimerkit*** punctuate
laittautua dress up (***jhk*** for); smarten o.s. up; ~ ***hienoksi*** spruce o.s. up
laitteisto *(varusteet)* equipment; *(laboratorio~, valokuvaus~ ym.)* apparatus; *(tehtaan)* installations; *(koneisto)* machinery; ***tietokone~*** computer hardware
laituri *(aseman)* platform; *(satamaan)* wharf, pier; *(pieni)* jetty
laituripaikka berth
laiva boat; ship; ***~n kallistuma*** heel, list; ~ ***hylky*** wreck; ***~ssa*** on board [a ship], aboard; ***nousta ~aan*** go (get) on board [a ship], embark; ***nousta ~sta*** get off a ship, disembark
laivaaja shipper
laivaannousu embarkation, embarkment
laivaliikenne boat (ship) traffic
laivanvarustaja shipowner
laivanveistämö shipyard
laivassa aboard, on the ship
laivasto fleet; navy
laivata ship
laivaus shipping
laivue fleet; *(sot)* squadron
laivuri skipper
laji kind, sort; *(kasv) (el)* species; breed, genus
lajitella sort out; assort; ~ ***pois*** clear out; ~ ***ryhmiin*** group
lajitelma assortment
lakaisija sweeper
lakaista sweep; ~ ***luudalla*** broom
lakaisukone sweeper
lakana sheet
lakastua wither, fade away
lakata stop, cease; *(kynnet)* polish; *(pinta)* lacquer, varnish
lakeija footman; *(kuv)* lackey
lakeus plain; *(lumi~)* expanse
laki law; *(päätös, säädös)* act; *(säädös)* statute; ***~a säätävä*** legislative
laki[kokoelma] code
lakiehdotus bill; ***hyväksyä*** ~ enact a bill
lakimies lawyer, *(Br)* solicitor, *(Am)* attorney; ***yhtiön*** ~ corporate lawyer
lakipiste zenith
lakisääteinen prescribed by law, statutory
lakka lacquer, varnish; *(kasv)* [arctic] cloudberry
lakkaamaton incessant; unceasing
lakkauttaa *(järjestelmä)* abolish; *(koulu, tuotanto ym.)* discontinue;

(puolue, sanomalehti, eläke) suppress; *(virka, käytäntö ym.)* do away with; *(~ tilapäisesti)* suspend
lakkauttaminen withdrawal
lakki bonnet; *(myös sienen)* cap
lakkiaiset *(läh)* school-leaving ceremony, *(Am läh)* graduation
lakko strike; walkout; ***olla lakossa*** be on strike
lakkoilla strike
lakkolainen striker
lakkorikkuri blackleg
lakkovahti picket
lakritsi liquorice
laksatiivi laxative
lama[kausi] depression, recession
lamaannus stupefaction
lamaannuttaa paralyse; *(masentaa)* unnerve
lamaantunut paralysed
lamauttaa paralyse, depress, cripple
lammas sheep *(pl sheep)*
lammasfarmari sheep farmer
lammasmainen sheepish
lammikko pond
lampaankyljys mutton chop
lampaanliha mutton
lampaanvilla fleece
lampetti sconce
lamppu lamp; light; [light] bulb; ***~ on palanut*** the bulb has blown
lampunpidin socket
langaton wireless
langennut fallen
langeta: ***fall*** jhk, for; ***~ maksettavaksi*** fall due
langettaa: ***~ tuomio*** pass (pronounce) a sentence
lanka thread; *(villa~)* yarn
lankakerä ball of yarn
lankamakaronit vermicelli
lankarulla bobbin; *(Br)* reel; *(Am)* spool
lankeemus fall
lankku plank
lanko brother-in-law
lanne hip, haunch
lannevaate loincloth
lannistaa discourage, put down, dishearten
lannistava discouraging, disheartening
lannistua become disheartened
lannistumaton unyielding, resolute; *(masentumaton)* indomitable
lannoite fertilizer
lannoittaa fertilize; manure
lanta dung; manure; *(linnun)* droppings
lanteet hips
lantio pelvis
lantti coin, penny
lanttu *(Br)* swede; *(Am)* rutabaga; ***~laatikko*** *(läh)* swede pie
lapa *(airon)* blade; *(anat)* shoulder; *(tekn)* vane
lapaluu shoulder blade (bone)
lapamato broad tapeworm
lapanen mitten
lapio shovel; spade; ***kala~*** fish slice; ***kakku~*** cake server
lapioida shovel
Lappi Lapland
lappu *(paperi~)* slip, scrap of paper; *(hinta~, nimi~, osoite~)* tag
lappuliisa meter maid
lapsellinen childish; *(kirj)* puerile
lapsenhoitaja nurse
lapsenlapsi grandchild

lapsenmurha infanticide
lapsenmurhaaja infanticide
lapsenomainen childlike
lapsenvahti babysitter
lapsi child; baby
lapsihalvaus infantile paralysis; *(lääk)* polio[myelitis]
lapsilisä child benefit (allowance)
lapsirakas fond of children
lapsivuode[aika] confinement
lapsuus childhood; ***varhais~*** infancy
laserkirjoitin laser printer
laserleikkaus laser surgery
laserlevy compact disc (disk)
laserlevysoitin compact disc (disk) player
lasersäde laser
lasi glass
lasikko show-case
lasikuisti glass veranda
lasikuitu fibreglass, *(Am)* fiberglass
lasimaalaus stained glass
lasimainen glassy
lasimestari glazier
lasimestarinsilli *(läh)* pickled herring
lasimuseo glass museum
lasinen [made of] glass
lasiruutu [glass] pane
lasitavara glassware
lasitehdas glassworks
lasittaa glaze
lasitus glazing
laskea calculate, count; *(arvioida)* estimate; reckon; *(päässä)* figure; *(päivästä, hinnoista)* decline; *(joesta)* discharge; *(alentua, vähetä)* decrease, fall; *(käsistään)* lay; *(auringosta)* set; ***~ alemmas*** lower; ***~ hintaa*** lower the price, depreciate; ***~ jnk syyksi t. ansioksi*** ascribe sth to sb; ***~ leikkiä*** joke, kid; ***~ liikenteeseen*** issue; ***~ maihin*** land; ***~ markkinoille*** put on the market; ***~ mukaan*** include; ***~ kelkkamäkeä*** toboggan; ***~ mäkeä alas*** go downhill; ***~ pois, valuttaa*** drain; ***~ alus vesille*** launch a vessel; ***~ yhteen*** add [up], sum [up]
laskelma calculation; ***kustannus~*** estimate
laskelmoida calculate
laskelmointi calculation
laskelmoiva calculating
laskeminen calculation; count
laskenta *(mat)* calculus; *(väestön)* census
laskento calculus, mathematics
lasketella *(hiihtää)* [slalom] ski, do downhill skiing; ***~ [rinnettä alas]*** ski downhill; ***~ runoa ym.*** rattle
laskettu päivä: *(lapsen syntymästä)* ***koska on ~?*** when is the baby due?
laskeuma *(saaste)* fallout
laskeutua go down, descend; *(lintu)* alight; *(lentok)* land; touch down
laskeutuminen descent; *(lentok)* landing
laskiaistiistai Shrove Tuesday
laskimo vein
laskin calculator
laskos fold, pleat
laskostaa fold, pleat
laskostettu folded, pleated
lasku *(ravintola~, hotelli~, puhelin~ ym.)* bill; *(väheneminen)* decline, fall, drop; *(lähetetty)* invoice; *(laskelma)* reckoning;

(lentokoneen) landing
laskuesimerkki sum
laskujoki effluent
laskulevy flap
laskuoja drain
laskuoppi arithmetic
laskuportaat *(mer)* gangway
laskuri *(atk)* accumulator
laskutapa: ***neljä ~a*** the four rules of arithmetic
laskuteline chassis
laskutelineet *(lentok)* landing gear, chassis
laskutikku slide rule
laskuttaa charge to; invoice
laskuvarjo parachute
laskuvarjohyppy parachute jump; *(urh)* parachuting
laskuvarjohyppääjä parachutist
laskuvarjojoukot paratroops
laskuvesi ebb
laskuviemäri effluent
laskuvirhe error in calculation
lasta *(lääk)* splint; *(keitt)* spatula, slice; ***muuraus~*** trowel
lastaaminen loading
lastata load
lastaussilta wharf
lastenhoitaja baby-sitter; *(päivähoitaja)* baby-minder; *(Br)* nanny
lastenhoito nursing, child care
lastenhuone nursery
lastenkoti children's home
lastenlääkäri p[a]ediatrician
lastenrattaat *(Br)* pushchair; *(Am)* stroller
lastenseimi *(Br)* crèche; *(Am)* day-care center
lastenvaunut *(vauvan) (Br)* pram; *(Am)* baby carriage, baby buggy
lasti cargo; load; ***ottaa ~a*** take in cargo; ***purkaa ~a*** unload
lastiruuma hold
lastoittaa *(lääk)* splint
lastu chip; shaving
lastulevy chipboard
lastuvilla wood shavings
lataus charge; *(kuv)* tension; ***akku on latauksessa*** the battery is on charge
latina Latin
latinalainen Latin
latkia lap
lato barn
latoa heap, pile [up]; *(puutavaraa)* stack; *(kirjap)* set [up], compose
latoja compositor, typesetter
latomakone typesetting machine
lattea insipid, uninteresting; *(tylsä)* dull, flat
latteus commonplace, platitude
lattia floor
lattiavaha floor polish
latva top; *(joen)* upper course
Latvia Latvia
latvia *(kieli)* Latvian
latvialainen Latvian
lauantai Saturday
laueta go off; *(jännitys)* ease, relax; *(seksuaalisesti)* have an orgasm, come
lauha mild
lauhdutin condenser
lauhduttaa cool, condense
lauhkea gentle; *(ilmasto)* temperate; *(eläin)* meek
laukaista discharge; fire; *(ohjus)* launch
laukata gallop, canter
laukaus shot; report
laukaustenvaihto exchange of firing

laukka gallop, canter
laukku bag
laulaa sing; chant
laulaja singer; vocalist
laulajatar singer
laulaminen singing
laulu song; singing; ***joulu~*** carol
laulukaskas cicada
laululintu warbler, songbird
laulupapukaija budgerigar, budgie
laulurastas song thrush
lauma *(ihmisiä)* crowd; *(karjaa)* herd; *(lampaita)* flock; ***karja~*** herd of cattle, cattle herd; ***lammas~*** flock of sheep; ***laumoissa elävä*** gregarious
laupeus clemency; mercy
lause sentence
lauseke *(lak)* clause; *(kiel)* phrase
lauseoppi syntax
lausua articulate; *(run)* recite; utter; ***~ toisin sanoin*** paraphrase
lausuma statement
lausunto report; statement
lauta board; panel
lautakunta board
lautamies juror
lautanen plate
lautaset *(mus)* cymbals
lautasliina napkin
lautta raft; *(auto~)* ferry
lauttavene pontoon
lava stage; stand
lavantauti typhoid [fever]
lavastaa stage; *(syylliseksi)* frame
lavastaja set designer
lavasteet props; scenery
lavastus staging, stage setting
lavea wide, diffuse
laventeli lavender
laverrella bandy; chatter
lavetti carriage; chassis
lavuaari *(Br)* washbasin, *(Am)* washbowl
leffa film; *(Br)* picture; *(Am)* movie
legenda legend
legendaarinen legendary
leggingsit leggings
legioona legion
lehdenmyyjä *(Br)* news dealer; newsvendor; *(Am)* newsagent
lehdistö press
lehmus lime; linden
lehmä cow
lehmänkello cowbell
lehteri gallery
lehtevä leafy
lehti leaf; *(sanoma~)* newspaper
lehtikoju newsstand
lehtikuja avenue
lehtikuusi larch
lehtileike scrap; *(Br)* cutting; *(Am)* [newspaper] clipping
lehtimaja arbo[u]r
lehtimetsä broadleafed forest
lehtipuu deciduous tree
lehtisaha fretsaw; jigsaw
lehtisikuri endive
lehtiö pad
lehto grove
lehtori [senior] teacher; *(yliop)* lecturer
lehvä spray, sprig
leija kite
leijailla hover, float; *(tuoksu)* waft
leijona lion; *(astrol)* Leo
leikata cut; clip; *(nipsaista)* snip; *(ääni- t. kuvanauhaa)* edit; *(lääk)* operate; section; *(~ liha- tai kanaruokaa pöydässä)* carve; ***~ kahtia*** cut in two; ***~ kuutioiksi*** cube; ***~ nurmikko*** mow the

lawn; ~ ***pensasaita*** clip the hedge; ~ ***hedelmäpuita***, ~ ***ruusuja ym.*** prune; ~ ***hiuksia*** cut sb's hair
leike *(keitt)* escalope; *ks.* ***lehtileike***
leikekirja scrapbook
leikellä *(anat)* dissect
leikinlaskija humorist; joker
leikinlasku joking
leikitellä *(ajatuksella ym.)* toy; *(tunteilla)* trifle ***(jllak*** with)
leikkaaja cutter; *(tv) (elok)* editor
leikkaus cut; trim; *(elok)* editing; *(lääk)* operation; surgery; ***puu~*** carving
leikkauspiste intersection
leikkauspöytä *(elok)* editor; *(lääk)* operating table
leikkaussali operating room (theatre)
leikkeleet cold cuts
leikki game; play; fun; ***se ei ole leikin asia*** it isn't a joking (laughing) matter
leikkikalu toy, plaything
leikkikehä playpen
leikkikenttä playground
leikkimielinen playful
leikkipuku rompers
leikkisä humoro[u]s; playful
leikkitoveri playfellow, playmate
leikkiä play
leikkokukat cut flowers
leikkuri *(tekn)* cutter; *(kynsi~)* nail clippers
leikkuu *(maat)* reaping
leikkuukone harvester
leikkuupuimuri combine harvester; harvester
leikkuuveitsi carving knife
leima stamp; mark; imprint; ***jättää ~nsa jhk*** put one's imprint on, leave one's mark on
leimahdus flash
leimahtaa *(liekki)* flare up, burst into flames; *(salama, valo)* flash
leimamerkki [revenue] stamp
leimasin seal; stamp
leimata date; stamp; *(kuv)* brand
leinikki buttercup
leipoa bake
leipomo bakery
leipuri baker
leipä [a loaf of] bread; loaf
leipälaatikko *(Br)* bread bin, *(Am)* bread box
leipätyö bread-and-butter, meal ticket
leiri camp
leirielämä camping
leirintäalue, leiripaikka camping ground, camping site
leirituli camp fire
leiriytyjä camper
leiriytyä camp
leivinjauhe baking powder
leivittää crumb
leivo skylark
leivonen lark
leivonnaiset pastry
leivos cake; *(~taikina)* pastry
leivänmuru crumb
leivänpaahdin toaster
lekkeri keg
lekotella bask
lellikki pet
lellitellä coddle, pamper; *(lelliä pilalle)* mollycoddle
lelu plaything, toy
lemmikki pet; darling; *(kasv)* forget-me-not
lemmikkieläin pet

lemmiskely love-making; petting
lemmitty sweetheart
lempeys gentleness, indulgence; *(ilman)* mildness
lempeä gentle; *(lievä)* lenient; *(mieto)* mild; soft
lempeästi gently
lempi love
lempiharrastus favourite hobby
lempilapsi favourite
lempinimi nickname
lemu stench
leninki dress
lenkki link; *(urh)* jog; *(kävely~)* turn; ***mennä lenkille*** go jogging, go for a jog
lennellä flit
lennokas winged, eloquent
lennokki model aeroplane
lennonjohto air-traffic control; flight control
lennätin telegraph
lennättää fly
lento flight; flying
lentoasema airport; ***~lle*** to the airport; ***~lla*** at the airport
lentobussi air shuttle
lentoemäntä airhostess; flight attendant; stewardess
lentohiekka drift sand
lentokenttä airport; airfield
lentokone aircraft; plane; *(Br)* aeroplane; *(Am)* airplane; ***~essa*** on the [aero]plane, aboard; ***~ella*** by [aero]plane; ***nousta (siirtyä) ~eseen*** board (get on) a plane
lentolehtinen leaflet, pamphlet
lentoliikenne air traffic
lentolupakirja flying licence
lentomatka flight
lentonäytös air show
lento-onnettomuus air crash
lentopallo volleyball
lentoposti airmail; ***lähettää lentopostina*** send by airmail
lentosuukko: ***lähettää ~*** blow a kiss
lentoterminaali air terminal
lentotukialus [aircraft] carrier
lentoyhtiö airline [company]
lentue *(sot)* flight
lentäjä pilot; aviator
lentäminen flying
lentävä lautanen flying saucer, ufo
lentää fly; wing
leopardi leopard
lepakko bat
lepakkomies batman
lepattaa flap, flutter; flicker
lepatus *(liekki)* flicker; *(siivet)* flutter
leperrellä babble; gurgle
lepertely babble; gurgle
lepo rest; quiet; *(kirj)* repose
lepokoti convalescent home
lepopäivä day of rest; sabbath
leppoisa placid, gentle
leppymätön implacable; irreconcilable
leppyä be appeased; *(heltyä)* relent
leppä alder
leppäkerttu ladybird
lepra leprosy
lepratautinen leper
lepsu flabby, flaccid
lepuuttaa rest
lepyttää placate, soothe; *(rauhoittaa)* appease
leseet bran
leskeys widowhood
leski widow; ***leskeksi jäänyt*** widowed

leskimies widower
lesti *(istuvuus)* fitting; *(tuki)* last, shoe tree
letittää plait, braid
letkaus gibe
letkauttaa gibe at
letku hose
letti *(Br)* plait; *(myös saparo)* pigtail; *(Am)* braid
letukka *(vanh)* hussy, slut, tart
leuanveto chin-ups, pull-ups
leuat jaws
leuka chin; jaw
leukaluu jawbone
leuto gentle; mild; ~ ***tuuli*** breeze
leutous mildness
leventää widen, boarden
leveys breadth; width
leveysaste latitude
leveä broad; wide
leveäharteinen broadshouldered
leveälierinen broad-rimmed
levikki circulation
levittäytyä deply; branch [out]; unfold
levittää spread; *(~ auki sanomalehti, kartta ym.)* spread [out]; *(~ auki lippu, purje, matto ym.)* unfurl, unroll; *(tietoa ym.)* spread, propagate, diffuse; *(väärää tietoa ym.)* bandy, peddle; *(lämpöä, valoa ym.)* shed; *(siivet, tuoksua)* spread; ~ ***voidetta*** apply a cream; ~ ***voita*** butter, spread some butter [on]
levite spread
levitä *(asutus, tauti, lakko, huhu, tuli)* spread; *(ulottua laajalle)* spread out, stretch, extend; *(joki)* broaden; *(ark)* ***auto levisi tielle*** the car went phut on the road
leviäminen spreading; *(aatteen, opin ym.)* propagation, diffusion; proliferation; spread
levollinen composed; placid
levollisuus composure
levoton *(rauhaton)* restless, unquiet, troubled; *(huolestunut)* anxious, worried, uneasy
levottomuus *(fyysinen)* restlessness; *(huoli)* alarm, anxiety, disquiet; *(luokassa, kadulla)* commotion; ***[poliittiset] levottomuudet*** unrest, disturbances, disorders
levy *(metalli, lasi)* plate, sheet, slab; tablet; ***ääni~*** album, record; ***CD-levy*** compact disc (disk), CD
levyautomaatti juke-box
levyinen: ***kahden metrin*** ~ two metres wide
levylautanen turntable
levyseppä tinsmith
levysoitin record player; ***CD-~*** compact disc (disk) player, CD-player
levyttää record, make a record
levä alga
levähdys rest
levähdyspaikka *(tienvarressa)* resting place; *(Br)* pull-in, lay-by
levällään spread [out]
leväperäinen negligent; perfunctory
leväperäisyys laxity
levätä rest; ***levätköön rauhassa*** may he rest in peace
leyhytellä fan
liata make (get) dirty; *(tahria)* stain; *(ark)* muck up; *(kuv)* sully, tarnish
liberaali liberal

liberalismi liberalism
liehakoitsija toady
liehitellä court; fawn [upon]
liehua flutter; wave
lieju mud; slime
liejuinen muddy
lieka tether; *(koiran)* leash
liekehtivä flaming; ***vihasta ~*** ablaze with anger
liekehtiä flame
liekeissä aflame, ablaze
liekki flame; *(kaasu~)* jet
liemi soup; *(lihan ym. keitin~)* broth
liemikauha soup ladle
liemikulho tureen
liemikuutio stock cube
lienee: ***hän ~ siellä*** he is probably there; ***~kö se totta?*** I wonder if it's true?
lientyä ease up
liepeet outskirts
lieri brim
lieriö cylinder
liesi *(Br)* cooker; *(Am)* stove; ***koti~*** hearth
liete silt; *(jäte~)* sludge
lietsoa blow, fan; *(kuv)* foment, stir up
Liettua Lithuania
liettua *(kieli)* Lithuanian
liettualainen Lithuanian
lieve flap
lieveilmiö fringe phenomenon, byproduct
lieventyä ease off
lieventää *(lak ym.)* extenuate, mitigate, attenuate; *(keventää esim. verotusta)* alleviate, ease; *(vaatimuksia, väriyhdistelmiä)* tone [down]; ***lieventävät asianhaarat*** extenuating circumstances
lievittää *(kipua, kärsimystä, pulaa)* alleviate, relieve, soothe, ease
lievitys relief, alleviation
lievyys mildness
lievä *(lääke ym.)* mild; *(pieni, kevyt)* slight, light; *(rangaistus)* lenient
liftata hitchhike, thumb; *(ark)* hitch
liha meat; *(ihmisen)* flesh; ***~a ja verta*** flesh and blood; ***~a syövä*** carnivorous; ***~ksi tullut*** incarnate
lihakarja beef cattle
lihakauppa butcher's [shop]
lihakauppias butcher
lihakirves chopper
lihaksikas muscular
lihaliemi stock
lihaliemikuutio stock cube
lihallinen carnal, fleshly
lihamylly mincer, mincing machine
lihapiirakka meat pie
lihas muscle
lihaskouristus crick; cramp, spasm
lihava fat; *(pyylevä)* stout
lihavuus fatness; corpulence; stoutness
lihoa gain weight; get fat; plump
lihottaa fatten; plump
liiaksi too much
liiallinen excessive; *(tuhlaileva)* extravagant; *(ylimääräinen)* redundant
liiallisesti excessively
liiallisuus extravagance
liian too
liidellä soar
liidokki model aeroplane
liietä: ***liikeneekö sinulta aikaa?*** can you spare me some time?
liiga league; *(Am)* circuit

liihotella flit
liika excess
liikaa too much; excessively
liika-annos overdose
liikahtaa move, stir; *(järkähtää)* budge
liikahtamatta motionless, without stirring
liikakysyntä excess demand
liikalihava overweight; obese
liikalihavuus obesity
liikatarjonta excess supply, glut
liike movement, motion; *(ele)* gesture; *(siirto)* move; *(sot)* manoeuvre; *(kauppa)* business; *(Br)* shop; *(Am)* store; ***tanssijan liikkeet*** a dancer's motions; ***rikollisen liikkeet*** a criminal's movements
liikeala: ***ryhtyä liikealalle*** go into business
liikeasia business; ***liikeasioissa*** on business
liikehdintä *(pol)* stir; *(sot)* manoeuvres; *(liikkeet)* movements
liikehtiä *(sot)* manoeuvre; *(pol)* stir; ~ ***levottomasti*** move restlessly, fidget
liikekannallepano mobilization
liikeketju chain store
liikekumppani business partner
liikemies businessman
liikenainen businesswoman
liikenne traffic
liikennelaitos public transport service
liikennelentäjä commercial pilot
liikennemerkki traffic sign
liikenneonnettomuus road accident
liikennepoliisi constable on point duty
liikenneratsia [traffic] check
liikennerikkomus *(Br)* motoring offence, *(Am)* traffic violation
liikenneruuhka traffic jam
liikennevalo traffic light
liikenneyhteys connection
liikenneympyrä *(Br)* roundabout; *(Am)* traffic circle
liikennöidä ply
liikenteenjakaja divisional island; traffic island
liikepääoma working (trading) capital
liikesuhteet business relations
liiketoimet dealings
liiketoimi transaction
liiketoiminta business
liikevaihto turnover
liikevaihtovero sales (purchase) tax
liikevoima impetus
liikeväylä thoroughfare
liikeyhtymä group [of companies]
liikkeellä *(matkalla, liikekannalla)* on the move; ***koko kaupunki oli*** ~ the whole town was astir; ***flunssaa on*** ~ there is a lot of flu about; ***olen ollut ~ aamusta iltaan*** I've been on the go from morning to night
liikkeenharjoittaja shopkeeper
liikkeessä *(kappale)* in motion; *(setelit)* in circulation
liikkua move; circulate; *(urheilla)* exercise; *(liikahtaa)* stir; ~ ***ympäriinsä*** get about (around)
liikkumatila elbowroom; scope
liikkumavara margin
liikkumaton unmoving, immobile; *(liikahtamaton)* motionless; ***kissa pysyi liikkumattomana paikoil-***

laan the cat remained motionless
liikkumatta unmoved; ***pysy ~*** don't move
liikkuminen moving, movement; *(urh)* exercise; ***henkilöiden vapaa liikkuminen*** free movement of people
liikkuva moving, mobile; ambulatory; floating; ***~ alusta*** carriage; ***~ kalusto*** rolling stock
liikkuva poliisi highway police, *(~n osasto)* highway patrol
liikkuvuus mobility; movement
liikunta exercise; *(Am)* physical education; ***harrastaa ~a*** exercise
liikuntakyvytön unable to move
liikuskella get about (around)
liikuttaa move, stir, touch
liikuttava touching
liikuttunut moved, touched, affected
liikutus emotion
liila[nvärinen] lilac
liima glue; gum
liimata glue; splice
liimaväri distemper
liina *(huivi)* scarf; *(pöytä~)* tablecloth
liinavaatteet linen
liioitella exaggerate; overdo
liioittelu exaggeration
liipaisin trigger
liisteri paste
liisteröidä paste
liite *(asiakirjan, kirjan)* appendix; *(kirjeen)* enclosure; *(sanomalehden)* supplement; *(kiel)* affix; ***liitteenä [lähetämme]*** [please find] enclosed, attached you will find...
liitetty: ***oheen ~*** attached, enclosed
liitin clip
liito glide, gliding
liitos joint; junction; *(käsit)* seam
liitto *(valtio~, puolue~ ym.)* confederacy, confederation; league, union; alliance; *(järjestö)* federation; *(raam)* covenant; ***keskus~*** federation
liittohallitus federal government
liittolainen ally; *(rikoskumppani)* accomplice, confederate
liittotasavalta federal republic
liittoutua league; gang up (***jtak vastaan*** against)
liittoutuma alliance
liittoutumaton non-aligned
liittoutuminen alliance
liittoutunut allied; ***liittoutuneet*** *(hist)* the Allied
liittovaltio federation
liittovaltion federal
liittyminen *(EU:hun, puolueeseen ym.)* accession [to], joining
liittymä junction, interchange; *(ulosmeno)* exit
liittymätie access road
liittyvä adherent [to], related [to]
liittyä join; *(puolueeseen, sopimukseen)* accede to; ***~ jäseneksi*** become a member [of], join; ***~ jkn seuraan*** join sb, link up with sb; ***~ yhteen t. toisiinsa*** be associated (connected) with, connect, correlate; relate (be related) to
liittää join; *(oheistaa, lisätä)* enclose, attach; *(mielessään)* associate, link (***jhk*** with); *(yhteen)* unite; *(tek)* connect
liitu chalk
liituraitapuku pinstripe suit
liitäntäjohto flex
liitää glide

liivate gelatine; *(~lehti)* gelatine leaf
liivi *(tuki~)* bodice
liivi[t] waistcoat; *(Am)* vest
liivihame pinafore dress, *(Am)* jumper
liivit girdle
lika dirt, filth, muck
likaantua get dirty, become soiled
likainen dirty, filthy; *(kuv myös)* foul, nasty, sordid
likakaivo cesspit, cesspool
likavesi slop
likaviemäri sewer
likiarvo approximate value
likimain approximately
likimääräinen approximate, rough
likinäköinen nearsighted; short-sighted
likinäköisyys myopia
likistää squeeze
likomärkä soaking [wet]
likvidoida liquidate
likööri liqueur
lilja lily
lima *(fysiol)* mucus; *(el)* slime
limakalvo mucous membrane
limittäin: ~ *t.* ***päällekkäin [oleva]*** overlapping
limonadi lemonade; *(Am)* soft drink, pop
limppu loaf [of bread]
limsa, limu *(Am)* soft drink, pop
lingota sling; ~ ***pyykki*** spin-dry
linja line
linja-auto bus; coach
linkkitorni *(tv, radio)* transmitting tower; *(teletekn)* relay station
linkkuveitsi flick knife; *(Am)* switchblade
linko sling
linna castle; *(asuttu)* palace
linnake fort; *(kuv myös)* bastion, stronghold
linnanvouti *(hist)* castellan; *(nyk)* warden of a palace (castle)
linnoittaa fortify
linnoittaminen fortification
linnoitus fortress; citadel, fortification
linnunpelätin scarecrow; *(ark)* fright
linnunpesä bird's nest
linnunpoika[nen] nestling, fledgeling; young bird, chick
linnunpönttö nesting (bird) box
linnunrata galaxy
linnuntietä as the crow flies
linssi lens; *(ruok)* lentil
lintsata *(tunnilta)* skip [class], *(Am)* ditch; *(työstä, vastuusta)* shirk, skive
lintu bird; *(riistalinnut) (t. keitt)* fowl
lintuhäkki bird-cage
lintulauta bird-table
lintuparvi flock of birds
lintuperspektiivi: ***nähdä jtk ~ssä*** have a bird's-eye view of sth
liota soak, steep; ***paidat ovat likoamassa*** the shirts are steeping
liottaa soak, steep
lipas casket, box, case
lipasto chest of drawers
lipevä glib, slick
lipeä lye
lipeäkala lye fish, dried cod-fish soaked in lye solution
lipeäkivi caustic soda
lipoa *(liekeistä)* lick; ~ ***huulia*** lick one's lips
lippa peak; visor

lippalakki peaked cap
lippu *(maan)* flag; *(seremonian)* standard; *(pääsy~, matka~)* ticket; *(mer, sot)* ensign; *(kuv)* banner; ***purjehtia Suomen lipun alla*** sail under the Finnish flag; ***nostaa*** ~ raise (hoist) a flag; ***laskea*** ~ lower a flag
lippujuhla flag day
lippulinna massed standards
lippuluukku ticket office
lippumyymälä box office
lipputanko flagpole
lippuvala oath of allegiance; *(Am)* Pledge of Allegiance
lipsahdus slip [of the tongue]; slip-up
lipua glide
lipuminen glide
lipunkantaja standard-bearer
lipunmyynti booking office; ticket office
liputtaa flag
liristä purle, ripple
lisensiaatti licentiate
lisenssi licence
Lissabon Lisbon
lista list; *(mus)* chart; *(rak)* batten
lisuke side dish; supplement
lisä *(palkkio, hyvitys)* bonus; *(asumis~, lapsi~ ym.)* benefit, allowance; *(lisäys)* addition
lisäaine additive
lisäansiot perquisites
lisäehto clause
lisäksi moreover; ***sen*** ~ furthermore
lisälauseke clause
lisälehti special
lisämaksu additional (extra) charge; excess fare; surcharge
lisämunuaiset adrenal glands
lisäpainos reprint
lisärakennus annex
lisätieto: ***~ja saa...*** for further information please contact
lisätä add; increse; *(kirj)* augment; *(liittää mukaan)* append, attach; *(resepteissä myös)* fold in
lisävarusteet accessories; optional equipment
lisävero surtax
lisäys addition; increase
lisääntyminen increase; growth; multiplication
lisääntyä increase; *(biol)* multiply, reproduce
litistää *(murskata)* squash; flatten out
litku slop, dishwater
litra litre; *(Am)* liter
litteä flat
liueta dissolve (***jhk*** in)
liukas slick; slippery; ***~kielinen*** glib, slick
liukaste lubricant
liukastua slip (***jhk*** on)
liukenematon insoluble
liukeneminen dissolution
liukeneva soluble
liukua slide; slip; *(autosta)* skid; *(puolue)* edge [to]
liukumäki slide[way], chute
liukuportaat escalator; moving staircase
liukuva sliding; ~ ***työaika*** flexitime, flexible working hours
liuos solution
liuote, liuotin [dis]solvent
liuottaa dissolve
liuska *(paperi)* slip, strip
liuskakivi slate

liuskelaatta slate
livahtaa slip away, escape, slink
liverrys trill, warble
livertää chir[ru]p, trill, warble
livistää bolt, make off; *(ark)* skedaddle
logiikka logic
logistiikka logistics
lohdullinen comforting
lohduton disconsolate; inconsolable
lohduttaa comfort, console
lohduttautua console o.s. ***(jllak*** with)
lohdutus comfort; consolation
lohi salmon
lohikeitto salmon soup
lohikäärme dragon
lohipiirakka salmon pasty
lohjeta split, cleave, chip
lohkaista split, cleave; ***~ pala*** break a piece of
lohkare block; *(geol)* boulder
lohko *(palsta)* parcel; *(appelsiinin)* segment; *(aivojen, keuhkojen)* lobe; *(urh)* division; *(kuv)* sector, field
lohkoa cut; *(palsta)* parcel out; *(palasiksi)* split, cleave
lohtu comfort, consolation
loihtia: ***~ esiin*** conjure; ***~ herkullinen päivällinen*** conjure up a delicious dinner
loikata stride, leap, jump, spring; *(pol)* defect
loikkaus leap, jump, spring; bound; *(pol)* defection; ***yhdellä loikkauksella*** at a bound
loikkia bound [away]
loikoa sprawl; ***loikoilla*** loll
loimi warp; *(hevosen)* blanket
loimu blaze, flare
loimukala barbecued fish
loimuta blaze, flame, flare
loinen parasite
loiske, loiskina lap[ping], splash, splashing
loiskuttaa splash; *(varpailla)* dabble
loistaa gleam; shine
loistava brilliant; *(ylellinen)* glamorous; glorious; *(ihana)* gorgeous; *(upea)* magnificent; *(mainio)* splendid; terrific; ***~n älykäs oppilas*** a brilliant student; ***se oli ~ voitto*** that was a triumph
loiste *(lampun)* shine; *(kiilto)* brilliance, lust|re, -er; *(silmien)* sparkle
loistelamppu fluorescent lamp
loistelias sumptuous, luxurious
loisto *(konkr)* brilliance, lust|re, -er, shine; *(kuv)* splendo[u]r, glory, pomp; ***koko ~ssaan*** in all its glory
loistokappale showpiece
loistoluokan luxury
loitolla far away
loitota draw (further) away
loitsu incantation; spell
loiva gently sloping
lojaali loyal
lojaalisuus loyalty
lojua sprawl
loka dirt; mud
lokakuu October
lokasuoja *(Br)* wing; *(polkupyörän)* mudguard; *(Am)* fender
lokero compartment; locker; pigeon-hole
lokikirja [ship's] log
lokki gull

loma *(Br)* holiday, *(Am)* *(Br koul, yliop)* vacation; *(sot)* leave; *(parl)* recess; ***~lla*** on holiday (vacation); ***oliko teillä mukava ~?*** did you have a nice holiday (vacation)?; ***milloin sinulla on ~?*** when is your holiday (vacation) ?
lomailija holiday maker
lomailla spend one's holiday [in...]
lomake blank; form; ***täyttää ~*** fill in (up, out) a form
lomapäivä day off, day of recreation
lomauttaa lay off
lomittaja vacation replacement (assistant)
lommo dent
lompakko *(Br)* purse, wallet; *(Am)* wallet
lonkero tentacle, arm
lonkka haunch, hip
lonkkaluu hipbone
Lontoo London
looginen logical
loosi booth
lopen: ***~ uupunut*** worn-out, exhausted, jaded, dead tired; *(Br)* *(ark)* knackered
lopettaa stop; end, finish; lay off; *(päättää puhe ym.)* conclude; ***~ toiminta*** close down; ***~ jkn tuotteen valmistus*** discontinue the production of...; ***meidän täytyi ~ koiramme*** we had to put our dog to sleep
loppiainen Epiphany
loppiaisaatto Twelfth Night
lop|pu end; conclusion; finish; *(ohi)* over; ***kahvi on ~*** we are out of coffee; ***aikasi on -ussa*** your time is up; ***-ussa***, ***-uksi*** in the end; ***kesän -ussa*** at the end of the summer; ***~ hyvin kaikki hyvin*** all is well that ends well; ***-pujen -uksi*** in the end, after all; ***suorittaa -puun*** accomplish, complete
loppua end, stop; terminate; lapse; *(olla ohi)* be over; *(sade)* cease; *(tavara)* run out
loppukilpailu final
loppukohtaus *(mus, teatt)* finale
loppuminen ending; cessation
loppusanat epilogue; P.S.
loppusointu rhyme
loppusumma sum total
loppusuora: ***~lla*** at the finish
lopputulos result, upshot, outcome
loppututkinto degree; final examination; ***suorittaa ~*** graduate; ***loppututkinnon suorittanut*** graduate
lopputyö thesis
loppuunkuluminen exhaustion; burnout
loppuunkulunut *(myös kuv)* worn-out, exhausted
loppuunmyynti clearance sale
loppuunmyyty sold out
loppuunpalaminen *(psyk)* burnout
lopuke *(mus)* cadence
lopuksi lastly, in the end, finally
lopullinen final, ultimate; definitive
lopulta finally, in the end
lopussa *(väsynyt)* exhausted; *(tavara)* out; *(ohi)* over; *(aika)* up; ***jkn ~*** at the end of
loputon endless; interminable
loputtomuus endlessness, infinity; *(kuv myös)* abyss
lorina gurgle
lorista gurgle

loru nursery rhyme, *(Am)* Mother Goose rhyme
loruta blab
lossi ferry
lotista squelch, swash
lotja barge
louhia mine; quarry
louhinta extraction
louhos quarry
loukata hurt; insult; *(häväistä)* affront; infringe; offend; *~ törkeästi* outrage
loukkaamaton inviolable
loukkaantua *(konkr)* be hurt; *(kuv)* take offense at, be offended
loukkaantunut *(onnettomuudessa)* hurt, injured; *(henkisesti)* offended, hurt; *(närkästynyt)* huffy, miffed, piqued
loukkaava offensive; insulting; *(herjaava)* abusive; *(halventava)* derogatory
loukkaus insult; offence; *(häväistys)* affront; *(halveksunta)* slight *(jkta kohtaan* on, to)
loukku trap
lounaaseen southwest
lounainen south|western, -westerly
lounaistuuli southwester
lounas lunch, luncheon; *(ilmansuunta)* southwest
lounaskahvila cafeteria
lounastaa *(jkn kanssa)* have lunch with, meet sb for lunch
lovi nick, score; *tehdä ~* notch
LSD LSD; *(sl)* acid
lude bedbug
luennoida lecture, give a lecture *(jstak* on)
luennoitsija lecturer; *(Br)* reader
luento lecture
luetella give a list of, enumerate
luettelo list, catalogue; directory; inventory; register
luetteloida list; catalogue
luhistua break down; collapse
luhistuminen break-down; collapse
luihu sneaky
luikerrella *(käärme)* wind, *(mato)* wriggle; *(henkilö)* worm
luinen bony
luiseva bony
luiskahtaa slip
luistaa slip; slide; *(auto)* skid
luistella skate
luistin skate
luistinrata [ice] rink; skating rink
luisua slide; *(autosta)* skid; *(liukastella)* slither; *(vajota takaisin)* lapse
luja firm, strong, steady; *(kuv myös)* solid, tenable; steadfast; *(päättäväinen)* determined; *~ ote* clinch; grip
lujasti fast, tight; strongly
lujittaa strengthen, cement; consolidate; *(konkr)* reinforce
lujuus fastness, firmness, solidity; *mielen~* determination
lukaista: *~ kirja läpi* skim a book
lukea read; study; *~ jhk [kuuluvaksi]* include, class, rate, rank; *~ jtak jkn ansioksi* accredit sb with sth, be attributed to sb; *~ jkn ajatukset* read sb's thoughts; *tästä päivästä lukien* from this day on
lukema reading
lukematon countless, innumerable, numberless, untold; *~ joukko* myriad
lukeminen reading

lukemisto digest
lukeneisuus reading, learning
lukenut learned, well-read; *(sivistynyt myös)* cultivated
lukihäiriö dyslexia
lukihäiriöinen dyslexic; *(myös henk)* dyslectic
lukija reader
lukio *(läh)* upper school (grades); *(Br läh)* sixth form [college]; *(Am)* senior high school
lukita lock
lukitsematon unlocked
lukitus locking; interlock
lukkiintua [be] jam[med]
lukko lock; *(riippu~)* padlock; *(kaulaketjun ym.)* clasp
lukkoseppä locksmith
luksus luxury; ***on todellista luksusta saada nukkua pitkään*** it's a real luxury to be able to sleep late
luksusauto luxury car
luksushotelli luxury hotel
luksustuotteet luxury items
luku chapter
luku[määräinen] numerical
lukuisa numerous
lukuisuus frequency, the great number of
lukujärjestys schedule; timetable
lukukausi term; *(Am)* semester
lukukirja reader
lukumäärä number, quantity
lukusana numeral
lukutaidoton illiterate
lukutaidottomuus illiteracy
lukuunottamatta excepting; except for
lumeton snowless
lumi snow
lumiaura snowplough
lumihanki crust of snow; bank of snow
lumihiutale snowflake
lumikelkka snowmobile
lumikello *(kasv)* snowdrop
lumikinos bank of snow; *(tuulen muodostama)* snowdrift
lumikko weasel
lumimyrsky blizzard
luminen snowy
lumipyry snowstorm
lumiraja snowline
lumiräntä sleet
lumisohjo slush
lumitykki snowblower
lumivyöry avalanche
lumo enchantment; charm; *(taika)* spell; ***jkn ~issa*** under the spell of, enchanted with, infatuated with; ***kirjan ~issa*** absorbed in a book; ***pitää jkta ~issaan*** hold sb spellbound
lumoava charming, enchanting
lumota *(viehättää)* charm, fascinate; *(taikoa)* bewitch, enchant; *(hypnotisoida)* mesmerize; ***hän lumosi minut hymyllään*** she enchanted (bewitched) me with her smile
lumottu spellbound, enchanted, bewitched; ***~ metsä*** enchanted wood
lumous *(taika)* bewitchment, enchantment, spell; *(viehkeys)* charm; ***rikkoa ~*** break the spell
lumppu rag
lunastaa buy; pay; redeem; ***~ lupauksensa*** redeem one's promise; ***~ sekki*** pay a check
lunastaja *(usk)* redeemer
lunastus redemption

lunnaat ransom
luntata cheat, crib
lunttaaja cheat
luntti crib
luo to
luoda create; engender; ~ ***lunta*** shovel snow; ~ ***nahkansa*** *(el)* shed, cast its skin; ~ ***valoa, lämpöä*** shed light, warmth; ~ ***pohja jllek*** lay the foundation of
luodata *(mer)* sound; *(avaruus)* probe; *(kuv)* plumb
luode northwest; *(pakovesi)* ebb; ***vuoksi ja*** ~ ebb and flow
luodinkestävä bullet-proof
luoja creator; *(tekijä)* author; *(Jumala)* the Creator, the Maker
luokaton classless
luokitella class; classify ***(jksik*** as); grade ***(jkn mukaan*** by)
luokittaa class; label
luokittelu classification
luokka class; category; order; *(Br) (kouluvuosi)* form; *(Am)* grade; ***pojat ovat samalla luokalla*** the boys are in the same class; ***päästä luokalta*** *(Br)* be moved up; *(Am)* be promoted; ***hän jäi kolmannelle luokalle*** he was kept in the third year, he'll have to repeat the third year; ***se on aivan eri luokkaa*** it is of quite a different order; ***ensimmäisen luokan hotelli*** a first-class hotel
luokkahuone classroom
luokkatoveri classmate
luokse to
luoksepääsemätön inaccessible
luola cave; cavern; *(pesä)* den
luomakunta creation
luomi mole, birthmark; *(silmä~)* eyelid
luominen creation; establishment
luomisvoima creative ability
luomus creation; piece of work
luona at; by; with; ***ikkunan*** ~ at the window; ***koulun*** ~ by the school; ***tapasin hänet Maryn*** ~ I met her at Mary's place (home, house); ***kenen ~ asut nämä päivät?*** who are you staying with these few days?
luonne character; nature; personality
luonnehtia characterize; define
luonnevika disorder of character
luonnolli|nen natural; ~ ***kuolema*** death from natural causes; ***-sta kokoa oleva*** fullscale; lifesize[d]; ~ ***henkilö*** *(lak)* natural person
luonnollisesti naturally
luonnonhistoria natural history
luonnonilmiö natural phenomenon
luonnonkaunis of natural beauty
luonnonlahja natural talent
luonnonparantaja naturopath
luonnonparannus herbal medicine
luonnonpuisto natural park
luonnonsuojelija environmentalist, conservationist
luonnonsuojelu [nature] conservation; protection (conservation, preservation) of nature (the environment)
luonnonsuojelualue nature preservation (conservation) area; nature reserve
luonnonsuojelutoimet conservation measures
luonnontiede natural science
luonnontieteilijä scientist

luonnontila: *~ssa* in a state of nature
luonnontutkija naturalist
luonnonvarat natural resources
luonnonvastainen perverse
luonnonvoimat elements
luonnonystävä nature lover
luonnos *(piirustus)* sketch; design, plan; *(konsepti, pruju)* draft
luonnostaan: ***hän on ~ ystävällinen*** he is kind by nature; ***puheenjohtajuus lankesi hänelle ~*** the chairmanship fell to her as a matter of course; ***hänellä on ~ kihartuvat hiukset*** his hair curls naturally
luonnostella draft; sketch
luonnoton unnatural
luontainen natural, intrinsic; *(synnynnäinen)* inborn, innate; ***hänen ~ hyvyytensä*** his intrinsic goodness
luontaisetu perquisite, perk
luontaishoito *ks.* ***luonnonparannus***
luontaistuoteliike health food shop (store)
luontaistuotteet biodynamic products; health food
luonteenlaatu disposition; temperament
luonteenomainen characteristic; typical ***(jklle, jllek*** of)
luonteinen in the nature of
luonteva natural, unconstrained, easy
luontevuus ease
luonto nature; *(erämaa, korpi)* wilderness, wilds; *(luonne)* temper; ***Suomen ~*** nature in Finland; ***talvinen ~ on hiljainen*** in winter nature is silent; ***antaa luonnon hoitaa*** let nature take its own course
luontokappale creature
luontopolku nature trail
luontoäiti Mother Nature
luopio backslider; renegade; turncoat
luopu|a give up, abandon; ***hän -i klubin jäsenyydestä*** she resigned from the club; ***he ovat -neet kilpailusta*** they have withdrawn from the competition; ***kuningatar -i kruunusta*** the queen abdicated [the throne]; ***~ oikeudesta (vaateesta) jhk*** waive a right (a claim) to sth; ***~ arvonimestä, uskosta*** renounce one's title, one's faith; ***~ maallisesta omaisuudesta ja avioliitosta*** *(usk)* forswear possessions and marriage; ***~ vallasta, vaatimuksista[an] jhk ym.*** relinquish power, one's claim to sth
luopuminen abandonment; *(asemasta, vallasta ym.)* relinquishment; *(uskosta)* renunciation; ***kruunusta~*** abdication
luostari cloister; *(nunna~)* convent; *(munkki~)* monastery
luostarikirkko abbey
luota from
luotaantyöntävä repellent, repulsive
luotain sounder; *(avaruus~)* probe
luoteinen north|western, -westerly
luotettava trustworthy, worthy of trust, dependable, reliable; ***~ liittolainen*** a dependable ally; ***~sta lähteestä*** from a reliable source
luotettavuus trustworthiness, de-

pendablility, reliability
luoti bullet
luotisuora plumb
luoto rock, rocky [islet]
luotollinen tili *(Br)* current account with overdraft facility; *(Am)* checking account with overdraft facility
luotsata pilot
luotsi pilot
luot|taa rely on, trust, depend on; have confidence in; ~ ***onneensa, muistiinsa*** trust one's luck, one's memory; ***voimmeko ~ heihin?*** can we rely on (trust) them?; ***meidän on -ettava siihen että hän tekee sen*** we must depend (count) on his doing it
luottamuksellinen confidential
luottamuksellisesti confidentially, in confidence
luottamu|s confidence, reliance, trust; ***herättää -sta jkssa*** inspire confidence in sb; ***hallitus nauttii eduskunnan -sta*** the cabinet enjoys the confidence of the parliament; ***menettää -ksensa jhk*** lose one's confidence (trust) in sth
luottamushenkilö *(edunvalvoja)* trustee; *ks.* ***luottamusmies***
luottamuslause vote of confidence
luottamusmies shop steward
luottamustoimi honorary office
luottavainen confident, trusting
luot|to credit; ***-olla*** on credit; ***antaa -toa*** give (offer) credit
luottokelpoisuus credit, credit-rating
luottokortti credit card
luottoraja credit limit
luottotili *(Br)* credit account; *(Am)* charge account
luova creative
luovia tack
luovut|taa give up; *(siirtää toiselle)* hand over; ***hän -ti paikkansa vanhalle naiselle*** he gave his seat to an old lady; ***et saa ~*** you must not give up; ~ ***[lento]matkatavarat*** check in the luggage; ~ ***passi hotellin vastaanottoon*** surrender the passport at the hotel desk; ***palkinnot -etaan juhlasalissa*** the prizes will be given away (presented) in the banquet hall; ***varas -ettiin poliisille*** the thief was handed over to the police; ~ ***alueita*** *(sot)* cede territories; ***kaupunki -ettiin vihollisille*** the town was delivered [up] to the enemy
luovutus delivery; *(alueiden, omaisuuden, oikeuksien)* cession; *(rikollisen)* extradition
luovutussopimus extradition treaty
lu|pa permission; authorization; *(~kirja)* permit; ***jkn -valla*** with sb's permission; ***antoiko hän teille -van ottaa sen?*** did he give you permission to take that?; ***tänään on koulusta -paa*** we have a day off (holiday) from school today
lupaava promising; *(hyväenteinen)* auspicious
lupa|lappu, -lippu permit, pass
lupamaksu licence fee
lupapäivä day off, holiday
lupaus promise; *(juhlallinen ~)* vow; *(kirj)* pledge; ***rikkoa ~*** break one's promise; ***pitää, täyttää ~*** keep, carry out, fulfil one's promise

lupautua: ~ ***tekemään jtak*** promise (make a promise) to do sth; ***olen jo lupautunut muualle*** I have a previous engagement
luppakorva[inen] lop-eared
lupsakka good-humoured, genial, jovial
lurjus rogue, rascal; *(lapsesta)* scamp; *(vanh)* knave, scoundrel
lusikallinen spoonful (***jtak*** of)
lusikka spoon
luskuttaa yelp
lutka slut
luu bone; ***kylmä tunkeutui luihin ja ytimiin*** we were chilled to the bone (frozen to the marrow); ***hän on pelkkää luuta ja nahkaa*** he is all skin and bones
luudanvarsi broomstick
luukku hatch; ***lattia~*** trapdoor; ***ikkuna~*** shutter; ***lippu~*** ticket window; ***ruuman ~*** hatchway; ***uunin ~*** oven door; ***viraston ~*** counter
luul|la think, believe, suppose; ***-en että hän palaa pian*** I think (believe, suppose) he'll be back [quite] soon; ***-in sinua erääksi toiseksi*** I took you for someone else
luulo belief; presumption; ***hänellä on suuret ~t itsestään*** he has a high opinion of himself; ***ottaa jklta [turhat] ~t pois*** cut sb down to size
luulosairas hypochondriac
luulotauti hypochondria
luulotella imagine
luuloteltu imaginary
luultava presumable; probable
luultavasti presumably, probably, perhaps
luumu plum
luumuvanukas plum pudding
luunmurtuma fracture
luuranko skeleton
luuri receiver; earphone, headphone; ***paiskata jklle ~ korvaan*** hang up on a person
luuta broom
luutnantti lieutenant
luutua ossify
luututa mop
luuydin marrow
luvallinen allowed, permissible
luvata promise; vow; ***~ pyhästi*** plight
luvaton forbidden; *(laiton)* illicit
Luxemburg Luxembourg
luxemburgilainen Luxembourg; *(henk)* Luxembourger
luxemburgin kieli Luxembourgish
lyhde sheaf
lyhennelmä abstract, condensation
lyhennys abbreviation; *(lainan)* instalment, partial payment
lyhentää shorten, make shorter; *(sanaa)* abbreviate; *(teosta)* abridge; *(lainaa)* pay an instalment?
lyhty lantern; *(auton)* headlight
lyhtypylväs lamppost
lyhyenläntä stumpy
lyhyesti briefly, shortly
lyhyt short; *(kuv)* brief; ***lyhyen aikavälin t. matkan*** short-range
lyhytaikainen short-term, of short duration
lyhytkasvuinen undersized
lyhyt laukka canter
lyhytnäköinen shortsighted
lyhytsanainen brief
lyhyys *(kuv)* brevity; shortness

lyijy lead
lyijykynä pencil
lyijyluoti plummet
lyijynharmaa livid
lyijytön bensiini unleaded fuel
lykkäys postponement, delay; *(maksuajan pidennys)* respite [in payment]; *(lak)* adjournment; ***hän sai ~tä*** *(sot)* his military service was deferred
lykkäytyä be put off, be adjourned (delayed, postponed, deferred) (***jhk*** till, until ***jllak*** for)
lykätä put off, delay, postpone; ***lykätään homma ensi viikkoon*** let's put off the job till next week; adjourn, defer; ***~ tuomiota*** suspend judgment
lyllertää toddle, waddle
lymfahieronta lymphatic drainage
lymyillä lurk
lynkata lynch
lypsykone milker
lypsää milk
lyriikka [lyric] poetry
lyseo *(Br)* secondary school; *(Am)* high school
lystikäs amusing
lysähtää: ***~ kasaan*** collapse; ***~ maahan*** drop (sink) to the ground; ***~ tuoliin*** plump [oneself] down in a chair, flop into a chair
lyyhistyminen collapse
lyyhistyä collapse
lyyra lyre
lyyrinen lyric
lyö|dä hit, strike; *(nyrkillä)* punch; *(eläintä, ihmistä, rumpua, tahtia, sydän)* beat; *(kellosta)* strike; *(voittaa)* defeat; ***~ hajalle*** break up; ***~ itsensä läpi*** break into; ***~ kuoliaaksi*** slay; ***~ palloa*** hit (strike) the ball; ***~ päänsä jhk*** hit, knock one's head against sth; ***~ nyrkki pöytään*** strike (bang) one's fist on the table; ***~ ovi kiinni*** bang the door shut; ***~ rahaa*** coin, mint coins; ***älä lyö -tyä*** don't hit a man when he's down; ***hän lyö vaimoaan*** he beats his wife; ***hän löi varpaansa portaaseen*** he stubbed his toe against the step; ***~ vetoa jstak*** bet on sth; ***olin kuin ällikällä -ty*** I was stunned (flabbergasted); ***kellon -dessä 12*** on the stroke of 12
lyömäsoitin percussion instrument
lyönti blow, hit; *(sydämen)* beat; *(kellon, pallopeleissä)* stroke; *(nyrkkeilyssä)* punch
lyöttäytyä: ***~ seuraan*** join
lyöty beaten
lähde *(konkr)* spring; well; *(kuv)* source; ***luotettavasta lähteestä*** from a reliable source
lähdekirja reference book; ***~t*** references
läheі|nen close, near; intimate; ***-siä ystäviä*** close friends; ***~ sijainti*** proximity; ***~ tuttavuus*** intimacy
läheisesti closely
läheisyydessä about; near-by
läheisyys closeness; proximity
lähelle near
lähellä near; close (***jtak*** to); ***onko se tässä ~?*** is it near here?; ***~ oleva kylä*** a close-by (near-by) village
lähemmin: ***tutustua ~*** become better (more intimately) acquainted with; ***asiaa ~ ajateltuani*** upon closer consideration; ***katsoa jtak***

~ have a closer look at
lähempi closer; *vrt.* ***lähemmin***
lähennellä make advances to, get fresh with
lähentää bring closer
lähesty|ä approach; draw near; *(lähennellä, hipoa jtak)* verge [up]on; ***-mme Helsinkiä*** we are approaching Helsinki; ***vuodenvaihde -y*** the end of the year is drawing near
lähetin transmitter
lähetti messenger, bearer; *(šakissa)* bishop; *(juoksupoika)* errandboy; *(sot)* orderly, bearer
lähettiläs envoy; ambassador
lähettyvillä close-by, near-by
lähettäjä sender
lähettää send; *(rad, tv)* broadcast; transmit; *(Br) (postittaa)* post, send by post; *(Am)* mail, send by mail; *(rahtina)* ship; *(toimittaa perille)* deliver; ***~ [lento]matkatavarat suoraan ...*** check the baggage through to ...; ***~ [kiireellisesti] matkaan*** dispatch; ***~ noutamaan apua*** send for help; ***~ radio-, hätä|sanoma*** radio, transmit a distress signal; ***~ uuteen osoitteeseen*** forward to the new address
lähetys *(tavara~)* consignment; shipment; *(toimitus)* delivery; *(tv, rad)* broadcast, transmission; ***kiireellinen ~*** dispatch
lähetyssaarnaaja missionary
lähetystyö missionary work
lähetystö *(dipl)* embassy, legation; *(valtuuskunta)* delegation
lähetystöneuvos counsel[l]or
lähetä: ***~ toisiaan*** converge
lähietäisyys close range
Lähi-itä the Middle East
lähikuva close shot, close-up
lähimmäinen fellow man; *(raam)* neighbour
lähin closest, nearest
lähinaapuri next-door neighbour
lähinnä chiefly, mainly; ***~ oleva*** next, closest
lähiomainen next of kin, nearest (closest) relative
lähiseutu neighbourhood, vicinity, surroundings
lähivalot dipped lights; *(Am)* dimmed lights
lähiö suburb; *ks. myös* ***asumalähiö***
läh|teä leave *(**jnnek** for)*; go; start [out]; *(menemään)* go, get going; *(Am ark)* split; *(matkaan)* set out, set off; *(juna)* depart, leave; *(lentokone)* take off; *(laiva)* sail; *(pesussa)* wash out; ***-detäänkö ostoksille?*** shall we go shopping?; ***haluaisin ~ ulkomaille*** I would like to go abroad; ***meidän täytyy ~ liikkeelle aikaisin*** we must start [out] early; ***auto ei -de käyntiin*** the car won't start; ***nappi -ti irti*** the button came off; ***~ tiehensä*** clear off
lähtien since; from ... on[ward]; starting from; ***mistä ~?*** since when?; ***ensi viikosta ~*** starting from next week; ***siitä ~*** from then (that time) (that moment), ever since; ***tästä (tästä päivästä) ~*** from now (this day) on
lähtö departure; *(ilm)* takeoff; *(urh)* start; ***ennen ~ä*** before leaving
lähtöaika time of departure
lähtöhinta asking price

lähtökohta starting point
lähtölaskenta countdown
lähtöpassit: ***saada*** ~ get the sack, be sacked; *(Am)* be (get) fired; ***antaa*** ~ give a p. his marching orders; *(Am)* give a p. his walking orders
lähtöteline *(urh)* starting block
lähtöviiva start, starting line
läikkyä slop, spill
läikkä *vrt.* ***läiskä***
läikyttää slop, spill
läimäys *(käsien)* clap; *(korville)* box; *(kasvoihin)* slap; *(takamukseen)* smack; *(oven ym.)* slam, bang
läimäytellä spank
läimäyttää *(kädet yhteen)* clap; *(kasvoihin)* slap, bang; *(takamukseen)* smack, spank; *(ovi)* slam, bang
läiskä *(tahra)* blotch, blot; *(maalia ym.)* dab, splash
läjä *(kirjoja, vaatteita, hiekkaa ym.)* heap
läjätä heap; *vrt.* ***kasata***
läjäyttää slam
läkkilevy tinplate
läksiäiset farewell party
läksyt homework; ***oletko jo tehnyt*** *~?* have you done your homework yet?
läksyttää lecture
läkähtyä stifle, suffocate
lämmetä warm [up]; *(sää)* get warmer
lämmin warm; *(kuv myös)* hearty; ***~tunteinen*** affectionate; ***~henkinen*** whole-hearted
lämminsydäminen warmhearted
lämmitellä warm oneself; *(urh)* warm up; ~ ***(lekotella) auringonpaisteessa*** bask in the sunshine
lämmitetty heated
lämmitin *(tekn)* heater; *(urh)* leg-warmer
lämmittäjä stoker
lämmittää *(keitto, sauna, yleisö ym.)* warm up; *(käsiä)* warm; *(asunto)* heat
lämmitys heating
lämpimästi warmly
lämpiö foyer; lobby
lämpö warmth; heat; temperature; ***hänellä on ~ä*** he's got a temperature
lämpöaste degree above zero
lämpömittari thermometer
lämpömäärä temperature
lämpöpatteri radiator
lämpötila temperature
länkkäri western
lännenelokuva western
länsi west
länsimaalainen Westerner
länsimaat the West, the Western countries
länsimainen western; occidental
länsituuli west[erly] wind
länteen west; ~ ***[päin]*** westward[s]
läntinen west; western
läpeensä throughout; thoroughly
läpi through; *(reikä)* hole; ~ ***yön*** [all] through the night; ~ ***vuoden*** all year round
läpiajo passage [through]; ~ ***kielletty*** no thoroughfare
läpikotainen thorough
läpikotaisin thoroughly
läpikulkuliikenne through traffic
läpikulku[-] passage; transit; ~ ***kielletty*** trespassing prohibited, no

passage
läpikuultamaton opaque
läpikuultava translucent; transparent
läpileikkaus cross-section
läpimitta diameter
läpimurto through; *(reikä)* breakthrough; ***tehdä ~ levymarkkinoille*** break into the record market (make a breakthrough in)
läpimärkä soaked; soaking [wet]
läpinäkyvä transparent; *(vaatteista)* see-through
läpi|pääsemätön, -tunkematon impenetrable, inaccessible
läpivalaisu *(tekn)* fluoroscopy; *(lääk)* X-ray
läppä flap; valve
läpäisemätön impermeable; impervious; ***vettä ~*** waterproof
läpäistä *(tunkeutua)* penetrate; *(tutkinto ym.)* pass
läski[kasa] *(ark)* fatty
läsnä *(~ oleva)* present; ***kuinka moni oli ~ kokouksessa?*** how many were present at the meeting?; ***heidän ~ ollessaan*** in their presence
läsnäolo attendance; presence
lässähtää *(lopahtaa)* go off
lätkä flap; *(urh)* ice hockey
lätti *(kieli)* Latvian
lättähattu *(50-luv)* teddy boy; *(juna)* local train
lätäkkö pool; puddle
lävikkö colander
lävistäjä diagonal
lävistää pierce; *(leimata)* punch; *(rei'ittää)* perforate; *(keihästää)* spear
läähättää pant, gasp
lääke medicine; *(kuv)* remedy
lääkeaine drug
lääkekaappi medicine cabinet
lääkemääräys prescription
lääketiede medicine
lääketieteellinen medical
lääkintähuolto medical service
lääkintävoimistelu physiotherapy
lääkitys medication
lääkäri doctor; physician
lääkäri|asema, -keskus private clinic
lääkärinpalkkio doctor's fee
lääkärintarkastus check-up; physical
lääkärintodistus medical certificate
lääninherra liege
lääppiä: ***~ jkta, lähennellä*** paw sb, get fresh with sb; ***~ toisiaan*** neck; *(Am)* make out
löperö *(henk t. olemus)* slouch; slouching
lörppö chatterbox
lörpötellä chatter, prattle
lörpöttää gab
lörpötys babble, chatter, prattle
lössö = ***löperö***
lötsähtää flop
löydös finding; *(mineraali~)* strike
löyhkä stench, smell, stink
löyhkätä stink, reek
löyhä slack, lax; loose
löyly heat [in the sauna]; ***heittää t. lyödä ~ä*** throw water on the [heated] stones
löylyttää *(piestä)* thrash, wallop
löysä *(väljä)* loose; *(ei tiukka, laiska)* slack; ***~ muna*** soft-boiled egg
löysätä loosen, slacken; *(kuv myös)* ease, ease off

löytyä be found; ***mistä se löytyi?*** where was it found? where did they find it?; ***avaimia ei löydy mistään*** I can't find the keys anywhere

löy|tää find; discover; *(odottamatta)* strike; *(keksiä)* strike [up]on; *(jäljittää)* trace; *(~ katseellaan, erottaa)* pick out; *(sattua löytämään, saada käsiinsä)* pick up, come by; ***olen -tänyt ratkaisun*** I have (struck on) found a solution; ***kuka -si Amerikan?*** who discovered America?; ***he -sivät öljyä*** they struck oil; ***pystytkö -tämään (erottamaan) hänet tästä joukosta?*** can you pick her out in this crowd?; ***mistä ihmeestä olet löytänyt tuollaisen kirjan?*** where on earth did you pick up a book like that?

löytö find; *(keksintö)* discovery; *(öljy~, mineraali~ ym.)* strike

löytölapsi foundling

löytöpalkkio reward

löytöretkeilijä explorer

löytöretki a voyage (journey) of exploration; *(meritse tehty)* voyage of discovery

löytötavaratoimisto lost property office; *(Am)* lost and found [desk] (counter)

lööppi *(läh)* headlines, tabloid

M

maa *(~perä, kamara)* earth, soil, ground; *(valtio, seutu)* country; land; *(tilukset)* land[s], estate; ***maissa*** on land; ***maitse*** by land; ***pidän ~lla asumisesta*** I love living in the country[side]; ***mennään viikonlopuksi ~lle!*** let's go into the country for the weekend!; ***tämä on karua ~ta (seutua)*** this is barren land (country); ***katsotaan kuinka ~ makaa*** let's see (find out) how the land lies; ***~ssa ja vedessä elävä*** *t.* ***liikkuva*** amphibious

maadoittaa earth; ground

maadoitusjohto earth

maahanhyökkäys incursion; invasion

maahanmuuttaja immigrant

maahanmuutto immigration

maaherra governor

maahockey *(Br)* hockey

maailm|a world; earth; ***kyllä ~ on pieni*** it's a small world; ***ihmiset kaikkialla ~ssa*** people all over the world; ***-anympärimatka*** a trip round the world; ***haluan nähdä ~a*** I want to see the world; ***~a nähnyt, parkkiintunut*** worldwise; ***-an meno*** the way[s] of the world; ***he ovat täysin eri -oista*** they are worlds apart; ***luopua -asta*** renounce things of the world

maailmallinen wordly, mundane

maailmanennätys world record

maailmanhistoria history of the world

maailmankaikkeus universe

maailmankansalainen citizen of the world, cosmopolitan

maailmankatsomus outlook on life

maailmankuulu world-famous

maailman|kuva, -käsitys world-view

maailmanlaajuinen global; world-wide

maailmanmatkaaja globetrotter

maailmanmestari world champion

maailmanmestaruus world championship

maailmanmusiikki world music

maailmannainen woman of the world

maailmannäyttely world fair

Maailmanpankki the World Bank

maailmanpyörä Ferris wheel, big wheel

maailmansota world war

Maailman terveysjärjestö the World Health Organization

maailmanvalta world power

maajoukkue [inter]national team; ***Suomen ~*** the Finnish team

maakaasu natural gas

maakunta province

maalaaminen painting

maalainen countryman, farmer, peasant

maalais- rural, country

maalari *(remontti~)* painter, decorator; *(taide~)* painter

maalata paint

maalauksellinen picturesque

maalaus painting; picture

maalaustaide painting
maalausteline easel
maali paint; *(päämäärä)* aim, goal; *(urh)* goal; *(kotipesä)* home; *(juoksussa ym.)* finish; ***tehdä ~*** score [a goal]
maalipylväs winning post
maaliskuu March
maalisuora home stretch
maalitaulu target; mark; ***~n keskusta*** bull's-eye
maalivahti goalkeeper
maaliviiva finishing line
maallikko layman
maallinen earthly; worldly; ***~ omaisuus*** earthly possessions
maallistunut secularized
maaltapako rural depopulation, depopulation of the countryside
maamerkki landmark
maamies farmer
maamyyrä mole
maanalainen underground; subterranean; ***~ rautatie, metro*** *(Br)* underground; *(Br ark)* tube; *(Am)* subway
maanantai Monday; ***~sta perjantaihin*** from Monday till Friday
maanjäristys earthquake
maankiertäjä tramp, vagabond
maanmies compatriot; [fellow] countryman
maanmittari surveyor
maanosa continent
maanpa|ko exile; banishment; ***ajaa -koon*** exile, banish, send into exile (banishment); ***lähteä -koon*** go into exile (banishment); ***olla -ossa*** be in exile
maanpakolainen exile
maanpetos treason
maanpetturi traitor
maanpinta surface of the earth
maanpuolustus defense
maanpäällinen earthly, temporal
maansiirtokone earthmover
maantie highway
maantiede geography
maantierosvo bandit; highwayman; *(kirj)* brigand
maantieteellinen geographical
maanvaiva pest, nuisance
maanviljelijä farmer
maanviljely agriculture, farming
maanvyörymä landslide, landslip
maaomaisuus estate
maaorja serf
maaorjuus serfdom, bondage
maaottelu international match
maapallo earth; globe; ***~n ulkopuolinen*** extraterrestrial
maaperä earth; ground, land, soil
maapihka bitumen
maapähkinä peanut
maaseutu country; countryside; rural area
maaseutuväestö rural population; peasantry
maastakarkotettu exile
maastakarkotus banishment, exile
maastamuutto emigration; exodus
maastoauto jeep; cross-country vehicle
maastoesteratsastus steeplechase
maata lie
maatalo farm[house]; *(Am myös)* farmstead
maatalous agriculture
maatalouspolitiikka agricultural policy
maataloustuotteet agricultural products, farm products

maatalousuudistus agricultural reform
maatila farm; *(suuri)* domain; estate
maatua decay; moulder
madaltaa lower
made *(el)* burbot
madella crawl; grovel; *(kuv)* cringe, grovel
madonna Madonna
madonsyömä worm-eaten
magia magic
magnaatti magnate
magneetti magnet
magneettinen magnetic
magnetofoni *(vanh)* *(= nauhuri)* tape recorder
maha belly; ***ihra~*** paunch; ***~[laukku]*** stomach
mahahaava ulcer
mahalasku crash landing; ***kone teki ~n*** the plane crash-landed
mahdollinen possible; potential; ***~ [toteuttaa]*** feasible, conceivable; ***on mahdollista, että ...*** it's possible that, there is a chance that ...
mahdollisesti possibly
mahdollisuu|s chance; possibility; potential; *(palvelu)* facility; *(tilaisuus)* opportunity; eventuality; ***tämä on viimeinen -tesi*** this is your last chance; ***hänellä on hienot -det*** she's got great potential; ***tällä tuotteella on rajattomat myyntimahdollisuudet*** this product has (an) unlimited sales potential; ***keitto~*** cooking facilities
mahdoton impossible; ***~ [ajatella]*** unthinkable; ***~ hyväksyä*** unacceptable; ***~ hävittää*** indestructible; ***~ korjata*** irreparable; ***~ lukea*** illegible; ***~ toteuttaa*** impracticable, unfeasible
mahdottomuus absurdity, absurdness; impossibility
mahduttaa fit in
mahla sap
mahonki mahogany
mahtaa: ***hän ~ olla rikas*** he must be rich; ***minkäs sille ~, ei mahda mitään*** it can't be helped, what can you do?
mahtailla show off; *(esiintyä kovaäänisesti)* bluster; *(kerskailla)* boast (***jstak*** about sth)
mahtava great; *(rakennus ym.)* imposing; *(voimakas)* mighty, powerful; impressive; *(ark)* terrific
mahti power; might
mahtipontinen bombastic; pompous
mahtisana dictate
mah|tua fit, go; ***kaikki kirjat -tuivat laatikkoon*** all the books went in the box; ***tämä hame ei -du minulle*** this skirt doesn't fit me; ***-tuuko takapenkille?*** is there any room on the back seat?; ***paljonko [ihmisiä] tähän saliin -tuu?*** how many people can this hall seat?; ***tähän bussiin -tuu 44 henkeä*** this bus can carry (take) 44 people
maihin ashore, to land
maihinnousu *(sot)* disembarkment; landing; ***Normandian~*** Invasion of Normandy, Normandy Landings
maila bat; ***[tennis]~*** racket; ***[golf]~*** club
mailapoika caddie
maili mile

mailimäärä mileage
maine reputation; *(kuuluisuus)* fame, renown; ***huono ~*** bad reputation, notoriety; ***tällä ravintolalla on hyvä maine*** this restaurant has got a good reputation
maineikas famed; illustrious; *(hyvämaineinen)* reputable
maininta mention; statement
mainio great; *(hieno)* excellent, wonderful, splendid; ***sehän on ~ta!*** great!, excellent!, *(Br)* jolly good!; *(Am)* that's wonderful (terrific)!; ***~ vitsi*** a hilarious joke
mainita mention; say, give; point out; *(siteerata)* quote
mainonta advertising; promotion
mainos advertisement; puff; *(ark)* ad; *(Br, ark)* advert *(tv, rad)* commercial
mainosala advertising
mainosjuliste bill, poster
mainoskampanja advertising campaign; promotion
mainoskatko commercial break
mainoslehtinen leaflet
mainospiirtäjä advertising designer
mainostaa advertise; promote; puff
mainostaminen advertising; promoting
mainostaulu billboard; hoarding
mainostemppu publicity stunt
mainostoimisto advertising agency
mairitella flatter, cajole
maisema landscape; scenery
maisema-arkkitehti landscape architect
maisemakonttori landscape office, open-plan office
maisemareitti scenic route
maiskuttaa smack; eat noisily
maissa on land; ashore
maissi *(Br)* maize; *(Am)* corn
maissihiutaleet cereal; cornflakes
maissijauho *(Br)* cornflour; *(Am)* cornstarch
maistaa taste, savour; *(kuv)* sample
maistella taste, savour; sip
maisteri Master of Arts (Science)
maistua taste; *(vivahtaa)* savour, smack ***(jltak*** of)
maiti milt
maito milk
maitohammas deciduous tooth, baby tooth
maito|hinkki, -kannu *(Br)* churn; *(Am)* milk can
maitokarja milk cattle
maitokauppa dairy
maitomies milkman
maitotila milk farm, *(Am)* dairy
maitotuotteet dairy products (produce)
maitse by land, over land
maittava tasty
maja cottage; hut, lodge
majakka lighthouse
majakkalaiva lightship
majapaikka place to stay; lodging
majatalo inn, tavern
majava beaver
majesteetti Majesty
majesteettinen majestic
majoittaa accommodate; ***~ joku yöksi*** fix sb up with a bed (put sb up) for the night
majoittaminen accommodation
majoitus[mahdollisuudet] accommodation; ***~ ja aamiainen*** bed and breakfast; ***~ ja ruoka*** board and lodging

majoneesi mayonnaise
majuri major
makaava *(vatsallaan)* prone
makaroni macaroni; pasta
makasiini warehouse
makea sweet; ***olen perso ~lle*** I've got a sweet tooth; ***~n veden kala[a]*** freshwater fish
Makedonia Macedonia
makeinen *(Br)* sweet; *(Am)* candy
makeis|kauppa, -leipomo confectionary
makeus sweetness
makeuttaa sweeten
makeutusaine sweetener
makkara sausage
makrilli mackerel
maksa liver
maksaa *(olla hinta)* cost; *(suorittaa maksu)* pay; ***~ etukäteen*** advance, pay in advance; ***~ käsiraha[a]*** deposit, give a down payment; ***~ samalla mitalla takaisin jklle*** get back at sb, retaliate against sb; ***~ takaisin*** refund, repay
maksamakkara liver sausage
maksamaton *(erääntyvä)* outstanding; *(rästissä)* in arrears; ***~ velka*** arrears
maksettava payable; ***~ksi langennut*** due; ***~ksi erääntyvä*** outstanding
maksettu paid
maksimaalinen maximal
maksimi maximum
maksu payment; *(palvelusta)* charge; *(koulu-, pysäköinti ym.)* fee; *(kuljetus~)* fare; ***~n laiminlyöminen*** nonpayment; ***~tta*** free of charge
maksuaika: ***1 kk ~a*** one month's credit; ***lainan ~ on 5 v*** the loan is repayable over five years
maksuehdot terms [of payment]
maksukyky solvency
maksukykyinen solvent
maksukyvyttömyys insolvency
maksukyvytön insolvent
maksumääräys money order; *(Br myös)* postal order
maksunperijä collector
maksuosoitus cheque
maksutase balance of payments
maksuton free of charge
maku taste; flavo[u]r; savo[u]r; ***hänellä on hyvä ~*** he's got a good taste; ***se ei ole minun ~uni*** it is not to my taste; ***mausteinen ~*** a spicy flavo[u]r; ***~asia*** a matter of taste
makupala dainty; titbit
makutuomari arbiter of taste
makuuhaava bedsore
makuuhuone bedroom
makuulava bunk
makuupaikka *(junan vuode)* berth; place in a sleeper; couchette; *(~lippu)* sleeper car ticket
makuuparvi sleeping gallery
makuupussi sleeping bag
makuusali dormitory
makuuvaunu sleeper; sleeping car; *(Am myös)* Pullman
maleksia bum around, loaf, loiter
malja *(kulho)* basin, bowl; *(drinkki)* toast; ***kohottaa ~ jkllle*** propose a toast to sb; ***juodaan ~ isännillemme!*** a toast to (let us toast to) our hosts!
maljakko vase
mallas malt

malli *(vaate, kuvio)* design; *(neule-, ompelu- ym.)* pattern; *(pienois-, valokuva- ym.)* model; *(~kappale, näyte)* sample; *(esikuva)* role model, example; ***olla ~na, poseerata*** pose for, model; ***näyttää ~a*** set a good example
mallikelpoinen exemplary
mallinukke mannequin, dummy; *(taiteilijan)* lay figure
malmi ore; ***etsiä ~a*** prospect for ore
malmisuoni vein of ore, lode
Malta Malta
maltalainen Maltese
maltillinen calm, self-possessed; cool-headed
maltillisuus calmness, composure
malttaa have patience
malttamaton hasty, impatient
maltti presence of mind; self-control; self-possession; ***~a!*** let's stay calm!, let's keep cool!; ***menettää ~nsa*** lose one's temper
malvanvärinen mauve
mammuttipetäjä sequoia
manaaja exorcist
manaaminen exorcism
manageri manager
manata *(kirota)* curse; ***~ esiin*** conjure up, call up, evoke; ***~ pois*** exorcize
mandaatti[alue] mandate
mandariini *(Br)* mandarine; *(Am)* tangerine
maneeri[maisuus] mannerism
manikyyri manicure
manipuloida manipulate
mankeli mangle
mankeloida mangle
mannasuurimot semolina
mannekiini model
manner[maa] mainland; *(maanosa)* continent; ***~ten välinen*** intercontinental
mannermainen continental
mansetti cuff
mansikka strawberry
mansikkahillo strawberry jam
mansikkajäätelö strawberry ice-cream
manteli almond
mantteli mantle
manööveri manoeuvre
mappi file
marakatti monkey
maraton marathon
margariini margarine
marginaali margin
Marianpäivä, Marian ilmestyspäivä Annunciation Day
marihuana marihuana; *(sl)* pot, grass; ***~savuke*** *(sl)* joint
marionetti puppet
marisija grouch; *(Am)* crank
marista whine, grouch, grumble; be peevish
marj|a berry; ***poimia -oja*** pick berries
marjakuusi yew
marjasato pick
marjastaa pick berries
marketti market; supermarket; *(läh)* general store
markiisi marquis, marquess; *(kangas)* awning; *(rullaverho) (Br)* blind, *(Am)* window shade
markiisitar marchioness
markka mark; ***Suomen ~*** Finnmark; ***Saksan ~*** Deutschmark, German mark
markkina-alue market
markkin|at fair; market; ***-oilla*** in

the market; ***laskea -oille*** put on the market
markkinavoimat market forces
markkinoida market
markkinointi marketing
marmeladi jelly; *(appelsiini)* marmalade
marmori marble
Marokko Morocco
marraskuu November
marsalkka marshall; *(juhlatilaisuuksissa)* usher
marsipaani marzipan
marssi march
marssia march; ***~ ohi*** defile
marsu guinea pig
marttyyri martyr
masennus blues; depression
masentaa depress, discourage; *(lannistaa)* dishearten; put down
masentava depressing; daunting
masentua be discouraged, get depressed
masentuneisuus dejection
masentunut depressed, crestfallen; *(ark)* down
maskeeraaja *(teatt, tv)* make-up artist
maskeerata make up
maski mask; stage make-up
maskotti mascot; talisman
maskuliininen masculine
massa mass; *(puu-)* pulp
mastiffi mastiff
masto mast
masu tummy
matala low; *(järvi ym.)* shallow
matalapaine depression
matalikko shallow; shoal
mateleminen crawling
matelija reptile
matemaatikko mathematician
matemaattinen mathematical
matematiikka mathematics
materiaali *(aines)* material, substance; *(aineisto)* information, material; *(tieteellinen)* data
matka *(Br)* journey; *(Am)* trip; way; *(kierto~)* tour; *(meri~)* voyage; *(ylitys)* passage, crossing; *(etäisyys)* distance; ***hyvää ~a!*** *(Br)* have a pleasant journey; *(Am)* have a nice (pleasant) trip; ***hän on ~lla kotiin*** he is on his way home
matka-arkku trunk
matkailija tourist, travel[l]er; ***[huvi]~*** excursionist
matkailu tourism; travel[l]ing; touring
matkailuauto camper
matkailukohde tourist attraction; *(ark)* tourist trap
matkailuneuvonta tourist information
matkailutoimisto tourist office
matkakohde [travel] destination
matkakulut travel[l]ing expenses; ***korvataanko sinulle matkakulut?*** do they cover your travel expenses?
matkalaukku suitcase
matkalippu ticket
matkamuisto souvenir
matkamuistomyymälä souvenir shop
matkanjärjestäjä tour operator; travel agent
matkaopas tour guide
matkapahoinvointi travel sickness
matkapassit: ***antaa jklle ~*** send someone packing; *(Br)* ***saada***

(antaa) ~ get (give) the chuck
matkaradio portable radio
matkareitti itinerary
matkasanakirja phrasebook
matkasekki *(Br)* traveller's cheque; *(Am)* traveler's check
matkasänky *(lapsen)* travel cot
matkatavara[t] *(Br)* luggage, *(Am)* baggage
matkatavarasäilö *(Br)* left luggage office; *(Am)* baggage room, checkroom
matkatavaratila *(Br)* boot; *(Am)* trunk
matkatoimisto travel agency (bureau)
matkatoimistovirkailija travel agent
matkatoveri fellow travel[l]er
matkia imitate; mimic
matkusta|a travel; journey; *(kulkea)* go; ***oletko -nut paljon?*** have you travel[l]ed a lot? have you done a lot of travel[l]ing?; ~ ***junalla (bussilla, laivalla, lentokoneella)*** travel (go) by train (bus, boat, plane); ~ ***kausilipulla (kulkea työmatkaa)*** commute
matkustaja passenger; travel[l]er
matkustajakone passenger aircraft; *(vanh)* airliner
matkustajakoti guesthouse; hostel
matkustajaliikenne passenger traffic
matkustaminen travel[l]ing; touring
matkustella travel; journey; tour
matkustus travel; travelling
mato worm
matruusi *(mer) (Br)* junior seaman; *(Am)* seaman apprentice
matta mat
matti checkmate
matti meikäläinen *(Br)* Joe Public; *(Am)* John Doe
matto carpet; rug
maukas appetizing; savo[u]ry; tasteful, tasty
maustaa season; spice (***jllak*** with)
mauste condiment; seasoning; spice
maustehylly cruet
maustekakku gingerbread
mausteneilikka clove
maustepippuri allspice
mauste|pullo, -purkki cruet
maustettu spicy; ~ ***jllak*** seasoned with
mauton *(kuv)* insipid; tasteless
mauttomuus lack of taste
me we; ***meidän*** our, ours; ***meitä***, ***meille*** us
medaljonki locket
media the media
mediahai media hype
meduusa jellyfish
meedio medium
mehevä luscious; succulent; *(kuv)* racy
mehi[kasvi] succulent
mehiläinen bee
mehiläiskeko [bee]hive
mehu juice; *(mahla)* sap
mehukas juicy; saucy
mehulinko juice extractor
mehuste essence
meidän our, ours
meidät us
meijeri dairy
meikata make up; ***minun täytyy*** ~ ***ennen lähtöä*** I have to do my make-up before we go

meikkaus make-up
meikki make-up; ***kova ~*** a strong make-up; ***hän käyttää hyvin vähän ~ä*** she wears very little make-up
meille [to] us
meininki *(tunnelma)* feeling, situation; *(imu)* drive; ***siellä oli hyvä ~*** it was a lot of fun, it was a great party (concert ym.); ***mikä on ~?*** what's up? what's happening?
meirami marjoram
meisseli chisel
meisti punch
meistää punch
meitä us
mekaanikko mechanic
mekaaninen clockwork; mechanical
mekaniikka mechanics
mekanismi mechanism
mekastaa make a lot of noise, make a big racket, kick up a din; clamo[u]r; ***älkää mekastako!*** not so loud! stop that noise (racket) !
Meksiko Mexico
mela paddle; scull
melankolia melancholy
melankolinen melancholy
melkein almost; nearly; about; practically
melko fairly, pretty, rather; reasonably; tolerably
melkoinen considerable; ***~ nainen!*** some lady!; ***~ päivä!*** quite a day!
mellakka riot, disorder; *(levottomuus)* commotion
mellakoida riot
mellakoitsija rioter
mellastaa be noisy; *(lapsista)* romp, make (kick up) a racket
meloa paddle; scull; ***~ kanootilla*** canoe
melodinen melodious
meloni melon
melske *(meteli)* din; *(levottomuus, sekasorto)* turbulence; *(kuohunta)* turmoil; ***sodan ~issä*** in the turmoils of war
melskeinen tumultuous; stormy
melu noise, racket, din
meluava, meluisa noisy
menehtyä perish (***jhk*** with); succumb (***jhk*** to)
menekki sale[s]; market; *(kulutus)* consumption
menestyksellinen prosperous; successful
menestys prosperity; success; ***se oli suuri ~*** it was a big success
menestyskirja best-seller
menestyslevy hit [record]; a record making all the charts, a chart-topping record
menestystarina success story
menestyä be successful, succeed; *(liikeyritys ym.)* flourish, prosper; *(eläin, kasvi)* thrive
menetellä do; act; proceed; ***menettelit (teit) aivan oikein*** you did the right thing
menetelmä technique; method; *(käytäntö)* practice
menetetty lost
menettely action; procedure, manner of proceeding; *(~tapa)* policy
menet|tää lose; miss; *(jäädä paitsi)* miss out; *(lak)* forfeit; ***-imme ainutlaatuisen mahdollisuuden*** we missed a unique opportunity; ***~ oikeutensa jhk*** forfeit one's right to sth; ***-it paljon kun et tul-***

lut you missed out a lot by not coming; ***~ järkensä*** lose one's reason (senses); ***~ tajuntansa*** black out, lose consciousness; ***~ henkensä*** lose one's life; ***hän -ti perheensä sodassa*** he lost his family in the war
menetys loss; bereavement
menneisyys past; ***menneisyydessä*** in the past
mennessä: ***klo 2:een ~*** by 2 o'clock; ***tähän ~*** up till now
mennyt gone; past; ***se on ollutta ja -tä*** it's all in the past now, it's history
mennä go; get; enter; proceed; ***mennä jhk sisään*** go (get) into, enter; ***~ hakemaan jkta*** go [to] pick up sb; ***~ jkta vastaan*** go [to] meet sb; ***~ kaupaksi*** sell; ***~ t. kulua umpeen*** expire; ***~ t. lähteä ulos*** go out; ***~ mönkään t. pieleen*** fall through, flop, go wrong; ***~ naimisiin*** get married, marry; ***~ nukkumaan*** go to bed, turn in; ***~ ohi*** go by, go past, pass; ***~ pilveen*** cloud; ***~ pois*** go away, leave; ***~ pois päältä*** go off; ***~ pirstaleiksi*** shatter, go into little pieces; ***~ rikki*** break down; ***~ rullalle, kerälle*** coil, curl up; ***~ särölle*** crack; chip; ***~ takaisin*** go (get) back;
~ t. työntää kumoon capsize
meno expense, charge; *(kirkon)* rite
menoerä expense
menolippu *(Br)* single [ticket], *(Am)* one-way ticket
menomatkalla on the way there
meno-paluulippu *(Br)* return [ticket], *(Am)* roundtrip ticket
menot expenditure
menu menu
menuetti minuet
merenkulkija navigator, seafarer; ***he ovat ~kansaa*** they are a seafaring nation
merenkulku navigation; shipping
merenkulkuhallitus National Board of Navigation
merenkävijä navigator, seafarer
merenkäynti rough sea, swell
merenlahti bay; *(suuri)* gulf
merenneito mermaid
merenpin|ta sea level; ***-nan yläpuolella*** above sea level
merenpohja sea-bed, sea (*t.* ocean) floor; bottom of the sea
merenranta seaboard, seaside
merenrantakaupunki seaside town
merentakainen overseas
merentutkimus maritime research
mer|i sea; ***minusta on ihana uida -essä*** I enjoy swimming in the sea; ***olemme olleet -ellä kaksi päivää*** we have been at sea for two days
meriantura sole
meridiaani meridian
merihevonen seahorse
merihirviö sea monster; *(raam)* leviathan
merihä|tä: ***merihädässä*** in distress
merijalkaväki marines
merikadetti midshipman
merikapteeni sea captain
merikelpoinen seaworthy
merikilpikonna turtle
merikortti chart
merikylpylä seaside resort
merilevä seaweed

merimatka crossing, passage; voyage
merimerkki buoy; *(reimari)* spar-buoy
merimies sailor; seaman
merimiesjuttu yarn
meripelastus life-saving; salvage
meripeninkulma sea (nautical) mile
meripihka amber
merirosvo pirate; *(hist)* buccaneer
merirosvoradio pirate radio [station]
merisairas seasick
merisairaus seasickness
meriselitys sea (captain's) protest
merisiili sea urchin
merisotakoulu naval academy
merisotilas marine
meritaistelu sea (naval) battle
meritie sea route
meritse by sea (water)
meritursas common octopus
meritähti starfish
merivahinko sea damage
merivakuutus marine insurance
merivartiosto coastguard
merivesi sea water
merivirta sea current
merivoimat navy
merkillinen singular, strange, peculiar
merkinanto signal
merkintä note; *(pöytäkirjassa, rekisterissä, ym.)* entry; *(maininta)* mention; *(muistiinpano)* record; endorsement; ~ ***sisällöstä*** indication of the contents; ***tavaroiden*** ~ marking; ***osakkeiden*** ~ subscription for shares
merkitsevä significant; ***hän loi minuun ~n katseen*** he gave me a significant look
merkittävä remarkable, noteworthy, notable; *(tärkeä)* important, significant
merkityksellinen significant
merkityksetön insignificant
merkitys importance; meaning; sense; significance
merkitä *(kirjoittaa muistiin)* make a note of; note (write, put) down; *(asiakirjaan ym.)* enter; *(panna merkki)* mark; *(olla merkitykseltään)* mean; signify; ~ ***karjaa*** brand; ~ ***rastilla*** tick
merk|ki mark; sign; token; *(jälki)* trace; *(todiste)* evidence; *(ääni~, valo~ ym.)* signal; *(rinta~, pesuaine~, savuke~ ym. tuote~)* brand, trademark; *(foneettinen, kemiallinen)* symbol; ***panna -ille jtak*** take notice of, notice sth; ***-iksi jstak*** as a sign (token) of sth; ***se on hyvä*** ~ that's a good sign; ***ajan*** ~ a sign of the times; ***mitä ~ä uusi autosi on?*** what make is your new car?
merkkienselittäjä augur
merkkitapaus highlight, top event; memorable event; *(kuv)* milestone
merkkituli beacon
merkkivaatteet designer clothes
merkkivalo signal [light]; *(lieden ym.)* pilot light
mesi nectar, honey
mesimarja *(läh)* arctic bramble
meskaliini mescalin[e]
messi mess
messias Messiah
messinki brass

messinkinen brazen
messu mass
messukeskus fair centre; *(Am)* fair center
messut fair
mestari champion; master, expert (*jssak* at, in)
mestarillinen masterly
mestariteos masterpiece
mestaruus championship; mastery
mestaruuskilpailut championships
mestata execute; behead, decapitate
mestaus execution
mestauslava scaffold
metafora metaphor
metalli metal
metallilanka wire
metallilehti foil
metallinen metal[lic]
metallinilmaisin metal detector
metalliseos alloy
metallitavara hardware
metamorfoosi metamorphosis
meteli noise, row, uproar, clamo[u]r; *(tappelu)* brawl; riot; *(lasten myös)* rumpus
metelöidä make noise; make a racket; *(mellakoida)* riot
meteoriitti meteorite
meteorologi meteorologist
meteorologia meteorology
metku trick, dodge, shuffle
metri metre; *(Am)* meter; ***metreittäin***, ***~tavarana*** by the metre
metrijärjestelmä metric system
metropoli metropolis
metsikkö wood, copse
metsittyminen afforestation
metso capercaillie, wood grouse
metsuri lumberjack
metsä forest; wood
metsäaukea glade
metsäinen wooded, woody
metsäkauris roe
metsänhakkuu cutting, felling; *(Am)* lumbering
metsänhoitaja forester
metsänhoito forest management, forestry
metsänhoitoyhdistys forestry society
metsänhävitys deforestation, forest devastation
metsänistutus [re]forestation
metsänpeikko goblin
metsänriista game
metsäntutkimuslaitos forest research institute
metsänvartija forester; *(Am)* ranger
metsäpalo forest fire
metsästys hunting, shooting; *(myös kuv)* hunt, chase
metsästystorvi bugle
metsästäjä hunter
metsästäminen hunting, chasing
metsästää hunt, shoot; *(kuv)* hunt for; chase [up]
metsäsuomalainen *(hist)* forest Finn
metsäsuunnittelu forest planning
metsätalous forest economy
metsäteknikko forest technician
metsäteollisuus wood[-processing] industry
metsätiede forestry, silviculture
metsätyömaa logging (forest working) site; *(Am)* lumbering site
miedontaa *(laimentaa)* dilute; *(kuv)* tone down
miehekäs manly; masculine

miehet men
miehinen male, typical of men; manly
miehistö crew
miehitetty occupied
miehittää occupy; man
miehitys occupation
miehitysjoukot occupation troops
miehusta bodice
miehuus[ikä] manhood
miehuusaika manhood
miekka sword
miekkailla fence
miekkailu fencing
mieleenjäävä *(tarttuva)* catchy
mieleenpainuva impressive; memorable, unforgettable
mieleinen agreeable, pleasing; to sb's liking
mielekäs meaningful; wise, reasonable
mielelläjän willingly, gladly, with pleasure; ***autan sinua -ni*** I'll be glad to help you; ***tulen oikein -ni*** I'll be delighted to come
mielenhäiriö mental aberration (disturbance)
mielenkiinnoton uninteresting
mielenkiinto interest (***jhk*** in); ***herättää ~a*** arouse interest
mielenkuohu excitement
mielenliikutus emotion
mielenlujuus strength of mind
mielenmaltti composure; presence of mind
mielenosoitus demonstration
mielenrauha peace of mind
mielenterveys mental health
mielentila state of mind
mielentyyneys balance; equanimity
mielenvikainen insane
mielenylennys uplift
mielettömyys absurdity, folly; madness; senselessness; *(julmuus)* atrocity
mieletön mindless, senseless; absurd; *(hullu)* crazy, mad; *(hurja)* frantic; *(sl)* heavy; *(Am ark)* awesome
miel|i mind; ***minun -estäni*** to my mind, in my opinion, in my view; ***mitä sinulla on -essä?*** what have you got in mind?; ***yritän tehdä hänelle -iksi*** I try to please (humo[u]r) her; ***olen samaa -tä kanssasi*** I agree with you; ***älä taas muuta -täsi!*** don't change your mind again!
mieliala mood; spirits; *(sot)* morale
mieliharrastus favo[u]rite hobby
mielihyvin gladly, with great pleasure
mielihyvä pleasure; satisfaction; delight; *(ark)* kick
mielijohde impulse, whim, fancy; ***hetken mielijohteesta*** on the spur of the moment
mielikuva idea, conception; impression
mielikuvituksellinen fanciful; fantastic; *(kuviteltu)* imaginary
mielikuvitukseton unimaginative
mielikuvitus imagination; fancy; fantasy; ***sinulla on vilkas ~*** you've got a vivid imagination; ***se on pelkkää ~ta*** it is pure imagination, it is nothing but fancy
mielin määrin ad-lib; as much as one likes
mielipaha displeasure; regret; resentment

mielipi|de opinion; view; ***mikä on sinun -teesi tästä?*** what is your opinion of (about) this? what is your view on (about) this?; ***yleinen ~ on sitä vastaan*** public opinion is against it
mielipide-ero disagreement; difference of opinion, dissent
mielipidetutkimus opinion poll, survey
mielipuoli lunatic; madman, maniac; *(kuuhullu)* moonstruck; *(ark)* nut[case]; *(Br ark)* loony, mental
mieliruoka favo[u]rite dish (food)
mielisairaala asylum; mental hospital
mielisairas insane; mentally ill
mielisairaus insanity; mental disease
mielistelevä fawning
mielistellä flatter, fawn; butter sb up
mielivaltainen arbitrary; *(satunnainen)* accidental, haphazard
mielle concept; impression, idea
mielleyhtymä association [of ideas]; *(sivumerkitys)* connotation
miellyttävyys pleasantness, charm
miellyttävä pleasant, enjoyable, nice; *(mukava)* comfortable; ***~ ihminen*** a nice person
miellyttävännäköinen nice-looking, pleasant-looking; comely
miellyttää please, humo[u]r; appeal [to]
mieltymys liking; affection; disposition; fancy
mieltynyt fond of; ***olla ~ jhk*** have a liking for, have taken a fancy for
mieltä ylentävä edifying
mieluimmin, mieluummin preferably; rather, sooner
mieluinen to sb's liking
mieluiten preferably
mie|s man; husband; ***saanko esitellä -heni?*** may I introduce my husband?; ***~ ja vaimo*** man and wife; ***nyt puhutaan kuin ~ -helle*** let's have a man-to-man talk; ***~muistiin*** in living memory; ***~ten mies*** *(leik)* he-man
mieshenkilö man; male
mieshukka casualties
mieskuoro male choir
miesmäinen manly, masculine; *(naisesta)* mannish
miespuolinen male
miestappo manslaughter
miesvahvuus manpower
miet|e thought; reflection; ***hän istui syvälle -teisiin vaipuneena*** she was sitting there deep in her thoughts
mietelause aphorism
mietiskelevä contemplative
mietiskellä ponder (***jtak*** on); contemplate; *(fil, usk)* meditate
mietiskely contemplation; *(fil, usk)* meditation
mietityttää puzzle
mieto mild, weak; ***~ viini*** light wine
miettiväinen pensive; thoughtful; in one's thoughts
miettiä think (***jtak*** about); reflect (***jtak*** on); contemplate; *(harkita)* consider; ponder; ***minun täytyy ~ asiaa*** I have to think it over
mihin where; where to
miilu charcoal pit
miimikko mime artist
miiminen mimetic; ***~ esitys*** mime

miina mine
miinaharava minedetector
miinakenttä minefield
miinanraivaaja minesweeper
miinoittaa mine, lay mines
miinu|s minus, less; ***viisi ~ kaksi on kolme*** five minus two equals three; ***kaksi tuhatta ~ verot*** two thousand less taxes; ***tilini on 200 mk -ksella*** my account is 200 marks overdrawn (overdrawn by 200 marks)
mikroaaltouuni microwave oven
mikroauto [go-]kart
mikrobi microbe
mikrofoni microphone
mikroskooppi microscope
miksi why; for what [reason]?; ***~ ihmeessä?*** why on earth?
mikä *vrt.* ***mitä***; what; *(~ niistä, kumpi)* which; ***~ näistä sanakirjoista on paras?*** which of these dictionaries (which dictionary) is the best?; ***ota ~ tahansa sinua miellyttää*** take whichever you prefer (like); ***~ sinua vaivaa?*** what's bothering you? what's wrong with you?; ***~ tahansa voisi auttaa*** anything could help
mikäli as far as, in so far as; ***~ mahdollista*** if possible; ***~ minä tiedän*** as far as I know
miliisi militia
miljardi milliard; *(Am)* billion
miljonääri millionaire
miljoon|a million; ***se maksaa sinulle -an*** it will cost you a million; ***-ia ihmisiä*** millions of people; ***kaksi -aa dollaria*** two million dollars
millainen what kind of
milloin when; [at] what time; ***~ hän itkee ~ hän nauraa*** now he cries now he laughs; ***~ tahansa (vain) haluat*** whenever you like
milloinkaan [not] ever
millään: ***ei ~ tavalla*** in no way, by no means; ***tahraa ei saanut ~ keinolla (konstilla) pois*** there was no way to remove the stain; ***voisitko ~ auttaa minua?*** could you possibly help me [out]?
miltei almost
mimiikka mime
mineraali mineral
mineraalivesi mineral water
minibussi minibus
minimaalinen minimal
minimi[-] minimum
minimipalkka minimum wages
minimoida minimize
ministeri minister; *(Br)* Cabinet Minister; *(Am myös)* Secretary; ***salkuton ~*** minister without portfolio; ***ulkomaankauppa~*** minister of foreign trade
ministerihallitus government by ministers, ministerial government (administration)
ministerineuvosto *(EU:n)* Council of Ministers
ministeristö cabinet, government
ministeriö ministry; government department; *(Br)* Department of State; Office; *(Am myös)* State Department; ***opetus~*** Ministry of Education
miniä daughter-in-law
minkki mink
minkälainen = ***millainen***
minkä takia (tähden) why; for what [reason]; what for?

minne = ***mihin***
minttu mint
minua me
minulle [to, for] me
minun my, mine
minut me
minuus ego
minuut|ti minute; ***lähdemme tällä -illa*** we are leaving this minute
minuuttiosoitin minute hand
minä I; ***oma ~*** ego
mirhami myrrh
mirri pussy[cat]
missä where; ***~ on lähin pankki?*** where is the nearest bank?; ***~ tahansa*** anywhere; ***[ei] ~än*** [not] anywhere, nowhere
misteli mistletoe
mistä: ***~ löysit sen?*** where did you find it?; ***~ olet kotoisin?*** where are you from?; ***~ tiesit?*** how did you know?
mitali medal
mitat|a measure, gauge; survey; ***~ askelin*** pace; ***-tavissa [oleva]*** measurable
miten how; in what way; ***tiedätkö ~ tämä toimii?*** do you know how this works, do you know how to work this thing?; ***~ sen nyt sanoisin*** how should I put it; ***oli ~ tahansa*** anyhow, anyway, be that as it may; ***kävi ~ tahansa*** whatever the result, whatever happens
mit|ta measure; *(mittauslaite)* gauge; ***-at*** measurements; ***-tojen mukaan tehty*** made to the measure; custom-made
mittaamaton immeasurable
mittaharppi calliper[s]
mittakaava scale
mittaluoti plumb
mittanauha tape measure
mittapuu standard; yardstick
mittari clock; gauge; meter
mittasuhde dimension
mittatilaustyönä *ks.* ***mitta***
mittaus measurement; measuring, gauging
mitä what; ***~ varten?*** what for?; ***~ jhk tulee*** as to, as for, as far as ... is concerned, concerning, regarding; ***~ pikemmin sitä parempi*** the sooner the better; ***~ parhain*** excellent; ***~ siitä! ~s tuosta!*** never mind [that]!; ***~ tahansa (vain)*** anything, whatever
mitätöidä cancel; *(lak)* annul
mitätön insignificant, trivial, trifling; *(lak)* null and void, not valid
mit[k]ään any, anything
mitään any, anything; ***en tiedä siitä ~*** I don't know anything about it; ***ei ~ erikoista*** nothing special
mitäänsanomaton insignificant, nondescript
mobilisoida mobilize
moderni modern
modernisoida modernize
modisti milliner
moduuli module
moite blame; reproach; *(kirj)* reproof; *(lak)* contest, protest
moitittava blamable; objectionable; reprehensible
moitteet scolding
moitteeton blameless, faultless; impeccable
moitteettomasti impeccably
moittia reproach, scold; find fault with, criticize; *(jankuttaa)* pick

on; *(lak) (testamenttia)* contest, dispute; *(tuomiota)* challenge
mokkanahka suede
mokom|in: ***kaikin*** ~ by all means; ***en ole -aa kuullut*** I have never heard anything like it
molekyyli molecule
molekyylirakenne molecule structure
molemm|at both; ***me*** ~ [the] both of us, we both; ~ ***lapset*** both children; ***-in käsin*** with both hands
molemminpuolinen mutual; reciprocal
molli *(mus)* minor; ***f-~ssa*** in F minor
molliasteikko minor scale
mollisointu minor chord
monarkia monarchy
monenkeskinen multilateral
monenlainen various, diverse; ***monenlaisia ihmisiä*** all (many) kinds of people
monet many; *(useat)* several
mongerrus gibberish
moni many, many a; ***olen sanonut sen sinulle jo monta kertaa*** I've told you many times already
monialayhtymä conglomerate
moniarvoinen pluralistic
moniarvoisuus pluralism
moniasteöljy multigrade oil
moniavioisuus polygamy
monikansallinen multinational
monikielinen multilingual
monikko plural; ***monikossa*** in the plural [form]
monikulmio polygon
monikärkiohjus MIRV *(multiple independently-targeted re-entry vehicle)*
monikäyttöinen multipurpose; versatile
monimiljonääri multimillionaire
monimuotoinen varied; multiform; of many forms
monimutkainen complicated; complex; sophisticated
monimutkaistaa complicate
monimutkaisuus complexity
moninainen varied, manifold
moninaisuus diversity; plurality
moninkertainen multiple
moninkertaistua multiply
monipuolinen many-sided, versatile; all-[a]round
monisanainen verbose, wordy; *(rönsyilevä)* diffuse
monistaa duplicate
moniste duplicate [copy]
monistuskone duplicator
monitahoinen many-faceted; diversified
monitoimikone *(keitt)* food processor; *(metsät)* multi-function (multi-process) machine
monitoimitalo *(läh)* community centre, *(Am)* community center
monitori monitor
monivalintakoe multiple choice test
monivuotinen of many years; long-term; *(kasv)* perennial
monivärinen multi-colo[u]r[ed]; *(tekn)* polychromatic
moniääninen polyphonic; ***laulaa moniäänisesti*** sing in parts
monogrammi monogram
monopoli monopoly
monotoninen monotonous
monta many; ***kuinka ~ teitä on?*** how many are you?

montteerata edit
monttu pit
monumentti monument
Mooses Moses; ***Mooseksen laki*** Mosaic Law
moottori engine; motor
moottoripyörä motorcycle; *(Br myös)* motorbike
moottorisaha motor saw; *(Am)* chain saw
moottoritie motorway; *(Am)* freeway, highway
moottorivene motor boat; ***iso ~*** launch
mopedi,mopo moped
moppi mop
mopsi pug
moraali morals
moraalifilosofia ethic[s]
moraalinen moral
moraaliton immoral; of loose morals
morfiini morphine
morsian bride; *(kihlattu)* fiancée
morsiuskimppu bridal bouquet
morsiusneito bridesmaid
morsiuspari bride and bridegroom
morsiuspuku wedding dress
mosaiikki mosaic
moskeija mosque
moskiitto mosquito
motelli motel
motocross-pyörä dirt bike
moukari sledgehammer; *(urh)* hammer
moukka cad, clod, lout; *(Am ark)* jerk; ***moukan tuuria*** fool's luck
muassa: ***muun ~*** among other things
muffinsi muffin
muhennos stew
muhentaa stew
muhkea *(rakennus ym.)* stately; impressive; *(povi ym.)* voluptuous
muhvi muff
muinainen old, ancient; antique
muinaisaika antiquity
muinaisaikainen archaic
muinaisesine antiquity
muinaismuisto antiquity
muinaistiede archeology
muinais|tieteilijä, **-tutkija** archeologist
muinaisuus antiquity
muinoin: ***ennen ~*** in the old days, in days long past; in ancient times
muiskauttaa smack
muisku smack, smacker
muis|taa remember; recollect; *(painaa mieleen, oppia)* memorize; ***-ta kirjoittaa*** don't forget to write; ***mikäli -tan oikein*** if I remember right, if my memory serves me right; ***miten pystyt -tamaan kaikki nuo sanat?*** how can you memorize all those words?
muistamaton forgetful; oblivious
muistava mindful
muistella recollect, recall
muistelmat memoirs
muistettava memorable
muisti memory; ***sinulla on huono ~*** you've got a bad memory; ***kirjoita se heti ~in*** make a note of it right away; ***~in merkitty tieto*** record
muistiinpano note; *(merkintä)* record; ***tehdä ~ja*** take notes, *(omia)* make notes
muistiinpanovihko note book
muistikirja notebook; pocketbook

muistikuva *(takauma)* flashback; recollection
muistilehtiö memo pad, notepad
muistinmenetys amnesia
muistio memo[randum]; report; *(lak)* brief
muisto memory; recollection; ***minulla on vain miellyttäviä ~ja lapsuudestani*** I only have pleasant memories from my childhood; ***jkn ~lle***, ***~ksi*** in memory (commemoration, remembrance) of
muistoesine keepsake, token; souvenir
muistojuhla memorial ceremony
muistojumalanpalvelus memorial service
muistolaatta memorial tablet
muistomerkki memorial; monument; ***tämä ~ on pystytetty sodan uhreille*** this monument commemorates the victims of the war
muistomitali commemorative coin; medal
muistosanat obituary
muistotaulu tablet
muistuttaa remind (***jstak*** of); *(olla samannäköinen)* resemble
muistutus reminder; remark; comment
muka supposedly, presumably
mukaan along, with; ***haluatko tulla mukaan[i]?*** do you want to come along (come with me)?; ***hänen sanojensa ~*** according to him (his words); ***painon ~*** by weight; ***~luettuna***, ***~lukien*** included, including
mukaansatempaava captivating, gripping, compelling
mukaelma adaptation
mukailla adapt; imitate
mukainen *(jkn ~)* consistent (in accordance) with
mukaisesti according to; accordingly
mukana with; about; along; ***onko sinulla rahaa ~?*** have you got any money on (with, about) you?
mukauttaa adjust, adapt (***jhk*** to)
mukautua adapt o.s., accommodate os, adjust o.s., conform (***jhk*** to)
mukautuminen adaptation; accommodation (***jhk*** to); compliance (***jhk*** with)
mukautumiskyky adaptation
mukautuva adaptable
mukautuvainen compliant, pliable, pliant (***jhk*** to)
mukautuvuus adaptability
mukava comfortable; nice, pleasant; *(sopiva, kätevä)* convenient
mukavuudet comfort[s]; *(talossa ym.)* conveniences; *(virkistyspalvelut)* amenities; *(palvelut)* facilities
mukavuus comfort; convenience; *(helppous)* ease, easiness; ***matkustajien mukavuudeksi*** for the convenience of the passengers
mukavuuslaitos lavatory, toilet; *(Br)* [public] convenience; *(leik) (Br)* loo, *(Am)* john
mukavuuslippu *(mer)* flag of convenience
muki mug
mukiinmenevä OK, not bad, satisfactory but not wonderful
mukiloida beat; *(ryöstötarkoituksessa)* mug
mukula *(kasv)* tube; *(lapsi)* kid,

(kakara) brat
mukulakivi cobble, cobbled stone
mulatti *(antrop)* mulatto
mulkoilla glare, glower (***jtak*** at)
mullin mallin topsy-turvy, upside down
mullistaa overthrow, upset; revolutionize
mullistava revolutionary; drastic
mullistus upheaval
multa mould, earth, dust
multakokkare clod
multasieni truffle
mumina mumble
mumista mumble
mummi grandma
mummo, **mummu** grandma; old woman, little old lady
muna egg; *(biol)* ovum; *(siitin)* dick, prick; balls
munakas omelette
munakoiso aubergine, *(Am)* eggplant
munakokkeli *(läh)* scrambled eggs
munankeltuainen yolk
munankuori egg-shell
munanvalkuainen egg white
munasarja ovary
munasolu ovum, egg cell; ***~n irtoaminen*** ovulation
munata blunder
munaus blunder
munia lay eggs
munkki friar; monk; *(ruok)* ; ***~[rinkilä]*** doughnut
munuainen kidney
munuaisensiirto kidney transplant
munuaishöystö sautéed kidneys
munuaistauti kidney disease
muodikas fashionable; stylish; in
muodinluoja fashion designer
muodinmukaisesti fashionably
muodollinen formal
muodollisuus formality
muodonmuutos metamorphosis; transformation
muodostaa build [up], form; comprise; constitute; make up; ***~ mielipide jstak*** form an opinion of
muodostelma formation
muodostua form, be formed of; *(koostua)* comprise, consist of, be made up of
muodostuma formation
muodoton shapeless
muokata *(tekstiä)* modify, make some changes; *(maata)* till; *(elok, tv, rad)* adapt
muona food, provisions; victuals
muonavarat supplies
muonittaa *(sot)* supply with provisions; victual
muonitus provisioning; catering
muoti fashion; vogue
muotiala fashion industry, field of fashion
muotibisnes fashion business; couture
muotihullu faddish; fashion victim
muoti-ilmiö fad
muotilehti fashion magazine
muotinäytös fashion show
muotisuunnittelija fashion designer
muotisuunta [fashion] trend
muotitalo fashion house
muotitietoinen fashion-conscious
muoto form; shape
muotoilija designer
muotoilla design; fashion; ***~ sanoiksi*** phrase, put into words, formulate; *vrt.* ***muovailla, muovata***

muotoilu design; formulation
muotoinen: ***minkä ~?*** what shape?
muotokuva picture, portrait
muotti mould; *(Am)* mold
muovailla shape, mould, model; give shape to
muovailu modelling
muovailuvaha *(Br)* Plasticine, *(Am)* Play-Doh
muovata *(savesta, ym.)* shape, model; *(luonnetta)* mould; *(laatia, rakentaa)* elaborate, fashion
muovi[nen] plastic
murahtaa grunt
muratti ivy
murea crisp; tender
murehtia worry (***jtak*** about); grieve
mureke *(liha~)* meat loaf
mureneva friable, crumbly
murentaa crumble
murentua crumble
mureus tenderness
murha murder
murhaaja murderer
murhaava murderous
murhasyyte murder charge
murhata murder; ***sala~*** assassinate
murhayritys attempted murder; attempt on a person's life
murhe worry; *(suru)* grief, sorrow
murheellinen sad; afflicted; *(sureva)* mournful
murhenäytelmä tragedy
murina growl; snarl; ***vatsani murisee*** my stomach is growling
murista *(eläin, henkilö)* growl, snarl; *(vatsa)* rumble
murjottaa mope; sulk
murjottava sulky
murkina *(sl)* grub
murmeli marmot
muroleivos shortbread
murotaikina short crust pastry
murre dialect
murros break[ing]
murrosikä puberty; ***murrosiässä*** at puberty
murrosikäinen adolescent, teenager
murroskausi time of changes, period of transition, crisis
murskata smash, crush, shatter; ***~ unelmat*** shatter sb's illusions; ***~ vastarinta*** crush the opposition; ***~ sydämiä*** break hearts; ***~ kiviä*** crush stones
mursu walrus
murtaa break; breach; *(ovi)* break down; ***~ rikki*** break up; ***surun murtama*** sorrow-stricken
murtaja breaker
murtaminen break
murtautua break into; ***~ läpi*** break through; ***~ sisään*** break in; ***~ ulos*** break out
murteellinen dialectal
murto break, house-breaking, burglary
murto|luku, -osa fraction
murtomaahiihto cross-country skiing
murtovaras burglar; housebreaker
murtovarkaus burglary
murtua break; *(luu)* fracture; *(putket)* rupture; *(kuv)* crack; *(sot)* *(antaa periksi)* succumb
murtuma break; *(luun)* fracture
murtumaton nonbreakable, unbreakable; *(kuv)* unflinching, invincible
muru bit; morsel; *(leivän)* crumb; ***en ole syönyt ruoan ~akaan*** I ha-

ven't had a morsel of food
murukahvi instant coffee
museo museum; ***~n intendentti*** custodian
musertaa crush; *(litistää)* squash; *(myös sot)* overwhelm
musertava overpowering; overwhelming; ***~ voitto*** landslide
musertua *(mennä kasaan)* crumple
musiikki music
musiikkiopisto academy of music; conservatoire; *(Am)* conservatory
musikaali musical
musikaalinen musical
musketti[kivääri] musket
muskotti nutmeg
musta black
mustaihoinen black, *(halv)* coloured, *(Am myös)* African American
mustalainen gipsy
musta makkara black pudding
mustapää blackhead
musta pörssi black market; ***~n ~n kauppias*** black-marketeer
musta rasia *(lentokoneissa ym.)* black box
mustarastas blackbird
mustasukkainen jealous
mustasukkaisuus jealousy
mustata blacken; *(tahrata kuv)* tarnish
mustavaris rook
muste ink
mustekala cuttlefish; *(ruok)* squid
mustelma bruise
mustepullo inkstand, ink bottle
mustetahra ink blot
mustikka bilberry; blueberry
mustua blacken; tarnish
mustuttaa blacken
muta mud; sludge
mutaatio mutation
mutainen muddy; sludgy
mutina mumble, mutter
mutista mumble, murmur, mutter; *(epäselvästi)* slur
mutka curve, bend; twist
mutkainen, mutkallinen winding, tortuous, crooked
mutkaton upfront
mutkikas winding; *(kuv)* complex, complicated, intricate, involved
mutkistaa complicate
mutkistua become more complicated
mutkistuminen complication
mutkitella wind
mutkitteleva devious, tortuous, crooked
mutrulle: ***laittaa suu mutrulle*** pucker one's mouth
mutta but; yet
mutteri nut; ***kiertää ~ auki*** unscrew a nut
mutustaa munch
muu else; other; ***kuka ~ tietää tästä?*** who else knows about this?; ***mitä ~ta?*** what else?
muualla, muualle elsewhere
muuan a, an; a certain
muukalainen stranger; alien
muuli mule
muulloin at other times; ***joskus ~*** [at] some other time
muumio mummy
muunnella modify; *(muokata, sovittaa)* adapt
muunnelma *(mus)* variation
muunnos change; modification; mutation
muuntaa modify; transform ***(jksik***

into)
muuntaja transformer; adaptor
muurahainen ant
muurahaiskarhu antbear
muurahaiskeko anthill
muurain [arctic] cloudberry
muurari bricklayer; mason
muurata brick; wall up
muurauskivityö masonry
muurauslasta trowel
muuri wall
muurilaasti mortar
muusa muse
muusikko musician
muutama some, a few; a couple of
muutella change, falsify
muuten by the way; otherwise
muutoin else, otherwise
muutoksenhaku *(lak)* appeal
muutos change; adjustment; alteration; *(lakiin)* amendment
muuttaa change; *(tehdä muutoksia)* alter, modify; *(lakia)* amend; *(linnuista)* migrate; *(vaihtaa asuntoa)* move; *~ **jku jksik*** turn (transform) sb into sth; *~ **maasta*** emigrate; *~ **mieltään*** come round, change one's mind; *~ **mieltään yhtä mittaa*** chop and change; *~ **muotoa*** transform, change shape, take a new form; *~ **pois*** move out
muutto removal; moving
muuttohaukka peregrine [falcon]
muuttokuorma removal
muuttoliike *(väestön)* migration; *(liike)* removal[s] firm
muuttolintu migratory bird
muuttua change (*jksik* into); alter; shift; *~ **jksik*** turn into
muuttumaton *(aina sama)* unchanged; invariable; stationary
muuttumattomuus constancy
muuttuva changeable, changing
mykistyä be dumbfounded (breathless, speechless)
mykistävä stunning, breathtaking
mykistää silence
mykiö lens
mykkä dumb, mute; *(äänetön)* mute; ***~nä kauhusta*** struck dumb with horror, in mute horror; ***puhelin meni mykäksi*** the phone went dead
mykkäkoulu: ***pitää ~a*** give sb the silent treatment
myllerrys tumult, confusion
myllertää stir up
mylly mill; ***huhu~*** grapevine
myllynkivi millstone
mylläri miller
mylviä bellow
myrkky poison; *(käärmeen)* venom; ***~hammas*** fang
myrkyllinen *(aine, kasvi)* poisonous; *(aine)* toxic; *(käärme, hämähäkki ym.)* venomous
myrkyttää poison
myrkytys poisoning
myrsky storm; tempest; *(~tuuli)* gale
myrskyinen stormy; *(meri)* turbulent, rough
myrskylintu petrel
myrskytä storm; bluster
myrskyvaroitus gale warning
myrtti myrtle
myski musk
myssy cap, bonnet; *(pipo) (Br)* bobble hat, *(Am)* stocking cap; *(pannun~)* cosy
mysteeri mystery

mystikko mystic
mystinen mystic; *(käsittämätön)* mysterious
mytty bundle; pack
myydä sell; ~ ***loppuun*** sell off (out)
myyjä saleslady, salesman, saleswoman; seller; vendor
myyjäiset *(Br)* jumble sale, *(Am)* rummage sale
myymälä shop
myymälävaras shoplifter
myynti sales, selling, sale
myyntihinta selling price
myyntimenestys best-seller
myyntipöytä counter
myyntitavara[t] merchandise
myyntitiski counter
myyrä *(maa~)* mole; *(pelto~)* vole
myyränkasa molehill
myytti myth
myöhemmin later, subsequently
myöhempi later; posterior
myöhä: ***on*** ~ it's late
myöhäinen late
myöhässä late; *(maksu ym.)* overdue
myöhästyminen *(viivästys)* delay
myöhästynyt *(maksu yn.)* overdue
myöhästyttää delay
myöhästyä *(junasta ym.)* miss; *(kokouksesta ym.)* be late from
myöhään late
myönnyttely compromise
myönnytys concession
myönteinen positive; ~ ***lause*** concessive clause
myöntyminen, myöntymys consent
myöntyvyys acquiescence; compliance
myöntyvä compliant, submissive; yielding
myöntyväinen *(alistuva)* acquiescent; *(mukautuva)* pliable, pliant
myöntyä give in, assent, comply (***jhk*** with); ***hiljaa*** ~ acquiesce
myöntäminen acknowledg[e]ment; admission
myöntävä affirmative
myöntää *(tunnustaa)* admit, confess; *(antaa)* allow; accord; acknowledge; concede; grant; ~ ***erivapaus*** dispense; ~ ***kunniamerkki*** decorate; ~ ***laina*** grant a loan; ~ ***lupa jhk*** give (accord) a permission to do sth
myös also; too
myöskään either, neither
myöten: ***tietä*** ~ along the road; ***antaa*** ~ yield, give way, (suostua) give in
myötä [along] with; ***iän*** ~ as years go by, with the years; ***hänellä oli onni*** ~ he was lucky
myötäillä accompany
myötäinen favo[u]rable, propitious
myötäjäiset dowry
myötämielinen sympathetic
myötäpäivään clockwise
myötätunto compassion; sympathy
myötätuntoinen compassionate; sympathetic
myötätuuli favo[u]rable wind
myötävaikuttaa contribute (***jhk*** to)
myötävaikutus contribution
mädäntyminen decay; rot
mädäntynyt rotten, decayed, putrid
mädäntyä *(ruoka, raato ym.)* decay; putrefy; *(lahota)* rot
mäenlasku *(urh)* ski jump; *(kelkal-*

la, pulkalla) tobogganing
mäenrinne hillside, slope
mäjähtää flop
mäki hill, rise, slope; ***mäkeä alas*** downhill
mäkihyppy ski jump
mäkinen hilly
mäkärä blackfly; *(Am)* buffalo gnat
mämmi Finnish Easter dish [made of rye malt and rye flour]
mänty pine
mäntä piston; plunger
märehtijä ruminant
märehtiä ruminate
märkiminen suppuration
märkivä purulent
märkiä suppurate; ulcerate
märkyys wetness, moisture
märkä wet; *(lääk)* matter
märkähaava ulcer
märkäpesäke abscess
mäski mash
mässäilijä gourmandizer, gourmand
mässätä gorge o.s., stuff o.s.
mäsä: ***lyödä -ksi*** smash
mäti spawn; *(keitt)* caviare, roe; ***laskea*** ~ spawn
mätkähdys thud
mätkähtää thud
mätä decayed; *(myös kuv)* rotten
mätäkuu dog days
mätäneminen rotting; decay
mätäs tussuck; *(iso)* hummock
mäyrä badger
mäyräkoira dachshund
määkiä bleat
määritellä define, determine
määritelmä definition, determination
määrittely definition
määrittää determine; ~ ***aika*** date; ~ ***tauti*** diagnose
määritys determination
määr|ä amount; number, quantity; *(aste)* extent, degree; ***suuri raha~*** a big amount of money; ***suuri ~ ihmisiä*** a great number of people; ***missä -in?*** to what extent (degree) ?
määräaika appointed time; deadline; term; ***määräaikaan*** *(sovitusti)* duly, as planned; *(aikataulussa)* on schedule; ***määräajan kuluessa*** within the fixed time (the time fixed); ***määräaikaan mennessä*** by the appointed time (the time fixed)
määräaikaistalletus, määräaikaistili *(Br)* deposit account, *(Am)* savings account
määräajoin periodically
määräillä boss (around)
määräinen: ~ ***artikkeli*** definite article
määränpää destination
määräpaikka *(liik)* place of destination; *(sovittu)* fixed place
määräpäivä appointed day; fixed date, date fixed; *(takaraja)* closing date
määräraha grant, allowance; ***valtion ~*** appropriation
määrätietoinen determined
määrätietoisuus determination
määrätty *(aika, päivä)* definite; *(tietty)* given, set, fixed
määrä|tä *(valta, paikka, hinta, ym.)* determine, set, fix, appoint; *(käskeä)* order; *(lääk)* prescribe; *(lak)* provide, ordain, prescribe; *(kiel)* qualify; *(kohtalo)* decide, decree;

~ ***sakko*** impose a fine; ~ ***ehdot*** set (lay down) conditions [for]; ~ ***rangaistus*** prescribe (inflict) a punishment; ~ ***henkilö jhk tehtävään*** assign a person to a task; ***Pariisi -ä muodin suunnan*** Paris sets the fashion; ***laatu -ä hinnan*** the price will be determined by the quality; ~ ***testamentissaan*** stipulate in one's will

määräys order; command; *(lääkärin)* prescription; *(lain)* provision, regulation

määräysvalta authority

määrääminen *(verojen, sakon, sääntöjen ym.)* imposition; *(lääkkeen)* prescription

määräävä *ks.* ***määräinen***

möhkäle block

möhliä fumble, bungle; blunder

mökki cottage; cabin; hut; lodge; ***kesä~*** summer home, summer cottage

mökä hullabaloo, row, racket

mököttävä sulky

mököttää sulk

mörkö *(kaapissa ym.)* bogey, monster; *(kuv)* bugbear

mörähtää grunt

mössö stodge

möyhentää fork

möyheä loose

möyhy pulp

möykky lump

möyriä *(el)* burrow; ~***jssak*** turn sth upside down; dig [in]

N

naakka jackdaw
naama face; *(sl)* mug
naamari mask
naamiaiset fancy dress party (ball), masquerade
naamio mask; *(kuv)* smokescreen
naamioida mask, camouflage (***jllak*** with); *(kuv)* disguise (***jnk alle*** underneath)
naapuri neighbour
naapurissa next door
naapuristo neighbourhood
naaras female; ***~hirvi*** doe elk; ***~leijona*** lioness; ***~tiikeri*** tigress
naarata drag
naarmu scratch; cut
naarmuttaa scratch
naatti *(kasv)* top; *(väsynyt)* worn-out
nahka *(käsitelty)* leather; *(elävä t. talja)* skin
nahkiainen lamprey
nahkuri tanner
naida marry, wed; *(ark, sl)* score, screw, fuck, *(Br)* bonk
naiivi naive
naikkonen *(Br)* bird; *(Am)* broad
nailon nylon
naimakauppa match
naimakelpoinen marriageable, eligible
naimaton single, unattached
naimattomuus singleness; *(usk)* celibacy
naimisissa: ***~ [oleva]*** married; ***kenen kanssa hän on ~?*** who is she married to?
nainen woman; lady; *(Am sl)* dame
naisasia[liike] feminist movement
naisellinen feminine; womanly
naisellisuus femininity
naiset women; womankind
naiseus womanhood, being a woman
naismainen effeminate, womanish
naispuolinen female
naissankari womanizer, playboy
naistenhuone ladies' room, powder room
naistentauti gynaecological disease
naisväki *(vanh)* womankind
naittaa marry [off]
nakertaa nibble
nakkikioski snack bar
nakkimakkara Frankfurt sausage, frankfurter
nakkisämpylä hot dog
naksahdus click, snap
naksahtaa click, snap
naksauttaa flick, snap
nakuttaa clack
nakutus clack
naljailla banter
naljailu banter
nalkuttaa go on; nag (***jkllle*** at)
nalle teddy bear
nalli detonator
nami *(ark)* goody
napa navel; *(ark)* belly button; *(fys, mat)* pole; ***pyörän ~*** hub
Napapiiri the Arctic Circle
naparetkikunta polar expedition
napata *(siepata)* snatch, grab; *(saa-*

da kiinni) pick up, catch; ~ ***[varas] kiinni*** catch [the thief]
napina grumbling, murmur
napinreikä buttonhole
napista grumble, murmur
napittaa button; do up
nappi button; ***paino~*** stud
nappula *(sähkö~)* switch; *(peli~)* piece
napsahdus click; crack
napsahtaa click; *(piiska)* crack; ***ovi napsahti kiinni*** the door clicked shut; ***avain napsahti lukossa*** the key turned with a click
napsauttaa *(sormiaan)* snap one's fingers; ***vain sormiaan napsauttamalla*** with a snap of her fingers
napsutella *(sormiaan)* click one's fingers; ***hän napsutteli sormiaan musiikin tahdissa*** he was clicking his fingers in tune to the music
naputtaa *(sormiaan, kirjoituskoneella ym.)* tap [on]; *(sade)* patter; *(nalkuttaa)* nag
naputus *(sormien, kirjoituskoneen ym.)* tap[ping]; *(sateen ym.)* patter; *(nalkutus)* nagging
narikkalappu check
narina creak, squeak
narista creak, squeak
narkkari hype, junkie
narkomaani drug addict; ***työ~*** workaholic
narkootikko addict
narkoottinen narcotic
narrata tell lies, kid, put on; con; ***he narrasivat minulta 10 puntaa*** they conned me out of £10
narri jester, fool; dupe
narrimainen foolish
narsissi daffodil, narcissus
narskua *(lumi, näkkileipä)* crunch
narskuttaa crunch
narskutus crunch
narttu bitch
naru string; rope; ***hypätä narua*** skip rope
nasaali[nen] nasal
naseva to the point
naskali *(suutarin)* awl; *(kirjap)* bodkin
nasta *(paino~)* thumbtack, *(Br myös)* drawing pin; *(renkaan, kengän, koriste~)* stud; ***painaa nasta lautaan*** step on the gas
nastarengas studded tyre
natina creak
natista creak
natrium sodium
naturalisti naturalist
naudanliha beef
nauha *(hius~)* ribbon; *(vyötärö~ ym.)* band; *(kengän~)* lace; *(olka~)* strap; *(tekn)* tape
nauharuusuke knot
nauhoittaa record; videotape
nauhuri tape recorder
naukua mew
naula nail; *(mitta)* pound, lb; spike; ***vaate~*** peg; ***koriste~*** stud
naulakko coat rack
naulata nail; spike
naulita pin; *(kuv)* nail
nauraa laugh; ~ ***itsekseen*** chuckle
naurettava ridiculous; absurd
nauris turnip
nauru laugh; laughter
naurunalainen ***joutua naurunalaiseksi*** be the laughingstock
naururypyt crow's feet
nautakarja cattle

nautinnonhaluinen pleasure-seeking; hedonistic
nautinto enjoyment; pleasure
nautintoaineet stimulants
nautittava enjoyable
nauttia *(ruok)* have; *~jstk* enjoy; *~ [vahingoniloisesti] jstak* gloat [over]
navakka fresh, sharp
navetta cow house; cowshed
navigoida navigate
navigointi navigation
ne they; those
neekeri *(antrop t. halv)* negro; ***neekerinainen*** *(antrop t. halv)* negress
neilikka carnation; pink; *(mauste)* clove
neiti miss
neito maiden
neitseellinen maidenly; virgin[al]
neitsyt virgin; *(astrol)* Virgo
neitsytmatka maiden voyage
neitsyys virginity
nektari nectar
neli gallop
neliapila four-leaved clover
nelijalkainen quadruped, four-legged
nelikulmainen square
nelikulmio quadrangle; square
nelinkertainen quadruple
nelinkontin on all fours
nelinpeli *(urh)* doubles
nelistää gallop
neliö square
neliöjuuri square root
neliökilometri square kilometre
neliömaili square mile
neliömetri square metre
neljä four
neljäkymmentä forty
neljännes quarter
neljännestunti quarter of an hour
neljännesvuosittain quarterly
neljäs fourth
neljäskymmenes fortieth
neljäsosa quarter
neljäsosanuotti crotchet; *(Am)* quarternote
neljästi four times
neljätoista fourteen
neloset quadruplets
nenä nose
nenäkkyys impertinence, sauciness; *(ark)* sauce
nenäkäs impertinent, saucy
nenäliina handkerchief
nenäverenvuoto nosebleed
neppari *(Br)* press-stud, *(Am)* snap fastener
nero genius
nerokas ingenious
nerokkuus genius
neronleimaus brainwave, stroke of genius
nerous genius
neste fluid; liquid
nestemäinen fluid; liquid
netota net; earn
netto net
nettopaino net weight
neula needle
neulanen needle
neulankärki pinpoint
neulansilmä eye of a needle
neule knitting
neuleet knitwear
neulekangas jersey
neulepusero jumper; *(Am)* sweater
neuloa: *(käs)* ***~ oikeaa*** knit; ***~ nurjaa*** purl

neurootikko neurotic
neuroottinen neurotic
neutraali neutral
neutralisoida neutralize
neuvo[t] piece of advice; advice; ***tarvitsen hyviä neuvoja*** I need some good advice
neuvoa advise; counsel; ~ ***antava*** advisory, consultative
neuvoja counsellor
neuvokas resourceful
neuvokkuus resourcefulness
neuvola *(äitiys~)* *(Br)* antenatal clinic; *(Am)* prenatal clinic; *(lasten~)* child health centre
neuvonantaja adviser; counsel, counsellor
neuvonpito counsel
neuvonta *(infopiste)* information; *(apu, ohjaus)* counselling; guidance
neuvosto council
neuvoston jäsen councillor
neuvotella *(virallisesti)* negotiate; *(pyytää neuvoa)* consult; *(harkita päätöstä)* deliberate; discuss, talk; ~ ***tulitauosta*** negotiate a cease-fire; ~ ***uusi sopimus*** negotiate a new contract; ~ ***lakimiehen kanssa*** consult a lawyer
neuvoton indecisive; helpless
neuvottelija negotiator
neuvottelu conference, negotiation; *(kokous)* meeting; *(ark)* powwow; talk; ***salainen*** ~ huddle
neuvottelupaketti formula
Niagaran putoukset the Niagara Falls
nide volume
nidottu bound in paper; paperback
nielaista swallow; *(hermostunut)* gulp
nielaisu swallow; gulp
niellä swallow
nielu throat
nielurisat tonsils; ***häneltä leikattiin*** ~ he had his tonsils removed
niemi cape; *(jyrkkä)* headland; promontory
niemimaa peninsula
nietos snow drift
nihkeä *(myös kuv)* clammy; *(kostea)* moist
niiata curts[e]y
niiaus curts[e]y
niiden their, theirs
Niili the Nile
niillä main thereabouts
niin so; ***ei niin iso kuin*** not so (as) big as
niini bast
niin kuin as; like
niin muodoin consequently
niin *t.* **näin ollen** accordingly
niinpä indeed
niin sanottu so-called
niistä of them, about them
niistää blow one's nose; *(kynttilä)* snuff
niitata *(nitojalla)* staple; *(kirjekuoren sulkijalla)* rivet
niitti *(nitojan)* staple; *(kirjekuoren sulkija)* rivet
niittokone mowing machine
niitty meadow
niittää mow
niitä them
nikama vertebra
nikkeli nickel
nikotella hiccup, have the hiccups
nikotiini nicotine
nikotus hiccup[s] (hiccough[s])

niksi trick; gimmick
nilkka ankle
nilkkaimet spats
nilkkaremmi ankle strap
nilkkarengas anklet, bangle
nilkkasukat [ankle] socks; *(Am myös)* bobby socks
nilkkurit ankle boots
nilkutus limp
nilviäinen mollusc, mollusk
nimellinen nominal
nimellisarvo face value; par [value]
nimenhuuto roll call
nimenomaan expressly, explicitly; in particular
nimenomainen express, explicit; particular
nimetä nominate, appoint
nimetön anonymous; nameless
nimetön sormi ring finger
nimeäminen nomination
nimi name; ***arvo~*** title; ***hän on nimeltään X*** he is called X, his name is X; ***mainita nimeltä*** mention by name; ***sinun nimelläsi tullut kirje*** a letter addressed to you; ***varattu nimellä X*** reserved in (under) the name of X
nimike title; *(tulli~)* item
nimikilpi plate
nimikirjoitus signature; *(kuuluisuuden)* autograph; *(sekissä)* endorsement
nimikoida mark
nimikortti business card; *(Am)* calling card
nimikuvio monogram
nimilappu badge; [name]tag
nimimerkki pseudonym
niminen: ***minkä ~ tämä paikka on*** what is this place called
nimipäivä nameday
nimismies *(läh)* district police superintendent
nimismiespiiri police district
nimistö nomenclature
nimittäin namely; *(tekstissä ym.)* i.e.
nimittäjä denominator
nimittäminen *(virkaan, tehtävään)* nomination, appointment
nimittää *(virkaan, tehtävään)* appoint, nominate; *(ehdokkaaksi virkaan t. tehtävään)* nominate; ***hänet nimitettiin myyntipäälliköksi*** they appointed her sales manager, she was appointed as sales manager
nimitys appointment; denomination, designation
nipin napin just [barely]
nipistys pinch, nip
nipistää pinch, nip
nippu bunch; bob; wisp
nipukka *(korvan)* lobe; *(nenän)* tip
nirso choos[e]y, dainty, fastidious, fussy
niska nape [of the neck]; neck
niskoitella disobey; *(sot)* be refractory
niskoitteleva disobedient, unruly; *(sot)* refractory
nisä teat
nisäkäs mammal
nitoa *(kirja)* stitch; *(nitojalla)* staple
nitoja stapler
niuho fussy
niuhottaja fastidious
niukasti, niukalti: ***meillä on rahaa ~*** we are short of money; ***hedelmiä on [saatavilla] ~*** fruit is

scarce
niukka *(ateria, kasvillisuus, vaatetus)* scanty; *(palkka, sato)* meagre, *(Am)* meager; *(yksinkertainen)* frugal; *(ankara)* austere; *(täpärä)* narrow
niukkuus scarcity; *(pula)* shortage; *(ankaruus)* austerity
nivel joint
nivelreuma rheumatoid arthritis
nivustaive groin
no well
noidankattila *(kuv)* ca[u]ldron
noidankehä vicious circle
noidannuoli lumbago
noin about, approximately, roughly; some
noita witch; sorcerer, sorceress; *(velho)* wizard, conjurer; magician; ***~-akka*** witch
noitua enchant, bewitch
noituus sorcery, witchcraft; voodoo
noja *(käsi~, pää~)* rest; support; ***jkn nojalla*** by virtue of
nojapuut parallel bars
nojata lean (***jhk*** on); rest
nojatuoli armchair
nojautua: ***nojautuu jhk*** is based on
nokare dab; ***voi~*** pat
noki soot; *(kasv)* blight
nokinen sooty
nokka beak; bill; *(kuono)* snout; *(pannun)* spout
nokkahuilu recorder
nokkakolari head-on collision
nokkaunet nap
nokkela smart, witty; *(kekseliäs)* resourceful
nokkeluus smartness, wit; *(kekseliäisyys)* resourcefulness
nokkia peck (***jtak*** at); pick [up]
nokkonen nettle
nokkoskuume nettle rash
nokoset nap; snooze
nolata embarrass, baffle; humiliate
nolaus snub
nolla zero; nought
nolo embarrassing; degrading; ***~stunut*** embarrassed, baffled
nolostua be embarrassed (baffled)
nolostuttaa feel embarrassed (baffled)
nolous embarrassment; *(kirj)* discomfiture
no niin well; alright
nonstop nonstop
nootti *(pol)* note
nopea quick, fast; *(myös kuv)* rapid
nopeasti fast, quickly; rapidly
nopeaälyinen quick-witted
nopeus rapidity; *(vauhti, tahti)* rate; speed; pace; ***80 km [tunti]-nopeudella*** at the speed of 80 km an hour
nopeusmittari speedometer
nopeusrajoitus speed limit
nopeuttaa speed up, accelerate; ***nopeuttaa askeleitaan*** quicken one's steps
nopeutuminen acceleration
noppa dice
noppapeli dice
nopsa spry
Norja Norway
norja *(kieli)* Norwegian
norjalaiset the Norwegians
normaali normal; ***~mitta*** standard
normaalisti normally
normalisoida normalize
normi norm; standard
normittaa standardize

norsu elephant
norsunluu ivory
nostaa *(konkr ja kuv)* raise; *(konkr)* lift [up]; *(lisätä, parantaa)* increase, improve; *(~ köydellä, laitteella, ~ lippu, purje)* hoist; ~ ***ankkuri*** raise (pull up) the anchor; ~ ***rahaa*** draw [some] money; ~ ***jtak maasta*** pick up sth [from the ground]; ~ ***painoja*** lift weights; ~ ***kättä*** raise one's hand
nostalgia nostalgia
nosto *(rahan)* draw
nostoikkuna sash window
nostokone hoist
nostokurki crane
nostopuomi lifting arm; *(mer)* derrick
nostosilta drawbridge
nostovipu jack
nosturi crane; *(mer)* derrick
notaari notary
noteeraus quotation
notkea agile; *(myös taikina)* supple
notkelma dell
notkeus agility
notkistaa bend; *(jäseniään)* limber up
notko hollow; dip
notkua sag; ***pöytä notkui herkuista*** the table was groaning with delicious food
noudattaa *(käskyä, esimerkkiä, neuvoa, suunnitelmaa)* follow; ~ ***lakia*** comply with (observe, obey), the law; ~ ***sääntöjä*** obey (stick to) the rules; ~ ***käyttöohjeita*** follow the instructions; ~ ***aikataulua*** keep to (stick to) the schedule
noudattaminen observance, compliance [with]
noukkia pick
nouseva ascendant; rising
noussut risen
nous|ta rise; go up; climb; increase; ***lämpötila -ee*** the temperature goes up; ***kuume -ee*** the temperature is rising; ***aurinko -ee*** the sun rises; ***hinnat ja vuokrat vain -evat*** prices and rents keep going up; ***tie -ee jyrkästi*** the road climbs steeply; ~ ***istumaan*** sit up; ~ ***seisomaan*** stand (get) up, rise; ~ ***pöydästä*** leave the table; ~ ***junaan (bussiin)*** get on a train (a bus); ~ ***junasta (bussista)*** get off a train (a bus); ~ ***laivaan*** get on board; ~ ***maihin*** disembark; ~ ***ratsaille*** mount a horse; ~ ***kapinaan*** rebel, revolt; ***uhrien lukumäärä -ee koko ajan*** the number of victims increases every moment; ***talon arvo -ee*** the value of the house increases; ~ ***kuolleista*** rise from the dead
nousu *(hintojen ym.)* rise; *(lukumäärän, arvon)* increase; *(kiipeäminen)* climb; *(virkaan, valtaan)* ascent [to]; *(lentokoneen)* takeoff
nousukas upstart
noususuhdanne boom
nousutie ramp
nousuvesi flow, high tide
noutaa fetch; *(tavaralähetys, liput, ym.)* collect; *(henkilö)* pick up, get; *(koirasta)* retrieve
noutaja retriever
novelli short story
noviisi novice
nro no., No.

nrot nos., Nos.
nuha cold
nuhde reproach, reproof
nuhdella *(moittia)* reproach; *(torua)* scold, chide; *(julkisesti)* reprimand
nuhjuinen shabby, dingy
nuhteeton irreproachable
nuija club, cudgel; *(hist) (piikki~)* mace; *(puu~)* mallet
nuijia cudgel; *(survoa)* pound
nuiva reluctant
nujakka rough-and-tumble
nujertaa *(kapina, ym.)* break, suppress, crush
nukahtaa fall asleep; drop off; *(hetkeksi)* doze off
nukka nap, fluff
nukkainen fuzzy, plushy, fluffy
nukkakangas plush
nukkavieru shabby, threadbare
nukke doll; puppet
nukkehallitus puppet government
nukkekoti dolls house
nukketeatteri puppet show, puppet theatre
nukkua sleep; ~ ***liikaa*** *t.* ***pommiin*** oversleep; ~ ***pitkään*** sleep in; ~ ***talviunta*** hibernate
nukkumaanmenoaika bedtime
nukkumalähiö dormitory town
nukkumatti sandman
nukuttaa be sleepy; *(lääk)* give sb an ana[e]sthetic
nukutus an[a]esthesia
nukutusaine [general] ana[e]sthetic
nukutuslääkäri *(Br)* ana[e]sthetist; *(Am)* anaesthesiologist
nulikka rascal
numero number; *(luku)* figure; *(lehden)* issue; *(koko)* size; *(esitys)* act
numeroida number; ***~sivut*** page
numerolevy dial; disk
numerotiedotus directory inquiries
nummi heath; moor
nunna nun
nunnaluostari convent; nunnery
nuo those
nuohooja chimney sweep; sweep
nuokkua droop
nuokkuva drooping
nuolenkärki arrowhead
nuoli arrow; shaft
nuolikotelo, **nuoliviini** quiver
nuolla lick
nuora *(köysi)* cord; *(pyykki~)* line; *(naru)* string
nuorallatanssija tightrope performer (walker)
nuorekas youthful; juvenile
nuorempi younger; junior
nuorennus rejuvenation
nuorentaa rejuvenate
nuorentua grow young again, get younger
nuori young, youthful; *(henk)* youngster, kid; ~ ***poika*** *t.* ***tyttö*** adolescent
nuorikko bride
nuoriso youth
nuorisorikollisuus juvenile delinquency
nuorisotalo community centre
nuorisotoimi, **nuorisotyö** youth work
nuorisovankila borstal
nuorukainen young man; youngster; youth
nuoruus youth; adolescence
nuoska damp snow

nuotio fire, bonfire
nuotit music; ***lukea nuotteja*** read music
nuotta seine
nuotti note
nuottiavain clef
nuottiteline music stand
nupi tack
nuppi knob
nuppineula pin
nuppu bud
nurin inside out
nurina grumble
nurinkurinen preposterous, all wrong
nurinpäin backward[s]
nurista grumble
nurja: ~ ***[neulonta, puoli]*** purl; ***neuloa ~a*** purl
nurjamielinen jaundiced
nurkka corner; *(myös kuv)* angle
nurkkakunta clique
nurkkaus corner
nurmi grass
nurmikko lawn
nuttu jacket; *(vauvan) (Br)* coatee
nuttura bun
nuuhkia sniff
nuuska snuff
nuuskia *(etsiä)* pry; *(ilmaa, maata)* sniff; *(el) (nuuskuttaa)* snuff
nyhtäistä pluck
nyhtää *(syödä heinää)* crop; *(nyppiä)* pick; *(kyniä sulkia)* pluck; *(rahaa jklta)* fleece sb
nykerönenä pug nose; snub-nose
nykiminen twitch
nykiä *(lihakset)* twitch, work; *(siima)* bob; *(hameesta ym.)* pluck [at]
nykyaika modern age, present [time]
nykyaikainen modern
nykyhetki present time
nykyinen existing; present; *(kuluva)* current
nykymusiikki contemporary music, modern music
nykyolot present (existing) conditions
nykyään nowadays, at present, these days
nykäistä *(narusta ym.)* jerk; twitch
nykäys *(siiman)* bob; *(narun, auton)* jerk; *(hameenhelmasta)* pluck
nylkeä *(nahka, rahat)* skin, flay; *(rahat)* fleece
nymfi nymph
nyplätty: ~ ***pitsi*** bobbing lace
nyppiä pick; *(kulmakarvat, sulat)* pluck
nyreä sullen
nyrjähdys sprain
nyrjäyttää sprain; ***nyrjäytin nilkkani*** I sprained my ankle
nyrkinisku punch
nyrkkeilijä boxer; prizefighter
nyrkkeillä box
nyrkkeily boxing
nyrkkeilykehä ring
nyrkki fist
nyrpeä glum, sullen, sulky
nyrpistys pout
nyrpistää: ~ ***nenäänsä inhosta*** *(läh)* purse up one's lips with disgust
nyt now
nytkähdys jerk, twitch
nytkähtelevä jerky
nytkähtää jerk, twitch
nyyhkyttää sob; weep

nyyhkytys sob[bing]; weeping
nyytti bundle
nyyttikestit Dutch treat
nyökkäys nod, bow
nyökätä nod, bow
nyökäyttää: ~ ***päätään*** nod [one's head]
nyöri lace
nyörittää lace
näennäinen apparent; seeming
näennäisen seemingly
näennäisesti apparently; seemingly
näet you see, as you understand
nähden: ***jhk*** ~ in view of, as to
nähdä see; distinguish; *(kuvitella)* envisage; ~ ***ennalta*** foresee; ~ ***nälkää*** starve, famish; ~ ***sielunsa silmin*** visualize; ~ ***unta jstak*** dream of sth; ~ ***jku vilaukselta*** glimpse, have a glimpse of sb
nähdään goodbye, see you
nähtävyys sight; attraction
nähtävästi apparently, evidently
näillä: ~ ***main (tienoin)*** about here, somewhere [in] here; hereabouts
näin like this
näin ollen consequently
näivettyä wither
näkemiin bye [bye]; goodbye
näkeminen seeing; ***näkemisen arvoinen*** worth seeing
näkemä: ***ensi ~ltä*** at first sight
näkemätön unseen
näkevinään: ***hän ei ollut ~ minua*** he pretended not to see me
näkinkenkä [sea]shell
näkkileipä crispbread
näky sight; vision, apparition; ***hän näkee näkyjä*** he is seeing things; ***se oli ikävä*** ~ it was a bad sight
näkymä view; scene; *(kuv)* perspective
näkymätön invisible; unseen
näkyvyys visibility
näkyvyysalue *(rad, tv)* coverage area
näkyvä visible; apparent; conspicious; ~ ***hahmo*** personage
näkyä show; appear; ***talo näkyy tieltä*** you can see the house from the road; ***alushameesi näkyy*** your slip is showing; ***kuten asiakirjasta näkyy*** as appears from the documents; ***se näkyy (paistaa) kilometrien päähän!*** *(kuv)* that sticks out (shows) a mile!
näkö eyesight; sight; vision
näköala view; *(kuv)* outlook; prospect; ~ ***järvelle*** a view on (over) the lake
näköinen like; alike; ***hän on isänsä näköinen*** he looks like his father; ***he ovat samannäköiset*** they look alike
näköisyys resemblance
näkökanta standpoint; viewpoint
näkökenttä field of vision
näkökohta aspect, point
näkökulma point of view; angle; perspective; ***minun näkökulmastani*** from my point of view
näköpiiri: ***näköpiirissä*** in sight; *(kuv)* in view
näköpuhelin picture phone
näkötorni watch tower
nälkiintyä starve
nälkä hunger; starvation
nälkäinen hungry
nälkälakko hunger strike
nälkäpalkka starvation wages
nälänhätä famine, starvation

nämä these
nänni nipple; teat
näpertely tinkering
näpertäminen; ***tämä on kauheaa näpertämistä*** this is a finicky job
näpertää tinker
näpistely *(lak)* larceny
näpistää pinch, pilfer
näplätä fiddle ***(jtak*** with); finger
näppylä pimple; *(Am)* zit
näppäimistö keyboard
näppäin key
näppäryys *(kätevyys)* handiness; *(sormien)* dexterity
näppärä *(kätevä)* handy; *(taitava)* deft
näpsäkkä *(läh)* skilful, slick, quick, effective
näpsäyttää flick, snap
näpätä *(valok)* shoot
näpäys, näpäytys rap; flick
näpäyttää flick; rap
närhi jay
närkästynyt offended
närkästys resentment
närkästyä jstak become indignant [about sth], resent [sth]
närästys heartburn
näsäviisaus sauciness
nätti pretty, cute; lovely
näykkiä peck
näykätä snap
näyte sample; *(lääk myös)* specimen
näyteikkuna show-window
näytellä act; play; ~ ***jnk osaa*** do [the part of], play the role of; ~ ***pääosaa*** star
näytelmä play; drama; *(kuv)* show
näytelmä[llinen]- dramatic
näytelmäkirjailija playwright
näytelmäkirjallisuus drama
näytelmämusiikki incidental music
näytteillepanija exhibitor
näytteleminen acting
näyttelijä actor
näyttelijä[tär] actress
näyttely exhibition; fair, show
näyttelyesine exhibit
näyttämö scene; stage; ***~llä*** on stage
näyttämökoristeet staging
näyttämöllepano staging
näyttämömestari stage manager
näyttämötaide drama; dramatic art
näyttävä spectacular; dashing; impressive
näyttäytyminen appearance
näyttäytyä appear; show [up]
näyttää show; *(vaikuttaa)* seem, appear; *(osoittaa)* point out; *(esitellä)* show around (round); ***näytät kalpealta*** you look pale; ~ ***kykynsä (mihin pystyy)*** prove o.s.
näyttö demonstration; *(lak)* evidence
näytäntö performance, show
näytös act; display
näännyksissä exhausted
näännyttää: ~ ***nälkään*** starve
nääntymys exhaustion
nääntynyt exhausted
nääntyä become exhausted
näärännäppy sty
näätä marten
nöyristelevä servile, cringing
nöyristellä cringe
nöyrtyä humble o.s.
nöyryys humbleness, humility
nöyryyttävä degrading; humiliating; *(loukkaava)* mortifying
nöyryyttää degrade; humiliate;

(loukata) mortify
nöyryytys humiliation; mortification
nöyrä humble; *(kiltti)* meek; unassuming; ~ ***palvelijanne*** your humble servant

O

oas thorn
objekti object
objektiivi objective
objektiivinen objective
obligaatio bond
oboe oboe
odotettu expected
odottaa wait (***jtak*** for) ; await; ***osata*** ~ anticipate; ~ ***[iloisesti*** *t.* ***innokkaasti] jtak*** look forward to; ~ ***tapahtuvaksi*** *t.* ***tulevaksi*** expect; ~ ***vauvaa*** expect [a child], be pregnant; ~ ***vuoroaan*** wait one's turn; *(puhelimessa)* ***odotatteko?*** will you hold?; ***odottakaa hetki*** hold on, hang on
odottamaton unexpected; unlooked-for
odottamatta unexpectedly
odottava expectant; *(äiti)* expectant, pregnant
odotus anticipation; expectation; suspense; *(raskaus)* pregnancy
odotushuone waiting room
ohdake thistle
oheinen attached, enclosed
oheistaa enclose, attached
ohentaa thin
oheta thin
ohi by; past; over; ***kuljin talonne ~ tänään*** I passed (walked) by your house today; ***se menee kyllä ~*** it will pass; ***kaikki on ~*** it is all over
ohikiitävä *(kuv)* fleeting
ohikulkija passer-by
ohikulkutie bypass
ohimarssi marchpast
ohimenevä passing; transitory
ohimennen in passing; ~ ***sanoen*** incidentally
ohimo temple
ohittaa pass; *(aut)* overtake; *(syrjäyttää jku)* pass sb over
ohitus overtaking
ohitusleikkaus bypass surgery
ohjaaja *(auton)* driver; *(lentokoneen)* pilot; *(filmin)* director
ohjaamo cockpit
ohjas rein
ohjata *(elok ym.)* direct; *(opastaa)* guide, show; *(lentokonetta)* pilot; *(autoa, venettä, keskustelua, ym.)* steer; *(työtä)* supervise
ohjattavuus control
ohjaus *(opastus)* guidance
ohjauskyky: ***menetti ~nsä*** lost control of his (her) car
ohjauslaitteet controls, steering gear
ohjauspyörä steering wheel
ohje *(resepti myös kuv)* recipe; rule; *(elämän~)* precept
ohjeet guidelines, directions
ohjehinta list price
ohjelma program[me]; *(aikataulu)* schedule
ohjelmisto repertoire; software
ohjenuora *(kuv)* guiding principle
ohjesääntö by[e]law
ohjus missile; rocket
ohjustentorjuntajärjestelmä antimissile defence
ohjustukikohta missile-firing base
ohra barley

ohukas *(läh)* small pancake
ohut thin; *(harsomainen)* sheer; *(ilma)* rare
oikaista *(väärä käsitys)* correct; *(virhe, erehdys ym.)* rectify, right; *(~ itsensä pitkälleen)* stretch o.s. out [on]; *(suoristaa)* straighten; unbend; ~ ***vääryydet*** right the wrongs
oikaisu correction; adjustment
oikea right; rightful; *(virheetön)* correct; *(aito)* real; *(vilpitön)* true; ~ ***ja vasen*** right and left; ***kääntyä ~lle*** turn right; ***~lla puolella*** on the right side, on your right; ***hän on ~ henkilö*** he is the right person; ***hän on paikan ~ omistaja*** she is the rightful owner of the place; ***~a nahkaa*** real leather; ~ ***kristitty*** a true Christian; ~ ***ja väärä*** right and wrong; ***~an aikaan*** at the right time (moment)
oikeamielinen just
oikeanpuoleinen: ~ ***liikenne*** right hand traffic
oikeaoppinen orthodox
oikea silmukka *(käs)* plain stitch
oikeastaan actually; practically
oikein correctly, right; *(ark)* O.K., okay, alright; ***se on aivan*** ~ that's quite right; ***teit*** ~ you did the right thing; ***kirjoitit nimeni aivan*** ~ you spelt my name correctly
oikeinkirjoitus spelling
oikeisto the right [wing]
oikeistolainen right-wing
oikeudellinen judical
oikeudenkäynti trial; proceedings
oikeudenkäyntikulut court fees
oikeudenmukainen fair; just; *(kohtuullinen)* equitable
oikeudenmukaisuus fairness; *(kohtuullisuus)* equity
oikeus justice; *(käyttö~)* access ***(jhk*** to)
oikeusasia case, legal matter
oikeusasiamies ombudsman
oikeusavustaja legal adviser; *(oikeudenkäynnissä)* counsel
oikeushenkilö legal person
oikeusjuttu suit; case
oikeusjärjestys legal order, judicial system
oikeuskäsittely hearing
oikeuslaitos judiciary
oikeusministeriö Ministry of Justice
oikeustapaus case
oikeustiede law, jurisprudence
oikeustoimet lawsuit
oikeusturva judicial protection; ***sama ~ [kaikille]*** equality of justice [to all]
oikeuttaa *(antaa oikeus)* give the right to, entitle; *(olla perusteena)* justify, warrant; *(valtuuttaa)* empower, authorize
oikeutus justification
oikku caprice; whim; ***luonnon~*** freak
oikoa *(suoraksi)* straighten [out]
oikosulku short circuit
oikotie cross-cut, short cut
oikovedos proof
oikukas, **oikullinen** moody, capricious, fickle, whimsical
oikutella be capricious; *(moottori)* play up
oinas ram; wether; *(astrol)* Aries
oire symptom; *(kuv)* sign
oireyhtymä syndrome
oivallinen excellent, *(ark)* capital

oivallus insight; perception; idea
oivaltaa perceive; realize
oja ditch; gully
ojennus alignment; *(nuhde)* reproof
ojentaa *(antaa)* hand; *(kurottaa)* hold [out]; *(suoristaa)* extend; reach; stretch [out]; ~ ***kätensä jkIle*** hold out one's hand to sb; ***ojentaisitko tuon paperin minulle*** would you hand out that paper to me, please? ~ ***lasta*** correct a child
ojentautua: ~ ***ottamaan jtk*** reach [out] for sth; ~ ***pitkälleen*** stretch o.s. out [on]
ojittaa ditch, drain
ojitus drainage
ok OK, okay; neat
oka barb; thorn
okainen thorny
okra[nväri] ochre
oksa branch; *(pieni)* twig; *(kukan ~)* spray
oksainen *(puutavarasta)* knotty
oksakohta knot
oksas graft
oksasakset clippers
oksastaa graft
oksennus vomit[ing]
oksennuttaa: ***minua*** ~ I feel sick
oksentaa be sick, throw up, vomit; *(ark)* puke, barf
oksia prune, trim
oktaavi octave
olankohautus shrug
oleellinen essential
oleellisesti essentially
ole hyvä *t.* **kiltti** *t.* **ystävällinen** please; would you be so kind
olemassa oleva existing
olemassaolo being; existence
olematon nonexistent
olemme we are
olemus being; *(käytös)* manner; *(ulkonäkö)* appearance; *(ryhti)* bearing; *(sisin)* essence
olen I am
olennainen essential, integral, fundamental
olennaisesti essentially, fundamentally
olennoida impersonate
olento being; creature; thing
oleskella stay; spend [some] time *(kirj)* sojourn
oleskelu stay; sojourn
oleskelulupa permit of residence
oleskelutila drawing room; lounge
olet you are
oletettu assumed; hypothetical
olettaa assume, presume, suppose; *(odottaa)* expect
olettaen assuming that
olettamus assumption; presumption
olette you are
oletus supposition; *(mat)* lemma
olevinaan: ***hän on niin*** ~ he is on his high horse; ***hän on ~ sairas*** he pretends to be ill *(Am)* [sick]
oli he (she) was
oliivi olive
olin I was
olinpaikka whereabouts; place of residence; *(lak)* domicile, abode; *(el)* habitat
olio creature
oljenkorsi straw; ***tarttua oljenkorteen*** clutch at a straw; ***viimeinen oljenkorteni*** my last hope
olkaa hyvä please

olkain shoulderstrap
olkanauha *(juhlatilaisuuksissa)* sash
olkapää shoulder
olki straw
olkihattu straw hat
olkoon: ***~pa asia miten hyvänsä*** however it may be; ***~ menneeksi*** all right then
olla be; *(muodostaa)* constitute; *(sijaita)* lie, be situated; stand; ***~ jklla*** have; ***onko sinulla kylmä?*** are you cold?; ***hänellä on uusi auto*** she has a new car
ollenkaan ever; not at all
olohuone living room; *(Br)* front room, sitting room
olo- ja makuuhuone bed-sitting room
olosuhteet circumstances; ***olosuhteista riippuva*** circumstantial; ***olosuhteisiin nähden*** under the circumstances
olot circumstances, conditions
olotila state, condition
oluenpanija brewer
olut beer; ale
oluttupa beerhouse
olympialaiset [the] Olympic games, [the] Olympics
oma own; ***onko sinulla ~ huone?*** do you have your own room?; ***~a sukua*** née
omaelämäkerta autobiography
omahyväinen conceited; self-satisfied; smug; *(halv)* complacent; ***~ narri*** prig
omahyväisyys conceit
omainen [close] relative
omaisuus property; belongings
omakohtainen subjective
omakotitalo [single family] house; *(yksikerroksinen)* bungalow
omaksua *(mielipide, elämäntapa, asenne ym.)* adopt; *(vaikutteita, ajatuksia, tietoa)* absorb; *(aate, uskonto ym.)* espouse
omaksuminen adoption; absorption
omalaatuinen *t.* **eriskummallinen** *(henkilö)* eccentric
omantunnontarkka conscientious
omantunnontuskat remorse; pangs of conscience
omanvoitonpyynti self-interest
omanvoitonpyyntöinen mercenary
omapäinen opinionated, stubborn, self-willed
omatunto conscience
omavarainen selfsupporting
oma väki folks, family
omena apple
omenapiirakka apple pie
omenapuu apple tree
omenaviini cider
omiaan: ***~ jhk*** ideal for, cut out to be
omillaan on one's own
omin avuin single-handed, on one's own
ominainen characteristic, typical (***jllek*** of); peculiar (***jllek*** to)
ominaisuus *(erit. henkilön)* quality, peculiarity, characteristic; *(aineen)* property; ***opettajan ominaisuudessa*** in the capacity of a teacher, as a teacher
omistaa have, own, possess; ***~ aikaa jllek*** devote time to sth; ***omistan tämän kirja äidilleni*** I dedicate this book to my mother
omistaja owner; *(liik)* proprietor

omistaminen *(kirjan)* dedication (*jklle* to)
omistautua dedicate o.s. to; *(pyhittäytyä)* devote o.s. to
omistautuminen dedication; devotion
omistautunut dedicated; devoted
omistettu dedicated (*jklle* to)
omistus possession; tenure; *~oikeus* ownership
omistushalu possessiveness
omistusoikeus proprietary rights
omituinen strange; peculiar; odd; *(vanh)* queer; *(ark)* weird
omituisuus oddity; peculiarity
ommel *(lääk)* suture; *(käsit)* stitch
ommella sew; stitch; *(lääk)* suture
ompelija dressmaker; seamstress
ompelu sewing, needlework
ompelukone sewing machine
ompelutarvikkeet sewing materials; *(Am)* notions
ongelma problem
ongelmajäte toxic waste
ongelmallinen problematic
ongenkoukku [fish]hook
ongensiima [fishing]line
ongenvapa rod
onkalo cavity; hollow
onkia angle
onkimato worm
onnea congratulations; good luck, best of luck; *(kaikkea hyvää) ~!* I wish you all happiness (all the best)
onnekas lucky; fortunate
onneksi fortunately; luckily; *~ olkoon!* congratulations!
onnellinen happy; *(onnekas)* fortunate
onnellisesti happily; *(turvallisesti)* safely
onnenkauppa: *oli ~a, että...* it was a mere chance that...; *(ark)* it was a fluke that...
onnenonkija *(seikkailija)* adventurer, adventuress; opportunist
onnenpotku windfall, lucky strike
onnentoivotus congratulation
onnetar Lady Luck
onneton unhappy; miserable; *(valitettava)* unfortunate; *~ sattuma* mischance
onnettomuus accident; misfortune; *suuri ~* disaster, calamity; *onnettomuuden uhri* casualty; *hänelle tapahtui ~* he met with an accident
onni happiness; *(tuuri)* luck; *(autuus)* beatitude; felicity
onnistua succeed (*jssak* in); manage (*tekemään* to do); *(sujua)* go off; *(ark)* click
onnistuminen success
onnitella jkta congratulate
onnittelu[t] congratulation[s]; *~kortti* congratulatory card
ontelo cavity
ontto hollow
ontua limp; hobble
ontuminen limp; hobble
ontuva lame
oodi ode
ooppera opera
oopperalaulaja opera singer
oopperamusiikki opera [music]
oopperatalo opera house
opaali opal
opas guide; *matkaopas* tour guide, courier
opaskirja guide book; manual
opastaa guide; *(rakennuksessa*

ym.) conduct round; *(viedä)* lead; *(osoittaa pöytä, istumapaikka)* usher [to]
opastaja conductor
opastava guiding
opaste sign; *(rautat)* signal
opastettu kierros conducted tour
opastus guidance
operetti operetta, light opera
opetella learn
opettaa teach; instruct
opettaja teacher; master
opettajankoulutuslaitos *(ent. opettajaseminaari)* teacher training college
opettajatar *(vanh)* mistress, *(nyk)* teacher
opettava instructive
opetus teaching; instruction; lesson; moral; education; ***mikä on tarinan ~?*** what is the moral of the story?; ***hän sai opetuksen*** he learned himself a lesson
opetusharjoittelija student teacher
opetuslapsi disciple
opetusministeriö Ministry of Education
opinhaluinen studious; *(tottelevainen)* docile
opinnot studies
opintojakso study period; course [of study]
opintolaina student loan
opintomatka studytrip
opinto-ohjaaja tutor
opinto-ohjaaja adviser; counsel[l]or
opinto-ohjelma curriculum; syllabus
opintoraha student grant
opintoretki field trip
opintosuoritus[pisteet] credit
opintoviikot credit
opiskelija student
opiskelija-asuntola *(Br)* hall [of residence], student house; *(Am)* dormitory
opiskelijaliitto student[s'] union
opiskelijayhdistys student association
opiskella study; ~ ***pääaineena*** *(Am)* major [in]
opiskelu study[ing]
opisto institute; college
opittu acquired
oppi learning; *(ajatustapa)* doctrine
oppia *(opetella)* learn; *(hankkia jnk taito)* acquire; pick [up]; ~ ***kävelemään*** learn to walk; ***missä olet oppinut englantia?*** where did you learn English?, where did you pick up your English?; ~ ***uusia taitoja*** learn (acquire) new skills; ~ ***ulkoa*** memorize, learn by heart
oppiaine discipline; subject
oppiarvo degree
oppikirja textbook
oppikoulu *(läh)* secondary school; *(Am)* high school
oppikurssi course [of study]; curriculum
oppilaitos school
oppilas pupil, school student; *(harjoittelija)* apprentice, trainee; *(vanh)* scholar
oppimaton unlearned, uneducated; ignorant
oppimäärä syllabus
oppineisuus learning; erudition
oppinut learned; civilized; *(vanh)*

scholar
oppipoika apprentice
oppitunti lesson; *(koul)* class, period
oppituoli chair
oppivelvollisuus compulsory education
optikko optician
optinen optical
oraakkeli oracle
orapihlaja hawthorn
oras sprout
orastaa sprout
oratorio oratory
orava squirrel
orgasmi orgasm
orgia[t] orgy
ori stallion
orientoitua orient o.s.; orientate [o.s.]
originaali original
orja slave; *(kirj)* thrall; ***jnkn*** ~ addicted to
orjallinen slavish
orjantappurapensas brier
orjuus slavery; *(kirj)* servitude; ***maa~*** serfdom, bondage
orjuuttaa enslave
orkesteri orchestra
orkesterisyvennys orchestra pit
orkesterinjohtaja conductor
orkidea orchid
ornamentti ornament
orpo orphan; ***orvoksi jäänyt*** orphaned
orpokoti orphanage
orsi perch; roost
ortodoksinen [Greek, Russian] Orthodox
orvaskesi epidermis
orvokki pansy; violet
osa part; *(osuus)* share; *(rooli)* part, role; *(ohjelmasarjan)* episode, part; *(kirjasarjan)* volume; *(kohtalo)* lot; *(raam)* portion; ***jakaa osiin*** divide into parts; ***hän halusi oman ~nsa voitosta*** he wanted his share of the profits; ***suurin ~ jstak*** most of, the greater part of, the majority of; ***minun ~kseni tuli kertoa hänelle*** it fell to my lot to tell him
osa-aika part-time
osakas partner, associate
osake share
osakehuoneisto flat; *(Am)* condo[minium]
osakevälittäjä stockbroker
osakeyhtiö corporation; joint-stock company; limited company; Ltd
osakkeenomistaja shareholder; *(Am)* stockholder
osaksi partly
osakunta *(läh)* students' union
osallinen: ***olla osallisena rikokseen*** be implicated in a crime, be party to a crime; ***päästä osalliseksi jstak*** get one's share of sth
osallistua *(kokoukseen ym.)* attend; participate (***jhk*** in); take part in
osallistuja participant, attendant; contestant
osallistuminen participation, attendance
osallistuva committed
osallisuus contribution; ***~ rikokseen*** complicity
osamaksu instal[l]ment; part payment; ***~lla*** on hire purchase; *(Am)* by instalments
osamaksuerä instalment

osamäärä quotient
osanen particle
osanottaja participant
osanotto *vrt.* ***osallistuminen***; *(surunvalittelu)* condolence; *(myötätunto)* sympathy
osapuilleen about, approximately
osasto *(junan)* compartment; *(tavaratalon, laitoksen)* department; *(jaosto)* division; section; *(messuilla)* stand; *(sairaalan)* ward; *(sot)* detachment; *(joukko-~)* unit
osastopäällikkö head of the division (department)
osastosihteeri departmental secretary
osata can; know
osatekijä component
osinko dividend
osittaa partition
osittain partially; partly
osittainen partial
osoite address
osoitelippu label
osoitin *(kellon)* hand; *(tietokoneen)* cursor; *(kuv)* index; indicator; *(mittarin)* pointer
osoittaa *(kirje, pyyntö, sanat, ym.)* address; *(ilmaista, näyttää)* show, manifest, indicate; ***nämä luvut osoittavat selvästi että ...*** these figures show (indicate) clearly that ...; ~ ***sormella*** point at; ~ ***mieltään*** demonstrate; ~ ***oikeutetuksi*** justify; ~ ***selvästi*** manifest; ~ ***suosiota*** applaud; ~ ***vääräksi*** disprove, confute
osoittaja indicator; *(mat)* numerator
osoittaminen designation; display
osoittautua jksik turn out [to be]; prove [to be]
osoitus sign, indication; manifestation; *(ilmaus)* expression, (***jstak*** of); *(todistus)* proof (***jstak*** of sth); ***maksu~*** order of payment
ostaa buy; purchase
ostaja buyer
osteri oyster
osto buying, purchase
ostohinta purchase price
ostokset shopping
ostos buy; acquisition; purchase
ostoslaukku shopping bag
ostovoima purchasing power
osua hit; strike; ~ ***kohdalle*** fall to; ~ *t.* ***mennä päällekkäin*** overlap; ~ ***samaan ajankohtaan*** coincide ~ ***naulan kantaan*** hit the nail on the head
osuma hit
osuus *(osa)* part; share; *(prosentti~)* percentage; *(määrä~)* quota; allotment; *(lak)* interest; ***teen oman osuuteni*** I'll do my [fair] share
osuuskauppa, **osuuskunta** co-operative shop, co-operative society
osuva to the point; apposite; apt; ~ ***sanonta*** [apposite] phrase
otaksua assume, suppose; surmise
otaksuen [että] assuming that
otaksuma supposition; conjecture
otaksuttavasti presumably
Otava Charles's Wain, Plough; *(Am)* Big Dipper
ote hold; clasp; *(tekstistä)* extract; ***luja*** ~ grasp, firm grip (hold)
otella fight, contend
otollinen opportune
otsa forehead; brow; ***rypistää***

~ansa frown
otsake title
otsanauha sweatband
otsanrypistys frown
otsaripa coronet; diadem
otsatukka fringe
otsikko head; heading; headline
ottaa take, have; *(~ kiinni)* catch; *~ aika* time; *~ aurinkoa* sunbathe; *~ avioero* have a divorce, divorce sb; *~ huomioon* take into account (consideration); *~ vastaan* receive; *~ selville* find out; *~ oppia jklta* learn from sb; *ota koppi!* catch!; *~ jku kiinni* catch sb; *~ takki päältä* take off one's coat; *ota kengät pois jalasta* take off your shoes; *ota lisää kahvia* have some more coffee
ottaen huomioon *(jtak)* given, considering
ottelu game; match; *(nyrkkeily~)* bout
ottolapsi adopted child
otus creature
oudosti strangely
outo strange, odd; *(kummallinen)* peculiar; *(vieras)* unfamiliar
ovat [they] are
ovela cunning, clever, shrewd, slick, sly
oveluus cunning
ovenpieli doorpost
oven puolisko leaf
ovenvartija *(Am)* doorman, doorkeeper; *(Br)* porter
ovi door; entrance; entry
oviaukko doorway
ovikello doorbell
Oxford[in] ja Cambridge[n] Oxbridge
oy Ltd

P

paaduttaa harden
paahde heat [of the sun]
paahdin *(leivän)* toaster; *(lieden)* *ks.* ***grilli***
paahtaa *(avotulella, grillissä) ks.* ***grillata***; *(pannussa, uunissa)* roast; *(leipää)* toast; *(kahvia)* roast; *(korventaa)* scorch, parch; ***paahtavan kuuma*** roasting hot
paahtoleipä toast
paahtopaisti roast beef
paahtua roast
paali bale
paalu pale
paalu *(perustus~)* pile; *(pylväs)* pole, post; *(merkki~)* stake, picket
paalutus *(rak)* pile driving; *(maanmitt)* palework; paling
paanu shingle
paanukatto shingle roof
paapuuri port; ***paapuurinpuolella*** on the port side
paarit stretcher; litter; *(ruumis~)* bier
paarma gadfly
paashi page
paasto fast
paastoaminen fasting
paastonaika Lent
paastota fast
paatumus hardness [of heart]
paatunut hardened, obdurate
paavi Pope
paavillinen papal
padota dam
paeta escape, flee; run away, break out (***jstak*** from)
paha bad, evil; nasty, naughty; ***~a aavistamaton*** unsuspecting; ***~ aavistus*** misgiving; ***~t ajatukset*** evil thoughts; ***~t aikomukset*** evil designs; ***~t teot*** bad deeds; ***~ ihminen*** a wicked person; ***~ poika*** a bad (naughty) boy; ***~ haava*** a nasty wound; ***tehdä ~a jklle*** harm, hurt sb; ***puhua pahaa jstak*** speak evil of; ***~lla tuulella*** in a bad mood (temper); ***panna ~kseen*** take offence; ***ei millään ~lla*** no offence; ***mikä ~n tappaisi*** the Devil has a long life
pahaenteinen sinister; ominous
paha henki demon
pahanhajuinen bad-smelling; ***~ hengitys*** bad (foul) breath
pahanilkinen spiteful, malicious
pahanilkisyys spite
pahankurinen mischievous
pahanlaatuinen malignant
pahansuopa malicious
pahansuopuus ill will
pahantekijä malefactor
pahantuulinen bad-tempered; sulky, sullen
pahastua take it ill, be offended, resent
pahastunut offended, piqued; resentful
pahe vice
paheellinen immoral; depraved, dissolute
paheksua disapprove; condemn
paheksuminen disapproval, disfavo[u]r; *(julkinen)* denunciation

pahemmin worse
pahempi worse
pahennus offence; ***~ta herättävä*** shocking, offensive, scandalous; ***herättää yleistä ~ta*** give [general] offence
pahentaa make worse
pahimmin worst
pahin [the] worst
pahka gnarl
pahkainen gnarly
pahnanpohjimmainen *(kuopus)* the last shake of the bag
pahnat litter, straw
pahoillaan sorry
pahoin badly; ***~ loukkaantunut*** badly injured; ***voin ~*** I feel sick
pahoinpidellä abuse, batter
pahoinpitely battering, abuse; *(lak)* assault [and battery]; ***lasten ~*** baby battering; child abuse
pahoinvointi nausea, sickness; *(lentokoneessa)* air sickness; *(autossa)* car sickness
pahoinvoipa sick
pahoitella be sorry, regret
pahoittaa [jkn mieli] offend, hurt
paholainen devil
pahus darn it
pahuus evil[ness], wickedness
pahvi cardboard; pasteboard
pahvilaatikko cardboard box
pahvirasia pasteboard box, carton
paikalla *(läsnä)* present; *(heti ~)* at once
paikallinen local
paikallisjuna local train
paikallispuudutus local anaesthesia
paikallistaa *ks.* ***paikantaa***
paikanhakija applicant
paikannimi place-name
paikannäyttäjä usher
paikantaa locate; *(osoittaa tarkasti)* pinpoint
paikata *(hammas)* fill; *(korjata)* mend, repair; *(kangas)* patch
paikka place; *(sijainti)* location, situation; *(alue, seutu)* area, neighbourhood; *(istuin)* seat; *(parl ym.)* seat; *(työ~)* post, position, job; *(kankaassa)* patch; *(kohta)* spot; ***joka paikassa*** everywhere, in every place; ***onko tämä ~ varattu?*** is this seat taken?; ***avoin [työ]~*** opening vacancy; ***hakea ~a*** apply for a job (position); ***hän kuoli siihen ~an*** he died on the spot
paikkakunta locality; borough
paikkansapitävyys accuracy
paikkansa pitävä accurate, tenable
paikkeilla about
paikoillaan in place; still; ***pysyä ~*** keep still
paikoitellen in places
paikoitus parking
paikoitusalue *(Br)* car park, *(Am)* parking lot
paikoitusmaksu parking fee
paimen shepherd, herdsman
paimenkoira *(lammas~)* sheepdog, collie; *(saksan~)* German shephard; *(Br)* Alsatian
paimentaa tend; *(myös kuv)* shepherd
paimentolainen nomad
painaa press; *(kirjap)* print; *(olla painoltaan)* weigh; *(~ kaasua)* accelerate; *(~ mieleen)* memorize; *(~ villaisella)* hush up; ***se ~ mieltäni*** it weighs on my mind,

it bothers me; ***hän painoi päänsä alas*** she bowed her head
painajainen, **painajaisuni** nightmare
painallu|s: ***napin ~ksella*** at the press of a button
painattaa print
painatus printing
painauma *(lommo)* dent; *(tiessä)* dip
painautua *(jtak vasten)* snuggle up to, nestle against
painava heavy; *(kuv)* weighty
paine pressure; ***paineen alaisena*** under pressure
paineilma compressed air
paineilmalaitteet aqualung
painekattila pressure cooker
painettu kangas print
paini wrestling
painia wrestle
painija wrestler
painin press
paino weight, heaviness; *(kuv)* emphasis; *(kiel)* stress; *(heilurin)* bob; ***kirja on painossa*** the book is being printed (in the press)
painoasu *(kirjap)* typography
painoinen: ***jnk*** ~ in weight
painokas emphatic
painokirjaimet block letters
painokkaasti insistently
painokone [printing] press
painolasti ballast
painomuste printer's ink
painonappi snap fastener
painonnosto weight-lifting
painopiste centre of gravity; *(kuv)* emphasis, focus
painos edition; impression
painostaa *(~ jkta)* bring (put) pressure to sb, pressurize ***(jhk*** into, ***tekemään jtk*** to do sth)
painostava *(kuv)* oppressive; *(kuuma)* sultry
painostavuus sultriness
painostus pressure
painostusryhmä lobby, pressure group
painottaa emphasize; *(myös kiel)* stress
painottomuus weightlessness, zero gravity
painotuote printed matter
painotus emphasis; *(myös kiel)* stress
painovirhe misprint, printing error; erratum *(pl errata)*
painovoima gravitation, gravity
painua sag, sink
paise abscess; boil
paiskata hurl; *(ovi)* slam
paistaa *(aurinko, valo)* shine; *(uunissa)* bake, roast; *(öljyssä t. rasvassa)* fry; ***hänen kasvoistaan paistoi ilo*** her face was beaming (shining) with joy
paistatella *(päivää, auringossa)* bask [in the sun]; sunbathe
paiste shine; *(valojen)* glare
paisti roast; steak
paistinliemi dripping[s]
paistinpannu *(Br)* frying pan, *(Am myös)* skillet
paistinvarras skewer
paisua swell; *(kuv)* build up
paisunut bloated, swollen
paisuttaa *(kuv)* exaggerate
paita shirt; *(Br) (alus~)* vest; *(Am)* undershirt
paitahihasillaan in one's shirtsleeves

paitsi but; excepting, save
paitsio offside
paja forge; smithy
paju willow
pakahtua burst; break
pakana pagan, heathen
pakanalähetys foreign mission
pakanuus paganism, heathenism
pakarat buttocks
pakastaa [deep] freeze
pakasteet frozen food
pakastelokero icebox, freezing compartment, freezer
pakastin freezer, deepfreeze; ***kala on pakastimessa*** the fish is in the freezer
pakata pack; package; ***pakata laukut*** pack the bags
pakeneva fleeing; ***(kuv)*** elusive
paketoida wrap in ***(jhk*** in sth)
paketti package; packet; ***(posti)*** parcel
pakettiauto van
pakettiratkaisu package deal
pakina humorous story; causerie
pakinoida write (read) causeries
pakinoitsija columnist
pakka bolt; ***(kortti~)*** pack
pakkanen frost, cold; ***ulkona on 10 astetta pakkasta*** it is 10 [degrees] below zero
pakkasneste antifreeze
pakkaus package; wrapping; ***(~materiaali)*** packaging; ***(pakkaaminen)*** packing; ***(kotelo)*** casing, box
pakkausmateriaali packing; wrapping; packaging
pakkautua pack, cram ***(jhk*** into)
pakki reverse; ***laita ~ päälle*** put it in reverse
pakkilaatikko packing case
pakko compulsion; ***(~keino)*** constraint; necessity; restraint; urgency; ***olla ~ tehdä jtak*** be forced to do sth, be compelled to do sth; ***hänen on ~ tulla pian*** he must (is bound to) come soon
pakkolasku emergency landing
pakkolomauttaa lay off
pakkolunastus expropriation
pakkomielle obsession
pakkopaita straitjacket
pakkotoimen|pide: ***ryhtyä -piteisiin*** resort to force
pako escape; flight
pakoilla ***(kuv)*** evade, avoid, shirk
pakokaasu exhaust
pakokauhu panic; ***joutua ~un*** panic
pakolainen refugee
pakolaishallitus government in exile
pakolaisleiri refugee camp
pakollinen obligatory, compulsory, mandatory
pakopaikka refuge
pakoputki exhaust pipe; ***(Am)*** tailpipe
pakote sanction
pakotie escape route
pakottaa force, compel ***(jhk*** to); ***(särkeä)*** ache; ***~ hopeaa*** chase silver; ***saada pakottamalla*** enforce
pakottava compelling; ***(kipu)*** throbbing, aching; ***~ tarve*** pressing need; ***~ halu*** urge
pakotus ***(kipu)*** ache, pain
pakovesi ebb, low tide
paksu thick, gross; fat; ***~ pala*** chunk

paksukainen *(ark)* fatty
paksuntaa thicken
paksuus thickness
pala piece; *(sokeri~)* lump; *(kulta~)* nugget; *(paperi~)* scrap; *(suu~)* bite, morsel; *(Br) (saippua~)* tablet; **~ *kangasta*** a piece of cloth; **~ *maata*** a piece of land; ***liimata ~t yhteen*** glue the fragments (pieces) together; **~ *leipää*** a slice of bread; ***haukkaista ~ omenasta*** take a bite out of the apple; ***minulla oli ~ kurkussa*** *(kuv)* I had a lump in the throat
palaa burn; *(sulake, lamppu)* fuse; *(olla tulessa)* be on fire; ***valo paloi koko yön*** the light was on (burning) all night; ***sulake on palanut*** the fuse has blown; **~ *halusta*** be burning with desire
palaminen blow-out; combustion, burning
palanen bit; fragment; piece; shred
palanut *(ihosta)* sunburnt; *(~ kohta ihossa)* sunburn; ***haistan palaneen käryä*** I smell something burning; *(kuv)* I smell a rat
palapeli [jigsaw] puzzle
palasokeri lump sugar
palata return, come back; get back to
palatsi palace
palaute feedback
palauttaa return; *(saattaa voimaan)* restore; *(rahat)* refund, repay; *(~ kunnia)* rehabilitate; *(~ järjestykseen)* bring back to order; *(~ kotimaahansa)* repatriate; *(~ mieleen, muistiin)* recall, call to mind
palauttaminen restoration; return
palautua go back *(**jhk** to)*; resume; *(lak)* revert [to]
palava burning; *(kuv)* ardent, fervent; **~ *into*** fervo[u]r; **~ *t. tulenarka aine*** combustible
palella be cold
palelluttaa freeze
paleltua freeze
paleltuma frostbite
palikka block
paljain jaloin barefoot[ed]
paljain päin bareheaded
paljas bare, naked; *(kuv myös)* mere
paljastaa *(tunteet, aikeet, salaisuus, henkilöllisyys, sulot ym.)* reveal; disclose; *(antaa ilmi, kertoa)* betray, give away; *(tuoda esiin)* unmask, expose; *(päänsä)* uncover; *(patsas)* unveil; **~ *salaisuus*** reveal (disclose, give away, unmask, betray) a secret; **~ *murhaaja*** expose the murderer; ***koira paljasti hampaansa*** the dog bared its teeth
paljastaminen revelation, disclosure; exposure; revealing; *vrt.* ***paljastaa***
paljastava revealing; explicit
paljastu|minen, -s revelation; *(patsaan)* unveiling
paljetti spangle, sequin
paljolti largely
paljon plenty [of], a lot [of]; much; *(suuresti)* greatly
paljous mass; multitude
palkankorotus raise, wage increase
palkansaaja wage earner
palkata hire, employ
palkattu paid
palkeet bellows

palkinto prize, award; *(palkkio)* reward; *(pokaali ym.)* trophy
palkintokirja diploma
palkintolautakunta jury
palkintotuomari judge
palkita reward; *(korvata)* recompense; *(antaa palkinto jklle)* award a prize to sb; ~ ***hyvä pahalla*** repay good with evil
palkka pay; *(viikko~)* wages; *(kuukausi~)* salary; *(korvaus)* recompense; *(kuv)* reward; ***palkaksi vaivoista[an]*** as a recompense for his trouble
palkkakiista pay dispute
palkkapolitiikka pay policy
palkkapäivä pay-day
palkkasoturi mercenary
palkkatulot earnings
palkkatyöläinen wage-earner
palkkaus wages, salary; *(työhönotto)* hiring, engaging
palkkavaatimukset salary requirements
palkki balk; beam
palkkio *(esim. löytö~)* reward; *(lääkärin, asianajajan, esiintyjän)* fee; *(korvaus)* remuneration
palko pod
pallea midriff
pallero tot; ***pikku*** ~ tiny tot
palleroinen plump
palli stool
pallo ball; *(keila~)* bowl; *(maa~)* globe; ***kartta~*** globe
pallomainen round, spherical
pallonmuotoinen round; globular
pallonpuolisko hemisphere
pallopeli ball-game
pallosalama thunderbolt
pallotella bandy
palmikko *(Br)* plait, *(Am)* braid
palmikoida *(Br)* plait, *(Am)* braid
palmu palm[-tree]
palo fire
paloasema fire station
palohaava scald, burn
paloharjoitus fire drill
palohälytys fire alarm
paloitella chop; *(hienontaa)* mince
palokunta fire brigade; *(Am)* fire department
palomies fireman
palopommi incendiary (fire) bomb
paloposti hydrant
paloruisku fire extinguisher
palosotilas fireman
palotikkaat fire-escape
palovahinko damage by fire
palovakuutus fire insurance
palovamma burn
paloöljy *(Br)* paraffin, *(Am)* kerosene
palsami balm; balsam
palsami[ntuoksuinen] balmy
palsamoida embalm
palsta *(sanomalehden)* column; *(tontti)* site, lot; *(maa~)* plot
palsternakka parsnip
palstoittaa parcel [out]
palttaa hem
palttu blood (black) pudding
palturi[a] garbage, crap
paluu return
paluulippu *(Br)* ticket [for a p.'s return], *(Am)* return ticket
paluumatka journey back
paluupostissa by return of post
palvata cure [in wood-smoke], smoke-cure, smoke
palveleva attendant; subservient
palvelevainen obliging, helpful

palvelija servant; attendant; *(kamari~)* valet
palvella serve; attend; *(Jumalaa)* worship; ***joko teitä palvellaan?*** are you being served? are you being attended to?
palvelu service; attendance
palveluelinkeinot service industries
palveluraha tip
palvelus favo[u]r; ***teetkö minulle palveluksen?*** would you do me a favo[u]r?; ***palvelukseen halutaan*** wanted; ***olla jkn palveluksessa*** be employed by sb, work for sb; ***~kelpoinen*** *(sot)* fit for service
palveluskunta [staff of] servants
palvelustyttö maid
palvelut facilities; *(virkistys~)* amenities
palvoa adore; *(usk)* worship
palvonta adoration; worship; cult
pamahdus bang; pop
pamahtaa bang, slam; *(poksahtaa)* pop; *(räjähtää)* detonate
pamaus bang, slam; detonation
pamauttaa bang, slam; *(räjäyttää)* blow up; ***~ nyrkillä naamaan*** punch sb on the nose
pamfletti pamphlet
pamppailla throb, beat
pamppu club; *(kiho)* bigwig
Panaman kanava Panama Canal
paneeli wainscot[ting]; *(myös kuv)* panel
paneloida panel
panetella slander; calumniate
panettelu slander; calumny
paniikki panic
panimo brewery
pankinjohtaja [bank]manager
pankki bank
pankkiautomaatti cash dispenser
pankkiiri banker
pankkikortti cash card
pankkitili bank account
pankkitoimi banking
pankkivirkailija bank clerk
panna put; set; *(laskea)* lay; *(~ alulle)* start, originate, pioneer; *(~ alttiiksi)* expose; *(~ ehdoksi)* stipulate; *(~ ehdolle)* nominate; *(~ eläkkeelle)* pension sb off; *(~ kiertämään)* circulate; *(~ kuntoon)* adjust, do up, fix; *(~ liekaan)* tether; *(~ merkille)* mark, note, notice; *(~ olutta)* brew; *(~ pahakseen)* resent; *(~ pakkolomalle)* lay off; *(~ peliin t. alttiiksi)* stake; *(~ pystyyn)* stage, set up, put up; *(~ sulkeisiin)* bracket; *(~ syytteeseen)* prosecute, indict; *(~ toimeen t. täytäntöön)* effect, carry out, execute; *(~ viralta)* depose, remove; *(~ välit poikki jkn kanssa)* break up with; *(alat) (~ t. naida jkta)* fuck sb; ***mitä aiot ~ päällesi?*** what are you going to wear?; ***pane kengät jalkaan!*** put your shoes on! ***~ auto käyntiin*** start the car; ***pane se takaisin hyllyyn*** put it back on the shelf; ***~ ruokaa pöytään*** set food on the table; ***~ pää tyynyyn*** lay one's head on the pillow; ***~ herätyskello soimaan*** set the alarm-clock
pannu pan, pot
pannuhuone boiler room
pannukakku pancake; *(kuv)* washout, dud
pano *(pankkitilille)* deposit; *(seks,*

alat) lay
panomies womanizer, *(ark)* stud
panoroida *(tv, elok)* pan[oram]
panos *(peli)* bet; stake; *(sot)* charge; *(osuus)* contribution
panssari chain armo[u]r, chain mail; *(vaunu)* tank
panssariauto armo[u]red car
panssarivaunu tank
panssaroida armo[u]r
pantata pawn; pledge
pantomiimi pantomime
pantti *(liik, lak)* pawn; collateral; *(tavara)* pledge; deposit; ***panen siitä vaikka pääni pantiksi*** I'll stake my life on that
panttilainaaja pawnbroker
panttilainaamo pawnbroker's
panttilaitos pawnbroker's [shop]
panttivanki hostage
papattaa *(puheesta)* clack
papatus *(puheen)* clack
paperi paper; *(kääre~)* wrapping
paperikauppa stationer's [shop]
paperikauppias stationer
paperikori wastepaper basket
paperinauha tickertape
paperipussi paperbag
paperitavara stationery
paperitehdas papermill
paperityö paperwork
paperiveitsi paperknife
paperoida paper, wrap
papiljotti curler, roller
papinvirka ministry
papisto clergy
pappa *(ark)* pa, dad; *(isoisä)* grandpa, granddad
pappi *(protestanttinen)* minister; *(katolinen)* priest; *(vankilan ym.)* chaplain; *(anglikaaninen)* clergyman
pappila parsonage; rectory; vicarage
paprika pepper; *(~jauhe)* paprika
papu bean
papukaija parrot
paraati parade
paradoksaalinen paradoxical
paradoksi paradox
parafiini paraffin wax
parakki *(sot)* barracks; hut
paraneminen recovery
parannettavissa [oleva] curable
parannus *(lakiin, sääntöön ym.)* improvement, amendment; reform
parannuskeino cure; remedy
parantaa *(sairaus)* heal, cure; *(korjata)* remedy, mend; *(kuv)* improve, ameliorate, better; ***aika ~ haavat*** time heals all wounds; ***~ tapansa*** mend one's ways; ***~ laatua, tulosta*** improve the quality, the result; ***~ asiaa*** remedy the matter
parantaminen improving, improvement; *(sairaan)* healing
parantola sanatorium
parantua improve; get better, get well; *(sairas)* heal
parantumaton incorrigible; *(sairaus)* incurable
parantuminen improving, improvement; *(sairaudesta)* cure; *(toipuminen)* recovery
paras [the] best; optimum
paratiisi paradise
paremmin better
paremmuus superiority
parempi better; superior
parfymoitu scented

parhaillaan just now; ***hän lukee sitä ~*** he is [in the process] of reading it
parhaiten best
pari couple; pair; *(eläimen)* mate; *(vasta~)* pendant; ***~ kenkiä*** a pair of shoes; ***he ovat kaunis ~*** they make (are) a beautiful couple
Pariisi Paris
parila *(halsteri)* gridiron; *(pannu)* *(Br)* grill pan, *(Am)* broiler pan
parillinen even
pariloida *(Br)* grill, *(Am)* broil [on a gridiron / on a *(Br)* grill pan / *(Am)* broiler pan]
pariskunta couple
paristo battery
paritalo *(Br)* semidetached [house], *(Am)* duplex
paritella copulate; *(el)* mate; *(vanh)* fornicate
pariton odd
parittain in pairs
parittaja pimp; procurer, procuress
pariutua mate
parjata malign, slander
parjaus slander, abuse
parka poor [thing]
parkaisu scream
parketti parquet
parkita tan
parkkialue *(Br)* car park, *(Am)* parking lot
parkua bawl, cry
parkuna bawling, crying
parlamentaarikko parliamentarian
parlamentaarinen parliamentary
parlamentin jäsen M.P. = Member of Parliament
parlamentti parliament
parodia parody
parodioida parody
paroni baron
paronitar baroness
parrakas bearded
parranajo shave
parranajokone razor; shaver
parras brink; *(kuv myös)* edge; verge; ***joen partaalla*** on the brink of the river; ***vararikon partaalla*** on the brink of ruin; ***itsemurhan partaalla*** on the verge of suicide
parrasvalot limelight
parraton barefaced
parru balk (baulk)
parsa asparagus
parsia darn; mend
parsinneula darning needle
parta beard
partaalla *ks.* ***parras***
partahöylä [safety] razor
partasuti shaving brush
partaterä razor blade
partavaahto shaving cream
partaveitsi razor
partavesi aftershave
partio patrol; *(järjestö)* scouts
partioida patrol
partiojohtaja scoutmaster
partiolainen scout
partioliike scouting
partiopoika boy scout
partioretki excursion
partiotoiminta scouting
partiotyttö *(Br)* girl guide; *(Am)* girl scout
partisaani partisan, guer[r]illa
partisiippi participle
partituuri score
parturi barber
parveilla swarm
parveke balcony; *(lehteri, parvi)*

gallery; *(ullakko t. yliset)* loft
parvi balcony; *(lintu~)* flock, bevy; *(hanhi~)* gaggle; *(kala~)* school of fish; *(ullakko t. yliset)* loft; *(teatt)* circle; ***1.*** ~ dress circle; ***2.*** ~ upper circle; ***ylin*** ~ gallery; ***mehiläis***~ cluster of bees; ***tyttö~*** *(meluisa)* gaggle (bevy) of young girls
pasaatituuli trade wind
pasianssi patience, solitaire; ***pelata ~a*** play [at] patience (solitaire)
pasifisti pacifist
paskapuhe[tta] *(ark)* bullshit
paskiainen *(ark)* bastard, prick; *(Am, ark)* asshole
passi pass, passport
passiivi passive
passiivinen passive
passitoimisto passport office
pasteija patty, pasty
pastelli pastel
pastilli drop; lozenge
pastori Rev.= reverend; minister
pasuuna trombone
pata casserole, pot; *(korttip)* spades; ***kanapata*** chicken casserole
pataljoona battalion
patarouva queen of spades
patarumpu kettledrum
pataruoka casserole
patentinhaltija patentee
patentti patent
patikkamatka hike, hiking trip
patja mattress
patjanpäällinen ticking, mattress cover
pato *(suuri)* dam; dyke; *(pieni, puinen)* weir; *(maa~)* barrage
patoaminen banking
patoluukku floodgate
patoutua *(konkr, kuv)* dam up, pile up, accumulate
patriarkka patriarch
patruuna cartridge
patsas statue
patteri battery; *(lämpö~)* radiator
patukka truncheon; *(Br)* baton; *(Am)* billy, nightstick
pauhata bluster; din
pauhu bluster; din
paukahdus *(ovi)* slam, bang; *(ase, ukkonen, piiska)* crack
paukahtaa bang; crack; *vrt.* ***paukahdus***
paukkua bang; crack; *vrt.* ***paukahdus***
paukuttaa bang
paula lace
paussi pause; stop
paviaani baboon
paviljonki pavillion
pedaali pedal
pedanttinen pedantic
pediatri p[a]ediatrician
pehku litter; ***painua pehkuihin*** hit the sack, turn in
pehmetä soften
pehmeys softness
pehmeä soft; gentle; *(~ksi keitetty)* soft boiled; *(murea)* tender
pehmeästi softly
pehmittää soften
pehmoinen soft; *(söpö)* cuddly
pehmolelut stuffed animals
pehmustaa *(tyynyin)* bolster; *(vaate)* pad; *(huonekalu)* upholster
pehmuste *(pakkauksen)* packing; *(vaatteen)* pad; padding

peikko goblin; troll; *(mörkö)* bog[e]y
peili mirror; glass
peilikuva reflection
peilipöytä dressing table
peipponen chaffinch
peite cover; *(päivä~)* spread; *(vaippa) (kuv)* pall
peitehomma cover
peitellä tuck [in]; tuck up; *(kuv)* gloss, cover up
peitenimi code name
peitetty covered
peitsi spear
peitto cover, blanket
peittää clothe
peittää cover; *(kuv)* hide, conceal; *(tekn) (~ suojakerroksella)* coat; *(~ jäällä)* ice over; *(~ t. kattaa tiilillä)* tile; *(~ kokonaan)* cover up; *(~ metallilevyllä)* plate; *(~ näkyvistä)* obscure; ***lumi peitti maan*** the ground was covered by snow; ***~kö summa kaikki kulut?*** does the sum cover all expenses?
pekoni bacon
pelastaa save, rescue; *(mer)* salvage; *(pulasta ym.)* pull through
pelastaja rescuer
pelastua be saved
pelastus escape; *(hengen~)* rescue; *(meri~)* salvage; *(usk)* salvation
pelastusarmeija Salvation Army
pelastusliivi life jacket
pelastusrengas life belt, life buoy
pelastusvene lifeboat
pelata play; *(~ uhkapeliä)* gamble
pelehtiä fool about, fool around
peli game
pelihimo compulsive gambling
pelikortti playing card
pelikuula marble
pelilauta board
peliluola gambling den
pelimarkka chip
pelipöydän hoitaja croupier
pelitoveri partner
pelivoitto winnings
pelkistetty plain, austere
pelkkä mere, pure, sheer
pelko fear; *(kauhu)* awe; dread; ***pelon valtaama*** awe-struck
pelkuri coward; chicken; craven
pelkurimainen cowardly, craven
pelkuruus cowardice
pelkästään just; merely; purely
pelkäämätön fearless
pellava flax
pellavakangas linen
pellavansiemen linseed
pellavapää [sb] with flaxen hair
pelle clown
pelleillä fool about, fool around
peloissaan frightened
pelokas fearful; timid
pelote deterrent
pelotella frighten, scare; intimidate
peloton fearless; dauntless; undaunted; *(uhkarohkea)* reckless
pelottaa frighten, scare
pelottava frightening, scary; awesome; *(huolestuttava)* alarming; ***~ esimerkki*** frightening example
pelottomuus fearlessness; *(uhkarohkeus)* recklessness
pelti plate; *(savu~)* damper
peltirasia tin
peltiseppä tinsmith
pelto field
peltomyyrä vole
peltopyy partridge
peluri gambler

pelästys fright; alarm
pelästyttää frighten, scare; startle
pelästyä be (get) scared, be (get) frightened
pelätä be afraid of sth; dread, fear
penger *(tasanne)* terrace; *(valli)* embankment, bank; *(tien)* side
penikka whelp
penikkatauti distemper
penikoida whelp
peninkulma 10 kilometres
penis penis
penisilliini penicillin
penkki bench; seat; *(kukka~)* [flower] bed
penkkirivi row; ***porrastuvat ~t*** tiers of seats
penkoa root; rummage
penni penny; ***viisi penniä*** five pence
pennitön penniless
pennyn raha penny; ***viisi pennyn rahaa*** five pennies
pensaikko bush[es]; *(puutarhan)* shrubbery
pensas bush
pensasaita hedge
pensseli brush
pentu cub; whelp; *(koiran~)* pup[py]; *(kissan~)* kitten
per per
perata clean; gut
perehdyttää familiarize
perehtyneisyys familiarity
perehtynyt versed, adept (***jhk*** in); familiar (***jhk*** with)
perehtyä familiarize o.s. with sth
perenna perennial
performanssi performance
pergamentti parchment
perhe family; folks
perheenemäntä housewife; *(Am)* homemaker
perheenhuoltaja breadwinner
perhehuolet domestic troubles
perhekalleus heirloom
perhetuttava family friend
perho[-onki] fly
perhonen butterfly
perhosen toukka caterpillar
perhosuinti butterfly stroke
periaate principle
periaatteellinen of principle
periferia periphery
perijä[tär] heir[ess]
perikato ruin
periksi: ***hän antoi ~*** [he] yielded, he gave in
perikuva archetype, paragon; pattern
perille: ***saapua (päästä) ~*** arrive, get there; ***päästä ~ (kuv)*** find out; ***toimittaa ~*** deliver
perillinen heir, heiress
perillä at one's destination
perimätieto tradition
perinne tradition
perinnöllinen hereditary
perinpohjainen thorough
perin pohjin thoroughly
perinteinen traditional
perintätoimisto debt collection agency
perintö *(lak)* inheritance; *(kuv)* heritage; *(kulttuuri~)* legacy
perintövero death duty
perivihollinen archenemy
periytyä descend; be passed on, pass from ... to; *(biol)* be hereditary; *(olla peräisin)* date back to, come from
periä inherit; *(ottaa maksu)* charge

for, collect
perjantai Friday; *~na* on Friday
perkele devil; *(interj)* [oh] hell!
permanentti permanent wave; *(ark)* perm
permanto floor
permantopaikka *(Br)* seat in the stalls, *(Am)* orchestra seat
perna spleen
perse *(ark, Br)* arse; *(Am)* ass
persikka peach
persilja parsley
perso greedy for
personifioida personify
persoona person[ality]; *(ark)* character
persoonallisuus personality; *jakautunut ~* split personality
persoonaton impersonal
perspektiivi perspective
peruna potato
perunajauho potato flour; *(Am)* starch
perunalaatikko *(läh)* potato pudding
perunalastu *(Br)* [potato] crisp; *(Am, Austr)* [potato] chip
perunankuori [potato] jacket; *(kuorittu)* potato peel
perunasose mashed potatoes
perunkirjoitus: *toimittaa ~* make an inventory [of the deceased person's estate]
perus- basic, fundamental
perusajatus conception; basic idea; *(puheen)* tenor
perusedellytys fundamental (basic) condition, prerequisite [for]
peruskallio ground-rock
peruskivi corner stone
peruskoulu comprehensive school; *(Br)* primary school; *(Am, läh)* elementary (public) school
perusluku cardinal number
perusohje maxim
peruspiirre element
perussääntö ground rule
perusta basis; foundation; *(alusta)* footing, base; *(rak, myös kuv)* ground; ***perustana oleva*** underlying
perustaa *(kaupunki, sanomalehti ym.)* found; *(yritys)* establish, set up; *~ **valtio*** establish a state; *~ **perhe*** start a family; ***perustan väitteeni siihen että...*** I base my argument on the fact that...
perustaja founder, creator
perustaminen foundation; establishment; *(luominen)* creation; *vrt.* ***perustaa***
perustamisoikeus charter
peruste *(syy)* grounds, cause, reason; *(kriteeri)* criterion *(pl criteria)*; *(väite)* argument
perusteellinen thorough; radical
perusteellisesti soundly; thoroughly
perusteellisuus thoroughness
perusteeton groundless; unjustified
perustelematon unjustified
perustelu *(selitys)* explanation, statement of reasons; *(oikeutus)* justification
perustua jhk be based on
perustus base; foundation
perustuslaillinen constitutional
perustuslaki constitution; ***perustuslakia säätävä*** constituent
peruukki wig
peruutettu cancelled; off

peruuttaa *(kokous, tapahtuma)* call off, cancel; *(laki, päätös, lupa)* revoke; *(hakemus)* withdraw; *(auto)* back; ~ ***kauppa*** cancel a deal; ~ ***testamentti*** revoke a will; ~ ***avioliitto*** annul a marriage
peruuttamaton irrevocable
peruutus cancellation; revocation; withdrawal; *vrt.* ***peruuttaa***
peruutuslippu stand-by ticket
peruutusvaihde reverse
perverssi perverted
pervertikko pervert
perä[kansi] poop
perä *(mer)* stern; *(ark)* ass
peräisin: ***on*** ~ derives [it's origin] from; dates back to
peräkkäin in succession; one after the other
peräkkäinen consecutive; successive
perämies mate
perämoottori outboard motor
peräpuikko suppository
peräpukamat piles, haemorrhoids
peräruiske enema, douche
peräsin *(lapa)* rudder; *(kuv)* helm
perästä after; ~ ***päin*** afterwards
peräsuoli rectum
perätön groundless; unfounded
perävalo tail light
perävaunu trailer
peräytyä back out; *(myös sot)* retreat; withdraw
perääntyminen retreat; withdrawal
perääntyä *ks.* ***peräytyä***
pesettää have sth washed
peseytyminen washing[-up]; *(usk)* ablution
peseytyä wash o.s.
pesimispönttö bird house
pesiytyä *(kuv)* infiltrate; establish o.s.
pesiä nest
pessimisti pessimist
pestata sign up [for]; hire, engage
pestautua enlist
pesti: ***ottaa*** ~ enlist
pestä wash; *(~ ja silittää)* launder; *(~ kemiallisesti)* dry-clean; *(~ puhtaaksi)* cleanse; *(~ tukka)* shampoo (wash) one's hair
pesu wash
pesuaine *(Br)* washing powder (liquid), *(Am)* detergent
pesuallas *(Br)* washbasin, *(Am)* washbowl
pesue *(ankan ym.)* brood; *(kananpoikia)* clutch
pesukarhu raccoon
pesukone washing machine
pesula cleaner's; laundry
pesulappu *(Br)* flannel; *(Am)* washing cloth
pesunkestävä washable
pesusieni sponge
pesä *(karhun ym.)* den; *(linnun)* nest; *(lak)* estate; *(urh)* home
pesäke *(kuv)* hotbed, focus; *(lääk)* focus
pesäpaikka *(kuv)* hotbed
pesäpallo Finnish baseball
petkuttaa cheat, fool, double-cross; do [out of]; swindle, trick
petkuttaja impostor, swindler
petkutus swindle, cheat[ing]
peto wild animal, beast, predator; *(kuv)* animal, brute
petoeläin predator
petolintu bird of prey
petollinen *(vilpillinen)* deceitful; fraudulent; *(salakavala)* treacher-

ous; *(harhaanjohtava)* deceptive
petomainen brutal
petomaisuus brutality
petos betrayal, deceit, deception; *(kavallus)* treachery; *(huijaus)* cheat, swindle; *(lak)* fraud
petroli = ***paloöljy***
petturi cheat, traitor
pettymys disappointment; disillusion
pettyä be disappointed (***jhk*** in, with)
pettämätön infallible
pettävyyys fallacy
pettävä deceptive; illusive
pettää *(luottamus)* betray; *(olla uskoton)* deceive; *(ark)* cheat (***jkta*** on); *(harhauttaa)* beguile; *(huijata)* cheat, swindle; *(muisti, deodorantti)* fail; *(lak)* defraud
peuhaaminen romp, frolic
peuhata romp
peukalo thumb
peukaloida tamper
peukaloinen *(el)* wren
peukalokyyti lift
peukku: ***pitää ~ja*** keep one's fingers crossed
peura deer; hart
pian shortly; soon; presently; ~ ***ilmestyvä*** *t.* ***tapahtuva*** forthcoming
piano piano; ***soittaa pianoa*** play the piano
pidellä hold; *(~ jkta paikoillaan)* pinion; *(~ pahoin)* maul
pidennys extension
pidentää *(hametta ym.)* lengthen; *(myös tekn)* extend; *(kuv)* prolong
pidetä lengthen, get longer
pidike *(hyllyn)* bracket; *(lampun ym.)* holder
pidot banquet; feast
pidäke drag; *(kuv)* restraint, curb
pidättyvyys abstinence
pidättyvä reticent; *(kohtuullinen)* abstemious
pidättyväinen reserved; noncommittal
pidättyväisyys restraint
pidättyä forbear (***jstak*** from *t.* doing sth); *(äänestämästä, alkoholista ym.)* abstain
pidättäminen arrest; detention
pidättää arrest, detain; *(viivyttää)* keep, hold up; *(virtsaa)* retain; ~ ***naurua*** keep from laughing; ~ ***hengitystä*** hold one's breath; ~ ***kuulusteluja varten*** detain for questioning; ~ ***(viivyttää) maksua*** withhold a payment; ~ ***oikeus tehdä muutoksia*** reserve the right to make changes
pidätys custody; stoppage
pidätyskyky retention
piehtaroida tumble about; welter; *(kurassa)* wallow
pieli *(oven)* post
pielus pillow
piena batten; *(rima, lista)* lath
pienehkö rather (fairly) small
pienempi smaller; *(kuv)* lesser
pieneneminen decrease; diminution
pienen pieni tiny; minute; *(ark)* teeny weeny; *(Skotl, ark)* wee
pienentyä diminish; lessen
pienentäminen diminution; reduction
pienentää decrease; diminish; reduce; *(vaatetta)* take in
pieni little; small; *(vähäinen)* mi-

nor; petty
pienin the smallest; *(kuv)* the least
pienkenttä airfield; *(Br, vanh)* aerodrome
piennar [hard] shoulder
pienois[kuva] miniature
pienoisbussi minibus
pienoiskivääri small-bore rifle
pienoismalli scale model
pienokainen baby, babe, *(kirj)* infant
pienuus smallness
pienviljelijä small farmer
pieru *(ark)* fart
piestä beat; thrash
Pietari St. Petersburg; *(raam)* Peter
pigmentti pigment
piha yard; court; courtyard; *(etu~)* front; *(taka~)* backyard
pihdit *(katko~)* nippers; *(hohtimet)* pincers; *(taivutus~)* pliers; *(tongit)* tongs; *(lääk)* forceps
pihistä sizzle; *(rasva ym.)* sputter; *(sammuva tuli)* splutter
pihistää pinch
pihka resin
pihlaja rowan tree, mountain ash
pihtisynnytys forceps delivery
pihvi [beef]steak; *(filee~)* tenderloin steak
piikivi flint
piikki *(el, kasv)* thorn; *(myrkkypistin)* sting; *(vaarna, haarukan ~ ym.)* prong; *(naula)* spike; *(kuv)* spine, sting, barb
piikkikorot stiletto heels
piikkilanka barbed wire
piikkinen prickly
piikkipaatsama holly
piikkisika porcupine
piileskellä hide; skulk
piilevä latent
piillä lie, be concealed (hidden)
piilo hiding place; secret place; *(suoja)* cover
piilokamera candid camera
piilolasit contact lenses
piiloleikki hide-and-seek
piilossa hidden
piilottaa hide
piiloutua hide
piimä buttermilk
piina torture
piinapenkki rack
piintynyt *(uskomus ym.)* deep-seated; *(tapa)* confirmed, inveterated
piintyä *(kuv)* ossify, become fixed
piipittää peep
piippu pipe; *(aseen)* barrel
piipunpesä pipe bowl
piirakka, **piiras** pie
piiri circle; *(kehä)* ring; *(~kunta, alue)* district, ward; *(poliisi~)* precinct; sphere, field; ***seurapiirit*** set, high society, jet set
piiri[kunta] district, township; *(Am)* county
piirileikki round game
piirittää besiege; surround; *(kuv)* beset
piiritys siege
piironki chest of drawers
piirre characteristic; *(kasvon~ ja kuv)* feature
piirretty filmi [animated] cartoon
piirros drawing
piirtoheitin overhead projector
piirtoterävyys *(tv)* definition
piirtäjä drawer; designer; *(tekn)* draughtsman; *(Am)* draftsman
piirtäminen drawing
piirtää draw; *(hahmotella)* deline-

ate; *(suunnitella)* design
piiru *(mer)* point
piirustus drawing
piirustuslauta drawing board
piirustuslehtiö sketch block
piirustuspaperi drawing paper
piisami muskrat
piiska whip
piiskaaminen flogging; whipping
piiskansiima lash, thong
piiskata flog; lash; whip
piiskuri whip
piispa bishop
piispallinen episcopal
piispanistuin see
piitata care (***jstak*** about); concern o.s. (***jstak*** about, with)
piittaamaton reckless, careless
piittaamattomuus disregard; recklessness, carelessness
pika- express
pikabaari snack bar
pikainen quick; prompt
pikajuna express [train]
pikajuoksija sprinter
pikajuoksu sprint
pikakahvi instant coffee
pikakirje express letter
pikakirjoittaja stenographer
pikakirjoitus shorthand
pikakivääri rapid-fire rifle
pikakurssi crash course
pikalähetti courier
pikalähetyksenä *(adv)* express; ***lähettää ~*** send by express delivery
pikamoottori racer
pikantti piquant
pikari goblet
pikaruoka fast food
pikatavara express goods
pikemmin sooner; ***mitä ~ sitä parempi*** the sooner the better
piki pitch
pikimmin: ***mitä ~*** as soon as possible
pikkelssi *(Br)* pickles
pikku little
pikkuauto car
pikkubussi minibus
pikkuhousunsuoja pantyliner
pikkuhousut *(Br)* pants, knickers, *(Am)* panties
pikkujoulu *(läh)* Christmas party; *(firman)* staff Christmas party
pikkukaupunki small town; borough
pikkukivi pebble
pikkuleipä *(Br)* biscuit; *(Am)* cookie
pikkumainen petty; picky
pikkupaketti small package (parcel)
pikkuraha [small] change
pikkuriikkinen tiny
pikkuruinen *ks.* ***pikkuriikkinen***
pikku saari islet
pikkuseikka trifle
pikkusormi little finger; *(Am, Skotl)* pinkie
pikkutakki jacket
pikkutarkka meticulous, pedantic
pikkuvanha precocious
pikkuvoileipä canapé
pila joke, crack; hoax; *(vanh)* jest
pilaantua go bad (off); deteriorate
pilaantunut spoiled, putrid
pilailla joke, banter
pilailu joking, banter
pilakuva caricature; cartoon
pilalla, pilalle spoilt, ruined; ***ilta on pilalla*** the whole evening is ruined; ***ruoka menee pilalle tässä***

kuumuudessa the food will spoil in this heat
pilapiirtäjä cartoonist
pilari pillar
pilata spoil, ruin; deteriorate; foul [up]; *(ark)* screw up; ~ ***maineensa*** ruin (spoil) one's reputation; ***älä pilaa mahdollisuuksiasi*** don't ruin your chances; ***huono ilma on pilannut suunnitelmamme*** the bad weather has ruined (fouled up) our plans; ***ei ~ iltaa riitelemällä*** let's not spoil the evening by quarrelling
pilattu spoiled, spoilt
pilkahdus flicker, glimpse; gleam; glimmer; ***toivon*** ~ flicker (glimpse) of hope
pilkallinen derisive, mocking
pilkata scoff (***jkta*** at), mock; *(irvailla)* gibe, jeer, sneer (***jtak*** at); *(raam)* blaspheme
pilkistää peep
pilkka *(iva)* mockery, derision; *(irvailu)* taunt, gibe, jeer; *(metsänhoidossa)* mark, blaze
pilkkaaja mocker
pilkkahinta giveaway [price]
pilkkahuuto sneer
pilkkanauru derision
pilkkanimi nickname
pilkkoa chop
pilkkopimeä pitch dark
pilkku dot, spot; speck; *(välimerkki)* comma
pilkkukuume spotted fever
pilkullinen spotted, dotted
pillahtaa itkuun burst out crying
pillastua go out of one's mind; panic; *(hevonen)* bolt
pillastuttaa *(kuv)* drive sb out of his mind; infuriate sb
pilleri pill
pillerirasia pillbox
pilli buzzer; *(mehu~)* [drinking] straw; *(vihellys~)* whistle
pillitys whining; weeping
pilssi *(mer)* bilge
pilttuu stall
pilveillä cloud over
pilvenhattara cloudlet, wisp of cloud
pilvenpiirtäjä skyscraper
pilvetön cloudless
pilv|i cloud; ***taivas on -essä*** the sky is clouded over; it's cloudy; ***-essä (huumeessa)*** *(ark)* high, stoned; ***-iä hipova*** *(kuv)* sky high
pilvilinna castle in the air
pilvinen cloudy, clouded, overcast
pimennys blackout; *(auringon, kuun)* eclipse
pimentää darken; obscure
pimetä darken, get dark
pimeys dark, darkness
pimeä dark
pimittää hide, conceal
pimppi *(ark)* pussy
pimu *(läh) (Br)* bird; *(Am)* chick
pinaatti spinach
pingottaa stretch, tighten
pingottunut tense
pingotus stretch; *(kuv)* tension; stress, strain
pingviini penguin
pinkaista nip, dash off
pinkka pack, pile
pinnallinen skin-deep; superficial; desultory
pinnanmitta square measure
pinnari slacker; *(koulu~)* truant
pinnasänky *(Br)* cot; *(Am)* crib

pinnata shirk; *(koulusta)* play truant, cut class, *(Am)* ditch
pinne: ***joutua pinteeseen*** get in to a fix
pinni *(Br)* hairgrip; *(Am)* bobby pin
pinnistää strain
pinnoite coating
pinnoittaa *(rengas)* retread, remould; *(Am)* remold, recap
pino *(kirjoja)* pile, heap; *(papereita, lautoja)* stack
pinota pile, heap; stack; *vrt.* ***pino***
pinsetit tweezers
pinta surface; *(maan)* face
pinta-ala area; acreage
pintakiilto veneer; *(kuv)* surface
pintakäsittely finish
pintaliidin hovercraft
pintaposti surface mail
pintapuolinen superficial; shallow
pinttynyt *(lika)* embedded
pioneeri pioneer
pioni peony
pipari *ks.* ***piparkakku***
piparkakku *(Br, läh)* gingernut, gingersnap; *(Am, läh)* gingerbread cookie
piparminttu peppermint
pippuri pepper
piristyä perk up, cheer up
piristää freshen up; *(reipastuttaa)* perk up, cheer up; *(aktivoida)* stimulate
pirskottaa sprinkle
pirssi taxi, *(Am)* cab
pirstale splinter; ***~et*** wreckage, shatters
pirstoa shatter
pirteä *(vireä)* brisk; *(hyvin nukkunut)* refreshed; *(piristävä)* perky
pirtti living room [in a Finnish farm house]; cottage
pirtutrokari bootlegger
piru devil
pirullinen devilish; diabolical; *(inhottava)* mean; *(ark)* bitchy
pisama freckle
pisara drop
pistarit *(koul)* quiz
piste dot, spot; *(asteikon)* point; *(välimerkki) (Br)* full stop; *(Am)* period
pistekirjoitus [the] Braille [system]; embossed writing; ***pistekirjoituksen lukeminen*** finger reading
pisteliäs acrid; acrimonious
pistellä tingle
pistely tingle
pistemäärä score
pistevoitto points victory
pistin *(sot)* bayonet; *(el)* sting
pisto stab; *(käsit)* stitch
pistohaava stab
pistokas cutting
pistoke plug
pistokoe *(poliisin)* spot-check; *(koul)* quiz
pistooli pistol
pistoolinkotelo holster
pistoraide siding
pistorasia socket
pistoruisku hypodermic syringe
pistos pang; sting
pistotulppa plug
pistävä *(haju, maku)* pungent
pistäytyä come round; drop in; stop by; look sb up
pistää *(panna)* stick, put; tuck; *(neulalla)* prick; *(eläimistä)* bite, sting; *(ruiskulla)* inject; *(veitsellä)* stab; *(esiin)* jut out

pitkin about, along; down
pitkittyä be drawn out; be prolonged
pitkittäin lengthwise
pitkittävä dilatory
pitkittää prolong; protract; *(~ asiaa)* temporize
pitko *(läh)* French loaf
pitkulainen longish
pitkä long; *(henkilö)* tall
pitkäaikainen long-term
pitkäikäinen long-lived
pitkäikäisyys longevity
pitkä kiekko icing
pitkälle far
pitkällinen long, protracted
pitkällään lying down
pitkämielinen patient, forbearing
pitkänmatkan long-distance
pitkänomainen elongated
pitkäperjantai Good Friday
pitkäpiimäinen long-winded
pitkästyttävä tedious; ***~ asia*** *t.* ***tilanne*** *(ark)* drag
pitkästyä [jhk] grow tired of
pitkäveteinen tedious; boring
pitkävihainen unforgiving
pitkään: ***puhua ~ jkn kanssa*** have a long talk with sb; ***nukkua ~*** sleep in (late); ***viipyä*** ~ stay long; ***ei ~ aikaan*** not for a long time
pitoisuus *(alkoholi)* proof
pitopalvelu catering [service]
pitsi lace
pittoreski picturesque
pituinen in length; long; tall
pituus length; *(henkilön)* height
pituusaste longitude
pituushyppy long jump
pituusmitta linear measure
pitäisi should; *vrt.* ***pitää***
pitäjä parish; *(Am)* county
pitäytyä stick (***jssak*** to)
pitää *(olla kiintynyt)* like, fancy, be fond of; *(ark)* dig; *(pidellä)* hold; *(säilyttää)* keep; *(kestää)* hold; *(yllään)* wear; *(~ yllä)* keep up, sustain; *(~ aisoissa)* curb; *(~ arvossa)* appreciate; esteem; value; *(~ huolta)* take care of, see to, mind; *(~ jnak)* regard as, consider, take for; *(~ kiinni jstak)* adhere to, stick to; *(konkr)* clutch, cling to, grab; *(~ kiirettä)* hurry (buck) up; *(~ parempana)* prefer; *(~ puoliaan)* hold [out]; *(~ silmällä)* watch; *(~ varansa)* watch out; *(~ kiinni sopimuksesta, lupauksesta, ym.)* stand by
piukka tight
plagiaatti plagiarism
plagioida plagiarize
plakki plaque
planeetta planet
plankton plankton
plantaasi plantation
plaseeraus seating
plaseerauskortti place card
plastiikka plastic arts
plastiikkakirurgia plastic surgery
plataani planetree
platina platinum
playboy playboy, womanizer
plektra *(mus)* pick, plecktrum
pliseerata pleat
plus plus
plyysi plush
poeettinen poetic[al]
pohatta magnate; big shot
pohdinta pondering; discussion
pohdiskella think, contemplate, speculate

pohdiskelu contemplation; speculation
pohja bottom; *(alusta)* base; footing; *(ground)* ground; basis; *(kengän)* sole
pohjakerros ground floor
pohjalasti ballast
pohjallinen insole
Pohjanlahti the Gulf of Bothnia
Pohjanmeri the North Sea
pohjantähti the Pole Star
pohjapiirustus ground plan
pohjasakka dregs
pohjata be based (***jhk*** on); rely on; *(laittaa pohjat)* sole
pohjatiedot: ***hänellä on hyvät ~*** he is well grounded [in], he has good basic knowledge of
pohjaton endless; *(myös kuv)* insatiable
pohjautua be based on; rely on
pohje calf *(pl calves)*
pohjoinen, **pohjois-** northerly, northern
Pohjois-Amerikka North America
pohjoiseen north (***jstak*** of)
Pohjois-Irlanti Northern Ireland, Ulster
Pohjoismaat The Nordic countries
Pohjoisnapa the North Pole
pohjoistuuli north[erly] wind
pohtia ponder; *(punnita)* debate; *(keskustella)* discuss
poiju buoy
poika boy; *(oma)* son; *(kaveri, kundi)* guy, jack, lad; *(Am, halv)* buddy
poikamainen boyish; *(kirj)* puerile
poikamies bachelor
poikanen cub, young; *vrt.* ***pentu***
poikapuoli stepson
poikaviikari [young] rascal; *(vanh)* urchin
poiketa *(suunnitelmasta)* depart; *(rutiineista)* deviate; *(aiheesta)* digress; *(erota, olla erilainen)* diverge; *(harhautua)* swerve; *(käydä jkn luona t. kautta)* check with; *(tervehtimässä)* drop in [to see sb]; *(kaupassa)* stop off at
poikia *(lehmä)* calve; *(villieläin)* have cubs
poikittain crosswise, crossways, transversely
poikittainen transverse; *(vaakasuora)* horizontal
poikkeama divergence
poikkeaminen deviation; digression
poikkeava abnormal, aberrant; *(psyk t. seks)* deviant
poikkeavuus abnormality
poikkeuksellinen exceptional
poikkeuksellisesti exceptionally
poikkeuksetta invariably, without exception
poikkeus exception; anomaly
poikkeustila state of emergency
poikki across; ***kadun ~*** across the street; ***katu on ~*** the street is cut off; *(nauhoituksessa)* ***~!*** cut!
poikkikatu cross street
poikkileikkaus cross section
poikkipuu beam
poikkiviiva transverse line
poikue *(linnun)* brood, hatch, clutch; covey; *(kissan, sian)* litter
poikuus[vuodet] boyhood
poilitikoida be engaged in politics
poimia pick; *(tietoja ym.)* cull, glean
poimu *(ryppy)* crease, crinkle, line;

(laskos) fold
poimukoristelu smocking
poimutella *(käsit)* drape, gather; fold; *(tekn)* corrugate
poimuttelu drapery
pointteri pointer
pois *(~päin)* away; *(~sa)* off, out
poisheittäminen disposal, throwing away
poisjättäminen omission
poisjääminen absence; default
pois|lähettäminen *t.* **-päästäminen** dismissal
poispyyhkiminen erasure
poissa absent; away; gone; ~ ***pelistä*** down-and-out
poissa [oleva] absent, absentee
poissaoleva absent; in one's thoughts, miles away
poissaolo absence; nonattendance
poissulkeminen exclusion; exception *(**jstak** from)*
poissulkeva exclusive
poistaa remove; eliminate:, abolish; *(kumota)* abrogate; *(atk)* delete; erase; *(~ korkki)* uncork
poistaminen abolishment; removal
poisto *(hampaan)* extraction; *(tekstistä)* deletion; *(kirjanp)* depreciation; *(tekn)* exhaust
poistoputki waste pipe
poistua withdraw, leave; *(kirj)* alight
poistuminen exit
pojanpoika grandson
pokaali cup; trophy
pokeri poker
pokerinaama poker face
poksahtaa pop
polemiikki polemic
poliisi police; *(konstaapeli)* policeman, police officer; *(Br, ark)* bobby; *(Am, ark)* cop, the fuzz
poliisiasema police station
poliisilaitos police
poliisituomari magistrate
poliitikko politician
poliittinen political
polio polio[myelitis]
politiikka politics; *(jkn harjoittama)* policy
politisoida politicize
poljento cadence; movement; rhythm
poljin pedal; treadle
polkea *(polkupyörällä)* pedal; *(tömistää)* stamp; *(tallata)* tread
polku path; track; *(luonto~)* trail
polkumyynti dumping
polkupyörä bicycle, bike
polkupyöräilijä cyclist
poloinen poor
polskutella dabble
polskuttaa splash
polte *(kuv)* fire
polttaa *(liekeissä tai auringossa)* burn; *(ihonsa kuumaan veteen tai höyryyn)* scald; *(tupakoida)* smoke; *(kasv ym.)* sting; ~ ***ketjussa*** chain-smoke; ~ ***viinaa*** distill
polttarit *(miehen)* stag party; *(naisen) (Br)* hen party; *(Am)* wedding shower
polttoaine fuel; combustible; ***ottaa ~tta*** refuel
polttoainetäydennys refuelling
polttohautaus cremation
polttomerkki brand
polttomoottori internal-combustion engine
polttopiste focus
polttopuut firewood

polttorovio stake
polttoturve peat
polttoöljy fuel oil; *ks. myös **bensiini***
polveilla zigzag
polveutua be a descendant of, be descended from; *(biol)* descend from
polvi knee; ***suku~*** generation
polvihousut breeches
polvilumpio knee-cap
polvistua kneel
pommerilainen *(hist)* Pomeranian
pommi bomb; *(kuv)* bombshell
pommi-isku bomb blast
pommikone bomber
pommittaa bomb; bombard; *(~ tykeillä)* shell; *(kuv)* pelt
pommitus bombing
pomo boss; *(ark kiho ym.)* bigwig, top dog; *(teollisuus~)* tycoon
pompata bounce; rebound
pomppia jump up and down; *(pallo)* bounce
poni pony
ponnahdus bounce
ponnahduslauta springboard; *(kuv)* stepping-stone
ponnahtaa bounce; *(takaisin)* rebound
ponnekas emphatic
ponneton lame, feeble
ponnistaa strain; *(synnytyksessä)* push
ponnistella strive (***saadakseen jtak*** for, after *t.* to get sth); struggle; battle
ponnistelu struggle; *(vaivannäkö)* efforts, exertion
ponnistus effort; *(rasitus, stressi)* strain; *(urh)* takeoff; *(synnytyksessä)* push
ponsi incentive, spur; *(parl)* resolution
ponteva vigorous
pontevuus vigour
pontikka moonshine
ponttoni pontoon
pooli pool
pop pop
poppeli poplar
popularisoida popularize
pora drill; *(kaira)* bore
porata drill; bore
poratorni derrick
porausreikä bore
pore bubble
poreallas jacuzzi
poreileva bubbly, fizzy, sparkling
poreilla bubble; fizz
poreilu fizz
poretabletti effervescent tablet
porista boil, hum
porkkana carrot
pormestari mayor
porno[grafia] porn[ography]
poro reindeer *(pl reindeer)*
poroerotus reindeer roundup
poromies reindeer-owner
poronhoitoalue reindeer herding area
poronkäristys braised reindeer
poroporvarillinen bourgeois
porras stair; step
porrastaa escalate; *(alas)* scale down; *(ylös)* scale up; *(tunteja, aikaa)* stagger
porrastus escalation
porsaanreikä loophole
porsas pig
portaat stairs; *(myös porraskäytävä)* staircase, stairway; *(ylitys~)*

stile
portaikko staircase, stairway
portieeri porter
portinvartija gatekeeper
portsari *(Br)* porter, *(Am)* doorman
portti gate; *(kuv)* door, gateway; *(kriketissä)* wicket
porttikäytävä doorway; gateway
portto whore; *(vanh)* harlot
Portugali Portugal
portugali *(kieli)* Portuguese
portugalilainen Portuguese
port-viini port
porukka crowd, gang
porvari[s]- bourgeois
porvarillinen bourgeois
porvarisluokka middle class
porvaristo bourgeoisie
poseerata pose
poseeraus pose
posetiivi barrel-organ
positiivinen positive
positiivisesti positively
poski cheek
poskihammas molar
poskipuna blusher, rouge
posliini china; porcelain
posliinit china
possu piggy
posti *(Br)* post; *(Am)* mail; *(~toimisto)* post office
postiennakolla COD, cash [collect] on delivery
postikortti postcard
postilaatikko *(Br)* pillar box; letterbox; *(Am)* mailbox
postilaitos postal service
postilaiva packet boat
postileima postmark
postilokero box; PO Box, post office box
postilähetys postal matter
postimaksu postage
postimerkkeilijä philatelist
postimerkkeily philately
postimerkki [postage] stamp; ***postimerkkien keräilijä t. asiantuntija*** philatelist
postinkantaja postman; *(Am)* mailman, mail carrier
postinumero *(Br)* post code; *(Am)* zip code
postiosoitus money order; *(Br)* postal order
postipankki post-office savings bank
postisiirto Post Office Giro
postitoimisto post office
postitse *(Br)* by post; *(Am)* by mail
postittaa *(Br)* post; *(Am)* mail
postituslista mailing list
postivaunut stage coach
postuumi posthumous
potea ail
potenssi potency; *(mat)* power
potentiaalinen potential
potilas patient
potkaista kick; *(tekn)* recoil
potkaisu kick
potkia kick
potku kick
potkuhousut rompers, crawlers
potkukelkka kick-sledge
potkulauta scooter
potkuri propeller
potkut sack, chop, chuck; *(Am myös)* marching orders; ***hän sai ~*** he got the sack, *(Am)* he got fired
potpuri medley
potra *(lapsi)* bouncing
potta pot, potty
poukama cove

pouta sunny weather; *(meteor)* dry fair weather
povata tell sb's fortune
povi bust; *(kirj)* bosom
povitasku breast pocket
PR public relations
Praha Prague
praktiikka practice
prameileva pompous
preeria prairie
prepata: *~ jkta [tenttiin]* cram sb for an exam
presidentinvaalit presidential elections
presidentti president
pressu *(peite)* tarpaulin; *(kangas)* canvas
prikaati brigade
priki brig
prinsessa princess
prinssi prince
prisma prism
probleema problem
problemaattinen problematic
profeetta prophet
professori professor
professuuri chair
profiili profile
pro gradu -työ *(läh)* [Master's] thesis
projekti project
projektori projector
prokuristi managing clerk
prokuura proxy
promenadi promenade
promootio graduation ceremony; *(Am)* commencement
pronomini pronoun
pronssi bronze
pronssiesine bronze
pronssimitali bronze medal
pronssinvärinen bronze
proomu barge; lighter
proosa prose
proosallinen prosaic
propelli propeller
prosentti[a] per cent, percent
prosentti[määrä] percentage
prosessi process
prostituoitu prostitute
proteesi prosthesis
protestantti[nen] Protestant
protesti protest
protestoida protest
proviisori *(läh)* head dispenser; *(Br)* dispensing chemist
provisio commission
provokaatio provocation
provosoida provoke
provosoiva provocative
prässi *(housun)* crease
prässätä press
psalmi psalm
psykiatri psychiatrist; *(ark)* shrink[er]
psykiatria psychiatry
psykoanalyytikko analyst
psykologi psychologist
psykologia psychology
psykologinen psychological
psyykkinen psychic, mental
puberteetti puberty
pubi pub
pudistaa shake
pudistus shake
pudota drop; fall; tumble; *(~ mätkähtää)* flop, plump down
pudottaa drop; *(jysähtäen)* dump; *(urh) (pallo)* muff; *(~ sulkansa) (el)* cast; *(lehdet)* drop
puffata puff
puffi puff

puhallettava inflatable
puhalluslamppu blow-lamp
puhaltaa blow; puff; *(~ ilmaa täyteen)* inflate
puhdas clean; pure; *(myös kuv)* chaste
puhdasrotuinen *(kotieläin)* purebred; *(täysiverinen)* thoroughbred
puhdassydäminen *(raam)* pure in heart
puhdistaa clean; *(haava, iho)* cleanse; disinfect; *(kansa, puolue, ym.)* purge, cleanse; *(ilmaa, vettä)* purify; *(tekn)* refine
puhdistamo refinery
puhdistautua *(kuv)* clear o.s., purge
puhdistua clean
puhdistus cleaning; *(pol)* purge, cleansing
puhdistusaine cleanser, detergent
puhdistusmaito cleansing milk
puhe talk; *(yleisölle)* speech; address; discourse; *(kirj)* oration
puheenaihe subject, topic
puheenjohtaja chairman; president
puheenparsi phrase
puheensorina buzz
puheenvuoro *(kokouksissa ym.)* [the] floor
puheillepääsy access
puhe- ja ilmaisutaito elocution
puhekieli spoken language; ***puhekielen*** colloquial; conversational
puhekyky speech
puhelias talkative; communicative
puhelimessa speaking; ***olen juuri ~*** I am on the phone
puhelimitse by telephone
puhelin [tele]phone
puhelinkeskus operator; exchange
puhelinkioski, puhelinkoppi call-box, phone box, phone booth
puhelinlanka wire
puhelinlasku phone bill
puhelinluettelo phone book, [telephone] directory
puhelinmyynti telesales
puhelinnumero phone number
puhelinsoitto [phone] call
puhelintyttö call-girl
puhelinvastaaja answering machine (service)
puhella talk, chat
puhelu [telephone] call
puhemies speaker
puhetaito oratory; eloquence; *(oppiaine)* speech
puhetorvi receiver; *(kuv)* mouthpiece
puhetoveri interlocutor
puhevika speech disorder
puhista puff
puhjeta break; *(sota, tauti)* break out; *(rengas, ilmapallo, paise)* burst; *(hammas)* erupt; ***~ itkuun*** burst into tears; ***~ kukkaan*** burst into bloom; ***umpisuoli puhkesi*** the appendix perforated
puhkaista perforate; *(rengas)* puncture; *(keihäällä)* lance
puhkeaminen blow-out; eruption; outbreak
puhki: ***mennä ~*** burst, break; ***rengas meni ~*** we had a flat tyre
puhtaanapito cleaning
puhtaasti purely
puhtaus hygiene; *(kuv)* purity
puhti pep
puhua speak; talk; *(pälpättää)* gab; ***~ rahisevalla äänellä*** croak; ***~ ympäri*** cajole; ***~ suu vaahdossa***

splutter; ~ ***ääneen*** speak out (up); ~ ***pahaa [selän takana]*** backbite
puhuja speaker; orator
puhujalava rostrum, dais
puhutella address; *(lähestyä ja ~)* accost; *(ark)* chat up
puhuttelu *(nuhdesaarna)* lecture; *(~muoto)* form of address; ***joutua rehtorin ~un*** be summoned by the headmaster
puhuva speaking
puhveli buffalo
puida thresh
puijata fool, diddle, kid
puikahdus dodge
puikkia: ~ ***tiehensä*** make off
puikko pick; stick; *(käsit)* knitting needle
puilla paljailla down-and-out; broke
puimakone threshing machine
puinen wooden
puistattaa make sb shudder
puistatus shudder
puisto park
puistokatu avenue
puite casement
puitteet framework; *(kuv myös)* setting
puitteissa within [the framework of]
pujahtaa slide; slip
pujottaa thread; *(~ rihmaan)* string
pujottelu slalom
pujotusneula bodkin
pukea dress; *(vaatettaa)* clothe; *(sopia jkllle)* suit, become sb; *(ylleen, päälleen)* put on; *(~ sanoiksi)* couch; *(~ valepukuun)* disguise
pukeutua get dressed; *(hyvin, huonosti ym.)* dress; *(~ hienoksi)* dress up
pukeutuminen dressing; *(juhliin)* toilet
pukeutumispöytä dressing table; *(Am)* dresser
pukeva becoming
pukki he-goat; trestle; *(ark)* stud
puku *(leninki)* dress; *(miesten)* suit; *(kansallis~ ym.)* costume; *(pitkä)* gown, long dress; *(virka~)* robe, uniform; *(runok)* attire
pukuhuone *(teatt)* dressing room; *(urh)* changing room
pula pinch, scrape, fix; *(puute)* shortage
pula-aika depression
puleerattu dapper; polished
pulina chatter
pulisongit *(Br)* sideboards; *(Am)* sideburns
pulista chatter
pulittaa *(ark)* fork [out]; stump up
puliukko meths drinker, wino; *(Am)* lush; *(asunnoton) (Br)* dosser
pulkka [Laplanders] sled[ge]; toboggan
pulla bun, roll; *(Skotl)* cookie
pullea chubby, plump
pullistua *(kyhmy, ulkonema)* bulge; swell [out]
pullistuma bulge, swelling, protuberance
pullistuva bulging
pullo bottle; flask
pullollinen bottle of
pullottaa bulge; *(juoma)* bottle
pulma problem, puzzle
pulmallinen knotty; problematic
pulpahtaa: ~ ***esiin*** well up; pop out

pulpetti desk
pulppuava bubbly
pulputa bubble; well out
pulska plump, fat
pulssi pulse
pultsari *ks.* ***puliukko***
pultsariakka bag lady
pultti bolt
pulveri cleanser; powder; *(pesu~)* washing powder
pummi dropout; *(sosiaali~) (Br)* spiv
pumpata pump
pumppu pump
pumpuli cotton, cotton wool
pumpulisametti velveteen
puna blush
puna-alpi *(kasv)* pimpernel
Punahilkka Little Red Ridinghood
punainen red; *(silmistä)* bloodshot
punajuuri beetroot
punakampela plaice
punakka high-coloured; ruddy
punaposkinen rosy-cheeked
punarintasatakieli robin
punaruskea auburn
punastua blush, turn red; flush; redden
punastuminen blush[ing]
punata redden
punatauti dysentery
punaviini red wine
punertava reddish
punkka bunk
punkki mite; tick
punnerrus *(Br)* press-up, *(Am)* push-up
punnita weigh; *(kuv)* balance
punnus weight
punoa *(lankaa)* twist; *(koreja, mattoja)* weave; *(~ toisiinsa)* interweave; ***~ juonia*** plot, intrigue
punoittaa be red, be flushed
punos braid
punta pound; *(ark)* quid; *(Ison-Britannian rahayksikkö)* [pound] sterling; ***punnan kultaraha*** sovereign
puntari steelyard
Puola Poland
puola *(kieli)* Polish
puola *(käämi)* bobbin; *(pinna)* spoke; *(tikapuiden)* rung; *(ompelukoneen) (valok)* spool, reel
puolalainen Polish; *(henk)* Pole
puolata spool
puoleen: ***kääntyä jkn ~*** turn to
puoleensavetävä attractive
puoleinen: ***jkn ~*** situated on sb's side
puoleksi: ***~ piilossa*** half hidden
puolella: ***jkn ~*** side with, on the side of
puolelle: ***voittaa jku ~en*** win sb over
puolelta from sb's side; ***~ päivin*** at noon, at midday
puolesta on behalf of; for; pro
puolestapuhuja advocate
puolet half
puoli *(adj)* half; demi-, semi-; *(konkr)* side; *(kuv myös)* aspect; ***asiassa on toinenkin ~*** there is another side to the matter; ***toisella puolella*** on the other side
puoliaika half
puoliapina lemur
puoliavoin half open
puolikas half
puolikuu half moon
puolikypsä medium
puolimakea medium sweet

puolimatkassa halfway [between]
puolipiste semicolon
puolipohja half-sole
puolipäivä noon
puolisko half
puoliso *(lak ja kirj)* spouse; *(el)* mate
puolitangossa at half-mast
puolitiessä halfway
puolitoista one and a half
puolittaa halve, cut in two; split
puolivalmis unfinished
puolivalmiste semimanufactured product
puolivirallinen semi-official
puolivälissä halfway [between, to]; in the middle [of]
puoliympyrä semicircle
puoliyö midnight
puoliääneen in an undertone
puoltaa *(jkta, jtak)* advocate, support, be (speak) in favo[u]r of, be with (behind) sb
puoltaja pro, supporter
puoltoääni pro
puolue party
puolueellinen bia[s]sed; partial; prejudiced
puolueellisuus partiality
puolueeton impartial; neutral; unbiassed
puolueettomuus detachment; *(pol)* neutrality
puoluekokous party convention (conference); *(Am myös)* caucus
puoluekoneisto party machine[ry]
puoluelainen member of a party; supporter
puolueriita factionalism, split
puolueryhmä faction
puolukka lingonberry
puolustaa defend; *(suojella)* protect, safeguard; *(kunniaansa)* vindicate; *(asettua puolelle)* stand up for
puolustaja defendor; champion; *(urh)* back
puolustautua defend o.s.
puolustella excuse
puolustettavissa oleva justifiable
puolustus *(veruke)* excuse; *(oikeutus)* justification; *(sot, lak)* defence, *(Am)* defense
puolustusasianajaja counsel for the defence
puolustuskannalla on the defensive
puolustuskyvytön defenceless
puolustuslaitos defence forces
puolustusministeriö Ministry of Defence
puolustuspuhe [speech for the] defence
puolustussota defensive war
puolustusvoimien komentaja commander-in-chief
puomi bar; *(voim)* beam
puoskari quack
puosu boat-swain
puoti shop; *(Am)* store
pureksia chew
purema bite
purenta occlusion
pureskella masticate, chew
pureva biting; sharp; *(kuv myös)* cutting
puristaa press, squeeze; *(nyrkkiin)* clench; *(ulos t. pois)* extract; *(nipistää)* pinch; *(tekn) (yhteen)* clamp; compress; ***puristaa kättä*** shake hands
puristin clamp

puristua be squeezed, be jammed
puristus *(tekn)* compression
purje sail; canvas
purjehdus sailing, yachting; cruise
purjehduskelpoinen seaworthy; navigable
purjehtia sail; navigate; yacht; *~ pitkin rannikkoa* coast
purjehtija sailor; yachtsman
purjekangas canvas
purjelaiva sailing ship
purjelento gliding, soaring
purjelentokone glider
purjevene sailing boat; yacht
purjosipuli leek
purkaa *(matkalaukku)* unpack; *(rakennus)* tear down, demolish; *(kuorma)* unload; *(osiin)* dismantle, dismount; *(kihlaus)* break off; *(tunteita, mieltä)* vent; *(sopimus)* call off; *(sähk)* discharge; *(neule)* unravel; *(koodi)* decipher
purkamaton indissoluble
purkaminen *(rakennuksen)* demolition; *(sopimuksen ym.)* cancellation, withdrawal; *(avioliiton)* dissolution
purkaus *(tulivuoren)* eruption; *(tunteiden)* outburst
purkautua *(tekn ja kuv)* discharge; *(tulivuori)* erupt
purkautuminen *(tekn ja kuv)* discharge; *(kuv)* dissolution
purkautumistie outlet
purkinavaaja *(Br)* tin opener; *(Am)* can opener
purkki pot, canister; *(säilyke~)* *(Br)* tin; *(Am)* can
purku demolition
purkutuomio condemnation
purnata grumble, grouse
puro brook; *(Am)* creek
purotaimen brown trout
purppura[npunainen] purple
purra bite; *(hammasta)* clench
pursi boat; sloop
pursimies boat-swain
purskahtaa burst
pursuaminen gush
pursuta abound in; *(ryöpytä)* bubble over with; gush out
purukumi [chewing] gum
pusero top; *(naisten paita~)* blouse; *(villa- t. neule)* sweater; *(Br)* pullover
puserrin press, squeezer
puserrus squeeze
pusertaa press; squeeze; *(kokoon)* compress; *(litistää)* squash
puskea ram
puskuri *(auton)* bumper; *(raut)* buffer; *(mer)* fender
pussi bag; pouch; sac
pussimainen baggy
putka jail
putki tube; *(johto)* pipe; pipeline
putkijohto pipeline
putkilo tube
putkimateriaali piping
putkimies plumber
putkiposti pneumatic dispatch
putkisto piping
putkityö[t] plumbing
putoaminen drop; fall
putous *(vesi~)* cascade, waterfall
puu tree; *(aine)* wood; *(tavara)* timber
puudeli poodle
puuduksissa numb
puudutus local an[a]esthesia
puuha job; ***minulla on ~a*** I've got things to do, I am busy

puuhailla, puuhata potter [about]; *~ jnk kimpussa* grapple with
puuhakas active
puuhella range
puuhiili char
puuhioke wood-pulp
puujalat stilts
puukenkä clog
puukko knife
puukottaa stab
puumerkki cross
puunhakkaaja woodcutter
puupiirros woodcut
puupuhaltimet woodwind instruments
puuraja timberline
puuro porridge
puuseppä carpenter; joiner
puuska fit; *(tuulen)* gust; squall
puuskainen gusty
puuskittainen *(kuv)* fitful
puusta tehty wooden
puutalo wooden house
puutarha garden
puutarhalava frame
puutarhanhoito gardening
puutarhasakset shears
puutarhuri gardener
puutavara timber; *(Am)* lumber
puute *(riittämättömyys, pula)* shortage, scarcity; *(aukko)* shortcoming; *(vika)* fault; *(heikkous)* failing; *(epäkohta)* defect; *(haitta)* drawback; *(hätä)* need, want, privation
puuteri powder
puuterihuisku powder puff
puuteroida powder
puutos deficiency
puutteellinen defective; deficient
puutteellisuus defect[iveness]
puutteenalainen needy; destitute
puuttua lack; be missing; miss out; *~ jhk* interfere in
puuttuva missing; absent
puutua grow numb
puutunut numb; dead
puutyö woodwork
puu-ukko dummy
puuvanuke wood pulp
puuvilla cotton
puuvillakangas cotton [material]
pyhiinvaellus pilgrimage
pyhiinvaeltaja pilgrim
pyhimys saint
pyhimyskehä halo
pyhitetty sacred; *~ olkoon sinun nimesi* hallowed be thy name
pyhittäminen consecration
pyhittäytyä dedicate *t.* devote o.s. *(jllek* to)
pyhittää consecrate; *(omistaa)* dedicate, devote; *(raam)* hallow; sanctify
pyhyys holiness; sanctity
pyhä holy, sacred; saint; *(päivä)* holy day; *(kalenterissa)* feast
pyhä henki Holy Spirit
pyhäinhäväistys sacrilege
pyhäinjäännös relic
pyhäinjäännöslipas shrine
pyhäinpäivä All Saints' Day
pyhäkkö sanctuary; shrine
pyhäkoulu Sunday school
pyhäpäivä *ks.* ***pyhä***
pyhät kirjoitukset Scripture[s]
pyjama pyjamas
pyjamabileet *(Am)* slumber party
pykälä *(lak)* section; paragraph; *(pöytäkirjan)* article; *(tekn)* indent; notch
pylly butt, behind, rear end; *(ark)*

arse, *(Am)* ass
pylväs column; post
pylväskäytävä cloister
pylvässänky four-poster [bed]
pyramidi pyramid
pyristellä struggle; *(kala)* flap about
pyrkijä aspirant; applicant
pyrkimys aspiration; endeavour
pyrkiä aim, get, drive (*jhk* at); aspire (*jhk* to); endeavour; strive; ~ ***kouluun*** seek admission to a school; *(Br)* try for; *(Am)* try out for
pyrkyri *(ura~)* careerist
pyrstö tail
pyrstötähti comet
pyry flurry of snow
pyryttää: ***ulkona*** ~ it is snowing heavily
pyssy gun
pysty upright; erect
pystyssä upright
pystysuora vertical
pystysyöksy nosedive
pystyttää put up; erect; *(teltta)* pitch
pystytukka crew cut
pystyvä capable; able; apt
pystyyn up; upright
pystyä can; be able to; be capable of; ~ ***erottamaan*** distinguish; ~ ***näkemään*** discern
pysytellä keep; remain
pysyttää keep; maintain
pysyvyys permanence, stability, constancy; *(lujuus)* fastness
pysyvä permanent; *(muuttumaton)* constant; *(ote, väri ym.)* fast
pysyväisyys permanence
pysyä stay; keep; remain; ~ ***sängyssä*** stay in bed; ~ ***erossa jstak*** keep away from sth; ~ ***hiljaa*** remain silent; ~ ***kiinni jssak*** stick, hold [fast] to; ~ ***päätöksessään*** hold to (stick to) one's decision; ~ ***lujana*** keep strong; ~ ***ajan tasalla*** keep up to date
pysähdys stop; halt; ~***tila*** stagnation
pysähdyspaikka resting place, *(Br)* lay-by
pysähdyttää stop; halt
pysähtyminen stopping; standstill
pysähtyä stop; *(matkalla)* make a stop; halt; pause; ***pysähtyykö juna Lahdessa?*** does the train stop at Lahti?; ***kello on pysähtynyt*** the clock has stopped
pysäkki stop
pysäköidä park
pysäköintimaksu parking fee
pysäköintimittari parking meter
pysäköintipaikka parking place
pysäyttää stop; *(panna aisoihin)* check; *(sot, raut)* halt
pyy grouse
pyyde ambition, desire
pyydys trap
pyydystellä fish for; *(lahjoituksia ym.)* solicit
pyydystäminen catch
pyydystää catch; *(asiakkaita)* tout [for]; *(satimeen)* trap
pyyhe towel
pyyhekumi eraser
pyyhkiä wipe; *(mopilla)* mop; *(sienellä, rätillä)* sponge; ~ ***pois*** *(kumilla)* erase; *(kuv)* obliterate; ~ ***pölyt*** dust; ~ ***yli*** *(tekstiä)* strike out; delete
pyyhkäistä brush, sweep; *(huitais-*

ta hännällä ym.) whisk
pyyhkäisy sweep
pyykki laundry; wash
pyykkikori laundry basket; *(Am)* hamper
pyykkinaru clothes line
pyykkipoika clothes peg, clothes pin
pyykkipäivä washing day
pyylevä plump, [rather] stout, corpulent
pyynti hunting; *(kalan)* catching
pyyntö request; *(vetoomus)* appeal
pyyteetön unselfish, disinterested
pyytää ask ***(jtak*** for); beg; crave [for]; appeal ***(jtak*** for); request; ~ ***anteeksi*** apologize; ~ ***hartaasti*** entreat; ~ ***kiihkeästi*** conjure, solicit
pyökki beech
pyöreä round; plump
pyöristyä plump, put on weight
pyöristää round off
pyöritellä *(jtak sormissaan)* twiddle, fiddle with
pyörittää spin; swirl; wheel
pyörivä spinning; revolving
pyörivä tuoli swivel chair
pyöriä spin, go round, reel; *(vieriä)* roll; *(kieppua)* swirl; *(kiertää)* revolve
pyöriäinen porpoise
pyörre swirl, vortex, whirlpool
pyörremyrsky cyclone; tornado; typhoon
pyörretuuli whirlwind
pyörryttää feel dizzy; reel
pyörtyminen faint[ing]
pyörtyä faint, black out, pass out, swoon
pyörä wheel; *(auton)* tyre; *(polku~)* bike
pyörähdys twirl
pyöräilijä cyclist
pyöräillä cycle, ride [a bicycle]; *(Am myös)* bicycleride
pyöräily cycling
pyöränjälki rut
pyörätie cycle path (track)
pyörätuoli wheelchair
pyöräyttää swing (turn) around; *(kolikkoa)* flip
pyörönäyttämö revolving stage
pyöröovi revolving door
pyöveli hangman
pähkinä nut
pähkinänkuori nutshell
pähkinäpuu hazel
pähkinäsakset nutcrackers
pähkähullu stark mad
päihde[aine] intoxicant; drug
päihdyttää inebriate; intoxicate
päihittää beat, defeat
päihtymys intoxication
päihtynyt drunk; intoxicated
päihtyä get drunk; get intoxicated
päin toward, towards
päinsä: ***käy*** ~ is possible; ***ei käy*** ~ it won't do
päinvastainen opposite; contrary; *(järjestys ym.)* reverse
päinvastoin conversely; vice versa
päissään drunk; tipsy; *(ark)* tight
päitset halter; head stall
päivettynyt tanned
päivettyä get tanned, get a tan
päivetys tan
päivineen: ***luineen*** ~ bones and all
päivisin by day
päivitellä *(valittaa)* complain [about]
päivittäin, päivittäinen daily

päivyri calendar
päivystysvuoro guard; *~ssa* on guard
päivystää be on duty, be on call
päivä day
päivähoito [children's] day care
päiväkirja diary; journal
päiväkoti *(Br)* crèche; day-care centre, [day] nursery; *(Am)* kindergarten
päiväkäsky *(sot)* order of the day
päivälehti daily
päivällinen dinner
päivällisvieras dinner guest
päivämäärä date
päivänkakkara daisy
päivänkoitto dawn, daybreak; cock-crow
päivänlasku nightfall
päivänpaiste sunshine
päivänpaisteinen sunny
päivänseisaus solstice
päivänselvä obvious; clear as day; self-evident
päiväntasaaja equator
päiväntasaus equinox
päivänvalo daylight
päivänvarjo parasol, sunshade
päivänäytäntö matinee
päiväpalkka daily wage[s]
päiväpeite counterpane, bedspread
päiväraha daily allowance
päiväsakko daily fine[s]
päivätty dated
päivätyö day's work
päivätä date
päiväuni [afternoon] nap; *(unelmointi)* daydream
päiväys date
päivää good morning, good afternoon; hallo
pälkähtää: ***päähäni pälkähti*** the idea hit me, it struck me
pälkähässä in a dilemma; in a fix; ***päästää pälkähästä*** help sb out, pull sb through
pälpättää rattle on (away); blubber [on]
pälyillä gaze [suspiciously]; peer
päntätä päähän grind [away], cram
päre *(katto)* shingle
pärinä clatter, din; *(moottorin)* sputtering
pärjätä make out, get by, manage, cope
pärskiä splutter
pärskyttää *(roiskia)* spatter
pärskyä snort; sputter
pässi ram
pätemisentarve need to assert o.s.
pätemätön invalid
pätevyys competence; validity
pätevyysehdot qualifications
pätevä competent; *(työssään)* skilled; *(voimassa)* valid
päteä *(olla voimassa)* be valid; *(pitää paikkansa)* hold good; *(korostaa itseään)* be self-assertive
pätkä *(laulun~)* snatch; *(köyden~)* end; *(kynän~)* stub; *(henkilö)* stumpy
pää head; end; *(kärki, nipukka)* tip; *(latva, laki)* top; ***pitää päänsä*** keep one's head
pää- capital; general; main; prime; chief
pääaine main subject; *(Am)* major
pääajatus keynote
pääasia main thing (point)
pääasiallinen chief, main; primary; principal
pääasiallisesti essentially; mainly

pääasiassa predominantly
päähenkilö *(kirjan, elokuvan tms.)* hero; *(fem)* heroine
päähine hat, headgear
päähänpinttymä fixed idea, obsession
päähänpisto whim, fancy; idea
pääilmansuunnat cardinal points
pääjohtaja Director General, President
pääkallo skull
pääkatu main street; *(Br)* high street
pääkaupunki capital [city]
pääkirjoitus editorial; leader
pääkonsuli consul general
päälaki crown of the head
päälle: ***mitä aiot laittaa ~si?*** what are you going to wear?
päällekarkaaja assailant
päällekkäin one on top of the other
päällikkyys command
päällikkö head; *(johtaja)* chief; manager; *(pomo)* boss; *(heimon ym.)* chieftain
päällimmäinen topmost, uppermost
päällinen *(tyynyn)* case; slip; *(kirjan paperikansi)* wrapper
päällys clothing; covering; *(johdon)* casing
päällyskenkä galosh
päällysmekko pinafore
päällysmies overseer
päällystakki overcoat
päällyste coat
päällystää cover; *(tie)* pave, surface; *(viiluttaa)* veneer; *(verhoilla)* upholster
päällystö officers
päällysvaatteet outdoor clothes
päällä on; on top of
päältä: ~ ***katsoen*** externally; in outward appearance
pääluottamusmies shop steward
päämaja headquarters
päämies head
pääministeri prime minister, premier
päämäärä goal, aim, end
päämäärätön aimless
päänahka scalp
päänalus pillow
päänsärky headache
päänumero feature
päänvaiva dilemma, problem; *(vaiva, haitta)* bother; trouble
pääoma capital; funds
pääosa main part; bulk
pääovi main door (entrance)
pääpiirteittäin in broad outline, broadly
pääpuoli head
pääputki main
päärakennus main building
päärata trunk line
pääri peer
päärinarvo peerage
päärme hem
päärmätä hem
päärynä pear
pääsihteeri secretary general
pääsisältö substance
pääsiäinen Easter; ***pääsiäisenä*** at Easter
pääsiäislilja daffodil
pääskynen swallow; *(räystäspääsky)* martin
päässä: ***10 metrin*** ~ at a distance of 10 metres
päässälasku mental arithmetic
päästä get; ~ ***eroon jstak*** break

away from, dispose of; ~ ***eteenpäin*** get on; ~ ***helpolla*** walk away; ~ ***irti*** disengage o.s., disentangle o.s., ease; ~ ***irti*** *t.* ***lähtemään*** get away; ~ ***jhk*** make it [to]; ~ ***jstak tavasta*** outgrow, kick a habit; ~ ***käsiksi*** have access to, get at; ~ ***pakoon*** escape; ~ ***samoihin jkn kanssa*** catch up with sb; ~ *t.* ***selvitä jstak*** get away with; ~ ***ylioppilaaksi*** pass one's matriculation examination, *(Am)* graduate [from high school]

päästää let; *(irrottaa ote ym.)* release; *(ulos t. vapaaksi)* let out, set free; *(tekn)* disengage; *(solmut ym.)* disentangle; ~ ***jku ohi*** let sb by; ~ ***koira irti*** let the dog loose; ~ ***jku menemään*** let sb go; ***hänet päästettiin vapaaksi vankilasta*** he was released from prison

päästötodistus final report, school leaving certificate; *(Br)* GCE = General Certificate of Education; *(Am)* high school diploma

pääsy access (***jhk*** to); *(sisään~)* admittance; ***vapaa*** ~ admission free

pääsykoe entrance examination

pääsymaksu admission fee

pääte ending; *(atk)* terminal

pääteasema terminal; terminus

päätellä conclude, infer, judge (***jstak*** from); *(johtaa)* deduce; *(langat)* fasten off

päätelmä conclusion; deduction; inference

päätepiste end (final) point; *(konkr)* terminal point

päätetty fixed

päätoiminen whole time, full-time

päätoimittaja editor-in-chief

päättyä close, end, terminate; *(sopimus ym.)* expire; ***hakuaika päättyy huomenna*** the closing date for applications is tomorrow

päättäjäiset *(koulun)* school leaving ceremony, *(Am)* graduation; *(yliopiston)* graduation, *(Am)* commencement, *(Br ark)* degree day

päättäminen closure; conclusion; *(päätöksenteko)* decision-making

päättämättömyys indecision

päättäväinen decided; determined; resolute

päättäväisyys decision; determination; resolution

päättää decide; determine; end; finish; ~ ***silmukat*** *(käs)* cast off; ~ ***tili*** balance

pääty[kolmio] *(talon)* gable

päätyä end up, wind up; *(valintaan)* plump for; ***päädyt vielä vankilaan*** you'll end up in prison

päätäpahkaa headlong; head over heels

päätön *(kuv)* senseless, mad

päätös decision; *(luja)* determination; resolution; *(loppu)* ending; *(kuv)* finale; close, finish; *(lak)* decision, judgement, award

päätösasiakirja final act

päätöslause resolution

päävoitto the first prize

pöhöttyä swell

pökerryksissä dazed

pölkky billet; block

pölkkypää dunce; blockhead

pöllähdys puff

pöllö owl

pöly dust

pölyharja duster
pölyinen dusty
pölynimuri vacuum cleaner; *(Br myös)* hoover
pölyttää dust
pönkittää *(myös kuv)* underpin
pönttö *(WC)* pan, bowl; *(linnun)* birdhouse
pöperö stodge; *(litku)* pap
pöpö bug
pöristä buzz
pörröinen tousled
pörröttää rumple, tousle
pörssi stock exchange
pörssikeinottelija speculator [on the exchange]
pörssivälittäjä stockbroker
pötkiä pakoon bolt, take to one's heels
pötkö stick
pöty nonsense; twaddle; *(ark)* bilge; *(Am, ark)* garbage
pöyheä fluffy
pöyhistelevä pompous
pöyhistellä strut
pöyhistää ruffle
pöyhiä *(tyynyä)* plump up
pöyhkeillä be cocky; show off
pöyhkeys conceit; *(kopeus)* arrogance
pöyhkeä assuming, arrogant, stuck up
pöyristyttää horrify, shock
pöytä table
pöytäastiasto dinner service, dinner set
pöytähopeat silver
pöytäkirja minutes
pöytälaatikko drawer
pöytälevy leaf
pöytäliina tablecloth
pöytärukous grace
pöytäseurue party
pöytätabletti place mat

R

raadanta toil
raadella lacerate, maul
raahata drag
raahautua drag o.s.
raahautuminen drag
raaistaa brutalize
raaja limb
raajarikko cripple; crippled
raaka *(ruoka)* raw, unripe; *(henk)* brutish, beastly, cruel; *(öljy)* crude; neat
raaka-aineet raw materials
raakalainen *(kuv)* animal; barbarian
raakile unripe [t. green] fruit
raakkua caw
raakkuminen caw
raakuus brutality; vulgarity
raamattu the Bible; the Scripture[s]
raamatullinen biblical
raamatun teksti lesson
raapaista *(tulta)* strike a light
raapia scratch; *(kynsiä)* claw; *(raaputtaa)* scrape; *(liitu ym.)* grate
raaputtaa *(maalia)* scrape; *(~ pois)* erase; *(tekn)* abrade
raaputtaminen scraping; *(pois ~)* erasure; *(tekn)* abrasion
raaputus scratch
raaputusarpa scratch card [lottery ticket]
raastaa grate [on]
raaste: ***juusto~*** grated cheese
raastin grater
raastuvanoikeus magistrates' court
raataa drudge, slave, toil; grind [away]
raataminen drudgery, toil
raatihuone town hall
raatimies magistrate
raato carcass; *(haaska)* carrion
raavas *(liha)* beef; *(eläin)* bovine; *(mies)* burly; *(ark)* beefy
rabbi rabbi
radikaali[nen] radical
radio radio; *(vanh)* wireless
radioaktiivinen radioactive; ***~ jäte*** fall-out
radioida broadcast; radio
radiokuuntelija listener
radiolähetin radio transmitter
radiolähetys broadcast
radio-ohjelma radio program[me]
radiopuhelin walkie-talkie
radioputki valve
radiosähköttäjä radio operator
radiovastaanotin radio receiver
radiumi radium
rae hailstone
raekuuro hail
raha money; ***rahan arvon kohoaminen*** deflation
raha-asiat finances
raha-automaatti *(Br)* fruit machine, one-armed bandit; *(Am)* slot machine
rahajärjestelmä monetary system
rahakanta monetary standard
rahake token
rahakukkaro purse
rahalähetys remittance
rahamies tycoon
rahanhimo acquisitiveness, avarice
rahankiristys racket

rahankiristäjä racketeer
rahanlyönti minting, coinage
rahanvaihto [money] exchange
rahapaja mint
rahapula financial difficulties; ***olla ~ssa*** be short of money; *(ark)* be broke
rahastaa collect [money]
rahastaja collector
rahasto fund
rahastonhoitaja treasurer
rahasumma sum of money
rahaton *(sl)* broke
rahavarat funds
rahayksikkö monetary unit
rahdata charter; *(kuljettaa)* freight
rahista grate
rahoittaa finance
rahtaaja charterer, freighter
rahti freight; ***rahti ja vakuutus sisältyvät hintaan*** c.i.f.
rahtikirja waybill; *(mer)* bill of landing
rahtilaiva carrier; freighter
rahtitavara goods
rahtivapaa carriage-free
rahtunen bit, jot, whit
rahvaanomainen vulgar
rahvas common people, populace; peasantry
raidallinen streaked; striped
raide track; line[s]
raideväli gauge
raihnainen ailing; *(vanha)* decrepit; ~ ***henkilö*** invalid
raihna[isu]us decrepitude
raikas *(ilma, vesi)* fresh; *(tuuli)* bracing; *(vaate, olemus)* breezy
raikastaa freshen
raikkaus freshness
raikua *(laulu)* resound; *(kellot)* clang, ring
railo breach; crevasse
raiskata rape; *(vanh)* ravish
raiskaus rape; ***~yritys*** attempted rape
raita stripe; *(kasv)* willow
raitainen striped
raiteinen: ***yksi~*** single track
raitiovaunu tram, tram-car; *(Am)* cable car; streetcar
raitis abstainer, teetotal[ler]; *(ilma)* fresh
raitistaa freshen
raittius abstinence; sobriety
raittiusliike temperance movement
raivaamaton uncleared, unbroken
raivaaminen clearance
raivata *(myös kuv)* clear; open up; pioneer; ~ ***tieltään*** do away with
raivaustraktori bulldozer
raivio clearance
raivo rage, fury; frenzy
raivoisa furious; rabid
raivoissaan furious, enraged; exasperated
raivokas fierce
raivoraitis teetotaller
raivostua become furious, fly into a rage
raivostuttaa enrage, exasperate, infuriate, *(ark)* aggravate
raivota rage
raivotauti rabies
raja limit; *(valtioiden)* border, frontier; *(alue~ ja kuv)* boundary; *(ylä~ t. ala~, kuv)* limit; *(urh)* line; ***kaikella on ~nsa*** there is a limit to everything; ***vetää ~*** draw a line; ***Venäjän rajalla*** on the Russian border
rajakkain adjoining, neighbouring

rajankäynti demarcation
rajapyykki landmark
rajaselkkaus frontier incident
rajata *(merkitä)* mark off, outline, mark the limits; *(valok)* crop; *(kuv)* define, delimit
rajatapaus borderline case
rajaton absolute; boundless; unlimited
rajattu determinate, delimited
rajavartiosto frontier guards
rajaviiva boundary line
rajoitettu limited
rajoittaa restrict, limit; *(kuv)* confine, delimit
rajoittua border, confine o.s.; be confined ***(jhk*** to)
rajoitus limitation; restriction; *(toimi)* restraint
raju *(myrsky, hyökkäys)* violent; *(kiivas, kiihkeä)* fierce, vehement; *(lapsi)* unruly; *(äkillinen)* impetuous; ~ ***muutos*** a radical change
rajuilma storm, tempest
rajuus violence, vehemence
rakas dear
rakas[tettu] lover
rakastaa love; *(sl)* dig
rakastaja lover
rakastajatar mistress
rakastava loving, fond
rakastavaiset lovers, lovebirds
rakastella make love
rakastelu lovemaking
rakastettava lovable; amiable
rakastettu *(henk)* sweetheart, lover; loved; *(kirj)* beloved
rakastua: ~ ***jkhun*** fall in love with
rakastunut in love, amorous
rakeinen granular
rakenne framework; structure; *(aineen ym.)* texture; ***ruumiin~*** stature
rakennus building; edifice; ***~toiminta*** construction
rakennuselementti prefabricated unit
rakennusmestari builder
rakennussarja *(lapsille)* [do it yourself] kit
rakennustaide architecture
rakennustaiteellinen architectural
rakennustelineet scaffolding
rakennuttaa have sth built
rakentaa build; construct; fabricate; ~ *t.* ***hankkia asuntoja jklle*** house; ~ ***uudelleen*** rebuild
rakentaja constructor
rakentamaton *(tontti)* vacant lot
rakentava constructive
rakenteellinen structural
rakenteinen: ***solakka~*** [of] slender [body build]
raketti rocket; *(ilotulitus~)* fireworks; *(hätä~)* [distress] flare
rakkaudentunnustus declaration of love
rakkaus love; devotion; ***lähimmäisen~*** charity
rakkausjuttu love affair
rakkauskirje love letter
rakki cur, mongrel
rakko *(virtsa~)* bladder; *(jalassa ym.)* blister
rakkula blister
rako *(lattiassa)* chink, slit; *(halkeama pinnassa, seinässä ym.)* split, crack; *(kalliossa)* cleft; *(maassa)* flaw; *(jonossa)* gap; *(aidassa)* break; *(pilvissä)* break
raksuttaa *(kello)* tick
raksutus tick

rakuuna dragoon; *(kasv)* tarragon
rallattaa sing
ralli rally
rampa cripple; crippled
ramppi ramp
ramppikuume stage fright
ramppivalot footlights
rangaista punish; castigate
rangaistus punishment; penalty; *(toimenpide)* sanction
rangaistuspotku penalty kick
rangaistusvanki convict; con
rankka hectic; *(sl)* heavy
rankkasade downpour, heavy rain
ranne wrist
rannekello wristwatch
rannerengas bracelet
rannikko coast; ***rannikolla*** on the coast
rannikkopuolustus coastal defence
rannikkotykistö coast artillery
rannikkovartiosto coastguards
Ranska France
ranska *(kieli)* French
ranskalainen French
ranskalaiset perunat *(Br)* chips; *(Am)* French fries
ranskanleipä white bread
ranta shore; *(runok)* strand; ***hiekka~*** beach; ***~sora*** shingle; ***järven rannalla*** by a lake[-side]; ***meren~*** seaside
rantaan ashore
rantalomakohde seaside resort
rantapenger bank
raollaan ajar
rapa mud, slush
rapainen muddy, dirty
raparperi rhubarb
rapata plaster
rapauttaa weather
rapautua weather; disintegrate
rapea crisp
rapina rustling; *(tassujen)* patter
rapista rustle; *(tassut)* patter
rapistunut *(rakennus ym.)* rundown; dilapidated; *(ark)* seedy; *(kasvot)* worn-out
rap-musiikki rap
raportoida report; *(tv, myös)* cover
raportti report; *(rad, tv)* coverage
rappari plasterer
rappaus plastering, daub
rappeutua *(rakennus, tila)* become dilapidated; *(kulttuuri)* fall into decay, decline; *(huonontua)* deteriorate
rappeutuminen decay, decline; *(kuv myös)* degeneration, decadence
rappeutunut degenerated; dilapidated; tumbledown
rappio decline; ebb
rappiolla down-and-out
rappuset stairs
rapsi *(kasv)* rape
rapu crab; ***järvi~, joki~*** crayfish; *(astrol)* Cancer
rasavilli rascal; *(tyttö)* tomboy
rasia box; *(koru~)* case; *(savuke~ ym.)* pack, packet
rasismi racism
rasisti racist
rasittaa burden; strain; *(kiusata, vaivata)* harass, bother
rasittava strenuous; trying
rasittunut [over]strained, worn-out, exhausted
rasitus fatigue; strain; ***~vamma*** strain injury
rasitusvamma strain injury
raskaana pregnant; ***tulla raskaaksi***

become (get) pregnant
raskas heavy; *(kuv)* ponderous; ~ ***kirjoitustyyli*** a ponderous style of writing
raskasmielinen melancholic; gloomy
raskasmielisyys melancholy
raskaudenkeskeytys abortion
raskaus heaviness; *(odotus)* pregnancy
raskausarvet stretchmarks
raskauttava aggravating
rastas thrush
rasti cross; nick, tick
rasva fat; grease; ***leivonta~*** shortening
rasvahap|po fatty acid; ***monityydyttämättömät ~ot*** polyunsaturates
rasvainen *(rasvaa sisältävä)* fatty; greasy; oily
rasvapitoinen rich
rasvata grease
rasvatyyni dead calm
rasvaus greasing
rata *(rautat)* track, line; *(urh)* track; *(yksittäisen juoksijan)* lane; *(astr)* orbit; *(kuv)* course, line
ratakisko rail
ratamo plantain
ratapölkky sleeper
ratas wheel
rationalisoida rationalize
ratkaisematon undecided; unsettled, unsolved; *(oikeusasia)* pending
ratkaiseva decisive; crucial
ratkaista *(päättää)* decide; *(selvittää)* settle; work out; *(kohtalo ym.)* determine; *(ongelma, ristikko, yhtälö ym.)* solve; ***asia ~an oikeudessa*** the matter will be settled in court
ratkaisu *(ongelman ym.)* solution, answer; *(lak)* judgement, award
ratketa *(verisuoni)* rupture; *(kangas ym.)* rip, burst; *(ongelma ym.)* be settled, be solved
ratkoa rip [up]; *(sauma)* unpick
ratsain on horseback
ratsastaa ride; ~ *t.* ***mennä lyhyttä laukkaa*** canter
ratsastaja horseman; rider
ratsastajapatsas equestrian statue
ratsastus [horseback] riding
ratsastushousut riding breeches
ratsastuskilpailut *(laukkakilpailut)* horse race; *(esteratsastuskilpailut)* showjumping event; *(koulu~)* dressage competition
ratsastuskoulu riding school
ratsastusmatka ride
ratsastustaito horsemanship
ratsastustie riding path
ratsia *(huume~ ym.)* raid, roundup; *(liikenne~)* [traffic] check, spot check
ratsu riding horse; *(šakk)* knight
ratsumestari cavalry captain
ratsumies *(sot)* cavalryman, trooper
ratsupiiska crop
ratsupoliisi mounted police[man]; *(Am)* trooper
ratsuväki cavalry
rattaat *(kuorma~)* cart; *ks.* ***myös lastenrattaat***
ratti steering wheel
rattijuoppo drunk driver
rattijuoppous drunk[en] driving
rattoisa jovial
rattopoika gigolo

raudat *(hammas~)* braces; *(mets)* trap
raudikko bay, sorrel
raudoittaa mount sth with iron
raueta *(suunnitelma ym.)* come to nothing, fall through; *(jäädä sikseen)* be dropped; *(lak, liik)* lapse
rauha peace; quiet; quietness; tranquility
rauhaisa peaceful
rauhallinen calm; quiet; *(loma, musiikki ym.)* peaceful, restful
rauhallisuus peacefulness; calm[ness]
rauhanaate pacifism
rauhanehdot terms of peace
rauhanen gland
rauhanneuvottelut peace negotiations
rauhanpuolustaja pacifist
rauhansopimus peace treaty
rauhantuomari justice of the peace
rauhanturvajoukot peace [keeping] force
rauhaton restless
rauhattomuus disquiet
rauhoittaa appease; pacify; sedate; soothe
rauhoittava lääke sedative, tranquillizer; barbiturate
rauhoittua calm [down]; compose o.s.; *(ottaa rennosti)* ease up; *(asettua)* settle [down]
rauhoitusaika closed season on sth
raukai|sta: ***minua ~see*** I feel tired
raukea languid, languorous
raukeaminen *(lak)* avoidance; expiration
raukeus languor
raukka[mainen] coward
raukka *(pelkuri)* coward; *(ressukka)* poor
raukkamaisuus cowardice
raukkis *(sl)* chicken
raunio ruin; wreck
rausku *(el)* ray
rauta iron; ***hammas~*** brace
rautabetoni ferroconcrete
rautaesirippu the iron curtain
rautainen [of] iron
rautaisannos massive dose; iron ration
rautakanki iron bar
rautakauppa hardware store, *(Br)* ironmonger's [shop]
rautakausi Iron Age
rautalanka wire; ***~verkko*** wire netting
rautamalmi iron ore
rautatammi holm-oak
rautatehdas ironworks
rautateollisuus iron industry
rautatie *(Br)* railway, *(Am)* railroad
rautatieasema railway station
rautatieliikenne railway traffic [t. service]
rautatieläinen railway employee
rautatiesolmu railway junction
rautatievaunu *(Br)* carriage; *(Am)* car
rautatieverkko railway system
rautatieyhteys ralway connection
ravata trot
ravi trot
ravinto food; nutrition
ravintoaine nutrient
ravintoarvo nutritive value
ravintola restaurant; *(Am)* *(tienvarsi~)* diner; ***~ josta saa annokset mukaan*** *(Br)* takeout, *(Am)* takeaway
ravintolalasku *(Br)* bill; *(Am)*

check
ravintolavaunu dining car; *(Am myös)* diner; *(Br myös)* restaurant car, buffet car
ravirata racetrack
ravistaa shake
ravistella shake
ravit horse race
ravita nourish
ravitsemus nutrition
ravitseva nutritious, nutritive
reagoida react; respond
reaktio reaction
realistinen realistic, down-to-earth
refleksi reflex
rehellinen honest, sincere; *(rehti)* upright
rehellisyys honesty; integrity
rehennellä brag, boast *(jstak* about)
rehentelijä braggart
rehentely bragging, boasting
rehevyys *(luonnon)* luxuriance
rehevä exuberant; lush; *(järvi ym.)* eutrophic
rehevöittää *(järvi ym.)* make eutrophic
rehkiä drudge, toil
rehottaa *(rikkaruohot)* grow rank; *(kukat)* flourish; *(uskomus ym.)* be rife
rehti upright; straight[forward]
rehtori *(Br)* headmaster; *(Am)* principal; *(Br) (yliopiston)* vice-chancellor, rector, *(Am)* president
rehu fodder, forage; ***~annos*** feed
rehvastella swagger
rei'ittää perforate; *(lävistää)* punch
reikä hole; *(aukko, myös kuv)* gap; *(tekn)* perforation; *(hampaassa)* cavity
reikäkortti punch[ed] card
reikäommel hemstitch
reilu fair *(**jklle** to)*; sporting; ***ole nyt ~!*** be a sport!; ***tuo ei ole ~a*** that's not fair; ***se oli ~a sinulta*** that was sporting of you
reiluus fairness
reimari spar-buoy
Rein the Rhine
reipas brisk; active, alert; lusty
reippaus briskness
reisi thigh; ***~liha*** haunch
reitti route
reki *(hevos~)* sleigh; *(myös kelkka) (Br)* sledge, *(Am)* sled
rekisteri register; *(mus)* register
rekisterikilpi *(Br)* number plate; *(Am)* license plate
rekisterinumero registration number
rekisteriote registration document
rekisteritoimisto registry
rekisteröidä record; register
rekisteröinti registration
rekka-auto *)Br)* articulated lorry, trailer lorry; *(Am)* semi-trailer, trailer truck
rekkakuski *(Br)* lorry driver; *(Am)* truck driver, trucker
rekki horizontal bar
relatiivipronomini relative [pronoun]
rele relay
releoida *(rad)* relay
relevantti pertinent, relevant
remahdus: ***naurun~*** burst (peal) of laughter
remmi *(talutushihna)* leash; strap
remontoida renovate; decorate
remontti renovation; decoration
rempallaan in a bad shape

rengas ring; circle; *(ketjussa ym.)* link; *(aut)* *(Br)* tyre; *(Am)* tire; ***tummat renkaat silmien ympärillä*** dark circles under the eyes
rengasmatka circular tour
rengasrikko puncture, flat tyre; blowout
renkaanheitto *(pel)* quoits
renki farm hand (servant)
renkuttaa = ***rimputtaa***
rento relaxed; *(asu, tilaisuus ym.)* casual; *(olemus, tyyppi)* easy, easygoing
rentouttaa relax; unbend
rentoutua relax, loosen up, wind up
rentoutuminen relaxation
rentukka marsh marigold
repale rag
repaleinen ragged, tattered
repeytynyt torn
repeytyä tear
repeämä tear; *(pilvissä, puolueessa, ym.)* rent; *(lääk)* rupture
repiminen *(rak)* demolition
repiä tear; *(kynsiä)* claw; *(purkaa)* demolish, tear down; *(hermoja)* grate [on]; ~ ***rikki*** tear up; ~ ***juurineen*** root out, *(kuv myös)* eradicate; ~ ***jäsenet*** dismember; ~ ***hiuksiaan*** rend one's hair; ***sodan repimä kaupunki*** a town torn apart by war
reportteri reporter, journalist
reppu knapsack, rucksack
reppuselkä piggyback
repsottaa *(auki)* gape
republikaani *(Am pol)* Republican
reput fail; ***saada*** ~ fail [in]; ***antaa*** ~ ***jklle*** *fail sb*
reputtaa fail; *(Am ark)* flunk
repäisevä sensational, dashing
repäistä rip
resepti *(lääk)* prescription; *(ruok)* recipe
reservaatti reservation
reservi reserves
reserviupseeri officer in the reserve
ressukka poor
resupekka ragamuffin
resurssit resources
retiisi radish
retkeilijä excursionist, *(luonto)* hiker
retkeillä make excursions; *(luonto~, patikka~)* hike, trek
retkeily excursion; hiking
retkeilymaja youth hostel
retki walk, tour; *(luonto~)* hike, trek; ***huvi~*** excursion; outing, picnic; ***~kunta*** expedition
retkieväät picnic [lunch]
retku layabout, slacker; *(röyhkeä)* lout; ***mennä ~un*** fall for sth, buy sth
retoromaani *(kiel)* Rhaeto-Romanic, Romansh
rettelö dispute; trouble
retusoida touch up
reuma rheumatoid arthritis
reumaattinen rheumatic
reuna *(koriste~)* border; *(hatun, astian)* brim; *(pöydän, kankaan, kallion)* edge; *(sivun, altaan)* margin; *(jyrkänteen)* brink
reuna-alue periphery
reunamerkintä marginal note
reunus border; margin
reunustaa border; edge; ~ ***jllak*** *(istutuksin, pitsein ym.)* border, edge with; *(nahalla ym.)* bind; ~ ***jtak***

(katua ym.) line
revalvoida revalue
revetä tear, rip; *(lääk)* rupture
revolveri revolver, gun
revontulet aurora borealis, Northern Lights
revyy show
revähdys rupture
riehaantua get wild, get carried away; *(raivostua)* go berserk, go mad
riehakas boisterous, wild
riehua *(lapset)* run wild, frolick; *(myrsky, mielipuoli ym.)* rage
riekale shred, rag
riekko ptarmigan
riemu exultation; rejoicing
riemuita exult
riemuitseva jubilant
riemukaari triumphal arch
riemukas joyful, joyous
riemullinen joyful
riemusaatto triumphal procession
rienata blaspheme
riento, riennot activities
rientää hurry, hasten; ***aika ~*** time flies
riepu cloth; ***tyttö ~!*** poor girl!
rietas lewd, impure
rihkama *(korut)* junk jewellery, trinkets; *(esineet)* [worthless] bric-a-brac
rihla groove, rifling
rihma thread, filament
riidanalainen disputed, controversial; *(lak)* debatable
riidellä quarrel, argue, bicker
riihi drying barn
riikinkukko peacock
riimi rhyme
riimu halter
riimukivi runic stone
riipaiseva heart-rending
riippua *(kuv)* depend (***jstak*** on); *(konkr)* hang; *(killua)* dangle; ***~ kiinni*** *(kuv)* cling to
riippuliito hang-gliding
riippulukko padlock
riippumaton independent; sovereign
riippumatta *(~ jstak)* irrespective of; in spite of
riippumatto hammock
riippumattomuus independence; sovereignty
riippusilta suspension bridge
riippuva hanging, pendulous
riippuvainen *(~ jstak)* dependent on; *(aineesta ym.)* addicted to
riippuvaisuus dependence
riippuvuus addiction
riipus pendant
riiputtaa hang, dangle
riisi rice
riisitauti rickets
riista game
riistalinnut wildfowl
riistanvartija gamekeeper
riisto exploitation
riistää deprive, strip (***jklta jtak*** sb of sth); dismantle; *(hyödyntää)* exploit; *(temmata käsistä)* wrench (rend) sth out of a p.'s hands
riisua take sth off, undress; strip; ***~ aseista*** disarm; ***~ paljaaksi*** denude; ***hän riisui paitansa*** he took his shirt off
riisuutua take one's clothes off, undress; strip
riita quarrel, argument; *(tappelu)* row, fight; *(kiista)* dispute; ***haas-***

taa ~a pick a quarrel; ***sovittaa ~*** settle a quarrel; ***suku~*** feud; ***uskon~*** schism
riitaantua fall out with, get into a fight with sb
riitaisa quarrelsome
riitakysymys controversy; matter in dispute
riitapuoli *(lak)* party
riitasointu discord
riitasointuinen discordant
riite crust
riitti rite
riittoisa lasting, economical
riittämätön inadequate, insufficient
riittävyys adequacy
riittävä sufficient (***jhk*** for); adequate
riittävästi enough, sufficiently
riittää do; be enough; ***tämä kyllä ~*** this will do, this is enough
riivaama possessed
rikas rich, wealthy; opulent
rikastua get rich
rikastuttaa enrich
rikat sweepings
rike offence, misdemeanour
riki *(mer)* rig
rikkakuilu refuse disposal chute
rikkalapio dustpan
rikkaruoho weed
rikkaus wealth; opulence; riches
rikki *(kem)* brimstone, sulphur; *(epäkunnossa)* out of order
rikkihappo sulphuric acid
rikkinäinen broken
rikkoa *(konkr)* break, shatter, smash up; *(lakia, sääntöjä, määräyksiä)* break, violate, infringe, offend; ~ ***ennätys*** break a record; ~ ***lupaus*** break (violate, go back on) a promise
rikkominen *(lupauksen, sopimuksen)* breach, breaking; *(lain, määräyksen)* breaking, violation, infringement, transgression
rikkomus offence, violation; misdemeanour
rikkoutuminen *(sopimuksen ym.)* breach; *(konkr)* breakage
rikkuri: ***lakko~*** blackleg, strikebreaker; *(ark)* scab
rikoksenuusija recidivist
rikollinen criminal; delinquent
rikollisuus crime; delinquency
rikos crime; delinquency
rikosjuttu criminal case
rikoskumppanuus complicity
rikoslaki criminal law, penal code
rikostoveri accomplice; *(liittolainen)* confederate
rikša rickshaw
rima lath, batten; *(urh)* crossbar
rimpuilla struggle; ~ ***vastaan*** make resistance
rimputtaa *(renkuttaa)* strum (***jtk*** on)
rinnakkain abreast, side by side
rinnakkainen collateral, parallel; *(samanaikainen)* simultaneous
rinnakkaiselo coexistence
rinnalla: ***jkn*** ~ side by side [with], by sb's side
rinnalle: ***päästä jkn*** ~ draw level with
rinnanpoisto mastectomy
rinnanympärys *(naisen)* bust; *(miehen)* chest measurement
rinnastaa compare, draw a parallel between; *(kiel)* co-ordinate
rinnastus parallel
rinne descent; slope

rinta breast; *(povi)* bosom; *(miehen)* chest
rintakehä chest; thorax
rintakuva bust
rintalapsi infant, suckling
rintalasta breastbone
rintaliivit bra
rintama front; *~lla* on the front
rintamamies ex-serviceman, vet[eran]
rintaneula brooch; *(Am myös)* pin
rintaperillinen direct heir
rintasyöpä breast cancer
rintauinti breast-stroke
rintava full-bosomed, big-breasted; *~ jalka* high instep
ripa handle, doorknob
ripeys readiness, briskness
ripeä brisk
ripillepääsy confirmation
ripittäytyminen confession
ripittäytyä confess
ripittää confess
ripotella sprinkle; ***sataa ripottelee*** it's drizzling, *(Br)* it's spotting with rain
rippeet remnants, rests
rippi confession
rippi-isä confessor
ripuli diarrh[o]ea
ripustaa hang; *(lamppu ym.)* suspend; *~ **pyykki*** hang the washing
ripustin [coat] hanger
risainen ragged, worn out
risiiniöljy castor oil
riskeerata chance, risk
riski: ***ottaa ~*** take [t. run] a risk
risteilijä cruiser
risteillä cruise
risteilyalus cruiser
risteilyohjus cruise missile
risteys crossing; crossroads; *(valo~)* intersection
risti cross; *(usk)* the Cross; *(korttip)* clubs
ristiaallokko choppy sea
ristihuuli harelip
ristiin across; ***mennä ~*** *(henk)* miss each other; *(kuv)* conflict, clash
ristiinnaulita crucify
ristiinnaulitun kuva crucifix
ristiin rastiin crisscross; zigzag
ristikko *(rauta~ ym.)* grill[e], grating; *(kalterit)* bars; *(säle~)* lattice
ristikkoikkuna lattice window
ristikuulustelu cross-examination
ristimänimi Christian name
ristinmerkki sign of the cross; ***tehdä ~*** cross o.s.
ristipisto cross-stitch
ristiretkeläinen crusader
ristiretki crusade
ristiriita conflict; contradiction; clash; ***olla ristiriidassa*** contradict each other, clash
ristiriitainen contradictory, conflicting
ristiriitaisuus contradiction, discrepancy
ristisanatehtävä crossword puzzle
risti|side: ***~siteenä*** by book post; as printed matter
ristissä: ***jalat ~*** with one's legs crossed; *(risti-istunnassa)* cross-legged
ristiä christen; cross; *(laittaa kädet ristiin)* join one's hands
ristiäiset christening
ristiäispuku christening robe
risut twigs, brushwood
ritari knight
ritarikunta order

ritarillinen chivalrous
ritarillisuus chivalry; gallantry
ritilä rack
riuduttaa consume
riuku pole
riutta reef
riutua pine (waste) away; *(kirj)* languish *(jnk puutteesta* for want of)
riutuminen decline
riutunut *(kasvoista)* haggard, gaunt; *(nälkiintynyt)* emaciated; *(katse)* wan
rivakka brisk
rivi line; *(kirjoja, taloja, tuoli~)* row; *(sot)* rank; ***asettua riviin*** line up, form a line; ***kansan syvät rivit*** the rank and file; ***liittyä jkn riveihin*** join the ranks of
rivimies common soldier
rivistö column
rivo lewd; obscene
robotti robot; ***ihmis~*** android
rock-konsertti rock concert
rock-musiikki rock
rohdos, rohdokset chemicals
rohjeta *(~ tehdä jtk)* take the risk of [doing sth], venture [sth, to do sth]; dare
rohkaista encourage; hearten; ~ ***mielensä*** buck up; pluck up one's courage
rohkaisu cheer; encouragement
rohkea brave, bold; courageous; *(uskalias)* daring, audacious
rohkeus courage, bravery; spirit; *(sisu)* spunk; ***uhka~*** audacity
rohmuaminen hoarding
rohmuta hoard
rohto medicine
rohtua: ***rohtuneet huulet*** chapped lips
rohtuma chap
roihu blaze, flare
roihuta blaze
roikale hulk
roikkua hang, dangle
roikkuva hanging; baggy
roikuttaa hang, dangle
roina rubbish
roiske *(vesi)* spray, splash; *(maali, kura)* splash; *(rasva ym.)* spatter
roiskeläppä *(Br)* mudflap, *(Am)* splash guard
roiskia, roiskuttaa splash, splattter; spatter
roiskua splash, splatter; spatter
roisto crook; rogue; ruffian; gangster; *(romaanissa, elokuvissa)* villain; scoundrel; *(sl)* bastard
roistomainen roguish
roistomaisuus villainy
roju rubbish, junk
rokkari rocker
rokko pock; ***vesi~*** chicken pox; ***tuhka~*** measles
rokokoo *(taidehist)* rococo
rokonarpinen pock-marked; pitted
rokote vaccine
rokottaa vaccinate
rokotus vaccination
romaani gipsy; *(henk, kiel)* Romany; *(kirj)* novel
romaanikirjailija novelist
romaaninen Latin; *(arkkit)* Romanesque, *(Br)* Norman
romaaniset kielet Romance languages
romahdus *(rysähdys)* crash; *(tal, pol, kuv)* crash, collapse, slump
romahtaa break down; *(myös kuv)* collapse; come down; *(tal, pol)* crash, slump

Romania Romania, Rumania
romania *(kiel)* Romanian, Rumanian
romanialainen Romanian, Rumanian
romanssi romance
romantiikka romance; *(taidehist)* romanticism
romanttinen romantic; ***romanttinen kertomus*** romance
rommi rum
romu junk
romukauppa junk shop
romurauta scrap iron
romuttaa scrap
rooli role
roolijako *(elok, teatt)* casting
Rooma Rome
roomalaiskatolinen Roman Catholic
ropo *(raam)* mite
roska *(myös kuv)* trash; *(Br)* litter, rubbish; *(Am)* garbage, trash; *(roju)* junk; *(ark)* bilge; ***roskaa!*** rubbish!, *(ark)* boloney!
roskakirjallisuus trashy novels
roskakori = ***roskapönttö***
roskakuilu chute
roskakuski *(Br)* dustman; *(Am)* garbage collector
roskamylly garbage disposal
roskanpolttouuni incinerator
roskapussi *(Br)* dustbin bag; *(Am)* trash bag
roskapönttö *(keittiön roskis) (Br)* waste bin, dustbin, *(Am)* trash can; *(julkinen) (Br)* litterbin, *(Am)* trash can
roskat trash; *(lakaistavat)* sweepings; *(Br)* litter, rubbish, *(Am)* garbage; ***heitä se roskiin*** throw it away, throw it in the dustbin (trash can) ym.
roskata litter
roskatynnyri *(talon pihassa) (Br)* dustbin; *(Am)* garbage can
roskaväki trash, riff-raff; rabble; scum
rosoinen ragged; rough; gnarly
rosvo robber, bandit
rosvous robbery
rotaatio rotation
rotanpyydys rat trap
rotari Rotarian
roteva robust, sturdy, strongly built
rotko gorge, ravine; *(kuilu)* abyss
rotta rat
rottinki cane
rotu race; ***eläin~*** breed
rotujenvälinen interracial
rotukiihkoilija racist
rotukiihkoilu, rotuviha racism
rotusyrjintä racial discrimination, segregation
rouhia grind
rouhin grinder
rouskutella munch
routa ground frost
rouva ma'am; Mrs.; *(vanh)* dame; ***arvoisa ~*** madam; ***arvokas ~*** matron
rovio pyre
rubiini[npunainen] ruby
rugby rugby
ruhje lesion
ruhjevamma bruise, contusion
ruhjoa bruise, maim
ruhjoutua be maimed; *(silpoutua)* be mangled
ruho carcass; *(haaska)* carrion
ruhtinaallinen princely
ruhtinas prince

ruhtinaskunta principality
ruhtinatar princess
ruijanpallas halibut
ruikuttaa bleat, whine
ruis rye
ruiskahtaa spurt; ***siitä ruiskahti vettä*** it spurted water
ruiskaunokki cornflower
ruiske *(lääke~)* injection
ruisku *(maali~)* sprayer; *(lääk)* syringe
ruiskukannu watering can
ruiskuta spurt
ruiskuttaa sprinkle; *(sumuttaa)* spray; *(neulalla)* inject
ruisleipä rye bread
rujo malformed
rukkanen mitten
rukki spinning wheel
rukoilla pray; *(pyytää)* implore
rukous prayer
rukoushuone chapel
rukousnauha beads; rosary
ruksi tick
rulla *(paperi~, filmi~)* roll; *(kela, lanka~)* *(Br)* reel, *(Am)* spool; ***hius~*** roller, curler; ***kasata ~lle*** *(köysi, letku ym.)* coil up
rullaluistimet roller skates; Rollerblades
rullaportaat escalator
rullata roll; *(lentok)* taxi
rullaverho *(Br)* blind, *(Am)* window shade
ruma ugly; *(Am myös)* homely
rumentaa make ugly; disfigure; *(tahrata)* blemish
rummunlyöjä drummer
rummut drums; ***soittaa rumpuja*** play the drums
rummuttaa drum; ~ ***sormillaan pöytää*** tap one's fingers on the table
rummutus drumming
rumpali drummer
rumpu drum
rumuus ugliness
runko *(myös kuv)* frame[work]; *(puun)* trunk; *(laivan)* hull; *(rakennuksen)* skeleton; *(lentok, kameran)* body; *(kuv)* skeleton, outline
runnella maim; mutilate
runo poem; verse
runoilija poet
runoilla write poetry; *(kuv)* make sth up
runollinen poetic[al]
runomitta metre, meter
runomuoto verse; ***runomuodossa*** in verse
runotar muse
runous poetry
runsaasti plenty of; richly
runsas abundant, ample, plentiful; *(kuv)* bounteous, generous
runsaskätinen generous, liberal
runsaskätisyys generosity, bounty
runsasväestöinen populous
runsaudensarvi cornucopia
runsaus abundance; *(yltäkylläisyys)* affluence
ruoanlaitto cookery
ruoansulatus digestion
ruoansulatushäiriö indigestion
ruoantähteet leftovers, scraps, remnants
ruode rib
ruohikko grass, lawn
ruoho grass
ruohoinen grassy
ruohokenttä lawn

ruohonleikkuri lawnmower
ruohosipuli chives
ruoka food; board; *~ **ja asunto*** board and lodging; ***laittaa ~a*** cook, make lunch (dinner) ym.; ***mukava ~paikka*** a nice place to eat; ***~ostokset*** groceries; ***ostaa ~a*** buy some food (groceries)
ruoka-aika mealtime
ruokahalu appetite
ruokailija diner
ruokailuhuone dining room
ruokailuvälineet cutlery
ruokakauppias grocer
ruokakomero cupboard, larder; *(kuivavarasto)* pantry
ruokakulttuuri culinary art; gastronomy
ruokala cafeteria; canteen
ruokalaji course; dish; ***erikois~*** speciality
ruokalappu bib
ruokalepo [after-dinner] nap
ruokalista menu
ruokalusikka tablespoon
ruokamulta top soil, mould
ruokaohje recipe
ruokaostokset groceries
ruokapaikka restaurant
ruokasali dining room
ruokatavarat food[stuffs]; groceries; *vrt.* ***ruoka***
ruokatorvi gullet; oesophagus
ruokatunti lunch break
ruokavalio diet; regimen
ruokavieras [lunch *t.* dinner] guest
ruokaöljy cooking oil
ruokkia feed
ruoko cane; *(kaisla)* reed
ruokopilli pipe
ruokoton obscene, indecent
ruopata dredge
ruoppaaja *(kone)* dredge; *(laiva)* dredger
ruori helm
ruoska whip, scourge
ruoskia whip; *(piiskata)* flog
ruoskinta whipping; flogging
ruoste rust
ruosteinen rusty
ruostua rust
ruostumaton stainless
ruotia castigate
ruoto bone
ruotsalainen Swedish; *(henk)* Swede
ruotsalaiset the Swedish, the Swedes
Ruotsi Sweden
ruotsi *(kieli)* Swedish
ruotu *(sot)* file
rupatella chat; prattle
rupattelu prattle; ***~hetki*** chat
rupeama spell
rupi scab, crust
rupinen scabby
rupisammakko toad
rusentaa crush, squash
rusina raisin
ruskea brown; *(rusketus)* tan
ruskettua get tanned, get a tan
ruskettunut tan, tanned
rusketus tan
ruskistaa brown
rusko[tus] glow
ruskuainen yolk [of an egg]
rusto cartilage
rutiini routine; *(askareet)* chores
rutistaa squeeze; *(rypistää)* crumple; *(halata)* hug
rutistua crumple
rutto plague; *(vanh)* pestilence

ruudullinen *(šakkiruutukuvio)* *(Br)* chequered; *(Am)* checkered, checked
ruuhi punt
ruuhka *(liikenne~)* traffic jam, congestion
ruuhka-aika rush hour
ruuhkaantua *(työt ym.)* pile up; *(liikenne)* get jammed, bunch
ruukku jar; pot
ruuma hold
ruumiillinen physical
ruumiillistaa embody, incarnate
ruumiinavaus autopsy, postmortem
ruumiinpoltto cremation
ruumiinrakenne physique
ruumiinsiunaus funeral sevice
ruumiintarkastus [body] search
ruumis body; corpse; *(kirj)* cadaver; *(ark)* stiff
ruumisarkku coffin; *(Am)* pall, casket
ruumisarkun peite pall
ruumishuone morgue, mortuary
ruumispaarit bier
ruumisvaunut hearse
ruusu rose
ruusuinen rosy
ruusukaali Brussels sprouts
ruusuke bow
ruusunpunainen rosy, [rose] pink
ruuti gunpowder
ruutu *(neliö)* square; *(kankaassa)* check; *(tv)* screen; *(paneeli)* panel; *(korttip)* diamond; ***ikkuna~*** [window] pane
ruutupaperi squared paper
ruuvari screwdriver
ruuvata screw
ruuvi screw
ruuviavain spanner
ruuvikierre worm
ruuvimeisseli screwdriver
ruuvipuristin vice
ruuvitaltta screwdriver
ruveta begin, start
ryhdikäs upright, straight
ryhdistäytyä pull o.s. together; *(kuv)* buck up
ryhditön slack, slouching
ryhmitellä group
ryhmittymä faction
ryhmittyä group
ryhmyinen gnarly
ryhmä group; *(pol)* faction; *(poliisi~)* squad; ***työ~*** team
ryhmätyö teamwork
ryhti posture, bearing; carriage
ryhtyä *(alkaa)* begin, start; *(projektiin)* undertake; *(keskittyä)* get down to, set to; *(harrastamaan)* take up; *(jälleen)* resume; ***~ selvittelemään laskuja*** get down to sorting out the bills; ***~ tuottamaan elokuvaa*** undertake a film project; ***~ harrastamaan laulua*** take up singing; ***~ jälleen tekemään ydinkokeita*** resume nuclear testing
ryijy rug
rykelmä clump; conglomerate; group; pocket
rykiä clear one's throat, cough
rykmentti regiment
rykäistä clear one's throat
ryminä rumble
rynnistys rush; assault
rynnistää rush [forward]
rynnäkkö assault; *(kuv)* storm
rynnäkkökivääri assault rifle
rynnätä dash, rush, dart

ryntäys dash, run, rush
rypeä *(myös kuv)* wallow *(jssak* in); ***hän rypee itsesäälissä*** he is wallowing in self-pity
rypistynyt wrinkled
rypistyä *(kangas)* crease, get creased, wrinkle; *(paperi, pelti)* crumple; *(iho)* get wrinkles
rypistää *(paperi)* crumple [up], crease; wrinkle; ***~ kulmiaan t. otsaansa*** frown, scowl
ryppy *(ihossa)* wrinkle, line; *(kankaassa)* wrinkle, crease
ryppyinen *(iho, kangas)* wrinkled; *(paperi)* crumpled
rypsi turnip rape
rypyssä wrinkled
rypyttää gather, pucker
rypäle grape
ryske crash
rystynen knuckle
rysähtää *(maahan)* crash
rysäyttää crash
rytmi rhythm; cadence
rytmihäiriö palpitation
rytminen rhythmic[al]
rytäkkä uproar
ryvettynyt bedraggled, soiled
ryvettää soil
ryyni [peeled] grain
ryypiskellä drink; booze
ryyppy drink, dram
ryypätä booze
ryystää swill
ryysyinen ragged
ryysyt tatter[s]
ryömiminen creeping
ryömiä crawl, creep
ryöppy torrent, shower
ryöpytä shower
ryöstää *(viedä rahat ym.)* rob, mug; hold up; *(tehdä ryöstöretki)* plunder, loot, sack; *(siepata ihminen)* kidnap, abduct
ryöstö robbery, mugging, holdup; *(sot)* plundering, looting, sacking; *(kidnappaus)* kidnapping, abduction; ~ ***Seraljista*** the Abduction from the Seraglio
ryöstömurha murder and robbery
ryöstöretki looting expedition, raid
ryöstösaalis capture
ryöväri robber
rähinä *(humalaisten ym.)* brawl
rähinöitsijä brawler, roughneck, troublemaker
rähistä *(humalaiset ym.)* brawl; *(valittaa)* grouse, grumble
rähjäinen *(henk)* bedraggled; rundown; squalid
räikeys gaudiness
räikeä *(kuv)* gaudy; flagrant; loud
räikkyä blare
räiske crackle
räiskyttää splash
räiskyä spit
räiskähtää crack
räiskäys crack
räjähdys explosion; *(pamaus)* blast; *(erik pommin)* detonation
räjähdysaine explosive
räjähdysmäinen explosive
räjähdyspanos explosive charge
räjähtää blast; *(pommi)* explode; *(ilmaan)* blow up; *(pamahtaa)* *(myös kuv)* burst; *(kuv henk)* blow up
räjäyttää *(pommi ym.)* explode, blast; *(silta, talo ym.)* blow up
räjäytys blasting, explosion
räjäytystyöt blasting
räkä snot

räkäinen snotty
räkättirastas fieldfare
räkättää *(lintu)* chatter
räkätys *(linnun)* chatter
räme swamp
rämeinen swampy
räminä *(radio ym.)* blare; *(kattilat ym.)* clatter; *(auto, rattaat ym.)* rattle
rämistä blare; clatter; rattle; *vrt.* ***räminä***
rämpiä flounder; *(myös kuv)* wade
rämpyttää strum
rämä broken [down]
rämäpäinen reckless, unruly
ränni rainwater pipe, drainpipe; *(Am)* rainspout
ränsistynyt dilapidated, run-down
räntä sleet
räpylä flipper; *(urh)* mitt
räpytellä flap
räpyttää *(siipiä)* flutter; *(silmiä)* blink
räpytys flutter
rästit arrears; ***hänellä on vuokrarästejä*** he is in arrears with the rent
rätinä *(radion, tulen)* crackle
rätistä *(radio, tuli)* crackle
rätti cloth
räyhätä brawl
räystäs eaves
räystäskouru *ks.* ***ränni***
rääkkäys abuse; torture
rääkyä caw, croak
rääkätä abuse, torture, treat badly
rääsy rag
räätäli tailor; ***räätälin tekemä*** *(yl kuv)* tailor-made
räätälöidä tailor
röhkiä grunt
rönsy runner
rönsyilevä *(kuv)* rambling
rönsyillä *(kasv)* straggle, produce runners; *(kuv)* ramble
röntgenhoito X-ray treatment
röntgenkuva X-ray, roentgenogram
röntgenlääkäri radiologist
röntgensäde X-ray
röttelö shack, shanty
röyhelö frill, ruffle
röyhkeys arrogance, insolence
röyhkeä arrogant, barefaced, insolent
röyhtäistä belch, burp
röykkiö heap, pile
rööki ciggy; *(Br sl)* fag

S

saada get, have, receive; obtain; *(atk)* access; *(palkinto, mitali ym.)* win, be awarded; be granted *(stipendi, laina)*; *(olla lupa)* may, be allowed; ***sain häneltä kirjeen*** I got (had) a letter from him; ***saanko [pitää] tämän?*** may I have (keep) this?; ***saanko tulla sisään?*** may I come in?; ***et saa mennä sinne yksin*** you must not go there alone; ***~ aikaan*** bring about, accomplish; ***sain vihdoinkin kirjoitetuksi hänelle*** I finally got around to writing to him; ***~ alkunsa jstak*** originate in (from), derive from, come from; ***~ hyötyä jstak*** gain (derive) profit from sth, benefit from; ***~ jku käsiinsä*** get hold of sb; ***~ kiinni*** *(pallo ym.)* catch; *(työ, henkilö) (myös kuv)* catch up on, catch up with; ***~ tietää*** learn, find out; ***~ jku tekemään jtak*** make sb do sth; ***~ jku vakuuttuneeksi jstak*** convince, persuade sb of sth; ***~ reput*** fail; *(Am ark)* flunk
saaja *(kirjeen, paketin ym.)* addressee, recipient; *(lähetyksen)* consignee; *(lahjoituksen, rahalähetyksen ym.)* beneficiary, recipient; *(sekin)* payee; *(palkinnon)* winner
saakka *(välimatkasta)* as far as, [all the way] to; *(ajasta)* till, until; ***mistä ~ (lähtien)?*** since when?; ***mihin ~ kävelitte?*** how far did you walk?; ***mihin ~ odotitte?*** until when did you wait?
saaliinhimoinen rapacious
saalis *(ryöstö~)* booty, loot, plunder; *(pyynti~)* catch, quarry; *(kala~)* haul; *(pedon)* prey; *(sota~)* spoils; *(kuv)* haul, catch; ***joutua jnk saaliiksi*** fall (become) [a] prey to sth (sb); ***helppo ~ jklle*** an easy prey to sb; ***jakaa ~*** share the booty (loot)
saalistaa prey (***jtak*** [up]on sth)
saamamies claimant, creditor
saamaton inefficient; indolent; unenterprising
saamattomuus inefficiency
saame Lapp language, Lappish
saamelainen Lapp
saapas boot
saapua arrive (***jhk*** at, in); come; get (***jhk*** to, in); reach; ***teitä pyydetään saapumaan informaatiotiskille*** please, contact the information counter
saapuminen arrival
saapumisaika time of arrival, arrival time
saapuva: *(~ juna ym.)* arrival
saapuvilla: ***olla*** ~ be present (available)
saari island; isle; ***saarella, saaressa*** on an island
saaristo archipelago
saaristolainen islander
saarna sermon
saarnaaja preacher
saarnata preach
saarnatuoli pulpit

saarni ash
saarros: ***saarroksissa*** surrounded
saartaa beset; blockade
saarto blockade
saasta filth; squalor
saastainen filthy, squalid
saaste pollution; *(aine)* pollutant, waste; ***teollisuus~*** industrial effluent (waste)
saastuminen pollution; contamination
saastunut polluted; contaminated
saastuttaa pollute; contaminate
saastuttaminen pollution
saatana Satan
saatava claim, balance due
saatavana, **saatavissa** available, obtainable
saatavat outstanding claims (accounts); [credit] balance ***(jkn hyväksi*** due to, with sb, in sb's favour)
saati: ***~ sitten hän!*** to say nothing of him! not to mention him!
saat|taa accompany; see off; *(voida)* may; *(kirj)* escort; ***-oin hänet lentoasemalle*** I went to the airport to see him off; ***-oitko hänet kotiin?*** did you accompany her home?; ***~ jku ahtaalle*** corner sb; ***~ jk ajan tasalle*** update sth, bring sth, up-to-date; ***~ epäjärjestykseen*** disarrange, disorder, disorganize; ***~ epätoivoon*** drive sb to despair
saattaja accompanying person; *(arkunkantaja)* pallbearer
saatto *(kulkue)* procession; *(sot)* convoy; ***vuosien saatossa*** in the course of years, with the years
saattoalus escort
saattue escort; *(valtiovieraan ym.)* retinue; *(sot)* convoy
saavi tub
saavuttaa reach; obtain, attain; achieve; gain; win; *(kiriä kiinni)* catch up with; ***~ 18 vuoden ikä*** reach the age of 18; ***~ etu*** gain an advantage; ***~ hyviä tuloksia*** get (obtain) good results; ***~ mainetta (kuuluisuutta)*** win fame; ***~ huippu*** reach the top, reach the climax; ***~ päämääränsä*** achieve (attain) one's goal (purpose, aim)
saavuttamaton unreachable, unattainable
saavuttaminen reaching, achieving; achievement, attainment
saavutus accomplishment; achievement; attainment
sabotaasi sabotage
sadas hundredth
sadatella curse
sade rain; ***sateessa*** in the rain; ***näyttää tulevan ~, kohta sataa*** it looks like rain
sadeilma rain, rainy weather
sadekuuro shower
sademetsä rain forest
sademäärä rainfall
sadepilvi rain cloud
sadepisara rain drop
sadetakki raincoat; *(Br)* mackintosh, mac, mack
sadetin sprinkler
sadin: ***joutua satimeen*** be trapped, be cought in a trap, fall (walk) into a trap
sadismi sadism
sadisti sadist
sadoittain by the hundred, [in] hundreds

sadonkorjuu harvest[ing]
sadunhohtoinen fabulous
sadunkertoja storyteller
sadunomainen fairy-tale
safiiri sapphire
saha saw; ***~[laitos]*** sawmill
sahajauho sawdust
sahanterä saw blade
sahapukki saw horse, saw [buck]
sahata saw
sahattu sawn
sahrami *(mauste)* saffron; *(kasvi)* crocus
saippua soap
saippuakotelo soap box
saippuakupla soap bubble
saippuavaahto lather, suds
saippuavesi soapy water
saippuoida soap, lather
sairaala hospital; infirmary
sairaalahoito hospital treatment; ***joutua ~on*** be hospitalized
sairaalloinen ailing, sickly; *(kuv)* morbid
sairaanhoitaja nurse
sairaanhoito nursing; medical treatment (care)
sairaanhoito-opisto nursing college
sairaankuljetus ambulance service
sair|as ill, sick; unwell; ***~ lapsi*** a sick child; ***hänen äitinsä on hyvin ~*** *(Br)* his mother is very ill; *(Am)* his mother is very sick; ***ilmoitin töihin olevani -aana tänään*** I called in sick today; ***hän on -aana tänään (pois töistä sairauden takia)*** he is off sick today
sairasauto ambulance
sairasloma sick leave
sairastaa *(Br)* be ill; *(Am)* be sick; suffer *(**jtak** from)*; ***hän ~ flunssaa*** he is down with a flu
sairastua *(Br)* become (fall) ill, be taken ill; catch a disease; *(Am)* become (get) sick
sairaus illness; *(sairaana olo)* sickness; *(tauti)* disease; ***hänellä on sydän~*** he's got a heart condition (disease); ***parantumaton ~*** an incurable disease; ***vakava ~*** a serious illness
sairauskulut medical expenses
sairausvakuutus sickness (health) insurance
sairausvakuutuskortti social security card
sairausvakuutusmaksu health insurance fee
saita stingy, mean, miserly
saituri miser, skinflint
saituus miserlyness, stinginess
saivarrella split hairs; quibble, be pedantic
saivartelija hair-splitter, nitpicker
saivartelu hair-splitting, pedantry, nitpicking
sakaali jackal
sakariini saccharin
sakaristo vestry
sakea thick; dense
sakemanni *(sot sl)* Jerry, Boche
sakeus thickness
sakka sediment; *(viinin)* lees; *(kahvin)* grounds
sakki gang
šakki *(peli)* chess; ***pelata ~a*** play chess
šakkilauta chessboard
šakkinappula chessman
sakko fine; penalty; *(~lappu)* ticket
sakottaa fine; give sb a ticket

sakramentti sacrament
Saksa Germany
saksa *(kieli)* German
saksalainen German
saksanhirvi red deer
saksanpaimenkoira German shepard; *(Br)* Alsatian
saksanpähkinä walnut
sakset [a pair of] scissors
saksofoni saxophone
sala: ***pitää ~ssa*** keep secret, hide
salaa secretly, in secret
sala-ampuja sniper; *(metsästäjä)* [game] poacher
salaatinottimet salad servers
salaatti *(lehti~)* lettuce; *(seka~)* salad
salaattikastike [salad] dressing
salaileva secretive; cagey
salailla cover, hide, hold back
salailu secrecy; cover-up; *(hämäys)* smokescreen
salainen secret, hidden; occult; ***~ tiedustelupalvelu*** secret service; ***~ piilopaikka*** a secret hiding-place, a hidden place
salaisuus secret
salajuoni plot, intrigue
salakari submerged rock
salakavala insidious
salakieli code
salakirjoitus code, cipher
salakuljettaa bootleg, smuggle
salakuljettaja smuggler
salakuljetus smuggling
salakuoppa pitfall
salakuunnella eavesdrop; *(laittein)* bug; *(puhelinta)* bug, tap
salakähmäinen underhand
salaliitto conspiracy, plot
salaliittolainen conspirator
salama lightning; ***kuin ~ kirkkaalta taivaalta*** like a bolt from the blue; ***~n isku*** stroke of lightning
salamannopeasti at lightning speed; like a streak of lightning, quick as lightning, like a shot
salamanteri salamander
salamatkustaja stowaway
salamavalo flash[light]
salametsästys poaching
salametsästäjä poacher
salamurha assassination
salamurhaaja assassin; assassinator
salamyhkäinen secretive, mysterious
salanimi pseudonym
salaoja drain
salaojittaa drain
salaojitus [underground] drainage
salaperäinen mysterious; inscrutable
salaperäisyys mystery; secrecy
salapoliisi detective
salapolttaa make bootleg liquor
salaseura secret society
salassa in secret, secretly; hidden (***jklta*** from sb)
salata conceal, cover up; ***~ jtak jklta*** keep sth from sb
salavihkaa stealthily, furtively
salavihkainen furtive, stealthy
saldo *(liik)* balance; *(pankkitilin)* account balance; *(kuv)* bottom line
sali drawing room; parlo[u]r; *(suuri)* hall
salkku briefcase; *(myös kuv)* portfolio
salko pole, mast
salkopapu pole bean, bush bean

salkoruusu marshmallow
sallia allow, let; permit
sallimus fate, providence
salmi sound; strait
salo backwoods
salonki *(liike)* salon; parlo[u]r; *(olohuone)* drawing room
salpa bar, bolt; fastening
salpietari salpetre
salva salve, ointment
salvata bar, bolt
salvia sage
salvoa castrate, geld
sama same; identical; ***[se on] aivan ~ (samantekevää) minulle*** it's all the same (it doesn't matter) to me, it makes no difference; ***olen ~a mieltä*** I agree; ***~an aikaan***, ***~lla*** at the same time; ***~lla tavalla*** in the same manner (way), similarly; ***~lla tavoin (samanarvoisesti)*** alike, equally; ***olemme molemmat ~ssa veneessä*** we're both in the same boat
samaistaa *ks.* ***samastaa***
samaistua *ks.* ***samastua***
samamerkityksinen synonymous
samanaikainen simultaneous; contemporary
samanaikaisesti at the same time; simultaneously
samanarvoinen equal; *(vastaava)* equivalent
samanarvoisuus equality, parity; equivalence
samanhenkinen congenial
samanikäinen of the same age
samankaltainen [very much] the same, same kind of; alike, similar
samankaltaisuus resemblance
samankokoinen of the same size
samanlainen similar, of the same kind, alike; ***~ kuin*** similar to, the same as; ***aivan ~ kuin*** identical with (to)
samanlaisuus similarity, identity
samanmielinen like-minded
samanniminen of the same name
samannäköi|nen similar [in appearance]; ***he ovat -siä*** they look alike; ***hän on ~ kuin sisarensa*** she looks like her sister
samantekevä all the same (***jklle*** to); ***se on aivan ~ä*** it's all the same, it doesn't make any difference
samapalkkaisuus [the principle of] equal pay for equal work
samastaa identify (***jhk*** with sth)
samastua identify (***jhk*** with)
samea opaque; *(vesi)* turbid
samentaa cloud
sametti velvet; *(vako~)* corduroy; *(puuvilla~)* velveteen
sammakko frog
sammakkomies frogman
sammakonkutu frog spawn
sammakontoukka *(nuijapää)* tadpole
sammal moss
sammaltaa lisp
sammio vat, basin
sammua *(valo)* go out; *(kone)* die; *(suku, tapa ym.)* die out; be extinguished; *(humalassa)* pass out
sammumaton unquenchable
sammuminen extinction
sammunut *(laji, uskomus ym.)* extinct; *(valo)* out
sammutin fire extinguisher
sammuttaa *(liekki, savuke, valo)* extinguish, put out; *(savuke)* stub

out; *(valo, laite)* switch off, turn off (out); *~ jano[nsa] jllak* quench one's thirst with sth
sammuttaminen *(liekin)* extinction
sammutus extinguishing
samoilla *ks.* ***samota***
samoin the same [way], in the same way; likewise; equally; *(vastaavasti)* similarly; ***~ ajattelevat ihmiset*** people of a like mind; ***minä tunnen ~*** I feel the same [way]; ***häntä neuvottiin tekemään ~*** he was advised to do likewise; ***hyvää joulua!*** Merry Christmas! ***...kiitos ~!***...[and the] same to you!; ***hauska tutustua*** I'm very pleased to meet you ***...samoin*** likewise
samota rove, wander; trek
sampi sturgeon
samppanja champagne
san|a word; ***~lla sanoen*** in a word; ***~nsa mittainen mies*** a man of his word; ***en löydä [hämmästykseltäni] -oja*** words fail me; ***antaa ~nsa*** give one's word [of honour]; ***pitää ~nsa*** keep one's word; ***pettää ~nsa*** go back on one's word; ***olla ~ hallussa*** have a way with words; ***sana sanalta*** word by word; ***sanasta sanaan*** word for word, verbatim; ***laulun ~t*** the lyrics [of a song]
sanailu dispute
sanakirja dictionary; ***katso se sanakirjasta*** look it up in a dictionary
sanaleikki pun, wordplay
sanallinen verbal
sanaluokka part of speech
sanamuoto formulation; wording
sananlasku proverb
sananmukainen literal, word-for-word, verbatim
sananparsi proverb, saying
sanansaattaja herald; messenger
sananvalta: ***olla ~a jssak*** have a say in sth
sananvapaus freedom of speech
sanaristikko crossword puzzle
sanasto vocabulary
sanatarkasti verbatim, word by word; [be] word-perfect
sanatarkka *ks.* ***sananmukainen***
sanaton speechless, wordless; *(ymmällä)* dumbfounded; *(sopimus ym.)* tacit
sanavalmis quick at repartee, quick-witted
sanavarasto vocabulary
sandaali sandal
saneeraus clearance; redevelopment
sanella dictate
sanelu[tehtävä] dictation
sanelukone dictaphone
sangen very, extremely; *(Br)* jolly
saniainen fern
saniteetti- sanitary
saniteettikalusteet bathroom fixtures
saniteettitilat sanitary facilities
sanka handle; *(silmälasien)* shaft, earpiece
sankari hero
sankarillinen heroic
sankaritar heroine
sankaruus heroism
sankka thick, dense
sanko bucket, pail
sanktio sanction
sannikas sandal

sano|a say; tell, let sb know; *(todeta)* state; ***hän ei -nut sanaakaan*** he didn't say a word; ***sano, jos puhun liian nopeasti*** you must tell me (please, tell me) if I speak too fast; ***aion ~ itseni irti [työpaikastani]*** I am going to give in my notice (resign [from my job]); ***vuokraemäntä -i heidät irti*** the landlady gave them notice to leave; ***sinun täytyy ~ se suoraan*** you must be quite frank about it; ***niin -akseni*** so to speak; ***niin -ttu*** so-called; ***hänen -taan olevan rikas*** he is said to be rich, they say he is rich; ~ ***vastaan jklle*** contradict sb
sanoinkuvaamaton indescribable
sanoma message
sanomalehti newspaper, paper
sanomalehtipaperi newsprint
sanomaton inexpressible
sanonta idiom; saying; expression
sanoutua irti *(työpaikasta)* resign [from], give in one's notice; *(vastuusta)* disclaim; *(politiikasta, yrityksestä)* dissociate o.s.
santsata have a second helping; *(ark)* take seconds
saoste precipitate
saostua be precipitated
saparo *(myös hiuksista)* pigtail
sapatti sabbath
sapeli sabre
sappi bile
sappikivi gall stone
sappirakko gall bladder
sappitauti gall bladder disease
sappitautinen bilious
sapuska *(ark)* grub
sara sedge
sarake column
sarana hinge
sarastaa dawn; ***päivä (aamu)*** ~ the day (morning) is dawning (breaking)
sarastus dawn, daybreak
sardiini sardine
sarja series; *(kokonainen)* set; *(kuv)* succession; sequence; *(~filmi, ~ohjelma)* serial, series; *(mus)* suite; *(urh)* class, category
sarjakuva strip cartoon; comic strip; comics; *(Am)* funnies; ***luen aina ~t ensin*** I always read the comics first
sarjakuvalehti, sarjakuvakirja comic [book]
sarjanumero serial number
sarjatuotanto serial production
sarka *(kangas)* homespun; *(pellon)* plot, strip
sarkasmi sarcasm
sarkastinen sarcastic
sarssi[kangas] serge
sarveisaine horn
sarveiskalvo cornea
sarvi horn; antler
sarvikuono rhino[ceros]
sata hundred
sataa rain; ~ ***rankasti*** pour, pelt; ~ ***lunta*** snow; ~ ***rakeita*** hail
sata-asteinen centigrade; ~ ***lämpömittari*** centigrade thermometer
satakieli nightingale
satama port, harbour; *(kuv)* haven
satama-allas dock
satamakaupunki port, seaport
satamalaituri quay
satavuotinen centennial
satavuotisjuhla centenary
sateenkaari rainbow

sateenvarjo umbrella
sateeton rainless, dry
sateinen rainy
satelliitti satellite
satelliittivaltio satellite
satiainen crab louse
satiini satin
satiiri satire
satiirinen satirical
sato crop; harvest
satoisa high-yielding, plentiful
sat|tua happen, come about; chance; *(tehdä kipeää)* hurt; ***sellaista -tuu*** those are things that happen, those things just happen; ***-uin kuulemaan keskustelunne*** I overheard your conversation; ***~ samanaikaisesti (samaan aikaan)*** coincide, concur; ***esteen -tuessa*** in case of hindrance; ***onnettomuus -tui tänä aamuna*** the accident occurred (happened) this morning
sattuma chance; coincidence; hazard; ***oli pelkkä ~ että...*** it was a mere chance that...; ***tämäpä mukava ~!*** what a nice coincidence!; ***ei ole ~a että...*** it is no coincidence that...
sattumalta by chance; accidentally, by accident; incidentally; ***aivan ~*** by sheer coincidence, by pure chance
sattumanvarainen random, fortuitous; haphazard
sattuva *(vertaus, esimerkki)* striking; *(huomautus)* apposite, apt
satu fairy-tale; *(eläin~)* fable; *(tarua)* fiction
satula saddle
satulalaukku saddlebag
satulaloimi saddle blanket
satulavyö girth
satuloida saddle
satumaa[ilma] wonderland
satumainen fabulous, fantastic
satunnainen occasional, accidental; casual, incidental
satuttaa hurt
saukko otter
sauma seam
sauna sauna [bath]
saundi sound
sauva *(paimenen)* staff; *(keppi)* stick; *(suksi~)* ski pole; *(taika~)* wand
sauvasekoitin handmixer, handblender
sauvoa punt
savenvalaja potter
savi clay; ***savesta tehty*** earthen; ***menköön syteen tai saveen!*** come what may!
saviastia crock, clay pot
saviastiat crockery; earthenware; pottery
savimaa loam
savimaja mudhut
savinen clayey
saviruukku earthen pot, crock
savitavara earthenware
savu smoke
savuinen smoky
savuke cigarette; *(Br sl)* fag
savukerasia packet of cigarettes; *(Am)* pack of cigarettes
savukkeensytytin lighter
savupalvata [smoke-]cure, cure in woodsmoke
savupiippu chimney; *(laivan, veturin)* funnel
savusauna smoke sauna

savusilli kipper
savustaa smoke; cure in woodsmoke
savustettu smoked
savusumu smog
savuta fume, reek
savuton smokeless; non-smoking
savutorvi flue
savuverho smokescreen
se it; that
seassa among, amongst
seepra zebra
seerumi serum
seesteinen clear, bright; *(tyyni)* serene, tranquil
seikka aspect, point; *(olosuhde)* circumstance; *(tekijä)* factor
seikkailija[tar] adventurer, adventuress
seikkailla wander about; ***lähteä seikkailemaan*** go out in search of adventure
seikkailu adventure
seikkailukas adventurous
seikkailunhaluinen adventurous
seikkaperäinen detailed; full
seimi manger; *(joulu~)* crib
seinä wall
seinäkello wall clock
seinäkoriste wallflower
seinälaudoitus panel; wainscot[ting]
seinäpaperi wallpaper
seinäpiirrokset graffiti
seinävaate tapestry
seireeni siren
seis stop
seisaallaan, seisaaltaan standing [up]
seisahdus halt, stop; standstill
seisahtua stop, *(kulkuneuvo ym.)* come to a standstill
seisake halt; *(Am)* whistlestop
seisaus block; *(työn~)* stoppage
seisauttaa stop; *(kulkuneuvo)* bring to a standstill
seisoa stand; *(erektio)* have a hard-on; ~ *t.* ***istua hajareisin*** straddle; ***nouse seisomaan*** stand up
seisova *(vesi)* stagnant
seisova pöytä buffet
seistä stand; ~ ***rinnalla*** stand by
seitsemän seven
seitsemänkymmentä seventy
seitsemäntoista seventeen
seitsemäs seventh
seitti gossamer; web
seiväs *(aidan)* stake, picket; *(urh)* pole
seiväshyppy pole vault
seka- mixed
sekaannus mistake, mix-up; confusion
sekaantua interfere (***jhk*** in, between); meddle (***jhk*** in, with)
sekainen disorderly, untidy; messy
sekaisin confused, mixed up; *(hullu)* screwed up, out of one's head; *(epäjärjestyksessä)* [in] a mess; ***menen ~ kaikkien näiden tilausten kanssa*** I get muddled with all these orders
sekakomissio joint (mixed) commission
sekakuoro mixed choir
sekalainen miscellaneous; sundry; ~ ***seurakunta*** mixed company
sekamelska mess; huddle
sekarotuinen cross-bred; half-breed, of mixed breeds; ~ ***koira*** mongrel
sekasorto chaos; anarchy

sekasotku mess, shambles, confusion; ***huoneessani on kauhea ~*** my room is [in] a terrible mess
sekatavarakauppa *(läh)* general store; grocery
sekava confusing, disorderly; *(sotkuinen)* muddled; *(rönsyävä)* rambling
sekki *(Br)* cheque; *(Am)* check
sekkitili *(Br)* cheque (drawing) account; *(Am)* checking account
sekkivihko *(Br)* cheque-book; *(Am)* checkbook
sekoitettu mixed
sekoitin mixer; shaker
sekoittaa *(aineita toisiinsa)* mix; *(yhdistää t. ~ määriä esim. resepteissä)* blend; *(sotkea keskenään, olla erottamatta)* confuse, get sth confused; *(erehtyä luulemaan toiseksi)* mix sb up with sb, mistake sb for sb; *(kortit)* shuffle; *(lusikalla, kauhalla)* stir
sekoittua blend; mix; *(väkijoukkoon)* mingle (***jhk*** with)
sekoitus mixture; blend; *(rotu)* mongrel
seksi sex
seksikäs sexy
seksuaali[nen] sexual
seksuaalisuus sexuality
sektori sector
sekunda second class
sekunti second
sekuntikello stopwatch
sekuntiviisari second hand
sekä and; ~ ***... että*** both ... and
selailla leaf (browse) through
selibaatti celibacy
selin: ***~ jhk*** with one's back towards sb
selite explanatory note
selitettävissä explicable
selittämätön inexplicable
selittävä explanatory
selittää explain; account for
selitys explanation; comment; explanatory note; ***olet minulle selityksen velkaa*** you owe me an explanation
selja elder
seljetä clear up
selkeys clarity
selkeä clear; explicit
selkiintyä clear up
selkkaus conflict
selko: ***ottaa*** *t.* ***saada ~*** find out; ***tehdä ~a*** give an account of sth; ***~sen selällään*** wide open
sel|kä back; ***hän makasi -ällään*** he was lying [flat] on his back; ***~ edellä*** backward[s]; ***jkn -än takana*** behind sb's back; ***hän istui -in minuun*** he was sitting with his back towards me; ***hän käänsi minulle -känsä*** he turned his back to me; *(kuv)* he turned his back on me; ***-än takana puhuminen*** *t.* ***haukkuminen*** backbiting
selkänikama vertebra *(pl vertebrae)*
selkäpuoli back
selkäranka spine, spinal column; backbone
selkärankainen vertebrate
selkäreppu *(rinkka)* rucksack; *(Am)* backpack
selkäsauna *(läimäyttely)* spanking; *(ruoskalla, kepillä)* flogging, thrashing; whipping
selkäsärky backache
selkäydin spinal cord

sellainen such; that kind of; like that
selleri celery
sello [violon]cello
selluloosa pulp, cellulose
selonteko account, report
selostaa explain, describe; *(tv, rad)* cover, report
selostaja *(tv, rad)* commentator
selostus description; report; *(tv, rad)* commentary
selusta rear; ***varmistaa*** ~ secure the rear; *(kuv)* safeguard o.s.
selventää clarify; elucidate
selvillä aware [of]
selvin päin sober
selvittäjä *(kuolinpesän)* executor; *(konkurssipesän)* liquidator
selvittää clarify; *(ongelma, alkuperä ym.)* clear up, unravel; *(takku ym.)* disentangle; *(ajatuksia, ilmapiiriä ym.)* clear; *(konkurssipesä)* liquidate; *(kuolinpesä)* administer; ~ ***asiat*** straighten things out
selvitys *(selonteko)* account, report; *(konkurssipesän)* liquidation; *(kuolinpesän)* administration
selvi|tä become clear, clear up; *(tointua)* recover; *(humalasta)* sober up; ***hän -si [siitä] vähällä*** he got off easily; ***minulle -si, että...*** I realized that...; it came to me that...
selviytyä *(pärjätä jssak)* make out; *(jstak tilanteesta ym.)* pull through; cope [with]
selviö axiom, truism
selvyys clarity, clearness; *(käsialan)* legibility
selvä apparent, evident; clear; *(selkeä)* definite; *(~sanainen)* explicit, lucid; *(nimenomainen)* express; *(ei humalassa)* sober; ~ ***[on]!*** all right, OK, okay; ***on itsestään ~ä että...*** it goes without saying that...; ~ ***palaneen käry*** a distinct smell of burning
selväjärkinen clear-headed; lucid
selvänäkijä clairvoyant
selväpiirteinen clear-cut, *(selvästi erottuva)* bold
selvästi clearly; apparently, evidently; *(kiistattomasti)* definitely; ~ ***erottuva maku*** a distinctive flavour
sementti cement, concrete
seminaari seminar
sen *(gen)* its; *(akk)* it
Senaatintori the Senate Square
senaatti senate
seniili senile
seniiliys senility
seniori senior
sensaatio sensation
sensaatiomainen sensational
sensuelli sensual
sensuroida censor
sensuuri censorship
sentimentaalinen sentimental
sentti cent
sentti[metri] centimetre; *(Am)* centimeter
seos mixture; blend
seota get confused *t.* mixed up; *(tulla hulluksi) (ark)* go crazy; ~ ***sanoissaan*** start floundering; ~ ***tahdista*** lose the rhythm
sepalus fly
sepeli chipping; macadam
sepelvaltimo coronary artery

sepittää *(juttuja)* make up, fabricate; *(musiikkia, runoja)* write, compose; *(sana, lause)* coin
seppele *(kaulassa, päässä)* garland; *(myös hautajais~)* wreath
seppä [black]smith
serbi Serb
serbialainen Serbian
seremonia ceremony
serkku cousin
sermi screen
serpentiini[t] streamer, serpentine; tickertape
sesonki season
sesonkiluontoinen seasonal
sessio session
seteli *(Br)* [bank] note; *(Am)* bill
setri[puu] cedar
setti set
setä uncle
seula sieve
seuloa sift; *(valikoida henkilöitä)* screen
seura company; *(yhdistys)* society; ***pitäisitkö minulle ~a?*** would you keep me company?; ***hän on huonoa ~a*** he is bad company; ***hän on pitämässä ~a vierailleen*** she is entertaining her guests; ***~a vieroksuva*** unsociable
seuraaja follower; successor
seuraamukset consequences; aftermath
seuraamus consequence; *(rangaistus)* punishment, sanction
seuraava next; following; ***kuka on ~?*** who's next?; ***hän tuli ~na päivänä*** he came on the following day; ***haluaisin todeta ~a*** I would like to state the following
seuraavaksi next
seuraavasti as follows
seuraelämä social life; society
seurakunta parish; *(kirkkoon ym. kokoontunut)* congregation
seurakuntalainen parishioner, parish member
seurakuntatalo parish hall, church hall
seurakuntatyö parish welfare work, church community work
seuralainen companion; *(Am)* *(treffi~)* date
seurallinen sociable, outgoing
seuramatka [conducted] tour
seuramatkalento charter flight
seuranhaluinen companionable, sociable; gregarious
seurata *(mukana)* accompany, come along; *(perässä)* follow; *(olla seuraus)* result in; ensue; *(jkn paikalle, virkaan ym.)* succeed sb; *(jälkiä)* trace; track
seurau|s consequence; result, sequel; *(vaikutus)* effect, repercussion; ***jkn -ksena*** as a result of, in consequence of, in (as) a sequel to; ***sen -ksena (siitä johtuen)*** as a consequence, consequently
seurue party; *(valtiovieraan ym.)* retinue; train
seurustella associate with, keep company with; mingle with; *(vakituisesti)* go steady, be together; ***seurustella t. kulkea jnk kanssa*** go about with, go around with *(Am)* *(käydä ulkona jkn kanssa)* date sb
seutu area, region, tract; *(lähiympäristö)* neighbourhood, community
shampoo shampoo

sheriffi sheriff
shillinki shilling
shortsit shorts
sianliha pork
siansaksa gibberish; *(ammattikieli)* jargon
side bandage; binding; *(kuv)* bond, tie; *(yhteys)* link
sidekaari *(mus)* slur
sidos volume
siedettävä acceptable, bearable, tolerable
siellä there; ~ ***täällä*** here and there; about
sieltä from there; *(vanh)* thence
sielu soul; mind
sielullinen mental, psychic; ~ ***tasapaino*** equanimity
sielumessu requiem
sieluton soulless
siemaus pull
siemen seed; *(omenan ym.)* pip; stone
siemenkota core
siemenneste sperm
siemensyöksy ejaculation
siementää seed
sieni mushroom; *(myös sairaus)* fungus *(pl fungi, funguses)*; *(pesu~)* sponge
siepata *(ottaa kiinni)* catch; *(napata)* snatch; *(ryöstää)* capture, kidnap; ~ ***radiosanoma*** intercept a radio message
sieppari catcher
sieppaus abduction, capture, kidnapping
sierain nostril
sietäminen bearing; *(suvaitseminen)* tolerance, toleration
sietämätön unbearable, insupportable, intolerable
sietää bear, endure, stand; put up with; *(suvaita)* tolerate
sievistelevä prim and proper
sievä pretty; *(Am)* cute
sifoni siphon
sihinä *(käärme, kuuma rauta yms.)* hiss; *(sampanja)* fizz
sihistä hiss; fizz; *vrt.* ***sihinä***
sihteeri secretary
sihti sieve
siideri cider
siika whitefish, lavaret
siili hedgehog
siilitukka crew cut, crop
siima line
siipi wing; *(potkurin)* blade
siipikarja poultry, fowl
siipirakennus wing
siipiratas paddle wheel
siipirataslaiva paddle steamer
siipisulka quill
siipiväli span; wingspread
siirappi syrup; *(Br)* treacle; *(Am)* molasses
siirrettävä movable; adjustable
siirrännäinen implant, transplant
siirto *(työtehtävissä)* transfer; *(pelissä)* move; *(siirtäminen)* removal; *(elimen)* transplant
siirtokunta colony
siirtokuva transfer; *(Am)* decal
siirtolainen *(maasta lähtevä t. lähtenyt)* emigrant; *(maahan muuttava t. muuttanut)* immigrant; *(uudisasukas)* settler
siirtolaisuus *(pois maasta)* emigration; *(maahan)* immigration
siirtolapuutarha allotment garden
siirtolippu transfer [ticket]
siirtomaa colony

siirtomaa- colonial
siirtomaatyylinen *(rak)* colonial
siirtotyöläinen migrant worker
siirtotyövoima migrant labour
siirtovankeus deportation
siirtyminen shift; change-over; *(oikeuskäsittelyn)* adjournment; *~ eurooppalaiseen rahayksikköön* the change-over to the European currency unit
siirtymäkausi transition period
siirty|ä move; *(tuonnemmaksi)* be postponed (adjourned); *(eteenpäin)* move on, pass on; proceed; ***voisitteko ~ hieman?*** could you move over, please? ***~ jkn tehtäväksi*** devolve on sb; ***~ jklle, jkn omaisuudeksi*** devolve to sb; ***hän -i republikaaneista demokraattien kannattajaksi*** she switched over from supporting the Republicans to supporting the Democrats; ***~ atk:hon*** computerize; ***matkustajia pyydetään -mään portille 1*** the passangers are requested to proceed to gate 1
siirtää *(liikuttaa)* move; *(ark)* shift; *(luokalta)* remove; *(muihin tehtäviin)* remove, transfer; *(lykätä)* postpone, adjourn; *(aikaistaa)* advance; *(vekseli)* endorse; *(elin)* transplant; ***~autoa*** move the car; ***~ kelloa eteenpäin*** put the clock forward; ***~ maksettavaksi*** charge to
siis accordingly; then; thus
siispä consequently
siisti clean, cleanly; neat, tidy; *(sl)* neat, cool
siististi cleanly; neatly
siistiytyä freshen up, smarten o.s. up
siistiä clean [up], tidy; trim
siitepöly pollen
siitin penis; *(ark)* cock, dick, prick
siitosori *(myös leik)* stud
siittää procreate; conceive; *(vanh)* beget
siitä *(sikiytyä)* be conceived, be begotten
siitä *(pron)* of it, about it; ***~ asti [kun]*** since
siitä huolimatta nevertheless, in spite of that; ***~ että*** although
siivelläeläjä sponger
siivilä sieve, strainer, sifter
siivilöidä sieve, strain, sift
siivo: ***kauhea ~!*** what a mess!
siivooja cleaner; *(hotellin)* chambermaid; *(laivan)* stewardess
siivota clean [up], tidy; do
siivottomuus untidiness
siivous cleaning
sij|a place; *(tila)* room, space; *(kiel)* case; ***hän tuli toiseksi (toiselle sijalle)*** he came (was) second; ***ensi -assa*** in the first place, first and foremost; ***sinun -assasi*** if I were you; ***sinun -astasi*** instead of you; ***mennä -oiltaan*** be dislocated
sijainen substitute; *(varahenkilö)* deputy; stand-in
sijainti location, position; site; *(mer ym.)* bearings
sijaishallitsija regent
sijaisnäyttelijä stunt man, stunt woman
sijaita be situated; lie
sijamuoto case
sijasta instead of; for
sijoittaa place, put; *(luokitella)* classify; *(asetella)* dispose;

(rahaa) invest (***jhk*** in)
sijoittelu *(huonekalujen)* disposal [of furniture]; *(joukkojen ym.)* disposition
sijoitus investment
sika pig, hog; swine; ~ ***säkissä*** a pig in a poke
sikamainen beastly; dirty; ***hän käyttäytyi tosi sikamaisesti*** he made a real pig of himself
sikari cigar
sikeä sound
sikin sokin upside down, topsy-turvy
sikiö f[o]etus
sikolätti [pig]sty
sikotauti mumps
siksak zigzag
siksi that is why, therefore
sikuri chicory
sikurisalaatti chicory
sikäli kuin inasmuch as; as far as
silakka Baltic herring
silata plate
silava lard
sileä smooth; even
silinteri top hat
silittää *(helliä)* stroke; *(raudalla)* iron; *(tasoittaa)* smooth
silityslauta ironing board
silitysrauta iron
silkinhieno silky
silkka absolute; sheer
silkki silk
silkkinen silk
silkkiäispuu mulberry
sillanpää bridgehead
sille to it, for it, about it; ~ ***ei voi mitään*** it can't be helped
silli herring
silloin then; in those days
silloinen at that time, then; ~ ***pääministeri*** the then Prime Minister
sillä because, for
sillä aikaa (välin) in the meantime, meanwhile
sillä aikaa (välin) kun while; whilst
silmiinpistävä striking
silmikko visor
silminnäkijä eyewitness
silmu bud
silmuk|ka *(köydessä)* loop, bight; *(hirtto~)* noose; *(verkon)* mesh; *(kutimen)* stitch; ***luoda -oita*** cast on stiches; ***poimia -oita*** pick up stiches
silmä eye; *(verkon)* mesh; ***iskeä ~ä jklle*** wink at sb; ***pitää ~llä jkta*** keep an eye on, watch sb; ***katso minua silmiin*** look me in the eye; ***en voinut uskoa silmiäni*** I couldn't believe my eyes
silmäillä eye; glance (***jtak*** at, over, through); *(läpi)* skim through; run one's eyes over
silmäkuoppa eye socket
silmälasit *(Br)* spectacles; *(Am)* [eye] glasses
silmäluomi eyelid
silmälääkäri oculist, eye specialist
silmämeikinpoistoaine eye make-up remover
silmämeikki eye make-up
silmämuna eyeball
silmänkääntäjä juggler
silmänkääntötemppu conjuring trick, sleight of hand
silmänrajauskynä eyeliner [pencil]
silmänrajausväri eyeliner
silmänräpäyksellinen instantaneous
silmänräpäy|s instant; ***-ksessä*** in

the twinkling of an eye; *(heti)* instantly ***siinä -ksessä*** at that very moment
silmäpako *(Br)* ladder; *(Am)* run
silmäripset eyelashes
silmäripsi lash
silmäterä pupil; ***tuo lapsi on ~ni*** that child is the apple of my eye
silmätä *(taaksepäin)* review
silmäys glance, look *(**jhk** at)*; *(taaksepäin)* retrospect; ***luoda ~ jhk*** take a glance at sth; ***ensi silmäyksellä*** at first sight, at the first glance
silmäätekevä bigwig, big shot, biggie
silpoa maim, mutilate; dismember
silputa *(ruok)* chop up
silta bridge
siltamaksu toll
siluetti silhouette; skyline
sima mead
simpukankuori [sea]shell, *(kampa~)* scallop
simpukka clam; *(sini~)* mussel; *(kampa~)* scallop
simputtaa bully
simputtaja bully
simultaanitulkkaus simultaneous interpretation
simultaanitulkki simultaneous interpreter
sinappi mustard
sinertävä bluish
sinetti seal
sinettilakka sealing wax
sinetöidä seal
sinfonia symphony
singota *(kivi)* fling; *(keihäs)* hurl; *(ohjus)* launch, project
sini[nen] blue
sinihomejuusto blue cheese
sinililja bluebell
sinipunainen violet
sinisilmäinen *(kuv)* credulous; blue-eyed
sinisilmäisyys *(kuv)* credulity
sinkki zinc
sinkku single
sinne there; *(kirj)* thither
sinne tänne about; here and there
sinnitellä persist; persevere
sintsi chintz
sinun your, yours; *(runok)* thy, thine
sinä you; *(runok, vanh)* thou
sipaista dab, graze; brush
sipaisu dab
Siperia Siberia
sipuli onion
sireeni siren, hooter; *(kasv)* lilac
siristellä, **siristää** *(silmiä)* squint; screw up one's eyes
sirkkeli circular saw
sirkus circus
sirkuttaa chir[ru]p
sirkutus chir[ru]p
siro graceful, dainty, neat, slender
sirotella scatter; strew; sprinkle
sirotetölkki, **sirotin** castor
sirous grace
sirpale splinter, sliver; *(myös kuv)* fragment; *(kranaatin)* shrapnel
sirppi sickle
siru chip; *(myös puun)* sliver, splinter
sisar sister
sisarenpoika nephew
sisarentytär niece
sisilisko lizard
sisin inmost; ***~ [olemus], ydin*** essence

sisko sister; *(ark)* sis
sissi guer[r]illa, partisan
sisu grit, guts, pluck, spunk
sisukas gritty, gutsy, plucky; *(hellittämätön)* persistent
sisukset guts
sisustaa furnish; decorate
sisustus[taide] interior decoration
sisustustavarat furnishings
sisä, sisä- indoor, inner; inside; interior; internal; ***~tiloissa tapahtuva toiminta*** indoor activities; ***~piiri*** inner circle; ***~piirin tieto*** inside information
sisäasiainministeri Minister of the Interior; *(Br)* Home Secretary; Secretary of State for the Home Department; *(Am)* Secretary of the Interior; Minister for Home Affairs
sisäasiainministeriö Ministry of the Interior; *(Br)* Home Office; *(Am)* Department of the Interior
sisäasiat internal affairs; the interior
sisäelimet internal organs
sisäi|nen inner; internal; inward; ***~ näkemys*** intuition, insight; ***~ elämä*** inner (inward) life; ***~ rauha*** inward piece; ***~ vamma*** internal injury; ***puolueen -set riidat*** disputes within the party; ***sekaantua maan -siin asioihin*** interfere in the internal affairs of a country
sisäisesti internally; inwardly; ***~ nautittava*** for internal use
sisällyksetön meaningless, empty
sisällyttää include; incorporate
sisällä in; indoors; within; ***lapset olivat ~ koko päivän*** the children stayed indoors the whole day; ***kahden tunnin ~*** within two hours
sisälmykset bowels, guts; *(el)* entrails; *(ruok)* giblets
sisältäen including
sisältää contain; *(käsittää)* include, encompass; *(koostua jstak)* comprise
sisältö contents
sisämaa[n] inland; interior
sisämarkkinat the internal market
sisäoppilaitos boarding school; ***sisäoppilaitoksen oppilas*** boarder
sisäosa interior; inside; ***maan sisäosissa*** in the central parts of the country
sisäpolitiikka domestic policy
sisäpuolella inside; within
sisäpuoli inside
sisäsiisti house-trained
sisään in, into; ***tule ~!*** come in please!; ***astua (tulla) ~ huoneeseen*** enter a room
sisäänkäynti entrance, access; *(Am)* entry
sisäänpäin inwards
sisäänpääsy admission, admittance; entrance
sisäänpääsymaksu entrance fee, admission fee
sisääntulo entrance
sitaatti citation, quotation
siteerata cite, quote
siten so; like that; thus
sitkeys toughness; *(kuv)* endurance, persistance, tenacity
sitkeä tough; *(kuv)* persistant, sustained, tenacious
sitoa bind, tie; *(urh)* clinch, pin; *(lääk)* bind up, bandage, dress; ***~ jkn silmät*** blindfold sb

sitominen *(urh)* clinch; pin
sitoumus commitment; engagement; *(velka)* liability
sitoutua bind *t.* commit o.s. ***(jhk*** to sth); make a commitment; contract; ~ ***maksamaan*** *(lak)* covenant (undertake) to pay
sitoutumaton uncommitted; ***sitoutumattomat maat*** non-aligned countries
sitova binding
sitruuna lemon
sitruunamehu lemon juice
sittemmin later on; subsequently; since
sitten then, after that; ago; ~ ***viime viikon*** since last week; ***kauan*** ~ long ago
sittenkin nevertheless
sitä paitsi furthermore; moreover
sitä vastoin conversely, on the contrary
siunata bless; consecrate
siunaus benediction; blessing; *(lahja)* boon
sivaltaa lash; smite
siveellinen moral
siveellisyys morality, morals; *(säädyllisyys)* decency
siveetön immoral; indecent
sivellin [paint] brush
sivellinvalmiste smear
sivellä *(voidetta ym.)* apply, spread; plaster; *(~ voita)* butter; *(hyväillä)* stroke
siveysoppi morality
siveä chaste, virtuous; *(säädyllinen)* decent
siviili- civil
siviili civilian
siviilisääty marital status
sivilisaatio civilization
sivistymätön uneducated, uncivilized; *(epäkohtelias)* rude
sivistynyt civilized; *(oppinut)* cultivated, cultured; *(hyvätapainen)* well-bred; *(hienostunut)* sophisticated
sivistys civilization, culture; *(henk)* education, cultivation
sivistää civilize; educate, cultivate
sivu side; *(kirjan)* page; ***jnk sivulla*** at the side of; beside; ***kirjan sivulla 7*** on page 7
sivuansio side line
sivuhaara *(suvun)* lateral branch
sivuhenkilö supporting character
sivujoki tributary
sivukatu side street
sivukuva profile
sivukytkentä *(sähk)* shunt
sivulause *(alisteinen)* subordinate clause
sivuliike branch
sivulle to the side; *(~ päin)* sideways; ***vilkaista*** ~ glance sideways
sivullinen bystander; outsider
sivuseikka minor point; secondary matter
sivustakatsoja bystander
sivuta touch ***(jtak*** [up]on); *(kierrellä)* skirt ***(jtak, jkn ympärillä*** round sth); *(geom)* be tangent to
sivuttain edgeways, edgewise
sivutulot perquisites
sivutuote by-product
sivuvaikutus side effect
sivuvaunu sidecar
skaala scale; range, gamut
skalpeerata scalp
skandaali scandal; ***skandaali[nomainen]*** scandalous

sketsi sketch
skisma schism
skorpioni scorpion; *(astrol)* Scorpio
skotlanninpaimenkoira collie
skotlanninterrieri Aberdeen
Skotlanti Scotland
skotlantilainen Scottish; ~ ***viski*** Scotch [whisky]
skotti Scot
skottiruutukangas plaid
skoude *(ark)* cop
slangi slang; *(ammatti~)* jargon
sliipattu dapper, sleek
Slovakia The Slovak Republic
Slovenia Slovenia
slummi slum; ghetto
smaragdi emerald
smokki *(Br)* dinner jacket; *(Am)* tuxedo; *(kutsussa)* black tie
snobi snob
snobismi snobbery
sodanaikainen wartime
sodanjohtotaito strategy
sodanjulistus declaration of war
sodanjälkeinen postwar
sodankäynti warfare
sodanlietsoja warmonger
sofistikoitu[nut] sophisticated
softball *(pel)* softball
sohjo slush
sohva couch, sofa; *(pieni)* settee
soida *(kirkonkello)* chime, peal, toll; *(herätyskello, ovikello, puhelin)* ring; *(instrumentti, musiikki)* play, resound; ***laita levy soimaan*** put on a record; ***musiikki soi taustalla*** the music was playing in the background; ***laittaa herätyskello soimaan seitsemältä*** set the alarm for 7 o'clock ***herätyskello soi seitsemältä*** the alarm went off at seven
soihtu torch
soijapapu soya bean, soy-bean
soikea oval
soimata blame, reproach
soinnikas resonant
soinnillinen *(kiel)* voiced
soinniton *(kiel)* voiceless
soinnukas sonoro[u]s
sointi sound, tone
sointu chord
sointua *(yhteen)* chime; *(värit)* match
sointuisa, **sointuva** melodious, sonoro[u]s, tuneful
soitin instrument
soittaa *(instrumenttia)* play; *(puhelimella)* [tele]phone, call [up]; *(Br)* ring; *(kelloa)* ring; ~ ***autontorvea jklle*** hoot (honk) the horn at sb
soittaja musician
soitto music; sound; *(kellojen)* chime; *(puhelu)* ring, [phone] call
soittokunta band
sokaista blind, dazzle; *(kuv)* infatuate
sokea blind
sokeri sugar
sokerikakku sponge cake
sokerikuorrutus icing
sokeritauti diabetes
sokeroida candy; add sugar
sokeroitu candied, sugar-coated
sokeus blindness
sokkelo labyrinth, maze
sokkeloinen tangled, labyrinthine; *(talo, katu)* rambling
sokki shock
sokkoleikki blindman's buff

sokkotreffit blind date
sola pass; gorge
solakka slim
solarium sunbed
solidaarisuus solidarity
solina babble, gurgle, murmur, ripple
solista babble, gurgle, murmur, ripple
solisti soloist
solki *(vyön, kengän, laukun)* buckle; *(hiuskoriste)* clip; *(pinni) (Br)* hairgrip; *(Am)* bobby pin
solmia tie; *(tuttavuuksia, kontakteja)* make [acquaintances, contacts etc.], establish; ~ ***rauha*** conclude (make) peace; ~ ***sopimus*** conclude an agreement (a treaty)
solmio tie
solmu knot
solmuke bow [tie]
solu cell
solu[n]- cellular
soluttautua infiltrate (***jhk*** into)
solvata revile; insult, slander
soma neat; pretty
somistaa *(huone ym.)* decorate; *(asuste)* embellish; *(ikkuna)* dress
somistus window dressing
sommitella design; compose
sommittelu composition; design
sondi probe
sonni bull
sonta muck, shit
sooda[vesi] soda
soolo-osa solo
soopeli sable
sopertaa splutter, sputter; murmur
sopeuttaa adapt, adjust, conform (***jhk*** to); *(tekn)* gear (***jkn mukaan*** to)
sopeutua adapt, adjust [o.s.], conform (***jhk*** to)
sopeutumaton unadaptable; misfit
sopeutumattomuus maladjustment
sopeutuminen adaptation, adjustment
sopi|a *(mahtua)* fit; *(olla pukeva)* suit; *(sointua yhteen)* match; go with; *(olla soveliasta)* become, befit, be suitable for, suit; ***avain -i lukkoon*** the key fits into the lock; ***tuo pusero ei sovi tuon hameen kanssa*** that blouse doesn't go with that skirt (doesn't match that skirt); ***matot ja tapetit -vat täydellisesti yhteen*** the carpets and the wallpaper match perfectly; ***tuo pariskunta ei sovi yhteen*** that couple is ill matched; ***~ jstak, tehdä sopimus jstak*** agree upon sth, make an agreement about; ***~ tapaamisesta jkn kanssa*** arrange to meet sb, make an appointment with sb; ~ ***[riita]*** make it up, settle a quarrel, be reconciled; ~ ***ajasta*** appoint (fix) a time; ~ ***päivästä (päivämäärä)*** fix (set, settle) a date; ***-siko sinulle torstaina?*** would Thursday (suit you) be alright with (by) you?; ~ ***t. sopeutua jhk*** fit in; ***sovittu!*** agreed! it's a deal!
sopimat|on *(asiaton)* improper; *(hankala)* inconvenient; *(soveltumaton)* unsuitable, unfit; *(sopimattomaan aikaan sattuva)* ill-timed
sopimus agreement; arrangement; *(työ~)* contract; deal; *(pol)* convention, pact, treaty

sopiva suitable, suited; *(sovelias)* proper, acceptable; *(asiaankuuluva)* appropriate; *(tarkoitukseen, työhön ym.)* fit *(**jhk** for)*; *(mukava)* convenient, opportune; ***~an aikaan*** at a convenient time, at the right time
sopivaisuus propriety
sopivuus convenience; fitness
soppa soup
soppi corner, nook; ***etsiä joka sopesta*** search in every nook and cranny
sopraano soprano
sopu harmony, unity; concord
sopukka recess; ***sielun salaisimmat sopukat*** the innermost recesses of the heart
sopusoin|tu harmony, accord; ***-nussa jkn kanssa*** in harmony with sth
sopusointuinen harmonious
sopusuhtainen well-proportioned
sora gravel; *(karkea hiekka)* grit
sorahdus: ***r:n sorahdus*** burr
soratie dirt road
sorina murmur, fuzz
sorista murmur, fuzz
sorkka hoof *(pl hooves)* ; *(sian)* trotter
sorkkarauta crowbar
sormeilla finger; *(peukaloida)* tamper
sormenjälki fingerprint
sormenpää fingertip
sormi finger
sormikas glove
sorminäppäryys dexterity
sormus ring
sormustin thimble
sormustinkukka foxglove
sorsa duck
sortaa oppress; *(kiusata)* bully
sortaja oppressor
sortua collapse
sortuminen collapse
sorvari turner
sorvata turn
sorvi lathe
sose puree; mash
sosiaalinen social
sosiaaliturva social security
sosiaaliturvatunnus social security number
sosiaalityöntekijä social worker
sosialisoida nationalize
sosialisti[nen] socialist
sota- military; martial
so|ta war; ***-dan aikana*** during the war; ***julistaa ~ jklle*** declare war on sb; ***käydä -taa jkta vastaan*** wage war against sb; ***maat ovat -dassa keskenään*** the countries are at war [with each other]
sotaa edeltävä prewar
sotaa käyvä belligerent
sotainen martial
sotaintoilija militarist
sotainvalidi disabled serviceman
sotaisa warlike
sotajoukko army
sotajuoni stratagem
sotakorvaukset reparations
sotalaiva man-of-war
sotamarsalkka field marshal
sotamies soldier; private; *(korttip)* jack; *(šakk)* pawn
sotaministeriö War Office
sotaoikeus court martial
sotaratsu steed
sotaretki campaign
sotasaalis war booty

sotatarviketeollisuus armament industries
sotatarvikkeet armament; munitions
sotatoimi military operation
sotavanki prisoner of war, POW
sotavoimat military forces; army
sotaväkeenotto levy, drafting, recruiting
sotia wage war
sotilas soldier
sotilaskarkuri deserter
sotiva belligerent
sotkea *(panna epäjärjestykseen)* mix (muddle) up, mess up, put (throw) in disorder; disorganize; *(sekoittaa toisiinsa t. keskenään)* mix sb up with sb, confuse sth; *(pilata)* spoil, confuse, mess up, make a mess of; *(ark) (suunnitelmat, järjestelyt)* screw up; *(maalia ym.)* mix; *(roskata)* litter; ~ ***jku mukaan jhk*** involve sb in sth; ~ ***vyyhti*** tangle a skein; ~ ***tilannetta*** stir up a situation; ~ ***työ ja huvi*** mix business with pleasure
sotkeutua get tangled; *(tarttua kiinni jhk)* get (become) entangled in sth; ~ ***jhk, joutua mukaan jhk*** get involved in sth, get caught up in sth, entangle o.s. in sth; ~ ***sanoissaan*** stumble in one's words; ~ ***(sekoittua) toisiinsa** t.* ***keskenään*** get mixed up with sth (sb), get confused
sotku mess; tangle, entanglement; muddle; *vrt.* ***sotkeutua***
sotkuinen tangled; intricate; messy, sloppy; ~ ***asia** t.* ***tilanne*** tricky situation, complexity, complicated matter (situation)
sottainen sloppy
sottapytty slob
soturi warrior
soutaa row; ~ ***ja huovata*** shilly-shally
soutaja oarsman
soutu *(urh)* rowing
soutukilpailu boat race, rowing-match
soutumatka row
soutuvene *(Br)* rowboat; *(Am)* rowing boat
sovelias apt, fit, suitable (***jhk*** for)
sovellettava applicable
sovellettu applied
sovellus application
soveltaa adapt, apply (***jhk*** to)
soveltaminen adaptation, application
soveltuva adaptable
soveltuvuus adaptability
sovinnainen conventional
sovinto reconciliation; ***tehdä*** ~ be reconciled, come to terms [with], make up [with]
sovitella compromise
sovittaa *(mahduttaa)* fit; *(mukauttaa)* adapt, adjust (***jhk*** to); fit in with; *(jklle pukua ompelijalla)* fit sb with a dress; *(vaatteita kaupassa)* try on, set; *(riita ym.)* settle; *(riitapuolet)* reconcile; *(hyvittää)* make amends for; *(elok, tv, rad)* adapt; *(mus)* arrange; *(usk)* atone for, expiate
sovittaja *(riidan)* conciliator; *(välittäjä)* mediator; *(näytelmän ym.)* adapter; *(mus)* arranger
sovittamaton irreconcilable
sovittaminen *(puvun)* fitting; *(järjestely)* accommodation

sovitteleva conciliatory
sovitteluratkaisu compromise
sovittu agreed; fixed, settled
sovitus *(näytelmän ym.)* adaptation; *(mus)* arrangement; *(rikoksen)* atonement; *(puvun)* fitting
sovitushuone fitting room
sovituskanta *(sähk)* adapter
sovitusnukke dummy
spektaakkeli spectacle
sperma sperm
spesialisti specialist, expert
spiidi *(ark)* speed
spiikkeri speaker
spiraali spiral
spiritismi spiritualism
spitaali leprosy
spitaalinen leper
sponsori sponsor
sponsoroida sponsor
spontaani spontaneous
spontaanisuus spontaneity
sprii spirits
sprintteri sprinter
squash-peli squash
stabiliteetti stability
stadion stadium
standardi standard
standardoida standardize
startata start
startti start; *(käynnistin)* starter
status status
stereo stereo
stereolevy stereo disk
stereotyyppinen stereotyped
steriili sterile
steriloida sterilize
stiletti stiletto
still-kuva *(tv, elok)* still
stimuloida stimulate
stipendi grant; scholarship; fellowship; ***anoa stipendiä*** apply for a scholarship
stoalainen stoic
stoola stole
strategia strategy
strateginen strategic
stressi stress
strippari stripper
strippaus[esitys] strip
struktuuri structure
struuma goitre, goiter
studio studio
stuertti steward; flight attendant
styrox polystyrene, *(Am)* styrofoam
subjekti subject
subjektiivinen subjective
subjunktiivi subjunctive
substanssi substance
substantiivi noun
subventio subvention
sudenkorento dragonfly
suggestiivinen suggestive
suggestio suggestion
suhahdus *(auto ym.)* zoom
suhdanne[kehitys] economic trend
suhde *(keskinäinen)* relation; *(kahden henkilön)* relationship; *(rakkaus~)* affair; *(mitta~)* proportion
suhdetoiminta public relations, PR
suhina murmur, sough
suhista hum, murmur, sough, whiz[z]
suhteellinen comparative, proportional, proportionate, relative; ***kaikki on suhteellista*** everything is relative
suhteellisen relatively, fairly
suhteet connections
suhteeton disproportionate
suihku shower

suihkukaivo fountain
suihkukone jet [plane]
suihkuta jet, spout, squirt
suihkutin spray, sprayer; sprinkler
suihkuttaa spray, sprinkle, squirt
suikaloida chip; shred
suinpäin headlong; helter-skelter
suipeta taper
suippeneva elongated
suisto delta; *(Am)* bayou
suitset bridle
suitsutus incense
sujauttaa slip
sujua go, come off, go off; ***kuinka sujuu?*** how is it going?
sujut even
sujuva fluent; smooth
sujuvuus fluency; smoothness
sukellus dive
sukelluslaitteet aqualung
sukelluslasit diver's goggles
sukelluspuku diving suit
sukellusvene submarine
sukeltaa dip, dive:, submerge; ~ ***esiin*** emerge; ~ *t.* ***kumartua nopeasti*** duck
sukeltaja diver
sukeltajantauti caisson disease
sukka sock; *(naisten)* stocking
sukkahousut *(Br)* tights; *(Am)* panty-hose, pantihose
sukkanauha *(Am)* garter; *(Br)* suspender
sukkanauhavyö *(Am)* garter belt; *(Br)* suspender belt
sukkela witty, smart, bright; deft
sukkula shuttle
suklaa chocolate
suklaalevy bar of chocolate
suklaanruskea chocolate
suklaapatukka chocolate bar
suksi ski
suku family; *(kiel)* gender; *(kasv, el)* genus, kin, stock, strain; ***sukua*** related [to], akin
sukuelimet genitals
sukulainen relative, relation
sukulaisuus kinship; affinity
sukunimi surname
sukuperä lineage, parentage
sukupolvi generation
sukupuoli sex; ***~tauti*** venereal disease *(= VD)*
sukupuoli- sexual
sukupuolisuus sexuality
sukupuoliyhteys intercourse
sukupuu family tree; *(koiran ym.)* pedigree
sukupuuttoon kuoleminen extinction
sukupuuttoon kuollut extinct
sukurutsaus incest
sukutausta ancestry
sula molten; *(meri ym.)* open
sulaa *(lumi, rauta)* melt; *(maa, pakaste)* thaw; *(ruoka)* digest; *(kem)* dissolve; *(metalli)* fuse
sulake fuse
sulaminen melting; digestion; dissolution; fusion; *vrt.* ***sulaa***
sulatejuusto cheese spread
sula[u]ttaa melt; *(ruoka)* digest; *(väestöön ym.)* assimilate; fuse, liquefy
sulatto smelting works
sulatusuuni furnace
sulautua assimilate (***jhk*** into); *(yhteen)* fuse, merge
sulava *(ruoka)* digestible; *(~käytöksinen)* well-mannered
sulhanen bridegroom; fiancé; groom

sulhaspoika best man
suljettu closed
suljin *(valok)* shutter
sulka feather; *(~töyhtö)* plume
sulkapallo *(peli)* badminton; shuttlecock
sulkasato moult
sulkea close, shut; *(tiiviisti)* seal; *(kodinkone)* switch off, turn off; ~ ***häkkiin*** cage, coop; ~ ***pois*** exclude; ~ ***puhelin***, ***laskea luuri*** hang up; ~ ***sisäänsä*** encompass
sulkeminen *(laitoksen, yrityksen ym.)* closure, shutdown
sulkeutua close; shut
sulku barrier; freeze; *(kanavan)* lock, sluice
sulkumerkki parenthesis; *(Br)* bracket
sulkuportti sluice gate
sulkutelakka dock
sulloa cram, jam, pack (***jhk*** into)
sulloutua pack, cram (***jhk*** into); *(yhteen)* huddle (crowd) together
sulo grace
suloinen lovely, sweet; cuddly; darling; *(Am)* cute; ***kosto on*** ~ revenge is sweet
sulostuttaa sweeten
suma jam
sumea fuzzy
sumentaa blur, dim
sumentua cloud, dim
summa amount, sum, total
summain *(atk)* adder
summeri buzzer; ***summerin ääni*** buzz
summittainen rough, approximate; *(umpimähkäinen)* random
sumu fog
sumuinen foggy
sumusireeni foghorn
sumute aerosol, spray
sumutin atomizer, spray, sprayer
sumuttaa spray
sunnuntai Sunday
suntio sexton, verger
suo swamp, marsh
suoda *(lupa ym.)* grant; *(arvonimi)* confer; *(sallia)* allow, give; ~ ***itselleen*** indulge
suodatin filter
suodattaa drain, filter
suoja cover, shelter; protection
suojaaminen covering; protection
suojahansikas gauntlet
suojain *(urh)* guard; pad
suojaisa sheltered; snug
suojakansi dust jacket
suojakoroke *(liik)* traffic island
suojakypärä crash helmet
suojalasit goggles
suojapuku overall
suojasää thaw
suojata protect, shelter (***jltak*** from); *(peittää)* cover
suojatie pedestrian crossing; *(Br)* zebra crossing; *(Am)* crosswalk
suojaton defenceless, open
suojelija guardian, protector; *(juhlan, taiteiden ym.)* patron
suojella protect, safeguard, shield; *(varjella)* guard
suojelu protection; *(luonnon)* conservation; *(rikollinen)* racketeer protection
suojelus patronage; protection; ***jkn tahon suojeluksessa*** under the auspices of
suojelusenkeli guardian angel
suojeluspyhimys patron saint
suojus cover, guard, protector,

shield; *(kotelo)* casing, case; *(kaihdin)* screen
suola salt
suolapitoinen salty
suolaheinä sorrel
suolakeksi cracker
suolakurkut pickled cucumbers (gherkins); *(Am)* pickles
suolaliuos saline
suolapala sav[o]ury
suolata cure [in salt], salt
suolavesi brine; *(keitt)* pickle
suoli intestine
suolisto bowels, intestines
suolitulehdus enteritis
suomalainen Finnish
suomalaiset the Finns
Suomi Finland
suomi *(kieli)* Finnish
suomu scale
suomustaa scale
suonenveto cramp
suoni vein; *(malmi~)* lode
suonikohjut varicose veins
suopea favo[u]rable, benevolent, approving
suopeus benevolence, benignity
suopunki noose
suora straight, direct; *(~puheinen)* frank, straight[forward], upfront
suoraan directly; ***suoraan [päin]*** straight, flush
suorakulmio rectangle
suoralta kädeltä offhand
suoranainen downright, outright
suorapuheinen plainspoken
suorassa straight
suorastaan downright, simply
suorasukainen outspoken; explicit
suoristaa straighten
suoristua straighten
suorittaa do, perform; *(loppuun)* carry out, accomplish; *(maksaa)* pay; *(tilaus ym.)* execute; *(tentti)* pass (take) an exam[ination]; ***~ tehtävä*** perform a task; ***~ loppututkinto*** graduate
suoritus *(saavutus)* accomplishment, achievement; execution; *(esitys)* performance; *(maksu)* settlement
suorituskyky efficiency
suorituskykyinen efficient
suoritustesti achievement test
suoriutua manage, cope [with]; overcome
suortuva tress
suosia favo[u]r
suosikki[-] favo[u]rite
suosio favo[u]r, popularity, vogue
suosiollinen favo[u]rable
suosionosoitus applause; *(suopeus)* favo[u]r; *(huuto)* cheer
suositella recommend
suositeltava advisable, recommended
suosittu fashionable, popular
suositukset references
suositus recommendation
suostua agree, consent, accept ***(jhk*** to do sth); ***~ pyyntöön*** comply with a request
suostumus consent, approval
suostutella persuade, coax; ***~ luopumaan jstak*** dissuade from
suostutteleva persuasive
suostuttelu persuasion
suostuvainen willing
suotuisa *(sää)* propitious; *(otollinen)* favo[u]rable; advantageous
suova rick, stack
superlatiivi[nen] superlative

supistaa *(lukumäärää, kuluja)* reduce, cut down; *(avustusta, julkisia menoja ym.)* curtail; *(supistella)* have contractions
supistua *(lihas)* contract; *(kuv)* be reduced [to]
supistus *(lääk)* contraction
suppea compact, concise
suppilo funnel
surettaa make sad, grieve
sureva *(henk)* mourner; mourning, grieving
surina buzz
surista buzz, drone, hum
surkea miserable; crummy
surkeus misery
surkimus cur; loser
surkuhupaisa pathetic
surkutella deplore, pity
surkuteltava pitiful, deplorable
surmata kill; slay; murder; *~ **joukoittain*** massacre, slaughter
surmattu killed, slain
surra grieve, mourn; *~ **jkn kuolemaa*** mourn over sb's death; ***jkn kovaa kohtaloa*** grieve a p.'s hard fate
surrealistinen surrealistic
suru grief, sorrow, affliction, woe; ***olla surupuvussa*** be in mourning
suruaika [period of] mourning
suruharso mourning veil
surullinen sad, sorrowful, grim
surullisesti sadly
surullisuus sadness
surumielinen melancholy
surumielisyys melancholy
surunvalittelu condolence
survin pestle
survoa crush, pestle, pound
susi wolf *(pl wolves)*
sutenööri pimp
sutkaus pun, sally, wisecrack
suttupaperi scrap paper
suu mouth; *(aseen)* muzzle; *(putken)* orifice; *~ **ammollaan*** agape
suudella kiss
suudelma kiss
suukappale *(soittimen)* mouthpiece; *(letkun ym.)* nozzle
suukapula gag
suukko kiss, peck
suulas talkative, voluble
suullinen oral, verbal; *~ **esitys*** elocution, *(Am)* speech
suunnata direct; *(käyttäjälle)* orientate to[wards]; *~ **kulkunsa*** head for
suunnaton enormous, huge; tremendous; *(raam)* almighty
suunnattomuus enormity
suunnilleen about, roughly, approximately
suunniltaan frantic; out of one's mind
suunnitella plan, make plans [for]; devise a plan [for]; *(laatia)* draw up, design; *(laatia pohjapiirustus)* lay out; *(rakennuksia, vaatteita)* design
suunnitelma plan, project, scheme; *(aie)* design
suunnittelematta unmethodically; without planning
suunnittelemattomuus lack of method
suunnittelija designer
suunnittelu planning, design; *(pohja~)* layout
suunpieksijä windbag
suunta direction, course, *(mer)*

bearings
suuntanumero *(Br)* dialling code, prefix; STD-code; *(Am)* area code
suuntaus tendency, trend
suuntautua orientate o.s., tend towards, be aimed at, be directed to; ~ ***yhteen*** converge
suuntautunut be orientated towards; ***ulospäin*** ~ extrovert
suuntaviiva guideline
suuntäysi mouthful
suure quantity
suurehko sizeable
suureksi osaksi largely
suurenmoinen grand, great, magnificent, wonderful
suurennos *(valok)* blow-up
suurennus enlargement
suurennuslasi magnifying glass
suurentaa enlarge; *(fys)* magnify
suurentua enlarge
suuresti greatly, highly, widely
suuri big, great, large; ***suunnattoman*** ~ enormous, vast
suuriluuloinen assuming
suurin [the] biggest; capital; ~ ***mahdollinen*** maximal
suurisuuntainen ambitious
suuritöinen laborious
suurliikemies business tycoon
suurlähettiläs ambassador
suurlähetystö embassy; ***Suomen*** ~ the Finnish Embassy
suurriista big game
suursyömäri gourmand
suurustettu thick
suuruus [big] size, dimension; largeness; *(kuv)* greatness; glory
suuruus[luokka] magnitude
suutari *(toimimaton)* dud; *(ammatti)* shoemaker
suutin bit, nozzle
suuttua get angry (***jklle*** with); *(Am)* get mad (***jklle*** at)
suuttumus anger; indignation
suuttunut [jklle] angry [with]; furious [with]; *(Am)* mad [at]
suututtaa [jku] [make sb] angry; *(harmittaa)* annoy; *(ärsyttää)* irritate
suvaita tolerate, permit, approve of
suvaitsevainen tolerant; broad-minded
suvaitsevaisuus tolerance
Sveitsi Switzerland
sveitsiläinen Swiss
svengaava swinging
svengata swing
svengi swing
sviitti suite
sydämellinen hearty, cordial
sydämellisesti heartily, cordially
sydämellisyys heartiness
sydämenlyönti heartbeat
sydämetön heartless
sydän heart; *(ydin)* kernel; ***sydämen pohjasta*** heartily, from the bottom of one's heart
sydän- ja verisuonitaudit cardiovascular diseases
sydänkohtaus heart failure, heart attack; cardiac arrest
sydäntälämmittävä heartwarming
sydäntäsärkevä heartbreaking
sydänveritulppa coronary thrombosis
syfilis syphilis
syke beat, pulsation
sykerö bob
sykkiä beat, pulsate; throb
sykli cycle
syksy autumn; *(Am myös)* fall

sykäys beat; *(puh)* unit
syleillä hug, embrace
syleily hug, embrace; *(ark)* clinch
syli lap, bosom; *(mitta)* fathom
sylillinen armful
sylinteri cylinder
sylkeä spit
sylki saliva, spit, spittle
symbaalit cymbals
symboli symbol
symbolinen symbolic[al]
symbolisoida symbolize
symmetria symmetry
synagoga synagogue
syndrooma syndrome
synkistää darken
synkkyys gloom; *(kuv)* spleen
synkkä dreary, gloomy; *(kolkko)* bleak; *(pahaenteinen)* sinister
synninpäästö absolution
synnyinmaa native country
synnynnäinen congenital, innate, native
synnyttää *(lapsi)* give birth to; bear; *(kuv)* engender, produce
synnytys childbirth, delivery; ~ ***on alkanut*** she is in labo[u]r
synnytyskivut labo[u]r pains
synnytysosasto maternity ward
synnytyspihdit forceps
synnytyssairaala maternity hospital
synnytyssali delivery room
synnytysvalmennus *(Br)* antenatal classes, *(Am)* prenatal classes, Lamaze class
synonyymi synonym
syntaksi syntax
synteesi synthesis
synteettinen synthetic
syntetisaattori synthesizer
synti sin
syntinen sinful
syntipukki scapegoat
synty origin; rise; genesis
syntymä birth; ***~ä edeltävä*** antenatal, prenatal
syntymämerkki birth mark; mole
syntymäpäivä birthday
syntynyt born
syntyperä birth; ancestry, descent, origin; ***hän on ranskalaista ~ä*** he is French by birth
syntyperäinen native; ~ ***suomalainen*** a native-born Finn, a native of Finland
syntyvyydensäännöstely birth control
sypressi cypress
syrjintä discrimination
syrjittäin sideways
syrjiä discriminate, segregate
syrjä side
syrjäinen secluded
syrjäkatu side (back) street
syrjällään edgeways, edgewise
syrjässä apart, aside; *(kirj)* aloof
syrjäyttäminen displacement
syrjäyttää displace, pass over; *(pol)* remove
syrjään aside
sysimusta jet-black
systeemi system
systemaattinen systematic
sysäisy thrust
sysätä poke, shove, thrust
sysäys push
syttyminen *(kuv)* outbreak; *(tekn)* ignition
syttyä *(valo)* light up; *(tuleen)* catch fire; light; *(myös kuv)* kindle; *(sota)* break out; ***kuiva puu***

syttyy herkästi dry wood kindles easily
sytytin cigarette lighter; *(ammuksen)* fuse
sytyttää *(kynttilä, savuke)* light; *(tuleen)* set [sth] on fire; *(viha ym.)* inflame, rouse; ~ ***tuli*** make a fire; ~ ***tulitikku*** strike a match; ~ ***valo*** turn on (switch on) the light
sytytys ignition
sytytyspanos priming
sytytystulppa spark[ing] plug
syvennys *(seinä~)* niche, *(alkovi)* recess
syventynyt absorbed (***jhk*** in)
syventää deepen
syvyys deep, depth
syvä deep; heavy
syvällinen profound, sound, deep
syvällä deep
syvänne abyss
syy *(tausta)* reason, cause, ground; *(rike)* blame, fault; *(puun)* fibre
syyhy itch
syyhytä itch
syyllinen guilty (***jhk*** of); culprit
syyllistyä *(jhk)* be guilty of
syyllisyydentunne feeling of guilt
syyllisyys guilt; ~ ***painaa*** a guilty conscience needs no accuser
syylä wart
syypää: ***olla*** ~ be at fault, be to blame [for]; ***kuka on tähän ~?*** who is to blame for this?
syyskuu September
syystä with reason
syyte accusation; *(lak)* action, suit
syytetty accused, defendant
syyttäjä prosecutor
syyttää jstak accuse of, charge with, blame for
syytää shower
syyt|ön innocent; ***-tömäksi julistaminen*** acquittal
syytös accusation, allegation, charge
syödä eat; have; *(ark)* tuck in; ~ ***aamiaista (lounasta)*** have breakfast (lunch); ~ ***päivällistä*** have dinner *t.* tea, dine; ~ ***(käydä) laitumella*** feed; ~ ***liikaa*** overeat
syöksy dive; rush
syöksyhammas tusk
syöksykierre spin; *(kuv)* spiral
syöksylasku *(urh)* downhill racing
syöksyä rush, dash, dart (***jhk*** into, ***towards*** kohti); *(auto, lentokone)* crash; ~ ***(suistua) raiteilta*** derail
syöksähdys dash
syömäpuikko chopstick
syöpä cancer
syöpäläiset *(myös kuv)* vermin
syöstä *(tulivuori, savupiippu)* belch out; ~ ***jku jhk*** precipitate sb into sth; ~***tulta*** spit fire; ~ ***valtaistuimelta*** dethrone
syötti bait, bob
syöttäjä pitcher
syöttää feed; *(imettää)* breastfeed, nurse; *(urh)* pitch; serve
syöttö feed; *(urh)* pitch, serve
syötävä edible, eatable
syövyttäminen erosion
syövyttävä [aine] corrosive
syövyttää corrode, erode
säde radius; *(valon)* beam, ray
sädehoito irradiation
säe *(run)* verse; *(mus)* phrase
säestys accompaniment
säestäjä accompanist
säestää accompany

sähikäinen firecracker
sähinä *(ilotulitusraketti)* fizz, hiss
sähistä fizz, hiss
sähke telegram
sähkö electricity
sähkö[inen] *(kuv)* electric
sähköasennus: ***[talon] sähköasennukset*** electrical fittings
sähköasentaja electrician
sähköinen viestintä telecommunications
sähköinsinööri electrical engineer
sähköiset viestimet telecommunications
sähköisku electric shock
sähköistävä *(kuv)* electric
sähköistää electrify
sähköisyys electricity
sähköjohto electric wire; lead
sähköjohtoverkko grid
sähköjuna electric train
sähkökitara electric guitar
sähkökytkentä electric connection
sähkökäyttöinen electric
sähkölaite electrical apparatus (appliance)
sähkölaitos electric plant
sähköopillinen electrical
sähköoppi electronics
sähköposti e-mail, electronic mail; ***~osoite*** e-mail address
sähkösanoma telegram, cable; *(Am)* wire
sähköttää telegraph, cable, *(Am)* wire
sähkötuoli electric chair
sähkövalo electric light
sähkövaraus electric charge
sähkövirta [electric] current
sähkövoima electric power
säie filament, *(myös anat)* fibre, *(Am)* fiber
säihkyvä glittering, glamorous
säihkyä glitter, sparkle
säikky shy, timid
säikkyä balk, frighten
säikähdys fright; scare
säikä[hd]yttää scare, frighten; startle
säiliö *(vesi~)* cistern; *(öljy~, auton bensa~)* tank; *(kaasu~)* gasholder, gasometer
säiliöalus tanker
säilykepurkki *(Br)* tin; *(Am)* can
säilyketehdas cannery
säilyttäminen conservation; *(säilytys, ylläpito)* preservation
säilyttävä conservative
säilyttää keep, conserve; *(ylläpitää)* maintain, preserve; ***~ hellästi*** cherish
säilytyslokero safe [deposit box]
säilytyspaikka deposit
säilyä keep; stay; ***~ hengissä*** survive
säilö custody, keeping
säilöä *(Br)* tin; *(Am)* can; conserve, pot, preserve; ***~ suolavedessä** t.* ***etikkaliemessä*** pickle
säkeistö stanza, strophe
säkenöidä scintillate
säkki sack
säkkipilli bagpipes
säkkipillinsoittaja piper
säle slat; *(rima, lista)* lath
säleikkö trellis
sälekaihdin Venetian blind
sälelaatikko crate
sälyttää charge
sämpylä roll; *(Br)* bap
sängynpeite bedspread
sänki stubble, bristle

sänky bed, bedstead
sännätä rush; ~ ***jkn kimppuun*** fly at; ~ ***jnnek*** make for
säntillinen painstaking; pedantic
säppi bolt, latch; ***panna ~in*** bolt, latch
säpsähtää start, startle
säpäleet pieces, *(ark)* smithereens
särkevä aching
särkeä *(kipu)* ache; *(rikkoa)* break [up]; *(pirstoa)* shatter
särkkä reef; *(hiekka)* sands
särky ache; ***pään~*** headache
särkynyt broken; cracked
särkyvä breakable; fragile
särkyä break [up]; *(puhjeta)* burst
särmiö prism
särmä *(viiste)* bevel; edge
särähtää crack
särö chip, crack, *(myös kuv)* flaw; ***mennä ~lle*** chip, crack
säröinen, **säröllä** cracked, chipped
säteilevä radiant
säteillä *(konkr)* radiate, emit, send out; *(kuv)* radiate, beam ***(jtak*** with)
säteily radiation
säteilyttää irradiate
sättiä carp at
sävel *(ääni)* tone; *(melodia)* tune
sävelasteikko scale
sävelkorkeus pitch
sävelkulku intonation
sävellaji key
sävellys composition
sävelmä tune, melody, *(kirj)* strain
säveltäjä composer
säveltää compose, write music
sävy tinge, tone, shade; *(maku)* flavo[u]r
sävyisä meek, docile, tractable
sävyttää tincture, tinge
sävähdys startle; *(pelon)* thrill of fear
sävähdyttävä startling, shocking; *(kuv)* stirring
sävähdyttää startle, shock, stir; thrill
sävähtää wince
säväys: ***tehdä*** ~ stir; ***verhot antavat mukavan säväyksen huoneeseen*** the curtains bring a nice splash of colo[u]r into the room
sää weather
säädettävä adjustable
säädyllinen decent, respectable, seemly
säädyllisyys propriety, decency
säädytön indecent
säädös regulation, statute
sääennuste weather forecast
sääkartta chart
sääli compassion, mercy, pity
säälimätön merciless, pitiless, ruthless
säälittävä pitiful, piteous, pathetic
säälivä compassionate
sääliä pity; feel sorry for
säämiskä buff
säännöllinen normal, orderly, regular; *(työ)* steady
säännönmukainen normal; according to the rules
säännönvastainen against the rules, abnormal
säännös rule, regulation
säännöstellä ration
säännöttömyys irregularity, aberration, abnormality
säännötön irregular
sääntö rule; norm
sääntöjenvastainen against the

rules; *(urh)* foul
sääri leg
sääriluu shin[bone]
säärisuojus *(jääkiekkoilijan)* shin-pad, leg guard
säärykset *(vanh)* gaiters
sääski gnat, midge, mosquito
säästäväinen thrifty, economical
säästäväisyys thrift[iness], economy
säästää *(rahaa, aikaa, voimia ym.)* save; *(olla säästäväinen)* economize; *(varjella, sääliä)* spare, conserve
säästöpankki savings bank
säästöpossu piggybank
säästöt savings
säätiede meteorology
säätiedotus weather forecast
säätieteilijä meteorologist
säätiö foundation
sääty social rank; *(hist)* estate; station, condition
säätyläiset gentry
säätää: ~ ***laki*** make (pass) a law; ***laissa säädetään*** the law prescribes; ~ ***kohdalleen*** adjust
säätö adjustment, control
söpö cute, cuddly
sörsseli *(ark)* chow; grub
sössöttää slur one's words; mumble

T

taaja dense
taajaan densely, closely; ***taajaan asuttu*** densely populated
taajama urban centre (area), centre of population, built-up area
taajeta thicken
taajuus frequency
taakka burden, load
taakse behind
taaksepäin back; backward[s]; *~ **suuntautuva** t. **suuntautunut*** backward
taannehtiva retroactive
taantua decline, suffer a setback; regress
taantumuksellinen reactionary
taantumus retrogression; *(pol)* reaction
taantuva retrograde
taapero toddler
taapertaa *(lapsi)* toddle; *(ankka)* waddle
taas again; once more; ***kun** ~* whereas, while
taata *(luvata)* assure, ensure; *(antaa takeet)* guarantee, warrant; *~ **laina*** guarantee a loan
taateli date
taatelipalmu date palm
taattu guaranteed, warranted
taatusti certainly, assuredly; *~! (Am)* sure!
tabletti tablet; *(pöytä~)* tablemat
tabu taboo
tae guarantee
taempana farther back
tafti[kangas] taffeta
tahallaan deliberately, intentionally; on purpose
tahallinen deliberate, intentional
tahansa: ***koska** ~* whenever; ***missä** ~* wherever; ***kuka** ~* whoever, anyone
tahaton unintentional; involuntary
tahdikas delicate, tactful, discreet
tahdikkuus tact
tahdinlyönti beat
tahdistin *(lääk)* pacemaker
tahditon tactless, inconsiderate, indiscreet
tahdittomuus indiscretion
tahdonvoima will-power; volition
tahdoton involuntary; *(henk)* weak-willed
tahko grindstone
tahmainen sticky; *(kieli)* coated
tahmea sticky; *(tekn)* adhesive
tahna paste
taho quarter; ***joka taholta*** from all quarters
tahra stain, spot; *(kuv)* stain; *(muste~)* blot; *(maali~, suklaa~)* smudge; *(rasva~)* smear; *(noki~)* smut
tahraantua become (get) stained; *vrt. **tahrata***
tahrata *(kätensä, vaatteensa)* stain, soil; *(kynällä)* smudge, blot; *(maaliin, suklaaseen)* smear, get smeared; *(kuv)* stain
tahraton spotless; *(kuv)* stainless; *(raam)* immaculate
tahria *ks. **tahrata***
tahti pace; *(mus) (nuoteissa) (Br)*

bar, *(Am)* measure; *(nopeus)* tempo, time
tahtipuikko baton
tahtiviiva *(mus)* bar
tahto will; volition
tah|toa want [to], like to; be willing to; ***-dotko mennä sinne yksin?*** do you want to go there alone?; ***-toisin tavata hänet*** I'd like to meet him
tai or
taianomainen, **taika-** magic[al]
taide art
taidehistoria history of art
taidemaalari painter, artist
taidemuseo art museum
taidepuuseppä cabinet-maker
taideteollisuus industrial arts, applied arts
taideteos work of art
taidokas dext[e]rous; elaborate; *(nerokas)* ingenious
taidonnäyte accomplishment, achievement
taidot skills; attainments
taika magic; spell
taikaisku: ***kuin ~sta*** like magic, as if by magic
taikakalu charm; talisman
taikasana magic word
taikasauva magic wand
taikatemppu magic trick
taikausko superstition
taikauskoinen superstitious
taikavarpu divining rod
taikina *(leipä~)* dough; *(räiskäle~, ym.)* batter; *(sose)* mush; *(tahna)* paste
taikka *ks.* ***tai***
taikoa conjure; cast a spell [on]
taikuri conjurer; magician
taikuus magic; *(noituus)* witchcraft
taimen trout
taimi seedling; *(puun)* sapling
taimikko *(mets)* sapling stand
taimilava hotbed, seedbed
taimitarha nursery garden
tainnoksissa: ***mennä tainnoksiin*** faint; ***olla ~*** be unconscious
tainnostila swoon, unconsciousness
taipale stretch of road, journey; ***lähteä ~elle*** set out; ***olla ~ella*** be on the road
taipua bend; *(alistua, antaa myöten)* give in; submit, yield (***jhk*** to)
taipuisa flexible; *(metalli, nahka)* pliable; *(notkea)* lithe, supple; *(myöntyvä)* compliant, docile
taipumaton *(kuv)* unbending; *(kuv ja konkr)* inflexible; unyielding
taipumus inclination, tendency (***jhk*** towards, ***jkn tekemiseen*** to do sth); disposition, propensity (***jhk*** to, for); ***hänellä on ~ liioitteluun*** he has a tendency (he tends) to exaggerate; ***minulla on ~ lihavuuteen*** I have an inclination (I incline) to grow fat
taipuvainen apt, inclined, disposed (***jhk*** to, towards)
taistelija fighter; *(sot)* combatant; *(aatteen puolesta)* champion, militant
taistella fight (***jkn puolesta*** for, ***jkta vastaan*** against); *(ponnistella, reuhtoa)* struggle, battle (***jkn puolesta*** for); *(vaikeuksissa)* contend (***jtak vastaan*** against); ***hän taisteli tiensä ulos palavasta autosta*** she struggled out of the burning car

taistelu fight; battle, combat; *(tappelu, riuhtominen)* struggle *(jstak* for)
taisteluhaaste gauntlet; ***heittää*** ~ throw down the gauntlet; ***ottaa vastaan*** ~ pick up the gauntlet
taisteluharjoitus manoeuvre
taistelujärjestys battle array
taistelukenttä battle field
taistelunhaluinen pugnacious; combative
taitaa *(osata)* know; ***hän ~ olla ulkona*** I think he is out
taitamaton unskillful; incompetent
taitamattomuus lack of skill
taitava skil[l]ful, good ***(jssak*** at, with); adept ***(jssak*** at, in); *(koulutettu, kokenut)* proficient ***(jssak*** at, in); *(ammattitaitoinen, osaava)* skilled ***(jssak*** in, at); *(näppärä)* dext[e]rous, adroit; *(ovela)* crafty, slick; *(taidokas, upea)* accomplished
taitavuus skill; *(pätevyys)* proficiency, competence; *(näppäryys)* dexterity
taite fold
taiteellinen artistic
taiteentuntija connoisseur
taiteilija artist; *(viihde~)* artiste
taitelijanimi stage name; *(kirjailijan)* pen name; pseudonym
taitella fold up
taitettava *(sisään t. kokoon)* folding
taito skill; ability; knack; art; *(ammatti~)* expertise; ***kieli~*** knowledge (command) of foreign languages, language skills; ***keskustelu~*** the art of making conversation; ***sinulla on ~ saada ystäviä joka paikassa*** you have a (the) knack of making friends wherever you go
taitolento stunt flying
taitoluistelu figure skating
taittaa fold [up]; *(valoa)* refract; ~ ***kokoon pöytäliina (sanomalehti)*** fold up a tablecloth (newspaper)
taitto *(typografia)* layout, make-up
taittua break [off]; be broken
taittuminen *(valon)* refraction
taituri ace; virtuoso
taiturillinen masterly
taivaallinen celestial; heavenly
taivaankappale celestial body
taivaanranta horizon
taivaansininen sky-blue, azure
taivaltaa travel on foot; tramp, wander
taivas sky; *(usk)* heaven
taivasalla in the open air, outdoors
taive bend, turn; *(kyynär~)* crook (bend) of the arm
taivutella *(suostutella)* cajole, coax, persuade; *(vartaloa)* flex
taivuttaa bend; *(suostutella)* persuade, induce ***(tekemään jtak*** to do sth); ~ ***kaarelle*** bow; ~ ***verbejä*** conjugate verbs; ~ ***substantiiveja*** inflect nouns
taivutus bending; flexion
taju sense; consciousness; ***hän tuli ~ihinsa*** he recovered consciousness; ***hänellä ei ole siitä mitään ~a*** he hasn't got the faintest notion about it; ***tajuissaan*** conscious; ***tajuisesti*** consciously
tajuaminen perception; realization
tajunnanvirta stream of consciousness
tajunta consciousness; ***hän menetti***

~nsa he lost consciousness
tajuta *(oivaltaa)* realize; perceive; *(huomata)* figure out; get, grasp
tajuton unconscious, insensible
tajuttava comprehensible; *(havaittava)* perceptible
tajuttomuus unconsciousness
takaa[päin] from behind, from the back
takaa-ajo pursuit
takaaja *(lainan)* guarantor, guarantee, surety; *(lak)* bail
taka-ajatus ulterior motive
taka-ala background; ***taka-alalla*** in the background
takaisin back
takaisinmaksu repayment; refund
takaisinvetä[yty]minen withdrawal
takaisku setback
takajalka hind leg
takalukossa double-locked
takamus behind, rear end; butt, bottom; *(ark) (Br)* arse, *(Am)* ass
takana behind; in the back; ***verhon ~*** behind the curtain; ***selkäni ~*** behind my back; ***takissa on halkio ~*** the coat has a vent in the back
takanreunus mantelpiece
takanristikko fender
takaosa back; rear; ***istua lentokoneen ~ssa*** sit at the back of the aircraft
takapajuinen backward
takapenkki back seat
takaperin backward[s]; in reverse order
takapermanto pit
takaperoi|nen [all] wrong; perverse; ***-sesti*** the wrong way
takapuoli backside, bottom, rump
takapyörä rear wheel
takaraivo back of the head
takaraja *(kuv)* deadline
takarivi back row
takatalvi return of winter [in spring]
takauma flashback
takaus guarantee, surety
takausmies security; sponsor
takaussumma guarantee
takautuva *ks.* ***taannehtiva***
takavalo taillight
takavarikoida confiscate; seize; *(oikeusteitse)* sequester
takavarikointi confiscation, seizure; *(lak)* sequestration
takeet *ks.* ***tae***
takertua cling to; stick to
takertuva clinging
takia because of, owing to
takiainen *(kasvi)* burdock; *(mykerö, myös kuv)* burr
takila rig, rigging, tackle
takimmainen, takimmaisena furthest behind; hindmost
takinkääntäjä *(kuv)* turncoat
takka fireplace
takki coat; *(pikku~)* jacket
takku tangle
takkuinen *(tukka)* tangled; *(koira, parta)* shaggy
tako|a *(metallia)* forge, hammer; *(lyödä, hakata)* pound, thump; ***~ ovea*** batter at the door; ***~ nyrkillä pöytää*** bang one's fist on the table, pound the table; ***sydämeni -i jännityksestä*** my heart was pounding (thumping) with excitement; ***~ silloin kun rauta on kuumaa*** strike while the iron is hot
takorauta wrought iron

taksa charge, rate; *(kuljetus)* fare
taksamittari taximeter
taksi taxi, cab
taksiasema *(Br)* [taxi]stand, taxi rank; *(Am)* cabstand
taksinkuljettaja taxidriver, *(Am)* cabdriver; *(ark)* cabbie
taksitolppa *ks.* ***taksiasema***
taksoittaa assess, rate
taksoitus assessment, rating
taktiikka tactics; technique
taktikko tactician
taktinen tactical
taku|u *(tavaran)* guarantee, warranty; *(lainan)* security, surety; ***vuoden ~*** it is guaranteed for one year, it carries a one-year guarantee; ***saada laina -ita vastaan*** get a loan against surety
tali tallow
talikko fork
talitiainen great tit
talja skin; *(mer)* tackle blocks
talkki talcum
talkoot work party
tallata tread; trample
talle-esine deposit
tallella *(jäljellä)* left
tallelokero safe; safe[ty] deposit box
tallentaa record; *(atk)* save, file
tallentaminen recording; *(atk)* saving, filing
tal|lessa safe, in a safe place; ***varmassa ~*** in safe keeping; ***ottaa -teen*** take into safekeeping; ***panna jtak -teen*** put sth away, store sth up
tallettaa deposit; ***~ rahaa pankkiin*** deposit money in a bank; ***~ arvoesineensä pankkiin*** lodge (put) one's valuables in a bank for safekeeping
tallettaja depositor
talletus deposit
talletustili deposit account
talli stable
tallirenki groom, *(Am myös)*, ostler
tallustella trudge
talo house; *(rakennus)* building; *(komea ~)* mansion
talollinen [owner-]farmer
talon emäntä mistress of the [farm]house
talonmies caretaker; *(Am)* janitor
talonomistaja owner of a house; householder
talonpoika peasant
talonpoikais- rustic
taloudellinen *(myös kannattava)* financial; economic; *(säästäväinen)* economical; thrifty
taloudellisuus economy
taloudenhoitaja housekeeper, maid
talous *(~elämä)* economy; *(raha~)* finance, household; ***talous-*** domestic; economic
talousarvio budget
talouskone *(yleiskone)* mixer, food processor; ***~et*** household appliances
talouskoulu school of domestic science
talousopettaja domestic science teacher
talouspolitiikka economic policy
taloustarvikkeet household utensils
taloustiede economics
taloustieteilijä economist
taloustyö housework
talsia trudge

talteen: ***panna*** ~ put away, store up
taltio file, volume
taltta chisel
taltuttaa quiet; *(tyynnyttää)* calm down
taluttaa lead
talutushihna leash; *(kirj)* lead
talutusnuora leash; *(kuv)* leading string
talvehtia winter
talvi winter
talvinen wintry
talviolympialaiset [the] Winter Olympics
talvirengas snow tyre
talviteloille: ***panna*** ~ lay up for the winter
talviuni hibernation; ***nukkua talviunta*** hibernate
talviurheilu winter sports
tamma mare
tammanvarsa filly
tammenterho acorn
tammi oak
tammikuu January
tammilauta draughts board
tammipeli checkers; draughts
tanakka *(pyylevä)* thickset, stout, stocky; *(roteva)* sturdy, robust; *(luja)* steady, firm
tangentti *(geom)* tangent
tanhu folk dance
tankata *(mer, ilm)* refuel; *(aut)* fill up; take (get) some *(Br)* petrol / *(Am)* gas
tankki tank
tanko bar; rod
tanner battle field
Tanska Denmark
tanska *(kieli)* Danish
tanskalainen Danish
tanskalaiset the Danes
tanssi dance; dancing
tanssia dance
tanssiaiset ball, dance
tanssija dancer
tanssilava open air dance floor; *(katettu)* dance pavillion
tanssiminen dancing
tanssimusiikki dance music
tanssisali ballroom
taottu wrought
tapa *(menettely)* way, manner; *(tottumus)* habit; *(perinteinen ym.)* custom, tradition; *(käytäntö)* practice, procedure; ***olla ~na tehdä jtak*** be in the habit of doing sth; ***heillä ei ole mitään tapoja*** they have no manners; ***minulla oli ~na matkustella joka kesä*** I used to travel every summer
tapaaminen appointment; date; meeting
tapahtua *(sattumalta)* happen, occur; *(järjestetysti)* take place; *(käydä)* come about; ***on tapahtunut niin paljon*** so much has happened; ***onnettomuus tapahtui eilen*** the accident occurred (happened) yesterday; ***seremonia tapahtuu juhlasalissa*** the ceremony is taking place in the banquet hall
tapahtuma event; incident
tapahtumapaikka scene; *(kokouksen ym.)* venue
tapailla *(jkta)* see *t.* *(Am)* date sb; *(säveltä)* pick out
tapainen: ***jkn*** ~ like; ***tämän*** ~ of this kind, like this
tapamuoto mood
tapaninpäivä Boxing Day

tapaturma accident
tapaturma-altis accident-prone
tapaturmal|nen caused by an accident; ***kuoli -sesti*** was killed in an accident
tapaturmavakuutus accident insurance
tapaukseton uneventful
tapaus case; episode; *(tapahtuma)* event; *(sattumus)* instance
tapella fight; *(nujakoida)* scuffle
tapetoida paper
tapetti wallpaper
tappaa kill; do in; ~ ***aikaa*** fool about, kill time
tappelu fight; *(nujakka)* scuffle
tappelupukari rowdy, troublemaker
tappi *(metalli~, puu~)* peg; *(saranan)* pin; *(tynnyrin)* tap; *(veneen)* plug
tappio defeat; loss
tappiollinen unprofitable, losing
tappo homicide; manslaughter; killing
tapuli belfry
taputtaa *(varovasti)* dab; *(käsiä, selkään)* clap; *(lasta, koiraa)* pat, give a pat; ~ ***olalle*** tap sb on the shoulder; *(kuv)* pat sb on the back; ~ ***käsiään*** applaud, clap hands
taputus dab; pat; clap; *vrt.* ***taputus***
tarha yard
tariffi rate; *(tulli~)* tariff
tarina story; tale
tarinoida chat; tell stories
tarjoilija waiter, waitress; *(yksityiskodissa)* butler
tarjoilla serve; wait on sb
tarjoilu service; catering
tarjoilupalvelu catering service
tarjoilupöytä *(vaunu)* trolley; *(Br)* tea wagon; *(pyörivä)* dumbwaiter; *(Am)* lazy Susan
tarjolla *(saatavana)* available, in supply; *(myytävänä)* on offer, for sale
tarjonta supply
tarjota offer; *(liik)* bid; tender; *(piffata)* buy, treat; *(tarjoilla)* serve; ***talo tarjoaa*** it's on the house
tarjotin tray
tarjous bid; offer; tender
tarjoutua offer; ~ ***vapaaehtoisesti*** volunteer
tarkalleen exactly, precisely
tarkastaa *(virheet, puutteet)* check, examine, control; *(tutkia, penkoa)* search; *(rakennus)* survey; *(koulu, rakennus, kunniavartio)* inspect; *(tilit)* audit
tarkastaja inspector; *(valvoja)* supervisor, controller; *(tentin, kokeen)* examiner; ***lippujen~*** ticket inspector; ***rakennus~*** surveyor
tarkastella *(tutkia)* examine, observe, study; *(harkita)* consider; *(katsella)* look at, view
tarkastelu review
tarkastus check; *(lääkärin)* checkup; examination; *(koulun, lippujen)* inspection; *(tekstin ym.)* revision; *(ruumiin- t. koti~)* search
tarkata heed; watch
tarkemmin more closely, in more detail
tarkentaa *(valok)* focus
tarkistaa check; *(~ vielä kerran)* double-check; *(teksti)* revise; *(varmistaa taustatiedot ym.)* verify

tarkistus checking; *(hintojen)* adjustment
tarkka *(oikea)* accurate, precise; *(aisteista)* sharp; *(luonteenpiirteestä myös)* particular, careful, meticulous; *~ arvio* accurate estimate; *~ laite* precise instrument; *~ selostus* full account; *~ laukaus* well-aimed (good) shot; *pikku~* pedantic, precise; *tunnon~* scrupulous
tarkkaamaton inattentive
tarkkaamattomuus inattention
tarkka-ampuja sniper
tarkkaavainen attentive; observant; *(valpas)* vigilant
tarkkaavaisuus attention
tarkkailija observer
tarkkailla observe; monitor
tarkkailu observation; *olla ~ssa* be under observation
tarkkanäköinen sharp-sighted; *(kuv)* discerning, perspicacious
tarkkuus exactness; precision
tarkoin accurately, closely
tarkoitettu designed (meant) for
tarkoit|taa mean; *(viitata jhk)* refer to; *mitä oikein -at?* what do you mean actually?; *mitä tämä sana tarkoittaa?* what does this word mean?; *-atteko minua?* are you referring to me?; *se oli -ettu kohteliaisuudeksi* it was meant [to be] a compliment; *tämä kirja ei ole -ettu lapsille* this book is not intended for children
tarkoituksella advisedly; deliberately
tarkoituksellinen intentional; deliberate
tarkoituksenmukainen appropriate *(jhk* for, to); apt *(jhk* to)
tarkoitukseton aimless
tarkoitus *(päämäärä)* purpose, aim; *(aie)* intention; *(merkitys)* meaning; *elämän ~* the purpose of life; *tarkoitukseni ei ollut...* my intention was not to...
tarkoitusperä end; purpose
tarmo energy, drive; pep
tarmokas energetic; *(sisukas)* gritty
tarmokkuus energy; *(sisu)* grit
tarmoton lacking energy, inert
tarpeeksi enough; *~ rahaa* enough money
tarpeellinen necessary, indispensable, needful
tarpeet needs; necessaries
tarpeeton needless; uncalled-for; unnecessary; *(liiallinen)* redundant; superfluous
tarra sticker; *tarra-* adhesive, stick-on
tarrata clutch *(jhk* to)
tarrautua *(jhk)* cling [on] to; hang on to
tartar- *(ruok)* tartar
tarttua *(käteen, kirveeseen, ohjaksiin ym.)* take; *(lujasti)* clutch; *(hihaan, helmaan, reunaan)* grasp, grab, grip; *(juuttua jhk)* stick, get stuck in; *(sairaus ym.)* be infectious, be contagious; *(ajatukseen, sanoihin ym.)* seize [up]on; *hän tarttui käteeni* she took me by the hand; *lumi tarttuu saappaisiin* the snow clings to the boots; *tulirokko tarttuu* scarlet fever is contagious
tarttuva adhesive, sticky; *(melodia)* catchy; *(sairaus)* contagious,

infectious
tartunta infection; contagion
tartuntavoima *(fys)* adhesion [to]
tartuttaa infect
taru old story, legend; myth
tarunomainen legendary; fabulous
tarve need, want ***(jkn*** of); *(kysyntä)* demand ***(jkn*** for)
tarveaineet materials
tarvikkeet *(aineet)* materials; *(varusteet)* equipment; *(retkeily~)* outfit; *(metsästys~)* gear; *(matka~)* requisites; *(välineistö, setti)* set; *(ruoka~)* supplies
tarvita need; *(vaatia)* require, call for; ***tarvitsetko apua?*** do you need help?; ***he tarvitsevat huolenpitoa*** they require (need) care
tarvitseva needy
tarvittava necessary; requisite
tasaantua become steady, calm down; get back to normal
tasa-arvoinen equal
tasa-arvoisuus equality; parity
tasainen *(konkr ja kuv)* even; *(pinta, maa)* level; *(laakea)* flat; *(sileä, särmätön)* smooth; *(muuttumaton)* steady, constant; *(säännöllinen)* regular
tasalla: *(konkr)* ***jnk*** ~ [on a] level with; ***pitää jku ajan ~*** keep a p. up to date (posted); ***palaa maan tasalle*** burn to the ground
tasanko plain
tasapaino balance
tasapainoinen balanced
tasapainotella balance
tasapainotila balance
tasapainoton unbalanced
tasapainottaa counterbalance
tasapeli drawn game (match); tie; ***he pelasivat ~n nolla nolla*** they drew the match zero zero
tasapuolinen impartial, fair
tasasuhtainen symmetrical, well-proportioned
tasasuhtaisuus symmetry
tasata *(jakaa tasan)* share; divide into equal shares
tasavalta republic
tasavaltalainen republican
tasavertainen equal
tasavirta DC = direct current
tasaväkinen equal
tase balance
tasku pocket
taskukirja paperback
taskulamppu *(Am)* flashlight; ***(Br)*** torch
taskumatti flask
taskuntäysi pocketful
taskurapu crab
taskusanakirja pocket dictionary
taskuvaras pickpocket
taso *(konkr, kuv)* level; *(kuv)* standard, grade; *(ilm)* plane; *(mus)* pitch; ***älykkyys~*** level (grade) of intelligence; ***samalla ~lla*** on the same level; ***aloittelijan tasolla*** at the level of a beginner; ***korkean ~n neuvottelut*** high-level discussions (negotiations); ***ministeritasolla*** at ministerial level; ***palvelu~*** service standard; ***hinta~*** price standard; ***elin~*** standard of living
tasoissa even
tasoitettu square
tasoittaa *(konkr)* level, smooth, even out; *(kuv)* level down, even (smooth, iron) out; *(tasapainottaa)* balance; *(urh)* equalize, lev-

el; ~ ***sosiaalisia eroja*** level down (even out) social differences; ~ ***multa*** level the earth
tasoittaja equalizer
tasoittava: ~ ***tekijä*** *t.* ***vaikutus*** equalizer
tasoittua even out
tasoitus *(urh)* handicap
tasoitusmaali equalizer
tasokas exclusive
tasoristeys *(Br)* level crossing; *(Am)* grade crossing
tassu paw
tassuttaa patter
tassutus patter
tataari tartar
tattari buckwheat
tatuoida tattoo
tatuointi tattoo
taudinkantaja carrier
tauko break, pause; *(välitunti)* recess; *(lepo)* rest
taukoamaton ceaseless, incessant, uninterrupted
taula tinder
taulu *(maalaus)* painting; *(tekn)* panel; *(liitu~)* blackboard; *(suku~)* pedigree
taulukko chart; table
tauota cease, stop
tauoton nonstop, incessant
tausta background
tauti disease, infection
tavallaan in a way
tavallinen ordinary, common, usual
tavallisesti usually, generally, normally
tavanmukainen customary
tavanomainen conventional
tavan takaa every now and then, every little while
tavara article; thing; *(hyödyke)* good; item; ***ruoka~t*** groceries; ***~n perään oleva*** acquisitive; ***~n vastaanottaja*** consignee; ***~n lähettäminen*** consignment
tavarajuna *(Br)* goods train, *(Am)* freight train
tavaralähetys consignment
tavaramerkki trade mark
tavaranäyte sample; *(tehtaan)* pattern
tavarat things; *(ark)* stuff; *(valmisteet)* goods, ware[s]
tavaratalo department store; store
tavarateline *(auton)* [roof] rack; *(pyörän)* carrier
tavaratila boot; *(Am)* trunk
tavaratilaus indent
tavaravaunu *(avoin)* truck; *(Br)* van; *(Am)* freight car
tavata meet; encounter; *(lukea)* spell; ~ ***yllättäen*** meet by accident (chance); *(kuv)* stumble [upon]
tavaton extraordinary, unusual, unheard of
tavattavissa available
tavattoman awfully; exceedingly
taverna tavern
tavi *(el)* teal
tavoin: ***millä ~?*** in what way? how?
tavoite aim, objective, target
tavoitella *(kuv)* seek, pursue; *(kurkottaa)* reach [out] for
tavoittaa catch up with; reach
tavoittelu pursuit
tavu syllable
te you; *(vanh)* ye
teatteri *(Br)* theatre; *(Am)* theater;

teatterissa kävijä theatregoer
teatterijuliste playbill
teatterikiikari opera glasses
teatterikoulu drama school
teddykarhu teddy bear
tee tea
teekakku muffin
teekannu tea pot
teekuppi teacup
teeleipä *(Br)* scone
teelusikka tea spoon
teema theme; topic
teennäinen affected, phon[e]y, hypocrite
teennäisyys affectation
teerasia tea caddy
teeri blackcock, black grouse
teesi thesis
teeskennellä pretend, fake, sham; *~ tekevänsä jtak* pretend to do sth
teeskentelemätön sincere, artless, ingenuous
teeskentelevä insincere, pretending
teeskentelijä pretender, fake
teeskentely affectation, hypocrisy, pretence; ***hänen sairautensa on pelkkää ~ä*** his illness is only pretence
teetetty *(puku)* tailor-made
teettää have sth made
teevati saucer
tehdas factory, mill; establishment
tehdaskaupunki industrial town
tehdastuotteet manufactured goods
tehdastyöläinen factory worker
tehdasvalmiste manufacture, manufactured good
teh|dä do; make; *(rikos, itsemurha)* commit; *(suorittaa)* perform; carry out; *(tv, rad) (juttu jstak)* cover sth; ***mitä aiot ~ tänä iltana?*** what are you doing tonight (this evening)?; ***~ jtak mielellään*** like to do sth, enjoy doing sth; ***mistä se on -ty?*** what is it made of?; ***se on -ty puusta*** it is made of wood; ***~ jku onnettomaksi*** make sb unhappy; ***~ jku perinnöttömäksi*** disinherit sb; ***~ läksyt*** do one's homework; ***~ työnsä hyvin*** do one's work well; ***~ jklle palvelus*** do sb a favo[u]r; ***~ jklle mieliksi*** please sb, humo[u]r sb; ***~ päätös*** make a decision; ***~ aloite*** take the initiative; ***~ johtopäätös*** conclude; ***~ kustannusarvio*** make an estimate; ***~ kompromissi*** make a compromise, compromise; ***~ ehdotus*** make a proposal (suggestion), move; ***~ esitys eduskunnalle*** introduce a bill to the parliament; ***~ jksta yhdistyksen puheenjohtaja*** make sb president of the association; ***~ kunniaa*** salute; ***~ sydämensiirto*** do a heart transplant, transplant a heart; ***-tyä ei voi ~ tekemättömäksi*** what is done cannot be undone; ***~ tyhjäksi*** frustrate, upset, ruin
teho effect, efficiency; *(tekn)* power; *(suorituskyky)* capacity; *(lääkkeen)* efficacy
tehoava *(vaikuttava)* impressive; *(lääke ym.)* effective
tehohoito intensive care
tehokas *(tuloksekas)* effective; *(suorituskykyinen)* efficient
tehokeino [special] effect
tehokkuus efficiency
tehosekoitin liquidizer

tehostaa make more efficient; intensify, heighten; *(korostaa väriä, kauneutta ym.)* highlight, set off
tehoste [special] effect
tehota be effective; *(toimia)* work
tehoton ineffective
tehtailija manufacturer
tehty done; made (***jstak*** of)
tehtävä task; assignment; *(velvollisuus)* duty; mission; responsibility; *(hoidettava asia)* errand; *(toiminto)* function; *(harjoitus)* exercise; *(lasku~)* problem; ***antaa jklle ~[ksi]*** commission (assign) a task to sb, give sb an assignment
teidän your, yours
teidät you
teini-ikä teens, adolescence
teini-ikäinen teenager, adolescent
teippi tape
teititellä address [sb] formally
teitä you; *(vanh)* ye
tekaistu made up
tekeillä in [course of] preparation; ***jotain on*** ~ sth is up
tekeminen: ***joutua tekemisiin*** come into contact [with]
tekemätön undone; ***tekemättömät työt*** unfinished tasks (work)
tekeytyä *(jksik)* simulate, sham sth; pretend to be (do) sth, fake sth
tekijä *(kirjailija tms.)* author, authoress; *(osa~)* factor; *(valmistaja)* maker, manufacturer
tekijänoikeus copyright
tekijänpalkkio author's fee; royalty
tekniikka technology, technics; *(taito)* technique
teknikko technician, mechanic; engineer
tekni|nen, teknillinen technical; technological; ***Teknillinen korkeakoulu*** University of Technology; ***meillä on -siä ongelmia*** we are having some technical problems; ***-sten muutosten nopea vauhti viime vuosikymmeninä...*** the rapid pace of technological change in the past decades...
teko act; doing; *(menettely)* action; *(suoritus)* performance; deed
tekohammas false tooth; ***tekohampaat*** dentures
tekohengitys mouth-to-mouth resuscitation; *(Br)* kiss of life
tekokuu satellite
tekopyhä hypocrite
tekosyy excuse; pretext; ***sen ~n varjolla että*** under (on) the pretext of (that)
tekotukka wig
tekoäly artificial intelligence
tekstata *(täyttää lomake)* write in block letters; *(graaf)* write in ornamental lettering
teksti text; script
teksti[tys] *(tv, elok)* subtitles
tekstiili[-] textile
tekstiilit textiles
tekstitoimittaja copywriter
teksti-tv teletext
tela roller, cylinder; *(mer)* stocks, slips
telaketjutraktori caterpillar
telakka dockyard, shipyard
telakoitua dock
telapohja *(mer)* slips; stocks
telefax fax; *(laite)* fax machine, facsimile; ***lähettää*** ~ fax
televiestintä telecommunications
televisio television, TV; *(vastaan-*

otin) television set; ***mitä tänään tulee ~sta?*** what's on TV (television) tonight?; ***katsot liikaa ~ta*** you watch too much TV
televisioida televise
televisiolähetys television broadcast
televisionkatselija [tele]viewer
teline rack; stand
teljetä bar; lock [up]; shut [up]
telki bolt
telkkari *(Br) (ark)* telly, goggle box; *(Am)* tube
telkkä goldeneye
telmiä romp
teloittaa execute; ~ ***sähkötuolissa*** electrocute
teloitus execution
teltta tent; *(iso)* marquee
telttailija camper
telttailla camp
telttailu camping
telttakangas canvas
telttakatos pavillion
telttasänky *(Am)* cot; *(Br)* campbed
temmata pull, wrench; snatch
temmellys tumult, raging
temmeltää *(myrsky)* rage; ~ ***vapaasti*** have free reins
tempaista = ***temmata***
tempaisu pull, snatch
tempaus *(tapahtuma)* happening, campaign
tempautua: ~ ***irti*** break away
temperamentti temperament
tempo tempo
temppeli temple
temp|pu trick, gimmick, knack; stunt; ***tehdä ~ja*** perform tricks; ***hän teki sinulle ruman -un*** he played a dirty trick on you; ***hyvä myynti~*** a great sales gimmick
tenava kid
tendenssi tendency, trend
tenho enchantment, fascination
tenhoava enchanting, fascinating
tennis tennis
tenniskenttä tennis court
tenori tenor
tentti exam; examination; ***läpäistä*** ~ pass an exam
teokset work
teollinen, teollisuus- industrial
teollisuuden|ala, -haara [branch] of industry
teollisuus industry
teollisuusjohtaja industrialist
teollisuuslaitos industrial plant
teollisuusmies industrialist
teollisuusmyrkky toxic waste
teollisuuspamppu tycoon
teologi theologian
teologia theology, divinity
teoreettinen theoretical
teoria theory; ***~ssa*** in theory, theoretically
teos work; *(tuote)* product; *(kirja myös)* volume
tepsiä work; do the trick
tepsuttaa patter
terapeutti therapist
terapia therapy
terassi terrace
terhakka brisk, perky
teriö corolla
termi term
termiitti termite
terminaali terminal
terminologia terminology
termos *(pullo)* thermos, thermos (vacuum) flask; *(kannu)* thermos

(vacuum) jug, insulated jug
teroitin sharpener
teroittaa *(veitsiä, saksia)* grind, point; *(kynä)* sharpen; ~ ***mieleen*** inculcate; ~ ***kuuloaan*** strain one's ears
terrorismi terrorism; ***taistella ~a vastaan*** combat terrorism; ***~n aalto*** a spate of terrorist activity
terrorisoida terrorize
terroristi terrorist; ***~t ovat ottaneet vastuun pommi-iskusta*** the terrorists have claimed responsibility for the bomb blast
terttu *(rypäle)* bunch; *(marja)* cluster
terva tar
tervainen tarry
tervata tar
terve! *(tervehdys)* hullo, hello; *(Am)* hi
terve healthy; sound; well, in good health; ***hän synnytti ~en tytön*** she gave birth to a healthy [baby] girl; ***hän ei ole*** ~ he isn't well
terveellinen healthy, good for sb's health; *(ilmasto, paikka)* salubrious; *(ruoka myös)* wholesome
tervehdys greeting; *(sot)* salute
tervehdyskäynti call
tervehdyspuhe address
tervehtiä greet; *(sot)* salute
terveinen greeting; regard; ***ystävällisin terveisin*** with kind regards; ***terveisiä äidillesi*** greetings to your mother, say hallo to your mother for me
tervejärkinen sane; sound [in mind]
tervejärkisyys sanity
tervetull|ut welcome; ***haluan toivottaa vieraamme lämpimästi -eiksi*** I would like to extend a warm welcome to our guests
tervetuloa welcome; ~ ***kotiimme*** welcome to our home; ~ ***teille kaikille!*** a very warm welcome to you all!
terveydeksenne! to your health!, cin cin!
terveydellinen sanitary
terveydenhoidollinen sanitary
terveydenhoito health care
terveydenhuolto public health service
terveydentila physical condition
terveys health
terveyskeskus health care centre
terveyslähde mineral spring
terveysoppi hygiene
terveysruoka health food
terveysside sanitary towel; *(Am)* sanitary napkin
terveyssisar [public health] nurse
terä blade; edge; *(koneen)* cutter; *(kynän)* nib
terälehti petal
teräs steel; ***ruostumaton*** ~ stainless steel
teräsbetoni reinforced concrete
teräsköysi cable
terästää *(konkr)* steel; *(kuv)* fortify, strengthen; ***~kahvi konjakilla*** lace coffee with brandy
terävyys sharpness; *(aistien)* acuity; *(kuv)* cleverness; discernment; *(valok)* focus
terävä sharp, cutting; *(kynä)* pointed; *(henk)* clever, keen, shrewd; *(aisti)* keen, acute
teräväpäinen clever, bright
terävä-älyinen quick-witted, sharp-

witted, subtle
terävöittää sharpen, accentuate
testamentata bequeath
testamentintekijä testator; *(fem)* testatrix
testamentti will; testament
testamenttilahjoitus legacy
testata experiment; test
testi experiment; test
teurastaa butcher, slaughter
teurastaja butcher
teurastamo slaughterhouse
teurastus slaughter; *(verilöyly)* butchery
Thames-joki the Thames
tiainen tit
tie road; way; ***kysyä ~tä*** ask sb the way; ***pois ~ltä*** get out of the way; ***olet koko ajan ~lläni*** you're in my way all the time
tiede science
tiedekunta faculty
tiedemies, tiedenainen scientist; scholar
tiedonantaja informant
tiedonanto notice, information; bulletin
tiedonhalu thirst for knowledge
tiedonhaluinen eager to learn
tiedonvälitys communication
tiedostaa be aware of; recognize
tiedostamaton unconscious, subconscious
tiedostaminen realization; recognition
tiedosto *(atk)* file; document
tiedot information *(**jstak** on, about)*; *(tarkat)* facts, data; *(kerätyt)* documentation, file; *(opitut)* knowledge; *(uutiset)* news; *(atk)* data
tiedote bulletin; release
tiedoton unconscious
tiedottaa communicate; inform
tiedottaja press officer
tiedotus announcement; communication; information
tiedotuslehti *(henkilökunnan ym.)* newsletter, bulletin
tiedotustilaisuus briefing, information meeting; *(lehdistölle)* press conference
tiedotusvälineet media
tiedustelija *(sot)* scout
tiedustella *(jtak asiaa)* ask (inquire) about sth; inquire after sth; *(jkta henkilöä)* ask for sb; *(sot) (Br)* reconnoitre, *(Am)* reconnoiter
tiedustelu inquiry; *(sot)* reconnaissance; *(vakoilu)* intelligence
tiedusteluosasto intelligence department
tiehyt duct
tienhaara crossroads, parting of ways
tiennäyttäjä *(kuv)* pioneer, forerunner, trailblazer; *(opas)* guide
tienoilla about; toward, towards
tienraivaaja pioneer, forerunner
tienreuna roadside, [hard] shoulder
tienristeys crossroads, crossing; intersection; ***[tien]risteyksessä*** at the crossroads
tienvieri wayside
tienviitta signpost
tiesulku road block
tieteellinen scientific
tieteen- *t.* **tiedon|ala** discipline
tieteiskirjallisuus science fiction
tieteisromaani science fiction novel

tietenkin of course, naturally
tie|to *vrt. tiedot*; information *(jstak* about, on); data; *(tuntemus, tiedot)* knowledge; ***lähempiä -toja antaa...*** for further information please contact...; ***pitää jtak omana ~naan*** keep sth to o.s.; ***hankkia -toja jstak*** gather information about (on) sth; ***ihmisen ~ on rajallinen*** the human knowledge is limited; ***hänellä on täydelliset historian -dot*** he has a perfect knowledge of history; ***asia ei koskaan tullut ministerin ~on*** the matter was never brought to the knowledge of the minister
tietoinen conscious; aware *(jstak* of sth); sensible
tietoisesti deliberately; advisedly
tietoisuus consciousness; awareness
tietojenkäsittely data processing
tietokanta data base
tietokilpailu quiz; *(TV)* quiz show
tietokilpailun juontaja *(Br)* question master; *(Am)* quizmaster
tietokirjallisuus nonfiction
tietokone computer
tietokoneistaa computerize
tietokoneohjelma computer program[me]
tietoliikenne telecommunications
tietoliikennesatelliitti communications satellite
tietopankki data bank
tietopuolinen theoretical
tietosanakirja encyclopedia
tietotaito know-how, expertise
tietotekniikka information technology
tietotoimisto news agency
tietous knowledge; lore
tietty certain, definite, given
tiettävästi as far as is known
tietysti of course, certainly, naturally
tietyö roadworks
tietäjä seer; wise man; ***itämaan ~t*** the Magi, the three Kings
tietämättä unwittingly; unaware of
tietämättömyys ignorance
tietämätön unaware; unconscious *(jstak* of sth); ignorant
tietäväinen knowledgeable; *(halv)* know[-it]-all
tie|tää know; ***saada ~ jtak*** find out, learn sth; ***-dätkö tästä mitään?*** do you know anything about this?; ***jokainen ~ että...*** it is common knowledge that...; ***hän ~ paljon viineistä*** she is very knowledgeable (knows a lot) about wines
tietääkseni as far as I know, to my knowledge
tietön roadless, trackless; impassable; ***tiettömien taipaleiden takana*** off the beaten track
tiheikkö covert; thicket
tihentää thicken
tihetä thicken, get (grow) thicker
tiheys density, thickness; *(kuv)* frequency
tiheä dense; thick
tiheästi, tiheään *(usein)* frequently; ***tiheästi asuttu*** densely populated
tihkua *(sade)* drizzle; *(hiki ym.)* ooze
tihkusade drizzle, drizzly rain
tihutyö sabotage; act of vandalism
tiikeri tiger
tiikki *(puu)* teak
tiili brick

tiilitehdas brickyard
tiimi team
tiirikka picklock
tiistai Tuesday; *~sin* on Tuesdays
tiiviisti closely; tight
tiivis *(ytimekäs)* concise, compact; *(tiukka)* tight; *(yhteistyö, kontakti, muodostelma ym.)* close; *~ harjoittelu* intensive training; *~ aikataulu* tight schedule; *~ kansi* tight lid
tiiviste extract; *(tekn)* packing, gasket; *(tilke)* stuffing; *(ikkunan ym.)* weather strip
tiivistelmä summary, abstract
tiivistyminen *(tekn, fys)* compression
tiivistyä *(fys)* condense; *(kuv)* build up, grow
tiivistää *(ikkuna)* seal up; *(liitos ym)* pack; *(lyhentää)* compress; *(fys, kuv)* condense
tikapuun puola rung
tikapuut ladder
tikari dagger
tikata quilt; *tikattu vuodepeite* quilt
tikittää tick
tikitys tick
tikka dart; *(el)* woodpecker
tikkapeli darts
tikki *(lääk)* stitch
tikku pick, stick; *vetää pitkää ~a (läh)* draw lots
tikkukaramelli lollipop
tikli *(el)* goldfinch
tila room; space; *(majoitus ym.)* accommodation; *(firman ~t)* premises; *(mielen~)* state [of mind]; *(maa~)* farm; *(potilaan)* condition; *(tilanne)* state, position; *onko takapenkillä ~a?* is there any room on the back seat?
tilaaja *(lehden)* subscriber; *(liik)* orderer, buyer
tilaa vievä bulky
tilaisuus chance, opportunity; forum; *(juhla- t. virallinen)* function, ceremony; occasion
tilanahtaus lack of space, overcrowding
tilanhoitaja *(Br)* bailiff; *(vanh)* estate steward; *(Am)* rancher
tilanhoito farming, husbandry
tilanne situation; bottom line
tilanomistaja *(Br)* estate owner; *(Am)* rancher
tilapäinen temporary; casual; occasional; *(satunnainen)* odd
tilapäistyöt odd jobs
tilapäisvuode shakedown
tilasto statistics
tilastollinen statistical
tilastotiede statistics
tilata order; *(varata)* book, reserve; *(esiintyjä, opas)* engage; *(lehti)* subscribe; *~ taksi* call a taxi
tilaus order; *(lehden)* subscription
tilauslento charter flight
tilausmaksu *(lehden)* subscription [fee]
tilava roomy, spacious
tilavuus capacity; volume
tili account
tilikirja account book
tilillepanokortti money order; *(Br myös)* postal order
tilinpäätös closing of the books (accounts)
tilintarkastaja auditor
tilinteko account *(jstak* of); *(kuv, usk)* reckoning
tiliote statement of account

tilipussi pay packet
tilipäivä pay day
tilittää account (*jklle jstak* to sb for sth)
tilitys account
tilivelvollinen accountable
tilke packing
tilkitä caulk
tilkka[nen] a drop of
tilkku patch
tilli dill
tillittää snivel
tilttaus (*valok, tv*) tilting
tilukset estate
tilus domain
timantinkova adamant
timantti diamond
timanttihäät diamond jubilee
timanttisormus diamond ring
timotei timothy [grass]
tina tin
tina-astiat pewter
tinapaperi tinfoil
tinata tin
tinkimisvara margin
tinkimätön uncompromising
tinkiä bargain, haggle; compromise (*jstak* over); *~ (keskustella) hinnasta* haggle over, bargain about a price; *~ hinnasta pois (ostajana)* beat the price down by...; *~ hinnasta pois (myyjänä)* knock ... off the price; *~ ehdoista* compromise over the conditions
tinktuura tincture
tinneri thinner
tipahtaa drop
tippa drop
tippua (*vesi*) drip; (*ark*) (*pudota*) drop
tippukivi stalactite; stalagmite
tippuri gonorrhea; (*sl*) the clap
tipsuttaa patter
tip top shipshape
tiputtaa drip, drop:, instil
tirkistää peek, peep
tirskua giggle, titter
tirskunta giggling, titter
tirskuttaa chatter
tirskuttelu chatter
tiskaaminen (*Br*) washing-up, (*Am*) doing the dishes
tiski counter, desk; (*astiat*) dishes
tislaamo distillery
tislata distill
tislauslaite still
tismalleen exactly; flush
tissi tit
titteli title
tiu score
tiukasti tight
tiukata press, come down on; *~ vastausta* press for an answer; *~ maksua* come down on sb for a payment
tiukentaa tighten
tiukka close; tight; (*vaate*) [skin]-tight; (*pingotettu*) taut; *~ ote* clutch; *~ paikka* crunch
tiuku bell
tiuskaista speak sharply, snap, retort
todella really, actually
todella[kin] indeed; really, truly
todellinen actual, real, true
todellisuus actuality; reality; *todellisuudessa* in reality, virtually
todennäköinen likely, probable
todennäköisesti probably
todennäköisyys likelihood; probability
todenperäinen truthful; authentic.

genuine
todenperäisyys truth; accuracy
todeta state, mention
todistaa *(paperi ym. oikeaksi)* witness; *(osoittaa oikeaksi, myös mat)* prove; *(oikeudessa)* testify; *(olla silminnäkijä)* witness; *(vahvistaa)* certify; *(kuv)* bear witness to, bear evidence of; ***täten todistan että...*** this is to certify that...; ***~ nimikirjoitus oikeaksi*** witness a signature
todistaja witness; ***olla ~na oikeudessa*** testify in court; ***olla ~na (silminnäkijänä) onnettomuudessa*** witness an accident
todistajanaitio witness box
todistajanlausunto evidence
todistaminen proving; witnessing
todiste proof; evidence; ***todisteisiin perustuva*** evidential
todistelu argumentation
todistus *(koulusta)* [school] report; *(asiakirja)* certificate; *(todiste)* proof; *(todistajanlausunto)* testimony; *(mat)* prove; *(log)* reasoning
todistusaineisto evidence; documentation
todistuskappale [a piece of] evidence, exhibit; document
tohtori doctor
tohveli slipper
tohvelisankari henpecked
toimeenpaneva executive
toimeenpanna put into effect, carry out, execute
toimeenpano putting into effect; execution
toimeenpanovalta executive power
toimeentulo livelihood, subsistence
toimekas active
toimeksianto assignment
toimeksiantosopimus mandate
toimelias active
toimenpide action, measure, step
toimeton inactive
toimettomuus idleness, inactivity
toimi *(työ, tehtävä)* post, position, job; *(teko)* act, action; *(liike~)* business, affair; ***ryhtyä tarpeellisiin toimiin*** take necessary measures; ***hoitaa tointa*** hold a post
toimia *(tehdä)* act; do; *(tekn)* function, operate; *(olla työssä)* serve, work; *(harjoittaa)* practice
toimiala line of business
toimialapalvelu *(läh)* temp agency
toimihenkilö employee, office worker; white-collar worker
toimikausi term of office; *(Am pol)* administration
toimikunta committee
toimilupa licence
toiminimi firm, business name
toiminnallinen functional, operational
toiminta activity; function, operation
toimintaelokuva *(Am)* action movie
toimintaterapia occupational therapy
toimintavapaus latitude
toiminto function
toimipaikka post; job; *(yrityksen)* place of business, office, agency
toimisto office; agency; bureau
toimistoapulainen office employee
toimistotyö office work

toimitsija functionary; agent
toimittaa *(hankkia tavaraa)* supply, furnish (***jtak jllek*** a p. with sth); *(perille)* deliver, ship; *(laatia, koota)* compile; *(kirjaa, ohjelmaa)* edit, compile; ~ ***lehteä*** edit; ~ ***pois päiviltä*** do away with
toimittaja *(lehden)* journalist; *(julkaisun)* editor; *(radio~, tv~)* editor, producer; *(paikan päällä) (tv, rad)* commentator
toimittaminen *(tavaran)* delivery; *(lehden, kirjan, ohjelman)* [compiling and] editing
toimitus delivery, dispatch, shipment; *(lehden, radion ym.)* editorial office, editorial staff
toimitusjohtaja managing director; chief executive
toimitusministeristö caretaker government
toimiva active; functional
toimivalta authority
toinen another, else, other, second; ***joku ~ kerta*** another time; ***se onkin ~ juttu*** it's another story; ***toisten lapset*** other people's children; ***joku*** ~ somebody else; ***joka ~ päivä*** every other (second) day; ***toinen ... toinen*** one ... the other; ***toiset ... toiset*** some ... others; ~ ***toistaan*** one another, each other; ~ ***luonto*** second nature; ***Jaakko II*** James the Second; ***helmikuun*** ~ the second of February (February second); ***kadun toisella puolella*** across (on the other side of) the street
tointua recover; revive
toipilas convalescent
toipilasaika convalescence
toipua recover; *(kuv myös)* recuperate; pull through
toipuminen convalescence; recovery
toisaalla elsewhere, somewhere else
toisaalta: ~ ... ~ on one hand ... on the other [hand]
toisarvoinen secondary
toiseksi secondly; ~ ***tullut*** first runner-up
toisenlainen different [from]
toisen luokan second-rate
toiset the others, other people
toisiaan each other
toisin in a different way; otherwise
toisinaan sometimes
toisinajattelija *(pol)* dissident
toisin kuin unlike
toisin sanoen in other words; ***(lat)*** i.e. *(= id est)*
toisintaa reproduce
toisinto reproduction
toispuolinen lop-sided
toissapäivä the day before yesterday
toistaa repeat; ~ ***alinomaa*** reiterate; ***historia ~ itseään*** history repeats itself; ***toista perässäni!*** repeat after me!
toistaiseksi for the present, for the time being; for now
toistaminen repetition
toistamiseen a second time, once more
toiste: ***joskus*** ~ some other time
toistua be repeated
toistuminen repetition
toistuvasti repeatedly
toistuvuus frequency
toitottaa *(torvea)* blare, toot;

~ ***julki*** blazon
toitotus blare
toive hope, wish; *(halu)* desire; *(odotus)* expectation; ***hänen viimeinen toiveensa*** her last wish; ***täyttää toiveet*** fulfil (meet) the hopes
toiveajattelu wishful thinking
toiveikas hopeful; wishful
toivo hope
toivoa hope, desire, wish
toivomus wish
toivorikas full of hope, positive, optimistic
toivoton hopeless
toivottaa bid; wish; ~ ***jku tervetulleeksi*** welcome sb, extend a warm welcome to sb, bid sb welcome; ***toivotan sinulle onnea [matkaan]*** I wish you luck
toivottava desirable
toivottomuus desperation, despair; despondency
toivottu *(lapsi)* wanted; *(tulos ym.)* hoped-for, desired; ***ei-~*** undesired, unwanted; ***ei-~ henkilö*** persona nongrata
toivotus wish
tokaista blurt [out]
toki: ***eihän*** ~ surely not
tokko *ks.* **-ko,-kö**; whether; ***tokkopa*** I wonder
tola: ***oikealla tolalla*** on the right track
tolkku: ***en saa mitään tolkkua tästä*** I can't make any sense of this
tolkuton *(kohtuuton)* unreasonable
tollo simpleton
tolvana ignoramus, jerk; twit, simpleton
tomaatti tomato
tomaattimehu tomato juice
tomaattisose *(Br)* ketchup; *(Am)* catsup
tomppeli fool; *(Br)* booby; *(Am)* boob; jackass
tomu dust
tomuinen dusty
tomusokeri icing sugar
tomuttaa dust
Tonava the Danube
tonkia root [about], rummage [about]
tonni ton
tonnikala tunny, tuna; *(keitt)* tuna fish
tonnisto shipping, tonnage
tontti lot, site, a piece of land
tonttu elf; *(Br myös)* brownie
topakka gutsy
toppi *(pusero)* top
tora quarrel, row
torahammas fang
torakka cockroach
tori market [place]
torjua *(psyk)* repress; *(tarjous, ehdotus, suunnitelma)* reject; *(kosinta, tarjous, henkilö)* turn down; *(väite)* refute; *(isku)* fend (ward) off; *(hyökkäys)* repel; *(lähentyminen)* rebuff; *(urh) (jalkap)* make a save; stop the ball; *(nyrkk)* block
torjunta repression
torkahdus dose, snooze
torkahtaa dose off, nod, snooze, nap
torkkua drowse
torkut nap; ***ottaa*** ~ take a nap
tornado tornado
torni tower; *(šakk)* rook

torninhuippu spire
torpedo torpedo
torpedoida torpedo
torppari tenant farmer
torstai Thursday
torttu tart, pie
torua chide, scold
toruminen scolding
torvensoittaja trumpeter
torvi horn; trumpet; tube
torvisoittokunta brass band
tosi true
tosiaan indeed, in fact
tosiasia reality, fact
tosiasiallinen virtual, actual
tosiasiassa as a matter of fact, in fact; de facto
tosiasiat facts, realities
tosikko: ***hän on ~*** he has no sense of humo[u]r
tosin however, it is true that, on the other hand
tosissaan seriously; serious, in earnest; ***ottaa jtak ~*** take sth seriously
tosite receipt, voucher
tossut *(vauvan)* bootees; *(kumi~ ym.)* *(Br)* plimsolls, *(Am)* sneakers; *(lenkki~)* running shoes, trainers
totaali[nen] total; all-out
totalitaarinen totalitarian
toteamus statement
totella obey (***jkta*** to)
toteutettavissa [oleva] feasible
toteuttaa *(suunnitelma, toiminta)* carry out, realize; *(kirj)* execute; *(viedä läpi)* carry through; *(unelma, toive)* fulfil, realize
toteuttaminen *(suunnitelman, unelman ym.)* realization, fulfilment; ***itsensä ~*** self-fulfilment
toteutua come true, be realized; materialize; *(kirj)* come to fruition
toteutuminen realization; fruition
toteutus realization, execution; *(tv, elok)* direction
totinen serious, earnest
totisesti *(raam)* verily
totta kai certainly, gladly, sure, surely; of course
tottelematon disobedient
tottelemattomuus disobedience
tottelevainen obedient
tottelevaisuus obedience
tottua get used to; *(sopeutua)* adjust [o.s.] (***jhk*** to)
tottumaton unaccustomed; unused
tottumus habit, custom; *(kirj)* wont
tottunut accustomed to, used to; ***en ole ~ nousemaan näin aikaisin*** I am not accustomed (used) to getting up this early
totuttaa accustom (***jhk*** to); break in
totuttautua [try to] accustom o.s. to
totuudenmukainen truthful
totuudenmukaisuus truthfulness, veracity
totuus truth, verity
touhottaa fuss, make a fuss (***jstak*** about)
touhu bustle, fuss, ado
touhukas busy, fussy, meddlesome
touhuta bustle; *(ark)* hustle
toukka larva; *(perhosen)* caterpillar
toukokuu May
toukotyöt [spring] sowing
touvi *(mer)* hawser
toveri companion, friend, fellow; *(myös pol)* comrade
toverillinen companionable

toverillisuus camaraderie; [feeling of] fellowship
toveruus companionship, fellowship, friendship
traaginen tragic
traani whale oil
traditio tradition, custom
tragedia tragedy
traktori tractor
transistori transistor
transsi trance
transvestiitti transvestite
transvestiittishow drag show
trapetsi trapeze
trauma trauma
treenata exercise, train, practise; *(salilla)* work out
treffit date; ***minulla on*** ~ I'm going out [with sb], I have an appointment, *(Am)* I have a date
trendi trend
trikoo stockinet
trikoot hose, tights
trilleri thriller
trilli trill
trioli *(mus)* triplet
trokata bootleg
troolari trawler
trooppinen tropical
tropiikki tropics
trubaduuri *(hist)* minstrel; troubadour
trukki forklift truck
trumpetti trumpet
trusti trust
tryffeli truffle
tsaari czar
tsaaritar czarina
Tšekin tasavalta the Czech Republic
tšekki Czech
tuberkuloosi tuberculosis
tuberkuloottinen tuberculous
tuhahtaa *(halveksivasti)* sniff
tuhannes thousandth
tuhannesosa thousandth [part]
tuhansittain in thousands, by the thousand
tuhat a *t.* one thousand; ***tuhansia ihmisiä*** thousands of people
tuhatjalkainen centipede
tuhatkauno daisy
tuhatvuotinen valtakunta *(usk)* the millenium
tuhertaa botch; *(kirjoittaa)* scribble
tuhka *(pl)* ashes; cinder
tuhkakuppi ashtray
tuhkarokko measles
tuhkaus cremation
Tuhkimo Cinderella
tuhlaajapoika the Prodigal son
tuhlaavainen wasteful, lavish, spendthrift
tuhlaavaisuus extravagance
tuhlari spendthrift
tuhlata waste, dissipate, lavish
tuhlaus waste, dissipation
tuhma naughty; *(mehukas)* saucy
tuho *(konkr, kuv)* destruction, damage; ruin; *(luonnonvoimien aiheuttama)* damage, havoc; calamity; *(sodan)* devastation, ravages; ***tuhoon tuomittu*** doomed to fail (die)
tuhoamaton indestructible
tuhoaminen destruction
tuhohyönteinen pest
tuhoisa disastrous; destructive; fatal, calamitous
tuholainen pest, vermin
tuholaismyrkky pesticide

tuhopolttaja arsonist, incendiary
tuhopoltto arson
tuhota *(konkr, kuv)* destroy, damage, ruin, wreck; *(tehdä selvää)* wipe out
tuhottu destroyed; undone
tuhoutua perish; be destroyed
tuhria blur, slop
tuhto thwart
tuijottaa *(jtak)* gaze, stare [at]; ~ ***suu auki*** gape [at]; ~ ***vihaisesti*** glare [at]
tuijotus gaze, stare
tuike twinkle
tuikea grim
tuiki utterly
tuikkia twinkle
tuisku whirling snow[storm]
tuiskuttaa there is a flurry of snow
tukahdutettu stifled; *(tunne)* pent-up
tukahduttaa *(tuli)* smother, extinguish; *(tunteet, kapina)* suppress, repress; *(toiminta)* stamp out; *(huuto, kapina, liekit)* stifle; ~ ***kaikki yritykset*** smother every attempt [to]
tukahduttaminen *(kuv)* repression, suppression; *(tulen)* extinction
tukahduttava stifling, sweltering; *(ilma)* suffocating
tukala: ~ ***tilanne*** tough spot
tukankuivauslaite hair-dryer
tukanleikkuu hair-cut
tukanpesu hairwash, shampoo
tukea *(konkr)* support, stake, prop up *(jllak* with); *(ehdokkuutta, järjestelmää)* support, be in favo[u]r of; *(puolustaa, olla kannalla)* back [up], stand up for; *(rahallisesti)* subsidize, aid, sponsor
tukehduttaa choke, smother, suffocate
tukehtua choke, suffocate
tukehtuminen suffocation
tukeva *(pyylevä)* fat, stout, stockily built; *(luja)* steady, firm; *(vankka)* solid
tukevuus stoutness, firmness
Tukholma Stockholm
tuki *(konkr)* prop, stake; *(rak)* strut; *(hammas~)* brace; *(kuv)* support, backing; *(kannatus, hyväksyminen)* endorsement
tukikohta base
tukipalkkio subsidy; subvention
tukistaa pull sb's hair
tukka hair
tukkeuma block[age]; *(valtimon)* occlusion
tukkeutua become (get) blocked
tukkeutuminen stoppage
tukki log
tukkia stop; *(liikenne ym.)* block [up], obstruct; *(putket ym.)* clog [up], choke [up]; ~ ***suu*** gag; ~ ***tulpalla*** plug
tukkijätkä lumberjack
tukkilainen lumberjack
tukkilautta raft
tukko *(vanu)* swab; *(pumpuli~)* wad of cotton
tukku *(seteleitä)* wad; *(liik)* wholesale
tukkukauppa wholesale trade
tukkukauppias wholesale dealer
tukos clog
tulehdus inflammation, infection
tulehduttaa infect, inflame
tulehtua fester, get inflamed, get infected
tulehtunut infected, inflamed

tulenarka inflammable
tulenkestävä fireproof
tulessa on fire; ablaze; alight
tuleva *(koti, vaimo, presidentti)* future; *(viikko, kausi ym.)* coming; ***~t vaalit*** the upcoming elections; ***~t tapahtumat*** future (forthcoming) events; ***talon ~ ostaja*** the prospective buyer of the house
tulevaisuudenkuva perspective, outlook
tulevaisuus future; ***tulevaisuudessa*** in the future
tuli fire; *(sytyttimen)* light
tuliase firearm
tulikivi brimstone
tulikoe ordeal
tulikuuma red-hot; *(neste)* piping hot
tulinen *(konkr)* red-hot; *(kuv)* ardent; fiery; spirited; *(henk)* passionate
tulipalo fire
tuliperäinen volcanic
tulipesä furnace
tulirokko scarlet fever
tulisija fireplace
tulisuus fire, passion, ardo[u]r
tulitauko cease-fire
tuliterä brand new
tulitikku match; ***raapaista ~a*** strike a match
tulitikkulaatikko matchbox
tulittaa fire
tulitus fire, firing
tulivuori volcano
tulkinta version, interpretation
tulkita interpret; *(salakirjoitusta, käsialaa)* decipher; ***~ koodi*** decode; ***~ väärin*** misinterpret
tulkki interpreter
tulla come; ***~ jksik*** become, get, go, grow; ***~ käymään*** come over, visit, drop in; ***~ mukaan*** come along; ***~ noutamaan*** come for; ***~ näkyviin*** *t.* ***esiin*** come out, emerge, appear; ***~ perille*** arrive; ***~ sisään*** come in, enter; ***~ tajuihinsa*** come to; ***~ takaisin*** get (come) back; ***~ toimeen*** get along, get by; ***~ toimeen ilman*** go (do) without; ***~ väliin*** intervene; ***mitä sinusta tulee isona?*** what are you going to be when you grow up?; ***mitä jhk tulee...*** as to, as far as ... is concerned
tullata declare; ***onko teillä mitään tullattavaa?*** have you got anything to declare?
tulli customs; *(maksu)* customs duty, duty, toll
tulli-ilmoitus customs declaration
tullikamari custom house
tullimaksu duty
tullimuuri tariff wall
tullinalainen dutiable
tullipuomi turnpike
tullitaksa customs tariff
tullivapaa duty-free
tullivirkailija customs officer
tulo *(perille)* arrival; advent; *(tulot)* income
tuloaika time of arrival
tulokas arrival, newcomer
tuloksellinen productive; successful
tulokset results; *(liik)* returns
tulokseton fruitless, vain, futile
tulopuoli debit side
tulos *(saavutus ym.)* result; *(neuvottelujen ym.)* outcome; *(työn, tutkimuksen)* finding

tulot *(palkka~)* income; *(valtion ~)* revenue[s]; *(kirjanp)* receipts; ~ ***ja menot*** receipts and expenditures; ***lippu~*** ticket receipts
tulovero income tax
tulppa plug, stopper
tulppaani tulip
tulva flood; *(kuv)* spate
tulva-aika spring tide
tulvahdus gush
tulvahtaa gush
tulvia flood; ~ ***yli*** overflow
tulvillaan *(kuv)* abound; ***olla*** ~ abound (***jtak*** in, with)
tuma nucleus
tumma dark
tummanpunainen garnet, dark red
tumma olut stout
tummatukkainen dark[-haired]
tummaverinen swarthy
tummeta darken
tunaroida bungle; *(ark)* screw up
tungeksia crowd, throng
tungetella intrude; *(yrittää lähennellä)* get fresh (***jkta*** with sb)
tungetteleva pushy, rude; obtrusive
tungos congestion, cram, crowd, crush
tunika tunic
tunkea crowd, jam, push, squeeze
tunkeilevaisuus intrusiveness
tunkeutua *(jnnek)* force, push one's way through, break into, obtrude; ~ ***eteenpäin*** press; ~ ***jkn seuraan*** obtrude o.s. on sb; ~ ***markkinoille*** penetrate a market; ~ ***kaikkialle*** pervade; ~ ***väkisin*** force o.s. [through, into]
tunkeutuminen penetration
tunkio compost; *(lanta~)* dunghill
tunkkainen stuffy
tunkki jack
tunnari *(ark) (tv, rad)* signature tune
tunne emotion, feeling, sensation; *(aavistus)* hunch
tunne-elämä emotional life
tunneli tunnel
tunnelma feeling, atmosphere; air; ***innostunut*** ~ air of excitement
tunnelmallinen atmospheric
tunneperäinen emotional
tunnettu known, well-known, established
tunnistaa *(kasvot ym.)* recognize; *(omakseen, ruumis)* identify
tunnistaminen identification, recognition
tunnollinen painstaking; *(henk)* conscientious
tunnollisuus conscientiousness
tunnontuska[t] scruples, [pangs of] remorse, qualms
tunnoton numb, insensible; *(julma)* remorseless, heartless
tunnus symbol
tunnuskuva emblem
tunnuslause motto
tunnusmerkki characteristic, distinctive feature; *(konkr)* ensign, hallmark
tunnusmusiikki theme song
tunnusomainen distinctive, typical (characteristic) (***jllek*** of)
tunnussana password, countersign, watchword
tunnussävel signature tune, theme song
tunnustaa confess; *(myöntää)* admit; *(~ vastahakoisesti)* concede; *(antaa kiitosta)* acknowledge;

(maan itsenäisyys) recognize; ~ ***rikos*** confess a crime; ~ ***virheensä*** own one's faults; ~ ***julkisesti*** acclaim
tunnustaminen confession
tunnustella feel; *(kuv)* sound (feel) out; explore
tunnustettu acknowledged
tunnustus confession, acceptance; *(ansiosta)* acknowledg[e]ment; *(valtion)* recognition
tuntea feel, know; ~ *t.* ***ilmaista myötätuntoa*** sympathize; ~ ***olonsa*** *t.* ***itsensä jksik*** feel; ~ ***tuskaa*** feel pain, be in agony; ~ ***vastenmielisyyttä*** dislike
tunteellinen emotional, sentimental
tunteenomainen emotional
tunteeton cold; *(julma)* bloodless, impassive
tunteettomuus lack of feeling
tuntematon unknown; obscure
tuntemus feeling; knowledge [of]
tunti hour; ***opetus~*** *t.* ***koulu~*** lesson; period; *(Am)* class
tuntija expert; *(viinin)* connoisseur
tuntiosoitin hour hand
tunto feeling, sense, touch
tuntoaisti sense of touch
tuntohermo sensory nerve
tuntomerkki distinctive feature (mark), attribute
tuntosarvi feeler, tentacle
tuntu air, flavo[u]r, savo[u]r
tuntua feel, seem; *(saada vaikutelma)* strike; ***miltä tämä uusi toimisto tuntuu (vaikuttaa)?*** how does this new office strike you?
tunturi fell, mountain
tuntuva tangible; *(huomattava)* substantial
tuo that
tuoda bring; ~ ***esiin*** bring up; ~ ***maahan*** import; ~ ***mukanaan*** bring along, involve; ~ ***päivänvaloon*** bring into the daylight; ~ ***rauha*** bring peace
tuohi birch bark
tuokio moment, while
tuokiokuva *(valok)* snapshot
tuoksina rough-and-tumble
tuoksu scent, smell; *(ihon, parfyymin ym.)* odour, perfume; fragrance; aroma, flavo[u]r
tuoksua smell
tuoksuva odorous, scented, fragrant
tuoli chair
tuolla over there; *(vanh)* yonder
tuollainen such; like that; of that kind
tuolla puolen beyond
tuomari judge; *(juryn jäsen)* juror
tuomaristo jury
tuomi bird-cherry
tuomio *(rangaistus)* sentence; *(usk t. riita-asiassa)* judg[e]ment; *(päätös)* court decision; *(kuv)* verdict; *(urh)* decision; ***antaa (julistaa)*** ~ deliver a sentence
tuomioistuin court
tuomiokapituli chapter
tuomiokirkko cathedral
tuomiopäivä doomsday
tuomiorovasti dean
tuomiovalta jurisdiction
tuomita *(kuv)* condemn (***jstak*** for); *(~ rikoksesta)* sentence for; *(~ syylliseksi)* convict of, adjudge to be guilty of; *(olla tuomarina)* judge; *(urh) (jalkap)* referee;

(tennis) umpire; *(usk)* doom; ~ ***maksamaan jtak*** order sb to pay sth
tuomitseminen condemnation
tuomittu doomed
tuonne there
tuonti import
tuontivoittoisuus unfavorable balance of trade
tuoppi pint
tuore fresh; *(kuv)* recent
tuoremehu squash
tuossa there
tuotanto production, output
tuotantopäällikkö *(tv, elok)* executive producer
tuote product; produce
tuote-esittelijä demonstrator
tuottaa *(tv, elok, tal)* produce; *(korkoa, tuloksia, satoa)* yield; *(aiheuttaa)* cause; ~ ***harmia*** cause trouble; ~ ***häpeää*** to bring shame (disgrace) [on]; ~ ***kipua*** cause pain; ~ ***pettymys*** disappoint; ~ ***tuskaa*** afflict
tuottaja *(tv, elok)* executive producer, manufacturer, producer
tuottamaton barren
tuottava productive, profitable, lucrative
tuottavuus productivity
tuottelias productive, prolific
tuotto *(voitto)* profit, proceeds, returns; *(sadon, osakkeiden)* yield
tuottoisa productive; lucrative
tupa main room [of a farmhouse]; *(mökki)* cottage
tupaantuliaiset housewarming [party]
tupakansavu cigarette smoke
tupakantumppi butt
tupakka cigarette; tobacco
tupakkakauppias tobacconist
tupakkaosasto smoking compartment
tupakkavaunu *(Br)* smoking carriage; *(Am)* smoking car; *(ark)* smoker
tupakoida smoke
tupakoimaton nonsmoker
tupakointi smoking
tupakoitsija smoker
tupeerata backcomb
tuppautua intrude
tuppautuminen intrusion
tuppi *(miekan)* scabbard; *(veitsen)* sheath
tuppo swab
tuprahdus puff, whiff
tupruta fume
tupsahtaa pop up, pop out
tupsu bob, tassel
turbiini turbine
turha useless, futile, vain
turhaan in vain, for nothing
turhamainen vain
turhamaisuus vanity
turhanpäiten unnecessarily
turhantarkka pedantic, overscrupulous
turhantärkeä officious
turhauma frustration
turhauttaa frustrate
turhautuneisuus frustration
turhautunut frustrated
turhuus futility; vanity
turilas cockchafer
turismi tourism
turisti tourist
turistiluokka economy class; tourist class
turkis fur

turkiseläin fur-bearing animal
turkiskauppias furrier
turkislakki fur cap
turkismetsästäjä trapper
turkistarha farm, ranch; ***minkkitarha*** mink farm
Turkki Turkey
turkki fur; *(vaate)* fur coat, *(kieli)* Turkish
turkkilainen Turkish; *(henk)* Turk
turkkuri furrier
turkoosi turquoise
turmella corrupt; spoil
turmella spoil, ruin; *(moraalisesti)* corrupt, deprave; *(elämä, toiveet ym.)* blight, blast; *(sato)* damage
turmeltua be spoiled; *(kuv)* be depraved; *(rappeutua)* deteriorate
turmeltumaton unspoilt, uncorrupted; *(viaton)* innocent
turmeltuneisuus depravity, corruption
turmeltunut corrupt; perverse
turmio undoing, destruction, ruin; ***hänen kunnianhimonsa koitui hänen turmiokseen*** his ambition was his undoing
turmiollinen destructive
turnipsi turnip
turpa muzzle
turruttaa dull
turska cod
turta numb, insensible, torpid
turtua *(kuv)* be dulled
turtunut *(konkr)* numb[ed]; ***olla ~ jllek*** *(kuv)* be hardened [callous] to sth
turva security, safety; *(suoja)* shelter, cover
turvakortti badge
turvallinen safe, secure
turvallisesti safely
turvallisuus security, safety
turvallisuusneuvosto the Security Council
turvapaikka shelter; refuge; ***poliittinen ~*** political asylum
turvasäilö protective custody
turvata secure; ensure
turvatarkastus security control
turvatoimi safety measure; precaution
turvaton unprotected; defenceless
turvautua resort [to]
turvatyyny *(aut)* air bag
turvavyö seat belt, safety belt
turve sod, turf
turvepehku peat
turvesuo peat bog
turvoksissa swollen
turvonnut bloated, swollen
turvota swell
turvotus swelling
tusina dozen
tuska pain, anguish, affliction; *(myös kuolin~)* agony
tuskallinen painful, aching; *(kuv)* agonizing
tuskallisesti painfully, sorely
tuskastua become impatient
tuskaton painless
tuskin hardly, scarcely
tuskitella *(jtk)* fret over sth
tutista shake, tremble
tutka radar; radiolocation
tutkia *(potilas, matkatavarat, huone)* examine; *(~ alaa, aihetta, tehdä tutkimusta)* [do] research (***jstak, jtak*** in, into, on); study; *(seurata tilannetta, luoda katsaus)* survey; *(~ tarkkaan)* scrutinize; *(tarkistaa jtak)* look into,

check up on sth; *(maaperää, ympäristöä, avaruutta, tilannetta)* explore; *(lak)* investigate, try; *(luodata)* sound, scan
tutkielma *(kirjoitelma)* essay, treatise; *(väitöskirja)* thesis, dissertation; *(taid)* study
tutkija researcher, research worker; *(kartoittavan tutkimuksen tekijä)* surveyor; *(poliisi)* investigator
tutkimus research, study; *(lääk)* examination; *(mielipide~)* poll; *(kartoittava)* survey; *(tarkka)* scrutiny; *(lak)* investigation
tutkimusmatka exploring expedition
tutkimusmatkailija explorer
tutkinnon suorittanut qualified; graduate[d]
tutkinta *(lak)* inquest
tutkinto examination; *(akateeminen)* degree
tutkintotodistus diploma, certificate
tutkintovaatimukset syllabus
tutkiva investigating; *(katse)* searching; *(mieli)* inquiring; *(journalismi)* investigative
tuttava acquaintance, contact
tuttavallinen friendly, confidential; *(myös kiel)* familiar, colloquial
tuttavallisuus familiarity
tuttavuus acquaintance, contact
tutti *(Br)* dummy; *(Am)* pacifier, passy
tuttipullo *(Br)* baby's bottle, *(Am)* baby bottle
tuttu *(tuttava)* acquaintance; familiar; ***tutut kasvot*** a familiar face
tutustua *(jhk)* get to know sb, get acquainted with sb (sth); *(perehtyä)* familiarize o.s. with sth
tutustuttaa *(jhk)* acquaint a p. with sb, introduce a p. to sb; *(perehdyttää)* familiarize a p. with sth; ***minusta olisi hauskaa ~ heidät toisiinsa*** I would like them to get to know each other (introduce them to each other)
tuubi tube
tuuditella lull
tuuhea bushy, shaggy
tuulahdus breath; wind
tuulenhenkäys breeze
tuulenpieksämä weatherbeaten
tuulenpuoli windward
tuulenpuuska blast, flurry, gust of wind
tuulensuoja: ***~ssa*** sheltered from the wind
tuulentupa castle in the air
tuuletin fan, ventilator
tuulettaa air, ventilate
tuuletus ventilation
tuuli wind; *(mieliala)* mood; *(huono)* temper; ***oletpa sinä hyvällä tuulella!*** you sure are in a good mood (temper)!
tuuliajolla adrift
tuulilasi *(Br)* windscreen, *(Am)* windshield
tuulilasinpyyhkijä *(Br)* windscreen wiper, *(Am)* windshield wiper
tuulimylly wind mill
tuulinen windy
tuuliviiri vane, weathercock
tuulla blow; ***tuulee*** the wind is blowing
tuuma inch
tuumia speculate, reflect
tuumiskella ponder
tuumiskelu speculation

tuupata *(kevyesti)* jog; *(rajusti)* jostle
tuuppia push
tuuri luck; ***huono*** ~ bad luck
tuutulaulu lullaby
tv TV
tweed[kangas] tweed
tyhjennetty drained, emptied; *(kaivo, varasto)* exhausted
tyhjennys emptying; *(kaivon, varaston)* exhaustion; *(postilaatikon)* collection; *(putkien ym.)* drainage
tyhjennysmyynti clearance sale
tyhjentyä empty; *(putket ym.)* drain
tyhjentää *(taskut, tuhkakuppi ym.)* empty; *(laatikko, kaappi)* clear out; *(väkijoukosta)* clear; *(valuttaa tyhjiin)* drain; *(kaivo, varasto)* exhaust [the supplies]; ~ ***rengas*** deflate a tyre; ***postilaatikko tyhjennetään kahdeksalta*** the postbox is cleared (emptied) at eight, the mail is collected at eight; ~ ***lasinsa*** drain (empty) one's glass
tyhjiö vacuum
tyhjyys emptiness, vacancy, void
tyhjä empty; *(autio)* deserted; *(paperi)* blank; ~ ***kohta*** gap, void
tyhjäkäynti idling
tyhjänpäiväinen trifling
tyhjäntoimittaja good-for-nothing, idler, loafer
tyhmyri twit, *(Am)* dumbbell
tyhmä stupid, dumb; *(Am)* dummy
tyhmänrohkea foolhardy
tykistö artillery, ordnance
tykki cannon, gun
tykkimies gunman
tykkituli gunfire
tykkivene gunboat
tykyttää *(sydän)* palpitate; *(sydän t. kipu)* throb; *(musiikki)* pulsate
tykytys throb; *(rytmihäiriö)* palpitation
tyköistuva close-fitting
tylli *(tekst)* tulle
tylppä blunt, obtuse
tylsistyä become dull; *(ark)* get bored
tylsistää *(kuv, konkr)* blunt
tylsyys apathy, stupor
tylsä blunt; *(pitkäveteinen)* dreary, dull; *(ark)* a drag
tylsämielinen idiot
tyly rude, surly
tympeä *(ikävä, lattea)* flat, stale; *(henkilö)* unfriendly, unhelpful; *(vastenmielinen)* repulsive
tympäistä disgust
tynkä stump
tynnyri barrel, bin, butt; *(viini~)* cask, faucet; *(roska~) (Br)* dustbin; *(Am)* garbage (trash) can; *(~olut)* draught beer
typeryys stupidity
typerä silly, stupid, daft; *(Am)* dummy
typistää *(häntä)* dock; *(korvat)* crop; *(kasv ja kuv)* prune
typpi nitrogen
typpihappo nitric acid
typykkä *(ark) (Br)* bird; *(Am)* chick, dame
tyranni bully, tyrant
tyrannisoida tyrannize [over]; bully
tyrehdyttää *(verenvuoto)* sta[u]nch; *(veden kulku)* stop, check; *(kuv)* stump out, smother
tyrehtyä stop
tyrkkäys push, shove

tyrkyttää *(jtak jllek)* force sth on sb, push forward sth to sb; *(tunkeutua jkn seuraan)* intrude on sb
tyrkätä jostle, push
tyrmistynyt shocked, flabbergasted, thunderstruck
tyrmistys shock, consternation, stupefaction
tyrmistyttävä staggering
tyrmistyä be staggered
tyrmä dungeon
tyrmätä stun, knock out
tyrmäys knockout
tyrmäävä stunning, a knockout
tyrnipensas buckthorn
tyrsky breaker; ***tyrskyt*** surf
tyrä hernia
tyttären- *t.* **pojan|poika** grandson
tyttären- *t.* **pojan|tytär** granddaughter
tyttö girl; *(Br, ark)* bird; *(Am, ark)* chick, dame; *(skotl)* lass; *(vanh, runok)* wench
tyttömäinen girlish
tyttönimeltään née
tyttönimi maiden name
tyttöystävä girlfriend
tytär daughter
tytärpuoli stepdaughter
tytäryhtiö subsidiary [company]; *(Am)* affiliate
tyven serene, calm
tyvipää butt
tyydytetty satiated; satisfied; *(kem)* saturated
tyydyttämätön unsatiated; unsatisfied; *(kem)* unsaturated
tyydyttävä acceptable, satisfactory
tyydyttää satisfy, satiate
tyydytys satisfaction
tyyli style
tyylikkyys style, class, elegance
tyylikäs elegant, chic, stylish, smart, classy
tyyneys calmness, tranquility
tyyni *(mieli, meri, tilanne)* calm; serene; *(rauhallinen)* composed; ~ ***kesäilta*** a serene summer night; ***pysyin täysin tyynenä*** I remained perfectly composed
Tyynimeri the Pacific Ocean
tyynnytellä calm [down]
tyynnyttää appease, quiet
tyyntyminen *(myrskyn)* abatement
tyyntyä *(meri, tuuli)* calm down; *(myrsky, tuuli, tilanne)* abate, subside
tyyny cushion, pad, pillow
tyynynpäällinen pillowcase, pillow slip
tyypillinen typical (***jllek*** of)
tyyppi type; *(ark)* dude, fellow; *(Am ark)* guy
tyyrpuuri *(mer)* starboard
tyyssija seat, centre, nest; *(kuv) (kehto)* cradle, first home
tyyttäys honk
tyytymättömyys discontent, dissatisfaction
tyytymätön discontented, dissatisfied, malcontent
tyytyväinen pleased, satisfied, content, happy (***jhk*** with); contented; ~ ***hymy*** a contented smile
tyytyväisyys content, contentment
tyytyä content o.s. (***jhk*** with, ***tekemään jtak*** to do sth)
tyytätä honk
työ work; job
työehtoneuvottelut collective bargaining
työehtosopimus collective agree-

ment
työhuone *(toimisto)* office; *(taiteilijan)* studio; *(kotona)* study
työhönotto employment
työkalu tool, implement, utensil
työkyky working capacity
työkykyinen fit for work
työkyvytön incapacitated [for work], unable to work, incapable for work; disabled
työllistää employ
työllisyys employment
työlupa work permit
työläinen worker
työläs burdensome, difficult
työmarkkinasuhteet industrial relations
työmarkkinat labour market
työmies workman, worker
työnantaja employer
työnjohtaja foreman
työnseisaus shutdown
työntekijä employee, worker
työntyä: ~ ***esiin*** project, protrude
työntää push; *(sysätä)* shove, thrust; *(~ kärryjä, taluttaa pyörää)* wheel; ~ ***kumoon*** push over
työntö thrust, push; *(voima)* propulsion
työntökärryt [wheel]barrow
työnvälitys employment agency
työpaikka *(ark)* job
työpaja shop
työpalkka wages, pay
työpusero smock
työpäivä work[ing] day
työrauha *(työmarkkinoilla)* industrial peace
työskennellä work
työskentely work[ing]
työssä käyvä working
työsuhdeasunto company housing
työsuhdeauto company car
työsulku lockout
työtakki overall, smock
työteho efficiency
työteliäs hardworking, laborious
työtoveri colleague, fellow worker, associate, collaborator
työttömyys unemployment
työttömyysavustus unemployment benefit, *(Br)* dole; ***saada ~ta*** be on the dole
työturvallisuus safety at work
työtön unemployed, jobless
työvaatteet working clothes
työvoima labour, manpower; ***~n vapautuminen*** redundancy
työvoimatoimisto employment agency
työvuoro shift, spell
työväenliike labour movement
työväki workers
tähden: ***minun tähteni*** for my sake
tähdenlento falling star
tähdentää *(painottaa)* stress, emphasize; underline
tähdistäennustaminen astrology
tähdätä aim (***jhk***, ***jtak*** at)
tähkä ear, spike
tähteet leftovers, remnants, scrap
tähti star; *(upseerin)* pip
tähtienselittäjä astrologer
tähtikartta *(henkilökohtainen) (astrol)* chart
tähtikirkas starry
tähtikuvio constellation
tähtisumu nebula
tähtitiede astronomy
tähtitieteellinen astronomical
tähtitieteilijä astronomer
tähtitorni observatory

tähtäin sight
tähtäys aim[ing], sight
tähystys[paikka] lookout
tähystäjä lookout
tähystää keep a lookout (*jtak* for); be on the watch
tähän here
tähän asti up till now; *(kirj)* hitherto
täi louse *(pl lice)*
täky bob
täkäläinen local
tällainen like this
tällä hetkellä at the moment, currently, actually; *(Am)* presently
tämä this; ***tällä välin*** in the meantime; ***tätä tietä*** this way; ***tämänhetkinen tilanne*** the current situation; ***tämänpäiväinen*** of today, today's; ***tänä iltana*** *t.* ***yönä*** tonight
tänne here; *(vanh, kirj)* hither
tänään today
täplikäs speckled, spotted; *(kirjava)* mottled
täplittää dot
täplä dot, speck, spot
täpärä close, near; ~ ***pelastus*** hairbreadth (narrow) escape
täpötäynnä crowded, packed, crammed
täpötäysi chock-full, overcrowded, replete (*jtak* with)
tärinä jolt, palsy, shake
täristellä joggle
täristä jolt, shake
tärkeilijä *(ark)* prig, stuffed shirt, stuck-up
tärkein the most important; chief, prime, principal
tärkeys importance, significance
tärkeä important, significant, weighty
tärkkelys starch
tärkkelysjauho *(Br)* cornflour; *(Am)* cornstarch
tärkki starch
tärpätti turpentine
tärykalvo eardrum
tärähdys concussion, shock
tärähtely tremor, shake
tärähtää shake
täräyttää bang
täsmentää specify
täsmälleen exactly, precisely
täsmällinen *(tarkka)* exact; *(ajan suhteen)* punctual; precise, accurate
täsmällisyys *(tarkkuus)* exactness, accuracy; *(ajan suhteen)* punctuality
täsmätä tally [with], agree [with]; *(tal)* balance
tässä here
tästedes from now on
tästä johtuen due to this; *(kirj)* hence
täten thus, herewith
täti aunt; *(ark)* auntie
täydellinen perfect; complete; *(läpikotainen)* thorough
täydellisesti perfectly
täydellisyys perfection
täydennysosa supplement
täydentäminen completion
täydentävä complementary, supplementary
täydentää improve, complete, supplement; *(lomake)* fill in, fill out
täydessä: ~ ***vauhdissa*** at top speed
täynnä full (*jtak* of); filled (*jtak* with); ***olen aivan*** ~ I am full

täysi full; complete; ***täydellä syyllä*** with every reason, justly; ***täyttä vauhtia*** at full speed; ***se meni [häneen] täydestä*** he swallowed it whole, he bought it
täysihoito full board, board and lodging; ***täysihoidossa oleva*** boarder
täysihoitola boarding house
täysi-ikäinen of age, major
täysi-ikäisyys majority
täysijärkinen sane
täysikasvuinen adult
täysikuu full moon
täysilukuinen fully attended
täysin fully, completely, quite; ***se on ~ ymmärrettävää*** it's fully (perfectly) understandable; ***hän on ~ mahdoton*** he's quite impossible
täysipainoinen full; *(konkr)* of full weight; ***viettää täysipainoista elämää*** lead a full life
täysistunto plenary session
täyskäännös about-turn
täysosuma hit, strike; jackpot
täyspitkä full-length
täyspotti grand slam
täystyöllisyys full employment
täyte filling; *(ruok)* filling, stuffing; *(vanu)* padding, packing
täytekynä fountain pen
täyteläinen full, rich; *(viini)* full-bodied
täytetty stuffed (***jllak*** with)
täyttymys fulfilment
täyttymätön unfulfilled
täyttyä fill
täyttäminen filling
täyttävä filling; rich
täyttää fill sth up; *(uudestaan)* refill; *(lomake)* fill in (out); *(kuv)* satisfy, meet, fulfill; ~ ***kaasulla*** *t.* ***ilmalla*** inflate; ~ ***tankki*** fill up the tank; ~ ***eläimiä*** stuff animals; ~ ***ehdot*** fulfill the conditions; ~ ***jkn toiveet*** fulfill (meet) a person's hopes (wishes); ~ ***tarve*** supply (satisfy) a need; ~ ***vaatimukset*** meet (fulfill, fill) the requirements
täyttö filling; refill
täyttöaukko inlet
täyttöpullo, täyttöpakkaus refill
täytyy must; have to
täytäntöönpaneva executive
täytäntöönpano execution
täällä here
täältä from here, hence
töhertää daub, scrawl, scribble
töhriä smear
töin tuskin [just] barely
tökerö awkward
tökätä nudge
tölkki *(Br)* tin; *(Am)* can; *(pahvi~)* carton
töllistellä gape [at]
töllötin *(Br ark)* goggle box; *(Am ark)* tube
tömähdys thud, thump
tömähtää thud
töniä push; *(ark)* hustle
tönäistä poke, push, shove
tönäys poke, push, shove
töpseli plug; *(ark)* ***laita ~ seinään*** plug it in
töpöhäntä bob
töpöhäntäinen bobbed
törkeä outrageous, crass, gross,; ***törkeä rikos*** felony
törky trash, junk; *(lika)* muck, sludge

törmä bluff
törmätä *(jhk) (auto)* bump [into], hit; *(lentokone)* crash [into]; *(laiva)* clash against, strike; *(yhteen, toisiinsa)* collide; *(henkilöön) (konkr, kuv)* bump into; *(kuv)* run into; *(mielipiteet)* collide, conflict with
törmäys crash; *(myös kuv)* collision
törrölleen, törröllään: *laittaa (olla) huulet* ~ pout
törähdys blast, honk, hoot
töräyttää honk, hoot, toot
tötterö cornet
töyhtö crest, tuft
töykeys abruptness
töykeä rude, surly, blunt
töyräs bank; brink
töytäistä jab
töytäys push
ööttäys honk

U

ufo UFO, unidentified flying object
uhata threaten; menace
uhitella be defiant; *(uhmata)* defy
uhitteleva defiant
uhka threat, menace *(uhkaava läheisyys)* imminence; ***jkn uhalla*** at the risk of; under penalty of
uhkaava threatening; *(kuv)* imminent, impending; *(taivas)* sullen; ***~sti lähestyvät tentit*** impending exams
uhkailla threaten; intimidate
uhkapeli gamble; venture
uhkarohkea foolhardy, reckless; daring; *(hätiköity)* rash
uhkarohkeus foolhardiness, recklessness; daring
uhkaus threat
uhkavaatimus ultimatum
uhkayritys [bold] venture
uhkea exuberant; rich
uhkua overflow [with], be bursting [with], ooze
uhma defiance
uhmaileva defiant
uhmata defy, brave
uhrata sacrifice; give of; ***hän on uhrannut aikaa ja rahaa koulun auttamiseen*** she has given of her time and money to help the school
uhraus sacrifice
uhrautu|a sacrifice o.s.; ***-va*** self-sacrificing; ***-vaisuus*** self-sacrifice
uhri *(onnettomuuden, rikoksen)* victim; *(usk)* offering; *(kuv)* sacrifice
uida swim; bathe; ***mennä uimaan*** go swimming; have a swim
uikutus whimper
uima-allas [swimming] pool
uimahalli [indoor] swimming pool; *(vanh)* swimming baths
uimahousut swimming trunks
uimakellukkeet swimming aids, armbands
uimapuku swimming (bathing) suit (costume), swimsuit; *(bikinit)* bikini
uimaranta beach
uimari swimmer
uimataidoton non-swimmer
uiminen swimming
uinahdus doze
uinahtaa doze [off]
uinti swim; swimming; bathe
uinua slumber
uiskennella *(kellua)* float
uistin trolling spoon, lure
uittaa *(tukkeja)* float
uittaminen floating
uitto [timber] floating; ***~mies (Br)*** lumberjack, timber floater
ujellus scream
ujo shy; *(kaino)* bashful; *(epävarma)* self-conscious; *(arka)* timid
ujostelematon unabashed
ujostella be shy; ***älä ujostele*** don't be shy
ujous shyness, bashfulness, timidity; *(epävarmuus)* self-consciousness
ukko old man, old guy; *(leik)*

grandpa, *(Am)* granddad
ukko|nen thunder; ***-senjohdatin*** lightning conductor; ***-skuuro*** thunder shower; ***-spilvi*** thunder cloud
ukonilma thunderstorm
Ukraina Ukraine
ula[radio] UHF (ultrahigh frequency)
ulappa open sea; *(valtameren)* the high seas; *(runok)* main; ***ulapalla*** out on the open sea
ulataksi radiotaxi, radiocab
ulista bawl, whine
uljaasti nobly, bravely, valiantly
uljas noble; brave, valiant
ulko- exterior, outer
ulkoa: ***osata*** ~ know by heart; ***oppia*** ~ learn by heart
ulkoasiainministeri[ö] *ks.* ***ulkoministeriö***
ulkoasu outward appearance
ulkogrilli barbecue
ulkohuone outdoor lavatory
ulkoilma the open air; *(raitis ilma)* fresh air
ulkoilmaelämä outdoor life
ulkoilmamuseo open air museum
ulkoilu outdoor activities; outings
ulkoiluttaa exercise, walk
ulkoinen external; outward
ulkokaihdin *(markiisi)* awning
ulkokultainen hypocrite; hypocritical
ulkokuori appearances
ulkolaitamoottori outboard motor
ulkomaalainen foreigner
ulkomaalais|toimisto, **-yksikkö** alien office, immigration office
ulkomaankauppa foreign trade
ulkomaanmatka trip abroad
ulkomaat foreign countries
ulkomailla, **ulkomaille** abroad
ulkomainen foreign
ulkoministeri Foreign Minister, Minister of Foreign Affairs; *(Br)* Foreign secretary; *(Am)* Secretary of State
ulkoministeriö Ministry of Foreign Affairs; *(Br)* Foreign Office; *(Am)* State Department
ulkomuistista by heart, from memory
ulkomuoto looks, appearance
ulkona out, outdoors
ulkonainen external; outward
ulkonaliikkumiskielto curfew
ulkonema projection
ulkoneva projecting, sticking out; ***~t hampaat*** prominent teeth
ulkonäkö looks, appearance
ulko-oven avain latchkey
ulko-ovi street [t. house] door; front door
ulkopolitiikka foreign policy
ulkopuolella out of, outside; *(kuv)* off, beyond
ulkopuoli exterior; outside
ulkopuolinen external; outsider
ulkorakennus *(Br)* outbuilding; *(Am)* outhouse
ullakko attic; loft
ullakkohuoneisto penthouse
uloke *(ulkonema)* projection; *(kallion)* overhang
ulommaksi farther out
ulompi outer
ulos out; *~!* get out!
uloshengitys expiration
uloskäynti exit
ulosottomies distrainer; *(Br)* bailiff

ulospäin outwards
ulospääsy outlet
ulostaa *(lääk)* defecate, evacuate
uloste excrement; *(ihmisen)* stool
ulostuslääke laxative, purgative [medicine]
ulosvirtaaminen *(nesteen, valuutan)* outflow
ulottaa extend
ulottua reach, stretch, extend; range (***jstak*** from, ***jhk*** to); ***hän ulottuu minua olkapäähän asti*** she comes up to my shoulder; ***en ulotu siihen*** I can't reach it; ***maa ulottuu pitkälle pohjoiseen*** the land stretches (extends) far to the north; ***paikan historia ulottuu yli kahden vuosisadan*** the history of the place spans two centuries
ulottuma reach
ulottumattomissa beyond the reach (range) of
ulottuvilla within reach
ulottuvuus dimension; *(kantomatka)* range; *(kuv myös)* perspective; ***historiallinen*** ~ a historical perspective
ulvahtaa cry out; yelp
ulvoa howl, roar
ulvonta howl, roar
ummehtunut musty, stale
ummessa: ***silmät*** ~ with one's eyes shut; *(kuv)* blindfolded
ummetus constipation
ummikko monolingual
ummistaa: ~ ***silmänsä*** close one's eyes; ~ ***silmänsä jltak*** connive at
umpeenkuluminen expiration
umpieritysrauhaset endocrine glands
umpihumalassa *ks.* ***umpitunnelissa***
umpikuja blind alley; dead end; deadlock; ***ajautua ~an*** head for the deadlock, reach a deadlock
umpikuuro stone-deaf
umpilisäke appendix
umpimähkäinen random
umpimähkään at random
umpisuolentulehdus appendicitis
umpitunnelissa *(humalassa)* dead (blind) drunk, smashed; ***(Br ark)*** stoned
undulaatti budgerigar
uneksia dream
uneksija dreamer
unelias drowsy, sleepy
unelma dream
unelmoida daydream, dream (***jstak*** of, about)
unessa: ***olla*** ~ be asleep
uneton sleepless, wakeful
unettomuus insomnia
uni dream; sleep, *(kirj)* slumber; ***näin viime yönä pahaa unta*** I had a bad dream last night; ***puhuit unissasi*** you were talking in your sleep
univormu uniform
unikko poppy
unilääke sleeping pill
uninen sleepy
unioni union
unissaan in one's sleep, while sleeping
unissakävelijä sleepwalker
unitauti sleeping sickness
unitila trance
universumi universe
Unkari Hungary
unkari *(kieli)* Hungarian
unkarilainen Hungarian

unohdettu forgotten, abandoned
unohdus oblivion; ***jäädä unohduksiin*** fall into oblivion
unohtaa forget, leave sth behind
unohteleva forgetful
unohtua be forgotten; ***avaimet unohtuivat*** I forgot the keys
unohtumaton unforgettable
unssi ounce, oz. *(= 28,35 g)*
untuva down
untuvainen downy; *(pörheä)* fluffy
untuvapeite eiderdown
uoma *(joen)* [river]bed, channel; *(rotko)* gully
upea *(rakennus, paikka, maisema ym.)* magnificent, splendid, great; *(nainen)* stunning, gorgeous, smashing; *(mies)* dashing, splendid; *(auto)* fabulous, fantastic; *(tyyli, puitteet)* glamoro[u]s
upeus state[liness]; pomp
upoksissa submerged; underwater
uponnut sunken
upota sink
upottaa *(laiva)* sink; *(oma laiva)* scuttle; *(kastaa)* dip, immerse; *(tekn)* embed, fit; ~ ***kultaa jhk*** inlay gold into sth; ~ ***kaappi seinään*** build a cupboard into the wall
upouusi brand-new
uppiniskainen headstrong, obstinate; insubordinate
uppiniskaisuus obstinacy
uppoama *(laivan)* displacement
uppomunat *(ruok)* poached eggs
upporikas immensely rich; *(ark)* filthy rich
uppouma *ks.* ***uppoama***
uppoutu|a: ***~nut jhk*** wrapped up in; *(kuv)* absorbed in
upseeri officer
ura career; *(tekn)* groove
uraani uranium
uraauurtava pioneering
urak|ka piece work; ***~alla*** by (on) contract
urakkapalkalla [be] payed by the piece [t. job]
urakoitsija contractor
uranuurtaja pioneer
urhea brave; *(kirj)* valiant, gallant
urheilija athlete; sports|man, -woman
urheilu sports; athletics; ***~a harrastava*** sporting
urheiluhenki sportsmanship
urheilukalastus sport fishing
urheilukatsaus sports review
urheilukenttä recreation ground; sports ground
urheilukilpailu sports meeting
urheilulaji event
urheilupäivä school sportsday
urheilusukellus skin-diving
urheilutapahtuma sports event; *(Br)* gala
urheiluvaatteet sportswear
urheus gallantry
urho hero
urhoollinen brave; *(kirj)* valiant
urhoollisuus bravery; *(kirj)* valour
urkkia nose, snoop around
urkkija spy
urkuharmoni harmonium
urkuparvi organ loft
urkuri organist
uros male
urotyö noble deed (service); exploit, feat
urpu catkin
urut organ

usea[t] many; several
useammin more often
useampia more
useimmat most; ~ ***ihmiset pitävät musiikista*** most people like music; ~ ***meistä*** most of us
useimmiten mostly, most of the time
usein often, frequently; ~ ***toistuva*** *t.* ***nähty*** frequent
uskalias daring, audacious, venturesome; ~ ***yritys*** venture
uskalikko daredevil
uskallettu daring; *(vitsi, juttu)* racy
uskallus guts; *(tarmo)* grit
uskaltaa dare, have the courage to; *(ottaa riski)* hazard, risk, venture
uskaltautua dare, venture
usko belief; *(luottamus)* confidence; *(usk)* faith
uskoa believe (***jhk*** in sth); ~ ***jklle jtak*** entrust, confide sth to sb
uskollinen *(kumppani)* faithful, true (***jklle*** to); *(lojaali) (kirj)* loyal, devoted
uskollisuus fidelity; allegiance; faithfulness; loyalty
uskomaton fabulous; incredible, unbeliavable
uskomus belief
uskonnollinen religious
uskonpuhdistus the Reformation
uskonto religion
uskontunnustus creed
uskotella make sb believe sth, mislead sb into believing sth
uskoton *(kumppani)* unfaithful; disloyal; *(usk)* faithless
uskottava credible; likely; ~***lta näyttävä*** *t.* ***tuntuva*** plausible
uskottomuus *(kumppanin)* infidelity, unfaithfulness; *(epälojaalisuus)* disloyalty
uskottu confidential; *(henkilö)* confidant[e]; *(~ mies)* trustee
uskoutua confide (***jklle*** in sb)
uskovainen believer, pious; *(harras)* devout
usva mist
usvainen misty
utare udder
uteliaisuus curiosity
utelias curious, inquisitive, nosy; ~ ***turisti*** rubberneck
utu haze
utuinen hazy
uudelleen again; once again, once more; *(kirj)* anew, afresh
uudenaikainen modern
uudenvuodenaatto New Year's Eve
uudenvuodenpäivä New Year's Day
uudestaan *ks.* ***uudelleen***
uudestisyntyminen regeneration
uudisasukas settler; *(Austr)* squatter
uudisasutus settlement
uudisraivaaja pioneer
uudistaa reform; renew
uudistaja reformer
uudistua regenerate
uudistuminen regeneration
uudistus reform; *(uusiminen)* renewal; *(tekn ym.)* innovation
uudisviljelys newly cultivated land
uuni *(leivin~)* oven, stove; *(sulatus~)* furnace; *(poltto~)* kiln
uunivuoka roasting pan
uupua become exhausted
uupumaton untiring, tireless
uupumus exhaustion; weariness

uupunut exhausted; worn out
uurastaa *(raataa)* toil; plod away; ***hän uurastaa hiljaa nurkassaan*** he plods away quietly in his corner
uurastus hard work, toil
uurna urn
uurre *(äänilevyn ym.)* groove; *(lattiassa ym.)* score; *(otsassa)* furrow
uurtaa cut, score
uurteinen *(levy)* grooved; *(otsa, pinta)* furrowed
uusi new; fresh; modern
uusia renew; *(remontoida)* renovate; *(korvata uudella)* replace; ~ ***rikos*** recidivate, relapse
uusikuu new moon
uusiminen renewal
uusinta repeat; *(tv, radio)* rerun
uusintaesitys *(teatt)* revival
Uusi-Seelanti New Zealand
uusiutua recur; be renewed; *(metsä)* regrow; ***hänen tautinsa uusiutui*** he suffered a relapse
uusiutuminen recurrence; return; *(taudin)* relapse
uusiutuva renewable; *(toistuva)* recurrent; ***~t luonnonvarat*** renewable natural resources
uuskolonialismi neo-colonialism
uute extract
uutimet curtains; *(Am)* drapes
uutinen [piece of] news; *(lehdessä ym.)* news item, item of news
uutisankkuri newscaster, newsreader, anchorman [t. woman]
uutiset news; *(vanh)* tidings; ***katsoa uutiset*** watch the news
uutiskatsaus newscast
uutislähetys newscast, news broadcast; ***ylimääräinen*** ~ news flash
uutisraportti newsreel
uutistenlukija *ks.* ***uutisankkuri***
uutistoimisto news agency
uutistoimittaja reporter
uutisvälineet news media
uutisvälähdys *(tv)* flash
uuttaa extract
uuttera hardworking, diligent, strenuous
uutteruus assiduity; diligence
uutuus novelty
uuvuttaa exhaust; wear down

V

vaade claim
vaahdoke *(ruok)* mousse
vaahdota foam; froth
vaahtera maple
vaahto foam
vaahtoava foaming; frothy
vaahtokarkki marshmallow
vaahtokylpy foam bath
vaahtopää[t] surf
vaaka scale; balance; *(astrol)* Libra
vaakakuppi pan, scale
vaakasuora horizontal
vaaksa span
vaakuna armorial; ***~kilpi*** coat of arms
vaakunamerkki crest
vaakunatiede heraldry
vaalea *(hiukset)* blond, fair; *(sävy ym.)* light
vaaleanpunainen pink
vaaleaverikkö blonde
vaaleta whiten; get lighter
vaaleus fairness
vaali election[s]
vaalia foster, nurse; cherish
vaalikampanja election campaign
vaalilautakunta election (electoral) committee (board)
vaalilupaus election pledge
vaalipiiri electoral (election) district; *(ehdokkaan oma)* constituency
vaalit elections
vaalitoimikunta caucus
vaalitulokset election results; poll; ***julistaa*** ~ declare the poll
vaaliuurn|a ballot box; ***käydä -illa*** go to the polls
vaan but
vaania lurk; *(väijyä)* lie in ambush; ~ ***saalista*** prowl about for a prey; ***vaara vaanii*** danger lurks
vaara danger; hazard; risk; *(piilevä)* pitfall; ***hän on suuressa ~ssa*** he is in a great danger; ***joutua ~an*** run into danger
vaarallinen dangerous; hazardous; unsafe; *(Br ark)* dodgy
vaarantaa endanger, risk; *(kuv myös)* jeopardize
vaaraton harmless; *(kirj)* innocuous
vaarna peg
vaate[kappale] garment; *ks.* ***vaatteet***
vaateharja clothes brush
vaatekaappi *(Br)* wardrobe, *(Am)* closet
vaatelias demanding; pretentious
vaatenaulakko rack
vaatesäilö *(narikka)* cloak room
vaatettaa clothe
vaatetus clothing, *(kirj)* attire
vaa|tia claim, ask; demand; *(edellyttää)* require; *(viedä aikaa ym.)* take, call for; ***he -tivat oikeuksiaan*** they are claiming their rights; ***onnettomuus -ti satoja uhreja*** the accident claimed hundreds of casualties; ***-dit liikaa*** you are asking too much; ***~ jklta vastaus*** *(tiukata)* press sb for an answer; ~ ***takaisin*** reclaim; ***se -tii aikaa*** it takes time; ***-timalla vaatia*** insist

vaatimaton modest; unassuming; simple, humble; *(koruton)* plain
vaatimattomuus modesty; simplicity
vaatimukset requirements
vaatimus claim; demand; *(edellytys)* requirement
vaativa demanding; *(rankka)* tough
vaatteet clothes; clothing; ***urheilu~*** sportswear; ***pue ~ päällesi*** put your clothes on
vadelma raspberry
vaellus *(siirtyminen)* migration; *(luonnossa)* hike, trek
vaeltaa wander, roam; *(luonnossa)* hike, trek
vaha wax
vahakabinetti waxworks
vahakangas oilcloth
vahakretonki chintz
vahata wax
vahingoittaa damage, do damage; *(haitata)* harm; *(ruumiillisesti)* injure; *(kuv)* hurt
vahingoittumaton *(tavarat)* undamaged, intact; unhurt; *(henk myös)* unscathed
vahingollinen harmful; *(terveydelle)* injurious [to]
vahingoniloinen malicious
vahingonkorvaus damages; indemnity
vahingossa accidentally, by accident; inadvertently
vahingot damages
vahinko accident; harm; damage; ***aiheuttiko myrsky paljon ~a?*** did the storm cause a lot of damage?; ***~ja sattuu*** accidents do happen; ***~ ettet pääse tulemaan*** what a pity you can't make it
vahti guard; doorkeeper; *(lapsen~)* baby-sitter, *(Br)* baby-minder
vahtikoira watchdog
vahtimestari attendant; *(viraston, sairaalan, ravintolan ym.)* doorman, *(Br myös)* porter; *(koulun)* keeper, caretaker; *(Am)* janitor
vahva strong; firm
vahvasti strongly, firmly
vahvistaa strengthen; consolidate; *(tehostaa)* intensify; *(joukkoja)* reinforce; *(tieto ym.)* confirm; corroborate; *(sopimus)* ratify, reinforce
vahvistaminen *(konkr)* consolidation; *(tiedon ym.)* confirmation, corroboration; *(sot)* reinforcement
vahvistava consolidating; ***~ lääke*** tonic
vahvistua intensify; grow
vahvistus confirmation; ***tarvitsen teiltä vahvistuksen*** I need your confirmation
vahvuus strength
vai or
vaientaa gag; hush; silence
vaihde *(auton, pyörän)* gear; *(rautat) (Br)* points, *(Am)* switch; ***ykkös~*** *(Br)* bottom gear; *(Am)* low gear; ***vaihtaa ~*** *(Br)* change gear; *(Am)* shift into [second ym.] gear
vaihdelaatikko gearbox
vaihdella vary; *(kuv myös)* fluctuate
vaihdetanko *(Br)* gear level, *(Am)* shift stick, gear shift
vaihdettava interchangeable
vaihdettavissa changeable
vaihe phase; stage; ***tässä vaiheessa*** at this stage

vaiheikas eventful
vaihtaa *(toiseen)* change; *(keskenään)* exchange, switch; *(ark)* swop; ~ ***junaa*** change trains; ***missä voin ~ rahaa?*** where can I change money?; ~ ***ajatuksia jstak*** exchange thoughts about sth; ***haluaisin ~ vaatteet*** I would like to change; ~ ***kanavaa*** switch over to another channel
vaihtaminen exchange
vaihteeksi for a change
vaihteleva changeable; variable; *(häilyvä)* fickle
vaihtelevuus diversity
vaihtelu change, variation; *(vuorottelu)* alteration; *(heilahtelu)* fluctuation; ~ ***virkistää*** variation is the spice of life
vaihteluväli range
vaihto change; *(keskenään)* exchange; *(ark)* swap (***jhk*** for); *(miehistö, hevoset)* relay
vaihtoehto alternative; choice; ***meillä ei ole ~a*** we have no choice (alternative)
vaihtoehtoinen alternative; *(Am)* alternate
vaihtokassa float
vaihtokauppa barter, trade, dicker
vaihto-oppilas exchange student
vaihtoraha change
vaihtovirta AC, alternating current
vaihtu|a change (***jksik*** to, into); *(keskenään)* be switched; be replaced; ***liikennevalot -ivat*** the traffic lights changed; ***salkkumme ovat -neet*** our briefcases were switched; ***vanhat levysoittimet ovat -neet CD-soittimiin*** old record-players have been replaced by CD-players; ***kesä -i syksyksi*** summer turned to autumn
vaikea difficult; hard, tough; *(monimutkainen)* complicated
vaikeapääsyinen inaccessible
vaikeaselkoinen involved; complicated
vaikeasti with difficulty; hard; ~ ***loukkaantunut*** seriously (dangerously) injured; ***hän on ~ tavoitettavissa*** it is hard to get hold of him
vaikeroida moan, lament
vaikeus difficulty; hardship
vaikeuttaa aggravate, complicate
vaikeuttava aggravating
vaikeutuminen complication
vaikka although, even if, even though, though
vaikutelma impression
vaikutin motive
vaikuttaa influence, sway; have an influence on; *(koskea, tehota)* affect, have an effect on; ~ ***jltak*** look, seem, appear
vaikuttava impressive; *(tuntuva)* drastic, *(tehokas, myös lääk)* efficient, effective
vaikutuksille altis impressionable
vaikutus effect, impact, influence (***jhk*** on)
vaikutusvaltainen influential
vailla lacking sth, without sth; destitute, devoid (***jtak*** of)
vaimentaa *(vaikutusta)* moderate, lessen, cushion; *(tunteita)* dampen, attenuate; *(ääntä)* deaden, muffle; *(iskuja)* cushion, deaden; *(mus)* dampen, muffle
vaimo wife

vain only, simply
vainaja deceased; late; ***hänen miesvainajansa*** her late husband
vaino[aminen] persecution
vainoharhaisuus persecution mania
vainota persecute
vainu scent; *(kuv)* a good nose for
vainuta scent, nose
vaippa *(lumi~ ym.)* cloak, mantle; *(vauvan) (Br)* napkin, nappy; *(Am)* diaper; *(tekn)* jacket
vaipua sink, drop; ***ajatuksiin vaipuneena*** deep (absorbed) in thought
vaisto instinct
vaistomainen instinctive
vaitelias reticent, silent, taciturn
vaiv|a *(~nnäkö)* trouble, bother; *(fyysinen)* trouble, ailment, bother; *(hankaluus)* inconvenience, discomfort; ***se kysyy aikaa ja ~a*** it takes time and effort; ***valittaa -ojaan*** complain about one's ailments; ***se kyllä maksoi ~n*** it really was worth the effort; ***nähdä paljon ~a jssak*** take a lot of trouble with *t.* to do sth
vaivaama afflicted (***jkn*** with)
vaivaantunut embarrassed, self-conscious, uneasy
vaivainen wretched; *(kirj)* pauper
vaivalla ansaittu hard-earned
vaivalloinen troublesome, trying
vaivasenluu bunion
vaivata *(häiritä)* trouble, bother; *(kiusata)* pester, annoy; *(rasittaa silmiään ym.)* strain; *(päänsärky ym.)* be afflicted with; *(taikinaa)* knead; ~ ***päätänsä*** rack one's brains, puzzle
vaivaton easy, smooth
vaivatta easily, smoothly
vaivautua trouble o.s.; bother
vaja hangar, shed
vajaamielisyys mental deficiency
vajaus deficit
vajavainen defective
vajavaisuus shortcoming
vajota sink; ~ ***maan alle*** *(kuv)* cringe
vakaa stable, steady
vakaannuttaa stabilize, steady
vakaumus conviction, persuasion
vakauttaa stabilize, consolidate
vakautua become stable, *(tasaantua)* steady
vakava serious, grave
vakavarainen solid
vakavuus *(kuv)* gravity; *(tal)* stability
vakiinnuttaa establish, *(lujittaa)* consolidate; *(normalisoida)* normalize
vakiintua *(käytäntöön)* become established; *(asettua aloilleen)* settle down
vakiintunut established, settled
vakinainen permanent; regular; *(työ, tyttöystävä)* steady
vakio constant
vakka bushel
vako furrow
vakoilla spy (***jkta*** on sb)
vakooja spy
vakosamettihousut cord[uroy]s
vakuus *(lainan)* security, collateral; *(pantti)* pledge
vakuuttaa *(ottaa vakuutus)* insure; *(saada vakuuttuneeksi)* convince; *(julistaa)* affirm, assure
vakuuttava convincing; persua-

sive; *(varma itsestään)* assertive
vakuuttelu *(lupailu)* assurances; *(taivuttelu)* persuasion
vakuutus insurance; *(lupaus)* assurance; *(julistus)* affirmation
vakuutuskate coverage
vakuutuskirja insurance policy
vakuutusmaksu premium
vakuutusyhtiö insurance company
vala oath; ***vannoa*** ~ take an oath
valaa cast, found, mould; ~ ***lattia*** lay a floor; ~ ***betonia*** lay in concrete; ~ ***kynttilöitä*** dip candles; ~ ***intoa jkhun*** infuse enthusiasm into sb
valaanluu whalebone
valaehtoinen todistus *(lak)* affidavit
valaiseva illustrative; instructive
valaista light up, illuminate; *(kuv)* elucidate, illustrate, shed light on
valaistu lit; alight
valaistus light, lighting
valamiehistö jury
valamies juror
valantehnyt sworn
valas whale
vale lie
vale- false, bogus, mock
valeasu disguise; cover
valehdella lie
valehtelija liar
valella *(vedellä)* pour [water on]; *(rasvalla)* baste
Wales Wales
walesilainen *(myös henk)* Welsh
walesin kieli Welsh
valhe lie, untruth
valheellinen untrue; *(kirj)* mendacious
valikko *(atk)* menu
valikoida select, pick out
valikoima assortment; choice, selection (***jtak*** of)
valikoimaton indiscriminate
valikoimatta indiscriminately
valikoiva selective, *(ark)* choos[e]y
valimo foundry
valinnainen elective, optional
valinnanvara option
valinta *(tehty ~)* choice; *(valikointi)* choosing; selection
valintamyymälä supermarket
valintatili *(Br)* credit account; *(Am)* charge account
valio pick; quality
valiokunta board, committee
valistaa enlighten
valistunut enlightened
valita *(vaihtoehdoista)* choose, opt for, pick; *(joukosta)* pick out, select, single out; *(vaaleissa)* elect; ~ ***[puhelin]numero*** dial; ~ ***uudelleen*** re-elect; ***valitse!*** *(ark)* take your pick!
valitettava regrettable, unfortunate
valitettavasti unfortunately
valitseminen *(vaaleissa)* election
valitseva elective
valitsijakunta constituency
valitsijamies elector
valittaa *(tyytymättömyyttään)* complain (***jstak*** of); *(vaikeroida)* groan, moan, wail; *(surkutella)* moan, whine (***jstak, jtak*** about); *(tehdä valitus)* lodge a complaint (***jstak*** against); *(lak)* appeal
valittava complaining; *(ääni ym.)* lamenting, *(haikea)* plaintive
valittu chosen; elect
valituksen aihe grievance
valitus complaint; *(surkuttelu, vai-*

kerrus) lamentation, moan, wail; *(lak)* appeal
valituslaulu dirge, lament
valjaat harness
valjakko team
valjastaa harness
valkaista bleach; whitewash
valkaisuaine bleach
valkea white; *(tuli)* fire
valkohehkuinen white-hot
valkoinen white; ~ ***lippu*** flag of truce
valkokangas screen
valkosipuli garlic
valkosipulinpuristin garlic press
valkuainen *(munan)* egg white; *(silmän)* white
valkuaisaine protein
vallankaappaus coup
vallankumouksellinen revolutionary
vallankumous revolution
vallanperimys[järjestys] succession
vallata *(sot)* take, seize, conquer; *(negatiivinen tunne)* be seized (overcome) with; *(positiivinen tunne)* be filled (overwhelmed) with; ~ ***laiva*** captivate a ship; ~ ***alue*** gain ground; ***kauhun valtaama*** terror-stricken
vallaton unruly; *(vanh)* wanton
valli dyke, mound, rampart
vallihauta moat
vallita dominate, prevail
vallitseva existing, prevailing; ***vallitsevissa olosuhteissa*** in (under) the existing circumstances
vallitus bulwark
valloittaa conquer, invade
valloittaja conqueror
valloittamaton impregnable
valloittava *(kuv)* captivating
valloitus *(myös kuv)* conquest
valmennus coaching, training
valmentaa coach, train
valmentaja coach, trainer
valmentautua train
valmis ready, finished, *(valmistautunut)* prepared
valmistaa make; prepare; *(tehdasmaisesti)* manufacture, produce; *(ruokaa)* cook, make, *(Am myös)* fix
valmistaja maker, manufacturer, producer
valmistamaton unprepared
valmistautua get ready [for]; prepare o.s. [for]; *(varautua)* brace o.s. [for]
valmistava preliminary, preparatory
valmiste *(tuote)* product; good
valmistella prepare, formulate
valmistelu preparation
valmistettu: ~ ***Suomessa*** made in Finland
valmistua be ready, *(oppilaitoksesta)* get a diploma, graduate
valmistujaisjuhla graduation
valmistuminen *(työn, rakennuksen)* completion; *(oppilaitoksesta läh)* completion of studies; graduation
valmistus preparation; *(tehdas ym.)* manufacturing, production
valmistusvirhe factory flaw (defect)
valmius preparedness, readiness
valo light
valoammus flare
valoisa clear, light, luminous

valokeila spotlight
valokopio photocopy
valokuva photo[graph], picture *(jstak* of), snapshot; ***ottaa valokuvia*** take pictures; ***saanko ottaa sinusta ~n?*** may I take your picture?
valokuvaaja photographer
valokuvata photograph, take pictures
valokuvaus photography
valonheitin *(julkisivun ym.)* floodlight; *(näyttämön, studion)* spotlight; *(auton)* headlight
valopiha patio
valos cast
valottaa *(valok)* expose
valotusaika *(valok)* exposure
valpas alert, vigilant, watchful
valppaus vigilance
valssi *(tekn)* roller; *(tanssi)* waltz
valta power, dominion, might; *(ylin ~)* sovereignty
valtaama: ***pelon valtaama*** fear-stricken
valtaanpääsy takeover
valta-asema ascendancy, dominating position
valtaistuin throne
valtakirja power of attorney; *(dipl)* credentials; *(äänestys~)* proxy
valtakunnanraja border
valtakunta realm
valtameri ocean
valtaosaltaan predominantly
valtasuoni artery
valtatie highway, thoroughfare
valtaus capture, seizure
valtava enormous, huge, immense; ***~n hauska*** hilarious
valtikka sceptre
valtimo artery; ***~n syke*** pulse
valtio state
valtioliitto [con]federation
valtiollinen political
valtiomies statesman
valtiomuoto form of government
valtionkirkko established church
valtionpäämies head of state
valtiopäivät *(hist)* diet
valtiosääntö constitution
valtiotiede political science
valtiovarainministeriö Ministry of Finance; *(Br)* Treasury; *(Am)* Treasury Department
valtti asset, trump
valtti[kortti] *(korttip, kuv)* trump card, master card; *(kuv)* asset
valtuus power, authority
valtuus power; *(pol)* mandate
valtuuskunta delegation
valtuutettu delegate; *(lak)* agent, proxy
valtuuttaa authorize, empower
valtuutus authorization, warrant
valua flow, run; *(hiki)* drip, stream ***valua pois t. tyhjäksi*** drain
valukynttilä dip
valuteos cast
valuutta currency; ***yhteinen eurooppalainen (Euroopan yhteinen) ~*** a common European currency
valuutta- monetary; ***Kansainvälinen ~rahasto*** the International Monetary Fund
valuuttajärjestelmä monetary system
valveilla awake
valvoa *(olla hereillä)* stay up; *(tarkkailla)* superintend, supervise; *(seurata)* monitor; *(johtaa)*

control; *~ odottaen* sit up; ***valvova opettaja*** supervising teacher, teacher in charge
valvoja supervisor; *(työn)* superintendent; warden
valvonta *(työn ym.)* supervision, superintendence; *(silmälläpito)* surveillance; *(ohjaus)* control
valvontajoukot: ***YK:n ~*** the United Nations Emergency Force
vamma injury; *(lääk)* lesion; *(psyk)* trauma; *(pysyvä)* disability
vammainen disabled; handicapped
vammauttaa maim
vammautunut *(onnettomuudessa)* maimed
vamppi vamp
vampyyri vampire
vanavesi wake
vandaali vandal
vaneri plywood
vanginvartija jailer
vangita *(panna vankilaan)* imprison; *(pidättää)* arrest; *(panna häkkiin)* cage; *(ottaa kiinni)* catch; *(myös kuv)* capture
vangitseminen capture; imprisonment
vangitsemismääräys warrant for sb's imprisonment
vanha old; ancient; *(vakiintunut)* established; ***vanhan tavaran osto- ja myyntiliike*** second-hand shop
vanhanaikainen old-fashioned; dated; quaint; stuffy
vanhapiika old maid, spinster
vanhapoika bachelor
vanhemmanpuoleinen elderly
vanhemmat parents, *(ark)* folks
vanhempi older; *(iästä)* elder, senior
vanheneminen ageing, getting (growing) old
vanheneva ageing
vanhentunut antiquated, dated, obsolete; *~ **sanonta*** archaism
vanheta age; get (grow) old
vanhurskas righteous
vanhus old man (woman); *(Am)* senior citizen; ***vanhukset*** the old people, the elderly
vanhuudenhöperyys dotage, senility
vanhuudenhöperö senile
vanhuus old age; *(esineen)* antiquity
vanilja vanilla
vankeus *(vankilassa)* imprisonment; *(olla vankina, myös kuv)* captivity, *(huostassa)* custody
vanki prisoner, convict; *(sota~ ym.)* captive
vankila *(Br)* jail, gaol; *(Am)* prison, penitentiary
vankka robust, sturdy; *(myös kuv)* solid, stable
vankkurit stagecoach
vanne hoop, rim
vannoa swear; *~ **vala*** take (swear) an oath
vannottaa: ***~ jku tekemään jtak*** adjure sb to do sth
vannoutunut dedicated, sworn
vanttera squat
vanu cotton, cotton wool
vanukas pudding
vanutäyte wadding
vapaa free; *(~ jstak)* exempt [from]; *(ei varattu)* unoccupied, disengaged; ***onko tämä pöytä ~?*** is this table free? ***~ [istuma]paik-***

ka vacant seat; ~ ***huone*** vacant room; ~ ***työpaikka*** vacancy; ***ottaa ~ta*** take some time off; ***päästä koira ~ksi*** let the dog free, unleash the dog
vapaa-aika leisure [time], free time, spare time
vapaaehtoinen voluntary, volunteer; *(oppiaine)* elective, optional
vapaaherra baron
vapaaherratar baroness
vapaalippu complimentary ticket, free ticket
vapaamielinen liberal
vapaamielisyys liberalism
vapaamuurari [free]mason
vapaasti freely; ad-lib
vapahtaa *(usk)* save
Vapahtaja *(usk)* the Saviour
vapaus freedom, liberty, licence
vapautettu jstak exempt [from]
vapauttaa free, set free; *(päästää)* release; *(maa)* liberate; *(verosta)* exempt [from]; ~ ***syytteestä*** exonerate
vapauttaminen *(vankilasta, kahleista ym.)* release; *(syytteestä)* acquittal; *(maan)* liberation; *(orjuudesta)* deliverance
vapautua break away from; *(irtautua, myös kuv)* disengage o.s.
vapautuminen emancipation
vapiseva shaky
vapista shake, shiver, tremble
vapunpäivä May Day
vara reserve, spare; *(hätä~)* stopgap
varainhoito finance
varakas wealthy, well-off, well-to-do
varakreivi viscount; ***~tär*** viscountess
varakuningas viceroy
varallisuus wealth
varanto reserve
varapuheenjohtaja vice-president
vararahasto reserve
vararikko bankruptcy, failure
vararikkoinen bankrupt
varas thief *(pl thieves)*; burglar
varashälytin burglar alarm
varastaa steal; *(näpistää)* pinch
varastettu stolen
varasto stock, store; supply; *(rakennus)* warehouse; ***~ssa*** in stock, in store
varastoida *(liik)* stock; *(ruokaa, lämpöä)* store [up]; *(hätätilan varalle)* stockpile; *(talveksi, el)* hoard [up]
varastointi stockpiling
varat funds, means, resources; *(kirjanp)* assets
varata book, reserve
varattu *(henkilö)* engaged, occupied; *(WC)* occupied; *(pöytä)* reserved; *(paikka)* taken; ***puhelin on varattu*** *(Br)* the line is engaged; *(Am)* the line is busy
varauloskäytävä emergency exit
varaus reservation
varautunut reserved
varhain[en] early
varhaiskypsä precocious
varietee variety; *(Am)* vaudeville
varieteeteatteri music hall
varikko arsenal, depot
varis crow
varista flake [off]
varjella preserve; protect
varjo *(henk, kuv)* shadow; *(suoja auringolta)* shade; ***~ssa*** in shade;

***kuin* ~** like a shadow
varjoisa shadowy, shady
varjopuoli disadvantage; drawback; ***valo- ja varjopuolet*** pros and cons
varjostaa shadow
varjostin *(lampun)* shade, *(kaihdin)* screen
varkaus theft
varma certain, sure; *(ehdottoman ~)* positive; *(turvallinen)* safe, secure; *(itse~)* self-confident
varmasti sure, surely; decidedly
varmentaa certify; ***~ nimikirjoituksella*** countersign
varmistaa ascertain, ensure, *(tarkistaa)* verify; *(ark)* make sure
varmuus certainty, security
varoa mind, watch out ***(jtak*** for), beware of; ***varo porrasta (kynnystä)*** mind your step; ***varo!*** watch out! ***varokaa varkaita*** beware of thieves
varoittaa warn; alert, caution
varoittava warning; deterrent
varoitus caution; ***~aika*** notice, warning
varomaton careless, imprudent
varotoimenpide precaution
varova cautious, mindful, cagey
varovainen careful, cautious
varovaisuus caution, precaution, prudence
varpaankynsi toenail
varpunen sparrow
varrella down, by; ***joen ~*** by a river; ***tässä kadun ~*** it's down the street
varsa foal
varsi *(kasv)* stalk, stem; *(työkalun, kirveen)* shaft; *(vasaran)* handle; *(tekn)* arm
varsin pretty, quite
varsinainen actual, proper
varsinkin especially, particularly
varsoa foal
Varsova Warsaw
vartalo body, figure; physique
vartalonmyötäinen close-fitting, skin-tight
vartalosukka body stocking
varta vasten expressly, specially
varteenotettava noteworthy; worthy of attention; *(ehdokas)* eligible
varten for
vartija guard; keeper; *(vangin)* warder; *(yö)* watchman; ***en ole veljeni vartija*** I'm not my brother's keeper
vartio guard; *(~vuoro)* watch
vartioida guard
vartiointi watch; *(urh)* covering
vartiojoukko picket
vartiokoju sentry box
vartiomies sentry
vartiopaikka post
varuskunta garrison
varusmies conscript, soldier
varustaa equip, provide sb ***(jllak*** with); *(aseistaa)* arm sb; equip o.s. ***(jllak jhk*** with sth for sth); ***~ laiva*** fit out a ship [for a voyage]
varustautua arm
varusteet equipment; *(urheilu~, retkeily~)* kit, outfit, gear
varustelu armament
varustus *(sot)* bastion
varvas toe
varvassandaalit *(Br)* flip-flops, *(Am)* thongs

vasalli *(hist)* liege [man]
vasara hammer
vasaroida hammer
vasen left
vasenkätinen left-handed
vasikanliha veal
vasikka calf
vaskooli pan
vasta just, newly; ***vasta illalla*** not until in the evening
vasta-aine antibody, antidote
vastaaja *(lak)* defendant
vasta-alkaja beginner; *(Am, ark)* rookie
vastaan against; *(lak)* versus; ***menetkö häntä ~ lentokentälle?*** are you going to meet him at the airport?
vastaanotin receiver; *(tv, radio)* set
vastaanottaja receiver; *(kirj)* recipient; ***kirjeen*** ~addressee
vastaanottaminen acceptance, receipt
vastaanottavainen receptive, amenable, responsive ***(jllek*** to); *(herkkä)* susceptible, sensitive ***(jllek*** to)
vastaanotto reception
vastaava corresponding; equivalent ***(jtak*** to); *(~nlainen)* similar, comparable; ***tarkoitusta ~*** adequate, appropriate
vastaavasti accordingly, correspondingly
vastaavuus equivalence, correspondence ***(jkn välillä*** between)
vastahakoinen reluctant
vastahakoisesti reluctantly
vastahakoisuus reluctance ***(jhk*** to); disinclination
vastainen opposite; contrary, adverse ***(jnk*** to); ***etujeni ~*** adverse (contrary) to my interests; ***sääntöjen ~*** against the rules; ***~ tuuli*** adverse (contrary) wind; ***~ ranta*** opposite bank (shore)
vastakappale counterpart
vastakkain face to face; against; ***istua ~*** sit facing (opposite) each other; *(vastaan t. vasten)* against [each other]; ***~ asettaminen*** confrontation; ***vastakkaiseen suuntaan*** to the opposite direction
vastakohta contrast, opposite, reverse; ***he ovat toistensa vastakohtia*** they are two extremes; ***vastakohdat täydentävät toisiaan*** opposites attract
vastalause protest
vastamyrkky antidote
vastapaino counterbalance
vastapuhelu *(Br)* reverse-charge call; *(Am)* collect call
vastapäivään counterclockwise
vastapäätä opposite to
vastarinta resistance; *(vastustus)* opposition
vastarintaliike resistance
vastasyntynyt newborn
vastata answer, give an answer [to]; *(olla jkn veroinen)* correspond to; *(~ vaatimustasoa ym.)* be up to, come up to, meet; *(reagoida)* respond, react to; ***~ haasteeseen*** *(kuv)* accept (take) the challenge; *(lak)* reply to a charge; ***~ kustannuksista*** assume (pay) the expenses; ***minä vastaan puhelimeen!*** I'll get it!; ***kukaan ei vastaa*** there is no answer; ***~ soitto- pyyntöön*** call back; ***~ tunteeseen ym.*** respond; reciprocate

vastattavat debit, liabilities
vastaus answer, *(kirjeeseen)* reply; *(reaktio)* response; *(sukkela)* retort
vastavaikutus countereffect
vastaväite objection
vasten against
vastenmielinen repellent, repulsive; *(inhottava)* obnoxious, disgusting
vastenmielisyys aversion; distaste; repugnance; *(inho)* disgust
vastine counterpart; equivalent; *(lehdessä)* reply; *(lak)* rejoinder
vastoin against
vastoinkäyminen adversity, hardship
vastus resistance; *(kiusa)* nuisance
vastustaa be against, oppose; be opposed [to], object [to]; *(tehdä vastarintaa)* resist; ~ ***vanhempiaan*** go against one's parents; ***ydinvoimaa vastustava liike*** antinuclear movement
vastustaja opponent, adversary
vastustamaton irresistible
vastustus opposition; resistance
vastustuskyky resistance
vastuu responsibility
vastuunalainen responsible (***jstak*** for)
vastuussa responsible, accountable, liable (***jstak*** for)
vastuuvelvollisuus liability
vati basin, plate
Vatikaanivaltio the Vatican
vatkain mixer
vatkata *(ruok)* beat, whip, whisk
vatsa belly, *(~laukku)* stomach; *(Br ark)* tummy; *(anat)* abdomen
vatsa[n]- abdominal, gastric
vatsahappo gastric acid
vatsakalvontulehdus *(lääk)* peritonitis
vatsakipu stomachache; cramps
vauhdikas brisk; speedy
vauhko skittish
vauhti speed; *(kuv myös)* rate; *(juoksun ym.)* pace; *(tekn myös)* momentum; ***täyttä ~a*** at full (top) speed; ***inflaation*** ~ the rate of inflation
vauhtihirmu *(ark)* scorcher, speeder
vaunu[t] *(hevos~)* carriage; *(junan~)* *(Br)* carriage; *(Am)* car; *(tavara~)* *(Br)* wagon, truck; *(Am)* car
vaunuemäntä stewardess
vaunuosasto compartment
vauras prosperous
vaurio damage
vauva baby
vauvaikä babyhood
vauvamainen babyish
vauvanruoka baby food
vavahtaa quiver, shake
vavista *(kylmästä, pelosta, ym.)* shake, tremble, shudder, shiver, quiver [with]; ***hänen äänensä vapisi*** his voice was quivering (trembling); ***hänen kätensä vapisivat*** his hands were trembling (shaking)
vavistus quiver, tremor, shudder
WC lavatory, toilet
WC-pönttö toilet pan (bowl)
vedenalainen underwater, submarine
vedenpaisumus flood, deluge
vedenpitävä watertight, waterproof

vedonlyönti betting; ***vedonlyönnin välittäjä*** bookmaker, *(ark)* boogie
vedota appeal *(jhk* to)
vehje gadget, contraption
vehkeet equipment
vehkeilijä conspirator
vehkeillä conspire, plot, scheme
vehkeily machination, plotting, scheming
vehnä wheat
vehnäleipä wheat (white) bread
vehnänalkiot wheat germs
vehreys verdure
veijari rogue
veikeä jovial, arch
veikko chap, fellow, mate
veistellä *(puuta ym.)* whittle; *(kuv)* crack jokes
veisto woodwork
veistos sculpture
veistää carve, sculpture
veitikkamainen rascally, arch, puckish
veitset cutlery
veitsi knife
veitsiseppä cutler
vekki pleat
vekotin gadget, thing
vekseli bill, draft
vekselin asettaja drawer
vekselin lunastaja drawee
velallinen debtor
velat debts, liabilities
velho wizard; conjurer; *(noita)* sorcerer, *(fem)* sorceress
veli brother; ***hyvä veli -verkosto*** old boy network
veljekset brothers; *(liik)* Bros
veljellinen fraternal
veljenpoika nephew
veljentytär niece
veljeskunta brotherhood, fraternity
veljeys brotherhood; fraternity
velka debt
velkakirja IOU (I owe you); promissory note
velkoja creditor
velli gruel, pap
veloittaa charge, debit
veltostuttaa make listless; *(kirj)* enervate
veltto *(lihas)* flabby, flaccid; *(kädenpuristus, ruumis)* limp, slack; *(haluton)* listless, indolent, inert
velttoilla *(ark)* slack off
velttous *(haluttomuus)* listlessness, indolence
velvoittaa bind, put under an obligation; *(kirj)* oblige
velvoitus obligation
velvollisuus duty; responsibility
vene boat
veneily boating
venepakolaiset boat people
Venetsia Venice
ventti *(korttip)* black jack
venttiili valve
venyttää stretch
venyvä stretchy; *(myös kuv)* elastic
venyä *(konkr)* stretch; *(ajallisesti)* be [long] drawn out, be prolonged; drag on
Venäjä Russia
venäjä *(kieli)* Russian
venäläinen Russian
verbaalinen verbal
verbi verb
verenhimoinen bloodthirsty, sanguinary
verenimijä bloodsucker; vampire; *(iilimato)* leech
verenkierto circulation

verenkiertojärjestelmä circulatory system
verenluovuttaja blood donor
verenluovutus blood donation
verenmyrkytys blood poisoning
verenpaine blood pressure
verensiirto [blood] transfusion
verentungos congestion
verenvuodatus bloodshed
verenvuoto bleeding, h[a]emorrhage
veres recent
verestävä bloodshot
verho curtain; *(pilvi~, usva~)* veil, blanket; *(kuv)* cloak, shroud, veil
verhoilla upholster
verhoilu[työ] upholstery
verhota *(vaatteella)* cover; *(kankaalla)* drape; *(kuv)* wrap up, veil, shroud
veri blood
verihera serum
verilöyly carnage; massacre
verinen bloody
veriplasma plasma
verisuoni blood vessel
verisuonitukos thrombosis
verisuonten kalkkiutuminen arteriosclerosis
veritulppa clot; thrombosis
verkkainen leisurely; dilatory
verkkarit *ks.* ***verryttelypuku***
verkko net; *(myös kuv)* mesh
verkkokalvo retina
verkkoryhmä network
verkosto network
vermisellit vermicelli
vermutti vermouth
vernissa varnish
vernissata varnish
vero tax; imposition; ***[kunnallinen kiinteistö]~*** rate
veronkierto tax evasion
veronmaksaja tax payer
verottaa tax
verotus taxation
verrata compare *(**jhk** to, with)*
verraton incomparable; invaluable
verrattava comparable
verrytellä warm up, limber up
verryttelypuku sweat suit, track suit
versio version
verso shoot, sprout
versoa shoot, sprout
verstas [work]shop
vertaa vailla unparalleled, unrivalled
vertahyytävä bloodcurdling
vertaileva comparative
vertailu comparison
vertainen equal to; match
vertaus comparison; *(raam)* parable
vertauskuva symbol; emblem
vertauskuvallinen symbolic[al]
veruke excuse, pretext; pretence; ***sillä verukkeella että*** on (under) the pretext of (that)
vesa *(puun)* shoot; *(suvun)* scion
vesakko copse
vesi water; ***veden vallassa*** flooded, underwater; ***hänellä oli ~ kielellä*** his mouth watered
vesihiihto waterskiing
vesihoito hydropathy
vesihuolto water supply
vesijohto water pipe
vesijohtolaitos waterworks
vesikauhu *(pelko)* hydrophobia; *(tauti)* rabies
vesikrassi [water]cress

vesilammikko, vesilätäkkö puddle, pool of water
vesiliito hydroplaning, aquaplaning
vesilintu water (aquatic) bird; ***vesilinnut*** waterfowl
vesimeloni watermelon
vesimies *(astrol)* Aquarius
vesipannu kettle
vesiposti hydrant
vesiputous waterfall, cataract, fall
vesirokko chicken-pox
vesiselvä stone cold sober
vesisäiliö water tank; *(vesilaitoksen)* reservoir; *(WC:n)* cistern
vesisänky waterbed
vesitaso seaplane
vesivärit watercolours
vesiväylä watercourse, waterway; ***vesiväylien yhtymäkohta*** confluence
vessa toilet, bathroom; *(Br, ark)* loo; *(Am, ark)* john
vetelehtijä slacker, idler, loafer
vetelehtiä idle, loiter, loaf
vetelä flabby, flaccid
veteraani veteran, ex-serviceman
vetinen watery, wet
veto *(vetäminen)* pulling, drawing; *(vetäisy)* pull, tug; *(airon, uimarin, kynän, siveltimen)* stroke; *(ilmavirta) (Br)* draught; *(Am)* draft; *(tekn)* drive; *(vedonlyönti)* bet, wager; *(kuv) (siirto)* stroke, move
vetoavasti appealingly
vetoinen draughty
vetoisuus *(tekn)* tonnage
vetoketju zip; *(Am)* zipper
vetoliuska tab
veto-oikeus veto
vetoomus appeal, plea
vetopasuuna trombone
vetosolmu noose
vetovoima attraction, appeal; *(tenho)* allure
vettyä become waterlogged
veturi engine, locomotive
veturinkuljettaja *(Br)* engine driver; *(Am)* engineer
vety hydrogen
vetäistä pull, hitch; *(nykäistä)* tug
vetäisy pull, hitch, tug
vetäjä *(urh) (jänis)* pacemaker
vetäminen draw
vetävännäköinen *(Am, ark)* foxy
vetäytyä cringe; *(laskuvedestä)* ~ ebb; *(sot)* withdraw; ~ ***säpsähtäen*** flinch; ~ ***takaisin*** recede, retire; ~ ***tehtävästä*** beg off
vetää *(perässään)* pull; *(tukkeja, verkkoja)* haul [up]; *(hinata)* tow; *(kiskoa)* tug; *(kello)* wind up; ~ ***nenästä*** pull sb's leg; ~ ***puoleensa*** appeal, attract, draw; ~ ***vertoja*** equal, match; ~ ***vene rantaan*** draw the boat on to the shore; ~ ***kaihdin alas***, ~ ***verhot kiinni*** draw the blind, draw the curtains; ~ ***korkki pullosta*** draw (extract) the cork; *(kuv)* ~ ***viiva (raja)*** draw the line; *(sot)* ~ ***joukot*** withdraw the troops
viallinen faulty
viaton innocent
viattomuus innocence
videonauha videotape
video, videot *(kasetti t. laite)* video; ***nauhoittaa ~lle*** video[tape]; ***se on minulla ~lla (nauhalla)*** I've got it on video[tape]
videokamera video camera
videokasetti video cassette

videolaitteet video equipment
videonauhuri video [cassette] recorder
videopeli video game
videovuokraamo video rental shop
viedä carry, take; *(maasta)* export; *(johtaa)* lead; *(tilaa)* occupy, take up; ~ ***edelleen*** transmit; ~ ***loppuun*** accomplish; ~ ***läpi*** carry through; ~ ***olalle*** shoulder; ~ ***perille*** deliver; ~ ***voitto jssak*** excel in sth
viehkeys charm, grace
viehkeä charming, graceful
viehättävä charming, attractive, *(tenhoava)* alluring, captivating
viehättää fascinate; charm, allure; captivate
viehätys *(~voima)* appeal, charm; attraction; *(hauskuus)* charm, fascination; ***siinä on tiettyä ~tä*** there is a certain charm to it
viekas cunning, sly
viekkaus cunning, slyness
viekoitella entice, lure (***jhk*** into)
viekoitteleva enticing, *(vietteleva)* seductive
vielä still; yet; ***vielä yksi*** another
vieläpä even
viemäri sewer, drain
viemäriputki sewer pipe, drain
viemäristö, viemäriverkko sewage, sewer system
viemärivesi sewage water, waste water
viemäröinti sewage
Wien Vienna
vieno gentle, soft
vienti export
vientitavara export goods
vieraannuttaa alienate, estrange
vieraannuttaminen alienation
vieraanvarainen hospitable
vieraanvaraisuus hospitality
vierailla visit
vierailu visit
vieras guest, visitor; *(outo)* strange; *(~maalainen, ~peräinen)* foreign
vieraskäynti call, visit
vierastaa be shy of; *(kaihtaa)* shun, avoid
vierastunti visiting hours
viereen beside; next to; ***tule istumaan viereeni*** come and sit next to me
viereinen next [to], next-door; *(huone ym.)* adjoining
vierekkäin next to each other
vierellä beside; by the side of; next to
vieressä by, beside; ***ikkunan*** ~ by the window
vierittää roll
vieriä roll
vieroittaa alienate; *(lapsi)* wean
vieroitus alienation; *(lapsen)* weaning
viesti message, word; *(vanh)* tidings
viestijuoksu relay race
viestintä communication
viestittää signal
viestiä communicate; express
vietellä seduce
viettelevä seductive
viettelijä seducer
viettelijätär seductress, temptress
vietti instinct, urge; *(sukup)* sexual drive
viettää *(aikaa, lomaa, ym.)* spend; *(juhlia)* celebrate; *(olla kalteva)*

slant, slope; ***missä aiot ~ lomasi?*** where are you going to spend your holiday?
viha anger; *(~mielisyys)* hate, hatred, wrath
vihainen cross; angry (***jklle*** with sb, ***jstak*** about sth); *(Am)* mad (***jklle*** at sb, ***jstak*** about sth); ***~ muljautus*** frown; ***~ tuijotus*** glare
vihamielinen hostile
vihamielisyys hostility, enmity
vihannes vegetable
vihanneskauppa greengrocer
vihanpuuska outburst of anger
vihastuttaa [jku] make [sb] angry; anger sb
vihata hate
vihattava odious, hateful
vihdoin[kin] finally, at last
vihellys whistle
viheltää whistle; *(paheksuvasti)* hiss
viheralueet green spaces
viherhuone solarium, wintergarden
viheriöivä verdant
viherkasvi plant, potplant
vihjailla hint, insinuate; ***mitä oikein vihjailet?*** what are you getting at?
vihjata hint, insinuate, imply; *(kirj)* allude
vihjaus *(viitaus)* allusion; implication; *(vinkki)* hint; *(ilkeä)* innuendo
vihje hint, cue
vihkikaava marriage formula
vihkiminen *(avioliittoon)* marriage, wedding [ceremony]; *(rakennuksen)* inauguration, consecration
vihkisormus wedding ring
vihkiä *(avioliittoon)* marry; *(rakennus)* inaugurate; *(kirkko)* consecrate; *(papiksi)* ordain
vihkiäiset wedding
vihko *(koul)* copybook; *(lehtiö)* notebook, pad
vihlaisu pang, twinge
vihloa *(korvia)* jar, rasp; *(kipu)* have shooting pains (***jssak*** in)
vihollinen enemy; *(kirj)* foe
vihollisuus hostility
vihreä green
vihta birch whisk
vihuri gust, squall
viidakko jungle
viides fifth
viideskymmenes fiftieth
viihdeala show business
viihdetaiteilija entertainer, artiste
viihdyttävä entertaining
viihdyttää entertain
viikata fold [up]
viikate scythe
viikatemies the Grim Reaper
viikko week
viikkolehti weekly
viikoittainen weekly
viikonloppu weekend; ***~na*** at (over) the weekend
viikset moustache; *(myös el)* whiskers
viiksi whisker
viikuna, **viikunapuu** fig
viila file
viilata file
viilettää fly, rush; *(kiitää) (autot, päivät)* speed, whizz (***ohi*** past, by)
viileys *(myös kuv)* coolness; *(kolea)* chill
viileä cool; *(kolea)* chilly
viillos slash, slit

viilto slash, cut; *(lääk)* incision
viiltävä shooting; ~ ***kipu*** twinge
viiltää incise, slash, slit; *(haava, ranteet)* slash, cut; *(kangas, kurkku)* rip, slit
viime last; ~ ***hetken*** last-minute; ~ ***viikolla*** last week; ~ ***kerralla*** last time, ~ kädessä, ultimately
viimeinen last; ***viimeisin*** latest
viimeiseksi last
viimeistellä finish up; give the finishing touches
viimeistely finishing touch[es]
viimeksi last
viina *(Br)* spirits; *(Am)* liquor; *(ark)* booze, hooch
viinakauppa *(Br)* off-licence; *(Am)* liquor store
viinakset plonk, booze
viinanpolttimo distillery
viini wine; ***~n tuoksu*** bouquet
viinikarahvi decanter, wine jug
viinikivi tartar
viiniköynnös vine; *(vanh)* grapevine
viinilista wine card (list)
viinirypäle grape
viinisato vintage
viinitarha vineyard
viipale slice
viipaloida slice; chip
viipymätön instant, prompt
viipyä stay; linger, *(kirj)* tarry; ~ ***jssak aiheessa*** dwell upon a subject; ***kauanko voit ~?*** how long can you stay?; ***missähän he viipyvät?*** I wonder what is keeping them; ***älä viivy kauan*** don't be long
viiri streamer
viiriäinen quail
viiru streak
viisari pointer; *(kellon)* hand
viisas wise; ***vanha ja ~*** old and wise
viisaus wisdom, prudence
viisi five
viisinkertainen fivefold
viisiottelu pentathlon
viisitoista fifteen
viisto *(kalteva)* slanting, sloping; *(vino)* diagonal, oblique
viistoon, viistossa diagonally, obliquely
viisumi visa
viitata beckon, motion; ~ ***jhk*** point [at], refer to, allude
viite explanatory note; reference; ***ala~*** footnote
viitoset quins, quintuplets
viitta cloak, mantle, robe; *(ilta~)* wrap
viittaus allusion; reference; *(konkr)* sign
viittoa beckon
viittoilla gesticulate; make signs, signal
viiva line
viivoitin ruler
viivoittaa line; rule
viivytellä delay, loiter; *(vetkutella)* dawdle, dillydally,
viivyttäminen detention
viivyttää *(pidättää)* keep; *(kirj)* detain; *(estää)* delay; ~ ***ratkaisua*** defer the decision; ~ ***maksua*** put off the payment
viivytyksetön immediate, prompt
viivytys delay; detention
viivästyminen delay, *(maksun)* default
vika *(konkr, kuv)* fault; *(puute t.*

ruumiillinen ~) defect; *(särö, virhe)* flaw, imperfection; ***on oma ~si että*** it is your own fault that; ***~ ei ole hänessä*** she is not to blame; ***autossa on jokin ~*** there is something wrong with the car; ***puhe~*** speech impediment
vikinä squeak; whimper
vikistä *(hiiri ym.)* squeak; *(koira, pentu)* whimper, whine
vikkelyys agility, quickness
vikkelä agile, quick
vila[hd]us glimpse ***(jstak*** of)
vilistä *(olla täynnä eläimiä, virheitä ym.)* abound ***(jtak*** in), teem ***(jtak*** with); *(ihmisiä)* swarm; *(kuhista hyönteisiä)* crawl [with]
vilja corn; grain; ***~kasvi*** crop, cereal; ***~lajit*** cereals
vilja-aitta granary
viljelemätön: ~ ***maa*** waste [land]
viljelijä farmer, grower; planter
viljellä farm, grow, cultivate; ***~ maata*** till the soil
viljelmä plantation
viljelty cultivated, cultured
viljely cultivation, culture; tillage
viljelys farm; *(palsta)* plot; *(suuri)* plantation; *(biol)* culture
viljelyskelpoinen arable, cultivable
vilkas active; lively, vivacious, bubbly
vilkastua become more active, get new life; ***kauppa on taas vilkastumassa*** the trade is picking up again
vilkkaus activity, animation, liveliness, vivacity
vilkku *(aut) (Br)* winkers; *(Am)* blinkers
vilkkua blink, flicker
vilkkuvalot winking lights
vilkuttaa: ***~ hyvästiksi*** wave [sb] goodbye
villa[t] wool
villainen woollen, wool
villakangas tartan
villakoira poodle
villalanka knitting wool
villapusero *(Br)* jumper, pullover; *(Am)* sweater
villatakki cardigan
villava fleecy, woolly
villi wild; ferocious; *(~-ihminen)* savage
villieläin wild animal
villitys craze, fad
vilpillinen deceitful, insincere; *(petollinen)* trecherous
vilpittömyys sincerity
vilpittömästi sincerely
vilpitön sincere; *(lämmin)* wholehearted
vilpola porch
vilustuminen cold, flu
vimma frenzy, mania
vimmastunut furious
vingunta *(hengityksen)* wheeze; *(koiran, koneiden)* whining
vinguttaa *(viulua)* fiddle
vinkata: ***~ jklle*** sign to
vinkua *(tuuli)* whistle, howl; *(hengitys)* wheeze; *(luodit)* whizz; *(koira)* whine
vinkuna *(tuulen)* howling; *(luotien)* whizz
vino oblique, diagonal; *(kalteva)* slanting, inclined; ***~t kirjaimet*** italics; ***~t silmät*** slanting eyes; ***~ sauma*** a bias seam
vinoneliö lozenge
vinoon, vinossa askew; *(kuv)*

wrong; ***hattusi on ~ssa*** your hat is askew; ***jotakin on ~*** something's wrong
vintiö rascal, scamp
vinttikoira greyhound
vintturi windlass
vipattaa flicker
vipatus flicker
vip-henkilö VIP (very important person)
vipu lever
virallinen official; formal; ***~ tiedonanto*** bulletin, official notice
viraltapano dismissal
viranomaiset authorities
virasto office
virhe mistake, error; *(myös tekn)* fault; ***tehdä ~*** make a mistake (an error); ***tämä paperi on täynnä ~itä*** this paper is full of mistakes (errors)
virheellinen incorrect, wrong; *(viallinen)* faulty, defective; *(erheellinen)* mistaken, false; *(epätarkka)* inaccurate; ***~ käsitys jstak*** a false idea of sth
virheellisyys faultness, incorrectness
virheetön faultless, impeccable
virike impulse, stimulus
viritin *(rad)* tuner
viritin-vahvistin receiver
virittää strike up; *(soitin)* tune; ***~ laulu*** strike up a song
viritys tuning; *(sävelkorkeus)* pitch
virka office, post; ***nimittää ~an*** appoint to a post; ***astua ~an*** take up one's office; ***erota virasta*** resign one's post (office)
virka-aika office hours
virka-asunto official residence
virkaatekevä acting
virkailija clerk, official
virkamies officer, civil servant
virkamieshallitus caretaker government
virkapuku uniform
virkatoveri collegue, compeer
virkavalta authority; bureaucracy
virkeä fresh, lively; *(vanhus)* spry
virkistys recreation, relaxation; entertainment
virkistyspalvelut amenities
virkistävä refreshing; *(ilmasto)* bracing
virkistäytyä freshen up
virkistää freshen up, refresh; *(kuv myös)* animate, enliven; *(piristää)* cheer up
virkkaus crochet
virkkuukoukku crochet-hook
virkkuutyö crochet
virnistys grin *(jklle* at)
virnistää grin
Viro Estonia
viro *(kieli)* Estonian
virolainen Estonian
virrata flow, run; *(hiki, kyyneleet)* pour, stream
virsi hymn
virstanpylväs landmark, milestone
virta stream, *(myös kuv)* flow; flood; ***~paikka, sähkö~*** current
virtaaminen flow
virtahepo hippo[potamus]
virtapiiri circuit
virtaus current
virtaviivainen streamlined
virtsa urine
virtsata urinate
virtuoosi virtuoso
virus virus

virvoittaa refresh
virvokkeet refreshments
visailu quiz
visainen knotty, tricky
viserrys chir[ru]p, twitter
visertää chir[ru]p, twitter
visio vision
viskata throw, fling; *(ark)* chuck
vispilä whisker
visuaalinen visual
visualisoida visualize
vitaalisuus vitality
vitamiini vitamin
vitjat chain
vitkastelija laggard
vitkastella linger, loiter
vitsa rod, goad
vitsailla joke, kid (***jstak*** about)
vitsaus scourage, plague
vitsi joke; ***kertoa vitsejä*** tell jokes
vittu *(alat)* cunt; ***haista ~!*** fuck you!
viuhka fan
viuhua swish, whiz[z]
viulu violin
viulunsoittaja fiddler, violinist
vivahde shade
vivahdus tinge, touch; undertone
vohla kid
vohveli[keksi] wafer
vohveli waffle
voi! oh[, no]!; *(kirj)* alas; woe
voi butter
voida can, be able to; ***voisitko sulkea oven?*** could you please close the door?; ***en voi auttaa sinua*** I can't help you; ***hän ei voi liikkua*** he can't (he is not able to) move
voide cream, lotion; *(lääk)* ointment, salve
voidella *(rasvata)* grease, lubricate; put cream on, apply cream to; *(voilla)* [grease with] butter; *(leivonnaisia)* glaze; *(raam)* anoint
voihkaisu groan
voihkia groan, moan
voikukka dandelion
voileipä open sandwitch; *(kerrosleipä)* sandwich
voileipäkeksi cream cracker
voileipätahna spread
voima power, energy; strengt; *(myös kuv)* force; *(käyttö~)* potential
voimakas *(konkr, kuv)* strong; powerful; *(ankara, kova)* intense; *(tuntuva)* drastic; *(sana, ilmaus, ym.)* forcible; *(tarmokas, ~kasvuinen)* vigoro[u]s; *(raju)* violent; ***voimia kysyvä*** arduous
voimakastuoksuinen aromatic
voimakkuus power, strength, intensity
voimalaitos power plant
voimaperäinen intensive
voimassa [oleva] *(lippu, passi)* valid; *(järjestelmä ym.)* effective
voimassaolo [period of] validity
voimaton weak, powerless
voimattomuus lack of strength; languor
voimistaa strengthen
voimistelu gym[nastics]
voimistelusali gym[nasium]
voimistua strengthen, grow stronger; *(potilas)* regain strength
voisarvi croissant
voitelu *(lääk, raam)* unction; *(tekn)* lubrication
voiteluöljy lubricating oil
voitonmerkki trophy
voitonriemuinen triumphant

voit|taa *(ottelu, palkinto, vaalit, sota, olla paras)* win; *(pelissä, lajissa)* beat, defeat; *(ujous, vaarat, vaikeudet)* overcome; ***Suomi -ti Ruotsin*** Finland beat Sweden; ***rakkaus ~ kaiken*** love conquers all; ***~ aikaa*** gain time; ***~ kaikkien ihailu*** gain everybody's admiration; ***kostamalla ei -eta mitään*** nothing is gained by revenge
voittaja winner
voittamaton invincible
voitto victory; *(arpajais~)* prize; *(liike~)* profit
voittoisa victorious, winning
voitto-osuus bonus
vokaali vowel
vokalisti vocalist
voltti *(fys)* volt; *(urh)* somersault, salto
volyymi volume
vonkua yowl
voucheri voucher
vrt. cf.
vulgääri vulgar
vulkaaninen volcanic
vuodattaa *(kyyneleitä, verta)* shed
vuode bed
vuodenaika season; ***vuodenajalle harvinainen*** unseasonable; ***vuodenajan mukainen*** seasonal
vuodevaatteet bedclothes, bedding
vuohi goat
vuoka casserole, mould; *(uuni~)* pan
vuokko anemone
vuokra hire, rent
vuokraaja leaseholder, tenant
vuokra-auto rent[al] car
vuokraemäntä landlady
vuokraisäntä landlord
vuokrakasarmi tenement building
vuokrakirja lease
vuokralainen lodger, tenant
vuokrasopimus lease
vuokrata hire, lease, rent; ***~ alivuokralaiselle*** sublet
vuokratakuu deposit
vuokratila holding
vuoksi: ***jkn ~*** because of, for sth (sb); ***~ ja luode*** flux and reflux, ebb and flow
vuolas fast-flowing, rapid, freely flowing; *(kuv)* voluble
vuolla carve, whittle
vuonia lamb
vuono fiord; *(Skotl)* firth
vuorata line
vuori mountain, mount; *(takin)* lining
vuorikristalli rock crystal
vuorinen mountainous
vuoristo mountains, mountain range
vuoristokiipeilijä mountaineer, [mountain] climber
vuoristorata *(huvipuiston)* roller coaster, switchback
vuorityö mining
vuoro turn; *(työ~)* shift; ***kenen ~ on nyt?*** whose turn is it?
vuorolaiva liner
vuoropuhelu dialogue
vuorotella take turns, alternate
vuorottainen alternate
vuorottelu alternation
vuorovaikutteinen interactive
vuorovaikutus interaction
vuorovesi tide
vuosi year; ***tänä vuonna*** this year; ***kaksi vuotta sitten*** two years ago
vuosikerta *(viinin)* vintage; ***hyvää***

~a an excellent year
vuosikertaviini vintage wine
vuosikertomus annual report
vuosikokous annual meeting
vuosikymmen decade
vuosiloma annual leave; *(Br)* holiday, *(Am)* vacation
vuosiluku date, year
vuosipäivä anniversary
vuosisata century; ***vuosisadan vaihteessa*** at the turn of the century
vuosittainen yearly; annual
vuosituhat millennium
vuotaa leak, have a leak; *(valua)* run, flow; ***~ verta*** bleed; ***~ yli*** run over; ***~ yli reunojen*** brim over
vuoteenoma[na] bedridden, confined to bed; *(kirj, vanh)* abed
vuoteessa in bed
vuotias: ***lapsi on nyt 2-~*** the child is two years old now; ***10-~ poika*** a ten-year-old boy
vuoto leak, leakage
vuotuinen annual, yearly
vuotuismaksu annuity, annual fee
vyyhti *(köysi~, letku~)* coil; *(lanka~)* skein; complexity
vyö belt
vyöhyke zone; belt
vyöruusu shingles
vyörymä slide
vyöryä roll; ***~ t. tulvia [sisään]*** roll in
vyötäiset waist
vyötärö waist[-line]
väentungos throng, crowd
väestö population
väestönlaskenta census
väestönsuoja air-raid shelter
väheksyminen depreciation
väheksyä underrate, understate; *(halveksua)* belittle, disparage
vähemmistö minority
vähemmän less
vähempi lesser
väheneminen decrease; diminution
vähenevä [**kuu**] decrescent
vähennys *(vero~ ym.)* deduction, exemption
vähennyslasku subtraction
vähentyä diminish, dwindle, fall off
vähentää *(alentaa hintaa ym.)* reduce, lower; *(supistaa)* lessen, decrease, cut down; *(jstak)* deduct; *(mat)* substract
vähetä diminish, be reduced; *(laskea)* decrease, fall, go down; *(heiketä)* abate, lessen
vähimmäis- minimum
vähin least
vähitellen gradually; little by little
vähittäiskauppias retailer
vähittäismaksu[järjestelmä] *(Br)* hire purchase; *(Am)* instalment plan
vähittäismyynti retail
vähäeleinen unassuming
vähäinen minor, slight; *(niukka)* scarce
vähäisempi less
vähämielinen imbecile
vähän *(niukasti)* little; *(ihmisiä)* [very] few; *(jonkin verran)* a little, some; ***aikaa on ~*** there is very little time
vähäosainen underprivileged
vähäpuheinen quiet, taciturn
vähäpätöinen insignificant, inconsiderable, petty, unimportant
vähättelevä *(sanonta)* understate-

ment
väijytys ambush
väijyä ambush
väistyä give way to; withdraw
väistämättömästi inevitably
väistämätön inevitable, unavoidable, inescapable
väistää step aside; give way [to]; *(isku, kysymys)* dodge; *(välttää)* avoid, elude
väite claim, statement, assertion
väitellä argue, debate
väittely *(sanakiista)* argument, dispute; *(keskustelu)* debate, discussion
väittelynhaluinen argumentative
väittää claim, assert, maintain; *~ itsepintaisesti* insist; *~ vastaan* object, remostrate
väitöskirja dissertation, [doctoral] thesis
väitöstilaisuus public defence of a dissertation ([doctoral] thesis)
väkevä strong; powerful; *(myös raam)* mighty; *(alkoholi) (Br)* spirit; *(Am)* liquor
väki folk, people
väkijuomat intoxicants; *(Br)* spirits; *(Am)* liquour
väkinäisyys constraint; artifice
väkipyörä pulley
väkisin, **väkivalloin** by force
väkivallaton bloodless; nonviolent
väkivalta violence; abuse; *(perhe~)* domestic battering; ***väkivalloin*** by force
väkivaltainen violent
väkä[nen] barb
väli *(matka)* distance, space; *(aika)* interval; *~t* relations, terms; ***olla hyvissä väleissä*** be on good terms; ***rikkoa ~t*** break with sb; ***mennä ~in*** interfere with, intervene; ***ei sillä ~ä*** it doesn't matter
väliaika intermission
väliaikainen temporary, interim, provisional
väliaikaisratkaisu interim solution, stopgap
välienselvittely showdown
välierä semifinal
väliintulo intervention; *(lak)* intercession
välikappale instrument, medium, tool
välikohtaus incident
välikorva middle ear
välikyljys entrecôte
välikäsi intermediary; *(ark)* middleman
välilasku intermediary landing, stopover
väliliha *(anat)* perineum
välillinen indirect
välillä between
välimatka distance, space
välimerkki punctuation mark; ***~en käyttö*** punctuation
väline tool; implement; instrument
välineet *ks.* ***varusteet***; ***kalastus ~*** fishing tackle
välineistö equipment, kit
välinpitämättömyys indifference, detachment, ignorance
välinpitämätön ignorant, indifferent, negligent
välipala snack
välirauha truce
välirikko break-up, rupture, split-up
välisarja welterweight
väliseinä partition

välissä between
välit terms
välittäjä dealer; go-between, intermediary, mediator; *vrt.* ***kiinteistövälittäjä***
välittämättä disregarding of
välittää care (***jstak*** for); mediate; *(viesti ym.)* transmit; ~ ***tietoa*** communicate
välittömyys spontaneity
välittömästi directly, immediately
välitunti *(Br)* break; *(Am)* recess
välitys[liike] agency, mediation, transmission; *(lak)* intercession
välityspalkkio commission
välitystuomari arbiter
välitön direct, immediate
välivuosi *(opinnoissa)* gap year
väljyys looseness; *(reiän)* calibre, caliber
väljä loose, wide
väljähtänyt stale
välke glitter
välkkyä glitter; glisten; sparkle
vältellä avoid, shun; *(kysymystä)* hedge
välttelevä elusive; evasive
välttely evasion
välttyä: ***jltak*** escape [sth]
välttämättä necessarily
välttämättömyys necessity
välttämätön necessary; indispensable; imperative; ~ ***tarvike ym.*** essential
välttää *(vältellä)* avoid, evade; *(väistää)* dodge; *(välttyä)* escape sth
välähdellä flicker
välähdys flash; glint
välähtely flicker
välähtää flash
väläyttää flash
väre ripple
väreillä ripple
väri colo[u]r; ***minkä värinen?*** what colo[u]r?
väri[aine] dye; paint; pigment
värifilmi colo[u]r film
värikalvo iris
värikäs colo[u]rful
väriliitu crayon, pastel
värillinen colo[u]red
värinauha *(kirjoituskoneen)* ribbon
värisevä tremulous, trembling
värisokea colo[u]r-blind
väristys shiver; thrill
väristä shiver; shudder
värisyttää thrill
värisävy tone; tint
väritetty colo[u]red
värittää colo[u]r; tinge
väritön colo[u]rless; *(kuv)* bland
värjätä dye; stain; tint
värttinä distaff; spindle
värvätä recruit; sign up; *(Am)* draft
värväys recruitment; *(Am)* drafting
värähdellä quiver, quaver; vibrate
värähdys quiver, quaver; vibration
värähdyslaajuus *(fys)* amplitude
värähtely vibration
västäräkki wagtail
väsymys tiredness; weariness; fatigue
väsymätön tireless; unflagging; *(kuv myös)* relentless
väsynyt tired; weary (***jhk*** of); ~***jstk*** tired from; *(kyllästynyt)* tired of
väsyttävä tiresome; weary
väsyttää tire; weary; ***minua*** ~ I feel tired
väsyä tire, get tired; weary
vävy son-in-law

väylä channel, passage, waterway; *(kuv)* pipeline
vääjäämätön inevitable
vääntelehtiä squirm, writhe
vääntyä twist, turn
vääntää ***(ruuvia, kampea, kahvasta)*** turn; ***(pyykkiä)*** wring; ***(taivuttaa)*** bend, twist; ***(kädestä)*** wrest
väärennetty ***(passi, nimikirjoitus)*** forged; ***(seteli, taulu)*** fake; ***(raha)*** counterfeit
väärennös ***(raha)*** counterfeit; ***(taulu)*** fake; ***(nimikirjoitus)*** forgery
väärentää ***(nimikirjoitus)*** forge; ***(asiakirjoja, tilejä)*** falsify; ***(rahaa)*** counterfeit, fake
väärin wrong; amiss
väärinkäsitys misunderstanding; misapprehension
väärinkäyttö abuse; misuse
vääristellä distort; pervert
vääristelty distorted
vääristynyt lop-sided
vääristää distort
vääryydellä unjustly
vääryys injustice; wrong; inquity
väärä ***(virheellinen)*** incorrect, wrong; ***(henkilö, avain, numero ym.)*** wrong; ***(väärennetty)*** false, forged, counterfeit; ***(konkr)*** crooked, bent, twisted; ***olla ~ssä*** be wrong; ~ ***vala*** perjury; ~ ***raha*** counterfeit (bogus) money
vääräsäärinen bandy-legged
vääräuskoinen heretic; heretical

Y

ydin core, heart; essence; *(kasvin)* pith; *(siemenen)* kernel; *(luu~)* marrow; *(fys)* nucleus; ***asian*** ~ the core (crux) (heart) of the matter; ***osua asian ytimeen*** hit on the crux of the matter; ***~kohdat*** the gist; ***villakoiran*** ~ the essence (gist) of the matter
ydinase nuclear weapon; ***~ista riisunta*** nuclear disarmament
ydinjätteet nuclear waste; ***ydinjätteiden uudelleenkäsittely*** nuclear reprocessing
ydinkoe nuclear test[ing]
ydinkoekielto nuclear test ban
ydinkohta point
ydinkärki nuclear warhead
ydinsota nuclear war
ydinsulkusopimus nuclear non-proliferation treaty (agreement)
yhdeksän nine
yhdeksänkymmentä ninety
yhdeksäntoista nineteen
yhdeksäs ninth
yhden hengen huone single room
yhdenmukainen consistent; uniform; harmonious
yhdenmukaistaa standardize, harmonize
yhdenmukaistaminen *(verojen, lakien)* harmonization
yhdenmukaisuus uniformity; conformity; consistency
yhdennäköisyys resemblance; likeness
yhdensuuntainen parallel ***(jkn kanssa*** to)
yhdentekevä: ***on ~ä*** it makes no difference
yhdentyminen, **yhdentäminen** integration; ***Euroopan*** ~ European integration
yhdentyä be[come] integrated
yhdentää integrate, merge
yhdenvertainen equal ***(jkn kanssa*** to)
yhdessä together; jointly
yhdestoista eleventh
yhdiste compound
yhdistelmä combination; formula
yhdistelmälukko combination lock
yhdistelmäpeli *(jääkiekossa)* combinational play
yhdistyminen *(myös liik)* fusion; merger; *(pol)* unification
Yhdistyneet Kansakunnat the United Nations; *(lyh)* UN
Yhdistynyt Kuningaskunta the United Kingdom [of Great Britain and Northern Ireland]
yhdistys association; society
yhdistyä unite; *(tekn)* amalgamate; *(kem)* combine
yhdistäminen connection, connexion
yhdistää link; *(kuv, pol)* unite, unify; *(konkr)* join; *(kuv)* combine; ***pienet valtiot yhdistettiin*** little states were unified; ***yhdistäkäämme voimamme*** let us unite our forces (efforts); ***~ mielessään jhk*** associate (connect) sth to sth; ***~ puhelu*** connect (put through) a phone call; ***yhdistän teidät hänel-***

le I'll put you through [to him]; ***se yhdisti meitä (meidät)*** it brought us closer together, it united us
yhdyntä intercourse; coitus, coition
yhdyskunta community
yhdyskuntasuunnittelu community planning
yhdysmies contact [man]
yhdyssana compound
yhdysside link, bond, tie
Yhdysvaltain kongressi the Congress
Yhdysvaltain tiedustelupalvelu the Central Intelligence Agency; *(lyh)* CIA
yhdysviiva hyphen
yhtaikaa simultaneously, at the same time
yhteen together; ***kuulua ~*** belong together; ***laskea ~*** add
yhteenkuuluvuus: ***yhteenkuuluvuuden tunne*** a feeling of togetherness
yhteenlasku addition
yhteenlaskukone adder
yhteenliittyminen *(pol)* coalition
yhteensattuma coincidence; conjunction
yhteensopimaton *(myös atk)* incompatible ***(jkn kanssa*** with)
yhteensopimattomuus incompatibility; discrepancy
yhteensopiva *(myös atk)* compatible
yhteensä altogether
yhteentörmäys *(autojen ym.)* crash, collision; *(kuv)* clash, conflict
yhteenveto summary, abstract; summing-up; synthesis
yhteinen common; joint
yhteisantenni communal (common) *(Br)* aerial / *(Am)* antenna
yhteisesti jointly
yhteishyvä common good
yhteiskoulu co-educational school; *(Am)* high school
yhteiskunnalle vahingollinen antisocial
yhteiskunnallinen, **yhteiskunnan** civic; social; civil
yhteiskunnalliset palvelut social services
yhteiskunnanvastainen antisocial
yhteiskunta society
yhteiskuntaoppi civics
yhteislaukaus volley
yhteislaulutilaisuus singalong
yhteistunto solidarity
yhteistyö collaboration; co-operation; *(ryhmätyö)* teamwork
yhteisymmärrys understanding; *(kirj)* concert; *(pol)* consensus
yhteisyys community
yhteisö community
yhtenevä coinciding, converging; *(mat)* congruent
yhtenäinen *(yhdenmukainen)* uniform; *(eheä)* integrated; *(johdonmukainen)* coherent
yhtenäisyys unity, uniformity; *(johdonmukaisuus)* coherence
yhteydenotto contact
yhteydenpito communication
yhtey|s communication; connection, connexion; contact; *(asia~)* context; ***pidetään -ttä*** let's keep in touch; ***saada ~ jhk*** get in[to] contact (touch) with sb; ***tässä -dessä*** in this context; ***-det (liikenne)*** communications
yhtiö company

yhtiökumppani partner, associate
yhtiötoveruus partnership
yhtye band; ensemble
yhtyminen union, combination; *(jokien, aatteiden)* confluence
yhtymä combine; *(liik)* group [of companies]
yhtymäkohta junction
yhtyä unite; join; *(liik)* merge; *(kem)* combine with; *~ **jkn mielipiteeseen*** agree with sb; *~ **keskusteluun*** join in the conversation
yhtä equally; ***yhtä suuri kuin*** as big as
yhtäjaksoinen continuous; uninterrupted
yhtäkkinen sudden, unexpected
yhtäkkiä all of a sudden, suddenly, unexpectedly
yhtäläinen equal *(**jkn kanssa*** to, with)
yhtäläistäminen equation
yhtäläistää assimilate; equalize
yhtäläisyys affinity; similarity
yhtäläisyysmerkki equal[s] sign
yhtälö equation
yhtämittaa continuously
yhtämittainen continuous
yhtäpitävyys consistency *(**jkn kanssa*** with)
yhtäpitävä consistent, compatible *(**jkn kanssa*** with)
yhtään any; ***onko yhtään kahvia jäljellä?*** is there any coffee left?
yhä still; *~ **uudestaan*** repeatedly, again and again
ykkönen number one; *(kuv myös)* ace
yksi one; a, an
yksiavioisuus monogamy
yksikerroksinen single-storey
yksikkö unit; *(kiel)* singular
yksilö individual
yksilöidä individualize; *(tarkentaa)* specify
yksilöllinen individual; *(tyyli ym.)* distinct, personal
yksilöllisyys individuality; distinction
yksimielinen unanimous
yksimielisesti with one accord, unanimously
yksimielisyys unanimity
yksin alone; *(omillaan, omin voimin)* on one's own, by oneself
yksinhuoltaja single parent
yksinkertainen plain; simple; single; *(lapsellisen)* naive; *(kirjanp)* single-entry
yksinkertaisesti simply
yksinkertaistaa simplify
yksinkertaisuus simplicity
yksinoikeudella exclusively
yksinoikeus exclusive right; monopoly
yksinomaan exclusively; purely; solely
yksinomainen exclusive
yksinvaltias sovereign
yksinäinen lonely; solitary; *(autio)* desolate
yksinäisyys loneliness; solitude; *(autius)* desolation
yksirivinen *(napitus)* single-breasted; *~ **jono*** single file
yksiselitteinen unambiguous
yksisuuntainen one-way; *~ **katu*** one-way street
yksitellen one by one, one at the time; singly
yksitoikkoinen *(rytmi, puhe, ym.)*

monotonous, unvaried; *(tylsä)* drab, humdrum
yksitoikkoisuus monotony
yksitoista eleven
yksittäis- individual
yksityinen private; individual
yksityisalue private grounds (premises)
yksityiskohta detail; particular
yksityiskohtainen detailed
yksityiskoulu private school; *(Br) (myös sisäoppilaitos)* public school
yksityiskäyttö: ***~ön*** for personal (private) use
yksityisopettaja tutor, private teacher
yksityispotilas private patient
yksityispraktiikka private practice
yksityissairaala private clinic
yksityisyys privacy
yksivärinen plain, one colo[u]r
yksiö *(Br)* studio [flat], bedsitter; *(Am)* studio apartment
yleensä generally, usually
yleinen common; general; ***~ ilmapiiri*** public spirit; ***~ mielipide*** public opinion; ***~ tapa*** common practice
yleisavain master key; passkey
yleisesti generally; ***~ ottaen*** generally speaking; ***~ hyväksytty*** acknowledged
yleiskatsaus survey
yleiskone food processor, mixer
yleiskustannukset overhead costs
yleislakko general strike
yleismaailmallinen world-wide; universal; global
yleisradio: ***[Suomen] ~*** the Finnish Broadcasting Company
yleistävä generalizing, sweeping
yleistää generalize
yleisurheilu athletics; *(Am)* track and field
yleisyys commonness, frequency; *(suuret linjat)* generality
yleisö public; *(katsomo)* audience; ***esiintyä ~lle*** perform before a live audience; ***~n pyynnöstä*** by request
yleisömäärä attendance
ylellinen luxurious, luxury; extravagant; luxuriant; *(ark)* posh
ylellisyys extravagance; luxury
ylellisyystavarat luxury [products]
ylempi superior; upper
ylenkatse contempt, disdain
ylenkatsoa contempt, disdain
ylennys promotion
ylenpalttinen exuberant, abundant
ylenpalttisuus exuberance
ylensyöminen overeating
ylentää *(antaa ylennys)* promote; *(mieltä)* elevate
ylettyä reach; ***jhk*** sth
ylettömän excessively; extremely
ylettömästi excessively
yletön excessive
ylevä lofty, noble
ylevämielinen noble-minded; magnanimous
ylhäinen noble, genteel; high
ylhäisyys *(kuninkaallinen)* Highness; *(katolisessa kirkossa)* Eminence; *(dipl)* Excellency
ylhäisö nobility, gentry
ylhäällä above; up
yli above; over, more than; *(ohi)* past; *(poikki)* across; ***kello on viisi minuuttia ~ kaksi*** it is five [minutes] past two; ***mennään täs-***

tä ~ we have to cross [the street] here, let's cross here; ***ajaa jkn*** ~ run over sb

yliammuttu exaggerated; extravagant

yliarvioida overestimate

yliherkkä allergic; *(kuv)* hypersensitive

yliherruus supremacy; dominion

ylihoitaja *(Br)* matron; *(Am)* head nurse

ylihuolehtia fuss (***jstak*** over)

ylihuolehtivainen fussy

yli-ikäinen superannuated

yli-inhimillinen superhuman

ylijäämä remainder; surplus

ylikulkusilta *(Br)* flyover; *(Am)* overpass

ylikuormittaa overcharge

yliluonnollinen supernatural

ylilääkäri *(osaston)* senior (chief) physician; *(sairaalan)* medical superintendant

ylimaallinen celestial; unearthly

ylimalkainen summary

ylimenevä excess; ~ ***osuus*** excess

ylimeno passage; *(kuv)* transition

ylimielinen arrogant, contemptuous

ylimielisyys arrogance, contempt

ylimys aristocrat; patrician

ylimystö aristocracy, nobility

ylimääräinen extra; spare; superfluous; ~ ***uutislähetys*** news flash; ~ ***erikoisnumero*** *(sanomalehden)* extra; ~ ***numero*** *(esityksestä)* encore; ~ ***kokous*** *(pol)* ad hoc meeting; ~ ***huone*** spare room; ~ ***vuode*** extra bed

ylin supreme; top; uppermost; ~ ***kerros*** top floor; ~ ***parvi*** gallery

ylinopeus speeding; ***ajat ylinopeutta*** you are speeding

yliopisto university; *(Am myös)* college; ***~n opettaja*** university professor, *(Br)* don; ***aiotko mennä [opiskelemaan] ~on?*** are you going to go to university (college)?

yliopistoalue [university] campus

yliopistotutkinto university (academic) degree

ylioppilas *(Br)* secondary school graduate; *(Am)* high school graduate; *(yliopiston opiskelija)* [university] student, undergraduate

ylioppilasjuhla *(läh)* school leaving ceremony; *(Am)* high school graduation [party]

ylioppilas|tutkinto, -kirjoitukset matriculation examination; *(Br läh)* A-levels; ***suorittaa*** ~ pass the matriculation examination; *(Am)* graduate from high school

yliote: ***saada ~ jstak*** get the upper hand of

ylipaino overweight; excess weight; *(matkatavaran) (Br)* excess luggage; *(Am)* excess baggage; ***hän on ~inen*** he is overweight

ylipäällikkö commander-in-chief

ylipääsemätön insurmountable, insuperable

ylistys praise; glory

ylistäminen praise, glorification

ylistää praise, glorify; *(kirj)* exalt

ylitarjonta oversupply, glut

ylitsepursuava exuberant, overwhelming; *(pramea)* gaudy

ylitsepääsemätön insurmountable, insuperable

ylitsevuotava overflowing; exuberant
ylittää *(katu)* cross; *(lukumäärä)* exceed; outnumber; ***hän ylitti itsensä*** she excelled herself
ylituotanto overproduction
ylityspaikka crossing
ylityö overtime; ***tehdä ~tä*** work overtime
ylityökielto ban on overtime
ylivalotus overexposure
ylivalta supremacy; domination; predominance
ylivoima superiority, superior force; *(enemmistö)* [overwhelming] majority
yliääni- supersonic
ylle on; upon; ***mitä laitat ~si?*** what are you going to wear?
yllyke stimulus; incentive
yllyttää agitate; *(provosoida)* provoke; *(lietsoa)* stir up
yllytys agitation; provocation
yllä on; *(yläpuolella)* above; ***mitä hänellä oli ~än?*** what [clothes] did he have on? what was he wearing?
ylläpito maintenance
ylläpitää keep up; maintain
yllättää surprise; take sb by surprise
yllätys surprise; ***tämäpä mukava ~*** what a nice surprise
ylpeillä: ***~ jstak*** pride o.s. upon, take pride in; glory in
ylpeys pride; haughtiness
ylpeä proud (***jstak*** of); *(olemus)* haughty; lofty
yltympäri all around
yltäkylläinen [super]abundant; plenteous, plentiful
yltäkylläisyys abundance; ***me elämme yltäkylläisyydessä*** we are living in affluence
yltää come up to; reach
ylähuuli upper lip
yläkerrassa, **yläkertaan** upstairs
ylämaa highlands; upland
ylämäkeä uphill
yläosa top; *(miehusta)* bodice
yläosaton topless
yläpuolella above; over
yläraja upper limit
ylätasanko plateau; tableland
ylös up; upwards
ylösalaisin upside down
ylösnousemus resurrection
ylöspäin upwards; ***~ suunnattu*** upward
ymmällään [oleva] perplexed
ymmärrettävä understandable; *(ymmärrettävissä)* comprehensible; *(selvä)* intelligible; ***se on täysin ~ä*** it's fully understandable
ymmärrys understanding; comprehension; *(äly)* intellect; ***se menee yli ymmärrykseni*** it's beyond me (my comprehension)
ymmärtämys insight; understanding
ymmärtämätön silly, thoughtless
ymmärtäväinen understanding
ymmärtää understand; comprehend; *(tajuta)* get
ympyrä circle
ympyränmuotoinen circular, round
ympäri about; around; ***~ vuoden*** throughout the year; ***kääntyä ~*** turn around
ympäriinsä about
ympärileikkaus circumcision

ympärille about; around
ympärilleen about o.s.
ympärillä about; around
ympäripurjehdus circumnavigation
ympäristö environment; *(lähialue)* surroundings; vicinity
ympäristöhaitta environmental hazard
ympäristönsuojelija ecoactivist, environmentalist, conservationist
ympäristönsuojelu protection of the environment, environmentalism
ympäristönsuunnittelu environmental planning
ympäristötuho ecocide, environmental damage
ympärysmitta circumference; *(puun)* girth; *(lantion, rinnan, vyötärön)* (hip, chest, waist) measurement
ympäröidä surround; circle; enclose
ynnä plus
ynseä unfriendly; cold; ~ ***vastaus*** rebuff, cold answer
ypö: ~ ***yksin*** all alone
yritteliäisyys enterprise; push
yritteliäs enterprising
yrittäjä owner of an enterprise (a business); entrepreneur
yrittää try; make an attempt; ***yritä sinä!*** *(ark)* [you] have a go!
yritys try; attempt; *(hanke)* undertaking; *(ponnistus)* endeavour; *(liik)* company; enterprise; ***se oli hyvä*** ~ it was a good try
yritysjohtaja business manager, executive
yrityskuva company image
yrtti herb
yrttitarha herb garden
yrttitee herbal tea
yskiä cough
yskä cough
yskänlääke cough mixture
yskökset sputum
ystävystyä make friends; become friends (***jkn kanssa*** with); *(ark)* chum up (***jkn kanssa*** with)
ystävyys friendship
ystävä friend
ystävällinen friendly, kind; nice
ystävällisyys kindness
ystävänpäivä Valentine's Day
ystävätär girlfriend, lady friend
ytimekäs to the point, concise
yäk! yuck!
yö night; ***hyvää ~tä*** good night; ***keskellä ~tä*** in the middle of the night; ***öisin*** at night, in the night
yöastia chamber pot; *(ark)* jerry
yöelämä nightlife
yöklubi night club
yöllinen nightly; *(kirj)* nocturnal
yömaja hostel
yöperhonen moth
yöpuku nightgown; *(ark)* nightie; *(pyjama)* pyjamas
yöpyä stay overnight, spend the night
yösija place to stay for the night; ***antaa ~ jklle*** fix sb up with a bed
yötyö night work; ***käydä ~ssä*** work nights
yövartija night guard
yövuoro night shift

Z

zeniitti zenith
zeppeliini zeppelin
zodiakki zodiac

zoomata zoom
zoom-objektiivi zoom

Ä

äes harrow
äidillinen maternal; motherly
äidinkieli native language, mother tongue
äidinmaidonvastike baby's milk mixture; *(Am)* formula
äidinmaito mother's milk
äidinvaisto maternal instinct
äitelä too sweet, sugary; *(kuv)* insipid
äiti mother; *(ark)* mama; *(Br)* mummy; *(Am)* mom[my]; ***äidin puolelta, äidin[puoleinen]*** from my mother's side, maternal
äitienpäivä Mother's day
äitipuoli stepmother
äitiys maternity; motherhood
äitiyshuolto maternity welfare; *(Br)* antenatal care, *(Am)* prenatal care
äitiysloma maternity leave
äitiysneuvola maternity clinic; *(Br)* antenatal clinic, *(Am)* prenatal clinic
äkeä snappish, cross
äkillinen sudden; abrupt; *(lääk)* acute
äkillisyys suddenness; abruptness; *(lääk)* acuteness
äkkiarvaamatta all of a sudden; unexpectedly; unawares
äkkijyrkkä precipitious, steep; *~ kallio, jyrkänne* a bluff
äkkipikainen rash
äkkiä suddenly, all of a sudden
äklöttää cloy
äksy *(henkilöstä)* ill-tempered; *(eläimestä)* unmanageable, restive
äkäinen cross, peevish
äkäpussi shrew; vixen; ***kuinka ~ kesytetään*** how to tame a shrew
ällikällä lyöty flabbergasted, stunned
ällistynyt amazed, astonished
ällistys amazement, astonishment; ***ällistykseni*** to my amazement (astonishment)
ällistyttävä amazing, astonishing
ällistyttää amaze, astonish, astound, stun
ällöttää cloy, make sick, repulse
äly wit; brain[s]; intellect; intelligence
älykkyys brightness, cleverness; intelligence; wits
älykkyysosamäärä IQ, intelligence quotient
älykkö intellectual
älykortti intelligent card
älykäs intelligent, bright, clever, smart
älykääpiö idiot; *(Am)* dummy
älyllinen intellectual
älymystö intelligentsia; highbrows
älyniekka mastermind; wit
älytön fatuous; stupid
ämmä *(halv)* bitch
ämpäri bucket; pail
änkyttää *(myös lääk)* stammer; stutter
änkytys *(myös lääk)* stammer; stutter
äpärä bastard

äreä sullen, cross
äristä snarl
ärjyä roar
ärjäistä bark
ärsyke stimul|us *(pl -i)*
ärsyttävä irritating; *(kiusallinen)* aggravating, annoying; *(provosoiva)* provocative
ärsyttää irritate; *(kiusata)* aggravate, bug, annoy; *(provosoida)* provoke
ärsytys irritation; provocation
ärtyisyys irritability; *(kuv)* testiness
ärtyisä irritable, touchy, crabby, testy
ärtymys irritation; fret
ärtynyt sore; *(myös kuv)* irritated; annoyed
ärtyä get annoyed; *(myös ihosta)* get irritated, chafe
äskeinen recent
äskettäin lately; newly; recently
ässä *(korttip)* ace
äveriäs well-off, well-to-do
äyriäinen crustacean; *(keitt)* shellfish
äyriäiskeitto bisque, chowder
äyskäröidä *(vene)* bail out
ääliö fool, idiot; *(Am)* dumbbell, dummy, jerk
ääneen aloud; in a loud voice
äänekäs loud; noisy
äänenmurros break
äänensävy tone
äänentaajuus audio frequency
äänentoisto sound reproduction; *(elok, tv)* audio
äänenvahvistin amplifier
äänenvaimennin muffler
äänenvoimakkuus volume
äänestys voting, vote; poll; *(lippu~)* ballot
äänestyslippu ballot
äänestysprosentti turnout percentage, poll
äänestäjä voter; constituent
äänestäminen voting, cast of votes
äänestää vote; poll; *(suljetuilla lipuilla)* ballot
äänettömyys silence
äänetön noiseless, silent; *(mykkä)* voiceless, mute
ääni sound; *(puhe~)* voice; *(vaaleissa)* vote; *(mus)* part; ***mikä ~ tuo oli?*** what was that sound?; ***ääntä nopeampi*** supersonic
ääniala register
äänielokuva sound film; *(vanh)* talking film, *(ark)* talkie
äänieristetty soundproof
äänijänteet vocal cords
äänikasetti audio cassette
äänilaitteet *(elok, tv)* audio
äänilevy record; disc, disk
äänimerkki *(rad)* pip; *(puhelinvastaajassa ym.)* beep, tone
äänimäärä poll
ääninauha [audio] tape
äänioikeus vote; suffrage; ***yleinen ja yhtäläinen ~*** universal suffrage
ääniraita soundtrack
äänirauta tuning fork
äänite recording; audio tape
ääniteknikko sound technician
äänittää record
äänitys recording
äänivalli sound barrier
äänivarsi *(levysoittimen)* pickup
äänne sound; *(kielit)* phone
äänneoppi phonetics

ääntäminen pronunciation; articulation

ääntää pronounce; articulate; ~ ***epäselvästi*** slur [one's words]

ääressä by, at; ***pöydän*** ~ at the table

äärettömyys infinity

äärettömän extremely; ~ ***pieni*** infinitesimal

ääretön immense; infinite

ääri: ***maailman ~in*** to the ends of the earth; ***~ään myöten täynnä*** brimful, full to the brim

ääriarvo extreme value

äärimmäinen extreme; utmost; *(epätoivoinen)* desperate

äärimmäisen extremely; exceedingly

äärimmäisyys extreme; ***mennä äärimmäisyyksiin*** go to extremes

äärioikeisto the extreme right

ääripää extreme

äärivasemmisto the extreme left

ääriviiva contour; outline

ääriväli *(fys)* amplitude

Ö

öinen nightly; *(kirj)* nocturnal; ***öiseen aikaan, öisin*** at night, in the night
öljy oil; petroleum; ***porata ~ä*** drill for oil; ***löytää ~ä*** strike oil
öljyinen oily
öljykenttä oil field
öljykriisi oil crisis
öljylakki sou'wester
öljylautta oil slick
öljylähde oil well
öljynporauslautta oil platform, oil rig
öljynporaustorni derrick
öljypitoinen *(maaperä)* oil-bearing
öljypuu olive
öljytankkeri oil tanker
öljytä oil
öljyvuoto, öljyvahinko oil spill[age]
öljyväri oil paint, oil colo[u]r
öljyväri|maalaus, -työ oil painting; canvas
ötökkä bug
öylätti wafer, host

A

A. = *acre[s]*, = ***American***, = ***answer***

1 A *(nuotti)* a; ***in A major*** a-duurissa

2 A *(Am)* kiitettävä *(arvosana)*; ***I got an A in history*** sain kiitettävän historiassa

3 A: ***an A film*** *(Br)* kielletty lapsilta *(alle 14-vuotiailta)*

a, **A** a-kirjain; ***from A to Z*** A:sta Ö:hön, alusta loppuun

a *(epämääräinen artikkeli, vokaalin edellä* ***an***: ***a dog***, ***an egg)*** joku, jokin; yksi; sama; eräs, muuan; ***in a word*** yhdellä sanalla, lyhyesti sanottuna; ***50 km an hour*** 50 km tunnissa; ***they were of an age*** he olivat samanikäisiä; ***a Mrs Jones left this note*** muuan rva Jones jätti tämän viestin; ***once a day*** kerran päivässä; ***a few*** muutama; ***a little*** jonkin verran, vähän

1 AA *(= Alcoholics Anonymous)* AA-kerho

2 AA *(= Automobile Association)* *(Br läh)* Autoliitto

AB *(Am)* = ***BA*** *(Bachelor of Arts)*

aback: ***be taken ~*** järkyttyä, hämmentyä

abaft *(mer)* *(laivan)* peräpuole|lla, -lle; takana, taakse

abandon 1 *v* luopua jstak; jättää, hylätä; ***~ o.s. to*** jättäytyä jnk huomaan, alistua jhk; ***he ~ed himself to his fate*** hän alistui kohtaloonsa **2** *s* huolettomuus; hillittömyys

abandoned hylätty, isännätön; turmeltunut

abandonment hylkääminen; luopuminen; hylättynä olo; huolettomuus

abase alentaa, nöyryyttää

abasement alennus[tila], nöyryytys

abash saattaa hämilleen, saada häpeämään

abashed hämillään [oleva], nolo

abashment hämminki

abate vähentää, hillitä *(intoa, kohua)*; vähetä, tyyntyä, lievittää *(kipua)*; alentaa *(hintaa)*; *(lak)* kumota; ***the storm has ~d*** myrsky on tyyntynyt

abatement vähennys, hillitseminen; lievitys; [hinnan]alennus; heikkeneminen, tyyntyminen; *(lak)* kumoaminen

abbess abbedissa

abbey [apotti]luostari; luostarikirkko

abbot apotti

abbreviate lyhentää

abbreviation lyhennys

ABC *(usein pl ABC's)* aakkoset, alkeet; hakemisto

abdicate luopua *(kruunusta)*

abdication [kruunusta]luopuminen

abdomen vatsa

abdominal vatsa[n]-; ***~ respiration*** palleahengitys

abduct ryöstää, kidnapata

abduction ryöstö, kidnappaus

Aberdeen *(el)* skotlanninterrieri; *(skotl kaup)* Aberdeen

aberrance poikkeaminen, eksyminen; hairahdus
aberrant *(tavallisuudesta)* poikkeava; harhaileva
aberration poikkeaminen, eksyminen; hairahdus; mielenhäiriö; säännöttömyys
abet yllyttää, avustaa *(rikoksessa)*
abetment yllytys, avunanto
abhor inhota, kammota
abhorrence inho
abhorrent inhottava, kammottava; ristiriidassa (***to***, ***from*** jnk kanssa)
abide *(abode / abided abode / abided)* alistua, mukautua jhk; sietää, kestää; pitää kiinni, noudattaa (***by*** jstak, jtak)
abiding pysyvä, kestävä
abilities *(pl)* lahjakkuus, kyvyt
ability kyky, taito; taitavuus; ***to the best of his ~*** parhaan kykynsä mukaan
abject kurja, säälittävä
abjection kurjuus, alennustila
abjure kieltää *(uskonsa)*
ablaze tulessa, ilmi liekeissä; liekehtivä, hehkuva
able kyvykäs; kykenevä, pystyvä; ***be ~ to*** kyetä, pystyä; ***the patient is not ~ to walk*** potilas ei kykene kävelemään
abloom kukassa [oleva]
ablution *(usk)* peseytyminen
ably taitavasti, kyvykkäästi
abnegate kieltää itseltään; luopua *(uskosta, oikeuksista)*
abnegation kieltäymys; luopuminen
abnormal poikkeava, säännönvastainen; epänormaali, omituinen *(käyttäytyminen, ulkonäkö)*
abnormality poikkeavuus, säännöttömyys; vajaakykyisyys
abnormity säännöttömyys; epämuodostuma
abo *(Austr, halv)* alkuasukas; *vrt.* ***aborigine***
aboard laivassa, junassa, bussissa, lentokoneessa; laivaan *(jne.)*; ***~ a ship*** laivassa; ***all ~!*** kaikki laivaan *t.* junaan, *jne.*; ***get ~*** astua laivaan *(jne.)*
abode 1 *s* olinpaikka, asumus; oleskelu **2** *v ks.* ***abide***
aboil kiehumispisteessä
abolish poistaa, lakkauttaa, kumota *(laki, järjestelmä)*
abolishment poistaminen, kumoaminen
abominable inhottava, iljettävä; *(ark)* hirveä, kamala
abomination kammo, inho; inhottava asia
aboriginal 1 *a* alku-, kanta-; alkuperäinen *(väestö)* **2** *s (Austr)* alkuasukas
aborigine alkuperäinen asukas, alkuasukas; *(Austr)* alkuasukaskieli
abort keskeyttää raskaus; *(kuv)* pysäyttää *(sotilasoperaatio)*; raueta
abortion raskaudenkeskeytys, abortti; pysäyttäminen; raukeaminen; ***she had an ~*** hänelle tehtiin abortti
abound olla runsaasti, tulvillaan; pursuta, vilistä (***with***, ***in*** jtak); ***the garden ~s with roses*** puutarha on tulvillaan ruusuja
about 1 *prep* -lla, -ssa, -ssä, -sta, -stä; ympäri, ympäri|llä, -lle; tienoilla; mukana; noin, suunnilleen; siellä täällä, sinne tänne,

pitkin; jtak koskeva, jhk liittyvä; jssak puuhassa; ***the fence ~ the house*** aita talon ympärillä; ***~ here*** suunnilleen tässä, näillä main; ***I have no money ~ me*** minulla ei ole rahaa mukanani; ***there is something ~ him that I don't like*** hänessä on jotakin mistä en pidä; ***~ six miles*** noin kuusi mailia; ***there were papers lying ~ the room*** papereita lojui ympäri huonetta; ***a book ~ wild animals*** kirja villieläimistä; ***we should talk ~ it*** meidän pitäisi puhua siitä; ***what ~ us?*** entä me?; ***what is it ~?*** mitä asia koskee?; ***how ~ a drink?*** maistuisiko drinkki?; ***he is ~ his business*** hän on omissa hommissaan **2** *adv* ympäri[lleen], ympäriinsä, siellä täällä, joka puolella; läheisyydessä; ympäri; liikkeellä; melkein, jokseenkin; ***he turned the car ~*** hän käänsi auton ympäri; ***there are a lot of colds ~*** flunssaa on paljon liikkeellä; ***I've had just ~ enough of your insults*** olen saanut jotakuinkin tarpeekseni loukkauksistasi, nyt riittää; ***it's ~ time you stopped*** sinun on aika lopettaa; ***she was ~ to fall*** hän oli putoamaisillaan, kaatumaisillaan; ***up and ~*** jalkeilla

above yläpuolella, ylhäällä; yllä, edellä [mainittu]; yli; ***~ the clouds*** pilvien yläpuolella; ***~ sea level*** merenpinnan yläpuolella; ***~ the average*** keskitason yläpuolella; ***those ~ me*** esimieheni; ***over and ~*** päälle päätteeksi; ***~ all*** ennen kaikkea; ***~ 18 years*** yli 18-vuotias; ***as stated ~*** kuten edellä on mainittu; ***the ~ mentioned figures*** edellä mainitut luvut; ***the ~*** edellä mainittu *(henkilö, asia)*

abrade raaputtaa; hangata, hiertää

abrasion raaputtaminen; hankaaminen, hiertäminen; hiertymä

abreast rinnatusten, rinnan (***of, with*** jkn tasalla); ***keep ~ of the times*** pysyä ajan tasalla

abridge lyhentää, supistaa

abridgement lyhentäminen; tiivistelmä

abroad ulkomailla, ulkomaille; liikkeellä; laajalti, laajalle; ***they went ~*** he lähtivät ulkomaille; ***there is a rumour ~ that*** huhutaan, että

abrogate poistaa, kumota *(laki, sopimus)*

abrupt [äkki]jyrkkä; äkillinen; katkonainen; töykeä; ***an ~ drop in oil prices*** öljyn hinnan äkillinen pudotus

abruptness jyrkkyys; äkillisyys; katkonaisuus; töykeys

abscess märkäpesäke, paise, ajos

abscond paeta, piileskellä *(rangaistusta, velkojia ym.)*; livistää

absence poissaolo; puute (***of*** jnk); ***during my ~*** poissaoloni aikana; ***leave of ~*** virkavapaa; ***~ of mind*** hajamielisyys

absent 1 *a* poissa oleva, poissa (***from*** jstak); hajamielinen, poissaoleva *(ilme, katse)*; puuttuva; ***~ without leave*** *(sot)* puntiksella, luvattomalla lomalla [oleva] **2** *v*: ***~ o.s.*** pysyä, olla poissa *(koulusta, kokouksesta)* (***from*** jstak)

absentee poissa oleva

absent-minded hajamielinen

absent-mindedness hajamielisyys
absinth[e] absintti; *(kasv)* koiruoho
absolute ehdoton, täydellinen; täysi, silkka; rajaton *(valta)*; kiistaton *(todiste)*
absolutely ehdottomasti, ehdottoman, täysin; *~!* aivan [niin], ehdottomasti, totta kai
absolute pitch absoluuttinen sävelkorva
absolution synninpäästö
absolve vapauttaa *(syytteestä, valasta)*; antaa synninpäästö
absorb imeä itseensä *(vettä, tietoa)*; ***they were ~ed by the original population*** he sulautuivat paikalliseen väestöön
absorbed syventynyt (***in*** jhk); lumoissa (***in***, ***by*** jnk)
absorbent imukykyinen [aine]
absorption imeytyminen; syventyminen
abstain pidättyä, kieltäytyä (***from*** jstak)
abstainer raitis
abstemious pidättyvä, kohtuullinen
abstinence pidättyvyys, kohtuullisuus; raittius
abstract 1 *a* abstrakti, käsitteellinen **2** *s* tiivistelmä; abstrakti taideteos **3** *v* abstrahoida; tehdä yhteenveto
abstracted hajamielinen
abstraction abstraktio, abstrakti käsite; abstrahointi; abstrakti taideteos
absurd järjetön, absurdi
absurdity, absurdness järjettömyys, mahdottomuus
abundance runsaus, yltäkylläisyys; ***in ~*** runsaasti
abundant runsas, yltäkylläinen
abuse 1 *s* väärinkäyttö; *(seksuaalinen)* pahoinpitely, rääkkäys; hyväksikäyttö; herjaus; ***~ of alcohol*** alkoholin väärinkäyttö **2** *v* käyttää väärin; pahoinpidellä, rääkätä; [yrittää] raiskata; herjata
abusive loukkaava, karkea
abusiveness hävyttömyys, julkeus
abut olla rajakkain, päätyä (***on*** jkn kanssa, jhk)
abyss kuilu, [meren] syvänne, loputtomuus
AC = ***air-conditioning***, = ***alternating current***
academic akateeminen, oppinut; sovinnainen
academician akateemikko
academy akatemia; oppilaitos, opisto; seura
accede astua [virkaan], nousta [valtaan]; liittyä, suostua
accelerate kiihdyttää, nopeuttaa, painaa kaasua; kiihtyä
acceleration kiihtyminen, nopeutuminen; ***power of ~*** *(auton)* kiihtyvyys
accelerator kiihdytin, kaasupoljin
accent 1 *s* paino, korko[merkki]; korostus; *(mus)* isku **2** *v* painottaa, korostaa
accentuate painottaa, tähdentää
accept hyväksyä, ottaa vastaan; suostua
acceptable hyväksyttävä, tyydyttävä; siedettävä, sopiva
acceptance hyväksyminen, vastaanottaminen; suostumus; tunnustus
access 1 *s* [sisälle]pääsy; puheille-

pääsy; [käyttö]oikeus, käyttömahdollisuus (*to* jhk); ***he has ~ to our files*** hän saa käyttää arkistoamme **2** *v (atk)* hakea, saada, päästä käsiksi; syöttää

accessible helppopääsyinen, käsillä [oleva]; altis

accession pääsy, astuminen, nousu; liittyminen (*to* jhk)

accessor|y 1 *s* osallinen; lisä, sivuseikka; ***-ies*** lisätarvikkeet; asusteet **2** *a* lisä-, apu-; ylimääräinen

access road sisääntulotie; liittymätie

accident onnettomuus, tapaturma; vahinko; ***he was killed in a car ~*** hän kuoli liikenneonnettomuudessa

accidental satunnainen, tilapäinen

accidentally sattumalta, vahingossa

accident-prone tapaturma-altis

acclaim osoittaa suosiota [äänekkäästi]; tunnustaa julkisesti, julistaa

acclamation suosio[nhuudot]; huutoäänestys

acclimatize mukauttaa, mukautua *(ilmanalaan)*

accommodate majoittaa; sovittaa, järjestää (*to* jnk mukaisesti); järjestää, antaa laina; olla mieliksi, täyttää toiveet; *~ o.s.* mukautua

accommodating hyväntahtoinen, avulias

accommodation majoittaminen, majoitus[mahdollisuudet], tila[t]; sovittaminen; mukautuminen; ***the price includes hotel ~*** hinta sisältää hotellimajoituksen

accompaniment *(mus)* säestys

accompanist säestäjä

accompany säestää, myötäillä; saattaa, seurata [mukana]; ***the ~ing picture*** oheinen kuva

accomplice rikostoveri, avustaja

accomplish suorittaa, saada aikaan; viedä loppuun

accomplished loppuun suoritettu; korkeasti sivistynyt; taitava, etevä

accomplishment suoritus, aikaansaannos; saavutus, taidonnäyte

accord 1 *v* olla sopusoinnussa *t.* yhtäpitävä (***with*** jnk kanssa); antaa, myöntää **2** *s* sopusointu, yksimielisyys; sopimus, suostumus; ***of her own ~*** omasta halustaan, itsellisesti; ***with one ~*** yksimielisesti

accordance yhdenmukaisuus; ***in ~ with*** jnk mukaisesti

according: ***~ to*** jnk mukaisesti, mukaan; ***~ to him nothing happened*** hänen mukaansa mitään ei tapahtunut

accordingly niin *t.* näin ollen, siis; sen seurauksena, mukaisesti

accordion harmonikka

accost [lähestyä ja] puhutella; ahdistella

account 1 *s* [pankki]tili, lasku, selonteko, selvitys, tilitys; ***~s*** tilit; ***I have no money on my ~*** tilillläni ei ole rahaa; ***charge it to my ~*** laskuttakaa se tililtäni; ***on ~*** luotolla, vähittäismaksulla; ***give an ~ of*** tehdä selkoa jstak, selostaa; ***take into ~*** ottaa lukuun; ***on ~ of*** jnk johdosta; ***keep ~s*** hoitaa tilit, pitää kirjanpitoa; ***balance the ~s*** tehdä tilit selviksi **2** *v* pitää jnak,

pitää arvossa; tehdä tili, antaa selonteko (*for* jstak)
accountable vastuussa, tilivelvollinen (*for sth to sb* jstak jklle)
accountant kirjanpitäjä; tilintarkastaja
account book tilikirja
accounting kirjanpito
accredit valtuuttaa, akkreditoida (*lähettilääksi*); vahvistaa; lukea ansioksi
accrue tulla jkn osaksi, koitua; kasvaa [korkoa], karttua
accumulate koota; karttua, kasaantua
accumulation kasaaminen, kokoaminen; karttuminen; kasaantuminen
accumulator akku[mulaattori]; kasaaja; (*atk*) laskuri
accuracy tarkkuus; paikkansapitävyys
accurate tarkka, oikea
accusation syytös, syyte
accuse syyttää (*of* jstak)
accustom totuttaa (*to* jhk)
accustomed tottunut (*to* jhk); ***get t. grow ~ to*** tottua jhk
AC/DC vaihtovirta/tasavirta; (*sl*) biseksuaalinen
ace (*korttip*) ässä; (*arpanopan*) ykkönen; (*ark*) ässä, haka, taituri; ***an ~ at tennis*** haka tenniksessä
ach|e 1 *s* särky, kipu **2** *v* särkeä, pakottaa; kaivata lohduttomasti (*for* jtak); ***I'm ~ing all over*** minua särkee joka paikasta
achieve suorittaaa loppuun; saada aikaan; saavuttaa
achievement suoritus, aikaansaannos; saavutus; urotyö
achievement test suoritustesti
Achilles heel akilleenkantapää
Achilles tendon akillesjänne
aching särkevä, kipeä; tuskallinen
acid 1 *s* happo; (*sl*) LSD; ***drop ~*** ottaa LSD:tä **2** *a* hapan; pureva
acidity happamuus[aste]; vatsahappo; purevuus
acid rain happosade
acknowledge myöntää; tunnustaa; kiittää, vastata
acknowledged yleisesti hyväksytty, tunnustettu
acknowledg[e]ment myöntäminen; tunnustus [ansiosta], kiitos; saanti-ilmoitus, kuitti, vastaus; ***in ~ for*** kiitokseksi, tunnustukseksi jstak
acme huippu
acorn tammenterho; nuppi
acoustic akustinen, ääni-, kuulo-
acquaint tutustuttaa (***with*** jhk); ***be ~ed with*** tuntea jk, olla perehtynyt jhk; ***get ~ed with*** tutustua, perehtyä jhk
acquaintance tuttavuus; tuttava
acquiesce [hiljaa] myöntyä, suostua, tyytyä (***in*** jhk)
acquiescence suostumus; myöntyvyys
acquiescent myöntyväinen, alistuva
acquire saada, hankkia; oppia
acquired hankittu, opittu (*taito, tapa*)
acquirement hankkiminen; ***~s*** valmiudet, taidot
acquisition hankkiminen; hankinta, ostos; lisä
acquisitive hamstraaja[luonne], tavaran perään [oleva]; keräilevä

acquisitiveness omistushalu, tavaran-, rahan|himo
acquit vapauttaa, julistaa syyttömäksi
acquittal vapauttaminen, syyttömäksi julistaminen
acre eekkeri *(n. 4 000 m²)*
acreage pinta-ala
acrid katkera, karvas, kirpeä *(haju, maku)*; *(kuv)* pureva, pisteliäs
acrimonious *(kuv)* terävä, pisteliäs; katkera
acrobat akrobaatti
acrobatic akrobaattinen
acrobatics akrobatia
across ristissä, ristiin; toisella puolella, toiselle puolelle; yli, halki, poikki; ***come ~*** kohdata, tavata; tulla ymmärretyksi
acrylic akryyli
act 1 *s* teko, toimi; asiakirja; säädös, laki; näytös, numero; ***in the ~*** itse teossa; ***he put on an ~*** hän teeskenteli **2** *v* toimia, menetellä; käyttäytyä; näytellä; vaikuttaa (***on*** jhk)
acting 1 *s* toimiminen, menettely; näytteleminen **2** *a* väliaikainen, virkaatekevä
action toimi[nta]; toimenpide, teko; *(lääkkeen)* vaikutus; *(lak)* kanne, syyte; ***in ~*** toiminnassa; taistelussa; ***~s speak louder than words*** teot puhuvat puolestaan; ***where the ~ is*** siellä missä tapahtuu; ***take ~*** ryhtyä toimiin
action movie *(Am)* toimintaelokuva
activate aktivoida
active toimiva; toimekas, reipas, aktiivinen; ***take an ~ part in*** osallistua aktiivisesti jhk
activit|y toiminta, vilkkaus, aktiivisuus; ***-ies*** toimet, toiminta[piiri]; ***school -ies*** koulun [tarjoama] harrastustoiminta
actor näyttelijä
actress *(nais-)* näyttelijä
actual todellinen; varsinainen; nykyinen, ajankohtainen
actualit|y todellisuus; ***-ies*** tosiasiat, realiteetit
actually itse asiassa, todella; jopa, suorastaan; tällä hetkellä
actuate panna liikkeelle *t.* käyntiin; vaikuttaa, yllyttää; ***~d by ambition*** kunnianhimon ajamana
acuity *(älyn, aistien)* terävyys, tarkkuus
acute *(aisteista, ominaisuuksista)* terävä, tarkka; voimakas, ankara *(kipu)*; *(lääk)* akuutti, äkillinen; ***an ~ critic*** terävä kriitikko
A.D., AD (= *Anno Domini*) *(lat)* Herran vuonna, jKr.
ad = ***advertisement***
adamant timantinkova, järkähtämätön
adapt soveltaa, sovittaa, muokata; sopeutua, mukautua (***to*** jhk, jnk mukaan); ***he ~s easily to changes*** hän sopeutuu helposti muutoksiin; ***the novel was ~ed for radio*** romaani sovitettiin radiolle
adaptability mukautuvuus; soveltuvuus
adaptable mukautuva; soveltuva
adaptation sopeutuminen, mukautumiskyky; soveltaminen; mukaelma, sovitus
adapter muokkaaja, sovittaja; *(sähk)* adapteri, sovitin

add lisätä, laskea yhteen (***to*** jhk); ***this ~s to the expenses*** tämä lisää kustannuksia
addendum liite
adder kyykäärme
addict 1 *s* narkootikko, [aineiden] käyttäjä; *(ark)* -intoilija, -hullu; ***drug ~*** narkomaani; ***film ~*** filmihullu **2** *v* ***~ o.s. to*** omistautua, antautua jllek
addicted to mieltynyt, omistautunut; riippuvainen, orja
addiction omistautuminen, antautuminen; riippuvuus (***to*** jllek, jstak)
addition lisäys; yhteenlasku; ***in ~ to*** jnk lisäksi
additional lisä-, uusi
additive 1 *s* lisäaine **2** *a* lisä-, additiivinen
address 1 *s* osoite; puhe, vastaus-, tervehdys|puhe, puhuttelu **2** *v* puhutella; osoittaa *(kirje)*; ***~ o.s. to sb*** kääntyä jkn puoleen
adduce tuoda esiin, esittää *(näkökohtia)*
add up laskea yhteen; täsmätä, pitää paikkansa
add up to *(summista, luvuista)* nousta jhk, tehdä yhteensä, tarkoittaa, merkitä
adept perehtynyt, taitava, mestari (***in***, ***at*** jssak)
adequacy riittävyys; vastaavuus, sopivuus
adequate riittävä; [tarkoitusta] vastaava, sopiva
adherence [to] tarttuminen, kiinnipysyminen; noudattaminen, kannattaminen
adherent [to] takertuva, tahmea; liittyvä, kuuluva
adhere to tarttua, pysyä kiinni; *(kuv)* noudattaa, pitää kiinni
adhesion [to] *ks.* ***adherence***; liittyminen; *(fys)* tartuntavoima
adhesive tarttuva, tahmea, tarra-; ***~ plaster*** [rulla]laastari
ad hoc erityis-, tilapäis-, ylimääräinen *(kokous, päätös)*
adjacent vierekkäinen, viereinen (***to*** jnk)
adjoin olla vieressä, rajakkain; liittää mukaan
adjoining viereinen, raja-
adjourn lykätä, siirtää *(kokousta)*; lykkäytyä, siirtyä; *(parl)* hajaantua
adjournment lykkäys, siirtyminen; *(parl)* hajaantuminen
adjunct 1 *a* liitetty, lisä-, apu[lais]- **2** *s* lisä[ys]; apulainen
adjure vannottaa
adjust asettaa, säätää [kohdalleen]; panna kuntoon, järjestää; oikaista; sopeutua, tottua (***to*** jhk)
adjustable säädettävä, siirrettävä
adjustable spanner jakoavain
adjustment säätö, tarkistus; oikaisu, muutos; sopeutuminen
ad-lib 1 *v* improvisoida **2** *adv* vapaasti, mielin määrin
administer hoitaa, hallita, johtaa; antaa; jakaa; selvittää
administration hoito, hallinto, johto; hallitus[kausi]; antaminen; jakaminen; [pesän]selvitys; *(Am pol)* toimikausi
administrative hallinnollinen
administrator hallintomies, johtaja; hoitaja; [pesän] selvittäjä
admirable ihailtava

admiral amiraali
Admiralty *(Br)* meriministeriö
admiration ihailu
admire ihailla
admission myöntäminen; [sisään]-pääsymaksu, sisäänpääsy
admission fee [sisään]pääsymaksu
admit myöntää, tunnustaa; päästää [sisään]; hyväksyä; sallia, jättää sijaa (*of* jllek); ***it ~s of interpretation*** se on tulkinnanvaraista
admittance pääsy; ***no ~*** pääsy kielletty
admittedly eittämättä
ado touhu, hössötys; ***much ~ about nothing*** paljon melua tyhjästä
adolescence nuoruus, teini-ikä *(13-16 v)*
adolescent nuori [poika *t.* tyttö]
adopt adoptoida; omaksua; ottaa käyttöön
adopted adoptoitu
adoption adoptio, adoptointi; omaksuminen; käyttöönotto
adoptive kasvatus-, adoptio-
adorable hurmaava, ihana
adoration palvonta, jumalointi
adore palvoa, jumaloida; ***I ~ your dress!*** *(ark)* sinulla on ihana puku!
adorn koristaa; koristella
adornment koristaminen, koriste
ADP *(= automatic data processing)* atk
the Adriatic [Sea] Adrianmeri
adrift tuuliajolla
adroit taitava, näppärä
adult aikuinen, täysikasvuinen; aikuisten
adulterate väärentää; sekoittaa
adulterer, adulteress avionrikkoja
adultery aviorikos
advance 1 *v* edistyä, edetä; edistää, parantaa; siirtää [aiemmaksi]; maksaa etukäteen **2** *s* eteneminen; kehittyminen; siirto [aiemmaksi]; ennakko; ***in ~*** etukäteen
advanced edistynyt; edistyksellinen
advantage etu, hyöty; yliote; ***take ~ of*** käyttää jtak hyväkseen
advantageous edullinen
advent adventti; tulo
adventure 1 *s* seikkailu **2** *v* vaarantaa
adventurer, adventuress seikkailija, seikkailijatar; onnenonkija
adventurous seikkailukas; uhkarohkea
adversary vastustaja
adverse vastainen, haitallinen
adversity vastoinkäyminen; onnettomuus
advert 1 *s (Br ark)* mainos **2** *v* kiinnittää huomio (***to*** jhk)
advertise mainostaa; ilmoittaa lehdessä
advertisement mainos; ilmoitus
advertising mainonta; ilmoittaminen; mainosala
advertising agency mainostoimisto
advertising designer mainospiirtäjä
advice neuvo[t]; ***a piece of ~*** neuvo; ***take sb's ~*** noudattaa jkn neuvoa; ***on her ~*** hänen neuvostaan
advisable suositeltava, viisas
advise neuvoa, kehottaa; ilmoittaa
advisedly tarkoituksella, tietoisesti
adviser neuvonantaja; opinto-ohjaaja

advisory neuvoa antava
advocate 1 *s* puolestapuhuja, esitaistelija, asianajaja **2** *v* puolustaa, puoltaa
aerial 1 *a* ilma-, ilmava; lento-; antenni- **2** *s* antenni
aerobics aerobic, kuntojumppa
aerodrome *(Br vanh)* lentoasema, pienkenttä
aeronautics ilmailu
aeroplane lentokone
aerosol sumute, aerosoli
aerospace ilmakehä ja avaruus
aesthetic esteettinen
aesthetics estetiikka
afar *(kirj)* kaukana, kauas
affair tehtävä, asia, toimi; rakkausjuttu, suhde; ***financial ~s*** raha-asiat
affect vaikuttaa, olla vaikutus; koskea; teeskennellä; *(kasv)* esiintyä jssak
affectation teeskentely, teennäisyys
affected teennäinen; liikuttunut
affection kiintymys, hellät tunteet; mieltymys, taipumus (***for***, ***towards*** jhk); tauti, sairaus
affectionate hellä, lämmin[tunteinen]
affidavit *(lak)* valaehtoinen todistus
affiliate 1 *a* ottaa jäseneksi; liittää, yhdistää **2** *s (Am)* tytär|yhtiö, -järjestö
affiliated sivu-, haara-, tytär-
affinity yhtäläisyys; hengenheimolaisuus; sukulaisuus *(avioliiton kautta)*
affirm vakuuttaa, väittää
affirmation vakuutus, väite
affirmative myöntävä vastaus, kyllä
affix liittää; kiinnittää
afflict tuottaa tuskaa, vaivata
afflicted murheellinen, onneton (***at***, ***by*** jnk johdosta); kiusaama, vaivaama (***with*** jnk)
affliction suru, koettelemus, tuska
affluence hyvinvointi, yltäkylläisyys; runsaus
affluent 1 *s* sivujoki **2** *a* hyvinvoipa; runsas
afford: ***can ~*** olla varaa, kannattaa, liietä; ***can you ~ it?*** onko sinulla siihen varaa?
affront 1 *v* häpäistä, loukata **2** *s* häväistys, loukkaus
Afghan afgaani, afganistanilainen
aflame liekeissä; täynnä intoa
afloat veden varassa; irti *(karilta, pohjasta)*; pinnalla, kellumassa
afoot jalkaisin
aforesaid edellä mainittu
afraid: ***be ~*** pelätä (***of*** jtk)
afresh uudestaan
Africa Afrikka
African afrikkalainen
Afrikaans *(kiel)* afrikaans
Afrikaner buuri
Afro-American afroamerikkalainen
Afro-Asian afroaasialainen
after jäljessä, jälkeen; sen jälkeen kun; jnk mukaan; ***~ all*** lopulta, kuitenkin; ***be ~ sth*** tavoitella jtak
afterbirth *(lääk)* jälkeiset
aftermath jälkisato, seuraamukset
afternoon iltapäivä
afters *(Br)* jälkiruoka
afterwards jälkeenpäin
again jälleen, taas; ***now and ~*** silloin tällöin
against vastaan, vastoin; vasten

agape suu amollaan
age 1 *s* ikä, elinaika; [aika]kausi; ***at your ~*** sinun iässäsi; ***under ~*** alaikäinen; ***nuclear ~*** ydinaikakausi **2** *v* vanheta, ikääntyä
aged jnk ikäinen; iäkäs, vanha
ageing 1 *a* ikääntyvä, vanheneva **2** *s* ikääntyminen, vanheneminen
agency välitys[liike]; edustus, agentuuri[liike]; toimisto
agenda esityslista
agent agentti, asiamies, valtuutettu; edustaja, [kiinteistö]välittäjä; *(lääk)* vaikuttava aine, voima
agglomeration kasaantuminen, kasauma
aggrandizement laajennus; lisääminen, kasvattaminen
aggravate vaikeuttaa; ärsyttää, raivostuttaa
aggravating vaikeuttava; ärsyttävä; ***~ circumstances*** raskauttavat asianhaarat
aggregate kerätä, koota; olla yhteensä
aggression hyökkäys; aggressio
aggressive hyökkäävä, aggressiivinen
aggressor hyökkääjä, hyökkäävä osapuoli
aghast tyrmistynyt
agile notkea; ketterä, vikkelä
agility notkeus; ketteryys, vikkelyys
aging = ***ageing***
agitate järkyttää, kuohuttaa; kiihottaa, yllyttää
agitation kuohunta, levottomuus; kiihotus, yllytys
agitator kiihottaja, agitaattori
ago sitten; ***long ~*** kauan sitten
agonizing tuskallinen, kiduttava
agony [kuolin]tuska, kärsimys
agrarian maatalous-, maanomistus-, agraari-
agree olla samaa mieltä; täsmätä; sopia (***on*** jstak); suostua; ***I don't ~ with you*** en ole samaa mieltä kanssasi; ***~d!*** selvä [on]!, sovittu!
agreeable miellyttävä; mieleinen
agreement sopimus; yksimielisyys
agricultural maatalous-, maanviljely-
agriculture maatalous, maanviljely
aground karilla, karille
ahead edellä, edessä; eteenpäin; ***straight ~*** suoraan eteenpäin; ***he is ~ of his time*** hän on aikaansa edellä; ***go ~!*** jatka[kaa]!, eteenpäin!, mene, menkää vain!
aid 1 *s* apu **2** *v* auttaa
aids, AIDS *(= acquired immune deficiency syndrome)* immuunikato, aids
ail vaivata; potea
ailing sairaalloinen, kivulloinen
ailment vaiva, sairaus
aim 1 *v* tähdätä, tarkoittaa, pyrkiä (***at*** jhk) **2** *s* maali, päämäärä
aimless päämäärätön, tarkoitukseton
ain't *(ark)* (*be- ja have- verbien kieltomuoto)* ***he ~ here*** hän ei ole täällä
air 1 *s* ilma; tuntu, leima; käytös[tapa], ilme[et]; sävel[mä]; ***let's get some fresh ~*** mennään haukkaamaan raitista ilmaa; ***vanish into thin ~*** kadota kuin tuhka tuuleen; ***an ~ of luxury*** ylellisyyden tuntu; ***he assumed an ~ of innocence*** hän otti viattoman ilmeen; ***you***

are on the ~ olette suorassa lähetyksessä **2** *v* tuulettaa; virkistää
airbag *(aut)* turvatyyny
air-conditioned ilmastoitu
air-conditioning ilmastointi
aircraft lentokone
aircraft carrier lentotukialus
airfield lentokenttä
airforce ilmavoimat
airhostess lentoemäntä
airlift ilmasilta
airline [company] lentoyhtiö
airliner *(vanh)* matkustajakone
airmail lentoposti; lähettää lentopostina
airplane lentokone
airpocket ilmakuoppa
airport lento|asema, -kenttä
air raid ilmahyökkäys
air raid shelter väestönsuoja
air raid warning ilmahälytys
air shuttle *(Am)* lentobussi
airsickness pahoinvointi lentokoneessa
airspace ilmatila
air terminal lentoterminaali
air-to-air missile ilmasta ilmaan ammuttava ohjus
air traffic lentoliikenne
air traffic control lennonjohto
airy ilmava, kevyt; epätodellinen; huoleton
aisle [keski]käytävä; *(kirkon)* sivulaiva
ajar raollaan, raolleen
akin sukua; kaltainen (***to*** jllek, jkn)
alarm 1 *s* levottomuus, pelästys; hälytys, hälytin **2** *v* tehdä levottomaksi, pelästyttää; hälyttää
alarm clock herätyskello
alarming hälyttävä, huolestuttava
alas voi!, valitettavasti!
Albania Albania
album kansio, albumi, levy
albumen [munan]valkuainen
alcohol alkoholi
alcoholic alkoholisti
alcoholism alkoholismi
alderman ammatinvanhin, neuvosmies
ale olut
alert 1 *a* valpas, reipas **2** *s* hälytys; ***on the ~*** varuillaan **3** *v* hälyttää; varoittaa
alga *(pl algae)* levä
alibi veruke; *(lak)* alibi
alien vieras, muukalainen
alienate vieraannuttaa, vieroittaa (***from*** jstak)
alienation vieraannuttaminen, vieroitus (***from*** jstak)
alien office ulkomaalais|toimisto, -yksikkö
alight 1 *v (alit alit t. ~ed ~ed)* astua alas, poistua *(kulkuneuvosta)*; laskeutua *(maahan, oksalle)* **2** *adv* tulessa, tuleen; valaistu; ***get ~*** saada syttymään
alike kaltainen, näköinen; samalla tavoin; ***they look ~*** he ovat toistensa näköiset
alimentary ravinto-, ravitsemus-; ruoansulatus-
alimentation ravinto; ravitsemus
alimony elatusapu
alit *ks.* ***alight***
alive elossa, hengissä; ***~ and kicking*** *(ark)* [vielä] hengissä, yhtenä kappaleena
all kaikki, koko; kokonaan, aivan; ***they ~ came*** he tulivat kaikki; ***he worked ~ night*** hän teki töitä

koko illan *t.* yön; ***I was ~ wet*** olin ihan märkä; ***at ~*** ollenkaan; ***not at ~*** ei kestä [kiittää]; ***all in ~*** kaiken kaikkiaan; ***~ over*** joka paikassa, pitkin; lopussa, ohi
all-American aitoamerikkalainen
all-around monipuolinen, yleis-
allay lieventää, hillitä
allegation väite, syytös
allege sanoa syyksi; väittää
allegiance alamaisuus, uskollisuus
allegory vertauskuva
allergic allerginen, yliherkkä (***to*** jllek)
alleviate lievittää, helpottaa; vähentää
alleviation lievitys, helpotus; vähennys
alley [lehti]kuja, käytävä
All Fools' Day aprillipäivä
alliance liittoutuminen; liitto[utuma]; sopimus
allied liittoutunut; ***the A~*** liittoutuneet
allot jakaa [arvalla], määrätä
allotment arpominen, jakaminen; arpa, osa; osuus, kiintiö
allotment garden siirtolapuutarha
all-out täydellinen, totaalinen
allow sallia; myöntää, antaa *(rahaa)*; ***not ~ed*** kielletty; ***you are not ~ed to go there alone*** et saa mennä sinne yksin
allowance [määrä-, päivä]raha, annos; palkkio; myönnytys; ***weekly ~*** viikkoraha; ***child ~*** lapsilisä
all right järjestyksessä, hyvin; terve, kunnossa; selvä!, hyvä [on]!
all-round monipuolinen, yleis-
All Saints' Day pyhäinpäivä
allspice maustepippuri
alltime kaikkien aikojen; ***an ~ record*** kaikkien aikojen ennätys
allude viitata, vihjata (***to*** jhk)
allure 1 *v* houkutella; viehättää **2** *s* viehätys, vetovoima
alluring houkutteleva; viehättävä
allusion viittaus, vihjaus (***to*** jhk)
ally 1 *s* liittolainen **2** *v* yhdistää, liittää (***to, with*** jhk); ***~ o.s.*** liittoutua (***to, with*** jkn kanssa)
almighty kaikkivaltias; suunnaton
almond manteli
almost melkein
aloft korkealla, korkealle
alone yksin; ***leave her ~*** jätä hänet rauhaan, anna hänen olla
along pitkin; eteenpäin; mukana, mukaan
alongside vierellä, vieressä
aloof erillään, syrjässä; etäinen
aloud ääneen
alphabet aakkoset, kirjaimisto
alphabetical aakkosellinen, aakkos-; ***in ~ order*** aakkosjärjestyksessä
the Alps Alpit
already jo
Alsatian saksanpaimenkoira
also myös, -kin
altar alttari
alter muuttaa, korjata; muuttua
alteration muutos, korjaus
alternate 1 *v* vuorotella, vaihdella **2** *a* vuoroittainen, vuoro-, joka toinen; *(Am)* vaihtoehtoinen
alternating current *(sähk)* vaihtovirta
alternation vuorottelu, vaihtelu
alternative 1 *a* vaihtoehtoinen, vaihtoehto- **2** *s* vaihtoehto; valinta *(kahdesta)*; ***~ medicine*** vaihtoeh-

toinen lääketiede
although vaikka, siitä huolimatta että
altitude korkeus; *~s* korkea paikka, kukkula
alto *(mus)* altto
altogether kokonaan, täysin; yhteensä, kaiken kaikkiaan
aluminium alumiini
always aina
am *(1. persoona)* olen
a.m. *(= ante meridiem)* ennen puoltapäivää, aamupäivällä; ***at 10 a.m.*** kello 10 aamulla
amalgamate sekoittaa, yhdistyä; *(kem)* amalgamoida
amass kasata, koota *(omaisuutta, tietoja ym.)*
amateur amatööri, harrastelija
amaze hämmästyttää, ällistyttää
amazement hämmästys, ällistys; ***to my*** ~ hämmästykseksni
amazing hämmästyttävä, ällistyttävä
the Amazon Amazon
ambassador suurlähettiläs
amber meripihka[n värinen]
ambiguity kaksiselitteisyys, epäselvyys
ambiguous kaksiselitteinen, epäselvä
ambition kunnianhimo; kiihkeä pyrkimys
ambitious kunnianhimoinen, suurisuuntainen; kiihkeästi haluava (***of*** jnk suhteen, jtak)
ambulance ambulanssi
ambulatory kiertävä, liikkuva; jalkeilla oleva
ambush 1 *s* väijytys; ***lie in*** ~ olla väijyksissä **2** *v* väijyä, hyökätä väijyksistä
ameliorate parantaa, parantua *(tilanne, järjestelmä ym.)*
amelioration parantaminen, parantuminen
amenable vastaanottavainen, myöntyväinen (***to*** jllek)
amend parantaa, korjata; muuttaa, tehdä muutoksia *(tekstiin, lakiin ym.)*
amendment parannus, korjaus; muutos, lisäys
amends [julkinen] anteeksipyyntö; korvaus; ***make ~ for sth*** hyvittää jk
amenities mukavuudet, [virkistys]palvelut *(lomakohteessa, hotellissa)*
America Amerikka
American 1 *a* amerikkalainen **2** *s (kieli)* amerikanenglanti; amerikkalainen
American Indian intiaani
americanize amerikkalaistaa
amethyst ametisti
amiable rakastettava, ystävällinen
amid[st] keskellä, joukossa; jnk vallitessa, aikana
amiss väärä, huono; hullusti, väärin; ***go*** ~ mennä vikaan; ***take*** ~ panna pahakseen
amity ystävyys, sopu
ammonia ammoniakki
ammunition ammukset
amnesia muistinmenetys
amnesty yleinen armahdus
among keskuudessa, joukossa; ***~ other things*** muun muassa; ***~ themselves*** keskenään
amongst = ***among***
amorous rakastunut, rakkaus-

amortize, amortise kuolettaa, maksaa vähin erin
amount 1 *s* summa, määrä **2** *v* nousta (***to*** jhk [määrään])
amp[ere] *(sähk)* ampeeri
amphibious maassa ja vedessä liikkuva *t.* elävä
ample laaja, runsas
amplifier äänenvahvistin
amplify laajentaa; vahvistaa *(ääntä)*
amplitude laajuus; runsaus; *(fys)* värähdyslaajuus, ääriväli
amputate amputoida, katkaista
amuse huvittaa, hauskuttaa; ~ ***o.s.*** pitää hauskaa, huvitella
amused huvittunut (***at*** jstak)
amusement huvitus, ajanviete
amusement park huvipuisto
an *(epämääräinen artikkeli) ks.* ***a***
analogous analoginen, yhdenmukainen; vastaava (***to***, ***with*** jnk kanssa, jtak)
analogy analogia, yhdenmukaisuus; vastaavuus
analyse analysoida, eritellä; jäsentää *(lause)*
analysis analyysi, erittely; [lauseen]jäsennys
analyst analysoija; tuntija; psykoanalyytikko
anarchy anarkia, sekasorto
anatomy anatomia
ancestor esi|isä, -äiti; ~*s* esivanhemmat
ancestry syntyperä, sukutausta; ***of noble*** ~ ylhäistä syntyperää, aatelinen
anchor ankkuri
anchovy anjovis
ancient vanha, muinainen
and ja
android [ihmis]robotti
anecdote kasku
anemone vuokko
an[a]esthetic nukutus-, puudutus|aine; *(toimenpide)* nukutus, puudutus; ***local*** ~ paikallispuudutus; ***be under an*** ~ olla nukutettu
an[a]esthetist *(Br)* nukutus-, anestesia|lääkäri
an[a]esthesiologist *(Am)* nukutus-, anestesia|lääkäri
anew uudelleen
angel enkeli
anger 1 *s* viha, suuttumus **2** *v* suututtaa
angle 1 *s* kulma, nurkka; näkö|kulma, -kanta; ***at right*** ~*s* suorassa kulmassa; ***from another*** ~ toiselta kannalta **2** *v* onkia; tavoitella (***for*** jtak)
Anglo-American angloamerikkalainen
Anglo-Saxon anglosaksi[nen]; muinaisenglanti
angry vihainen (***with*** jklle)
anguish tuska, ahdistus
angular kulmikas
animal 1 *s* eläin; *(kuv)* raakalainen, peto **2** *a* eläin-, eläimellinen
animal husbandry karjanhoito
animate elähdyttää, virkistää; elävöittää, panna vauhtia
animated cartoon piirretty filmi
animation elävöittäminen; vilkkaus, vauhti; *(elok)* animaatio
animosity viha[mielisyys]
aniseed anis
ankle nilkka
annals aikakirjat

annex 1 *s* lisärakennus; lisäys, liite **2** *v* ottaa haltuunsa *(valtaamalla)*; lisätä, liittää
annihilate tuhota
anniversary vuosipäivä; ***a wedding*** ~ hääpäivä
annotate tehdä muistiinpanoja; varustaa selityksin *t.* huomautuksin
announce ilmoittaa, kuuluttaa
announcement ilmoitus, tiedotus
announcer kuuluttaja, juontaja
annoy vaivata, kiusata; suututtaa
annoyance vaiva, kiusa, harmi
annoyed suuttunut, ärtynyt
annoying harmillinen, ärsyttävä
annual vuotuinen, vuosi-
annual meeting vuosikokous
annual report vuosikertomus
annuity annuiteetti, vuotuismaksu; elinkorko
annulment kumoaminen
Annunciation Day Marian ilmestyspäivä
anoint *(usk)* voidella
anomaly säännöttömyys, poikkeus
anonymous nimetön, anonyymi
another toinen; vielä yksi; ***one*** ~ toisiaan, toinen toistaan; ~ ***hour*** tunti vielä; ***not*** ~ ***word*** ei sanaakaan enää
answer 1 *s* vastaus; *(tehtävän)* ratkaisu (***to*** jhk); ***in*** ~ ***to*** vastauksena jhk **2** *v* vastata *(kysymykseen, puhelimeen, kirjeeseen)*; olla sopiva, täyttää *(odotukset)*; olla vastuussa (***for*** jstak); ratkaista; ~ ***the door*** mennä avaamaan ovi; ~ ***back*** vastata nenäkkäästi, inttää
answering machine puhelinvastaaja
ant muurahainen
antagonist vastustaja
the Antarctic Antarktis, Etelämanner
antarctic etelänapa-
antbear muurahaiskarhu
antecedents esi-isät; menneisyys, varhaisemmat vaiheet
antenatal *(Br)* syntymää edeltävä, raskaudenajan-
antenatal care äitiyshuolto
antenatal clinic äitiysneuvola
anterior edellä oleva, aikaisempi (***to*** jtak)
anthem hymni
anthill muurahaiskeko
anti- anti-, vasta-, epä-
antiaircraft defence ilmapuolustus
antiaircraft gun ilmatorjuntatykki
antibiotic 1 *s* antibiootti **2** *a* antibioottinen
antibody vasta-aine
anticipate ennakoida; [osata] odottaa, aavistaa
anticipation odotus, toive; ennakointi, ennakkoaavistus
anticyclone korkeapaineen alue
antidote vasta-aine, vastamyrkky
antifreeze pakkasneste
the Antilles Antillit
antimissile defence ohjustentorjuntajärjestelmä
antinuclear ydinvoimanvastainen
antipathy vastenmielisyys, antipatia
antiquarian, antiquary muinais|tutkija, -esineiden keräilijä
antiquated vanhentunut, ikivanha
antique 1 *a* vanha, muinainen; antiikki- **2** *s* muinais-, antiikki|esine; ***the*** ~ *(hist)* antiikki
antiquities muinais-, antiikki|esi-

neet
antiquity [iki]vanhuus; muinaismuisto; muinaisaika, antiikin aika
antisocial yhteiskunnanvastainen; yhteiskunnalle vahingollinen; seuraa karttava
antlers hirven *t.* poron sarvet
anvil alasin
anxiety levottomuus; halu, into; ahdistuneisuus
anxious levoton, huolestunut; innokas; tuskallinen; ***she is really ~ to meet you*** hän odottaa innolla tapaamistanne
any ku[t]kaan, mi[t]kään, ketään, mitään; kuka *t.* mikä tahansa, joka[inen]; lainkaan, yhtään; ***I don't know ~ of these people*** en tunne ketään näistä ihmisistä; ***~ bank should cash them*** minkä tahansa pankin pitäisi vaihtaa ne; ***come ~ time you like*** tule ihan milloin haluat; ***do you feel ~ better?*** voitko yhtään paremmin?; ***at ~ rate*** joka tapauksessa, kuitenkin
anybody, **anyone** kukaan, joku, kuka tahansa
anyhow jotenkin, miten tahansa; kuitenkin, joka tapauksessa
anything mikään, jokin; mikä *t.* mitä tahansa, kaikki; ***not for ~*** ei mistään hinnasta; ***for ~ I know*** mikäli minä tiedän, tietääkseni
anyway joka tapauksessa, kuitenkin; oli miten oli
anywhere missään, jossakin; missä tahansa; ***~ else*** missään muualla
apart syrjä|ssä, -än; erossa, erillään; [päässä] toisistaan; ***she was sitting ~ from us*** hän istui meistä erillään; ***two miles ~*** kahden mailin päässä toisistaan
apartment *(Am)* huoneisto, asunto
apartment house *(Am)* kerrostalo
apathy apatia, tylsyys
ape [ihmis]apina
the Apennines Apenniinit
aperture aukko
apex *(pl apexes t. apices)* huippu, kärki
aphorism aforismi, mietelause
apiece kappale[elta]; kultakin, kullekin, jokaiselta; ***they cost a pound ~*** ne maksavat punnan kappale
apocalypse ilmestyskirja
apologetic anteeksipyytelevä
apologize pyytää anteeksi (***to*** jklta)
apology anteeksipyyntö; ***I owe him an ~*** olen hänelle anteeksipyynnön velkaa
apoplexy halvaus
apostle apostoli
apostrophe heittomerkki, apostrofi
appal kauhistuttaa; ***I was ~led*** olin kauhistunut, kauhuissani
the Appalachian Mountains Appalakit
appalling kauhistuttava
apparatus laite, koje[isto], laitteet
apparel *(juhlava)* puku, asu; *(mer)* purjeet, riki
apparent näkyvä; selvä, ilmeinen; näennäinen
apparently selvästi, ilmeisesti; nähtävästi; näennäisesti
apparition ilmestyminen; näky
appeal **1** *s* pyyntö, vetoomus; viehätys, vetovoima; *(lak)* muutoksenhaku, valitus **2** *v* vedota, pyytää [apua]; miellyttää, vetää puo-

leensa (***to***, ***for*** jkhun, jtak); *(lak)* hakea muutosta, valittaa (***against*** jhk, jstak); ***the police are ~ing to the public*** poliisi pyytää yleisön apua; ***these colours don't ~ to me*** en pidä näistä väreistä; ***I intend to ~ against this sentence*** aion valittaa tästä tuomiosta
appealingly vetoavasti
appear näyttäytyä, ilmestyä; näyttää jltak; esiintyä; ***it ~s to me that*** minusta näyttää että
appearance ilmaantuminen, näyttäytyminen; esiintyminen; *(kirjan)* ilmestyminen; ulkomuoto
appearances ulkokuori, kulissit; ***judging by ~*** ulkoisten seikkojen perusteella; ***keep up ~*** säilyttää kasvonsa *t.* kulissit; ***to all ~*** kaikesta päätellen
appease rauhoittaa, tyynnyttää
append liittää, lisätä
appendicitis umpilisäkkeen tulehdus
appendix liite; umpilisäke
appetite [ruoka]halu
appetizer aperitiivi; alkupala
appetizing herkullinen, maukas; houkutteleva
applaud taputtaa käsiään, osoittaa suosiota
applause kättentaputukset, aplodit
apple omena; ***she is the ~ of my eye*** hän on silmäteräni
appliance laite, koje; [kotitalous]kone
applicable sopiva, sovellettava; käyttökelpoinen (***to*** jhk)
applicant hakija
application hakemus, anomus; soveltaminen, sovellus
apply hakea, anoa (***for*** jtak); käyttää, soveltaa (***to*** jssak, jhk); sivellä, levittää; koskea jtak
appoint määrätä, nimittää
apportion jakaa, antaa
apposite osuva, sattuva
appraisal arviointi
appreciable tuntuva, huomattava
appreciate pitää arvossa, arvostaa; nousta arvossa
apprehend käsittää, ymmärtää
apprentice oppilas, oppipoika, harjoittelija
apprise ilmoittaa; ***of*** jstak
approach lähestyä; kääntyä jkn puoleen
approbation hyväksymys
appropriate sopiva, tarkoituksenmukainen
approval hyväksymys
approve pitää suotavana, hyväksyä; ***I don't ~ of his behaviour*** en hyväksy hänen käytöstään; ***the council ~d the plans*** neuvosto hyväksyi suunnitelmat
approximate läheinen, likimääräinen
appurtenance tarvikkeet, tilpehöörit
apricot aprikoosi
April huhtikuu
April Fools' Day aprillipäivä
apron esiliina; etunäyttämö
apropos **1** *adv* muuten, mitä jhk tulee, jstak puheen ollen **2** *a* sopiva
apt sovelias, tarkoituksenmukainen; omiaan, sattuva, osuva; taipuvainen, altis; pystyvä
aqualung *(sukeltajan)* paineilmalaitteet
aquarium akvaario

Aquarius *(astrol)* vesimies
aquatic animal vesieläin
aquiline nose kyömynenä
Arab arabi
Arabic *(kiel)* arabia
Arabic numerals arabialaiset numerot
Arabian arabialainen
arable viljelyskelpoinen
arbiter välitystuomari
arbitrary mielivaltainen
arbo[u]r lehtimaja
arboreal puissa elävä
arboretum kasvitieteellinen puisto *t.* puutarha
arc kaarilamppu
arch 1 *s* kaari, holvikaari **2** *a* viekas, veitikkamainen **3** *v* holvata; kaareutua; muodostaa holvi; köyristää, nostaa kaarelle
archaic muinaisaikainen; vanha[htava]
archaism arkaismi, vanhentunut sanonta
archangel arkkienkeli
archbishop arkkipiispa
archduchess arkkiherttuatar
archduke arkkiherttua
arched holvattu; köyristynyt
archenemy perivihollinen
archeological arkeologinen
archeologist arkeologi
archeology arkeologia
archer jousimies
archery jousiammunta
archetype perikuva, esikuva
archipelago saaristo
architect arkkitehti
architectural rakennustaiteellinen
architecture rakennustaide, arkkitehtuuri
archives arkisto
archivist arkistonhoitaja
archness veitikkamaisuus, veikeys
archway holvikäytävä
arctic arktinen, pohjoinen
the Arctic Circle Napapiiri
ardent palava, kuuma; tulinen, kiihkeä, innokas
ardently hehkuvasti, hartaasti
ardo[u]r kuumuus; intomieli
arduous vaikea, vaivalloinen; voimia kysyvä
1 *v* **are** *ks.* ***be***; olet, olemme, olette, ovat
2 *s* **are** aari
area pinta-ala, alue, ala
arena areena, kilpakenttä
aren't = ***are not***
argent hopea[nvärinen]
argot ammattikieli, salakieli
arguable: ***it's*** ~ se on kyseenalaista
argue kiistellä, väitellä, riidellä
argument kiista, riita; peruste, todistelu; pohdinta, väittely
argumentation todistelu, väittely
argumentative väittelynhaluinen
aria aaria
arid kuiva, kuivettunut
aridity kuivuus; hedelmättömyys
Aries *(astrol)* oinas
aright oikein
arise *(arose arisen)* nousta; saada alkunsa; johtua; ilmaantua
aristocracy ylimystö
aristocrat ylimys, aristokraatti
aristocratic aristokraattinen, ylimyksellinen
arithmetic aritmetiikka, laskuoppi
aritmetician aritmeetikko
ark arkki; ***Noah's Ark*** Nooan arkki
arm 1 *s* käsivarsi; varsi; ase; aselaji

2 *v* aseistautua, varustautua
armada suuri sotalaivasto
armament sota|voimat, -tarvikkeet, -varusteet; aseistus; varustelu
armament industries sotatarviketeollisuus
armature *(sähk)* ankkuri[käämi]
armband käsivarsinauha; kelluke
armchair nojatuoli
armed aseistettu
armed forces asevoimat
armed neutrality aseellinen puolueettomuus
armful sylillinen
armhole hihanaukko
armistice aselepo
armlet käsivarsi|nauha, -vanne; pieni lahti
armo[u]r panssari, haarniska; panssaroida
armo[u]rbearer aseenkantaja
armo[u]rclad haarniskoitu
armo[u]red car panssariauto
armo[u]rer aseseppä, varusmestari
armorial vaakuna, heraldinen tunnuskuva
armory vaakunatiede
armo[u]ry arsenaali
armpit kainalo[kuoppa]
arms aseet
arms race kilpavarustelu
army armeija, sotajoukko; suuri joukko
army corps armeijakunta
aroma tuoksu, aromi
aromatic voimakastuoksuinen, aromaattinen
arose *ks.* ***arise***
around ympärillä, ympärille; joka puolella, joka puolelle; ympäri
arraign haastaa oikeuteen, syyttää; moittia
arrange järjestää, järjestellä; sopia; sovittaa *(musiikkia)*
arrangement järjestely; sopimus; sovinto
arrant täysi, täydellinen, oikea; *~ nonsense* pelkkää pötyä
array 1 *s* taistelujärjestys **2** *v* järjestää *(joukkoja)*; pukea
arrears maksamattomat velat; tekemättömät asiat, rästit; ***~ of correspondence*** kirjevelat; ***~ of work*** tekemättömät työt
arrest 1 *v* pysäyttää, ehkäistä; pidättää, vangita; kiinnittää jkn huomio **2** *s* pidättäminen; pysähdys, keskeytys; ***under ~*** pidätettynä
arresting huomiota herättävä, kiintoisa
arrival saapuminen, tulo; saapunut henkilö, tulokas; saapuva juna ym.; ***on my ~*** saavuttuani
arrive saapua, tulla perille; ***~ home*** saapua kotiin; ***~ at a conclusion*** päätellä, päätyä jhk lopputulokseen
arrogance pöyhkeys; julkeus, röyhkeys
arrogant ylpeä; röyhkeä, ylimielinen
arrogate vaatia *(itselleen)*
arrow nuoli
arrowhead nuolenkärki
arse *(sl)* takamus, perse, pylly
arsenal asevarasto
arsenic arsenikki
arson tuhopoltto
1 *s* **art** taide; taito, taitavuus; ammatti; viekkaus; ***~s*** humanistiset tieteet; ***~s and crafts*** käsityö[t],

käden taidot; ~ ***gallery*** taidegalleria
2 *v* **art** *(vanh)* ***thou ~*** sinä olet
arterial valtimo; ~ ***road*** valtatie
arteriosclerosis verisuonten kalkkiutuminen
artery valtimo; valtasuoni
artful viekas
arthritis niveltulehdus, niveltauti
artichoke [latva]artisokka
article artikkeli, kirjoitus; artikkeli, tavara; *(kiel)* artikkeli
articulate ääntää *(selvästi)*
artifice juoni
artificial keinotekoinen
artificial insemination keinosiemennys
artificial intelligence tekoäly
artillery tykistö
artisan käsityöläinen
artist taiteilija
artiste esiintyvä taiteilija
artistic taiteellinen
artless teeskentelemätön
as kuin, kuten, niin kuin; koska, kun; ~ ***your friend*** ystävänäsi; ~ ***a child*** lapsena; ~ ***good*** ~ yhtä hyvä kuin; ~ ***it were*** niin sanoakseni, ikään kuin; ~ ***for*** mitä jhk tulee; ~ ***if***, ~ ***though*** ikään kuin, aivan kuin; ~ ***to*** mitä jhk tulee
ascend nousta
ascendancy valta-asema
ascendant nouseva; ***in the*** ~ valta-asemassa; *(astrol)* nousemassa
Ascension Day helatorstai
ascent nousu
ascertain varmistaa; varmistautua
ascetic askeettinen
ascribe laskea jnk syyksi *t.* ansioksi; pitää jnk seurauksena (***to*** jnk)
ash saarni
ashamed häpeissään; ***be ~ of sth*** hävetä jtak; ***I was ~ for him*** häpesin hänen puolestaan
ashes *(pl)* tuhka
ashore rantaan, maihin, maissa
ashtray tuhkakuppi
Asia Aasia
Asian aasialainen
aside syrjässä, syrjään
ask kysyä, kysellä, tiedustella; pyytää; ***she ~ed the way*** hän kysyi tietä; ***I ~ed him a question*** tein hänelle kysymyksen; ***he ~ed me to come along*** hän pyysi minua mukaan; ***did he ~ you out?*** pyysikö hän sinua ulos?
ask about tiedustella, ottaa selvää jstak
askance viistoon, viistossa; ***look ~*** katsoa syrjäsilmin, katsoa karsaasti
askew vinossa, vinoon; ***she always looks ~*** hän ei koskaan katso suoraan silmiin
ask for kysyä, tiedustella *(henkilöä)*; ***he was asking for you*** hän kysyi sinua; ***they were asking for trouble*** he kerjäsivät ikävyyksiä
asking price lähtöhinta, hintapyyntö
asleep unessa; ***the baby fell ~*** lapsi nukahti; ***she was sound ~*** hän oli sikeässä unessa
asparagus parsa
aspect näkö|kulma, -kohta; puoli, seikka, aspekti; ulko|näkö, -muoto; ***the balcony has a northern ~*** parveke on pohjoisen puolella
aspen haapa
aspirant hakija

aspiration pyrkimys
aspire pyrkiä (*to* jhk)
ass aasi
assail hyökätä
assailant hyökkääjä, päällekarkaaja; ahdistelija
assassin salamurhaaja
assassinate [sala]murhata
assassination salamurha
assassinator salamurhaaja
assault 1 *s* hyökkäys; rynnäkkö; väkivalta, pahoinpitely **2** *v* hyökätä, käydä kimppuun; rynnätä
assay 1 *s* koe, analyysi; *(pitoisuuden)* määritys **2** *v* tutkia; määrittää *(pitoisuus)*
assemblage kokous, joukko; kokoontuminen
assemble kutsua koolle; kerätä, koota; kokoontua
assembly kokous; kokoaminen, kokoonpano; kokoontuminen
assembly hall juhlasali; kokoussali; asennushalli
assent 1 *s* suostumus, hyväksyminen **2** *v* suostua, myöntyä (*to* jhk)
assert väittää
assertion väite
assessment arviointi, arvioiminen
assess arvioida
asset etu, valtti
assets varat; *~ and liabilities* varat ja velat
asshole *(Am sl)* kusipää, paskiainen
assiduity ahkeruus, uutteruus
assiduous ahkera, uuttera
assign määrätä jhk, osoittaa *t.* antaa tehtäväksi
assignment tehtävä, toimeksianto; antaminen, jakaminen
assimilate yhtäläistää; sula[u]ttaa, mukauttaa; sulautua, mukautua
assist auttaa
assistance apu
assistant apulainen, assistentti
assizes käräjät
associate 1 *s* kumppani, työtoveri **2** *v* liittää, yhdistää (*with* jhk); liittyä yhteen; seurustella, olla tekemisissä
associate professor *(Am)* dosentti, apulaisprofessori
association yhdistys
assort lajitella
assortment valikoima
assume omaksua; otaksua, olettaa
assumed oletettu; väärä
assuming pöyhkeä, suuriluuloinen
assuming that olettaen, otaksuen [että]
assumption omaksuminen; olettamus; teeskentely; *the A~* Neitsyt Marian taivaaseenastuminen
assurance vakuutus; itseluottamus
assure vakuuttaa
asthma astma
asthmatic asmaattinen
astonish hämmästyttää
astonishment hämmästys
astound ällistyttää
astray eksyksissä, harhaan
astride hajareisin
astringent kutistava [aine]
astrologer astrologi, tähtienselittäjä
astrology astrologia, tähdistäennustaminen
astronaut astronautti, avaruuslentäjä
astronomer astronomi, tähtitieteilijä

astronomy tähtitiede
astute viekas, terävä
asunder hajalla, hajalle
asylum turvapaikka; mielisairaala, hoitokoti
at -ssa, -lla, -na, luona; jstak hinnasta; *~ 3 o'clock* kello kolmelta; *she's still ~ work* hän on vielä töissä; *~ Easter* pääsiäisenä; *~ lunch* lounaalla
ate *ks.* ***eat***
atheist ateisti, jumalankieltäjä
Athens Ateena
athlete urheilija
athletics [yleis]urheilu
the Atlantic Ocean Atlantin valtameri, Atlantti
atmosphere ilmakehä; ilmapiiri
atmospheric ilmakehän, ilma[n]-; tunnelmallinen
atmospherics *(rad)* [ilmakehä]häiriöt
atom atomi
atom[ic] bomb atomipommi
atomic atomi-
atomizer sumutin, pirskotin
atone hyvittää, sovittaa (*for* jtak)
atonement hyvitys, sovitus
atrocious hirvittävä, julma
atrocity hirmuteko, julmuus; mauttomuus
attach kiinnittää, liittää; lisätä (*to* jhk)
attaché case attaseasalkku
attached kiintynyt; [oheen]liitetty (*to* jhk)
attachment kiintymys, mieltymys; kiinnitys, kiinnike
attack 1 *v* käydä kimppuun **2** *s* hyökkäys; [taudin]kohtaus
attain saavuttaa
attainment saavutus
attainments avut, taidot
attempt 1 *s* yritys **2** *v* yrittää, koettaa
attend olla läsnä, osallistua;*~ [on]* hoitaa, palvella *(potilasta, asiakasta)*; käydä jssak; *are you ~ing the meeting tomorrow?* aiotko osallistua huomiseen kokoukseen?; *~ church* käydä kirkossa; *~ school* käydä koulua
attendance läsnäolo, osallistuminen; yleisömäärä; hoito, palvelu; *~ at school* koulunkäynti; *the doctor in ~* päivystävä lääkäri; *with the President in ~* presidentin läsnä ollessa
attendant 1 *s* palvelija, seuralainen; osallistuja **2** *a* jtak seuraava, palveleva; oheinen, seuraamus-
attending hoitava, vastaava *(lääkäri)*
attend to kuunnella, olla tarkkaavainen; keskittyä; huolehtia jstak; palvella; *I must attend to the baby first* minun on huolehdittava vauvasta ensin; *are you being attended to?* joko teitä palvellaan?
attention tarkkaavaisuus, huomio; *~ please!* huomio!; *may I have your ~ please!* saanko hetken hiljaisuutta!; *pay ~ to* kiinnittää huomio[ta] jhk
attentive tarkkaavainen
attenuate vaimentaa
attest todistaa
attic ullakko
attire 1 *s* puku, vaatetus **2** *v* pukea, verhota
attitude asenne, kanta (*towards, to* jhk); asento

attorney *(Am)* asianajaja, juristi
attract vetää puoleensa
attraction vetovoima, viehätys-[voima]; nähtävyys, huvitus
attractive viehättävä, miellyttävä
attribute 1 *s* tuntomerkki, ominaisuus **2** *v* lukea ansioksi, syyksi, kuuluvaksi (*to* jkn, jklle); ***her success is ~d to hard work*** hänen menestyksensä on kovan työn ansiota; ***this song is ~d to Bach*** tätä laulua pidetään Bachin säveltämänä
aubergine munakoiso
auburn kastanjanruskea, punaruskea *(tukka)*
auction huutokauppa
auctioneer huutokaupan pitäjä
audacious rohkea, uskalias; röyhkeä
audacity [uhka]rohkeus; röyhkeys
audible kuuluva
audience yleisö; audienssi; kuunteleminen
audio 1 *a* ääni-, kuulo- **2** *s (elok, tv)* ääni, äänilaitteet, äänentoisto
audio cassette äänikasetti
audio frequency äänentaajuus
audio tape ääninauha
audio-visual aids audiovisuaalinen [opetus]välineistö
audit tarkastaa *(tilejä)*
auditor tilintarkastaja; kuuntelija
augment lisätä
augur 1 *s* ennustaja, merkkienselittäjä **2** *v* ennustaa; olla enteenä; ***it ~s well*** se tietää hyvää
augury enne, [ennus]merkki
August elokuu
aunt täti
aurora aamurusko
aurora borealis revontulet
auspices suojelus, turva; ***under the ~ of*** jkn suojelemana
auspicious hyväenteinen, lupaava
Aussie *(ark)* australialainen
austere ankara; [ankaran] niukka, pelkistetty
austerity ankaruus, niukkuus
austral eteläinen
Australia Australia
Australian australialainen
Austria Itävalta
Austrian itävaltalainen
authentic alkuperäinen, aito, oikea; autenttinen; luotettava
authenticity aitous; autenttisuus; luotettavuus
author kirjailija, tekijä; alkuunpanija, luoja
authoress [nais]kirjailija, tekijä
authoritative arvovaltainen; virallinen; määräilevä, käskevä
authorities viranomaiset
authority auktoriteetti, arvovalta; toimivalta, virkavalta; määräysvalta; valtuus, valtuudet; asiantuntija (*on* jssak)
authorization lupa, valtuutus
authorize valtuuttaa, antaa lupa
autobiography omaelämänkerta
autograph nimikirjoitus
automatic automaattinen
autonomous itsehallinnollinen, autonominen
autonomy itsehallinto, autonomia
autopsy ruumiinavaus
autumn syksy; ***in [the] ~*** syksyllä; ***last ~*** viime syksynä
auxiliary apu-, alempi
avail hyödyttää
available saatavissa, saatavana;

tavattavissa; käytettävissä
avail o.s. of käyttää hyväkseen jtak
avalanche lumivyöry
avarice ahneus
avaricious ahne
avenge kostaa
avenue leveä katu, puistokatu; lehtikuja
average 1 *s* keskitaso, keskiarvo; ***on the*** *t.* ***an ~*** keskimäärin **2** *a* keskimääräinen, keskiverto-; ***an ~ person*** tavallinen ihminen
averse haluton, vastahakoinen
aversion vastenmielisyys
avert kääntää pois; torjua; ***he ~ed his eyes*** hän käänsi katseensa pois
aviation ilmailu
aviator lentäjä
avid ahne; innokas, kärkäs
avidity ahneus
avoid välttää, karttaa
await odottaa
awake 1 *v (awoke awoke)* herätä, herättää **2** *adv* valveilla, hereillä
awaken herättää
awakening *(kuv)* herääminen
award 1 *s* palkinto; *(lak)* ratkaisu, päätös **2** *v* suoda, antaa; myöntää *(palkinto)*; *(lak)* tuomita, määrätä (***to*** jklle)
aware tietoinen, selvillä (***of*** jstak)
away poissa, pois [päin]; jnk matkan *t.* ajan päässä; ***it's only two days ~*** siihen on enää kaksi päivää [aikaa]; ***~ from home*** poissa kotoa; ***go ~!, ~ with you!*** mene pois!, painu tiehesi!
awe pelko
awesome kunnioitusta herättävä, pelottava; *(Am ark)* mieletön, upea
awestruck pelon *t.* kunnioituksen valtaama
awful hirveä, kauhea
awfully hirveän, kauhean, tavattoman
awhile vähän aikaa
awkward kömpelö, hankala, kankea; kiusallinen
awl naskali
awning ulkokaihdin, markiisi; aurinkokatos
awoke *ks.* ***awake***
awry vinossa, vinoon; pieleen
axe kirves
axiom selviö
axis akseli, keskiviiva
axle *(pyörän)* akseli
ay[e] *(parl, mer)* kyllä
azalea atsalea
azure välimerensininen

B

B *(Am)* hyvä *(arvosana)*
b *(= born)* syntynyt
B.A. *ks.* ***Bachelor of Arts***
babble 1 *v* leperrellä; solista **2** *s* jokellus, lepertely, lörpötys
baboon paviaani
baby pieni lapsi, vauva; *(ark)* kulta, beibi
baby carriage *(Am)* lastenvaunut
baby changing room vauvanhoitohuone
baby's bottle tuttipullo
baby-sitter lapsen|hoitaja, -vahti
bachelor poikamies; ***an eligible ~*** tavoiteltu poikamies
Bachelor of Arts *(läh)* humanististen tieteiden kandidaatti
back 1 *s* selkä, takaosa, taka-, selkä|puoli; ***at the ~ of*** jnk takana, takaosassa; ***turn one's ~ on*** kääntää jklle selkänsä **2** *adv* takaisin, taaksepäin; ***a year ~*** vuosi sitten **3** *a* taka-; ***~ seat*** takapenkki **4** *v* peruuttaa *(auto ym.)*; peräytyä; kannattaa, tukea; lyödä vetoa *(jnk puolesta)*
backache selkäsärky
backbiting selän takana puhuminen *t.* haukkuminen
backbone selkäranka
backcomb tupeerata
background tausta, taka-ala
backing tuki, kannatus
backstroke selkäuinti
backward taaksepäin suuntautuva *t.* suuntautunut; takapajuinen, jälkeenjäänyt
backward[s] taaksepäin, takaperin; nurin|päin, -perin; selkä edellä; ***a major step ~*** aimo askel taaksepäin
bacon pekoni
bacteria bakteerit
1 *a* **bad** huono, paha; ***a ~ joke*** huono pila; ***he is in a ~ temper*** hän on huonolla tuulella; ***want ~ly*** haluta jtak kipeästi; ***too ~*** onpa *t.* olipa ikävää; ***not ~*** ei hullumpi *t.* hullumpaa; ***go ~*** pilaantua; ***go to the ~*** mennä hunningolle
2 *v* **bad** *ks.* ***bid***
badge *(virka-, arvon-, kunnia- ym.)* merkki; tunnus[merkki]; *(rintaan kiinnitettävä)* nimi|lappu, -kilpi, turvakortti
badger 1 *s* mäyrä **2** *v* ahdistaa, kiusata *(kysymyksillä ym.)*
badminton sulkapallo
bad-tempered pahantuulinen
baffle saattaa hämmennyksiin; tehdä tyhjäksi; nolata; ***it ~s me*** se on minulle arvoitus
baffling hämäännyttävä, hämmentävä
bag [käsi]laukku, pussi
baggage *(Am)* matkatavarat; kuormasto; *vrt.* ***luggage***; ***where is your ~?*** missä matkatavaranne ovat?
baggy pussimainen, roikkuva
bag lady kassialma, pultsariakka
bagpipes säkkipilli
bail takaus; takaaja; ***go ~ for*** mennä takaukseen jksta

bailiff *(Br)* ulosottomies; *(Am)* oikeudenpalvelija
bail out maksaa [oikeudelle] takuusumma *(syytetyn vapauttamiseksi)*; äyskäröidä, tyhjentää
bait syötti, houkutin
bake kypsentää, paistaa, leipoa
baker leipuri
bakery leipomo
baking powder leivinjauhe
balance 1 *s* tasapaino, tasapainotila; bilanssi, tase; mielentyyneys; vaaka; *~ of payments* maksutase; *~ of trade* kauppatase **2** *v* punnita; saattaa tasapainoon; olla tasapainossa; tasapainotella; päättää *(tili)*; tasoittaa
balanced tasapainoinen
balcony parveke, parvi
bald kalju; karu, kaunistelematon
bale 1 *s* paali, käärö **2** *v ~ out*, pelastautua laskuvarjon avulla
balk 1 *s* parru, palkki; este **2** *v* säikkyä, epäröidä; estää; *she was ~ed* hän pettyi [aikeissaan]
Balkan Balkanin
the Balkans Balkan
ball 1 *s* pallo, kuula, kerä; tanssiaiset; *we had a ~ (Am)* meillä oli valtavan hauskaa; *the ~ is in your court, the ~ is with you* pallo on [nyt] sinulla; *~s (sl)* munat **2** *v (sl)* naida; *~s up* mokata
ballast paino[lasti]
ballbearing kuulalaakeri
ballet baletti
balloon ilmapallo
ballot 1 *s* äänestys[lippu] **2** *v* äänestää suljetuilla lipuilla
ballpoint pen kuulakärkikynä
ballroom tanssi-, banketti|sali
balm palsami; lohtu, lievitys
balmy palsami[ntuoksuinen]; lievittävä, elvyttävä
balsam palsami
the Baltic Sea Itämeri
the Baltic States Baltian maat
balustrade kaiteet
bamboo bambu
ban 1 *s* julistus, kuulutus; panna, kirkonkirous **2** *v* kieltää
banana banaani
band 1 *s* nauha, side; joukko; yhtye, soittokunta, bändi **2** *v* liittyä [yhteen]
bandage *(Br)* side[harso]
bandaid *(Am)* laastari
b and b, B and B *(bed and breakfast)* majoitus ja aamiainen
bandit [maantie]rosvo, bandiitti
bandy 1 *v* heitellä, pallotella; levittää, laverrella *(juttuja)* **2** *s* jääpallo
bandy-legged vääräsäärinen
bang 1 *s* pamaus, paukahdus; jysähdys; *~s* otsatukka **2** *v* lyödä, täräyttää; hakata, rummuttaa; *~ one's head against a brick wall* lyödä päätään seinään
bangle ranne-, nilkka|rengas
banish karkottaa maasta, ajaa maanpakoon
banishment maastakarkotus; maanpako
banister[s] kaiteet, kaidepuu
bank 1 *s* pankki; töyräs, rantapenger **2** *v* hoitaa pankkiasiansa; *you can ~ on him* voit luottaa häneen
banker pankkiiri
bank holiday *(Br)* yleinen vapaapäivä
banking pankkitoimi; patoaminen

bank note seteli
bankrupt konkurssin tehnyt, vararikkoinen; *~'s estate* konkurssipesä; *the bank went ~* pankki meni konkurssiin
bankruptcy konkurssi, vararikko
bank statement tiliote
banner lippu; juliste
banns aviokuulutus; *have one's ~ called* ottaa kuulutukset
banquet 1 *s* juhlapäivälliset, banketti **2** *v* juhlia
bantam pienois-; *~ weight boxer* kääpiösarjan nyrkkeilijä
banter 1 *s* naljailu, pilailu **2** *v* naljailla, pilailla
baptism kaste, kastaminen
baptist baptisti, kastaja
bar 1 *s* tanko, puomi, harkko; tahti[viiva]; baari; aitaus *(oikeussalissa)*; *at the ~* oikeudessa, tutkittavana [oleva]; *the B~* asianajajien ammattikunta; *~ of chocolate* suklaalevy; *~s* ristikko, kalterit **2** *v* salvata, teljetä; kieltää
barb väkä[nen], oka, piikki
barbarian raakalainen, barbaari
barbarous barbaarinen
barbed wire piikkilanka
barbecue ulkogrilli; grillijuhla
barbiturate rauhoittava lääke
bare 1 *s* paljas, alaston; karu **2** *v* paljastaa; näyttää
barefaced kasvot paljaana; hunnuton; parraton; röyhkeä
barefoot[ed] paljain jaloin
bareheaded paljain päin
barely niukasti, töin tuskin; melkein
barfly [baarien] kanta-asiakas
bargain 1 *s* [edullinen] kauppa **2** *v* hieroa kauppaa, tinkiä
barge proomu, lotja; pursi
bark 1 *s* kaarna **2** *v* karjua, ärjyä; *(koirasta)* haukkua
barley ohra
barman baarimikko
barn lato, vilja-aitta
barometer ilmapuntari
baron paroni, vapaaherra; suurliikemies
baroness paronitar, vapaaherratar
baronet baronetti
barracks kasarmi[t]
barrage pato; tulisulku; sulkutuli
barrel tynnyri; *(aseen)* piippu
barrel organ posetiivi
barren hedelmätön, karu
barricade barrikadi, katusulku
barrier aita, este; sulku; *language ~* kielimuuri
barrister *(Br) (oikeudessa esiintyvä)* asianajaja, lakimies
bartender baarimikko
barter 1 *s* vaihtokauppa **2** *v* vaihtaa
base 1 *s* perustus, pohja; jalusta, kanta; emäs **2** *a* alhainen, halpamainen **3** *v* perustaa, pohjata; *be ~d on* perustua jhk
baseball baseball-peli
basement kivijalka; pohja-, kellari|kerros
basic perus-; alkeellinen
basics perusasiat; perustiedot, perusteet
basin vati, allas, malja; jokialue
basis *(pl bases)* perusta, pohja
bask lämmitellä; paistattaa päivää
basket kori
basketball koripallo
basketry korinpunonta
bass basso

bass guitar bassokitara
bassist basisti
bassoon fagotti
bast niini
bastard avioton lapsi, äpärä; *(sl)* roisto, paskiainen
baste harsia; valella rasvalla *(paistia)*
bastion varustus, linnake
bat lepakko; maila
batch uunillinen; *(ark)* satsi; erä, ryhmä
bated: ***with ~ breath*** henkeään pidätellen
bath 1 *s* kylpy; kylpy|amme, -laitos **2** *v* kylvettää; kylpeä
bathe 1 *v* kylpeä, uida **2** *s* uinti; kylpeminen
bathing costume, bathing suit *(naisen)* uimapuku
bathrobe kylpytakki
bathtub kylpyamme
baton tahtipuikko; virkasauva; *(poliisin)* patukka; viestikapula
battalion pataljoona
batten piena; lista; soiro
batter 1 *v* lyödä, hakata, takoa **2** *s (vatkattu)* taikina
battery patteri; paristo; *(aut)* akku
battle 1 *s* taistelu **2** *v* taistella, ponnistella
battle field taistelu|kenttä, -tanner
bauble hely, rihkamakoru
baulk = ***balk***
Bavaria Baijeri
bawl huutaa, karjua; parkua
bay 1 *s* lahti; laakeri[puu]; syvennys, soppi; raudikko **2** *v* haukkua (***at*** jkta)
bayonet pistin
bayou *(Am) (soinen)* suisto
bay window erkkeri[ikkuna]
BBC *(= the British Broadcasting Corporation)* Englannin yleisradio[yhtiö]
B.C. *(= before Christ)* eKr.
be *(was/were been)* olla; ***there is, there are*** jssak on jtak
beach 1 *s* [hiekka]ranta **2** *v* laskea *t.* ajaa rantaan; ***be ~ed*** ajautua maihin
beacon majakka; merkkituli
bead *(lasi- ym.)* helmi; ***~s of sweat*** hikikarpaloita
beads rukousnauha
beak *(linnun)* nokka; *(vanh)* rehtori
beam 1 *s* hirsi, palkki, poikkipuu; säde; *(voim)* puomi **2** *v* säteillä
bean papu
bear 1 *s* karhu **2** *v (bore born[e])* kantaa, kestää; synnyttää; ***~ o.s.*** käyttäytyä, esiintyä; ***I can't ~ him*** en voi sietää häntä; ***he was born in July*** hän on syntynyt *t.* syntyi heinäkuussa
bearable siedettävä
beard parta
bearded parrakas
bear down kukistaa; ponnistaa
bearer kantaja; [sanan]tuoja, lähetti
bearing ryhti, käytös; yhteys, merkitys; *(mer)* asema, sijainti, suunta; *(tekn)* laakeri
beast eläin, elukka; *(ark)* inhottava tyyppi; ***~ of burden*** juhta
beastly inhottava, raaka
beat 1 *v (beat beat[en])* lyödä, piestä; voittaa; vatkata **2** *s* lyönti, lyöminen; syke, sykäys; tahdinlyönti
beaten lyöty

beatitude onni, autuus
beautiful kaunis; ihana
beautify kaunistaa; kaunistua
beauty kauneus, ihanuus; kaunotar
beauty contest missikisat
beauty parlour, beauty salon kauneushoitola
beaver majava
because koska; ~ ***of*** jkn takia
beckon viittoa; viitata
become *(became become)* tulla jksik; pukea jkta; sopia; ***he became a doctor*** hänestä tuli lääkäri
becoming pukeva; sopiva
bed vuode, sänky; [kukka]penkki; uoma; ***make the*** ~ sijata vuode
bed and board asunto ja ruoka
bed and breakfast majoitus ja aamiainen
bedbug lude
bedclothes, bedding vuodevaatteet
bedraggled ryvettynyt, rähjäinen
bedridden vuoteenoma[na]
bedroom makuuhuone
bed-sitter, bed-sitting room *(Br)* olo- ja makuuhuone, yksiö
bedspread sängynpeite
bedtime nukkumaanmenoaika
bedtime story iltasatu
bee mehiläinen
beech pyökki
beef naudan-, härän|liha
beef cattle lihakarja
beefsteak pihvi
beehive mehiläiskeko
beeline linnuntie; suorin tie
been *ks.* ***be***
beep 1 *s (auton)* tööttäys; *(laitteen)* piippaus, äänimerkki **2** *v* hakea [hakulaitteella]
beeper hakulaite
beer olut
beet juurikas
beetle kovakuoriainen
beetroot punajuuri
befall *(befell befallen)* sattua, tapahtua
befit sopia
before edessä; ennen [kuin]
beforehand etukäteen
befoul tahrata, liata
befriend olla ystävällinen, auttaa
beg pyytää, kerjätä, anoa
began *ks.* ***begin***
beggar kerjäläinen
beggary kerjuu
begin *(began begun)* alkaa; ***when did this ~?*** milloin tämä alkoi?; ***she has begun a new book*** hän on aloittanut uuden kirjan
beginner vasta-alkaja
beginning alku; ***in the*** ~ alussa; ***at the ~ of June*** heinäkuun alussa; ***from ~ to end*** alusta loppuun
beg off vetäytyä tehtävästä; valittaa ettei voi
beguile pettää; houkutella, viekoitella
behalf: ***on ~ of*** jkn puolesta
behave käyttäytyä; olla kunnolla
behaviour käytös
behead mestata
behind takana, taakse; jäljessä, jälkeen
behold *(beheld beheld) (vanh. kirj)* katsoa, nähdä
being olento; olemassaolo; ***for the time*** ~ toistaiseksi
belch röyhtäistä; syöstä
belfry kello|torni, -tapuli
Belgian belgialainen

Belgium Belgia
belief usko
believe uskoa, luottaa (***in*** jhk)
believer uskovainen
belittle väheksyä
bell [soitto]kello; tiuku
bell-bottoms leveät lahkeet; trumpettihousut
bellboy hotellipoika
belle kaunotar
belligerent sotaa käyvä, sotiva
bellow mylviä, karjua
bellows palkeet
belly vatsa, maha
belly button napa
belly dance vatsatanssi
belong: ~ ***to*** kuulua jklle; ***it ~s to him*** se on hänen
belongings omaisuus, tavarat
Belorus[sia] *ks.* ***Byelorussia***
beloved rakastettu
below alla, alapuolella, alapuolelle; ~ ***zero*** nollan alapuolella
belt vyö, hihna; vyöhyke
bemoan valittaa, vaikeroida
bench penkki; tuomioistuin
bend 1 *s* mutka **2** *v* ***(bent bent)*** taivuttaa, koukistaa, kumartua, taipua
beneath alla, alle
benediction siunaus
benefactor hyväntekijä
beneficence hyväntekeväisyys
beneficial hyödyllinen
benefit 1 *s* hyöty, etu; avustus; ***unemployment*** ~ työttömyyskorvaus **2** *v* hyötyä (***from*** jstak); hyödyttää, koitua hyödyksi
benevolence hyväntahtoisuus, suopeus
benevolent hyväntahtoinen, suopea
benign suopea; *(lääk)* hyvänlaatuinen
benignancy hyvänlaatuisuus
benignant suopea, hyväntahtoinen
benignity suopeus, hyväntahtoisuus
bent *ks.* ***bend***
benumb jäykistää, tehdä tunnottomaksi
benzine [puhdistus]bensiini
bequeath testamentata
bequest [testamentti]lahjoitus
bereave *(bereaved / bereft bereaved / bereft) (kirj)* riistää, ryöstää (***of*** jtak)
bereavement menetys, kuolemantapaus
Berlin Berliini
berry 1 *s* marja **2** *v* marjastaa
berth makuu-, hytti|paikka; laituripaikka
beseech *(besought besought) (kirj)* anoa, rukoilla
beset *(beset beset)* saartaa, piirittää; ahdistaa
beside vieressä, viereen
besides [sitä]paitsi
besiege piirittää
besought *ks.* ***beseech***
best paras; ***do one's ~*** tehdä parhaansa; ***the summer is at its ~*** kesä on parhaimmillaan
bestir: ~ ***o.s.*** pitää kiirettä
best man sulhaspoika
bestow *(kirj)* antaa, suoda
best-seller menestyskirja, myyntimenestys
bet 1 *s* vedonlyönti, panos; valinta; ***make a ~ on sth*** lyödä vetoa jstak; ***place a ~ on sth*** lyödä vetoa

jnk puolesta **2** *v (bet/betted bet/ betted)* lyödä vetoa
betoken osoittaa; ennustaa
betray pettää, kavaltaa
betrayal petos, kavaltaminen
better 1 *a, adv* parempi; paremmin; ***you had ~*** sinun olisi parasta; ***I like this ~*** pidän tästä enemmän **2** *v* parantaa, parantua
betting vedonlyönti
between välillä, välissä; kesken; ***~ you and me*** meidän kesken
bevel 1 *s* [viisto] särmä **2** *v* leikata vinoksi, viistota
beverage [virvoitus]juoma
bevy parvi
bewail valittaa, surra
beware of varoa jtak
bewilder saattaa ymmälle, hämmentää
bewilderment hämmennys
bewitch lumota
beyond tuolla puolen, yli; ***~ understanding*** käsittämätöntä; ***it is ~ words*** sitä ei voi sanoin kuvata
bias vinous; puolueellisuus; suuntaus, taipumus
bia[s]sed ennakkoluuloinen; puolueellinen
biathlon ampumahiihto
bib ruokalappu
Bible raamattu; ***do you read the ~?*** luetko raamattua?
biblical raamatullinen
bibliography kirjallisuusluettelo
bicameral *(pol)* kaksikamarinen
bicentenary *(Am)* 200-vuotis[juhla]
bicentennial *(Br)* 200-vuotis[juhla]
biceps hauis[lihas]
bicker kinastella, riidellä
bicycle polkupyörä
bid 1 *v (bade/bid bidden/bid)* käskeä; tarjota, toivottaa, lausua *(tervetulleeksi ym.)* **2** *s* tarjous; yritys
bide: ***~ one's time*** odottaa, odotella
biennial 1 *a* kaksivuotinen; joka toinen vuosi tapahtuva **2** *s* biennaali
bier ruumis|paarit, -vaunut
bifocals kaksiteholasit
big suuri, iso
bigamy kaksinnaiminen
big game suurriista
bight lahdelma; silmukka
bigot kiihkoilija
big shot kiho, isokenkäinen
bigwig pomo, pamppu
bike [polku]pyörä
bikini bikini[t]
bilateral bilateraalinen, kahden|keskinen, -välinen
bilberry mustikka
bile sappi
bilge pilssi, köli
bilingual kaksikielinen
bilious sappi[tautinen]; sapekas
bill lasku; [mainos]juliste; nokka; lakiehdotus; *(Am)* seteli; vekseli
billboard mainos|taulu, -teline
billet 1 *s (sot)* majoitus **2** *v* majoittaa
billfold *(Am)* lompakko
billiards biljardipeli
billion miljardi
billow 1 *s* aalto **2** *v* aaltoilla
bimonthly joka toinen kuukausi tapahtuva
bin *(roska- ym.)* kori, tynnyri, laatikko; purnu, hinkalo
bind *(bound bound)* sitoa; velvoittaa; ***bound in paper*** paperikanti-

nen
binding side, nide; sitova
binoculars kiikari
biography elämänkerta
biology biologia
birch koivu
bird lintu; *(ark)* otus, kaveri, heppu; tyttö; ***~'s-eye view*** lintuperspektiivistä [katsottuna]
bird of prey petolintu
birth syntymä, syntyperä; ***give ~ to*** synnyttää
birth control syntyvyyden säännöstely, ehkäisy
birthday syntymäpäivä
birthmark syntymämerkki
biscuit *(Br)* keksi
bisect leikata kahtia
bishop piispa; *(šakk)* lähetti
1 *s* **bit** palanen, hitunen; *(ark)* asia, juttu; suukappale, suutin; *(poran)* terä; kuolaimet; ***~ by ~*** vähitellen; ***not a ~ better*** ei hiukkaakaan parempi; ***a little ~ [of]*** hiukan, jonkin verran jtak; ***what is this ~ about a strike?*** mikäs se lakkojuttu oikein on?
2 *v* **bit** *ks.* ***bite***
bitch narttu; *(sl)* [pirullinen] ämmä, [saatanan] akka
bitchy pirullinen, inhottava
bite 1 *v (bit bitten)* purra; *(hyönteisestä)* pistää, purra **2** *s* purema; [suu]pala; haukkapala, haukkaus; ***would you like to have a ~ to eat?*** haluaisitko jotain syötävää?; ***I haven't had a ~ all day*** en ole syönyt palaakaan koko päivänä
bitter katkera, karvas; pureva *(tuuli)*
bitumen bitumi, maapihka, asfaltti
biweekly joka toinen viikko ilmestyvä *(lehti)*
blab juoruta, laverrella
blabber pälpättää, pälättää, höpöttää
black musta; ***in ~ and white*** mustaa valkoisella
black-and-white mustavalkoinen
blackberry karhunvatukka
blackbird mustarastas
blackboard [liitu]taulu
black box *(ilm)* musta laatikko
blacken mustata, mustuttaa
blackhead ihomato, mustapää
blacking kenkävoide
blackjack *(korttip)* ventti
blackleg lakonrikkoja, rikkuri
blacklist musta lista
blackmail 1 *v* kiristää **2** *s* kiristys
black market musta pörssi
black marketeer mustan pörssin kauppias
black out menettää tajuntansa, pyörtyä
blackout pimennys; sähkökatkos
blacksmith seppä
black-tie smokki-, juhla|puku- *(asuvaatimuksena)*
bladder *(virtsa- ym.)* rakko
blade lehti; terä; lapa; siipi
blamable moitittava
blame 1 *s* moite, syy, vika; ***don't put the ~ on me*** älä minua syytä **2** *v* moittia, soimata
blameless moitteeton
bland *(ruok)* mauton; lattea, pliisu
blank 1 *a* tyhjä, kirjoittamaton; sisällyksetön **2** *s* tyhjä paikka, aukko; lomake
blanket huopa
blare 1 *v* toitottaa; pauhata **2** *s* toi-

totus, räminä; pauhu
blaspheme pilkata
blasphemy jumalanpilkka
blast 1 *s* tuulenpuuska; törähdys; räjähdys **2** *v* räjäyttää; turmella; *(radiosta, musiikista)* huutaa, pauhata
blasting räjäytystyö
blaze 1 *s* loimu, roihu **2** *v* loimuta, roihuta
blazer klubitakki, bleiseri
blazon toitottaa julki, koristaa [heraldisesti]
bleach 1 *v* valkaista **2** *s* valkaisuaine
bleak kolea, synkkä
bleat määkiä; ruikuttaa, kitistä
bled *ks.* ***bleed***
bleed *(bled bled)* vuotaa verta; iskeä suonta
bleeding 1 *s* verenvuoto **2** *a (Br)* pahuksen, helkkarin
bleeding heart särkynyt sydän
blemish 1 *s* tahra, vika **2** *v* tahrata, rumentaa
blend 1 *s* sekoitus **2** *v* sekoittaa, sekoittua
blender tehosekoitin
bless siunata
blessedness autuus
blessing siunaus
blew *ks.* ***blow***
blight 1 *s (kasv)* noki, homesieni, härmä; rapistuminen; *(kuv)* varjo, tahra **2** *v* tuhota, turmella
blimey *(Br ark)* oho!; helkkari!
blimp ilmalaiva
blind 1 *a* sokea **2** *s* rullaverho **3** *v* sokaista
blind alley umpikuja
blind date sokkotreffit
blinders *(Am)* silmälaput
blindfold sitoa jkn silmät
blindman's buff sokkoleikki
blindness sokeus
blink räp[ä]yttää silmää; siristellä silmiä; vilkkua, välkkyä; *(Am)* näyttää vilkkua
blinkers silmälaput; *(Am)* vilkku
bliss autuus
blissful autuas
blister rakkula, rakko
blithe[some] *(kirj)* iloinen, huoleton
blitz tuhota lentopommein
blizzard lumimysky
bloated paisunut, turvonnut
block 1 *s* möhkäle, pölkky; este, seisaus; kuvalaatta; palikka; *(Am)* kortteli **2** *v* estää, tukkia
blockade 1 *s* saarto **2** *v* saartaa
blockage tukos, katkos
blockhead pölkkypää
block of flats *(Br)* kerrostalo
bloke *(Br sl)* heppu, kaveri
blond vaalea
blonde blondi, vaaleaverikkö
blood veri
bloodcurdling vertahyytävä, karmaiseva
bloodless ilman verenvuodatusta [tapahtuva]; väkivallaton; tunteeton
blood poisoning verenmyrkytys
blood pressure verenpaine
bloodshed verenvuodatus
bloodshot verestävä, punainen
blood transfusion verensiirto
blood vessel verisuoni
bloody verinen; *(Br ark)* kirottu, saamarin
bloom 1 *s* kukoistus **2** *v* kukkia

bloomer *(Br ark)* moka
blossom 1 *s* kukka, kukinto **2** *v* kukkia
blot 1 *s* tahra **2** *v* tahria
blotch läiskä
blotter imupaperi; *(Am)* muistiinpanovihko
blotting paper imupaperi
blouse [paita]pusero
blow 1 *s* isku **2** *v (blew blown)* tuulla, puhaltaa; ~ ***your nose*** niistä nenäsi; ***she blew me a kiss*** hän lähetti minulle lentosuukon
blow-out *(kumin)* puhkeaminen; *(sulakkeen)* palaminen; räjähdys
blow over mennä ohi, tyyntyä
blow up räjäyttää, räjähtää
blow-up *(valok)* suurennos
blubber itkeä tillittää
blue sininen; sini; alakuloinen; ***~-eyed*** sinisilmäinen
bluebell sinililja; kissankello
blueberry mustikka
blue cheese sinihomejuusto
blue film, blue movie pornofilmi
blue jeans farkut
blues masennus, alakuloisuus; blues-musiikki; ***I've got the ~*** olen alamaissa, alla päin
bluff 1 *s* hämäys, bluffi; jyrkkä törmä, jyrkänne **2** *a* äkkijyrkkä **3** *v* hämätä, bluffata
bluish sinertävä
blunder 1 *s* kömmähdys, haksahdus; munaus; ***I made a big ~*** tein emämunauksen **2** *v* möhlätä, munata; haparoida, kompuroida; törmätä
blunt 1 *a* tylsä, tylppä; töykeä, karkea, kömpelö[sanainen] **2** *v* tylsyttää; heikentää
blur 1 *v* tuhria, tehdä hämäräksi; sumentaa **2** *s* hämäryys, epäselvyys; tahra, läiskä; epäselvä [tv]-kuva
blurt [out] tokaista, möläyttää
blush 1 *v* punastua **2** *s* punastuminen; puna
blusher poskipuna
bluster 1 *v* pauhata, myrskytä; kerskua, mahtailla **2** *s* pauhu, kohina; rehentely
BM = ***Bachelor of Medicine*** lääketieteen kandidaatti
boar karju
board lauta; pahvi, kartonki; piirustuslauta; pelilauta; ilmoitustaulu; kojelauta; johtokunta, hallitus; lautakunta, valiokunta; ruoka, ateriat; ***half ~*** puolihoito; ***full ~*** täysihoito; ***on ~*** laivassa; lentokoneessa; bussissa; ***go (get) on ~ a train*** nousta junaan
board and lodging majoitus ja ruoat, täysihoito
boarder täysihoidossa oleva; sisäoppilaitoksen oppilas
boardinghouse täysihoitola
boarding school sisäoppilaitos
boast 1 *v* kerskua (***of, about*** jstak) **2** *s* kerskailu
boastful kerskaileva
boat vene, laiva
boating veneily
boat people venepakolaiset
boatswain pursimies, puosu
boat train laivajuna
bob 1 *s* tupsu, kimppu, nippu; hius|sykerö, -tupsu; töpöhäntä; täky, syötti; nykäys; *(ark)* shillinki **2** *v* heilauttaa, heilahdella; ponnahtaa, nykiä, pomppia; leikata

tukka lyhyeksi
bobbed lyhyeksi leikattu; töpöhäntäinen; ~ ***hair*** poikatukka
bobbin puola; lankarulla
bobbin lace nyplätty pitsi
bobby *(Br ark)* poliisi
bobby pin *(Am)* hius|solki, -pinni
bobsleigh, bobsled *(urh)* rattikelkka
bode ennustaa, tietää; ***it ~s well*** se tietää hyvää
bodice *(puvun)* yläosa, miehusta; *(kansallispuvun)* liivi
bodily ruumiillinen
bodkin naskali; pujotusneula
body ruumis, keho; auton kori; joukko, kokoelma, kokonaisuus; pää-, tärkein osa; elin, -kunta
bodybuilding kehonrakennus, bodaus
bodyguard henkivartija
body language elekieli
body stocking vartalosukka, body
bog suo, räme
bogus väärennetty, väärä, vale-
bog[e]y peikko, mörkö
bohemian boheemi
boil 1 *s* kiehuminen; paise **2** *v* kiehua
boiled keitetty
boiler höyrykattila, keittoastia; kuumavesisäiliö, boileri
boiler room pannuhuone
boiling kiehuminen; kiehuva
boiling point kiehumispiste
boiling spring kuuma lähde
boisterous äänekäs, riehakas; raju
bold rohkea; selväpiirteinen, voimakas
bollocks *(sl)* munat; paskapuhetta
boloney *(ark)* hölynpölyä, roskaa
bolster tukea, vahvistaa; pehmustaa
bolt 1 *s* pultti; telki, säppi; salama; pakka, käärö *(kangasta, paperia)* **2** *v* ampaista tiehensä, pötkiä pakoon; hotkia; salvata *(ovi)*; mennä kiinni
bomb 1 *s* pommi **2** *v* pommittaa
bombard pommittaa *(tykeillä, kysymyksillä)*
bombastic mahtipontinen
bomber pommikone
bombshell *(kuv)* [varsinainen] pommi
bond side, kahle; sitoumus; obligaatio
bondage *(seks)* sidontaleikit ym.; *(hist)* [maa]orjuus
bonded warehouse tullivarasto
bone luu, ruoto
bonfire nuotio, leirituli, kokko
bonk *(Br sl)* naida
bonnet hilkka, myssy; *(Br)* konepelti
bonny *(Skotl)* sievä; pulska, terve; mainio, taitava
bonus voitto-osuus, hyvitys, lisä, bonus
bony luiseva, luinen
boo buuata
boob, booby hölmö, tomppeli
book 1 *s* kirja; vihko; lehtiö; ***by the*** ~ sääntöjen-, asian|mukaisesti; ***he tried every trick in the*** ~ hän yritti kaikkia mahdollisia keinoja; ***the B~*** Raamattu **2** *v* viedä kirjoihin; tilata, varata, buukata; sakottaa; ***have you ~ed a table?*** oletteko varanneet pöydän?; ***you can book your ferry crossing over the telephone*** voitte varata lauttamatkan-

ne puhelimitse; ***he was ~ed on the first flight*** hänelle oli varattu paikka ensimmäiselle lennolle
bookbinder kirjansitoja
bookcase kirja|hylly, -kaappi
book in *(Br)* varata huone; ilmoittautua [hotellissa]
booking office lipunmyynti
bookkeeping kirjanpito
booklet kirjanen, esite
bookmaker vedonlyönnin välittäjä
bookmark[er] kirjanmerkki
book out *(Br)* luovuttaa huoneensa, lähteä hotellista
bookseller kirjakauppias
bookshelf *(pl bookshelves)* kirjahylly
bookshop *(Br)* kirjakauppa
bookstall lehti- ja kirjakioski
bookstore *(Am)* kirjakauppa
boom 1 *s (aseiden, lentokoneen)* jylinä, jyrinä, jyrähdys; noususuhdanne, nousu **2** *v* jylistä, jyristä, kumista; elpyä, vilkastua; nousta äkkiä
boost työntää *t.* auttaa eteenpäin, antaa vauhtia; mainostaa
boot saapas; *(auton)* tavaratila; *(atk) (buutata)* käynnistää tietokone [uudelleen]
bootee *(Br) (lapsen)* tossu, töppönen
booth koju, tiski; koppi; looshi
bootleg salakuljettaa, trokata viinaa; salapolttaa
bootlegger pirtutrokari
booty ryöstösaalis
booze 1 *s* viina **2** *v* ryypätä, juopotella
border 1 *s* reuna, reunus, boordi; raja, valtakunnanraja **2** *v* reunustaa; rajoittaa, rajoittua
borderline case rajatapaus
bore 1 *s* ikävystyttävä ihminen *t.* asia; harmi; porausreikä, pora **2** *v* ikävystyttää; porata
bored kyllästynyt, ikävystynyt (***with*** jhk); ***~ to death*** täysin tylsistynyt
boredom kyllästyminen, ikävystyneisyys
borehole kairausreikä
born syntynyt; *ks.* ***bear***; ***he was ~ in 1960*** hän on syntynyt v. 1960
borough pikkukaupunki, paikkakunta
borrow lainata, ottaa lainaksi (***from*** jklta)
borstal kasvatuslaitos, koulukoti; nuorisovankila
Bosnia-Herzegovina Bosnia ja Herzegovina
bosom rinta, helma, syli
boss 1 *s* pomo, päällikkö; kuhmu, kohouma; nuppi **2** *v* komennella, määräillä
botanical kasvitieteellinen
botany kasvi|oppi, -tiede
botch tehdä kehnosti; tuhertaa, sörssätä
both molemmat; ***~ my hands*** molemmat käteni; ***they are ~ architects***, ***~ of them are architects*** he ovat molemmat arkkitehtejä; ***they ~ called me yesterday*** molemmat soittivat minulle eilen
both ... and sekä ... että; ***~ Ann ~ her sister came*** sekä Ann että hänen sisarensa tulivat
bother 1 *s* vaiva, harmi; ***I don't want to be a ~*** en halua olla vaivaksi; ***it's no ~ at all*** siitä ei ole

lainkaan vaivaa **2** *v* vaivata, kiusata, olla harmina; ***sorry to have ~ed you*** anteeksi että vaivasin; ***stop ~ing your sister*** lopeta tuo siskon kiusaaminen

bottle pullo, pullollinen; ***I brought him a ~ of good wine*** toin hänelle pullollisen hyvää viiniä

bottle opener pullon-, korkin|aukaisin

bottom pohja; alaosa; *(ark)* takamus; ***at the ~ of*** jnk pohjalla, alimpana; ***from top to ~*** ylhäältä alas, läpikotaisin; ***from the ~ of my heart*** sydämeni pohjasta; ***~s up!*** pohjanmaan kautta!

bottom line saldo; tärkein *t.* ratkaisevin tekijä; asian ydin, tilanne

bough oksa

bought *ks.* ***buy***

boulder lohkare

bounce 1 *s* ponnahdus, kimmahdus **2** *v* pompata, kimmahtaa

bouncing vahva, potra *(lapsi)*

1 bound *ks.* ***bind***

2 bound 1 *s* raja; harppaus; ***set ~s to*** asettaa rajat jllek **2** *v* rajoittaa; hypätä, loikata

boundar|y raja; ***the -ies of human knowledge*** ihmisen tiedon rajat

bound for matkalla jhk; ***he is ~ home*** hän on matkalla kotiin

boundless rajaton

bound to [olla] etukäteen selvää, varmaa; [olla] pakko; ***he is bound to win*** hän voittaa varmasti

bounteous, bountiful runsas, antelias; ***~ gifts*** runsaat lahjat; ***a ~ supply of food*** runsas ruokavarasto

bounty anteliaisuus, runsaskätisyys; palkkio

bouquet kukkakimppu, viinin tuoksu, bukee

bourgeois porvarillinen, porvari[s]-

bout kausi; nyrkkeilyottelu; *(taudin)* kohtaus; ***~ of drinking*** juomakausi

1 bow 1 *s* kumarrus, nyökkäys; kokka, keula **2** *v* kumartaa, nyökätä

2 bow 1 *s* kaari, jousi; *(nauhan)* ruusuke, solmuke; ***~ and arrow*** jousipyssy; ***~ tie*** rusetti, solmuke **2** *v* taivuttaa kaarelle

bowel suoli

bowels suolet, suolisto, sisälmykset

bowl 1 *s* malja, kulho; kuula, pallo, keilapallo **2** *v* keilata

bowler keilaaja; knallihattu

bowling keilailu, keilaaminen

bowling alley keila|rata, -halli

box 1 *s* laatikko, rasia; aitio; säilytyslokero, postilokero; läimäys, isku **2** *v* nyrkkeillä (***with, against*** jkta vastaan)

Boxing Day tapaninpäivä

box office lippumyymälä

boy poika

boycott 1 *s* boikotti **2** *v* boikotoida

boyhood poikuus[vuodet]

boyish poikamainen

bra rintaliivit

brace tuki; hakanen; aaltosulkumerkki; [hammas]rauta

bracelet rannerengas

brace o.s. [up] koota voimansa, valmistautua (***for*** jhk)

braces *(Br)* housunkannattimet; [hammas]raudat

bracing raikas, virkistävä
bracket 1 *s* kannatin; pidike, pidin; [tulo]luokka **2** *v* panna sulkeisiin
brackets kaari- *t.* hakasulut
brag kerskailla, rehennellä (*of* jstak)
braggart kerskailija, rehentelijä
brain[s] aivot, äly, järki
brainwave neronleimaus
brainy fiksu, terävä
brake 1 *s* jarru **2** *v* jarruttaa
bramble karhunvatukka
bran leseet
branch oksa, haara; haaraliike; ala
branch [out] haarautua, laajentua, levittäytyä; laajentaa
brand 1 *s* polttomerkki; [tavara]merkki, laatu **2** *v* merkitä polttoraudalla; *(kuv)* leimata
brand-new upouusi
brandy konjakki, brandy
brash röyhkeä
brass messinki, pronssi
brass band torvisoittokunta
brat *(halv)* kakara; ***what a spoilt ~!*** siinä vasta lellitty kakara!
brave 1 *a* urhoollinen, rohkea **2** *v* uhmata, kohdata rohkeasti
bravery urhoollisuus, rohkeus
brawl 1 *s* meteli, rähinä **2** *v* rähistä
bray 1 *s* kiljunta, räike, vinguntा **2** *v (aasista)* kiljua; *(torvesta ym.)* räikkyä, vinkua
brazen röyhkeä, häpeämätön; messinkinen
Brazil Brasilia
breach 1 *s* rikkominen, rikkoutuminen; halkeama, railo, aukko **2** *v* rikkoa, murtaa
bread leipä; ***it's my ~ and butter*** se on minun leipäpuuni; ***sliced ~*** viipaloitua leipää
bread bin *(Br)* leipälaatikko
bread board leipälauta
bread box *(Am)* leipälaatikko
bread spread levite
breadth leveys
break 1 *v (broke broken)* rikkoa, särkeä, murtaa, katkaista; murtua, katketa; hajaantua; julkaista *(uutinen)*; *(päivästä)* koittaa; olla äänenmurros **2** *s* murtuminen; murtaminen, murto; murtuma; aukko, väli; katko[s], keskeytys, tauko; mainoskatko; välirikko; muutos, käänne; äänenmurros
breakable särkyvä
breakage rikkoutuminen, vahinko
break away from karata jklta; katkaista välinsä; vapautua, päästä eroon jstak
break down rikkoa, murtaa; katketa, luhistua, romahtaa; *(koneista)* mennä rikki, hajalle
breakdown romahdus, luhistuminen; konerikko, häiriö; hajottaminen; erittely
breaker murtaja; tyrsky
breakfast 1 *s* aamiainen **2** *v* syödä aamiaista; ***we ~ed on bacon and eggs*** söimme aamiaiseksi pekonia ja munia
break in murtautua sisään; kouluttaa, totuttaa
break into murtautua, tunkeutua jhk; puhjeta *(kyyneliin, nauruun)*; lyödä itsensä läpi
breakneck hengenvaarallinen
break off katkaista [välit], purkaa; irrota, irrottaa jstak
break out murtautua ulos, paeta jstak; puhjeta, syttyä

break through murtautua läpi, tulla esiin; edistyä ratkaisevasti *(tutkimustyössä)*
breakthrough edistysaskel, eteneminen, läpimurto
break up murtaa rikki, särkeä; hajottaa; hajota, särkyä; jakaa osiin; erota; loppua; *(Am)* saada nauramaan
break up with panna välit poikki jkn kanssa
breast rinta
breast-feed *(-fed -fed)* imettää
breaststroke rintauinti
breath henkäys, henki; hengitys; ***take a deep ~*** vedä syvään henkeä; ***he has bad ~*** hänellä on pahanhajuinen hengitys
breathe hengittää
breathing hengitys, hengittäminen
breathless hengästynyt; henkeäsalpaava; hiiskumaton, sanaton
bred *ks.* ***breed***
breeches polvihousut
breed 1 *s* [eläin]rotu, laji; ***what ~ is your dog?*** mitä rotua koiranne on? **2** *v (bred bred)* kasvattaa, jalostaa *(eläimiä, kasveja)*; siittää; synnyttää; kasvattaa, kouluttaa
breeding kasvatus, jalostus; hienostuneisuus
breeze leuto tuuli, tuulenhenkäys
breezy raikas
brevity lyhyys
brew panna olutta; valmistaa; hauduttaa
brewery panimo
bribe 1 *s* lahjus **2** *v* lahjoa
bribery lahjominen
brick 1 *s* tiili; pala; *(ark)* kunnon kaveri **2** *v* muurata umpeen
bricklayer muurari
brickyard tiilitehdas
bridal hää-, morsius-
bridal suite morsiussviitti
bride morsian
bridegroom sulhanen
bridesmaid morsiusneito
bridge 1 *s* silta; bridge-peli **2** *v* rakentaa silta
bridgehead sillanpää
bridging loan järjestelylaina
bridle 1 *s* suitset **2** *v* hillitä
brief 1 *a* lyhyt **2** *v* antaa ohjeita
briefly lyhyesti
brier orjantappurapensas
brig priki; *(Am)* sotilasvankila
brigade prikaati
bright kirkas; sukkela, älykäs
brighten kirkastaa, tehdä valoisammaksi
brightness kirkkaus; älykkyys
brilliance, brilliancy loisto
brilliant loistava; loistavan älykäs
brim reuna, lieri
brimful ääriään myöten täynnä
brim over vuotaa yli; olla tulvillaan
brimstone tulikivi, rikki
brine suolavesi
bring *(brought brought)* tuoda mukanaan; saada *t.* saattaa tekemään jtak; ***~ an action*** nostaa syyte; ***what brought you here?*** mikä sai sinut tulemaan tänne?
brink reuna, parras
brisk eloisa, ripeä, terhakka
bristle 1 *s* harjas, sänki **2** *v* nostaa pystyyn karvat *t.* harjakset; kiihtyä, ärtyä
Brit *(ark)* britti
Britain Britannia
British 1 *a* brittiläinen **2** *s* ***the***

British britit, englantilaiset
the British Isles Brittein saaret
Briton britti
brittle hauras
broach ottaa puheeksi; avata pullo
broad 1 *a* leveä, laaja; yleis-; selvä **2** *s (Am)* kimuli
broad|cast 1 *s* lähetys **2** *v (-cast -cast)* lähettää radiossa *t.* tv:ssä
broaden levitä, laajeta; levittää, avartaa
broadminded suvaitsevainen, avarakatseinen
brocade brokadi
brochure *(Am)* esite, brosyyri
broil 1 *s* riita, jupakka **2** *v* pariloida, paahtaa
broiler broileri
broke 1 *v ks.* ***break*** **2** *a (ark)* peeaa
broker [kaupan]välittäjä
bronchitis keuhkoputkentulehdus
bronze pronssi[esine]; pronssinvärinen
brooch *(Am)* rinta|neula, -koru
brood 1 *s* poikue, pesue **2** *v* hautoa
brook 1 *s* puro **2** *v* sietää
broom 1 *s* luuta; *(Am)* väriherne **2** *v* lakaista luudalla
broomstick luudanvarsi
Bros *(= Brothers)* veljekset
broth [lihan ym. keitin]liemi
brother veli
brotherhood veljeys; veljeskunta
brother-in-law lanko
brought *ks.* ***bring***
brow kulmakarvat, otsa
brow|beat *(-beat -beaten)* pelotella, pakottaa (***into*** jhk)
brown ruskea
brown bread grahamleipä
brownie tonttu; partiotyttö; *(Am)* suklaapähkinäkakku
browse olla laitumella; selailla, silmäillä, katsella
bruise 1 *s* ruhjevamma, mustelma **2** *v* lyödä mustelmille, mukiloida
brunt kovin isku, koko voima
brush 1 *s* harja, sivellin **2** *v* harjata, pyyhkäistä; sipaista kevyesti
brushwood risut; tiheikkö
Brussels Bryssel
brussels sprout ruusukaali
brutal raaka, brutaali
brutality raakuus, petomaisuus
brute 1 *a* raaka[laismainen] **2** *s* peto, raakimus
brutish raaka, epäinhimillinen
bubble 1 *s* kupla; pore **2** *v* kuplia, poreilla
bubbly poreileva, pulppuava; eloisa, vilkas
buccaneer *(vanh)* merirosvo
Bucharest Bukarest
buck 1 *s* uros, pukki; dollari **2** *v* tehdä pukkihyppy
bucked ylpeä, iloinen, tyytyväinen jstak
bucket sanko, ämpäri; ***kick the ~*** heittää veivinsä, potkaista tyhjää
buckle 1 *s* solki **2** *v* kiinnittää *(soljella ym.)*
buckthorn tyrni
buck up *(kuv)* ryhdistäytyä, parantaa; pitää kiirettä; rohkaista mielensä
buckwheat tattari
bud 1 *s* nuppu, silmu **2** *v* olla nupulla
buddy *(ark)* kaveri, kamu; *(Am halv)* poika, kundi
budge liikahtaa; antaa periksi
budgerigar, budgie undulaatti, lau-

lupapukaija
budget talousarvio
buff säämiskä; jkn harrastaja
buffalo puhveli; biisoni
buffer puskuri; välikäsi
buffet 1 *s* isku; seisova pöytä **2** *v* lyödä, paiskata
buffoon ilveilijä
bug 1 *s* basilli, pöpö; salakuuntelulaite; *(Am)* itikka, ötökkä **2** *v* asentaa salakuuntelulaitteet; vaivata, ärsyttää
bugbear mörkö
bugle metsästystorvi
build *(built built)* rakentaa; kasvaa
builder rakennusmestari
building rakennus
building and loan association *(Am)* asuntolainarahasto
building society *(Br)* asuntolainarahasto
build up koota, kerätä; kasvaa, paisua; rakentaa, saada kokoon
built rakennettu; ***~-up area*** taajama
bulb kukkasipuli; [hehku]lamppu
Bulgaria Bulgaria
Bulgarian 1 *a* bulgarialainen **2** *s* *(kieli)* bulgaria
bulge 1 *s* pullistuma **2** *v* pullistua
bulging [ulos]pullistuva
bulk jnk pääosa; massa, määrä
bulky tilaa vievä; kömpelö
bull sonni; härkä; *(ark)* paskapuhe
bulldog bulldoggi
bulldozer raivaustraktori
bullet luoti
bulletin virallinen tiedonanto, tiedote; kooste, yhteenveto
bullfight härkätaistelu
bullheaded härkäpäinen
bullion kulta- *t.* hopea|harkko
bullock härkä
bull's-eye häränsilmä, maalitaulun keskusta; pieni pyöreä ikkuna
bullshit *(sl)* paskapuhetta; hevonpaska
bully 1 *s* tyranni, kiusaaja **2** *v* sortaa, kiusata
bulrush kaisla; osmankäämi
bulwark vallitus, suoja
bum hulttio, maankiertäjä
bum around maleksia
bumblebee kimalainen
bump 1 *s* kuhmu; törmäys; töyssy **2** *v* törmätä; ajaa täryyttää; ***~ off*** panna päiviltä, tappaa
bumper *(auton, junan)* puskuri; iskunvaimennin, runsas, ennätys*(sato)*; täpötäysi lasillinen
bump into tavata jku sattumalta, törmätä jkhun
bun pulla; nuttura
bunch 1 *s* kimppu, terttu, nippu; joukko, kasa **2** *v* kerääntyä yhteen, kasaantua; ruuhkautua
bundle käärö, kimppu; ***~ of fun*** hauskaa seuraa; ***~ of nerves*** hermokimppu
bung tulppa, tappi
bungalow [kesä]mökki, huvila; [yksikerroksinen] omakotitalo
bungle tunaroida, pilata
bunion vaivasenluu
bunk makuu|lava, -penkki, punkka
bunk[um] hölynpöly, pöty
bunker hiilikellari; bunkkeri
bunting lippu|kangas; -koristelu
buoy 1 *s* poiju **2** *v* pitää pinnalla *t.* yllä
buoyancy kelluvuus; nostovoima; keveys, joustavuus
buoyant kelluva; kannattava; iloi-

nen, toivorikas
burden 1 *s* kuorma, taakka; kertosäe **2** *v* rasittaa
burdock takiainen
bureau toimisto; osasto, virasto; lipasto
bureaucracy virkavalta, byrokratia
burglar murtovaras
burglar alarm varashälytin
burglary murtovarkaus
burial hautaus
burial ground hautausmaa
burly tukeva, iso
burn 1 *v (burnt burnt)* polttaa; palaa **2** *s* palovamma
burner poltin
burnish kiillottaa
burnout loppuunpalaminen, burnout
burnt *ks.* ***burn***
burp 1 *v* röyhtäistä **2** *s* röyhtäys
burr takiainen; r:n sorahdus; hurina, hyrräys; *(hammaslääk)* pora
burrow 1 *s* kolo **2** *v* kaivaa koloja; möyriä, tutkia
bursary stipendi; *(oppilaitoksen)* kassa, kvestuuri
burst 1 *s* räjähdys **2** *v (burst burst)* haljeta, särkyä, räjähtää; rynnätä; puhjeta, purskahtaa; ~ ***out crying*** pillahtaa itkuun
bury haudata
bus linja-auto, bussi
bush pensas, pensaikko
bushel vakka *(36,4 l)*; ***hide one's light under a*** ~ panna kynttilänsä vakan alle
bushy tuuhea
business kauppa; asia; liiketoiminta; ***it is none of your*** ~ se ei kuulu sinulle
businesslike asiallinen
bust povi; rintakuva
bustle 1 *s* touhu, hyörinä **2** *v* touhuta, hyöriä
busy kiireinen; touhukas; ***I am very*** ~ minulla on kiire[itä]
but mutta; vaan; ainoastaan; paitsi; ~ ***now*** vasta nyt; ***he is*** ~ ***a child*** hän on vasta lapsi
butcher 1 *s* teurastaja **2** *v* teurastaa
butler hovimestari
butt tynnyri; tyvipää; tupakan *t.* sikarin tumppi; takamus
butter 1 *s* voi **2** *v* levittää voita
buttercup leinikki
butterfly perhonen; ~ ***stroke*** perhosuinti
butt in sekaantua asiaan
buttocks pakarat
button 1 *s* nappi; ***at the push of a*** ~ napinpainalluksella **2** *v* napittaa
buttonhole napinreikä
buxom uhkea, rehevä
buy 1 *v (bought bought)* ostaa **2** *s* ostos; hyvä kauppa
buyer ostaja
buy off lahjoa, ostaa jku
buy out ostaa *t.* lunastaa jkn osuus
buzz 1 *s* surina, hyrinä; puheensorina; summerin ääni **2** *v* surista, hyristä; pöristä
buzzard hiirihaukka
buzzer summeri, pilli
by lähellä, luona; ohi; kautta; ***made*** ~ jkn tekemä; ~ ***listening*** kuuntelemalla; ~ ***the hour*** tuntipalkalla; ~ ***himself*** yksinään; ~ ***the way*** sivumennen sanoen
bye [bye] näkemiin, hei hei
Byelorussia Valko-Venäjä
bygone mennyt

by[e]law säädös, ohjesääntö
bypass 1 *s* ohikulkutie; sivujohto **2** *v* kiertää, välttää; jättää väliin
by-product sivutuote, kylkiäinen
bystander sivustakatsoja, sivullinen; katselija
by-street sivukatu, syrjäkatu

C

C *(Am)* tyydyttävä *(arvosana)*
cab taksi; *(vanh)* ajurinrattaat
cabaret kabaree[-esitys]
cabbage kaali
cabin hytti, mökki
cabin attendant lentoemäntä, stuertti
cabin class *(mer)* 2. luokka
cabin cruiser huvialus
cabinet kaappi; hallitus, ministeristö
cabinet-maker taidepuuseppä
cable 1 *s* kaapeli, teräsköysi; sähkösanoma **2** *v* sähköttää
cable car köysiradan vaunu; *(Am)* raitiovaunu
cable television kaapelitelevisio
cableway köysirata
cabstand *(Am)* taksiasema
cackle 1 *v* kaakattaa **2** *s* kaakatus
cad moukka
cadaver ruumis, haaska
caddie *(golf)* **1** *s* mailapoika **2** *v* olla mailapoikana *(**for** jklle)*
caddy teerasia
cadence rytmi, poljento; runomitta; *(mus)* kadenssi, lopuke
Caesarian section keisarinleikkaus
café, **cafe** kahvila; ravintola; *(Am)* baari, yöklubi
cafeteria itsepalvelu-, lounas|kahvila; ruokala, kanttiini
cage 1 *s* häkki **2** *v* sulkea häkkiin, vangita
cagey varova, salaileva, umpimielinen
Cairo Kairo
cajole mairitella, imarrella; puhua [ympäri], taivutella (***into***, ***out of*** jhk, pois jstak)
cake kakku, leivos; ***they are going like hot ~s*** ne menevät kuin kuumille kiville
calamitous tuhoisa
calamity onnettomuus, tuho
calcify kalkkiutua, kovettua; kovettaa
calculate laskea, arvioida; laskelmoida
calculation laskeminen; laskelma; laskelmointi
calculator laskija; laskin
calculus laskenta
caldron = ***cauldron***
calendar kalenteri, päivyri; ajanlasku
calf *(pl calves)* vasikka; pohje
calibre, **caliber** kaliberi, väljyys
calico kalikoo, karkea puuvillakangas; karttuuni
caliper[s] *(Am)* = ***calliper[s]***
call 1 *s* huuto, kutsu; puhelu; vieraskäynti; kehotus, vaatimus (***for*** jhk); ***a ~ for a strike*** kehotus lakkoon ryhtymisestä **2** *v* huutaa, kutsua; nimittää; soittaa jklle; ***~ attention to sth*** kiinnittää huomio jhk; ***~ collect*** soittaa vastapuhelu
call back vastata soittopyyntöön; soittaa myöhemmin
call box puhelinkioski
call for vaatia, tarvita, kaivata; huutaa esiin *(tekijä)*; kutsua *(tarjoilija)*; ***this calls for further inves-***

tigation tämä vaatii lisätutkimuksia
call girl *(prostituoitu)* puhelintyttö
calling kutsumus; ammatti, toimi; kutsu
calling card *(Am)* kutsukortti
calliper[s] mittaharppi
call off peruuttaa; purkaa; kääntää [huomio] muualle
call on käydä jkn luona, käydä tapaamassa jkta; kääntyä jkn puoleen, vedota jkhun; ***I called on my aunt in the hospital*** kävin katsomassa tätiäni sairaalassa
callous kovettunut, tunteeton
call out huutaa, kutsua kovalla äänellä jkta; huutaa, sanoa ääneen; kutsua palvelukseen, hälyttää; ***if you need anything, just call me out*** jos tarvitset jotain, huuda vain minua; ***the fire brigade was called out again*** palokunta hälytettiin jälleen
call up soittaa jklle; palauttaa mieleen; manata esiin; *(sot)* kutsua palvelukseen; ***I'll call you up later today*** soitan sinulle myöhemmin tänään
call-up *(sot)* kutsunnat
call-up age asevelvollisuusikä
callus kovettuma, känsä
calm 1 *a* tyyni, rauhallinen **2** *v*: *~ [down]* tyyntyä, rauhoittua; tyynnytellä, rauhoittaa; ***try to ~ down*** yritä rauhoittua; ***the sea has ~ed down*** meri on tyyntynyt
calorie kalori
calumniate panetella
calumny panettelu
calves *ks. calf*
cambric *(kangas)* palttina
came *ks. come*
camel kameli
camera kamera
camp 1 *s* leiri **2** *v* leiriytyä; asua teltassa, telttailla
campaign kampanja, rynnistys; sotaretki
camper telttailija, leiriytyjä; *(Am)* asuntovaunu
camphor kamferi
camping telttailu; leirielämä
camping ground, camping site leiripaikka, leirintäalue
1 can *(could)* voida, osata, pystyä; ***~ you help us?*** voitteko auttaa meitä?; ***he can't swim*** hän ei osaa uida; ***I couldn't but laugh*** en voinut muuta kuin nauraa
2 can 1 *s* kannu; kanisteri; ämpäri; *(Am) (säilyke-, olut- ym.)* tölkki **2** *v (Am)* säilöä
Canada Kanada
Canadian kanadalainen
canal kanava
canapé *(ruok)* cocktail-pala, pikkuvoileipä
canary kanarialintu
cancel peruuttaa; mitätöidä, kumota; ***they ~led the meeting*** kokous peruutettiin
Cancer *(astrol)* rapu
cancer syöpä
candid avoin, suora, vilpitön; ***~ camera*** piilokamera
candidacy ehdokkuus
candidate ehdokas, hakija
candied sokeroitu
candle kynttilä; ***burn the ~ at both ends*** polttaa kynttilää molemmista päistä
candlelight kynttilänvalo

candlestick kynttilänjalka
candour vilpittömyys
candy 1 *s (Am)* karamelli, makeinen **2** *v* sokeroida; keittää sokerissa *t.* siirapissa
cane ruoko; [kävely]keppi; rottinki
canine koira[n]-; ~ ***appetite*** sudennälkä
canine tooth kulmahammas
canister peltirasia, purkki; *(kyynelkaasu~)* kranaatti
cannery säilyketehdas
cannibal ihmissyöjä
cannon tykki, kanuuna
cannot, can't *ks.* ***can***
canny ovela; säästäväinen
canoe 1 *s* kanootti **2** *v* meloa kanootilla
canon sääntö; *(usk)* kaanon, säädös
canonize julistaa pyhimykseksi
cantaloup[e] verkkomeloni
canteen kanttiini, ruokala
canter 1 *s* lyhyt laukka **2** *v* ratsastaa *t.* mennä lyhyttä laukkaa
canvas purje-, teltta|kangas; *(maalarin)* kangas, öljyvärimaalaus; *(käs)* kanavakangas
canvass kerätä, kalastaa ääniä
cap lakki, hattu; korkki; kansi, kupu; pää, huippu; yläraja, katto
capabilities [kehitys]mahdollisuudet; kyvyt, taipumukset
capability kyky, kyvykkyys
capable kykenevä, pystyvä (***of*** jhk)
capacity tilavuus; kyky; ominaisuus
cape niemi; lyhyt viitta
caper hyppy; kuje, kepponen; *(ruok)* kapris
capital 1 *s* pääkaupunki; pääoma; iso kirjain **2** *a* pää-, pääasiallinen, suurin; kuoleman-, hengen-; kohtalokas; *(ark)* mainio, oivallinen
capitalist kapitalisti
capital letter iso [alku]kirjain
capitulate antautua
capon salvokukko
caprice oikku
capricious oikullinen
Capricorn *(astrol)* kauris
capsize mennä *t.* työntää kumoon
capsule kapseli
captain kapteeni
captivate viehättää, valloittaa; vangita *(katse, yleisö)*
captivating viehättävä, valloittava
captive vanki
captivity vankeus
capture 1 *v* vangita, siepata; vallata **2** *s* vangitseminen, vanki; sieppaus; valtaus; ryöstösaalis
car auto; ***by*** ~ autolla
caravan karavaani; *(Br)* asuntovaunu
caraway *(kasv)* kumina
carbohydrate hiilihydraatti
carbon *(kem)* hiili
carbonic acid hiilihappo
carbon monoxide hiilimonoksidi, häkä
carbuncle ajos
carburet[t]or kaasutin
carcass raato, haaska; ruho
card 1 *s* kortti; karsta **2** *v* karstata
cardamom kardemumma
cardboard pahvi
cardiac sydän-, sydämen
cardigan villatakki
cardinal 1 *a* pää-, perus- **2** *s* kardinaali
cardinal points pääilmansuunnat
card index kortisto

cardiovascular diseases sydän- ja verisuonitaudit
card-sharper korttihuijari
care 1 *s* huoli, hoito; huolto, valvonta; ***take ~ of*** pitää huolta, huolehtia jstak; ***with ~*** varovasti, huolellisesti **2** *v* välittää; pitää huolta, huolehtia (***for*** jstak); ***I don't ~*** mitä siitä, ei se minua liikuta; ***would you ~ to join us?*** haluaisitko liittyä seuraamme *t.* tulla mukaan?; ***I really ~ for him*** minä todella välitän hänestä
career ura; ***she has made a great ~*** hän on luonut mahtavan uran
carefree huoleton
careful huolellinen, varovainen; tarkka (***of*** jstak)
careless varomaton
caress 1 *v* hyväillä **2** *s* hyväily
caretaker vahtimestari, talonmies; hoitaja, huoltaja
caretaker government virkamieshallitus
cargo lasti
caribou *(el)* karibu
caricature pilakuva, karikatyyri
caries hammasmätä, karies
carillon kellosoitin
carnage verilöyly
carnal lihallinen
carnation neilikka
carnival karnevaali
carnivorous lihaa syövä, lihansyöjä-
carol 1 *s* [joulu]laulu **2** *v* käydä laulamassa joululauluja
1 *s* **carp** karppi
2 *v* **carp** *(Br)* sättiä, haukkua (***at*** jtak)
car park parkki|alue, -halli
carpenter puuseppä, kirvesmies
carpet matto
car pool kimppakyyti
carport autokatos
carriage vaunu[t]; kuljetus[maksu]; ryhti; liikkuva alusta, lavetti
carriage free rahtivapaa
carrier kantaja, lähetti; kuljettaja; kuljetusliike, huolitsija; kuljetusajoneuvo; rahtilaiva; lentotukialus; tavarateline; kori; *(lääk)* basillinkantaja
carrier bag [muovi- t. paperi]kassi
carrier pigeon kirjekyyhky
carrion raato
carrot porkkana
carry 1 *v* kantaa, viedä, kuljettaa; pitää, kuljettaa mukanaan **2** *s* kantomatka; pituus, matka; kuljetus
carry away: ***get carried away*** innostua, menettää malttinsa
carry on harjoittaa *(toimintaa)*; jatkaa; käyttäytyä, esiintyä
carry out panna täytäntöön, toteuttaa
carry through viedä läpi, saattaa loppuun; toteuttaa; jatkua
cart [kuorma]rattaat; kärry[t]
cartilage rusto
carton [pahvi]tölkki
cartoon pila|kuva, -piirros; sarjakuva; piirretty [filmi]
cartridge patruuna; kasetti
cartridge belt ammusvyö
carve leikata, veistää; kaivertaa
carving [puu]leikkaus; kaiverrus
carving knife leikkuuveitsi
cascade [vesi]putous
case rasia, laatikko, kotelo; kori[llinen] *(olutta)*; tapaus; asia, asianlaita; sijamuoto; *(lak)* oi-

keustapaus, juttu; ***in*** ~ jos, siinä tapauksessa että; ***in ~ of*** jnk varalta, jnk sattuessa; ***in any*** ~ joka tapauksessa
case law *(Br)* oikeuskäytäntö
casement saranaikkuna; puite, ikkunankehys
cash 1 *s* käteinen [raha]; käteismaksu; ***pay [in]*** ~ maksaa käteisellä **2** *v* lunastaa *(sekki)*
cash and carry 1 *s* halpahalli, alennustavaratalo **2** *a* käteis-, halpa
cash desk kassa
cash discount käteisalennus
cashew-nut acajoupähkinä
cashier kassa[nhoitaja]; ***pay to the ~, please*** voitte maksaa kassalla
cash in nostaa *t.* lunastaa rahat, muuttaa pelimarkat rahoiksi
cashmere kashmir
cash register kassa[kone]
casing päällinen, kotelo
cask [viini]tynnyri
casket lipas; *(Am)* ruumisarkku
casserole *(tulenkestävä)* vuoka, pata; vuoka-, pata|ruoka
cassette kasetti
cast 1 *s* heitto, heittäminen; *(verkkojen, ankkurin)* laskeminen; valos, valuteos; muoto, laatu, vivahde; *(elok, teatt)* roolijako **2** *v (cast cast)* heittää; luoda *(varjo, katse)*; valaa; muovata; *(elok, teatt)* jakaa roolit; *(el)* pudottaa sulkansa, luoda nahkansa
castaway hylkiö
caste kasti
caster *(pieni)* pyörä; sirotetölkki
castigate rangaista; arvostella ankarasti, ruotia
castle linna; *(šakk)* torni
cast off heittää pois, hylätä; *(mer)* irrottaa; *(mets)* päästää irti *(koirat)*; *(käs)* päättää silmukat
castor = ***caster***
castor oil risiiniöljy
castor sugar hienosokeri
castrate kastroida
casual satunnainen, tilapäinen; rento, epämuodollinen; ***wear something*** ~ laita jotakin rentoa päällesi
casualty onnettomuuden uhri; sodassa kaatunut
cat kissa
catalogue 1 *s* luettelo, katalogi **2** *v* tehdä luettelo, luetteloida
catapult 1 *s* katapultti, heittokone; *(Br)* ritsa **2** *v* singota, lingota
cataract *(suuri)* vesiputous, ryöppy; harmaakaihi
catastrophe katastrofi
catch 1 *v (caught caught)* ottaa kiinni, siepata; pyydystää, vangita, saada kiinni; tarttua, jäädä jumiin; syttyä; ***I didn't ~ his words*** en käsittänyt hänen sanojaan; ***the fire caught easily*** tuli syttyi helposti **2** *s* pyydystäminen, kiinniotto; saalis, voitto; kiinnike, säppi; *(pallosta)* koppi
catcher sieppari
catch up oppia, omaksua; saavuttaa; temmata, napata
catch up [with] tavoittaa, saada kiinni; päästä samoihin; saada kiinni, pidättää; ***just walk ahead, I'll catch up with you*** mene sinä edeltä, saan kyllä sinut kiinni
catch up on pysyä *t.* pitää ajan tasalla; saada kiinni, tehdä rästit; ***I have to catch up on my work***

minun on tehtävä rästiin jääneet työt
catchy tarttuva, mieleenjäävä
category luokka, ryhmä
cater hankkia *t.* toimittaa ruokaa (***for*** jklle); hoitaa tarjoilu; ***who ~ed the party?*** kuka hoiti juhlien tarjoilun?
catering tarjoilu; juhla-, pito|palvelu; muonitus
caterpillar perhosen toukka, kaalimato; telaketjutraktori
cathedral tuomiokirkko
Catholic katolinen
catsuit stretch-haalari
catsup *(Am)* ketsuppi, tomaattisose; *vrt.* ***ketchup***
cattle karja
cattle breeding karjanhoito
cattle show karjanäyttely
catty kissamainen; häijy
catwalk kävely|reuna, -koroke
Caucasian valkoihoinen
caucus vaalitoimikunta; valmistava vaalikokous
caught *ks.* ***catch***
cauldron iso kattila *t.* pata; ***(kuv)*** noidankattila
cauliflower kukkakaali
cause 1 *s* syy, peruste, aihe; *(ideologinen)* asia; oikeusasia; ***for a good ~*** hyvän asian puolesta; ***make common ~ with*** ajaa yhteistä asiaa jkn kanssa **2** *v* aiheuttaa
caution 1 *s* varovaisuus, varoitus; ***~!*** varokaa! **2** *v* varoittaa
cautious varovainen
cavalry ratsuväki
cave luola
cavern onkalo, luola
caviar[e] kaviaari, mäti
cavity onkalo; reikä *(hampaassa)*
caw 1 *v* raakkua **2** *s* raakkuminen
cease loppua; lopettaa
cedar setri[puu]
cede luovuttaa *(maa-alueita)*
ceiling [sisä]katto; enimmäis-, ylin
celebrate viettää, juhlia
celebration juhliminen
celebrity kuuluisuus, julkkis
celerity nopeus
celery [lehti]selleri
celestial taivaallinen; ylimaallinen
celestial body taivaankappale
celibacy selibaatti, naimattomuus
cell kammio; selli; solu; kenno
cellar kellari
cello sello
cellular solu[n]-
cellulose selluloosa
cement 1 *s* sementti, kitti **2** *v* sementoida; ***(kuv)*** lujittaa
cemetery hautausmaa
censor 1 *s* tarkastaja **2** *v* sensuroida
censorship sensuuri
censure moittia, arvostella; sensuroida
census väestönlaskenta, henkikirjoitus; laskenta
cent *(rahayksikkö)* sentti
centenary satavuotisjuhla
centennial satavuotinen
center *(Am)* = ***centre***
centigrade celsiusaste[tta]; Celsiuksen lämpömittari; sata-asteinen
centimetre, centimeter sentti-[metri]
centipede tuhatjalkainen
central keskeinen, keski-, keskus-
central heating keskuslämmitys

Central Intelligence Agency Yhdysvaltain tiedustelupalvelu, CIA
centre 1 *s* keskus, keskusta; keski|piste, -kohta **2** *v* keskittää; keskittyä
centrefold keskiaukeama
centre of gravity painopiste
centrifugal keskipakoinen
century vuosisata
ceramics keramiikka
cereal viljakasvi; maissihiutaleet
cereals viljalajit; aamiaismurot
cerebral aivo-
ceremony juhlamenot, seremonia
certain varma; tietty, eräs
certainly tietysti, totta kai
certainty varmuus, varma asia
certificate todistus
certify todistaa, vahvistaa; varmentaa; ***this is to ~ that...*** täten *t.* pyynnöstä todistetaan että
certitude varmuus
cervical kaulan-; kohdunkaulan
cervix kohdunkaula
cessation lakkaaminen, loppuminen
cession luovutus
cesspit, cesspool likakaivo
cf. *(= compare)* vertaa, vrt.
chaf|e 1 *v* hangata, hiertää; hiertyä; ärsyttää; suuttua; ***my shoe is -ing my heel*** kenkä hiertää kantapäätäni **2** *s* hankauma, hiertymä; ärsytys, kiukku
chaffinch peipponen
chain 1 *s* ketju, vitjat; kahle; jono **2** *v* kahlehtia, kytkeä
chain reaction ketjureaktio
chain-smoke polttaa ketjuna
chain store tavaratalo-, liike|ketju
chair 1 *s* tuoli; professuuri **2** *v* olla puheenjohtajana
chairman puheenjohtaja
chalk liitu; ***a piece of ~*** liitupala
challenge 1 *s* haaste **2** *v* haastaa; uhmata
chamber huone, kamari, kammio
chamberlain *(hist)* kamariherra
chambermaid huonesiivooja
chamber music kamarimusiikki
chamber pot yöastia
champagne samppanja
champion mestari; taistelija, puolustaja
championship mestaruus
championships mestaruuskilpailut
chance 1 *s* sattuma; tilaisuus, mahdollisuus; onnenkauppa; ***by ~*** sattumalta; ***take a ~*** ottaa riski; ***stand a good ~*** olla hyvät mahdollisuudet **2** *v* sattua; riskeerata; ***I ~d to be there*** satuin olemaan siellä; ***let's ~ it!*** koetetaan onneamme!
chancel *(kirkon)* pääkuori
chancellor kansleri; ensimmäinen lähestystösihteeri; *(Am) (yliopiston)* rehtori
Chancellor of the Exchequer *(Br)* valtiovarainministeri
chandelier kattokruunu
change 1 *s* muutos, vaihtelu, vaihto; vaihtoraha, pikkuraha; ***~ of heart*** mielenmuutos; ***for a ~*** vaihteeksi; ***keep the ~*** pitäkää loput [vaihtorahat] **2** *v* vaihtaa, muuttaa, muuttua; vaihtaa vaatteita; ***~ trains (buses)*** vaihtaa junaa (bussia); ***you haven't ~d at all*** et ole lainkaan muuttunut; ***I need to ~*** minun täytyy vaihtaa vaatteita

changeable vaihteleva, epävakainen; vaihdettavissa oleva
changeover siirtyminen, muutos; vaihto
channel uoma, kanava, väylä; *(rad, tv, atk)* kanava; ***the C~*** Englannin kanaali
chant laulaa; huutaa *(toistaen esim. iskulausetta)*
chaos kaaos, sekasorto
chap veikko, kaveri
chapel kappeli
chaperon[e] *(kuv)* esiliina
chaplain *(vankilan ym.)* pappi
chapter *(kirjan)* luku; *(oppikirjan)* kappale; tuomiokapituli
char 1 *v* hiiltää, kärventää; hiiltyä **2** *s* puuhiili
character luonne; ihmistyyppi; henkilöhahmo; kirjain[merkki]; ***he is quite a ~*** hän on aika erikoinen *t.* aikamoinen tyyppi; ***the Chinese ~s*** kiinalaiset kirjaimet
characteristic 1 *a* luonteenomainen, ominainen (***of*** jllek) **2** *s* [luonteen]piirre, ominaisuus; tunnusmerkki
characterize luonnehtia, kuvata; olla luonteenomaista jllek
charcoal [puu]hiili
charge 1 *s* lataus, panos; kuorma, taakka; velvollisuus, tehtävä; hoito, valvonta; meno, kustannus, taksa, maksu; syytös; hyökkäys; ***who is in ~ here?*** kuka täällä vastaa [asioista]?; ***take in ~*** ottaa huostaan, ottaa vastuu, pidättää; ***take ~ of*** ottaa huolehtiakseen, vastata **2** *v* ladata; kuormata, sälyttää; hyökätä
charge account *(Am)* luottotili
charge card *(tavaratalon, liikkeen)* [luotto]kortti
charge for periä, ottaa maksu jstak; ***how much did they charge you for the room?*** paljonko jouduit maksamaan huoneesta?
charge to siirtää maksettavaksi, laskuttaa; ***you can charge it to my account*** laskuttakaa se tililtäni, merkitkää se tililleni
charge with antaa jtak tehtäväksi; syyttää jstak
chariot *(hist)* [sota]vaunut
charitable armelias
charity hyväntekeväisyys; [lähimmäisen]rakkaus
charm 1 *s* lumous, viehätys; taika|kalu, -keino **2** *v* lumota, viehättää
charming viehättävä, ihastuttava
chart kartta, meri-, sää|kartta; taulukko, kaavio, käyrät; *(mus)* lista; *(astrol)* [henkilökohtainen] tähtikartta
charter perustamisoikeus, toimilupa; erioikeus; asiakirja; erikoiskuljetus
charter flight tilaus-, charter|lento, seuramatkalento
chary säästeliäs *(jnk suhteen)*; varovainen, arka
chase 1 *v* ajaa takaa **2** *s* ajo, metsästys
chasm rotko, kuilu
chassis *(auton)* alusta; *(tykin)* lavetti; *(lentokoneen)* laskuteline
chaste puhdas, siveä
chat 1 *s* juttutuokio, rupattelu[hetki] **2** *v* jutella, rupatella
chatter 1 *v* laverrella, lörpötellä; *(linnuista)* räkättää, tirskuttaa; *(hampaista)* kalista **2** *s* lavertelu,

lörpötys; *(lintujen)* räkätys, tirskuttelu; *(hampaiden)* kalina
chatterbox lörppö
cheap halpa
cheapen halventaa
cheapness halpuus
cheat 1 *v* pettää, olla uskoton (***on sb*** jkta); harjoittaa vilppiä, huijata *(pelissä)*; luntata **2** *s* petturi, huijari; lunttaaja; petos, huijaus
check 1 *s* tarkastus, kontrolli, valvonta (***on*** jnk); este, jarru; vastamerkki, kuitti; *(ark)* narikkalappu; *(Am)* ravintolalasku; *(Am)* sekki; ***an airport security ~*** lentokentän turvatarkastus; ***my car needs a thorough ~*** autoni kaipaa perusteellista huoltoa **2** *v* tarkastaa, tarkistaa; jättää [lento]matkatavarat sisään; pysäyttää, estää, jarruttaa; *(Am)* jättää takki säilytykseen; ***I'll go and ~ if the baby is asleep*** käyn tarkistamassa, nukkuuko vauva; ***do we ~ our luggage here?*** jätämmekö matkatavaramme tähän?
checked ruudullinen
checkers tammipeli
check for tarkistaa jnk varalta, onko jtak; ***I am checking for typing errors*** katson onko tässä lyöntivirheitä; ***they are checking the floor for rot*** he tarkistavat onko lattiassa lahoja kohtia
check in kirjoittautua hotelliin; ilmoittautua lentokentällä; luovuttaa [lento]matkatavarat; ***he hasn't checked in at this hotel*** hän ei ole kirjoittautunut tähän hotelliin; ***we already checked [in] our luggage*** me jätimme jo matkatavarat
checking account *(Am)* sekkitili
checkmate matti
check through käydä läpi, tarkastaa; lähettää [lento]matkatavarat suoraan määränpäähän; ***he checked through the report*** hän tarkasti raportin; ***his luggage was checked through to Los Angeles*** hänen matkatavaransa jätettiin kuljetettavaksi suoraan Los Angelesiin
check-up tarkastus, kontrolli; lääkärintarkastus
check up on tarkistaa, tutkia, ottaa selvää; ***the police are checking up on her story*** poliisi tutkii hänen selitystään
check with poiketa *t.* käydä jkn luona *t.* kautta *(tarkistamassa, kysymässä jtak)*; ***check with me before the meeting*** käy tätä kautta *t.* luonani ennen kokousta
cheek poski; hävyttömyys
cheeky hävytön
cheer 1 *v*: ***~ [up]*** ilahduttaa, piristää; ilahtua, piristyä; ***we must ~ him up with sth*** meidän täytyy jotenkin piristää häntä; ***~ up!*** pää pystyyn!, piristy! **2** *s* eläköön-, suosio|huuto; mieliala, tuuli; iloisuus; rohkaisu
cheerful iloinen
cheering-section *(Am)* huutosakki
cheerio hei hei! terve!
cheer-leader huutosakin johtaja
cheerless iloton
cheese juusto
cheese slicer juustohöylä
chemical kemiallinen [aine], kemikaali
chemist kemisti; *(Br)* apteekkari

chemistry kemia
chemist's [shop] *(Br)* apteekki
cheque sekki, maksuosoitus
chequered ruudukas, kirjava
cherish helliä, vaalia; säilyttää hellästi *(muistoa)*
cherry kirsikka
cherub kerubi
chess šakki[peli]
chessman šakkinappula
chest arkku, laatikko; rintakehä
chestnut kastanja
chest of drawers lipasto, piironki
chew pureksia
chewing gum purukumi
chic tyylikäs
chick linnunpoika; *(Am sl)* tyttö
chicken kananpoika; *(sl)* pelkuri, raukkis
chicken pox vesirokko
chicory sikuri[salaatti], endiivi
chid *ks.* ***chide***
chide *(chid chid/chidden t. chided chided)* nuhdella, torua
chief päällikkö; pääasiallinen, tärkein
Chief Executive *(Am)* presidentti, valtionpäämies
chief executive [officer] pää-, toimitus|johtaja
chiefly etupäässä
chieftain päällikkö
chilblain kylmänkyhmy
child *(pl children)* lapsi
child abuse lapsiin kohdistuva [seksuaalinen] väkivalta
childbirth synnytys
childhood lapsuus
childish lapsellinen
childlike lapsenomainen
chill kylmyys, viileys; kylmettyminen
chilly kolea, viileä
chime 1 *v* soittaa *(kelloa)*; *(kellosta)* lyödä, soida; sointua yhteen **2** *s* [kellojen]soitto; harmonia; sävel
chimes kellot; kellopeli
chimney savupiippu
chimney sweep nuohooja
chin leuka
China Kiina
china posliini, posliinit
Chinese kiinalainen
chink 1 *s* rako, aukko; kilinä, helinä **2** *v* kilistä, kalista; kilisyttää, kalisuttaa
chintz sintsi, vahakretonki
chin-up leuanveto; ***do ~s*** vetää leukaa
chip 1 *s* siru, lastu, lohko; särö; pelimarkka **2** *v* lohkoa, hakata; kolhia, rikkoa; suikaloida, viipaloida; lohjeta, mennä särölle
chipboard lastulevy
chips oljet, lastut; hake; *(Am)* perunalastut; *(Br)* ranskalaiset perunat
chirp, chirrup 1 *s* viserrys, sirkutus **2** *v* visertää, sirkuttaa
chisel 1 *s* taltta, kaiverrin **2** *v* kaivertaa, hakata taltalla
chivalrous ritarillinen
chivalry ritarillisuus
chives ruohosipuli
chock-full täpötäysi, täynnä
chocolate 1 *s* suklaa; ***hot ~*** kaakao[juoma]; ***assorted ~s*** suklaakonvehteja **2** *a* suklaanruskea
chocolate bar suklaapatukka
choice valinta, vaihtoehto; valikoima
choir kuoro

choir director, choir master kuoronjohtaja
chok|e 1 *s* tukehtumiskohtaus; kuristus|venttiili, -läppä **2** *v* tukehtua, läkähtyä (*on* jhk); tukehduttaa, kuristaa; tukkia; ***he almost -ed on a fish bone*** hän oli tukehtua kalanruotoon; ***I was -ing with laughter*** olin tikahtua nauruun
cholera kolera
choleric koleerinen, kiivas
cholesterol kolesteroli
choose *(chose chosen)* valita; päättää
choosy, choosey valikoiva, nirso
chop 1 *s* isku, lyönti; kyljys; potkut **2** *v* hakata, pilkkoa; paloitella *(lihaa)*; ***~ and change*** muuttaa mieltään yhtä mittaa
chop about oikutella, muuttaa suuntaa
chop down hakata, kaataa *(puu)*
chop off hakata irti, katkaista
chopper hakkuuveitsi, lihakirves; *(ark)* helikopteri; ***~s (sl)*** hampaat
choppy halkeillut; epävakainen; ***~ sea*** ristiaallokko
chops ristiaallokko; leuat, suu, kita
chopstick syömäpuikko
chop up *(ruok)* hienontaa, silputa
chord sointu
chores arkiaskareet, rutiini
chorus kuoro; kertosäe
chose *ks.* ***choose***
chow *(ark)* ruoka; *(Austr)* kiinalainen
chow-chow kiinanpystykorva
Christ Kristus
christen kastaa, ristiä
Christendom kristikunta; kristityt maat
christening kastetilaisuus, ristiäiset
christening robe kastemekko, ristiäispuku
Christian kristitty
Christian name etunimi
Christmas joulu; ***at ~*** jouluna; ***I got it for ~*** sain sen joululahjaksi
Christmas Day joulupäivä
Christmas Eve jouluaatto
Christmas gift, Christmas present joululahja
Christmas tree joulukuusi
chromium kromi
chronic krooninen
chronicle aikakirja
chronological kronologinen, aikajärjestyksessä etenevä
chubby pullea
chuck heittää, viskata; luopua, heittää sikseen; taputtaa *(leuan alle)* **1** *s* heitto, viskaaminen; matkapassit, potkut; taputus
chuckle 1 *s* [naurun]hykerrys **2** *v* nauraa itsekseen, hykerrellä
chum kaveri
chum up with ystävystyä, olla hyvää pataa jkn kanssa
chunk iso *t.* paksu pala
church kirkko; ***go to ~*** käydä kirkossa
churn 1 *s* kirnu **2** *v* kirnuta
chute liukurata, kouru; roskakuilu
chutney *(intialainen)* kirpeä maustekastike
CIA = ***Central Intelligence Agency***
cicada laulukaskas
cider siideri
c.i.f. *(= cost insurance freight)* rahti ja vakuutus sisältyvät hintaan
cigar sikari

cigarette savuke, tupakka; ***a pack of ~s*** tupakka-aski
cigarette lighter sytytin
cinder tuhka, kuona
Cinderella Tuhkimo
cinema *(Br)* elokuvateatteri; elokuva|taide, -teollisuus
cinnamon kaneli
cipher 1 *s* salakirjoitus, koodi **2** *v* kirjoittaa salakirjoituksella; laskea
circa suunnilleen
circle 1 *s* ympyrä, piiri; ***the Arctic Circle*** Napapiiri **2** *v* kiertää, ympäröidä
circuit kierros; kierto[kulku]; alue, piiri; virtapiiri
circuitous epäsuora, kiertelevä; kierto-, kierre-
circular ympyränmuotoinen, kehämäinen; kierto-
circular letter kiertokirje
circular saw sirkkeli
circulate panna kiertämään; panna liikkeelle, levittää *(huhua)*; liikkua, kierrellä; *(verestä)* kiertää
circulation kiertäminen, kiertoliike; verenkierto; liikkuminen, kierto; *(kirjastossa)* lainaus
circulatory system verenkiertojärjestelmä
circumcision ympärileikkaus
circumference kehä; ympärysmitta
circumnavigation ympäripurjehdus
circumspect varovainen, huolellinen
circumstance seikka, asia[nhaara]; ***~s*** olosuhteet, olot; ***under t. in the ~s*** näissä olosuhteissa
circumstantial olosuhteista riippuva, satunnainen
circumvent petkuttaa; kiertää
circus sirkus; ympyräaukio
circumstances olosuhteet, olot; ***under t. in the ~*** näissä olosuhteissa
cistern [vesi]säiliö; sammio
citadel linnoitus
citation [teksti]lainaus, sitaatti
cite lainata, siteerata
citizen kansalainen
citizenship kansalaisuus
city [suur]kaupunki
the City Lontoon City
city hall *(Am)* kaupungintalo; *vrt.* ***town hall***
civic kansalais-, yhteiskunnallinen
civic centre *(Br)* [kunnallinen] virastotalo
civics kansalaistaito, yhteiskuntaoppi
civil kansalais-, yhteiskunnan; siviili-; kohtelias; ***~ war*** sisällissota
civilian siviili
civility kohteliaisuus, korrektius
civilization sivistys; kulttuuri, sivilisaatio
civilize sivistää
civilized sivistynyt, oppinut
clack 1 *v* kopista; nakuttaa; papattaa; kilkuttaa ym. **2** *s* kopina; nakutus; papatus; kilkutus ym
claim 1 *v* väittää, vaatia **2** *s* väite, vaatimus; vaade
clairvoyant selvänäkijä
clam simpukka
clamber 1 *v* kiivetä, kavuta **2** *s* kiipeäminen, kapuaminen
clammy kostea, nihkeä *(käsi, ilma)*
clamo[u]r 1 *s* huuto, meteli **2** *v* huutaa, mekastaa

clamp 1 *s* puristin **2** *v* puristaa [yhteen ym]
clan heimo, klaani
clandestine salainen, luvaton
clang 1 *s* helinä, helähdys, kalahdus, kalina **2** *v* helistä, kalista
clank 1 *s* kalina, kalske **2** *v* kalista, kolista
clap 1 *v* taputtaa *(käsiään)*; läimäyttää, taputtaa *(selkään)*; läjäyttää **2** *s* taputus, läimäys; [ukkosen]jyrähdys
clapper kellon kieli
claret bordeaux-punaviini; tummanpunainen
clarify selvittää, kirkastaa
clarinet klarinetti
clarity kirkkaus, selkeys
clash 1 *s* helinä, kalina, räminä; yhteentörmäys, ristiriita **2** *v* kalahtaa [vastakkain], iskeä [yhteen]; olla ristiriidassa
clasp säppi, lukko, haka; syleily; kädenpuristus, ote
class 1 *s* luokka; [oppi]tunti **2** *v* luokitella; ~ ***with*** luokitella samaan luokkaan kuin
classic klassikko; ajaton, klassinen
classical klassinen *(musiikki ym.)*
classify luokitella, sijoittaa
classless luokaton
classy tyylikäs, hieno
clatter 1 *s* kalina, räminä; hälinä, pulina; kopina, kopse **2** *v* kalista, rämistä; hälistä, pulista; kopista
clause sivulause; lisäehto, lauseke
claw 1 *s (eläimen)* kynsi; pihdit **2** *v* näyttää kynsiään, raapia; repiä, tarttua
clay savi, maa, muta, lieju
clean 1 *a* puhdas, siisti **2** *v* puhdistaa, siivota; puhdistua; tyhjentää; perata
cleaner's pesula
cleanly puhdas, siisti; puhtaasti, siististi, selvästi
cleanse puhdistaa, pestä puhtaaksi
cleanser puhdistusaine, pulveri
clear 1 *a* selvä, kirkas, läpinäkyvä; valoisa; selkeä **2** *v* kirkastaa, selventää; selvittää; tyhjentää, raivata
clearance raivaaminen, raivio; saneeraus[alue]
clearance sale alennus-, tyhjennys|myynti
clear off lähteä *t.* painua tiehensä
clear out lähteä, lajitella [pois]; tyhjentää
clear up selvittää; seljetä, selkiintyä
cleavage juopa; rintojen väli
clemency lempeys, laupeus
clench puristaa *(nyrkkiin)*; purra *(yhteen)*
clergy papisto
clergyman *(anglik)* pappi
clerical pappis-; kirjurin-
clerk kirjuri
clever älykäs, terävä
cleverness älykkyys, terävyys
cliché klisee, kulunut sanonta
click 1 *s* naksahdus, napsahdus; säppi **2** *v* naksahtaa, napsahtaa; *(koroista)* kopista
click [with] *(kuv)* kolahtaa, mennä [yleisöön]; rakastua
client asiakas; toimeksiantaja
cliff kallio
cliffhanger *(tv, rad)* jatko|sarja, -jännäri; jännittävä kilpailu; *(kuv)* jännitysnäytelmä

climate ilmasto, ilmapiiri
climax huippu[kohta], kliimaksi
climb kiivetä; nousta, kohota
climber vuoristokiipeilijä; köynnöskasvi; kiipijä
clinch 1 *v* niitata, kiinnittää; ratkaista, lyödä lukkoon; *(urh)* sitoa **2** *s* niitti; luja ote, syleily; *(urh)* sitominen
cling *(clung clung)* takertua, tarttua (*to* jhk); riippua kiinni
clinic klinikka, yksityissairaala; kurssi, koulutustilaisuus
clink 1 *s* kilinä, helähdys **2** *v* kilahtaa, helähtää, kilistä
clip 1 *s* pidike, liitin; korvakoru, klipsi, solki; leikkaaminen, keritseminen **2** *v* liittää, kiinnittää; tarttua tiukasti; leikata, keritä; lyhentää
clip-on kiinnitettävä, klipsi-
clippers oksasakset, keritsimet; kynsi-, hiusten|leikkuri
clippings lehtileikkeet
clitoris häpykieli, klitoris
cloak 1 *s* viitta, vaippa **2** *v* verhota
cloakroom *(Am)* vaate-, matkatavarasäilö
clock 1 *s* [seinä-, torni]kello; kellokorttilaite; mittari; ***[a]round the ~*** kellon ympäri; ***put the ~ back (on)*** siirtää viisareita taaksepäin (eteenpäin) **2** *v* ottaa aika; ***~ in (out)*** leimata kellokortti tullessa (lähtiessä)
clockwise myötäpäivään
clockwork 1 *s* kellon koneisto; ***like ~*** kuin rasvattu **2** *a* mekaaninen
clod multakokkare; [savi]maa; hölmö, moukka
clog 1 *v* estää, tukkia **2** *s* este, tukos; puukenkä
cloister luostari; [avoin] pylväskäytävä
close 1 *s* loppu, päätös **2** *a* läheinen, tiivis; lähellä oleva; salaperäinen; huolellinen; tiukka, täpärä **3** *adv* lähellä, vieressä; ***~ to*** lähellä jtak; ***~ at hand*** aivan käsillä; ***~ by*** lähettyvillä **4** *v* sulkea, sulkeutua; lopettaa, päättyä
closed suljettu, kiinni
close down lopettaa toiminta
close-fitting vartalonmyötäinen, tyköistuva
closely taajaan, tiiviisti; läheisesti; tarkoin
close range lähietäisyys
close shot, **close-up** lähikuva
closet *(Am)* kaappi, komero
close up tiivistää *(rivejään)*; tiivistyä
closing date sisäänjättö-, määräpäivä
closing time sulkemisaika
closure sulkeminen; päättäminen
clot 1 *s* kokkare, hyytymä; veritulppa; joukko **2** *v* hyytyä; kerääntyä
cloth kangas; riepu
clothe pukea, vaatettaa; peittää, verhota
clothes vaatteet
clothes basket pyykkikori
clothes brush vaateharja
clothespeg *(Br)* pyykkipoika
clothespin *(Am)* pyykkipoika
clothing vaatetus; päällys, verhous; *(kuv)* verho, puku
cloud 1 *s* pilvi **2** *v* mennä pilveen, sumentua; samentaa, himmentää
cloudberry lakka, hilla

clouded pilvinen, pilvessä
cloudless pilvetön
cloudlet pilvenhattara
cloud nine *(Am)* ***he was on ~*** hän oli seitsemännessä taivaassa
cloudy pilvinen
clove mausteneilikka
clover apila
clown pelle, klovni
cloy ällöttää, äklöttää
club klubi, kerho; golfmaila; nuija, pamppu
clubs *(korttip)* risti
club sandwich *(Am)* kerrosvoileipä
clue 1 *s* johtolanka; aavistus **2** *v* opastaa, johdattaa jäljille; antaa uusimmat tiedot; ***~ o.s. up [about sth]*** hankkia [uusimmat] tiedot jstak; ***he is very ~d up about jazz*** hän on hyvin perillä jazzista
clump rykelmä
clumsy kömpelö
clung *ks.* ***cling***
cluster terttu, parvi
clutch 1 *s* tiukka ote; kynsi; kytkin; pesue, poikue **2** *v* tarttua lujasti, tarrata; pitää kiinni; kytkeä
Co. = ***company***, = ***county***
c/o *(= care of) (osoitteessa)* jkn luona
coach 1 *s* vaunut; rautatievaunu; bussi, linja-auto; valmentaja; opinto-ohjaaja **2** *v* valmentaa
coal [kivi]hiili; ***~s*** hiilet
coalition yhteenliittyminen; *(pol)* liitto, kokoomus-
coalmine hiilikaivos
coarse karkea
coast 1 *s* rannikko **2** *v* purjehtia pitkin rannikkoa; ajaa vaihde vapaalla
coastguards rannikkovartiosto
coat takki; päällyste; *(eläimen)* turkki
coat hanger ripustin, henkari
coating päällys[te], kuorrutus
coat of arms vaakuna[kilpi]
coat in, with päällystää jllak
coax suostutella; pujottaa, ujuttaa
cobble, cobbled stone mukulakivi
cobweb hämähäkinverkko
cock kukko; hana; silmänvilkutus; *(sl)* siitin, muna
cockchafer turilas
cockney syntyperäinen [East Endin] lontoolainen; Lontoon [East Endin] murre
cockpit ohjaamo
cockroach torakka
cocoa kaakao
coconut kookospähkinä
COD *(= cash on delivery)* jälkivaatimuksella, postiennakolla
cod turska
coddle helliä, lellitellä
code koodi, salakieli; laki[kokoelma]
cod-liver oil kalanmaksaöljy
co-educational school yhteiskoulu
coercion pakko
coexistence samanaikaisuus; rinnakkaiselo
coffee kahvi
coffee bar *(Br)* kahvila
coffee break kahvitauko
coffeemaker kahvinkeitin
coffeepot kahvipannu
coffee shop *(Am)* kahvila
coffin ruumisarkku
cog *(tekn)* hammas[pyörä]
cogent sitova, painava
cogitate miettiä, pohtia

cognac *(ranskalainen)* konjakki
cognate sukua oleva
cognition havainto-, käsitys|kyky; tieto
cogwheel hammas|ratas, -pyörä
cohabitation avoliitto
cohere pysyä koossa *t.* yhtenäisenä
coherent yhtenäinen, eheä, johdonmukainen
coil 1 *s* vyyhti, kerä, rulla; käämi; *(lääk)* kierukka **2** *v* kerätä, kiertää, koota *(rullalle, vyyhdeksi)*; kiertyä kokoon, mennä rullalle; ***he ~ed the hose up*** hän kokosi letkun rullalle
coin 1 *s* kolikko **2** *v* lyödä rahaksi; sepittää
coinage rahanlyönti; rahajärjestelmä; sepitetty sana
coincide sattua samaan aikaan, osua yhtaikaa; olla yhtäpitävä, yhtenevä (***with*** jnk kanssa, kuin); ***their visit will ~ with the best concert season*** heidän vierailunsa osuu parhaimpaan konserttikauteen; ***our interests ~*** etumme ovat yhtenevät
coincidence [yhteen]sattuma; samanaikaisuus; yhtäpitävyys
coitus, **coition** yhdyntä
coke coca-cola; kokaiini; koksi
Col. = ***Colonel***
cold kylmä; vilustuminen, nuha
cold cuts leikkeleet
cold-blooded kylmäverinen; vaihtolämpöinen
coleslaw kaalisalaatti
colic koliikki; ähky
collaborate tehdä yhteistyötä, olla yhteistyössä; avustaa
collaboration yhteis|työ, -toiminta; ***in ~ with*** yhteistyössä jnk kanssa
collaborator työtoveri, avustaja
collapse 1 *v* kaatua, romahtaa, sortua; luhistua, lyyhistyä **2** *s* romahdus, sortuminen; luhistuminen, lyyhistyminen
collar kaulus; kaulapanta
collateral 1 *a* sivu-, syrjä-; rinnakkainen, vastaava[nlainen] **2** *s* pantti, vakuus
colleague kollega, työtoveri
collect kerätä, keräillä; periä *(saatavia)*; ***~ on delivery*** *(Am)* jälkivaatimuksella, postiennakolla
collect call vastapuhelu
collection kokoelma; kokoaminen, kerääminen; kolehti
collector keräilijä; rahastaja, maksunperijä
college *(Br)* korkeakoulu; koulutuslaitos, opisto; yksityinen oppikoulu; *(Am) (alempitutkintoinen)* yliopisto
collide törmätä (***with*** jhk)
collie skotlanninpaimenkoira
collier hiilikaivostyöläinen; hiililaiva
colliery hiilikaivos
collision [yhteen]törmäys
colloquial puhekielen; arki-, tuttavallinen
colon kaksoispiste
colonel eversti
colonial siirtomaa[n]-; siirtomaatyylinen
colonize perustaa siirtokuntia jhk, ottaa siirtomaaksi *t.* alusmaaksi
colony siirto|kunta, -maa, alusmaa
color *(Am)* = ***colour***
colossal valtava, jättiläismäinen
colo[u]r 1 *s* väri; väritys; ihonväri;

what ~ is it? minkä värinen se on? **2** *v* värittää; värjätä
colo[u]r-blind värisokea
colo[u]red värillinen, väritetty; *(loukkaava termi)* mustaihoinen
colo[u]r film värifilmi
colo[u]rful värikäs
colo[u]ring book värityskirja
colo[u]rless väritön
colt varsa; aloittelija
columbine akileija
column palsta; pylväs; rivistö, kolonna
columnist kolumnisti
comb 1 *s* kampa; *(kukon)* harja **2** *v* kammata; etsiä, haravoida *(alue)*
combat 1 *s* taistelu **2** *v* taistella
combination yhdistelmä
combine 1 *v* yhdistää; yhdistellä **2** *s* yhtymä
combine harvester leikkuupuimuri
combustible polttoaine; palava *t.* tulenarka aine
combustion palaminen; hapettuminen; kiihtymys
come *(came come)* tulla, saapua; tapahtua, seurata; *(ark)* saada orgasmi; ~ ***what may*** tulee mitä tulee, kävi miten kävi
come about tapahtua
come along edistyä, kehittyä; ilmestyä, tulla paikalle; tulla mukaan
comeback paluu, comeback
come by saada kiinni, löytää; saada
comedian, comedienne koomikko
come down tulla *t.* mennä alas[päin], romahtaa; periytyä
comedy komedia
come for tulla noutamaan
come forth ilmetä, tulla esiin
come forward astua esiin
come in tulla sisään; saapua perille; tulla mukaan, astua kuvaan
comely hauskan-, miellyttävän|näköinen
come off irrota; tapahtua, sujua
come out tulla näkyviin *t.* esiin; puhjeta, syttyä; tulla *(tiedoksi, ilmi, markkinoille ym.)*; ***come out with it!*** anna kuulua!, kakista ulos!
come over tulla käymään; tulla siirtolaisena; vaivata; ***what's come over him?*** mikä häneen on mennyt?
come round pistäytyä; tulla taas; muuttaa mieltään
comet pyrstötähti, komeetta
come to tulla tajuihinsa; tulla mieleen, muistaa; tulla perintönä; tulla siihen että
come up to nousta, ulottua, yltää; tulla puhumaan jkn kanssa
comfort 1 *s* lohdutus, lohtu; mukavuus **2** *v* lohduttaa
comfortable mukava, miellyttävä, kodikas; ***are you ~?*** onko olosi mukava?, istutko mukavasti?
comfy *(ark)* mukava
comic[al] koominen, huvittava
comic [book] sarjakuva|lehti, -kirja
comics sarjakuvat
comic strip sarjakuva
comma pilkku
command 1 *v* käskeä, komentaa **2** *s* käsky, määräys, komento
commander komentaja; päällikkö
commander in chief ylipäällikkö; puolustusvoimien komentaja
commanding komentava; käskevä
commandment *(raam)* käsky

commemorate viettää *(vuosipäivää)*; kunnioittaa muistoa; olla muistona *t.* muistomerkkinä jstak; ***this statue ~s our national poet*** tämä patsas on pystytetty kansallisrunoilijamme muistoksi
commence *(kirj)* alkaa, aloittaa
commencement alku, aloitus; *(Am)* promootio
commend kiittää, kehua; suositella; jättää huomaan *t.* haltuun
commendable suositeltava, kiitettävä
comment huomautus, kommentti; selitys; ***no ~*** en halua kommentoida asiaa
commentary huomautukset, selitykset; *(tv, rad)* selostus
commentator *(tv, rad)* selostaja, toimittaja [paikan päällä]
commerce kauppa, kaupankäynti
commercial kaupallinen, kauppa-; *(tv, rad)* mainos
commission valtuutus, määräys; komissio; provisio
commit tehdä *(rikos, virhe)*; jättää [haltuun]; passittaa vankilaan
commitment sitoumus, lupaus, vastuu
commit o.s. sitoutua (***to*** jhk)
committee komitea; valiokunta; toimikunta
commodity hyödyke, kauppatavara
common tavallinen, yleinen; yhteinen; ***we have something in ~*** meillä on jotakin yhteistä
commoner aateliton
commonplace latteus, kulunut sanonta; arkipäiväisyys; kulunut, lattea; arkinen
Commonwealth [brittiläinen] kansainyhteisö
Commonwealth Day kuningattaren syntymäpäivä *(24.5.)*
commotion levottomuus, hälinä; häiriö, epäjärjestys, mellakka
communal kunnallinen, kunnan[-]; yhteinen, yhteis-
communicate viestiä, tiedottaa, välittää tietoa; kommunikoida, vaihtaa ajatuksia; olla yhteydessä *t.* tekemisissä
communication kommunikaatio, viestintä; tiedonvälitys, tiedotus; kanssakäyminen, yhteydenpito; yhteys
communications [liikenne]yhteydet; tietoliikenne
communications satellite tietoliikennesatelliitti
communicative puhelias, avomielinen
communion yhteys; ehtoollinen
community yhteisö, yhteisyys; kommuuni, kollektiivi
community centre *(läh)* monitoimitalo; nuorisotalo
community planning yhdyskuntasuunnittelu
commute matkustaa kodin ja työpaikan väliä; matkustaa kausilipulla; vaihtaa, korvata; lieventää
commuter kausilipun haltija
commie, commy *(ark)* kommari
compact 1 *a* tiivis, kiinteä, luja; suppea, tehokas **2** *v* tiivistää, puristaa
compact disc (disk) laser-, CD-levy
compact disc (disk) player laser-, CD-soitin
companion toveri, kumppani

companionship toveruus, kumppanuus
company yhtiö, yritys; seura, vieraat; ***he is good ~*** hän on hyvää seuraa
company car työsuhdeauto
company housing työsuhdeasunto
company image yrityskuva
comparable verrattava, verrattavissa (***to*** jhk)
comparative vertaileva; suhteellinen
comparatively suhteellisen
compare verrata (***to, with*** jhk)
comparison vertailu, vertaus
compartment tila, lokero, osasto; *(junan)* vaunuosasto
compass kompassi; *(kuv)* alue, ala, laajuus
compassion sääli, myötätunto (***for*** jtak kohtaan)
compassionate säälivä, myötätuntoinen
compatible yhteen sopiva, vastaava; sopusointuinen; sekoituskelpoinen (***with*** jkn kanssa); ***is your computer ~ with my equipment?*** sopiiko sinun tietokoneesi minun laitteisiini?
compatriot maanmies
compeer vertainen; virkatoveri, toveri
compel pakottaa
compensate korvata
compensation korvaus; palkkio
compere *(Br)* **1** *s* juontaja **2** *v* juontaa
compete kilpailla
competence pätevyys, kelpoisuus; hyvinvointi
competent pätevä
competition kilpailu
competitive kilpailukykyinen, kilpaileva
competitor kilpailija
compile koota, toimittaa; laatia, muokata; *(atk)* kääntää
complacent *(halv)* omahyväinen, itseriittoinen
complain valittaa *(vaivaa)*; tehdä valitus (***about*** jstak)
complaint valitus
complete **1** *a* täysi, täydellinen **2** *v* täydentää; tehdä valmiiksi, päättää
completion täydentäminen; loppuun saattaminen; valmistuminen
complex monimutkainen; yhdistelmä, kokonaisuus; [rakennus-] kompleksi; *(psyk)* kompleksi
complexion ihonväri, iho; sävy, luonne; ***a beautiful ~*** kaunis iho
complexity monimutkaisuus; sotkuinen asia, vyyhti
compliance mukautuminen, myöntyvyys
compliant mukautuvainen, taipuisa, myöntyvä
complicate mutkistaa, vaikeuttaa
complicated monimutkainen, vaikea
complication mutkistuminen, vaikeutuminen; selkkaus, hankaluus; komplikaatio
complicity osallisuus rikokseen, rikoskumppanuus
compliment kohteliaisuus; ***pay a ~ to sb*** lausua kohteliaisuus jklle; ***with ~s of the house*** talo tarjoaa; ***~s to the chef*** parhaat kiitokset keittiömestarille
complimentary kohtelias, kohteli-

aisuus-; vapaa-, ilmais-, näyte-; ***a ~ copy*** vapaakappale
comply myöntyä, suostua (***with*** jhk); noudattaa (***with*** jtak)
component osatekijä, komponentti; aines
compose laatia, sepittää; säveltää
composed tyyni, levollinen
compose o.s. rauhoittua; valmistautua
composer säveltäjä
composition kokoonpano, koostumus; sävellys; aine[kirjoitus]
compositor latoja
compost 1 *s* komposti **2** *v* kompostoida
composure mielenmaltti, levollisuus
compound 1 *s* yhdiste; yhdyssana **2** *v* yhdistää, sekoittaa [yhteen]
compound interest koronkorko
compound leaf kerrannaislehti
comprehend ymmärtää, käsittää; sisältää, kattaa
comprehensible tajuttava, ymmärrettävissä oleva
comprehension käsityskyky, ymmärrys
comprehensive laaja
comprehensive [school] *(Br)* peruskoulu, yhtenäiskoulu *(11 v. alkaen)*
compress 1 *s* märkä kääre **2** *v* puristaa yhteen, pusertaa
compressed air paineilma
compression puristaminen; tiivistyminen; puristus
comprise pitää sisällään, käsittää; muodostaa
compromise 1 *v* tehdä kompromissi; sovitella; altistaa, vaarantaa **2** *s* kompromissi, sovitteluratkaisu; painostus
compulsion pakko
compulsory pakollinen
compunction tunnontuska[t], pisto
compute arvioida, laskea
computer tietokone
computer-controlled tietokoneohjauksinen
computerize syöttää tietokoneeseen; tietokoneistaa
comrade toveri; aatetoveri; aseveli
con 1 *s* varjopuoli; *vrt.* ***pro***; huijaus; rangaistusvanki **2** *v* huijata, narrata; ***he got ~ned*** häntä vedettiin nenästä; ***he ~ned me into doing all the work for him*** hän narrasi minut tekemään omat työnsä puolestaan
concave kovera
conceal salata, kätkeä
concede myöntää, tunnustaa; antaa myöten; luovuttaa
conceit itserakkaus, omahyväisyys
conceited itserakas, omahyväinen
conceivable ajateltavissa oleva, mahdolllinen
conceive käsittää; muodostaa käsitys; suunnitella; hedelmöittää, siittää
concentrate keskittyä, keskittää (***on*** jhk)
concentration keskittäminen, keskitys; keskittyminen
concentration camp keskitysleiri
concept käsite, mielle
conception käsitys, mielikuva; idea, perusajatus; hedelmöitys
concern 1 *s* huoli, huolehtiminen; asia; yritys; ***the ~s of ethnic minorities*** etnisten vähemmistöjen

huolenaiheet; ***it is not my ~ to look after him*** ei ole minun asiani huolehtia hänestä **2** *v* koskea jtak; huolestuttaa; ***this doesn't ~ us*** tämä ei koske meitä; ***to whom it may ~*** *(liikekirjeissä)* arvoisa vastaanottaja
concerning koskien, koskeva; mitä jhk tulee; ***have you got any information ~ her whereabouts?*** onko teillä mitään tietoja hänen olinpaikastaan?; ***~ your request, I have good news*** mitä pyyntöönne tulee, minulla on hyviä uutisia
concert konsertti; yhteisymmärrys; sopimus; ***they are at a ~*** he ovat konsertissa; ***in ~*** yhteisesti, yhdessä voimin
concerted yhteinen, yhteis-
concession myönnytys; toimilupa; ***make ~s*** tehdä myönnytyksiä
concessive clause myönteinen lause
conciliate saada, voittaa puolelleen *(ystävyys, kunnioitus)*; lepyttää
conciliatory lepyttävä, sovitteleva
concise suppea, tiivis
conclude lopettaa, saattaa päätökseen; päätellä, tehdä johtopäätös; sopia *(kauppa)*; tehdä *(sopimus)*; ***he ~d by saying that*** lopuksi hän sanoi...
conclusion lopettaminen, loppu; *(kaupan)* päättäminen; *(sopimuksen)* tekeminen; johtopäätös, päätelmä
conclusive ratkaiseva
concord yksimielisyys, sopu; sopusointu
concrete 1 *a* konkreettinen; kiinteä, kovettunut; betoni- **2** *s* betoni **3** *v* käyttää betonipäällystettä
concrete mixer betonimylly
concubinage *(kirj)* avoliitto
concur sattua samanaikaisesti; vaikuttaa yhdessä; olla samaa mieltä, yhtyä mielipiteeseen (***with*** jnk kanssa)
concussion tärähdys, isku; aivotärähdys
condemn tuomita; paheksua
condemnation tuomitseminen, tuomio; hylkäystuomio, purkutuomio; takavarikoiminen
condense *(fys, kuv)* tiivistää, keskittää
condenser lauhdutin, jäähdytin; kondensaattori
condescend alentua (***to*** jhk); käyttäytyä alentuvasti
condiment mauste
condition ehto; kunto; vaiva, sairaus; asema, sääty; ***on [the] ~ that*** sillä ehdolla että
conditional ehdonalainen, ehdollinen; konditionaali
conditioner hoitoaine, huuhteluaine
condole valittaa surua; ilmaista osanottonsa (***on*** jnk johdosta)
condolence surunvalittelu, osanotto; ***please, accept my ~s*** pyydän esittää osanottoni
condone antaa anteeksi; katsoa läpi sormien
conduce johtaa, vaikuttaa, edistää (***to, towards*** jhk, jtak)
conduct 1 *v* hoitaa, johtaa; saattaa, opastaa; ***~ o.s.*** käyttäytyä **2** *s* käytös, esiintyminen; hoito, johtaminen
conductive sähköä (lämpöä) joh-

tava
conductor johtaja, opastaja; kapellimestari; viemäriputki
cone kartio; käpy; jäätelötötterö
confectionery makeis|leipomo, -kauppa
confederacy, **confederation** liitto, salaliitto; valtioliitto
confederate liittolainen; rikostoveri; *C~ (Am hist)* etelävaltiolainen
confer antaa, suoda (***on*** jkIle); neuvotella
conference konferenssi; kokous, neuvottelu
conference room kokoussali
confess tunnustaa, myöntää; ripittää, antaa rippi; ripittäytyä
confession tunnustus, tunnustaminen; rippi, ripittäytyminen; ***he went to ~*** hän meni ripittäytymään
confessor rippi-isä
confidant[e] uskottu [henkilö]
confide kertoa luottamuksellisesti; uskoutua (***in*** jklle)
confidence usko, luottamus; luotettavuus; varmuus; ***take sb into one's ~*** uskoutua jklle
confident luottavainen, varma
confidential luottamuksellinen; tuttavallinen; uskottu
confine rajoittaa; sulkea, pitää suljettuna; *ks.* ***confines***
confinement suljettuna *t.* kahlittuna olo; vuoteenomana olo; lapsivuode[aika]
confines rajat, rajoittuminen; ala, piiri
confirm vahvistaa; lujittaa; konfirmoida
confirmation vahvistus; konfirmaatio, ripillepääsy; ***in ~ of*** vahvistuksena jstak
confiscate takavarikoida
conflict 1 *s* ristiriita, konflikti; yhteentörmäys **2** *v* törmätä; olla ristiriidassa, joutua ristiriitaan (***with*** jkn kanssa)
conflicting selkkauksessa oleva, taisteleva
confluence vesiväylien yhtymäkohta; yhtyminen
conform mukauttaa, tehdä yhdenmukaiseksi; mukautua, sopeutua (***to*** jhk)
conformity yhdenmukaisuus; vastaavuus
conform o.s. sopeutua, mukautua (***to*** jhk)
confound hämmentää; sekoittaa toisiinsa; ***I always ~ him with John*** sekoitan aina hänet ja Johnin
confront asettaa vastakkain
confrontation vastakkain asettaminen *t.* joutuminen; ristikuulustelu
confuse sekoittaa, sotkea; hämmentää
confused sekaisin, hämmennyksissä
confusing sekava, hämmentävä
confusion epäjärjestys; sekasorto, sekasotku
confute osoittaa vääräksi, kumota
congeal hyydyttää, jäähdyttää; hyytyä
congenial samanhenkinen; miellyttävä
congenital synnynnäinen; luontainen
congestion tungos, ruuhka; verentungos

conglomerate rykelmä, kasauma; monialayhtymä; kasaantunut
congratulate onnitella jkta (*on* jstak)
congregate koota yhteen; kokoontua
congregation (*usk*) seurakunta; kokous
Congress Yhdysvaltain kongressi
congress kongressi, kokous
Congressman, **Congresswoman** (*Am*) edustaja kongressissa
conic[al] kartiomainen, kartionmuotoinen
conjecture arvelu, otaksuma
conjugal aviollinen, avio-
conjunction yhteys, yhteensattuma; konjunktio
conjure manata, loihtia esiin; pyytää kiihkeästi, vannottaa; taikoa
conjurer velho, noita, taikuri
connect yhdistää, liittää yhteen; yhdistää (*puhelu*)
connection, **connexion** yhdistäminen, liittyminen; yhteys; (*junien, bussien ym.*) jatkoyhteys; ***in ~ with*** jhk liittyvä, jhk liittyen
connections suhteet; asiakaspiiri
connive at ummistaa silmänsä jltak; katsoa jtak läpi sormien
connive with olla samassa juonessa jkn kanssa; juonitella
connoisseur (*taiteen, viinien ym.*) tuntija
connotation mielleyhtymä, sivumerkitys, konnotaatio
conquer valloittaa, vallata
conqueror valloittaja
conquest valloitus
conscience omatunto; ***I had a bad ~ about it*** minulla oli siitä huono omatunto; ***prisoner of ~*** mielipidevanki
conscientious omantunnontarkka
conscientious objector aseistakieltäytyjä
conscious tietoinen (***of*** jstak)
consciousness tietoisuus
conscript asevelvollinen, varusmies
conscription asevelvollisuus
consecrate vihkiä (*kirkko*); siunata; pyhittää
consecration vihkiminen; pyhittäminen
consecutive toinen toistaan seuraava; peräkkäinen; johdonmukainen, seuraus-
consent suostumus, myöntyminen; sopimus; ***silence gives ~*** hiljaisuus on myöntymisen merkki
consequence seuraus, seuraamus
consequent johdonmukainen; seuraava, seurausta (***on*** jstak)
consequently sen seurauksena, näin ollen, niin muodoin, siispä
conservation säilyttäminen, suojelu; luonnonsuojelu
conservative konservatiivi, säilyttävä
conservatoire konservatorio
conservatory viher-, kasvi|huone; (*Am*) konservatorio
conserve 1 *s* hillo, hedelmäsäilyke **2** *v* säilyttää, säästää; säilöä
consider harkita, ottaa huomioon; tarkastella; pitää jnak; ***we ~ him too young for the job*** pidämme häntä liian nuorena tähän työhön
considerable huomattava
considerate huomaavainen, hienotunteinen (***towards*** jkta kohtaan);

it was wery ~ of you se oli hyvin huomaavaista sinulta
consideration harkinta; hienotunteisuus
considering huomioon ottaen
consign jättää *t.* uskoa jkn haltuun
consignee tavaran vastaanottaja
consignment tavaroiden lähettäminen; tavaralähetys
consistency yhtäpitävyys, vastaavuus; koostumus, konsistenssi
consistent yhdenmukainen, vastaava (***with*** jnk kanssa)
consist in perustua jhk, riippua jstak; ***happiness consists in little things*** onni on kiinni pienistä asioista
consist of koostua, käsittää; olla kokoonpantu jstak; ***the book consists of ten chapters*** kirja koostuu 10 luvusta
consolation lohdutus
console lohduttaa
consolidate vahvistaa, lujittaa
consonant konsonantti
consort hallitsijan puoliso; saattoalus
conspicious näkyvä, ilmeinen; huomattava, huomiota herättävä
conspiracy salaliitto
conspirator salaliittolainen, vehkeilijä
conspire tehdä salaliitto, vehkeillä; olla salaliitossa; suunnitella *t.* valmistella salaa
constable konstaapeli; linnanvouti
constancy pysyvyys; muuttumattomuus
constant pysyvä, vakio; jatkuva, alituinen
constantly jatkuvasti, alituisesti
constellation tähtikuvio
consternation tyrmistys, järkytys
constipation ummetus
constituency valitsijakunta, vaalipiiri; *(pol)* kannattajajoukko
constituent valitsija, äänestäjä; ainesosa, aine; jtak muodostava, olennainen; perustuslakia säätävä
constitute olla, muodostaa; asettaa, nimittää; perustaa
constitution valtiomuoto; perustuslaki; perustaminen, kokoonpano
constitutional perustuslaillinen
constraint pakko[keino], väkinäisyys
constrict kutistaa, kutistua
construct rakentaa; laatia, muodostaa
construction rakennus[toiminta]; konstruktio
constructive rakentava
consul konsuli
consulate konsulaatti; konsulin virka
consul general pääkonsuli
consult konsultoida, kysyä neuvoa; neuvotella (***with*** jkn kanssa); etsiä sanakirjasta; kääntyä jkn puoleen; toimia konsulttina
consumer kuluttaja
consumer advice and protection kuluttajaneuvonta
consumer credit kulutusluotto
consumer durable kestokulutushyödyke
consumer education kuluttajavalistus
consumer goods kulutustavarat
consumer society kulutusyhteiskunta

consumption kuluttaminen, käyttäminen; kulutus
contact 1 *v* ottaa yhteyttä, olla yhteydessä **2** *s* kontakti; kosketus; yhteys; tuttavuus, tuttava; kytkeminen
contact lenses piilolasit
contagion tartunta
contagious tarttuva
contain sisältää
container astia, säiliö
contaminate saastuttaa
contamination saastuminen
contemplate miettiä, harkita; katsella [miettiväisesti]
contemplation mietiskely, harkinta
contemplative mietiskelevä
contemporary aikalainen; samanaikainen; nykyajan-
contempt 1 *s* halveksunta, ylenkatse (***for*** jkta kohtaan) **2** *v* halveksia
contemptible halveksittava
contemptuous halveksiva, ylimielinen (***of*** jkta kohtaan, jkn suhteen)
contend taistella; väittää
contender voittajaehdokas, haastaja
content 1 *a* tyytyväinen **2** *s* tyytyväisyys; sisällys, tilavuus
contented tyytyväinen
contention kiista, kilpailu
contentment tyytyväisyys
contents sisältö; ***these are the whole ~*** tässä on koko sisältö
contest kilpailu
contestant kilpailija, osallistuja
context yhteys; ***in some ~s*** joissakin yhteyksissä
contiguous viereinen (***to***, ***with*** jkn, jnk)
continent manner, maanosa
continental manner-, mantereen; mannermainen
continental breakfast euroaamiainen *(kahvia, vaaleaa leipää, voita ja hilloa)*
contingency mahdollisuus
contingent riippuva (***on*** jstak)
continual jatkuva, alinomainen
continuation jatko, jatkuminen; jatkaminen
continue jatkaa, jatkua; ***to be ~d*** *(tv ym.)* jatkuu
continuity jatkuvuus
continuous jatkuva, keskeytymätön
contour ääriviiva
contra vasta-
contraband salakuljetus
contraception ehkäisy
contraceptive ehkäisyväline
contract 1 *s* sopimus **2** *v* sitoutua, sopia; kutistua, supistua
contractor urakoitsija
contradict olla ristiriidassa (***with*** jkn kanssa)
contradiction ristiriita
contradictory ristiriitainen (***to*** jkn kanssa)
contraflow liikennejärjestely, kiertotie
contraption vehje, vekotin
contrary päinvastainen, vasta-; ***~ to*** vastoin jtak; ***on the ~*** päinvastoin
contrast vastakohta (***to*** jllek); ***in ~ with*** *t.* ***to*** päinvastoin kuin, toisin kuin
contribute myötävaikuttaa, osaltansa vaikuttaa; antaa avustuksena (***to*** jhk)
contribution myötävaikutus, osal-

lisuus, panos; avustus
contributor avustaja
contrivance keksintö, laite
contrive keksiä, onnistua
control 1 *s* valvonta, hallinta, kontrolli; tarkastus; säätö **2** *v* valvoa, kontrolloida; hallita, hillitä; säädellä, ohjata
controls ohjauslaitteet
control tower lennonjohtotorni
controversial kiistanalainen
controversy väittely, kiista[naihe]
contusion ruhjevamma
convalescence toipuminen, toipilasaika
convalescent toipilas
convection lämmön virtaus, kiertoilma
convenience mukavuus, sopivuus
convenient mukava, sopiva
convent nunnaluostari
convention kokous; sopimus; yleinen tapa
converge lähetä toisiaan; suuntautua yhteen
conversant perehtynyt (***with*** jhk)
conversation keskustelu
conversational keskustelu-; puhekielen-
converse keskustella
conversely päinvastoin, sitä vastoin
conversion muuttaminen, kääntymys, käännytys; konvertointi
convert 1 *v* muuttaa, muuntaa; kääntyä, käännyttää (***to*** jhk); ***he has ~ed to Islam*** hän on kääntynyt islaminuskoon **2** *s* käännynnäinen (***to*** jhk)
convertible 1 *s* avo-auto **2** *a* muunnettavissa *t.* vaihdettavissa oleva (***into*** jhk)
convex kupera
convey kuljettaa, toimittaa; ilmaista, antaa [käsitys]
conveyance kuljetus; ajoneuvot
conveyer [belt] kuljetushihna
convict 1 *s* rangaistusvanki **2** *v* todistaa *t.* tuomita syylliseksi (***of*** jstak)
conviction vakaumus; tuomio
convince saada vakuuttuneeksi; ***I'm ~d that he is right*** olen vakuuttunut että hän on oikeassa
convincing vakuuttava
convoy saatue
convulse järkyttää, ravistella; aiheuttaa kouristuksia; saada vääntelehtimään; ***we were ~d with laughter*** vääntelehdimme naurusta
convulsion mullistus; kouristus[kohtaus]
coo kuhertaa
cook 1 *s* kokki **2** *v* laittaa ruokaa, kokata
cooker *(Br)* liesi, hella; *vrt.* ***stove***
cookery keittotaito; ruoanlaitto
cookie *(Am)* pikkuleipä, [makea] keksi; *(Skotl)* pulla
cool 1 *a* viileä; rauhallinen; *(Am sl)* kiva, hyvä, makee; ***that teacher is really*** ~ se opettaja on tosi hyvä tyyppi **2** *v* jäähdyttää, jäähtyä; ***they went outside to ~ off*** he menivät ulos jäähylle
cooler jäähdytysastia, kuuleri
cool-headed maltillinen, kylmäpäinen
coop 1 *s* häkki **2** *v* sulkea häkkiin
cooper tynnyrintekijä
co[-]operate olla yhteistyössä, toi-

mia *t.* vaikuttaa yhdessä
cooperation yhteis|työ, -toiminta
cooperative osuuskunta-, osuus-
coordinate koordinoida; rinnastaa
cop *(sl)* poliisi, skoude
Copenhagen Kööpenhamina
cope with selviytyä jstak, kestää; pitää puoliaan jkta vastaan
copious runsas, yltäkylläinen
copper kupari
copperplate kupari|piirros, -levy
copse vesakko, metsikkö
copulate paritella, pariutua
copy jäljennös, kappale
copybook [kirjoitus]vihko
copycat matkija, apina
copyright tekijän-, kustannus|oikeus
copywriter *(mainostoimistossa)* copy, tekstitoimittaja
coquetry keimailu
coral koralli
cord 1 *s* köysi, nuora; johto; jänne **2** *v* köyttää
cordial sydämellinen
cords, corduroys vakosamettihousut
core ydin; siemenkota
cork 1 *s* korkki **2** *v* korkita
corking *(sl)* upea, hieno
corkscrew korkkiruuvi
corn jyvä, vilja; *(Am)* maissi
cornea sarveiskalvo
corner 1 *s* nurkka, nurkkaus, kulma[us] **2** *v* saattaa ahtaalle
corner stone kulma-, perus|kivi
cornet tötterö; *(mus)* kornetti
cornflakes maissihiutaleet
cornflour *(Br)* tärkkelysjauho
cornstarch *(Am)* tärkkelys-, maissi|jauho
cornucopia runsaudensarvi
corny vanha, tylsä, huono; korni; imelä, siirappimainen
coronary artery sepelvaltimo
coronary thrombosis sydänveritulppa
coronation kruunajaiset
coroner kuolinsyyntutkija
coronet aateliskruunu, otsaripa
corporal korpraali; ruumiillinen
corporation osakeyhtiö, yritys; kaupunginhallinto
corps -kunta; joukot
corpse ruumis
corpulence lihavuus
corral karja[-aitaus]
correct 1 *a* oikea, virheetön **2** *v* korjata, oikaista
correction oikaisu, korjaus; nuhde
correspond olla vastaava, vastata (***to*** jtak)
correspondence kirjeenvaihto
correspondent kirjeenvaihtaja
corridor käytävä
corroborate vahvistaa
corrode syövyttää
corrosive syövyttävä [aine]
corrugated iron aaltopelti
corrupt 1 *a* turmeltunut **2** *v* turmella; lahjoa
corruptible lahjottavissa oleva
corruption turmelus; lahjonta
corset korsetti, kureliivi
cortisone kortisoni
cosmetic kosmeettinen [aine]
cosmetician, cosmetologist kosmetologi
cosmetics kosmetiikka; kauneudenhoito[aineet]
cosmic kosminen
cosmopolitan maailmankansalai-

nen, kosmopoliitti

cost 1 *v (cost cost)* maksaa, olla hintana; ***how much did it ~?*** paljonko se maksoi? 2 *s* kustannus, hinta; ***at all ~s*** hinnalla millä hyvänsä

coster[monger] [hedelmä]kaupustelija

costly kallis[arvoinen]

cost of living elinkustannus

cost-of-living index elinkustannusindeksi

costume *(kansallis-, näytelmän ym.)* puku

cosy kodikas; *(teekannun ym.)* myssy

cot *(Br)* lasten-, pinna|sänky; *(Am)* telttasänky, kenttävuode

cottage mökki, maja

cotton puuvilla; pumpuli, vanu

cotton wool pumpuli, vanu

couch 1 *s* sohva 2 *v* asettaa makuulle; pukea sanoiksi

cough 1 *s* yskä 2 *v* yskiä

could *ks.* ***can***

council neuvosto

councillor valtuutettu, neuvoston jäsen

the Council of Europe Euroopan neuvosto

counsel 1 *v* neuvoa 2 *s* neuvottelu, neuvonpito; neuvonantaja

counselling neuvonta

counsellor neuvonantaja; lähetystöneuvos; *(Am)* opinto-ohjaaja

count 1 *s* kreivi; laskeminen, lasku; loppusumma 2 *v* laskea; ***~ on*** laskea jkn varaan, luottaa jhk; ***~ in*** laskea mukaan, ottaa lukuun

countdown lähtölaskenta

countenance kasvot, ilme; tuki

counter 1 *s* tiski, myyntipöytä, luukku 2 *adv* vastoin, vasta- 3 *v* vastata jhk, nousta jkta vastaan

counteract toimia *t.* vaikuttaa vastaan; tehdä tehottomaksi

counterbalance 1 *v* olla vastapainona, tasapainottaa 2 *s* vastapaino

counterclockwise vastapäivään

countereffect vastavaikutus

counterfeit 1 *a* jäljitelty 2 *s* väärennös 3 *v* väärentää

countermand peruuttaa

counterpane päiväpeite

counterpart vastine

countersign 1 *v* varmentaa nimikirjoituksella 2 *s* tunnussana

countess kreivitär

countless lukematon

country maa, maaseutu; maalais-

countryman maanmies

countryside maaseutu

county kreivikunta; *(Am) (osavaltion)* piirikunta

coup vallankaappaus

couple pari, muutama; pariskunta; ***for a ~ of days*** pariksi päiväksi

coupling kytkin; kytkentä

courage rohkeus

courageous rohkea

courier pikalähetti, kuriiri; opas

course 1 *s* kulku, juoksu, suunta, kurssi; rata, kilparata; oppikurssi; ruokalaji; ***in due ~*** aikanaan; ***in the ~ of time*** ajan mittaan 2 *v* kiitää

court 1 *s* piha; hovi; tuomioistuin; kenttä 2 *v* liehitellä, kosiskella

courteous kohtelias

courtesy kohteliaisuus, ystävällisyys; ***by ~ of*** jkn ystävällisellä avustuksella *t.* luvalla

courtier hovimies
court-martial sotaoikeus
courtship kosiskelu
courtyard piha
cousin serkku
couture huippumuoti, muotibisnes
cove lahdelma
covenant 1 *s* sopimus, liitto **2** *v* sitoutua
cover 1 *v* peittää; kätkeä, salailla; kattaa, korvata *(osuus, kustannukset)*; vakuuttaa, ottaa vakuutus; käsittää, kattaa *(aihepiiri, alue)*; tehdä, kulkea *(matka)*; selostaa; suojata; *(poliisista)* valvoa, tarkkailla; ***the new loan ~s our expenses*** uusi laina kattaa kustannuksemme; ***the city ~s 30 square miles*** kaupunki käsittää 30 neliömailia **2** *s* peite, peitto; *(kirjan, kattilan ym.)* kansi; suoja, piilo; suojus, kotelo; kattaus; kate, vakuutus; *(poliisin)* vale|-asu, -nimi, peitehomma; ***from ~ to ~*** kannesta kanteen; ***under ~ of night*** yön turvin; ***the ~ was laid for four*** kattaus oli laitettu neljälle; ***full ~ against fire and theft*** täysvakuutus tulipalon ja varkauden varalle; ***work under ~*** toimia siviiliasuisena rikospoliisina
coverage kattavuus; *(liike-elämässä)* kate; vakuutus|kate, -suoja; käsittely; *(rad, tv)* raportti
coverage area kuuluvuus-, näkyvyys|alue
cover charge *(ravintoloissa)* kattausmaksu
cover [up] for keksiä verukkeita jklle; selitellä jkn tekemisiä
covering suoja, suojaaminen; päällys, kuori
covert salainen, peitetty; tiheikkö
cover up peittää kokonaan; salata, kätkeä
cover-up salailu; veruke
covet haluta, himoita
covetous haluava, himoitseva (*of* jtak)
covey poikue; parvi, rykelmä
cow lehmä
coward pelkuri[mainen], raukka[mainen]
cowardice pelkuruus, raukkamaisuus
cowbell lehmänkello
cowboy, cowgirl karjapaimen
cower kyyristyä, käpertyä kokoon *(pelosta, kylmästä)*
cow house navetta
cowl kaapu, huppu; *(savupiipun)* hattu
cow parsley koiranputki
cowshed navetta
cowslip kevätesikko
coy kaino, häveliäs
crab taskurapu
crabbed, crabby ärtyisä, hapan
crab louse satiainen
crack 1 *s* halkeama, särö, rako; paukahdus, napsahdus, räiskäys; puhdas kokaiini; ***at the ~ of dawn*** aamun sarastaessa **2** *a* ensiluokkainen, mestari- **3** *v* halkeilla, mennä särölle; napsahtaa, räiskähtää; rätistä, paukkua; paukauttaa, napsauttaa; *(äänestä)* särähtää; *(kuv)* murtua; *(ark)* kertoa *(vitsejä)*; ***that ~s me up*** tikahdun nauruun
cracked säröinen, säröllä; *(äänestä)* särkynyt; hullu

cracker voileipäkeksi, suolakeksi; sähikäinen
crackers *(Br)* hullu
crackle 1 *s (tulen, radion)* rätinä **2** *v* rätistä
cradle kehto
craft käden taito, käsityötaito; ammattikunta; viekkaus; alus
crafted *(Am)* [käsin]tehty; laadittu, sommiteltu
crafts centre kotiteollisuuskeskus
craftsman käsityöläinen; ammattimies
craftsmanship ammattitaito
crafty viekas, ovela; taitava
crag kallio
cram 1 *s* tungos, ahdinko **2** *v* ahtaa, sulloa; ahtaa itseensä ruokaa; päntätä [päähän]; prepata jkta [tenttiin]
cramp kouristus, kramppi; suonenveto
cramps vatsakipu; kuukautiskivut
cranberry karpalo
crane 1 *s* nosturi, nostokurki; *(el)* kurki **2** *v* kurkottaa
cranial kallon-
cranium kallo
crank 1 *s* kampi; outo tyyppi; *(Am)* känkkäränkkä, marisija **2** *v* kääntää kampea
cranny kolo, soppi
crape suru|harso, -nauha
crappy surkea, mitätön
craps eräs noppapeli
crash 1 *s* ryske; romahdus; kolari, onnettomuus **2** *v* rysähtää *t.* syöksyä maahan; törmätä (***into*** jhk); rysäyttää, lyödä murskaksi
crash helmet suojakypärä
crash landing mahalasku
crass karkea, törkeä; suunnaton, valtava
crate säle|laatikko, -kori
crater kraatteri
crave [for] pyytää, anoa; kaivata, janota; vaatia
craven pelkuri; pelkurimainen
craving [hillitön] halu (***for*** jnk)
crawl ryömiä, kontata; vilistä, kuhista (***with*** jtak); ***it made my skin ~*** minulle tuli kylmät väreet
crawlers potku|housut, -puku
crayfish [järvi-, joki]rapu
crayon väriliitu
craze [muoti]villitys
crazy hullu, mieletön, järjetön; ***he is ~ about you*** hän on hulluna sinuun; ***that noise is driving me ~*** tuo meteli repii hermoja
crèche *(Br)* lastenseimi, päiväkoti
creak 1 *v* narista, natista **2** *s* narina, natina
cream kerma; [iho]voide
crease 1 *s* laskos, poimu; ryppy; [housun] prässi **2** *v* laskostaa; rypistää, rypistyä
crease up *(Br)* tappaa nauruun
create luoda, aiheuttaa; perustaa; nimittää jksik
creation luominen, luomus; luomakunta; perustaminen; nimittäminen
creative luova
creator luoja, suunnittelija, perustaja; ***the C~*** Luoja
creature olento, olio, otus
credence usko, luottamus; ***give ~ to*** uskoa *t.* luottaa jhk
credentials valtakirja
credible uskottava
credit 1 *s* usko, luottamus; kunnia,

ansio, tunnustus; luottokelpoisuus; luotto, osamaksu; *(Am) (yliopistossa)* opintoviikot, opintosuoritus[pisteet]; ***on ~*** osamaksulla, luotolla; ***they are trying to take ~ for this*** he yrittävät ottaa tästä kunnian itselleen; ***he wasn't given any ~ for his latest research*** hän ei saanut mitään tunnustusta uusimmasta tutkimuksestaan **2** *v* uskoa, luottaa; antaa jklle kunnia jstak; hyvittää *(tiliä)*
creditable kunniakas, kiitettävä
credit account *(Br) (tavaratalossa ym.)* valintatili; *vrt.* ***charge account***
credit card luottokortti
creditor velkoja
credits *(elok, tv)* alku- *t.* loppu|tekstit
credulity herkkäuskoisuus, sinisilmäisyys
credulous herkkäuskoinen, sinisilmäinen
creed uskontunnustus, usko
creek poukama; *(Am)* puro
creep 1 *s* mateleminen, ryömiminen; *(sl)* inhottava tyyppi, hyypiö; ***that gives me the ~s*** selkäpiitäni karmii **2** *v (crept crept)* madella, ryömiä; hiipiä; kiemurrella; ***my flesh ~s*** ihoni nousee kananlihalle
creeper köynnöskasvi
cremation tuhkaus, ruumiinpoltto
crematory krematorio
crept *ks.* ***creep***
crescent kuunsirppi
cress krassi
crest *(aallon, vuoren)* harja; *(linnun, kypärän)* töyhtö; vaakunamerkki
crestfallen masentunut
Crete Kreeta
crevasse railo, halkeama
crevice halkeama *(kalliossa ym.)*
crew miehistö
crew cut pystytukka
crib 1 *s* [joulu]seimi, kaukalo; plagiaatti; luntti; *(Am)* pinnasänky **2** *v* jäljentää, luntata; plagioida
crick lihaskouristus, jäykistyminen *(erik niskassa t. selässä)*
cricket kotisirkka; kriketti[peli]
crime rikos; rikollisuus
criminal rikollinen
crimson karmiininpunainen
cringe kyyristyä, vetäytyä; madella, nöyristellä; *(kuv)* vajota maan alle; ***I ~d with embarrassment when I saw his tie*** olin vajota maan alle häpeästä nähdessäni hänen kravattinsa
crinkle 1 *s* poimu, ryppy, rantu **2** *v* rypistää, rypistyä
crinkly ryppyinen; kihara
cripple 1 *s* raajarikko, rampa **2** *v* tehdä raajarikoksi
crippled raajarikko, rampa
crisis kriisi, käännekohta
crisp 1 *a* murea, rapea; raikas, kirpeä **2** *s (Br)* perunalastu; ***a packet of ~s*** pussillinen perunalastuja
crisscross ristiin rastiin
criteri|on *(pl -a)* kriteeri, peruste
critic arvostelija, kriitikko
critical kriittinen
criticism arvostelu, kritiikki; ***he can't take any ~*** hän ei kestä kritiikkiä
criticize arvostella, kritisoida
croak kurnuttaa; puhua rahisevalla

äänellä, kähistä
Croatia Kroatia
Croatian kroatialainen
crochet virkkaus, virkkuutyö
crochet-hook virkkuukoukku
crock savi|astia, -ruukku; autonromu
crockery saviastiat
crocodile krokotiili
crocus krookus
croissant voisarvi
crony vanha kaveri, kamu
crook 1 *s* haka, koukku; sauva; kaarre, mutka; huijari, roisto; taive **2** *v* koukistaa
crooked mutkainen, kiemurteleva; kiero, epärehellinen
croon hyräillä
crop 1 *s* vilja[kasvi]; sato, laiho; ratsupiiska; siilitukka **2** *v* kylvää, viljellä (***with*** jtak); korjata satoa; tuottaa satoa; jyrsiä, nyhtää; leikata lyhyeksi
croquet krokettipeli
cross 1 *s* rasti; puumerkki; risti, ansioristi; krusifiksi **2** *a* vihainen, äkäinen **3** *v* panna ristiin, ristiä; vetää viiva yli; kulkea poikki, ylittää; kulkea ohi, mennä ristiin; ***keep your fingers ~ed*** pidä peukut pystyssä; ***it hasn't ~ed my mind*** se ei ole käynyt mielessäni *t.* tullut mieleeni
cross-country skiing murtomaahiihto
cross-examination ristikuulustelu
crossing risteys; ylityspaikka; suojatie; merimatka, ylitys
crossroads risteys
cross-section poikki-, läpi|leikkaus
crossword puzzle ristisanatehtävä, sanaristikko
crotchet oikku; neljäsosanuotti
crouch kyyristyä
croupier pelipöydän hoitaja, krupieeri
crow 1 *s* varis; kukonlaulu **2** *v* kiekua
crowbar sorkkarauta
crowd 1 *s* joukko, lauma, tungos **2** *v* tunkea, tungeksia, ahtaa täyteen
crowded täpötäynnä, ahdas
crown 1 *s* kruunu; seppele; *(rahayksikkö)* kruunu **2** *v* kruunata
crown prince, crown princess kruunun|prinssi, -prinsessa
crucial ratkaiseva
crucifix krusifiksi, ristiinnaulitun kuva
crucify ristiinnaulita; panna koville
crude raaka, karkea
cruel julma
cruelty julmuus
cruet maustehylly; maustepullo
cruise risteillä, ajella
cruise missile risteilyohjus
cruiser risteilyalus, risteilijä
crumb [leivän]muru; murunen
crumble 1 *v* murentaa, murentua **2** *s* hedelmämuropaistos
crummy surkea, kurja
crumple rutistaa, rypistää; kurtistua, rutistua, musertua
crunch 1 *v* narskuttaa, narskua **2** *s* narskutus; tiukka paikka; ***when*** *t.* ***if it comes to the ~*** tiukan paikan tullen
crusade ristiretki
crusader ristiretkeläinen
crush 1 *v* musertaa, murskata, sur-

voa **2** *s* tungos; sakea hedelmäjuoma; ihastuminen; ***he has a ~ on you*** hän on ihastunut *t.* lätkässä sinuun
crust *(leivän t. paistoksen)* kuori; hanki[ainen], riite; rupi
crutch kainalosauva; *(kuv)* tuki, oljenkorsi; ***walk on ~es*** kulkea kainalosauvoilla
crux ydin; kriittinen kohta
cry 1 *s* huuto, huudahdus; itku; kirkuna, parkuna **2** *v* huutaa, itkeä; kirkua, parkua
cry for huutaa *(apua)*; vaatia jtak
cry off jättää sikseen, peruuttaa
cry out ulvahtaa, huutaa *(tuskasta)*; ***stop that for crying out loud!*** lopeta nyt hemmetissä!
crypt hautaholvi, krypta
crystal kristalli, kide
crystallize kiteytyä, kiteyttää
cub *(villieläimen)* pentu, poikanen
cube 1 *s* kuutio; ~ ***root*** kuutiojuuri **2** *v* leikata kuutioiksi
cubic kuutio-, kuutiomainen; ~ ***metre*** kuutiometri
cuckoo käki
cucumber kurkku
cuddle helliä, hyväillä, halia
cuddly suloinen, pehmoinen
cudgel 1 *s* nuija **2** *v* nuijia
cue 1 *s* biljardikeppi; vihje; *(teatt, elok)* iskusana; **2** *v (teatt, elok)* antaa merkki
cuff 1 *s* kalvosin, mansetti; *(Am)* housunlahkeen käänne; nyrkinisku **2** *v* varustaa kalvosimilla *t.* käänteillä; panna jklle käsiraudat
cuff links kalvosinnapit
cuisine keittiö, ruoka, keittotaito
cul de sac umpikuja
culinary ruoanlaitto-, kulinaarinen
culinary art keittotaito, ruokakulttuuri
cull poimia, valita *(hyvät huonoista)*
culminate huipentua
culmination huippu[kohta]
culprit syyllinen, rikollinen; syytetty
cult kultti; ilmiö, muotihulluus; palvonta, palvojat; ~ ***movie*** kulttielokuva
cultivate viljellä; harrastaa, harjoittaa; sivistää, kehittää
cultivated sivistynyt, hienostunut; viljelty
cultivation [maan]viljely; harrastaminen, harjoittaminen; kehittäminen; kulttuuri, sivistys
cultural kulttuuri-, sivistys-
cultural event kulttuuritapahtuma
culture 1 *s* viljely, hoito, kasvatus; kulttuuri, sivistys **2** *v* kasvattaa, jalostaa, viljellä
cultured viljelty; sivistynyt
culture shock kulttuurishokki
cumbersome vaivalloinen
cumin kumina
cumulative kasautuva, kasvava
cunning viekas, ovela
cunt vittu; vastenmielinen tyyppi
cup kuppi, kupillinen; malja; pokaali
cupboard [astia]kaappi, komero
cur rakki; surkimus
curable parannettavissa oleva
curate kappalainen; apulaispappi
curb 1 *s* kuolainvitjat; pidäke, hillitsevä tekijä **2** *v* panna hevoselle kuolainvitjat; pitää aisoissa
curd juoksettunut maito

curdle juoksettua, hyytyä; juoksettaa, hyydyttää; ***~d milk*** viili
cure 1 *s* parannuskeino; hoitosarja, kuuri; parantuminen; *(lihan)* suolaaminen, savustaminen **2** *v* parantaa, hoitaa; kuivata, suolata, savustaa, palvata
curfew ulkonaliikkumiskielto
curio harvinainen taide-esine
curiosity uteliaisuus; kummallisuus; harvinaisuus, harvinainen esine
curious utelias, kummallinen
curl 1 *s* kihara **2** *v* kihartua, kihartaa
curler [hius]rulla, papiljotti; ***electric ~s*** lämpörullat
curling tongs käherrin
curl up mennä kerälle, käpertyä
curly kihara
currant herukka; korintti
currency valuutta; yleinen hyväksyntä
current 1 *s* virta; sähkövirta; kulku, meno; virtaus, suuntaus **2** *a* kuluva, nykyinen; ajankohtainen, tämän hetken; käypä, kurantti; yleinen
current account *(Br)* sekkitili
current affairs [programmes] ajankohtais|ohjelmat, -toimitus
curriculum *(pl -la)* opinto-ohjelma, oppikurssi
curricu|lum vitae *(pl -la)* ansioluettelo
curry curry-mauste; currylla maustettu ruoka
curse 1 *s* kirous; kirkonkirous **2** *v* kirota; julistaa kirkonkiroukseen; kiroilla, sadatella
cursor osoitin, juoksija; kursori, kohdistin
cursory nopea, pintapuolinen; kursorinen
curt lyhyt, suppea
curtail lyhentää, supistaa
curtain verho; esirippu
curts[e]y 1 *s* niiaus **2** *v* niiata
curve 1 *s* käyrä, kaari; mutka, kaarre, kurvi **2** *v* käyristää, kaartaa; käyristyä, kaartua
curved kaartuva, kaareva, käyrä
cushion 1 *s* tyyny **2** *v* vaimentaa, hillitä
cushy *(ark)* helppo
cuss 1 *s* kirous; heppu, otus **2** *v* kirota, haukkua
custard makea munamaitokastike
custodian vartija; museon intendentti
custody säilö, huosta; pidätys, vankeus; *(lasten)* holhous, huoltajuus
custom tapa; ***it's an old Finnish ~*** se on vanha suomalainen tapa
customary tavanmukainen
customer asiakas
custom-made mittatilaustyönä tehty
customs tulli; ***clear [with] the ~*** tullata, tulliselvittää; ***go through ~*** mennä tullin läpi
customs declaration tulli-ilmoitus
customs duty tulli[maksu]
cut 1 *v (cut cut)* leikata, hakata, uurtaa; ***~ it out!*** lopeta!, nyt riittää! **2** *s* leikkaaminen, leikkaus; haava, naarmu
cute söpö, suloinen, nätti; ovela
cuticle orvaskesi; kynsinauha
cutler veitsiseppä
cutlery ruokailuvälineet; veitset
cutlet kyljys
cutter leikkaaja; leikkuri; *(mer)*

kutteri
cutting terävä; leikkaaminen; lehtileike; pistokas
cuttlefish mustekala
cwt = ***hundredweight***
cycle 1 *s* polkupyörä; sykli, kierto, jakso **2** *v* ajaa polkupyörällä, pyöräillä
cycling road pyörätie
cyclist pyöräilijä
cyclone pyörremyrsky
cyder = ***cider***
cylinder lieriö; sylinteri
cymbals symbaalit, lautaset
cynic kyynikko
cynical kyyninen
cypress sypressi
Cyprus Kypros
cyst kysta; rakkula, rakko
czar tsaari
czarina tsaaritar
Czech tšekki
the Czech Republic Tšekin tasavalta

D

D *(Am)* välttävä *(arvosana)*
dab 1 *v* sipaista, taputtaa **2** *s* sipaisu, sively; taputus; läiskä; nokare, hitunen
dabble kostuttaa, roiskuttaa; polskutella; harrastella (***in***, ***at***, ***with*** jtak)
dachshund mäyräkoira
dad, daddy isä, isi
daffodil keltanarsissi
daft typerä, hölmö
dagger tikari
daily 1 *a* jokapäiväinen **2** *s* päivälehti
daily allowance päivä|raha, -korvaus
dainty 1 *s* herkku, makupala **2** *a* herkullinen; siro, aistikas; nirso
daiquiri rommi- ja sitruunacocktail
dairy meijeri
dairy products maitotuotteet
dais koroke, estradi
daisy tuhatkauno; päivänkakkara
dale laakso
Dalmatian dalmatialainen
dam 1 *s* pato **2** *v* padota
damage 1 *s* vahinko, vaurio, tuho **2** *v* vahingoittaa, turmella, tuhota
damages vahingot; vahingonkorvaus
dame *(Am sl)* tyttö, nainen; *(vanh)* emäntä, rouva; ylhäinen nainen
damn 1 *s*: ***I don't give a ~*** en välitä pätkääkään; ***~ well*** hemmetin hyvin; ***~ [it]!*** saamari, helkkari, hitto **2** *v* tuomita, kirota
damp 1 *a* kostea **2** *s* kosteus **3** *v* kostuttaa
dampen kostuttaa; vaimentaa
damson kriikuna
dance 1 *s* tanssi **2** *v* tanssia
dance music tanssimusiikki
dancer tanssija
dancing tanssi, tanssiminen
dandelion voikukka
dandruff hilse
danger vaara; ***in ~*** vaarassa
dangerous vaarallinen
dangle riippua, roikkua; riiputtaa, roikuttaa
Danish 1 *a* tanskalainen **2** *s (kieli)* tanska
the Danube Tonava
dapper sliipattu, siisti
dappled täplikäs, kirjava
dare uskaltaa; ***I ~ say*** uskallanpa väittää; ***I ~ you to jump*** lyön vetoa ettet uskalla hypätä
daring rohkea, uskalias
dark pimeä, tumma, pimeys
darken pimentää, synkistää; pimetä
darkness pimeys
darling kulta, lemmikki; suloinen, ihana
darn parsia; ***~ it!*** hemmetti!
dart [heitto]tikka
darts tikkapeli
dash 1 *s* syöksähdys, ryntäys; juoksu; loisto; ajatusviiva **2** *v* rynnätä; heittää, paiskata
dashboard kojelauta
dashing reipas, rivakka; upea, häikäisevä, näyttävä

data tieto, tiedot; materiaali, aineisto
data bank tietopankki
database tietokanta
data processing tietojenkäsittely
date 1 *s* päivämäärä, päiväys; vuosiluku; ajankohta; tapaaminen, treffit; *(Am)* [treffi]seuralainen; taatelipalmu; ***what's the ~ today?*** mikä *t.* monesko päivä tänään on?; ***at a later ~*** myöhäisempänä ajankohtana; ***up to ~*** ajan tasalla; ***out of ~*** vanhentunut; ***I have a ~ tonight*** minulla on illalla treffit; ***who is your ~?*** kenen kanssa olet menossa ulos? **2** *v* päivätä, leimata, määrittää aika; olla päivätty; *(Am)* käydä ulkona, seurustella jkn kanssa
date back to (from) olla peräisin
dated päivätty; vanhentunut, vanhanaikainen
daub töhertää; tahria, tuhria
daughter tytär
daughter-in-law miniä
daunt pelästyttää; lannistaa
daunting lannistava, masentava
dauntless lannistumaton, peloton
dawdle vitkutella, vetelehtiä
dawn 1 *v* sarastaa **2** *s* aamunkoitto, sarastus; ***at [the break of] ~*** aamunkoitteessa
day päivä; ***the other ~*** tässä eräänä päivänä, hiljattain; ***by ~, in the ~-time*** päivällä, päiväsaikaan; ***let's call it a ~*** lopetetaan tältä päivältä
daybreak päivänkoitto
day care päivähoito
day-care centre päiväkoti
daydream päiväuni; unelmoida
daylight päivänvalo
daylight saving time *(Am)* kesäaika [kelloissa]; *vrt.* ***summer time***
daze huumata, huikaista
dazzle sokaista, häikäistä
DC *(= direct current)* tasavirta
deacon diakoni
deaconess diakonissa
dead kuollut, eloton, puutunut; ehdottoman; ***~ tired*** lopen uupunut, kuoleman väsynyt; ***~ drunk*** sikahumalassa, umpitunnelissa
deaden vaimentaa
dead end umpikuja
deadline takaraja, määräaika
deadlock *(kuv)* umpikuja
deadly kuolettava, tappava; ***~ pale*** kalmankalpea
deaf kuulovammainen, kuuro
deaf-mute kuuromykkä
deal 1 *s* kauppa, sopimus; jakovuoro; ***it's a ~*** sovittu **2** *v (dealt dealt)* jakaa, antaa
dealer kauppias, välittäjä; jakaja; huumekauppias
deal in käydä kauppaa; ***they deal in corn*** he käyvät maissikauppaa
dealings kanssakäyminen, liiketoimet; menettely
dealt *ks.* ***deal***
deal with käydä kauppaa jkn kanssa; käsitellä jtak; olla tekemisissä jkn kanssa
dean tuomiorovasti; dekaani
dear rakas, kallis; viehättävä, herttainen; *(kirjeissä myös)* hyvä; ***oh ~ me!*** voi hyvänen aika!
dearly hellästi; kalliisti
death kuolema, kuolemantapaus
deathbed kuolinvuode
death certificate kuolintodistus
death penalty kuolemanrangaistus

death rate kuolleisuus
death sentence kuolemantuomio
death toll kuolonuhrien määrä
debar sulkea pois *(ylimääräiset)*; estää (***from*** jstak)
debase huonontaa, alentaa; halventaa *(toisten silmissä)*
debatable ratkaisematon, kiistanalainen; *(lak)* riidanalainen
debate 1 *s* väittely, keskustelu **2** *v* väitellä
debenture velkasitoumus; haltijavelkakirja
debit 1 *s* debet[puoli], vastattavat **2** *v* veloittaa
debt velka; ***run into ~*** velkaantua; ***I am heavily in ~*** minulla on suuret velat
debtor velallinen
decade vuosikymmen
decadence rappeutuminen, dekadenssi
decadent rappeutunut, dekadentti
decaffeinated, decaf kofeiiniton
decanter viinikarahvi
decapitate mestata
decay 1 *v* mädäntyä, rappeutua **2** *s* mädäntyminen, rappeutuminen
deceased vainaja
deceit petos
deceitful petollinen, vilpillinen
deceive pettää, olla uskoton
December joulukuu
decency säädyllisyys, soveliaisuus
decent säädyllinen, kunnollinen
deception petos
deceptive pettävä
decide päättää, ratkaista; saada päättämään, tehdä vakuuttuneeksi jstak; valita (***on*** jnk eduksi); ***we've ~d on Rome for our next holiday*** valitsimme seuraavaksi lomakohteeksemme Rooman; ***I've ~d to say no*** olen päättänyt kieltäytyä
decided päättäväinen, varma
decidedly varmasti, epäilemättä
deciduous tooth maitohammas
deciduous tree lehtipuu
decimal kymmenys, desimaali
decipher lukea salakirjoitusta, purkaa koodi; tulkita, selittää; ***I don't know how to ~ his handwriting*** en saa selvää hänen harakanvarpaistaan
decision päätös, ratkaisu; päättäväisyys; ***have you come to t. made a ~?*** oletko päättänyt?
decisive ratkaiseva
deck *(laivan)* kansi; ***on ~*** kannella
deckchair kansituoli
declaration julistus; ilmoitus
declare julistaa, ilmoittaa, selittää; tullata
decline 1 *s* huononeminen, rappeutuminen **2** *v* huonontua, rappeutua; kieltäytyä *(kohteliaasti)*; viettää, laskea; vaipua; vähetä, aleta
decode tulkita koodi
decompose mädäntyä; hajota; hajottaa
decorate koristaa, somistaa; remontoida *(huone)*; myöntää kunniamerkki
decoration koriste; remontti; kunniamerkki
decorative koristeellinen
decorator [remontti]maalari; sisustusarkkitehti
decoy 1 *s* houkutin, ansa; houku-

tuslintu **2** *v* houkutella ansaan
decrease 1 *v* vähetä, vähentää, pienentää; *(käs)* kaventaa **2** *s* väheneminen, pieneneminen;vähennys; *(käs)* kavennus
decree 1 *s* asetus, määräys; *(Am)* päätös, tuomio **2** *v* määrätä, antaa asetus
decrescent vähenevä [kuu]
dedicate vihkiä *(käyttöön)*
dedicate pyhittää, omistaa (*to* jklle, jllek); ***he ~d his life to music*** hän pyhitti elämänsä musiikille; ***I ~ this book to my daughter*** omistan tämän kirjan tyttärelleni
dedicated harras, vannoutunut; omistautunut, omistettu (*to* jllek)
dedicate o.s. to omistautua, pyhittäytyä jllek
dedication omistautuminen, pyhittäytyminen; omistaminen (*to* jllek, jhk)
deduce johtaa, päätellä
deduct vähentää
deduction vähennys; päätelmä
deed teko; asiakirja
deem pitää jnak, arvella
deep syvä, syvällinen; syvyys; syvä|llä, -lle, -än; ~ ***in thought*** ajatuksiin vaipunut
deepen syventää
deep freeze pakastin
deep-fry keittää rasvassa, friteerata
deep-rooted, deep-seated syvälle juurtunut
deer *(pl deer)* peura
deface rumentaa, pilata; hangata pois
de facto tosiasiallinen; tosiasiassa
default 1 *s* laiminlyönti, viivästyminen; pois jääminen; keskeyttäminen **2** *v* laiminlyödä sitoumus *t.* maksu; jäädä saapumatta; olla osallistumatta, keskeyttää
defeat 1 *s* tappio **2** *v* voittaa, lyödä
defect 1 *s* puute, vika; valmistusvirhe **2** *v* loikata *(maasta, puolueesta)*; ***they ~ed to the West*** he loikkasivat länteen
defective puutteellinen, vajavainen; virheellinen
defector loikkari
defence puolustus
defenceless suojaton; puolustuskyvytön
defend puolustaa
defendant *(lak)* vastaaja, syytetty
defensive puolustus-; ***on the ~*** puolustuskannalla
defer lykätä, siirtää
defiance uhma
defiant uhmaileva, uhitteleva
deficiency puute, puutos
deficient puutteellinen
deficit vajaus, vaje, alijäämä
defile 1 *s* sola, kapeikko **2** *v* marssia ohi; tahrata, häväistä; saastuttaa
define rajoittaa; määritellä
definite määrätty, tietty, tarkka; varma, selvä; määräinen
definitely ehdottomasti, ilman muuta; selvästi; epäilyksettä
definition määrittely, määritelmä; tarkkuus; *(tv)* piirtoterävyys
definitive ehdoton, lopullinen
deflate tyhjentää ilma
deflation rahan arvon kohoaminen, deflaatio; renkaan tyhjennys
deflect muuttaa suuntaa
deforest hakata paljaaksi
deform muuttaa, rumentaa; muuttaa muotoa, vääntyä

deformed epämuodostunut
deformity epämuodostuma
defraud pettää, riistää (*of* jtak)
defray suorittaa, korvata *(kulut)*
defrost *(pakasteesta)* sulaa; sulattaa *(jääkaappi, pakaste)*
deft näppärä, sukkela
defuse purkaa, tehdä vaarattomaksi *(pommi ym.)*; laukaista *(tilanne)*
defy uhmata, haastaa
degenerate huonontua suvusta, degeneroitua; rappeutua
degenerated degeneroitunut; rappeutunut
degeneration degeneroituminen; rappeutuminen
degradation alennus[tila], halventaminen; [arvon]alentaminen
degrade alentaa, halventaa
degrading alentava, nolo
degree aste; oppiarvo, loppututkinto; ***by ~s*** asteittain; ***to a high ~*** suuressa määrin; ***the water is 40 ~s Fahrenheit*** veden lämpötila on 40 Fahrenheitastetta; ***she has a ~ in chemistry*** hänellä on kemian loppututkinto
dehydrate poistaa vesi, kuivata; ***be ~d*** kärsiä nestehukasta
dehydration *(lääk)* nestehukka
deify jumaloida, pitää jumalana[an], korottaa jumalaksi
deign suvaita
deity jumaluus
dejected masentunut, alakuloinen
dejection masentuneisuus
delay 1 *v* viivyttää, myöhästyttää; viivytellä, hidastella; lykätä; ***I was ~ed by the traffic*** myöhästyin liikenneruuhkan takia **2** *s* viivytys; myöhästyminen; ***without ~*** viipymättä; ***incoming flights will be subject to ~*** saapuvat lennot saattavat viivästyä
delectable ihana, herkullinen
delegate 1 *v* valtuuttaa; delegoida **2** *s* valtuutettu, edustaja
delegation valtuuskunta
delete pyyhkiä yli, poistaa; ***~ as required*** tarpeeton ylipyyhitään
deliberate 1 *v* harkita **2** *a* tarkoituksellinen, tahallinen
deliberately tarkoituksella, tahallaan, ehdoin tahdoin
deliberation harkinta
delicacy herkullisuus; herkku; hienotunteisuus, arkaluontoisuus
delicate hieno, herkkä; hauras; tahdikas; arka[luontoinen]
delicious herkullinen; ihana, ihastuttava
delight 1 *s* ilo, mielihyvä, ihastus; ***she is a ~ to the eye*** hän on todellinen silmänilo; ***give ~ to*** ilahduttaa jkta **2** *v* ilahduttaa, ihastuttaa; nauttia, tehdä jtak mielellään
delighted iloinen, ihastunut; ***I shall be ~*** mielihyvin
delightful ihastuttava
delimit rajoittaa, rajata
delineate piirtää, hahmotella
delinquency rikollisuus; rikos, ilkityö; laiminlyönti, rästi
delinquent rikollinen
delirious houraileva
deliver vapauttaa; toimittaa, viedä perille; auttaa maailmaan *(vauva)*; pitää *(puhe)*; luovuttaa, antaa, jättää
deliverance vapautus
delivery toimittaminen, toimitus;

luovutus, antaminen; *(postin)* jakelu; synnytys
dell notko
delude viedä harhaan
deluge vedenpaisumus
delusion harha|luulo, -aistimus
delve penkoa, tutkia (***into*** jtak)
demagogue kansankiihottaja
demand 1 *v* vaatia; edellyttää, kysyä **2** *s* vaatimus; pyyntö; kysyntä, tarve (***for*** jnk, jstak); *~ **for energy*** energiantarve
demarcation rajan viitoittaminen; ***line of*** *~* demarkaatio-, raja|linja
demeano[u]r käytös
demerit vika, puute, haitta
demi- puoli
demigod puolijumala
demilitarize demilitarisoida
demister tuulilasin lämmitin
demob[ilize] palauttaa rauhankannalle, kotiuttaa; demobilisoida
democracy demokratia, kansanvalta
democrat demokraatti
democratic[al] demokraattinen
demolish hajottaa, hävittää; purkaa, repiä *(rakennus)*
demolition hajottaminen, hävittäminen; purku, repiminen
demon demoni, paha henki
demonstrate osoittaa; näyttää, esitellä; osoittaa mieltään
demonstration osoitus, ilmaus; näyttö, esittely, demonstraatio; mielenosoitus
demure vaatimaton, kaino; teeskennellyn kaino
den *(villieläimen)* luola, pesä[paikka]
denial kieltäminen
Denmark Tanska
denominate nimittää, kutsua
denomination nimitys; luokka; kirkkokunta, lahko
denominator nimittäjä; ***common*** *~* yhteinen nimittäjä
denote osoittaa, merkitä
denounce antaa ilmi, ilmoittaa; moittia; sanoa irti *(sopimus)*
dense tiheä, taaja; paksukallo, typerä
density tiheys
dent lommo, painauma
dental care hammashuolto
dentist hammaslääkäri
dentures [teko]hampaat
denude riisua paljaaksi
denunciation [julkinen] paheksuminen; [ankara] arvostelu; *(sopimuksen)* irtisanominen
deny kieltää; ***he denied everything*** hän kielsi kaiken
deodorant deodorantti
depart *(junasta)* lähteä; matkustaa pois; poiketa *(säännöstä)*
department osasto *(firmassa, tavaratalossa ym.)*; laitos *(tiedekunnassa)*
department store tavaratalo
departure lähtö; *~**s*** lähtevät *(junat, lennot ym.)*
depend riippua, luottaa (***on*** jstak, jhk); ***it ~s on us*** se riippuu meistä
dependable luotettava
dependant, **dependent** huollettava
dependence riippuvaisuus (***on*** jstak)
dependency alusmaa
dependent riippuvainen (***on*** jstak)
depict kuvata, kuvailla
depilatory ihokarvoja poistava

deplete tyhjentää (*of* jstak); kuluttaa loppuun
deplorable valitettava; surkea
deplore valittaa, surkutella
deply levitt[ä]ytyä, avautua
depopulate tehdä asumattomaksi
depopulation autioituminen
deport karkottaa maasta; pakkosiirtää, viedä keskitysleirille
deportation karkotus; siirtovankeus
depose panna viralta; todistaa
deposit 1 *s* talletus; talle-esine; pantti, vakuus, käsiraha; kerrostuma, esiintymä; säilytyspaikka **2** *v* tallettaa; jättää säilytettäväksi; jättää vakuudeksi; maksaa käsiraha[a]
deposit account *(Br)* määräaikaistili
depositor tallettaja
depot varikko, varasto; *(Am)* rautatie-, bussi-, lento|asema
depravity turmelus, turmeltuneisuus
depreciate alentaa arvoa, laskea hintaa; väheksyä
depreciation arvon aleneminen; poisto; väheksyminen
depress painaa alas, masentaa
depressed masentunut
depression masennus; lama[kausi]; matalapaine; syvennys
deprive riistää (*of* jtak)
depth syvyys
deputy sijainen; kansanedustaja
derail suistaa *t.* suistua raiteilta
derby *(Am)* kilpailu; knalli
derelict hylätty [esine], hylky
deride ivata, pilkata
derision iva, pilkka; pilkan kohde
derisive ivallinen, pilkallinen
derivative johdannainen
derive johtaa, johtua, juontaa juurensa; saada hyötyä (*from* jstak)
dermatologist ihotautilääkäri
derogatory loukkaava, halventava
derrick öljynporaustorni; *(mer)* nosturi
descant *(mus)* diskantti
descend laskeutua, astua alas
descended: *be ~ from* polveutua
descendant jälkeläinen
descent laskeutuminen; rinne; syntyperä
describe kuvata, kuvailla
description kuvaus, selostus; laji, laatu
desert 1 *s* autiomaa, aavikko **2** *a* hylätty, autio **3** *v* hylätä, jättää; *(sot)* karata
deserted hylätty; autio, tyhjä
deserter sotilaskarkuri
desertion hylkääminen; karkaaminen
deserve ansaita
design 1 *s* malli, luonnos, suunnitelma; muotoilu; aie, juoni **2** *v* piirtää, suunnitella; muotoilla; aikoa, tarkoittaa
designate ilmoittaa, osoittaa; tarkoittaa, nimittää *(tehtävään, virkaan)* (*for* jhk)
designation ilmoittaminen, osoittaminen; nimittäminen, nimitys
designer piirtäjä, suunnittelija; muotoilija; lavastaja; juonittelija
designer clothes merkkivaatteet
desirable toivottava; haluttava, himottava
desire 1 *s* halu, toive, kaipaus **2** *v* haluta, toivoa; himoita

desirous halukas (***of*** jhk)
desk kirjoituspöytä; pulpetti; tiski
desk clerk *(Am) (hotellin)* vastaanottovirkailija
desolate autio, yksinäinen
desolation autius; autioittaminen, hävitys; yksinäisyys
despair 1 *s* epätoivo **2** *v* olla epätoivoinen
despatch *ks.* ***dispatch***
desperate epätoivoinen; äärimmäinen
desperation epätoivo, toivottomuus
despicable halveksittava, kurja
despise halveksia
despite huolimatta jstak
despoil ryöstää, riistää (***of*** jtak)
despondency epätoivo, toivottomuus
despot despootti, itsevaltias
despotism itsevaltius, hirmuvalta
dessert jälkiruoka; ***what's for ~?*** mitä on jälkiruoaksi?
destination määränpää, matkan kohde; tarkoitus, päämäärä
destine määrätä, tarkoittaa (***for*** jhk)
destiny kohtalo
destitute vailla (***of*** jtak); puutteenalainen, hätää kärsivä
destroy hävittää, tuhota
destroyer *(sot mer)* hävittäjä
destruction hävitys, tuhoaminen; tuho
destructive turmiollinen, tuhoisa
desultory epäyhtenäinen, hajanainen; pinnallinen
detach irrottaa, päästää irti
detached erillinen, irrallinen; ulkopuolinen, välinpitämätön
detachment irrottaminen, erottaminen; irrallisuus, erillisyys; puolueettomuus; välinpitämättömyys
detail yksityiskohta; ***in ~*** yksityiskohtaisesti
detailed yksityiskohtainen, seikkaperäinen
detain viivyttää; pidättää; jättää jälki-istuntoon
detect havaita; saada selville; osoittaa, ilmaista, paljastaa
detective etsivä, salapoliisi
détente *(pol)* liennytys
detention viivyttäminen, viivytys; pidättäminen; jälki-istunto
deter pelottaa, pelotella; saada luopumaan (***from*** jstak); ***~ rust*** estää ruostumista
detergent pesu-, puhdistus|aine
deteriorate huonontaa, pilata; huonontua, rappeutua; pilaantua
determinate määrätty, rajattu; varma, ehdoton
determination [vakaa] päätös; lujuus, päättäväisyys; määritys
determine päättää; määrätä, määrittää
determined päättäväinen, luja; määrätty
deterrent pelote, este; pelottava, varoittava
detest inhota
detestable inhottava
dethrone syöstä valtaistuimelta; syrjäyttää
detonation räjähdys, pamaus
detour kiertotie
detract from vähentää; vähätellä
detriment vahinko, haitta; ***to the ~ of*** haitaksi jllek; ***without ~ to one's health*** ilman terveydellistä

haittaa
devaluation devalvaatio, devalvointi
devalue devalvoida; vähentää arvoa
devastate autioittaa, hävittää
develop kehittää; kehittyä
developing countries kehitysmaat
development kehittäminen; kehitys
deviate poiketa, hairahtua (***from*** jstak)
deviation poikkeaminen, hairahdus (***from*** jstak)
device laite, koje; juoni; tunnus-, mieli|lause; ***leave sb to his own ~s*** jättää oman onnensa nojaan
devil piru, paholainen; ***speak*** *t.* ***talk of the ~*** siinä paha missä mainitaan
devilish pirullinen
devious vilpillinen; mutkitteleva
devise keksiä, suunnitella
devoid vailla (***of*** jtak)
devolve tulla *t.* langeta jkn osaksi; siirtyä jklle tehtäväksi; luovuttaa, siirtää jklle tehtäväksi; ***most of his work will ~ on his secretary*** suurin osa hänen töistään siirtyy hänen sihteerilleen
devote omistaa, pyhittää (***to*** jllek)
devoted harras, omistautunut; uskollinen
devotee jnk palvoja, innokas harrastaja; harras uskovainen; ***he is a ~ of football*** hän on innokas jalkapallon harrastaja
devote o.s. to omistautua, pyhittäytyä jllek
devotion kiintymys, rakkaus; omistautuminen, antautuminen (***to*** jllek); hurskaus, jumalanpelko
devotions hartaudenharjoitukset
devour niellä; syödä, ahmia
dew kaste
dexterity taitavuus; sorminäppäryys
dexterous taitava, näppärä; nokkela; taidokas
diabetes sokeritauti
diabetic diabeetikko; sokeritautia sairastava; sokeritauti-
diabolical pirullinen
diadem otsaripa; diadeemi
diagnosis diagnoosi
diagonal lävistäjä; diagonaalinen, vino, viisto
diagram käyrä, kaavio, diagrammi
diagram of connections kytkentäkaavio
dial 1 *s* kellotaulu; numerolevy **2** *v* valita [puhelin]numero
dialect murre
dialogue dialogi, vuoropuhelu
diameter halkaisija
diamond timantti; *(korttip)* ruutu; ***ace of ~s*** ruutuässä; 60-vuotis-; ***~ wedding*** timanttihäät
diaper *(Am)* [vauvan]vaippa; *vrt.* ***nappy***
diaphragm pallea; himmennin; pessaari
diarrh[o]ea ripuli
diary päiväkirja
dice arpakuutiot; noppapeli; *(ruok)* kuutiot; ***no ~*** *(Am)* ei onnistu[nut], ei tule mitään
dicker 1 *v* tinkiä, hieroa kauppaa **2** *s* [vaihto]kauppa, sopimus
dictaphone sanelukone
dictate 1 *s* käsky, määräys; mahtisana **2** *v* määrätä, sanella

dictation määräys, käsky; määrääminen; sanelu[tehtävä]
dictator diktaattori
dictatorial käskevä, diktatorinen
dictatorship diktatuuri
dictionary sanakirja
did *ks.* ***do***
diddle puijata, pettää
1 *v* **die** kuolla; kuihtua, sammua; ***I was dying of boredom*** olin pitkästyä kuoliaaksi; ***what did he ~ from?*** mihin hän kuoli?; ***I am dying to meet him*** palan halusta tavata hänet
2 *s* **die** *(pl dice)* arpakuutio
die hard olla sitkeähenkinen
die out kuolla sukupuuttoon, sammua; häipyä; tyyntyä
diet 1 *s* ruokavalio; dieetti, laihdutuskuuri; eduskunta, valtiopäivät; ***she is always on a ~*** hän on aina laihdutuskuurilla **2** *v* määrätä ruokavalio jklle; noudattaa ruokavaliota; olla laihdutuskuurilla
differ erota, olla erilainen (***from*** jstak); olla eri mieltä
difference ero, erilaisuus; erotus; erimielisyys; ***it makes no ~*** se ei vaikuta asiaan; ***~ in price*** hintaero; ***I can't tell the ~*** en huomaa [mitään] eroa
different erilainen (***from*** kuin)
differentiated eriytynyt
differentiation eriytyminen; eriyttäminen
difficult vaikea; ***it is ~ for me to come tonight*** minun on vaikea päästä tulemaan tänä iltana
difficulty vaikeus; ***with ~*** vaivoin
diffidence arkuus, epävarmuus
diffident arka, epävarma
diffuse 1 *v* levittää; hajottaa; sekoittaa **2** *a* lavea, monisanainen; hajaantunut, hajanainen; laajalle levinnyt
dig *(dug dug)* kaivaa; *(sl)* pitää, digata, rakastaa
digest 1 *v* sulattaa *(ruoka)*; *(ruoasta)* sulaa **2** *s* yhteenveto, tiivistelmä; lukemisto
digestible sulava
digestion ruoansulatus
dignified arvokas
dignitary arvohenkilö
dignity arvo, arvokkuus
digress poiketa, eksyä (***from*** jstak)
digression poikkeaminen, sivuhyppäys *(asiasta)*
dig up *(dug dug)* kaivaa esiin
dike *ks.* ***dyke***
dilapidated ränsistynyt, rappeutunut
dilate laajentaa, laajeta
dilatory pitkittävä, viivyttävä; hidasteleva, verkkainen
dilemma vaikea pulma
diligence ahkeruus, uutteruus
diligent ahkera, uuttera
dill tilli
dilute laimentaa, miedontaa
dim 1 *a* himmeä, epäselvä, hämärä **2** *v* himmentää; himmentyä; sumentaa; sumentua
dime *(Am)* 10 centin kolikko
dimension mittasuhde; laajuus, suuruus; ulottuvuus
diminish vähentää; vähentyä; pienentää; pienentyä
diminution vähennys; väheneminen; pienentäminen; pieneneminen
diminutive pikkuriikkinen; dimi-

nutiivi
dimple hymykuoppa
din 1 *s* jymy, pauhu, jyrinä, melske **2** *v* jymistä, pauhata, jyristä
dine syödä päivällistä
diner päivällisvieras, ruokailija; *(junan)* ravintolavaunu; *(Am)* ruoka|paikka, -baari *(tienvarressa)*
dingy nuhruinen, kolkko
dining car, **diner** *(Am)* ravintolavaunu
dining room ruokasali, ruokailuhuone
dinner päivällinen
dinner jacket smokki
dinner service, **dinner set** pöytäastiasto
dint: ***by ~ of*** jkn avulla
diocese hiippakunta
dip 1 *s* upottaminen, kastaminen; lyhyt uinti, kastautuminen; valukynttilä; kallistuminen, laskeminen; syvennys, notko; *(ruok)* dippaaminen **2** *v* upottaa, kastaa; sukeltaa, kastautua; valaa *(kynttilöitä)*; vaipua, pudota; *(ruok)* dipata
diphtheria kurkkumätä
diploma tutkintotodistus; kunnia-, palkinto|kirja; diplomi
diplomacy diplomatia
diplomatic diplomaattinen
dipper kauha; *(el)* koskikara
dire hirveä, kaamea; suunnaton
direct 1 *a* suora, välitön **2** *v* suunnata, kohdistaa; ohjata; johtaa
direct current *(sähk)* tasavirta
direction suunta; ohje[et]
directly suoraan; välittömästi, heti
director johtaja; ohjaaja
directory hakemisto, luettelo; ohjaava, opastava
directory inquiries numerotiedotus
dirge valituslaulu
dirigible ilmalaiva
dirt lika, loka; sora
dirt bike motocross-pyörä
dirt farmer *(Am)* maajussi
dirt road soratie, hiekkatie
dirty likainen
disability vamma, invaliditeetti
disable tehdä kykenemättömäksi
disabled vammainen
disabled serviceman sotainvalidi
disadvantage haitta
disadvantageous epä|edullinen, -suotuisa
disagree olla eri mieltä (***with*** jkn kanssa); olla ristiriidassa, sopimatta yhteen
disagreeable epämiellyttävä, ikävä
disagreement erimielisyys, mielipide-ero; yhteensoveltumattomuus
disappear kadota, hävitä
disappearance katoaminen, häviäminen
disappoint tuottaa pettymys; ***I am ~ed in him*** olen pettynyt häneen
disappointment pettymys
disapproval paheksuminen; hyväksymättä jättäminen
disapprove olla hyväksymättä, paheksua (***of*** jtak)
disarm riisua aseista
disarmament aseriisunta
disarrange saattaa epäjärjestykseen
disaster [suuri] onnettomuus, katastrofi; tuho
disastrous onneton; tuhoisa

disband hajottaa, lakkauttaa
disbelief epäusko
disbelieve olla uskomatta, epäillä
disc *ks.* ***disk***
discard heittää pois, hylätä
discern erottaa, pystyä näkemään; huomata
discernment huomiokyky, terävyys; arvostelukyky
discharge 1 *s* purkautuminen; erottaminen; maksaminen; laukaiseminen; [yhteis]laukaus; vapauttaminen **2** *v* purkaa, laukaista; purkautua; laueta; päästää [ulos *t.* vapaaksi]; erottaa [toimesta]; suorittaa; maksaa; märkiä; *(joesta)* laskea
disciple opetuslapsi
discipline kuri, järjestys; tieteen *t.* tiedon|ala, -haara, -alue; oppiaine
disclaim kieltää, kiistää; sanoutua irti jstak; *(lak)* luopua oikeudesta
disclose paljastaa
disclosure paljastaminen
disco, discotheque disko, diskoteekki
discolo[u]r haalistaa, pilata väri
discomfiture hämminki
discomfort epämukavuus, hankaluus
disconcert hämmentää, saattaa ymmälle
disconnect irrottaa, kytkeä irti; katkaista *(virta)*
disconnected irrallaan, erillinen; katkonainen; *(tekn)* irti [seinästä], [virta] katkaistuna
disconsolate lohduton
discontent tyytymättömyys
discontented tyytymätön (***with*** jhk)
discontinue lopettaa, lakata
discord eripuraisuus; riitasointu
discordant riitasointuinen
discount 1 *s* alennus, vähennys; ***I'll give you a ~*** annan teille alennusta **2** *v* alentaa, vähentää
discourage lannistaa, masentaa
discourse puhe, esitys
discover huomata, havaita; keksiä, löytää; paljastaa, tuoda ilmi
discovery keksintö, löytö; löytöretki
discredit 1 *s* huono maine, häpeä **2** *v* saattaa huonoon valoon; pilata maine; olla uskomatta
discreditable häpeällinen
discreet hienotunteinen, tahdikas
discrepancy ristiriitaisuus, erilaisuus; yhteensopimattomuus
discrete erillinen, irrallinen
discretion arvostelukyky; hieno|varaisuus, -tunteisuus
discretionary harkinnanvarainen, harkinta-
discriminate erottaa, erotella; syrjiä, diskriminoida
discrimination erottaminen, ero; syrjintä, diskriminaatio
discus kiekko
discuss keskustella; pohtia, käsitellä; ***we must ~ this*** meidän on keskusteltava tästä
discussion keskustelu; pohdinta, väittely
disdain 1 *s* ylenkatse, halveksunta **2** *v* halveksia
disease sairaus, tauti
disembark nousta maihin
disenchant päästää lumouksesta; *(kuv)* avata jkn silmät
disengage vapauttaa, päästää

(*from* jstak); irrottaa, kytkeä irti; irrottaa [kytkin]
disengaged vapaa
disengage o.s. vapautua, päästä irti (*from* jstak)
disentangle selvittää *(vyyhti)*; vapauttaa, päästää; vapautua, päästä
disfavo[u]r paheksuminen, epäsuosio
disfigure rumentaa
disgrace 1 *s* häpeä, epäsuosio **2** *v* häväistä
disgraceful häpeällinen
disguise 1 *s* valepuku; *in ~* valepuvussa **2** *v* pukea valepukuun; salata
disgust 1 *s* inho, vastenmielisyys **2** *v* inhottaa; *I am ~ed* minua inhottaa
dish astia, kulho; ruokalaji
dishearten masentaa, lannistaa
dishes tiski[t], likaiset astiat; *wash t. do the ~* tiskata
dishevelled *(Am) (hiuksista)* epäjärjestyksessä
dishonest epärehellinen
dishonesty epärehellisyys
dishono[u]r 1 *s* häpeä **2** *v* häpäistä
dishono[u]rable häpeällinen; kunniaton
dishwasher astianpesukone
disillusion 1 *s* harhakuvitelmien romahdus, pettymys **2** *v* haihduttaa haaveet
disinclination haluttomuus, vastahakoisuus
disinfect desinfioida, puhdistaa
disinfectant desinfioiva aine
disinherit tehdä perinnöttömäksi
disinterested epäitsekäs; välinpitämätön (*in* jstak)
disk numerolevy; äänilevy; kiekko; kehrä
dislike 1 *s* vastenmielisyys **2** *v* olla pitämättä jstak, tuntea vastenmielisyyttä
dislocate siirtää paikaltaan; saattaa sijoiltaan; *(Am)* muuttaa pois
dislodge siirtää paikaltaan; ajaa *t.* lähteä liikkeelle
disloyal epälojaali, uskoton
dismal synkkä, surkea; kolkko
dismantle riisua, riistää (*of* jtak); hävittää; purkaa osiin
dismay 1 *s* kauhu, pelko **2** *v* kauhistuttaa; *he was ~ed* hän oli kauhistunut
dismember repiä jäsenet; paloitella, silpoa
dismiss päästää menemään; antaa jklle vapaata; hajottaa *(kokous)*; lähettää pois; erottaa palveluksesta *t.* virasta
dismissal pois lähettäminen *t.* päästäminen; *(kokouksen)* hajottaminen; viraltapano, erottaminen
dismount tulla alas ratsailta; purkaa [osiin]
disobedience tottelemattomuus
disobedient tottelematon
disobey olla tottelematta; niskoitella
disobliging töykeä, epäkohtelias
disorder 1 *s* epäjärjestys; sekaannus, hämmennys; levottomuus, mellakka; *(lääk)* häiriö **2** *v* saattaa epäjärjestykseen; sekoittaa; tehdä sairaaksi; järkyttää
disorderly epäjärjestyksessä oleva, sekainen; levoton
disorganize saattaa epäjärjestyk-

seen; aiheuttaa hajaannusta; sotkea
disown kieltää, olla tunnustamatta *(omakseen)*
disparage halventaa, väheksyä
disparity erilaisuus
dispassionate intohimoton, kiihkoton; maltillinen
dispatch 1 *v* lähettää [kiireellisesti] matkaan *t.* menemään *(kirje, viesti, laiva, juna)*; tappaa **2** *s* [kiireellinen] lähetys, matkaan lähettäminen; ilmoitus; *(vanh)* nopeus; sanoma
dispel hajottaa *(väkijoukko)*; karkottaa, haihduttaa *(epäilyt)*
dispensary apteekki; neuvola, hoitola
dispensation *(lääkkeiden)* jakelu; maailmanjärjestys; maailmankäsitys; koettelemus, johdatus; *(lak)* erivapaus
dispense jakaa, jaella, toimittaa *(lääkkeitä, ruokaa, sakramentteja)*; jakaa *(oikeutta)*; vapauttaa, myöntää erivapaus ***(from*** jstak)
disperse hajottaa, levittää; hajota, hajaantua, levitä
dispersion hajottaminen; hajaantuminen
displace siirtää paikaltaan, muuttaa; syrjäyttää
displaced person [pakko]siirtolainen, [sota]pakolainen
displacement siirtäminen *t.* siirtyminen; syrjäyttäminen
display 1 *v* näyttää, osoittaa; asettaa näytteille *t.* esille **2** *s* näytteillepano, näyttely; näytös; osoittaminen, osoitus; komeilu, kerskailu; ***on*** ~ näytteillä
displease herättää tyytymättömyyttä
displeasing epämieluisa; harmillinen, loukkaava
displeasure tyytymättömyys, mielipaha; suuttumus
disposable kertakäyttöinen; kertakäyttöesine
disposal järjestely, sijoittelu; käyttö; pois heittäminen; hävittäminen; ***our agency is at your ~*** toimistomme on käytettävissänne
dispose järjestää, sijoittaa; tehdä taipuvaiseksi; määrätä, säätää; ***man proposes God ~s*** ihminen päättää Jumala säätää
dispose of heittää pois, hävittää; päästä eroon
disposition mielen-, luonteen|laatu; mieltymys, taipumus; *(omaisuuden)* luovutus, järjestely, sijoittelu
disproportion 1 *s* epäsuhta **2** *v* saattaa epäsuhtaan
disproportionate epäsuhtainen, suhteeton
disprove osoittaa vääräksi, kumota
dispute 1 *s* sanakiista, väittely; ***be in*** ~ olla kiistanalainen **2** *v* väitellä, kiistellä; kiistää; vastustaa
disqualify tehdä kelpaamattomaksi; *(urh)* diskata
disquiet 1 *s* levottomuus, rauhattomuus **2** *v* tehdä levottomaksi; häiritä
disregard 1 *v* jättää huomioon ottamatta; halveksia **2** *s* huomiotta jättäminen; piittaamattomuus; halveksunta
disreputable huonomaineinen; häpeällinen, kauhea

disrespectful epäkunnioittava, epäkohtelias
disrupt katkaista, panna poikki *(yhteydet ym.)*; hajottaa, keskeyttää *(kokous ym.)*
dissatisfaction tyytymättömyys (***at***, ***with*** jhk)
dissatisfied tyytymätön (***with*** jhk)
dissect leikellä palasiksi; eritellä, analysoida
dissemble kätkeä, salata; teeskennellä
dissemination levitys
dissension erimielisyys, riita
dissent 1 *v* olla eri mieltä, ajatella toisin **2** *s* erimielisyys, mielipide-ero
dissertation tieteellinen tutkielma; väitöskirja *(PhD-tutkintoa varten)*
disservice karhunpalvelus
dissident *(pol)* toisinajattelija
dissimilar erilainen (***to***, ***from*** kuin)
dissipate hajottaa, haihduttaa, karkottaa; hajota, hajaantua; tuhlata
dissipation hajottaminen, karkottaminen; tuhlaus; huikentelevaisuus
dissociate erottaa, pitää erillään
dissociate o.s. pysyä erossa, sanoutua irti (***from*** jstak)
dissolution hajoaminen, liukeneminen
dissolve hajottaa, purkaa; sulattaa, liuottaa; sulaa, liueta; ***sugar ~s in water*** sokeri sulaa vedessä; ***the Parliament ~s*** parlamentti hajaantuu
dissuade suostutella *t.* kehottaa luopumaan (***from*** jstak)
distaff värttinä; ***on the ~ side*** äidin puolelta
distance välimatka, etäisyys; ***at a ~ of 2 miles*** kahden mailin päässä; ***in the ~*** etäällä, kaukana
distant etäinen, kaukainen
distaste vastenmielisyys
distemper penikkatauti; liimaväri
distend laajentaa; pullistua, laajeta
distill tislata; polttaa viinaa
distillery tislaamo; viinanpolttimo
distinct selvästi erottuva, erillinen
distinction ero; erottaminen; erikoisleima, yksilöllisyys; hienostuneisuus; arvo, huomattava asema; kunnianosoitus; ***without ~*** erotuksetta
distinctive tunnusomainen, kuvaava; selvästi erottuva
distinguish nähdä, erottaa; pystyä erottamaan, tunnistaa; olla tunnusomaista, erottaa joukosta; ***I can ~ them by their red shirts*** pystyn tunnistamaan heidät punaisista paidoistaan; ***they can't ~ right from wrong*** he eivät osaa erottaa oikeaa väärästä
distinguished huomattava, kuuluisa; ansioitunut; hieno[stunut]
distort vääristää, vääntää; vääristellä
distorted vääristelty, väärä
distract kääntää huomio pois (***from*** jstak); häiritä, sekoittaa
distraction sekasorto, hämminki; huvitus, ajanviete
distress 1 *s* tuska, hätä, ahdinko **2** *v* ahdistaa
distressed hädässä, ahdingossa oleva
distribute jakaa, jaella
distribution jako, jakelu

district piiri, alue
distrust epäluottamus, epäluulo
disturb häiritä, tehdä levottomaksi
disturbance häiriö; järkkyminen; levottomuus
disuse käytöstä poissa; ***fall into ~*** jäädä pois käytöstä
ditch 1 *s* oja **2** *v (Am)* lintsata *(koulusta)*; hylätä, jättää
dive 1 *v* sukeltaa **2** *s* sukellus
diver sukeltaja
diverge hajaantua, mennä eri suuntiin; poiketa *(**from** jstak)*
divergence hajoama, poikkeama; poikkeaminen, erilaisuus
diverse monenlainen, erilainen
diversified monipuolinen
diversion *(huomion)* pois kääntäminen; toisaalle johtaminen *t.* ohjaaminen; huvitus; *(Br)* kiertotie
diversity moninaisuus, vaihtelevuus
divert kääntää *t.* suunnata toisaalle; huvittaa, hauskuttaa
divide 1 *v* jakaa; jakaantua; erottaa; *~ 6 by 2* jakaa 6 2:lla; ***6 divided by*** *2* 6 jaettuna 2:lla; ***they divided into groups*** he jakaantuivat ryhmiin **2** *s (myös kuv)* vedenjakaja
dividend osinko, jako-osuus; korvaus, palkkio; *(mat)* jaettava
dividers jako-, kärki|harppi
divination ennustaminen, ennustus
divine 1 *a* jumalallinen **2** *v* ennustaa
divining rod taikavarpu
divinity jumalallisuus; jumaluus[oppi]; jumalolento
division jakolasku; jakaminen, jakaantuminen; osasto; divisioona
divorce 1 *s* avioero **2** *v* ottaa avioero
divorced eronnut
divulge levittää, tuoda päivänvaloon; ilmaista
dizziness huimaus
dizzy: ***I feel ~*** minua huimaa, pyöryttää
do 1 *v (did done)* tehdä, valmistaa, laittaa; siivota; laittaa *(tukka)*; toimia, menetellä; kelvata, riittää; *(terveydestä)* voida; tulla toimeen, menestyä; sopia; kulkea, ajaa; näytellä jkn osaa; katsella *(nähtävyyksiä)*; petkuttaa; ***that ~es it!*** se vielä puuttui, piste i:n päälle; ***this will ~ fine*** tämä riittää *t.* kelpaa mainiosti; ***she is doing much better*** hän voi paljon paremmin **2** *apuverbi kysyvissä ja kielteisissä lauseissa*: ***did he go?*** menikö hän?; ***she doesn't speak English*** hän ei puhu englantia **3** *vahvistavana*: ***I ~ love him*** minä todella rakastan häntä; ***~ tell me!*** kerro nyt ihmeessä!
do away with raivata tieltään, tehdä loppu jstak; toimittaa pois päiviltä
docile säyseä, taipuisa
dock 1 *s* satama-allas, sulkutelakka **2** *v* tulla telakkaan, telakoitua
dockyard telakka
doctor tohtori, lääkäri
doctrine oppi
document 1 *s* asiakirja, todistuskappale; dokumentti **2** *v* todistaa, vahvistaa; dokumentoida
documentary 1 *a* asiakirjoihin perustuva **2** *s* dokumentti[ohjelma]
documentation todistaminen; todistusaineisto, tiedot

dodge 1 *v* hypätä syrjään, väistää sivuun; välttää **2** *s* hypähdys syrjään, puikahdus; juoni, metku
dodgy ovela, vaarallinen
doe kuusipeuranaaras, naaras|hirvi, -jänis
do for hoitaa jkn taloutta; *(sl)* tappaa, nujertaa
dog koira; ***lucky ~*** onnenpekka; ***sly ~*** ovela veijari
dog days mätäkuu
doghouse koirankoppi
dog paddle koirauinti
dog rose koiranruusu
dog violet aho-orvokki
do in *(sl)* tappaa
doing teko, toimi
dole *(Br)* työttömyysavustus; ***be on the ~*** elää työttömyysavustuksen varassa
doleful surullinen, surkea
doll nukke; *(ark)* typykkä; ihana ihminen, ihastuttava tyttö *t.* nainen
dolphin delfiini
domain maatila, tilus; ala, alue
dome kupoli
domestic koti-, kodin-, perhe-, talous-; kotoinen; kotimainen
domestic animal kotieläin
domestic appliances kodinkoneet
domestic flight kotimaan lento
domicile *(lak)* kotipaikka, asuinpaikka
dominant hallitseva
dominate hallita, vallita; kohota jnk yläpuolelle *t.* yli
domination herruus, ylivalta
dominion yliherruus, valta; *(hist)* dominio
don *(Br)* yliopiston opettaja
donate lahjoittaa *(keräykseen)*
donation lahjoitus
done *ks.* ***do***; tehty; valmis, kypsä; ***well ~*** hyvin tehty *t.* toimittu; kypsä, kunnolla paistettu *(pihvi)*
donkey aasi
donor lahjoittaja; verenluovuttaja
doodle 1 *v* piirrellä [ajatuksissaan] **2** *s* piirros, töherrys
doom 1 *s* tuomio, kohtalo, tuho **2** *v* tuomita
doomed tuomittu, tuhon oma
Doomsday tuomiopäivä
door ovi, portti
doorkeeper ovenvartija, vahti
doorman vahtimestari, portsari
doorway oviaukko, porttikäytävä
do out of petkuttaa jklta jtak
dope 1 *s* huumausaine, huume **2** *v* huumata
dormitory makuusali; opiskelija-asuntola
dose 1 *s* annos **2** *v* annostaa
doss *(Br ark)* **1** *s*: ***have a ~*** torkahtaa **2** *v*: ***~ down*** mennä pitkäkseen
dot 1 *s* pilkku, piste; täplä **2** *v* pilkuttaa, täplittää
dotage vanhuudenhöperyys
dote on helliä jkta
double 1 *a* kaksinkertainen, kaksois-; tupla-; ***~ agent*** kaksoisagentti **2** *s* kaksinkertainen määrä; kaksoiskappale, jäljennös; kaksoisolento; *(sot)* juoksu *t.* pikamarssi; *(urh) (pl)* nelinpeli **3** *adv* kaksi kertaa, kaksin verroin; ***we paid ~ as much*** me maksoimme kaksi kertaa niin paljon; ***his salary is now ~ what it was*** hänen palkkansa on nyt kaksinkertainen entiseen verrattuna **4** *v* kaksinkertaistaa; olla kaksi kertaa

double back tehdä äkkikäännös
double bed kaksoisvuode
double-breasted kaksirivinen *(takki)*
double-check tarkistaa *(vielä)*
double-cross vetää nenästä
double-decker kaksikerroksinen bussi; kerrosvoileipä
double-glazing kaksinkertaiset ikkunat
double room kahden hengen huone
double-talk hölynpöly, höpötys
double up mennä *t.* vetää kaksinkerroin *(naurusta, kivusta)*
double up with jakaa huone jkn kanssa
doubt 1 *v* epäillä **2** *s* epäily; ***no ~*** epäilemättä
doubtful kyseenalainen, epäselvä
douche suihku; huuhtelu
dough taikina, tahna; *(Am sl)* rahat
doughnut munkkirinkilä
do up korjata, panna kuntoon; kiinnittää, kammata nutturalle; kääriä *(paketti)*; sitoa *(kengännauhat)*; napittaa
dove kyyhkynen
do with kelvata, olla paikallaan, tarvita; ***I could do with an explanation*** olet selityksen velkaa; ***we could do with a new car*** meille kyllä kelpaisi uusi auto
do without tulla toimeen ilman
down 1 *a adv* alas, alaspäin, alhaalla; kumoon; kiinni; pitkin, varrella; *(urh)* häviöllä; masentunut **2** *s* lasku, alamäki; kangasmaa; ***let's go ~ to the ground floor*** mennään [alas] pohjakerrokseen; ***it's just ~ the street*** se on tämän kadun varrella
down-and-out puilla paljailla; rappiolla; voimaton, poissa pelistä
downcast masentunut
downer rauhoituslääke; masentava juttu (asia, ihminen ym.)
downhill mäkeä alas
down payment käsiraha
downpour rankkasade
downright suoranainen; suorastaan
downstairs alaker|rassa, -taan
down-to-earth realistinen, jalat maassa
downtown kanta- *t.* keski|kaupunki, keskikaupungilla
downward[s] alaspäin
dowry myötäjäiset
doze torkahdus
dozen tusina; ***I have ~s of phone calls to make*** minulla on kymmenittäin puheluja soitettavana; ***by the ~[s]*** tusinoittain, tusinakaupalla
doze off torkahtaa, uinahtaa
Dr. = ***Doctor***
drab ikävä, yksitoikkoinen; likaisen|ruskea *t.* -harmaa
draft 1 *s* vekseli; luonnos; *(Am)* kutsunnat **2** *v* luonnostella; *(Am)* kutsua asepalvelukseen
draft beer tynnyriolut
draftee *(Am)* asevelvollinen
drag 1 *v* laahata, raahata; sujua huonosti; venyä, olla pitkäveteistä; naarata **2** *s* laahautuminen, raahautuminen; jarru, pidäke; *(ark)* tylsä, pitkästyttävä asia *t.* tilanne; ***that concert was a real ~*** tosi tylsä konsertti
dragon lohikäärme
dragonfly sudenkorento
dragoon *(sot)* rakuuna

drag show transvestiittishow
drain 1 *v* laskea pois, tyhjentää; kuivattaa, salaojittaa; tyhjentyä, valua pois *t.* tyhjäksi **2** *s* pois valuminen, tyhjentyminen; viemäri, laskuoja, salaoja; ***all his plans went down the ~*** kaikki hänen suunnitelmansa menivät pieleen
drainage viemäriverkko; [sala]ojitus
drake [uros]ankka
dram ryyppy, kulaus
drama näytelmä; draama; näyttämötaide; näytelmäkirjallisuus
drama school teatterikoulu
dramatic näytelmä-, näytelmällinen; dramaattinen
dramatic art näyttämötaide
dramatization dramatisointi
drank *ks.* ***drink***
drape verhota, poimutella, laskostaa
drapery kankaat, kangas[osasto]; laskostettu kangas
drapes *(Am)* paksut verhot
drastic vaikuttava, tehokas; repäisevä, hurja
draught vetäminen, veto; kulaus; ilmavirta, veto
draughts tammipeli
draughty vetoinen
draw 1 *v (drew drawn)* vetää *(perässään, esiin, eteen)*; *(takasta, savupiipusta)* vetää; vetää puoleensa, houkutella; piirtää; nostaa *(arpa, rahaa ym.)*; saada *(korkoa, palkinto)* **2** *s* vetäminen, veto; nosto; arvonta; tasapeli
drawback haitta, varjopuoli
drawbridge nostosilta
drawee vekselin lunastaja
drawer [veto]laatikko; vekselin asettaja; ***it's in the top ~*** se on ylälaatikossa
draw for arpoa, vetää pitkää tikkua
draw in *(päivästä)* lyhetä
drawing piirustus; piirtäminen
drawing paper piirustuspaperi
drawing room sali, salonki
drawl puhua venytellen
draw on lähestyä
draw out pitkittää, venyttää
draw up laatia *(suunnitelma)*; *(autosta)* ajaa, tulla jhk
dread 1 *s* pelko **2** *v* pelätä
dreadful kamala, kauhistuttava
dream 1 *v (dreamt dreamt t. dreamed dreamed)* uneksia, nähdä unta; unelmoida **2** *s* uni, unelma
dreamer uneksija, haaveilija
dreary synkkä, kolkko; tylsä, ikävä
dredge ruopata
dregs [pohja]sakka; ***coffee ~*** kahvin sakka *t.* porot; ***the ~ of society*** yhteiskunnan pohjasakka
drench kastella läpimäräksi
dress 1 *s (naisen)* puku, leninki; juhlapuku; ***formal ~*** *(kutsukorteissa)* juhla-asu **2** *v* pukea, pukeutua; somistaa, koristaa; kattaa, viimeistellä, silottaa
dress circle *(teatt)* ensi parvi
dress coat frakki; *ks.* ***tailcoat***
dresser *(Br)* keittiön pöytä *t.* kaappi; *(Am)* pukeutumis-, peili|pöytä
dressing salaattikastike
dressing gown aamutakki
dressing room pukuhuone
dressmaker ompelija
dress rehearsal kenraaliharjoitus
dress up pukeutua, laittautua

drew *ks.* ***draw***
dried *ks.* ***dry***; kuiva[ttu], kuivunut
drift 1 *v* ajelehtia **2** *s* nietos; suunta, tarkoitus
drill 1 *s* pora; harjoitus; kylvökone, kylvövako **2** *v* porata; harjoittaa
drink 1 *v (drank drunk)* juoda **2** *s* juoma, drinkki
drinker juoppo
drip tippua, tiputtaa
dripping[s] paistin|liemi, -rasva
drive 1 *v (drove driven)* ajaa; saattaa, tehdä jksik **2** *s* ajelu, ajo[tie]; tarmo, into, vietti; meininki
drive at pyrkiä jhk, tarkoittaa
driven *ks.* ***drive***
driver kuljettaja, ajaja
driver's licence *(Am)* ajokortti
driving ajo, ajaminen
driving licence *(Br)* ajokortti
driving test ajokoe, *(ark)* inssi
drizzle 1 *v* tihkua **2** *s* tihkusade
droll hullunkurinen
drone 1 *s (el)* kuhnuri; siivelläeläjä, laiskuri **2** *v* surista, sorista
drool 1 *v* kuolata (***over*** jkn perään) **2** *s* kuola
droop 1 *v* olla riipuksissa, nuokkua **2** *s* nuokkuminen
drop 1 *s* pisara, tippa; pastilli, karamelli; putoaminen, lasku **2** *v* pudota; pudottaa; tippua; tiputtaa; jättää pois
drop curtain esirippu
drop in pistäytyä, käydä tervehtimässä
drop off nukahtaa, vähetä
drop out jäädä pois, jättää kesken
dropout koulunsa keskeyttänyt; pummi
droppings *(eläimen)* jätökset, ulosteet
dross kuona
drought kuivuus
1 drove *ks.* ***drive***
2 drove karjalauma; lauma, joukko
drover karjanajaja
drown hukkua; hukuttaa; ***he was ~ed*** hän hukkui
drowse torkkua
drowsy unelias
drudge raataa, rehkiä
drudgery raataminen
drug 1 *s* huumausaine, huume; lääkeaine, lääkkeet **2** *v* antaa *t.* sekoittaa huumetta
druggist *(Am)* apteekkari
drugstore *(Am läh)* apteekki [ja kemikaalikauppa]
drum 1 *s* rumpu **2** *v* rummuttaa
drummer rumpali
drums rummut
drunk juovuksissa; juoppo
drunkard juoppo
drunk driver rattijuoppo
drunk driving rattijuoppous
dry 1 *s* kuiva **2** *v* kuivata, kuivattaa
dry-clean pestä kemiallisesti
dual kaksois-
dub jälkiäänittää, dubata *(elokuva)*; nimittää, kutsua jksik
dubious epäilyttävä
ducal herttuan-
duchess herttuatar
duchy herttuakunta
duck 1 *s* ankka, sorsa **2** *v* sukeltaa *t.* kumartua nopeasti; väistää
duct tiehyt, kanava; johdin
dud räjähtämätön kranaatti, suutari; fiasko, pannukakku
dude *(Am)* tyyppi, kaveri; kaupunkilainen

due jklle tuleva *t.* kuuluva; asianmukainen; maksettavaksi langennut; määrä saapua *t.* tapahtua; ***the plane is ~ at six*** koneen on määrä laskeutua kuudelta
duel kaksintaistelu
due to jstak johtuva; ***the delay is due to heavy traffic*** viivytys johtuu liikenneruuhkasta
dug *ks.* ***dig***
dugout korsu; kanootti
duke herttua
dull 1 *a* tylsä, ikävä; himmeä, pilvinen; hidasjärkinen **2** *v* tylsistyä
duly asianmukaisesti
dumb mykkä; tyhmä
dumbbell [nosto]paino; *(Am)* tyhmyri, hölmö
dumbwaiter *(Br)* tarjoilupöytä; ruokahissi
dummy sovitusnukke, puu-ukko; *(Br)* tutti; *(Am)* tyhmä, typerä
dump 1 *v* pudottaa, tyhjentää; jättää **2** *s* kaatopaikka
dumper, dump truck *(Am)* kuorma-auto
dumping polkumyynti
dumpling *ks.* ***ruokasanasto s. 777***
dumps alakuloisuus
dunce pölkkypää
dune dyyni
dung lanta
dungarees *(Br)* haalarit
dungeon tyrmä
dunghill tunkio
dupe 1 *s* narri **2** *v* huiputtaa
duplex *(Am)* paritalo; kerrostalohuoneisto kahdessa tasossa
duplicate 1 *s* kaksoiskappale; kaksinkertainen **2** *v* monistaa, jäljentää; kahdentua
durable kestävä; kesto-
duration kesto[aika]
during aikana, kuluessa; ***~ the day*** päiväsaikaan; ***~ my absence*** poissa ollessani
dusk hämärä; ***at ~*** pimeän tullen
dust 1 *s* tomu, pöly **2** *v* tomuttaa; pyyhkiä pöly
dustbin *(Br)* roska|pönttö, -kori
duster pöly|harja, -huisku, -riepu
dusty pölyinen
Dutch 1 *a* hollantilainen **2** *s (kieli)* hollanti, flaami
Dutch treat nyyttikestit
dutiable tullinalainen
dutiful kuuliainen
duty velvollisuus, tehtävä; tulli; ***on ~*** virantoimituksessa; ***off ~*** palveluksesta vapaa, työajan ulkopuolella
dwarf kääpiö
dwell *(dwelt dwelt)* asua
dwelling asunto
dwelling house asuinrakennus
dwell upon viipyä jssak, hautoa *t.* jauhaa jtak *(kuv)*
dwelt *ks.* ***dwell***
dwindle kutistua, vähentyä; huveta
dye 1 *s* väri[aine] **2** *v* värjätä
dying kuoleva
dyke kaivanto; pato, valli
dynamic dynaaminen; toiminnallinen
dynamite dynamiitti; jymypaukku; *(ark)* täyttä tavaraa
dynasty hallitsijasuku, dynastia
dysentery punatauti
dyslexia lukihäiriö

E

E *(Am)* heikko *(arvosana)*
each kukin, kumpikin, joka[inen]; *~ other* toisiaan, toinen toistaan; *they cost a dollar ~* ne maksavat dollarin kappale; *~ boy had a sleeping bag* joka pojalla oli makuupussi; *~ of them* kukin *t.* jokainen heistä
eager innokas, halukas (*to* jhk)
eagerness into, innostus
eagle kotka
ear korva; tähkä; *by ~* korvakuulolta; *I am all ~s* olen pelkkänä korvana; *she has a good ~ for music and languages* hänellä on hyvä sävel- ja kielikorva; *he is up to his ~s in debt* hän on korviaan myöten veloissa; *go in [at] one ~ and out [at] the other* mennä toisesta korvasta sisään ja toisesta ulos
earache korvasärky
eardrum tärykalvo
ear infection korvatulehdus
earl jaarli, kreivi
earlobe korvalehti
early aikaisin, aikainen, varhain[en]; *~ on* varhaisessa vaiheessa; *~ in the morning*, *in the ~ morning* aikaisin aamulla; *they arrived an hour ~* he tulivat perille tunnin etuajassa; *in his ~ childhood* hänen varhaislapsuudessaan; *we await your ~ reply* odotamme vastaustanne pikaisesti
earmuffs korvaläpät
earn ansaita, saada, tuottaa; *he ~s £30 000 a year* hän ansaitsee 30 000 puntaa vuodessa; *I think we've ~ed a break!* olemme ansainneet tauon!; *the project ~ed him a promotion* projekti tuotti hänelle ylennyksen
earnest vakava, totinen; *in ~* tosissaan, vakavissaan
earnings ansiot, palkkatulot
earphones kuulokkeet
earplugs korvatulpat
earring korvakoru
earshot kuulomatka; *within ~* kuulomatkan päässä
earth **1** *s* maa, maailma; maaperä; maadoitusjohto; *what on ~?* mitä ihmettä? **2** *v* maadoittaa
earthen savi-
earthenware savitavara[astiat]
earthly maallinen, maanpäällinen
earthmover maansiirtokone
earthquake maanjäristys
ease **1** *s* mukavuus, hyvä olo; helpotus, kevennys; helppous, luontevuus; *be t. feel at ~* tuntea olonsa mukavaksi, olla kuin kotonaan **2** *v* keventää, helpottaa; keventyä, vähentyä; irrottaa, löysätä; päästää irti, hellittää
ease down hiljentää vauhtia
easel maalausteline
ease off hellittää, löysätä; lieventyä, rauhoittua
ease up lientyä, rauhoittua; hellittää
ease up on olla vähemmän tiukka jkta kohtaan; hellittää otetta

jkhun
easily helposti, vaivatta
easiness helppous, mukavuus; huolettomuus
east, East 1 *s* itä, itäinen osa, itäosa; *(Am)* itä|rannikko, -valtiot; ***in the ~ of Asia*** Itä-Aasiassa; ***a few kilometres to the ~ of London*** muutama km Lontoosta itään; ***in the ~*** idässä **2** *a* itäinen, itä- ; ***former East Germany*** entinen Itä-Saksa **3** *adv* itään, itäpuolella; ***~ of L.A.*** L.A:sta itään, L.A:n itäpuolella; ***the window faces ~*** ikkuna on itäänpäin; ***they live back ~*** *(Am)* he asuvat itärannikolla; ***the East*** Itä[maat]; Itä-Euroopan maat; *(Am)* Itävaltiot, Itärannikko
Easter pääsiäinen; ***at ~*** pääsiäisenä
Easter Day pääsiäispäivä
Easter egg pääsiäismuna
easterly itäinen, itä-
eastern itäinen, itämainen, itä-
Easterner *(Am)* itävaltioiden asukas
east-northeast itäkoillinen
east-southeast itäkaakko
eastward[s] itäänpäin
easy helppo, mukava, vaivaton; levollinen, rento; ***take it ~*** ota rennosti, älä hätäile; ***[go] ~!*** varovasti, hiljaa; ***~ come ~ go*** mikä laulaen tulee se viheltäen menee; ***~ does it!*** hiljaa tehden hyvä tulee, varovasti
easygoing huoleton, rento
eat *(ate eaten)* syödä
eatable syötävä
eaves räystäs
eavesdrop kuunnella salaa
ebb 1 *s* laskuvesi, luode; huononeminen, rappio; ***~ and flow*** luode ja vuoksi **2** *v* laskea, vetäytyä [rannalta]; heiketä
ebony eebenpuu
EBU *(= the European Broadcasting Union)* Euroopan yleisradioliitto
EC *(= the European Community)* Euroopan yhteisö, *(= the European Union) (nyk.)* Euroopan unioni
eccentric omalaatuinen *t.* eriskummallinen [henkilö]
ecclesiastical kirkollinen, kirkon-
echo 1 *s* kaiku **2** *v* kaikua, kajahtaa
eclipse 1 *s* pimennys **2** *v* saattaa *t.* jättää varjoon
ecoactivist ympäristönsuojelija
ecocide ympäristötuho
ecological ekologinen
ecologist ekologi
ecology ekologia
economic talous-, taloudellinen; kansantaloudellinen; halpa, edullinen; ***our country is in a bad ~ state*** maamme on huonossa taloudellisessa tilanteessa; ***at an ~ price*** edulliseen hintaan
economical säästäväinen, tarkka; taloudellinen, edullinen *(käytössä)*; ***you should get a more ~ car*** sinun pitäisi hankkia taloudellisempi auto
economic life elinkeinoelämä
economic policy talouspolitiikka
economics taloustiede; kansantalous; taloudelliset näkökohdat
economic trend suhdanne[kehitys]
economist taloustieteilijä
economize olla säästäväinen, säästää (***on*** jtak)
economy taloudellisuus; talous-

[elämä]; ***domestic ~*** kotitalous
economy class turistiluokka
ecstasy ekstaasi, hurmiotila; haltioituminen
ecu, ECU *(= European Currency Unit)* Euroopan valuuttayksikkö, ecu
eczema ekseema, ihottuma
eddy 1 *s* pyörre **2** *v* pyöriä, kieppua
edge 1 *s* terä, reuna, särmä; parras; ***on the ~ of madness*** hulluuden partaalla **2** *v* reunustaa; hioa; tunkea; edetä, tunkeutua
edgeways, edgewise sivuttain, syrjällään, kyljellään
edgy hermostunut, hermot pinnalla
edible syötävä
edict käsky[kirja]
edifice *(näyttävä)* rakennus
edifying mieltäylentävä, antoisa
edit toimittaa *(painotuote)*; leikata, editoida, montteerata *(ohjelma)*; toimittaa lehteä
edition painos
editor *(kirjan, lehden)* toimittaja; *(ohjelman, filmin)* leikkaaja, leikkauspöytä; ***~ in chief*** päätoimittaja
editorial 1 *s* pääkirjoitus; *(tv, rad)* poliittinen katsaus **2** *a* toimituksen, toimitus-
editorial office, editorial staff *(lehden)* toimitus[kunta]
edit out leikata pois nauhalta; poistaa tekstistä
educate kasvattaa, kouluttaa
education kasvatus; koulutus, opetus; sivistys
educational kasvatus-, kasvatuksellinen; koulutus-, opetus-; sivistys-
eel ankerias
efface pyyhkiä pois; himmentää
effect 1 *s* seuraus; vaikutus (***on*** jhk); tehokeino, tehoste; voimassaolo; ***in ~*** voimassa, itse asiassa **2** *v* saada aikaan, aiheuttaa; saattaa voimaan; panna toimeen; suorittaa, toimittaa *(maksuja ym.)*
effective tehokas, vaikuttava; todellinen; voimassa oleva
effeminate naismainen
effervescent kuohuva, pore[ileva]
efficacy *(lääkkeen ym.)* teho, vaikutus
efficiency tehokkuus, teho; suorituskyky
efficient tehokas; suorituskykyinen
effluent laskujoki; laskuviemäri; jätevesi
effort ponnistus, yritys
effusive ylenpalttinen, sydämellinen
e.g. *(= exempli gratia)* esim., esimerkiksi
egg muna
ego [oma] minä, minuus; itsekeskeisyys
egocentric itsekeskeinen
egoism itsekkyys, egoismi
egoist itsekäs ihminen, egoisti
egotrip *(ark)* itsetehostus, egotrippi
Egypt Egypti
Egyptian egyptiläinen
eider [duck] haahka
eiderdown untuvapeite
eight kahdeksan
eighteen kahdeksantoista
eighth kahdeksas
eightieth kahdeksaskymmenes
eighty kahdeksankymmentä
either jompikumpi, kumpi hyvän-

sä; kumpikaan, kumpikin; myös, -kin, -kaan, -kään; ***in ~ case*** kummassakin tapauksessa; ***is ~ of the boys at home?*** onko kumpikaan pojista kotona?; ***she didn't eat it,*** ~ hänkään ei syönyt sitä
either ... or joko ... tai; ***the car was either blue or grey*** auto oli joko sininen tai harmaa
ejaculation siemensyöksy; huudahdus
eject heittää, työntää ulos; häätää
eke out lisätä, hankkia [lisätienestiä], venyttää penniä, jatkaa (***with, by*** jllak); ***eke out a living*** kituuttaa, repiä leipänsä
elaborate 1 *a* taidokas, huoliteltu **2** *v* laatia [yksityiskohtaisesti]; kehitellä, muovata
elapse *(ajasta)* kulua
elastic elastinen, joustava, kimmoisa; joustin-, kumi|nauha; joustokangas
elbow 1 *s* kyynärpää **2** *v*: ***~ one's way*** tunkea
elbow grease *(ark)* kova homma, jynssääminen (ym.)
elbowroom liikkumatila
elder 1 *a* vanhempi; [itseään] vanhempi; ***she is my ~ by two years*** hän on minua kaksi vuotta vanhempi **2** *s (kasv)* selja
elderly iäkäs, vanhemmanpuoleinen
elect 1 *v* valita *(vaaleilla, äänestämällä)* **2** *a* [vasta]valittu, tuleva
election valitseminen, valinta
election campaign vaalikampanja
elections vaalit
elective vaaliin perustuva; valitseva, valitsija-; valinnainen [aine]
elector valitsijamies
electric sähkökäyttöinen, sähkö-; *(kuv)* sähköinen, sähköistävä
electrical sähkö-; sähköopillinen; sähköä koskeva
electrical engineer sähköinsinööri
electric chair sähkötuoli
electric charge sähkövaraus
electric connection sähkökytkentä
electric current sähkövirta
electric guitar sähkökitara
electrician sähkö|asentaja, -mies
electricity sähkö; sähköoppi; sähköisyys
electric light sähkövalo
electric plant sähkölaitos
electric power sähkövoima
electric shock sähköisku
electric train sähköjuna
electric wire sähköjohto
electrify sähköistää
electrocute teloittaa sähkötuolissa; surmata sähköllä *(tapaturmaisesti)*
electronic elektroninen; ***~ mail*** sähköposti; *vrt.* ***e-mail***
electronics elektroniikka
electroplate galvanoida, hopeoida
elegance eleganssi, tyyli[kkyys]
elegant elegantti, tyylikäs
element elementti, alkuaine; [perus]aines, osa, peruspiirre; hitunen
elementary alkeis-
elementary school *(Am läh)* ala-aste *(6-8 lukuvuotta)*
elements luonnonvoimat; alkeet, aakkoset
elephant norsu, elefantti
elevate nostaa, kohottaa; ylentää
elevation nostaminen, kohottami-

nen; korkeus, nousu
elevator *(Am)* hissi; *vrt.* ***lift***
eleven yksitoista
elevenses *(Br)* klo 11:n tauko, aamupäivä|tee, -kahvi
eleventh yhdestoista
elf *(pl elves)* haltija
elicit houkutella *t.* saada esiin; paljastaa, tuoda esiin
eligible [vaali]kelpoinen, sopiva, varteenotettava (***for*** jhk); mitä parhain, erinomainen; ***an eligible bachelor*** erinomainen aviomieskandidaatti, tavoiteltu poikamies
eliminate poistaa, eliminoida
elk hirvi
ellipse ellipsi
elm jalava
elocution suullinen esitys, puhe- ja ilmaisu|taito, puhetekniikka
elongated pitkänomainen, suippeneva
elope karata *(jkn kanssa)*
eloquence kaunopuheisuus, puhetaito
eloquent taitava *(sanankäyttäjä)*; *(kuv)* puhutteleva
else toinen, muu; muutoin; ***somewhere ~*** jossain muualla
elsewhere muualla, muualle
elucidate valaista, selventää
elude välttää, väistää; harhauttaa; ***her name ~s me*** en nyt muista hänen nimeään
elusive välttelevä, kartteleva; pakeneva, vaikeasti tavoitettava
emaciated riutunut, kuihtunut
e-mail *(= electronic mail)* sähköposti; ***~ address*** sähköpostiosoite; ***~ message*** sähköpostiviesti
emanate virrata; haihtua; huokua, säteillä
emancipate vapauttaa *(holhouksesta, epäitsenäisyydestä)*
emancipation vapautuminen, emansipaatio
embalm palsamoida
embankment pengerrys
embargo *(laivan)* takavarikointi; kauppasaarto
embark nousta *t.* viedä laivaan
embarkation, embarkment laivaannousu
embarrass saattaa hämilleen, nolostuttaa
embarrassed hämmentynyt, kiusaantunut; nolo[stunut]
embarrassing kiusallinen, nolo
embarrassment hämmennys; kiusallinen tilanne, pulma
embassy suurlähetystö; ***the Finnish ~*** Suomen suurlähetystö
embed upottaa, istuttaa (***in*** jhk)
embellish kaunistaa
embers hiillos
embezzle kavaltaa *(rahaa)*
embitter katkeroittaa
emblem vertaus-, tunnus|kuva
embody ruumiillistaa, ilmentää; pitää sisällään, koota
embrace 1 *v* syleillä; sisältää **2** *s* syleily
embroider kirjoa, koruommella
embroidery kirjonta, koruommel
emerald smaragdi
emerge sukeltaa esiin; käydä *t.* tulla ilmi
emergency hätätilanne; kiireellinen tapaus
emergency exit varauloskäytävä
emergency landing pakkolasku
emery board kynsi-, hiekka|viila

emery paper hiekkapaperi
emigrant siirtolainen
emigrate muuttaa maasta
emigration maastamuutto
eminence *(kardinaalin arvonimi)* ylhäisyys, eminenssi
eminent huomattava, etevä
emit lähettää, säteillä, erittää, päästää *(valoa, tuoksua, ääntä ym.)*; *(liik)* laskea liikkeeseen
emotion tunne, emootio; mielenliikutus
emotional tunteellinen, tunteenomainen; tunneperäinen
emotional life tunne-elämä
emperor keisari
emphasis paino[kkuus], painotus; ***give ~ to***, ***put ~ on*** painottaa, tähdentää
emphasize painottaa, korostaa
emphatic painokas, voimakas; selvä
empire keisarikunta, imperiumi
employ ottaa töihin *t.* palvelukseen, työllistää; käyttää
employee työntekijä, virkailija
employer työnantaja
employment toimi, työ; työllisyys; työhönotto; käyttö
employment agency työvoimatoimisto, työnvälitys
empower valtuuttaa; tehdä mahdolliseksi
empress keisarinna
emptiness tyhjyys
empty 1 *a* tyhjä **2** *v* tyhjentää
EMS (= *the European Monetary System Euroopan*) valuuttajärjestelmä
EMU (= *the European Monetary Union*) Euroopan rahaliitto
emulate kilpailla; jäljitellä
enable tehdä kykeneväksi
enact säätää, hyväksyä *(lakiehdotus ym.)*
enamel 1 *s* emali; hammaskiille **2** *v* emaloida
encase sulkea koteloon
enchant lumota, noitua
enchantment lumous
enclose ympäröidä; oheistaa
enclosure aitaus; *(kirjeessä)* liite
encompass ympäröidä, sulkea sisäänsä; sisältää, käsittää
encore *(esiintyjän)* ylimääräinen numero
encounter 1 *s (odottamaton)* kohtaaminen **2** *v* kohdata, tavata *(sattumalta)*
encourage rohkaista
encouragement rohkaisu
encroach tunkeutua väkisin; viedä tilaa (***on***, ***upon*** jhk, jstak)
encyclopedia tietosanakirja, hakuteos
end 1 *s* loppu, pää; päämäärä, tarkoitus[perä]; ***from beginning to ~*** alusta loppuun; ***does the ~ justify the means?*** pyhittääkö tarkoitus keinot? **2** *v* loppua, päättyä; lopettaa, päättää
endanger vaarantaa
endear tehdä kalliiksi *t.* rakkaaksi *t.* suosituksi
endeavour 1 *s* pyrkimys, yritys **2** *v* pyrkiä, yrittää
ending loppu[minen]; päätös; pääte
endive endiivi, sikurisalaatti
endless loputon
endorse kirjoittaa nimi *(asiakirjan selkäpuolelle)*; siirtää *(sekki)*;

(kuv) kannattaa, tukea
endorsement merkintä, nimikirjoitus *(asiakirjan selkäpuolella)*; siirto[merkintä]; hyväksymismerkintä; *(kuv)* kannatus, tuki
endow lahjoittaa, tehdä lahjoitus; varustaa (***with*** jllak)
end up päätyä jhk *t.* tekemään jtak; tehdä jtak *t.* joutua lopulta jhk; ***he ended up moving abroad*** hän muutti lopulta ulkomaille; ***they'll end up in prison*** he päätyvät vielä vankilaan
endurance kestävyys, sitkeys; kärsivällisyys
endure kestää, sietää, kärsiä
enema peräruiske
enemy vihollinen
energetic energinen, tarmokas
energy energia; voima; tarmokkuus
enervate 1 *a* heikko, voimaton **2** *v* heikentää, veltostuttaa
enfeeble heikentää
enfold kietoa, kääriä; ympäröidä
enforce tähdentää voimakkaasti, korostaa; saada pakottamalla, vaatia väkisin
enfranchise antaa äänioikeus; vapauttaa *(orja)*
engage sitoutua; ottaa palvelukseen; kiinnittää, varata, tilata
engaged varattu; kihloissa (***to*** jkn kanssa); ***get*** ~ mennä kihloihin
engagement sitoumus; kihlaus; ***I'm sorry, but I have a prior*** ~ valitettavasti minulla on jo [sovittuna] muuta menoa
engender synnyttää, luoda, aiheuttaa
engine moottori; kone; veturi
engine driver *(Br)* veturinkuljettaja
engineer 1 *s* insinööri; teknikko; koneenkäyttäjä; *(Am)* veturinkuljettaja **2** *v* järjestää
engineering insinööritaito; [kone]tekniikka
England Englanti
English 1 *a* englantilainen, Englannin; ~ ***breakfast*** englantilainen aamiainen *(pekonia, munia, paahtoleipää ja marmeladia)* **2** *s (kieli)* englanti; ***the*** ~ englantilaiset
the English Channel Englannin kanaali
Englishman *(mask)* englantilainen
Englishwoman *(fem)* englantilainen
engrave kaivertaa
engross vallata kokonaan
enhance lisätä *(mahdollisuuksia)*
enigma arvoitus
enigmatic arvoituksellinen
enjoin käskeä, määrätä
enjoy nauttia jstak
enjoyable miellyttävä; nautittava
enjoyment nautinto, ilo, huvi
enlarge laajentaa *(tiloja ym.)*, suurentaa *(valokuva)*; suurentua
enlargement laajennus, suurennus
enlighten valaista, valistaa
enlightened valistunut
enlist pestautua; mennä armeijaan
enliven virkistää; elävöittää
enmity vihamielisyys, viha
ennoble aateloida; *(kuv)* jalostaa
enormity hirvittävyys, hirmuteko; suunnattomuus
enormous suunnaton, valtava
enough kyllin; kylliksi, tarpeeksi; ***big*** ~ kyllin iso; ***willing*** ~ varsin

halukas
enrage raivostuttaa
enraptured iki-ihastunut
enrich rikastuttaa; parantaa *(maata)*
enrol[l] merkitä luetteloihin; ilmoittautua jäseneksi
enrol[l]ment rekisteröinti; kirjoittautuminen; [jäsen]määrä
ensign tunnusmerkki; virka-, arvon|merkki
enslave orjuuttaa
ensue seurata, aiheutua, johtua (*from* jstak)
ensure taata, varmistaa
entail tuoda mukanaan; *it ~s* siihen liittyy
entangle kietoa, sotkea; *be ~d* olla takertunut
entanglement kietominen, sekoittaminen; sotku
enter astua, mennä, tulla jhk; saapua maahan; merkitä muistiin
enter for ilmoittautua jhk
enteritis suolitulehdus
enterprise yritys; yritteliäisyys
enterprising yritteliäs
entertain viihdyttää, huvittaa; kestitä
entertainer viihdyttäjä, viihdetaiteilija
entertaining viihdyttävä, huvittava, hauska
entertainment huvi, huvitus, ajanviete, viihde
entertainment tax huvivero
enthusiasm innostus
enthusiast intoilija, innokas harrastaja
enthusiastic innostunut, intoutunut
entice houkutella, viekoitella
(*away from* pois jstak; *into* jnnek)
entire kokonainen, ehjä
entirely kokonaan, täysin
entitle nimittää; oikeuttaa
entity [yksi] kokonaisuus, yhtenäisyys
entrails sisälmykset
entrance sisäänkäynti, sisääntulo, ovi; sisäänpääsy
entreat pyytää hartaasti, anoa
entreaty harras pyyntö, anomus
entrust uskoa jklle
entry sisään|käynti, -käytävä, ovi; merkitseminen, vieminen *(kirjoihin, tileihin ym.)*; *no ~* pääsy kielletty
enumerate luetella, laskea
enunciation ääntäminen; lausumistapa
envelop verhota; ympyröidä
envelope kirjekuori
enviable kadehdittava
envious kateellinen
environment ympäristö; *a pleasant working ~* miellyttävä työympäristö
environmental planning ympäristönsuunnittelu
environmentalist luonnonsuojelija
envisage ottaa ennakolta huomioon; aavistaa, kuvitella
envoy lähettiläs
envy kateus; kateellisuus (*at, of, towards* jstak, jklle); *green with ~* kateudesta vihreä
epic eeppinen kertova; eepos
epidemic **1** *a* epideeminen; **2** *s* kulkutauti, epidemia
epidural epiduraali[puudutus]
epilepsy epilepsia, kaatumatauti
epileptic kaatumatautinen, epilep-

tinen; epileptikko
epilogue epilogi, loppunäytös; loppusanat
episcopal piispan-, piispallinen
episode episodi, tapaus; jakso, osa
epistle epistola, kirje
epitaph epitafi, hautakirjoitus
epoch aikakausi, ajanjakso
epoch-making käänteentekevä
equal 1 *a t. s* yhtä suuri, yhtäläinen; tasa-arvoinen, samanarvoinen **2** *v* vetää vertoja, olla jkn veroinen
equality tasa-arvoisuus
equalize tasoittaa; yhtäläistää
equalizer tasoitus|maali, -piste[et]; tasoittaja, tasoittava tekijä
equally yhtä; samoin, samalla tavoin
equanimity mielentyyneys
equation yhtälö; yhtäläistäminen
equator päiväntasaaja
equestrian ratsastava, ratsastus-
equilibrium tasapaino
equinox päiväntasaus
equip varustaa (***with*** jllak)
equipment laitteet; kalusto; välineistö
equitable oikeudenmukainen; kohtuullinen
equity kohtuus; oikeudenmukaisuus
equivalent samanarvoinen, täysin jtak vastaava
equivocal kaksiselitteinen, kaksimielinen
era aikakausi, ajanjakso; ajanlasku
eradicate hävittää perinpohjin; repiä juurineen
erase raaputtaa, hangata, pyyhkiä pois; poistaa, hävittää
eraser *(Am)* pyyhekumi
erasure raaputtaminen, pois pyyhkiminen
erect 1 *a* pysty; suora **2** *s* pystyttää
erection erektio
ermine kärppä
erode syövyttää, kuluttaa
erosion eroosio; syövyttäminen, kuluttaminen
erotic eroottinen
eroticism erotiikka
err erehtyä; hairahtua
errand tehtävä; asia; ***I have an ~ to run*** minun täytyy hoitaa eräs asia
errand boy lähetti
errat|um *(pl -a)* painovirhe
erroneus erheellinen, väärä
error erehdys, virhe; ***human ~*** inhimillinen erehdys
erudition oppi[neisuus]
erupt purkautua, puhjeta
eruption purkaus, puhkeaminen; ihottuma
escalate porrastaa, laajentaa
escalation eskalaatio, kiihdyttäminen; porrastus
escalator liukuportaat
escape 1 *v* paeta, päästä pakoon, välttää; välttyä jltak; virrata ulos **2** *s* pako, karkaaminen; pelastus; ***a narrow ~*** täpärä *t.* nipin napin pelastuminen
escort 1 *v* saattaa **2** *s* saattue; kavaljeeri, seuralainen
escort service seuralaisvälitys
especial erikoinen
especially erikoisesti, varsinkin
espouse kannattaa; omaksua
Esq. *(= Esquire) (tittelinä)* herra
esquire aseenkantaja; herra
essay 1 *s* essee, kirjoitelma, aine **2** *v* koetella, tutkia

essence sisin olemus, ydin; olennainen osa; esanssi; mehuste
essential 1 *a* olennainen, ehdottoman välttämätön **2** *s* perusedellytys, välttämätön tarvike ym.
essentially oleellisesti, pääasiallisesti
establish perustaa; vakiinnuttaa; todistaa, osoittaa
established vakiintunut, vanha; tunnettu; ***become ~*** juurtua, saada jalansijaa; ***~ church*** valtionkirkko
establishment perustaminen, luominen; *(julkinen)* laitos, säätiö; tehdas, yritys; ***the E~*** vallitseva järjestelmä, systeemi; valtakoneisto
establish o.s. hankkia itselleen [varma] asema; asettua asumaan
estate maatila, kartano; maaomaisuus; *(hist)* sääty; *(lak)* pesä, jäämistö; ***real ~*** kiinteistö
estate agency *(Br)* kiinteistövälitystoimisto
estate agent *(Br)* kiinteistövälittäjä; *vrt.* ***real estate agent***
estate car *(Br)* farmariauto; *vrt.* ***station wagon***
esteem 1 *v* pitää arvossa, kunnioittaa **2** *s* arvonanto, arvostus; ***I hold him in high ~*** arvostan häntä suuresti
estimate 1 *s* arvio[inti], [kustannus]laskelma **2** *v* arvioida, laskea (***at*** jksik); tehdä kustannusarvio (***for*** jstak); ***its value was ~d at several thousands*** sen arvoksi laskettiin useita tuhansia; ***I asked them to ~ for the repair*** pyysin heitä tekemään kustannusarvion korjauksesta
estimation arviointi; kunnioitus
Estonia Viro, Eesti
Estonian 1 *a* virolainen, eestiläinen **2** *s (kieli)* viro
estrange etäännyttää, vieraannuttaa *(ihmissuhteissa)* (***from*** jstak, jksta); ***the argument ~d him from his family*** riita vieraannutti hänet perheestään
estuary [joen]suu *(johon vuorovesi vaikuttaa)*
etc. *(= et cetera)* jne., ja niin edelleen
etch etsata, syövyttää
eternal ikuinen
eternity ikuisuus
ether *(kem)* eetteri
ethic[s] etiikka, moraalifilosofia
EU *(= the European Union)* EU, Euroopan unioni
Europe Eurooppa
European 1 *a* eurooppalainen; *ks. myös* ***EC, ECU, EMS, EMU, EU*** **2** *s* Euroopan
the European Union Euroopan unioni
euthanasia armomurha
evacuate tyhjentää, evakuoida
evade välttää, karttaa
evaluate arvioida
evaporate haihtua, haihduttaa
evasion karttaminen, välttely; veruke; *(verojen, lain)* kiertäminen, kierto
evasive välttelevä, kartteleva
eve aatto
even 1 *a* tasainen, sileä; parillinen, tasa-; sujut, tasoissa; ***get ~ with sb*** päästä tasoihin, maksaa samalla mitalla **2** *adv* jopa, vieläpä; ***not ~***

ei edes; ~ ***so*** siitä huolimatta **3** *v* tasoittaa; tasoittua
even if, even though vaikka
evening ilta; ***in the ~*** illalla; ***this ~*** tänä iltana
evening dress iltapuku
event tapahtuma; tapaus; urheilulaji *(kilpailuissa)*; ***in the ~ of rain*** sateen sattuessa; ***the cultural ~s of the week*** viikon kulttuuritapahtumat; ***in any ~, at all ~s*** joka tapauksessa
eventful vaiheikas
eventuality mahdollisuus
eventually lopulta
ever koskaan, milloinkaan; yleensä, ollenkaan; ***have you ~ been to Greece?*** oletko koskaan käynyt Kreikassa?; ***~ so polite*** niin kovin kohtelias; ***thank you ~ so much!*** sydämelliset kiitokset!; ***for ~*** ikuisesti; ***what ~ are you doing?*** mitä ihmettä sinä touhuat?; ***~ after*** ikuisesti, elämänsä loppuun saakka; ***~ since*** [aina] siitä lähtien [kun]
evergreen ikivihreä
everlasting ikuinen
every jokainen; ***~ time I see him*** aina kun näen hänet; ***~ other week*** joka toinen viikko; ***~ ten minutes*** kymmenen minuutin välein
everybody *(henk)* jokainen, kaikki; ***~ brought something to eat*** jokainen toi jotakin syötävää; ***~ knows that!*** senhän nyt tietää jokainen!
everyday arki-, joka|päiväinen
everyone = ***everybody***
every one [of] *(henkilöistä, asioista)* jokainen, jokaikinen; ***every one of them passed*** jokainen heistä pääsi läpi
everything kaikki
everywhere kaikkialla, joka paikassa
evict häätää
evidence 1 *s* osoitus, merkki; *(lak)* todistus[aineisto], näyttö (***of*** jstak); todistus, todistajanlausunto **2** *v* todistaa, osoittaa
evident ilmeinen, selvä
evidential todisteisiin perustuva
evidently ilmeisesti, selvästi
evil 1 *a* paha, ilkeä **2** *s* pahuus; epäkohta
evoke manata esiin, herättää *(muistoja, tunteita)*
evolution kehitys, evoluutio
evolve kehittää, kehittyä
ewe emälammas
ex[-] entinen
exact tarkka, täsmällinen
exactly täsmälleen; aivan, juuri niin
exaggerate liioitella
exaggeration liioittelu
exalt ylistää; korottaa
exam koe, tentti
examination tutkimus, tarkastus; tutkinto, tentti
examine tutkia, kuulustella
example esimerkki; ***for ~*** esimerkiksi
exasperate raivostuttaa, ärsyttää
exasperated raivoissaan
excavate kovertaa ontoksi; kaivaa esiin
excavation kaivaminen, kaivaus
exceed ylittää
exceedingly äärimmäisen, tavatto-

man
excel viedä voitto, olla etevämpi kuin; olla etevä *t.* mestari (***in***, ***at*** jssak); ~ ***o.s.*** ylittää itsensä, kunnostautua
excellent erinomainen, mainio
except 1 *adv*: ***except [for]*** lukuun ottamatta, paitsi **2** *v* jättää lukuun ottamatta, sulkea pois; ***nobody ~ed*** ketään unohtamatta
excepting lukuun ottamatta, paitsi
exception poikkeus (***from***, ***to*** jstak); poissulkeminen; ~ ***to the rule*** poikkeus säännöstä; ***by way of*** ~ poikkeuksellisesti; ***with the*** ~ ***of*** lukuun ottamatta, poikkeuksena
exceptional poikkeuksellinen
exceptionally poikkeuksellisesti
excess 1 *s* liika, kohtuuttomuus; ylimenevä osuus; ***there is an ~ of violence in that film*** siinä elokuvassa on liikaa väkivaltaa; ***she drinks to*** ~ hän juo liikaa; ***in ~ of*** yli, enemmän kuin **2** *a* liika-, ylimenevä; ~ ***luggage*** matkatavaroiden liikapaino
excess demand liikakysyntä
excessive yletön, liiallinen
excessively erittäin, ylettömän, liiallisen; ylettömästi, liiallisesti
excess supply liikatarjonta
exchange 1 *v* vaihtaa **2** *s* vaihtaminen, vaihto; rahanvaihto; pörssi; puhelinkeskus; ~ ***rate***, ***the rate of*** ~ [vaihto]kurssi; ***in ~ of*** jkn vastineeksi, sijasta
exchange student vaihto-oppilas
excitable helposti kiihottuva; kiivas
excite kiihottaa, ärsyttää; herättää
excited kiihtynyt, kiihottunut; innostunut
excitement jännitys; into; mielenkuohu, kiihtymys
exciting jännittävä
exclaim huudahtaa
exclamation huudahdus
exclamation mark huutomerkki
exclude sulkea pois, jättää ulkopuolelle
exclusion poissulkeminen
exclusive yksin[omainen]; poissulkeva, valikoiva; hieno, laatu-, tasokas; ***an ~ hotel*** hieno *t.* korkeatasoinen hotelli; ~ ***right*** yksinoikeus; ~ ***of*** ilman, lukuun ottamatta
exclusively yksinoikeudella; yksinomaan, ainoastaan
excrete erittää
excretion eritys
excursion [huvi]retki
excursionist retkeilijä, [huvi]matkailija
excuse 1 *v* antaa anteeksi; puolustaa, puolustella; saada lupa [olla poissa *t.* poistua] (***from*** jstak); ~ ***me*** anteeksi **2** *s* anteeksipyyntö; puolustus; veruke; vapautus
execute suorittaa, toteuttaa; panna täytäntöön; esittää *(rooli, musiikkia ym.)*; teloittaa
execution suoritus, toteutus; toimeen-, täytäntöön|pano, teloitus
executive 1 *a* toimeen-, täytäntöön|paneva **2** *s* johtohenkilö, päällikkö, johtaja; toimeenpaneva elin *t.* viranomainen
executive class *(lentokoneissa)* business-luokka
executive producer *(tv, elok)* tuot-

taja, tuotantopäällikkö
executive team johtoryhmä
exemplary esimerkillinen, mallikelpoinen
exemplify olla esimerkkinä jstak; havainnollistaa [esimerkein]
exempt [from] 1 *a* vapaa, vapautettu jstak **2** *v* vapauttaa jstak
exercise 1 *s* harjoitus; liikunta **2** *v* harjoitella; liikkua, harjoittaa *(kuntoa, lihaksia)*; harjoittaa *(tointa, toimintaa)*; käyttää *(valtaa, oikeuksia ym.)*; harjaannuttaa, treenata, ulkoiluttaa *(hevosia, koiria)*
exert käyttää *(voimaa, valtaa)*; *~ o.s.* ponnistella, rasittaa itseään; *~ pressure on sb* painostaa jkta
exertion käyttö; harjoitus; ponnistelu, rasitus
exhale hengittää [ulos]; huokua
exhaust 1 *v* kuluttaa loppuun; uuvuttaa **2** *s* pakokaasu; poisto
exhausted tyhjennetty, kulunut; lopussa; nääntynyt, lopen uupunut
exhausting tyhjentävä
exhaustion tyhjennys, loppuunkuluminen; nääntymys, uupumus
exhaust pipe pakoputki
exhibit 1 *v* asettaa näytteille, esitellä; osoittaa **2** *s* näyttelyesine; todistuskappale
exhibition näyttely
exile 1 *v* ajaa maanpakoon; karkottaa [maasta] **2** *s* maanpako[laisuus]; karkotus; maanpakolainen, maastakarkotettu
exist olla olemassa
existence olemassaolo, elämä
existent [nykyään] olemassa *t.* jällä oleva; ***the only copy ~*** ainoa olemassa oleva kappale
existing olemassa oleva; vallitseva, nykyinen, silloinen
exit ulos[käynti], uloskäytävä; poistuminen
Exodus 2. Mooseksen kirja, Exodus
exodus maastamuutto, lähtö
exonerate vapauttaa syytteestä
exorbitant kohtuuton
exorcism *(henkien)* [pois]manaaminen, eksorsismi
exorcist [henkien]manaaja
exotic eksoottinen, vieras
expand laajentaa; laajentua
expansion laajeneminen; laajennus
expansive laaja
expect odottaa tapahtuvaksi *t.* tulevaksi; arvella, luulla, olettaa; ***we are ~ing him at five*** odotamme häntä viideksi; ***I ~ed to meet him at the party*** odotin *t.* oletin tapaavani hänet kutsuilla; ***she is ~ing a baby*** hän odottaa vauvaa
expectant odottava
expectation odotus, toive
expedient 1 *a* tarkoituksenmukainen, sopiva **2** *s* keino
expedite jouduttaa, kiirehtiä
expedition retki[kunta]
expel karkottaa; erottaa [koulusta]
expend kuluttaa, käyttää *(aikaa, energiaa ym.)*
expenditure menot, kustannukset (***on*** jhk käytetyt)
expense kustannus, menoerä; ***it's too much of an ~*** se tulee liian kalliiksi; ***at my ~*** minun kustannuksellani

expenses kustannukset, kulut
expensive kallis
experience 1 *s* kokemus, elämys; kokeneisuus **2** *v* kokea
experienced kokenut
experiment 1 *s* koe, testi **2** *s* kokeilla, testata (***on*** jtak, jkta)
experimental kokeellinen
expert 1 s asiantuntija, ekspertti; **2** *a* asiantunteva
expertise [asian]tuntemus, [ammatti]taito
expiration uloshengitys; umpeenkuluminen
expire hengittää ulos; mennä *t.* kulua umpeen; kuolla
explain selittää
explanation selitys
explanatory selittävä
explanatory note *(kirjassa ym.)* [ala]huomautus, selitys, viite
explicable selitettävissä [oleva]
explicit selkeä, selvä[sanainen]; suorasukainen, paljastava; ***I am being ~*** puhun nyt suoraan
explode räjähtää; räjäyttää
exploit 1 *v* käyttää hyväkseen; riistää **2** *s* urotyö
exploitation hyväksikäyttö; riisto
explore tehdä tutkimusmatka; tutkia
explorer tutkimusmatkailija
explosion räjähdys; räjähdysmäinen kasvu
explosive räjähdysaine
exponent *(suunnan ym.)* edustaja, kannattaja
export 1 *v* viedä [maasta] **2** *s* vienti, vienti|tavara, -kauppa; ***~ service*** vientipalvelu
expose panna *t.* asettaa alttiiksi; paljastaa; vaarantaa, jättää heitteille; asettaa näytteille *t.* esille; *(valok)* valottaa; ***~ o.s.*** asettaa itsensä alttiiksi; paljastaa *t.* riisua itsensä
exposure alttiina oleminen; paljastaminen; vaarantaminen, heitteillejättö; *(valok)* valotusaika; kuva [filmillä]
express 1 *v* lausua, ilmaista **2** *a* tarkka, ilmetty; selvä, nimenomainen; pika-; ***she is the ~ image of her mother*** hän on ilmetty äitinsä; ***I got an ~ letter from home*** sain pikakirjeen kotoa **3** *s* pika|juna, -vuoro; pika|lähetti, -viesti, -kuljetus; ***by ~*** kiitotavarana, pikana **4** *adv* pika|lähetyksenä, -postina, pikana; ***send the parcel ~*** lähetä paketti pikana *t.* pikapostissa
expression ilmaus; ilme
expressive ilmeikäs; ilmaiseva, ilmentävä (***of*** jtak)
expressly nimenomaan; varta vasten
expressway *(Am)* moottoritie
expropriation pakkolunastus
expulsion karkotus; [koulusta] erottaminen
exquisite erittäin hieno *t.* tasokas; hienostunut, laadukas *(ravintola, hotelli ym.)*; herkkä, tarkka *(maku, silmä ym.)*; erittäin kaunis *t.* taidokas *t.* laadukas *(esine, vaate, ruoka, viini)*
ex-serviceman rintamamies, veteraani
extend ojentaa; pidentää, laajentaa; ulottua
extension laajennus, jatko[s]; ala-

numero
extensive laaja, kattava
extent laajuus; määrä; ***to a great ~*** suuressa määrin
extenuat|e lieventää; ***-ing circumstances*** lieventävät asianhaarat
exterior ulko-, ulko|puoli, -pinta
exterminate hävittää sukupuuttoon
external ulkoinen, ulkopuolinen; ***for ~ use only*** vain ulkoiseen käyttöön
extinct sukupuuttoon kuollut; sammunut
extinction sukupuuttoon kuoleminen; sammuttaminen, tukahduttaminen; sammuminen
extinguish sammuttaa, tukahduttaa
extinguisher = ***fire extinguisher***
extortion kiristys
extra ylimääräinen, lisä-; erikoinen; erikoisen, erikois-; *(lehden)* ylimääräinen *t.* erikoisnumero; ***I need some ~ money*** tarvitsen hiukan ylimääräistä; ***they charge ~ for using the pool*** uima-altaan käytöstä veloitetaan erikseen
extract 1 *v* vetää, puristaa [ulos *t.* pois]; ***he had a tooth ~ed*** häneltä vedettiin hammas **2** *s* ote, katkelma *(tekstistä)*; uute, tiiviste
extraction hampaan poisto; louhinta; syntyperä
extraordinary epätavallinen; tavaton, kummallinen; ylimääräinen
extraterrestrial 1 *a* avaruus-, maapallon ulkopuolinen **2** *s* avaruusolio
extravagance ylellisyys; tuhlaavaisuus, liiallisuus
extravagant ylellinen, hyvin kallis; liiallinen; yliammuttu
extreme 1 *a* äärimmäinen **2** *s* äärimmäisyys
extremely äärettömän, äärimmäisen
extricate irrottaa, vapauttaa *(hankalasta paikasta t. tilanteesta)*
exuberance ylenpalttisuus
exuberant ylenpalttinen; uhkea, rehevä
exult riemuita, iloita
exultation riemu, ilo
eye silmä; silmukka, rengas; silmu; ***make ~s at sb*** luoda merkitseviä silmäyksiä jkhun; ***keep an ~ on him*** pidä häntä silmällä; ***before*** *t.* ***under my very ~s*** aivan silmieni edessä; ***she has an ~ for fashion*** hänellä on muotisilmää
eyeball silmämuna
eyebrow pencil kulmakynä
eyebrows kulmakarvat
eyelashes silmäripset
eyelid silmäluomi
eyeliner rajausväri
eye make-up remover silmämeikinpoistoaine
eye shadow luomiväri
eyesight näkö
eyewitness silminnäkijä

F

F *(Am)* hylätty *(arvosana)*
F = ***Fahrenheit*** Fahrenheitin asteikko; fahrenheitaste
f = ***foot***
fable [eläin]satu
fabric kangas, kudos; rakenne
fabric conditioner, **fabric softener** *(pyykin)* huuhteluaine
fabricate sepittää, keksiä; rakentaa, valmistaa
fabulous uskomaton; tarunomainen
facade julkisivu
face 1 *s* kasvot; etusivu, pinta; kellotaulu; ***make ~s*** irvistellä; ***~ to ~*** kasvotusten, vastakkain; ***have the ~ to*** olla otsaa **2** *v* kohdata [rohkeasti]; katsoa silmästä silmään; olla [kääntyneenä] jhk päin; olla jkta vastapäätä; ***you'll just have to ~ the truth*** sinun vain täytyy kestää totuus
face-lift kasvojenkohotus[leikkaus]
face out kohdata, kestää
facet pinta, viiste; näkökohta
face-to-face kahdenkeskinen, henkilökohtainen; ***the two leaders had a ~ meeting*** johtajilla oli kahdenkeskinen tapaaminen
face up to kohdata rohkeasti
face value nimellisarvo
facilitate helpottaa
facilities palvelut, mukavuudet; edut; mahdollisuudet; yhteydet; välineet, laitteet; ***the hotel offers excellent sporting ~*** hotelli tarjoaa erinomaiset urheilumahdollisuudet; ***good transport ~*** hyvät kulkuyhteydet
facsimile tarkka jäljennös; kuvansiirto; telefax[laite]; *ks.* ***fax***
fact tosiasia, asianlaita; ***in ~*** itse asiassa; ***~s and figures*** tarkat tiedot; ***the ~s of life*** sukupuoliasiat
factitious keinotekoinen, epäaito
faction puolueryhmä, ryhmittymä; puolueriita, eripuraisuus
factor tekijä, seikka
factory tehdas
faculty tiedekunta; kyky
fad *(lyhytaikainen)* muoti-ilmiö, hullutus; tarkka näkemys jstak
faddish muotihullu, muoti-
fade [away] haalistua; kuihtua, häipyä
fade out häivyttää
fag *(Br sl)* savuke, rööki; *(Br)* tylsä homma; *(Am sl)* homo
faience fajanssi
fail 1 *v* epäonnistua; jättää tekemättä; jättää pulaan, pettää; *(kokeessa, tentissä)* hylätä, reputtaa; saada *t.* antaa reput (ala-arvoinen); *(laitteista, mekanismeista ym.)* lakata käymästä, pysähtyä; heiketä; ***he ~ed to come*** hän ei tullutkaan; ***words ~ me*** olen sanaton; ***he ~ed the test*** hän ei päässyt läpi kokeesta **2** *s* reput, hylätty arvosana, ala-arvoinen; epäonnistuminen; ***without ~*** aivan varmasti
failure epäonnistuminen; epäonnistunut ihminen *t.* asia; vika, häiriö; laiminlyönti; vararikko, romah-

dus
faint 1 *a* heikko **2** *v* pyörtyä
fair 1 *a* vaalea; oikeudenmukainen, reilu; kohtalainen; kaunis; ***the ~ sex*** kauniimpi sukupuoli; ***~ and square*** reilusti, suoraan; ***a ~ copy*** puhtaaksikirjoitettu versio *t.* teksti **2** *s* messut, näyttely, markkinat
fair centre (center) messukeskus
fairground huvipuisto
fairly melko, kohtalaisen
fairness oikeudenmukaisuus, reiluus; kauneus; vaaleus
fairy keijukainen, haltiatar
fairy-tale satu
faith usko; uskollisuus
faithful uskollinen
faith healer henkiparantaja
faithless petollinen, uskoton
fake 1 *s* huijaus, väärennös; huijari, teeskentelijä **2** *a* väärennetty **3** *v* väärentää, teeskennellä
falcon haukka
fall 1 *v (fell fallen)* pudota, kaatua; *(joesta, hinnoista)* laskea; *(lumesta, vedestä ym.)* tulla, sataa **2** *s* putoaminen; kukistuminen; vesiputous; *(Am)* syksy
fallacious harhaanjohtava; väärä
fallacy harhakäsitys; pettävyyys; virheellisyys
fall due langeta maksettavaksi
fallen *ks.* ***fall***; kaatunut, langennut
fall for sth *(kuv)* mennä lankaan; ihastua jhk
fallible erehtyväinen
fall ill sairastua
falling star tähdenlento
fall in love with rakastua jkhun
fall in with suostua jhk
fall off vähentyä, heikentyä; ***the demand has fallen sharply*** kysyntä on heikentynyt rajusti
fall out riidellä (***over*** jstak); sattua, käydä; ***let's see how things will fall out*** katsotaan mitä tapahtuu, kuinka käy
fallout [saaste]laskeuma
fallow 1 *s* kesanto **2** *a* ruskeankeltainen
fallow deer kuusipeura
fall through epäonnistua, mennä mönkään *t.* pieleen
fall to aloittaa; osua kohdalle
false väärä, petollinen; irto-, teko-; ***~ alarm*** väärä hälytys; ***~ start*** varaslähtö; ***~ teeth*** tekohampaat
falsify väärentää, muutella
falter epäröidä, horjua; änkyttää
fame maine
famed maineikas
familiar tuttavallinen; tuttu (***to*** jklle); perehtynyt (***with*** jhk); ***I'm not ~ with his background*** en tunne hänen taustaansa
familiarity tuttavallisuus; perehtyneisyys
familiarize perehdyttää, tutustuttaa (***with*** jhk, jkhun)
familiarize o.s. perehtyä, tutustua (***with*** jhk, jkhun)
family perhe, suku
famish nähdä nälkää
famous kuuluisa (***for*** jstak)
fan 1 *s* viuhka, tuuletin; ihailija, fani **2** *v* leyhytellä; lietsoa
fanatic kiihkoilija, fanaatikko
fanatical fanaattinen, kiihko[mielinen]
fanciful mielikuvituksellinen; erikoinen
fancy 1 *s* mielikuvitus, kuvitelma;

päähänpisto; mieltymys; ***take a ~ to*** mieltyä jhk **2** *v* kuvitella; pitää jstak *t.* jksta, tehdä mielellään jtak **3** *a* erikoinen; mieletön, uskomaton; mielikuvitus-; kirjava, koriste-; ylellisyys-, hieno
fang tora-, myrkky|hammas
fantastic fantastinen; mielikuvituksellinen
fantasy mielikuvitus, kuvitelma; fantasia
far kaukana, kauas; ***how ~ is it?*** kuinka pitkä matka sinne on?; ***it's too ~ to walk*** sinne on liian pitkä kävelymatka; ***by ~*** ehdottomasti, ilman muuta; ***~ from*** kaukana jstak, kaikkea muuta kuin; ***he'll go ~*** hän pääsee vielä pitkälle; ***as ~ as you are concerned*** mitä sinuun tulee
far-away, far-off kaukainen, etäinen
farce farssi; ilveily
fare [kuljetus]maksu, -taksa; matkalipun hinta; ruoka; ohjelma
the Far East Kaukoitä
farewell hyvästi; jäähyväis-; ***a ~ party*** läksiäiset, läksiäisjuhla
farm 1 *s* maa|talo, -tila; farmi **2** *s* viljellä
farmer maanviljelijä, farmari
farming maanviljely
farsighted kaukonäköinen
fart *(ark)* pieru
farther kauempana, kauemmas
farthest kauimpana, kauimmas; kaukaisin
fascinate kiehtoa, lumota
fascinating kiehtova, lumoava
fashion 1 *s* muoti; tapa; ***in ~*** muodissa; ***out of ~*** pois muodista **2** *v* muotoilla; muovata
fashionable muodikas[ta]; muodissa, suosittu
fashionably muodinmukaisesti
fashion-conscious muotitietoinen
fast 1 *a, adv* nopea; nopeasti, luja; lujasti; *(tekstiilin väristä)* pysyvä; *(kellosta)* edellä; ***~ asleep*** sikeässä unessa **2** *v* paastota
fasten kiinnittää; ***~ your seat belts*** kiinnittäkää turvavyönne
fastener *(vaatteessa oleva)* kiinnike *(neppari, hakanen ym.)*; ***could you do up the ~s on the back of my dress?*** laittaisitko pukuni takaa kiinni?
fastening kiinnike, salpa, haka *(ovessa, ikkunassa)*
fast food pikaruoka; ***~ restaurant*** hampurilaispaikka, pikabaari
fastidious nirso, niuhottaja
fasting paastoaminen
fastness lujuus; *(tekstiilin värin)* pysyvyys; linnoitus
fat 1 *s* rasva **2** *a* lihava; rasvainen
fatal kohtalokas, tuhoisa; kuolettava
fate kohtalo
fateful kohtalokas, ratkaiseva
father isä
Father Christmas *(Br)* joulupukki
father-in-law appi
fatherless isätön
fathom syli *(syvyysmitta 1,80 m)*
fatigue 1 *s* väsymys, rasitus **2** *v* väsyttää, rasittaa
fatness lihavuus
fatten lihottaa
fatty rasvainen; *(ark)* paksukainen, läski[kasa]
fatuous älytön, typerä

faucet tynnyri; tappi; putken pää; *(Am)* hana, kraana
fault virhe, vika, syy; ***it's not my ~*** se ei ole minun syyni
fault-finding kärkäs moittimaan; joka asiasta naputtava
faultless virheetön
faulty virheellinen, viallinen
favo[u]r 1 *s* suosio, suosionosoitus; etu, hyöty; palvelus; ***it's all in your ~*** se on vain sinun [omaksi] eduksesi; ***are you in ~ of nuclear energy?*** kannatatko ydinvoimaa?; ***would you do me a ~?*** tekisitkö minulle palveluksen?; ***with ~*** suopeasti **2** *v* suosia
favo[u]rable suopea, suosiollinen; edullinen; ***on ~ terms*** edullisin ehdoin
favo[u]rite suosikki[-], lempi-; ***teacher's ~*** opettajan lemmikki; ***he is my ~ actor*** hän on lempinäyttelijäni
fear 1 *s* pelko **2** *v* pelätä
fearful pelottava, hirveä; pelokas
fearless peloton
feasible mahdollinen [toteuttaa], toteutettavissa [oleva]
feast 1 *s* juhla[t], pidot **2** *v* juhlia, kestitä
feat urotyö
feather höyhen
feature 1 *s* piirre, ominaisuus; *(ohjelman)* erikoisuus, päänumero; *(lehden, liikkeen)* erikoisartikkeli **2** *v* olla tyypillistä, antaa leimansa jllek; olla pääosassa; ***this film ~s Meryl Streep*** M.S. on tämän elokuvan pääosassa; ***fish ~s largely in their diet*** kalaruoalla on suuri osuus heidän ravinnossaan
feature film pitkä *t.* kokoillan elokuva
February helmikuu; ***in ~*** helmikuussa
fecundity *(maan)* hedelmällisyys
fed *ks.* ***feed***
federal liitto-, liittovaltion; *(Am hist)* Pohjoisvaltioiden, federalistinen
Federal Bureau of Investigation, FBI USA:n liittovaltion poliisi
federal republic liittotasavalta
federation valtioliitto; liittovaltio; [katto]järjestö, [keskus]liitto
fed up kyllästynyt (***with*** jhk, jkhun)
fee palkkio, maksu
feeble heikko
feed 1 *v (fed fed)* ruokkia, syöttää *(vauvoja, eläimiä, koneita)*; lannoittaa *(viherkasveja)*; *(karjasta)* laiduntaa (***on*** jtak); ***cows ~ on grass*** lehmät syövät ruohoa **2** *s* rehu[annos], eläintenruoka; syöttö; ***how many ~s a day does the baby get?*** kuinka monta syöttöä vauvalla on päivässä?; ***there is a blockage in the petrol ~*** polttoaineen syötössä on tukos
feedback palaute
feel *(felt felt)* tuntea; tuntea olonsa *t.* itsensä jksik; ***I don't ~ so well*** minulla on hiukan huono olo; ***he doesn't ~ like going*** häntä ei huvita lähteä; ***do you ~ up to it?*** luuletko pystyväsi siihen?
feeler tuntosarvi
feeling tunto; tunne, mieliala; tunnelma
feet *ks.* ***foot***
feign teeskennellä; keksiä, sepittää
felicity onni; onnistunut valinta

fell 1 *v* hakata, kaataa *(puita, metsää)*; *ks.* ***fall*** **2** *s* tunturi
fellow toveri, kaveri; veikko, tyyppi
fellowship toveruus; yhteys; stipendi
fellow traveller matkatoveri
fellow worker työtoveri
felony törkeä rikos
felt 1 *v ks.* ***feel*** **2** *s* huopa
felt-tip pen huopakynä, tussi
female nais[puolinen], naaras
feminine naisellinen; feminiini-
fence 1 *s* aita[us] **2** *v* aidata; miekkailla; väistää
fencing miekkailu; aita, aitatarvikkeet
fender takanristikko, arina; *(Am)* lokasuoja; *(mer)* puskuri
fend for huolehtia jstak
fend off torjua
ferment 1 *s (kem, ruok)* käyteaine **2** *v* panna käymään, käyttää; *(kuv)* kuohuttaa, kiihdyttää
fermentation *(kem, ruok)* käyminen, käymistila; *(kuv)* kuohunta, käymistila
fern saniainen
ferocious villi, hurja
ferroconcrete rautabetoni
ferry 1 *s* lautta **2** *v* kuljettaa lautalla
ferryboat autolautta
fertile hedelmällinen
fertility hedelmällisyys
fertilize lannoittaa; hedelmöittää
fertilizer lannoite
fervent kuuma-; palava, harras
fervo[u]r hehku, palava into
fester *(haavasta)* märkiä, tulehtua
festival juhla[tapahtuma], festivaali, festari
festive juhla-, juhlava
festivit|y juhlallisuus; juhla[tapahtuma]; ***wedding -ies*** hääjuhlallisuudet
festoon köynnös[koriste]
fetch noutaa; tuottaa [rahaa]
f[o]etus sikiö
feud [suku]riita, kiista
feudal läänitys-, feodaali-
fever kuume
feverish kuumeinen
few harvat; vähän; ***a ~*** muutam[i]a; ***very ~ know it*** hyvin harvat tietävät sen; ***she has made a ~ new friends here*** hän on saanut muutaman uuden ystävän täältä; ***very ~ mistakes*** hyvin vähän virheitä; ***a ~ pictures*** muutamia valokuvia
fiancé sulhanen
fiancée morsian
fib 1 *s* hätävalhe **2** *v* keksiä hätävalhe
fibre säie, syy
fibreglass lasikuitu
fickle vaihteleva, oikullinen
fiction kaunokirjallisuus; juttu, taru, satu; ***facts and ~*** totta ja tarua
fictitious keksitty, vale-
fiddle vinguttaa viulua; hypistellä, näplätä
fiddler viulun|soittaja, -niekka
fidelity uskollisuus; tarkkuus
fidget 1 *v* liikehtiä levottomasti, kiehnata **2** *s* hermostunut levottomuus *t.* liikehdintä
field pelto; kenttä; ala
field glasses kiikari[t]
field marshal sotamarsalkka
field of vision näkökenttä, näkymä
field trip opintoretki

fierce raivokas; kiivas, kiukkuinen; raju
fiery tulinen
fifteen viisitoista
fifth viides
fiftieth viideskymmenes
fifty viisikymmentä
fig viikuna[puu]; ***I don't care a ~ for it*** en välitä siitä pennin vertaa
fight 1 *v (fought fought)* taistella; tapella **2** *s* taistelu, tappelu; ***put up a good ~*** pitää puolensa, taistella urhoollisesti
fighter taistelija; *(ilm)* hävittäjä
figure 1 *s* hahmo; kuvio, kuva; vartalo; numero **2** *v* esittää kuvin, kuvata; laskea; esiintyä, näkyä; ***that ~s*** se sopii kuvioon, pitihän se arvata, niinpä tietysti
figured kuviollinen
figured bass kenraalibasso
figurehead *(myös kuv)* keulakuva
figure out keksiä, tajuta; *(Am)* laskea, arvioida
figure skating taitoluistelu
filament kuitu, säie, rihma
file 1 *s* kortisto, kansio, mappi; asiakirjat; tiedot jstak; *(atk)* tiedosto; jono, rivi; viila; *(sot)* ruotu **2** *v* järjestää, arkistoida; taltioida, tallentaa; viilata
file card arkistokortti
file copy arkistokappale, taltio
filing arkistointi; taltiointi, tallentaminen
fill täyttää, täyttyä; paikata *(hammas)*
fillet filee
fill in, fill out täydentää, täyttää *(lomake ym.)*
filling täyttäminen, täyttö; *(hampaan)* paikka; *(ruok)* täyte
filling station huoltoasema
filly tammavarsa
film 1 *s* filmi, elokuva; kalvo, kelmu **2** *v* filmata, kuvata
filter 1 *s* suodatin, filtteri **2** *v* suodattaa
filth lika, saasta
filthy likainen, saastainen
fin evä; siiveke; *(Am)* uimaräpylä; *(ark)* viiden taalan seteli
final lopullinen; loppu-; finaali, loppukilpailu; ***he got through to the ~s*** hän pääsi loppukilpailuihin; ***~ act*** päätösasiakirja; ***is this your ~ offer?*** onko tämä lopullinen tarjouksenne?
finale *(mus, teatt)* finaali, loppu[kohtaus]; *(kuv)* lopetus, päätös
finally lopulta[kin], vihdoin[kin]
finance 1 *s* [raha]talous, varainhoito; ***the Minister of F~*** valtiovarainministeri **2** *v* hankkia pääomaa jllek, rahoittaa
finances finanssit, raha-asiat
financial raha[taloudellinen]-, rahoitus-; taloudellinen, finanssi-
find *(found found)* löytää, havaita; olla jtak mieltä; ***I don't ~ it amusing*** minusta se ei ole huvittavaa
finding tulos; löydös; *(lak) (valamiehistön t. tuomarin)* päätös
find out saada *t.* ottaa selville
fine 1 *a* hieno, kaunis, ihana **2** *s* sakko **3** *v* sakottaa; kirkastaa, puhdistaa
fine arts kuvataiteet; *(vanh)* kaunotaiteet
finery hepenet, koristukset
finger 1 *s* sormi; ***cross one's ~s, keep one's ~s crossed*** pitää peuk-

kua; ***he never lifted a ~*** hän ei koskaan pannut rikkaa ristiin; ***he has sticky ~s*** hän on pitkäkyntinen, varastelee **2** *v* sormeilla
fingernail [sormen] kynsi
fingerprint sormenjälki
finger reading pistekirjoituksen lukeminen
fingertip sormenpää
finish 1 *v* lopettaa, päättää **2** *s* loppu, päätös; pintakäsittely; *(urh)* maali; ***from start to ~*** alusta loppuun
finishing line maaliviiva
finishing touches viimeistely
Finland Suomi
Finn suomalainen; ***the Finns*** suomalaiset
Finnish 1 *a* suomalainen **2** *s (kieli)* suomi
fiord, fjord vuono
fir, firtree havupuu
fire 1 *s* tuli[palo], valkea; hehku, polte; *(sot)* tulitus; ***set on ~, set ~ to*** sytyttää [palamaan *t.* tuleen]; ***on ~*** tulessa; ***catch t. take ~*** syttyä [palamaan *t.* tuleen] **2** *v* sytyttää; laukaista; tulittaa; erottaa, antaa potkut
fire alarm palo|hälytys, -hälytin
fire brigade *(Br)* palokunta
firecracker sähikäinen
fire department *(Am)* palokunta
fire drill paloharjoitus
fire extinguisher sammutin
fireman palomies
fireplace takka, tulisija
fire station paloasema
firewood polttopuut
firework ilotulitusraketti
fireworks ilotulitus
firing ammunta, ammuskelu
firm luja; toiminimi, firma
first ensimmäinen; ensiksi, ensin; ensimmäisen kerran; ***at ~*** ensiksi; ***~ of all*** heti ensimmäiseksi, ennen kaikkea; ***~ thing in the morning*** heti ensimmäiseksi aamulla; ***~ lady*** ensimmäinen nainen, presidentin puoliso
firstly ensinnäkin
first-rate ensiluokkainen
firth *(Skotl)* vuono, joensuu
fish 1 *s* kala **2** *v* kalastaa
fish and chips *(englantilainen pikaruoka)* öljyssä tiristettyä kalaa ja ranskalaisia perunoita
fishcake kala|pulla, -pyörykkä
fisheries kalavedet
fisherman kalastaja
fishing kalastus
fishy kala[n]-; epäilyttävä
fission fissio, jakautuminen
fissure halkeama
fist nyrkki
fit 1 *a* sopiva; hyvässä kunnossa [oleva] **2** *v* sopia, sovittaa; ***this skirt doesn't ~ me*** tämä hame ei sovi *t.* mahdu minulle; ***the description ~s her*** kuvaus sopii häneen; ***the key doesn't ~ the lock*** avain ei käy lukkoon; ***a ~ted carpet*** kokolattiamatto **3** *s* kohtaus, puuska
fit [for] kykenevä, kelvollinen jhk
fitful puuskittainen
fit in sopia *t.* sopeutua jhk *(joukkoon, kuvioon ym.)*; sovittaa yhteen jkn kanssa; mahduttaa *(esim. aikatauluun, päivyriin)*; ***the doctor can fit you in on Wednesday*** lääkäri voi antaa teille ajan keski-

viikoksi
fit into mahtua, sopia jhk; ***I don't fit into my old skirt any more*** en mahdu enää vanhaan hameeseeni
fitness sopivuus; kunto
fitter ompelija; asentaja
fitting sovitus, sovittaminen; asennus, laittaminen; sopiva, sovelias; *(vaatteesta)* istuva
fitting room sovitus|huone, -koppi
fittings laitteet, varusteet; asennus
five viisi
fivefold viisinkertainen
fix 1 *v* kiinnittää; sopia, suunnitella; määrätä, sopia *(hinta, päivämäärä)*; hoitaa, järjestää; panna kuntoon; tehdä kiinteäksi, jähmettää; vakiinnuttaa; korjata; *(Am)* valmistaa, laittaa *(syötävää t. juotavaa)*; ***can I ~ you a drink?*** voinko tarjota *t.* laittaa teille jotain juotavaa?; ***have you got anything ~ed for the weekend?*** oletteko sopineet mitään viikonlopuksi? **2** *s* pulma, ahdinko; ***we are in a real ~*** olemme tosi pinteessä
fixative fiksatiivi, kiinnite
fixed kiinteä; sovittu, päätetty
fixed idea päähänpinttymä
fixture [kiinteä] kaluste; kantahenkilö
fixtures [kiinteä] kalusto, laitteet;
fix up [with] järjestää, laittaa [kuntoon]; järjestää *t.* hankkia jtak jklle, järjestää majapaikka, antaa yösija; ***we can fix you up for the night*** me voimme majoittaa teidät yöksi; ***can you fix us up with an extra bed?*** voitteko järjestää meille lisävuoteen?
fizz 1 *v* poreilla; sihistä, sähistä **2** *s* poreilu; sähinä, sihinä
fjord = ***fiord***
flabbergasted ällistynyt, tyrmistynyt
flabby vetelä, veltto *(lihakset)*; *(kuv)* lepsu
flag 1 *s* lippu; *(kasv)* kurjenmiekka **2** *v* liputtaa; vähetä, laimeta
flag of convenience *(mer)* mukavuuslippu
flagpole lipputanko
flagrant ilmi[selvä]; räikeä, huutava
flagstone laattakivi, kivilaatta
flake hiutale; liuska, lastu
flake [off] kesiä, varista
flame 1 *s* liekki **2** *v* liekehtiä, loimuta
flank 1 *s* sivu[sta], kylki **2** *v* olla jnk sivulla
flannel [villa]flanelli; *(Br)* pesulappu
flap 1 *v* lepattaa; räpytellä; läimäyttää **2** *s* liuska, läppä, lätkä; lieve, käänne, kaistale; läimäys, lyönti; *(pöydän)* laskulevy, jatkopala
flare 1 *v* loimuta, leimahtaa **2** *s* loimu, roihu; merkkivalo, valoammus; hätäraketti
flash 1 *v* leimahtaa, välähtää; väläyttää **2** *s* leimaus, välähdys; salamavalo; ***[news] ~*** ylimääräinen uutislähetys, uutisvälähdys
flashback takauma, muistikuva
flashlight salamavalo; *(Am)* taskulamppu, [kannettava] lyhty
flask pullo; taskumatti; termos-[pullo]
flat 1 *a* laakea, tasainen; laimea, tylsä; *(olut ym.)* väljähtänyt; *(paristo)* tyhjä; *(mus)* alennettu

2 *s* huoneisto; tasanko; *(mus)* alennusmerkki
flatlet [pieni] huoneisto; ***a two-room ~*** kaksio
flatten tasoittaa
flatter imarrella
flattery imartelu
flat tire rengasrikko, tyhjentynyt rengas
flatulence ilmavaivat
flavo[u]r tuoksu, aromi; maku; sävy, tuntu
flavo[u]red jnk makuinen; ***straw-berry-~*** mansikka-, mansikkainen
flaw vika, särö
flax pellava
flay *(myös kuv)* nylkeä; *(vanh)* ruoskia
flea kirppu
flea market kirpputori
fled *ks.* ***flee***
fledgling linnunpoikanen
flee *(fled fled)* paeta, karata
fleece 1 *s* lampaanvilla **2** *v* keritä, nylkeä
fleecy villava
fleet laivasto, laivue
fleeting nopea, katoava
flesh *(ihmisen)* liha; ***the film made my ~ creep*** elokuva oli karmaiseva; ***they are my own ~ and blood*** olemme samaa lihaa ja verta, he ovat minulle sukua
fleshy lihallinen
flew *ks.* ***fly***
flex 1 *v* taivuttaa, koukistaa, taivutella; taipua, koukistua **2** *s* liitäntäjohto
flexible taipuisa, joustava
flick 1 *s* näpäytys, näpsäys **2** *v* näpäyttää, näpsäyttää; naksauttaa *(esim. katkaisijaa)*; läimäyttää [kevyesti]; heilauttaa
flick [off] karistaa *(tuhka)*
flicker 1 *s* lepatus; välähtely, vipatus; *(kuv)* kipinä, pilkahdus **2** *v* lepattaa, välähdellä, vilkkua *(epätasaisesti)*; häälyä, vipattaa; lipoa kieltä
flick knife *(Br)* stiletti; *vrt.* ***switch-blade***
flier lentäjä
flight lento; lentue; pako; ***when is the next ~ to London?*** koska on *t.* lähtee seuraava lento Lontooseen?
flight attendant lentoemäntä, stuertti
flight control lennonjohto
flimsy ohut; heppoinen, hatara, hutera
flinch kavahtaa, vetäytyä [säpsähtäen]; ***without ~ing*** silmää räpäyttämättä
fling 1 *s* heitto **2** *v* *(flung flung)* singota, heittää; *~* ***o.s.*** heittäytyä
flint piikivi
flip pyöräyttää, laittaa pyörimään; *(ark)* saada raivari, keittää yli
flip-flops *(Br)* varvassandaalit
flip [up] heittää kruunaa ja klaavaa
flipper *(el)* räpylä; *(Br)* uimaräpylä
flirt 1 *s* flirttailija, flirtti [mies *t.* nainen] **2** *v* flirtata, pitää peliä
flirtation flirtti, flirttailu
flit lennellä, liihotella
float 1 *s* koho; lautta; juoma, jossa kelluu jäätelöä päällä; vaihtokassa **2** *s* kellua; uittaa *(esim. puuta)*
floating ajelehtiva, liikkuva; kelluva; uitto, uittaminen

flock 1 *s* lauma; nukka, nöyhtä; ***a ~ of sheep*** lammaslauma **2** *v* kerääntyä [laumaksi]
floe jäälautta
flog piiskata, ruoskia
flogging piiskaaminen, ruoskinta; selkäsauna
flood 1 *s* tulva **2** *v* tulvia; ***the F~*** *(raam)* vedenpaisumus
flooded veden *t.* tulvan peitossa *t.* vallassa
floodgate patoluukku
floodlight valonheitin
floor lattia; kerros; puheenvuoro; kuulijakunta, yleisö; ***on which ~?*** missä kerroksessa?; ***ground ~*** *(Br)* pohjakerros, ensimmäinen kerros *(katutasossa)*; ***first ~*** *(Br)* toinen kerros; *(Am)* pohjakerros, ensimmäinen kerros; ***who is having the ~ next?*** kenellä on seuraava puheenvuoro? *(kokouksessa)*; ***now we'll have questions from the ~*** nyt on yleisöllä tilaisuus esittää kysymyksiä
floor show [illan] ohjelma, show
floorwalker *(Am) (tavaratalon)* myymälä|emäntä *t.* -isäntä, opas; valvoja
flop pudota mätkähtää; mäjähtää, lötsähtää
Florence Firenze
florin *(Br) (ennen v. 1971)* 2 shillinkiä
florist kukkakauppias
florist's [shop] kukkakauppa
flounder kampela
flour jauho[t]
flourish kukoistaa, menestyä; heiluttaa
flout pitää pilkkanaan, halveksia
flow 1 *v (flew flown)* virrata; aaltoilla **2** *s* virta[us], virtaaminen; vuoksi, nousuvesi
flower 1 *s* kukka; kukoistus **2** *v* kukkia, kukoistaa; saada kukkimaan
flown *ks.* ***fly***
flu flunssa, vilustuminen
fluctuate vaihdella, heilahdella
fluctuation vaihtelu, heilahtelu
flue savutorvi
fluency sujuvuus
fluent sujuva
fluffy pöyheä, untuvainen
fluid neste; juokseva, nestemäinen; ***~ make-up*** nestemäinen meikkivoide
fluke onnen|kauppa, -potku
flung *ks.* ***fling***
flunk *(Am ark)* reputtaa, epäonnistua; saada *t.* antaa reput
fluorescent lamp loistelamppu
flurry 1 *s* tuulenpuuska, lumi-, sade|kuuro; hälinä; ***snow flurries are expected tonight*** illaksi on luvassa lumikuuroja **2** *v* hermostuttaa
flush 1 *v* punastua; virrata, syösyä; huuhtoa; ***~ the toilet*** vetää vessa **2** *s* puna[stuminen]; tulva, syöksy; kukoistus, hehku, voima; *(korttip)* väri; ***straight ~*** värisuora **3** *a* sileä, tasattu **4** *adv* tasapinnassa, jnk myötäinen; juuri sopiva[sti], tismalleen; suoraan [päin]
fluster hämmentää, saada hämilleen
flute huilu
flutter 1 *v* lepattaa, räpyttää; liehua, leijailla **2** *s* lepatus, räpytys ym.; kiihtymys, levottomuus

flux virta[us], juoksu; tulva; kiertokulku, vaihtelu, muutos; *(fys)* *vuo; **in a state of** ~* muutostilassa
fly 1 *v (flew flown)* lentää; lennättää; paeta **2** *s* kärpänen; sepalus
fly at sännätä jkn kimppuun
flyer lentäjä
flying lentäminen, lento
flying saucer lentävä lautanen, ufo
flyover *(Br)* ylikulkusilta; eritasoristeys; *vrt.* ***overpass***
FM = ***frequency modulation***
foal 1 *s* varsa **2** *v* varsoa
foam 1 *s* vaahto **2** *v* vaahdota
f.o.b. *(= free on board)* vapaasti laivaan
focus 1 *s* polttopiste; keskus; pesäke; *(valok)* terävyys; ***the ~ of attention*** huomion keskipiste; ***the picture isn't in ~*** kuva ei ole terävä **2** *v* kohdistaa, keskittää (***on*** jhk); *(valok)* tarkentaa
fodder rehu
foe vihollinen
fog sumu
foggy sumuinen
foghorn sumusireeni
foible heikkous
foil 1 *v* estää; tehdä tyhjäksi **2** *s* metallilehti, folio
fold taittaa, taitella; olla [sisään *t.* kokoon] taitettava
fold [**up**] taittaa kokoon, viikata
folder kansio; esite
fold in *(resepteissä)* lisätä [varovasti]
folding [sisään *t.* kokoon] taittuva *t.* taitettava
folk väki, ihmiset; ***some ~ are very impolite!*** jotkut ne sitten osaavat olla epäkohteliaita!; *vrt.* ***folks***
folk [**music**] kansanmusiikki; folk[musiikki]
folk dance kansantanssi
folklore kansantietous, kansanperinne
folks perhe, oma väki; vanhemmat; ystävät
folk song kansanlaulu
follow seurata
follower kannattaja, seuraaja
following 1 *a* seuraava **2** *s* kannattajajoukko
folly hulluus, hullutus; ***sheer ~*** sulaa hulluutta
foment lietsoa
fond hellä, rakastava; ***a ~ farewell*** hellät jäähyväiset
fondle hyväillä
fondness kiintymys
fond of kiintynyt jhk *t.* jkhun, pitää jstak *(lämpimästi)*; ***I am too fond of my old car to give it up*** olen niin kiintynyt vanhaan autooni etten voi luopua siitä
font fontti; kastemalja
food ruoka, ravinto
foodstuffs elintarvikkeet, ruoka[tavarat]
fool 1 *s* hullu, hupsu **2** *v* hullutella; puijata, hämätä
fool about, **fool around** vetelehtiä, tappaa aikaa; pelleillä, hölmöillä; pelehtiä, liehua ympäriinsä *(suhteissa, kapakoissa ym.)*
foolhardy tyhmänrohkea
foolish hassu, hupsu, ajattelematon
foolproof idioottivarma
foot *(pl feet)* jalka; ***on ~*** jalan, jalkaisin; ***set ~ on sth*** astua jalallaan jhk
football jalkapallo

footing jalansija; pohja, perusta; ***she lost her ~*** hänen jalkansa lipesi; ***on a firm ~*** lujalla pohjalla, hyvällä mallilla; ***are you on a friendly ~ with them?*** oletko hyvissä väleissä heidän kanssaan?
footlights ramppivalot, parrasvalot
footnote alaviite
footprint jalanjälki *(maassa, lattiassa)*
footstep [jalan]jälki, askel[ten ääni]; ***he is following in his father's ~s*** hän seuraa isänsä jälkiä
footwear jalkineet
for -lle; varten, hyväksi; puolesta, sijasta; sillä; ***there's a phone call ~ you*** sinulle on puhelu; ***is this ~ me?*** onko tämä minulle?; ***as ~ him*** mitä häneen tulee; ***he has seen a lot ~ his age*** hän on nähnyt paljon ikäisekseen; ***~ one thing*** ensinnäkin
forage 1 *s* rehu **2** *v* hankkia rehua
forbade *ks.* ***forbid***
forbear *(forbore forborn)* pidättyä jstak
forbearance kärsivällisyys
for|bid *(-bade -bidden)* kieltää; ***they -bade me to come*** he kielsivät minua tulemasta; ***it is -bidden to take pictures*** valokuvaaminen on kielletty
force 1 *s* voima; väkivalta; ***by ~*** väkipakolla, väkisin; ***in ~*** voimassa **2** *v* pakottaa; ***he was ~d to leave*** hänet pakotettiin lähtemään
forced landing pakkolasku
forceps delivery pihtisynnytys
forcible voimakas; väkisin-, pakko-
ford *(joessa)* matala kohta; kahluu[paikka], kahlaamo
forearm kyynärvarsi
forebode ennustaa
foreboding ennustus, enne, aavistus
fore|cast 1 *v (-cast -cast)* ennustaa *(säätä)* **2** *s* ennuste; ***weather ~*** sääennuste, säätiedotus
forefinger etusormi
foreground etuala
forehead otsa
foreign ulkomaalainen, ulkomaan-; vieras[maalainen]; ***~ minister*** ulkoministeri; ***F~ Office*** Ulkoministeriö; ***~ policy*** ulkopolitiikka; ***~ trade*** ulkomaankauppa
foreigner ulkomaalainen
foreign student counselling ulkomaalaisten opiskelijoiden neuvonta
foreman työnjohtaja
foremost ensimmäinen, huomattavin
forenoon aamupäivä
foreplay esileikki
forerunner edelläkävijä; enne
fore|see *(-saw -seen)* aavistaa, nähdä ennalta
foresight kaukokatseisuus, harkitsevaisuus
forest 1 *s* metsä; ***pine ~*** mäntymetsä; ***~ fire*** metsäpalo **2** *v* istuttaa *t.* kylvää metsää
forestation metsänistutus, metsittäminen
forester metsän|vartija, -hoitaja
forestry metsätiede; metsänhoito, metsätalous
foretaste esimaku
forfeit 1 *v* menettää **2** *s* sakko, pantti; menettäminen

forgave *ks.* ***forgive***
forge 1 *s* ahjo, paja **2** *v* takoa; väärentää
forgery väärennös
for|get *(-got -got[ten])* unohtaa
forgetful unohteleva, muistamaton
forget-me-not *(kasv)* lemmikki
for|give *(-gave -given)* antaa anteeksi
forgiveness anteeksianto
forgiving anteeksiantavainen
forgot *ks.* ***forget***
forgotten *ks.* ***forget***; unohdettu
fork 1 *s* haarukka; talikko, hanko; *(tien, joen, puun)* haara, oksa **2** *v* möyhentää, kääntää *(maata, multaa)*
fork out *(ark)* joutua maksamaan, pulittaa
form 1 *s* muoto; lomake, kaavake; *(koulun)* luokka **2** *v* muodostaa; muodostua
formal muodollinen
formality muodollisuus
formation muodostuma; muodostelma
former edellinen; entinen
formerly ennen
formidable pelottava, hirvittävä
formula kaava, resepti; yhdistelmä; neuvottelupaketti; *(Am)* äidinmaidonvastike
formulate muotoilla [sanoiksi]; valmistella, formuloida
formulation sanat, sanamuoto; muotoilu
for|sake *(-sook -saken)* hylätä
forsook *ks.* ***forsake***
for|swear *(-swore -sworn)* antaa vala *t.* lupaus, luopua *t.* pidättyä jstak; ***he -swore drinking*** hän vannoi lopettavansa juomisen
fort linnake
forth eteenpäin, esiin
forthcoming pian ilmestyvä *t.* tapahtuva; tuleva
fortieth neljäskymmenes
fortification linnoitus, linnoittaminen; lujittaminen, vahvistaminen
fortify linnoittaa; lujittaa, vahvistaa
fortitude [mielen]lujuus, rohkeus
fortnight kaksi viikkoa; ***once in a ~*** kerran kahdessa viikossa
fortress linnoitus
fortright suora[puheinen]
fortuitous sattumanvarainen
fortunate onnellinen; onnekas; ***he came at a very ~ time*** hän tuli todella hyvään aikaan
fortunately onneksi
forty neljäkymmentä
forum foorumi; keskustelu|paikka, -tilaisuus
forward 1 *adv* esiin, eteenpäin **2** *a* etu-, etummainen, eteenpäin suuntautuva; varhaiskypsä **3** *v* lähettää *t.* toimittaa edelleen; ***look ~ to sth*** odottaa iloisena jtak, iloita etukäteen jtak
fossil kivettymä, fossiili
foster vaalia, edistää; kasvattaa *(lapsi)*
foster child kasvatti-, hoito|lapsi
foster home sijaiskoti
foster parents kasvatus-, sijais|vanhemmat
fought *ks.* ***fight***
foul 1 *a* likainen, iljettävä; huono *(sää, tuuli)*; epäreilu, kiero; paha *(haju)*; *(urh)* sääntöjenvastainen; ***~ language*** karkeaa puhetta **2** *v* liata; *(urh)* rikkoa sääntöjä, tehdä

rike
foul [**up**] pilata, sotkea
1 found perustaa; valaa
2 found *ks. **find***
foundation perustus, perusta; perustaminen; säätiö
founder perustaja
foundry valimo
fountain suihkukaivo
fountain pen täytekynä
four neljä; ***on all ~s*** nelinkontin
four-leaved clover neliapila
four-letter word kirosana
four-poster [**bed**] pylvässänky
fourteen neljätoista
fourth neljäs
fowl lintu, siipikarja
fox kettu
foxglove sormustinkukka
foxhunt ketunmetsästys
fox terrier kettuterrieri
foxy epäluotettava, kettumainen; *(Am ark)* vetävännäköinen
foyer aula, lämpiö
fraction murto|luku, -osa
fracture 1 *s* murtuma **2** *v* murtaa; murtua
fragile hauras, heiveröinen
fragility hauraus
fragment palanen, siru; ***not the smallest ~ of truth*** ei totuuden hiventäkään
fragmentary, **fragmented** hajanainen, epäyhtenäinen
fragrance tuoksu
frail hento, heikko
frailty heikkous
frame 1 *s* runko, rakenne; kehys; kamanat; puutarhalava **2** *v* muodostaa, laatia; kehystää; lavastaa syyllikseksi
frame-up juoni
framework runko, rakenne; puitteet, piiri
France Ranska
franchise äänioikeus; myyntiedustus, toimilupa
frank vilpitön, suora
frantic mieletön, suunniltaan; kiihkeä, kuumeinen
fraternal veljellinen
fraternity veljeys; veljeskunta; *(Am)* [mies]opiskelijoiden yhdistys
fraud petos; huijari
fraudulent petollinen
fraught with täynnä jtak
fray kulua, kuluttaa
freak [luonnon]oikku; *(ark)* kumma tyyppi; jnk innokas harrastaja, -hullu; ***a film ~*** leffahullu
freckle pisama
free 1 *a* vapaa (***from*** jstak); ilmainen, ilmais-, vapaa-; ***for ~*** ilmaiseksi; ***I've got ~ tickets for tonight's show*** minulla on vapaaliput tämän illan näytökseen **2** *v* vapauttaa
freedom vapaus
freelance freelance[ri]; vapaa, itsenäinen *(ammatinharjoittaja)*; ***he is a ~ journalist*** hän on freelance-toimittaja; ***she works ~ now*** hän toimii nyt freelancerina, hän tekee freelance-töitä
freemason vapaamuurari
freestyle vapaa|uinti, -paini; freestyle-hiihto
freeway *(Am)* moottoritie
freeze 1 *v (froze frozen)* jäätyä, paleltua; jäädyttää, palelluttaa; pakastaa **2** *s (hinta-, palkka-)* sulku;

jäädyttäminen
freezer pakastin
freezing point jäätymispiste
freight 1 *s* rahti **2** *v* rahdata
freighter rahti|laiva, -lentokone
freightliner *(Br)* konttijuna
freight train *(Am)* tavarajuna; *vrt. goods train*
French 1 *a* ranskalainen **2** *s (kieli)* ranska; ***the French*** ranskalaiset
French fries *(Am)* ranskalaiset perunat
French horn käyrätorvi
Frenchman *(mask)* ranskalainen
French toast *(Am)* munalla valeltu paahtoleipä joka paistetaan rasvassa ja maustetaan kanelilla
Frenchwoman *(fem)* ranskalainen
frenzy vimma, raivo
frequency toistuvuus, tiheys; lukuisuus, taajuus; jaksoluku
frequent 1 *a* usein toistuva *t.* nähty **2** *v* käydä [ahkerasti *t.* säännöllisesti] jssak
frequently usein, tiheästi
fresh tuore, uusi; virkeä; raikas, raitis; kokematon; röyhkeä, tungetteleva; ***I must get some ~ air*** minun on saatava raitista ilmaa
freshen raitistaa, raikastaa
freshen up piristää, virkistää; virkistäytyä; siistiytyä
fresher *(Br) ks.* ***freshman***
freshman *(Br) (yliopiston)* 1. vuoden opiskelija, fuksi; *(Am) (yliopiston t. high schoolin)* 1. vuoden oppilas
freshwater fish makean veden kala[a]
fret 1 *v* olla levoton; harmitella; kiusata, aiheuttaa huolta **2** *s* ärtymys, harmi; ***get in a ~*** ärsyyntyä, harmistua
fretful kärttyisä
fretsaw lehtisaha
friable mureneva
friar munkki
friction hankaus
Friday perjantai; ***see you on ~*** nähdään perjantaina; ***Good F~*** pitkäperjantai
fridge *(= refrigerator)* jääkaappi
friend ystävä
friendly ystävällinen; ***a ~ smile*** ystävällinen hymy; ***in a ~ way*** ystävällisesti
friendship ystävyys
frigate fregatti
fright pelästys, säikähdys; kauhu; *(ark)* linnunpelätin, kamala ilmestys; ***take ~*** pelästyä, säikähtää; ***I got the ~ of my life*** koin elämäni säikähdyksen
frighten säikäyttää, pelottaa; ***the burglars were ~ed off by our dog*** koiramme säikäytti murtovarkaat tiehensä
frightened peloissaan, kauhuissaan; ***we were ~ to death*** pelkäsimme kuollaksemme
frightful kammottava; ***the battlefield was a ~ scene*** taistelukenttä oli kammottava näky; ***it was ~ weather*** oli kamala ilma
frigid kylmä; frigidi
frill röyhelö
fringe 1 *s* hapsut *(esim. pöytäliinan reunassa)*; otsatukka **2** *a* lisä-; ***~ benefits*** lisäedut; ***~ group*** *(pol)* ääriryhmä
frisk hypellä, hyppiä
frisky vallaton, leikkisä, eloisa

frivolity kevytmielisyys; joutavuus
frivolous kevytmielinen; turhanaikainen, joutava
frog sammakko
frolic 1 *s* ilonpito, peuhaaminen; kuje **2** *v* ilakoida, riehua
from -sta, -stä; -lta, -ltä; *~ above* ylhäältä; *~ him* häneltä; *I am ~ Finland* olen Suomesta [kotoisin]; *is it far away ~ here?* onko se kaukana täältä?; *~ now on* tästä lähtien
front 1 *s* etu|puoli, -piha, -osa; julkisivu; rintama; *she got a seat at t. in the ~ of the bus* hän sai paikan bussin etuosasta; *a child ran in ~ of our car* [joku] lapsi juoksi automme eteen; *he was sitting in ~ of me* hän istui edessäni **2** *v* olla julkisivultaan jhk päin; olla jnk edessä
front door pää-, etu|ovi
frontier raja
front line etulinja
front-page etusivu; *~ news* etusivun uutiset
front room *(Br)* olohuone
front row eturivi
frost 1 *s* pakkanen; halla; huurre **2** *v* huurruttaa; *the cold has ~ed the windows* ikkunat ovat huurtuneet kylmästä
frostbite paleltuma
froth 1 *s (oluen ym.)* vaahto **2** *v (myös kuv)* vaahdota; *he's ~ing at the mouth* hän vaahtoaa raivosta
frothy vaahtoava
frown rypistää otsaansa, katsella vihaisesti; otsanrypistys; vihainen muljautus
froze *ks. freeze*
frugal säästäväinen, tarkka; niukka
fruit hedelmä[t]
fruitcake hedelmäkakku; *(Br ark)* kaheli, kaistapää
fruitful hedelmällinen
fruition toteutuminen
fruitless tulokseton, hyödytön
frustrate hermostuttaa, turhauttaa; tehdä tyhjäksi, estää
frustrated hermostunut, turhautunut
frustration hermostuneisuus, turhautuneisuus; pettymys; turhauma
fry tiristää, paistaa öljyssä *t.* rasvassa; *deep ~* friteerata
frying pan paistinpannu
fuck *(alat)* nussia; *~ you* haista vittu
fuel 1 *s* polttoaine **2** *v* ottaa polttoainetta, tankata
fuel oil polttoöljy
fugitive karkuri
fulfil toteuttaa, täyttää *(toiveet, unelmat)*
fulfilment täyttymys
full täysi, täynnä; koko; seikkaperäinen; runsas, täyteläinen; täynnä, kylläinen; *you have my ~ support* saat täyden tukeni; *he is so ~ of himself* hän on niin täynnä itseään; *at ~ speed* täyttä vauhtia, kaasu pohjassa; *it was ~ moon* oli täysikuu; *he obtained ~ marks* hän sai täydet pisteet
full board täyshoito
full-length täyspitkä; kokovartalo-; *a ~ evening dress* täyspitkä iltapuku; *a ~ feature film* kokoillanelokuva
full-page kokosivun
fullscale luonnollista kokoa oleva; täysmittainen

fully täysin, kokonaan; ***I ~ agree*** olen täysin samaa mieltä
fumble [about, around, for] hamuta, haparoida, hapuilla; käsitellä kömpelösti; epäonnistua [ottamaan *t.* saamaan kiinni]; ***he ~d for the light switch*** hän hapuili katkaisijaa; ***he ~d the catch*** hän ei saanut palloa kiinni
fume 1 *s*: ***fume[s]*** savu, kaasu, katku; huuru, höyry[t] **2** *v* savuta; höyrytä, tupruta
fun leikki, pila[ilu]; hauskanpito, hauskuus, huvi; hauska, mukava; ***make ~ of sb*** pitää pilkkanaan, naureskella jklle; ***have ~!*** pidä hauskaa!; ***this is no ~*** tämä ei ole lainkaan hauskaa; ***she is really a ~ person to be with*** hän on todella hauskaa seuraa
function 1 *s* toiminto, toiminta; toimi, tehtävä; [juhla- *t.* virallinen] tilaisuus **2** *v* toimia; ***the machine doesn't ~ properly*** kone ei toimi kunnolla
functional toimiva
fund rahasto; rahat
fundamental perus-
funds varat, pääoma
funeral hautajaiset
funeral home *t.* **parlour** *(Am)* hautaustoimisto
funeral service siunaustilaisuus
fungus sieni
funicular [railway] köysirata
funnel suppilo; savupiippu
funnily hauskasti, hassusti
funny hauska, hassu, huvittava
fur turkki, turkis
fur coat turkki
furious raivoisa, vimmastunut
furlong 1/8 Englannin mailia *(201 metriä)*
furnace sulatusuuni, tulipesä; keskuslämmityskattila
furnish varustaa; kalustaa, sisustaa
furnishings sisustustavarat, kalusteet
furniture huonekalut; ***this ~ was very expensive*** nämä huonekalut olivat hyvin kalliit; ***a piece of ~*** huonekalu
furrier turkkuri, turkiskauppias
furrow vako
further lisä-, tarkempi; kauempana, kauemmas; edelleen; ***for ~ information*** lisätietoja varten
furthermore [sen] lisäksi, sitä paitsi
furtive salavihkainen, huomaamaton
fury raivo
fuse 1 *v* sulattaa; sulaa, sulautua [yhteen]; *(sulakkeesta)* palaa *t.* polttaa; ***the lighs have ~d*** sulake on palanut **2** *s* sulake; sytytin; ***blow a ~*** polttaa sulake
fusion [yhteen]sulaminen, yhdistyminen; fuusio[ituminen]
fuss 1 *s* touhu, hössötys; ***make a ~*** touhottaa, hössöttää **2** *v* touhottaa, hössöttää
fuss over ylihuolehtia jstak
fussy hössö[ttävä], touhukas; ylihuolehtivainen
futile joutava, turha
futility turhuus
future tulevaisuus; tuleva; ***in the ~*** tulevaisuudessa; ***this is my ~ wife*** tässä on tuleva vaimoni
fuzz nukka, karva[peite]; *(sl)* poliisi
fuzzy epäselvä, sumea; nukkainen

G

gab 1 *v* puhua pälpättää, lörpöttää **2** *s*: ***the gift of the ~*** hyvät puhelahjat
gable pääty[kolmio]
gad about juoksennella ympäri, juosta kylillä
gadfly paarma
gadget vekotin, vehje
gag 1 *s* suukapula; *(teatt)* huvittava [improvisoitu] lisäys; hupijuttu, kepponen, pila **2** *v* panna suukapula; tukkia suu, vaientaa
gage pantti, vakuus; taisteluhaaste; *(Am)* = ***gauge***
gaggle 1 *s* hanhiparvi; *(ark)* parvi, joukko **2** *v* kaakattaa
gaiety ilo, hilpeys
gaily iloisesti
gain saada, saavuttaa; ansaita; saada hyötyä; ***~ ground*** voittaa alaa; ***~ in health*** tervehtyä
gainful tuottava
gait käynti, astunta; *(hevosen)* askellaji
gala juhla-; gaala; *(Br)* urheilu|tapahtuma, -kilpailu
galaxy linnunrata, galaksi
gale myrsky[tuuli]
gall 1 *s* hävyttömyys, julkeus; hankauma **2** *v* ärsyttää, suututtaa; hangata; hiertyä
gall. = ***gallon***
gallant urhea; kohtelias
gallantry urheus; ritarillisuus
gall bladder sappirakko
gallery galleria; ylin parvi, parveke; [maanalainen] käytävä
galley kaleerilaiva
gallivant juosta ulkona [juhlimassa]
gallon gallona *(4,54 l)*
gallop 1 *s* laukka, nelistys **2** *v* laukata, nelistää
gallows hirsipuu
galore *(ark)* runsain määrin
galosh kalossi, päällyskenkä
gamble 1 *s* uhkapeli **2** *v* pelata uhkapeliä
gambol[l] hypellä
game peli, ottelu, kisa; leikki; riista; ***the Olympic Games*** olympiakisat
gamekeeper riistanvartija
gamut asteikko, skaala
gang jengi, joukko, sakki
gangling hontelo
ganglion hermosolmu
gangrene kuolio
gangster gangsteri, roisto
gangway *(penkkirivien välinen)* käytävä
gaol *(Br)* vankila; *vrt.* ***jail***
gap reikä, aukko; tyhjä kohta; kuilu, juopa; ***generation ~*** sukupolvien välinen kuilu
gape 1 *v* tuijottaa suu auki; ammottaa; repsottaa auki **2** *s* ammottava aukko; kita; ***~s*** haukottelu
gaping ammottava
garage 1 *s* auto|talli, -halli; huoltoasema, korjaamo **2** *v* panna talliin, säilyttää tallissa
garbage roskat, jätteet; *(kuv)* palturi[a], roska[a]

garbage can *(Am)* roska|kori, -tynnyri, -ämpäri; *vrt.* ***dustbin***
garbage collector *(Am)* roskakuski; *vrt.* ***dustman***
garden puutarha
gardener puutarhuri
gardening puutarhanhoito
gargle 1 *s* kurlausvesi **2** *v* kurlata
garland köynnös, seppele
garlic valkosipuli
garlic press valkosipulinpuristin
garment vaate[kappale]
garnet *(jalokivi)* granaatti
garnish *(ruok)* koristaa
garrison varuskunta
garter *(Br miesten, Am naisten)* sukkanauha
gas kaasu; *(Am)* bensiini
gas chamber kaasukammio
gash 1 *v* saada haava **2** *s* [ammottava] haava
gasholder, gasometer kaasu|säiliö, -kello
gasp 1 *s* hengenveto, hengähdys **2** *v* huohottaa, haukkoa henkeä
gas [pedal] *(Am)* kaasupoljin
gas station *(Am)* huoltoasema
gastric maha-, vatsa-
gastronomy gastronomia, ruokakulttuuri
gate portti; *(ilm)* [lähtö]portti; ***please, proceed to ~ four*** siirtykää portille neljä
gateway porttikäytävä
gather koota, kerätä; kokoontua, kerääntyä; ***~ing from what he was saying*** hänen sanoistaan päätellen
gathering kokous, kokoontuminen
gaudy räikeä, ylitsepursuava
gauge 1 *s* mitta, mittari; raideväli **2** *v* mitata; arvioida
gaunt laiha, riutunut
gauntlet suojahansikas; taisteluhaaste
gauze *(Am)* [side]harso
gave *ks.* ***give***
gay 1 *s* homo[seksuaali] **2** *a (vanh)* iloinen, hilpeä; homoseksuaalinen, homo-
gaze 1 *v* tuijottaa **2** *s* tuijotus
gazelle gaselli
gazette sanomalehti
GB *(= Great Britain)* Iso-Britannia
GCE *(= General Certificate of Education) (Br, läh vast)* peruskoulun päästötodistus
GCSE *(= General Certificate of Secondary Education) (korvaa GCE:n vuodesta 1988 lähtien, läh vast)* peruskoulun päästötodistus
gear *(auton)* vaihde; hammaspyörä; laitteet, vehkeet
gearbox vaihdelaatikko
gear level *(Br)* vaihdetanko
gear shift *(Am)* vaihdetanko
gear stick *(Br)* vaihdetanko
geese *ks.* ***goose***
gelatin[e] liivate
gem jalokivi
Gemini *(astrol)* kaksonen
gender [sosiaalinen] sukupuoli; *(kiel)* suku
general 1 *a* yleinen, tavallinen, yleis-; yli-, pää-; ***in ~*** yleensä, tavallisesti **2** *s* kenraali
generalize yleistää
generally yleensä, tavallisesti
general store *(läh)* marketti
general strike yleislakko
generation sukupolvi; ***from ~ to ~***

sukupolvesta toiseen
generosity anteliaisuus, avokätisyys
generous antelias, avokätinen; jalo, ylevä[mielinen]; runsas
Genesis *(raam)* Genesis, 1. Mooseksen kirja
genesis alku, synty
genial ystävällinen, sydämellinen; leuto, suotuisa *(ilmasto)*
genie *(itämaisten satujen)* henki
genitals sukuelimet
genius nerous, nerokkuus; luonne, henki; *(pl genii)* suojelushenki
genocide kansanmurha
genteel hieno; ylhäinen
gentian katkero
gentle pehmeä, lempeä; vieno, lauhkea; ystävällinen; hellävarainen; jalosukuinen
gentleman herrasmies
gentleness ystävällisyys, lempeys
gently lempeästi, hellävaroen
gentry säätyläiset, hienosto
genuine oikea, aito
genus *(pl genera) (kasv, el)* suku, laji
geographical maantieteellinen
geography maantiede
geology geologia
geometry geometria
Georgia Gruusia; Georgia
germ itu, aihe; bakteeri
German 1 *a* saksalainen **2** *s (kieli)* saksa; ***the Germans*** saksalaiset
German shephard *(Am)* saksanpaimenkoira
Germany Saksa
gesticulate viittoilla, elehtiä
gesture [käden]liike, ele
get *(got got)* saada; hankkia; tulla, saapua; mennä *(kulkuneuvolla)*; joutua, päästä; hakea, noutaa; saada tekemään; tulla jksik; ymmärtää, tajuta; ***we've got a new car*** meillä on uusi auto; ***don't you ~ it?*** etkö tajua?; ***we got to Paris in the morning*** saavuimme Pariisiin aamulla; ***she got the five o'clock train*** hän lähti viiden junalla; ***where have my keys got to?*** minnehän avaimeni ovat joutuneet?; ***did you ~ to go, too?*** pääsitkö sinäkin mukaan?; ***I'll ~ the children at two*** haen lapset kahdelta; ***she got her husband to take a few days off*** hän sai miehensä ottamaan muutaman päivän vapaata; ***I got to know them on a trip*** tutustuin heihin eräällä matkalla; ***I should ~ hold of her*** minun pitäisi saada hänet kiinni; ***I'm going to ~ them!*** vielä minä niille näytän!; ***~ that thing out of here!*** järjestä tuo kapistus pois täältä!; ***he had got really fat*** hän oli päässyt kovasti lihomaan; ***I'm ~ting cold*** minulle tulee kylmä, alan palella; ***it's ~ting dark*** alkaa tulla pimeä[ä]; ***~ lost!*** ala painua!, häivy!; ***they got married a week ago*** he menivät naimisiin viikko sitten; ***we are ~ting nowhere [with this]*** emme pääse puusta pitkään; ***can you ~ the phone?*** voitko vastata puhelimeen?; ***I've got to go now*** nyt minun täytyy mennä; ***we should ~ going*** meidän pitäisi jo lähteä
get about (around) liikkua ympäriinsä, liikuskella; levitä; saada itsestään irti jtak; saada tehdyksi

jtak; ***she doesn't get about much any more*** hän ei enää liikuskele paljonkaan; ***the news of his leaving soon got about*** uutinen hänen lähdöstään levisi nopeasti; ***I finally got around to writing it*** sain vihdoinkin sen kirjoitetuksi
get along tulla toimeen (***with*** jkn kanssa)
get at päästä käsiksi jhk; vihjailla, pyrkiä
get away päästä irti *t.* lähtemään
get away with päästä *t.* selvitä jstak *(pälkähästä, pinteestä)*
get back mennä takaisin [kotiin]; tulla takaisin
get back at maksaa samalla mitalla takaisin jklle
get back to palata asiaan, ottaa uudestaan yhteyttä jkhun
get by tulla toimeen
get down to ryhtyä jhk
get in tulla *t.* mennä *t.* päästä sisään; saapua; tulla valituksi
get into mennä jhk sisään; joutua jhk
get off jäädä pois *t.* lähteä *(kulkuneuvosta)*; ***I got off the bus at the station*** jäin pois [bussista] asemalla
get on päästä eteenpäin, edistyä; nousta *t.* mennä *(kulkuneuvoon)*; ***at which station did you get on the train?*** millä asemalla nousit junaan?
geyser kuuma lähde
ghastly karmea, kauhea
ghost henki, aave, kummitus
GI *(Am ark)* tavallinen sotilas
giant jättiläinen
gibberish siansaksa, mongerrus
gibe 1 *v* pilkata **2** *s* iva, pilkka
giblets *(ruok)* sisälmykset
giddiness huimaus
giddy: ***I feel*** ~ minua huimaa
gift lahja; kyky, taipumus
gifted lahjakas
gig *(mus)* keikka; kiesit
gigantic jättiläismäinen, jätti-
giggle 1 *v* kikattaa, hihittää **2** *s* kikatus, hihitys; hauska juttu, naurun paikka
gigolo gigolo, rattopoika; naisten|mies, -naurattaja
gild kullata
gilded kullattu
gilt pinnoite; kultaus ym.; ***silver*** ~ hopeoitu
gilt-edged kultareunainen; ensiluokkainen
gimmick temppu, kikka; ***a sales*** ~ myyntikikka
gin gini, katajanmarjaviina
ginger inkivääri
gingerale inkiväärijuoma
gingerbeer inkivääriolut
gingerbread inkiväärikakku, maustekakku
gingerbread cookie *(Am läh)* piparkakku
gingernut, gingersnap *(Br läh)* inkivääripikkuleipä, pipari
gipsy mustalainen, romaani
giraffe kirahvi
girdle *(naisten)* liivit
girl tyttö
girl friend tyttöystävä, ystävätär
Girl Guide *(Br)* partiotyttö
girlish tyttömäinen, tyttö[jen]-
Girl Scout *(Am)* partiotyttö
girl talk tyttöjen juttuja
gist ydinkohdat, tärkein osa

give *(gave given)* antaa, suoda; ~ ***a cry*** päästää huuto; ~ ***rise to sth*** aiheuttaa jtak; ~ ***me a break!*** älä viitsi!, lopeta jo!; ~ ***way*** väistyä, väistää; antaa perään, murtua
give away antaa pois; luovuttaa, jakaa; ilmiantaa, paljastaa
give in luovuttaa, antaa periksi; suostua; jättää *t.* antaa [sisään]; ***please, give your exam papers in on your way out*** voitte jättää koepaperinne lähtiessänne
given *ks.* ***give***; tietty, määrätty; ottaen huomioon jtak
give of uhrata, luovuttaa *(aikaa, ponnistuksia ym.)*; ***you have given enough of your time*** olette jo uhrannut tarpeeksi aikaanne
give on[to] olla jhk päin
give out jakaa, antaa; julkistaa, ilmoittaa; päästää *(ääntä, ääniä)*
give over *(ark)* lopettaa; ***do give over!*** lopeta jo!
give up jättää, lopettaa *(esim. paha tapa)*; luopua jstak; luovuttaa, ei jaksaa enää; ***give o.s. up*** antautua, ilmoittautua *(poliisille)*
glacial period jääkausi; *vrt.* ***ice age***
glacier jäätikkö
glad iloinen; ~ ***to see you*** hauska tavata [taas], mukava nähdä sinua *t.* teitä; ***I'm*** ~ ***about his success*** olen iloinen hänen menestyksestään; ***I'll be*** ~ ***to help*** autan mielelläni
gladden ilahduttaa
glade metsäaukea
gladly mielihyvin, tottakai
glamo[u]r lumous, vetovoima; hohto, loisto[kkuus]; glamuuri
glamoro[u]s upea, loistava, säihkyvä *(nainen, tyyli ym.)*
glance 1 *v* silmäillä **2** *s* silmäys; ***take a*** ~ ***at*** vilkaista jtak
gland rauhanen
glare 1 *v* tuijottaa vihaisesti (***at*** jkta); häikäistä, paistaa [suoraan] **2** *s* häikäisevä valo; vihainen tuijotus; ***the*** ~ ***of publicity*** julkisuuden valokeila
glass lasi; peili; kaukoputki; ilmapuntari
glasses [silmä]lasit
glassware lasi|tavara, -esineet
glassworks lasitehdas
glassy lasimainen; ***a*** ~ ***stare*** lasittunut katse
glaze 1 *v* lasittaa; varustaa lasilla; *(ruok)* kuorruttaa **2** *s* lasitus; kiilto, hohde; *(ruok)* kuorrutus
glazed paper kiiltopaperi
glazed tile kaakeli
glazier lasimestari
gleam 1 *s* hohde; pilkahdus **2** *v* hohtaa, loistaa
glean poimia *(tietoja ym.)*
glee ilo; moniääninen laulu
glen *(Skotl)* [kapea] laakso
glib liukas[kielinen], lipevä
glide 1 *s* liukuminen, lipuminen; liito **2** *v* liukua, lipua; liitää; harrastaa purje- *t.* liito|lentoa
glider purjelentokone
gliding liito-, purje|lento
glimmer 1 *v* hohtaa, kajastaa **2** *s* heikko valo, hohde; pilkahdus, häivä; ***a*** ~ ***of hope*** toivon pilkahdus; ***they didn't show a*** ~ ***of interest*** he eivät osoittaneet kiinnostuksen häivääkään
glimpse 1 *v* nähdä vilaukselta **2** *s* vila[hd]us, pilkahdus; ***I only***

caught a ~ of him näin hänet vain vilaukselta
glint 1 *v* hohtaa, kimaltaa; kiiltää, kiilua **2** *s* väl[k]ähdys, hohde, kimallus
glisten *(märästä pinnasta)* kiiltää, kimmeltää
glitter 1 *v* säihkyä, kimallella, välkkyä; ***all is not gold that ~s*** ei kaikki ole kultaa, mikä kiiltää **2** *s* kimallus, välke; kiilto, hohto; kimallus[jauhe]; ***the ~ of the sun on the waves*** auringon välke aalloilla
gloat [over] ahmia [silmillään] jtak; nauttia [vahingoniloisesti] jstak
global maailmanlaajuinen; pallonmuotoinen; kokonais-, globaali
globe [maa]pallo; karttapallo
globetrotter maailmanmatkaaja
globular pallonmuotoinen
gloom synkkyys, alakuloisuus
gloomy synkkä, raskasmielinen
glorification ylistäminen; *(raam)* kirkastaminen
glorify ylistää; *(raam)* kirkastaa
glorious loistava, ihana
glory kunnia, ylistys; loisto, suuruus
glory in iloita, ylpeillä jstak
gloss 1 *s* kiilto; ***~ on the hair*** hiusten kiilto **2** *v* kiillottaa; kaunistella, peitellä (***over*** jtak)
glossy kiiltävä
glove hansikas, sormikas
glow 1 *s* hehku **2** *v* hehkua
glower [at] mulkoilla vihaisesti jkta
glow-worm kiiltomato
glue 1 *v* liimata **2** *s* liima
glum nyrpeä
glut täyttää [liiaksi]; yltäkylläisyys; liikatarjonta
glutton ahmatti; ahma
G.M.T. *(= Greenwich Mean Time)* Greenwichin aika
gnarl pahka
gnarly pahkainen; ryhmyinen, rosoinen
gnash kiristellä *(hampaitaan)*
gnat sääski; *(Am)* mäkärä
go 1 *v (went gone)* mennä, lähteä; matkustaa, kulkea; sujua, kulua, käydä; tulla jksik; johtaa, viedä; *vrt.* ***going*** **2** *s* yritys, kerta; vuoro; energia, tarmo; ***let me have a ~ at it*** anna minun yrittää; ***it's my ~ now*** nyt on minun vuoroni; ***full of ~*** täynnä tarmoa
go about kulkea [ympäriinsä]; olla liikkeellä; huolehtia jstak
go about with, go around with kulkea *t.* seurustella jkn kanssa
goad 1 *v* ärsyttää, yllyttää; ajaa jhk **2** *s* piikkisauva; yllyke, pelote
go ahead aloittaa, jatkaa; edetä, edistyä
go-ahead 1 *s* aloituslupa **2** *a* edistyksellinen
goal maali; päämäärä; ***you should set yourself some ~s*** sinun pitäisi asettaa itsellesi päämääriä
goalkeeper maalivahti
go along edistyä, edetä
go along with mukautua; hyväksyä; ***go along with you!*** älä nyt viitsi! en usko!
goat vuohi
gobble hotkia
go-between välittäjä
goblet pikari
goblin haltia, peikko
God Jumala

godchild kummilapsi
goddess jumalatar
godfather kummisetä
godforsaken jumalanhylkäämä
godlike jumalallinen
godmother kummitäti
goggle mulkoilla
goggle box *(Br ark)* töllötin, telkkari
goggles suojalasit
going: ***be ~ to do*** aikoa [tehdä] jtak; ***are you ~ to tell her?*** aiotko kertoa hänelle?; ***keep ~*** pitää käynnissä, jatkaa kulkemista, mennä eteenpäin; ***set ~*** panna käyntiin
go into mennä mukaan jhk; ***she plans to go into politics*** hän aikoo mennä mukaan politiikkaan; ***I must go into it as soon as possible*** minun täytyy tutkia asia mahdollisimman pian
goitre, goiter struuma
gold kulta; kullanväri
golden kulta-, kultainen; ***~ rule*** kultainen sääntö; ***~ mean*** kultainen keskitie
goldeneye *(el)* telkkä
golden retriever *(el)* kultainen noutaja
goldfinch *(el)* tikli
goldfish kultakala
gold plate kultadublee; kultaus
gold plated kullattu
goldsmith kultaseppä
gold standard kultakanta
golf golf[peli]
golf club golfmaila
golf course, golf links golfkenttä
golfer golfinpelaaja, golffari
gondola gondoli
gone *ks.* ***go***; mennyt, poissa
gong gongi, kumistin
good 1 *a* hyvä; kiltti; kelvollinen; taitava (***at*** jssak); ***~ morning!*** [hyvää] huomenta!; ***~ for nothing*** kelvoton, hyödytön; ***have a ~ time!*** pidä hauskaa!; ***as ~ as new*** uuden veroinen, kuin uusi **2** *s* etu, hyöty; ***for your own ~*** omaksi eduksesi, oman etusi tähden; ***what's the ~ of having a car when you never use it*** mitä järkeä on pitää autoa, jos sille ei ole käyttöä
goodbye näkemiin, nähdään
good-for-nothing tyhjäntoimittaja
good-natured hyväntahtoinen, hyväluontoinen
goodness hyvyys; ***my ~!, ~ [gracious] me!*** Luojan tähden!, hyvänen aika!
goods [myynti]tavarat; ***they have a nice variety of ~*** heillä on mukava tavaravalikoima
goods train *(Br)* tavarajuna, *vrt.* ***freight train***
goodwill suopeus, hyvä tahto
good|y *(ark)* herkkupala, nami; kiva *t.* mukava asia *t.* tavara; ***there were all kinds of -ies there*** siellä oli kaikkea kivaa *t.* hyvää
go off mennä pois, lähteä; räjähtää, laueta, alkaa soida; sujua, onnistua; lakata toimimasta, mennä pois päältä; ***the heating goes off at night*** lämmitys menee pois päältä yöksi; ***the alarm went off*** hälytin alkoi soida
go on jatkaa; jatkua; tapahtua, olla tekeillä; ***I must leave but you may go on*** minun täytyy lähteä, mutta te voitte jatkaa; ***what's go-***

ing on here? mitä täällä oikein on tekeillä?, mitäs täällä tapahtuu?; ***let's go on to our next item*** siirrytään[pä] seuraavaan kohtaan
go on at kritisoida, nalkuttaa, olla jkn kimpussa; ***why are you constantly going on at your sister?*** miksi olet jatkuvasti sisaresi kimpussa?
goose *(pl geese)* hanhi
gooseberry karviaismarja
go out mennä *t.* lähteä ulos; käydä ulkona; käydä [työssä]; jäädä pois muodista; *(valoista)* sammua; ***she goes out babysitting for two families*** hän käy hoitamassa lapsia kahdessa perheessä; ***go out with*** *(myös)* seurustella jkn kanssa
gorge 1 *s* kuilu, rotko, sola; nielu; ***it made my ~ rise*** minua kuvotti **2** *v* ahmia
gorgeous upea, loistava
gorse *(kasv)* piikkiherne
gospel evankeliumi
gossamer [hämähäkin]seitti
gossip 1 *s* juoru; juoruaja **2** *v* juoruta
got *ks.* ***get***; ***have ~*** omistaa, olla; ***have ~ to*** täytyy, pitää; ***I've ~ some relatives there*** minulla on siellä sukulaisia; ***I've ~ to go*** minun täytyy mennä
goulash *(ruok)* gulassi
go up *(hinnoista)* nousta; räjähtää, syttyä; ***go up in smoke*** haihtua savuna ilmaan
gourd kurpitsa
gourmand suursyömäri, ahmatti; hyvän ruoan ystävä
gourmet herkkusuu, herkuttelija; ruokien ja juomien tuntija; kulinaristi; herkku-, erikois-; ***~ restaurant*** gourmetravintola
gout kihti
govern hallita; määrätä
governess kotiopettajatar
government hallitus; ***the ~ is planning new tax increases*** hallitus kaavailee uusia veronkorotuksia
governor maaherra, kuvernööri; johtokunnan jäsen
governor-general kenraalikuvernööri
go with sopia jhk; ***this colo[u]r goes perfectly with your shirt*** tämä väri sopii täydellisesti paitaasi
go without tulla toimeen ilman
gown *(naisten)* [pitkä] puku; *(akateeminen t. tuomarin)* kaapu; ***night ~*** yöpuku
GP *(= general practitioner) (läh)* terveyskeskus-, kunnan|lääkäri
grab kahmaista, tarttua
grace sulo, viehkeys; sirous; armo[llisuus]; lisä-, armon|aika; pöytärukous
graceful suloinen, viehkeä, siro
gracious ystävällinen, armollinen
grade 1 *s* aste; [laatu]luokka, taso; *(koulun)* luokka; arvosana **2** *v* luokitella; arvostella, antaa arvosana
grade crossing *(Am)* tasoristeys; *vrt.* ***level crossing***
gradient *(fys, mat)* gradientti; kaltevuus; nousu
gradual asteittainen
gradually asteittain, vähitellen
graduate 1 *v* saada [akateeminen] oppiarvo, valmistua *(korkeakoulusta, yliopistosta)*; *(Am myös)*

päästä ylioppilaaksi, saada päästötodistus *(high schoolista)* **2** *s* loppututkinnon suorittanut, valmistunut; *(Am myös)* ylioppilas
graduation valmistujaisjuhla; *(Am läh)* ylioppilasjuhla
graffiti *(kaupungeissa, julkisilla paikoilla)* seinä|piirrokset, -kirjoitukset
graft 1 *v* oksastaa; *(lääk)* tehdä [ihon-, luun]siirto **2** *s* oksas; lahjonta; keinottelu; *(Br)* homma
grain jyvä[nen]; vilja
gram[me] gramma
grammar kielioppi
grammar school *(Br läh) (lukioon valmistava)* peruskoulun yläaste *(yli 11 v.)*; *(Am läh)* peruskoulun ala-aste
grammatical kieliopillinen
gramophone *(vanh)* grammari
granary vilja-aitta
grand 1 *a* suur-, pää-; suurenmoinen, komea **2** *s (Am sl)* tuhat dollaria
grandchild lapsenlapsi
granddaughter tyttären- *t.* pojan|-tytär
grandfather isoisä
grandmother, grandma isoäiti
grandparents isovanhemmat
grand piano flyygeli
grand slam täyspotti; kaikkien sarjojen voitto
grandson tyttären- *t.* pojan|poika
grandstand [urheilu]katsomo
grange kartano, suuri maalaistalo
granite graniitti
granny *(ark)* isoäiti
grant 1 *v* suoda, myöntää *(laina, stipendi ym.)*; ***take for ~ed*** pitää itsestään selvänä **2** *s* apuraha
granular rakeinen
grape viinirypäle
grapefruit greippi
grapevine *(vanh)* viiniköynnös; [huhu]mylly; ***I heard it on t. through the ~*** kuulin sen huhupuheena, pikkulinnut lauloivat
graph käyrä
graphic eloisa, havainnollinen; graafinen
grapple with tarttua jhk; puuhata jnk kimpussa
grasp 1 *s* [luja] ote; käsityskyky **2** *v* tarttua; käsittää
grass ruoho; *(ark)* ruoho, mari
grasshopper heinäsirkka
grate 1 *s* arina **2** *v* raapia, rahista; *(ruok)* raastaa; ***~d cheese*** juustoraaste
grate [on] raastaa, repiä *(hermoja)*
grateful kiitollinen
grater raastin
gratification ilonaihe, kiitos
gratify ilahduttaa; täyttää *(toive)*
gratifying ilahduttava
grating ristikko
gratitude kiitollisuus
grave 1 *s* hauta **2** *a* vakava
gravel sora
gravitation painovoima
gravity paino; vakavuus; ***the force of ~*** painovoima; ***the centre of ~*** painopiste
gravy [paistin]kastike
grawl murista (***at*** jllek, jklle)
gray *(Am)* = ***grey***
graze olla laitumella; laiduntaa; sipaista; raapaista
grease 1 *s* ihra, rasva, tali; voitelurasva **2** *v* voidella, rasvata

greasy rasvainen
great suuri, mahtava; suurenmoinen; huomattava; *~!* hienoa!
Great Britain Iso-Britannia
greatly suuresti, paljon
Greece Kreikka
greed ahneus
greedy ahne
Greek 1 *a* kreikkalainen **2** *s (kieli)* kreikka
green 1 *a* vihreä; kypsymätön, kokematon; ~ ***with envy*** vihreä kateudesta **2** *s* viheriö
greengrocer vihanneskauppa
greenhouse kasvihuone
greenhouse effect kasvihuoneilmiö
Greenland Grönlanti
green spaces viheralueet
greet tervehtiä
greeting tervehdys; terveinen
gregarious seuranhaluinen; laumoissa elävä, lauma-
Grenada Grenada
grenade kranaatti
grenadine grenadiini
grew *ks.* ***grow***
grey 1 *a* harmaa **2** *v* harmaantua
greyhound vinttikoira
greyish, **grayish** harmahtava
grid ristikko; *(numeroin ja kirjaimin varustettu)* kartan ruudutus; sähköjohtoverkko
gridiron halsteri
grief suru
grievance valituksen aihe; kauna[n aihe]
grieve surra, surettaa
grill 1 *s* grilli; parila, paahdin **2** *v* grillata, paahtaa, pariloida
grim armoton, tuikea; ikävä, surullinen
grimace irvistys
grimy likainen
grin 1 *v* irvistää, virnistää **2** *s* irvistys, virnistys
grind *(ground ground)* jauhaa; teroittaa, hioa; kiristellä *(hampaita)*
grind [away] päntätä päähän, raataa (*at* jnk parissa)
grindstone tahko
grip 1 *s* luja ote; kahva **2** *v* tarttua lujasti
grisly karmea, kammottava
grit sora; sisu, tarmo
gritty karhea; sisukas, tarmokas
grizzly bear harmaakarhu
groan 1 *s* voihkinta, voihkaisu **2** *v* voihkia, huokailla
groceries ruoka|ostokset, -tavarat
grocer's, grocery ruokakauppa
groin nivustaive
groom 1 *s* hevostenhoitaja, tallirenki; sulhanen **2** *v* hoitaa hevosia; *(el)* puhdistaa; valmistaa, prepata
groove ura, uurre
groovy *(sl) (vanh)* hieno, kiva, jännä
grope [about] hapuilla
gross kokonais-, brutto-; karkea, törkeä; iso, paksu
gross national product bruttokansantuote
gross weight bruttopaino
grotesque groteski, karkea
grotto luola
1 ground 1 *s* maa; pohja, perusta; syy; kenttä **2** *v* perustaa; maadoittaa; ajaa karille; *(Am)* antaa kotiarestia
2 ground *ks.* ***grind***
ground control *(ilm)* kenttäval-

vonta
ground floor pohjakerros; *vrt. **floor***
groundless perätön, perusteeton
ground rule perussääntö
group 1 *s* ryhmä; seurue **2** *v* lajitella ryhmiin, ryhmitellä; kerääntyä [ryhmäksi], ryhmittyä
grouse 1 *s (el)* metsäkana **2** *v* nurista, purnata
grove lehto
grovel madella, ryömiä
grow *(grew grown)* kasvaa; tulla jksik; viljellä, kasvattaa; *~ **angry*** suuttua
grower viljelijä
grown *ks. **grow***; kasvanut
grown-up aikuinen
growth kasvu, lisääntyminen; kasvain
grow up kasvaa [aikuiseksi], aikuistua
grub 1 *s* toukka; *(sl)* sapuska, murkina **2** *v* tonkia
grubby likainen
grudge kauna; ***bear a ~ against sb*** kantaa kaunaa jklle
grudgingly vastahakoisesti
gruel kaura|liemi, -velli
gruel[l]ing ankara, kova, koetteleva
gruesome kaamea; karkea, töykeä
grumble 1 *v* nurista **2** *s* nurina
grunt röhkiä; mörähtää, murahtaa
guarantee 1 *s* takuu, takeet **2** *v* taata
guard 1 *v* suojella, vartioida; olla varuillaan **2** *s* vartija; vartio; vartio-, päivystys|vuoro; junailija; suojus, suojalaite; ***be on your ~ against pickpockets*** varokaa taskuvarkaita
guardian holhooja; vartija
guardian angel suojelusenkeli
guer[r]illa sissi
guess 1 *v* arvata; arvella, luulla **2** *s* arvaus; arvelu
guest vieras; vierailija
guestroom vierashuone
guidance opastus, ohjaus; neuvonta; johdatus
guide 1 *v* opastaa, ohjata **2** *s* opas
guide book opaskirja
guide dog opaskoira
guidelines suuntaviivat, ohjeet
guild kilta, ammattikunta
guilder guldeni
guilt syyllisyys
guilty syyllinen (***of*** jhk)
guinea pig marsu; koe-eläin
guise muoto, hahmo; verho, varjo
guitar kitara
guitarist kitaristi
gulf merenlahti
the Gulf Stream Golfvirta
gull lokki
gullet ruokatorvi
gullible herkkäuskoinen
gully rotko, uoma, oja
gulp 1 *v* nielaista, hotkaista **2** *s* nielaisu, hotkaisu
gum liima; kumi; ien
gun 1 *s* kivääri, pyssy, tykki; ase **2** *v ~ **[down]*** ampua jkta
gunboat tykkivene
gunfire tykkituli
gunman aseistautunut rikollinen
gunpowder ruuti
gurgle 1 *v* loristа, solista; lepertää **2** *s* lorina, solina; leperrys, lepertely
gush 1 *v* pursuta, tulvahtaa **2** *s* pursuaminen, tulvahdus
gust [tuulen]puuska, vihuri
gusto maku, nautinto; into

gusty puuskainen
gut 1 *s* suoli **2** *v* perata, puhdistaa
guts sisälmykset, sisukset; sisu, uskallus; ***he didn't have the ~ to do it*** hänen sisunsa ei riittänyt siihen; ***I hate his ~*** inhoan häntä
gutsy sisukas, uskalias
gutter katuoja
guy *(Am ark)* kundi, mies, kaveri
gym voimistelu[sali], kuntosali
gym[nasium] voimistelusali
gym[nastics] voimistelu
gyn[a]ecologist gynekologi
gypsum kipsi
gypsy *ks.* ***gipsy***

H

haberdashery *(vanh)* ompelutarvikkeet
habit tapa; puku; ***I'm not in the ~ of smoking*** minulla ei ole tapana polttaa; ***it's easy to get into bad ~s*** on helppoa oppia pahoille tavoille
habitable asuttava
habitation asumus, asunto
habitual tavallinen, tavanomainen
hack 1 *v* hakata; köhiä **2** *s* [vuokra]hevonen, kaakki
hackneyed kulunut, tylsä
had *ks.* ***have***
haddock *(el)* kolja
hag *(halv)* [noita-]akka
haggard riutunut
haggle tinkiä; kiistellä
haemorrhage verenvuoto
hail 1 *s* raekuuro **2** *v* sataa rakeita
hair hius, karva; hiukset, tukka; ***you have beautiful ~*** sinulla on kauniit hiukset; ***there's a ~ on your sleeve*** hihassasi on hius *t.* karva
hair's breadth escape täpärä pelastus, hiuskarvan varassa
haircut hiusten leikkaus, tukanleikkuu
hairdo kampaus
hairdresser kampaaja *(ammattina)*
hairdresser's [salon] kampaamo, kampaaja; ***I'm going to the ~ this afternoon*** menen iltapäivällä kampaajalle
hairdryer hiustenkuivaaja
hair slide *(Br)* hiussolki
hair-splitting saivartelu
hairwash tukanpesu
hairy karvainen
half puoli, puolet; puolikas; ***~ an hour*** puoli tuntia; ***~ a million inhabitants*** puoli miljoonaa asukasta; ***do you want ~ of this orange?*** haluatko puolikkaan tästä appelsiinista?; ***he is doing it on ~-pay*** hän tekee sen puolella palkalla
halfbreed sekarotuinen
half-hearted laimea, laiska
half-penny puoli pennyä
halfway puolivälissä, puolitiessä
halibut ruijanpallas
hall halli, eteinen; sali
hallmark tunnusmerkki
hallo hei, terve, päivää
Halloween Halloween-juhla 31.10., pyhäinpäivän aatto
hallucination aistiharha, hallusinaatio
halo [säde]kehä
halt 1 *v* pysähtyä; pysähdyttää **2** *s* pysähdys; pysäkki; ***come to a ~*** pysähtyä
halter riimu; *(vanh)* hirttonuora
halve panna puoliksi, puolittaa
ham kinkku
Hamburg Hampuri
hamburger hampurilainen; jauheliha[pihvi]
hamlet pieni kylä
hammer 1 *s* vasara; *(urh)* moukari **2** *v* vasaroida, takoa
hammock riippumatto
hamper 1 *v* estää, olla vastuksena

2 *s* [iso] kori
hand 1 *s* käsi; *(kellon)* osoitin; käsiala; ***at*** ~ käsillä, saatavana; ***by*** ~ käsin; ***on the other*** ~ toisaalta; ***would you give me a ~?*** auttaisitko hiukan? **2** *v* ojentaa, antaa
handbag *(Br)* käsilaukku ***vrt. purse***
handcuffs käsiraudat
handful kourallinen
handicap haitta, este; *(urh)* tasoitus
handicapped vammainen
handicraft käsityö, kotiteollisuus; askartelu; ***Finnish ~ products*** suomalaiset kotiteollisuustuotteet
handkerchief nenäliina
handle 1 *s* kahva, varsi **2** *v* käsitellä; ~ ***with care*** käsiteltävä *t.* käsittele varovasti
handsome komea, kaunis
handwriting käsiala
handy kätevä, näppärä
hang *(hung hung)* ripustaa, riippua; *(hanged hanged)* hirttää
hang on riippua, olla riippuvainen jstak; kestää, olla antamatta periksi; odotella, kuluttaa aikaa; odottaa *(esim. puhelimessa)*; pitää kiinni (***to*** jstak); ~ ***please!*** odottakaa hetki!; ~***!*** koeta kestää!, pidä kiinni!
hangar vaja, suoja
hanger koukku; ripustin, henkari
hangman pyöveli
hangover krapula, kankkunen
hang up sulkea puhelin; ***don't hang up*** älkää sulkeko puhelinta; ***he hung up on me*** hän paiskasi luurin korvaani
haphazard sattumanvarainen; ***at*** ~ umpimähkään
happen tapahtua, sattua; ***I ~ed to see him*** satuin tapaamaan hänet; ***as it ~s*** kuten yleensä käy
happily onneksi, onnellisesti
happiness onni
happy onnellinen
harass rasittaa, ahdistaa; ahdistella
harassment rasitus; ahdistelu
harbour 1 *s* satama **2** *v* majoittaa; hautoa [mielessään]
hard 1 *a* kova, vaikea **2** *adv* kovasti, vaikeasti; ***you work too ~*** teet liikaa töitä; ***don't be too ~ on him*** älä ole hänelle liian ankara; ***I have learnt the ~ way*** olen oppinut kantapään kautta
hardball *(Am)* baseball; ***play ~*** käyttää kovia otteita
hard-boiled kovaksikeitetty
hard-core piintynyt; kovan luokan
hard-earned vaivalla ansaittu
harden kovettaa, paaduttaa
hard-hearted kovasydäminen
hardihood pelottomuus
hardly tuskin; ***I ~ know her*** tuskin edes tunnen häntä
hardness kovuus
hard-of-hearing huonokuuloinen
hardship vaikeus, vastoinkäyminen
hardware metallitavara; *(atk)* laitteisto
hardwood lehtipuu, jalopuu
hardy karaistunut, kestävä; huimapäinen
hare jänis
harebell kissankello
harebrained ajattelematon
harelip ristihuuli[suus]
hark *(vanh)* kuunnella, kuulla
harm 1 *s* vahinko, paha, harmi **2** *v* vahingoittaa

harmful vahingollinen
harmless vaaraton
harmonious sopusointuinen, harmoninen
harmony sopusointu
harness 1 *s* valjaat **2** *v* valjastaa
harp harppu
harpoon harppuuna
harrow 1 *s* äes **2** *v* äestää
harrowing sydäntäraastava
harry *(kirj)* häiritä, ahdistella
harsh karkea, kova, ankara
hart uroshirvi, peura
harvest 1 *s* elonkorjuu, sato **2** *v* korjata sato
harvester elonleikkaaja; leikkuukone; leikkuupuimuri
has *(3. persoona verbistä* ***have****)*
hash 1 *s* hakkelus **2** *v* hakata hienoksi
hashish hasis
hasp säppi, aspi
hassle 1 *s (rasittava, hermostuttava)* homma, puuha, vaiva **2** *v* olla kimpussa, rasittaa, kiusata; väitellä, riidellä
haste kiire
hasten kiiruhtaa
hastily kiireesti
hasty nopea, hätäinen
hat hattu
hatch 1 *v* hautoa; kuoriutua (*out* jstak) **2** *s (laivan)* luukku
hatchet kirves; ***bury the ~*** haudata sotakirveet, unohtaa menneet
hatchway [ruuman] luukku
hate 1 *v* vihata **2** *s* viha
hateful inhottava
hatred viha
hatter hattukauppias
haughty ylpeä, kopea
haul 1 *v* hilata, vetää, kuljettaa **2** *s* apaja, saalis
haulage kuljetus[maksu]
haunch lanne, lonkka; reisi[liha]
haunt 1 *v* käydä jssak jatkuvasti; kummitella; ***the house is ~ed*** talossa kummittelee **2** *s* pesäpaikka *t.* kantapaikka
hav|e *(had had)* olla [jklla], omistaa; syödä, nauttia *(ateria, ruokaa)*; *(tilattaessa ravintolassa, tarjottaessa)* ottaa; ***they ~ no jobs*** heillä ei ole työpaikkoja; ***I don't ~ your number*** minulla ei ole numeroanne; ***they are ~ing dinner*** he syövät juuri päivällistä; ***I ~ had too much coffee today*** olen juonut liikaa kahvia tänään; ***I'll ~ a beer, please*** minä otan oluen, minulle olut; ***~ sth made t. done*** teettää jtak; ***did you ~ your car serviced?*** huollatitko autosi?; ***I should ~ my hair done*** minun pitäisi laitattaa tukkani *t.* käydä kampaajalla
haven satama; turvapaikka
havoc hävitys; ***play ~ with*** tuhota
hawk 1 *s* haukka **2** *v* kaupustella
hawker kulkukauppias
hawser touvi, köysi
haw[thorn] orapihlaja
hay heinä
hay fever heinänuha
hazard 1 *s* vaara, sattuma **2** *v* vaarantaa, uskaltaa
hazardous vaarallinen, haitallinen
haze auer, utu
hazelnut hasselpähkinä
hazy utuinen; epäselvä
he *(mask)* hän; koiras, uros
head 1 *s* pää; johtaja, päällikkö,

päämies **2** *a* ylä-, etu|pää; pääpuoli; huippu; otsikko; [naulan] kanta, nuppi; *~ over heels* suinpäin **3** *v* olla etunenässä, johtaa; suunnata kulkunsa (*for* jhk); varustaa otsikolla
headache päänsärky
headgear päähine
headhunter kykyjenmetsästäjä; pääkallonmetsästäjä
heading otsikko
headland niemi, niemeke
headlight *(auton)* ajovalo
headline 1 *s* otsikko, [uutisten] pääkohta **2** *v* otsikoida; mainostaa; *(Am)* olla pääesiintyjä
headlong suinpäin
headmaster *(Br)* rehtori
headphones kuulokkeet
headquarters päämaja
headrest niskatuki
headstrong uppiniskainen
headwaiter hovimestari
headway: *make ~* edistyä, edetä
heal parantaa; parantua
health terveys; *she is in good ~* hän on terve, hyvissä voimissa
health care terveyden|hoito, -huolto
heath centre *(Br)* terveyskeskus
health club *(läh)* kuntokeskus
healthy terve[ellinen]
heap 1 *s* kasa, läjä **2** *v* kasata, läjätä
hear *(heard heard)* kuulla; *I didn't ~ you* en kuullut, mitä sanoit; *she wouldn't ~ of it* hän ei halunnut kuulla puhuttavankaan siitä; *~ me out!* kuuntele [mitä sanon]!
hearing kuulo, kuulomatka; [oikeus]käsittely
hearing aid kuulolaite
hearsay kuulopuhe
hearse ruumis|vaunut, -auto
heart sydän; rohkeus; ydin; *by ~* ulkoa; *I didn't have the ~ to tell him* en hennonnut kertoa hänelle; *take ~* rohkaista mielensä; *~s* *(korttip)* hertta
heartbeat sydämenlyönti
heartbreaking sydäntäsärkevä
heartburn närästys
heart disease sydänsairaus
hearten rohkaista
heart failure sydänkohtaus
hearth [koti]liesi
heartily sydämen pohjasta, sydämellisesti; halukkaasti
heartiness sydämellisyys; into
heartless sydämetön
hearty vilpitön, lämmin; vahva, tukeva
heat 1 *s* kuumuus, kiihko; *(urh) (alku-, karsinta-)* erä **2** *v* kuumentaa, lämmittää
heated kiivas, kiihkeä; lämmitetty, kuumennettu
heath nummi
heathen pakana
heather kanerva
heating lämmitys
heave nostaa, kohota; *~ a sigh* huoata raskaasti
heaven taivas
heavenly taivaallinen
heaviness paino, raskaus
heavy raskas, painava; tanakka, tukeva; runsas, syvä; *(sl)* mieletön, kova, rankka; heavy-musiikki
Hebrew heprea
hectic kuumeinen, kiihkeä; kiireinen, kova[tahtinen], rankka
hedge 1 *s* pensasaita **2** *v* ympäröi-

dä, aidata; kierrellä, vältellä
hedgehog siili
heed 1 *v* ottaa vaarin; tarkata **2** *s* huomio; ***take ~*** varoa
heedful varovainen
heedless ajattelematon
heel kantapää; korko
he-goat pukki
heifer hieho
height korkeus; pituus; kukkula
heighten kohottaa; lisätä; kohota
heir perillinen
heiress perillinen, perijätär
heirloom perhekalleus
held *ks.* ***hold***
hell, Hell helvetti *(myös voimasana)*; ***raise ~*** nostaa helvetinmoinen meteli
hellish helvetillinen
hello hei, terve; haloo
helm peräsin, ruori
helmet kypärä
help 1 *v* auttaa, avustaa; ***~ yourselves!*** olkaa hyvä ja ottakaa!; ***I couldn't ~ laughing*** en voinut olla nauramatta **2** *s* apu, apulainen; ***you have been a big ~*** olet ollut suureksi avuksi
helper avustaja, apulainen
helpful avulias; hyödyllinen
helping [ruoka-]annos; [lisää] ottaminen; ***have a second ~!*** ota lisää!
helpless avuton
helter-skelter suin päin
hem 1 *s* päärme; helma **2** *v* päärmätä
he-man miesten mies, kunnon uros
hemisphere pallonpuolisko
hemlock *(kasv)* katko; katkon myrkky
hemorrhage verenvuoto
hemp hamppu
hemstich reikäommel
hen kana
hence *(kirj)* täältä; tästä johtuen
henceforth tästä lähtien
hen party *(Br) (morsiamen)* polttarit
henpecked tohvelisankari
her *(fem)* hänen, hänet, häntä, hänelle; ***she forgot ~ gloves*** hän unohti käsineensä; ***when did you last see ~?*** koska näit hänet viimeksi?
herald 1 *s* sanansaattaja **2** *v* ilmoittaa tulo, julistaa
heraldry vaakunatiede
herb yrtti
herbal medicine luonnonlääketiede, luontaishoito
herbal tea yrttitee
herd 1 *s* lauma **2** *v* elää laumoissa
herdsman paimen
here täällä, tässä, tänne; ***look ~!*** kuulehan!; ***~ you are*** olkaa hyvä, kas tässä; ***from ~*** täältä
hereabouts näillä tienoin
hereditary perinnöllinen
heresy harhaoppi
heretic harhaoppinen
herewith täten; ohessa
heritage perintö
hermit erakko
hernia tyrä
hero sankari
heroic sankarillinen
heroin heroiini
heroine sankaritar
heroism sankaruus
heron haikara
herring silli

herself *(fem)* itse[ään]
hesitate epäröidä; ***don't ~ to ask, if you need help*** sano ihmeessä, jos tarvitset apua
hesitation epäröinti
hew *(hewed hewn/hewed)* hakata
hi *(Am)* hei, terve
hibernate nukkua talviunta
hiccup 1 *s* nikotus; ***I've got the ~s*** minulla on hikka **2** *v* nikotella
hid *ks.* ***hide***
hidden *ks.* ***hide***; piilossa, salassa
hide *(hid hidden)* kätkeä, piilottaa; kätkeytyä, piiloutua; ***he had hidden it in the attic*** hän oli piilottanut sen ullakolle; ***they hid in the woods*** he piiloutuivat metsään
hide-and-seek piiloleikki
hideous hirveä, inhottava
hi-fi *(= high fidelity)* suuri tarkkuus, puhdas äänentoisto
high korkea; ylhäinen; kimeä; *(ark)* pilvessä, jssak aineessa; korkeus, maksimi; ***in ~ spirits*** iloisella tuulella
highbrows älymystö
highlands ylämaa
highlight 1 *s* kohokohta **2** *v* korostaa
highly suuresti
highness korkeus; ylhäisyys
high-ranking korkea-arvoinen
highway *(Am)* valtatie, moottoritie
highwayman maantierosvo
hijack kaapata *(lentokone ym.)*
hijacking kaappaus
hike 1 *s* patikkamatka, [erä]vaellus **2** *v* retkeillä, vaeltaa *(luonnossa)*
hilarious hilpeä, valtavan hauska
hill mäki, kukkula
hillock kumpu
hilly mäkinen, kumpuileva
hillbilly *(ark)* takametsien mies, juntti
hilt kahva
him *(mask)* häntä, hänet, hänelle
himself *(mask)* itse[ään]; ***by ~*** yksin
hind 1 *s* saksanhirven naaras **2** *a* taka-; ***~ legs*** takajalat
hinder estää
hindmost takimmainen
hindrance este
hinge sarana
hint 1 *s* vihjaus, vihje; ***he should take the ~*** hänen pitäisi ymmärtää vihjaus **2** *v* vihjata, vihjailla
hipbone lonkkaluu
hippie, hippy hippi
hippo[potamus] virtahepo
hips lanteet
hire 1 *v* vuokrata, palkata; antaa vuokralle **2** *s* vuokra
his *(mask) (gen)* hänen
Hispanic latinalaisamerikkalainen
hiss 1 *v* sihistä, viheltää **2** *s* sihinä
historian historioitsija
historic historiallinen *(historiallisesti merkittävä)*; ***~ moment*** historiallinen hetki
historical historia[n]-, historiallinen *(historiaan liittyvä t. pohjautuva)*; ***~ research*** historian tutkimus; ***~ novel*** historiallinen romaani
history historia
hit 1 *v (hit hit)* lyödä, iskeä; osua; ***~ the sack*** *(ark)* painua pehkuihin **2** *s* osuma; *(mus)* hitti, menestyslevy
hitch 1 *v* vetäistä; kiinnittää jllak;

(ark) liftata **2** *s* nykäisy, vetäisy; este, vastus
hitchhike liftata, mennä peukalokyydillä
hither *(vanh, kirj)* tänne
hive mehiläiskeko
hoard 1 *s* varasto; kätkö **2** *v* varastoida; rohmuta, hamstrata
hoarding lauta-aitaus; mainostaulu; rohmuaminen, hamstraus
hoarfrost huurre, kuura
hoarse käheä
hoary harmaantunut, [iki]vanha
hoax 1 *s* pila, huijaus **2** *v* pitää pilkkanaan, huijata, tehdä jekku
hobble 1 *v* ontua **2** *s* ontuminen
hobby [mieli]harrastus, harraste
hock *(valkoinen)* reininviini
hockey *(Am)* jääkiekko; *(Br)* maahockey
hoe 1 *s* kuokka **2** *v* kuokkia
hog *(myös kuv)* sika, karju
hoist 1 *v* nostaa *(lippu, kuorma ym.)* **2** *s* nosturi, talja
hold 1 *v (held held)* pitää, pidellä; hoitaa *(virkaa)*; sisältää, vetää; pidättää; *~ **good*** pitää paikkansa **2** *s* ote; lastiruuma; ***I should get ~ of her*** minun pitäisi saada hänet kiinni
hold [out] kestää, pitää puoliaan; ojentaa, tarjota, antaa
holder haltija; pidike
holding vuokratila
holding company holding-, omistaja|yhtiö
hold on pitää kiinni (***to*** jstak); jatkaa; odottaa; *~!* odota hetki!, pidä kiinni!
hold to pitää kiinni jstak, pitäytyä jssak
hold up pitää esillä; pitää koholla, nostaa *(käsi)*; pysyä lujana, kestää; viivyttää; ryöstää
holdup [aseellinen] ryöstö; viivytys
hole 1 *s* reikä, aukko, kolo; kuoppa; pulma **2** *v* tehdä reikä
holiday loma; lupapäivä
holiness pyhyys
Holland Hollanti
holler *(Am)* huutaa, huikata
hollow 1 *a* ontto; kuopallaan **2** *s* onkalo, kolo; laakso **3** *v* kovertaa
holly *(kasv)* piikkipaatsama
the Holocaust *(hist)* juutalaisten joukkotuho
holster pistoolikotelo
holy pyhä
homage kunnianosoitus; ***pay ~ to*** osoittaa kunnioitustaan jklle
home koti, kotiin; *(Am)* kotona; *(urh)* pesä, maali; ***at ~*** kotona; ***he left ~*** hän lähti kotoa[an]
homecoming [kotiin]paluu; *(Am)* joukkueen paluu kotikentälle; *(Am myös) (koul, yliop)* entisten oppilaiden vierailu
home economics kotitalous
homeless koditon, asunnoton
homely yksinkertainen; *(Am) (henk)* epämiellyttävän näköinen
homemade kotitekoinen
Home Office sisäasiainministeriö
homesick: ***I am ~*** minulla on koti-ikävä
homesickness koti-ikävä
homeward[s] kotiinpäin
homework kotitehtävät, läksyt
homicide tappo
homosexual homoseksuaali[nen]
honest rehellinen

honesty rehellisyys
honey hunaja; kulta, kullanmuru
honeycomb kennokakku
honeymoon kuherruskuukausi
honeysuckle *(kasv)* kuusama
honk 1 *s* törähdys, tööttäys, tyyttäys **2** *v* töräyttää, tyytätä; ~ ***the horn*** töötätä, tyytätä, antaa äänimerkki
hono[u]r 1 *s* kunnia; ***I have the ~ to begin*** minulla on kunnia aloittaa; ***your H~*** arvoisa tuomari; **~s** kunnianosoitukset; *(yliop tutkinnosta)* korkeimmat arvosanat **2** *v* kunnioittaa; lunastaa vekseli
honorary kunnia-
Honourable *(titteli jalosukuiselle)* kunnianarvoisa, arvon
honourable kunniallinen, kunnioitettava
hooch *(Am, sl)* viina, viski
hood huppu[kaulus], hilkka; kuomu; konepelti
hoodlum *(sl)* huligaani
hoodwink pimittää, salata
hoof *(pl hooves)* kavio, sorkka
hook 1 *s* haka, koukku; ***by ~ or by crook*** keinolla millä hyvänsä **2** *v* saada koukkuun
hooked koukistettu; ***a ~ nose*** konkka-, kyömy|nenä
hooker *(Am)* huora
hooligan huligaani
hoop vanne
hoot 1 *v (pöllö)* huutaa; *(auton t. sumu|torvi)* töräyttää, tuutata **2** *s* [iva]huuto; törähdys
hooter höyrypilli, sireeni
hop 1 *s* hyppäys; *(lyhyt)* lentomatka; piipahdus; *(ark)* tanssit; *(kasv)* humala **2** *v* hypellä; hypätä; ***~ on a bus*** hypätä bussiin; ***~ in!*** hyppää kyytiin!
hope 1 *s* toivo **2** *v* toivoa
hopeful toiveikas
hopeless toivoton
hop off nousta ilmaan
hop step and jump kolmiloikka
horde *(esim. lapsi-)* lauma
horizon taivaanranta, horisontti
horizontal vaakasuora
horn torvi; sarvi; sarveisaine; autontorvi
hornet herhiläinen
horrible hirveä, kauhea
horribly hirveästi
horrid hirveä, kauhea
horrify kauhistuttaa, hirvittää
horror kauhu, kauhistus; ***to my ~*** kauhukseni
horse hevonen
horseback: ***on ~*** ratsain
horseback riding *(Am)* ratsastus
horse chestnut hevoskastanja
horseman ratsastaja
horsemanship ratsastustaito
horsepower hevosvoima
horse race hevoskilpailut, ravit
horseradish piparjuuri
hose letku; trikoot
hosiery sukat ja sukkahousut; trikooasusteet
hospitable vieraanvarainen
hospital sairaala
hospitality vieraanvaraisuus
host isäntä; joukko; ehtoollisleipä
hostage panttivanki
hostel opiskelija-asuntola; yömaja; ***youth ~*** nuoriso-, retkeily|maja
hostess emäntä
hostile vihamielinen
hostility vihamielisyys, vihollisuus

hot kuuma
hotbed taimilava; pesäpaikka
hot dog hot dog, hodari, nakkisämpylä
hotel hotelli; ***which ~ are you staying at?*** missä hotellissa asutte?
hothead huimapää
hothouse kasvihuone
hot spot levottomuuspesäke
hot up kuumentua, kiihtyä
hound ajokoira
hour tunti; ***once an ~*** kerran tunnissa; ***for ~s*** tuntikausia; ***by the ~*** tunnilta, tuntipalkalla; ***office ~s*** toimistoaika, virka-aika
hourly joka tunti *t.* tunneittain [tapahtuva]
house 1 *s* talo; koti; *(parl)* ylä-, ala|huone; katsomo; hallitsijasuku **2** *v* rakentaa *t.* hankkia asunto-ja jklle
housebreaker murtovaras
house call kotikäynti
household talous
household appliance kodinkone
house hunting: ***go ~*** etsiä asuntoa, katsella asuntoja
housekeeper taloudenhoitaja
housekeeping taloudenhoito
House of Commons *(Br)* alahuone
House of Lords *(Br)* ylähuone
House of Representatives *(Am)* edustajainhuone
house-trained siistiksi opetettu, sisäsiisti
housewarming tupaantuliaiset
housewife koti|rouva, -äiti, perheenemäntä
housework kotityöt, taloustyöt
housing asunnot, asunto-olot
housing estate asumalähiö
housing shortage asuntopula
hovel hökkeli
hover leijailla; häilyä
hovercraft ilmatyynyalus
how kuinka, miten; ***~ do you do?*** hyvää päivää, hauska tutustua; ***~ are you?*** miten voit[te]?, mitä kuuluu?
however kuitenkin
howl 1 *v* ulvoa **2** *s* ulvonta
HP. *(= horsepower)* hevosvoima
H.R.H *(= His t. Her Royal Highness)* hänen kuninkaallinen korkeutensa
hub [pyörän] napa, keskiö
hubbub hälinä, kohina
huckster kaupustelija; *(Am)* mainostekstinikkari
huddle 1 *v* sulloa yhteen; *(talosta)* kököttää; ***~ together*** painautua toisiinsa **2** *s* sekamelska; [salainen] neuvottelu
hue väri|vivahdus, -sävy
huff 1 *s* vihanpuuska **2** *v* vihastuttaa
huffy loukkaantunut
hug 1 *v* syleillä, halata **2** *s* syleily, halaus
huge suunnaton, valtava
hulk laiva[hylky]; roikale, köntys
hull 1 *s (laivan)* runko; kuori, palko **2** *v* kuoria, silpiä
hullabaloo hälinä, kohu
hullo hei, terve
hum 1 *s* hurina, surina; kohina ym. **2** *v* hyräillä; surista, suhista ym.
human inhimillinen, ihmis-; ***~ rights*** ihmisoikeudet
human being ihminen, ihmisolento
humane ihmisystävällinen, inhimillinen
humanities humanistiset aineet

humanity ihmiskunta; ihmisyys, inhimillisyys
humble 1 *a* nöyrä, vaatimaton **2** *v* nöyryyttää; ~ ***o.s.*** nöyrtyä
humbug humpuuki, huijaus; huijari
humdrum yksitoikkoinen
humid kostea
humidifier ilmankostutin
humidity kosteus
humiliate nöyryyttää
humiliation nöyryytys
humility nöyryys
hummingbird kolibri
humo[u]r 1 *s* tuuli; huumori **2** *v* tehdä mieliksi
humorist humoristi, leikinlaskija
humorous leikkisä
hump kyttyrä; töyssy; *(Br)* masennus
hunch 1 *s* kyttyrä; aavistus, tunne **2** *v* köyristää
hunchback kyttyräselkä
hundred sata; ***two ~ and five*** kaksisataaviisi; ***~s of people*** satoja ihmisiä; ***every ~th*** joka sadas
hundredth sadas
hundredweight *(painomitta)* sentneri *(50,8 kg)*
Hungarian unkarilainen
Hungary Unkari
hunger 1 *s* nälkä **2** *v* nähdä nälkää; haluta kiihkeästi (***for*** jtak)
hunger strike nälkälakko
hungry nälkäinen
hunt 1 *v* metsästää **2** *s* metsästys
hunter metsästäjä
hunting metsästäminen, metsästys; ***go*** ~ mennä metsälle
hurdle race, hurdles *(urh)* aidat, aitajuoksu
hurl paiskata, singota
hurricane hirmumyrsky, hurrikaani
hurried hätäinen
hurry 1 *s* kiire; ***I am in a ~*** minulla on kiire **2** *v* kiirehtiä, pitää kiirettä; ***~up!*** nopeasti (äkkiä) nyt!, pidä kiirettä!
hurt 1 *v (hurt hurt)* loukata, vahingoittaa; koskea, sattua; ***does it ~?*** sattuuko se *t.* siihen?; ***were many people ~?*** loukkaantuiko moni?; ***did she ~ herself?***, ***did she get ~?*** loukkasiko hän itsensä?, loukkaantuiko hän? **2** *s* vamma
hurtful vahingollinen
husband [avio]mies
husbandry *(tilan, karjan)* hoito
hush vaientaa; olla hiljaa; ~***!*** hiljaa!, shh!
hush up painaa villaisella
husk 1 *s* kuori, akana **2** *v* kuoria
husky käheä, karkea; *(el)* eskimokoira, [Siperian]husky
hussar husaari
hussy letukka
hustle *(ark)* touhuta, työntää, töniä
hustler pyrkyri, huijari; *(Am)* huora
hut mökki; parakki
hyacinth hyasintti
hydrant vesiposti
hydrofoil kantosiipialus
hydrogen vety
hydrophobia vesikauhu
hydrotherapy vesihoito
hyena hyeena
hygiene hygienia, puhtaus; terveysoppi
hymen immenkalvo
hymn virsi, hymni
hype 1 *s* tehomainonta; mainos-

temppu; huumeneula; huumeidenkäyttäjä **2** *v* markkinoida, mainostaa [tehokkaasti]
hypertension korkea verenpaine
hyphen 1 *s* yhdys-, tavu|viiva
hyphenate liittää yhdys- *t.* tavu|viivalla
hypnosis hypnoosi
hypnotic hypnoottinen
hypnotize hypnotisoida
hypocrisy teeskentely
hypocrite tekopyhä; teennäinen *(henkilö)*
hypodermic syringe injektioruisku
hypothetical oletettu, hypoteettinen
hysteria hysteria
hysterical hysteerinen

I

I minä
ice 1 *s* jää; jäätelö **2** *v* jäädyttää, peittää jäällä; kuorruttaa
ice age jääkausi
iceberg jäävuori
iceberg lettuce jäävuorisalaatti
icebox pakastelokero; kylmällaukku, -laatikko; *(Am) (vanh)* jääkaappi
icebreaker jäänmurtaja
ice-cold jääkylmä
ice cream jäätelö
ice cube jääkuutio
ice hockey jääkiekko
Iceland Islanti
Icelander islantilainen
Icelandic 1 *a* islantilainen **2** *s (kieli)* islanti
ice rink luistinrata
ice-skate luistella
ice skate luistin
icicle jääpuikko
icing sokerikuorrutus; pitkä kiekko
icon ikoni
icy jäinen; jäätävä
ID [card] *ks.* ***identity card***
idea ajatus, aate, idea; käsite
ideal ihanne; ihanteellinen
idealism idealismi; ihanteellisuus
idealize ihannoida
identical aivan sama, identtinen
identify samastaa; tunnistaa
identity identtisyys, samankaltaisuus; henkilöllisyys, identiteetti
identity card henkilöllisyystodistus
ideology ideologia
idiom idiomi, sanonta; kielelle ominainen ilmaisu
idiot tylsämielinen, idiootti
idiotic järjetön
idle 1 *a* laiska, joutilas; hyödytön **2** *v* vetelehtiä, kuluttaa aikaa hukkaan; käydä tyhjäkäyntiä
idleness laiskuus, joutilaisuus; turhuus
idler tyhjäntoimittaja
idol idoli; epäjumala[nkuva]
idolize jumaloida
idyll idylli
i.e. *(= id est) (lat)* se on, toisin sanoen; nimittäin
if jos; -ko, -kö; ***do you know ~ he is coming?*** tiedätkö tuleeko hän?; ***as ~*** ikään kuin; ***~ only*** kunpa
ignition sytytys
ignominy häpeä; häpeällinen teko
ignoramus oppimaton, tolvana
ignorance tietämättömyys; välinpitämättömyys
ignorant tietämätön; välinpitämätön
ignore olla tietämätön jstak; olla välittämättä jstak
ill sairas; paha, huono
ill-adviced epäviisas
illegal laiton
illegible mahdoton lukea, epäselvä
illegitimate avioton
ill-fated huono-onninen
illicit luvaton, laiton
illiterate lukutaidoton
illness sairaus
ill-timed sopimattomaan aikaan sattuva

ill-treat kohdella huonosti
illuminate valaista
illusion illuusio, kuvitelma, haave, harha|kuva
illusive pettävä
illustrate kuvittaa; valaista
illustration kuva, kuvitus; valaisu, esimerkki
illustrative valaiseva
illustrious maineikas; loistava
image mieli-, peili|kuva; imago; ***he is the very ~ of his father*** hän on kuin ilmetty isänsä
imaginary kuviteltu
imagination mielikuvitus
imagine kuvitella
imbecile vähämielinen, imbesilli
imbibe imeä itseensä, omaksua
imbue kyllästää; innoittaa
imitate jäljitellä, matkia, imitoida
imitation jäljittely, imitaatio
imitator imitaattori
immaculate tahraton
immaterial epäolennainen
immature kypsymätön
immediate välitön; viivytyksetön
immediately heti, välittömästi
immemorial ikivanha, ammoinen
immense ääretön
immerse upottaa
immigrant maahanmuuttaja
immigration maahanmuutto
immigration office ulkomaalais|-toimisto, -yksikkö; maahanmuuttoasiat
imminence uhkaava läheisyys, uhka
imminent uhkaava, lähellä oleva
immobile liikkumaton
immoderate kohtuuton
immolation *(usk. t. pol. syistä tehty)* polttoitsemurha
immoral siveetön, moraaliton
immortal kuolematon
immovable liikkumaton; järkähtämätön
immune immuuni, ei altis
immunity immuniteetti
imp pikku piru
impact isku; vaikutus
impair huonontaa, heikentää
impairment huonontuminen, heikentyminen
impart ilmoittaa; tuoda mukanaan, antaa *(maku, säväys ym.)*
impartial puolueeton
impassable tietön, kulkukelvoton
impassive tunteeton
impatience kärsimättömyys
impatient kärsimätön
impeach panna syytteeseen; epäillä
impeccable virheetön, moitteeton
impede estää, ehkäistä; ***the rescue attempt was ~d by bad weather*** pelastusyritys estyi huonon ilman takia
impediment este; [puhe]vika
impel pakottaa
impending uhkaava
impenetrable läpitunkematon
imperative **1** *s* imperatiivi; velvoite, pakko **2** *a* välttämätön
imperceptible huomaamaton
imperfect epätäydellinen
imperial keisarillinen
imperil vaarantaa
imperious käskevä; ylimielinen
impermeable läpäisemätön
impersonal persoonaton
impersonate esittää jkta
impertinent nenäkäs, hävytön
imperturbable järkkymättömän

levollinen
impervious läpäisemätön
impervious to kuuro jllek
impetuous kiivas, raju, nopea
impetus liikevoima; yllyke
implacable leppymätön
implant 1 *s* siirrännäinen; juurruttaminen **2** *v* istuttaa, juurruttaa
implement 1 *s* työkalu, väline **2** *v* panna toimeen
implicate kietoa, sotkea
implication epäsuora sisältö, vihjaus; ***by*** ~ epäsuorasti
implicit epäsuora, implisiittinen *(luottamus, viittaus ym.)*; ehdoton
implied jhk sisältyvä *t.* kuuluva; epäsuora
implore rukoilla *(armoa ym.)*
imply sisältää, tarkoittaa, vihjata; ilmaista
impolite epäkohtelias
imponderable mahdoton arvioida
import 1 *s* tuonti **2** *v* tuoda maahan
importance tärkeys; merkitys
important tärkeä (***to*** jklle)
importunate itsepintainen
importune ahdistaa pyynnöillä
impose määrätä; ~ ***[up]on*** pettää, käyttää hyväkseen jkta
imposing valtava, mahtava
imposition *(veron, rangaistuksen ym.)* määrääminen; vero; petos
impossibility mahdottomuus
impossible mahdoton
impostor petkuttaja, huijari
impotent tehoton, voimaton; kykenemätön, impotentti
impoverish köyhdyttää
impracticable mahdoton toteuttaa
impregnable valloittamaton
impregnate tehdä raskaaksi, hedelmöittää; kyllästää *(aineella)*
impress 1 *v* painaa; tehdä syvä vaikutus jhk **2** *s* leima; ***he was very ~ed by it*** se teki häneen syvän vaikutuksen
impression vaikutus, vaikutelma; jälki; painos; ***it's my ~ that*** minusta tuntuu *t.* olen saanut sen käsityksen, että
impressionable vaikutuksille altis
impressive vaikuttava, tehoava
imprint 1 *s* leima; jälki **2** *v* painaa mieleen
imprison vangita
imprisonment vangitseminen; vankeus
improbable epätodennäköinen
improper sopimaton
improve parantaa, parantua
improvement parannus; edistys
improvise sepittää valmistelematta, improvisoida
imprudent varomaton, epäviisas
impudence röyhkeys
impudent hävytön, röyhkeä
impulse kiihoke, heräte, virike; mielijohde
impulsive hetken mielijohteesta toimiva, impulsiivinen
impurity epäpuhtaus
in -ssa, -ssä, -lla, -llä; sisällä, sisään; ~ ***the house*** talossa; ~ ***an hour*** tunnin sisällä
inability kykenemättömyys
inaccessible vaikeapääsyinen, luoksepääsemätön
inaccurate epätarkka; virheellinen
inactive toimeton, veltto
inadequate riittämätön
inadvertently vahingossa
inane joutava, järjetön

inanimate eloton
inappropriate epäasiallinen
inapt sopimaton
inarticulate *(puheesta)* epäselvä; kankeakielinen; mykkä
inasmuch as koska; sikäli kuin
inattention tarkkaamattomuus
inattentive tarkkaamaton
inaudible kuulumaton
inaugurate vihkiä, asettaa virkaan
inauspicious pahaenteinen
incalculable mittaamaton; [ennalta] arvaamaton
incantation loitsu
incapable kykenemätön (*of* jhk)
incarnate 1 *v* ruumiillistaa **2** *a* lihaksi tullut
incendiary bomb palopommi
incense 1 *s* suitsutus, suitsuke **2** *v* raivostuttaa
incentive kiihotin, yllyke
incessant lakkaamaton
incest sukurutsaus, insesti
inch tuuma *(2,54 cm)*
incidence *(ilmiön ym.)* esiintyminen, esiintymistiheys, kohdistuminen, vaikutus
incident tapahtuma; välikohtaus
incidental satunnainen
incidentally sattumalta, sivumennen sanoen
incidental music elokuva-, näytelmä|musiikki
incipient alkava *(tauti)*
incise viiltää (*in, into* jtak, jhk)
incision viilto
incite yllyttää, lietsoa
incitement yllyke, kannustin
inclement *(ilma)* kolea
inclination taipumus; mieltymys, halu (*to, for, towards* jhk)
incline olla taipuvainen, kallistua (*to, towards* jhk)
inclined taipuvainen (*to* jhk); kalteva
include käsittää, sisältää; laskea mukaan sisällyttää
included mukaan luettuna
including sisältäen
inclusive jk mukaan luettuna, jkn kattava
incoherent hajanainen
income tulo[t]; ***his ~ is very low*** hänellä on hyvin pienet tulot
income tax tulovero
incomparable verraton
incompatible yhteensopimaton (*with* jkn kanssa, jhk)
incompetent epäpätevä
incomplete epätäydellinen
incomprehensible käsittämätön
inconceivable käsittämätön
incongruous yhteensopimaton
inconsiderable vähäpätöinen
inconsiderate tahditon; harkitsematon
inconsistent epäyhtenäinen
inconsolable lohduton
inconspicuous huomaamaton
inconstant epävakainen, ailahteleva, häilyvä
inconvenience 1 *s* epämukavuus, haitta **2** *v* olla haitaksi
inconvenient epämukava, hankala
incorporate yhdistää kokonaisuuteen; sisältää, sisällyttää
incorrect väärä
incorrigible parantumaton, toivoton
incorruptible lahjomaton
increase 1 *v* lisätä, lisääntyä, kasvaa **2** *s* lisäys, nousu
incredible uskomaton

incredulous epäuskoinen
incriminate syyttää, tehdä osasyylliseksi
incubator hautoma|kone, -kaappi; keskoskaappi
inculcate teroittaa mieleen, iskostaa, jankuttaa päähän
incumbent velvollisuutena oleva
incur saada osakseen
incurable parantumaton
incursion maahanhyökkäys
indebted kiitollisuudenvelassa (***to*** jklle)
indecent säädytön, sopimaton
indecision epäröiminen, päättämättömyys
indeed todella[kin], [totta] tosiaan; jopa; todellako
indefatigable väsymätön
indefinite epämääräinen
indelible häviämätön, lähtemätön
indemnify korvata; turvata (***from***, ***against*** jltak)
indemnity vahingonkorvaus
indent 1 *v* hammastaa; sisentää *(tekstiä)*; tilata *(tavaraa)* **2** *s* tavaratilaus; pykälä, lovi
indenture sopimuskirja
independence riippumattomuus, itsenäisyys
independent riippumaton, itsenäinen
indescribable sanoin kuvaamaton
indestructible mahdoton hävittää, tuhoamaton
index [aakkosellinen] hakemisto; osoitin, ilmaisin
index finger etusormi
India Intia
the Indian Ocean Intian valtameri
indicate osoittaa
indication osoitus, ilmaus
indicator osoitin; *(auton)* vilkku
indict panna syytteeseen
indifference välinpitämättömyys
indifferent välinpitämätön; keskinkertainen
indigenous alku- synty|peräinen (***to***); jssak luonnonvaraisena kasvava *t.* esiintyvä
indigestion ruoansulatushäiriö
indignant suuttunut (***about*** jstak)
indignation suuttumus
indignity loukkaus, nöyryytys, häpeä
indirect välillinen, epäsuora
indiscreet harkitsematon, epähieno
indiscretion tahdittomuus
indiscriminate valikoimaton
indiscriminately valikoimatta; sikin sokin
indispensable välttämätön, tarpeellinen
indisposed huonovointinen
indisputable kiistämätön
indissoluble purkamaton, jakamaton
indistinct epäselvä
individual 1 *s* yksilö **2** *a* yksilöllinen; yksityinen, yksittäis-
indoctrinate istuttaa [jtak oppia]
indolence velttous
indolent veltto, saamaton
indomitable lannistumaton
indoor sisä-; ~ ***swimming pool*** uimahalli
indoors sisällä
induce taivuttaa jhk; aiheuttaa
inducement kannustin; aihe, syy
indulge hemmotella; suoda itselleen; juoda liikaa
indulgence hemmottelu, lempeys;

nautinto, huvi; *(kirk)* ane
industrial teollisuus-, teollinen
industrialist teollisuusjohtaja
industrial relations työsuhdeasiat
industrious ahkera
industry teollisuus; teollisuuden haara; ahkeruus
inebriate päihdyttää
ineffective tehoton
inefficient kykenemätön
inept typerä, kömpelö
inequality eriarvoisuus, epätasaisuus
inert voimaton, veltto
inertia voimattomuus, elottomuus
inescapable väistämätön
inevitable väistämätön, varma
inexact epätarkka
inexcusable anteeksiantamaton
inexhaustible tyhjentymätön, ehtymätön
inexorable heltymätön, järkkymätön
inexpensive halpa, edullinen
inexperienced kokematon
inexplicable selittämätön
inexpressible sanomaton
infallible erehtymätön
infamous kunniaton
infamy häpeä
infancy [varhais]lapsuus
infant pieni lapsi
infanticide lapsenmurha; lapsenmurhaaja
infantile paralysis lapsihalvaus
infant prodigy ihmelapsi
infantry jalkaväki
infatuated with silmittömän ihastunut jhk
infect tartuttaa, infektoida
infection tartunta
infectious tarttuva
infer päätellä
inference päätelmä
inferior alempi, huonompi (***to*** kuin)
inferiority alemmuus, huonommuus (***to*** jkn suhteen)
infernal helvetillinen
infest saastuttaa (***with*** jllak)
infiltrate tunkeutua läpi
infinite ääretön
infinitesimal äärettömän pieni
infinity äärettömyys
infirm heikko
infirmary sairaala
infirmity heikkous
inflame tulehduttaa; sytyttää
inflamed tulehtunut
inflammable tulenarka
inflammation tulehdus
inflatable [uima]kelluke
inflate täyttää kaasulla; puhaltaa täyteen ilmaa
inflation inflaatio
inflexible taipumaton
inflict tehdä, aiheuttaa jtak; ***~ sth on sb*** rasittaa jkta jllak, panna jtak jkn kannettavaksi
influence 1 *s* vaikutus[valta] **2** *v* vaikuttaa
influential vaikutusvaltainen
influenza influenssa
inform ilmoittaa, tiedottaa (***of, about*** jstak)
informant tiedonantaja
information tieto, tiedot (***about, on*** jstak)
information technology tietotekniikka
informer ilmiantaja
infrequent harvinainen
infrequently harvoin

infringe rikkoa, loukata *(lakia, oikeuksia)*
infuriate raivostuttaa
infuse valaa *(uskoa tms.)*; hautua; hauduttaa
ingenious kekseliäs, nerokas,
ingenuity kekseliäisyys
ingenuous avomielinen; teeskentelemätön
ingratitude kiittämättömyys
ingredient aines, ainesosa
inhabit asua jssak
inhabitant asukas
inhale hengittää sisään
inherent luontainen (***in*** jllek)
inherit periä
inheritance perintö
inhibit ehkäistä; estää
inhibition esto, pelko
inhuman epäinhimillinen
initial alku-; alkukirjain; *~s* nimikirjaimet
initiate aloittaa; perehdyttää
initiative aloite[kyky]; ***take the ~*** tehdä aloite; ***on my own ~*** omasta aloitteestani
inject pistää, ruiskuttaa *(lääkettä)*
injection [lääke]ruiske
injunction *(lak)* määräys, käsky
injure haavoittaa, vahingoittaa; ***be ~d in an accident*** loukkaantua onnettomuudessa
injurious vahingollinen
injur|y [ruhje]vamma; loukkaus; ***the driver received serious -ies*** ajaja sai vakavia vammoja
injustice epäoikeudenmukaisuus, vääryys
ink muste; painomuste
inkstand kirjoitusteline
inland sisämaa[n]; kotimaan
inlay *(inlaid inlaid)* upottaa; koristaa upotuksin
inlet kapea lahti, suu
inmate asukas; hoidokki, vanki
inmost sisin
inn majatalo
innate luontainen, synnynnäinen
inner sisäinen, sisällinen; sisä-
innermost sisin, syvin; sisäpiirin
innocence viattomuus
innocent syytön, viaton (***of*** jhk)
innocuous vaaraton; harmiton
innovation uudistus
innuendo vihjailu
innumerable lukematon
inordinate kohtuuton
inorganic epäorgaaninen
input *(tal)* panos; *(atk)* syöttö
inquest *(lak)* tutkimus, tutkinta
inquire tiedustella; ***~ into sth*** tutkia jtak
inquiry kysely
inquisitive utelias
inroad hyökkäys, ryöstö
insane mielenvikainen, mielisairas
insanity mielisairaus
insatiable pohjaton, kyltymätön
inscribe kaivertaa
inscription [muisto]kirjoitus, kaiverrus
inscrutable salaperäinen, vaikeaselkoinen
insect hyönteinen
insecticide hyönteismyrkky
insecure epävarma
insensible tajuton, tunnoton; tietämätön, tajuamaton
inseparable erottamaton
insert panna, sijoittaa, työntää [väliin]
inset liite; upotettu kuva ym.

inside 1 *s*, *a* sisäpuoli, sisä- **2** *adv* sisäpuolella
insidious salakavala
insight oivallus; ymmärtämys, sisäistäminen
insignificant mitätön, vähäpätöinen
insincere vilpillinen, teeskentelevä
insinuate vihjata, antaa ymmärtää
insipid mauton, ikävä
insist väittää itsepintaisesti; vaatimalla vaatia, pitää kiinni (***on*** jstak); ***I ~ [on it]*** vaadin sitä ehdottomasti
insistence hellittämättömyys
insistent itsepintainen, hellittämätön
insolence röyhkeys
insolent röyhkeä
insoluble liukenematon (***in*** jhk)
insolvency maksukyvyttömyys
insolvent maksukyvytön
insomnia unettomuus
inspect tarkastaa
inspection tarkastus
inspector tarkastaja
inspiration innoitus, inspiraatio
inspire innoittaa, elähdyttää
install asettaa virkaan; asentaa
instal[l]ment maksu[erä]; *(sarjan)* osa, jakso
instal[l]ment plan *(Am)* maksusuunnitelma, osamaksujärjestelmä
instance esimerkki, tapaus; ***for ~*** esimerkiksi
instant 1 *s* hetki, silmänräpäys **2** *a* viipymätön; pakottava
instantaneous silmänräpäyksellinen, välitön
instant coffee muru-, pika|kahvi
instantly heti
instead of jkn sijasta
instep jalkapöytä
instigate käynnistää, panna alkuun; yllyttää, lietsoa
instinct vaisto, vietti
instinctive vaistomainen
institute 1 *v* perustaa, toimeenpanna **2** *s (oppi- ym.)* laitos, instituutti
institution laitos; instituutio
institutional care laitoshoito
instruct opettaa, ohjata, kouluttaa
instruction opetus, ohjaus, koulutus
instructions käyttöohjeet
instructive opettava, opettavainen
instructor opettaja, ohjaaja, kouluttaja
instrument [työ]väline, välikappale; koje, instrumentti; soitin; asiakirja
instrumental music instrumentaali-, soitin|musiikki
insubordinate uppiniskainen
insufficient riittämätön
insular *(kuv)* rajoittunut; saari-
insulate eristää
insulator eriste, eristin
insult 1 *s* loukkaus **2** *v* loukata
insulting loukkaava
insuperable ylitsepääsemätön
insupportable sietämätön
insurance vakuutus
insurance company vakuutusyhtiö
insurance policy vakuutuskirja
insure vakuuttaa (***against*** jkn varalta)
insurgent kapinallinen
insurmountable ylipääsemätön
insurrection kapina

intact koskematon
integral olennainen, välttämätön
integral calculus integraalilaskenta
integrate yhdentää; ***be ~d*** yhdentyä
integration yhdentäminen, yhdentyminen
integrity rehellisyys; eheys
intellect äly, ymmärrys
intellectual 1 *a* älyllinen **2** s intellektuelli, älykkö
intelligence äly, älykkyys
intelligence department tiedusteluosasto
intelligent älykäs
intelligent card älykortti
intelligible ymmärrettävä
intemperance kohtuuttomuus; juoppous
intend aikoa (***to*** tehdä jtak)
intense voimakas, ankara; kova, kiihkeä
intensify lisätä, vahvistaa; vahvistua
intensity voimakkuus; kiihkeys
intensive intensiivinen, voimaperäinen
intensive care teho|hoito, -osasto
intent 1 *s* aikomus **2** *a* tarkkaavainen, vakava; ***~ on sth*** päättäväinen jkn suhteen
intention aikomus
intentional tahallinen
inter -välinen
interact vaikuttaa toisiinsa; olla vuorovaikutuksessa
interactive interaktiivinen, vuorovaikutteinen
intercept napata, siepata [matkalla] *(viesti, sanoma ym.)*
intercession esirukous; *(lak)* väliintulo, välitys
interchange 1 *s* vaihto **2** *v* vaihtaa keskenään
interchangeable vaihdettava, toistensa sijasta käytettävä
intercom sisäpuhelin
intercourse yhteys, kanssakäyminen; sukupuoliyhteys, yhdyntä
interest 1 *s* mielenkiinto, harrastus; osuus, etu; korko **2** *v* kiinnostaa; ***be ~ed in*** olla kiinnostunut jstak; ***yield ~*** tuottaa korkoa; ***it is in my ~*** on etujeni mukaista
interface *(atk)* [käyttäjä]liittymä, kytkentä
interfere sekaantua, puuttua (***in*** jhk); ***~ with sth*** häiritä jtak
interference häiriö, keskeytys; *(rad)* häiriö
interim väli[aikais]-; ***in the ~*** väliaikaisesti
interior 1 *a* sisä- **2** *s* sisäosa, sisämaa; sisäkuva; *(pol)* sisäiset asiat, sisäpolitiikka
interior decoration sisustus[taide]
interlace kietoutua toisiinsa
interlocutor puhetoveri
interlude väliaika, tauko, katko
intermediary välittäjä
intermediate väli-, välissä oleva; keski|tason, -asteen *(kurssi)*
interminable loputon
intermission keskeytys; väliaika
intermittent ajoittainen
intern internoida, eristää
internal sisäinen, sisällinen; sisä-
internal affairs *(pol)* sisäiset asiat, sisäpolitiikka
international kansainvälinen
the Internet internet[-verkko], *(ark)* netti; ***on the Internet*** [inter]netissä

interpose asettaa väliin; ryhtyä välittäjäksi
interpret tulkita, tulkata
interpretation tulkinta, tulkkaus; käännös
interpreter tulkki
interracial rotujenvälinen
interrelation[ship] keskinäinen suhde
interrogate kysyä, kuulustella
interrogation kuulustelu
interrogative kysyvä
interrupt keskeyttää, katkaista
interruption keskeytys
intersection leikkauspiste, risteys
intersperse sirotella väliin *t.* joukkoon
intertwine kietoutua toisiinsa
interval väli[aika]; *(mus)* intervalli; ***at ~s*** ajoittain; ***at two hour ~s*** kahden tunnin välein
intervene tulla väliin, keskeyttää
intervention väliintulo, keskeytys
interview 1 *s* haastattelu **2** *v* haastatella
inter|weave *(-wove -woven)* kietoa, punoa toisiinsa; ***be -woven*** punoutua toisiinsa
intestine suoli; ***~s*** suolet, suolisto
intimacy läheinen tuttavuus *t.* suhde; läheisyys
intimate 1 *a* läheinen; intiimi **2** *v* antaa ymmärtää, vihjata
intimidate pelotella, uhkailla
into *(suuntaa ilmaisevana)* jhk sisälle, sisään; ***I got ~ the car*** menin autoon; ***~ the house*** taloon; ***change ~ sth*** muuttaa, muuttua jksik; ***translate ~ Finnish*** kääntää suomeksi, suomentaa
intolerable sietämätön
intonation sävelkulku, intonaatio
intoxicants väkijuomat, päihteet
intoxicate päihdyttää
intoxicated päihtynyt, humalassa
intrauterine device, IUD *(lääk)* kierukka
intrepid peloton, urhea
intricate sotkuinen, mutkikas
intrigue 1 *s* vehkeily, juonittelu **2** *v* juonitella; kiehtoa, herättää uteliaisuutta
intrinsic luontainen, olennainen
introduce esitellä; saattaa käytäntöön; tehdä esitys, alustaa
introduction esittely, johdanto; ***letter of ~*** suosituskirje
intrude tungetella, tuppautua
intrusion tuppautuminen
intuition sisäinen näkemys, intuitio
intuitive intuitiivinen
inundate peittää tulvaveden alle
inured to karaistunut, kovettunut jkn suhteen
invade hyökätä [maahan]
invalid invalidi, sairas henkilö; pätemätön
invalidate kumota
invaluable korvaamaton, verraton
invariable muuttumaton
invariably poikkeuksetta
invasion maahanhyökkäys
invective herjaus
inveigh against hyökätä jtak vastaan
invent keksiä
invention keksintö
inventor keksijä
inventory *(tavara- ym.)* luettelo
inverse päinvastainen; ***~ly proportional*** kääntäen verrannollinen
invert kääntää nurin

invest sijoittaa, investoida (***in*** jhk); kietoa, verhota; asettaa virkaan
investigate tutkia
investigation tutkimus
investiture *(jhk arvoon)* asettaminen; kruunaaminen
investment sijoitus
inveterate piintynyt, vankka
invidious pahaa verta herättävä
invigilate *(Br)* valvoa koetta (tenttiä)
invigorate elähdyttää
invincible voittamaton
inviolable loukkaamaton
invisible näkymätön
invitation kutsu; kehotus
invite kutsua (***to*** jhk)
inviting houkutteleva, kutsuva
invoice 1 *s* lasku, faktuura **2** *v* laskuttaa
invoke huutaa, kutsua avuksi
involuntary tahaton
involve kietoa, sotkea; tuoda mukanaan, sisältää
involved mutkikas, vaikeaselkoinen; jhk sekaantunut
invulnerable haavoittumaton
inward sisäinen, sisällinen
inwardly sisäisesti
inwards sisäänpäin
iodine jodi
IOU *(= I owe you)* velkakirja
IQ *(= intelligence quotient)* älykkyysosamäärä
irascible kiivasluonteinen
Ireland Irlanti
iris värikalvo, iiris; kurjenmiekka
Irish 1 *a* irlantilainen **2** *s* iirin kieli; ***the Irish*** irlantilaiset
Irishman irlantilainen
Irishwoman *(fem)* irlantilainen
irk kyllästyttää; potuttaa
iron 1 *s* rauta; silitysrauta **2** *v* silittää; ***it ~s well*** se on helppo silittää
Iron Age rautakausi
iron curtain *(pol)* rautaesirippu
ironic ironinen, ivallinen
ironing board silityslauta
iron out *(myös kuv)* tasoittaa, silittää
irony ironia, iva
irradiate säteillä; säteilyttää
irradiation sädehoito; säteily[tys]
irrational järjenvastainen
irreconcilable sovittamaton
irregular säännötön, epäsäännöllinen
irrelevant asiaankuulumaton
irreparable korjaamaton; korvaamaton
irresistible vastustamaton
irresolute epäröivä
irrespective riippumatta, välittämättä (***of*** jstak)
irresponsible [edes]vastuuton
irreverent epäkunnioittava
irrigate kastella *(maata)*
irrigation kastelu
irritable ärtyisä
irritate ärsyttää, hermostuttaa
Islamic islamilainen, islaminuskoinen
island saari; suojakoroke
isle saari
islet pikku saari
isolate eristää (***from*** jstak)
isolation eristyneisyys
isotope isotooppi
Israel Israel
Israeli israelilainen
issue 1 *s* anti; [kiista]kysymys; *(lehden)* numero; ulosvirtaami-

nen **2** *v* laskea liikenteeseen; tulla ulos; julkaista

isthmus kannas

it se; ~ ***is easy*** se on helppoa; ~ ***is warm*** on lämmin; ~ ***is raining*** sataa

Italian 1 *a* italialainen **2** *s (kieli)* italia

italics kursiivi

Italy Italia

itch 1 *s* syyhy, kutina **2** *v* syyhytä

item erä; kohta; [tavara]nimike

itinerary matka|reitti, -suunnitelma; matkakäsikirja

its sen

it's = ***it is***

itself itse; ***in*** ~ sinänsä

itsy-bitsy, itty-bitty pienen pieni, pikkuriikkinen

ivory norsunluu

ivy muratti

J

jab töytäistä, survaista, iskeä
jack 1 *s (mer)* keulalippu; *(korttip)* sotamies; nostovipu, tunkki **2** *v* nostaa tunkilla ym.
jackal shakaali
jackass tomppeli
jackdaw naakka
jacket pikkutakki; nuttu; suojakansi, irtopäällys; *(tekn)* vaippa; perunankuori
jack-of-all-trades jokapaikanhöylä
jackpot päävoitto, jättipotti
jacuzzi poreallas
jade hevoskaakki; jade-kivi
jaded lopen väsynyt (***with*** jhk)
jagged, **jaggy** rosoinen
jail vankila
jailer vanginvartija
jam 1 *s* hillo; puristus; tukkeutuminen, ruuhka, suma **2** *v* tunkea, sulloa, tukkia; *(rad)* häiritä, lukita
jangle 1 *v* rämistä **2** *s* räminä
janitor ovenvartija; *(Am, Skotl)* talonmies
January tammikuu
Japan japani
japan lakata, käsitellä lakalla
Japanese japanilainen
jar 1 *s* ruukku **2** *v* rämistä; vihloa
jargon siansaksa; erikoiskieli
jaundice keltatauti
jaunt huviretki
jaunty huoleton, hilpeä
javelin keihäs
javelin throw keihäänheitto
jaw leuka; kita, suu
jaws leuat, kita
jay närhi
jaywalk kulkea miten sattuu *(kadun yli ym.)*
jazz-band jazz-orkesteri
jealous kateellinen; mustasukkainen
jealousy kateus; mustasukkaisuus
jeans farkut, farmarihousut
jeep maastoauto, jeeppi
jeer 1 *s* pilkka **2** *v* tehdä pilkkaa (***at*** jstak)
Jehova's Witness jehovantodistaja
jello *(Am)* hyytelö
jelly hyytelö
jellyfish meduusa
jeopardize *(Am)* saattaa vaaranalaiseksi, vaarantaa
jerk 1 *s* nykäys, nykiminen; *(Am)* moukka, kusipää **2** *v* nykäistä, nykiä
jerk off *(ark)* vetää käteen
jerky nytkähtelevä
jerry *(Br) (ark)* yöastia; *(sot sl)* sakemanni
jerry-built hatarasti rakennettu
jersey neule|kangas, -pusero
jest 1 *s* pila **2** *v* laskea leikkiä
Jesus Jeesus
jet 1 *s* suihku; suihkukone; [kaasu]liekki **2** *v* suihkuta
jet-black sysimusta
jet lag lentoväsymys, aikaerorasitus
jet plane suihkukone
jet set suihkuseurapiirit, jetset
jettison hylätä; heittää pois
jetty laituri, aallonmurtaja

Jew, Jewish juutalainen
jewel jalokivi
jeweler *(Am)* kultaseppä
jeweller *(Br)* kultaseppä
jewellery jalokivet, korut
Jewess juutalaisnainen
jib 1 *s* nostovarsi; viistopurje **2** *v* pysähtyä epäröimään; vikuroida
jig vilkas tanssi
jigsaw lehtisaha
jigsaw puzzle palapeli
jilt pettää, hylätä; tehdä ohari
jingle 1 *s* helinä; mainosmusiikki **2** *v* helistä
jingo sotaintoilija
job työpaikka, toimi; ***by the*** ~ urakalla; ***do a good*** ~ toimia hyvin; ***out of a*** ~ työtön
jockey kilparatsastaja
jocular *(kirj)* leikkisä
jocund *(kirj, run)* hilpeä
Joe Public *(Br)* matti meikäläinen, kadunmies
jog tuupata; keikkua eteenpäin; hölkätä, lenkkeillä
jogging hölkkä[äminen], lenkkeily
joggle täristellä
jog trot hölkkä
John Doe *(Am)* matti meikäläinen, kadunmies
join yhdistää, yhdistyä; liittää, liittyä jkn seuraan
joiner puuseppä
join in ottaa osaa jhk, tulla *t.* yhtyä mukaan
joint 1 *s* nivel; liitos; paistipala; *(sl)* marihuanasavuke, jointti; kapakka, paikka **2** *a* yhteinen, yhteis-
jointly yhteisesti, yhdessä
joint-stock company osakeyhtiö
join up mennä armeijaan
joke 1 *s* pila **2** *v* laskea leikkiä
joker leikinlaskija; *(korttip)* jokeri
joking leikinlasku; ~ ***matter*** leikin asia
jokingly piloillaan
jollity hauskuus, ilonpito
jolly 1 *a* iloinen, hauska **2** *adv (Br)* erittäin, sangen
jolt 1 *s* tärinä; *(kuv)* järkytys, paukku **2** *v* täristä; täristää, hytkyttää; järkyttää
jostle 1 *v* tyrkätä, tuupata **2** *s* tönäisy; tungos
jot rahtunen
jot down merkitä pikaisesti muistiin
journal aikakaus|kirja, -lehti; päiväkirja
journalism journalismi, toimitus-, lehti|työ
journalist [lehti]toimittaja, journalisti
journey 1 *s* matka; ***have a good*** ~ hyvää matkaa **2** *v* matkustaa, matkustella
journeyman kisälli
jovial rattoisa
joy ilo
joyful, joyous riemukas
joyride *(ark)* hurjastelu, huviajelu *(varastetulla autolla)*
joystick ohjaus|sauva, -kahva; *(atk)* peliohjain
jubilant riemuitseva
jubilee *(vuosi-, -vuotis-)* juhla[t]; ***silver*** ~ hopeahäät
judge 1 *s* tuomari **2** *v* tuomita
judg[e]ment tuomio
judicial oikeus-, oikeudellinen
judiciary oikeuslaitos; tuomarikunta

judicious järkevä, arvostelukykyinen
judo judo
jug kannu, kaadin; ruukku
juggle tehdä [jonglööri]temppuja; hämätä, manipuloida
juggler jonglööri; metkuilija
juice mehu
juice extractor mehulinko
juicy mehukas
juke-box levyautomaatti, jukeboksi
July heinäkuu
jumble 1 *s* sekasotku **2** *v* sotkea
jumble sale *(Br)* myyjäiset, kirpputori
jump 1 *s* hyppy **2** *v* hypätä, hyppiä; *~ at sth (kuv)* käydä hanakasti kiinni; *~ down at someone's throat (kuv ark)* antaa tulla tuutin täydeltä, käydä kimppuun; *~ the gun* mennä asioiden edelle, hätäillä
jumper neulepusero; *(Am)* liivihame
junction yhtymäkohta, liitos; liittymä; [rautatie]risteys
juncture [kriittinen] vaihe
June kesäkuu
jungle viidakko
junior nuorempi, juniori
juniper kataja
junk romu, roska; *(sl)* huumausaine
junket herajuusto; *(ark)* korruptiomatka
junketing kemut
junk food roskaruoka, pikaruoka
junkie narkomaani
junta juntta
jurisdiction tuomio|valta, -kunta; oikeuskäytäntö
juror valamies
jury valamiehistö; palkintolautakunta, tuomaristo
just 1 *a* oikeudenmukainen, oikea **2** *adv* juuri, aivan; nipin napin; pelkästään
justice oikeus; tuomari
justifiable puolustettavissa oleva
justification oikeutus, perustelu
justify osoittaa oikeutetuksi; oikeuttaa, puolustaa, perustella; *nothing can ~ such an action* mikään ei oikeuta sellaista tekoa
justly hyvällä syyllä, oikeutetusti
jut [out] pistää *t.* työntyä ulos *t.* esiin (*into* jhk *t.* kohti)
jute juutti, hamppu
juvenile nuorekas, nuoriso-
juvenile delinquency nuorisorikollisuus
juvenile detention centre nuorisovankila

K

kangaroo kenguru
Karelia Karjala
Karelian karjalainen
keel köli
keen halukas, kärkäs, innokas (*on* jhk); terävä, tarkka; ankara *(ponnistelu, kilpa)*
keep 1 *v (kept kept)* pitää; säilyttää; pysyä; säilyä; ylläpitää; estää **2** *s* elatus
keeper vartija, vahtimestari
keep from olla kertomatta; olla tekemättä
keeping säilö; ***in ~ with*** sopusoinnussa jkn kanssa
keep on jatkaa [jkn tekemistä]; tehdä jtak jatkuvasti; jatkaa
keep out pysytellä poissa *t.* loitolla jstak
keepsake muistoesine
keep to pitäytyä jssak, pitää kiinni jstak; ***traffic in Britain keeps to the left*** Englannissa on vasemmanpuoleinen liikenne
keep up pitää yllä, säilyttää; pysyä jalkeilla, pysyä reippaalla mielellä; ***keep it up!*** jatka vain samaan tahtiin *t.* malliin!; ***keep up with*** pysyä jkn tahdissa *t.* tasalla
keg lekkeri, pieni tynnyri
ken ymmärrys
kennel koirankoppi; *(Am)* kennel
kennels *(Br)* kennel
kept *ks.* ***keep***
kernel sydän, siemen
kerosene *(Am)* palaöljy, petroli
ketchup *(Br)* ketsuppi
kettle [vesi]pannu; kattila
kettledrum patarumpu
key avain; sävellaji; kosketin, näppäin
keyboard näppäimistö, koskettimisto; kosketinsoitin
keyhole avaimenreikä
keynote sävellaji; pääajatus
kick 1 *v* potkaista, potkia **2** *s* potku, potkaisu; mielihyvä
kid 1 *s* tenava; nuori; vohla **2** *v* kiusoitella, laskea leikkiä; narrata, puijata
kidnap ryöstää, siepata, kidnapata
kidney munuainen
kidney bean tarhapapu
kill tappaa, surmata; ***get ~ed*** saada surmansa
killing tappo, tappaminen; tappava[n väsyttävä]
kiln kuivaus-, poltto|uuni
kilogram[me] kilo[gramma]
kilt *(Skotl)* [miehen] hame, kiltti
kin suku; ***next of ~*** lähisukulaiset
kind 1 *a* ystävällinen; ***it was very ~ of him*** se oli hyvin ystävällistä häneltä **2** *s* laji, laatu; ***~ of*** jotenkin, jollain tapaa, vähän; ***all ~s of people*** kaikenlaisia ihmisiä; ***that ~ of questions are too difficult*** tuollaiset kysymykset ovat liian vaikeita
kindle sytyttää
kindness hyvyys, ystävällisyys; ystävällinen teko, palvelus
kindred sukulaiset, sukulais-
king kuningas

kingdom kuningaskunta
kink mutka, solmu *(letkussa, hiuksissa ym.)*; kierouma
kinky kähärä; kieroutunut
kip *(sl)* uni
kip [down] *(sl)* mennä nukkumaan
kipper 1 *s* savusilli **2** *v* suolata ja savustaa
kiss 1 *s* suudelma **2** *v* suudella; ***the ~ of life*** suusta suuhun -menetelmä
kit varusteet, välineet, välineistö
kitchen keittiö
kitchenette keittokomero
kitchen roll talouspaperi[rulla]
kitchen sink tiskiallas; ***everything but the ~*** *(matkatavarasta ym.)* lähes kaikki mahdollinen, koko omaisuus
kite leija; haarahaukka
kitten kissanpoikanen
knack taito; temppu, konsti
knapsack selkäreppu
knave lurjus
knead alustaa, vaivata *(taikinaa)*
knee polvi; ***on his ~s*** polvillaan; ***bend your ~s*** taivuta polviasi
kneecap polvilumpio
kneel *(knelt knelt)* polvistua
knell kellonsoitto
knew *ks.* ***know***
knickers *(Br ark) (naisten)* alushousut, pikkuhousut
knife *(pl knives)* veitsi
knight 1 *s* ritari; *(šakk)* ratsu **2** *v* lyödä ritariksi
knit *(knit/knitted knit/knitted)* neuloa, kutoa; ***~ the brows*** rypistää otsaansa
knitting needle puikko
knitwear neuleet
knob nuppi
knock 1 *v* iskeä, kolauttaa; koputtaa, kolkuttaa **2** *s* kolkutus, koputus
knocker kolkutin
knockout tyrmäys; tyrmäävän kaunis, upea ilmestys
knoll kumpu, kumpare
knot 1 *s* solmu; nauharuusuke; nystermä, oksakohta; *(nopeusmitta)* solmu **2** *v* solmia
knotty oksainen; visainen, pulmallinen
know *(knew known)* tietää, tuntea, osata; ***you never ~*** ei sitä koskaan tiedä; ***not that I ~ of*** ei minun tietääkseni
know-how tietotaito
knowing ovela, viisas
knowledge tieto, tiedot; ***he has a good ~ of English*** hänellä on hyvä englannin kielen taito
knowledgeable tietäväinen
known *ks.* ***know***; tunnettu; ***make ~*** ilmoittaa, julkistaa
knuckle rystynen

L

lab *(= laboratory)* laboratorio
label 1 *s* nimi-, osoite|lippu, lappu **2** *v* varustaa nimilipulla; luokittaa
laborious työteliäs, suurtöinen
labour 1 *s* työ; työvoima; synnytys[kivut] **2** *v* tehdä työtä
labourer työntekijä, työläinen
the Labour Party *(Br)* työväenpuolue
Labrador [retriever] labradorinnuotaja
lace 1 *s* pitsi; *(Br)* nauha, paula **2** *v* solmia [kengän]nauhat
lacerate raadella; raastaa
lack 1 *s* puute; ~ ***of water*** veden puute **2** *v* olla jkn puutteessa
lackey lakeija
lacquer 1 *s* lakka **2** *v* lakata
lactic maito-
lad poika
ladder tikapuut; *(Br)* silmäpako
laden [with] täynnä jtak, jnk kuormittama
ladle kauha
lady hieno nainen, rouva
ladybird *(Br)* leppäkerttu
ladybug *(Am)* leppäkerttu
ladylike hillityn tyylikäs, ladylike
lag 1 *v* jäädä jälkeen **2** *s* jäljessä olo, viivytys, myöhästyminen; vankilakundi
laggard *(vanh)* vitkastelija
lagoon laguuni
laid *ks.* ***lay***
lain *ks.* ***lie***
lair eläimen pesä *(kolo, luola)*
laity maallikot
lake järvi; ***on (by) a*** ~ järven rannalla; ***on the*** ~ järvellä
lake district, lakeland järvialue
lakescape järvimaisema
lakeshore, lakeside järvenranta
lamb 1 *s* karitsa **2** *v* vuonia
lame 1 *a* ontuva; kehno **2** *v* tehdä rammaksi
lament valittaa
lamentable valitettava
lamentation valitus[virsi]
lamp lamppu
lamppost lyhtypylväs
lamprey nahkiainen
lance 1 *s* keihäs **2** *v* puhkaista
lancet lansetti
land 1 *s* maa **2** *v* nousta, laskea maihin; *(ilm)* laskeutua
landed maa-
landing maihinnousu; laskeutuminen, lasku; [porras]tasanne
landlady vuokraemäntä
landlord isäntä
landmark maamerkki; virstanpylväs; rajapyykki
landscape maisema
landslide musertava tappio *t.* voitto; maanvyörymä
landslip *(pieni)* maanvyörymä
lane kuja, ajokaista; *(urh)* rata; lento-, laiva|reitti
language kieli
language course kielikurssi
language laboratory kielistudio
language skills kielitaito
language teacher kieltenopettaja
languid voimaton, raukea

languish käydä raukeaksi, riutua; ikävöidä
languor voimattomuus, raukeus
lanky hontelo
lantern lyhty
lap 1 *s* syli, helma; kierros; loiskina **2** *v* latkia
lapel *(takin)* käänne, rinnuslieve
Lapland Lappi
Lapp saamelainen
Lappish saamen, saamelainen
Lapp language saamen kieli
lapse 1 *s* pieni virhe; hairahdus; ajan kuluminen; ***after a ~ of several years*** monen vuoden kuluttua **2** *v* hairahtua, luisua jhk; raueta, loppua
larceny *(lak)* näpistely
larch lehtikuusi
lard 1 *s* silava, laardi **2** *v* silavoida; *(kuv)* höystää
larder ruokakomero
large suuri, iso, laaja; ***there he was [as] ~ as life*** siinä hän vain yhtäkkiä oli, ilmielävänä
largely suureksi osaksi, paljolti
large-scale suur-, mittava, suuren mittakaavan
lark leivonen; kuje
larva toukka
larynx kurkunpää
laser printer laserkirjoitin
laser surgery laserleikkaus
lash 1 *v* sivaltaa, piiskata **2** *s* piiskansiima; silmäripsi
lass *(Skotl)* tyttö
lassitude väsymys
last 1 *a* viimeinen, viime; ***~ but not least*** sokeri[na] pohjalla; ***~ week*** viime viikolla, viime viikko **2** *adv* viime[ise]ksi; ***when did you ~ see her?*** koska näit hänet viimeksi? **3** *v* kestää **4** *s* lesti, kenkätuki
lastly lopuksi
last-minute viime hetken, viime tipassa; *~ **changes*** viime hetken muutoksia
latch säppi
latchkey ulko-oven avain
late 1 *a* myöhäinen; entinen; vainaja **2** *adv* myöhään
lately viime aikoina, äskettäin
lateral sivu-
lath rima, lista, säle, piena
lathe sorvi
lather saippuavaahto
Latin latina, latinalainen; romaaninen
latitude leveysaste; toimintavapaus
latter jälkimmäinen
lattice ristikko, säleikkö
Latvia Latvia
Latvian latvialainen
laudable kiitettävä
laugh 1 *v* nauraa **2** *s* nauru
laughable naurettava
laughing gas ilokaasu
laughingstock naurun aihe, pilkan kohde
laughter nauru
launch 1 *v* singota, ampua avaruuteen, laukaista; laskea vesille; aloittaa hyökkäys **2** *s* [iso] moottorivene, vesibussi
launder pestä ja silittää
launderette *(Br)* itsepalvelupesula
laundromat *(Am)* itsepalvelupesula
laundry pesula; pyykki
laundry basket pyykkikori
laurel laakeri
lavatory käymälä, WC
lavender laventeli

lavish 1 *v* tuhlata **2** *a* tuhlaavainen
law laki, oikeus[tiede]; ***it's against the*** ~ se on lainvastaista; ***an unwritten law*** kirjoittamaton laki; ~ ***and order*** laki ja järjestys; ***court of*** ~ tuomioistuin, oikeus
lawabiding lainkuuliainen
lawful laillinen
lawn ruohokenttä
lawnmower ruohonleikkuri
lawsuit oikeudenkäynti, oikeustoimet
lawyer asianajaja, lakimies
lax leväperäinen, löyhä
laxative ulostusaine, laksatiivi
laxity leväperäisyys
lay 1 *v (laid laid)* asettaa; panna, laskea; kattaa pöytä; munia; ~ ***down your arms!*** laskekaa aseenne!; **2** *s* asema; laulu; maallikko- *(ark)* pano, sänkykaveri; ***[he is] a lousy*** ~ surkea sängyssä
lay-by levike, levähdyspaikka moottoritiellä
layer kerros
lay figure *(taid)* mallinukke
layman maallikko
lay off *(laid laid)* panna pakkolomalle; lopettaa, antaa olla
layout suunnittelu; taitto
laziness laiskuus
lazy laiska
lb *(= pound[s]) (painomitta)* naula[a]
1 lead 1 *v (led led)* johtaa, taluttaa; aloittaa peli **2** *s* johto[asema]; etumatka; vihje, johtolanka; talutushihna; sähköjohto
2 lead lyijy
leader johtaja; pääkirjoitus
leading johtava, huomattavin
leaf *(pl leaves)* lehti; pöytälevy; oven puolisko
leaflet lento-, mainos|lehtinen, esite
league 1 *s* liitto; liiga **2** *v* liittoutua
leak 1 *s* vuoto; *(sl)* ***take a*** ~ käydä kusella **2** *v* vuotaa; ~ ***out*** *(tiedosta)* vuotaa, tulla tietoon
leakage vuoto
lean 1 *a* laiha **2** *v (leant/leaned leant/leaned)* nojata, kallistua
leap 1 *v* hypätä **2** *s* hyppy
leap year karkausvuosi
learn *(learnt/learned learnt/learned)* oppia; saada kuulla *t.* tietää
learning oppi
lease 1 *s* vuokra|kirja, -aika **2** *v* vuokrata
leaseholder vuokraaja
leash 1 *s* talutushihna, remmi; ***dogs must be kept on a*** ~ koirat on pidettävä kiinni **2** *v* kytkeä
least vähin, pienin
leather nahka
leave 1 *v (left left)* jättää; lähteä (***for*** jhk) **2** *s* loma; ~ ***the country*** lähteä maasta
leaven hapate; *(raam)* hapatus
leaves *ks.* ***leaf***
lectern *(kirkossa)* kirjateline
lecture 1 *s* luento **2** *v* luennoida; läksyttää
lecturer luennoitsija
lee suoja; ***in the*** ~ ***of a wall*** seinän *t.* muurin suojassa
1 left vasen
2 left *ks.* ***leave***
left-handed vasenkätinen
leftover *(yli t. käyttämättä)* jäänyt, ylimääräinen

leftovers aterialta jäänyt ruoka, tähteet
leg sääri, jalka
legacy testamenttilahjoitus; perintö
legal laillinen
legalize laillistaa
legal tender laillinen maksuväline
legation lähetystö, edustusto
legend taru, legenda
legendary tarunomainen, legendaarinen
leggings leggingsit; säärykset
legible helposti luettava
legion legioona
legislation lainsäädäntö; lait
legislative lakia säätävä, lainsäädäntö-
legitimacy laillisuus; oikeus; syntyperä
legitimate laillinen; oikeutettu; avioliitossa syntynyt
legroom jalkatila
leisure vapaa-aika; ***do it at your ~*** tee se kaikessa rauhassa (sitten kun ehdit)
leisurely verkkainen
lemming sopuli
lemon sitruuna
lemonade limonadi
lemur puoliapina, maki
lend *(lent lent)* lainata jklle; ***could you ~ me a dollar?*** lainaisitko minulle dollarin?
length pituus
lengthen pidentää, pidetä
lengthwise pitkittäin
lengthy liian pitkä
lenient lempeä, lievä
lens linssi, mykiö
Lent paastonaika
lentil *(ruok)* linssi
Leo *(astrol)* leijona
leopard leopardi
leper lepratautinen, spitaalinen
leprosy lepra
lesbian lesbo
lesion haava, ruhje; vamma, vika
less vähemmän, vähäisempi; miinus
lessen vähetä, vähentää, pienentyä
lesser vähempi, pienempi
lesson opetus; oppitunti, tehtävä; raamatun teksti; ***let that be a ~ to you*** olkoon se sinulle opetuksena; ***he has learnt his ~*** hän on ottanut opikseen
lest *(kirj)* ettei, jottei
let *(let let)* antaa, sallia; ***I won't ~ you go there alone*** en päästä sinua sinne yksin; ***~ me help you*** anna *t.* antakaa kun minä autan
letter kirjain; kirje
letterbox *(Br)* posti|laatikko, -luukku
lettuce [lehti]salaatti
level 1 *a* tasainen, samalla tasolla oleva **2** *s* taso; vesivaaka; ***on the ~*** tasaisella maalla; totta, tosissaan; ***above sea ~*** merenpinnan yläpuolella; ***at ministerial ~*** ministeritasolla **3** *v* tasoittaa; hajottaa maan tasalle; suunnata, kohdistaa *(ase, syytös ym.)*
level crossing *(Br)* tasoristeys ***vrt. grade crossing***
level with kertoa *t.* puhua asiat suoraan; selvittää asiat
lever 1 *s* vipu **2** *v* nostaa vivulla
leviathan *(raam)* merihirviö
levy 1 *v* kantaa veroa **2** *s* veronkanto
liabilities velat, vastattavat

liability *(lak)* vastuuvelvollisuus
liable altis (*to* jllek); *(lak)* vastuunalainen, vastuussa
liar valehtelija
libel herjaus, kunnianloukkaus
liberal antelias, aulis; vapaamielinen; liberaali; ***L~*** *(pol)* liberaali
liberalism vapaamielisyys, liberalismi
liberality anteliaisuus
liberate vapauttaa
liberty vapaus
Libra *(astrol)* vaaka
librarian kirjastonhoitaja
library kirjasto
lice *ks.* ***louse***
licence [erikois]lupa; lisenssi; [toiminta]vapaus; ***television ~*** tv-lupa; ***artistic ~*** taiteilijan vapaus
license 1 *v* myöntää jklle lupa, valtuuttaa **2** *s (Am) ks.* ***licence***
license plate *(Am)* rekisterikilpi *vrt.* ***number plate***
licentious hillitön, irstaileva
lichen jäkälä
lick nuolla; löylyttää
licking *(ark)* selkäsauna, löylytys
lid *(kattilan, purkin)* kansi
1 lie *(lay lain)* maata; sijaita, olla
2 lie 1 *v* valehdella **2** *s* vale
lieu: ***in ~ of*** jnk asemesta
lieutenant luutnantti; ***~ colonel*** everstiluutnantti; ***~ general*** kenraaliluutnantti
life elämä, henki
life belt pelastusrengas
lifeboat pelastusvene
life buoy pelastusrengas
life expectancy keskimääräinen elinikä
lifeguard henkivartija
life insurance henkivakuutus
lifeless eloton
life-size luonnollista kokoa oleva
lifespan elinaika, elämänkaari
lifetime elinaika
lift 1 *v* nostaa, kohottaa; hälvetä **2** *s* [peukalo]kyyti; *(Br)* hissi
light 1 *s* valo; lamppu; tuli; valaistus **2** *a* valoisa; vaalea; kevyt, keveä, heikko **3** *v (lit lit)* sytyttää, valaista; laskeutua
lighten valaista, kirkastua; salamoida; keventää
lighter sytytin; proomu
lighthouse majakka
lighting valaistus
lightminded kevytmielinen
lightness keveys
lightning salama
lightning conductor ukkosenjohdatin
lightship majakkalaiva
lik[e]able miellyttävä
like 1 *a* kaltainen, näköinen **2** *prep* niin kuin, kuten; ***~ this*** näin, tällä tavalla; ***don't talk ~ that*** älä puhu tuollaisia; ***this is not ~ her*** tämä ei ole hänen tapaistaan **3** *v* pitää jstak; haluta; ***do you ~ animals?*** pidätkö eläimistä?; ***would you ~ to go to a concert?*** haluaisitko lähteä konserttiin?
likelihood todennäköisyys
likely todennäköinen; uskottava
liken verrata (*to* jhk)
likeness yhdennäköisyys; muotokuva
likewise samoin
liking mieltymys
lilac *(kasv)* sireeni; liila[nvärinen]
lily lilja

lily of the valley kielo
limb raaja, jäsen; oksa
limber notkea
lime kalkki; lehmus
limelight parrasvalot; julkisuuden valokeila
limestone kalkkikivi
limit 1 *s* raja; ***within the city ~s*** kaupungin rajojen sisäpuolella; ***that's the ~!*** se on jo huippu! **2** *v* rajoittaa
limitation rajoitus
limited rajoitettu
limited company osakeyhtiö
limp 1 *v* ontua **2** *s* ontuminen, nilkutus **3** *a* pehmeä, veltto
limpid kirkas
linden lehmus
line 1 *s* rivi, jono; viiva, linja; suuntaviiva; nuora, siima; johto; rata; [toimi]ala, alue; ***this is not in my ~*** tämä ei ole minun alaani **2** *v* viivoittaa; vuorata; ***~d with trees*** puiden reunustama
lineage sukuperä
lineaments kasvonpiirteet
linear pituus-
linen pellava; liina[vaatteet]
liner vuoro|laiva, -kone
line up asettua riviin *t.* jonoon
linger viipyä, vitkastella
lingerie *(naisten)* alusvaatteet
linger on jäädä *t.* jatkua vielä, tuntua edelleen
lining *(vaatteen)* vuori, vuoraus
link 1 *s (ketjun)* rengas; lenkki, yhdysside; ***[cuff] ~s*** kalvosinnapit **2** *v* yhdistää, liittää; liittyä
linseed pellavansiemen
lion leijona
lioness naarasleijona
lip huuli; ***upper ~*** ylähuuli; ***lower ~*** alahuuli
liposuction rasvaimu
lipstick huulipuna
liquefy sulattaa
liqueur likööri
liquid neste; nestemäinen
liquidate selvittää, suorittaa; likvidoida
liquidizer tehosekoitin
liquor *(Am)* viina; väkijuoma; väkevä
liquorice lakritsi
liquor store *(Am)* alkoholiliike, viinakauppa
Lisbon Lissabon
lisp 1 *v* lespata, sammaltaa **2** *s* lespaus, sammallus
list 1 *s* lista, luettelo; laivan kallistuma **2** *v* luetteloida
listen kuunnella (*to* jtak)
listener kuuntelija, kuulija
listless haluton
lit *ks.* ***light***
liter *(Am)* = ***litre***
literal sananmukainen, kirjaimellinen
literary kirjallinen, kirjakielinen
literature kirjallisuus
lithe taipuisa, notkea
Lithuania Liettua
litigation *(lak)* käräjöinti, riitely
litre litra
litter 1 *s (Br)* roskat, sotku; poikue; pahnat; paarit **2** *v (Br)* sotkea, roskata
litterbin *(Br)* roska|kori, -tynnyri
little pieni, pikku; vähän; vähäinen määrä, ei juuri ollenkaan; ***a ~*** vähän, sentään jonkin verran; ***~ by ~*** vähitellen, pikkuhiljaa

live 1 *v* elää, asua; ***what does he ~ on?*** millä hän elää *t.* tienaa leipänsä? **2** *a* elävä; ***~ album*** konserttitaltiointina tehty levy *t.* albumi; ***~ concert*** *(tv, rad)* suora[na lähetettävä] konsertti, livekonsertti
livelihood elatus, elanto
liveliness vilkkaus
lively eloisa, vilkas
liver maksa
livestock karja
livid raivoisa; lyijynharmaa
living elävä; elin-; elatus, elanto; asuminen, eläminen
living room olohuone
living space elintila
lizard sisilisko
load 1 *s* lasti, kuorma; kuormitus **2** *v* lastata, kuormata, kuormittaa; ladata
loaf *(pl loaves)* leipä, limppu, kakku, [sokeri]keko **1** *v* maleksia
loafer tyhjäntoimittaja; *(Am)* tossu[kenkä]
loam hiekkainen savimaa
loan 1 *s* laina; ***raise a ~*** saada *t.* ottaa laina **2** *v* antaa lainaksi, lainata jklle
loan word lainasana
loath haluton
loathe inhota
loathing inho
loathsome inhottava
lobby 1 *s* eteishalli, lämpiö, aula; painostusryhmä; **2** *v (ark)* lobata
lobe lohko; [korvan]nipukka
lobster hummeri
local paikallinen
locality paikkakunta
localize rajoittaa jhk paikkaan
locate paikantaa, paikallistaa; ***where is it ~d?*** missä se sijaitsee?
location paikka; sijainti; kuvauspaikka
lock 1 *s* lukko; sulku; kihara **2** *v* lukita, teljetä; ***~ away*** panna lukkojen taakse
locker kaappi, lokero
locket medaljonki
lockout työsulku
locomotive veturi; liike-
locust heinäsirkka
lodge 1 *v* asua [tilapäisesti]; majoittaa; jäädä, tarttua jhk **2** *s* maja, mökki
lodger vuokralainen
lodging asunto
lodgings vuokra-asunto
loft ullakko; parvi; parveke
lofty korkea, ylevä; ylpeä
log tukki; hirsi
log cabin hirsimökki
loggerheads: ***at ~*** tukkanuottasilla
logic logiikka
logical looginen
log in *(atk)* kytkeytyä, kirjautua sisään
log out *(atk)* kirjautua ulos, poistua verkosta
loin[s] kupeet
loincloth lannevaate
loiter vetelehtiä
loll loikoilla, kelliä
lollipop tikkukaramelli
London Lontoo
Londoner lontoolainen
lonely yksinäinen
long 1 *a, adv* pitkä; kauan; ***I won't be ~*** en viivy kauan; ***before ~*** ennen pitkää; ***in the ~ run*** ajan mittaan, pidemmän päälle **2** *v* ikä-

võidä (*for* jtak)
long-distance pitkänmatkan-, kauko-; *[operator,] I'd like to place a ~ call* haluaisin tilata kaukopuhelun; *call ~* soittaa kaukopuhelu
longer pitempi; kauemmin; *no ~* ei enää
longevity pitkäikäisyys
longing kaipaus
loo *(Br)* vessa
look 1 *v* katsoa, katsella (*at* jtak); etsiä (*for* jtak); näyttää jltak; *what are you ~ing at?* mitä sinä katselet?; *I don't know where to ~ for my keys any more* en tiedä mistä enää etsisin avaimiani; *she ~s terribly tired* hän näyttää kauhean väsyneeltä **2** *s* katse, silmäys; *have a ~!* katsohan!, vilkaisehan!; *~s* ulkonäkö
look after huolehtia, katsoa perään
look forward to odottaa [innokkaasti *t.* iloisesti] jtak; *I'm looking forward to seeing you* odotan innokkaasti tapaamistamme
look into tutkia jtak
lookout tähystys[paikka]; tähystäjä; *that's our ~* se on meidän asiamme *t.* ongelmamme
look up katsoa *t.* etsiä *(kirjasta, luettelosta ym.)*; ottaa yhteyttä, pistäytyä jkn luona; *I'll look you up when I come to London* otan yhteyttä kun tulen Lontooseen
loom 1 *s* kutomakone **2** *v* kangastaa, häämöttää
loony hullu
loop silmukka, polveke
loophole ampuma-aukko; porsaanreikä, pakotie, veruke
loose 1 *a* irtonainen, löyhä; löysä; kuohkea; kevytmielinen; *it doesn't come ~* se ei lähde irti **2** *v* irrottaa
loosen irrottaa, hellittää; irtautua
loot 1 *s* [ryöstö]saalis **2** *v* ryöstää
lop katkoa, karsia
lop-eared luppakorva[inen]
lop-sided vino, toispuolinen
loquacious puhelias
lord herra, lordi; Herra, Jumala; *the Lord's prayer* isämeidän; *the Lord's Supper* ehtoollinen
lordly ylhäinen, mahtava
lordship lordin arvo
lore oppi; [suullinen] perimätieto
lorry *(Br)* kuorma-auto
lose *(lost lost)* menettää; kadottaa, hukata; hävitä, joutua tappiolle; *I lost my keys again* kadotin taas avaimeni; *we got lost in the crowd* eksyimme väkijoukossa; *he has lost a lot of blood* hän on menettänyt paljon verta
loss menetys; hukka, tappio
lost *ks.* ***lose***; eksynyt, kadonnut; menetetty; hukkaan joutunut
lost-and-found [office] *(Am)* löytötavaratoimisto
lost property office *(Br)* löytötavaratoimisto
lot arpa; osa, kohtalo; palsta, tontti; *the ~* kaikki; *~s of money*, *a ~ of money* paljon rahaa
lotion kasvo-, hius|vesi; voide, emulsio
lottery arpajaiset
loud äänekäs; ääneen
loudspeaker kaiutin, kovaääninen
lounge aula; oleskelu|tila, -nurkkaus
lounge suit [miehen] arkipuku

louse *(pl lice)* täi
lout moukka
lovable rakastettava
love 1 *v* rakastaa **2** *s* rakkaus; ***he is in ~ with you*** hän on rakastunut sinuun; ***make ~ to sb*** rakastella jkn kanssa; ***it was ~ at first sight*** se oli rakkautta ensi silmäyksellä; ***give my ~ to daddy*** sano isälle rakkaat terveiset
love affair rakkausjuttu
lovebirds kyyhkyläiset, rakastavaiset
lovemaking rakastelu
lover rakastaja; rakas[tettu]; *~s* rakastavaiset
low matala; hiljainen; ~ ***water*** laskuvesi
lower 1 *a, adv* alempi, matalampi; alemmas, matalammalle **2** *v* alentaa, halventaa; laskea alemmas, madaltaa; aleta; *(säästä)* näyttää synkältä; ***he ~ed his voice*** hän madalsi ääntään
lowland alamaa
lowly nöyrä
low-necked avokaulainen
loyal uskollinen, lojaali
loyalty uskollisuus, lojaalisuus
lozenge vinoneliö, ruutu; pastilli
LSD *(= lysergic acid diethylamide)* LSD-huume
Ltd *(= limited)* oy, osakeyhtiö
lubricate voidella
lucid selvä
luck onni, tuuri; ***that was bad ~*** olipa huono tuuri
luckily onneksi
lucky onnekas; ~ ***him!*** onnenpekka!, onnenmyyrä!
lucrative *(rahallisesti)* tuottava
ludicrous naurettava
luggage *(Br)* matkatavarat; ***is this all your ~?*** onko tässä kaikki matkatavarasi?; ***where can we pick up the ~?*** mistä matkatavarat noudetaan?
lukewarm haalea, kädenlämpöinen
lull tuuditella; tyyntyä
lullaby tuutulaulu
lumbago noidannuoli
lumber *(Am)* puutavara
lumbering *(Am)* metsänhakkuu
lumberjack tukkilainen, tukkijätkä
luminous loistava, valoisa
luminous badge heijastin
lump 1 *s* möykky, pala[nen] **2** *v* kasata yhteen
lump sugar palasokeri
lunacy hulluus
lunar kuu-, kuun-
lunatic hullu, mielipuoli
lunch, **luncheon** lounas
lung keuhko
lurch 1 *v* kallistua; horjua **2** *s* kallistuminen
lure 1 *v* houkutella (***into*** jhk) **2** *s* houkutus
lurid karmaiseva
lurk olla väijyksissä, lymyillä
luscious mehevä, herkullinen
lush rehevä
lust 1 *s* himo **2** *v* himoita
lustre, **luster** loisto, kiilto
lusty reipas, voimakas
Luxembourg Luxemburg
Luxembourger luxemburgilainen
luxuriant ylellinen, upea; vehmas
luxury ylellisyys; ylellisyystavarat; loistoluokan, luksus-
lymphatic drainage lymfahieronta
lymph node imusolmuke

lynch lynkata
lynx ilves
lyre lyyra
lyric lyyrinen
lyrics laulun sanat

M

M.A. *(= Master of Arts) (läh)* filosofian maisteri, FM
ma'am *(= madame)* rouva
mac, mack *(= mackintosh)* sadetakki
macaroni makaroni
macaroon mantelileivos
mace nuija, virkasauva
Macedonia Makedonia
machination vehkeily
machine kone
machine gun konekivääri
machinery koneisto
machinist koneenhoitaja
mackerel makrilli
mackintosh sadetakki
mad hullu, mieletön; *(Am)* vihainen; ***that drives me*** ~ se saa minut suunniltani; ***like*** ~ kuin hullu
madam [arvoisa] rouva
madden saada raivostumaan, suututtaa
made *ks.* ***make***; valmistettu, tehty; muodostunut (***of*** jstak)
made-up tekaistu, keksitty; meikattu
madman mielipuoli, hullu
madness hulluus
magazine aikakauslehti; ***women's*** ~ naistenlehti
maggot toukka
magic taika[-]; taikuus, magia
magical taika-
magician taikuri, noita
magistrate poliisituomari
magnanimity jalomielisyys
magnanimous jalo-, ylevä|mielinen
magnate pohatta, magnaatti
magnet magneetti
magnetic magneettinen
magnetism vetovoima
magnificent suurenmoinen; upea, loistava, komea
magnify suurentaa
magnifying glass suurennuslasi
magnitude suuruus[luokka]
magpie harakka
mahogany mahonki
maid palvelustyttö
maiden impi, neito
maidenly neitseellinen
maiden name tyttönimi
maiden voyage neitsytmatka
mail 1 *s (Am)* posti; panssari; ***by*** ~ postitse; ***is there any ~ for me?*** onko minulle postia? **2** *v (Am)* postittaa
mailbox *(Am)* posti|laatikko, -luukku
mailing list postituslista
mailman *(Am)* postinkantaja
maim vammauttaa, silpoa, ruhjoa
main pää-, pääasiallinen; pää|putki, -johto; *(run)* ulappa; ***in the*** ~ pääasiassa
mainland mannermaa
mainly pääasiallisesti
maintain ylläpitää, huoltaa; väittää
maintenance ylläpito; elatus; huolto
maisonette huoneisto kahdessa tasossa
maize *(Br)* maissi

majestic majesteettinen
Majesty majesteetti; ***her ~ Queen Elizabeth the Second*** hänen majesteettinsa, kuningatar E II
major 1 *a* suurempi **2** *s* majuri; täysi-ikäinen; pääaine; *(mus)* duuri **3** *v* opiskella pääaineena (***in*** jtak); ***I ~ed in psychology*** minulla oli psykologia pääaineena
majority enemmistö; täysi-ikäisyys
make 1 *v (made made)* tehdä, valmistaa; ansaita; lähteä (***for*** jhk); ehtiä, päästä jhk; ***don't ~ me do it*** älä pane *t.* pakota minua tekemään sitä; ***she had a new dress made*** hän teetti uuden puvun; ***~ love*** rakastella; ***~ sure*** varmistaa; ***I made it!*** minä onnistuin! **2** *s* valmiste; teko; rakenne; merkki *(auton ym.)*
make for suunnata jnnek, jtak kohti; sännätä jnnek; käydä kimppuun; edistää jtak
make off kiiruhtaa matkaan
make out saada selville; kirjoittaa lasku; pärjätä, selviytyä; *(Am)* halailla, lääppiä
maker valmistaja
makeshift hätävara
make up korvata, täyttää, muodostaa; sepittää; meikata, ehostaa; sopia *(riita)*; korvata, hyvittää; ***you must make up your mind*** sinun on päätettävä
make-up meikki, meikkaus, ehostus; taitto
make-up remover meikinpoistoaine
malcontent tyytymätön
male mies[puolinen]; koiras[-]
malediction kirous
malefactor pahantekijä
malformation epämuodostuma
malice ilkeys
malicious pahansuopa, vahingoniloinen
malignant pahanlaatuinen
malleable taottava; muovautuva; *(kuv)* taipuisa, mukautuva
mallet nuija
malt mallas
Malta Malta
mama *(ark)* äiti
mammal nisäkäs
mammy *(Irl)* äiti
man 1 *s* mies; ihminen **2** *v* miehittää
manage käsitellä, hoitaa, johtaa; suoriutua, onnistua, kyetä; jaksaa
manageable helppo käsitellä
management hoito; *(liikkeen)* johto
manager johtaja, päällikkö; manageri; ***sales ~*** myyntipäällikkö
mandate mandaatti[oikeus]; toimeksianto[sopimus]; *(pol)* valtuus
mandated territory mandaattialue
mandatory pakollinen, määräys-; mandaatti-
mane *(hevosen ym.)* harja
manger seimi, kaukalo
mangle 1 *v* runnella; mankeloida **2** *s* mankeli
manhood miehuus[ikä], miehuusaika
mania kiihko, vimma
manicure käsien hoito, manikyyri
manifest 1 *a* ilmeinen **2** *v* osoittaa selvästi; ***be ~ed*** ilmetä
manifestation osoitus
manifold moninainen

manipulate manipuloida, käsitellä taitavasti
mankind ihmiskunta
manly miehekäs
mannequin mallinukke; *vrt.* ***model***
manner tapa; ***in this ~*** tällä tavalla; ***he has no ~s*** hänellä ei ole tapoja; ***well-~ed*** hyvätapainen, hyvin käyttäytyvä
mannerism maneeri, piintynyt tapa
mannish miesmäinen
manoeuvre 1 *s* manööveri, liike **2** *v* liikehtiä; menetellä ovelasti
man-of-war sotalaiva
manor kartano *(maineen)*
manor house kartano[rakennus]
manpower miesvahvuus, työvoima
mansion [komea] talo, kartano
manslaughter kuolemantuottamus, [mies]tappo
mantelpiece takan reunus
mantle 1 *s* viitta, mantteli; verho, vaippa **2** *v* verhota
manual 1 *s* käsikirja **2** *a* käsin tehtävä, ruumiillinen
manually käsin
manufacture 1 *s* tehdasvalmiste **2** *v* valmistaa; sepittää
manufacturer valmistaja, tuottaja, tehtailija
manure 1 *s* lanta **2** *v* lannoittaa
manuscript käsikirjoitus
many moni, monta; ***a great ~*** suuri joukko, hyvin paljon
map 1 *s* kartta **2** *v* kartoittaa
maple vaahtera
maraud rosvota, ryöstellä
marble marmori; pelikuula
March maaliskuu
march 1 *s* marssi **2** *v* marssia
marching orders *(Br)* lähtöpassit, potkut
marchioness markiisitar
marchpast ohimarssi
mare tamma
margarine margariini
margin reuna, marginaali, reunus; tinkimisvara; ***by a narrow ~*** niukasti
marigold kehäkukka
marijuana marihuana
marine merisotilas; laivasto; meri-; ***the ~s*** merijalkaväki
marital avio-
marital status siviilisääty
maritime meri-
marjoram meirami
mark 1 *s* merkki; jälki; maalitaulu; arvosana; markka; ***below the ~*** ala-arvoinen **2** *v* merkitä; nimikoida; olla jnk merkkinä; panna merkille; arvostella
marked huomattava
market 1 *s* tori, markkinat; markkina-alue; kauppa, marketti; ***in the ~*** torilla, markkinoilla; ***on the ~*** myytävänä, saatavana, markkinoilla **2** *v* markkinoida
marketable kaupaksi menevä
market forces markkinavoimat
marketing markkinointi
market place [kauppa]tori
marmalade marmeladi, appelsiinihillo
marmot murmeli
maroon 1 *v* jättää asumattomalle saarelle **2** *a* kastanjanruskea
marquee *(tivoli-, messu- ym.)* [iso] teltta
marquis, marquess markiisi
marriage avioliitto, häät
marriageable naimakelpoinen

married naimisissa [oleva]; avio-; ***get ~ to sb*** mennä naimisiin jkn kanssa
marrow luuydin
marry mennä naimisiin, naida; naittaa
marsh suo, räme
marshal 1 *s* marsalkka **2** *v* johdattaa
marshmallow vaahtokarkki; salkoruusu
marshy rämeinen
marten näätä
martial sotainen, sota-; ***court ~*** sotaoikeus
martial arts itsepuolustuslajit
martin pääskynen
martyr 1 *s* marttyyri **2** *v* kiduttaa
marvel 1 *s* ihme **2** *v* ihmetellä
marvellous ihmeellinen
marzipan marsipaani
mascot maskotti
masculine miehekäs, maskuliininen
mash sose, sekoitus; ape, mäski
mashed potatoes perunasose
mask 1 *s* naamio, naamari **2** *v* naamioida
mason muurari; vapaamuurari
masonry muuraustyö; kivityö
mass 1 *s* massa, joukko, paljous; messu **2** *v* kasata, kasautua
massacre 1 *s* verilöyly **2** *v* surmata joukoittain
massage 1 *s* hieronta **2** *v* hieroa
massive jykevä, valtava
mass media joukkotiedotusvälineet
mass meeting joukkokokous
mast masto
master 1 *s (taid)* mestari; [nuori] herra; opettaja; isäntä; *(kalastusaluksen)* kapteeni; maisteri; *~ (copy)* alkuperäiskappale; ***~ tape*** masternauha; ***I enjoy being my own ~*** minusta on mukavaa olla oma herrani **2** *v* perehtyä jhk
master card valtti[kortti]
masterful käskevä
master key yleisavain
masterly mestarillinen
mastermind älyniekka; aivot *(jkn takana)*
Master of Arts *(läh)* filosofian maisteri; *ks. myös* ***MA, MB, MBA, MC, MD***
masterpiece mestariteos
mastery herruus, mestaruus, [täydellinen] hallinta
masticate pureskella
mastiff *(el)* mastiffi
mat 1 *s* matto; alusta, alusliina, tabletti **2** *v* tehdä takkuiseksi **3** *a* himmeä, matta
match 1 *s* tulitikku; vertainen; ottelu, kilpailu; naimakauppa; ***he met his ~*** hän kohtasi vertaisensa **2** *v* vetää vertoja; sopia jhk; ***this skirt doesn't ~ the sweater*** tämä hame ei sovi [tämän] puseron kanssa; ***be well-~ed*** sopia hyvin yhteen
matchbox tulitikkulaatikko
matchless verraton
mate 1 *s* pari; puoliso; toveri, veikko; perämies **2** *v* pariutua
material 1 *a* aineellinen, olennainen; **2** *s* aine, aines; materiaali, aineisto; kangas
materialize toteutua
materially olennaisesti
materials tarvikkeet
maternal äidillinen, äidin-
maternity äitiys

maternity benefit äitiys|avustus, -raha
maternity hospital synnytyssairaala
maternity leave äitiysloma
maternity ward synnytysosasto
mathematician matemaatikko
mathematics matematiikka
matins aamujumalanpalvelus
matriculate merkitä kirjoihin
matriculation examination ylioppilastutkinto
matrimony avioliitto, aviosääty
matrix *(pl -ces) (mat ym.)* matriisi; *(kuv)* kasvupohja
matron [arvokas] rouva; *(sairaalan ym.)* ylihoitaja, emäntä
matter 1 *s* aine; asia; aihe; *(lääk)* märkä; ***printed ~*** painotuote; ***what's the ~?*** mikä hätänä?, mitä on tekeillä?; ***no ~ who*** yhdentekevää kuka; ***as a ~ of fact*** itse asiassa **2** *v* olla tärkeä; ***it doesn't ~*** ei sillä ole väliä
mattress patja
mature 1 *a* kypsä **2** *v* kypsyä; erääntyä
maturity kypsyys
maul raadella; pahoinpidellä *(seksuaalisesti)*; repostella, väristellä
Maundy Thursday kiirastorstai
mauve malvanvärinen
maxim elämänohje, viisaus, mietelause
maximal maksimaalinen, suurin [mahdollinen]
maximum maksimi; ***~ price*** enimmäishinta; ***~ amount*** enimmäismäärä jtak
May toukokuu
may voi, saattaa; saa; ***~ I come in?*** saanko tulla sisään?
maybe ehkä
May Day vapunpäivä
mayday hätäsanoma
mayonnaise majoneesi
mayor pormestari
maze sokkelo
MB *(= Bachelor of Medicine)* lääketieteen kandidaatti
MBA *(= Master of Business Administration)* kauppatieteiden maisteri
MC *(= Master of Ceremonies)* seremoniamestari, kuuluttaja; *(Am) (= Member of Congress)* kongressiedustaja
MD *(= Doctor of medicine)* lääketieteen *tohtori*
me minua, minut, minulle; ***come with ~*** tule kanssani *t.* mukaani
mead *(läh)* sima
meadow niitty
meagre niukka
meal ateria; jauhot
mealtime ruoka-aika
mean 1 *a* alhainen, halpamainen; saita; keskimääräinen; ilkeä; ***~ temperature*** keskilämpötila **2** *v (meant meant)* tarkoittaa, merkitä **3** *s* keskiarvo, keskitie
meander mutkailla
meaning merkitys
meanness halpamaisuus; ilkeys
means varat; ***by all ~*** kaikin mokomin; ***by no ~*** ei millään muotoa, ei mitenkään; ***by ~ of*** jnk avulla
meant *ks.* ***mean***; tarkoitettu; ***is it ~ for me?*** onko se minulle?
meantime, meanwhile sillä välin
measles tuhkarokko

measurable mitattavissa [oleva]
measure 1 *s* mitta; toimenpide; tahti; ***in some ~*** jossain määrin; ***take ~s*** ryhtyä toimenpiteisiin **2** *v* mitata
measurement mitta; mittaus
meat liha; ***roast ~*** paisti
meatloaf lihamureke
mechanic mekaanikko
mechanical mekaaninen, koneellinen
mechanics mekaniikka
mechanism mekanismi, koneisto
mechanize koneistaa
medal mitali
meddle sekaantua (***with*** jhk)
meddlesome hössöttävä, touhukas
media tiedotusvälineet
mediate välittää
mediation välitys
mediator välittäjä
medical lääkäri-, lääkärin; lääketieteellinen; ***~ student*** lääketieteen opiskelija
medicinal lääke-
medicine lääke; lääketiede
medieval keskiaikainen
mediocrity keskinkertaisuus
meditate miettiä, mietiskellä
meditation mietiskely
the Mediterranean sea Välimeri
medium 1 *a (keitt)* puolikypsä; keskikokoinen, medium-; keskinkertainen; **2** *s* keskilaatu; [tiedotus-] väline; väline, välikappale; meedio; ***through the ~ of*** jnk avulla *t.* välityksellä
medley sekalainen joukko, sekoitus *(ihmisiä)*; *(mus)* potpuri
meek sävyisä, nöyrä
meet *(met met)* tavata, kohdata; mennä jkta vastaan; täyttää vaatimus; kokoontua
meeting kokous; kilpailut
meet with kokea, kohdata; ***he met with an accident*** hän joutui onnettomuuteen
melancholy surumielisyys, melankolia; surumielinen, alakuloinen; melankolinen
mellow 1 *a* kypsä, täyteläinen **2** *v* kypsyä
melodious sointuisa, melodinen
melody sävel[mä]
melon meloni
melt sulattaa; sulaa
melt away hälvetä, huveta
member jäsen
membership jäsenyys; jäsenmäärä
membership card jäsenkortti
membrane *(anat)* kalvo
memoirs muistelmat
memorable muistettava
memorandum muistio
memorial muisto-; muistomerkki
memorial service muistojumalanpalvelus
memorize muistaa, oppia ulkoa
memory muisti; muisto
men miehet; ihmiset
menace 1 *s* uhka **2** *v* uhata
mend 1 *v* korjata, paikata, parsia; parantaa; toipua **2** *s* parsima, paikka
mendicant kerjäläis-
menial palvelus-; kurja, vähäarvoinen *(työ)*
mental 1 *a* mielen, mieli-; henkinen; **2** *s (ark)* hullu, kaheli
mental arithmetic päässälasku
mental deficiency vajaamielisyys
mental hospital mielisairaala

mention 1 *v* mainita; ***don't ~ it*** ei kestä; ***not to ~ sth*** puhumattakaan jstak **2** *s* maininta
menu ruokalista, menu
MEP *(= Member of the European Parliament)* euro|kansanedustaja, -parlamentaarikko
mercantile kauppa-
mercenary 1 *a* omanvoitonpyyntöinen; **2** *s* palkkasoturi
mercer kangaskauppias
merchandise kauppa-, myynti|tavara[t]
merchant kauppias
merciful armelias
merciless säälimätön
mercury elohopea
mercy armo, laupeus; sääli
mere pelkkä, paljas
merely pelkästään
merge liittää yhteen; yhtyä; sulautua
merger *(liik)* fuusio, yhdistyminen
meridian meridiaani
merit 1 *s* ansio **2** *v* ansaita
meritorious ansiokas
mermaid merenneito
merriment hilpeys, iloisuus
merry iloinen; ***M~ Christmas*** hyvää joulua
merry-go-round karuselli
mescalin[e] meskaliini
mesh [metalli]verkko, *(verkon)* silmukka, silmä
mesmerize lumota, hypnotisoida
mess 1 *s* sekasotku; pöytäkunta; messi; ***make a ~ of*** panna sekaisin, pilata jtak **2** *v* sotkea
mess about (around) tuhrata [aikaa], hömpsöttää, hölmöillä
message sanoma, viesti; ***do you want to leave a message?*** haluatteko jättää viestin?
messenger sanansaattaja
messiah messias
Messrs herrat
mess up sotkea, pilata
met *ks.* ***meet***
metabolism aineenvaihdunta
metal metalli
metallic metallinen, metalli-
metamorphosis muodonmuutos; metamorfoosi
metaphor kielikuva, metafora
meteorite meteoriitti
meteorologist meteorologi, säätieteilijä
meteorology säätiede, meteorologia
meter mittari; *(Am)* metri
method menetelmä
methodical järjestelmällinen
meticulous pikkutarkka
metre metri
metropolis suuri pääkaupunki, metropoli
mettle rohkeus, tulisuus
mew 1 *s* kalalokki **2** *v* naukua
mews tallikuja
Mexican meksikolainen
Mexico Meksiko
microbe mikrobi
microphone mikrofoni
microscope mikroskooppi
microwave oven mikroaaltouuni
midday keskipäivä; ***at ~*** puolelta päivin
middle keski[kohta]; ***in the ~ of*** jnk keskellä
middle age keski-ikä
middle-aged keski-ikäinen
Middle Ages keskiaika

middle class 1 *s* keskiluokka **2** *a* keskiluokkainen, keskiluokan
the Middle East Lähi-itä
middling keskinkertainen
midge [surviais]sääski
midget kääpiö
midnight keskiyö
midshipman merikadetti
midst: ***in the ~ of*** jnk keskellä
Midsummer Juhannus
midsummer keskikesä; kesäpäivän seisaus; ***at ~*** juhannuksena
midway puoli|tiessä, -välissä
midwife kätilö
miffed *(ark)* loukkaantunut, äreä
might 1 *s* valta **2** *v ks.* ***may***; saattaisi
mighty mahtava
migrant labour siirtotyövoima
migrant worker siirtotyöläinen
migrate muuttaa
migration muutto[liike], vaellus
migratory muutto-
mild lempeä; leuto; lievä
mildew viljanruoste; home
mildness lempeys; leutous; lievyys
mile maili *(1609 m)*
mileage mailimäärä; bensiininkulutus *(autossa)*
milestone virstanpylväs
militant taisteleva
military sotilas-, sota-; ***the ~*** sotaväki, sotilaat
milk 1 *s* maito **2** *v* lypsää
milker lypsykone
milkman maidontuoja, maitomies
mill 1 *s* mylly; tehdas **2** *v* jauhaa, rouhia
millennium vuosituhat; tuhatvuotinen valtakunta
milligram[me] milligramma
millilitre millilitra
millimetre millimetri
miller mylläri
millet hirssi
milliner *(vanh)* hattukauppias, modisti
millinery *(vanh)* hatut, hattuvalikoima
million miljoona; ***a ~ dollars*** miljoona dollaria; ***~s of*** miljoonia, miljoonittain
millstone myllynkivi
milt maiti
mime miiminen esitys, mimiikka; elekieli
mimic 1 *v* matkia, jäljitellä **2** *a* matkiva, jäljittelevä
mince hienontaa, paloitella [pieniksi]
minced meat *(Br)* jauheliha
mincemeat rusina-omenatäyte
mind 1 *s* mieli, sielu; halu; ***bear in ~*** pitää mielessä; ***he is out of his ~*** hän on järjiltään; ***have you changed your ~?*** oletko muuttanut mielesi? **2** *v* varoa; pitää väliä; pitää huolta; ***do you ~ my smoking?*** voinko polttaa?; ***if you don't ~*** ellei sinulla ole mitään sitä vastaan; ***he doesn't ~ the noise*** melu ei häiritse häntä; ***would you ~ helping?*** voisitko auttaa?
mindful varova; muistava (***of*** jtak)
mine 1 *pron* minun **2** *s* kaivos; miina **3** *v* louhia *(kaivoksesta)*; miinoittaa
miner kaivos|mies, -työläinen
mineral kivennäinen, mineraali
mineral water kivennäisvesi
mingle sekoittaa; seurustella *(joukossa, kutsuilla)* (***with*** jkn kanssa)
mingy saita

miniature pienois[kuva]
minibus mini-, pikku|bussi
minimal minimaalinen, häviävän pieni
minimize saattaa mahdollisimman pieneksi; minimoida
minimum vähimmäis-, minimi[-]
mining kaivostoiminta, vuorityö
minister 1 *s* ministeri; *(protest)* pappi **2** *v* palvella, huolehtia
ministry papinvirka; ministeriö; ministeristö
mink minkki
minor 1 *a* vähäinen, pieni **2** *s* alaikäinen; *(mus)* molli
minority vähemmistö; alaikäisyys
minstrel trubaduuri
mint 1 *s* rahapaja; minttu **2** *v* lyödä rahaa
minuet menuetti
minus miinus; ilman jtak
minute 1 *s* minuutti; ***the ~s*** pöytäkirja **2** *a* pienen pieni; yksityiskohtainen
minute hand minuuttiosoitin
miracle ihme, ihmeteko
miraculous ihmeellinen
mirage kangastus
mire lieju, muta
mirror 1 *s* peili **2** *v* kuvastaa, antaa kuva jstak
mirth ilo, hilpeys
misadventure onnettomuus
misanthropy ihmisviha
misapprehension väärinkäsitys
miscalculate arvioida väärin
miscarriage keskenmeno
mis|cast *(-cast -cast)* antaa [näyttelijälle] väärä osa
miscellaneous sekalainen, monenlainen
mischance epäonni
mischief kuje, ilkivalta; ***get into ~*** joutua ikävyyksiin
mischievous vahingollinen; kujeileva
misconduct huono käytös
misdemeanour *(lak)* rikkomus
miser saituri
miserable kurja, onneton
misery surkeus, kurjuus
misfit sopeutumaton
misfortune onnettomuus
misgiving paha aavistus, epäily
misguided harhautunut, väärä
mishap onnettomuus, kommellus
misinform antaa vääriä tietoja
misinterpret tulkita väärin
mislay *(-laid -laid)* hukata
mis|lead *(-led -led)* johtaa harhaan
mismanage hoitaa huonosti
misprint painovirhe
miss 1 *s* neiti; harhaisku, jltak välttyminen, (jstak paitsi) jääminen **2** *v* ei osua; lyödä ohi; menettää; kaivata, ikävöidä; jäädä näkemättä *t.* kokematta; välttyä jltak; laiminlyödä; myöhästyä; ***I ~ed the bus*** myöhästyin bussista
missile ohjus; heittoase
missile-firing base ohjustukikohta
missing puuttuva; ***~ person*** kadonnut henkilö; ***report a ~*** tehdä katoamisilmoitus
mission tehtävä; lähetys|työ, -kirkko
missionary lähetyssaarnaaja
miss out puuttua; jäädä vaille, menettää; ***his story misses out a few facts*** hänen kertomuksestaan puuttuu muutama tieto; ***you really missed out on a lot of fun*** si-

nulta jäi todella paljon hauskaa kokematta
mist usva
mis|take 1 *s* erehdys; ***he made a big*** ~ hän teki suuren erehdyksen **2** *v* *(-took -taken)* erehtyä; ***I -took him for somebody else*** luulin häntä erääksi toiseksi
mistletoe misteli
mistreat pahoinpidellä
mistress *(talon t. koiran)* emäntä; *(Br)* opettajatar; rakastajatar
mistrust epäluottamus
misty usvainen
misunder|stand *(-stood -stood)* käsittää väärin
misuse 1 *s* väärinkäyttö **2** *v* käyttää väärin
mite ropo; pienokainen; punkki
mitigate lieventää
mitre *(piispan)* hiippa
mitt *(urh)* räpylä, hanska
mitten lapanen, tumppu
mix sekoittaa; sekoittua
mixed sekoitettu, seka-
mixed up sekaisin
mixer sekoitin, vatkain, yleiskone
mixture sekoitus, seos
mix up sekoittaa; ***don't get mixed up in any of that*** älä sekaannu sellaiseen lainkaan
moan 1 *v* valittaa **2** *s* valitus
moat vallihauta
mob 1 *s* roskaväki **2** *v* käydä kimppuun
mobile liikkuva, kannettava
mobile phone matkapuhelin, kännykkä
mobility liikkuvuus
mobilize asettaa liikekannalle, mobilisoida
mock 1 *v* pilkata; matkia **2** *a* vale-
mockery pilkka
mode tapa
model 1 *s* malli, esikuva; mannekiini, malli **2** *v* muovata; olla mallina
model aeroplane lennokki
modem *(atk)* modeemi
moderate 1 *a* kohtuullinen **2** *v* hillitä, lieventää
modern nyky-, uuden|aikainen; uusi, moderni
modernize ajanmukaistaa, modernisoida
modest vaatimaton
modesty vaatimattomuus
modification muunnos
modify muuttaa, muuntaa, muokata; lieventää
module moduuli, osa; ***lunar*** ~ kuumoduuli; ***service*** ~ huolto-osa
moist kostea
moisten kostuttaa
moisture kosteus
molar poskihammas
molasses *(Am)* siirappi
mole maamyyrä; aallonmurtaja; syntymämerkki
molecule molekyyli
molehill myyränkasa
molest vaivata, hätyytellä; ahdistella [seksuaalisesti]
mollusc, mollusk nilviäinen
mollycoddle [yli]huolehtia, lellitellä *(liioitellun paljon)*
molten sula
moment hetki, tuokio, silmänräpäys; tärkeys; ***at the*** ~ tällä hetkellä; ***just a ~ please*** hetkinen; ***not for a*** ~ ei hetkeäkään *t.* hetkeksikään

momentary hetkellinen
momentous tärkeä, kohtalokas
momentum *(tekn)* vauhti
monarch hallitsija
monarchy monarkia
monastery [munkki]luostari
Monday maanantai
monetary raha-, valuutta-
monetary system valuuttajärjestelmä
monetary unit rahayksikkö
money raha; ***make ~*** ansaita rahaa, hankkia
money order postiosoitus, maksumääräys
moneywise rahallisesti
mongrel sekarotuinen *(koira)*; sekoitus
monitor 1 *s* järjestäjä *(koulussa)*; monitori **2** *v* tarkkailla
monk munkki
monkey apina
monogamy yksiavioisuus
monogram nimikuvio, monogrammi
monopoly monopoli, yksinoikeus
monotonous yksitoikkoinen, monotoninen
monotony yksitoikkoisuus
monster hirviö
monstrous suunnaton; hirveä, hirviömäinen
month kuukausi
monthly kuukausittain[en]; kuukausijulkaisu
monument muistomerkki, monumentti
mood mieli[ala]; *(kiel)* modus, tapaluokka; ***you are in a good ~ today*** sinäpä olet hyvällä tuulella tänään
moody pahantuulinen, äreä; oikukas, ailahteleva
moon kuu; ***cry for the ~*** vaatia mahdottomia; ***once in a blue ~*** ani harvoin
moonlight 1 *s* kuutamo **2** *v* tehdä kuutamourakointia
moonshine joutava puhe; *(Am)* kotipoltto-, salakuljetettu *(alkoholi)*
moonstruck mielipuoli, [kuu]hullu
moor 1 *s* nummi **2** *v* kiinnittää laiva
moorland kangasmaa
moose amerikanhirvi
moot point kiistanalainen kysymys *t.* asia
mop 1 *s* moppi **2** *v* pyyhkiä, luututa
mope murjottaa, jurottaa
moped mopedi, mopo
moral siveellinen; opetus
morale [taistelu]mieli
morality siveysoppi
morals moraali, siveellisyys
morass *(myös kuv)* suo, räme
morel *(keitt)* korvasieni
morbid sairas, sairaalloinen
more enemmän, useampia; ***~ beautiful*** kauniimpi; ***once ~*** kerran vielä; ***no ~*** ei enää; ***~ coffee?*** saako olla lisää kahvia?
moreover sitäpaitsi, lisäksi
morgue ruumishuone
Mormon mormoni
morning aamu; ***in the ~*** aamulla; ***good ~*** hyvää huomenta; ***this ~*** tänä aamuna; ***yesterday ~*** eilen aamulla; ***one ~*** eräänä aamuna
Moroccan marokkolainen
Morocco Marokko
moron *(ark)* ääliö; heikkomielinen
morose kärttyisä, äreä
morphine morfiini

morrow huominen
Morse [code] morseaakkoset
morsel [suu]pala
mortal kuolevainen, kuolin-
mortality [rate] kuolleisuus; ***infant ~*** lapsikuolleisuus
mortar 1 *s* huhmare; muurilaasti; kranaatinheitin **2** *v* rapata
mortgage 1 *s* asunto|laina, -velka, kiinnitys; ***take out a ~*** ottaa asuntolaina **2** *v* kiinnittää, pantata
mortification nöyryytys; lihankidutus; kuolio
mortify kiduttaa *(lihaansa)*; nöyryyttää; kuoleutua
mortuary ruumishuone
mosaic mosaiikki
Mosaic law Mooseksen laki
Moscow Moskova
Moses Mooses
mosque moskeija
mosquito moskiitto; hyttynen, sääski
moss sammal
most useimmat; eniten, enimmin; ***at the ~*** enintään; ***the ~ beautiful*** kaunein; ***~ interesting*** erittäin kiinnostava, mitä kiinnostavin; ***~ of us*** useimmat meistä; ***for the ~ part*** enimmäkseen
mostly useimmiten
moth koi, yöperhonen
moth-eaten koinsyömä
mother äiti
motherhood äitiys
mother-in-law anoppi
motherly äidillinen
mother-of-pearl helmiäinen
Mother's day äitienpäivä
mother tongue äidinkieli
motif = ***motive***
motion 1 *s* liike, käynti; ele, kädenliike; *(parl, lak)* aloite, esitys **2** *v* viitata
motionless liikkumaton
motive aihe; vaikutin; kuvio, koriste *(kankaassa ym.)*
motley kirjava
motor 1 *s* moottori **2** *v* autoilla
motorbike *(Am)* kevytmoottoripyörä, mopo; *(Br ark)* moottoripyörä
motor-car *(Br kirj)* auto
motorcycle moottoripyörä
motoring *(Br)* autoilu
motorist *(Br)* autoilija
motorize moottoroida
motorway *(Br)* moottoritie; *vrt.* ***highway, freeway***
mottled täplikäs
motto tunnuslause
mould 1 *s* muotti, kaava; vuoka; home; multa **2** *v* muovata
moulder maatua
mouldy homeinen
moult 1 *s* sulkasato, karvanlähtö ym. **2** *v* olla sulkasato, karvanlähtö ym.
mound valli, kumpu
mount 1 *v* nousta jhk *(hevosen ym. selkään)*; kohota; asentaa, kiinnittää alustalle **2** *s* vuori
mountain vuori
mountain bike maastopyörä
mountaineer vuoristokiipeilijä
mountaineering vuorikiipeily
mountainous vuorinen
mountains vuoristo
mounted ratsastava
mourn surra
mourner sureva
mournful valittava, murheellinen

mourning suru[puku]
mouse *(pl mice)* hiiri
mousse *(ruok)* vaahdoke, kermahyytelö
moustache viikset
mouth 1 *s* suu; aukko **2** *v* höpöttää, päästellä suustaan *(kirosanoja, roskaa ym.)*
mouthful suuntäysi
mouthorgan huuliharppu
mouthpiece suukappale; puhetorvi
mouth-to-mouth resuscitation *vrt.* ***kiss of life***; tekohengitys *(suusta suuhun -menetelmällä)*
movable siirrettävä
movable feast liikkuva pyhä
movables irtain omaisuus
move 1 *v* liikkua; liikuttaa; siirtää; muuttaa; tehdä ehdotus **2** *s* liike; siirto; veto; ***on the ~*** liikkeellä
move in muuttaa [taloon]
movement liike; *(kellon)* koneisto; *(sävellyksen)* osa; poljento
move on kulkea eteenpäin, jatkaa matkaa
move out muuttaa pois
mover ehdotuksen tekijä
movie theater *(Am)* elokuvateatteri
movies *(Am)* elokuvat, leffa
moving liikuttava
mow 1 *v (mowed mown)* leikata [nurmikko]; niittää **2** *s* heinäsuova
MP *(= Member of Parliament)* parlamentin jäsen
Mr. *(= Mister)* herra
Mrs. rouva
Ms. naisen titteli ilman siviilisäätyä
much paljon; ***~ the same*** melkein sama[nlainen]; ***how ~?*** kuinka paljon?; ***I feel ~ better*** voin jo paljon paremmin; ***I don't have very ~ money*** minulla ei ole kovinkaan paljon rahaa; *(ark)* ***he is too ~*** *(Am)* uskomaton tyyppi
muck 1 *s* lika, törky, sonta **2** *v* liata
mucous membrane limakalvo
mud lieju, loka, muta
muddle 1 *v* sotkea, sekoittaa **2** *s* sotku
muddy 1 *a* liejuinen, mutainen; sekava **2** *v* liata
mudflap *(Br)* roiskeläppä; *vrt.* ***splash guard***
mudguard lokasuoja
muff 1 *s* käsipuuhka, muhvi **2** *v* epäonnistua; pudottaa *(pallo)*; ***~ a stroke*** lyödä huti; ***~ a shot*** ampua ohi
muffin teekakku, muffinsi
muffle kääriä; vaimentaa
muffler lämmin kaulahuivi; äänenvaimennin
mug 1 *s* muki; *(sl)* naama **2** *v* ryöstää, kolkata
muggy painostava, hiostava
mulberry silkkiäispuu
mule muuli
mulled wine hehkuviini, glögi
multi- moni-, monen
multilingual monikielinen
multimillionaire monimiljonääri
multinational monikansallinen
multiple 1 *a* moninkertainen, moni- **2** *s (mat)* jaettava
multiple choice monivalinta-
multiplication kertolasku; lisääntyminen
multiply *(mat)* kertoa; lisääntyä, moninkertaistua
multitude paljous
mum: ***keep ~*** olla hiiskumatta

mumble 1 *s* mutista, mumista **2** *v* mutina, mumina
mummy muumio
mumps sikotauti
munch rouskutella, mutustaa
mundane arkinen; *(usk)* maailmallinen
municipal kunnan-, kunnallinen; kaupunki-, kaupungin
municipality kunta, kaupunki
munitions sotatarvikkeet
murder 1 *s* murha **2** *v* murhata
murderer murhaaja
murderous murhaava
murmur 1 *s* mutina; suhina, solina, sorina **2** *v* mutista, napista; suhista, solista, sorista
muscle lihas
muscular lihas-; jäntevä; lihaksikas
muse 1 *v* miettiä **2** *s* muusa, runotar
museum museo
mush pehmeä massa, sose, taikina
mushroom 1 *s* sieni **2** *v* kasvaa äkkiä, nousta kuin sieniä sateella; ***go ~ing*** mennä sienestämään
music musiikki; soitto; nuotit
musical musikaalinen; soitannollinen; musikaali
music hall varieteeteatteri
musician muusikko, soittaja
musk myski
musket musketti[kivääri]
mussel simpukka
must täytyy; ***he*** ~ hänen täytyy; ***you ~ not go there alone*** et saa mennä sinne yksin; ***she ~ be ill*** hän on varmaankin sairas
mustard sinappi
muster 1 *s* katselmus **2** *v* tarkastaa; kokoontua; koota *(voimansa ym.)*
musty homeinen, ummehtunut
mutation muunnos, mutaatio
mute mykkä, äänetön; ***the k is ~ in this word*** k-kirjain ei äänny tässä sanassa
mutilate silpoa, runnella
mutineer kapinallinen
mutiny 1 *s* kapina **2** *v* kapinoida
mutter 1 *v* mutista **2** *s* mutina
mutton lampaanliha
mutton chop lampaankyljys
mutual keskinäinen
mutually keskenään, keskinäisesti
muzzle 1 *s* kuono, turpa, suu; kuonokoppa **2** *v* panna kuonokoppa
my minun; ~ ***book*** minun kirjani
myriad lukematon määrä (***of*** jtak)
myrrh mirhami, myrha
myrtle myrtti
myself itse[ni], itseäni; ***I did it ~*** tein sen itse
mysterious salaperäinen, salamyhkäinen
mystery arvoitus, mysteeri; salaperäisyys
mystic mystikko
mystic[al] mystinen
mystify saattaa ymmälle
myth myytti, taru

N

nag 1 *s* pieni hevonen, koni **2** *v* nalkuttaa
nail 1 *s* naula; kynsi **2** *v* naulata; naulita, tehdä selvää jksta
naive naiivi, [lapsellisen] yksinkertainen
naked alaston, paljas
namby-pamby hempeä
name 1 *s* nimi; ***by ~*** nimeltä; ***don't call me ~s*** älä nimittele minua **2** *v* nimittää, panna nimeksi
nameless nimetön
namely nimittäin
namesake kaima
nap 1 *s* nokkaunet, torkut; nukka **2** *v* torkahtaa
nape [of the neck] niska
napkin lautasliina; *(Br)* vaippa
nappy *(Br)* vaippa
narcotic 1 *s* huumausaine; **2** *a* narkoottinen
narrate kertoa
narrative 1 *s* kertomus; **2** *a* kertova
narrator kertoja
narrow 1 *a* kapea, ahdas; ***a ~ escape*** täpärä pelastus **2** *v* kaventaa; kaventua
narrow gauge kapea raideleveys
narrow-minded ahdasmielinen
nasal nenä-; nasaali[nen]
nasty ilkeä, paha; likainen
nation kansa, kansakunta
national 1 *a* kansallinen, kansan-; kotimaan; **2** *s* kansalainen
nationalist kansallis|kiihkoinen, -mielinen; nationalisti[nen]
nationality kansallisuus; ***what ~ are you?*** [mikä on] kansallisuutenne?
nationalize kansallistaa, sosialisoida
native 1 *a* synnynnäinen; syntymä-, synnyin- **2** *s* alkuasukas, syntyperäinen [asukas *t.* kansalainen]
native language äidinkieli
natural luonnollinen, luonnon-
natural gas maakaasu
natural history luonnonhistoria
naturalist luonnontutkija; naturalisti
naturalize antaa kansalaisoikeudet
naturally luonnollisesti, tietysti
natural science luonnontiede
natural resources luonnonvarat
nature luonto; luonne, laatu
nature conservation luonnonsuojelu
nature reserve luonnonsuojelualue
nature study luonnontieto
nature trail luontopolku
naught ei mitään; ***come to ~*** raueta tyhjiin
naughty paha, ilkeä, tuhma
nausea pahoinvointi, kuvotus
nauseous kuvottava; pahoinvoipa
nautical meri-, merenkulku-
naval laivasto-, meri-
nave kirkon päälaiva
navel napa
navigable purjehduskelponen
navigate purjehtia, navigoida
navigation merenkulku, navigointi
navigator merenkulkija

navvy *(rakennus-, rata- ym.)* työläinen
navy merivoimat, laivasto
nay jopa; ei-ääni
N.B. *(= nota bene)* huom[aa]
N.C.O. *(= noncommissioned officer)* aliupseeri
née omaa sukua, tyttönimeltään
neap tide matalimman vuoksen aika
near 1 *a, adv* lähellä [oleva], lähelle; läheinen; tarkka; täpärä **2** *v* lähestyä
nearby lähellä *t.* lähettyvillä [oleva]
nearly melkein; ***not*** ~ ei lähimainkaan
nearsighted likinäköinen
neat soma, siro; siisti; *(alkoholista)* kuiva; raaka; *(Am)* kiva, mukava, ihana
nebula tähtisumu
necessaries [tykö]tarpeet, tavarat
necessarily välttämättä
necessary välttämätön (***to*** jklle)
necessitate tehdä välttämättömäksi
necessity välttämättömyys, pakko; puute, hätä
neck 1 *s* kaula, niska **2** *v* halailla
necklace kaula[nauha], -koriste, -ketju
necktie solmio
nectar mesi, nektari
need 1 *s* tarve; puute **2** *v* tarvita; ***you don't ~ to worry*** sinun ei tarvitse olla huolissasi
needful tarpeellinen
needle neula
needless tarpeeton
needlework käsityö
needs *(vanh leik)* välttämättä
needy puutteenalainen
negation kielto
negative kieltävä, kielto-; ***in the ~*** kieltävästi
neglect laiminlyödä
neglectful huolimaton
negligence laiminlyönti
negligent välinpitämätön, leväperäinen
negotiate neuvotella; saada aikaan; ylittää *(este)*
negotiation neuvottelu
negress *(antrop t. halv)* neekerinainen
negro *(antrop t. halv)* neekeri
neigh hirnua
neighbor *(Am) = neighbour*
neighbour naapuri; lähimmäinen
neighbourhood [lähi]seutu, naapurusto; asuma-alue
neighbouring naapuri-, lähi-
neither ei kumpikaan; -kaan, -kään, ei myöskään; ~ ***... nor*** ei ... eikä; ***~ of them came*** kumpikaan heistä ei tullut; ***~ do I know about it*** en minäkään tiedä siitä; ***me ~*** en minäkään
nephew veljen-, sisaren|poika
nerve 1 *s* hermo; voima, lujuus; ***he gets on my ~s*** hän käy hermoilleni; ***she had the ~ to call me*** hänellä oli otsaa (hän kehtasi) vielä soittaa minulle **2** *v* vahvistaa; ***~ o.s.*** jännittää voimansa
nerve cell hermosolu
nerve centre hermokeskus
nerve-racking hermoja riipivä
nervous hermostunut, jännittynyt; hermo-
nervous breakdown hermoromah-

dus
nervous system hermosto
nest 1 *s* pesä **2** *v* pesiä
nestle levätä mukavasti; painautua jtak vasten
net 1 *s* verkko; **2** *a* netto **3** *v* saada puhdasta voittoa, netota
Netherlander alankomaalainen
the Netherlands Alankomaat
nettle 1 *s* nokkonen **2** *v* ärsyttää
nettle rash nokkoskuume
network verkosto; verkkoryhmä
neurotic neuroottinen; neurootikko
neutral puolueeton; neutraali
neutrality puolueettomuus
neutralize neutralisoida
never ei koskaan
nevertheless siitä huolimatta, sittenkin
new uusi
newborn vastasyntynyt
newcomer tulokas
newly äskettäin, vasta-
news uutiset, tiedot; ***a piece of ~*** uutinen; ***that's good ~*** se oli hyvä uutinen *t.* mukavaa kuultavaa; ***I heard it on the ~*** kuulin sen uutisista
news agency uutistoimisto
newsagent *(Am)* lehdenmyyjä
newscaster uutistenlukija, uutisankkuri
news dealer *(Br)* lehdenmyyjä
news flash *(tv)* ylimääräinen uutislähetys *t.* uutinen
newspaper sanomalehti
newsprint sanomalehtipaperi
newsreader uutistenlukija, uutisankkuri
newsreel uutis|raportti, -filmi
newsstand lehtikoju
the New Testament Uusi Testamentti
newsvendor *(Br)* lehdenmyyjä
new year uusi *t.* tuleva vuosi; ***in the ~*** tulevana vuonna; ***Happy New Year!*** hyvää uutta vuotta!
New Year's Day uudenvuodenpäivä
New Year's Eve uudenvuodenaatto
New Zealand Uusi-Seelanti
next lähinnä; ensi, seuraava; sitten, seuraavaksi; ***~ summer*** ensi kesänä; ***~ month*** ensi kuussa; ***~ to*** lähinnä jtak, melkein; ***~ to nothing*** tuskin mitään
next-door viereinen, naapuri-; ***my ~ neighbour*** lähinaapurini
next door vieressä, naapurissa; ***we live ~ to them*** asumme heidän naapurissaan *(viereisessä talossa t. huoneistossa)*
NHL *(= National Hockey League)* USA:n ja Kanadan ammattilaisliiga
the Niagara Falls Niagaran putoukset
nib *(kynän)* kärki; teräskynä
nibble nakertaa, näykkiä (***at, on*** jtak); nykiä
nice miellyttävä, hauska; kiva, mukava, hyvä; tarkka; [hiuksen]hieno [ero]
nicety miellyttävyys, hauskuus, tarkkuus; hienous
niche syvennys
nick lovi, rasti; ***in the ~ of time*** viime tipassa; oikealla hetkellä
nickel nikkeli
nickname lisä-, lempi|nimi
niece veljen-, sisaren|tytär
niggard kitupiikki
niggardly kitsas, saita

night yö, ilta; ***by*** ~, ***at*** ~ yöllä, illalla; ***in the*** ~ yöllä, öiseen aikaan, yössä; ***last*** ~ eilen illalla, viime yönä; ***the other*** ~ [tässä] yhtenä iltana, pari iltaa sitten; ***stay over*** ~ jäädä yöksi
nightdress, **nightie** *(Br)* yö|puku, -paita
nightfall illan hämärä, päivänlasku
nightgown *(Am)* yö|puku, -paita
nightingale satakieli
nightly [joka]öinen, joka yö
nightmare painajainen, painajaisuni
the Nile Niili
nimble ketterä, nopea
nine yhdeksän
ninepins keilapeli
nineteen yhdeksäntoista
ninetieth yhdeksäskymmenes
ninety yhdeksänkymmentä
ninny tomppeli, hölmö
ninth yhdeksäs
nip **1** *v* nipistää; pinkaista; ~ ***in the bud*** tukahduttaa alkuunsa **2** *s* nipistys
nippers pihdit
nipple nänni
nitric acid typpihappo
nitrogen typpi
nitrous oxide ilokaasu; *vrt.* ***laughing gas***
nitty-gritty; *(ark)* ***get down to (come to the)*** ~ *mennä asian ytimeen*
no ei; ei mikään; ~ ***one*** ei kukaan; ***in*** ~ ***time*** tuossa tuokiossa; ~ ***man's land*** ei kenenkään maa
no., No. *(= number)* nro *(numero)*
nob kallo, pää; nuppi
nobility aatelisto; jalous
noble jalo; ylhäinen; ylevä, uljas
nobleman aatelismies
noblewoman aatelisnainen
nobly jalosti; uljaasti
nobody ei kukaan
nocturnal yöllinen
nod **1** *v* nyökäyttää päätään, nyökätä; torkahtaa **2** *s* nyökkäys
node kyhmy, nivelsolmu
noise melu; ***make [a]*** ~ meluta
noiseless äänetön
noisy äänekäs, meluava
nomad paimentolainen
nomenclature nimistö
nominal nimellinen
nominate nimetä, panna ehdolle
nomination ehdollepano; nimittäminen, nimeäminen
nominee ehdokas
nonaggression hyökkäämättömyys; ~ ***pact*** hyökkäämättömyyssopimus
nonalcoholic alkoholiton
nonalignment liittoutumattomuus
nonattendance poissaolo
noncombatant duty aseeton palvelus
noncommissioned officer aliupseeri
noncommittal pidättyväinen
nondescript epämääräinen, mitäänsanomaton
none ei kukaan, ei mikään
nonetheless sittenkin
nonexistent olematon
nonpayment maksun laiminlyönti
nonproliferation agreement [ydin]sulkusopimus
nonsense hölynpöly, pöty
nonsmoker tupakoimaton
nonstop tauoton, nonstop; suora,

ilman välilaskua
nonviolent väkivallaton
nook soppi, kolkka; ***every ~ and cranny*** joka kolkka
noon puolipäivä; ***at ~*** puolenpäivän aikaan
noose vetosolmu, suopunki
nor eikä, ei myöskään
the Nordic countries Pohjoismaat
Nordic people pohjoismaalaiset
norm normi, sääntö
normal normaali; säännöllinen, säännönmukainen
normalize normalisoida
normally tavallisesti, normaalisti
north, North pohjoinen; pohjoiseen; ~ ***of*** jkn pohjoispuolella, jstak pohjoiseen; ***in the ~ of Finland*** Pohjois-Suomessa
North America Pohjois-Amerikka
northeast, Northeast koillinen; koilliseen; ~ ***of*** jkn koillispuolella, jstak koilliseen
northerly, northern pohjoinen, pohjois-
Northerner *(jkn maan t. maanosan)* pohjoisen asukas; *(Br)* pohjoisenglantilainen; *(Am)* pohjoisvaltiolainen
Northern Ireland Pohjois-Irlanti
the North Pole Pohjoisnapa
northwest, Northwest luode, luoteeseen
Norway Norja
Norwegian 1 *a* norjalainen **2** *s (kieli)* norja
nos., Nos. *(= numbers)* nrot *(numerot)*
nose 1 *s* nenä; nokka **2** *v* vainuta, urkkia (***after, for*** jtak)
nosedive *(ilm)* pystysyöksy
nosegay kukkavihko
nostalgia koti-ikävä; kaiho, kaipuu; nostalgia
nostril sierain
not ei; ~ ***at all*** ei lainkaan, ei kestä [kiittää]
notable huomattava; arvohenkilö
notably varsinkin
notary notaari
notch 1 *s* lovi, pykälä **2** *v* tehdä lovi *t.* pykälä
note 1 *s* muistiinpano; huomautus; selitys; konsepti; *(lyhyt)* kirja; seteli; nuotti; *(pol)* nootti; ***make ~s*** tehdä muistiinpanoja; ***make a ~ of sth*** kirjoittaa jtak muistiin; ***take ~s*** kirjoittaa muistiinpanoja *(luennolla ym.)*; ***take ~ of sth*** panna merkille, kiinnittää huomiota jhk **2** *v* merkitä muistiin; panna merkille, huomata
notebook muistikirja
notecase lompakko
noted [for] kuuluisa jstak
note down kirjoittaa ylös *t.* muistiin
notepaper kirjepaperi
noteworthy huomattava, huomionarvoinen
nothing ei mitään; ***for ~*** ilmaiseksi; ***come to ~*** mennä myttyyn, raueta
notice 1 *s* huomio; ilmoitus; varoitus[aika]; ***at a moment's ~*** viipymättä; ***at a short ~*** lyhyellä varoitusajalla; ***give ~*** sanoa *t.* sanoutua irti; ***until further ~*** toistaiseksi, kunnes toisin ilmoitetaan **2** *v* huomata, panna merkille
noticeable huomattava
notice board ilmoitustaulu
notifiable *(viranomaisille)* ilmoi-

tettava *(tauti ym.)*
notification ilmoitus
notify ilmoittaa [virallisesti], tehdä ilmoitus
notion käsitys, ajatus; vimma, oikku
notions *(Am)* pikkutavarat, ompelutarvikkeet
notoriety *(huonomaineinen)* kuuluisuus
notorious huonossa huudossa [oleva]
notwithstanding jstak huolimatta
nought ei mitään; nolla
noun substantiivi
nourish ravita
nourishing ravitseva
nourishment ravinto
novel uusi; romaani
novelist romaanikirjailija
novelty uutuus
November marraskuu
novice noviisi, kokelas
now nyt; ***by*** ~ tähän mennessä; ***for*** ~ tällä kertaa, toistaiseksi; ***just*** ~ juuri äsken; ***till*** ~ tähän saakka; ~ ***that*** nyt kun
nowadays nykyään
nowhere ei missään
noxious vahingollinen
nozzle suukappale, suutin
nuclear ydin-, ydinvoima-
nuclear energy ydinenergia
nuclear nonproliferation treaty (agreement) ydinsulkusopimus
nuclear power station ydinvoimala
nuclear test ban ydinkoekielto
nuclear test[ing] ydinkoe
nuclear war ydinsota
nuclear waste ydinjäte
nuclear weapon ydinase
nucleus tuma; ydin
nude alaston[malli]
nugget kimpale, pala[nen]; ***gold*** ~ kultakimpale, ***~s of information*** tiedonjyväsiä
nuisance vaiva, vastus, harmi
null and void *(lak)* mitätön
nullify tehdä mitättömäksi, kumota
numb **1** *a* puutunut, turta; ~ ***with cold*** kohmettunut, kohmeessa **2** *v* puuduttaa, kohmettaa
number **1** *s* numero; lukumäärä; joukko; ***a*** ~ ***of*** useita; ***they are twelve in*** ~ heitä on 12 **2** *v* numeroida; olla lukumäärältään; lukea *(joukkoon)*
numberless lukematon
numberplate *(Br)* rekisterikilpi
numeral lukusana
numerator *(mat)* osoittaja
numerical luku[määräinen]
numerous lukuisa
nun nunna
nunnery nunnaluostari
nuptial hää-, avio-
nurse **1** *s* sairaan-, lapsen|hoitaja **2** *v* hoitaa, hoivata, vaalia; imettää; syödä rintamaitoa
nursery lastenkamari; taimisto; ***day*** ~ päiväkoti
nursery rhyme lastenloru
nursing sairaan-, lasten|hoito; imettäminen
nurture hoivata, hoitaa; vaalia; kasvattaa
nut pähkinä; mutteri; *(sl)* pää; kaheli
nuts *(ark)* hullu; ***drive sb*** ~ tehdä jku hulluksi
nutmeg muskotti
nutrient ravintoaine

nutrition ravinto, ravitsemus
nutritious ravitseva
nutshell pähkinänkuori; ***in a ~*** pähkinänkuoressa
nylon nailon
nylons nailonit
nymph nymfi

O

oak tammi
oar airo
oarsman soutaja
oasis keidas
oath vala; ***take an*** ~ vannoa vala
oatmeal kaurahiutaleet, kaurapuuro
oats kaura; ***sow one's wild*** ~ viettää railakas nuoruus, riehua
obdurate itsepintainen; paatunut
obedience tottelevaisuus
obedient tottelevainen
obeisance *(kirj)* kunnioitus, *(nöyrä)* kumarrus
obesity liikalihavuus
obey totella (***to*** jkta)
obituary muisto|sanat, -kirjoitus
obituary column kuolinilmoitukset
obituary notice kuolinilmoitus
object 1 *s* kappale, esine, kohde; tarkoitus **2** *v* väittää vastaan, vastustaa
objection vastaväite; ***I have no*** ~ minulla ei ole mitään sitä vastaan
objectionable vastenmielinen
objective 1 *s* tavoite, kohde; objektiivi **2** *a* objektiivinen
object lesson havainto-opetus
obligation velvoite; ***under*** ~ velvollinen, kiitollisuudenvelassa
obligatory pakollinen
oblige velvoittaa, pakottaa; tehdä palvelus; ***much ~d*** paljon kiitoksia
obliging suopea, avulias
oblique vino, viisto
obliterate pyyhkiä pois
oblivion unohdus
oblivious of (**to**) olla huomaamatta jtak
oblong suorakaide
obnoxious vastenmielinen, inhottava
oboe oboe
obscene ruokoton, rivo
obscure 1 *s* hämärä, epäselvä; tuntematon **2** *v* pimentää, peittää näkyvistä
obscurity hämäryys; epäselvyys; huomaamaton sijainti
observance noudattaminen
observant tarkkaavainen
observation huomio, havainto; huomautus; tarkkailu
observe huomata, havaita, tarkkailla; huomauttaa
observer huomioija, tarkkailija
obsessed jkn [mielteen] vallassa; ***he is ~ with his work*** työ on hänelle pakkomielle
obsession pakkomielle
obsolete vanhentunut
obstacle este (***to*** jllek)
obstinacy itsepintaisuus
obstinate itsepäinen
obstruct tukkia; jarruttaa
obstruction este
obtain saada, saavuttaa; *(kirj)* olla käytännössä *t.* vallalla
obtrude tyrkyttää, tunkeutua; tunkea läpi, tulla esiin; ***he tries to ~ his opinions upon us*** hän yrittää tyrkyttää mielipiteitään meille
obtrude [**o.s.**] [**on**] tunkeutua [jkn

seuraan]; ***in the text her political views keep ~ing [themselves]*** tekstistä tunkevat läpi hänen poliittiset näkemyksensä
obtrusive tungetteleva
obtuse hidasälyinen; *(geom)* tylppä
obvious ilmeinen
obviously ilmeisesti
occasion 1 *s* tilaisuus; aihe; ***on ~*** silloin tällöin **2** *v* aiheuttaa
occasional satunnainen, tilapäis-
occasionally joskus
the Occident *(kirj)* länsimaat, länsi
occidental länsimainen
occlude tukkia
occlusion tukkeuma; purenta
occult salainen, sala-
occupant haltija
occupation ammatti; elinkeino; miehitys
occupational ammatti-
occupied varattu; asuttu; miehitetty; ***be ~*** puuhata jtak, olla varattu
occupy asua jssak; viedä, ottaa, täyttää *(tila)*; askarruttaa; ottaa haltuunsa, miehittää
occur tapahtua; esiintyä; juolahtaa mieleen (***to*** jklle)
occurrence esiintyminen; tapahtuma, tapaus
ocean valtameri
ochre okra[nväri]
o'clock: ***at five ~*** kello viisi, viideltä
octave oktaavi
October lokakuu
oculist silmälääkäri
odd pariton; liika-, ylimääräinen; tilapäis-; eriskummallinen; ***the ~ money*** ylijääneet pikkurahat; ***twenty ~ years*** kolmattakymmentä vuotta; ***~ly enough*** ihme kyllä
oddity omituisuus
odds erilaisuus; suurempi voitonmahdollisuus; ylivoima, etu; vedonlyöntisuhde; ***at ~*** huonoissa väleissä
ode oodi
odious vihattava
odorous tuoksuva
odo[u]r tuoksu
oesophagus ruokatorvi
of *(ilmaisee genetiiviä, kuulumista, jnk osana olemista jne.)*; ***a map of Finland*** Suomen kartta; ***a glass of water*** lasi vettä; ***one of you*** yksi teistä
of course tietysti, tottakai
off pois[sa], -sta, -stä, -lta, -ltä; poikki, irti, peruutettu; *(mer)* edustalla; matkan *t.* ajan päässä; ***Christmas is a week ~*** joulu on viikon päästä; ***~ the main road*** syrjässä päätieltä; ***~ and on*** aika ajoin; ***a day ~*** vapaapäivä; ***I'm ~*** minä lähden; ***turn ~*** sulkea, sammuttaa *(hana, radio, valot tms.)*
offal *ks.* ***ruokasanasto s. 781***
offence loukkaus; rikkomus, rike; ***take ~*** pahastua
offend loukata; rikkoa (***against*** jtak vastaan)
offensive 1 *a* loukkaava; vastenmielinen **2** *s* hyökkäys
offer 1 *s* tarjous; ***on ~*** tarjolla **2** *v* tarjota, tarjoutua; tehdä vastarintaa
offering uhri
offhand suoralta kädeltä
office virka, toimi; toimisto, virasto; ministeriö; ***~ hours*** virka-

aika; ~ ***work*** toimistotyö
officer virkamies; upseeri
official 1 *a* virallinen **2** *s* virkailija
officious virkaintoinen; tungettele-va
offset 1 *v* korvata, olla vastapaino-na **2** *s* vastine, vastapaino
offside *(urh)* paitsio
offspring jälkeläiset
often usein; ***it ~ rains here*** täällä sataa usein
oil 1 *s* öljy **2** *v* öljytä
oilcloth vahakangas
oil painting öljyväärityö
oil spill öljy|vuoto, -vahinko
oil well öljylähde
oily öljyinen, rasvainen
ointment *(usk)* voide
O.K., okay oikein; ok, hyvä, selvä [on]; kunnossa
old vanha; ***three years*** ~ kolmen vuoden ikäinen; ***she is ~er than I*** hän on minua vanhempi
old age vanhuus
old-fashioned vanhanaikainen
olive oliivi, öljypuu
olive oil oliiviöljy
Olympic Games, Olympics olym-pialaiset, olympiakisat
omelette munakas
omen enne
ominous pahaenteinen
omission poisjättäminen; laimin-lyönti
omit jättää pois, jättää tekemättä
omnibus kokoomateos
omnipotent kaikkivaltias
on -lla, -llä, -lle, -ssa, -ssä; yllä, ylle; eteenpäin; ~ ***Monday*** maa-nantaina; ***the kettle is*** ~ pannu on kuumenemassa; ~ ***the Thames*** Thamesin varrella; ***is the TV ~?*** onko tv auki?; ***turn ~ the lights, please*** laittaisitko valot; ~ ***and off*** aika ajoin; ~ ***his advice*** hänen neuvostaan; ~ ***my arrival*** heti saa-vuttuani
once kerran; ***at*** ~ heti, yhtaikaa; ***not*** ~ ei kertaakaan; ~ ***more*** vielä kerran
one yksi, eräs; ~ ***by one*** yksitellen; ~ ***day*** eräänä päivänä; ~ ***after an-other*** yksi toisensa jälkeen; ***I for*** ~ minä esimerkiksi; ~ ***... the other*** toinen ... toinen
onerous työläs
oneself itse; itseänsä; ***defend*** ~ puolustautua; ***for*** ~ itselleen
one-way yksisuuntainen
onion sipuli
only ainoa; ainoastaan, vain; vasta
onset alku; *(taudin)* puhkeaminen
onto jkn päälle
onward eteenpäin; etenevä
ooze 1 *v* tihkua **2** *s* muta
opal opaali
opaque läpikuultamaton; samea
open 1 *a* avonainen, avoin; auki, avoinna (***to*** jllek); vapaa, suoja-ton; ***in the ~ air*** taivasalla; ***with ~ arms*** avosylin **2** *v* avata
open-handed avokätinen
opening aukko; ensi-ilta
open sandwich voileipä
open up avata, raivata
opera ooppera
opera glasses teatterikiikari
opera house oopperatalo
operate toimia; käyttää *(konetta)*; vaikuttaa; *(lääk)* leikata
operation toiminta; leikkaus; sota-toimi; ***in*** ~ käynnissä, voimassa

operative tehokas; olla käytössä (toiminnassa, voimassa); leikkaus-
opinion mielipide; *in my* ~ minun mielestäni
opinionated omapäinen
opponent vastustaja
opportune sopiva, otollinen
opportunity *(sopiva)* tilaisuus
oppose vastustaa
opposite 1 *adv* vastapäätä **2** *a* päinvastainen **3** *s* vastakohta
opposition vastustus; oppositio
oppress sortaa; ahdistaa
oppression sorto; ahdistus
oppressive painostava
opt [for] valita
optician optikko
optimal, optimum paras, suotuisin
option valinnanmahdollisuus
optional valinnainen
opt out kieltäytyä, vetäytyä pois
opulence rikkaus
opulent rikas, äveriäs
or tai; eli; vai; ~ *else* tai muutoin
oracle oraakkeli
oral suullinen; suu[n kautta]
orange appelsiini; oranssi
oration puhe
orator puhuja
oratory puhetaito; oratorio
orb pallo, taivaankappale
orbit rata; silmäkuoppa; *go into* ~ asettua radalleen
orchard hedelmätarha
orchestra orkesteri
ordain vihkiä papiksi; säätää
ordeal koettelemus, tulikoe
order 1 *s* järjestys; käsky; tilaus; [maksu]osoitus; luokka, taso; nunna-, munkki|kunta; ritari|kunta, -merkki; *(kasv ym.)* lahko; *in* ~ järjestyksessä, kunnossa; *in* ~ *to learn* oppiakseen; *on* ~ tilauksessa; *out of* ~ epäkunnossa **2** *v* käskeä; tilata
orderly 1 *a* siisti; säännöllinen, hyvin järjestetty **2** *s (sot)* lähetti
ordinal järjestysluku
ordinance määräys
ordinary tavallinen
ordnance tykistö
ore malmi
organ elin; urut
organic elimellinen
organism elimistö; eliö
organist urkuri
organization järjestö
organize järjestää, organisoida; järjestäytyä
orgasm orgasmi
orgy juomingit, orgia[t]
the Orient itä, itämaat
oriental itämainen
orientated suuntautunut, suunnattu, tarkoitettu (*towards* jhk, jklle)
orientate o.s. määrätä asema[nsa]; orientoitua, asettautua
orientation orientoituminen, perehtyminen; suuntautuminen; suunnistus; aseman määritys
orifice suu, aukko
origin alkuperä, synty
original 1 *a* alkuperäinen **2** *s* alku|teos, -kieli; originaali
originate saada aikaan, panna alulle; saada alkunsa (*in, from* jstak)
originator alkuunpanija
ornament 1 *s* koriste, ornamentti **2** *v* koristaa
ornamental koristeellinen
ornate koristeltu

orphan orpo
orphanage orpokoti
orphaned orvoksi jäänyt
orthodox oikeaoppinen; ***[Greek** t. **Russian] Orthodox*** ortodoksi[nen]
oscillate heilahdella
oscillation heilahtelu
osier koripaju
osprey kalasääksi
ossify luutua; *(kuv)* kangistua
ostensible näennäinen
ostentation rehentely, mahtailu
ostler tallirenki
ostrich strutsi
other toinen, muu; ***the ~ day*** [tässä] eräänä päivänä; ***on the ~ side of*** jkn toisella puolella; ***the ~ way around*** aivan päinvastoin
otherwise muutoin, muuten
otter saukko
ought: ***I ~ to*** minun pitäisi
ounce *(painomitta)* unssi
our, **ours** meidän; ***a friend of ours*** eräs ystävämme
ourselves itse; itsemme, itseämme
oust karkottaa
out ulkona, ulos; pois, poissa; ilmestynyt; lopussa; sammunut; ulkopuolella; ***~ of*** ulos jstak, -sta, -stä; ***~ of work*** työtön
out|bid *(-bade -bidden)* tarjota enemmän
outboard motor perämoottori
outbreak syttyminen; puhkeaminen; purkaus, vimma
outburst purkaus
outcast hylkiö
outcome tulos
outdistance jättää jälkeensä
out|do *(-did -done)* voittaa
outdoor ulkoilma-
outdoors ulkona
outer ulompi, ulko-
outfit varusteet; asu; porukka
out|grow *(-grew -grown)* kasvaa jtak suuremmaksi; päästä jstak tavasta
outing huviretki
outlaw lainsuojaton
outlay kustannukset
outlet purkautumistie, ulospääsy
outline 1 *s* ääriviiva[t] **2** *v* hahmotella
outlive elää kauemmin kuin
outlook näköala; toiveet; katsomus
outnumber ylittää *(lukumäärä)*
outpost etuvartio
output tuotanto
outrage 1 *s* väkivalta **2** *v* loukata törkeästi
outrageous törkeä
outright 1 *adv* heti, siltä istumalta; suoraan **2** *a* selvä, kertakaikkinen
out|run *(-ran -run)* voittaa nopeudessa; ylittää
outset alku; ***from (at) the ~*** alusta alkaen
outside ulko|puoli, -puolella
outsider ulkopuolinen, sivullinen
outsize erikoisen suuri koko
outskirts laitaosa, liepeet
outstanding huomattava, erinomainen; maksamaton
outstay viipyä myöhään *t.* pidempään *(kuin muut vieraat)*; ***he ~ed his welcome*** hän viipyi [kylässä] liian myöhään
outstrip voittaa, olla parempi
outward ulko[inen], ulkonainen
outwards ulospäin
outweigh *(kuv)* painaa enemmän

kuin
oval soikea
ovary munasarja
oven [leivin]uuni
over yläpuole|lla, -lle, yli; läpi; ohi, lopussa; liiaksi; ~ ***again*** vielä kerran; ***all*** ~ ***the world*** kaikkialla maailmassa
overall suojapuku, haalarit
overbearing käskevä
overcast pilvinen
overcharge ottaa ylihinta[a]; ylikuormittaa
overcoat päällystakki
over|come *(-came -come)* voittaa; vallata
overcrowded täpötäysi
over|do *(-did -done)* liioitella
overdose liika-annos
over|draw *(-drew -drawn)* ylittää *(tili)*
overdue myöhästynyt, myöhässä
over|eat *(-ate -eaten)* syödä liikaa
overestimate yliarvioida
overexposure ylivalotus
over|flow *(-flew -flown)* tulvia [yli]
overhaul tarkastaa perinpohjin; katsoa, huoltaa *(auto)*; ohittaa
overheads kiinteät kulut
overhead projector piirtoheitin
over|hear *(-heard -heard)* sattua kuulemaan
overindulge *(kuv)* hukuttaa *(**in*** jhk); ylihuolehtia
overlap *(tilaisuudesta, ajankohdasta ym.)* mennä *t.* osua limittäin (päällekkäin); kattaa osittain sama alue
overlook olla huomaamatta; katsoa läpi sormien; ***my window ~s the lake*** ikkunastani näkyy järvelle
overpass *(Am)* ylikulkusilta; eritasoristeys; *vrt.* ***flyover***
overpowering musertava
overproduction ylituotanto
overriding ensisijainen
overrule hylätä, kumota
over|run *(-ran -run)* levitä jkn yli
overseas merentakainen; ulkomaan-
oversight erehdys
over|sleep *(-slept -slept)* nukkua liikaa *t.* pommiin
over|take *(-took -taken)* ohittaa; vallata, yllättää
over|throw *(-threw -thrown)* kukistaa, kaataa
overtime ylityö[t]; *(urh)* jatkoaika; ***work*** ~ tehdä ylitöitä
overture alkusoitto; aloite
overturn kaataa kumoon
overweight ylipaino
overwhelm musertaa; ***~ed with grief*** surun murtama
overwork tehdä liikaa työtä
ovum *(biol)* muna, munasolu
owe olla velkaa; olla kiitollisuudenvelassa
owing to jnk johdosta
owl pöllö
own 1 *s* oma; ***a house of my*** ~ oma taloni; ***on one's*** ~ omin avuin, omillaan **2** *v* omistaa; tunnustaa, myöntää
owner omistaja
ownership omistus[oikeus]
ox härkä
Oxbridge Oxford[in] ja Cambridge[n]
oxygen happi
oyster osteri
oz. *(= ounce)* unssi

P

p = ***page***; sivu; *(Br)* = ***penny***
pa *(ark)* isä, isi, pappa
pace 1 *s* askel; käynti; vauhti, nopeus, tahti; ***at this ~*** tätä vauhtia; ***I can't keep ~ with her*** en pysy hänen tahdissaan **2** *v* astella edestakaisin; mitata askelin; määrätä tahti
pacemaker tiennäyttäjä, edelläkävijä; *(urh)* jänis; *(lääk)* tahdistin
the Pacific Ocean Tyynimeri
pacifier *(Am)* tutti
pacifist pasifisti, rauhanpuolustaja
pacify tyynnyttää, rauhoittaa; tuoda rauha, palauttaa järjestykseen
pack 1 *s* mytty; pakka, pinkka; rasia; joukko, lauma, sarja; ***~ of cigarettes*** savukerasia; ***~ of lies*** valheiden sarja, silkkaa valhetta **2** *v* pakata; säilöä tölkkeihin, pakata suojapakkauksiin *(elintarvikkeita ym.)*; sulloa, ahtaa; ahtautua, pakkautua
package 1 *s* pakkaus, käärö; paketti; ***~ deal*** pakettiratkaisu; ***~ tour*** pakettimatka **2** *v* pakata, kääriä
packet [pieni] käärö; paketti, rasia
packet boat postilaiva
pack in houkutella, vetää *(yleisöä)*; *(Br)* lopettaa
packing pakkaaminen; pakkaus, tölkitys; pakkausmateriaali; tiiviste, tilke; pehmuste, täyte
pack off passittaa, lähettää matkoihinsa
pack up lopettaa työ[t]; *(Br) (moottorista ym.)* tehdä tenä
pact *(pol)* sopimus, liitto
pad 1 *s* pehmuste; toppaus; tyyny; lehtiö **2** *v* pehmustaa; topata
padding [vanu]täyte, pehmuste
paddle 1 *s* mela **2** *v* meloa; kahlata
paddle boat siipiratasalus, polkuvene
paddle steamer siipirataslaiva
paddle wheel siipiratas
paddling pool kahluuallas
paddock hevoshaka, aitaus
paddy riisipelto; kiukunpuuska; *(halv)* ***P~*** irlantilainen
padlock riippulukko
paediatrician lastenlääkäri
pagan pakana[llinen]
page 1 *s* sivu; hotellipoika; hovipoika, paashi **2** *v* numeroida; kuuluttaa, hakea hakulaitteella *(henkilöä)*
pageant juhla- *t.* historiallinen kulkue; näytelmä, show, esitys
pager hakulaite
paid *ks.* ***pay***; palkattu, maksettu
pail sanko, ämpäri
pain 1 *s* kipu, tuska; ***take ~s*** nähdä vaivaa **2** *v* tuottaa kipua *t.* tuskaa
painful tuskallinen, kivulias
painless tuskaton, kivuton
painstaking tunnollinen, säntillinen; vaivannäköä vaativa
paint 1 *v* maalata **2** *s* maali, väri
paintbrush sivellin, pensseli
painter maalari; taidemaalari
painting maalaus, taulu
paintwork *(talon ym.)* maalaus, maali

pair 1 *s* pari; ***a ~ of trousers*** [pitkät] housut **2** *v* yhdistää *t.* liittyä pariksi
pajamas *(Am)* = ***pyjamas***
Pakistani pakistanilainen
pal toveri, kaveri
palace palatsi, linna
palatable maukas; miellyttävä
palate kitalaki
pale 1 *a* kalpea; vaalea **2** *s* paalu; raja **3** *v* kalveta
pale ale vaalea olut
Palestine Palestiina
Palestinian palestiinalainen
palisade paaluvarustus, paalutus
pall *(kuv)* [synkkä] vaippa *t.* peite; ruumisarkun peite; *(Am)* ruumisarkku
pallbearer arkunkantaja, saattaja
pallid kalpea
pallor kalpeus
palm kämmen; palmu[nlehvä]
palm tree palmu
palpable kouriintuntuva; ilmeinen
palpitate tykyttää; väristä
palsy halvaus; tärinä
paltry mitätön, pikku
pamper hemmotella, lelliä
pamphlet lentolehtinen; tiedote, pamfletti
pan 1 *s* pannu, [laakea] vuoka; allas, WC-pönttö; vaskooli; vaakakuppi **2** *v (tv, elok)* panoroida; huuhtoa; ***~ for gold*** huuhtoa kultaa
pancake pannukakku
pancreas haima
pander to *(kuv)* ruokkia jtak *(esim. likaisilla jutuilla)*; vedota *(alhaisiin tunteisiin)*
pane [ikkuna]ruutu; [paneelin] laatta
panel 1 *s* paneeli, seinälaudoitus; ruutu, levy; *(koje- ym.)* taulu, lauta; keskustelijat, paneeli[keskustelu] **2** *v* paneloida; ***the walls were ~led with oak*** seinät oli paneloitu tammella
pang kipu, pistos, vihlaisu
panic 1 *s* paniikki, pakokauhu **2** *v* joutua *t.* saattaa pakokauhun valtaan; pillastua; pillastuttaa; ***they ~ked*** he joutuivat paniikkiin
pansy orvokki; *(ark)* mammanpoika; *(vanh)* homo
pant 1 *v* läähättää, huohottaa **2** *s* huohotus
panties *(naisten)* pikkuhousut
pantomime pantomiimi
pantry ruokakomero
pants *(Br)* alushousut; pikkuhousut; *(Am)* [pitkät] housut
pants suit, pantsuit *(Am)* housupuku
panty girdle housuliivit
panty hose, pantihose *(Am)* sukkahousut
pap velli, pöperö
papal paavillinen
paper 1 *s* paperi; sanomalehti; esitelmä, tutkielma, asiakirjat **2** *v* tapetoida
paperback tasku|kirja, -painos
paper clip liitin
paperhanger tapetoija
papermill paperitehdas
paper towel talouspaperi
paperwork paperityö
par samanarvoisuus; nimellisarvo
parable vertaus
parachute laskuvarjo
parachutist laskuvarjohyppääjä

parade 1 *s* paraati; komeilu **2** *v* komeilla jllak
paradise paratiisi
paradox paradoksi
paradoxical paradoksaalinen
paraffin *(Br)* paloöljy, petroli
paraffin [wax] parafiini
paragon esikuva
paragraph kappale; *(lehdessä)* uutinen
parallel 1 *a* yhdensuuntainen (***to, with*** jkn kanssa) **2** *s* rinnastus **3** *v* olla rinnastettavissa jhk
paralyse halvaannuttaa; lamauttaa
paralysis halvaus
paramedic[s] *(Am)* ensihoitaja; ambulanssihenkilökunta
paramount ylin, korkein
parapet rinta|varustus, -noja
paraphrase ilmaista [sama asia] toisin sanoin
parasite loinen
parasol päivänvarjo
paratroops laskuvarjojoukot
parboil kiehauttaa; esikeittää
parcel käärö, paketti
parcel out jakaa osiin
parch paahtaa; paahtua
parchment pergamentti
pardon 1 *s* armahdus; ***[I beg your]*** ~ anteeksi, mitä sanoitte?, kuinka? **2** *v* antaa anteeksi
pardonable anteeksiannettava
pare kuoria; leikata kynsiä
parent isä *t.* äiti, toinen vanhemmista
parentage sukuperä
parenthesis sulkumerkki, sulje
parents vanhemmat
parfait jäädyke, parfee
Paris Pariisi
parish seurakunta
parishioner seurakuntalainen
parity tasa-arvo[isuus]
park 1 *s* puisto **2** *v* pysäköidä
parking disc pysäköintikiekko
parking lights seisonta-, parkkilvalot
parking lot *(Am)* pysäköintialue
parking meter pysäköintimittari
parking space pysäköintipaikka
parliament parlamentti, eduskunta
parliamentarian parlamentaarikko
parliamentary parlamentti-, eduskunta-
parlo[u]r sali, salonki; ***beauty ~*** kauneussalonki
parochial seurakunnan
parody 1 *s* ivailu, parodia **2** *v* parodioida
parole ehdonalainen [vapaus]
paroxysm puuska, kohtaus
parquet parketti
parrot papukaija
parry väistää, torjua
parse *(kiel)* jäsentää
parsimonious kitsas
parsley persilja
parsnip palsternakka
parson kirkkoherra
parsonage pappila
part 1 *s* osa; osuus; *(Am)* jakaus; *(mus)* ääni; **~s** seutu, tienoo; ***~ of speech*** sanaluokka **2** *v* erota; erottaa
partake osallistua (***in*** jhk)
parterre *(teatt)* permanto
partial osittainen; puolueellinen
partiality puolueellisuus
partially osittain
participate ottaa osaa (***in*** jhk)
participle partisiippi

particle osanen; hiukkanen; *(kiel)* partikkeli
particular 1 *a* erityinen; yksityinen, yksityiskohtainen, tarkka; nirso **2** *s* yksityiskohta
particularly erikoisesti, erikoisen; varsinkin
parting eroaminen; [tien]haara; *(Br)* jakaus
partisan sissi, partisaani; *(pol)* kiihkomielinen [kannattaja], kiihkopuolueellinen
partition 1 *s* jako; väliseinä **2** *v* jakaa, osittaa
partly osaksi, osittain
partner osakas, yhtiökumppani; [peli-, tanssi]kumppani
partnership kumppanuus, yhtiötoveruus
part payment osamaksu
partridge peltopyy
part singing moniääninen laulu
part-time osapäivä-, osa-aika
party 1 *s* puolue; joukko, seurue; kutsut, juhlat, bileet **2** *v* juhlia, pitää hauskaa
party line puolueen linja; *(puh)* yhteisjohto
pass 1 *s* hyväksyminen; lupalippu, passi **2** *v* kulkea, mennä ohi, ohittaa; kulua; tapahtua; läpäistä; käydä; *~ sb by t. over* ohittaa jk, olla kiinnittämättä huomiota jhk
passable kohtalainen
passage läpikulku, ylimeno, [meri]matka; käytävä; kirjan kohta, kappale
pass away kuolla
passenger matkustaja
passerby ohikulkija
pass for (**as**): ***he could easily pass for a native*** häntä voisi helposti luulla syntyperäiseksi
passing 1 *a* ohimenevä **2** *s* lähtö, kuolema; ***in ~*** ohimennen
passion intohimo; vimma, raivo; kärsimys
passion flower kärsimyskukka
passion fruit passionhedelmä
passionate intohimoinen
passive passiivi, passiivinen
passkey yleisavain
pass off sujua; keplotella, uskotella olevansa (***as*** jtak)
pass on siirtyä jhk
pass out pyörtyä
Passover [juutalaisten] pääsiäinen
pass over ohittaa, syrjäyttää
passport passi
password tunnussana
past 1 *a* kulunut, mennyt **2** *prep* ohi, yli **3** *s* menneisyys
paste 1 *s* taikina, tahna; liisteri **2** *v* liisteröidä
pasteboard pahvi
pastel pastelli|väri, -työ; väriliitu
pastime ajanviete
pastor pastori
past perfect pluskvamperfekti
pastry leivos[taikina], leivonnaiset
past tense imperfekti; mennyt aika
pasture 1 *s* laidun **2** *v* laiduntaa
pasty pasteija, piirakka
pat 1 *s* taputus; [voi]nokare **2** *v* taputtaa
patch 1 *s* paikka, tilkku; laikku, täplä **2** *v* paikata
patchwork blanket (**quilt**) tilkkutäkki
patent 1 *s* patentti **2** *a* ilmeinen, avoin
patentee patentinhaltija

patent leather kiiltonahka
paternal isällinen, isän-
paternity isyys
paternity leave isyysloma
paternoster Isä Meidän -rukous
path polku
pathetic liikuttava, säälittävä; surkuhupaisa
pathological patologinen; *(ark)* pakonomainen; sairaalloinen
patience kärsivällisyys
patient 1 *a* kärsivällinen **2** *s* potilas
patio [kivetty] piha, avoterassi
patriarch patriarkka
patrimony [isän] perintö
patriot isänmaanystävä, patriootti
patriotic isänmaallinen
patriotism isänmaallisuus
patrol 1 *s* partio; partiointi **2** *v* partioida
patronage suojelus
patronize suojella; *(kuv)* holhota
patter 1 *s (askelten, tassujen)* tipsutus; rapina; *(sateen)* ropina; pälpätys **2** *v* tipsuttaa, rapista; ropista; pälpättää
pattern malli, kaava; esikuva; näyte
patty pasteija; *(jauheliha- ym.)* pihvi
paunch [ihra]maha, möhömaha
pause 1 *s* tauko, keskeytys **2** *v* pysähtyä
pave kivetä; tasoittaa
pavement päällyste, kiveys; *(Br)* jalkakäytävä
pavillion paviljonki, telttakatos
paw 1 *s* käpälä, tassu **2** *v* kuopia maata; kopeloida, lääppiä
pawn 1 *s* pantti; *(šakk)* sotamies; *(kuv)* pelinappula **2** *v* pantata
pawnbroker panttilainaaja
pawnshop panttilainaamo
pay 1 *v (paid paid)* maksaa *(**for** jstak)*; kannattaa **2** *s* palkka
payable maksettava
pay back maksaa takaisin
pay cable [maksullinen] kaapelitelevisio
payday palkkapäivä
pay down maksaa heti *t.* käteisellä
PAYE *(= pay as you earn) (Br)* ennakkopidätys
paying kannattava
payment maksu
payoff maksu; lahjus; välienselvittely; loppu|tulos, -ratkaisu
pay off maksaa pois; antaa lopputili; kannattaa, maksaa vaivan
pay phone kolikkopuhelin
payslip palkkalaskelma, tilinauha
PE = ***physical education***
pea herne
peace rauha; yleinen järjestys
peaceable rauhaisa; rauhanomainen
peaceful rauhallinen; rauhanomainen
peacekeeping forces rauhanturvajoukot
peacemaker sovittelija; rauhantekijä
peach persikka
peacock riikinkukko
peak 1 *s* huippu, kärki; lippa; ~ ***hours*** ruuhka-aika; ~ ***load*** huippukuormitus **2** *v* saavuttaa huippu
peaked cap lippalakki
peal 1 *s* jyrähdys; remahdus; kellonsoitto **2** *v* soida; soittaa
peanut maapähkinä
pear päärynä

pearl helmi
peasant talonpoika; maalainen
peasantry maalais-, maaseutu|väestö
pea soup hernekeitto
peat [poltto]turve, turvepehku
pebble pikkukivi
pecan pekaanipähkinä
peck 1 *s* nokkaisu, näykkäisy **2** *v* nokkia, näykkiä
pecking order nokkimisjärjestys
peculiar omituinen; erikoinen; ominainen (***to*** jllek)
peculiarity omituisuus; erikoisuus; ominaisuus
peculiarly erityisen, erikoisen
pecuniary raha-, rahallinen
pedal 1 *s* poljin; pedaali **2** *v* polkea
pedal boat polkuvene
pedal car polkuauto
pedantic [turhan]tarkka, pedanttinen
peddle harjoittaa kulkukauppaa; kaupustella, levitellä
pedestal jalusta
pedestrian jalankulkija
pediatrician lastenlääkäri
pedigree suku|puu, -taulu; kantakirja-, rotu-
pedlar kulkukauppias
pee *(ark)* **1** *v* pissata, kusta **2** *s* pissa, kusi; ***go for a ~*** mennä pissalle (kuselle)
peek tirkistää, tirkistellä
peel 1 *s* kuori **2** *v* kuoria; kesiä
peelings kuoret
peep 1 *s* vilkaisu **2** *v* kurkistaa, tirkistää; pilkistää; piipittää
peepshow tirkistysesitys
peer 1 *s* vertainen; pääri **2** *v* katsella silmiään siristellen
peerage päärinarvo, päärit
peerless verraton
peevish kärttyinen, äreä
peg 1 *s* tappi, vaarna; [vaate]naula; *(Br)* pyykkipoika **2** *v* kiinnittää vaarnalla *t.* paalulla; vakauttaa
peg away ahertaa
peg out heittää henkensä; merkitä alue; ripustaa pyykkiä
peke, pekinese, pekingese kiinanpalatsikoira
pellet [pieni] pallo
pelt 1 *s* turkki, nahka **2** *v* heitellä, pommittaa *(esim. kivillä, kysymyksillä)*; sataa rankasti
pelvis lantio
pen 1 *s* kynä; karsina **2** *v* sulkea tarhaan *t.* karsinaan
penal rangaistus-, rikos-
penal code rikoslaki
penalty rangaistus; sakko; *(urh)* rangaistus|potku, -laukaus
penance katumus
pence *(Br)* pennyä; *(yhdyssanoissa)* pennyn [arvoinen]; ***a 20p piece*** 20 pennyn kolikko; ***that will be 75p*** se maksaa 75 pennyä; *vrt.* ***penny***
pencil lyijykynä
pendant, pendent 1 *s* riipus **2** *a* riippuva, ulkoneva
pending ratkaisematon, vireillä oleva; jnk kuluessa
pendulum heiluri
penetrate tunkeutua jnk läpi *t.* jhk
penetration tunkeutuminen; terävyys, tarkkanäköisyys
pen friend kirjeenvaihtotoveri
penguin pingviini
penicillin penisilliini
peninsula niemimaa

penis siitin, penis
penitence *(usk)* katumus
penitent *(usk)* katuva, katumuksentekijä
penitentiary *(Am)* vankila
pen name [kirjailijan] taiteilijanimi
pennant viiri
penniless pennitön
penny *(pl pence) (hinnassa)* pennyä *(1/100 puntaa)*; *(pl pennies)* pennyn kolikot; penni
penny pincher penninvenyttäjä, pihtari
pen pal *(Am)* kirjeenvaihtotoveri
pension eläke; täyshoitola
pension off panna eläkkeelle
pensive miettiväinen
Pentagon *(Am)* armeijan ylin johto
pentagon viisikulmio
pentathlon viisiottelu
Pentecost helluntai
penthouse ullakko-, katto|huoneisto
pent up tukahdutettu; suljettu
penury köyhyys, puute
peony *(kasv)* pioni
people 1 *s* ihmiset; kansa; ***~ always talk*** ihmiset aina puhuvat *t.* juoruavat; ***the ~s of Asia*** Aasian kansat **2** *v* asuttaa
pep puhti, tarmo
pepper pippuri; paprika; ***black ~*** mustapippuri; ***white ~*** valkopippuri; ***these green ~s are for the salad*** nämä vihreät paprikat ovat salaattia varten
pepper mill pippurimylly
peppermint piparminttu
pep pill *(ark)* piristyspilleri
pep up piristää, antaa puhtia
per jtak kohden *t.* kohti, per; ***~ head*** henkeä kohti
perceive tajuta, havaita, oivaltaa
per cent, percent prosentti; ***the service charge is ten ~*** tarjoilupalkkio on 10 prosenttia
percentage prosentti[määrä], osuus
perceptible havaittava
perception havaintokyky, tajuaminen, oivallus
perceptive huomiokykyinen, tarkka[näköinen], terävä
perch 1 *s* orsi; ahven **2** *v* istua, kököttää, kiikkua *(orrella, langalla, reunalla ym.)*; sijaita korkealla; kiivetä korkealle
percolator aromi|keitin, -pannu
percussion isku, lyönti; ***~ instruments*** lyömäsoittimet
perdition *(kirj)* kadotus, perikato
peregrine [falcon] muuttohaukka
peremptory ehdoton, jyrkkä
perennial monivuotinen, iki-; *(kasv)* perenna
perfect 1 *a* täydellinen, virheetön **2** *v* kehittää, parantaa, hioa **3** *s* ***~ tense*** perfekti
perfection täydellisyys; huippu
perfectly erinomaisesti, erinomaisen; aivan, täysin; ***he knows it ~ well*** hän tietää sen varsin hyvin
perfidious kavala, petollinen
perforate rei'ittää, puhkaista
perforation reikä, läpi
perform tehdä, suorittaa; esittää *(yleisölle)*
performance esitys; performanssi; suoritus[kyky]
performing esittävä; temppuja tekevä, opetettu
perfume tuoksu; hajuvesi

perfunctory pintapuolinen, hutiloitu; leväperäinen, huolimaton
perhaps ehkä, kenties
peril vaara
perilous vaarallinen
period kausi, ajanjakso, aika; kuukautiset; [opetus- *t.* koulu]tunti; *(Am)* piste *(välimerkkinä)*
periodical 1 *s* aikakauslehti **2** *a* ajoittainen
periodically aika ajoin, määräajoin
periphery laitakaupunki; reuna-alue; periferia
perish tuhoutua; mennä pilalle; kuolla
perishable helposti pilaantuva
peritonitis *(lääk)* vatsakalvontulehdus
perjure o.s. vannoa väärä vala
perjury väärä vala
perk 1 *s* [luontais]etu, kylkiäinen; lisäansiot, sivutulot *vrt.* ***perquisites*** **2** *v (ark)* keittää [aromikeittimessä]
perk up piristyä; piristää; porista, pulputa
perky pirteä; nenäkäs
perm *(= permanent [wave]) (ark)* permanentti
permanence pysyvyys
permanent pysyvä; *~ [wave]* permanentti
permeate tunkeutua (***through***, ***into*** jnk läpi, jhk); levitä jhk
permission lupa
permissive suvitsevainen
permit 1 *v* sallia **2** *s (kirjallinen)* lupa, lupalappu
permutation vaihdos, muunnos
pernicious tuhoisa
perpendicular pysty-, kohti|suora
perpetrate syyllistyä jhk, tehdä *(jtak pahaa)*
perpetual alituinen, jatkuva; ikuinen, loputon
perpetuate ikuistaa; säilyttää
perplex hämmentää
perplexed ymmällään [oleva]
perplexity hämmennys, pulmallinen tilanne
perquisites luontaisedut; lisäansiot, sivutulot
persecute vainota, ajaa takaa; ahdistella, kiusata
persecution vaino[aminen]; ahdisteleminen, kiusaaminen
perseverance sisu, sitkeys, hellittämättömyys
persevere pysyä lujana, sinnitellä
Persia Persia
the Persian Gulf Persianlahti
persist pitää itsepintaisesti kiinni (***in*** jstak); pysyä järkähtämättömänä; jatkaa *t.* jatkua [hellittämättä]; ***he ~s in his opinion*** hän pysyy järkähtämättä kannassaan; ***the storm ~ed all night*** myrsky ei hellittänyt koko yönä
persistence itsepintaisuus, hellittämättömyys
persistent itsepintainen, hellittämätön
person henkilö; persoona; ***in ~*** henkilökohtaisesti, itse; ***I want to be my own ~*** haluan päättää omista asioistani
personage [huomattava] henkilö, näkyvä hahmo; henkilöhahmo
personal henkilökohtainen
personality persoonallisuus; luonne; henkilö
personify esittää jkta henkilöä *t.*

hahmoa ym; personifioida, henkilöidä; elollistaa
personnel henkilökunta
personnel manager henkilöstöpäällikkö
person-to-person call henkilöpuhelu
perspective perspektiivi; näkökulma, ulottuvuus; näkymä; tulevaisuuden|kuva, -näkymä
perspicacity terävyys, tarkkanäköisyys
perspiration hiki; hikoilu
perspire hikoilla
persuade taivuttaa, suostutella; saada vakuuttuneeksi
persuasion suostuttelu; vakuuttelu; vakaumus, uskomus
persuasive suostutteleva; vakuuttava
pert nenäkäs; näpsäkkä, pirteä
pertain kuulua, liittyä (*to* jhk)
pertinacious hellittämätön, itsepintainen
pertinent asiaankuuluva, relevantti; olennainen (*to* jhk, jllek, jnk suhteen); ***these remarks are not ~ to our subject*** nämä huomautukset eivät liity mitenkään aiheeseemme
pertinently asiaankuuluvasti; asiallisesti
perturb hämmentää, tehdä levottomaksi; häiritä, sekoittaa
peruse lukea huolellisesti; tutkia, tarkastella; selata, lukaista
Peruvian perulainen
pervade tunkeutua kaikkialle, täyttää
perverse kieroutunut, perverssi; jääräpäinen, järjetön
pervert 1 *s* kieroutunut; pervertikko **2** *v* turmella; panna sekaisin; vääristellä
perverted perverssi, kieroutunut, luonnoton; vääristynyt, vääristelty
pessimist pessimisti
pessimistic pessimistinen
pest maanvaiva, kiusankappale; tuhohyönteinen
pester kiusata, ahdistella
pesticide hyönteismyrkky, torjunta-aine
pestilence *(vanh)* rutto
pestle 1 *s* survin **2** *v* survoa
pet 1 *s* lemmikkieläin; lemmikki, lellikki; ~ ***name*** lempinimi **2** *v* hyväillä
petal terälehti
Peter *(raam)* Pietari
peter [out] ehtyä
petition 1 *s* anomus, pyyntö; [kansalais]adressi **2** *v* anoa, pyytää, vedota (***for*** jtak, jnk puolesta)
pet name lempinimi
petrif|y kivettää; kivettyä; ***he was ~ied*** hän jähmettyi kauhusta
petrol *(Br)* bensiini; polttoöljy
petroleum [maa]öljy, raakaöljy
petrol station *(Br)* huoltoasema
petticoat alushame
petting lemmiskely, hyväileminen *(ilman yhdyntää)*
pettish kärttyisä, oikukas
petty pieni, vähäpätöinen; pikkumainen
petty officer *(mer)* aliupseeri
petulant oikullinen, ärtyisä
pew kirkonpenkki
pewter tina-astiat
phantom haamu, aave; harhakuva

pharaoh faarao
pharisee fariseus
pharmacy *(Am)* apteekki
phase vaihe, jakso; taso
PhD, Ph.D., Doctor of Philosophy FT, fil. tri, filosofian tohtori
pheasant fasaani
phenomenon *(pl phenomena)* ilmiö
phenomenal ilmiömäinen
philanthropist ihmisystävä, filantrooppi
philanthropy ihmis|ystävyys, -rakkaus; filantropia; hyväntekeväisyys
philatelist postimerkkien keräilijä *t.* asiantuntija, filatelisti
philharmonic filharmoninen
philologist filologi, kielentutkija
philology filologia, kielentutkimus
philosopher filosofi
philosophy filosofia
phlegmatic hidas, flegmaattinen
phobia kauhu, fobia
phoenix feeniks-lintu
phone 1 *s* puhelin; kuuloke; ***the ~ is ringing*** puhelin soi; ***by ~*** puhelimitse; ***on the ~*** puhelimessa; ***could you get*** *t.* ***answer the ~?*** vastaisitko puhelimeen? **2** *v* soittaa [puhelimella]
phone book puhelinluettelo
phone booth, phone box puhelin|koppi, -kioski
phone call puhelu
phone card puhelinkortti
phone number puhelinnumero
phone tapping puhelujen salakuuntelu
phonetic foneettinen
phon[e]y vale-; teennäinen; huijari
photo valokuva
photocopy valokopio; ***can you make a ~ of this?*** voitko ottaa tästä valokopion
photocopier valokopiokone
photogenic [valo]kuvauksellinen
photograph 1 *s* valokuva **2** *v* valokuvata
photographer valokuvaaja
photography valokuvaus
phrase 1 *s* lauseparsi, fraasi; osuva sanonta; *(kiel)* lauseke; *(mus)* fraasi, säe **2** *v* ilmaista, muotoilla *(sanansa, sanottavansa)*; *(mus)* fraseerata
phrasebook matkasanakirja, taskutulkki
physical fysikaalinen; ruumiillinen, fyysinen; lääkärintarkastus
physical condition terveydentila; [lihas]kunto, fysiikka
physical education *(Am)* liikunta[kasvatus] *(oppiaineena, lyhenne PE)*
physician lääkäri
physicist fyysikko
physics fysiikka
physiology fysiologia
physiotherapy fysikaalinen hoito, fysioterapia
physique ruumiinrakenne, vartalo
piano piano; ***do you play the ~?*** soitatko pianoa?
pick 1 *s* hakku; puikko, tikku; hakkaaminen, isku; valio, paras, eliitti; marjasato; *(mus)* plektra; ***take your ~!*** valitse! **2** *v* valita; poimia, noukkia; nokkia; nyppiä, nyhtää, kyniä; kaivaa *(nenää, hampaita)*
pick axe, pickaxe hakku
picket 1 *s* seiväs, paalu; vartiojouk-

ko; lakkovahti **2** *v* olla vartiossa; asettaa vartioon
pickle 1 *s* suolavesi, etikkaliemi; liemessä säilötty vihannes; pikkelssi- **2** säilöä suolavedessä *t.* etikkaliemessä
pickled herring *(läh)* lasimestarinsilli
pickled onions hillosipuli
pickles pikkelssi; *(Am)* suolakurkut
pick on kiusata, olla jkn kimpussa; moittia, pitää jkta silmätikkuna
pick out valita, valikoida; löytää joukosta, erottaa; tapailla säveltä
pickpocket taskuvaras
pick up nostaa, ottaa *(lattialta, pöydältä jne.)*; koota, kerätä [yhteen]; saada, löytää, hankkia, oppia; hakea, noutaa *(autolla)*; iskeä *(seuralainen)*
pick-up [levysoittimen] äänivarsi; *(Am)* kiihtyvyys
pick-up [truck] avopakettiauto
picky nirso, valikoiva
picnic eväsretki; retkieväät; helppo homma, hupi; ***it's no ~ doing this*** tämä ei ole mitään leikintekoa
pictorial kuva-, kuvallinen
picture 1 *s* kuva; muotokuva, maalaus; valokuva; ***I'd like to go to the ~s*** haluaisin mennä elokuviin **2** *v* kuvata; kuvitella
picture book kuvakirja
picturesque maalauksellinen, pittoreski
piddling mitätön, pikku
pidgin sekakieli
pie piiras, piirakka; ***he has a finger in every ~*** hän on kaikessa mukana
piece 1 *s* palanen, pala, kappale; kolikko; ***a ~ of advice*** neuvo; ***go to ~s*** mennä säpäleiksi *t.* sirpaleiksi; ***that was a ~ of cake*** se oli helppo juttu **2** *v* panna kokoon
pier laituri; [tuki]pilari
pierce tunkeutua lävitse, lävistää
piety hurskaus
pig sika, porsas; harkko; ***buy a ~ in a poke*** ostaa sika säkissä
pigeon kyyhkynen
pigeonhole lokero
piggy possu
piggyback reppuselkä
piggybank säästöpossu
piglet [pikku]possu, nasu
pigment väriaine, pigmentti
pigpen *(Am)* sikolätti, sikala
pigsty *(Br)* sikolätti, sikala
pigtail *(Br)* palmikko, letti; *(Am)* saparo
pike hauki; keihäs
pile 1 *s* pino, kasa; paalu **2** *v* pinota, kasata
piles peräpukamat
pilfer näpistellä
pilgrim pyhiinvaeltaja
pill pilleri; ***she is on the ~*** hän käyttää e-pillereitä
pillar pilari
pillar box *(Br)* postilaatikko
pillbox pillerirasia; korsu, bunkkeri
pillion *(moottoripyörän)* takasatula
pillory 1 *s* häpeäpaalu **2** *v* häpäistä [julkisesti]
pillow tyyny, päänalus
pillowcase, pillow slip tyynynpäällinen
pilot 1 *s* luotsi; lentäjä; *(tv)* esittelyohjelma **2** *v* luotsata; ohjata
pilot boat luotsivene

pimp parittaja, sutenööri
pimpernel *(kasv)* puna-alpi
pimple näppylä, finni
pin 1 *s* nuppineula; nasta, tappi; *(Am)* rintaneula; pyykkipoika **2** *v* kiinnittää neulalla ym; naulita, sitoa; jäädä kiinni *t.* puristuksiin; ***did you ~ up the notice?*** laitoitko ilmoituksen seinälle?
PIN, PIN code *(=personal identification number)* [salainen] tunnusluku
pinafore esiliina; päällysmekko
pinafore dress liivihame
pinball [machine] flipperi
pincers hohtimet; *(ravun ym.)* sakset
pinch 1 *v* nipistää; puristaa; napata kiinni; näpistää, varastaa **2** *s* nipistys; hyppysellinen; pula, ahdinko; ***if it comes to the ~*** tiukan paikan tullen
pincushion neulatyyny
pin down selittää *t.* sanoa tarkasti; pakottaa jku ilmaisemaan kantansa; ***we tried to pin him down for a clear answer*** yritimme puristaa hänestä selvää vastausta
pine 1 *s* mänty **2** *v* riutua; ikävöidä *(**for** jkta, jtak)*
pineapple ananas
ping-pong pingis, pöytätennis
pinion kahlita *t.* sitoa kädet; pidellä jkta paikoillaan
pink vaaleanpunainen; neilikka
pinnacle huippu
pinny *(= pinafore)* essu
pinpoint 1 *s* neulankärki; pikkuseikka; piste **2** *v* paikantaa *t.* osoittaa tarkasti
pins and needles pistely; ***on ~*** *(Am)* kuin tulisilla hiilillä
pinstripe *(kankaan)* liituraita
pinstripe suit liituraitapuku
pint tuoppi *(Br 0,57 l, Am 0,47 l)*
pinup, pin-up seinään kiinnitettävä, seinä-; kuva; **~ *girl*** kansikuva-, kalenteri|tyttö
pioneer 1 *s* uudis|raivaaja, -asukas; uranuurtaja, tienraivaaja; pioneeri **2** *v* olla uranuurtaja, panna alulle; raivata; asuttaa
pious hurskas
pip *(omenan ym.)* siemen; *(kauluksen)* tähti; *(rad)* äänimerkki
pipe 1 *s* piippu; putki; ruokopilli, huilu **2** *v* soittaa pillillä; varustaa putkilla, laittaa putket
pipeline putki, putkijohto; *(kuv)* väylä, kanava; ***in the ~*** tekeillä, valmisteilla, matkalla
piper säkkipillin ym. soittaja
piping putkisto, putkimateriaali; *(käs)* terereuna; huilun *t.* pillin soitto; piipitys, pillitys; *(keitt)* pursotus; **~ *hot*** kiehuvan *t.* tirisevän kuuma
piquant pikantti; kirpeä
piqued loukkaantunut, pahastunut
pirate 1 *s* merirosvo; laittomasti toimiva kustantaja ym. **2** *a* laittomasti julkaistu *t.* kopioitu **3** *v* julkaista *t.* valmistaa laittomasti; tehdä piraattipainoksia
pirate radio [station] merirosvoradio
Pisces *(astrol)* kalat
piss *(ark)* **1** *s* pissa, kusi **2** *v* pissata, kusta; **~ *off!*** ala vetää!
pissed *(Br)* humalassa; *(Am)* harmistunut, vihainen
pistil emi

pistol pistooli
piston mäntä
pit 1 *s* kuoppa, monttu; kaivos[kuilu]; takapermanto; rokonarpi **2** *v* panna kuoppaan; säilyttää kuopassa; panna vastakkain; ***~ one's wits against sb*** mitellä tietojaan jkn kanssa
pitch 1 *s* heitto; pelialue; *(baseball)* syöttö; *(golfissa)* pitch-lyönti; sävelkorkeus, viritys; piki **2** *v* heittää; syöksyä; pystyttää *(teltta)*; *(baseball)* syöttää, olla syöttäjänä; *(golfissa)* lyödä [pitch-lyönti]
pitched roof harjakatto
pitcher kannu, kaadin; heittäjä; *(baseball)* syöttäjä; *(golf)* rauta-
pitchfork heinähanko
piteous säälittävä
pitfall salakuoppa; [piilevä] vaara
pith ydin; tärkeys, merkitys
pithead kaivosaukko
pitiful säälittävä; surkuteltava
pitiless säälimätön
pitted rokonarpinen, kuoppainen
pity 1 *s* sääli; ***what a ~!*** mikä vahinko!, sääli! **2** *v* sääliä
pivot 1 *s* kääntönivel, tappi **2** *v* kääntyä tapin varassa
placard juliste
placate lepyttää
place 1 *s* paikka; ***let's go to my ~*** mennään meille; ***in ~ of*** jnk sijasta; ***out of ~*** sopimaton; ***take ~*** tapahtua *(järjestetysti)*; ***go ~s*** menestyä; ***in the first ~*** ensiksi **2** *v* asettaa; sijoittaa *(paikoilleen, yhteyteen)*; ***~ an order*** tehdä tilaus; ***he was ~d second*** hän sijoittui toiseksi; ***I can't ~ her*** en muista missä [yhteydessä] olen tavannut hänet
place card nimi-, plaseeraus|kortti
place mat pöytätabletti
place name paikannimi
place setting kattaus
placid tyyni, levollinen
plagiarize plagioida
plague 1 *s* rutto; maanvaiva; vitsaus **2** *v* kiusata; olla vitsauksena
plaice punakampela
plaid skottiruutukangas; *(skotl puvun)* hartialiina, pleedi
plain 1 *a* yksinkertainen, selvä; vaatimaton, arkinen; pelkistetty; yksivärinen; tasainen **2** *s* tasanko
plainspoken suorapuheinen
plain stitch *(käs)* oikea silmukka
plaintiff *(lak)* kantaja
plaintive valittava
plait *(Br)* **1** *s* palmikko, letti **2** *v* palmikoida, letittää
plan 1 *s* suunnitelma; pohjapiirustus; asemakaava **2** *v* suunnitella
plane 1 *s* taso; höylä; lentokone **2** *v* höylätä
planet kiertotähti, planeetta
planetarium planetaario
plane tree *(kasv)* plataani
plank 1 *s* lankku; *(pol)* ohjelmakohta **2** *v* laudoittaa
plankton keijusto, plankton
planner suunnittelija
planning suunnittelu
plant 1 *s* kasvi; [teollisuus]laitos, tehdas[rakennukset ym.] **2** *v* istuttaa
plantain ratamo
plantation *(trooppinen)* viljelys, viljelmä, plantaasi; istutus-, viljelys[metsä]
planter viljelijä

plaque [muisto]laatta; *(hampaan)* plakki
plasma veriplasma
plaster 1 *s* laastari; kipsi[laasti] **2** *v* laastita, sivellä; laastaroida
plaster cast kipsi[sidos]; kipsi|valos, -veistos
plastic muovi[nen]; plastiikka-; muovailtava, plastinen
plastic arts plastiikka, kuvanveistotaide, muovailu
plasticine *(Br)* muovailuvaha
plastic surgery plastiikkakirurgia
plate 1 *s* lautanen; vati, astia; levy, laatta; nimikilpi; hopea-astiat **2** *v* silata; peittää metallilevyllä; hopeoida, kullata ym.; ***silver-~d*** hopeoitu
plateau ylätasanko
platform koroke; asemasilta, laituri
platinum platina
platitude latteus
platoon *(sot)* joukkue
platter *(Am)* iso tarjoiluvati
plausible uskottavalta näyttävä *t.* tuntuva; luottamusta herättävä; todennäköinen
play 1 *v* leikkiä; pelata; näytellä; esittää; soittaa; ***he ~s the violin*** hän soittaa viulua; ***do you like ~ing cards?*** pidätkö kortinpeluusta?; ***who ~s the role of Hamlet?*** kuka esittää Hamletin osan?; ***~ a joke on sb*** tehdä jklle kepponen **2** *s* leikki; näytelmä
playbill teatterijuliste
playboy playboy, naissankari
playfellow leikkitoveri
playful leikkisä, leikkimielinen
playground leikkikenttä
playhouse teatteri; leikkimökki
playing card pelikortti
playmate leikkitoveri
playpen leikkikehä
plaything leikkikalu, lelu
playwright näytelmäkirjailija
plea anomus, vetoomus; *(lak)* vastaus
plead puhua oikeudessa, ajaa [jnk asiaa]; ***~ guilty*** tunnustaa syyllisyytensä
pleasant miellyttävä, hauska; ***have a ~ journey!*** hyvää matkaa!
please miellyttää, tehdä jklle mieliksi; *(kohtelias sana pyyntöjen yhteydessä)* ole *t.* olkaa hyvä, ole kiltti *t.* ystävällinen; ***~ come in*** tulkaa sisään [olkaa hyvä]; ***could I have some coffee, ~?*** saisinko kahvia?; ***yes, ~*** kyllä kiitos; ***do as you ~*** tee niinkuin haluat
pleased iloinen, tyytyväinen (***with*** jhk)
pleasing miellyttävä
pleasure ilo, huvi; nautinto, mielihyvä; ***with ~*** mielihyvin, tottakai
pleat 1 *s* laskos, vekki **2** *v* laskostaa, pliseerata; ***~ed skirt*** pliseerattu hame, vekkihame
plebiscite kansanäänestys
plectrum *(mus)* plektra
pledge 1 *s* lupaus; pantti, vakuus **2** *v* lupautua; vannoa, vakuuttaa *(uskollisuutta ym.)*; pantata
Pledge of Allegiance *(Am)* lippuvala
plentiful runsas, yltäkylläinen
plenty runsaus
plenty of runsaasti, paljon jtak
pleurisy keuhkopussintulehdus
pliable, pliant taipuisa, notkea; myöntyväinen

pliers [taivutus]pihdit, tongit
plight 1 *s* kurja tila, ahdinko **2** *v* antaa [sanansa], luvata [pyhästi]
plod raahustaa, tarpoa
plod away [**on**] uurastaa, puurtaa
plonk 1 *s* kolahdus; *(Br ark)* halpa viini **2** *v* heittää, rojauttaa
plot 1 *s* salajuoni; *(näytelmän ym.)* juoni, [maa]palsta **2** *v* vehkeillä, juonitella
plough 1 *s* aura **2** *v* aurata; kyntää
pluck 1 *s* nykäys, kiskaisu, vetäisy; rohkeus, sisu **2** *v* kyniä; nyppiä; nyhtäistä; tempaista, kiskaista; nykiä, vetää (***at*** jtak, jstak)
pluck up koota, kerätä *(rohkeutensa)*; rohkaista mielensä
plucky sisukas, rohkea
plug 1 *s* tulppa; *(sähk)* pistoke, töpseli **2** *v* tukkia tulpalla
plug in kytkeä pistorasiaan, laittaa seinään
plug into *(sähk)* kytkeä; ***plug the video into the TV-set*** kytkeä video[nauhuri] tv-vastaanottimeen
plum luumu[puu]
plumage höyhenpeite
plumb 1 *s* mittaluoti **2** *a* luotisuora **3** *v* luodata, tutkia
plumber putkimies
plumbing putkityö[t]
plume sulka[töyhtö]
plump 1 *a* pullea, pyöreä; pallero[inen] **2** *v* pyöristyä, lihoa; pyöristää, lihottaa
plump down pudota mätkähtää; tupsahtaa; lysähtää
plump for valita, päätyä jhk
plum pudding luumu-, joulu|vanukas
plump up pöyhiä *(tyyny, vuodevaatteet)*
plunder 1 *s* [ryöstö]saalis **2** *v* ryöstää
plunge sukeltaa; syöksyä, syöksähtää; upottaa *(kätensä ym.)*
plunger mäntä; imukuppi
plunging syvään uurrettu
plural monikko
plurality moninaisuus, suuri määrä; *(Am)* enemmistö
plus plus, ynnä
plush plyysi, nukkakangas
plushy plyysimäinen, nukkainen
ply 1 *v* käyttää ahkerasti; tyrkyttää; liikennöidä **2** *s* paksuus, kerros; säie; viilu, vaneri
ply with tarjota; *~* ***questions*** pommittaa kysymyksillä
plywood vaneri
p.m. *(= post meridiem)* iltapäivällä *(klo 12 jälkeen)*; ***I'll meet him at 3 p.m.*** tapaan hänet klo 15.00 *t.* kolmelta iltapäivällä
pneumatic ilma-, paineilma-
pneumonia keuhkokuume
P.O. *(= Post Office)* posti
poach harjoittaa salametsästystä; varastaa [idea]
poached eggs *(ruok)* uppomunat
poacher salametsästäjä; ideavaras
pocket 1 *s* tasku; ryhmä, rykelmä **2** *v* pistää taskuun
pocketbook muistikirja; *(Am)* käsilaukku *(ilman olkahihnaa)*
pocket calculator taskulaskin
pocketful taskuntäysi
pocket money tasku-, viikko|raha
pod palko; kotelo; säiliö
podgy lyhyt ja paksu, vanttera
podium koroke
poem runo

poet runoilija
poetic[al] runollinen, poeettinen
poetry runous
poignant katkera, kirvelevä
point 1 *s* kärki, piste, kohta; ydinkohta; tarkoitus; niemi; ***what's your ~?*** mitä oikein tarkoitat?, mihin pyrit?; ***what's the ~ of trying?*** miksi edes yrittää?; ***that's beside the ~*** se ei kuulu tähän [asiaan]; ***to the ~*** naseva, ytimekäs; ***up to a ~*** tiettyyn rajaan saakka; *(kompassin)* piiru; ***the cardinal ~s, the [main] ~s of the compass*** pääilmansuunnat **2** *v* osoittaa; teroittaa
point at, to osoittaa [sormella] jhk; viitata jhk
pointed terävä
pointer osoitin, viisari; karttakeppi; *(koirarotu)* pointteri
point of view näkö|kulma, -kanta
point out huomauttaa; näyttää, osoittaa
point up korostaa, tähdentää
poise tasapaino[isuus]; varmuus
poison myrkky
poisonous myrkyllinen
poke sysätä, tönäistä; kohentaa *(tulta)*
poker hiilihanko; pokeri
poker face pokerinaama
Poland Puola
polar napaseutu-, napa-
polar bear jääkarhu
polarity polaarisuus; vastakkaisuus, kahtiajako
pole napa; seiväs
polecat hilleri
polemic polemiikki, väittely
pole vault seiväshyppy
policeman, police officer poliisi[konstaapeli]
policy *(sisä-, ulko-, ym.)* politiikka; toimintalinja; menettelytapa; vakuutuskirja
polio[myelitis] *(lääk)* polio, lapsihalvaus
Polish puolalainen
polish 1 *s* kiillotusaine, kiillote **2** *v* kiillottaa
polite kohtelias
politeness kohteliaisuus
politic viisas, diplomaattinen
political poliittinen, valtiollinen
political economy kansantalous[tiede]
political science valtiotiede
politician poliitikko
politics politiikka
poll 1 *s* äänestys; äänimäärä; [mielipide]tutkimus, gallup; ***go to the ~s*** mennä äänestämään *t.* vaaliuurnille **2** *v* saada *(ääniä)*; äänestää
pollen siitepöly; ~ ***count*** siitepölyn määrä ilmassa
pollutant saastuttava aine, saaste; ***why are these ~s being released into the atmosphere?*** miksi näitä saasteita päästetään ilmakehään?
pollute saastuttaa
pollution saastuttaminen; saastuminen, saaste[isuus]
polygamy moniavioisuus
polyunsaturates monityydyttämättömät rasvahapot
Pomeranian kääpiöpystykorva; *(hist)* pommerilainen
pomp loisto, upeus
pompous prameileva, pöyhistelevä; mahtipontinen

pond lammikko
ponder miettiä
ponderous painava; *(kuv)* raskas, ikävä
pontoon ponttoni, lauttavene
pony poni
ponytail poninhäntä
poodle villakoira, puudeli
pool 1 *s* uima-allas; lätäkkö; liikeyhtymä, [yhteis]panos, pooli; ***do the ~s*** veikata **2** *v* kerätä yhteen, yhdistää
poop perä[kansi]
poor köyhä; huono, kehno; raukka, ressukka
poorly huonosti, kehnosti; huonovointinen
pop 1 *s* pamahdus; limonadi; pop; ***~ culture*** pop-kulttuuri **2** *v* poksahtaa, pamahtaa; pantata
pope paavi
poplar poppeli
poppet lemmikki, söpöliini
poppy unikko
poppycock hölynpöly
populace rahvas
popular suosittu; kansan-, kansan|-tajuinen, -omainen
popularity suosio
popularize tehdä yleiseksi, popularisoida, kansantajuistaa
populate asuttaa
population väestö, asukasluku
populous runsasväestöinen
porcelain posliini
porch porraskatos, ovisyvennys; *(Am)* kuisti, vilpola
porcupine piikkisika
pore 1 *s* huokonen **2** *v* miettiä, pohdiskella (***[up]on***, ***over*** jtak); tutkia tarkkaan (***over*** jtak)
pork sianliha
pornography porno[grafia]
porous huokoinen
porpoise pyöriäinen
porridge puuro
port satama[kaupunki]; portviini; paapuuri
portable kannettava, matka-
portal portti[holvi]
porter kantaja; ovenvartija, portsari; portteri *(olut)*
portion osa; annos
portion out jakaa, annostella
portly tukeva, tanakka
portrait muotokuva
portray kuvata, maalata
Portugal Portugali
Portuguese 1 *a* portugalilainen **2** *s* *(kieli)* portugali
pose 1 *s* asento; poseeraus; vaikutuksen tavoittelu **2** *v* istua mallina, poseerata; esiintyä (***as*** jnak); asettaa, tehdä *(kysymyksiä)*
position asema, tila; paikka; ***I am not in a ~ to help*** minulla ei ole mahdollisuuksia *t.* en voi auttaa; ***he put you in a difficult ~*** hän saattoi sinut hankalaan tilanteeseen
positive [ehdottoman] varma; nimenomainen, jyrkkä; positiivinen, myönteinen
positively ehdottomasti; epäilemättä; positiivisesti
possess omistaa
possessed mieletön; riivaama (***by*** jnk)
possession omistus; omaisuus; hallinta, hallussapito
possessive omistushaluinen; *(kiel)* possessiivi

possessor omistaja
possibility mahdollisuus
possible mahdollinen
possibly mahdollisesti, ehkä; *I can't* ~ en mitenkään voi
post 1 *s* pylväs, [oven]pieli; posti; vartiopaikka; toimi, virka **2** *v (Br)* postittaa; asettaa *(vartioon)*; kiinnittää *(julisteita)*
postage postimaksu
postage stamp postimerkki
postal posti-
postal order postiosoitus, maksumääräys
postbox *(Br)* postilaatikko; *vrt.* ***mailbox***
postcard postikortti
poster juliste
posterior taka-; myöhempi
posterity jälki|maailma, -polvet
postgraduate jatko-opiskelija; ~ ***studies*** jatko-opinnot
posthumous postuumi, jälkeenjäänyt
postman *(Br)* postinkantaja; *vrt.* ***mailman***
postmark postileima
postmortem ruumiinavaus
post office posti[toimisto]
post office box, PO Box postilokero
postpone lykätä, siirtää
postponement lykkäys
postscript jälkikirjoitus
postulate edellyttää, olettaa
posture asento; ryhti; asenne
postwar sodanjälkeinen
pot 1 *s* ruukku; pannu, pata; purkki; potta; *(sl)* marihuana **2** *v* laittaa ruukkuun; ampua *(saaliiksi)*
potato *(pl potatoes)* peruna
potato chip *(Am, Austr)* perunalastu; *(Br)* ranskalainen peruna
potato crisp *(Br)* perunalastu
potency potenssi, kykenevyys
potent voimakas
potential 1 *a* mahdollinen, potentiaalinen **2** *s* mahdollisuudet; voima[kkuus]
potluck: ***take*** ~ syödä mitä talossa on tarjolla; ottaa riski
potter savenvalaja
potter [about] puuhailla yhtä ja toista
pottery savi|astiat, -tavara
potty potta
pouch pussi
poultice haude
poultry siipikarja; linnunliha
pounce 1 *v* syöksyä (***upon*** jkn kimppuun) **2** *s* syöksy, loikkaus
pound 1 *s* punta; *(painomitta)* naula **2** *v* jyskyttää, takoa, survoa
pour kaataa; virrata; ***it's ~ing with rain*** sataa kaatamalla
pour [out] kaataa kuppeihin *t.* laseihin
pour out purkaa, kaataa *(esim. huolensa)* (***to*** jklle)
pout 1 *v* mutristaa huulia **2** *s* mutristus
poverty köyhyys
powder 1 *s* jauhe, pulveri; puuteri **2** *v* hienontaa [jauheeksi]; puuteroida
powder puff puuterihuisku
powder room naistenhuone
power voima, valta; valtuus; *(mat)* potenssi; ***I'll do all in my*** ~ teen kaiken voitavani
powerful voimakas, mahtava
powerless voimaton

power of attorney valtakirja
power plant voimala
powwow *(intiaanien t. ark)* neuvottelu
practicable käyttökelpoinen
practical käytännöllinen
practical joke jekku
practically oikeastaan, itse asiassa; melkein
practice 1 *s* käytäntö; harjoitus, harjaannus; tapa; praktiikka; ***in ~*** käytännössä **2** *v (Br practise)* harjoittaa *(ammattia)*; toimia jnak
practitioner: ***general ~*** yleis-, terveyskeskus|lääkäri
Prague Praha
prairie preeria
praise 1 *v* ylistää **2** *s* ylistys
praiseworthy kiitettävä
pram *(Br)* lastenvaunut
prance *(hevosesta)* hypähdellä
prank kuje
prattle 1 *v* lörpötellä, rupatella **2** *s* lörpötys, rupattelu
prawn [jätti]katkarapu
pray rukoilla (***for*** puolesta)
prayer rukous
preach saarnata
preacher saarnaaja
precarious epävarma
precaution varovaisuus, varotoimenpide
precede olla, käydä edellä
precedence etusija
precedent ennakko|tapaus, -päätös
preceding edellinen, edeltävä
precept ohje[nuora], sääntö
precinct alue, piiri
precious kallis[arvoinen]; jalo
precipice jyrkänne
precipitate 1 *v* syöstä alas; jouduttaa, kiirehtiä **2** *a* liian kiireellinen, hätäinen **3** *s* saoste
precipitous äkkijyrkkä
precise tarkka
precisely aivan niin, juuri niin
precision tarkkuus
preclude estää
precocious varhaiskypsä, ennenaikainen
preconception ennakkokäsitys
precondition ehto
precursor edeltäjä, enne
predator saalistaja, petoeläin
predatory rosvo-, peto-
predecessor edeltäjä
predestined ennakolta määrätty
predicament tukala tilanne
predict ennustaa
predilection mieltymys
predisposition alttius, taipumus
predominance ylivalta
predominant vallitseva
predominantly pääasiassa, valtaosaltaan
predominate olla enemmistönä
pre-eminence etevämmyys
prefabricated valmisosista koottava, valmis-
prefabricated unit rakennuselementti
preface esipuhe
prefer pitää parempana (***to*** kuin)
preferably mieluummin, mieluiten
preference etusija
prefix etuliite
pregnancy raskaus
pregnancy test raskaustesti
pregnant raskaana [oleva]; ***she is ~ with her second child*** hän odottaa toista lastaan
prehistoric esihistoriallinen

prejudice ennakkoluulo; haitta, vahinko
prejudiced puolueellinen
preliminary valmistava, alustava
prelude alkusoitto
premature ennenaikainen
premature baby keskonen
premeditated harkittu
premier pääministeri
premiere ensi-ilta
premises rakennus [tontteineen]; ***on the*** ~ paikan päällä
premium vakuutusmaksu; lisämaksu; ***at a*** ~ ylihintaan; korkeassa kurssissa, arvossaan
premonition ennakkoaavistus
preoccupation huolenaihe
preoccupy vallata *(ajatukset)*; askarruttaa, huolettaa
preparation valmistus, valmistelu; valmiste
preparatory valmistava
prepare valmistaa; valmistella; valmistautua
prepared valmis, halukas
preparedness valmius
preponderate olla merkitsevämpi (***over*** kuin)
prepossessing valloittava
preposterous mieletön, naurettava
prerecord nauhoittaa [etukäteen]
prerequisite ehto, edellytys
prerogative eri-, etu- valta|oikeus
prescribe määrätä *(lääke ym.)*
prescription määräys, resepti
presence läsnäolo; ***in his*** ~ hänen läsnä ollessaan
presence of mind mielenmaltti
present 1 *s* lahja; nykyaika; ***at*** ~ nyt, nykyään; ***for the*** ~ toistaiseksi **2** *a* läsnäoleva; nykyinen; ~ ***tense*** preesens; ~ ***perfect*** perfekti **3** *v* lahjoittaa; esittää
presentation esittäminen; puhe; lahjoittaminen; antaminen, ojentaminen
presenter *(ohjelman)* juontaja
presentiment ennakkoaavistus
presently pian; *(Am)* tällä hetkellä
present o.s. saapua, ilmoittautua
preservation säilyttäminen
preserve 1 *v* varjella (***from*** jltak); säilöä **2** *s* hillo; luonnonsuojelualue
preside johtaa *(puhetta)*, toimia puheenjohtajana
president presidentti; puheenjohtaja; [pää]johtaja
presidential presidentin
press 1 *v* painaa, pusertaa; prässätä; vaatimalla vaatia, tiukata (***for*** jtak); tunkeutua eteenpäin; olla kiireellinen **2** *s* lehdistö; puristus, ahdinko; painin; painokone; kirjapaino[taito]
pressing kiireellinen
press release lehdistötiedote
press-up *(Br)* punnerrus; *vrt.* ***push-up***
pressure paine
pressure cooker painekattila
pressure group painostusryhmä
prestige arvovalta
presumable luultava
presumably otaksuttavasti
presume edellyttää; olettaa; rohjeta
presuming julkea
presumption olettamus; julkeus
presumptive todennäköinen, oletettu
pretence veruke, teeskentely

pretend olla tekevinään *t.* olevinaan; teeskennellä; tavoitella *(kruunua)*
pretender [jkn] tavoittelija; teeskentelijä
pretension väite; pyrkimys
pretentious mahtaileva, kerskaileva; teennäinen
pretext veruke, tekosyy; ***at the ~ that*** sillä verukkeella että
pretty sievä, nätti; jotenkin, varsin, melko
prevail vallita, olla yleinen; voittaa
prevalence yleisyys
prevalent vallitseva
prevent estää (***from*** jstak)
prevention ehkäiseminen, torjunta
preventive ehkäisevä, varo-
preview ennakkonäytös; arvostelu, katsaus
previous aikaisempi, edellinen; ***~ to*** ennen jtak
previously ennen
prewar sotaa edeltävä
prewashed esipesty
prey 1 *s* saalis **2** *v* ryöstää (***upon*** jtak); kalvaa
price hinta; ***at what ~?*** millä hinnalla?
price control hintasäännöstely
priceless korvaamattoman arvokas
prick 1 *v* pistää; ***~ up one's ears*** höristää korviaan **2** *s (ark)* paskiainen; kyrpä
prickly piikkinen; hankala
pride ylpeys; ***take ~ in sth*** olla ylpeä jstak
pride o.s. [up]on ylpeillä jstak
priest pappi *(ei protestanttinen)*
prig tärkeilijä, hienostelija
prim sievistelevä, sovinnainen
primarily ensi sijassa
primary alku-, alkeis-, pääasiallinen
primary school *(läh)* ala-aste
prime ensi, tärkein, pää-; kukoistus; ***~ time*** *(tv)* paras katseluaika
prime minister pääministeri
primer alkeiskirja
primeval forest aarniometsä
primitive alkukantainen
primrose esikko
prince prinssi, ruhtinas
princely ruhtinaallinen
princess prinsessa, ruhtinatar
principal 1 *a* pääasiallinen **2** *s* johtaja; *(Am)* rehtori
principality ruhtinaskunta
principle periaate; ***on ~*** periaatteesta; ***in ~*** periaatteessa
print 1 *s* jälki; paino; teksti; jäljennös, kopio; painettu kangas; ***out of ~*** loppuunmyyty **2** *v* painaa, painattaa; kopioida *(valokuvia)*
printer kirjanpainaja
printing kirjapaino|taito, -työ; painaminen; painokirjaimet
printing house kirjapaino
printing press painokone
printout tuloste, printti
priority etuoikeus; etuajo-oikeus; ***according to ~*** tärkeysjärjestyksessä
prior to aikaisempi kuin, ennen jtak
prism särmiö, prisma
prison vankila
prisoner vanki
prisoner of war sotavanki
privacy oma rauha, yksityisyys
private yksityinen; sotamies
private detective (investigator) *(ark)* ***private eye*** yksityisetsivä

private enterprise yksityisyrittäjyys, yritystoiminta; yksityisyritys
privateer kaapparilaiva
privation puute
privilege etuoikeus
privy: *the P~ Council (Br)* Valtakunnanneuvosto
prize palkinto; [arpajais]voitto
prize [open] vääntää auki
prizefighter [ammatti]nyrkkeilijä
pro puolesta, -ystävällinen; puoltoääni; puoltaja, kannattaja; *(urh)* ammattilainen, ammattilais-; ***the ~s and cons*** valo- ja varjopuolet, edut ja haitat
probability todennäköisyys
probable todennäköinen; luultava
probably todennäköisesti; luultavasti
probation koeaika
probation officer *(nuoren rikollisen)* valvoja
probe 1 *s* luotain; sondi; anturi **2** *v* tutkia [tarkoin]; tunnustella, sondeerata
problem ongelma, pulma; probleema; *(mat, atk)* tehtävä
problematic pulmallinen, hankala; problemaattinen
procedure menettely[tapa]; toimenpide, käytäntö
proceed jatkaa; jatkua; mennä, siirtyä; ryhtyä (***to*** jhk); menetellä; nostaa syyte (***against*** jkta vastaan); aiheutua (***from*** jstak)
proceedings oikeudenkäynti; asiakirjat
proceeds voitto, tuotto
process 1 *s* kulku, prosessi; ***in the ~ of construction*** rakenteilla **2** *v* käsitellä; jalostaa
procession kulkue
proclaim julistaa
proclamation julistus
procure hankkia; parittaa
prod pistää, tökätä
prodigal tuhlaava; ***the P~ Son*** tuhlaajapoika
prodigious suunnaton, mahtava
prodigy ihme; ***an infant ~*** ihmelapsi
produce 1 *v* tuottaa; saada aikaan; esittää **2** *s* tuote
producer valmistaja, tuottaja, toimittaja
product tuote, valmiste
production tuotanto, valmistus
productive tuottava, tuottelias
profane 1 *a* maallinen; jumalaton **2** *v* häväistä
profess tunnustaa; väittää
profession ammatti
professional ammatillinen, ammattilais-
professor professori; *(Am myös)* opettaja *(yliopistossa)*
proficiency hyvä taito, etevyys
proficient pätevä, taitava
profile sivukuva, profiili
profit 1 *s* hyöty, voitto **2** *v* hyötyä, saada voittoa (***by, from*** jstak)
profitable tuottava, kannattava
profiteer 1 *s* keinottelija **2** *v* keinotella
profit-making kannattava, voittoa tuottava
profound syvä, syvällinen
profuse runsas, tuhlaava
progenitor kantaisä; alkuunpanija
progeny jälkeläiset
prognosis ennuste

program[me] **1** *s* ohjelma **2** *v* ohjelmoida
progress **1** *s* edistys; ***make*** ~ edistyä **2** *v* edistyä, edetä
progressive edistyvä, edistyksellinen
prohibit kieltää, estää
prohibition kielto, kieltolaki
project **1** *s* suunnitelma, projekti **2** *v* suunnitella; pistää esiin
projector projektori, kuvanheitin
proliferation leviäminen, levittäminen
prolific tuottelias; satoisa
prologue johdanto, esipuhe
prolong pidentää, pitkittää
promenade [ranta]promenadi; kävely, ajelu, retki
prominent huomattava, etevä; ulkoneva
promiscuity vapaat sukupuolisuhteet; suunnittelemattomuus
promiscuous irrallisia suhteita harrastava; sekalainen
promise **1** *s* lupaus **2** *v* luvata
promising lupaava
promissory note velkakirja
promontory niemi
promote ylentää; siirtää seuraavalle luokalle; edistää; kannattaa, tukea; mainostaa, pitää myyntikampanja
promotion ylennys; edistäminen; kannatus, tuki; mainonta, [myynti]kampanja; näyte-, myynti-, mainos-; ***a video*** ~ mainos- *t.* esittely|video; ***sales*** ~ mainos- *t.* myynti|kampanja
prompt **1** *a* nopea, pikainen; täsmällinen **2** *v* innoittaa, saada tekemään; *(teatt)* kuiskata
prompter *(teatt)* kuiskaaja
promptly heti [paikalla]
promulgate julistaa; saattaa voimaan
prone taipuvainen, altis (***to*** jhk); [vatsallaan] makaava
prong **1** *s* haara, haarake; piikki **2** *v* pistää, lävistää; nostella hangolla
pronoun pronomini
pronounce ääntää
pronunciation ääntäminen
proof **1** *s* todistus, todiste; koetus; oikovedos; [alkoholi]pitoisuus **2** *a* jtak läpäisemätön *t.* kestävä;
proof|read *(~read ~read)* oikolukea
prop tuki, pönkkä; ***the ~s*** näyttämötarpeisto, lavasteet, rekvisiitta
propagate levittää; lisääntyä
propel kuljettaa eteenpäin; pitää liikkeessä; ***~led by electricity*** sähköllä käyvä, sähkökäyttöinen
propeller potkuri, propelli
propensity taipumus (***for***, ***to***, ***towards*** jhk)
proper oikea, asianmukainen, sopiva; varsinainen; ominainen
proper fraction varsinainen murtoluku
properly kunnollisesti; oikein; ~ ***speaking*** oikeastaan, varsinaisesti
proper noun erisnimi
property omaisuus; ominaisuus
prophecy ennustus
prophet profeetta
proportion suhde; osa; ***out of*** ~ suhteeton
proportional, proportionate suhteellinen
proposal ehdotus; kosinta

propose ehdottaa; kosia (***to*** jkta)
proposition ehdotus
proprietor omistaja
propriety sopivaisuus, säädyllisyys
propulsion työntö[voima]
prop up tukea
prose proosa
prosecute asettaa syytteeseen; nostaa oikeusjuttu
prosecution haaste; kantaja[puoli]
prosecutor syyttäjä
prospect 1 *s* näköala; *~s* tulevaisuudennäkymät; ***in ~*** näkyvissä **2** *v* etsiä *(mineraaleja)*; ***~ for gold*** etsiä kultaa
prospective tuleva; mahdollinen
prospectus esite
prosper menestyä
prosperity menestys
prosperous menestyvä; vauras
prostate [gland] eturauhanen
prosthes|is *(pl -es)* proteesi
prostitute ilotyttö, prostituoitu
prostrate 1 *a* pitkällään [oleva]; nujerrettu, lamaannuttama (***with*** jnk) **2** *v* uuvuttaa
prostrate o.s. heittäytyä maahan
prostration maahan heittäytyminen; lamaannus; uupumus
protagonist johto-, pää|henkilö
protect suojella (***from*** jltak)
protection suojelu[s], turva
protective suoja-, turva-
protector suojelija; suojus
protein valkuaisaine
protest 1 *s* vastalause, protesti **2** *v* vastustaa, protestoida
Protestant protestantti[nen]
protract pitkittää, venyttää
protracted pitkä[llinen]
protrude työntää *t.* työntyä esiin
protuberance pullistuma, patti
proud ylpeä (***of*** jstak)
prove todistaa; osoittautua jksik; ***his story ~d [to be] false*** hänen kertomuksensa osoittautui valheelliseksi
prove o.s. näyttää kykynsä, näyttää mihin pystyy
proverb sanan|lasku, -parsi
provide hankkia, varustaa (***with*** jtak, jllak); pitää huolta (***for*** jksta); ***~d that*** edellyttäen että
providence sallimus
provident huolehtiva, kaukonäköinen; säästäväinen
province maakunta; [toimi]ala
provincial maalais-, maakunta-
provision ennaltavaraaminen; huolenpito; varaus; *~s* elintarvikkeet, ruokatavarat
provisional väliaikainen
provocation yllytys, provokaatio
provocative provosoiva, ärsyttävä
provoke suututtaa, ärsyttää; provosoida, yllyttää; aiheuttaa
prow keula
prowl 1 *s* vaaniminen, hiiviskely **2** *v* vaania *(saalista)*
proximity läheisyys
proxy valtuutettu edustaja; valtakirja; ***by ~*** valtakirjalla
prude turhankaino [henkilö]
prudence viisaus, harkitsevaisuus; varovaisuus
prudent viisas, harkitseva; varovainen
prune 1 *s* kuivattu luumu **2** *v* karsia (leikata) oksia ym.
pruning shears oksaleikkurit
pry nuuskia, udella (***into*** jtak)
pry open *(Am)* avata, vääntää auki

P.S. *(= postscript)* jälkikirjoitus, loppusanat
psalm psalmi
psychiatrist psykiatri
psychiatry psykiatria
psychological psykologinen, sielutieteellinen
psychologist psykologi
psychology psykologia, sielutiede
ptarmigan kiiruna, riekko
P.T.O. *(= please turn over)* käännä
pub kapakka, pubi
puberty puberteetti, murrosikä
public 1 *a* julkinen, valtion **2** *s* yleisö; ***make*** ~ julkistaa; ***in*** ~ julkisesti
publication julkaisu
public health terveydenhuolto
public house kapakka
publicity julkisuus; mainonta
publicize mainostaa, tehdä tunnetuksi
public opinion yleinen mielipide
public relations suhdetoiminta, PR
public school yksityinen sisäoppilaitos; *(Am läh)* peruskoulu
public spirit kansalaismieli[syys], yhteishenki
publish julkaista, julkistaa; kustantaa
publisher kustantaja
puck [jää]kiekko
pucker [up] 1 *v* kurtistaa, rypistää **2** *s* poimu, kurttu
pudding vanukas
puddle lätäkkö
pudgy = ***podgy***
puff 1 *s* tuulahdus, tuprahdus; puuterihuisku; mainos, puffi **2** *v* puhaltaa, puhista; mainostaa, puffata; ***~ed sleeves*** puhvihihat
puffy turvonnut
pug mopsi
pugnacious taistelunhaluinen
pug nose nykerönenä
pull 1 *s* vetäisy, veto, tempaisu; ripa; siemaus **2** *v* vetää, kiskoa; soutaa; ***you are ~ing my leg*** taidat huijata minua; ~ ***a muscle*** venäyttää lihas
pull down hajottaa, purkaa
pulley väkipyörä
pull in *t.* **out** *(junasta)* saapua asemalle, lähteä asemalta
pull o.s. together ryhdistäytyä, koota itsensä
pullover *(Br)* villa|pusero, -paita
pull over ajaa tiensivuun
pull through selviytyä, toipua; pelastaa
pulmonary keuhko-
pulp 1 *s* hedelmän sisus; massa, vanuke; möyhy; selluloosa **2** *v* hienontaa massaksi
pulpit saarnatuoli
pulsate tykyttää, sykkiä
pulse valtimo[n syke], pulssi
pulverize jauhaa hienoksi
pumice [stone] hohkakivi
pump 1 *s* pumppu **2** *v* pumpata; polkea; tykyttää
pumpkin kurpitsa
pun sanaleikki, sutkaus
punch 1 *s* isku; booli; punssi; meisti, kara **2** *v* iskeä nyrkillä; lävistää, rei'ittää, meistää; näppäillä
Punch-and-Judy show *(Br)* nukketeatteri
punch ball, punching bag nyrkkeilypallo
punch[ed] card reikäkortti
punctilious pikkutarkka, säntilli-

nen
punctual täsmällinen
punctuality täsmällisyys
punctuate laittaa välimerkit
punctuation välimerkit; välimerkkien käyttö
puncture 1 *s* rengasrikko **2** *v* puhkaista, mennä puhki
pungent kirpeä, pistävä
punish rangaista
punishment rangaistus
punk punk-rock; punkkari; *(Am)* lurjus, pikkurikollinen
punt 1 *s* ruuhi **2** *v* sauvoa
puny hento, heiveröinen
pup [koiran]pentu
pupil oppilas; silmäterä; holhokki
puppet nukke, marionetti
puppy [koiran]pentu
purchase 1 *s* ostos, hankinta **2** *v* ostaa, hankkia
purchase tax liikevaihtovero
purchasing power ostovoima
pure puhdas, pelkkä
pure|blooded, -bred puhdasrotuinen
purely pelkästään, yksinomaan
purgatory kiirastuli
purge 1 *v* puhdistaa; tyhjentää vatsa **2** *s (pol)* puhdistus; *(lääk)* ulostuslääke
purify puhdistaa
purity puhtaus
purl 1 *v* solista; *(käs)* neuloa nurjaa **2** *s* nurja [neulonta *t.* silmukka]
purple 1 *s, a* purppura[npunainen] **2** *v* värjätä purppuralla
purpose 1 *s* tarkoitus[perä]; ***for what ~?*** mihin tarkoitukseen?; ***on ~*** tahallaan; ***to no ~*** turhaan **2** *v* aikoa
purposely ehdoin tahdoin
purr *(kissasta)* kehrätä
purse 1 *s* kukkaro; *(Am)* käsilaukku **2** *v*: ***~ [up]*** nyrpistää
pursue ajaa takaa; noudattaa, harjoittaa
pursuit takaa-ajo; tavoittelu; harrastus
purulent märkivä
purvey hankkia, toimittaa
pus *(haavan)* märkä
push 1 *s* töytäys, sysäys; yritteliäisyys **2** *v* työntää; tunkea; tunkeutua; painostaa; ***don't ~ me around*** älä komentele minua; ***don't ~ your luck!*** älä yritä, varo
pusher pyrkyri; huumekauppias
pushing häikäilemätön, röyhkeä
push over työntää kumoon
push-up *(Am)* punnerrus; *vrt.* ***press-up***
pussy mirri; *(sl)* pillu, tussu
put *(put put)* panna, asettaa; ilmaista *(sanoin)*; ***~ it on the table*** laita se [tuohon] pöydälle; ***I don't know how to ~ this*** en tiedä kuinka tämän sanoisin
put across saada uskomaan *t.* ymmärtämään; tehdä ymmärretyksi
put away laittaa paikoilleen; laittaa talteen; lopettaa *(eläin)*
put down merkitä muistiin; kukistaa; masentaa
put off lykätä
put forth *t.* **forward** esittää, ehdottaa, tehdä
put on pukea [ylleen, päälleen]; narrata, huijata; sytyttää *(valo)*; panna liedelle; avata tv *t.* radio ym.; ***~ weight*** lihoa
put out sammuttaa; saattaa ymmäl-

le; harmittaa; lähettää *(ohjelma)*
putrefy mädäntyä
putrid pilaantunut
putty kitti
put up [at] majoittaa jhk
put-up: ***a ~ job*** petkutus, huijaus
put up with sietää jtak
puzzle 1 *s* pulma; arvoitus; palapeli **2** *v* mietityttää, saattaa ymmälle; vaivata päätänsä (***over*** jllak)
puzzling arvoituksellinen
pygmy kääpiö
pyjamas *(Br)* yöpuku, pyjama
pyramid pyramidi
pyre rovio
pyromaniac pyromaani, tuhopolttaja
pyrotechnics ilotulitustekniikka
python pyton[käärme]

Q

quack 1 *s* kaakatus; puoskari **2** *v* kaakattaa
quadrangle nelikulmio
quadrilateral nelikulmio; nelisivuinen
quadruped nelijalkainen
quadruple nelinkertainen
quadruplets neloset
quail 1 *s* viiriäinen **2** *v* vavahtaa
quaint viehättävä, outo
quake vavista
Quaker kveekari
qualification edellytys; pätevyys[vaatimus]; varaus
qualified [ammattiin] valmis; pätevä
qualify tehdä päteväksi, hankkia pätevyys, valmistua (***as, for*** jhk, jssak); kelpuuttaa
qualifying round karsintakierros
quality ominaisuus; laatu
qualm tunnonvaiva
quantit|y määrä; *(mat)* suure; ***in great -ies*** runsaasti
quarantine karanteeni
quarrel 1 *s* riita **2** *v* riidellä; ***pick ~s with sb*** haastaa riitaa jkn kanssa
quarrelsome riitaisa
quarry 1 *s* [kivi]louhos; saalis **2** *v* louhia
quart 1/4 gallonaa *(Br 1,14 l, Am 0,45 l)*
quarter 1 *s* neljäsosa, [vuosi]neljännes; kaupunginosa; taho, ilmansuunta; ***~ to six*** neljännestä vaille kuusi; ***from all ~s*** joka taholta **2** *v* majoittaa
quarterly neljännesvuosittain
quartermaster huoltopäällikkö; majoitusmestari; aliperämies
quarter note neljäsosanuotti
quartet kvartetti
quartz kvartsi
quasi- näennäis-, puoli-
quaver 1 *s* kahdeksasosanuotti; värinä **2** *v* värähdellä
quay satamalaituri
queasy oksennuttava [olo]; herkkä[vatsainen]; haluton
queen kuningatar
queer omituinen, kummallinen
quell kukistaa, tukahduttaa
quench sammuttaa [jano]; tukahduttaa
query 1 *s* kysymys **2** *v* kysellä, tiedustella, epäillä
quest etsintä; tavoittelu
question 1 *s* kysymys; ***ask a ~*** kysyä kysymys; ***put a ~*** asettaa kysymys **2** *v* kysellä, kuulustella; asettaa kyseenalaiseksi
questionable kyseenalainen
question mark kysymysmerkki
questionnaire kyselykaavake
queue jono
queue [up] jonottaa
quibble 1 *s* saivartelu, pikkuseikka **2** *v* saivarrella; kinastella
quick nopea, pikainen; *(aisteista)* terävä
quick-acting nopeatehoinen *(lääke)*
quicken jouduttaa; elvyttää, elpyä
quickly nopeasti

quicksand lentohiekka
quicksilver elohopea
quick-tempered äkkipikainen
quick-witted terävä, nopeaälyinen
quid *(sl)* punta
quiescent levossa oleva
quiet 1 *a* hiljainen, rauhallinen **2** *s* lepo, rauha **3** *v* tyynnyttää
quietly hiljaa; vaivihkaa
quietness hiljaisuus, rauha
quill siipi- *t.* pyrstö|sulka; piikki
quill pen sulkakynä
quilt 1 *s* tikattu vuodepeite **2** *v* täyttää vanulla ja tikata
quilted tikattu, toppa-
quinine kiniini
quins *(ark)* viitoset
quintessence olennainen [osa]
quintet kvintetti
quintuplets viitoset
quip sutkaus, heitto
quit 1 *v* lopettaa; jättää, lähteä pois **2** *a* vapaa, irti jstak
quite aivan; täysin; varsin; melkoinen, aika; ~ ***so*** aivan niin
quits *(ark)* tasoissa, sujut
quiver 1 *v* vavista **2** *s* vavistus, värähdys; nuoliviini
quiz 1 *s* tietokilpailu, visailu; ***(Am)*** koe **2** *v* kysellä tietoja; kuulustella
quizmaster tietokilpailun juontaja
quizzical kysyvä, ovela ***(katse)***
quota osuus, kiintiö, määrä
quotation lainaus, sitaatti; hinta-[arvio]; noteeraus
quotation marks lainausmerkit
quote lainata, siteerata; ilmoittaa hinta tai kurssi; tehdä tarjous
quotient osamäärä
qv, q.v. *(= quod vide)* ks., katso

R

rabbi rabbi
rabbit kaniini
rabble [meluava] väkijoukko; rahvas
rabid raivoisa; raivotautinen
rabies raivotauti, vesikauhu
rac[c]oon pesukarhu
race 1 *s* rotu; kilpailu, kilpa|-ajot, -juoksu, -soutu; ratsastuskilpailut **2** *v* juosta ym. kilpaa jkn kanssa; kiitää
racecourse kilpa[-ajo]rata
racehorse kilpa|hevonen, -ratsu
racer kilpa|hevonen, -auto
racetrack kilpa-, ravi-, laukka|rata
racial rotu-, rodullinen
racing kilpailut *(erit hevoskilpailut)*
racing car kilpa-auto
racing driver kilpa-autoilija
racism rasismi
racist rasisti
rack 1 *s* ristikko, ritilä; teline, hylly, vaatenaulakko; piinapenkki **2** *v* kiduttaa; *~ one's brains* vaivata päätänsä
racket [tennis]maila; [rahan]kiristys, huijaus, salakauppa; meteli, hulina
racketeer [rahan]kiristäjä, gangsteri
racy mehevä, uskallettu
radar tutka
radiant säteilevä
radiate säteillä
radiation säteily; sädehoito
radiator lämpöpatteri; auton jäähdytin
radical perusteellinen, radikaali
radically täysin
radio 1 *s* radio; ***by ~*** radioteitse; ***on the ~*** radiossa **2** *v* radioida, lähettää radiosanoma
radioactive radioaktiivinen
radio alarm kelloradio
radio broadcast radiolähetys
radio communication radioyhteys; radioliikenne
radiograph röntgenkuva
radio play kuunnelma
radio producer radio|tuottaja, -toimittaja
radio program[me] radio-ohjelma
radio set radio[vastaanotin]
radio station radioasema; ***local ~*** paikallisradio
radio taxi ulataksi
radish retiisi
radium radiumi
radius säde
R.A.F. *(= Royal Air Force)* kuninkaalliset ilmavoimat
raffle 1 *s* arpajaiset **2** *v* myydä arpomalla
raft [tukki]lautta
rafter kattoparru
rag repale; lumppu; meteli, kepposet; ***like a red ~ to a bull*** kuin punainen vaate
rage 1 *s* raivo **2** *v* raivota, riehua
ragged ryysyinen, takkuinen; epätasainen; rosoinen
raging raivoisa, hillitön
raid 1 *s (yllätys)* hyökkäys, rynnäk-

kö; ilma-, pommi|hyökkäys; ratsia **2** *v* hyökätä, rynnätä [yllättäen]; tehdä ratsia
rail 1 *s* kaide; kisko; ***by ~*** rautateitse **2** *v* aidata
railing kaide, aita
raillery kiusoittelu, pilailu
railroad, railway rautatie; ***~ track*** raide
railroad (railway) station rautatieasema
rain 1 *s* sade; ***[come] ~ or shine*** säällä kuin säällä, tapahtuipa mitä tahansa **2** *v* sataa
rainbow sateenkaari
rainbow trout kirjolohi
rain check lippu *t.* lipun kanta *(joka kelpaa myöhemmin tilaisuuden peruuntuessa sateen vuoksi)*; *(Am)* joskus toiste, paremmalla ajalla
raincoat sadetakki
raindrop sadepisara
rainfall sademäärä
rain forest sademetsä
rainy sateinen; ***~ day*** *(kuv)* huono *t.* paha päivä
raise 1 *v* kohottaa, nostaa; korottaa; kasvattaa; herättää kuolleista; *(korttip)* korottaa [panosta]; ***~ money*** hankkia *t.* kerätä rahaa; ***~ a question*** esittää *t.* herättää kysymys **2** *s* [palkan]korotus
raisin rusina
rake 1 *s* harava **2** *v* haravoida
rally 1 *s* [joukko]kokous; ralli **2** *v* kutsua koolle, koota; kokoontua; toipua; kiusoitella
ram 1 *s* pässi, oinas **2** *v* iskeä, puskea
ramble kuljeskella, harhailla; rönsytä
rambler köynnösruusu; kulkija
rambling rönsyilevä, sekava; sokkeloinen, epämääräinen
ramify haarautua
ramp nousutie; ramppi
rampant rehottava; ***be ~*** olla valloillaan
rampart valli
ran *ks.* ***run***; ***also ~*** palkinnotta jäänyt
ranch karjafarmi
rancid eltaantunut, härski
rancorous kiukkuinen; katkera
ranco[u]r kauna; kiivaus
random umpimähkäinen, satunnainen; ***at ~*** umpimähkään
rang *ks.* ***ring***
range 1 *s* ala, laajuus, vaihteluväli; kantomatka, säde; [vuori]jono; ampumarata; liesi; ***at close ~*** läheltä **2** *v* järjestää riviin; vaeltaa; ulottua; ***~ from ... to*** vaihdella jstak jhk
ranger metsänvartija; *(Am)* ratsupoliisi *(maaseudulla)*
rank 1 *s* rivi, jono; arvo[aste]; ***close ~s*** tiivistää rivejä, puhaltaa yhteen hiileen **2** *v* järjestää [riviin]; lukea jhk, kuulua jhk **3** *a* rehottava, [liian] rehevä; löyhkäävä; ***a ~ beginner*** täysi aloittelija
rank and file rivimiehet, kenttä-[väki]
ranking korkein, johtava
rankle katkeroittaa mieltä
ransack tutkia tarkoin
ransom lunnaat
rap 1 *s* lyönti; kop[a]utus; rap-musiikki **2** *v* , napauttaa, kop[a]uttaa; moittia; *(Am)* jutella, pulista

rapacious saaliinhimoinen
rape 1 *s* raiskaus; tuhoaminen **2** *v* raiskata
rapid nopea
rapidity nopeus
rapids koski; ***shoot the*** ~ laskea koski
rapist raiskaaja
rapt hurmaantunut
rapture ihastus
rapturous haltioitunut
rare harvinainen; ohut *(ilma)*; *(pihvi)* puoliraaka, verinen
rarely harvoin
rarity harvinaisuus
rascal huijari, roisto; vintiö
rash 1 *a* äkkipikainen, harkitsematon, uhkarohkea **2** *s* ihottuma; *(kuv)* ryöppy, aalto
rasher ohut viipale
rasp 1 *s* raspi; rahina; kähinä **2** *v* raspata; raastaa; rahista; kähistä
raspberry vadelma
rastafarian rasta[fari]
rat 1 *s* rotta; raukkis; petturi; ***smell a*** ~ aavistaa pahaa; ~ ***race*** häikäilemätön kilpailu, oravanpyörä; ~***s*** pötyä, höpsis; pahus, helkutti **2** *v* kannella
rate 1 *s* määrä, aste, [korko]kanta, nopeus; hinta, tariffi; [kunnallinen kiinteistö]vero; ***birth*** ~ syntyvyys; ***at any*** ~ joka tapauksessa; ***at this*** ~ tätä vauhtia (menoa); ***first-*** ~ ensiluokan **2** *v* arvioida, lukea jhk kuuluvaksi; pitää jnak
rate of exchange [vaihto]kurssi
rate of interest korko[kanta]
rather mieluummin; melko, jotensakin; ***I'd*** ~ haluaisin mieluummin; ~ ***good*** melko hyvä
ratify vahvistaa
rating asema *(arvoasteikossa ym.)*; arvio[inti]
ratio suhde
ration 1 *s* annos **2** *v* säännöstellä
rational järkiperäinen
rationalize rationalisoida, järkeistää; perustella
ration out jakaa; annostella
rattle 1 *s* kalina; kilinä; kalistin; korina **2** *v* kolista, kalista; kilistä; rämistä; korista
rattle off ladella, lasketella runoa ym.
rattle on puhua pälpättää, höpöttää
rattlesnake kalkkarokäärme
ratty *(Br)* äkäinen; *(Am)* rähjäinen; rotan, rottia vilisevä
raucous käheä, karhea, rämeä *(ääni)*
ravage 1 *s* tuho **2** *v* hävittää
rav|e paasata, vaahdota; hourailla; ~ ***about*** olla haltioissaan; ***-ing mad*** pähkähullu
ravel purkaa *(neule ym.)*; sotkea, sekoittaa
raven korppi
ravenous: ***I am*** ~ minulla on valtava nälkä
ravine rotko, kuilu
ravish hurmata; *(vanh)* raiskata
ravishing hurmaava
raw raaka; kokematon; kolea
raw materials raaka-aineet
ray [valon]säde; *(el)* rausku
rayon raion[silkki]
raze hävittää maan tasalle
razor partaveitsi, parranajokone
reach 1 *v* saavuttaa, saapua; ojentaa; ulottua **2** *s* ulottuma, ulottuvuus; kantomatka; ***out of*** ~

saavuttamaton, tavoittamattomissa
react reagoida (*on* jhk); kohdistua [takaisin] jhk
reaction reaktio, [vasta]vaikutus; *(pol)* taantumus
reactionary *(Am pol)* taantumuksellinen
read *(read read)* lukea; *(mittarista ym.)* näyttää; ~ *out (aloud)* lukea ääneen; *well-~* oppinut
readable lukemisen arvoinen
reader lukija; *(Br yliop)* lehtori; lukukirja
readily nopeasti, helposti, halukkaasti
readiness alttius, ripeys; *in* ~ valmiina, valmiustilassa
reading lukeminen; lukeneisuus; lukema; käsittely
readjust kunnostaa, panna jälleen kuntoon
ready valmis; altis; nopea; saatavissa oleva; *get* ~ valmistautua; *are you ~ to leave?* oletko valmis lähtemään?
real todellinen, aito
real estate kiinteä omaisuus; *(Am)* kiinteistö
real estate agency kiinteistönvälitystoimisto
real estate agent *(Am)* kiinteistönvälittäjä
realistic realistinen, järkevä
realities tosiasiat
reality todellisuus; tosiasia
realization, realisation toteutuminen, toteuttaminen; oivaltaminen
realize, realise toteuttaa; käsittää, oivaltaa; realisoida; muuttaa rahaksi
really todella; todellako?
realm valtakunta; [toimi]ala, alue
real property kiinteä omaisuus, kiinteistö
real time reaaliaika
reap leikata, korjata sato
reappear jälleen ilmestyä
rear 1 *s* takaosa; jälkijoukko, selusta **2** *a* taka-; ~ *window* takaikkuna **3** *v* kasvattaa; kohottaa; *(hevosesta)* karahtaa pystyyn
rearmament jälleenvarustelu
rearmost takimmainen, viimeinen
reason 1 *s* järki; syy, aihe; *without ~* ilman syytä **2** *v* ajatella järkevästi; päätellä, pohtia; ~ *with* puhua järkeä jklle
reasonable järkevä, kohtuullinen
reasonably melko, kohtalaisen
reassure saada rauhoittumaan; vakuuttaa
rebel 1 *s* kapinallinen **2** *v* kapinoida, nousta kapinaan
rebellion kapina
rebellious kapinoiva
reborn uudestisyntynyt
rebound ponnahtaa, kimmota, kimmahtaa takaisin, pompata
rebuff 1 *s* ynseä vastaus **2** *v* torjua
re|build *(~built ~built)* rakentaa uudelleen
rebus kuva-, kirjain|arvoitus
recall 1 *v* palauttaa muistiinsa, muistaa; kutsua takaisin; peruuttaa **2** *s* takaisinkutsu; peruutus
recap[itulate] kerrata pääkohdittain
recede vetäytyä takaisin, perääntyä; viettää alaspäin; heiketä; *(hiusrajasta)* vetäytyä
receipt 1 *s* vastaanottaminen; kuitti, tosite **2** *v* merkitä kuitatuksi

receipts tulot
receive ottaa vastaan; saada osakseen
receiver vastaanotin; *(puhelimen)* luuri
recent tuore, veres, äskeinen; ***in ~ years*** viime vuosina
recently äskettäin
reception vastaanotto
receptionist vastaanottovirkailija
receptive vastaanottavainen, altis
recess tauko, loma; syvennys, sopukka
recession lama
recipe [ruoka]resepti, ohje
recipient vastaanottaja
reciprocal molemminpuolinen
reciprocate vastata *(tunteeseen ym.)*
recital selonteko, kertomus; konsertti
recite lausua, lukea ääneen
reckless holtiton, huoleton, piittaamaton, huimapäinen
reckon arvella, otaksua, olettaa
reckon among (as) pitää jnak
reckon in laskea mukaan, ottaa lukuun
reckoning lasku; tilinteko
reckon on luottaa jhk, laskea jkn varaan, pitää varmana
reckon with ottaa huomioon; joutua tekemisiin jkn kanssa
reclaim voittaa takaisin; vaatia takaisin
recline nojata, levätä
recluse erakko
recognition tunteminen, tunnistaminen; tunnustus; tiedostaminen
recognize tunnistaa; tunnustaa; tiedostaa
recoil kavahtaa; ponnahtaa takaisin
recoil on *(kuv)* kaatua takaisin jkn niskaan
recollect muistaa
recollection muisto, muistikuva
recommend suositella; ***we highly ~ it*** suosittelemme sitä lämpimästi
recommendation suositus; ***have you got any ~s?*** onko teillä suosituksia?
recompense 1 *s* palkkio, palkka **2** *v* palkita, korvata
reconcile sovittaa (***with*** yhteen jnk kanssa); sopia, tehdä sovinto
reconciliation sovinto
reconnoi|tre, -ter *(sot)* tiedustella
reconsider harkita uudelleen
reconstruct jälleenrakentaa
record 1 *s* ennätys; muistiinmerkitty tieto, asiakirja, aikakirja; [ääni]levy; ***with a good ~*** hyvämaineinen; ***break a ~*** lyödä ennätys **2** *v* merkitä muistiin; tallentaa, nauhoittaa; levyttää; rekisteröidä; kertoa
recorder nokkahuilu; ***[tape] ~*** nauhuri; piirturi
recording nauhoitus, tallenne; levytys
record player levysoitin
recount kertoa; laskea uudestaan
recourse: ***have ~ to*** turvautua jhk
recover saada takaisin; toipua; ***~ consciousness*** palata tajuihinsa
recovery paraneminen, toipuminen
recreation ajanviete, huvi; virkistys[keino]; uudelleen luominen
recreation ground urheilu|kenttä, -puisto
recruit 1 *s* alokas, tulokas **2** *v* värvätä

recruitment värväys, rekrytointi, työhönotto
rectangle suorakulmio
rectify oikaista
rectitude rehellisyys
rector kirkkoherra; rehtori
rectory pappila
rectum peräsuoli
recuperate toipua; saada takaisin
recur uusiutua, palata
recurrence uusiutuminen
recurrent usein uusiutuva
recycle kierrättää
recycling kierrätys
red punainen; ***see*** ~ raivostua; ***the*** ~ ***tape*** byrokratia, paperisota
the Red Cross Punainen Risti
redden punata, punastua
reddish punertava
redecorate kunnostaa huoneisto
redeem lunastaa
Redeemer *(usk)* Lunastaja, Vapahtaja
redemption *(usk)* lunastus
redevelopement saneeraus, jälleenrakentaminen
red-handed: ***catch*** ~ tavata verekseltään
redhead punapää
red-hot hehkuva, tulinen; tulikuuma
red light punainen [liikenne]valo
red-light district bordellialue
redouble lisätä
redress 1 *s* hyvitys **2** *v* korjata
reduce alentaa, vähentää, supistaa; saattaa jhk tilaan
reduction vähennys, alennus
redundancy liiallisuus, liikanaisuus; *(Br)* irtisanominen, työttömyys
redundant liiallinen, tarpeeton; *(Br)* irtisanottu, työtön
red wine punaviini
red wood jättiläispunapuu
reed ruoko, kaisla
reef riutta, särkkä
reek löyhkätä; savuta
reel 1 *s* kela, rulla, puola; [skottilais-]tanhu; ***news*** ~ uutiskatsaus **2** *v* hoiperrella; horjahtaa; pyöriä
reel off lasketella [kuin vettä vain], antaa tulla
re-elect valita uudelleen
ref *ks.* ***referee***; ***reference***
referee erotuomari
reference viittaus, viite; ***with t. in ~ to*** viitaten jhk
reference book hakuteos, lähde
references suositukset
referendum kansanäänestys
refer to viitata jhk, mainita, tarkoittaa; koskea jtak; lähettää jkn luo; alistaa jkn ratkaistavaksi; etsiä tietoja jstak
refill 1 *s* varasäiliö; [uudelleen]täyttö; ***would you like to have a ~?*** haluaisitko toisen kupillisen *t.* lasillisen? **2** *v* täyttää
refine puhdistaa, jalostaa
refined hienostunut
refinement hienostus, hieno käytös
refinery jalostamo, puhdistamo
reflect heijastaa, kuvastaa; tuumia
reflection heijastus, peilikuva; miete
reflective heijastava (***of sth***); mietteliäs
reflector heijastin; kissansilmä
reflex refleksi, heijaste, heijastuma
reforest metsittää
reform 1 *s* uudistus, parannus **2** *v*

uudistaa
Reformation uskonpuhdistus
reformatory kasvatuslaitos
reformer uudistaja; uskonpuhdistaja
refract taittaa *(valoa)*
refraction *(valon)* taittuminen; *(silmän)* taittokyky
refractory uppiniskainen, niskoitteleva
refrain 1 *v*: ~ ***from*** pidättyä jstak **2** *s* laulun kertosäe; hokema
refresh virkistää, virvoittaa
refresher: ~ ***course*** täydennyskurssi; koulutuspäivät
refreshments virvokkeet
refrigerator jääkaappi
refuel ottaa polttoainetta
refuelling polttoainetäydennys
refuge pakopaikka
refugee pakolainen
refugee camp pakolaisleiri
refund 1 *s* korvaus, hyvitys, [takaisin]maksu **2** *v* maksaa takaisin
refusal kielto, kieltäytyminen
refuse 1 *v* kieltää, evätä; kieltäytyä **2** *s* jätteet
refuse dump kaatopaikka
refute kumota
regain saavuttaa jälleen
regal kuninkaallinen, ruhtinaallinen
regale viihdyttää, kestitä
regalia arvomerkit; kruununkalleudet
regard 1 *s* kunnioitus, huomio[on otto]; terveinen; ***in ~ to, as ~s*** jnk asian suhteen, mitä jhk tulee; ***with kind ~s*** parhain terveisin **2** *v (kirj)* katsella; ~ ***as*** pitää jnak
regarding mitä jhk tulee
regardless of välittämättä, huolimatta jstak
regency sijais-, holhooja|hallitus
regenerate uudistua, kasvaa tilalle
regeneration uudistuminen; elvytys; uudestisyntyminen
regent sijaishallitsija
regime hallitus[muoto]
regimen ruokavalio; *(lääk)* hoito-ohjeet
regiment rykmentti
region seutu, alue, ala
register 1 *s* luettelo, rekisteri; luokan päiväkirja; *(mus)* ääniala, rekisteri **2** *v* merkitä kirjoihin, kirjata, rekisteröidä
register office *ks.* ***registry office***
registration rekisteröinti; ilmoittautuminen, kirjoittautuminen
registration document rekisteriote
registration number rekisteri|numero, -tunnus
registry kirjaamo
registry office rekisteritoimisto; väestörekisterikeskus
regret 1 *s* mielipaha, suru **2** *v* katua; olla pahoillaan, valittaa
regrettable valitettava, ikävä
regular säännöllinen; vakinainen; oikea
regularity säännöllisyys
regulate säätää; säännöstellä
regulation sääntö, säännös; *(EU-laissa)* asetus; ***traffic ~s*** liikennesäännöt
rehabilitate kuntouttaa; palauttaa entiselleen, peruskorjata; palauttaa jkn kunnia
rehabilitation kuntouttaminen, kuntoutus; [entiselleen] palauttaminen

rehearsal harjoitus
rehearse harjoitella *(esitystä ym.)*
reign 1 *s* hallitus[aika] **2** *v* hallita
reimburse korvata
rein 1 *s* ohjas **2** *v*: ~ ***in*** hillitä
reincarnate syntyä uudelleen
reincarnation sielunvaellus
reindeer *(pl reindeer)* poro
reinforce vahvistaa; täydentää
reinforced concrete teräsbetoni
reiterate toistaa alinomaa
reject hylätä, torjua
rejection hylkääminen
rejoice iloita
rejoicing ilo, riemu
rejoin liittyä [jälleen] jkn seuraan; vastata
rejuvenate nuorentaa; piristää
relapse 1 *v* vajota *t.* sortua takaisin; sairastua uudelleen **2** *s (taudin)* uusiutuminen; sortuminen
relate kertoa; ~ ***to*** koskea jtak
related to jklle sukua oleva; jhk liittyvä
relation suhde; sukulainen; ***public ~s*** suhdetoiminta, pr
relationship suhde
relative 1 *s* sukulainen; ***his ~s*** hänen sukulaisensa **2** *a* suhteellinen; ~ ***to*** jtak koskeva
relative clause relatiivilause
relatively suhteellisen
relax hellittää, höllätä; rentouttaa; rentoutua
relaxation virkistys, rentoutuminen
relay 1 *s* vaihto[-], vuoro[-] *(miehet, hevoset ym.)*; rele; viesti[juoksu]; ***work in ~s*** tehdä vuorotyötä **2** *v* saada uudet miehet, hevoset ym; *(rad)* releoida
release 1 *s* julkistaminen; irrottaminen; laukaisu **2** *v* vapauttaa; julkistaa; irrottaa, päästää irti; laukaista
relegate siirtää, lähettää *(huonompaan asemaan)*
relent taipua, heltyä
relentless taipumaton, heltymätön
relevant asiaan kuuluva
reliable luotettava
reliance luottamus, riippuvuus
reliant riippuvainen (***on*** jstak); luottavainen
relic [pyhäin]jäännös, jäänne
relief helpotus, huojennus; [hätä]apu, avustus; reliefi, korkokuva; *(vuoron ym.)* vaihto; vapautus
relieve huojentaa, lieventää; auttaa, vapauttaa; vaihtaa; ~ ***o.s.*** tyhjentää rakkonsa
religion uskonto
religious uskonnollinen
relish 1 *s* höyste; nautinto **2** *v* pitää jstak
reluctance vastahakoisuus
reluctant vastahakoinen, nuiva
rely on luottaa jhk; olla riippuvainen jstak
remain jäädä, pysyä
remainder jäännös; *(mat)* erotus; ylijäämä
remains jäännökset, rippeet
remand palauttaa vankilaan; laittaa tutkintavankeuteen
remark 1 *v* huomauttaa **2** *s* huomautus
remarkable huomattava
remarkably harvinaisen, erinomaisen
remarry mennä uusiin naimisiin
remedy 1 *s* parannuskeino, lääke **2** *v* korjata, parantaa

remember muistaa; ~ ***me to*** terveisiä jkIle; ***I ~ed to post it*** muistin laittaa sen postiin; ***I ~ed posting it*** muistin panneeni sen postiin
remembrance muisto; ***in ~ of*** jkn muistoksi
remigrant paluumuuttaja
remind muistuttaa
reminder muistutus
reminiscence muisto; muistelu
reminiscent muistuttava (***of*** jtak, jstak)
remiss huolimaton; saamaton
remission *(tuomion)* lievennys; hellittäminen; anteeksianto
remit lähettää *(rahaa)*; antaa anteeksi; jättää, siirtää (jkn käsiteltäväksi); maksaa, suorittaa; hellittää
remittance rahalähetys, maksumääräys, suoritus
remnant jäännös, loput
remnants tähteet, rippeet
remodel[l] muotoilla uudelleen
remonstrate väittää vastaan; protestoida, moittia (***with*** jkta)
remorse katumus; omantunnontuskat
remorseful katuva
remorseless säälimätön, tunnoton
remote kaukainen, etäinen
remote control kauko-ohjaus; kaukosäädin
remould pinnoittaa *(rengas)*
removal muutto, siirto; poistaminen
remove ottaa pois, poistaa; muuttaa; siirtää; siirtyä [pois]; panna viralta; ***first cousin once ~d*** serkun lapsi; isän tai äidin serkku
remunerate palkita, korvata
remuneration korvaus, palkkio
remunerative tuottava, kannattava
Renaissance renessanssi
render tehdä jksik; antaa, osoittaa; esittää, tulkita; kääntää
renegade luopio
renew uudistaa; elvyttää
renewable uusiutuva; uusittava
renewal uudistus, uusiminen
renounce luopua jstak; kieltää *(uskonsa ym.)*
renovate uusia, korjata, remontoida
renown maine
renowned kuuluisa (***for, as*** jstak, jnak)
rent 1 *s* vuokra; repeämä **2** *v* vuokrata
rent-a-car autovuokraamo
rental vuokra *(esim. laitteesta)*
rental agency (company, service) vuokraamo
renunciation luopuminen, kieltäminen
reorganize järjestää uudelleen
repair 1 *v* korjata; hyvittää **2** *s* korjaus[työ]; ***in bad ~*** huonossa kunnossa
repairs korjaus[työt], kunnostaminen; huolto
reparation korvaus
reparations sotakorvaukset
repartee sukkela vastaus, sukkela sananvaihto
repatriate palauttaa kotimaahansa
repatriation kotimaahan palauttaminen
re|pay *(-paid -paid)* maksaa takaisin, korvata
repayment takaisinmaksu
repeal kumota *(laki ym.)*; poistaa

repeat 1 *s* uusinta **2** *v* toistaa
repeatedly yhä uudestaan, toistuvasti
repel työntää takaisin, torjua; olla vastenmielinen
repellent 1 *a* luotaantyöntävä, vastenmielinen **2** *s* hyttys|voide, -öljy tms.
repent katua
repentance katumus
repercussion kaiku; seuraus, [jälki]vaikutus
repertoire ohjelmisto; tuotanto; valikoima
repetition toistaminen; toistuminen
replace korvata
replenish täydentää, täyttää
replica kopio, jäljennös, kaksoiskappale
reply 1 *s* vastaus **2** *v* vastata
report 1 *s* lausunto; selostus; kertomus; huhu; koulutodistus; laukaus **2** *v* ilmoittaa; ilmoittautua; kertoa, selostaa; raportoida
report back antaa selonteko; ilmoittautua
report card *(Am)* koulutodistus
reporter [uutis]toimittaja; reportteri
repose 1 *s* lepo **2** *v* levätä; nojata
represent esittää; edustaa
representation edustus; esittäminen; kuvaus
representative edustaja; ~ *of* jtak kuvaava *t.* edustava
repress tukahduttaa, torjua
repression torjunta; tukahduttaminen
reprieve 1 *s* lykkäys, armonaika **2** *v* lykätä, antaa armonaikaa
reprimand 1 *s* ankara nuhde **2** *v* nuhdella
reprint uusi [korjaamaton] painos; eri painos
reprisal kostotoimenpide
reproach 1 *s* moite; ***beyond*** ~ moitteeton **2** *v* moittia, soimata
reprocess käsitellä uudelleen
reproduce toisintaa, jäljentää; lisääntyä
reproduction toisinto, jäljennös; toisto; lisääntyminen; ***sound*** ~ äänentoisto
reprove nuhdella
reptile matelija
republic tasavalta
republican tasavaltalainen; *(Am)* ***R***~ republikaani
repugnance vastenmielisyys
repugnant vastenmielinen
repulse torjua [luotaan]
repulsive vastenmielinen
reputable hyvämaineinen
reputation maine
repute 1 *s* [hyvä] maine **2** *v* pitää jnak, olla jssak maineessa
request 1 *s* pyyntö; ***at his*** ~ hänen pyynnöstään **2** *v* pyytää, toivoa
requiem sielumessu
require vaatia, tarvita; ***if ~d*** tarvittaessa
requirement vaatimus, tarve
requirements edellytykset, vaatimukset
requisite tarvittava, vaadittu
requisites tarvikkeet, varusteet
requisition 1 *s* vaatimus, pyyntö, anomus **2** *v* anoa; määrätä luovuttamaan (***for*** jtak)
rerun 1 *v* uusia, lähettää uusintana **2** *s* uusinta
rescue 1 *s* apu, [hengen]pelastus

2 *v* pelastaa
research 1 *s* tutkimus **2** *v* tutkia
researcher, research worker tutkija
resemblance yhdennäköisyys
resemble muistuttaa jkta, olla jkn näköinen
resent panna pahakseen
resentful harmistunut, pahastunut
resentment mielipaha; katkera mieli, kauna; kaunaisuus
reservation varaus, ehto; reservaatti
reserve 1 *s* vara, vararahasto; varanto; ***game*** ~ riistansuojelualue; ***in*** ~ varalla **2** *v* varata
reserved pidättyväinen, varautunut; varattu
reserves reservi
reservoir säiliö
re|set *(-set -set)* laittaa (kello) toiseen aikaan; latoa uudestaan
resettle siirtyä *t.* siirtää asumaan (uuteen paikkaan)
reside asua
residence asuinpaikka; [virka]-asunto
resident asukas; jssak asuva
residue jäännös, jäte
resign erota; luopua jstak
resignation eroaminen, erohakemus *(virasta)*; kohtaloonsa alistuminen
resilient kimmoisa, joustava
resin pihka; hartsi
resist vastustaa; tehdä vastarintaa; kestää
resistance vastarinta, vastustus; vastustuskyky; vastarintaliike
resistor *(sähk)* vastus
resolute päättäväinen
resolution päätös; päätöslause; päättäväisyys
resolve 1 *s* päätös **2** *v* päättää; hajottaa; hajota; liueta
resonant kaikuva, soinnikas
resort 1 *s* oleskelupaikka; ***holiday*** ~ lomanviettopaikka; ***as a last*** ~ viimeisenä keinona **2** *v* turvautua (***to*** jhk); mennä [usein]
resound kajahtaa, raikua
resource apuneuvo, keino; neuvokkuus; resurssi
resourceful neuvokas, kekseliäs
resources varat; resurssit; ***natural*** ~ luonnonvarat
respect 1 *s* kunnioitus; ~*s* kunnioittava tervehdys; ***in this*** ~ tässä suhteessa; ***in*** ~ ***of*** jnk suhteen **2** *v* kunnioittaa
respectable kunniallinen, arvossa pidetty; säädyllinen, kunnollinen
respectful kunnioittava
respective kullekin kuuluva, jokaisen, kunkin
respectively mainitussa järjestyksessä; jokaiselle, kullekin
respiration hengitys
respirator hengitysllaite, -suojain
respite [hengähdys]tauko; lykkäys
resplendent loistava, hohtava
respond vastata, reagoida (***to*** jhk)
response vastaus; ***in*** ~ ***to*** vastauksena jhk
responsibility vastuu; vastuunalaisuus; tehtävä, velvollisuus
responsible vastuunalainen; vastuussa (***of, for*** jstak)
responsive herkkä, altis
rest 1 *s* lepo; tauko; noja; ***day of*** ~ lepopäivä; ***set your mind at*** ~ älä ole huolissasi; ***the*** ~ loput **2** *v* le-

vätä; lepuuttaa; nojata; ~ ***on*** olla jnk varassa
restaurant ravintola
restful rauhallinen
resting place levähdyspaikka
restitution hyvitys, palauttaminen
restive hermostunut, äksy
restless levoton
restoration palauttaminen; entistys, entistäminen
restore palauttaa *(entiselleen)*; antaa takaisin; parantaa; entistää
restrain pidättää, hillitä (***from*** jstak)
restraint pidättyväisyys; pidäke; rajoitus; pakko
restrict rajoittaa
restriction rajoitus
rest room *(Am)* WC
result 1 *s* tulos **2** *v* olla seurauksena (***from*** jstak); viedä *t.* johtaa (***in*** jhk)
resume ottaa takaisin; ryhtyä jälleen jhk
resurgence elpyminen
resurrection ylösnousemus
resuscitate herättää henkiin; elvyttää
resuscitation henkiinherätys; elvyttäminen
retail 1 *s* vähittäismyynti **2** *v* myydä [vähittäin], jälleenmyydä
retailer vähittäiskauppias, jälleenmyyjä
retain pidättää, säilyttää
retaliate maksaa takaisin [samalla mitalla]
retard viivyttää, hidastaa
retarded kehitysvammainen
retention säilyttäminen; pidätyskyky
reticent vaitelias, pidättyvä
retina verkkokalvo
retinue seurue, saattue
retire vetäytyä takaisin; peräytyä; erota virasta; jäädä eläkkeelle
retired eläkkeellä [oleva]
retirement syrjään vetäytyminen; ero; eläkkeelle jääminen, yksinäisyys
retort 1 *s* [sukkela] vastaus; tiuskaisu; tislauspullo **2** *v* vastata [terävästi]
retrace jäljittää; ~ ***one's steps*** palata samaa tietä takaisin
retract vetää takaisin; peruuttaa
retread pinnoittaa [rengas]
retreat 1 *s* peräytyminen, perääntyminen **2** *v* peräytyä
retrench supistaa *(menoja)*
retribution kosto, palkka
retrieve saada takaisin; noutaa *(riistaa)*
retriever *(koira)* noutaja
retro menneen ajan
retroactive taannehtiva, takautuva
retrograde taaksepäin kulkeva, taantuva
retrospect silmäys taaksepäin; ***in*** ~ muistellessa, jälkikäteen
return 1 *s* paluu; *(Br)* meno-paluulippu; palauttaminen; uusiutuminen; voitto, tuotto; ***many happy ~s!*** onnea! **2** *v* palata; palauttaa; vastata jhk
return ticket *(Br)* meno-paluulippu; *(Am)* paluulippu
reunification [jälleen]yhdistäminen; yhdistyminen
reunion kokous; jälleennäkeminen
reunite yhdistää, saattaa [jälleen] yhteen

reuse 1 *v* käyttää uudelleen, kierrättää **2** *s* uudelleen käyttö, kierrätys
Rev. *(= reverend)* pastori
revaluation uudelleenarviointi; revalvaatio
revalue revalvoida
reveal paljastaa
revealing paljastava
revelation ilmestys; paljastuminen; paljastaminen, paljastus
revenge 1 *s* kosto; ***take one's ~ on sb*** kostaa jklle; ***in*** *t.* ***out of ~*** kostoksi jstak **2** *v* kostaa
revengeful kostonhimoinen
revenue[s] tulot
revenue stamp vero-, leima|merkki
reverberate kaikua, heijastua
revere kunnioittaa
reverence 1 *s* kunnioitus; kumarrus **2** *v* kunnioittaa
reverend pastori
reverie haaveilu
reversal muuttuminen vastakkaiseksi; täydellinen muutos
reverse 1 *s* vastakohta; kääntöpuoli; vastoinkäyminen; peruutus-[vaihde], pakki **2** *a* päinvastainen; ***in ~ order*** takaperin **3** *v* kääntää takaisin *t.* nurin *t.* ylösalaisin; kumota; peruuttaa
reversible kääntö-, kaksi|puolinen; peruutettavissa oleva
revert joutua takaisin; palautua
review 1 *s* katsaus, tarkastelu; katselmus; arvostelu **2** *v* tarkastella, silmätä [taaksepäin]; arvostella
reviewer arvostelija
revise tarkistaa, korjata; kerrata; ***~d edition*** tarkistettu (korjattu) painos
revision tarkastus; kertaus
revival elpyminen; *(usk)* herätys; *(teatt)* uusintaesitys
revive herättää henkiin; elvyttää; tointua, elpyä
revoke peruuttaa, kumota
revolt nousta [kapinaan]
revolting inhottava
revolution vallankumous; kierros
revolutionary vallankumouksellinen
revolutionize mullistaa
revolve kiertää; pyöriä; pyörittää
revolving pyörivä; ***~ door*** pyöröovi
revulsion inho
reward 1 *s* palkinto, palkka **2** *v* palkita
rewarding antoisa, palkitseva
rheumatic reumaattinen
rheumatism reumatismi
rheumatoid arthritis nivelreuma
the Rhine Rein
rhino[ceros] sarvikuono
Rhodes Rodos
rhododendron alppiruusu
rhubarb raparperi
rhyme 1 *s* loppusointu, riimi **2** *v* muodostaa loppusointu
rhythm rytmi, poljento
rib kylkiluu; [grilli]kylki; ruode; *(lehden)* suoni; joustinneule; *(kankaan)* kohojuova
ribbon nauha; värinauha
rice riisi
rich rikas; runsas; uhkea; voimakas; täyteläinen; *(ruuasta)* täyttävä, rasvapitoinen
riches rikkaus
richly runsaasti
rick suova; nyrjähdys
rickets riisitauti

rickety hutera; tutiseva
rickshaw riksha
rid *(rid/ridded rid)* vapauttaa; ***get ~ of*** päästä eroon jstak
riddle arvoitus
ride 1 *v (rode ridden)* ratsastaa, ajaa **2** *s* ratsastusmatka; ajelu; kyyti; ***go for a ~*** lähteä ajelulle; ***can you give me a ~?*** voitko antaa minulle kyydin *t.* viedä minut?
rider ratsastaja
ridge harju, harjanne
ridicule 1 *s* pilkka **2** *v* tehdä naurettavaksi, pilkata
ridiculous naurettava
rifle 1 *s* kivääri **2** *v* ryöstää
rift 1 *s* halkeama; *(kuv)* erimielisyys, välirikko **2** *v* haljeta, rakoilla
rig 1 *s* laitteisto, vehkeet, laitteet; porauslautta; takila, riki; asu, kamppeet **2** *v* takiloida; sormeilla, sumplia; ***~ged election*** vaalipetos
Riga Riika
rigging köysistö, takila
right 1 *a, adv* suora; suoraan; oikea; oikein; ***you are ~*** olet oikeassa; ***that's ~*** pitää paikkansa; ***~ away*** heti; ***~ on!*** *(Am)* selvä!, hyvä! **2** *s* oikeus; oikea puoli; oikeisto; ***in one's own ~*** omasta takaa, omilla ansioilla **3** *v* oikaista
righteous oikeudenmukainen; *(usk)* vanhurskas
rightful oikea, laillinen
right-hand oikea, oikeanpuoleinen; oikeakätinen, oikean käden
right-handed oikeakätinen
right of way etuajo-oikeus
right wing oikeisto[siipi]
rigid jäykkä, tiukka
rigo[u]r ankaruus
rigorous ankara
rig out pukea jksik; varustaa (***with*** jllak)
rig up kyhätä kokoon
rile suututtaa, ärsyttää
rim 1 *s* reuna; *(pyörän)* vanne; *(silmälasien)* kehys **2** *v* reunustaa
rime 1 *s* huurre, kuura **2** *v* peittää huurteeseen
rind kuori; kaarna
ring 1 *s* piiri, rengas; sormus; soitto; [rikollis]kopla; *(nyrkk)* kehä; ***give me a ~*** soita minulle **2** *v (rang rung)* soida; soittaa
ring finger nimetön sormi
ringleader [koplan] johtaja
ring road kehätie
ringside kehän vierus; ***a ~ view*** *(kuv)* aitiopaikka
rink luistinrata
rinse 1 *s* huuhtelu; hoitoaine; sävyte, värihuuhtelu[aine] **2** *v* huuhtoa, huuhdella
riot 1 *s* mellakka, meteli, kahina; ***run ~*** olla hillitön **2** *v* mellakoida
rioter mellakoitsija
rip 1 *v* repäistä; viiltää auki **2** *s (ark)* repeytymä; ***rip off*** ryöstää, huijata
ripe kypsä
ripen kypsyä; kypsyttää
ripple 1 *s* väre **2** *v* väreillä
rise 1 *v (rose risen)* nousta, kohota **2** *s* nousu; mäki, kukkula; *(Br)* palkankorotus; ***give ~ to*** aiheuttaa jtak
risen *ks.* ***rise***; noussut
risk 1 *s* vaara; ***at the ~ of his life*** henkensä uhalla **2** *v* vaarantaa,

uskaltaa
rite [kirkon]meno; riitti
rival 1 *s* kilpailija **2** *v* kilpailla; vetää vertoja
rivalry kilpailu
river joki, virta
rivet 1 *s* niitti **2** *v* niitata; *(myös kuv)* naulita
R.N. *(= Royal Navy)* kuninkaallinen laivasto
road tie, katu; ***hit the ~*** *(ark)* lähteä; ***on the ~*** matkalla, reisussa
road accident liikenneonnettomuus
road hog *(ark)* hurjastelija
roadie, roadmanager roudari
roadside tien|reuna, -varsi
roadway ajotie
road works tietyö[t]
roam kuljeskella, vaeltaa
roan *(hevosesta)* kimo
roar 1 *s* karjunta; ulvonta; kohina **2** *v* karjua; ulvoa; kohista
roast 1 *s* paisti **2** *v* paahtaa
rob ryöstää
robber ryöväri, rosvo
robbery ryöstö
robe viitta, kaapu; [virka-]asu
robin punarintasatakieli
robot robotti
robust roteva, vankka
rock 1 *s* kallio; kivilaji; kari; rockmusiikki; ***on the ~s*** jäillä **2** *v* keinua, keinuttaa
rock bottom 1 *s* alin taso, pohjanoteeraus **2** *a* alin, pohja-
rocker jalas; rokkari
rockery kivikko[istutus]
rocket 1 *s* raketti, ohjus **2** *v* kohota äkkiä
rocking chair keinutuoli
rocking horse keinuhevonen
rock slide kivivyöry
rocky kallioinen; kivikova; huojuva
rod tanko; sauva; vitsa; ongenvapa
rode *ks.* ***ride***
rodent jyrsijä
roe mäti, maiti
roe [deer] metsäkauris
rogue roisto, veijari
roguish roistomainen
role osa, rooli
role model esikuva
roll 1 *s* käärö, rulla; sämpylä; luettelo **2** *v* vieriä, kieriä; vierittää, kierittää; pyöriä; kääriä; vyöryä; keinua; kaulia
roll call nimenhuuto
roller tela, valssi, jyrä
roller coaster vuoristorata
roller skates rullaluistimet
roll in saapua vyörymällä, vyöryä *t.* tulvia [sisään]
rolling pin kaulin
rolling stock *(rautat)* liikkuva kalusto
roll on vieriä *t.* kulua; vetää ylleen; *~!* pidä kiirettä!
roll out kaulia
roll up kääriä kokoon *t.* ylös; ilmestyä paikalle, tulla
Roman roomalainen
Roman Catholic roomalaiskatolinen
romance romanttinen kertomus; romanssi; romantiikka
Romance languages romaaniset kielet
Romania Romania
Romanian 1 *a* romanialainen **2** *s* *(kieli)* romania

romantic romanttinen
romanticism romantiikka
Rome Rooma
romp 1 *s* rasavilli **2** *v* telmiä, mellastaa
rompers *(lapsen)* potku-, leikki|puku
roof 1 *s* katto **2** *v* kattaa
roofing kattoainekset
roof rack kattoteline
rook mustavaris; *(šakk)* torni
room huone; tila, sija
room and board täysihoito; asunto ja ruoka
room service huonepalvelu
roomy tilava
roost orsi; oksa; pesäpaikka
rooster kukko
root 1 *s* juuri; juurikas; *(kiel)* kanta **2** *v* juurruttaa; juurtua
root about tonkia, penkoa
rootless juureton
root out hävittää juurineen
rope 1 *s* köysi; ***know the ~s*** olla perillä asioista **2** *v* köyttää
rope dance nuorallatanssija
rope ladder köysitikkaat
rosary rukousnauha
1 rose ruusu; ruusunpunainen
2 rose *ks.* ***rise***
rose bush ruusupensas
rosin 1 *s* hartsi **2** *v* hartsata
roster työvuorolista
rostrum puhuja|lava, -koroke
rosy ruusunpunainen, ruusuinen
rot 1 *v* mädäntyä, lahota **2** *s* lahoaminen, mädäntyminen; mätä
Rotarian rotari
rotary pyörivä
Rotary Club rotariklubi
rotation kiertäminen; kierros; rotaatio
rotten mädäntynyt, mätä, laho
rouble rupla
rouge poskipuna
rough 1 *a* karkea, epätasainen; rosoinen, hiomaton; töykeä, ankara; myrskyinen; summittainen **2** *s* huligaani **3** *v*: ~ ***it*** elää vaikeissa oloissa
rough-and-tumble säännötön, raju; nujakka
rough copy konsepti
roughly karkeasti; suunnilleen, arvioilta
roughneck öljynporaaja; *(Am ark)* rähinöitsijä
roughness karkeus
round 1 *a* pyöreä **2** *s* kierros; vuoro, erä **3** *adv, prep* ympäri[llä]; ***look*** ~ katsella ympärilleen *t.* taakseen; ***not enough to go*** ~ ei tarpeeksi kaikille **4** *v* kiertää jkn ympäri; pyöristää
roundabout *(Br)* liikenneympyrä
roundabout route, roundabout way kiertotie
round bracket kaarisulje
round off pyöristää, päättää
round trip kiertomatka
round-trip ticket *(Am)* meno-paluulippu
roundup ratsia; kokoaminen, kokoonajo; ***reindeer*** ~ poroerotus
round up koota [yhteen]
rouse herättää, innostaa
rout 1 *s* hurja pako; tappio **2** *v* ajaa pakosalle; lyödä, nitistää
route tie, reitti; ***en*** ~ matkalla
routine jokapäiväinen, rutiini-; rutiini; esitys
rove harhailla, samota

row 1 *s* rivi; soutumatka; meteli, riita; ***kick up a ~*** nostaa häly **2** *v* soutaa
rowan tree pihlaja
rowdy 1 *s* tappelupukari **2** *a* räyhäävä, karkea
royal kuninkaallinen, kuningas-
royalty kuninkaalliset; tekijänpalkkio
RSVP *(= répondez s'il vous plaît) (ransk)* vastausta pyydetään, v.p.
rub hieroa, hangata
rubber kumi; kondomi
rubber band kuminauha
rubbers kalossit; kumitossut
rubbish roska
rubble kivimurska
ruble rupla
ruby rubiini[npunainen]
rudder peräsin
ruddy punakka; *(Br ark)* pirun[moinen]
rude karkea, tyly, epäkohtelias, töykeä; hiomaton
rudiments alkeet
ruffian roisto
ruffle 1 *s* väre, kare; röyhelö **2** *v* panna väreilemään; pöyhistää; häiritä [rauhaa]; hermostuttaa
rug matto; huopa
rugby rugby
rugged epätasainen, karkea; karski, karu
rugger = ***rugby***
ruin 1 *s* tuho, perikato; raunio; ***in ~s*** raunioina **2** *v* tuhota, pilata; saattaa perikatoon
ruinous tuhoisa
rule 1 *s* sääntö, ohje; hallitusvalta; ***as a ~*** yleensä **2** *v* hallita; määrätä; viivoittaa
ruler hallitsija; viivoitin
rum rommi
rumble 1 *s* jyrinä **2** *v* jyristä
ruminant märehtijä
rummage 1 *s* rihkama **2** *v* penkoa
rummage sale *(Am)* kirpputori, myyjäiset
rumo[u]r 1 *s* huhu **2** *v* huhuta
rump *(el)* takapuoli; ***rump steak*** *(ruok)* taka-, reisi|paisti
rumpus meteli, hälinä
run 1 *v (ran run)* juosta, kulkea; käydä, olla käynnissä; olla ohjelmistossa; virrata; pitää käynnissä; hoitaa *(liikettä)*; ***~ sb down*** ajaa kumoon, parjata **2** *s* juoksu, kulku; matka; ryntäys; *(tekn)* ajo; *(mus)* juoksutus; *(Am)* silmäpako; ***in the long ~*** ajan mittaan
run [for] asettua ehdokkaaksi
runaway karkuri
run away karata
run down kulua loppuun, pysähtyä
run-down rasittunut; ränsistynyt, rähjäinen
1 rung tikapuun puola
2 rung *ks.* ***ring***
run-in kiista
run into törmätä; tavata sattumalta
runner juoksija; jalas; rönsy
runner-up seuraava, sijoittunut; ***first ~*** toiseksi tullut
running juokseva; jatkuva
running shoes lenkkitossut
runny vuotava; *(ark)* vetelä, löysä
run out loppua; ***we are running out of money*** meiltä loppuu rahat
run over vuotaa yli
runway kiitorata
rupee rupia
rupture 1 *s* repeämä; välien rikkou-

tuminen; murtuminen **2** *v* revetä, ratketa; murtua
rural maalais-
rush 1 *v* rynnätä, syöksyä; hoputtaa; ~ ***at sb*** hyökätä jkn kimppuun **2** *s* ryntäys, kiire; kaisla
rush hour ruuhka-aika
Russia Venäjä
Russian venäläinen; *(kieli)* venäjä
the Russian Federation Venäjän Federaatio
rust 1 *s* ruoste **2** *v* ruostua
rustic talonpoikais-, rustiikki
rustle kahista; *(Am)* varastaa karjaa
rusty ruosteinen
rut pyörän jälki; ***to be in a*** ~ olla urautunut *t.* paikoilleen jämähtänyt
ruthless säälimätön, julma
rutted urilla [oleva], urautunut
rye ruis
rye bread ruisleipä

S

S. = ***South***
Sabbath lepopäivä, sapatti
sable soopeli
sabotage sabotaasi
sabre, saber sapeli
saccharin sakariini
sachet *(pieni shampoo-, sokeri-, pulveri- ym.)* pussi, tyyny
sack 1 *s* säkki; ***they gave him the ~*** hän sai potkut **2** *v* antaa potkut; ryöstää
sacred pyhitetty, pyhä
sacrifice 1 *s* uhraus; uhri **2** *v* uhrata
sacrilege pyhäinhäväistys
sad surullinen, alakuloinen
sadden tehdä murheelliseksi
saddle 1 *s* satula **2** *v* satuloida
saddler satulaseppä
sadism sadismi
sadist sadisti
sadly surullisesti; kipeästi
sadness surullisuus
safe 1 *a* varma, turvallinen; eheä; ***to be on the ~ side*** varmuuden vuoksi; ***~ and sound*** ehjin nahoin **2** *s* kassakaappi, tallelokero
safe[ty]-deposit box tallelokero *(pankissa)*
safeguard 1 *s* suoja; turva, tae; suojatoimi **2** *v* suojella (***against*** jtak vastaan)
safely onnellisesti, turvallisesti
safety belt turvavyö
safety pin hakaneula
saffron sahrami
sag 1 *v* roikkua, painua; vähetä, pienentyä; olla pitkäveteinen **2** *s* painuma; lasku; väheneminen
sage 1 *a* viisas **2** *s* salvia
saggy notkollaan oleva; roikkuva
Sagittarius *(astrol)* jousimies
said *ks.* ***say***
sail 1 *s* purje **2** *v* purjehtia
sailboat, sailing boat purjevene
sailor merimies
saint pyhimys, pyhä
sake: ***for the ~ of*** jnk vuoksi, tähden; ***do it for my ~*** tee se minun vuokseni
salad salaatti
salad dressing salaattikastike
salary [kuukausi]palkka
sale myynti; loppuun-, alennus|-myynti; ***for ~*** myytävänä
saleable kaupaksi menevä
sales myynti-, myynnin-; ***~ figures*** myyntiluvut; ***~ promotion*** myynninedistämiskampanja; ***~ representative*** myynninedustaja
salesclerk *(Am)* myyjä
salesman, saleslady, saleswoman myyjä
sales slip *(Am)* kuitti
sales tax liikevaihtovero
salient silmiinpistävä; tärkein, keskeinen; ulkoneva
saline suola[pitoinen]; suolaliuos
saliva sylki
sallow kalpea, kalvakka
sally 1 *s* hyökkäys, rynnäkkö; [sana]sutkaus **2** *v* hyökätä, rynnätä (***forth*** jnnek)
salmon lohi; ***~ soup*** lohikeitto; ***~ trout*** taimen

salon salonki
saloon 1(*Am*) saluuna, baari, kapakka **2** (*Br*) umpiauto; drinkki-, aula|baari **3** laivan salonki
saloon bar *ks. **saloon***
salt 1 *s* suola **2** *v* suolata
salt cellar (*Br*) suolasirotin
saltpetre salpietari
salt shaker (*Am*) suolasirotin
salty suolainen
salutary hyödyllinen; terveellinen
salute 1 *s* kunnianteko; kunnialaukaus; tervehdys; ***take the ~*** ottaa vastaan paraati **2** *v* tehdä kunniaa; tervehtiä
salvage 1 *s* [meri]pelastus **2** *v* pelastaa
salvation (*usk*) pelastus
Salvation Army pelastusarmeija
salve (*huuli-, haava- ym.*) voide, salva
same sama; ***all the ~*** siitä huolimatta; ***it's all the ~ to me*** se on minulle samantekevää; ***at the ~ time*** samalla kertaa, yhtaikaa, kuitenkin; ***~ to you*** samoin
sample 1 *s* [tavara]näyte, näyte[kappale], malli; pistokoe; ***blood ~*** verinäyte **2** *v* ottaa näyte; maistaa
sanctify pyhittää
sanction 1 *s* hyväksyminen; pakote; rangaistus, sanktio **2** *v* hyväksyä, vahvistaa
sanctity pyhyys
sanctuary pyhäkkö; turvapaikka, suojelualue
sand 1 *s* hiekka, hieta **2** *v* hiekoittaa
sandal sandaali, sannikas
sandalwood santelipuu
sandbox (*Am*) hiekkalaatikko
sandman nukkumatti
sandpit (*Br*) hiekkalaatikko
sands hiekka|ranta, -särkkä
sandwich [kerros]voileipä
sandy hiekkainen
sane täysjärkinen, järkevä
sang *ks. **sing***
sanitary terveydenhoidollinen; hygieeninen, saniteetti-
sanitary napkin (*Am*) terveysside
sanitary towel (*Br*) terveysside
sanitation saniteetti- *t.* viemäri|laitteet, viemäröinti; jätehuolto
sanity tervejärkisyys
sank *ks. **sink***
Santa Claus (*Am*) joulupukki
sap 1 *s* mehu, mahla **2** *v* heikentää (*voimat*); kaivaa perustukset (*jkn alta*)
sapphire safiiri
sarcasm [katkera] iva, sarkasmi
sarcastic pisteliäs, ivallinen, sarkastinen
sardine sardiini
sash vyö; olkanauha; ikkunakehys
sash window liuku-, nosto|ikkuna
sat *ks. **sit***
Satan saatana
satanic saatanallinen, saatanan
satanism saatananpalvonta
satchel [koulu- *t.* olka]laukku
sateen puuvillasatiini
satellite satelliitti, [teko]kuu; satelliittivaltio
satin satiini
satire satiiri, iva
satisfaction tyydytys; mielihyvä, ilo; hyvitys
satisfactory tyydyttävä
satisfied tyytyväinen (***with*** jhk); kylläinen

satisfy tyydyttää (***with*** jllak); täyttää, vastata jtak; saada vakuuttuneeksi
saturate kyllästää; liottaa; täyttää
Saturday lauantai; ***on ~*** lauantaina; ***on ~s*** lauantaisin
Saturn Saturnus
sauce kastike; *(ark)* nenäkkyys
saucepan kasari
saucer teevati; ***flying ~*** lentävä lautanen
saucy nenäkäs; *(ark)* näpsäkkä; tuhma, mehukas
sauerkraut haudutettu hapankaali
saunter 1 *s* kuljeskelu, kävely[lenkki] **2** *v* kuljeskella, maleksia
sausage makkara
savage villi[-ihminen]
save 1 *v* pelastaa; säästää; vapahtaa **2** *prep* paitsi
savings säästöt
savings account karttuva talletustili
savings bank säästöpankki
Saviour Vapahtaja
savo[u]r 1 *s* maku, tuntu **2** *v* maistua, haiskahtaa (***of*** jltak)
savo[u]ry 1 *a* suolainen; maukas **2** *s* suolapala
savory kynteli
savoy savojinkaali
1 saw 1 *s* saha **2** *v* sahata
2 saw *ks.* ***see***
sawdust sahajauho
sawmill saha[laitos]
sawn sahattu
saxophone saksofoni
say *(said said)* sanoa; ***I ~*** kuulehan; ***let us ~*** sanotaan, esimerkiksi; ***he is said to be*** hänen sanotaan olevan; ***that is to ~*** toisin sanoen, siis; ***to ~ nothing of*** jstak puhumattakaan
saying sanonta, sananparsi
scab rupi; *(el)* syyhytauti; [lakko]rikkuri
scabbard *(miekan ym.)* tuppi
scaffold rakennusteline; mestauslava
scaffolding rakennustelineet
scald 1 *s* palohaava **2** *v* polttaa *(kuumalla vedellä)*; kuumentaa
scale 1 *s* asteikko, mittakaava; vaakakuppi, vaaka; suomu **2** *v* kiivetä; suomustaa; kesiä
scale down porrastaa, alentaa
scale up porrastaa, korottaa
scallop 1 *s* kampasimpukka; simpukankuori **2** *v* gratinoida simpukankuoressa
scalp 1 *s* päänahka **2** *v* ottaa päänahka, skalpeerata
scamp lurjus, vintiö
scamper juosta, kipittää
scampi *(ruok)* jättikatkaravut
scan tutkia tarkoin; skannata
scandal skandaali, häväistys[juttu]
scandalize herättää pahennusta; järkyttää
scandalmonger juoruilija
scandalous häpeällinen, skandaali-
Scandinavia Skandinavia
Scandinavian pohjoismaalainen, skandinaavi
scanner skanneri, tutkain
scant[y] niukka; piukka
scapegoat syntipukki
scar 1 *s* arpi **2** *v* arpeutua
scarce niukka, vähäinen; ***food is ~*** ruokaa on niukalti
scarcely tuskin

scarcity niukkuus, puute
scare 1 *v* pelästyttää, säikäyttää; *I was ~d* pelkäsin, pelästyin **2** *s* säikähdys
scarecrow linnunpelätin
scarf *(pl scarves)* kaulaliina, huivi
scarlet helakanpunainen
scarlet fever tulirokko
scarred arpinen
scatter sirotella, hajottaa; hajota
scattered hajallaan [oleva]
scavenger haaskaeläin
scenario *(tv, elok)* käsikirjoitus
scene tapahtumapaikka; näyttämö; näky[mä]; kohtaus
scenery maisema; lavasteet
scenes kulissit
scenic luonnonkaunis; maisema-, näköala-; näyttämö-; *~ beauty* luonnonkauneus
scent 1 *s* tuoksu; hajuvesi; vainu **2** *v* vainuta
scented parfymoitu, tuoksuva
sceptic epäilijä
sceptical epäilevä[inen], skeptinen (*of* jnk suhteen)
sceptre valtikka
schedule 1 *s* luettelo; aikataulu, ohjelma; lukujärjestys; *on* ~ määräaikana, aikataulun mukaisesti; *she has a tight* ~ hänellä on tiukka ohjelma *t.* kiireinen aikataulu **2** *v* merkitä luetteloon *t.* ohjelmaan
scheme 1 *s* suunnitelma; juoni; kaava **2** *v* vehkeillä
schism [uskon]riita; skisma
schizophrenia skitsofrenia, jakomielitauti
scholar oppinut, lukenut; tutkija; *(vanh)* oppilas
scholarship stipendi, apuraha; oppineisuus; *apply for a ~* anoa stipendiä
school koulu; *(taidehist)* koulukunta; [kala]parvi; *at* ~ koulussa; *he is still in* ~ hän opiskelee vielä; *where did you go to ~?* missä kävit koulua?
schoolbag koululaukku
schoolbook koulukirja
schoolboy koulupoika
schoolbus koulubussi
schoolchild *(pl ~ children)* koululainen
schoolday koulupäivä
schoolfellow koulutoveri
schooling koulusivistys, koulutus
schoolmate koulutoveri
schoolteacher opettaja
schoolwork koulutyö
schooner kuunari
sciatic nerve iskiashermo
science tiede
science fiction tieteis[kirjallisuus]
scientific tieteellinen
scientist tiedemies, tutkija; luonnontieteilijä
sci-fi = ***science fiction***
scintillate säkenöidä
scion pistokas; *(kuv)* vesa
scissors sakset
scoff pilkata, nälviä (*at* jktа)
scold torua, moittia
scolding toruminen, moitteet
scone *(Br)* teeleipä
scoop 1 *s* kauha, lapio; kahmaisu; jymy|uutinen t. -juttu **2** *v* ammentaa, kauhoa; ehtiä ensin
scooter potkulauta; *[motor] ~* skootteri
scope ala, alue; liikkuma|tila, -va-

ra; ***within the ~ of*** jnk rajoissa, puitteissa

scorch kärventää; *(Br ark)* ajaa hurjaa vauhtia, kiitää

scorcher *(ark)* jymyjuttu; kaahari; paahtava hellepäivä

score 1 *s* pistemäärä; tulos, tulokset; tiu, kaksikymmentä; partituuri; ***what's the ~?*** mikä on [piste]-tilanne?; ***settle an old ~*** maksaa vanha kalavelka **2** *v* saada *t.* tehdä pisteitä, voittaa; *(ark)* saada, naida; ***~ a success*** saada menestystä, tulla menestys

scoreboard pistetaulu

scorn 1 *s* ylenkatse, ylimielisyys **2** *v* ylenkatsoa, olla ylimielinen

scornful ylimielinen, halveksiva

Scorpio *(astrol)* skorpioni

scorpion skorpioni

Scot skotti

Scotch [whiskey] [skotlantilainen] viski

scotch tape *(Am)* teippi

Scotland Skotlanti

Scotsman skotti

Scotswoman *(fem)* skotti

Scottish 1 *a* skotlantilainen, Skotlannin **2** *s* skotti; ***the Scottish*** skotlantilaiset

scour hangata, puhdistaa; etsiä, koluta, haravoida

scourge 1 *s* vitsaus; ruoska **2** *v* kurittaa

scout 1 *s* tiedustelija; partiolainen **2** *v* tiedustella

scouting partiotoiminta

scoutmaster partiojohtaja

scowl katsoa tuimasti; rypistää kulmiaan

scramble 1 *s* kapuaminen; kilpailu, kamppailu (***for*** jstak) **2** *v* kavuta; kamppailla, tungeksia; sekoittaa

scrambled eggs *(läh)* munakokkeli

scrap 1 *s* pala; [lehti]leike; riita, nahistelu; *(ark)* tähteet **2** *v* romuttaa; nahistella

scrapbook leikekirja

scrape 1 *s* raaputus; kiipeli, pula **2** *v* raaputtaa, kaapia; ***~ a living*** elää kitkuttaa

scrap iron romurauta

scrap paper *(Br)* suttupaperi

scratch 1 *s* naarmu; raaputus; lähtöviiva; ***from ~*** tyhjästä **2** *v* kynsiä, raapia; naarmuttaa

scratch paper *(Am)* suttupaperi

scratch up (together) haalia kokoon (kasaan)

scrawl 1 *s* töherrys, harakanvarpaat **2** *v* töhertää, tuhertaa, raapustaa

scream 1 *s* kirkaisu, parkaisu **2** *v* kirkua, kiljua, kiljaista

screech 1 *s* kirkaisu; kirskunta **2** *v* kirkua; kirskua

screen 1 *s* varjostin, suojus[tin]; sermi; valkokangas; *(tv)* kuvaruutu **2** *v* peittää, suojata; seuloa

screenplay elokuvakäsikirjoitus

screen test koekuvaus

screw 1 *s* ruuvi; *(ark)* nainti, pano; ***he has a ~ loose*** hänellä on ruuvi löysällä **2** *v* ruuvata, kiertää; ahdistaa, kiristää; rutistaa; *(ark)* naida

screwdriver ruuvimeisseli, ruuvari; *(vodkasta ja tuoremehusta sekoitettu)* cocktail

screwed-up sekaisin; kieroutunut; rutistettu; *(kasvoista)* vääntynyt; *(silmistä)* sirrillään

screw up pilata, sotkea *(suunnitelma, tilanne ym.)*; rutistaa; siristää *(silmiä)*
scribble töhertää, raapustaa
scribe kirjuri; *(vanh)* kirjanoppinut
script kirjoitus; kirjaimisto; käsiala; käsikirjoitus, teksti
scripture[s] raamattu, pyhät kirjoitukset
scroll [pergamentti- t .paperi]käärö
scrounge 1 *s* pummi **2** *v*: *~ off sb* pummata jklta *(rahaa, tupakkaa)*
scrub 1 *s* pensaikko **2** *v* hangata, puhdistaa
scruple [oman]tunnontuska; *of no ~s* häikäilemätön
scrupulous [tunnon]tarkka
scrutinize tutkia tarkoin
scrutiny tarkka tutkimus
scuba diving [laite]sukellus
scud kiitää, viilettää
scuffle 1 *s* tappelu, nujakka **2** *v* tapella
scull 1 *s* mela, airo **2** *v* meloa, soutaa
sculptor, sculptress kuvanveistäjä
sculpture 1 *s* kuvanveistotaide; veistos **2** *v* veistää
scum vaahto, kuohu; roskaväki
scurf rupi; hilse
scurry 1 *s* pinkaisu, säntäys **2** *v* pinkaista, sännätä
scurvy keripukki
scuttle 1 *s* luukku; hiilisanko **2** *v* upottaa *(päästämällä vettä laivaan)*; kipittää pakoon
scythe 1 *s* viikate **2** *v* niittää
sea meri; aallokko; ***at*** ~ merellä, merillä; ***by the*** ~ meren rannalla; ***a heavy*** ~ kova merenkäynti
seabed merenpohja
seabird merilintu
seafood kala- ja äyriäis|ruoat
seagull lokki
sea horse merihevonen
seal 1 *s* sinetti, leimasin; hylje **2** *v* sinetöidä, sulkea [tiiviisti]
sea level merenpinta; ***above*** ~ merenpinnan yläpuolella
sealing wax sinettilakka
seam sauma; liitos; uurre
seaman merimies
seamless *(konkr, kuv)* saumaton
seamstress ompelija
seaplane vesitaso
seaport satama[kaupunki]
sear kärventää, polttaa; ruskistaa
search 1 *v* etsiä [tarkoin], tarkastaa **2** *s* etsintä; [ruumiin- *t.* koti]tarkastus
searchlight valonheittäjä
search party etsintäpartio
search warrant etsintälupa
seasick merisairas
seaside [meren]rannikko
seaside resort [meri]kylpylä, rantalomakohde
season 1 *s* vuodenaika; kausi, sesonki; huvikausi **2** *v* maustaa; kuivata *(puutavaraa)*; karaista, totuttaa (***to*** jhk)
seasonable sopivaan aikaan tapahtuva
seasonal vuodenajan mukainen; kausi-, sesonki|luontoinen; kausittainen, kausi-
seasoning mauste, höyste
season ticket kausilippu
seat 1 *s* istuin, istumapaikka; tyyssija; edustajanpaikka; ***take a ~!*** istu[han] alas! **2** *v* asettaa istumaan; ***please be ~ed*** olkaa hyvä

ja istu[utu]kaa
seat belt turvavyö; ***fasten your ~s*** kiinnittäkää turvavyönne
sea water merivesi
seaweed merilevä
seaworthy purjehduskelpoinen
seclude sulkea pois, eristää
secluded yksinäinen, syrjäinen
seclusion eristyineisyys
second 1 *a* toinen; ***on ~ thoughts*** asiaa harkittua|ani, -aan; ***~ best*** seuraavaksi paras **2** *s* sekunti **3** *v* kannattaa, puoltaa; ***I ~ the motion*** kannatetaan
secondary toisarvoinen
secondary school *(Br läh)* yläaste
second cousin pikkuserkku
second-hand käytetty; ***buy ~*** ostaa käytettynä *t.* antikvariaatista
second hand sekuntiviisari
second-hand shop vanhan tavaran osto- ja myyntiliike, divari
secondly toiseksi
second-rate toisen luokan
seconds *(ark)* lisää ruokaa, santsaus; ***he asked for ~*** hän pyysi lisää [ruokaa]
second sight selvänäkijänkyky
secrecy salaperäisyys; ***bound to ~*** vaitiolovelvollinen
secret 1 *a* salainen, sala- **2** *s* salaisuus; ***in ~*** salaa; ***keep it ~*** pidä se salassa, pidä asia omana tietonasi
secret agent salainen agentti, vakooja
secretary sihteeri
secretary-general pääsihteeri
Secretary of State *(Br)* ministeri; *(Am)* ulkoministeri
secrete erittää
secretion eritys, erite
secret police salainen poliisi
secret service salainen tiedustelupalvelu
sect lahko
section 1 *s* osa, osasto, jaosto; poikkileikkaus **2** *v* leikata [poikki t. osiin], lohkoa
sector lohko, sektori
secular maallinen
secularized maallistunut
secure 1 *a* turvallinen, varma **2** *v* varmistaa, turvata; kiinnittää [lujasti]; hankkia itselleen, saada
securities arvopaperit
security turvallisuus, varmuus, takuu
security control turvatarkastus
the Security Council [YK:n] turvallisuusneuvosto
security guard turvamies
sedan *(Am)* iso umpinainen auto
sedan chair kantotuoli
sedate 1 *a* tyyni, rauhallinen **2** *v* rauhoittaa, huumata
sedative rauhoittava lääke
sedentary job istumatyö
sedge *(kasv)* sara
sediment sakka, kerrostuma
sedimentation kerrostuminen
sedition kapinan lietsominen, kansankiihotus
seduce vietellä; houkutella
seductive viettelevä
see 1 *v (saw seen)* nähdä; ***let me ~*** annahan kun katson; ***I ~*** ahaa, ymmärrän; ***come and ~ us more often*** käykää [meillä] useammin; ***you should ~ a doctor*** sinun pitäisi käydä lääkärissä; ***~ you soon*** pian tavataan; ***~ you*** *(Am)* nähdään taas, näkemiin **2** *s* hiippa-

kunta; ***Holy See*** paavinistuin, vatikaani
seed 1 *s* siemen, jyvä; kylvösiemen **2** *v* siementää, kylvää
seedbed taimilava, kylvöalusta
seedling taimi
seedy nukkavieru, rapistunut
seeing näkeminen; ***worth ~*** näkemisen arvoinen; ***~ that*** koska
seek *(sought sought)* hakea, etsiä; tavoitella (***after, for*** jtak)
seek out etsiä käsiinsä
seem näyttää, tuntua; ***it ~s to me that...*** minusta näyttää siltä, [että...]
seeming näennäinen
seemingly näennäisen, näennäisesti
see off mennä saattamaan, saattaa; ***I went to see them off at the airport*** menin saattamaan heitä *t.* saatoin heidät lentokentälle
see out saattaa ovelle
seesaw 1 *s* keinulauta **2** *v* keinua
seethe *(kuv)* kuohua, kiehua; kuhista (***with*** jtak)
see-through *(vaat)* läpinäkyvä
see to huolehtia jstak; ***I'll see to it personally*** huolehdin asiasta henkilökohtaisesti
segregate erottaa, eristää
segregation rotuerottelu
seine nuotta
seize tarttua, ottaa kiinni; vallata; takavarikoida
seizure takavarikointi; *(taudin)* kohtaus; valtaus
seldom harvoin
select 1 *v* valikoida, valita **2** *a* valio-
selection valikoima; valinta
self itse
self-cent[e]red itsekeskeinen
self-confident [itse]varma, itseensä luottava
self-conscious vaivaantunut, ujo
self-contained erillinen; omavarainen
self-control itsehillintä
self-defence itsepuolustus
self-employed [itsenäinen] yrittäjä
self-fulfilment itsensä toteuttaminen
self-government itsehallinto
selfish itsekäs
self-made omatekoinen; omin avuin menestynyt
self-pity itsesääli
self-possessed rauhallinen
self-satisfied omahyväinen
self-supporting itsensä elättävä
self-willed itsepäinen, omatahtoinen
sell *(sold sold)* myydä; mennä kaupaksi
seller myyjä
sell off (out) *(sold sold)* myydä loppuun
sellotape *(Br)* teippi
semblance hahmo, muoto
semen siemenneste
semester *(Am)* lukukausi
semi- puoli-, väli-
semicircle puoliympyrä
semicolon puolipiste
semi-detached [house] *(Br)* paritalo
semifinal välierä
semimanufactured product puolivalmiste
seminar seminaari
semiprecious stone puolijalokivi

semolina mannasuurimot
senate senaatti
send *(sent sent)* lähettää
send down *(Br)* erottaa; *(Br)* panna vankilaan; alentaa
sender lähettäjä
send for lähettää noutamaan, hakea; ***send for a doctor*** hakekaa lääkäri
send in jättää, lähettää [käsiteltäväksi]
send up *(Am)* panna vankilaan
senile vanhuudenhöperö, seniili
senility vanhuudenhöperyys, seniiliys
senior vanhempi, seniori-
senior citizen *(Am)* vanhus, eläkeläinen
sensation aistimus, tunne; sensaatio, kohu
sensational sensaatiomainen, kohu-, jymy-
sense 1 *s* aisti, taju, tunto; järki; merkitys; ***in what ~?*** missä mielessä?; ***it doesn't make ~*** siinä ei ole mitään järkeä; ***he came to his ~s*** hän palasi tajuihinsa, hän tuli järkiinsä **2** *v* aistia, vaistota
sensibility herkkyys
sensible järkevä, ymmärtäväinen; aistein havaittava; tietoinen (***of*** jstak)
sensitive herkkä, arka (***about*** jkn suhteen)
sensual aistillinen, sensuelli
sent *ks.* ***send***
sentence 1 *s* lause; tuomio **2** *v* tuomita; ***he was ~d to death*** hänet tuomittiin kuolemaan
sentiment tunne; tuntemus, näkemys; ***for ~*** tunnesyistä
sentimental tunteellinen, sentimentaalinen
sentry vartiomies
separate 1 *v* erottaa, irrottaa; erota **2** *a* erillinen
separation eroaminen; erottaminen; asumusero
September syyskuu
sepulchre hauta[kammio]
sequel jatko, seuraus
sequence jakso, järjestys
sequester eristää; takavarikoida
sequestered yksinäinen, erakkomainen
sequoia mammuttipetäjä; punapuu
Serb serbi
Serbian serbialainen
serene tyyni, kirkas
serf maaorja
serge sarssi[kangas]
sergeant kersantti
serial 1 *a* sarja- **2** *s* jatko|kertomus, -sarja; sarja
serialize *(Br)* esittää jaksoina; julkaista jatkokertomuksena
series *(pl series)* sarja; ***television ~*** tv-sarja
serious vakava; vaarallinen
sermon saarna
serpent *(kirj)* käärme
serum verihera; seerumi
servant palvelija; ***civil ~*** virkamies
serve palvella; tarjoilla; kelvata; toimia (***as*** jnak); *(urh)* syöttää; ***~ the purpose*** vastata tarkoitusta; ***that ~s him right*** se on hänelle [ihan] oikein
service 1 *s* palvelu[s]; huolto; jumalanpalvelus; asepalvelus; astiasto; astutus; ***fit for ~*** palvelukelpoinen; ***be of ~*** olla avuksi *t.*

hyödyksi jklle **2** *v* huoltaa; hoitaa *(laina)*; astua *(tamma ym.)*
serviceable käyttökelpoinen
service charge tarjoilupalkkio
service industries palveluelinkeinot
servile nöyristelevä
session istunto, sessio
set 1 *v (set set)* panna, asettaa; kattaa *(pöytä)*; *(mus)* sovittaa; määrätä; kehystää; hyytyä; laittaa *(hiukset)*; *(auringosta)* laskea; *~ at ease* rauhoittaa; *he ~ the papers on fire* hän sytytti paperit palamaan; *have they ~ a date for their wedding?* ovatko he määränneet hääpäivän? **2** *a* määrätty, kiinteä *(hinta ym.)*; *~ books* kurssi-, tentti|kirjat; *at the ~ time* määräaikana **3** *s* sarja, kalusto; tarvikkeet, pakkaus; setti, -yhdistelmä; [seura]piiri
setback takaisku
set forth esittää, kuvata; lähteä liikkeelle
set in alkaa
set off lähteä; tehostaa
set out lähteä
settee [pieni] sohva
settle asettaa; päättää; sopia; maksaa; asettua asumaan; vakiintua
settled määrätty; vakiintunut
settle down asettua aloilleen, rauhoittua
settle for tyytyä jhk
settle in kotiutua jhk
settlement sopimus; suoritus; uudisasutus; *(jklle määrätty)* rahasumma
settler siirtolainen, uudisasukas
settle up maksaa lasku
set to ryhtyä jhk
set up panna pystyyn, perustaa
seven seitsemän
seventeen seitsemäntoista
seventh seitsemäs
seventieth seitsemäskymmenes
seventy seitsemänkymmentä
sever erottaa (*from* jstak); katkaista *(välit, suhteet, verisuoni)*
several usea[t], monet
severe ankara
severity ankaruus
sew *(sewed sewn/sewed)* ommella
sewage viemäri|vesi, -jäte; viemäröinti, viemärit
sewer likaviemäri; ompelija
sewing machine ompelukone
sex sukupuoli; seksi; *have ~* rakastella
sex appeal seksikkyys
sex change sukupuolenvaihdos
sex education sukupuolikasvatus
sexism seksismi
sexist seksistinen
sex object seksuaaliobjekti
sex organ sukupuolielin
sexual sukupuoli-, seksuaali[nen]
sexual drive vietti
sexual intercourse sukupuoliyhdyntä
sexuality seksuaalisuus, sukupuolisuus
sexy seksikäs
shabby nukkavieru, nuhjuinen
shack hökkeli, röttelö
shackle käsi-, jalka|rauta, kahle
shade varjo; kaihdin, varjostin; sävy; *a ~ [of]* aavistuksen verran, hienoinen
shades *(ark)* aurinkolasit
shadow 1 *s* varjo **2** *v* varjostaa

shadowy varjoisa; hämärä
shady varjoisa; epäilyttävä
shaft varsi; nuoli; aisa; akseli; *(kaivos- ym.)* kuilu
shaggy takkuinen, tuuhea
shake 1 *s* pudistus; ravistus; tärinä **2** *v (shook shaken)* pudistaa, ravistaa; järkyttää; vapista, täristä; *~ hands with* puristaa jkn kättä
shakedown tilapäisvuode; koe[ajo]; *(Am)* kiristys
shaker sekoitin
shaky vapiseva; horjuva
shall *(apuv, ilmaisee futuuria) I ~ soon be 50* täytän pian 50 vuotta; *you ~ not* et saa
shallow 1 *a* matala; pintapuolinen **2** *s* matalikko
sham 1 *s* väärennös, jäljennös; huijaus; teeskentely **2** *v* teeskennellä, olla olevinaan; *~ illness* tekeytyä sairaaksi **3** *a* teko-, väärennetty
shamble laahustaa
shambles sekasorto
shame 1 *s* häpeä; *what a ~* mikä vahinko; *~ on you!* häpeä! **2** *v* saada häpeämään; tuottaa häpeää
shampoo 1 *s* tukanpesu; sampoo **2** *v* pestä sampoolla
shamrock apila[nlehti]
shan't = *shall not*
shanty hökkeli, röttelö
shape 1 *s* muoto, hahmo; *in bad ~* huonossa kunnossa; *take ~* muotoutua, hahmottua **2** *v* muovata
shapeless muodoton
shapely kaunismuotoinen
share 1 *s* osa, osuus; osake; *have a ~ in* olla osallisena jssak; *go ~s* panna tasan **2** *v* jakaa
shareholder osakkeenomistaja
shark hai; huijari
sharp terävä; jyrkkä; pureva; *at 9 o'clock ~* tasan yhdeksältä; *look ~* pidä varasi; *C ~ (mus)* cis
sharpen teroittaa
sharpener teroitin
sharp-sighted tarkkanäköinen
sharp-witted terävä[-älyinen], nokkela
shatter murskata, pirstoa; *(myös kuv)* mennä pirstaleiksi; murtua
shave 1 *s* parranajo **2** *v* ajaa [parta]; hipaista
shaver parranajokone
shaving cream partavaahto
shavings lastut
shawl hartiahuivi
she *(fem)* hän; *~-cat* naaraskissa
sheaf *(pl sheaves)* lyhde
shear *(sheared shorn/sheared)* keritä
shears keritsimet, puutarhasakset
sheath tuppi, huotra; *(Br)* kondomi
shed 1 *v (shed shed)* vuodattaa; luoda; levittää **2** *s* vaja, katos
sheen kiilto
sheep *(pl sheep)* lammas
sheepish lammasmainen
sheer pelkkä, silkka; ohut; kohtisuora[an]
sheet lakana; [paperi]arkki; [ohut] levy, pinta
sheik[h] šeikki
shelf *(pl shelves)* hylly
shell 1 *s* kuori; simpukankuori; [tykin]ammus, kranaatti **2** *v* kuoria; pommittaa tykeillä
shellfish äyriäinen
shellshock sotaneuroosi; taisteluväsymys
shelter 1 *s* suoja, turva[paikka];

väestönsuoja **2** *v* suojata
shelve panna hyllylle; jättää sikseen
shepherd paimen
sherbet *(Br)* mehujauhe; *(Am)* sorbetti, mehujää
sheriff sheriffi
shield 1 *s* kilpi; suojustin **2** *v* suojella
shift 1 *s* muutos; siirtyminen; työvuoro; keino, juoni; ***in three ~s*** kolmessa vuorossa **2** *v* vaihtaa-muuttaa, muuttua; siirtää, siirtyä; *(Am)* vaihtaa vaihde
shift stick *(Am)* vaihdetanko
shift work vuorotyö
shifty *(ark)* epäluotettava, kiero
shilling shillinki
shilly-shally soutaa ja huovata
shimmer 1 *s* kimmellys **2** *v* kimmeltää
shin[bone] sääriluu
shine 1 *s* loisto, kiilto **2** *v (shone shone)* paistaa, loistaa
shingle kattopäre, paanu; rantasora, somerikko
shingles *(lääk)* vyöruusu
shiny kiiltävä
ship 1 *s* laiva; alus **2** *v* laivata; lähettää, kuljettaa, toimittaa
shipment lähetys, kuljetus, toimitus
shipowner laivanvarustaja
shipper lähettäjä, kuljetusliike
shipping laivaus; kuljetus; laivat, tonnisto
shipshape hyvässä järjestyksessä, tip top
shipwreck haaksirikko
shipyard telakka
shire *(vanh)* kreivikunta; *vrt.* ***county***
shirk kaihtaa, pakoilla, pinnata
shirt paita
shit 1 *s* paska; paskiainen **2** *v (shit/shat shit/shat)* paskantaa
shitty paskamainen, inhottava
shiver 1 *s* pirstale, siru; väristys **2** *v* väristä, vapista
shoal matalikko; kalaparvi
shock 1 *s* järkytys; tärähdys, isku; kuhilas; ***~ of hair*** kuontalo, pehko **2** *v* kauhistuttaa; ***be ~ed*** kauhistua jstak
shock absorber iskunvaimennin
shocking loukkaava, järkyttävä
shocktroops iskujoukot
shoddy kehno, arvoton
shoe 1 *s* kenkä; ***be in sb's ~s*** olla jkn kengissä; ***that's where the shoe pinches*** siitähän kenkä puristaa **2** *v* kengittää
shoehorn kenkälusikka
shoelace *(Br)* kengännauha
shoemaker suutari
shoepolish kenkävoide
shoeshine kenkienkiillotus
shoestring *(Am)* kengännauha
shone *ks.* ***shine***
shook *ks.* ***shake***
shoot 1 *v (shot shot)* ampua; kiitää; laskea *(koskea)*; versoa; näpätä *(valokuva)*; kuvata **2** *s* vesa
shooting 1 *s* ammunta **2** *a* viiltävä; ***~ star*** tähdenlento
shop 1 *s* myymälä; verstas, työpaja **2** *v* käydä ostoksilla
shop assistant *(Br)* myyjä
shopkeeper kauppias
shoplifter myymävaras
shopping ostokset; ***go ~*** tehdä ostoksia

shop steward pääluottamusmies
shopwalker *(Br) (tavaratalon)* myymälä|emäntä *t.* -isäntä, opas, valvoja
shore ranta; ***go on*** ~ mennä maihin
short lyhyt; puuttuva, niukka; töykeä; ***in*** ~ lyhyesti; ***run*** ~ olla loppumassa
shortage puute, niukkuus
shortbread murokeksi
short circuit lyhytsulku, oikosulku
shortcoming vajavaisuus, puute
short cut oikotie
shorten lyhentää
shortening lyhentäminen; [leivonta]rasva
shorthand pikakirjoitus
shortly pian; lyhyesti
shortness lyhyys
short-range lyhyen aikavälin *t.* matkan
shorts sortsit; *(Am)* alushousut
shortsighted likinäköinen; lyhytnäköinen
short story novelli
short-tempered äkkipikainen, kiivas
short-term lyhyt-, väli|aikainen
1 shot laukaus; heitto; hauli[t]; ampuja; [valo]kuva; *(urh)* kuula; ***put the*** ~ työntää kuulaa
2 shot *ks.* ***shoot***
shot put kuulantyöntö
should: ***you*** ~ ***not*** sinun ei pitäisi; ***how*** ~ ***I know?*** miten minä voisin tietää?
shoulder 1 *s* olkapää, hartia; piennar **2** *v* ottaa kantaakseen; viedä olalle
shoulderstrap olkain, kantohihna
shout 1 *s* huuto **2** *v* huutaa
shove 1 *s* tyrkkäys, tönäys **2** *v* sysätä, työntää
shovel 1 *s* lapio **2** *v* lapioida
show 1 *s* näytelmä, revyy, show; näyttely; *(tv, radio)* ohjelma; komeilu **2** *v (showed shown)* näyttää, osoittaa; näkyä, näyttäytyä
show around (round) näyttää, esitellä *(paikkoja, nähtävyyksiä)*
show business viihdeala
show-case lasikko, vitriini
showdown välienselvittely
shower 1 *s* sadekuuro; suihku; *(Am)* kutsut **2** *v* sataa jtak; syytää; ryöpytä
showery kuuroinen
shown *ks.* ***show***
show off olla olevinaan, diivailla
showpiece loistokappale; näyttelyesine
show up tulla, ilmestyä [paikalle]
showy korea
shrank *ks.* ***shrink***
shred 1 *s* suikale, riekale; *(kuv)* hitunen; ***in*** ~***s*** riekaleina **2** *v* repiä; *(keitt)* raastaa
shrew äkäpussi
shrewd ovela, terävä
shriek 1 *s* kirkaisu **2** *v* kirkua
shrill kimeä, kimakka
shrimp katkarapu
shrine pyhäinjäännöslipas; pyhäkkö
shrink *(shrank shrunk)* kutistua; kutistaa
shrink *(ark)* psykiatri
shrinkage kutistuminen
shrink from kavahtaa, vältellä jkta
shrivel kuihduttaa; mennä kurttuun
shroud 1 *s* käärinliina **2** *v* verhota
Shrove Tuesday laskiaistiistai

shrub pensas
shrug 1 *v* kohauttaa olkapäitään **2** *s* olankohautus
shudder 1 *v* väristä, saada puistatuksia **2** *s* puistatus
shuffle 1 *v* laahustaa; sekoittaa *(kortteja)*; siirrellä **2** *s* laahustus; *(korttien)* sekoittaminen
shun karttaa, kaihtaa
shunt 1 *s* siirto; *(rautat)* vaihde **2** *v* vaihtaa *(sivuraiteelle)*; siirtää *(muualle, muihin tehtäviin)*
shut *(shut shut)* sulkea, sulkeutua
shut down sulkea, lopettaa toiminta
shutdown työnseisaus, toiminnan pysäyttäminen
shut off panna *t.* mennä pois päältä
shutter ikkunaluukku; *(valok)* suljin
shuttle sukkula
shuttlecock *(Br)* sulkapallo
shut up teljetä; olla hiljaa, panna suu tukkoon; ***shut up!*** hiljaa!
shy 1 *a* arka, ujo **2** *v* säikkyä
Siberia Siperia
Sicily Sisilia
sick sairas; pahoinvoipa; ***be ~ of*** olla kyllästynyt, tympääntynyt jhk; ***she called in ~*** hän ilmoitti olevansa sairaana
sicken inhottaa
sickle sirppi
sick leave sairasloma
sickly sairaalloinen; kuvottava
sickness sairaus; pahoinvointi
side sivu, syrjä; puoli; kylki; ***on each ~ of*** kummallakin puolella; ***~ by ~*** vierekkäin
sideboard *(ruokailuhuoneen)* astiakaappi
sideboards *(Br)* pulisongit
sideburns *(Am)* pulisongit
sidecar sivuvaunu
side dish lisuke
side effect sivuvaikutus
sideline sivu|tulo, -business
sidelong syrjä-, syrjästä
side street sivukatu
sidewalk *(Am)* jalkakäytävä
sideways sivulle, sivuttain
side with olla jkn puolta, puolella
siege piiritys
sieve sihti, siivilä, lävikkö
sift siivilöidä; seuloa; tutkia
sigh 1 *s* huokaus **2** *v* huoata
sight 1 *s* näkö; näky, nähtävyys; tähtäin; ***at first ~*** ensi näkemältä; ***by ~*** ulkonäöltä; ***out of ~*** poissa näkyvistä **2** *v* saada näkyviinsä
sightseeing: ***go ~*** katsella nähtävyyksiä
sign 1 *s* merkki; oire; viittaus; kyltti, kilpi **2** *v* allekirjoittaa, kirjoittaa nimensä jhk; antaa merkki
signal 1 *s* merkki, merkinanto; signaali **2** *a (ark)* huomattava **3** *v* antaa merkki, viestittää
signature alle-, nimi|kirjoitus; etumerkintä
signature tune tunnussävel
signboard kilpi, kyltti
sign for kuitata [vastaanotetuksi]
significance merkitys
significant merkitsevä, tärkeä
signify merkitä
sign in ilmoittautua, ilmoittaa *(läsnäolostaan, saapumisestaan)*
sign off *(rad, tv)* lopettaa lähetys
sign on kirjoittautua, ilmoittautua; *(rad, tv)* aloittaa lähetys
sign out ilmoittaa lähtevänsä

signpost tienviitta
sign to viittailla, vinkata jklle
sign up värvätä, pestata; ilmoittautua, kirjoittautua
silence 1 *s* äänettömyys; *~!* hiljaa!; *in ~* ääneti **2** *v* vaientaa
silent äänetön; vaitelias; *be ~* olla hiljaa, vaieta
silhouette siluetti, ääriviivat
silicon silikoni
silk 1 *s* silkki **2** *a* silkki[nen]
silky silkin|hieno, -pehmeä
sill ikkunalauta; kynnys
silly typerä, hassu, hölmö, ymmärtämätön
silt liete
silver 1 *s* hopea **2** *v* hopeoida
silversmith hopeaseppä
silverware pöytähopeat
similar samanlainen (*to* kuin jkn)
similarity yhtäläisyys
similarly samalla tavoin, samoin
simile vertaus
simmer kiehua hiljaa, muhia
simper 1 *s (typerä, teeskennelty)* hymy **2** *v* hymyillä *(typerästi)*
simple yksinkertainen, vaatimaton; herkkäuskoinen; tavallinen
simple-minded yksinkertainen
simplicity yksinkertaisuus
simplify yksinkertaistaa
simply yksinkertaisesti; vain; suorastaan
simulate teeskennellä; tekeytyä jksik
simultaneous samanaikainen, simultaani-
simultaneously yhtaikaa, samanaikaisesti (*with* kuin)
sin 1 *s* synti **2** *v* tehdä syntiä
since jstak asti, alkaen; sen jälkeen, sittemmin; koska; *ever ~* [aina] siitä alkaen
sincere vilpitön, suora
sincerely vilpittömästi; *~ Yours* Teidän, Sinun
sincerity vilpittömyys
sinew jänne; *(kuv)* voima
sinful syntinen
sing *(sang sung)* laulaa
sing-along yhteislaulutilaisuus
singe kärventää
singer laulaja, laulajatar
singing laulaminen, laulu
single 1 *a* ainoa; yksinkertainen; naimaton, sinkku; *~ room* yhden hengen huone **2** *s (Br)* menolippu; *(Am)* dollarin seteli; singlelevy
single-breasted yksirivinen *(takki)*
single-entry *(kirjanp)* yksinkertainen
single-handed ilman apua, omin avuin
single out valita
singles kaksinpeli
singles bar sinkkubaari
singly yksitellen, erikseen
singular 1 *a* tavaton, merkillinen **2** *s (kiel)* yksikkö
singularly harvinaisen, erityisen
sinister pahaenteinen, synkkä
sink 1 *v (sank/sunk sunk)* upota, vajota; laskea; upottaa; kaivaa *(kaivo)* **2** *s* tiski- *t.* pesu|allas
sip 1 *v* maistella **2** *s* pieni kulaus
siphon sifoni; lappo
siphon off johtaa muualle; lappoa
Sir *(arvonimi)* Sir
sir herra
siren *(sumu- ym.)* sireeni; seireeni
sirloin *(naudan)* sisäpaisti
sister sisar

sisterhood sisaruus; sisarkunta
sister-in-law käly
sisterly sisarellinen
sit *(sat sat)* istua
sit down istuutua
site paikka, sijainti; tontti
sitting istunto; ***at one ~*** yhteen menoon
sitting room olohuone
situated: ***be ~*** sijaita jssak
situation asema; tila[nne]; toimi
sit up nousta istumaan, valvoa odottaen (***for*** jkta)
six kuusi
six-pack kuuden pullon (tölkin) pakkaus
sixteen kuusitoista
sixth kuudes
sixtieth kuudeskymmenes
sixty kuusikymmentä
size koko, suuruus; *(kengän ym.)* numero; ***what ~ shirt do you wear?*** mikä on paidannumerosi?
sizeable suurehko
sizzle käristä, sihistä, tiristä
skate 1 *s* luistin **2** *v* luistella
skateboard rullalauta, skeitti
skating rink luistinrata
skein vyyhti; hanhiparvi
skeleton luuranko; runko
skeleton key yleisavain
sketch 1 *s* luonnos; lyhyt näytelmä, sketsi **2** *v* luonnostella
skew 1 *a* viisto, vino **2** *v* saattaa vinoon; vääristää
skewer paistinvarras
ski 1 *s* suksi **2** *v* hiihtää
skid 1 *s* liirto, sivuluisu; jalas **2** *v* luisua, liukua
skid row *(Am)* slummikortteli
skier hiihtäjä
skiing hiihto
ski jump mäkihyppy; hyppyri[mäki]
skilful taitava
ski lift hiihtohissi
skill taito; ***language ~s*** kielitaito
skilled taitava, [työssään] pätevä; ammattitaitoinen
skim kuoria *(kerma ym.)*; lukaista läpi
skim[med] milk rasvaton maito
skin 1 *s* iho, nahka **2** *v* nylkeä
skin-deep pinnallinen
skindiving urheilusukellus
skinflint saituri, kitupiikki
skinny [langan]laiha
skin-tight tiukka, vartalonmyötäinen
skip 1 *s* hyppy **2** *v* hyppiä; hypätä yli
ski pole [suksi]sauva
skipper laivuri, kippari; *(joukkueen)* kapteeni
skipping rope *(Br)* hyppynaru
skirmish 1 *s* kahakka **2** *v* kahakoida
skirt 1 *s* hame; reuna **2** *v* reunustaa, sivuta; kiertää
skittish vauhko; keimaileva
skittles keilapeli
skulk piileskellä; hiipiä
skull kallo
skullcap kalotti
skunk haisunäätä, skunkki
sky taivas; ***in the ~*** taivaalla
sky-blue taivaansininen
sky-high pilviä hipova
skyjack kaapata lentokone
skylark leivo, kiuru
skylight kattoikkuna
skyline *(kaupungin)* siluetti
skyscraper pilvenpiirtäjä

skywalk kävelysilta
slab laatta, levy
slack 1 *a* höllä, veltto; laimea **2** *v* olla vetelä
slacken hidastaa; hidastua, laimentua; hellittää, höltyä
slacker pinnari, vetelehtijä
slack off (**up**) hidastaa vauhtia
slacks [väljät] housut
slain *ks. **slay***; surmattu
slam 1 *s* paukahdus **2** *v* läjäyttää, paiskata *(kiinni)*
slander 1 *s* kunnianloukkaus, panettelu **2** *v* panetella
slang slangi, erkoiskieli
slant 1 *a* olla kallellaan, viettää **2** *s* näkökulma; kaltevuus
slanting vino, viisto, kallellaan
slap 1 *s* läimäys **2** *v* läimäyttää
slapdash hutiloitu
slash 1 *s* isku, viillos **2** *v* viiltää *(auki)*; huitoa
slat säle, piena, lista
slate liuskakivi, liuskelaatta; kivitaulu
slaughter 1 *s* teurastus **2** *v* teurastaa
slaughterhouse teurastamo
Slav slaavi
slave 1 *s* orja **2** *v* raataa
slaver kuolata
slavery orjuus
slave trade orjakauppa
slay *(slew slain)* lyödä kuoliaaksi, surmata
sled, sledge kelkka, reki
sledgehammer moukari
sleek 1 *s* sileä, kiiltävä; sliipattu **2** *v* silittää *(hiukset)*
sleep 1 *s* uni; ***go to*** ~ nukahtaa; ***I can't get to*** ~ en saa unta **2** *v* *(slept slept)* nukkua; ~ ***sth off*** parantaa nukkumalla
sleep around harrastaa irrallisia suhteita; käydä vieraissa
sleeper nukkuja; makuuvaunu; ratapölkky
sleep in nukkua pitkään
sleeping bag makuupussi
sleeping car makuuvaunu
sleeping pill unilääke
sleepless uneton
sleepwalker unissakävelijä
sleepy uninen
sleepyhead unikeko
sleet lumiräntä
sleeve hiha
sleeveless hihaton
sleigh reki
sleight of hand silmänkääntötemppu
slender hoikka; vähäinen
slept *ks. **sleep***
slew *ks. **slay***
slice 1 *s* viipale; [kala]lapio **2** *v* viipaloida
slick taitava, nokkela; ovela, lipevä; liukas
slide 1 *s* liuku|rata, -mäki; [maan]-vyörymä; diakuva **2** *v (slid slid)* liukua, luisua; pujahtaa; sujauttaa
sliding liukuva, työntö-
slight 1 *a* vähäinen, lievä; hento **2** *s* loukkaus **3** *v* vähäksyä
slightly hiukan
slim 1 *a* solakka; vähäinen **2** *v* laihduttaa; vähentää
slime lieju; lima
sling 1 *s* linko; käsivarsiside **2** *v* *(slung slung)* lingota, heittää
slink *(slunk slunk)* livahtaa, hiipiä
slip 1 *s* erehdys; lipsahdus; liuska; alushame; *(tyynyn ym.)* päällinen

2 *v* liukua, luistaa, luiskahtaa; pujahtaa; sujauttaa; ***let sth*** ~ tulla sanoneeksi, lipsauttaa, päästää käsistään
slipper tohveli
slippery liukas
slip road *(Br) (moottoritien)* luiska
slipshod huolimaton
slip-up erehdys, lipsahdus
slit **1** *s* viillos; rako **2** *v* viiltää, leikata
slither liukastella; luikerrella
slobber **1** *s* kuola **2** *v* kuolata
slog *(ark)* iskeä lujaa; puurtaa
slogan iskulause
slop **1** *s* litku; likavesi; sottapytty **2** *v* läikyttää, tuhria; läikkyä
slope **1** *s* rinne; kaltevuus **2** *v* viettää
sloppy sotkuinen, sottainen; huolimaton, rapainen
slot rako, [kapea] aukko
sloth laiskuus; laiskiainen
slot machine automaatti
slouch **1** *v* olla riipuksissa, kävellä veltosti **2** *s* lerpallaan olo
slough **1** *v:* ~ ***[off]*** luoda nahkansa **2** *s* suo, räme
the Slovak Republic Slovakia
Slovenia Slovenia
slovenly huolimaton, homssu[inen]
slow **1** *a* hidas; ***my watch is 5 minutes*** ~ kelloni on 5 minuuttia jäljessä **2** *v*: ~ ***[down, up]*** hidastaa; hidastua
slow motion hidastettu
sludge muta; liete; törky
slug etana; kulaus; *(Am)* luoti
sluggish hidas, laiska
sluice gate sulkuportti
slum slummi
slumber **1** *s* uinahdus **2** *v* uinua, uinailla
slumber party *(Am)* pyjamabileet
slump **1** *s* hintojen romahdus; lama **2** *v* romahtaa, laskea *(äkkiä)*
slung *ks.* ***sling***
slunk *ks.* ***slink***
slur **1** *s* soperrus; *(mus)* sidekaari **2** *v* ääntää epäselvästi, mutista
slush lumisohjo; *(kuv)* siirappi
slut homssu; lutka
sly ovela, viekas; ***on the*** ~ salaa
smack **1** *s* muisku; läimäys; vivahdus **2** *v* maiskuttaa; muiskauttaa; läimäyttää; *(kuv)* maistua (***of*** jltak)
small pieni, vähäinen; pikkumainen; ~ ***change*** pikkuraha[t]; ~ ***talk*** [kohtelias] jutustelu
smallpox isorokko
smart **1** *a* sukkela, älykäs; hieno, tyylikäs; ***the*** ~ ***set*** [hienot] piirit **2** *v* tuntea tuskaa; koskea kipeästi, vihloa
smarten : ~ ***o.s. up*** siistiytyä, laittautua
smash **1** *v* murskata; törmätä (***into*** jhk) **2** *s* jysähdys; kolari; romahdus
smashing *(ark)* loistava, upea
smear **1** *s* [rasva]tahra; irtosolunäyte **2** *v* voidella; töhriä, tahria
smell **1** *s* haju, tuoksu **2** *v (smelt/ smelled smelt/smelled)* haistaa; haista, tuoksua; ***that ~s good*** [tuo] tuoksuu hyvälle
1 smelt *ks.* ***smell***
2 smelt sulattaa; sulaa
smelting works sulatto
smile **1** *s* hymy **2** *v* hymyillä (***at***

jklle)
smirk [itserakas] hymy
smite *(smote smitten)* lyödä, sivaltaa
smith seppä
smithereens säpäleet
smithy paja
smitten *ks.* ***smite***; ~ ***with*** jnk valtaama, jhk ihastunut
smock työ|pusero, -takki; äitiysmekko
smocking rypytys[koristelu]
smog savusumu
smoke 1 *s* savu; ***have a*** ~ ottaa sauhut, polttaa tupakka **2** *v* polttaa, tupakoida; savuta
smoker tupakoitsija; tupakkavaunu
smokescreen savuverho; salailu, naamio
smoking tupakointi; ***no*** ~ tupakointi kielletty, savuton
smoking compartment tupakkalosasto, -vaunu
smoking room tupakkahuone
smoky savuinen
smooth 1 *a* tasainen, sileä; tyyni, tyven; helppo, mukava **2** *v* tasoittaa; sivellä *(voide)*
smooth [away, out, down] silittää, tasoittaa
smote *ks.* ***smite***
smother tukehduttaa, tukahduttaa
smoulder kyteä
smudge 1 *s* tahra **2** *v* tahrata
smug omahyväinen
smuggle salakuljettaa
smuggler salakuljettaja
smut tahra; rivo *(kirjallisuus ym.)*
snack välipala, eväs
snack bar pikabaari, nakkikioski
snag 1 *s* hankaluus **2** *v* repäistä
snail etana
snake käärme
snap 1 *s* naksahdus, napsautus; ***a cold*** ~ äkillinen pakkanen **2** *v* naksauttaa, napsauttaa, näykätä; katketa
snap fastener *(Am)* painonappi, neppari
snappish äreä, äkeä
snapshot [valo]kuva
snare ansa
snarl murista, äristä
snatch 1 *v* siepata, temmata; tarttua (***at*** jhk) **2** *s* tempaus; pätkä; ***a*** ~ ***of sleep*** torkahdus
sneak hiipiä, hiiviskellä; kannella, kieliä; kähveltää
sneaky luihu
sneer 1 *s* halveksiva katse, ivahymy **2** *v* pilkata, ilkkua
sneeze 1 *s* aivastus **2** *v* aivastaa
sniff nuuskia; haistella; tuhahtaa [halveksivasti] (***at*** jklle)
snigger tirskua, hihittää
snip 1 *s* leikkaus, pala **2** *v* leikata
snipe 1 *s* kurppa **2** *v* ampua [väijyksistä]
sniper sala-ampuja
snivel tillittää, nyyhkiä
snob hienostelija, snobi
snobbery hienostelu, snobismi
snobbish, snobby hienosteleva, snobbaileva
snooze 1 *s* torkahdus, nokoset **2** *v* torkahtaa
snore 1 *s* kuorsaus **2** *v* kuorsata
snorkel snorkkeli
snort korskua, pärskyä
snot räkä
snotty 1 *a* räkäinen **2** *s* räkänokka
snout kärsä; kuono; nokka

snow 1 *s* lumi **2** *v* sataa lunta
snowball lumipallo
snowbank, snowdrift lumikinos
snowfall lumisade
snowflake lumihiutale
snowman lumiukko
snowmobile moottorikelkka
snowplough *(Br)* lumiaura
snowplow *(Am)* lumiaura
snowstorm lumimyrsky
snub 1 *s* nolaus **2** *v* kohdella yliolkaisesti; nolata
snub-nose nykerönenä
snuff 1 *s* nuuska **2** *v* nuuskia; niistää *(kynttilä)*
snug suojaisa, mukava; piukka
snuggle painautua, käpertyä, asettua *(lähelle, mukavasti ym.)*
so niin, siten; joten; ~ ***far*** toistaiseksi
soak liottaa, liota; imeytyä
soaked läpimärkä; [jkn] [läpi]tunkema, täynnä (***with***, ***in*** jtak)
soaking [wet] liko-, läpi|märkä
soap saippua
soar kohota korkealle, liidellä; singota *t.* pompata [korkealle]
sob 1 *s* nyyhkäys **2** *v* nyyhkyttää
sober 1 *a* raitis; selvä **2** *v* saada selviämään; vakavoittaa
sober up selvitä *(humalasta)*
sobriety raittius; kohtuullisuus
so-called niin sanottu
soccer *(eurooppal)* jalkapallo
sociable seurallinen
social yhteiskunnallinen; sosiaalinen, seura-; ~ ***climber*** kiipijä
social class yhteiskuntaluokka
Social Democrat sosiaalidemokraatti
socialist sosialisti[nen]
social security sosiaaliturva
social security number sosiaaliturvatunnus
social security scrounger *(halv)* sosiaalipummi
social services sosiaalipalvelut
social worker sosiaalityöntekijä
society yhteiskunta; yhdistys, seura; seura|elämä, -piirit
sock 1 *s (lyhyt)* sukka **2** *v (ark)* iskeä, lyödä
socket silmäkuoppa; pistorasia
sod turve, nurmi; *(Br)* kusipää
soda sooda[vesi]
soda pop *(Am)* limsa, limu
sodium natrium
sofa sohva
soft pehmeä; lempeä; hiljainen
soft ball *(baseballia muistuttava pallopeli)* soft ball
soft boiled pehmeä, löysä
soft drink *(Am)* limsa, limonadi
soften pehmittää, lieventää; pehmetä
softhearted helläsydäminen
softly pehmeästi; hiljaa
softness pehmeys
software *(atk)* ohjelmisto
soil 1 *s* maa[perä] **2** *v* tahrata
solace 1 *s* lohdutus, lohtu **2** *v* lohduttaa
solar aurinko-
solar cell aurinkokenno
solarium lasikuisti, viherhuone
solar system aurinkokunta
sold *ks.* ***sell***
solder 1 *s* juote **2** *v* juottaa
soldier sotilas
sole 1 *a* ainoa **2** *s* jalkapohja, antura; meriantura **3** *v* pohjata
solely yksinomaan

solemn juhlallinen
solemnity juhlallisuus
solicit *(ylät)* pyytää; koettaa hankkia; *(lak)* myydä itseään
solicitor *(Br)* asianajaja
solid kiinteä [aine]; jähmeä; luja, vankka; vakavarainen
solidarity solidaarisuus
solidity kiinteys, lujuus
solitaire *(Am)* pasianssi
solitary yksinäinen
solitude yksinäisyys
solo soolo-osa; yksin-
soloist solisti
solstice päivänseisaus
soluble liukeneva
solution liuos; ratkaisu
solve ratkaista
solvency maksukyky
solvent 1 *a* maksukykyinen **2** *s* liuotin
Somali somali[alainen]
sombre, somber synkkä
some joku, jokin; jotkut; vähän, hiukan, jonkin [verran]; noin; *~ day* jonakin päivänä
somebody joku
somehow jotenkin, jollakin tapaa
someone joku
somersault kuperkeikka
something jotakin; *~ like that* jotakin sellaista *t.* tuollaista *t.* siihen suuntaan; *~ of a* eräänlainen
sometime joskus *(menneisyydessä t. tulevaisuudessa)*; entinen; *~ in August* joskus elokuussa; *the ~ chairman* entinen puheenjohtaja
sometimes toisinaan, joskus
somewhat jonkin verran, hiukan
somewhere jossakin; jonnekin
son *(oma)* poika; *they have two ~s* heillä on kaksi poikaa
sonde luotain, sondi
song laulu; *for a ~* pilkkahintaan
songwriter lauluntekijä
son-in-law vävy
sonoro[u]s sointuva, soinnukas
soon pian, kohta; *~er or later* ennemmin tai myöhemmin; *as ~ as he gets here* heti kun hän tulee tänne; *as ~ as possible* niin pian kuin mahdollista; *see you ~* pian nähdään
sooner pikemmin; mieluummin; *~ or later* ennemmin tai myöhemmin; *no ~ ... than* tuskin ... kun; *no ~ said than done* se käy tuossa tuokiossa; *the ~ the better* mitä pikemmin, sen parempi
soot noki
soothe rauhoittaa; lievittää
sooty nokinen
sophisticated hienostunut, sofistikoitu[nut]; monimutkainen, hieno
sophomore *(Am)* toisen vuoden oppilas *t.* opiskelija
soprano sopraano
sorcerer, sorceress noita, velho
sorcery noituus
sordid likainen, kurja; halpamainen
sore kipeä, arka; ärtynyt; *(märkä)* haava; *I have a ~ throat* minulla on kurkku kipeä
sorely tuskallisesti; kovasti
sorrel suolaheinä; raudikko
sorrow suru
sorry pahoillaan; anteeksi; kurja; *I'm [so] ~* olen pahoillani, anteeksi; *I feel ~ for him* säälin häntä

sort 1 *s* laji; ***a ~ of*** jonkin-, erään|-lainen; ***~ of*** niin sanoakseni, niin kuin **2** *v*: ***~ out*** lajitella, selvittää; panna kuntoon
S.O.S. *(laivan)* hätämerkki
sought *ks.* ***seek***
soul sielu
soulless sieluton
sound 1 *a* terve, vahingoittumaton; hyvin perusteltu, oikea; syvä, sikeä *(uni)*; ***we arrived safe and ~*** pääsimme perille turvallisesti **2** *s* ääni, äänne; sointi; *(lääk)* koetinpuikko; salmi **3** *v* soida, kuulua; kuulostaa; soittaa; luodata; tutkia, tunnustella *(mielipidettä ym.)*
sound barrier äänivalli
sound effect äänitehoste
soundproof äänieristetty
soundtrack ääniraita
soup keitto, liemi
sour 1 *a* hapan **2** *v* hapantua
source lähde; alkulähde
south, South etelä[än]
South Africa Etelä-Afrikka
South African eteläafrikkalainen
South America Etelä-Amerikka
South American eteläamerikkalainen
southeast, Southeast kaakko[on]
southerly, southern eteläinen, etelä-
southerner *(jkn maan t. maanosan)* etelän asukas; etelämaalainen; *(Br)* eteläenglantilainen; *(Am)* etelävaltiolainen
the South Pole Etelänapa
southwest, Southwest lounas, lounaaseen
southwester lounaistuuli
souvenir matkamuisto
sou'wester öljylakki, sydvesti
sovereign 1 *a* suvereeni, riippumaton; ylin **2** *s* hallitsija; *(vanh)* punnan kultaraha
sovereignty [ylin] valta; suvereniteetti, riippumattomuus
Soviet neuvostoliittolainen
the Soviet Union Neuvostoliitto
sow 1 *s* emäsika **2** *v* *(sowed sown)* kylvää
soya bean, soy-bean soijapapu
spa [terveys]kylpylä
space 1 *s* avaruus; tila, väli; välimatka; ajanjakso; ***living ~*** elintila; ***green ~*** viheralue **2** *v*: ***~ [out]*** harventaa, jättää tilaa
spacecraft avaruusalus
spaceflight avaruuslento
spaceship avaruusalus
space shuttle avaruussukkula
spacesuit avaruuspuku
spacious tilava
spade lapio
spades pata; ***ace of ~*** *(korttip)* pataässä
Spain Espanja
span 1 *s* vaaksa; jänne-, siipi|väli; siltakaari; ajanjakso; elinaika **2** *v* ulottua jnk yli
spangle hely
Spanish 1 *a* espanjalainen **2** *s* *(kieli)* espanja
spank läimäyttää, läimäytellä
spanking selkäsauna
spanner *(Br)* ruuviavain
spar 1 *s* puomi **2** *v* *(nyrkk)* sparrata
spare 1 *a* ylimääräinen; vapaa, vara; ***~ room*** vierashuone; ***~ time*** joutoaika; ***~ tyre*** vararengas **2** *v* säästää, armahtaa; tulla toimeen ilman; ***can you ~ me a moment?***

onko sinulla minulle hetki aikaa?; ***I have no time to ~*** minulla ei ole yhtään aikaa, en kerkiä
spare part varaosa
spark kipinä
sparkle säihkyä, välkkyä; helmeillä
sparkling wine kuohuviini
spark[ing] plug sytytystulppa
sparrow varpunen
sparsely harvaan, hajallaan
spasm lihaskouristus
spat *ks.* ***spit***
spate tulva, kuohut; ***the river is in ~*** joki tulvii
spatial avaruus-
spatter roiskuttaa
spatula *(ruok)* lasta
spawn 1 *s* mäti **2** *v* kutea
speak *(spoke spoken)* puhua (***to*** jkn kanssa); ***so to ~*** niin sanoakseni *t.* sanotusti
speaker puhemies; puhuja, esitelmöitsijä; juontaja, spiikkeri; kaiutin
speaking puhuva, puhe-; [olen] puhelimessa; ***[this is] John ~*** täällä on *t.* puhuu John; ***we are not on ~ terms*** emme ole puheväleissä
speak out puhua [asiansa]
speak up puhua kuuluvasti (kovempaa)
spear 1 *s* keihäs **2** *v* lävistää
spearmint [viher]minttu
special erityinen, erikoinen; ylimääräinen *(juna ym.)*; lisälehti
specialist erikoistuntija, spesialisti; erikoislääkäri
speciality erikoisala; [erikois]ruokalaji, erikoisuus
specialize erikoistua (***in*** jhk)
specially erityisesti, vartavasten
species *(pl species)* laji
specific erityinen, ominainen; ***~ gravity*** ominaispaino
specification erittely
specify luetella yksityiskohtaisesti; eritellä, yksilöidä
specimen näyte; kappale
speck pilkku, täplä
speckled täplikäs, laikullinen
specs = ***spectacles***
spectacle näky, näytelmä; esitys, spektaakkeli
spectacles *(Br)* silmälasit
spectacular huomiota herättävä; komea, näyttävä
spectator katselija, katsoja
spectre *(ylät)* aave
speculate miettiä, pohtia (***on, about*** jtak); keinotella (***in*** jllak)
speculation tuumiskelu, pohdiskelu; keinottelu
sped *ks.* ***speed***
speech puhe; puhekyky
speech impediment puhevika
speechless sanaton
speed 1 *s* vauhti, nopeus; *(sl)* amfetamiini, spiidi **2** *v (sped sped)* ajaa ylinopeutta; ***~ up*** lisätä nopeutta
speeding ylinopeus; ***he got a ticket for ~*** hän sai sakot ylinopeudesta
speed limit nopeusrajoitus
speedometer nopeusmittari
speedy nopea
spell 1 *s* rupeama, hetki; työvuoro; loitsu, lumous **2** *v (spelt/spelled spelt/spelled)* tavata, kirjoittaa
spellbound lumottu
spelling oikeinkirjoitus
spelt *ks.* ***spelled***
spend *(spent spent)* kuluttaa, käyt-

tää *(aikaa, rahaa ym.)*; viettää *(lomaa, aikaa ym.)*
sperm sperma, siemenneste
sphere pallo; piiri, ala
spherical pallomainen
spice 1 *s* mauste **2** *v* maustaa
spicy maustettu; *(kuv)* härski
spider hämähäkki
spiderweb hämähäkinverkko
spike 1 *s* naula, piikki, tähkä **2** *v* naulata, varustaa piikeillä
spill *(spilt/spilled spilt/spilled)* kaataa; läikäyttää, läikkyä
spilt *ks.* ***spill***
spin 1 *s* pyöriminen, pyörähdys; syöksykierre; ajelu ym. **2** *v (spun spun)* kehrätä; pyöriä, pyörittää; ~ ***yarns*** tarinoida
spinach pinaatti
spinal column selkäranka
spinal cord selkäydin
spindle värttinä
spine selkäranka; *(siilin)* piikki
spinning wheel rukki
spinster ikäneito, vanhapiika
spiral 1 *s* kierukka; spiraali **2** *v* kiertää, kiertyä; nousta [spiraalina]
spire torninhuippu
spirit 1 *s* henki; aave; rohkeus; eloisuus **2** *v* viedä salaa
spirited rohkea, tulinen
spirits mieliala; sprii, viina; ***in high ~s*** hyvällä tuulella
spiritual hengellinen, henki-
spiritualism spiritismi
spit 1 *s* sylki **2** *v (spat spat)* sylkeä; räiskyä; ***he is the ~ting image of his father*** hän on ilmetty isänsä; ~ ***it out!*** anna tulla!, kakista ulos!
spite 1 *s* ilkeys; ***in ~ of*** jstak huolimatta **2** *v* suututtaa, ärsyttää
spiteful ilkeä, häijy
spitfire kiukkupussi
spittle sylki
spiv *(halv)* [sosiaali]pummi
splash 1 *s* läiskä, roiske; ***make a ~*** herättää huomiota **2** *v* räiskyttää; roiskua; julkaista suurin otsikoin
splashdown *(avaruuskapselin)* lasku mereen
splash guard *(Am)* roiskeläppä, *vrt.* ***mudflap***
spleen perna; kiukku; synkkyys
splendid loistava, komea; mainio
splendo[u]r loisto, komeus
splice liittää, paikata, liimata (***to, together*** yhteen, kiinni)
splint *(lääk)* lasta
splinter lastu, siru; sirpale
split 1 *s* hajaannus, epäsopu; halkeama, rako **2** *v (split split)* halkaista, lohkaista; haljeta; jakaa; *(Am ark)* lähteä; ~ ***hairs*** saivarrella; ~ ***one's sides*** nauraa haljetakseen
split end kaksihaarainen hius
splitting ankara *(päänsärky)*
splutter pärskiä, puhua suu vaahdossa; sössöttää; sihahtaa
spoil *(spoilt/spoiled spoilt/spoiled)* turmella, pilata; hemmotella
spoiled *ks.* ***spoil***; hemmoteltu, pilattu
spoilt *ks.* ***spoil***; hemmoteltu, pilattu
1 spoke *(pyörän)* puola, pinna
2 spoke *ks.* ***speak***
spoken *ks.* ***speak***
spokesman edustaja
sponge 1 *s* [pesu]sieni **2** *v* pyyhkiä; elää kustannuksella (***on*** jkn)
sponge cake sokerikakku
sponsor 1 *s* tukija; sponsori **2** *v* tukea, kustantaa; sponsoroida

spontaneity välittömyys, spontaanisuus
spontaneous spontaani; itsestään syntyvä, itse-
spook *(ark)* aave, kummitus
spooky aavemainen, karmiva
spool 1 *s* kela **2** *v* kelata
spoon lusikka
spoonful lusikallinen
sporadic satunnainen
sport 1 *s* urheilu[laji], kisa; *(ark)* reilu kaveri; ***make ~ of sb*** tehdä pilaa jksta; ***do you like ~s?*** pidätkö urheilusta?; ***be a ~!*** ole nyt reilu! **2** *v* kisailla; komeilla jllak
sporting urheilua harrastava; reilu
sports car urheiluauto
sportsman urheilija
sportsmanship urheiluhenki
sportswear urheilu|vaatteet, -asut
sportswoman urheilija
spot 1 *s* pilkku, tahra; paikka, kohta; ***in a [tight] ~*** pinteessä, pulassa; ***on the ~*** heti **2** *v* tahrata; huomata, osua silmillään
spot check pistokoe
spotless tahraton
spotlight valokeila, valonheitin
spouse puoliso
spout 1 *s* suihku; kouru, ränni; pannun nokka **2** *v* suihkuta
sprain 1 *v* nyrjäyttää **2** *s* nyrjähdys
sprang *ks.* ***spring***
sprat kilohaili
sprawl loikoa, lojua
spray 1 *s* [kukan]oksa, lehvä; suihke; sumute **2** *v* suihkuttaa; sumuttaa
spray can suihkepullo
sprayer suihkutin, sumutin
spread 1 *s* leviäminen; laajuus, ulottuvaisuus; *(ark)* kestit; voileipätahna; peite; ***wing ~*** siipiväli; ***bed ~*** [sängyn]peite **2** *v (spread spread)* levittää; levitä
spree riehakas juhlinta, rällästys, kapakkakierros, ryyppyreissu; tuhlailu; ***go on a spending ~*** lähteä törsäämään *(ostoksille)*
sprig pieni oksa, lehvä
sprightly vilkas, virkeä
spring 1 *s* kevät; hyppy, loikkaus; joustavuus; jousi; lähde; ***in the ~*** keväällä **2** *v (sprang sprung)* hypätä, loikata; saada alkunsa (***from*** jstak); ***~ a question*** heittää [yllättävä] kysymys
springboard ponnahduslauta
spring tide tulvavuoksen aika
springtime kevät
sprinkle suihkuttaa, ruiskuttaa; pirskottaa
sprinkler suihkutin, kastelulaite
sprint 1 *s* pikajuoksu, kiri **2** *v* juosta pikamatkoja
sprinter pikajuoksija, sprintteri
sprout 1 *s* oras, verso, itu **2** *v* versoa, orastaa, itää
spruce kuusi
spruce [o.s.] up laittautua [hienoksi]
sprung *ks.* ***spring***
spry *(erit vanhus)* virkeä, vetreä
spun *ks.* ***spin***
spunk rohkeus, sisu
spur 1 *s* kannus; kannustin; ***on the ~ of the moment*** hetken mielijohteesta **2** *v* kannustaa
spurt 1 *s* suihku; [loppu]kiri **2** *v* ruiskahtaa, ruiskuta; kiriä
sputter päristä; paukahdella; kihistä; sössöttää, solkata

sputum ysköksct
spy 1 *s* vakooja **2** *v* vakoilla (*on* jkta)
squabble 1 *s* kina **2** *v* kinata
squad *(poliisin)* partio, ryhmä; [erikois]osasto, [erikois]joukkue
squadron eskadroona; laivue
squalid likainen; *(myös kuv)* rähjäinen
squall 1 *s* vihuri, puuska; kirkuna **2** *v* kirkua, ulvoa
squalor kurjuus, saasta
squander tuhlata, törsätä
square 1 *a* neliönmuotoinen, neliö-; nelikulmainen; järjestyksessä [oleva], tasoitettu *(tili, velka)*; reilu, rehellinen; tukeva; jyrkkä; *(sl)* tylsä **2** *s* neliö, nelikulmio; aukio **3** *v* tasoittaa, selvittää; korottaa neliöön
square kilometre neliökilometri
square metre neliö[metri]
square mile neliömaili
square one lähtö|ruutu, -piste
square root neliöjuuri
squash 1 *s* tungos; *(puserrettu)* hedelmäjuoma, tuoremehu; squashpeli; kurpitsa **2** *v* musertaa, litistää; ahtautua
squat 1 *v* istua kyykkysillään, ky[y]kkiä **2** *a* vanttera
squatter *(luvaton)* uudisasukas; asunnon valtaaja
squaw intiaanivaimo
squeak 1 *s* vikinä; narina **2** *v* vikistä; narista; ilmiantaa
squeal 1 *s* kiljahdus **2** *v* kiljua
squeamish säikky, hermoherkkä
squeeze 1 *s* puserrus, likistys; kireys **2** *v* pusertaa, tunkea
squint 1 *s* kierosilmäisyys **2** *v* siristää silmiä
squire kartanonherra; aseenkantaja; *(Am)* rauhantuomari
squirm kiemurrella, vääntelehtiä
squirrel orava
squirt 1 *s* suihkaus **2** *v* suihkuta [valtoimenaan]; suihkuttaa
S.S. = ***steamship***
St. *(=Saint)* pyhä
stab 1 *s* pisto **2** *v* iskeä, pistää, puukottaa
stability vakavuus, pysyvyys; stabiliteetti
stabilize vakaannuttaa, vakauttaa
stable 1 *s (myös urh)* talli **2** *a* vakaa, vankka
stack 1 *s* auma, suova; pino; ***chimney*** ~ savupiippu[ryhmä] **2** *v* kasata
stadium stadion
staff henkilökunta; esikunta; sauva
stag uroshirvi; *(ark)* miesten; *(Br)* pörssikeinottelija
stage 1 *s* lava, näyttämö; aste, vaihe; etappi, kyytiväli **2** *v* panna pystyyn, järjestää *(näyttely, esitys ym.)*; lavastaa *(onnettomuus ym.)*
stagecoach vankkurit, [hevos]vaunut
stage fright ramppikuume
stage-manage järjestää, hoitaa *(julkinen tilaisuus)*; junailla
stage manager näyttämömestari
stagger horjua; saattaa ymmälle; porrastaa
staggering tyrmistyttävä; horjuva
staging näyttämöllepano, versio
stagnant seisova; lamaantunut
stagnation pysähdys
stag party miesten ilta; miesten polttarit

staid vakaa, jäyhä
stain 1 *s* tahra **2** *v* tahrata; värjätä
stained glass lasimaalaus
stainless ruostumaton
stain remover tahranpoistoaine
stair porras
staircase, stairway portaikko, portaat, liukuportaat
stairs portaat, rappuset
stake 1 *s* seiväs; polttorovio; [peli]panos; osuus; ***at*** ~ pelissä, panostettu[na] **2** *v* panna alttiiksi
stale vanha, väljähtänyt; eltaantunut, härski
stalk 1 *s* varsi; korkea savupiippu **2** *v* vaania, seurata salaa; astua ylväästi
stall 1 *s* pilttuu; koju; etupermantopaikka **2** *v* viivyttää; *(ilm)* sakata
stallion ori
stalwart vanttera, luja
stammer änkyttää
stamp 1 *s* leima, leimasin; postimerkki **2** *v* polkea *(jalkaa)*; leimata; varustaa postimerkillä
stampede hurja pako, ryntäys
stamp out tukahduttaa
stance *(urh ym.)* asento; asenne (***on*** jnk suhteen, jhk)
stanch *(Am)* tyrehdyttää; *vrt.* ***staunch***
stand 1 *v (stood stood)* seistä, seisoa; olla; kestää, sietää; maksaa jkn puolesta; ***he ~s to win*** hän voittaa melko varmasti; ***I don't know where we ~*** en tiedä mikä on tilanne **2** *s* seisahdus; vastarinta; asema, asenne; lava, koroke; teline; *(myynti-, näyttely- ym.)* koju, tiski, osasto
standard normaali[mitta]; standardi; malli, normi; taso; mittapuu; lippu; ~ ***of living*** elintaso; ~ ***lamp*** *(Br)* jalkalamppu; ***below*** ~ alimittainen; ***below all ~s*** ala-arvoinen
standardize standardisoida, normittaa
stand by tukea, seistä rinnalla; olla valmiina, odottaa *(lähtöä, vuoroa ym.)*; pitää kiinni, noudattaa
stand-by ticket peruutuslippu
stand-in sijainen
standing: ***of long*** ~ pitkäaikainen; ~ ***joke*** aina toistuva pila
stand out erottua *(joukosta)*
standpoint näkökanta
standstill pysähtyminen; ***come to a*** ~ seisahtua, pysähtyä
stand up nousta seisomaan
stand up for puolustaa jtak
stanza säkeistö
staple pää[tuote]; niitti
stapler nitoja
star 1 *s* tähti **2** *v* näytellä pääosaa; ***~s and stripes*** tähtilippu
starboard *(mer)* tyyrpuuri
starch tärkkelys, tärkki; ***potato*** ~ perunajauho
stare 1 *s* tuijotus **2** *v* tuijottaa (***at*** jtak)
starfish meritähti
stark täydellinen, pähkä-; ~ ***naked*** ilkosen alasti
starling kottarainen
starry tähtikirkas
start 1 *s* alku; aloitus; lähtö[viiva]; startti; etumatka **2** *v* aloittaa, alkaa; lähteä; käynnistää, startata; säpsähtää; syöksyä
starter lähtijä; käynnistin; startti
starting point lähtökohta, lähtö
startle säikäyttää

startling hätkähdyttävä
start out lähteä; aloittaa
start up kavahtaa pystyyn
starvation nälkä, nälänhätä
starve nähdä nälkää, näännyttää nälkään; ~ ***to death*** kuolla nälkään
state 1 *s* tila; valtio; ***in*** ~ komeasti **2** *v* ilmoittaa, esittää, sanoa, todeta; määrätä
State Department *(Am)* ulkoministeriö
stately komea, juhlallinen
statement esitys, ilmoitus; lausuma, lausunto; toteamus; väite; ***bank*** ~ tiliote
state of affairs asiantila, tilanne
state of emergency hätätila, poikkeustila
state of war sotatila
stateroom *(vanh)* 1. luokan hytti
statesman valtiomies
station 1 *s* asema; sääty **2** *v* määrätä jhk asemapaikkaan
stationary kiinteä, muuttumaton
stationer paperikauppias
stationery paperitavara; kirjepaperi
station house *(Am)* poliisiasema
station wagon *(Am)* farmari[auto]
statistics tilasto, tilastotiede
statue patsas
stature koko, vartalo; maine, merkittävyys
status asema, tila, status
statute säädös, laki
staunch 1 *a* luotettava, uskollinen **2** *v* tyrehdyttää; *vrt.* ***stanch***
stave *(tynnyrin)* laidas; nuottiviivasto
stave off *(staved/stove staved/stove)* pitää loitolla
stay 1 *v* jäädä, viipyä; oleskella **2** *s* oleskelu
staying power kestävyys
stay on jäädä edelleen
stay up valvoa
1 STD *(= subscriber trunk dialling) (Br)* suora kaukopuhelu
2 STD *(= sexually transmitted disease)* sukupuolitauti
STD code *(Br)* suuntanumero
stead: ***in his*** ~ hänen sijastaan
steadfast luja, järkkymätön
steady 1 *a* vakava, horjumaton, luja; vakituinen; luotettava, vakaa; ***go ~ with sb*** seurustella [vakituisesti] jkn kanssa **2** *v* vakaannuttaa, vakautua
steak pihvi; paisti
steal *(stole stolen)* varastaa; hiipiä
stealthily salavihkaa
stealthy salainen, salavihkainen
steam 1 *s* höyry, huuru **2** *v* höyrytä
steamer, **steamship** höyrylaiva
steel 1 *s* teräs **2** *v* terästää
steel wool teräsvilla
steep 1 *a* jyrkkä **2** *v* kastaa, liuottaa; hautua
steeple kirkontorni
steeplechase [maasto]esteratsastus, estejuoksu
steer 1 *v* ohjata; johtaa **2** *s* nuori härkä
steering wheel ohjauspyörä, ratti
stem 1 *s* runko, varsi; [sanan] kanta; keula **2** *v* estää
stem from olla peräisin
stench löyhkä
stenographer pikakirjoittaja
step 1 *s* askel; toimenpide; porras; ~ ***by*** ~ vähitellen; ~***s*** ulko|portaat,

-tikkaat **2** *v* astua
stepfather isäpuoli
stepmother äitipuoli
steppe aro
stepping-stone astinkivi; *(kuv)* ponnahduslauta
stereo stereo; ***in*** ~ stereona, stereolähetyksenä
stereo disk stereolevy
stereotyped stereotyyppinen; kaavoitettu
sterile steriili, hedelmätön
sterility hedelmättömyys
sterilize steriloida
sterling aito, puhdas; ***pound*** ~ Englannin punta
stern 1 *a* ankara **2** *s (laivan)* perä
stevedore *(Am)* ahtaaja
stew 1 *s* muhennos **2** *v* muhentaa
steward stuertti; *(juhlan)* marsalkka; toimitsija
stewardess lentoemäntä; hytti-, vaunu|emäntä
stick 1 *s* keppi, tikku, puikko **2** *v (stuck stuck)* pistää, kiinnittää; takertua, juuttua; tarttua, pitää kiinni (***to*** jstak); ~ ***by the rules*** noudattaa sääntöjä; ***they got stuck in the mud*** he juuttuivat liejuun; ~ ***together*** pysytellä yhdessä, pitää yhtä
sticker tarra; uurastaja, sinnittelijä
sticking plaster laastari
stick-on tarra-, kiinnitettävä
stick out *(stuck stuck)* olla ulkoneva; näkyä, erottua *(joukosta ym.)*; ***I stuck my tongue out at him*** näytin hänelle kieltä; ***stick one's neck out*** ottaa riski, vaarantaa
stick to noudattaa jtak, pitäytyä jssak; ***let's stick to the point*** pysytään asiassa
sticky tahmea; *(ark)* hankala
stiff kankea, jäykkä; ankara, kova; *(ark)* ruumis; ***I was scared*** ~ olin kauhusta kankea
stiffen jäykistää; jäykistyä
stifle läkähtyä, haukkoa henkeään; tukahduttaa
stigma häpeänmerkki
stile [ylitys]portaat
stiletto stiletti
stiletto heels piikkikorot
still 1 *a* hiljainen **2** *adv* hiljaa; vielä; kuitenkin **3** *v* hiljentää, tyynnyttää **4** *s* tislauslaite; still-kuva
stillborn kuolleena syntynyt
still life asetelma
stillness hiljaisuus
stilts puujalat
stimulant kiihotin, kiihotusaine
stimulate kiihottaa, piristää; stimuloida
stimulus *(pl stimuli)* kiihoke, yllyke, virike, ärsyke
sting 1 *s* piikki, pistin; pistos **2** *v (stung stung) (hyönteisestä, kasvista ym.)* pistää, polttaa
stingy saita; niukka
stink 1 *s* löyhkä **2** *v (stank/stunk stunk)* löyhkätä, haista; *(ark)* olla jtak mätää
stint 1 *s* rajoitus; *(työ ym.)* jakso, osuus; ***daily*** ~ päivän urakka **2** *v* rajoittaa, suoda *t.* käyttää niukasti
stipulate panna ehdoksi
stir 1 *s* liike; hälinä **2** *v* liikkua; liikahtaa; liikuttaa, sekoittaa
stirrup jalustin
stir up yllyttää, kuohuttaa
stitch 1 *s* pisto[s]; silmukka; *(lääk)* tikki **2** *v* ommella; nitoa

stoat kärppä
stock 1 *s* varasto; karja; kanta; suku; lihaliemi; [aseen] perä; juurakko; *~s* osakkeet, arvopaperit **2** *v* varastoida; pitää varastossa
stockade paaluvarustus, paalutus
stockbreeder karjankasvattaja
stockbroker osakevälittäjä
stock cube [liha]liemikuutio
stock exchange arvopaperipörssi
stockholder *(Am)* osakkeenomistaja
Stockholm Tukholma
stockinet trikoo
stocking *(naisten)* sukka
stockpiling varastointi
stocks telapohja; jalkapuu; *ks.* ***stock***
stocktaking inventointi
stocky tanakka
stoic stoalainen, hillitty, hallittu
stoke lisätä *(puita, hiiliä ym.)* *(**with** jtak)*; hoitaa *(tulta ym.)*
stoker lämmittäjä
1 stole stoola, pitkä puuhka
2 stole *ks.* ***steal***
stolen *ks.* ***steal***; varastettu
stomach 1 *s* maha[laukku], vatsa **2** *v* sulattaa
stone 1 *s* kivi; siemen; *(painomitta)* 14 naulaa *(6,35 kg)* **2** *v* kivittää; poistaa kivet
Stone Age kivikausi
stoned *(ark)* pilvessä; umpitunnelissa
stone-deaf umpikuuro
stonemason kivenhakkaaja
stoneware kivitavara
stony kivinen, kivenkova
stood *ks.* ***stand***
stool jakkara, palli; uloste
stoop kumartua; alentua
stop 1 *v* pysähtyä; pysäyttää; lakata, keskeytyä; keskeyttää; tukkia, sulkea, estää; ***when did you ~ smoking?*** milloin olet lopettanut tupakoinnin? **2** *s* pysähdys, seisahdus; pysäkki; paussi; este; ***full ~*** *(Br)* piste
stopgap [hätä]vara; väliaikais[ratkaisu]
stopover välilasku
stoppage [työn]seisaus; tukos; *(ennakon)* pidätys
stopper tulppa
stopwatch sekuntikello
storage varasto[iminen]; varaston vuokra
store 1 *s* varasto; *(Am)* kauppa, liike; tavaratalo **2** *v* koota varastoon, varastoida
storehouse varasto; *(kuv)* aarreaitta
storey kerros; ***two-~[ed]*** kaksikerroksinen
stork haikara
storm 1 *s* myrsky; rynnäkkö **2** *v* raivata; vallata väkirynnäköllä
stormy myrskyinen
story kertomus, tarina; ***short*** ~ novelli
stout 1 *a* lihava, tukeva; vahva **2** *s* tumma olut
stoutness lihavuus
stove kamiina; *(Am)* liesi, hella
stow pakata, lastata, sulloa
stowaway salamatkustaja
St. Petersburg Pietari
straddle seisoa *t.* istua hajareisin; olla jkn kummallakin puolella; ***the village ~s the frontier*** raja kulkee kylän halki

straggle harhailla, jäädä jälkeen; rönsyillä
straight suora, suoraan; suorassa; *~ away* heti; *keep ~* pysyä kaidalla tiellä; *let's put this ~* puhutaanpa tämä asia selväksi
straighten suoristaa; suoristua; järjestää (*out, up* kuntoon)
straightforward suora, vilpitön
strain 1 *s* ponnistus, rasitus; venähdys, nyrjähdys; lajike; laji; piirre **2** *v* jännittää, ponnistaa; rasittaa; venäyttää, nyrjäyttää; siivilöidä
strained jännitetty, kireä
strainer siivilä, lävikkö
strait salmi; ahdinko; *we are in dire ~s* olemme pahassa pinteessä
straiten panna tiukalle; *in ~ed circumstances* niukoissa oloissa
straitjacket pakkopaita
strand 1 *s (run)* ranta; säie **2** *v* ajautua rantaan; juuttua [karille]
strange vieras, outo; omituinen, kummallinen
strangely oudosti, kummallisesti; *~ enough* kumma kyllä
stranger vieras, muukalainen
strangle kuristaa
strap 1 *s* hihna, remmi, nauha; olkain **2** *v* kiinnittää hihnalla ym.
strapping roteva
strata *ks. **stratum***
strategic strateginen
strategy strategia, sodanjohtotaito
stratified kerrostunut
stratosphere stratosfääri
stratum *(pl strata)* kerros[tuma]
straw olki, korsi, oljet; [mehu]pilli
strawberry mansikka
stray 1 *s* koditon eläin, kulku- **2** *a* eksynyt, harha- **3** *v* eksyä
stray bullet harhaluoti
streak viiru, juova; piirre
streaked juovikas, raidallinen
stream 1 *s* puro; pieni joki; virta **2** *v* virrata
streamer viiri; *paper ~* serpentiini
streamlined virtaviivainen
street katu; *in the ~* kadulla; *on the ~ (Am)* kadulla
streetcar *(Am)* raitiovaunu
streetcorner kadunkulma
streetwalker ilotyttö, hutsu
strength voima; [mies]vahvuus; *on the ~ of* jkn nojalla
strengthen voimistaa, vahvistaa
strenuous rasittava, uuttera
stress 1 *s* paino; henkinen paine, stressi; *lay ~ on sth* tähdentää jtak **2** *v* painottaa, korostaa
stressed stressaantunut; *(kiel)* painollinen
stretch 1 *s* pingotus; laajuus, ala; matka **2** *v* venyttää; venyä; venytellä; ojentaa; ulottua; *~ o.s. out* mennä pitkäkseen
stretcher paarit
stretchmarks raskausarvet
strew *(strewed strewn/strewed)* sirotella, ripotella; heittää *t.* laitella sikin sokin
stricken kohtaama, valtaama (*with* jkn); *he was panic-~* hän oli paniikissa
strict ankara
stride 1 *s* harppaus, pitkä askel; *make great ~s* edistyä nopeasti **2** *v (strode stridden)* harppoa, astua pitkin askelin
strident kimeä, kimakka, äänekäs
strife epäsopu, kiista
strike 1 *s* lakko; lyönti, isku; täys-

osuma; ***we are on ~*** olemme lakossa; ***a lucky ~*** onnenpotku **2** *v (struck struck)* lyödä, iskeä; osua; juolahtaa mieleen; tuntua jksta (***as*** jltak); löytää *(kultaa, öljyä)*; ryhtyä lakkoon; lakkoilla; laskea *t.* purkaa teltta; sytyttää *(tulitikku)*; ***~ home*** osua naulan kantaan
strikebreaker rikkuri
strike out pyyhkiä pois
striker lakkolainen
strike up aloittaa soitto (laulu); rakentaa, viritellä
striking huomiota herättävä; silmiinpistävä
strikingly huomiota herättävän
string 1 *s* naru, nuora; *(mus)* kieli; ***the ~s*** jouset **2** *v (strung strung)* varustaa kielillä; pujottaa rihmaan
stringent ankara *(sääntö ym.)*
strip 1 *s* kaistale, liuska; strippaus[esitys] **2** *v* riisua; riisuutua; riistää (***of*** jtak)
strip cartoon sarjakuva
stripe juova, raita
striped raidallinen
stripper strippari
strive *(strove striven)* pyrkiä, ponnistella (***for***, ***after*** jhk)
striven *ks.* ***strive***
strode *ks.* ***stride***
stroke 1 *s* isku, lyönti; *(kynän)* veto; halvaus; ***a ~ of luck*** onnenpotku **2** *v* sivellä
stroll 1 *s* kävely **2** *v* kuljeskella, kävellä
strong vahva, voimakas
strong-box kassalipas
stronghold linnoitus
strongly kovasti; vahvasti
strove *ks.* ***strive***
struck *ks.* ***strike***
structural rakenteellinen, rakenne-; strukturaalinen
structure rakenne, struktuuri
struggle 1 *s* taistelu (***for*** jstak) **2** *v* ponnistella, kamppailla
strum rimputtaa, rämpyttää (***on*** jtak)
strung *ks.* ***string***
strung-up jännittynyt
strut pöyhistellä
stub 1 *s* pätkä, kanta; kanto **2** *v* lyödä *(varpaansa)*
stubble *(parran, pellon)* sänki
stubborn itsepäinen, jukuripää
stub out sammuttaa *(savuke)*
stuck *ks.* ***stick***; juuttunut; ***get ~*** juuttua kiinni, jäädä jumiin
stuck-up tärkeilijä, täynnä itseään
stud 1 *s* [paino]nappi; nasta; [koriste]naula, hevossiittola; siitosori; *(ark)* panomies, pukki **2** *v* koristaa, peittää (***with*** jllak)
student opiskelija, ylioppilas
studied harkittu
studio työhuone, ateljee; studio; ***~ flat*** yksiö
studious ahkera, opinhaluinen
study 1 *s* opiskelu, opinnot; tutkimus; harjoitelma; tutkielma; työhuone **2** *v* opiskella, tutkia
stuff 1 *s* aine; asia[t], juttu, jutut; tavara[t]; *(ark, sl) (täytesana)* kaikkea, semmoista, sellaista; ***what's that ~ about your leaving?*** mikäs se juttu on että olisit lähdössä?; ***did you get all your ~ from the trunk?*** otitko *t.* saitko kaikki tavarasi takakontista?; ***we talked and ~*** me puhuttiin ja kaikkea **2** *v*

ahtaa täyteen; täyttää
stuffed täytetty
stuffed shirt tärkeilijä
stuffing täyte
stuffy tunkkainen; vanhanaikainen
stumble kompastua (***on*** jhk)
stumble across (**on, upon**) *(kuv)* törmätä, tavata yllättäen
stumbling block kompastuskivi
stump 1 *s* tynkä, kanto **2** *v* kompuroida; saada sanattomaksi
stump up pulittaa
stumpy lyhyenläntä, pätkä
stun huumata, tyrmätä *(iskulla)*; ällistyttää, lyödä ällikällä
stung *ks.* ***sting***
stunning upea, tyrmäävä, mykistävä; ***a ~ beauty*** upea kaunotar
stunt 1 *s* temppu **2** *v* ehkäistä, estää
stunted kitukasvuinen
stunt flying taitolento
stunt man, **stunt woman** sijaisnäyttelijä
stupefaction tyrmistys; lamaannus
stupefy ällistyttää; lamaannuttaa
stupendous hämmästyttävän hyvä *t.* hieno ym.
stupid typerä, tyhmä
stupidity typeryys
stupor horros; tylsyys
sturdy vankka, tukeva
sturgeon sampi
stutter 1 *s* änkytys **2** *v* änkyttää
sty sikolätti; näärännäppy
style 1 *s* tapa, tyyli; tyylikkyys; ***in ~*** hienosti, komeasti; ***out of ~*** pois muodista; ***that's not my ~*** ei kuulu tapoihini *t.* tyyliini **2** *v* nimittää; muotoilla, suunnitella
stylish tyylikäs, muodikas
stylist suunnittelija, muotoilija
suave lipevä
subaltern *(Br)* kapteenia alempi upseeri
subconscious[ness] alitajunta
subcontractor aliurakoitsija
subdivide jakaa alaryhmiin
subdue kukistaa; hillitä
subeditor toimitussihteeri
subhead[ing] alaotsikko
subject 1 *s* alamainen; subjekti; aihe, aine; ***on the ~ of money*** rahasta puheen ollen; ***let's change the ~*** vaihdetaan[pa] puheenaihetta **2** *v* alistaa; altistua (***to*** jllek); ***be ~ed to*** joutua jkn alaiseksi *t.* kohteeksi *t.* kärsimään jtak
subjective omakohtainen, subjektiivinen
subject to altis jllek; jstak riippuvainen; ***~ change*** muutokset ovat mahdollisia
subjugate alistaa
subjunctive konjunktiivi, subjunktiivi
sublet vuokrata [alivuokralaiselle]
sublime ylevä; upea
submarine 1 *a* vedenalainen **2** *s* sukellusvene
submerge sukeltaa, upottaa
submission alistuminen; alistaminen
submissive alistuvainen
submit alistaa; alistua, taipua; jättää *(tarkastettavaksi ym.)*
subordinate 1 *s (jkn)* alainen **2** *v* alistaa
subordinate clause alisteinen sivulause
subpoena 1 *s* haaste **2** *v* kutsua oikeuteen
subscribe merkitä *(jhk jk summa)*;

avustaa; tilata *(lehteä ym.)* (***to*** jtak); allekirjoittaa
subscription tilaus; avustus
subsequent seuraava
subsequently myöhemmin
subservient nöyristelevä; jtak edistävä, palveleva
subside asettua, tyyntyä
subsidiarity läheisyys-, toissijaisuus|periaate
subsidiary apu-, lisä-
subsidize tukea, avustaa
subsidy avustus, tukipalkkio
subsist olla olemassa; ~ ***on*** elää jllak
subsistence toimeentulo
substance aine; [perus]olemus, pääsisältö; substanssi; ydin; ***the ~ of*** jkn pääkohdat
substantial olennainen, painava; tukeva
substitute 1 *s* sijainen; korvike **2** *v* asettaa, asettua (***for*** jkn sijaan); toimia sijaisena
subtenant alivuokralainen
subterranean maanalainen
subtitles *(tv, elok)* teksti[tys]
subtle hienon hieno; aavistuksellinen; terävä
subtract vähentää
subtraction vähennyslasku
suburb esikaupunki
subvention tukipalkkio, subventio
subversive kumouksellinen
subvert kumota
subway alikulkutunneli; *(Am)* metro
succeed seurata (***to*** jhk); onnistua (***to*** tekemään jtak); ***his daughter ~ed him to the throne*** hänen tyttärensä nousi [hänen jälkeensä] valtaistuimelle
success menestys
successful menestyksellinen
succession sarja; vallanperimys[järjestys]; ***in ~*** peräkkäin
successive peräkkäinen
successor seuraaja
succinct selkeä ja tiivis, napakka, ytimekäs *(selostus, tyyli ym.)*
succulent mehevä; mehi[kasvi]
succumb menehtyä (***to*** jhk); antautua, antaa periksi
such sellainen; ~ ***as*** kuten esimerkiksi; ***no ~ thing*** ei sinne päinkään
suck 1 *v* imeä **2** *s* imeminen
sucker imijä; imukuppi; *(ark)* [jymäytettävissä oleva] hölmö; heikko jllek
suckle imettää; imeä
suckling imeväinen
suction imu
sudden äkillinen; ***all of a ~*** yhtäkkiä
suddenly äkkiä
suds saippuavaahto
sue haastaa oikeuteen (***for*** jstak, jkn takia)
suede mokkanahka
suffer kärsiä; sairastaa (***from*** jstak, jtak)
suffering kärsimys
sufficient riittävä
sufficiently riittävän, kyllin
suffocate tukehtua, läkähtyä; tukehduttaa
suffocation tukehtuminen; tukehduttaminen
suffrage äänioikeus
sugar sokeri
sugar beet sokerijuurikas

sugar bowl sokeriastia
sugarcane sokeriruoko
suggest ehdottaa; johdattaa mieleen
suggestion ehdotus; suggestio
suggestive herätteitä antava; vahva, suggestiivinen
suicide itsemurha; *(lak)* itsemurhaaja; ***did he commit ~?*** tekikö hän itsemurhan?
suit 1 *s (miehen t. jakku-)* puku; *(korttip)* maa; syyte **2** *v* sopia, pukea; ***red really ~s you*** punainen todella sopii sinulle; ***tomorrow ~s me fine*** huominen sopii oikein hyvin; ***~ yourself*** tee kuten haluat
suitable sopiva
suitcase matkalaukku
suite kalusto; huoneisto, sviitti; *(mus)* sarja
suited omiaan, sopiva (***for*** jhk)
suitor kosija
sulk murjottaa, mököttää
sulky murjottava; pahantuulinen
sullen juro, nyreä, pahantuulinen; synkkä, uhkaava *(taivas, ilma)*
sulphur rikki
sultan sulttaani
sultriness helle, painostavuus
sultry helteinen, hiostava; seksikäs
sum summa; laskuesimerkki
summarize tehdä yhteenveto
summary 1 *s* tiivistelmä, yhteenveto **2** *a* ylimalkainen
summer kesä; ***in [the] ~*** kesällä
summer cottage kesämökki
summer home kesä|asunto, -mökki
summer school kesäyliopisto
summertime kesäaika
summer time *(Br) (kellosta)* kesäaika
summery kesäinen
summing-up yhteenveto
summit huippu; huippukokous
summit talks huipputason neuvottelut
summon kutsua; haastaa oikeuteen; koota
summons haaste
sumptuous upea, loistelias
sum up laskea yhteen; esittää lyhyesti
sun 1 *s* aurinko **2** *v*: ***~ o.s.*** paistattaa päivää
sunbathe ottaa aurinkoa
sunbeam auringonsäde
sunburn auringon polttama *t.* palanut kohta
sunburnt auringon polttama, palanut
sundae jäätelöannos
Sunday sunnuntai
Sunday school pyhäkoulu
sundries sekalaiset erät, kulut ym.
sung *ks.* ***sing***
sunglasses aurinkolasit
sunk *ks.* ***sink***
sunken vedenalainen, uponnut; kuopalla oleva
sunlight auringonvalo
sunny aurinkoinen
sun protection factor suojakerroin
sunrise auringonnousu
sunset auringonlasku
sunshade päivänvarjo, markiisi
sunshine auringonpaiste
sunspot auringonpilkku
sunstroke auringonpistos
suntan rusketus
suntan lotion aurinkovoide
superabundant yltäkylläinen
superb erinomainen

super-duper *(ark)* mahtava
superficial pinnallinen
superfluous ylimääräinen
superhuman yli-inhimillinen
superintend valvoa
superintendence [yli]valvonta
superintendent valvoja, tarkastaja
superior 1 *a* ylempi, parempi; etevämpi (*to* kuin, jtak); erittäin hyvä; ylimielinen **2** *s* esimies
superiority paremmuus
superlative superlatiivi[nen]
supermarket valintamyymälä, marketti
supersede syrjäyttää, tulla tilalle
supersonic ääntä nopeampi
superstition taikausko
superstitious taikauskoinen
supervise valvoa; ohjata
supervision valvonta
supervisor tarkastaja, valvoja
supper illallinen
supplant syrjäyttää
supple taipuisa, notkea
supplement 1 *s* täydennysosa; lisuke, lisä- **2** *v* täydentää
supplementary liite-; täydentävä
supplier hankkija
supplies tarvikkeet; muonavarat
supply 1 *s* varasto; tarjonta; ***water ~*** vesihuolto **2** *v* varustaa, hankkia; toimittaa (***with*** jtak, jllak)
support 1 *s* tuki **2** *v* tukea; elättää, huoltaa
supporter kannattaja
suppose otaksua, olettaa; ***I ~ so*** luultavasti, kyllä kai
supposing edellyttäen että; entä jos
supposition otaksuma, oletus
suppository peräpuikko
suppress tukahduttaa
suppression tukahduttaminen
suppurate märkiä
supremacy yliherruus
supreme ylin, korkein
Supreme Court Korkein oikeus
surcharge lisämaksu
sure varma; varmasti, tottakai; ***~ enough*** ihan varmasti; ***make ~*** varmistaa
surely varmasti, totta kai; ***~ you don't go there*** et kai aio mennä sinne, ethän vaan mene sinne
surf 1 *s* tyrsky[t], vaahtopää[t] **2** *v* surffata, lainelautailla
surface 1 *s* pinta **2** *v* päällystää; tulla pinnalle
surfing lainelautailu
surf[ing] board lainelauta
surge 1 *s* aallokko; *(myös kuv)* aalto **2** *v (myös kuv)* aaltoilla
surgeon kirurgi
surgery kirurgia; leikkaus
surly äreä, tyly, töykeä
surmise otaksua, arvella
surmount kohota yli
surname *(Br)* sukunimi
surpass ylittää, viedä voitto
surplus ylimäämä, liika-
surprise 1 *s* yllätys **2** *v* yllättää; ***to my ~*** hämmästykseksi
surprised yllättynyt (***at*** jstak)
surrealistic surrealistinen
surrender 1 *s* luovutus; antautuminen **2** *v* luovuttaa; antautua
surreptitious salainen
surround ympäröidä
surroundings ympäristö
surtax lisävero
survey 1 *s* yleiskatsaus; tutkimus, kysely **2** *v* silmäillä, tarkastaa; tut-

kia; mitata
surveyor [rakennus]tarkastaja, maanmittari; tutkimuksen tekijä
survival eloonjääminen
survive jäädä eloon, säilyä hengissä; elää kauemmin kuin
survivor eloonjäänyt
susceptible altis, herkkä (***to*** jllek)
suspect 1 *s* epäilyksenalainen, epäilty **2** *v* epäillä
suspend ripustaa; lakkauttaa, erottaa *(määräajaksi)*; lykätä
suspenders *(Br)* sukkanauhat; *(Am)* henkselit, housunkannattimet
suspense epätietoisuus; *(tuskallinen)* odotus; jännitys
suspension bridge riippusilta
suspicion epäluulo, epäily[s]
suspicious epäluuloinen; epäilyttävä; ***be ~ of*** *t.* ***about*** epäillä jtak *t.* jkta
sustain pitää yllä; kannattaa, tukea; kärsiä *(menetys)*; saada *(vamma)*
sustained jatkuva, sitkeä; *(lak)* kannatetaan
sustenance ravitsevuus; ravitseva ruoka
suture *(lääk)* **1** *s* ommel **2** *v* ommella
swab tukko, tuppo; moppi, luuttu
swaddle kapaloida
swagger rehvastella
swallow 1 *s* pääskynen **2** *v* niellä
swallow-tailed coat hännystakki
swam *ks.* ***swim***
swamp 1 *s* suo, räme **2** *v* *(kuv)* hukuttaa
swan joutsen
swanky komeileva
swansong joutsenlaulu, viimeinen työ
swap vaihtaa
swarm 1 *s* parvi **2** *v* parveilla, vilistä
swarthy tummaverinen
swastika hakaristi
sway 1 *s* huojunta, keinunta **2** *v* huojua; heiluttaa; horjuttaa
swear *(swore sworn)* vannoa; kiroilla
swearword kirosana
sweat 1 *s* hiki; ***cold ~*** kylmä hiki, tuskanhiki **2** *v* hikoilla
sweatband hiki-, otsa|nauha
sweater [villa- *t.* neule]pusero
sweat shirt verkkaripusero, college
sweat suit verkkari[t]
sweaty hikinen
swede lanttu
Swede ruotsalainen
Sweden Ruotsi
Swedish 1 *a* ruotsalainen **2** *s* *(kieli)* ruotsi; ***the Swedish*** ruotsalaiset
sweep 1 *s* pyyhkäisy; lakaisu; laaja näkymä *t.* ala; nuohooja **2** *v* *(swept swept)* lakaista, pyyhkäistä
sweeper lakaisija; lakaisukone
sweeping laaja, yleistävä
sweepings rikat, roskat
sweet 1 *a* makea; suloinen, herttainen; ***he has a ~ tooth*** hän pitää makeasta **2** *s* *(Br)* jälkiruoka; makeinen
sweet-and-sour hapanimelä
sweetbread kateenkorva
sweeten makeuttaa; sulostuttaa
sweetener makeutusaine
sweetheart kulta, rakastettu
sweet pea hajuherne
sweet potato *(Am)* bataatti

swell 1 *a (Am, vanh)* upea, tyylikäs; mainio, hieno **2** *v (swelled swelled/swollen)* paisua, ajettua
swelling ajos, turvotus
sweltering tukahduttava
swept *ks.* ***sweep***
swerve 1 *v* poiketa, kääntyä [äkkiä] *(suunnasta)* **2** *s* äkkikäännös
swift nopea
swill ryystää *(ahnaasti)*; huuhtoa
swim 1 *v (swam swum)* uida **2** *s* uinti; ***go for a ~*** mennä uimaan
swimming uiminen, uinti
swimming aids uimakellukkeet
swimming baths *(Br)* uimahalli
swimming pool uima-allas
swindle 1 *s* huijaus **2** *v* huijata
swine *(myös kuv)* sika
swing 1 *s* keinu; vauhti; *(ark)* svengi **2** *v (swung swung)* heilua, keinua; heiluttaa, keinuttaa; *(ark)* svengata
swinging heilahteleva; keinuva; *(ark)* svengaava
swirl 1 *s* pyörre **2** *v* pyöriä, kieppua; kieputtaa, pyörittää
swish 1 *s* havina, kahina **2** *v* viuhua, havista, kahista
Swiss sveitsiläinen
switch 1 *s* katkaisija, kytkin **2** *v* vaihtaa, kääntää [toisaalle]; vaihtua, kääntyä (***to*** jksik, jhk)
switchback vuoristorata; kiemurteleva vuoristotie
switchblade *(Am)* stiletti
switchboard kytkintaulu, kojelauta
switch off katkaista, sammuttaa *(virta ym.)*
switch on laittaa [päälle]; avata; sytyttää
Switzerland Sveitsi
swivel chair konttorituoli
swollen *ks.* ***swell***; turvonnut
swoop syöksyä *(kimppuun)*
swop vaihtaa, tehdä vaihtokauppa
sword miekka
swordfish miekkakala
swore *ks.* ***swear***
sworn *ks.* ***swear***; valantehnyt, vannoutunut
swum *ks.* ***swim***
swung *ks.* ***swing***
syllable tavu
syllabus opinto-ohjelma
symbol vertauskuva, symboli; merkki; merkintä
symbolic[al] vertauskuvallinen, symbolinen
symbolize symbolisoida
symmetrical symmetrinen
symmetry symmetria
sympathetic myötämielinen, myötätuntoinen
sympathize tuntea *t.* ilmaista myötätuntoa (***with*** jkta kohtaan)
sympathy myötätunto, osanotto
symphony sinfonia
symptom oire
synagogue synagoga
synchronous samanaikainen
syndrome oireyhtymä, syndrooma
synonym synonyymi-
syntax lauseoppi, syntaksi
synthesis synteesi, yhteenveto
synthesizer syntetisaattori
synthetic synteettinen
syphilis syfilis, kuppa
syringe [injektio]ruisku
syrup sokeriliemi; mehu; siirappi
system järjestelmä, systeemi; elimistö; ***nervous ~*** hermosto; ***solar ~*** aurinkokunta

systematic järjestelmällinen, systemaattinen

systems analysis systeeminsuunnittelu

T

tab vetoliuska; tabulaattori; ***keep ~s on sth*** pitää kirjaa jstak; pitää silmällä jtak
table pöytä; taulukko; ***at ~*** ruokapöydässä
tablecloth pöytäliina
tableland ylätasanko
table manners pöytätavat
tablemat [pannun]alunen
tablespoon ruokalusikka
tablet levy, laatta; muistotaulu; pilleri, tabletti; [saippua]pala
tableware ruokakalusto
tabloid skandaalilehti
taboo 1 *s* tabu **2** *a* kielletty
tacit sanaton, äänetön
taciturn harvapuheinen, vaitelias
tack 1 *s* nasta, nupi **2** *v* kiinnittää *(nupinauloilla ym.)*; harsia; luovia
tackle 1 *s* välineet; takila **2** *v* käydä käsiksi jhk
tact tahdikkuus
tactful tahdikas
tactical taktinen
tactics taktiikka
tadpole *(el)* nuijapää
taffeta tafti[kangas]
tag 1 *s* [hinta-, nimi-, osoite]lappu; pätkä; kengännauhan vedin **2** *v* lisätä koristukseksi; varustaa lipulla *t.* lapulla
tail häntä, pyrstö; ***heads or ~s*** kruuna vai klaava
tail coat hännystakki, frakki
taillight takavalo
tailor 1 *s* räätäli **2** *s* räätälöidä, tehdä mittojen mukaan
tailor-made räätälin tekemä, teetetty; *(kuv)* räätälöity
tail pipe pakoputki
taint 1 *s* tahra **2** *v* tahrata
take *(took taken)* ottaa; viedä; vaatia, kestää; ***he has ~n to drink*** hän on ratkennut juomaan; ***~ it upon o.s.*** ottaa asiakseen; ***he was ~n ill*** hän sairastui; ***~ a bus*** mennä bussilla; ***~ into account*** ottaa huomioon; ***~ care*** huolehtia, pitää huolta (***of*** jstak)
take after muistuttaa jkta
takeaway noutoravintola
take for pitää jnak
taken *ks.* ***take***
take off *(kulkuneuvosta ym.)* lähteä, nousta [ilmaan]; riisua, ottaa päältään; ottaa vapaata
takeoff *(urh)* ponnistus; *(ilm)* nousu, lähtö
take on ottaa tehdäkseen; ottaa töihin; omaksua; ottaa [kyytiin]
takeout *(=* ***takeaway****)* noutoravintola
take out on purkaa (tunteitaan) jkhun
take over ottaa haltuunsa; jatkaa, ryhtyä [vuorostaan]
takeover valtaanpääsy; vaihto
take up viedä *(tilaa ym.)*; ryhtyä jhk
take up with alkaa kulkea [yhdessä]
talcum powder talkki
tale kertomus, tarina; ***tell ~s*** kieliä

talent kyky, lahja[kkuus]
talented lahjakas
talisman taikakalu
talk 1 *v* puhua, jutella, puhella **2** *s* keskustelu, neuvottelu; esitelmä; ***we should have a ~*** meillä olisi puhuttavaa, meidän pitäisi keskustella
talkative puhelias
talkie äänielokuva
talk show talk show, keskusteluohjelma
tall pitkä, korkea
tallow tali
tally 1 *s* luku, [piste]tilanne **2** *v* täsmätä, vastata (***with*** jtak)
talons *(petolinnun)* kynnet
tame 1 *a* kesy *(eläin)*; laimea **2** *v* kesyttää
tamper peukaloida *(omavaltaisesti)*; kopeloida (***with*** jtak)
tampon tamponi
tan 1 *a* ruskea, ruskettunut **2** *s* rusketus **3** *v* ruskettaa, ruskettua; parkita
tangerine mandariini
tangible [kouriin]tuntuva, konkreettinen
tangle 1 *s* sotku; takku; ryteikkö **2** *v* sotkea; ***my hair got ~d*** tukkani meni takkuun, tukkani sotkeutui
tank 1 *s* säiliö; tankki; panssari[vaunu] **2** *v* täyttää tankki, tankata
tankard haarikka, tuoppi
tanker säiliöalus
tanned ruskettunut, päivettynyt
tantalize kiusata
tantrum pahantuulen puuska
tap 1 *s* hana, tappi; naputus **2** *v* naputtaa; laskea; juoksuttaa; kuunnella salaa *(puhelinta)*
tap dance steppi
tape 1 *s (reuna-, mitta-, maali-)* nauha; teippi; ääninauha, äänite **2** *v* nauhoittaa
tape measure mittanauha
taper suipeta
tape recorder nauhuri
tapestry gobeliini, seinävaate
tapeworm heisimato; ***broad ~*** lapamato
tar 1 *s* terva; piki **2** *v* tervata; pietä
tardy hidas, myöhäinen
tare taara; *(ajoneuvon)* omapaino
target maalitaulu; tavoite
tariff [tulli]tariffi
tarnish 1 *v* himmentää, tahrata; mustua **2** *s* tummunut pinta; tahra
tarpaulin pressu
tarragon rakuuna
1 tarry tervainen
2 tarry *(vanh)* viipyä
tart [hedelmä]torttu; hutsu
tartan *(skottiruutuinen)* villakangas; ruutumalli
tartar hammaskivi; viinikivi; ***T~*** tataari; *(ruok)* tartar-
task tehtävä; ***take to ~*** vaatia tilille
tassel tupsu
taste 1 *s* maku; ***not to my ~*** ei minun makuuni **2** *v* maistaa; maistua
tasteful maukas; aistikas
tasteless mauton
tasty maukas, maittava
tatter[s] ryysyt
tattered repaleinen
tattoo 1 *s* tatuointi; *(sot)* [ilta]soitto; rummutus **2** *v* tatuoida
taught *ks.* ***teach***
taunt 1 *s* pilkka **2** *v* ivata
Taurus *(astrol)* härkä
taut tiukka, kireä; eheä

tavern kapakka, taverna, majatalo
tawdry räikeä, koreileva
tawny ruskeankeltainen, kullanruskea
tax 1 *s* vero; ***pay ~es*** maksaa veroja; ~ ***evasion*** veronkierto **2** *v* verottaa; rasittaa
taxation verotus
tax deduction verovähennys
taxi, taxicab taksi, pirssi
taxidriver *(Am)* taksinkuljettaja
taximeter taksamittari
taxirank, taxistand taksi|tolppa, -asema
tea tee; ***a cup of*** ~ kupillinen teetä
teach *(taught taught)* opettaa
teacher opettaja
teacup teekuppi; *(kuv)* ***a storm in a*** ~ myrsky vesilasissa
teak teak-puu
team [työ]ryhmä, tiimi; *(urh)* joukkue; valjakko
teamwork yhteistyö, ryhmätyö
tea party teekutsut
tea pot teekannu
1 tear *(tore torn)* repiä; revetä
2 tear kyynel; ***burst into ~s*** purskahtaa itkuun
tease kiusoitella, härnätä; karstata *(villaa)*
tea service, tea set teekalusto
teaspoon teelusikka
teat *(el)* nänni; [pullon] tutti
teatime teeaika; illallisaika
technical tekn[ill]inen
technics tekniikka
technique taito, tekniikka
technological teknologinen, tekninen
technology teknologia, tekniikka
teddy bear teddykarhu, nalle
teddy boy *(50-luvun)* lättähattu
tedious ikävä, pitkästyttävä
teem with vilistä, kuhista jtak
teenager teini-ikäinen
teens teini|-ikä, -vuodet
teeny pikkuinen
teeny-bopper *(vanh) (tytöistä)* varhaisnuori
teeth hampaat; ***in the ~ of*** jonkin uhalla; ***by the skin of one's ~*** täpärästi
teetotaller absolutisti, raivoraitis
telecommunications sähköiset viestimet; sähköinen viestintä
telegram sähke
telegraph 1 *s* lennätin **2** *v* sähköttää
telephone *vrt.* ***phone*** **1** *s* puhelin **2** *v* soittaa *(puhelimella)*
telephone box puhelinkoppi
telephone directory puhelinluettelo
telephone number puhelinnumero
telephoto lennätinkuva
teleprinter kaukokirjoitin
telescope kaukoputki
teletext teksti-tv
televiewer television katselija
televise televisioida
television televisio
television screen kuvaruutu
television set televisio[vastaanotin]
telex teleksi, telex
tell *(told told)* kertoa, sanoa, ilmoittaa; käskeä; erottaa *(samannäköisiä toisistaan, jstak ym.)*; ***I have been told*** olen kuullut kerrottavan; ***I can't ~ John and Bill apart*** *t.* ***John from Bill*** en osaa erottaa J:tä ja B:tä toisistaan
telling tehokas

telltale 1 *s* kielikello **2** *a* kielivä
telly telkkari, televisio
temerity uhkarohkeus
temper 1 *s* luonto, tuuli; kiukku; ***lose one's*** ~ menettää malttinsa **2** *v* karkaista; lieventää
temperament luonteenlaatu, temperamentti
temperance kohtuullisuus
temperate kohtuullinen; lauhkea
temperature lämpö[määrä], lämpötila; ***take sb's*** ~ mitata jkn kuume; ***what's the*** ~ ***today?*** paljonko tänään on asteita?
tempest *(kirj)* myrsky
temple temppeli; ohimo
tempo tahti, tempo
temporal ajallinen
temporarily väliaikaisesti, tilapäisesti
temporary väliaikainen, tilapäinen
temporize pitkittää [asiaa]
tempt kiusata; houkutella
temptation kiusaus
tempter kiusaaja
tempting houkutteleva
ten kymmenen
tenable luja, paikkansa pitävä
tenacious hellittämätön, sitkeä
tenacity sitkeys
tenant vuokraaja, vuokralainen
tend olla taipuvainen, suuntautua, pyrkiä; hoitaa, paimentaa; ***he ~s to work too hard*** hänellä on tapana tehdä liikaa töitä
tendency taipumus, suunta[us], tendenssi
tender 1 *s* hoitaja, valvoja; tarjous; apulaiva, hiilivaunu; ***legal*** ~ laillinen maksuväline **2** *a* murea; hellä; hento; arka **3** *v* tarjota
tenderloin steak [sisäfilee]pihvi
tenderly hellästi
tenderness hellyys; mureus
tendon jänne
tendril kärhi, kierre
tenement vuokra|talo, -asunto
tenement house *(halpa)* kerrostalo, vuokrakasarmi
tenfold kymmenkertainen
tennis tennis
tennis court tenniskenttä
tennis shoe tennistossu
tenor kulku, suunta, perusajatus; tenori
tense 1 *s* aikamuoto **2** *a* jännittynyt, pingottunut, kireä
tensile venyvä, venymis-
tensile strength vetolujuus
tension jännitys; jännite, lataus
tent teltta
tentacle tuntosarvi; lonkero
tentative kokeilu-, alustava
tentatively alustavasti
tenterhooks: ***on*** ~ kuin tulisilla hiilillä
tenth kymmenes[osa]
tenuous ohut, hatara; heikko
tenure: ~ ***of an office*** toimikausi
tepid haalea; *(kuv)* vaisu
term 1 *s* [määrä]aika; lukukausi; oppisana, termi; ***in the long*** ~ pitkällä aikavälillä *t.* tähtäimellä **2** *v* nimittää
terminal pääte|asema, -pysäkki, terminaali; *(atk)* pääte
terminate päättyä jhk; lopettaa
terminology ammatti-, erikois|sanasto, terminologia
terminus pääte|asema, -pysäkki
termite termiitti
term paper *(yliop)* tutkielma, semi-

naarityö
terms ehdot; välit; ***come to*** ~ sopia; ***on good*** ~ hyvissä väleissä; ***in flattering*** ~ imartelevin sanoin
terrace penger, terassi; *(Br)* talorivi
terrestrial maallinen, maan
terrible hirmuinen, kauhea
terribly kauhean, hirveän, hirveästi
terrier terrieri
terrific valtava; mahtava, loistava; hirvittävä, kammottava
terrified pelästynyt, kauhuissaan
terrify kauhistuttaa
territorial alueellinen, alue-
territory alue
terror kauhu; ***balance of*** ~ kauhun tasapaino; ***reign of*** ~ hirmuvalta
terrorist terroristi
terrorize terrorisoida
terry cloth frotee
terse lyhytsanainen
test 1 *s* koe, testi **2** *v* koetella, testata
testament testamentti
testicles kivekset
testify todistaa (***against*** jkta vas-' taan)
testimonial työtodistus; lausunto
testimony todistus
test tube koeputki
testy ärtyisä, kärsimätön
tetanus jäykkäkouristus
tether lieka; panna liekaan
text teksti
textbook oppikirja
textile kutoma-, tekstiili-
textiles tekstiilit, kutomatuotteet
texture kudos, rakenne
Thai thaimaalainen
Thailand Thaimaa
the Thames Thames-joki
than kuin
thank kiittää; ~ ***you very much*** paljon kiitoksia
thankful kiitollinen
thankless kiittämätön; epäkiitollinen
thanks kiitos, kiitoksia; ~ ***to*** jnk ansiosta
Thanksgiving Day *(Am) (marraskuun viimeinen torstai)* kiitospäivä
that tuo, se; joka; että; ***all*** ~ kaikki mikä; ***the house*** ~ ***we saw*** talo, jonka näimme; ***now*** ~ nyt kun; ***is*** ~ ***all?*** siinäkö kaikki?
thatched olki-
thaw 1 *s* suojasää **2** *v* sulaa, olla leuto
the *(määräinen artikkeli)*, ***the sooner the better*** mitä pikemmin sitä parempi
theater *(Am)* teatteri
theatre *(Br)* teatteri
theatregoer teatterissa kävijä
theft varkaus
their, theirs heidän; niiden
them heidät, heille; ne, niille *(jne.)*
theme aine, aihe; teema
theme song tunnussävel
themselves itse, itsensä, itseänsä; ***they defended*** ~ he puolustautuivat
then silloin, sitten; siis; silloinen; ***by*** ~ siihen mennessä; ***now*** ~ no niin, kas niin; ***now and*** ~ silloin tällöin
thence *(vanh runok)* sieltä
theologian teologi
theology teologia
theoretical teoreettinen, tietopuolinen

theory teoria
therapist terapeutti
therapy terapia, hoito
there siellä, sinne; ~ *is*, ~ *are* jssak on jtak; ~ ***is some money in the drawer*** laatikossa on rahaa; ***how many inhabitants are ~ in this town?*** paljonko tässä kaupungissa on asukkaita?; ~ ***is a phone call for you*** sinulle on puhelu; ~ ***is nothing we can do*** emme voi [asialle] mitään; ~*!* sillä tavalla!, siitäs sait[te]!
thereabouts niillä main
therefore sen vuoksi, siksi
thereupon sen jälkeen
thermal lämpö-
thermometer lämpö-, kuume|mittari
thermos [flask] termospullo
these nämä; ~ ***days*** nykyään; ***one of ~ days*** tässä jonakin päivänä, lähipäivinä
thesis väitöskirja; lopputyö; teesi; ***Master's ~*** *(läh)* pro gradu -tutkielma
they he, ne
thick paksu, tiheä, sakea; suurustettu; pölkkypää; ***they are very ~*** he ovat henkiystäviä; ***a bit ~!*** aika paksua!
thicken paksuntaa, tihentää; taajeta, tihetä
thicket tiheikkö, vesakko
thickness paksuus, sakeus, tiheys
thickset tanakka; tiheäkasvuinen
thief *(pl thieves)* varas; ***as thick as thieves*** kuin paita ja peppu
thieve varastaa, varastella
thigh reisi
thimble sormustin
thin 1 *a* ohut, hieno; laiha, harva **2** *v* oheta; ohentaa
thine *(runok)* sinun
thing esine, tavara, kapine; asia; olento; ***for one ~*** ensiksikin, ensinnäkin; ***don't say such a ~*** älä puhu tuollaisia; ***it's not the ~ to do*** ei sellaista sovi tehdä, ei tuollainen käy päinsä
think *(thought thought)* ajatella, olla jtak mieltä (***about***, ***of*** jtak, jstak); luulla, arvella; ***no, I ~ not*** enpä usko; ***I didn't ~ of it*** en tullut sitä ajatelleeksi; ***I can't ~ of her name*** en nyt muista hänen nimeään; ~ ***it over*** mieti asiaa
third kolmas; kolmannes
thirdly kolmanneksi
thirst 1 *s* jano **2** *v* janota
thirsty janoinen; ***I am*** ~ minulla on jano
thirteen kolmetoista
thirteenth kolmastoista
thirtieth kolmaskymmenes
thirty kolmekymmentä
this tämä; ***like*** ~ näin, tällä tavalla
thistle ohdake
thither *(vanh runok)* sinne
tho, **tho'** *ks.* ***though***
thong hihna, piiskansiima; tangat; *(Am)* varvassandaali
thorax rintakehä
thorn piikki, oka
thorny okainen
thorough perinpohjainen, läpikotainen; perusteellinen
thoroughbred täysverinen *(hevonen)*
thoroughfare liikeväylä, valtatie; ***no*** ~ ei kauttakulkua
thoroughly perin pohjin, perusteel-

lisesti; läpikotaisin
those nuo, ne
thou *(runok, vanh)* sinä
though vaikka
thought 1 *s* ajatus **2** *v ks.* ***think***
thoughtful miettiväinen; hienotunteinen
thoughtless ajattelematon; huomaamaton
thousand tuhat; ***~s of*** tuhansittain, tuhansia
thousandth tuhannes
thrash piestä, löylyttää
thrashing selkäsauna
thrash out puida, puhua selväksi
thread 1 *s* lanka **2** *v* pujottaa
threadbare nukkavieru
threat uhkaus
threaten uhata
three kolme
threefold kolminkertainen
threepence kolmen pennyn raha
thresh puida
threshold kynnys
threw *ks.* ***throw***
thrift säästäväisyys
thrifty säästäväinen, taloudellinen
thrill 1 *s* väristys, sävähdys; säväyttävä elämys **2** *v* värisyttää, sävähdyttää; vavahtaa
thriller jännityselokuva, trilleri
thrive *(throve/thrived thriven/thrived)* menestyä, kukoistaa
throat kurkku; ***at each other's ~s*** toistensa kurkussa
throb 1 *s* tykytys, jyskytys **2** *v* tykyttää, sykkiä, jyskyttää
thrombosis verisuonitukos
throne valtaistuin; ***come to the ~*** nousta valtaistuimelle
throng 1 *s* väentungos **2** *v* tungeksia
throttle 1 *v* kuristaa **2** *s (tekn)* kuristusläppä
throttle down *(aut, ilm)* vähentää kaasua
through läpi, kautta; kauttakulku-; ***~ the gate*** portista, portin kautta; ***~ him*** hänen kauttaan; ***I can see ~ you*** näen lävitsesi; ***go ~ sth*** läpikäydä, kokea jtak
throughout kauttaaltaan; läpi *t.* kautta koko
throve *ks.* ***thrive***
throw 1 *s* heitto **2** *v (threw thrown)* heittää; ***they threw him out*** hänet heitettiin ulos; ***why don't you ~ it over*** hylkäisit koko jutun; ***she threw the papers away*** hän heitti paperit menemään
throw up oksentaa; lopettaa, jättää; *(kuv)* synnyttää
thrush rastas
thrust 1 *s* työntö, sysäisy **2** *v (thrust thrust)* työntää, sysätä
thud 1 *s* tömähdys, mätkähdys **2** *v* tömähtää, mätkähtää; jymähtää, jysähtää
thug roisto, rikollinen
thumb 1 *s* peukalo **2** *v* kulkea peukalokyydillä, liftata; ***~ a lift*** liftata; ***all ~s*** kömpelö
thump 1 *s* tömähdys **2** *v* jyskyttää, takoa
thunder 1 *s* ukkonen, jyrinä **2** *v* jyristä, olla ukkonen; ***it was ~ing*** oli ukonilma
thunderbolt salamanisku; ***like a ~*** kuin salama kirkkaalta taivaalta
thunderstorm ukonilma
thunderstruck tyrmistynyt
Thursday torstai; ***I'll see you on ~***

tapaamme torstaina; ***is it ~ today?*** onko tänään torstai?
thus täten, siten; siis; ***~ far*** tähän asti
thwart 1 *s* tuhto **2** *v* tehdä tyhjäksi, ehkäistä; ***I was ~ed*** petyin, olin pettynyt
thy *(runok, vanh)* sinun
thyme ajuruoho, timjami
thyroid gland kilpirauhanen
tibia sääriluu
tic elohiiri
tick 1 *s* tikitys; kruksi; punkki **2** *v* tikittää
tickertape paperinauha
ticket *(pääsy-, hinta- ym.)* lippu; sakko[lappu]
ticket office lippu|luukku, -toimisto, lipunmyynti
tickle kutittaa
ticklish kutiava; arkaluontoinen
tick off merkitä rastilla, kruksata
tidbit *(Am)* = ***titbit***
tide vuorovesi; ***high ~*** nousuvesi; ***low ~*** laskuvesi
tidings *(vanh)* viesti, uutiset
tidy 1 *a* siisti **2** *v* siistiä, siivota
tie 1 *s* solmio; side; tasapeli; ***black-~*** iltapuku, smokki; ***white-~*** frakki- **2** *v* sitoa, solmia
tiger tiikeri
tight 1 *a* tiukka, tiivis, ahdas; kireä **2** *adv* tiukasti, tiiviisti; ***sleep ~*** nuku hyvin
tighten tiivistää, tiukentaa, kiristää
tightrope walker nuorallatanssija
tights *(Br)* sukkahousut, trikoot
tigress naarastiikeri
tilde aaltoviiva (~)
tile 1 *s* kattotiili; kaakeli **2** *v* peittää *t.* kattaa tiilillä; kaakeloida
till 1 *adv* jhk asti, saakka; kunnes; ***not ~*** vasta **2** *v* viljellä, muokata *(maata)*
tilt 1 *s* kallistuminen, kaltevuus; ***[at] full ~*** täyttä vauhtia; ***at a ~*** kallellaan **2** *v* kallistua; kallistaa
timber *(Br)* puu[tavara]
timber floating uitto
time 1 *s* aika; kerta; tahti; ***what ~ is it?***, ***what's the ~?*** mitä kello on?; ***at ~s*** silloin tällöin; ***at a ~*** kerrallaan; ***at the ~*** silloin; ***at the same ~*** samaan aikaan, samalla, kuitenkin; ***in ~*** ajoissa; ***for the ~ being*** tällä haavaa, toistaiseksi; ***have a good ~*** pidä hauskaa; ***he was ahead of his ~*** hän oli aikaansa edellä; ***in no ~ [at all]*** alta aikayksikön; ***~ after ~***, ***~ and [~] again*** yhä uudelleen **2** *v* ajoittaa, tehdä, esittää *(sopivaan aikaan)*
time-consuming aikaa vievä
timely sopiva[an aikaan tapahtuva], hyvin ajoittuva; ajankohtainen
timer ajastin
time signal aikamerkki
timetable aikataulu; lukujärjestys
timid arka, ujo, pelokas
tin 1 *s* tina; *(Br)* säilykepurkki, tölkki **2** *v* tinata; ***~ned meat*** lihasäilykkeet
tinderbox tulukset; *(kuv)* ruutitynnyri
tinfoil tinapaperi
tinge 1 *s* vivahdus, sävy **2** *v* värittää, sävyttää
tingle 1 *s* pistely, kihelmöinti **2** *v* pistellä, kihelmöidä
tinker 1 *s* kattilanpaikkaaja, läkkiseppä **2** *v* näpertää

tinkle 1 *s* helinä **2** *v* helistä
tin opener purkinavaaja
tinsel *(joulukuusen)* välkenauhat; koreus, rihkama
tint 1 *s* värisävy **2** *v* värjätä
tiny pienen pieni
tip 1 *s* kärki, pää; ***it's on the ~ of my tongue*** se pyörii kielelläni **2** *v* antaa juomarahaa *t.* tippiä; antaa vihje; kallistaa, keikuttaa
tip off (sb) antaa vihje *t.* varoitus
tip-off vihje, varoitus
tip over keikahtaa; kaataa
tipsy päihtynyt, huppelissa
tiptoe: ***on ~*** varpaisillaan
tirade saarna, sanatulva, vuodatus
tire 1 *v* väsyttää; väsyä; ***I am ~d out*** olen lopen uupunut **2** *s ks.* ***tyre***
tired väsynyt; kyllästynyt (***of*** jhk)
tireless väsymätön
tiresome väsyttävä
tissue kudos; ***~ paper*** kasvopaperi
tit tiainen; *(ark)* tissi; *(Br ark)* nuija
titbit makupala
tithes kymmenykset
title [arvo]nimi, titteli; otsikko; ***~ page*** nimilehti; ***~ role*** nimiosa
titled nimeltään; aatelinen
titter 1 *v* tirskua **2** *s* tirskunta
T-junction T-risteys
T.O. *(= turn over)* käännä
to luo, -lle; jhk; ***~ London*** Lontooseen; ***from 9 ~ 5*** yhdeksästä viiteen; ***he gave the keys ~ his sister*** hän antoi avaimet sisarelleen; ***I'll try ~ reach him*** yritän saada hänet kiinni; ***they went ~ have lunch*** he lähtivät lounaalle
toad rupisammakko
toadstool myrkkysieni
toady mielistelijä, nuoleskelija
to-and-fro 1 *a* edestakainen **2** *s* vilinä **3** *adv* edestakaisin
toast 1 *s* paahtoleipä; malja jklle; ***I'd like to make a ~*** haluaisin kohottaa maljan **2** *v* esittää *t.* kohottaa malja; paahtaa
toaster leivänpaahdin
tobacco tupakka
tobacconist tupakkakauppias
toboggan 1 *s* kelkka **2** *v* laskea mäkeä *(kelkalla)*
tobogganing kelkkailu, mäenlasku
today tänään
toddle lyllertää, taapertaa
toddler pallero, taapero
toe varvas
toenail varpaankynsi
together yhdessä
toil 1 *s* raadanta **2** *v* raataa
toilet WC, vessa; pukeutuminen, siistiytyminen
toilet paper (tissue) vessapaperi
toilet training siisteyskasvatus, potalle opettaminen
token 1 *s* merkki; muisto **2** *a* näennäinen, muodon vuoksi
told *ks.* ***tell***
tolerable siedettävä
tolerably kohtalaisen, melko
tolerance suvaitsevaisuus
tolerant suvaitsevainen
tolerate suvaita, sietää
toll 1 *s* tie-, silta|maksu, tulli; kuolema; ***take a ~ of sth (kuv)*** verottaa jtak **2** *v* soittaa, kumahtaa
tomato *(pl tomatoes)* tomaatti
tomato juice tomaattimehu
tomb hauta, hautaholvi
tomboy rasavilli; poikatyttö
tomcat uroskissa
tomorrow huomenna

ton *(Am)* tonni *(2000 naulaa)*; *vrt.* ***tonne***
tone ääni, sävel; sävy
tone [down] lieventää
tongs pihdit
tongue kieli
tonic vahvistava lääke; tonikki; ***facial ~*** kasvovesi
tonight tänä iltana *t.* yönä
tonnage vetoisuus; tonnisto
tonne tonni *(1000 kg)*
tonsils nielurisat
too liian; -kin, myös; ***he did it ~*** *(Am)* [kyllä] hän sen teki
took *ks.* ***take***
tool työkalu; välikappale
tool box työkalulaatikko
toot töräyttää, toitottaa
tooth *(pl teeth)* hammas
toothache hammassärky
toothbrush hammasharja
toothpaste hammastahna
toothpick hammastikku
toothpowder hammasjauhe
top 1 *a* ylin, etevin; ***~ secret*** erittäin salainen; ***~ drawer*** ylälaatikko; ***on ~ form*** huippukunnossa **2** *s* huippu, latva; ylä|osa, -pää; hyrrä; *(naisten)* pusero, toppi, yläosa; ***from ~ to toe*** kiireestä kantapäähän; ***at the ~ of the list*** listan kärjessä; ***at the ~ of one's voice*** täyttä kurkkua; ***on ~ of*** jkn päällä; lisäksi **3** *v* olla ensimmäisenä
top dog kärkimies, pomo
topee hellekypärä
top hat silinteri
topic aihe
topical ajankohtainen
topless yläosaton
topline eturivin, merkittävä
topmost ylin
topnotch, topping loisto-
topple over keikahtaa kumoon
topsy-turvy mullin mallin, sikin sokin
torch soihtu; *(Br)* taskulamppu
tore *ks.* ***tear***
torment 1 *s* tuska **2** *v* kiduttaa, kiusata
torn *ks.* ***tear***; repeytynyt
tornado pyörremyrsky, tornado
torpedo 1 *s* torpedo **2** *v* torpedoida, tehdä tyhjäksi
torrent virta, ryöppy
torsion vääntö, vään|tyminen, -täminen; kierto; kiertymä
tortoise kilpikonna; *vrt.* ***turtle***
tortuous kiemurteleva; sekava
torture 1 *s* kidutus **2** *v* kiduttaa
toss 1 *s* heitto **2** *v* heittää; keikahtaa
toss off sutaista; kulauttaa kurkkuunsa
toss up for heittää arpaa jstak
tot *(lapsesta)* pallero
total 1 *a* kokonainen, kokonais-; totaali[nen] **2** *s* kokonais|määrä, -summa **3** *v* olla yhteensä
totalitarian totalitaarinen
totality kokonaisuus
totally kokonaan
total up laskea yhteen
tote kuljettaa, kantaa *(asetta)*; toto
tote bag kanto|laukku, -kassi
totter horjua
tot up laskea yhteen
toucan tukaani
touch 1 *s* kosketus; tunto; vivahdus, häive; ***get in ~ with*** saada jkhun yhteyttä; ***keep in ~ with sb*** pitää yhteyttä jkn kanssa **2** *v* koskea; koskettaa; liikuttaa; koske-

tella *t.* sivuta *(jtak aihetta puheessa ym.)* (*[up]on* jtak)
touch-and-go hiuskarvan varassa
touch down *(ilm)* laskeutua *(maahan)*
touchdown *(Am)* maali *(jalkapallossa)*
touching liikuttava, koskettava
touch off laukaista
touchy herkkä *(pahastumaan)*
tough sitkeä; vaikea, vaativa; karski, kova; *~ **luck*** huono onni
tour 1 *s* matka; retki, kierros, kiertoajelu; kiertue **2** *v* matkustella
tour guide matkaopas
tourism matkailu, turismi
tourist matkailija, turisti
tourist class turistiluokka
tourist office matkailutoimisto
tournament kilpailut
tour operator matkanjärjestäjä
tousled pörröinen *(tukka)*
tout pyydystää, kalastella *(asiakkaita)*; kaupustella
tow 1 *s* hinaus; ***take in ~*** ottaa hinattavakseen **2** *v* hinata
toward, towards jtak kohti, päin, kohtaan; jhk tarkoitukseen, jtak varten; aikoihin; *~ **evening*** illansuussa
towel pyyhe; ***throw in the towel*** luovuttaa
tower 1 *s* torni **2** *v* kohota korkealle
towering pilviä hipova; valtava; huomattava
town kaupunki; ***is he still in ~?*** onko hän vielä kaupungissa?
town council kaupunginvaltuusto
town hall kaupungintalo
township piiri[kunta], kaupunki
townspeople kaupunkilaiset
toxic myrkyllinen
toxic waste ongelmajäte
toy 1 *s* lelu **2** *v* leikitellä
trace 1 *s* jälki **2** *v* seurata jälkiä, löytää; piirtää [läpi], kalkioida
track 1 *s* raide, rata; jälki, jäljet; polku, tie; ***make ~s*** livistää; ***keep ~ of*** pysyä mukana *t.* ajan tasalla; ***leave the ~*** suistua kiskoilta **2** *v* seurata jälkiä, jäljittää
tracksuit verkkari[t], verryttelyasu
tract ala, seutu; elimet
traction *(tekn)* veto
tractor traktori
trade 1 *s* kauppa; ammatti **2** *v* käydä kauppaa
trade for vaihtaa jhk
trade in antaa vaihdossa
trade mark tavaramerkki
trader kauppias, kauppalaiva
trade union ammattiyhdistys
trade wind pasaatituuli
trading partner kauppakumppani
trading post kauppapaikka
tradition perinne, traditio; perimätieto
traditional perinteinen
traffic 1 *s* liikenne; kauppa **2** *v* käydä *(laitonta t. luvatonta kauppaa)*
traffic jam liikenneruuhka
traffic light liikennevalo
traffic sign liikennemerkki
tragedy murhenäytelmä, tragedia
tragic traaginen
trail 1 *s* jälki; polku **2** *v* laahata *(perässään)*; viistää maata
trailer perävaunu; *(Am)* asuntovaunu
train 1 *s* juna; laahus; seurue; *~ **of thought*** ajatusketju **2** *v* harjoittaa, valmentaa, valmentautua

trainee oppilas, harjoittelija
trainer valmentaja; kouluttaja
training valmennus; koulutus
training college aikuiskoulutuslaitos
trait [luonteen]piirre
traitor kavaltaja, petturi
tram, tram-car raitiovaunu
tramp 1 *v* astua (raskaasti); taivaltaa, juosta (ympäriinsä) **2** *s (askelten)* tömistys; kulkuri, maankiertäjä; *(Am)* kevytkenkäinen nainen
trample tallata, polkea jalkoihinsa
trance unitila, transsi
tranquility rauha, tyyneys
tranquillizer, tranquilliser rauhoittava lääke
transaction liiketoimi, kauppa, toimitus, suoritus; [tili]tapahtuma
transcend ylittää
transfer 1 *v* siirtää **2** *s* siirto; siirtolippu
transform muuttaa, muuntaa
transformation muodonmuutos
transformer muuntaja, muunnin
transfusion verensiirto
transient ohimenevä
transistor transistori
transit kauttakulku, transit
transition ylimeno, siirtymä-
transitory ohimenevä
translate kääntää *(kielestä toiseen)*
translation käännös
translator kielenkääntäjä
translucent läpikuultava
transmission siirtäminen, välitys; [radio]lähetys
transmit lähettää; siirtää, viedä edelleen; levittää *(tautia)*
transmitter [radio]lähetin
transparency läpinäkyvyys; [piirtoheitin]kalvo
transparent läpi|kuultava, -näkyvä
transpire haihtua; tulla tietoon
transplant 1 *v* siirtää **2** *s* elimensiirto; siirrännäinen; ***heart (cardiac)*** ~ sydämensiirto
transport 1 *s* kuljetus; kuljetus|laiva, -lentokone; ***public*** ~ yleiset kulkuneuvot **2** *v* kuljettaa
transportation *(Am)* = ***transport***
transvestite transvestiitti
trap 1 *s* ansa, loukku **2** *v* pyydystää satimeen; ***be ~ped in*** jäädä satimeen
trapdoor lattia-, katto|luukku
trapeze trapetsi
trapper turkismetsästäjä
trappings vallan symbolit
trash roska, törky
trashcan *(Am)* roska|tynnyri, -kori
trauma vamma, trauma
travel 1 *s* matkustus **2** *v* matkustaa, matkustella; edetä
travel agency (bureau) matkatoimisto
traveller matkustaja
travelling matkustus, matkustaminen
travelling salesman myyntiedustaja, kaupparatsu
trawl laahusnuotta
trawler troolari
tray tarjotin; alusta
treacherous petollinen
treachery petos
treacle *(Br)* siirappi
tread 1 *s* astunta **2** *v (trod trodden)* astua, polkea
treadle *(ompelukoneen)* poljin
treadmill puurtaminen, rutiini

treason maanpetos
treasure **1** *s* aarre **2** *v* pitää suuressa arvossa
treasurer rahastonhoitaja
treasury aarreaitta
Treasury Department *(Am)* valtiovarainministeriö
treat **1** *v* kohdella (***like***, ***as*** kuin); käsitellä (***of*** jtak); hoitaa; kestitä; neuvotella **2** *s (erikoinen)* ilo, juhla, kestitys
treatise tutkielma
treatment kohtelu; hoito
treaty sopimus
treble kolminkertainen; diskantti
tree puu
treeline puuraja
trefoil apila; kolmilehti
trek **1** *s (vaivalloinen)* retki, vaellus, patikkareissu **2** *v* patikoida, kulkea *(jalan ym.)*
trellis säleikkö, ristikko
tremble vapista
tremendous kauhea; suunnaton, valtava
tremor vavistus, tärähtely
tremulous värisevä
trench ampumahauta; kuoppa
trenchant *(kuv)* terävä, pureva
trench coat sadetakki
trend suunta, suuntaus, trendi
trendsetter suunnannäyttäjä, muodinluoja
trendy muodikas, trendikäs
trespass rikkoa; ***~ on*** tunkeutua luvatta jhk
tress *(kirj)* suortuva, kutri
trestle pukki, jalusta
trial oikeudenkäynti; koe[ajo]; testi; karsinta; koetus; koettelemus; ***~ and error*** yritys ja erehdys
trial period koeaika
trial run koe|ajo, -käyttö; kokeilu
triangle kolmio
tribe heimo
tribulation ahdistus, koettelemus
tribunal tuomioistuin
tribute kunnioituksenosoitus; vero; ***floral ~s*** kukkatervehdys
trick **1** *s* kepponen, temppu, trikki; ***do the ~*** tepsiä; ***play a ~ on sb*** tehdä jklle kepponen **2** *v* petkuttaa
trickle valua *(hitaasti)*
tricky taitoa kysyvä, visainen
tricycle kolmipyöräinen
tried *ks.* ***try***
trifle joutava asia; hedelmä-hillokakku; ***a ~*** hiukan
trifle with leikitellä
trifling mitätön
trigger liipaisin
trill **1** *s* liverrys, trilli **2** *v* livertää
trim **1** *v* siistiä, tasoittaa; koristaa **2** *a* siisti **3** *s* kunto; leikkaus, leikkuu
trimmings lisukkeet
trinity: ***the [Holy] T~*** Pyhä kolminaisuus
trinket hely
trip **1** *s* matka **2** *v* kompastua (***over*** jhk)
tripe roska, pöty; *(ruok)* mahalaukku
triple kolminkertainen
triple jump kolmiloikka
triplet trioli
triplets kolmoset
triplicate kolmoiskappale
tripod kolmijalka
trip up kampata, harhauttaa
trite kulunut, lattea
triumph **1** *s* loistava voitto **2** *v* saa-

vuttaa voitto
triumphant voitonriemuinen
trivial mitätön; arkinen
trod, trodden *ks.* ***tread***
troll peikko
trolley matkatavara-, ostoskärry; johdinauto; *(Br)* tarjoilupöytä; *(Am)* raitiovaunu
trombone vetopasuuna
troop 1 *s* joukko; *~s* joukot **2** *v* kokoontua
trophy voitonmerkki, palkinto; pokaali
tropic kääntöpiiri; ***the ~ of Cancer*** Kravun kääntöpiiri
tropical trooppinen
tropics tropiikki
trot 1 *v* ravata **2** *s* ravi
trotter ravuri; ***pig's ~s*** *(ruok)* sian sorkat
trouble 1 *v* huolestuttaa, vaivata, vaivautua; ***don't ~ to*** älkää vaivautuko **2** *s* huoli, häiriö, vaiva, harmi; ***it will be no ~*** siitä ei ole pienintäkään vaivaa
troublesome kiusallinen, vaivalloinen
trough kaukalo
trousers *(Br)* (pitkät) housut
trousseau kapiot
trout taimen; ***brown ~*** purotaimen; ***rainbow ~*** kirjolohi
trowel muurauslasta; istutuslapio
truant [koulu]pinnari; ***play ~*** pinnata koulusta
truce aselepo, välirauha
truck 1 *s* trukki, kärry[t], lava; *(Br)* tavaravaunu; *(Am)* kuorma-auto **2** *v (Am)* kuljettaa kuorma-autolla
trudge tarpoa, laahustaa
true tosi; oikea, todellinen; uskollinen; ***come ~*** toteutua
truffle multasieni, tryffeli
truism selviö, latteus
truly todellakin
trump 1 *s* valtti; ***clubs are ~s*** ruutu on valttia **2** *v* lyödä valtti pöytään
trump card valttikortti *(myös kuv)*
trumpet trumpetti, torvi
trumpeter trumpetisti, torvensoittaja
trump up keksiä, tekaista
truncheon pamppu, patukka
trundle työntää; ajaa köröttää
trunk runko; matka-arkku; vartalo; kärsä; *(Am) (auton)* tavaratila
trunks [urheilu- *t.* uima]housut
trust 1 *s* luottamus; holhous; trusti; ***in ~*** säilytettävänä; ***on ~*** velaksi **2** *v* luottaa; ***~ in*** luottaa jhk; uskoa jkn haltuun
trustee uskottu mies ym; ***board of ~s*** hallitus, johtokunta
trusting luottavainen
trustworthy luotettava
truth totuus
truthful totuudenmukainen
try 1 *v (tried tried)* koettaa, yrittää; koetella; tutkia, kuulustella; ***try on*** sovittaa ylleen; ***try for***, *(Am)* ***try out for*** pyrkiä jhk, anoa (pääsyä) **2** *s* koetus, yritys
trying rasittava
tub saavi; ***bath ~*** kylpyamme
tube putki; torvi; putkilo, tuubi; *(Br, ark)* maanalainen, metro
tuber juurimukula
tuberculosis tuberkuloosi
TUC *(Br)* = ***Trades Union Congress***; ammattiliittojen keskusjärjestö
tuck 1 *v* pistää, kääntää, peitellä

2 *s* laskos
tuck away pistää syrjään, säästää
tuck in syödä *(kunnolla, ahnaasti)*; peitellä *(vuoteeseen)*
tuck up peitellä *(lapsi vuoteeseen)*
Tuesday tiistai; ***on ~*** tiistaina
tuft töyhtö
tug 1 *s* hinaaja[laiva]; ***~ of war*** köydenveto **2** *v* kiskoa; hinata
tuition opetus
tulip tulppaani
tumble 1 *s* kaatuminen **2** *v* pudota; rynnätä
tumble down luhistua, ränsistyä; pudota jstak alas
tumbledown rappeutunut, ränsistynyt
tumble-dryer kuivausrumpu
tumbler juomalasi
tummy masu, vatsa
tumo[u]r kasvain
tumult meteli
tumultuous melskeinen
tuna tonnikala
tune 1 *s* sävel, sävelmä **2** *v* virittää; ***~ in to*** virittää radio (aseman) kohdalle; ***stay ~ed*** pysykää kanavalla *t.* taajuudella
tuneful sointuva
tunic pitkä pusero, tunika
tuning fork äänirauta
tunnel tunneli
tunny *ks.* ***tuna***
turbine turbiini
turbot piikkikampela
turbulent myrskyinen
tureen liemikulho
turf *(pl turves)* nurmi; ***the ~*** hevosurheilu
Turkey Turkki
turkey kalkkuna
Turkish turkkilainen
turmoil melske, sekasorto
turn 1 *v* kääntää, kiertää; kääntyä; suunnata; muuttaa jksik, muuttua jksik; sorvata **2** *s* kierros; käänne, käännekohta; vuoro; ***a good ~*** palvelus; ***take ~s*** vuorotella; ***at the ~ of the century*** vuosisadan vaihteessa
turnabout, turnaround täyskäännös
turn against kääntyä jkta vastaan
turn away lähettää pois, olla päästämättä
turncoat *(kuv)* takinkääntäjä
turn down hylätä, torjua; laittaa pienemmälle
turner sorvari
turn in palauttaa; jättää [sisään]; tuottaa; *(ark)* mennä maata, painua pehkuihin
turning kadunkulma
turning point käännekohta
turnip nauris, turnipsi
turn off sulkea; inhottaa
turn on avata *(hana, tv ym.)*; kiihottaa
turn out laittaa pois päältä, sammuttaa; tuottaa; osoittautua
turnout tuotanto
turn over kääntää, kaataa kumoon; kääntyä *(toiselle kyljelle)*
turnover liikevaihto; menekki
turnpike *(Am)* maksullinen moottoritie, tullitie
turnstile kääntöportti
turntable levylautanen
turn up ilmestyä
turpentine, turps tärpätti
turquoise turkoosi
turtle merikilpikonna

tusk syöksyhammas
tussle 1 *s* käsikähmä **2** *v* tapella
tutor 1 *s* yksityisopettaja; opintojen ohjaaja; holhooja **2** *v* ohjata
tuxedo *(Am)* smokki
TV televisio, tv
twaddle pötypuhe, hölynpöly
twain *(runok)* kaksi
twang näppäys, helähdys; honotus
tweed tweed[kangas]
tweezers pinsetit
twelfth kahdestoista
twelve kaksitoista
twentieth kahdeskymmenes
twenty kaksikymmentä
twice kaksi kertaa
twiddle hypistellä, pyöritellä
twig 1 *s (hento)* oksa **2** *v (ark)* hoksata
twilight *(ilta-, aamu-)* hämärä
twin kaksonen; kaksois-; ***they are ~s*** he ovat kaksoset
twine 1 *s* nyöri **2** *v* kiertää, kietoa
twinge viiltävä kipu, vihlaisu
twinkle tuikkia, välkkyä
twinkling: ***in a ~*** silmänräpäyksessä
twirl 1 *s* pyörähdys, pyöräytys **2** *v* pyöriä, kieppua; pyörittää, kieputtaa
twist 1 *s* vääntö, mutka; kierous **2** *v* kiertää, punoa; vääntyä, vääntää; kiemurrella; vääristellä
twitch 1 *s* nytkähdys, nykiminen **2** *v* nytkähtää; nykäistä
twitter 1 *s* viserrys **2** *v* visertää
two kaksi; ***in ~*** kahtia; ***in a day or ~*** parissa päivässä
twofold kaksinkertainen
twopence kaksi pennyä
two-time olla uskoton, pettää
two-way kaksisuuntainen
tycoon pohatta, isokenkäinen
type 1 *s* tyyppi; kirjasin **2** *v* kirjoittaa koneella
typescript konekirjoitusteksti
typesetter latoja
typewriter kirjoituskone
typhoid [fever] lavantauti
typhoon pyörremyrsky
typhus pilkkukuume
typical tyypillinen, luonteenomainen (*of* jklle)
typist konekirjoittaja
tyranny tyrannia, sortovalta
tyrant tyranni
tyre *(auton, pyörän)* rengas; ***we had a flat ~*** meiltä meni rengas; ***~ pressure*** rengaspaine
tyro, tiro vasta-alkaja
tzar tsaari
tzarina tsaaritar

U

ubiquitous kaikkialla läsnäoleva
udder utare
UFO *(= unidentified flying object)* lentävä lautanen, ufo
ugliness rumuus
ugly ruma; ~ ***duckling*** ruma ankanpoikanen
UK = ***United Kingdom [of Great Britain and Northern Ireland]***
Ukraine Ukraina
ulcer mahahaava; märkähaava
Ulster Pohjois-Irlanti, Ulster
ulterior salainen, taka-; ~ ***motive*** taka-ajatus
ultimate lopullinen, perus-, pää-
ultimately lopuksi, viime kädessä
ultimatum uhkavaatimus
ultrasound ultraääni
umbilical cord napanuora
umbrella sateenvarjo
umpire 1 *s* erotuomari **2** *v* olla erotuomarina
UN = ***United Nations***
unabashed ujostelematon
unable kykenemätön; ***I am ~ to leave*** minä en voi lähteä
unaccompanied yksin; ilman seuraa *t.* vanhempia
unaccustomed tottumaton (***to*** jhk); epätavallinen
unaffected teeskentelemätön
unanimity yksimielisyys
unanimous yksimielinen
unarmed aseeton
unassuming vaatimaton
unattached irrallinen; erillinen; naimaton, vapaa
unattended vartioimaton *(esim. matkalaukku)*; yksin *t.* huolenpitoa vaille *(jätetty)*
unauthorized luvaton
unavailable ei saatavissa; ei paikalla
unavoidable väistämätön
unaware tietämätön (***of*** jstak)
unawares äkkiarvaamatta
unbalanced tasapainoton
unbearable sietämätön
unbelievable uskomaton
unbend oikaista; rentoutua
unbending taipumaton
unbidden *(kirj)* kutsumaton
unblemished tahraton *(maine ym.)*
unbuckle avata *(vyö ym.)*
unburden o.s. purkaa *(sydäntään)*
unbutton avata napit
uncalled-for tarpeeton
uncanny salaperäinen, outo
uncertain epävarma
unchanged muuttumaton, entisellään
unchecked hillitön; esteettä
uncle setä, eno
uncomfortable epämukava; levoton
uncommitted sitoutumaton
uncommon harvinainen
uncompromising taipumaton
unconcerned huoleton; välinpitämätön (***with*** jkn suhteen)
unconscious tajuton; tietämätön (***of*** jstak); ***the*** ~ piilotajunta
uncork poistaa korkki, korkata
uncountable *(kiel)* aine- *t.* abstrak-

tisana
uncover paljastaa, ottaa esiin; saada selville
unction voitelu; ***extreme*** ~ viimeinen voitelu
undaunted peloton, lannistumaton
undecided ratkaisematon; epävarma (***about*** jstak); ~ ***whether*** olla kahden vaiheilla
undeniable eittämätön, kiistaton
under alla, alle; ali-; ~ ***the bed*** sängyn alla; ~ ***consideration*** harkittavana; ~ ***repair*** korjattavana
underage alaikäinen
underbrush aluskasvillisuus
underdeveloped alikehittynyt
underdone *(ruok)* raaka, verinen
underestimate aliarvioida
underexposed alivalotettu
under|go *(-went -gone)* kokea, joutua kestämään, läpikäydä
undergraduate *(yliop)* opiskelija
underground maanalainen, metro
underhand salakähmäinen, luihu
underline alleviivata
underling käskyläinen
underlying alla oleva; *(kuv)* takana *t.* taustalla oleva; perimmäinen
undermine heikentää, viedä pohja jltak
underneath alapuole|lla, -lle, alla, alle
underpants *(miesten)* alushousut
underpass alikäytävä; alikulkutunneli
under|pay *(-paid -paid)* maksaa liian vähän
underpin pönkittää, vahvistaa
underprivileged vähäosainen
underrate aliarvioida
undersigned allekirjoittanut
undersized lyhytkasvuinen
under|stand *(-stood -stood)* ymmärtää, käsittää
understandable ymmärrettävä
understanding ymmärrys, ymmärtämys; ***come to an*** ~ päästä sopimukseen, sopia
understate vähätellä
understatement vähättely, vähättelevä sanonta
under|take *(-took -taken)* ottaa tehdäkseen, ryhtyä
undertaker hautausurakoitsija
undertaking yritys
undertone matala ääni; pohjavire, sävy; ***in an*** ~ matalalla äänellä
underwater vedenalainen
underwear alusvaatteet
undesirable ei suotava
undeveloped kehittymätön
undisturbed häiritsemätön, rauhallinen
undivided jakamaton, yhtenäinen, koko
un|do *(-did -done)* tehdä tekemättömäksi; avata; tuhota; purkaa
undoing tuho, turmio
undone *ks.* ***undo***; tuhottu; ***leave*** ~ jättää tekemättä
undoubtedly epäilemättä
undress riisua, riisuutua
undue asiaton, kohtuuton
undulate aaltoilla
unduly kohtuuttoman
unearthly ylimaallinen; kammottava
uneasiness levottomuus
uneasy levoton, epämukava
uneducated koulua käymätön, sivistymätön
unemployed työtön

unemployment työttömyys
unemployment benefit työttömyysavustus
unenterprising saamaton
unequal erilainen, erisuuruinen, erikokoinen ym.; ***be ~ to*** ei olla jnk tasalla; olla kykenemätön jhk
unerring erehtymätön, pettämätön
unestablished epävarma, vahvistamaton; tilapäinen; tuntematon
uneven epätasainen; pariton
unexpected odottamaton
unfailing ehtymätön; pettämätön
unfair epäoikeudenmukainen, kohtuuton
unfamiliar outo, tuntematon
unfasten irrottaa
unfavourable epäedullinen
unfinished keskeneräinen
unfit sopimaton, kelpaamaton
unflagging väsymätön
unflinching horjumaton
unfold kääriä auki, levittää; levittäytyä; esittää
unforeseen ennalta aavistamaton
unforgettable unohtumaton
unforgivable anteeksiantamaton
unfortunate onneton
unfortunately valitettavasti; ikävä kyllä
unfounded perätön
unfriendly epäystävällinen
unfurl kääriä auki, levittää
unfurnished kalustamaton
ungrateful kiittämätön
unguarded varomaton
unhappily pahaksi onneksi
unhappiness onnettomuus
unhappy onneton
unhealthy epäterveellinen
unheard-of ennenkuulumaton
unhurt vahingoittumaton
uniform 1 *a* yhdenmukainen, yhtenäinen **2** *s* virkapuku, uniformu
uniformity yhdenmukaisuus
unify yhdistää
unimportant vähäpätöinen
uninhabited asumaton
uninhibited estoton
unintelligible käsittämätön
unintended, unintentional tahaton
union liitto; unioni
unionist ammattiyhdistyksen jäsen
Union Jack Ison-Britannian lippu
unique ainutlaatuinen
unison yhteis-, sopu|sointu
unit yksikkö; osa, osasto
unite yhdistää; yhtyä
the United Kingdom Yhdistynyt kuningaskunta
the United Nations Yhdistyneet Kansakunnat
the United States [of America] [Amerikan] Yhdysvallat
unity yhteys, yksimielisyys
universal yleis[maailmallinen], maailman-
universe maailmankaikkeus, universumi
university yliopisto
unjust epäoikeudenmukainen
unjustified perustelematon, perusteeton
unjustly epäoikeudenmukaisesti, väärin perustein
unkind epäystävällinen
unknown tuntematon
unlace avata *(kengännauhat)*
unlawful laiton
unleash päästää irti *t.* valloilleen
unless ellei, jollei
unlike erilainen; toisin kuin

unlikely epätodennäköinen
unlimited rajaton
unload purkaa
unlock avata *(lukko)*
unlocked lukitsematon
unlooked-for odottamaton
unloving rakkaudeton, kylmä
unlucky onneton
unmanageable vaikea käsitellä, kuriton
unmannerly huonokäytöksinen
unmask paljastaa
unmatched vertaansa vailla
unmerited ansaitsematon
unmistakable ilmeinen
unmoved järkkymätön, heltymätön; liikkumatta
unmusical epämusikaalinen
unnatural luonnoton
unnecessary tarpeeton
unnerve viedä rohkeus *t.* itseluottamus; pelästyttää
unnoticed huomaamatta *(jäänyt)*
unobjectionable harmiton
unoccupied vapaa; asumaton; miehittämätön
unofficial epävirallinen
unpack purkaa
unparalleled vertaansa vailla
unpleasant epämiellyttävä
unplug avata *t.* irrottaa *(pistoke, tulppa ym.)*; avata tukos
unpopular epäsuosiossa oleva
unprecedented ennenkuulumaton
unpredictable arvaamaton
unprepared valmistamaton
unpretending vaatimaton
unpretentious vaatimaton
unprofitable kannattamaton
unqualified epäpätevä *(**for**, **to do** jhk, tekemään)*; täydellinen *(menestys)*; ehdoton
unquestionable kiistaton
unravel selvittää
unreal epätodellinen, kuviteltu
unreasonable kohtuuton
unrelenting heltymätön
unreliable epäluotettava
unrest levottomuus, kuohunta
unrivalled vertaansa vailla
unroll levittää auki
unruly raju, niskoitteleva
unsaddle riisua satula; pudottaa satulasta
unsafe epävarma, vaarallinen
unsatisfactory epätyydyttävä
unsaturated *(kem)* tyydyttämätön
unscrew kiertää auki
unscrupulous häikäilemätön
unseal avata *(sinetti, kirje, hauta)*
unseasonable vuodenajalle harvinainen
unseen näkymätön, näkemätön
unselfish epäitsekäs
unsettle järkyttää, sekoittaa
unsettled epävakainen, ratkaisematon
unskilled ammattitaidoton; ~ ***worker*** sekatyöläinen
unsociable seuraa vieroksuva; vetäytyvä
unsolved ratkaisematon
unsound epäterve
unstable epävakainen
unsteady horjuva
unsuccessful: ***be*** ~ epäonnistua
unsuitable sopimaton
unsurmountable ylitsepääsemätön
unsuspecting pahaa aavistamaton
unthinkable mahdoton [ajatella]
untidy epäsiisti
untie irrottaa, avata *(solmu, nauhat*

ym.)
until jhk asti, kunnes; ***not*** ~ vasta
untimely ennenaikainen; sopimattomaan aikaan [tehty]
untiring väsymätön
untold lukematon
untouched koskematon
untrained harjaantumaton, kouluttamaton
untrue valheellinen, perätön
untruth valhe, perättömyys
unused käyttämätön; tottumaton (***to*** jhk)
unusual harvinainen
unvaried yksitoikkoinen
unveil paljastaa
unwanted ei-toivottu
unwell sairas, huonovointinen
unwholesome epäterveellinen
unwieldy kömpelö, hankala
unwilling haluton, vastahakoinen
un|wind *(-wound -wound)* keriä, kelata, kääriä auki
unwise epäviisas
unwittingly tietämättä, tahattomasti
unworthy arvoton
unwrap aukaista
unyielding taipumaton
up ylös, ylhäällä; jalkeilla, pystyyn; esillä, esiin; lopussa; ~ ***and down*** ylös alas, edestakaisin; ~ ***to*** jhk asti; ***be*** ~ ***to*** kyetä jhk; ***it's*** ~ ***to me to do it*** minun on se tehtävä
up-and-coming nouseva, lupaava
upbringing kasvatus
upcoming tuleva, lähestyvä
update saattaa ajan tasalle
upfront suora, mutkaton
upgrade korottaa, parantaa; antaa ylennys
upheaval mullistus
uphill ylämäkeä; vaivalloinen
upholster pehmustaa, verhoilla
upholstery verhoilu[työ]
upkeep kunnossapito
upland ylämaa
uplift 1 *s* kohennus, parannus; kohottava kokemus **2** *v* kohottaa, kohentaa; ylentää mieltä
upon yllä, ylle
upper ylempi, ylä-; päällys-; päällinen; ~ ***hand*** yliote; ~ ***case*** isot kirjaimet
upper arm olkavarsi
uppermost ylin
upright pysty, pystyssä, pystyyn; rehellinen
uprising kansannousu
uproar meteli, hälinä
uproot kiskoa juurineen; *(kuv)* riuhtaista *(kotoa ym.)*
up|set *(-set -set)* kaataa; järkyttää, tehdä tyhjäksi
upshot lopputulos
upside down ylösalaisin
upstairs yläkerrassa, yläkertaan
upstart nousukas
upstream virtaa ylös; yläjuoksulla
up-to-date ajanmukainen; ***bring sth*** ~ ajanmukaistaa
upward ylöspäin suunnattu
upwards ylöspäin, ylös; enemmän; ***and*** ~ ja siitä yli
urban kaupunki-
urbane kohtelias
urbanization kaupungistuminen
urbanize kaupungistaa
urge 1 *s* pakottava halu, vietti **2** *v* vakavasti kehottaa, kannustaa (***on***, ***to*** jhk); tähdentää (***on*** jklle)
urgency kiireellinen tarve, pakko, kiireellisyys

urgent kiireellinen
urinate virtsata
urine virtsa
urn uurna; [tee]keitin
US, U.S. = ***[the] United States***
us meitä, meidät, meille; ***with ~*** meidän kanssamme
USA, U.S.A = ***[the] United States of America***; Amerikan Yhdysvallat
usage [kielen]käyttö; kohtelu, käsittely
use 1 *s* käyttö; hyöty; ***it's no ~ trying*** ei kannata yrittää **2** *v* käyttää; kohdella
1 used to tottunut jhk
2 used to *(jklla)* oli tapana; oli ennen, oli aikoinaan; ***she used to call us every day*** hänellä oli tapana soittaa meille joka päivä; ***there used to be a school here*** tässä oli aikoinaan koulu
useful hyödyllinen; ***come in ~*** olla hyvään tarpeeseen
useless hyödytön
user käyttäjä
user id *(atk)* käyttäjätunnus
use up käyttää loppuun
usher 1 *s* vahtimestari, paikannäyttäjä **2** *v* opastaa *(sisään)*
usual tavallinen; ***as ~*** kuten tavallisesti
usually tavallisesti
usurer koronkiskuri
usurp anastaa *(valta)*
usury koronkiskonta
utensil työkalu, taloustarvike
uterus kohtu
utility hyöty; hyödyllisyys, käyttöarvo; ***public utilities*** julkiset laitokset *t.* palvelut
utility room kodinhoitohuone
utilize käyttää *(hyödykseen)*
utmost äärimmäinen; ***do one's ~*** tehdä kaikkensa
utter lausua; päästää *(huudahdus ym.)*; ilmaista
utterance ilmaus, sanat
utterly täysin
uttermost äärimmäinen
U-turn U-käännös
uvula kitakieleke

V

vac *ks. vacation*
vacancy tyhjyys; avoin virka
vacant tyhjä; vapaa *(paikka, huone ym.)*; avoin *(työpaikka)*
vacate jättää *(tyhjäksi)*, luovuttaa
vacation *(Am)* loma; *on* ~ lomalla
vacationer lomailija
vaccinate rokottaa
vaccination rokotus
vacillate horjua, häilyä
vacuum 1 *s* tyhjiö **2** *v* imuroida
vacuum cleaner pölynimuri
vacuum flask termospullo
vagabond kulkuri
vagary oikku
vagina emätin
vagrancy irtolaisuus
vagrant irtolainen
vague epämääräinen
vain turha, turhamainen; *in* ~ turhaan
valentine ystävänpäivän|kortti, -seuralainen
Valentine's Day ystävänpäivä (14.2)
valet [kamari]palvelija
valiant urhoollinen
valid *(laillisesti)* pätevä, voimassa [oleva]
validity pätevyys, voimassa[olo]
valley laakso
valo[u]r urhoollisuus
valuable arvokas
valuables arvoesineet
value 1 *s* arvo; *good* ~ hintansa arvoinen **2** *v* arvioida; pitää arvossa
valve venttiili, läppä
vamp vamppi, viettelijätär
vampire vampyyri, verenimijä
van pakettiauto; *(umpinainen)* kuljetusauto; *(Br)* tavaravaunu
vandal vandaali
vandalism ilkivalta
vane tuuliviiri; *(myllyn ym.)* siipi
vanguard etu-, kärki|joukko; *be in the ~ of* olla edelläkävijä jssak
vanilla vanilja
vanish kadota, hävitä; ~ *into thin air* kadota kuin tuhka tuuleen
vanity turhuus, turhamaisuus
vanquish voittaa
vantagepoint etulyönti *t.* edullinen asema
vapid hengetön, lattea
vaporize höyrystyä; höyrystää
vapo[u]r höyry
variable vaihteleva
variant muunnelma; variantti
variation vaihtelu; muunnelma; poikkeama
varicose veins suonikohjut
varied vaihteleva; monipuolinen; eri
variety vaihtelu; laji; varietee; *a great ~ of* paljon erilaisia, suuri valikoima
variola isorokko
various eri[laisia], monenlaisia
varnish 1 *s* vernissa, lakka[us] **2** *v* vernissata, lakata
vary muuttaa, vaihdella; olla erilainen
vascular verisuoni-
vase maljakko

vassal vasalli
vast [suunnattoman] suuri, laaja
vastness *(suunnaton)* laajuus
vat iso astia, sammio
the Vatican Vatikaanivaltio
vault 1 *s* holvi; hyppy **2** *v* holvata; hypätä, loikata
vaunt 1 *s* kerskailu **2** *v* kerskata
VCR *(= video cassette recorder)* videonauhuri
VD *ks.* ***venereal disease***
veal vasikanliha; ~ ***cutlet*** vasikankyljys
veer muuttaa *(suuntaa)*, kääntyä
vegetable kasvis, vihannes
vegetarian 1 *s* kasvissyöjä **2** *a* kasvis-
vegetation kasvillisuus
vehemence kiihko
vehement kiivas, raju
vehicle ajoneuvo; ilmaisukeino, väline
veil 1 *s* huntu, harso **2** *v* verhota
vein laskimo; suoni
velocity nopeus
velvet sametti
velveteen puuvillasametti
vending machine automaatti
vendor *(katu-, kioski- ym.)* myyjä
veneer 1 *s* viilu; pintakiilto **2** *v* viiluttaa, päällystää *(jalopuulla)*
venerable kunnianarvoisa
venerate kunnioittaa
veneration kunnioitus
venereal disease sukupuolitauti
Venetian blind sälekaihdin
vengeance kosto
Venice Venetsia
venison *(kauriin ym.)* liha
venom *(el)* myrkky; ilkeys
venomous myrkyllinen *(eläin)*
vent 1 *s* ilmareikä; ***give ~ to*** purkaa *(tunteita)* **2** *v* purkaa
ventilate tuulettaa; käsitellä *(julkisesti)*
ventilation tuuletus, ilmanvaihto
ventilator tuuletin, tuuletusventtiili
ventricle [sydän]kammio
ventriloquist vatsastapuhuja
venture 1 *s* uskalias yritys, uhkapeli **2** *v* uskaltaa, rohjeta; uskaltautua, vaarantaa; ***nothing ~d nothing gained*** rohkea rokan syö
venue tapahtumapaikka
veracity totuudenmukaisuus
veranda[h] kuisti
verb verbi
verbal sanallinen, suullinen; verbaalinen
verbatim sanatarkka
verdict tuomio; oikeuden päätös
verge 1 *s* reuna, parras; ***on the ~ of tears*** itkun partaalla **2** *v* kallistua, lähestyä (***on*** jtak)
verger kirkon vahtimestari, suntio
verify varmistaa; tarkistaa
veritable todellinen, oikea
vermicelli lankamakaronit, vermisellit
vermin syöpäläiset
vermouth vermutti
vernacular kansankieli
versatile monipuolinen
verse säe; runo[us]; jae
versed perehtynyt (***in*** jhk)
version versio, tulkinta; [raamatun]käännös
versus vastaan
vertebra selkänikama
vertebral column selkäranka
vertical pystysuora, kohtisuora
very hyvin, sangen, erittäin; juuri

[sama]; ***the ~ best*** kaikkein paras; ***in the ~ act*** itse teossa; ***the ~ thought*** pelkkä ajatuskin
vespers iltajumalanpalvelus
vessel alus; astia; ***blood ~*** verisuoni
vest *(Br)* aluspaita; *(Am)* liivi[t]
vested laillisesti määrätty, myönnetty *(oikeus tms.)*; ***be ~*** olla jkn hallussa *t.* käsissä
vestibule eteinen; käytävä
vestige jälki, merkki; jäänne
vest in kuulua jklle; määrätä jklle
vestry sakaristo
vet *ks.* ***veterinarian***
vet, veteran veteraani
veterinarian *(Am)* eläinlääkäri
veterinary surgeon *(Br)* eläinlääkäri
veto 1 *s* veto-oikeus **2** *v* estää, kieltää *(käyttämällä veto-oikeutta)*
vex harmittaa, kiusata
vexation harmi, kiusa
via kautta
viable toteuttamiskelpoinen, mahdollinen
viaduct viadukti, maasilta
vibraphone vibrafoni
vibrate värähdellä
vibration värähdys, värähtely
vibrator vibraattori
vicar kirkkoherra
vicarage pappila
1 vice pahe; ruuvipuristin
2 vice vara-
vice-chancellor *(yliopiston)* rehtori
vice president vara|puheenjohtaja, -toimitusjohtaja; ***V~ P~*** varapresidentti
viceroy varakuningas
vice versa päinvastoin
vicinity lähiseutu, ympäristö
vicious paha, paheellinen
vicious circle noidankehä
vicissitude[s] vaihe, vaihtelu
victim uhri
victorious voittoisa
victory voitto
victuals muona
video 1 *s* video[elokuva *t.* -kasetti]; ***I've got it on ~*** minulla on se videolla (nauhalla); ***a blank ~*** tyhjä videokasetti **2** *v* nauhoittaa, videoida
video camera videokamera
video cassette videokasetti
video [cassette] recorder videonauhuri
video disc kuvalevy
video display terminal monitori
video game videopeli
video rental shop videovuokraamo
videotape 1 *s* kuva-, video|nauha **2** *v* nauhoittaa *(kuvanauhalle, videolle)*
videotape recorder videonauhuri
Vienna Wien
view 1 *s* näky, näköala, näkymä; mielipide, käsitys; ***in ~*** näkyvissä; ***in ~ of*** huomioon ottaen; ***in my ~*** mielestäni; ***with a ~ to*** jssak tarkoituksessa; ***have in ~*** aikoa **2** *v* katsella, katsoa
viewer *(tv:n ym.)* katsoja, katselija
viewfinder *(valok)* etsin
viewpoint näkö|kanta, -kulma
vigilance valppaus
vigilant valpas, tarkkaavainen
vigo[u]r voima, pontevuus
vigorous voimakas
vile kehno, inhottava, alhainen
villa huvila, villa

village kylä
villager kyläläinen
villain konna, roisto
villainy roistomaisuus
vindictive kostonhimoinen
vine [viini]köynnös
vinegar etikka
vineyard viinitarha
vintage viinivuosi; *(viinin)* vuosikerta; vuosikertaviini; viinisato
viola alttoviulu, viola
violate rikkoa; häpäistä
violence väkivalta
violent väkivaltainen; raju, voimakas
violet orvokki; violetti
violin viulu
violinist viulunsoittaja
violoncello sello
V.I.P. *(= very important person)* vip-henkilö
viper kyykäärme
virgin neitsyt
virginal neitseellinen
virginity neitsyys
Virgo *(astrol)* neitsyt
virtual tosiasiallinen; *(atk)* näennäis-, virtuaali-; ~ ***reality*** virtuaalitodellisuus
virtually todellisuudessa, itse asiassa
virtue hyve; ***by ~ of*** jnk nojalla
virtuoso taituri, virtuoosi
virtuous hyveellinen; siveä
virulent myrkyllinen, tappava; katkera, vihamielinen
virus virus
visa 1 *s* viisumi **2** *v (visaed visaed)* varustaa viisumilla
viscount varakreivi
viscous tahmea
visibility näkyvyys
visible näkyvä; ***be ~*** olla näkyvissä
vision näkö[kyky]; näky, visio
visionary [näkyjen] näkijä
visit 1 *v* käydä jssak *t.* jkn luona; vierailla **2** *s* käynti, vierailu
visiting card nimi-, käynti|kortti
visiting hours vierailuaika
visiting rights *(lak)* tapaamisoikeus
visitor vieras
visor lippa; *(kypärän)* silmikko
vista näköala
visual näkö-; visuaalinen
visualize nähdä sielunsa silmin; visualisoida; muodostaa mielikuva
visually handicapped *t.* **impaired** näkövammainen
vital elintärkeä; elinvoimainen
vitality elinvoima[isuus], vitaalisuus
vitamin vitamiini; ~ ***C*** C-vitamiini
vivacious vilkas, eloisa
vivacity vilkkaus
vivid eloisa, elävä
vividness eloisuus, elävyys
vocabulary sanasto
vocal ääni-, laulu-
vocal cords ääni|jänteet, -huulet
vocalist laulaja, vokalisti
vocation kutsumus
vocational ammatti-; kutsumus-
vocational guidance ammatinvalinnanohjaus
vocational school ammattikoulu
vodka votka, vodka
vogue muoti, suosio
voice 1 *s* ääni; sanavalta **2** *v* ilmaista
voiced soinnillinen
voiceless soinniton, äänetön
void 1 *a* tyhjä; puuttuva; mitätön

2 *s* tyhjyys, tyhjä kohta
volatile haihtuva; häilyvä
vol-au-vent *(ruok)* vannike
volcanic tuliperäinen, vulkaaninen
volcano tulivuori
vole peltomyyrä
volition tahdonvoima, tahto
volley yhteislaukaus; ryöppy; *(tenniksessä)* lentolyönti
volleyball lentopallo
voltage jännite
voluble kielevä, suulas
volume nidos, osa; paljous; tilavuus; äänen voimakkuus; volyymi
voluntary vapaaehtoinen
volunteer 1 *s* vapaaehtoinen **2** *v* ilmoittautua *t.* tarjoutua vapaaehtoiseksi
voluptuous hekumallinen
vomit oksentaa
voodoo noituus
voracious ahnas
vortex pyörre
vote 1 *s* ääni[oikeus]; äänestys; ***by ten ~s to three*** kymmenellä äänellä kolmea vastaan **2** *v* äänestää
voter äänestäjä
vouch taata, vahvistaa; mennä takuuseen (***for*** jstak)
voucher tosite, kuponki, lipuke, voucheri; ***gift*** ~ lahjakortti
vow 1 *s* lupaus **2** *v (juhlallisesti)* luvata, vannoa
vowel vokaali
voyage [meri]matka
voyeur tirkistelijä
vulgar rahvaanomainen, karkea, vulgääri
vulgarity raakuus, karkeus
vulnerable helposti haavoittuva
vulture korppikotka
vulva häpy

W

wad *(seteli- ym.)* tukko
wadding täyte, toppaus, pehmuste
waddle taapertaa, lyllertää
wade kahlata
wade in keskeyttää terävästi, puuttua asiaan
wade into *(kuv)* käydä kimppuun
wader kahlaaja[lintu]
wading pool *(Am)* kahluuallas
wafer vohveli[keksi]; öylätti
waffle vohveli
wag 1 *v* heiluttaa; heilua **2** *s* heilautus; velikulta
wage 1 *s vrt.* ***wages***; palkka **2** *v* käydä *(sotaa)*
wage earner palkansaaja
wager 1 *v* lyödä vetoa **2** *s* veto
wages [viikko]palkka; ***his ~ are good*** hänellä on hyvä palkka
wagon vaunu[t]; ***on the ~*** raitis, vesilinjalla
waif koditon lapsi
wail 1 *v* valittaa **2** *s* valitus
wainscot[ting] seinälaudoitus, paneeli
waist vyötärö, vyötäiset
waistcoat *(Br) (miehen)* liivi[t]
wait 1 *v* odottaa (***for*** jkta); palvella, tarjoilla (***on*** jklle); ***don't keep me ~ing*** älä anna minun odottaa; ***~ a minute*** hetkinen **2** *s*: ***lie in ~ for*** väijyä jkta
waiter [mies]tarjoilija
waiting room odotushuone
waitress [nais]tarjoilija
1 wake, wake up *(woke/waked woke[n]/waked)* herättää; herätä
2 wake vanavesi; ruumiinvalvojaiset
wakeful uneton; valpas
waken herättää
Wales Wales
walk 1 *v* kävellä, kulkea jalan; kävelyttää, ulkoiluttaa *(koiraa)* **2** *s* kävely
walk about kuljeskella
walk away voittaa helposti, päästä helpolla (***from*** jstak)
walker kävelijä
walkie-talkie radiopuhelin
walking kävely, käveleminen
walking distance kävelymatka
walking papers *(Am)* lähtöpassit
walking stick kävelykeppi
walkman korvalappustereot
walk out ryhtyä lakkoon; ***~ on sb*** jättää jku pulaan
walkout lakko
walkover helppo voitto, luovutusvoitto, läpihuutojuttu
wall 1 *s* seinä; muuri **2** *v* rakentaa muuri (***in*** jkn ympäri)
wallet lompakko
wallflower *(kasv)* kultalakka; *(tansseissa)* seinäkoriste
wallop löylyttää
wallow kieriskellä, rypeä
wallpaper seinäpaperi, tapetti
wall-to-wall carpet[ing] kokolattiamatto
wall up muurata umpeen
walnut saksanpähkinä
walrus mursu
waltz 1 *s* valssi **2** *v* tanssia valssia

wand taikasauva
wander vaeltaa, harhailla
wane vähetä, aleta; huveta
want 1 *v* haluta, tahtoa; olla puute; ***do you ~ to go?*** haluatko mennä *t.* lähteä? **2** *s* tarve, puute; ***for ~ of food*** ruoan puutteessa
wanted kysytty, haluttu; etsintäkuulutettu; palvelukseen halutaan; ***you are ~*** sinua kysytään
wanton vallaton; mielivaltainen
war sota; ***wage ~*** käydä sotaa, sotia; ***during the ~*** sodan aikana; ***the countries are at ~*** maat ovat sodassa; ***make ~ upon sb*** käydä sotaa jkta vastaan **1** *v* sotia
warble 1 *v* liverrellä, livertää **2** *s* liverrys
warbler laululintu; ***garden ~*** lehtokerttu
war crime sotarikos
ward holhokki; *(kaupungin)* piiri; *(sairaalan)* osasto
warden valvoja; johtaja; päällikkö
warder *(Br)* [vangin]vartija
ward off torjua
wardrobe vaate|kaappi, -varasto
ware[s] tavara[t]
warehouse varasto, makasiini
warfare sodankäynti
warhead *(ohjuksen)* kärki; ***nuclear ~*** ydinkärki
warlike sotaisa
warm 1 *a* lämmin **2** *v*: ***~ [up]*** lämmittää; lämmitellä
warmhearted lämminsydäminen
warmly lämpimästi
warmonger sodanlietsoja
warmth lämpö
warn varoittaa
warning varoitus; ennakkoilmoitus
warp 1 *v* käyristyä; käyristää; luoda *(kangasta)* **2** *s* vääristymä, kieroutuma; loimi[langat]
warrant 1 *s* valtuudet, lupa, valtakirja; pidätysmääräys **2** *v* taata; oikeuttaa
warrior soturi
Warsaw Varsova
wart syylä
wary varovainen
was oli, olin; ***he ~n't there*** hän ei ollut siellä; ***I ~ to bring him the letter*** minun oli määrä *t.* piti toimittaa hänelle se kirje
wash 1 *s* pesu; pyykki; ***you should have a ~*** sinun pitäisi peseytyä; ***give the car a ~[-down]*** pestä auto **2** *v* pestä, peseytyä
washable pesunkestävä, pesu-
wash-basin *(Br)* pesuallas
washer pesukone; tiivistysrengas
washing pesu-, pyykki-
washing day pyykkipäivä
washing line *(Br)* pyykkinaru
washing machine pesukone
washing powder *(Br)* pesuaine
washing-up *(Br)* tiskaaminen
washing-up liquid astianpesuaine
washout epäonnistuminen, pannukakku
washstand pesuteline
wash up *(Br)* tiskata; *(Am)* pestä
wasp ampiainen
waste 1 *s* hukka, tuhlaus; jätteet, jäteaineet; autio maa, joutomaa **2** *a* autio; viljelemätön; hylky-, jäte-, jouto-; ***lay ~*** autioittaa, hävittää **3** *v* tuhlata; riuduttaa; riutua; ***go ~ed*** mennä hukkaan
waste disposal jätehuolto
wasteful tuhlaavainen

wastepaper basket paperikori
waste pipe poistoputki
waste product kuona-aine
watch 1 *s* ranne-, tasku|kello; vartiointi; vartio[vuoro]; ***keep ~*** vartioida **2** *v* katsella; pitää silmällä, tarkata; valvoa; ***~ your step!*** varo!, mene varovasti!
watchband [kellon] ranneke
watchdog vahtikoira; kontrolli-
watchful valpas
watchmaker kelloseppä
watchman [yö]vartija
watch out varoa, pitää varansa (***for*** jkn suhteen, jkta); ***watch out for him*** varo häntä
watchword tunnuslause, iskulause
water 1 *s* vesi; ***~s*** lapsivesi; [alue]-vedet **2** *v* kastella, juottaa; vettyä; ***it made my mouth ~*** se sai veden kielelleni
waterbed vesisänky
water closet WC, vessa
watercolo[u]r vesiväri[maalaus]
watercress vesikrassi
waterfall vesiputous
watering can kastelukannu
watering place *(Br)* kylpylä, terveyslähde; juomapaikka
watermelon vesimeloni, arbuusi
waterpipe vesijohto
waterproof 1 *s* sadetakki **2** *a* vedenpitävä
water skiing vesihiihto
water supply vesihuolto, vesivarat
watertight vedenpitävä
waterworks vesijohtolaitos
watery vetinen
wave 1 *s* aalto, laine; huiskutus; kampaus; ***on short ~*** lyhyillä aalloilla **2** *v* aaltoilla, liehua; heiluttaa, huiskuttaa; olla taipuisa
waver horjua, epäröidä; lepattaa
wavy aaltoileva
wax 1 *s* vaha **2** *v* vahata; *(kuusta)* enetä; tulla jksik
waxworks vahakabinetti
way tie, matka; suunta; tapa, keino; ***which ~ is the airport?*** mitä kautta *t.* tietä pääsee lentokentälle?; ***he is on his ~ home*** hän on matkalla kotiin; ***by the ~*** sivumennen sanoen; ***in a ~*** tavallaan; ***in the ~*** tiellä, esteenä; ***in this ~*** tällä tavalla, näin; ***have one's ~*** pitää päänsä, saada tahtonsa läpi; ***give ~ to*** antaa tietä, väistää; ***she has a ~ with them*** hän osaa käsitellä heitä
way|lay *(-laid -laid)* olla väijyksissä; hyökätä kimppuun
wayward oikullinen; itsepäinen
WC = ***water closet***; vessa, wc
we me
weak heikko; laimea
weaken heikentää; heikentyä
weakly sairaalloinen, heikko; heikosti
weakness heikkous
wealth varallisuus, rikkaus
wealthy rikas, varakas
wean vieroittaa *(rintamaidosta)*
weapon ase
wear 1 *v (wore worn)* käyttää, pitää, olla yllä; kuluttaa; kulua; kestää *(käyttöä)* **2** *s* kulutus, käyttö; puku, asu, vaatteet
wear down uuvuttaa, murtaa
weariness väsymys, uupumus
wear off kulua pois, hävitä
wear out kulua loppuun; uuvuttaa
weary 1 *a* väsynyt; väsyttävä **2** *v*

väsyä; väsyttää
weasel näätäeläin; lumikko
weather 1 *s* ilma, sää; ***what's the ~ like?*** millainen ilma *t.* sää siellä on? **2** *v* rapauttaa; *(kuv)* kestää
weatherbeaten tuulenpieksämä; ahavoitunut
weathercock tuuliviiri
weather forecast, weather report sää|tiedotus, -ennuste
weave *(wove woven)* kutoa *(kangasta)*
weaver kutoja
web seitti; kudos; ***~bed foot*** räpyläjalka
wed ottaa puolisoksi, naida; naittaa; liittää yhteen
wedding häät, vihkiäiset
wedding anniversary hääpäivä *(vuosipäivä)*
wedding banquet hää|juhla, -banketti
wedding day hääpäivä *(vihkiminen)*
wedding dress hääpuku
wedding ring, wedding band vihkisormus
wedding shower *(Am)* polttarit *(morsiamelle)*
wedge 1 *s* kiila **2** *v* kiilata
Wednesday keskiviikko
wee 1 *a (Skotl)* pikkuruinen, pienenpieni **2** *s (Br)* pissa, pisu **3** *v (Br)* pissata, käydä pisulla
weed 1 *v* kitkeä **2** *s* rikkaruoho
week viikko; ***this*** ~ tällä viikolla; ***once a*** ~ kerran viikossa
weekday arkipäivä; ***on ~s*** arkisin
weekend viikonloppu
weekly 1 *a* viikko-, viikoittainen **2** *s* viikko|lehti, -julkaisu
weep *(wept wept)* itkeä, nyyhkyttää
weft kude, kuteet
weigh punnita; painaa; harkita; nostaa *(ankkuri)*; olla taakkana (***[up]on*** jklle)
weight paino; punnus; ***gain*** *t.* ***put on*** ~ lihoa; ***lose*** ~ laihtua
weight lifting painonnosto
weighty painava, tärkeä
weight-watcher painonvartija
weir pato
weird kummallinen, outo; yliluonnollinen
welcome 1 *a* tervetullut; tervetuloa; ***you are*** ~ ei kestä [kiittää]; ***outstay one's*** ~ viipyä [vierailulla] liian kauan **2** *v* toivottaa tervetulleeksi
weld 1 *v* hitsata; hitsautua **2** *s* hitsaussauma
welfare hyvinvointi; huolto; toimeentulotuki, sosiaaliavustus
welfare state hyvinvointivaltio
well 1 *adv* hyvin; no niin; entä sitten; ***as ~ as*** sekä ... että, yhtä hyvin kuin; ***as*** ~ myös, -kin; ***all's ~ that ends*** ~ loppu hyvin kaikki hyvin **2** *a* terve **3** *s* kaivo, lähde; hissikuilu **4** *v* pulputa (***forth*** esiin)
well-bred sivistynyt, hyväkäytöksinen
well-founded perusteltu, oikea
well-groomed huoliteltu, hyvin hoidettu
well-informed asioista perillä oleva
well-known tunnettu
well-off varakas, äveriäs
well-proportioned sopusuhtainen
well-timed hyvin ajoitettu
well-to-do varakas, äveriäs
Welsh 1 *a* walesilainen **2** *s* walesin

kieli, kymri; ***the Welsh*** Walesilaiset
Welshman walesilainen
Welshwoman *(fem)* walesilainen
wench *(vanh, runok)* tyttö
went *ks.* ***go***
wept *ks.* ***weep***
were *ks.* ***be***; ***you, we, you, they ~*** olit, olimme, olitte, olivat
werewolf ihmissusi
west, West länsi; länteen; läntinen, länsi-; ***in the ~*** lännessä; ***they are moving ~*** he liikkuvat länteen päin; ***the West Coast*** Länsirannikko
western 1 *a* läntinen, länsi- **2** *s* lännenelokuva, länkkäri
westward[s] länteen [päin]
wet 1 *a* märkä; ***get ~*** kastua, tulla märäksi **2** *s* kosteus; sadesää **3** *v* kostuttaa, kastella
wet suit märkäpuku
whack 1 *s* läimäys; osuus; yritys **2** *v* läimäyttää
whacking *(Br, ark)* ***~ great*** tosi iso; ***a ~ lie*** emävale
whale valas
whalebone valaanluu
wham 1 *s* pauke, pamahdus
wharf *(pl wharfs t. wharves)* lastaussilta, laituri
what mikä, mitä; se mitä; ***~ about us?*** entä me?; ***~ about it?*** mitä siitä?; ***~ are they like?*** millaisia he ovat?; ***at ~ time?*** mihin aikaan?; ***~ a pity*** [onpa] sääli, kuinka ikävää
whatever mitä tahansa, mitä vain; ***nothing ~*** ei yhtään mitään
wheat vehnä
wheedle houkutella
wheel 1 *s* pyörä; ***who was at the ~?*** kuka oli ratissa? **2** *v* kärrätä, työntää; kääntyä [ympäri]; taluttaa *(pyörää)*
wheelbarrow kottikärryt
wheelchair pyörätuoli
wheeling and dealing *(ark)* keplottelu
wheeze 1 *v* vinkua **2** *s* vinkuna
whelp pentu, penikka
when milloin, koska; jolloin; kun
whence *(vanh)* mistä
whenever milloin tahansa (vain)
where missä, minne, mihin
whereabouts olinpaikka
whereas kun taas
wherever missä *t.* minne tahansa
whether -ko, -kö; ***I don't know ~ he is coming*** en tiedä, tuleeko hän
whey *(maidon)* hera
which mikä *(monesta)*; kumpi *(kahdesta)*; joka, mikä; kuka *t.* kumpi heistä
whichever mikä *t.* kumpi tahansa
whiff henkäys, haiku; tuprahdus
while 1 *s* hetki[nen], tuokio; ***for a ~*** hetken verran, hetkeksi, vähän aikaa **2** *adv* sillä aikaa kun; kun taas
while away kuluttaa aikaa
whilst sillä välin *t.* aikaa kun
whim oikku, päähänpisto
whimper 1 *v* vikistä **2** *s* vikinä, uikutus
whimsical eriskummallinen, oikullinen
whine vikistä, valittaa, uikuttaa
whinny hirnahdella
whip 1 *s* piiska, ruoska; puoluepiiskuri **2** *v* piiskata, ruoskia, antaa selkään; huiskia, vatkata; kiitää
whipped cream kermavaahto

whipping selkäsauna
whir[r] 1 *s* hyrinä **2** *v* hyristä
whirlpool pyörre
whirlpool bath pore|allas, -amme
whirlwind pyörretuuli
whisk 1 *s* huisku; vispilä **2** *v* pyyhkäistä, huiskuttaa; vatkata
whisker kuonokarva, viiksi
whiskers pulisongit; viikset
whisper 1 *s* kuiskaus **2** *v* kuiskata
whistle 1 *s* vihellys; [vihellys]pilli **2** *v* viheltää; vinkua
Whit: ~ ***Sunday*** 1. helluntaipäivä; ~ ***Monday*** 2. helluntaipäivä; *ks.* ***Whitsun[tide]***
white valkoinen; valkuainen; ~ ***lie*** hätävalhe; ~ ***lead*** lyijyvalkoinen
white-hot valkohehkuinen
whiten valkaista, vaaleta
white-tie frakki-, iltapuku-
whitewash 1 *s* kalkkiväri **2** *v* kalkita, valkaista
Whitsun[tide] helluntai
whittle veistellä, vuolla
whiz[z] viuhua, suhista
who *vrt.* ***whom***; kuka, ketkä; joka; ~ ***said so?*** kuka niin sanoi?; ~ ***did you give it to?*** kenelle *t.* keille annoit sen?; ~ ***is this?*** ***(esim. puhelimessa)*** kuka puhuu?; ~ ***is there?*** kuka siellä?; ***~[m] did you meet there?*** kenet *t.* keitä tapasit siellä?; ~ ***did you speak with?, with ~m did you speak?*** kenen *t.* keiden kanssa puhuit?
whodunit jännäri, dekkari
whoever kuka tahansa; joka; jokainen joka
whole 1 *a* koko; ehjä, kokonainen **2** *s* kokonaisuus; ***on the*** ~ yleensä, kaiken kaikkiaan
whole-hearted koko sydämestä *(tuleva, tapahtuva)*; lämmin[henkinen], vilpitön
wholemeal kokojyvä-
wholesale tukku-; tukuttain
wholesale trade tukkukauppa
wholesome terveellinen
whole-time *(Br)* päätoiminen, kokopäiväinen
wholly kokonaan
whom *vrt.* ***who***; ketä, keitä ym
whoopee: ***make*** ~ juhlia, remuta, pitää hauskaa
whooping cough hinkuyskä
whopping aikamoinen
whore huora, portto
whose kenen, keiden; jonka, joiden; ~ ***car is this?*** kenen auto tämä on?
why miksi, minkä tähden; ***(huudahduksissa, täytesanana)*** hyvänen aika, no niin
wick kynttilän sydän
wicked ilkeä
wickedness ilkeys, pahuus
wicker kori-; pajunvitsa
wicket *(kriketissä)* lyöntivuoro; portti, hila; ~ ***keeper*** hilavahti
wide laaja, avara, väljä; leveä; ~ ***awake*** täysin hereillä, valpas; ~ ***open*** apposen auki, selkosen selällään
widely laajalti, suuresti
widen laajentaa; laajentua
widespread laajalle levinnyt
widow leski
widowed leskeksi jäänyt
widower leskimies
width laajuus, leveys
wield käsitellä, käyttää
wife *(pl wives)* vaimo

wig peruukki
wigwam intiaaniteltta
wild villi, hurja, raju; mieletön; ***run ~*** villiintyä
wildcat strike korpilakko
wilderness korpi, erämaa
wildfire kulovalkea
wildfowl riistalinnut
wildlife villieläimistö
wilful tahallinen
will 1 *s* tahto; testamentti; ***at ~*** vapaasti, mielen mukaan **2** *v* tulla tekemään jtak; ***he ~ recover*** hän paranee [kyllä]; ***pass the sugar ~ you?*** antaisitteko [ystävällisesti] sokerin?
willing halukas, suostuvainen
willingly kernaasti, mielellään
will-o'-the-wisp virvatuli; ***chase the ~*** ajaa virvatulta
willow paju, raita
will power tahdonvoima
wilt kuihtua, nuutua; kuihduttaa
wily kavala, juonikas
wimp *(ark)* nynny, mamis
win *(won won)* voittaa; saavuttaa
wince vavahtaa, sävähtää
1 wind tuuli; henki, hengitys; ilmavaivat; ***get ~ of sth*** saada vihiä jstak; ***get the ~s up*** olla pelloissaan; ***in the ~*** tekeillä; ***the ~s*** puhaltimet
2 wind *(wound wound)* vääntää, kiertää; mutkitella; selvittää
windbag suunpieksijä
windfall onnenpotku
winding kiemurteleva, mutkikas
winding stairs kierreportaat
windlass vintturi
windmill tuulimylly
window ikkuna
window dressing ikkunasomistus
windowpane ikkunaruutu
window-shopping näyteikkunoiden katseleminen
windowsill ikkunalauta
windpipe henkitorvi
windscreen *(Br)* tuulilasi; ***~ wiper*** tuulilasinpyyhin
windshield *(Am)* tuulilasi; ***~ wiper*** tuulilasinpyyhin
wind up vetää *(kello)*; päättää, lopettaa; päätyä (***in*** jhk)
windward tuulen|puoli, -puolella
windy tuulinen
wine viini; ***~ bar*** viinibaari; ***~ card*** viinilista; ***~ cellar*** viinikellari; ***~ glass*** viinilasi
wing 1 *s* siipi; siipirakennus; *(Br)* lokasuoja *vrt.* ***fender***; ***left ~*** vasemmisto[-] **2** *v* lentää
wingspread siipiväli
wink 1 *s* vilkutus; ***I didn't sleep a ~*** en nukkunut silmänräpäystäkään **2** *v* iskeä silmää (***at*** jklle); näyttää vilkkua, vilkuttaa
wink at ummistaa silmänsä jltak
winkers *(Br, aut)* vilkku
winking lights vilkut, vilkkuvalot
winner voittaja
winning valloittava, viehättävä
winning post maalipylväs
winter 1 *s* talvi; ***in the ~*** talvella; ***this ~*** tänä talvena **2** *v* talvehtia
wintry talvinen
wipe pyyhkiä; kuivata; ***~ off the map*** pyyhkiä pois kartalta; ***~ one's nose*** pyyhkiä nenä
wipe out *(kuv)* tuhota, tehdä selvää; ***be wiped out*** tuhoutua, pyyhkiytyä, huuhtoutua pois
wire 1 *s* metalli-, rauta-, piikki|lan-

ka; johdin, johto, puhelinlanka; *(Am)* sähkösanoma **2** *v* vetää sähköt (jhk); *(Am)* sähköttää; siirtää rahaa tililtä
wire fence piikkilanka-aita
wire-haired karkeakarvainen
wireless 1 *a* langaton **2** *s (vanh)* radio
wireless operator radiosähköttäjä
wiry sitkeä, jäntevä
wisdom viisaus
wise viisas
wisecrack sutkaus
wish 1 *v* toivottaa; toivoa, haluta (***for*** jtak); ***we all ~ for better times*** me kaikki toivomme parempia aikoja; ***I ~ you a nice trip*** toivotan sinulle mukavaa matkaa **2** *s* toivomus, toive; toivotus; ***best ~es!*** onnea, onnittelut; kaikkea hyvää; ***best ~es for a happy Christmas*** hyvää joulua, hyvän joulun toivotukset
wishful thinking toiveajattelu
wisp nippu, tukko, haituva
wistful kaihoisa, haikea
wit äly; älykkö; ***be at one's ~'s end*** olla huuli pyöreänä
witch noita[-akka]
witchcraft noituus
with kanssa, kera; luona; avulla, -lla, -llä; ***a girl ~ blue eyes*** sinisilmäinen tyttö; ***who is he out ~?*** kenen kanssa hän on ulkona?
with|draw *(-drew -drawn)* vetäytyä *t.* vetää takaisin, peruuttaa; lakkauttaa; poistua; ***they -drew their troops*** he vetivät joukkonsa takaisin
withdrawal takaisinvetä[yty]minen; peruutus; lakkauttaminen
wither lakastua, kuihtua; kuihduttaa; *(kuv)* musertaa
with|hold *(-held -held)* olla antamatta, evätä; pidättää, pitää sisällään
within sisäpuole|lla, -lle; sisä|llä, -lle; jkn kuluessa, puitteissa; ***~ one's income*** varojensa puitteissa; ***~ hearing*** kuulomatkan päässä
without ilman; ***~ knowing*** tietämättä[än]; ***go ~*** olla vailla, pärjätä ilman jtak
with|stand *(-stood -stood)* vastustaa, kestää; pitää puoliaan jtak vastaan
witness 1 *s* todistaja; todistus; ***eye ~*** silminnäkijä **2** *v* olla todistajana *t.* silminnäkijänä; todistaa
witness box todistajan aitio
wizard velho, noita
woke *ks.* ***wake***; herännyt
wolf *(pl wolves)* susi
wolverine ahma
woman *(pl women)* nainen; nais-
womanhood naiseus, naisena olo
womanizer naissankari
womankind naiset, naisväki
womanly naisellinen, naisen-
womb kohtu
women's lib[eration] naisten vapautusliike
won *ks.* ***win***
wonder 1 *s* ihme; kummastus; ***no ~*** ei mikään ihme **2** *v* kummastella, ihmetellä; ***I ~*** haluaisinpa tietää, mitenkähän...; ***I ~ if it's true*** onkohan se totta; ***I ~ if I could...*** saisinkohan...
wonderful ihmeellinen
wonderland ihmemaa

won't = ***will not***
woo kosia, kosiskella
wood puu[aine]; *(pienehkö)* metsä
wooded metsäinen
wooden puinen, puusta tehty
woodpecker tikka
wood-pulp puumassa
woodwork veisto, puu|työ, -esineet, -osat
woody puu-, metsäinen
wool villa[t]
woolly villainen; epä|selvä, -määräinen
word sana; viesti; ***be as good as one's ~*** pitää sanansa; ***have ~s with sb*** kinastella, olla sanaharkassa jkn kanssa; ***take a person at his ~[s]*** luottaa jkn sanaan; ***by ~ of mouth*** suullisesti; ***~ by ~*** sanasta sanaan
wording sanamuoto
word processor tekstinkäsittelylaite
wordy monisanainen
wore *ks.* ***wear***
work 1 *s* työ; teokset, tuotanto; ***she is still at ~*** hän on vielä töissä; ***out of ~*** työtön, työttömänä **2** *v* tehdä työtä, työskennellä; olla töissä; olla *t.* pitää käynnissä, toimia; vaikuttaa, tepsiä; käyttää, hoitaa
work [out] ratkaista, laskea; nousta (***at*** jhk [summaan]); osoittautua hyväksi, onnistua; sujua; suunnitella, hioa; treenata
workday arkipäivä
worker työntekijä
working työ-, työssä käyvä, työtä tekevä; ***in ~ order*** käyttökunnossa
working day työpäivä
working class työväenluokka
working hours työ|tunnit, -aika
workman työmies
workmanship ammattitaito; suoritetun työn laatu; ***of good ~*** erinomaista työtä
work of art taideteos
workshop työpaja, verstas; työryhmä; koulutuspäivät
work up kiihdyttää
world maailma; ***not for the whole ~*** ei mistään hinnasta; ***who in the ~?*** kuka ihmeessä?
worldly maailmallinen, maallinen
world power maailmanvalta
worldwide maailman-, yleismaailmallinen
worm 1 *s* mato; ruuvikierre **2** *v* luikerrella
worm-eaten madonsyömä
worn *ks.* ***wear***; kulunut
worn-out lopen kulunut *t.* uupunut
worried huolestunut
worry 1 *s* huoli, harmi **2** *v* olla huolissaan; saattaa levottomaksi; kiusata, vaivata; ***don't ~*** älä ole huolissasi
worrying huolestuttava
worse huonompi, pahempi; huonommin, pahemmin; ***the situation is ~ than ever*** tilanne on pahempi kuin koskaan; ***this can't get any ~*** ei tämä ainakaan tästä pahene
worship 1 *s* palvonta; hartaushetki, jumalanpalvelus **2** *v* palvella; palvoa, jumaloida
worst pahin, huonoin; pahimmin, huonoiten; ***get the ~ of it*** joutua pahimpaan ryöpytykseen; ***at ~*** pahimmassa tapauksessa

worsted kampalanka
worth arvo; arvoinen, ansiokkuus; ***be ~ while*** kannattaa, olla jkn arvoinen
worthy arvokas; ***~ of*** jnk arvoinen
would tahtoi, tahtoisi; oli tapana; ***~ be*** olisi; ***~ come*** tulisi
would-be jtak havitteleva, jstak haaveileva
1 wound 1 *s* haava **2** *v* haavoittaa
2 wound *ks.* ***2 wind***
wounded haavoittunut; ***he got ~ in the war*** hän haavoittui sodassa
wove *ks.* ***weave***
wow *(Am)* vau!, voi veljet!
wrangle 1 *s* kina **2** *v* kinastella
wrap [up] 1 *s* [ilta]viitta; huivi; *(Am)* käärepaperi **2** *v*: ***~ [up]*** kääriä; verhota (***in*** jhk); *(ark)* lopettaa, lyödä lukkoon
wrapped up in uppoutunut, ihastunut jhk; käpertynyt *(itseensä)*
wrapper [paperi]kääre, -päällys, [irto]kansi
wrapping[s] [päällys-, kääre]paperi
wrath *(kirj)* viha
wreath seppele, köynnös
wreathe kietoa; punoa; kietoutua
wreck 1 *s* haaksirikko; tuho; hylky; *(ihmisestä)* raunio **2** *v* tuhota; ***be ~ed*** haaksirikkoutua, kariutua
wreckage pirstaleet, jäännökset
wren *(el)* peukaloinen
wrench 1 *s* vääntö, kiskaisu; jakoavain **2** *v* vääntää; kiskaista
wrest kiskaista, vääntää; toistella [itselleen]
wrestle painia
wrestler painija
wrestling paini
wretch raukka, kurja; renttu, kelmi
wretched kurja
wriggle kiemurrella, luikerrella
wring *(wrung wrung)* vääntää, pusertaa; ***~ [out]*** vääntää kuivaksi
wrinkle 1 *s* ryppy *(kankaassa, ihossa ym.)* **2** *s* rypistää; rypistyä
wrinkled rypistynyt, ryppyinen; kurtussa, rypyssä
wrist ranne
wristband kalvosin, mansetti; kellonremmi
wristwatch rannekello
writ *(oikeuden)* päätös, määräys, haaste; ***Holy Writ*** Raamattu
write *(wrote written)* kirjoittaa
write down kirjoittaa muistiin
write off poistaa *(tileistä)*
write out laatia, kirjoittaa *(raportti)*; kirjoittaa [puhtaaksi, kokonaan ym]
writer kirjailija, kirjoittaja
writing kirjoitus, käsiala; ***in ~*** kirjallisena
written *ks.* ***write***; kirjoitettu, kirjallinen
wrong 1 *a* väärä **2** *adv* väärin, väärässä; ***my watch is ~*** kelloni on väärässä; ***you are ~*** olet väärässä; ***what's ~ with him?*** mikä häntä vaivaa? **3** *s* vääryys **4** *v* tehdä vääryyttä
wrongful väärä, laiton
wrongheaded jääräpäinen
wrote *ks.* ***write***
wrought taottu
wrought iron takorauta
wrought up kiihtynyt
wrung *ks.* ***wring***; ***~ out*** uupunut
wry kiero

X

X chromosome x-kromosomi
xenophobia ulkomaalais-, muukalais|viha
xerox 1 *s* valokopio, kserokopio **2** *v* ottaa valokopio
Xmas = ***Christmas***
X-rated alaikäisiltä kielletty, K-18
X-ray 1 *s* röntgensäde **2** *v* ottaa röntgenkuva
xylitol ksylitoli
xylophone ksylofoni

Y

yacht 1 *s* purjevene; ***luxury*** ~ huvipursi **2** *v* purjehtia
yachting purjehdus
yank *(ark)* tempaista
Yankee jenkki
1 yard jaardi *(0,914 m)*
2 yard piha; tarha
yardstick jaardin mitta[keppi]; mittapuu
yarn *(villa- t. puuvilla-)* lanka; juttu, tarina
yawn haukotella; ammottaa
ye *(vanh)* te, teitä
yea kyllä[-ääni], jaa-ääni
yeah *(ark)* joo; ***oh ~?*** ihan totta?
year vuosi; ***this*** ~ tänä vuonna; ***for ~s*** vuosikausia, vuosikausiin; ***at 40 ~s of age*** 40-vuotiaana
yearbook vuosikirja
yearly vuotuinen; vuosittainen; joka vuosi
yearn ikävöidä (***for*** jtak)
yeast hiiva
yell 1 *v* huutaa, kiljua (***at*** jklle) **2** *s* kirkaisu, kiljaisu
yellow keltainen; *(ark)* pelkuri
yellow fever keltakuume
yellowish kellertävä
Yellow Pages keltaiset sivut
yelp haukahtaa, luskuttaa
yen *(pl ~)* jen *(Japanin raha)*
yeoman *(pl yeomen) (hist)* vapaa talonpoika; ***yeomen of the guard*** henkivartiokaarti
yes kyllä
yesterday eilen; eilispäivä; ***the day before*** ~ toissapäivä[nä]
yet vielä; kuitenkin, mutta; ***not*** ~ ei vielä; ***as*** ~ toistaiseksi; ***has he come ~?*** onko hän jo tullut?
yew marjakuusi
yield 1 *v* tuottaa; antaa myöten, taipua; alistua; myöntää; suoda **2** *s* tuotto
yielding myöntyvä
YMCA = ***Young Men's Christian Association***; NMKY
yoga jooga
yogh[o]urt jugurtti, jogurtti
yoke 1 *s* ies; *(vaat)* kaarroke **2** *v* iestää; valjastaa yhteen; yhdistää
yolk munankeltuainen
yonder *(vanh, murt)* tuo, tuolla
Yorkshire pudding paistin kanssa syötävä pannukakku
you sinä, te; sinua, teitä; sinulle, teille; sinut, teidät; ~ ***never know*** koskaan ei voi tietää
young nuori; ***the*** ~ nuoret; poikaset, pennut; ~ ***people*** nuoriso, nuoret
Young Men's Christian Association *(= YMCA)* Nuorten Miesten Kristillinen Yhdistys
youngster nuori; poika, nuorukainen; ***~s*** nuoret, nuoriso
Young Women's Christian Association *(= YWCA)* Nuorten Naisten Kristillinen Yhdistys
your, yours sinun, teidän; ***a friend of yours*** eräs ystäväsi
yourself itse, itsesi; ***did you hurt ~?*** loukkaannuitko?
yourselves te itse, itsenne

youth nuoruus; nuorukainen; nuoriso
youthful nuori, nuorekas
youth hostel retkeilymaja
yowl 1 *v* vonkua, ulvoa **2** *s* ulvonta
yo-yo jojo; *(Am)* pompoteltava tyyppi
yucky *(ark)* yököttävä
Yugoslavia Jugoslavia

Z

zap 1 *v (tv)* vaihtaa [jatkuvasti] kanavaa; *(Am)* valmistaa mikrossa; pinkaista, kiitää **2** *s* tarmo
zapper *(ark)* kaukosäädin
zeal into
zealot kiihkoilija
zealous innokas, harras, uuttera
zebra seepra
zebra crossing *(Br)* suojatie
zed *(Br)* z-kirjain
zee *(Am)* z-kirjain
zenith *(taivaan)* lakipiste; huippukohta
zero nolla; ~ ***hour*** h-hetki
zest halu, innostus, antaumus
zigzag 1 *s* siksak-viiva; ristiin rastiin, siksakkia **2** *v* polveilla
zillion *(ark)* mielettömän paljon, miljoonia
zinc sinkki
zip 1 *s* vetoketju **2** *v*: ~ ***down***, ~ ***open*** avata [vetoketju]; ~ ***up*** sulkea [vetoketju]
zip code *(Am)* postinumero
zodiac eläinrata
zombie kuolleista herännyt ruumis; pöllämystynyt, kuin unessa
zonal vyöhyke-
zone 1 *s* vyöhyke **2** *v* jakaa vyöhykkeisiin
zoo eläintarha
zoological eläintieteellinen
zoology eläintiede
zoom 1 *s* suhahdus; zoom-objektiivi **2** *v* zoomata
zucchini *(Am)* kesäkurpitsa

LIITEOSA

EPÄSÄÄNNÖLLISET VERBIT
LUKUSANAT, MITAT, ASTEET
HYÖDYLLISIÄ ILMAISUJA
RUOKASANASTO
USA:N OSAVALTIOT
TIETOA ISOSTA-BRITANNIASTA JA YHDYSVALLOISTA

EPÄSÄÄNNÖLLISET VERBIT
IRREGULAR VERBS

abide	abode, abided	abode, abided
arise	arose	arisen
awake	awoke, awaked	awoken, awaked
be	was / were	been
bear	bore	borne
beat	beat	beaten
become	became	become
befall	befell	befallen
beget	begot	begotten, begot
begin	began	begun
behold	beheld	beheld
bend	bent	bent
bereave	bereft, bereaved	bereft, bereaved
beseech	besought	besought
beset	beset	beset
bestride	bestrode	bestridden, bestrid, bestrode
bet	bet, (*Br myös* betted)	bet, (*Br myös* betted)
betake	betook	betaken
bethink	bethought	bethought
bid	bade, bid, bad	bid, bidden
bide	bided, bode	bided
bind	bound	bound
bite	bit	bitten
bleed	bled	bled
bless	blessed, blest	blessed, blest
blow	blew	blown
break	broke	broken
breed	bred	bred
bring	brought	brought
broadcast	broadcast	broadcast

build	built	built
burn	burnt, burned	burnt, burned
burst	burst	burst
buy	bought	bought
can	could	-
cast	cast	cast
catch	caught	caught
chide	chided, chid	chided, chid, chidden
choose	chose	chosen
cleave	cleaved, clove, cleft	cleaved, cloven, cleft
cling	clung	clung
come	came	come
cost	cost	cost
creep	crept	crept
cut	cut	cut
deal	dealt	dealt
dig	dug	dug
dive	dived, *(Am)* dove	dived
do	did	done
draw	drew	drawn
dream	*(erit Br)* dreamt *(erit Am)* dreamed	*(erit Br)* dreamt *(erit Am)* dreamed
drink	drank	drunk
drive	drove	driven
dwell	*(erit Br)* dwelt *(erit Am)* dwelled	*(erit Br)* dwelt *(erit Am)* dwelled
eat	ate	eaten
fall	fell	fallen
feed	fed	fed
feel	felt	felt
fight	fought	fought
find	found	found
flee	fled	fled
fling	flung	flung
fly	flew	flown
forbear	forbore	forborne

forbid	forbade, forbad	forbidden
forecast	forecast	forecast
foreknow	foreknew	foreknown
foresee	foresaw	foreseen
foretell	foretold	foretold
forget	forgot	forgotten, forgot
forgive	forgave	forgiven
forsake	forsook	forsaken
forswear	forswore	forsworn
freeze	froze	frozen
gainsay	gainsaid	gainsaid
get	got	got, *(Am myös)* gotten
gild	gilded, gilt	gilded, gilt
gird	girded, girt	girded, girt
give	gave	given
go	went	gone
grave	graved	graven, graved
grind	ground	ground
grow	grew	grown
hang	hung	hung
have	had	had
hear	heard	heard
heave	heaved, hove	heaved, hove
hew	hewed	hewn, hewed
hide	hid	hidden, hid
hit	hit	hit
hold	held	held
hurt	hurt	hurt
inlay	inlaid	inlaid
keep	kept	kept
kneel	knelt, *(erit Am)* kneeled	knelt, *(erit Am)* kneeled
knit	knitted, knit	knitted, knit
know	knew	known
lade	laded	laden, laded
lay	laid	laid

lead	led	led
lean	*(erit Br)* leant	*(erit Br)* leant
	(erit Am) leaned	*(erit Am)* leaned
leap	leapt, leaped	leapt, leaped
learn	learnt, learned	learnt, learned
leave	left	left
lend	lent	lent
let	let	let
lie	lay	lain
light	lit, lighted	lit, lighted
lose	lost	lost
make	made	made
may	might	-
mean	meant	meant
meet	met	met
misdeal	misdealt	misdealt
mislead	misled	misled
misspell	*(erit Br)* misspelt	*(erit Br)* misspelt
	(erit Am) misspelled	*(erit Am)* misspelled
misspend	misspent	misspent
mistake	mistook	mistaken
misunderstand	misunderstood	misunderstood
mow	mowed	mown, mowed
outbid	outbade, outbid	outbidden, outbid
outdo	outdid	outdone
outgrow	outgrew	outgrown
outshine	outshone	outshone
overbear	overbore	overborne
overcome	overcame	overcome
overdo	overdid	overdone
overfeed	overfed	overfed
oversleep	overslept	overslept
overtake	overtook	overtaken
overthrow	overthrew	overthrown
partake	partook	partaken
pay	paid	paid

put	put	put
read	read	read
rend	rent	rent
rid	rid, ridded	rid, ridded
ride	rode	ridden
ring	rang	rung
rise	rose	risen
run	ran	run
saw	sawed	sawed, *(erit Br)* sawn
say	said	said
see	saw	seen
seek	sought	sought
sell	sold	sold
send	sent	sent
set	set	set
sew	sewed	sewn, sewed
shake	shook	shaken
shall	should	-
shear	sheared	sheared, shorn
shed	shed	shed
shine	shone	shone
shit	shit, shitted, shat	shit, shitted, shat
shoe	shod	shod
shoot	shot	shot
show	showed	showed, shown
shrink	shrank, shrunk	shrunk
shrive	shrove, shrived	shriven, shrived
shut	shut	shut
sing	sang	sung
sink	sank	sunk
sit	sat	sat
slay	slew	slain
sleep	slept	slept
slide	slid	slid, slidden
sling	slung	slung
slink	slunk	slunk

slit	slit	slit
smell	*(erit Br)* smelt *(erit Am)* smelled	*(erit Br)* smelt, *(erit Am)* smelled
smite	smote	smitten
sow	sowed	sown, sowed
speak	spoke	spoken
speed	sped, speeded	sped, speeded
spell	*(erit Br)* spelt *(erit Am)* spelled	*(erit Br)* spelt *(erit Am)* spelled
spend	spent	spent
spill	*(erit Br)* spilt *(erit Am)* spilled	*(erit Br)* spilt *(erit Am)* spilled
spin	spun, span	spun
spit	spat, spit	spat, spit
split	split	split
spoil	spoilt, spoiled	spoilt, spoiled
spread	spread	spread
spring	sprang, sprung	sprung
stand	stood	stood
steal	stole	stolen
stick	stuck	stuck
sting	stung	stung
stink	stank, stunk	stunk
strew	strewed	strewn, strewed
stride	strode	stridden
strike	struck	struck
string	strung	strung
strive	strove	striven
swear	swore	sworn
sweep	swept	swept
swell	swelled	swollen, swelled
swim	swam	swum
swing	swung	swung
take	took	taken
teach	taught	taught
tear	tore	torn

tell	told	told
think	thought	thought
thrive	thrived, throve	thrived, thriven
throw	threw	thrown
thrust	thrust	thrust
tread	trod	trodden, trod
undergo	underwent	undergone
understand	understood	understood
undertake	undertook	undertaken
undo	undid	undone
upset	upset	upset
unwind	unwound	unwound
wake	woke, waked	woken, waked
wear	wore	worn
weave	wove	woven
wed	wedded, wed	wedded, wed
weep	wept	wept
wet	wetted, wet	wetted, wet
will	would	-
win	won	won
wind	wound	wound
withdraw	withdrew	withdrawn
withhold	withheld	withheld
withstand	withstood	withstood
wring	wrung	wrung
write	wrote	written

LUKUSANAT NUMERALS

PERUSLUVUT CARDINALS

nolla	0	zero, o, *(erit Br)* nought
yksi	1	one
kaksi	2	two
kolme	3	three
neljä	4	four
viisi	5	five
kuusi	6	six
seitsemän	7	seven
kahdeksan	8	eight
yhdeksän	9	nine
kymmenen	10	ten
yksitoista	11	eleven
kaksitoista	12	twelve
kolmetoista	13	thirteen
neljätoista	14	fourteen
viisitoista	15	fifteen
kuusitoista	16	sixteen
seitsemäntoista	17	seventeen
kahdeksantoista	18	eighteen
yhdeksäntoista	19	nineteen
kaksikymmentä	20	twenty
kaksikymmentäyksi	21	twenty-one
kaksikymmentäkaksi	22	twenty-two
kolmekymmentä	30	thirty
kolmekymmentäyksi	31	thirty-one
neljäkymmentä	40	forty
viisikymmentä	50	fifty
kuusikymmentä	60	sixty
seitsemänkymmentä	70	seventy
kahdeksankymmentä	80	eighty

yhdeksänkymmentä	90	ninety
sata	100	one hundred
kaksisataa	200	two hundred
kolmesataa	300	three hundred
viisisataa	500	five hundred
seitsemänsataa	700	seven hundred
yhdeksänsataa	900	nine hundred
tuhat	1 000	one thousand
kaksituhatta	2 000	two thousand

JÄRJESTYSLUVUT		ORDINALS
ensimmäinen	1.	first
toinen	2.	second
kolmas	3.	third
neljäs	4.	fourth
viides	5.	fifth
kuudes	6.	sixth
seitsemäs	7.	seventh
kahdeksas	8.	eighth
yhdeksäs	9.	ninth
kymmenes	10.	tenth
yhdestoista	11.	eleventh
kahdestoista	12.	twelfth
kolmastoista	13.	thirteenth
neljästoista	14.	fourteenth
viidestoista	15.	fifteenth
kuudestoista	16.	sixteenth
seitsemästoista	17.	seventeenth
kahdeksastoista	18.	eighteenth
yhdeksästoista	19.	nineteenth
kahdeskymmenes	20.	twentieth
kahdeskymmenes-ensimmäinen	21.	twenty-first
kahdeskymmenestoinen	22.	twenty-second
kolmaskymmenes	30.	thirtieth

kolmaskymmenes-ensimmäinen	31.	thirty-first
neljäskymmenes	40.	fourtieth
viideskymmenes	50.	fiftieth
kuudeskymmenes	60.	sixtieth
seitsemäskymmenes	70.	seventieth
kahdeksaskymmenes	80.	eightieth
yhdeksäskymmenes	90.	ninetieth
sadas	100.	[one] hundredth
kahdessadas	200.	two hundredth
kolmassadas	300.	three hundredth
viidessadas	500.	five hundredth
seitsemässadas	700.	seven hundredth
yhdeksässadas	900.	nine hundredth
tuhannes	1 000.	[one] thousandth
kahdestuhannes	2 000.	two thousandth

MITTOJA JA PAINOJA — WEIGHTS AND MEASURES

tuuma	inch (in)	= 2,54 cm
jalka	foot (ft)	= 12 in = 30,48 cm
jaardi	yard (yd)	= 3 ft = 0,914 m
maili	mile	= 1609 m
meripeninkulma	nautical mile	= 1853 m
unssi	ounce (oz)	= 28,35 g
naula	pound (lb)	= 16 oz = 454 g
painomitta	stone	= 14 lbs = 6,35 kg
sentneri	hundredweight (cwt)	= *(Br)* 112 lbs
		= *(Am)* 100 lbs
		= *(Br)* 50,8 kg
		= *(Am)* 45,36 kg
tilavuusmitta	pint (pt)	= *(Br)* 0,568 l
		= *(Am)* 0,473 l

2 pts	quart (qt)	= *(Br)* 1,136 l
		= *(Am)* 0,95 l
gallona	gallon (gal)	= 4 qts = 8 pts
		= *(Br)* 4,543 l
		= *(Am)* 3,791 l

Fahrenheitasteiden muuttaminen celsiusasteiksi:

C = (F - 32) x 5/9

Celsiusasteiden muuttaminen fahrenheitasteiksi:
F = (C x 9/5) + 32

Esimerkkejä (luvut pyöristetty):

Fahrenheit	Celsius
0	-18
10	-12
20	-7
30	-1
40	4
50	10
60	16
70	21
80	27
90	32
100	38

HYÖDYLLISIÄ ILMAISUJA
USEFUL EXPRESSIONS

Jokapäiväisiä sanontoja	Everyday expressions
Hyvää huomenta / päivää.	Good morning.
Hyvää [ilta]päivää.	Good afternoon.
Hyvää iltaa.	Good evening.
Hyvää yötä.	Good night.
Hei! Terve!	Hello! Hi!
Kuinka voitte / voit?	How are you?
Kiitos hyvin.	I am fine / very well, thank you.
Entä te / sinä?	And you?
Puhutteko / puhutko englantia / suomea?	Do you speak English / Finnish?
Jonkin verran.	Yes, a little.
En kovin hyvin.	Not very well.
En ymmärrä.	I do not understand.
Voisitteko / voisitko puhua hitaammin?	Could you speak more slowly?
Anteeksi, en kuullut mitä sanoitte / sanoit.	Sorry, I did not hear you. / I beg your pardon?
Voisitteko / voisitko toistaa?	Could you please repeat that?
Voisitteko / voisitko kirjoittaa sen?	Could you write it down for me?
Saanko esitellä herra Smithin?	May I introduce Mr Smith? I would like you to meet Mr Smith.
Hyvää päivää.	How do you do.
Hauska tutustua.	Nice to meet you.
Mikä on nimenne / nimesi?	What is your name?
Nimeni on ...	My name is ...
Mistä olette / olet kotoisin?	Where are you from?
Olen kotoisin Suomesta.	I am from Finland.

Sepä hienoa.	That is nice.
Sepä mielenkiintoista.	That is interesting.
Oletteko / oletko kiinnostunut?	Are you interested in ...?
Olen kiinnostunut ...	I am interested in ...
Minulla ei ole aikaa siihen	I do not have time for that.
Minulla on kiire.	I am in a hurry.
Häiritseekö teitä / sinua, jos poltan?	Do you mind if I smoke?
Onko teillä / sinulla tulta?	Do you have a light?
Haluaisitteko / haluaisitko kupin kahvia?	Would you like a cup of coffee?
Kyllä kiitos.	Yes, please.
Ei kiitos.	No, thank you.
Kiitos [paljon].	Thank you [very much].
Kiitos hyvästä illallisesta.	Thank you for a nice dinner.
Eipä kestä.	You are welcome.
Anteeksi. Olen pahoillani.	I am sorry.
Anteeksi. Suokaa anteeksi.	Excuse me.
Onnittelen.	Congratulations.
Hyvää syntymäpäivää!	Happy birthday!
Otan osaa suruunne.	Please accept my condolences.
Tervetuloa [Lontooseen].	Welcome [to London].
Nähdään huomenna / myöhemmin.	See you tomorrow / later.
Näkemiin.	Good-bye.
Hei hei!	Bye-bye.
Hyvää matkaa!	Have a nice trip!
Pitäkää / pidä hauskaa!	Have a good time!

Kysymyssanoja ja kysymyksiä / Short questions

Kuka?	Who?
Mikä? Missä?	What? Where?

Milloin?	When?
Miksi?	Why?
Miten?	How?
Kuinka paljon?	How much?
Kuinka usein?	How often?
Kuinka kauan?	How long?
Kuinka kaukana?	How far?

Kellonajat	**Time**
Paljonko kello on?	What time is it?
Kello on kolme.	It is three o'clock.
Kello on kymmenen yli kolme.	It is ten [minutes] past three.
Kello on viisitoista yli kolme.	It is a quarter past three.
Kello on puoli neljä.	It is half past three.
Kello on viisitoista vailla neljä.	It is a quarter to four.
Kello on viisi vailla neljä.	It is five [minutes] to four.
Mihin aikaan juna lähtee?	[At] what time does the train leave?
Kello seitsemän.	At seven o'clock.
Kello seitsemän aamulla.	At seven a.m.
Kello kaksi iltapäivällä.	At two p.m.
Kello kahdeksan illalla.	At eight p.m.
Tasan kello viisi.	At five o'clock sharp.
Viiden aikaan. Noin kello viisi.	Around five o'clock.

Milloin?	**When?**
tänään	today
eilen	yesterday
toissapäivänä	the day before yesterday
huomenna	tomorrow
ylihuomenna	the day after tomorrow

tänä aamuna	this morning
tänä iltapäivänä	this afternoon
tänä iltana / yönä	tonight
viime yönä	last night
huomenaamulla	tomorrow morning
aamulla	in the morning
iltapäivällä	in the afternoon
illalla	in the evening
yöllä	at night
viime viikolla	last week
ensi viikolla	next week
viime vuonna	last year
ensi vuonna	next year
viisi vuotta sitten	five years ago
kahden viikon kuluttua	in a fortnight
kolmen viikon kuluttua	in three weeks
kaksi vuotta myöhemmin	two years later

Viikonpäivät	**Days of the week**
maanantai	Monday
tiistai	Tuesday
keskiviikko	Wednesday
torstai	Thursday
perjantai	Friday
lauantai	Saturday
sunnuntai	Sunday
viime maanantaina	last Monday
ensi perjantaina	next Friday
keskiviikkona	on Wednesday

Kuukaudet	**Months**
tammikuu	January
helmikuu	February

maaliskuu	March
huhtikuu	April
toukokuu	May
kesäkuu	June
heinäkuu	July
elokuu	August
syyskuu	September
lokakuu	October
marraskuu	November
joulukuu	December

Vuodenajat	**Seasons**
kevät	spring
kesä	summer
syksy	autumn, *(Am)* fall
talvi	winter
viime keväänä	last spring
tänä talvena	this winter
kesällä	in summer

Päivämäärä	**Date**
Tänään on syyskuun 6. päivä 1995.	Today is the sixth of September, 1995.
Se tapahtui maaliskuun 3. päivänä.	It happened on the third of March / on 3rd March / on March 3rd.
kirjeessä: 15. elokuuta 1995	in a letter: August 15th, 1995 / August 15[,] 1995 / 15th August 1995

Säätila	Weather
Millainen sää on?	What is the weather like?
Sää on kaunis.	The weather is fine.
Aurinko paistaa.	The sun is shining.
Ulkona on kylmä / viileä / lämmin / kuuma.	It is cold / cool / warm / hot outside.
Sää on aika kolea tänään.	It is a bit chilly today.
Tuulee.	It is windy.
Tuulee kovasti.	There is a strong wind.
On myrskyinen päivä.	It is a stormy day.
On pilvistä.	It is cloudy.
On sumuista.	It is foggy.
Sataa.	It is raining.
Sataa kaatamalla.	It is pouring.
Ukkostaa.	It is thundering.
Sâtaa lunta.	It is snowing.
Tie on liukas.	The road is slippery.
Ulkona on pakkasta.	It is below zero.
On viisi astetta pakkasta.	It is five degrees below zero.
Meidän pitäisi kuunnella säätiedotus.	We should listen to the weather forecast.

Matkustaminen ja kulkuneuvot	Travel and transport

Lentokentällä	At the airport
Saanko nähdä passinne?	Could I see your passport, please?
Oletteko täällä liikematkalla?	Are you here on business?
Ei, olen tullut tänne lomalle.	No, I have come here for a holiday. / No, I'm on holiday.
Kuinka kauan aiotte viipyä täällä?	How long are you going to stay here for?

Saanko nähdä matkatavaranne?	Could I see your luggage, please?
Matkatavarani eivät ole saapuneet.	My luggage has not arrived.
Onko teillä tullattavaa?	Have you got anything to declare?
Tupakoivien vai tupakoimattomien paikka?	Smoking or non-smoking?
Haluaisin ikkunapaikan.	I would like to sit by the window.
Olen pahoillani, mutta jäljellä on enää käytävänpuoleisia paikkoja.	I am sorry but there are only aisle seats left.
Olen myöhästynyt lentokoneesta.	I have missed my flight.
Voisitteko varata minulle uuden lennon.	Could you please book me a new flight.

Taksi	**Taxi**
Mistä saan taksin?	Where can I take a taxi?
Voisitteko / voisitko tilata minulle taksin?	Could you get me a taxi?
Haluaisin lentokentälle.	To the airport, please.
Voitteko viedä minut tähän osoitteeseen?	Could you take me to this address, please?
Voisitteko auttaa minua kantamaan matkatavarani?	Could you help me with my luggage, please?
Voisitteko jättää minut tähän?	Could you drop me off here?
Paljonko matka maksaa?	How much is it?

Bussi	**Bus**
Missä on lähin bussipysäkki?	Where is the nearest bus stop?
Mitä lippu maksaa?	How much is the ticket?

Olen menossa tähän osoitteeseen.	I am going to this address.
Kertoisitteko missä minun pitää jäädä pois?	Could you tell me where to get off?
Millä bussilla pääsen Piccadillylle?	Which bus do I take to Piccadilly?

Rautatieasemalla / junassa	**At the railway station / on the train**
Missä lipunmyynti sijaitsee?	Where is the ticket office, please?
Missä neuvonta sijaitsee?	Where is information, please?
Milloin menee seuraava juna Cambridgeen?	When is the next train to Cambridge?
Saanko lipun Cambridgeen?	I would like to buy a ticket to Cambridge, please.
Ensimmäisen vai toisen luokan lippu?	First or second class?
Toisen luokan lippu.	Second class, please.
Meno- vai meno-paluulippu?	Single or return?
Menopaluu.	Return, please.
Miltä laiturilta juna lähtee?	Which platform does the train leave from?
Pitääkö minun vaihtaa junaa?	Do I have to change trains?
Mihin aikaan saavumme Cambridgeen?	What time do we get to Cambridge?
Kuinka kauan pysähdymme täällä?	How long do we stop here?
Juna on 15 minuuttia myöhässä.	The train is 15 minutes late.
Junassa on ravintolavaunu. Junassa on päivällistarjoilu.	There is a dining-car on the train. The train has a buffet service.

Tien kysyminen	Asking the way
Anteeksi, voisitteko kertoa kuinka pääsen tähän osoitteeseen?	Excuse me, could you tell me how to get to this address?
Jatkakaa suoraan eteenpäin.	Go straight ahead.
Kääntykää vasemmalle ja kävelkää sitten noin viiden korttelin verran.	Turn left and then walk about five blocks.
Kääntykää ensimmäisestä kadunkulmasta oikealle.	Take the first turn to the right.
Se on aivan kulman takana.	It is just around the corner.
Kuinka kaukana se on täältä?	How far is it from here?
Sinne kävelee noin kymmenessä minuutissa.	It will take you about ten minutes to walk there.
Teidän kannattaisi mennä taksilla.	You had better take a taxi.
Näyttäisittekö kartalta missä olen?	Could you show me where I am on the map?
Voisitteko kertoa missä Suomen konsulaatti sijaitsee?	Could you please tell me where the Finnish consulate is?

Hotelli	Hotel
Onko teillä huoneita vapaana?	Are there any vacancies?
Haluaisin yhden / kahden hengen huoneen kahdeksi yöksi.	I would like a single / double room for two nights.
Onko huoneessa WC / kylpyhuone / suihku?	Is there a toilet / bathroom / shower in the room?
Saisinko nähdä huoneen?	May I see the room?
Missä kerroksessa se sijaitsee?	What floor is it on?
Onko täällä hissiä?	Is there a lift here?
Sisältyykö aamiainen / lounas / illallinen hintaan?	Is breakfast / lunch / dinner included?

Kuinka kauan aiotte viipyä?	How long are you going to stay?
Mihin aikaan aamiainen tarjoillaan?	What time do you serve breakfast?
Voinko jättää tämän kassakaappiinne?	Could I leave this in your safe?
Onko teillä parkkipaikkaa?	Do you have a parking lot?
Pankki	**Bank**
Missä voin vaihtaa rahaa?	Where can I change money?
Mihin aikaan pankit avataan / suljetaan?	When do the banks open / close?
Vaihdatteko valuuttaa?	Do you change foreign currency?
Vaihdatteko matkasekkejä?	Do you cash traveller's cheques?
Haluaisin vaihtaa 300 Suomen markkaa punniksi.	I would like to change 300 Finnmarks into pounds, please.
Postitoimisto	**Post office**
Mistä voin ostaa postimerkkejä?	Where can I buy stamps?
Kuinka paljon maksaa postikortin / kirjeen lähettäminen Suomeen?	How much is a postcard / letter to Finland?
Saisinko postimerkit näihin?	Could I have stamps for these, please?
Haluaisin lähettää tämän paketin lentopostissa.	I would like to send this parcel by airmail.
Missä on lähin postilaatikko?	Where is the nearest letterbox?
Mistä voin lähettää sähkösanoman?	Where can I send a telegram?

Puhelin	Telephone
Onko täällä puhelinta?	Is there a phone here?
Saisinko katsoa (lainata) puhelinluetteloa?	Could I see the telephone directory?
Voinko käyttää puhelintanne / puhelintasi?	Could I use your phone?
Haluaisin soittaa Suomeen.	I would like to make a phone call to Finland.
Haluaisin soittaa vastapuhelun.	I would like to make a collect call.
Onkohan herra Smith tavattavissa?	Could I speak to Mr Smith, please?
Kukahan kysyy?	Who is calling, please?
Valitettavasti hän ei ole paikalla juuri nyt.	I am afraid he is not in at the moment.
Haluaisitteko jättää viestin?	Would you like to leave a message?
En, kiitos. Soitan huomenna uudestaan.	No thank you. I will call again tomorrow.
Linja on varattu.	The line is busy.
Odottakaa hetki, olkaa hyvä.	Hold the line, please.

Ostoksilla	Shopping
Voinko olla avuksi?	Can I help you?
Tahtoisin ostaa housut.	I would like a pair of trousers.
Mikä on kokonne?	What size do you take?
Voinko sovittaa näitä?	May I try these on?
Ne ovat liian pienet / suuret / pitkät / lyhyet.	They are too small / big / long / short.
Onko teillä tätä hametta sinisenä?	Do you have this skirt in blue?
Otan sen.	I will take it.
Missä voin maksaa?	Where do I pay?
Mitä se maksaa?	How much is it?

Se tekee kolmekymmentä puntaa.	That will be thirty pounds, please.
Maksatteko käteisellä vai luottokortilla?	Will it be cash or charge?
Voiko teillä maksaa luottokortilla?	Do you take credit cards?
Saisinko allekirjoituksenne?	Would you sign here, please.
Tässä kuittinne.	Here is your receipt.
Tässä vaihtorahat.	Here is your change.

Sairastuminen	**Falling ill**
En voi hyvin.	I do not feel well.
Tunnen itseni sairaaksi.	I feel ill.
Voin pahoin. Minua oksettaa.	I feel sick.
Minua huimaa.	I feel dizzy.
Minulla on hammassärky / päänsärky.	I have a toothache / headache.
Minulla on kurkku kipeä.	I have a sore throat.
Olen vilustunut.	I have caught a cold.
Missä on lähin apteekki?	Where is the nearest pharmacy?
Haluaisin jotain yskään / kipeää kurkkua varten / päänsärkyyn / ruuansulatusvaivoihin / ripuliin.	I need something for a cough / a sore throat / a headache / indigestion / diarrhoea.
Voisitteko kutsua lääkärin?	Could you send for a doctor?
Voisitteko soittaa ambulanssin?	Could you ring for an ambulance?
Minun pitäisi päästä hammaslääkärille.	I need to see a dentist.

Ravintola	**Restaurant**
Haluaisin pöydän kahdelle.	I would like a table for two.
Onko tämä pöytä varattu?	Is this table taken?
Saammeko ruokalistan?	Could we see the menu, please?
Mitä voisitte suositella?	What would you recommend?
Mikä on erikoisuutenne?	What is your specialty?
Mitä juotavaa haluaisitte?	What would you like to drink?
Minulle pullo olutta.	I would like a bottle of beer.
Minulle lasi valkoviiniä.	A glass of white wine for me, please.
Haluatteko jo tilata?	Are you ready to order?
Minä ottaisin pizzan.	I would like a pizza.
Olemme jo tilanneet.	We have already ordered.
Haluaisitteko jälkiruokaa?	Would you like something for dessert?
Kuppi kahvia riittää.	Just a cup of coffee, please.
Missä on WC?	Where is the toilet?
Saisimmeko laskun?	Could we have the bill, please?
Sisältyykö palvelu laskuun?	Is service included?
Kiitos oikein paljon. Ruoka oli erinomaista.	Thank you very much. The food was excellent.

Muita tilanteita	**Other situations**
Olen kadottanut passini.	I have lost my passport.
Lompakkoni on varastettu.	My wallet has been stolen.
Autooni on murtauduttu.	My car has been broken into.
Onko teillä vakuutus?	Do you have an insurance?
Täyttäkää tämä lomake, olkaa hyvä.	Fill in this form, please.

RUOKASANASTO
MENU READER

aamiainen breakfast
alkupalat appetizers, hors d'oeuvres
ananas pineapple
anjovis anchovy
ankerias eel
ankka duck
appelsiini orange
appelsiinimarmeladi [orange] marmalade
aprikoosi apricot
banaani banana
basilika basil
brunssi brunch
brysselinkaali Brussels sprouts
chilipippuri chili pepper
donitsi doughnut, *(Am)* donut
doverinkampela Dover sole
etikka vinegar
etikkakurkku gherkin
fariinisokeri brown sugar
fasaani pheasant
filee fillet
gratinoitu au gratin, gratinéed, oven-browned
greippi grapefruit
grillata barbecue, *(Br)* grill, *(Am)* broil
grillattu grilled
grillattu lohi grilled salmon
grillattu makrilli grilled mackerel
grillikylki rib, rib of beef
hampurilainen hamburger
hanhi goose
hapan sour
hapankerma sour cream
hapanleipä rye bread
hasselpähkinä hazelnut
haudutettu braised
hedelmä[t] fruit
hedelmähillo jam
hedelmähilloke compote
hedelmäkakku fruit cake, plum cake
hedelmäsalaatti fruit salad, fruit cocktail
hedelmätorttu fruit pie (tart)
herajuusto whey cheese
herkkusieni mushroom
herkkusienikeitto mushroom soup
herkkusienimunakas mushroom omelet
herne pea
hernekeitto pea soup
herukka currant
hienoksi hakattu, hienonnettu chopped
hienosokeri caster sugar
hiiva yeast
hillo jam, jelly, marmalade
hilloleivos [jam] tart
hirvenliha, -paisti venison [of elk]
hirvi elk, moose
hummeri lobster
hunaja honey
hyydytetty poached
hyytelö aspic, jelly, mousse
häränhäntä oxtail
häränhäntäliemi oxtail soup
häränkieli ox tongue
häränliha beef
häränpaisti sirloin of beef

häränseläke fillet steak, tournedos
inkivääri ginger
inkivääripiparkakku ginger biscuit
italiansalaatti Russian salad
jauheliha ground meat, minced meat
jauhelihapihvi hamburger
jauhelihatäyte forcemeat
jauhesokeri powdered sugar
jauhot flour
jogurtti yoghurt
juuriselleri celery [rave]
juusto cheese
juustokeitto cheese soup
juustokeksi cheese biscuit
juustokuorrutteinen au gratin
juustomunakas cheese omelet
juustosämpylä cheese roll
jälkiruoka dessert, sweet, pudding
jänis hare
jänismuhennos jugged hare
jäädyke parfait
jäätelö ice-cream
jäätelösooda soda
kaakao[jauhe] cocoa
kaali cabbage
kaalikääryle cabbage roll
kahvikorppu *(Am)* zwieback
kakku cake
kala fish
kalaa ja ranskalaisia perunoita fish and chips
kalakeitto fish soup, fish chowder
kalakukko fishcock pasty
kalapuikko fish finger, fish stick
kalasalaatti fish salad
kalkkuna turkey
kampela flounder, turbot
kana chicken
kanakeitto chicken soup
kanankoipi chicken leg
kananmuna egg
kananpoika chicken
kananrinta breast of chicken, chicken breast
kanapaisti roast chicken
kaneli cinnamon
kani rabbit
kardemumma cardamon, cardamom, cardamum
karhunvatukka blackberry
karitsa lamb
karitsankoipi leg of lamb
karitsankyljys lamb chop, lamb cutlet
karjalanpiirakka Karelian pasty
karviaismarja gooseberry
kastanja chestnut
kastike sauce, dressing, gravy
katkarapu prawn, shrimp
katkarapusalaatti shrimp salad, prawn cocktail
kaura oats
kaurahiutaleet oatmeal
kauriinpaisti venison
keitetty boiled, cooked
keitetty muna boiled egg
keitetyt perunat boiled potatoes
keitto soup
keittokinkku boiled ham
keksi biscuit, rusk
kerma cream
kermahyytelö blancmange
kermajuusto cream cheese
kermakakku cream cake
kermakastike cream dressing, cream sauce
kermatoffee butterscotch
kermavaahto whipped cream
kesäkurpitsa zucchini
ketsuppi ketchup, catsup
kieli tongue

kilpikonna turtle
kilpikonnakeitto turtle soup
kinkku ham
kinkkua ja munia ham and eggs
kinkkumunakas ham omelet
kinkkuviipale rasher
kirjolohi rainbow trout
kirkas clear
kirkas liemi bouillon, broth, consommé
kirsikka cherry
kirsikkapiiras cherry tart *t.* pie
kohokas soufflé
kokojyväjauhot wholemeal flour
kokojyväleipä wholemeal bread, wholewheat bread
kolja haddock
kompotti compote
kookospähkinä coconut
korintti currant
korppu biscuit, rusk
kova hard
kovaksi keitetty muna hard-boiled egg
krassi cress
kuivattu luumu prune
kukkakaali cauliflower
kukkakaalikohokas cauliflower soufflé
kukko cock
kumina caraway
kuori peel
kuoriperunat peel potatoes
kuorrutus frosting, icing
kuorukka croquette
kurkku cucumber, *(etikka~)* gherkin
kurpitsa vegetable marrow, pumpkin, squash
kurttukaali savoy
kyljys chop, cutlet
kylkiliha entrecôte
kylkipaisti loin, rib steak
kylkipihvi entrecôte
kynsilaukka garlic
kypsä ripe, well-done
kääryle collar, roll
köyhät ritarit poor knights
laakerinlehti bay leaf
laatikkoruoka casserole
lammas mutton, lamb
lammasmuhennos mutton stew
lampaankyljys mutton chop, mutton cutlet, lamb chop
lampaanliha mutton, lamb
lampaanlihakeitto mutton broth
lampaanreisi leg of mutton
lampaansatula saddle of lamb, saddle of mutton
lanttu *(Am)* rutabaga, *(Br)* swede
lanttulaatikko swede pie
lapa shoulder
lasagne lasagne, lasagna
lehtisalaatti lettuce
lehtiselleri celery
leikkeleet cold cuts
leikkopapu French bean, haricot bean, runner bean
leipä bread, loaf, cake
leipää ja voita bread and butter
leivinjauhe baking powder
leivonnainen pastry, cookie, cooky
leivos cake, pastry
liemi soup, broth
liha meat
lihaliemi bouillon, broth, consommé, stock
lihamureke meat loaf, loaf
lihapasteija meat pasty, meat pâté
lihapyörykkä meat ball
lihatäyte forcemeat

linssi lentil
linssikeitto lentil soup
lipeäkala lye fish
lohi salmon, *(nuori)* grilse
lohifilee salmon fillet, salmon steak
loimukala barbecued fish
lounas lunch
luu bone
luumu plum, *(kuivattu)* prune
luumuhilloke stewed prunes
luumuvanukas plum pudding, prune pudding
luuton boned
maapähkinä peanut
maapähkinävoi peanut butter
maapähkinäöljy peanut oil
made burbot
maissi maize, *(Am)* corn
maissihiutaleet corn flakes, cereal
maissijauhot corn flour
maissintähkä cob, *(keitetty)* corn on the cob
maissiöljy corn oil
majoneesi mayonnaise
makaroni macaroni
makeinen sweet, candy, caramel
makkara sausage
makkaraa ja perunasosetta sausage and mash
makrilli mackerel
maksa liver
maksamakkara liver sausage
mandariini mandarin, tangerine
mansikka strawberry
mansikkajäätelö strawberry ice-cream
manteli almond, almond nut
mantelimassa almond paste, marzipan
marenki meringue
margariini margarine
marmeladi marmalade, jam
marsipaani marzipan
mausteneilikka clove
mehujäätelö sherbet, water ice
mehukas juicy
meirami marjoram, sweet marjoram
meloni melon
mesimarja arctic bramble
metso great grouse
metsämansikka wild strawberry
metsäomena crab apple
miekkakala swordfish
minttu mint
minttukastike mint sauce
muhennettu braised, creamed, mashed, stewed
muhennos stew
muna egg
munakas omelet
munakastike egg dressing
munakoiso aubergine, eggplant
munakokkeli scrambled eggs
munkki fritter, doughnut
munuainen kidney
muskottipähkinä nutmeg
mustaherukka blackcurrant
mustapippuri black pepper
musta viinimarja blackcurrant
mustikka blueberry, huckleberry
mustikkapiirakka blueberry pie, blueberry tart
nahkiainen lamprey
nauris turnip
neilikka clove
ohra barley
ohraleipä barley bread
ohrapuuro barley porridge
oliivi olive
oliiviöljy olive oil

omena apple
omenapaistos, -piirakka apple pie
omenasose apple sauce
omenatorttu apple turnover, apple tart
omenavanukas apple pudding
osteri oyster
paahdettu maissi popcorn
paahtoleipä toast
paahtoleipää ja [appelsiini]marmeladia toast and marmalade
paahtoleipää ja hilloa toast and jam
paahtoleipää ja voita buttered toast
paahtopaisti roast beef
paistettu kala fish steak, fry
paistettu kinkku baked ham
paistettu muna fried egg
paistetut perunat roast potatoes, fried potatoes
paisti roast, joint [of meat]
palasokeri lump sugar
palsternakka parsnip
palttu black pudding
pannukakku pancake
paprika paprika; red pepper, sweet pepper
papu bean
parmesaani[juusto] Parmesan [cheese]
parsa asparagus
parsakaali broccoli
parsakeitto asparagus soup
patonki French bread
pehmeäksi keitetty muna soft-boiled egg
pekoni bacon
pekonia ja munia bacon and eggs
peltopyy partridge
persikka peach
persilja parsley
peruna potato
perunalaatikko *(läh)* potato casserole
perunalastut *(Br)* crisps, *(Am)* [potato] chips
perunamuhennos mashed potatoes
perunasalaatti potato salad
perunasose creamed potatoes
pikkelssi pickles
pikkuleipä biscuit, cookie, cooky
pinaatti spinach
pinaattikeitto spinach soup
piparjuuri horseradish
piparkakku gingerbread
piparminttu peppermint
pippuri pepper
pitsa, pizza pizza
porkkana carrot
poro reindeer
poronkäristys braised reindeer
porsaankyljys pork chop
porsaanleike pork cutlet
porsas pork
punaherukka redcurrant
punainen paprika red pepper
punainen viinimarja redcurrant
punajuuri beetroot, redbeet
punakaali red cabbage
purjo[sipuli] leek
purukumi chewing gum
puuro porridge
pähkinä nut
päivällinen dinner
päärynä pear
ranskalaiset perunat *(Br)* chips, French fries
raparperi rhubarb
rapu crawfish, crayfish
reisi shank, leg

retiisi radish
riisi rice
riisipuuro rice pudding
riista game, venison
riistakeitto game soup
rinta breast
rintaliha, -pala brisket
rosmariini rosemary
ruijanpallas halibut
ruis rye
ruisleipä brown bread, rye bread
ruohosipuli, -laukka chive
ruokalaji course, dish
rusina raisin, *(kakussa)* plum
rusinavanukas plum duff, plum pudding
ruskea kastike brown sauce
ruusukaali Brussels sprouts
sahrami saffron
saksanpähkinä walnut
salaatti salad, *(lehti~)* lettuce
salaattikastike salad cream, salad dressing, dressing
salvia sage
sammakonreidet froglegs
sampi sturgeon
sardiini sardine, pilchard
savukinkku smoked ham
savusilli kipper, bloated herring, bloater
savustettu smoked, bloated
sekavihannessalaatti mixed salad
selkäliha fillet, undercut
selkäpaisti fillet steak
selleri celery
seläke fillet, undercut
siankyljys pork chop
sianliha pork
sianlihapiiras pork pie
sianmakkara pork sausage
sieni mushroom
sienimunakas mushroom omelet
siirappi treacle, molasses
sikuri chicory, endive
silakka Baltic herring
silli herring
simpukka clam, mussel
sinappi mustard
sipuli onion
sirotesokeri caster sugar
sisälmykset chitterlings, chittlin[g]s, offal, *(linnun)* giblets
sitruuna lemon
sitruunahyytelö lemon jelly
sitruunakastike lemon curd
sitruunavaahto lemon mousse
sitruunavanukas lemon pudding
sokeri sugar
sokerikakku sponge cake
sorbetti sherbet
sorkka trotter
sorsa wild duck
sose jam, purée, stew
suklaa chocolate
suklaajäätelö chocolate ice-cream
suklaakakku chocolate cake
suklaavaahto chocolate mousse
suola salt
suolakeksi cracker
suolakurkku gherkin, pickle
suolaliha souse, corned beef
suolamanteli salted almond
suolasilli bloater
suurustettu keitto cream, thick soup
sydän heart
sydänsimpukka cockle
säilykehedelmät candied fruit; *(Br)* tinned fruit, *(Am)* canned fruit
sämpylä bun, roll
taateli date

taikina dough, paste, pastry, *(ohukais~)* batter
taimen trout, salmon trout
takapaisti leg, rump
tartarikastike tartar sauce
tartaripihvi tartar steak
taskurapu crab
teekakku, -leipä tea cake, teabread, scone
tilli dill
timjami thyme
toffee taffy, toffee
tomaatti tomato
tomaattikastike tomato sauce
tomaattikeitto tomato soup
tomaattimunakas tomato omelet
tomaattisose ketchup, catsup
tonnikala tuna, tunny
torttu tart
tryffeli truffle
tumma leipä brown bread
turska cod, codfish
täyte dressing, stuffing, filling, forcemeat
täytetty stuffed
täytetyt perunat stuffed potatoes
täytteetön munakas French omelet, plain omelet
uppomuna poached egg
uudet perunat new potatoes
uuniperunat baked potatoes, jacket potatoes
uunissa paistetut omenat baked apples
vaahterasiirappi maple syrup
vadelma raspberry
valkoinen leipä white bread
valkokaali white cabbage
valkokastike white sauce, bechamel sauce
valkopippuri white pepper
valkosipuli garlic
vanilja vanilla
vaniljajäätelö vanilla ice-cream
vanukas pudding, flan
vasikankyljys veal chop, veal cutlet
vasikanleike escalope
vasikanliha veal
vasikka calf, veal
vehnä wheat, corn
vehnäleipä white bread
velli gruel
veripalttu blood budding
vesikrassi watercress
vesimeloni watermelon
vihannekset vegetables, green
vihanneskeitto vegetable soup
vihannessalaatti mixed salad
vihannessekoitus mixed vegetables
viherluumu greengage
vihreä paprika green pepper
vihreä papu green bean
vihreä salaatti green salad
viikuna fig
viilokki fricassee
viinietikka vinegar
viinimarja currant
viinirypäle grape
vohveli wafer, waffle
voi butter
voikeksi butter cookie
voileipä sandwich
voileipäkeksi [cream] cracker
välikyljys entrecôte, rib[-eye steak]
wieninleike escalope
ydinluu marrowbone
yrttimunakas herb omelet
äyriäinen shellfish
öljy oil

JUOMAT
DRINKS

alkoholi liquor, alcohol
alkoholijuoma alcoholic drink, spirits
alkoholiton juoma non-alcoholic drink, soft drink
ananasmehu pineapple juice
appelsiinijuoma orangeade, orange squash
appelsiinimehu orange juice
booli punch
greippimehu grapefruit juice
juoma drink, beverage
jääkahvi ice coffee, iced coffee
jäätee ice tea
jäävesi ice water
kaakao cocoa, chocolate
kahvi coffee
kahvi kerman kanssa coffee with cream
kirsikkalikööri cherry brandy
kivennäisvesi mineral water
konjakki cognac, brandy
kuiva viini dry wine
kuohuviini champagne, sparkling wine
kupillinen, kuppi cup
kylmä maito cold milk
lasi glass
likööri liqueur
limonadi lemonade
maito milk
maitokahvi café au lait, white coffee
makea viini sweet wine
mehu juice
mineraalivesi mineral water
mokkakahvi mocha [coffee]
munatoti eggnog
musta kahvi black coffee
olut beer
piimä sour milk; butter milk
pirtelö milk shake
pullo bottle
pullo-olut bottled beer
punaviini red wine, claret
rommi rum
rommi- ja sitruunacocktail daiquiri
samppanja champagne
siideri cider
sitruunajuoma, -mehu lemon squash, lemonade, lemon juice
soodavesi soda water
suklaajuoma chocolate
tee tea
tee maidon kanssa tea with milk
tee sitruunan kanssa tea with lemon
tomaattimehu tomato juice
tonikki tonic water
toti toddy
tuoremehu juice
tupla, kaksinkertainen double
tynnyriolut draft beer, draught beer
valkoviini white wine
vermutti vermouth
vesi water
viina brandy, spirit, liquor
viini wine
virvoitusjuoma beverage, soda, soft drink
viski whiskey, whisky, Scotch, bourbon
votka vodka

MENU READER
RUOKASANASTO

allspice maustepippuri
almond manteli
almond paste mantelimassa
anchovy anjovis
angel cake vuokaleivonnainen, jossa munanvalkuaisia ja sokeria
appetizer alkupala
apple omena
apple charlotte omenasosetäytteinen kakku, omenacharlotte
apple dumpling taikinalla kuorrutettu paistettu omena
apple pie omenapiirakka, -paistos, -hyve
apple pudding omenavanukas
apple sauce omenasose
apple tart omenapiiras
apple turnover omenatorttu, keikauskakku
apricot aprikoosi
arbroath smokies savustettu kolja
arctic bramble mesimarja
artichoke artisokka
asparagus parsa
asparagus soup parsakeitto
aspic [kala-, liha]hyytelö
aubergine munakoiso
au gratin [juusto]kuorrutteinen
avocado, avocado pear avokado
bacon pekoni, savustettu siankylki
bacon and eggs paistettua pekonia ja munia
bacon chop pekonikyljys
bacon fat sianrasva, silava
bagel rinkelinmuotoinen sämpylä
baguette patonki
baked uunissa paistettu tai kypsennetty, leivottu
baked apples uunissa paistetut omenat
baked beans valkoiset pavut tomaattikastikkeessa
baked egg custard uunimunakas
baked eggs uunissa paistetut munat
baked ham paistettu kinkku
baked potatoes uuniperunat
baking powder leivinjauhe
Baltic herring silakka
banana banaani
banana split jäätelöannos, jossa halkaistu banaani, pähkinöitä, kermavaahtoa ja kastiketta
barbecue grillata; paistinvartaassa tai parilassa valmistettu liha; paistaa kokonaisena *(esim. härkä)*
barbecued spare rib grillattu, eri tavoin maustettu siankylkiluu
barbecue sauce voimakkaasti maustettu grillikastike
barley ohra
barley bread ohraleipä
barley porridge ohrapuuro
barley sugar rintasokeri
basil basilika
bass meriahven
batter [ohukais]taikina
bay leaf laakerinlehti
bean papu
béchamel sauce valkokastike
beef naudan-, häränliha

beefburger hampurilainen
beef fillet naudanfilee
beefsteak pihvi, pihvipaisti
beetroot punajuuri
beetroot salad punajuurisalaatti
biscuit keksi, pikkuleipä
blackberry karhunvatukka
blackcurrant mustaherukka
black grouse teeri
black pepper mustapippuri
black pudding verimakkara, [veri]palttu, verivanukas
black radish retikka
blancmange kermahyytelö
bloated savustettu
bloated herring savusilli
bloater suola-, savusilli, savustettu haili tai makrilli
blood pudding veripalttu
blueberry mustikka
blueberry pie mustikkapiirakka
boiled keitetty
boiled egg keitetty muna
boiled ham keittokinkku
boiled potatoes keitetyt perunat
Bologna [sausage] eräs makkaralaji
bone luu
boned luuton
bortsch[t] borssi[keitto]
bouillon kirkas lihaliemi
brains aivot
braised haudutettu, muhennettu
braised beef patapaisti
brawn [paino]syltty
bread leipä
bread and butter leipää ja voita
breakfast aamiainen
bream lahna
breast rinta
brill silokampela
brisket rinta, -liha, -pala
broad bean härkäpapu
broccoli parsakaali
brochan skottilainen puuro
broth kirkas liemi, lihaliemi
brown bread tumma leipä, ruisleipä
brownie [pähkinä]suklaaleivos, -tanko
brown sauce ruskea kastike
brown sugar fariinisokeri
brown trout järvitaimen
brunch brunssi, lounas-aamiainen
Brussels sprout brysselin-, ruusukaali
bubble and squeak eräänlainen pyttipannu
bun pikkupulla, sämpylä
burbot made
butter voi
butter cookie voikeksi
buttered voideltu, voin kera
buttered toast paahtoleipää ja voita
buttermilk [kirnu]piimä
butterscotch kermatoffee
cabbage kaali
cabbage roll kaalikääryle
cake [kuiva-, täyte]kakku, leivos; leipä
calf vasikka
calf brains vasikanaivot
calf feet, calf trotters vasikansorkat
candied sokerikuorrutteinen, sokeroitu
candied fruit säilykehedelmät, sokeroidut hedelmät
candied peel sokeroitu appelsiinin- tai sitruunankuori
candy makeinen, karamelli

cantaloupe kantalupmeloni
caper kapris
caramel paahdettu sokeri, karamelli; makeinen
caramel custard karamellivanukas
caraway kumina
cardamom, cardamon, cardamum kardemumma
carp karppi
carrot porkkana
casserole pata, kattila; laatikko[-], pata[-], vuoka[ruoka]
castor sugar hieno sokeri, sirotesokeri
catfish merikissa, monni
catsup tomaattisose, ketsuppi
cauliflower kukkakaali
cauliflower soufflé kukkakaalikohokas
cayenne cayennenpippuri
celeriac juuriselleri
celery lehtiselleri
cereal aamiais-, maissihiutaleet
char nieriä
charlotte hyytelötäytteinen jälkiruoka
Cheddar cheese cheddarjuusto
cheese juusto
cheese biscuit juustokeksi
cheese board juustotarjotin
cheeseburger juustohampurilainen
cheese cake juustokakku
cheese omelet juustomunakas
cheese soup juustokeitto
cheese straws juustotangot
cherry kirsikka
cherry tart kirsikkapiiras
chervil kirveli
Cheshire cheese chesterinjuusto
chestnut kastanja
chewing gum purukumi
chicken kana, kananpoika
chicken curry kanaa currykastikkeessa
chicken leg kanankoipi
chicken soup kanakeitto
chicory [lehti]sikuri, endiivi
chili con carne chilipippurilla maustettua lihaa, papuja ja riisiä
chili pepper chilipippuri
chips *(Am)* perunalastut; *(Br)* ranskalaiset perunat
chitterlings, chittlin[g]s [sian]sisälmykset, sisälmyssyltty
chive ruohosipuli, -laukka
chocolate suklaa
chocolate cake suklaakakku
chocolate éclair suklaaleivos
chocolate ice-cream suklaajäätelö
chocolate mousse suklaavaahto
chop kyljys
chopped paloiteltu, hienonnettu
chop suey naudanlihasta, riisistä ja vihanneksista tehty kiinalainen ruokalaji
chowder kala- ja vihanneskeitto, äyriäiskeitto
Christmas cake joulukakku, eräänlainen täytekakku, jossa hedelmiä, pähkinöitä ym.
Christmas pudding jouluvanukas, jossa säilykehedelmiä, rusinoita, manteleita, toisinaan alkoholilla maustettu
chutney intialainen säilötyistä hedelmistä valmistettu voimakas mauste
cinnamon kaneli
clam simpukka
clear soup kirkas, suurustamaton liemi tai keitto

cloudberry lakka, [suo]muurain, hilla
clove [mauste]neilikka
cob maissintähkä
cobbler taikinakuoressa paistettu kuuma hedelmähilloke
cock kukko
cock-a-leekie [broth, soup] kana- ja purjosipulikeitto
cockle sydänsimpukka
cocoa kaakao[jauhe]
coconut kookospähkinä
cod, codfish turska
cod's roe turskanmäti
coffee cake kahvikakku
cold cuts leikkeleet
cold dishes kylmät ruoat
cold meat kylmänä tarjottava liha
coleslaw valkokaalisalaatti, jossa rusinoita, pähkinöitä ja kirpeäksi maustettu majoneesikastike
collar [liha]kääryle, [-]rulla; kääresyltty
compote kompotti, hedelmähilloke
consommé kirkas liemi, lihaliemi
cooked keitetty
cookie, cooky pikkuleipä, keksi
corn vehnä *(Englannissa)*, kaura *(Skotlannissa, Irlannissa)*, maissi *(Amerikassa)*, jyvät, vilja
corn bread maissileipä, -kakku
corned suolattu
corned beef suolattu häränliha; säilykeliha
cornflakes maissihiutaleet
corn flour maissijauhot
corn fritter maissipiiras, munkki
corn oil maissiöljy
corn on the cob *(keitetty)* maissintähkä
cottage cheese rae-, tuorejuusto
cottage pie jauhelihapaistos, jossa perunasosetta ja sipulia
course ruokalaji
crab taskurapu
crab apple villi-, metsäomena
cracker suolakeksi, voileipäkeksi
crackling *(paistettu)* kinkunkuori, -kamara
cranberry karpalo
crawfish, crayfish rapu, jokirapu
cream kerma; suurustettu keitto, sosekeitto; jälkiruoka; suklaakonvehti, täytesuklaa
cream cake kermakakku
cream cheese kermajuusto
cream dressing kermakastike
creamed kermalla suurustettu; muhennettu
creamed potatoes perunasose, kermaan muhennetut perunat
cream of asparagus suurustettu parsakeitto
cream of celery soup suurustettu sellerikeitto
cream of tomato soup suurustettu tomaattikeitto
cream puff tuulihattu
creamy kermainen, kermatäytteinen
crème brûlée paahtovanukas
crème caramel lämmin paahtosokerivanukas
crepe, crêpe kreppi, ohukainen
cress krassi
crisps *(Br)* perunalastut
croquette kroketti, kuorukka
crumpet murea teeleipä
cucumber kurkku
cupcake pieni muffinssi
curd milk viili

currant viinimarja, herukka; korintti
curried currylla maustettu
curry curry
custard makea munakastike, vaniljakastikkeen tapainen jälkiruokakastike
cutlet kyljys
dab hietakampela
dace säyne
damson kriikuna
Danish pastry, Danish roll wienerleipä, wieninleipä
date taateli
deer metsäkauris
dessert jälkiruoka
devilled erittäin voimakkaasti maustettu
devilled eggs voimakkaasti maustetut munat
devilled kidneys pippurilla ja sinapilla maustetut halkaistut munuaiset
Devonshire cream paksu kerma
dill tilli
dinner päivällinen
dish ruokalaji
donut *(Am)* donitsi
double cream paksu kerma
dough taikina
doughnut donitsi, munkki
Dover sole doverinkampela
dressing kastike, salaattikastike; *(lintupaistin)* täyte
dripping paistinliemi
drop scone pieni teeleipä
dry kuiva
duck ankka
duckling ankanpoika
dumpling kokkare, myky, vedessä tai liemessä keitetty taikinapalero
éclair kermaleivos, suklaatäytteinen leivos, tuulihattu
eel ankerias
egg muna
egg custard muna-kermakastike
egg dressing suolainen munakastike
eggplant munakoiso
endive salaattisikuri, endiivi
English muffin pieni, pyöreä leipä
entrecôte kylkipihvi, -liha, välikyljys
entrée väli-, eturuoka
escalope vasikan-, wieninleike
extract ekstrakti, uute, tiiviste
fat rasva, ihra
fennel fenkoli, saksankumina
fig viikuna
fillet filee, luuton seläke, selkäliha
fillet of fish ruodoton kalanseläke
fillet steak selkäpaisti, häränseläke
finnan haddock savustettu kolja
fish kala
fish and chips kalaa ja ranskalaisia perunoita
fish cake kalapyörykkä, -pulla
fish chowder kalakeitto
fish salad kalasalaatti
fish soup kalakeitto
fish steak paistettu kala
flaky pastry voi-, murotaikina
flan hedelmä- tai siirappitäytteinen kakku, hedelmätorttu; vanukas
flapjack suuri pannukakku; *(Br)* kauraleivos
flounder kampela
flour jauhot
fool kiisseli, hedelmäsoseesta, hillosta, kermasta ja mausteista tehty jälkiruoka

forcemeat [jauhe]lihatäyte
forcemeat ball keitetty lihapyörykkä
fowl linnut, siipikarja
frankfurter nakki
French bean tarhapapu
French bread patonki, vaalea ranskanleipä
French dressing ranskalainen kastike
French fries ranskalaiset perunat
French omelet täytteetön munakas
French toast paistettu (leivitetty) aamiaisleipä
fresh tuore
fricassee viilokki, keitetty liharuoka
fried paistettu
fried egg paistettu muna
fritter [omena]munkki; keitinpiiras
froglegs sammakonreidet
frosting [sokeri]kuorrutus
fruit hedelmä[t]
fruit cake hedelmäkakku
fruit pastry hedelmäleivos
fruit salad hedelmäsalaatti
fry paistettu liha t. kala; paistetut sisäelimet
fudge pehmeä kermakaramelli, appelsiinilla tai kahvilla maustettu suklaamakeinen
galantine hieno, hyytelöity lihamureke, liha-aladobi
game riista
game soup riistakeitto
gammon savustettu kinkku tai sianpotka
garfish nokkakala
garlic valkosipuli, kynsilaukka
garnish höyste, lisäke
gherkin [suola-, etikka-, pikku]-kurkku
giblets *(linnun)* sisälmykset
ginger inkivääri
gingerbread *(inkiväärinmakuinen)* piparkakku
glazed sokerikuorrutteinen
globe artichoke maa-artisokka
golden syrup vaalea siirappi
goose hanhi
gooseberry karviaismarja
grape viinirypäle
grapefruit greippi
grated raastettu
gratin, au gratin gratinoitu
gravy paistinliemi, -kastike
grayling harjus
great grouse metso, koppelo, metsäkana
green bean vihreä papu
greengage viherluumu
green olive vihreä oliivi
green pepper vihreä paprika
greens *(vihreät)* vihannekset
green salad vihreä salaatti
griddle-cake *(ohut)* pannukakku, ohukainen
grilled grillattu, pariloitu, paahdettu
grilse nuori lohi
grits karkeat [maissi]jauhot, ryynit, suurimot
ground meat jauheliha
guinea fowl helmikana
haddock kolja
haggis skottilainen lampaan tai vasikan sisälmyksistä, kaurajauhoista ja mausteista valmistettu makkara
hake kummeliturska
halibut ruijanpallas
halibut en papillote leivinpaperis-

sa paistettu ruijanpallas
ham kinkku, sianlihakinkku
ham and eggs kinkkua ja munia
hamburger naudanjauheliha, jauhelihapihvi; hampurilainen
ham omelet kinkkumunakas
ham roll kinkkurulla
hard kova
hard-boiled egg kovaksi keitetty muna
hare jänis
haricot bean leikkopapu
hash paloiteltua lihaa perunoiden ja vihannesten kera; höystö
hazelnut hasselpähkinä
heart sydän
herb omelet yrttimunakas
herring silli
hollandaise sauce hollantilaiskastike
hominy grits maissiryynit, -puuro
honey hunaja
honey dew melon hunajameloni
hors-d'oeuvre alkupalat; pikkulämpimät
horseradish piparjuuri
hot kuuma; voimakkaasti maustettu
hot cereal puuro, velli
hotch potch eräänlainen lihavihanneskeitto
hot dish tulisesti maustettu ruokalaji
hot dog kuuma nakkisämpylä
hot pot lihalaatikko
huckleberry mustikka
ice jää
ice-cream jäätelö
iced jäädytetty, jää-; sokerikuorrutteinen
icing sokerikuorrutus
Irish stew irlantilainen lihakeitto, -muhennos
Italian dressing yrteistä ja mausteista tehty salaattikastike
jacket potato uuniperuna
jam [hedelmä-, marja]hillo, marmeladi, sose
jam roll hillotäytteinen kääretorttu, hillotorttu
jellied hyytelöity
jelly [liha-, kala-, vihannes-, hedelmä-, jälkiruoka]hyytelö; hillo
Jerusalem artichoke maa-, mukula-artisokka
joint [of meat] paisti[pala], reisipala
jugged hare jänismuhennos
juice mehu
juicy mehukas
juniper berry katajanmarja
kedgeree intialaisperäinen kalaruoka, jossa riisiä, munia ja mausteita
ketchup tomaattisose, ketsuppi
kidney munuainen
kidney bean tarhapapu
kipper savusilli
knuckle potka, reisipaisti
lamb karitsa, lampaanliha
lamb chop karitsan-, lampaankyljys
lamb cutlet karitsankyljys
lamb roast karitsanpaisti
lamb shank, lamb shoulder karitsanlapa
lamprey merinahkiainen
lard sianihra, -rasva, laardi
larded silavassa paistettu
lean bacon vähärasvainen pekoni
leek purjo[sipuli]
leg koipi, potka, reisi[paisti], taka-

paisti
leg of lamb karitsankoipi
leg of mutton lampaanreisi
lemon sitruuna
lemon bun sitruunapulla
lemon cream sitruunavaahto
lemon curd sitruunakastike
lemon meringue pie sitruuna-marenkipiiras
lemon mousse sitruunavaahto
lemon pudding sitruunavanukas
lemon sole meriantura
lentil linssi
lentil soup linssikeitto
lettuce lehtisalaatti
light pehmeä, kevyt, vaalea
lime limetti
liver maksa
liver sausage maksamakkara
loaf leipä, limppu, vuokaleipä; mureke
lobster hummeri
lobster soup hummerikeitto
loganberry loganvadelma *(vadelman ja karhunvatukan risteytys)*
loin munuaispaisti; takaselkä; kylkipaisti
loin of lamb karitsan etuselkä
loin of pork porsaankylkipaisti
lollipop tikkukaramelli
lox *(Am)* savulohi
lump sugar palasokeri
lunch lounas
macaroni makaroni
macaroon mantelileivos
mackerel makrilli
maize *(Br)* maissi
malt mallas
mandarin mandariini
maple syrup vaahterasiirappi
margarine margariini
marinade marinadi, mauste-, höysteliemi, säilöntäliemi
marinated marinoitu
marjoram meirami
marmalade marmeladi
marrow [luu]ydin; kurpitsa
marrowbone ydinluu
marshmallow vaahtokaramelli; *(sokerista, siirapista ja munanvalkuaisesta tehty kuohkea makeinen)*
marzipan marsipaani, mantelimassa
mashed muhennettu
mashed potatoes perunamuhennos
mayonnaise majoneesi
meat liha
meat ball lihapyörykkä
meat casserole lihalaatikko; lihapata
meat loaf lihamureke
meat pasty lihapasteija
meat pâté lihapasteija, -leivonnainen
meat pie lihapiirakka
meat stew lihamuhennos
medaillon medaljonki, pieni, soikea fileepihvi
medium [done] puolikypsä[ksi paistettu]
melon meloni
melted sulatettu
menu ruokalista, menu
meringue marenki
milk maito
milk pudding riisivanukas
minced meat jauheliha
mincemeat omena- ja rusinatäyte
mincepie hedelmäpiiras, täytetorttu, joulutorttu
mint minttu

mint sauce minttukastike
minute steak nopeasti paistettu ohut pihvi, lehtipihvi
mixed sekoitettu, valikoima
mixed grill lihavarras
mixed salad vihannessalaatti
mixed vegetables sekavihannekset, vihannessekoitus
molasses (*tumma*) siirappi
morel korva-, huhtasieni
mousse vanukas, vaahto
muffin manteleilla, appelsiininkuorella tai korinteilla maustettu pieni leivonnainen
mulberry silkkiäismarja
mullet keltti, meriharjus; mullo
mulligatawny [soup] intialaisperäinen höysteliemi, jossa porkkanoita, sipulia, chutneyta, currya ja naudanlihaa
mushroom [herkku]sieni
mushroom omelet herkkusienimunakas
mushroom soup herkkusienikeitto
mussel simpukka
mustard sinappi
mutton lammas, lampaanliha
mutton broth lampaanlihakeitto
mutton chop, mutton cutlet lampaankyljys
mutton stew lammasmuhennos
nectarine nektariini
noodle nauhamakaroni
nut pähkinä
nutmeg muskottipähkinä
oatcake kaurakeksi, -kakku
oatmeal kaurapuuro; kaurahiutaleet, -ryynit
oatmeal porridge kaurapuuro
oats kaura
octopus mustekala
offal sisälmykset, sisäelimet, teurasjätteet
oil [ruoka]öljy
olive oliivi
olive oil oliiviöljy
omelet[te] omeletti, munakas
onion sipuli
orange appelsiini
orange marmalade appelsiinimarmeladi
oven-browned gratinoitu
oxtail häränhäntä
oxtail soup häränhäntäliemi
ox tongue häränkieli
oyster osteri
pancake ohukainen, räiskäle, (*ohut*) pannukakku
papillote: en papillote paperissa tai foliossa paistettu
parfait parfee, jäädyke
Parmesan [cheese] parmesaanijuusto
parsley persilja
parsnip palsternakka
partridge peltopyy
paste taikina, tahdas, tahna, pasta
pastry leivos, leivonnaiset, konditoriatuotteet; [torttu-, muro]taikina
pasty piirakka, pasteija
pâté pasteija, piiras
patty pyöreä piiras, pasteija; pieni voileipä; [jauheliha-, kalamureke]pihvi
pea herne
peach persikka
peach cobbler persikkahillokkeella täytetty piiras
peanut maapähkinä
peanut butter maapähkinävoi
peanut butter cookie maapähkinä-

leipä
ut oil maapähkinäöljy
r päärynä
pearl barley helmisuurimot
pea soup hernekeitto
peel hedelmänkuori
pepper pippuri
peppermint piparminttu
peppermint creams piparminttumakeiset
perch ahven
persimmon persimoni
pheasant fasaani
pickerel nuori hauki
pickled etikkaliemeen säilötty
pickled gherkins pienet etikkakurkut
pickle[s] pikkelsi, kirpeä vihannessalaatti, suolakurkku
pie piirakka, piiras, liha-, kala-, hedelmäpiirakka
pigeon kyyhkynen
pig's knuckle sianpotka
pike hauki
pike-perch kuha
pilchard sardiini
pimiento jamaikanpippuri
pimiento *(punainen)* paprika
pineapple ananas
pistachio pistaasi[manteli]
pizza pizza
plaice punakampela
plain omelet täytteetön munakas
plate lautanen, annos
plover kurmitsa
plum luumu; rusina *(kakussa)*
plum cake hedelmä-, rusinakakku
plum pudding englantilainen jouluvanukas, luumu-, rusinavanukas
poached hyydytetty
poached egg hyydytetty muna, uppomuna
pomegranate granaattiomena
poor knights köyhät ritarit
popcorn paahdettu maissi
popover eräänlainen vanukas; muffinssi
pork sianliha, porsas
pork chop sian-, porsaankyljys
pork cutlet porsaanleike
pork fillet porsaanfilee
pork pie sianlihapiiras
pork sausage sianmakkara
porridge [kaura]puuro
porterhouse steak häränkyljys
potato peruna
potato casserole perunalaatikko
potato chips perunalastut
potato croquette perunapallo, -kuorukka
potato pancake perunaohukainen, -pannukakku
potato salad perunasalaatti
potato soup perunakeitto
pot pie uunipaistos
pot roast patapaisti
pottage soppa, rokka
potted säilötty, suolattu
poult *(kalkkunan-, kanan-, fasaanin- ym.)* poikanen
poultry siipikarja; linnunliha
powdered sugar jauhesokeri
prawn katkarapu
prawn cocktail katkarapucocktail
prune kuivattu luumu
prune pudding luumuvanukas
ptarmigan kiiruna
pudding [liha-, kala-, vihannes-, hedelmä]vanukas
puff paste, puff pastry voitaikina
pumpernickel [bread] hapanlimp-

pu, tumma kokojyväleipä
pumpkin kurpitsa
purée sose
quail viiriäinen
quince kvitteni
rabbit kani
rabbit stew kanimuhennos
rack *(sian-, lampaan-, naudan)* niska
radish retiisi
ragout liha-, sekamuhennos, höystö
rainbow trout kirjolohi
raisin rusina
rare puoliraaka, verinen, erittäin vähän paistettu
rasher pekonin-, kinkkuviipale
raspberry vadelma
raspberry bun vadelmapulla
raw raaka
redbeet punajuuri
red cabbage punakaali
redcurrant punainen viinimarja, punaherukka
red grouse kangasriekko
red pepper *(punainen)* paprika
reindeer poro
relish suolakurkuista tehty kirpeä mauste
rhubarb raparperi
rib [of beef] grillikylki
rice riisi
rice porridge riisipuuro
rice pudding riisivanukas
roach särki
roast paisti
roast beef paahtopaisti
roasted uunissa paahdettu
roe mäti
roll sämpylä; kääretorttu; kääryle
roly-poly hillotäytteinen kääretorttu
roots juurekset
roquefort [cheese] roquefort-, sinihomejuusto
roquefort dressing roquefortilla maustettu salaattikastike
roquefort steak entrecôte ja roquefortilla maustettua voita
rosemary rosmariini
round steak naudanpotka-, reisipaisti
rump reisi-, takapaisti, ulkopaisti
runner bean ruusupapu
rusk korppu
Russian salad italiansalaatti
rutabaga lanttu
rye ruis
rye bread ruisleipä
saddle of lamb, saddle of mutton lampaansatula
saffron sahrami
sage salvia
salad salaatti
salad cream, salad dressing salaattikastike
salami salamimakkara
salmon lohi
salmon fillet, salmon steak lohifilee
salmon trout taimen
salt suola
salted almonds suolamantelit
saltwater fish suolaisen veden kala, merikala
salty suolainen
sandwich kaksois-, kerrosvoileipä
sardine sardiini
sauce kastike
sauerkraut hapankaali
sausage makkara
sausage and mash makkaraa ja

perunasosetta
sausage roll makkarapasteija, -piiras
sauté ruskistettu, kevyesti paistettu
sautéed ruskistettu, käristetty, voissa paistettu
sautéed potatoes voissa paistetut perunat
savory maustеminttu
savoury *(jälkiruokana tai alkupalana tarjottava)* suolapala; alkupala
savoy savoijin-, kurttukaali
scallop kampasimpukka
scone teeleipä
Scotch broth lampaan tai naudanlihasta, vihanneksista ja ohrasuurimoista valmistettu keitto
Scotch woodcock muna-anjovisvoileipä
scrambled eggs munakokkeli
sea bass meriahven
seafood meren antimet, kalat ja äyriäiset
seasoning mauste, höyste
semolina mannasuurimot
semolina pudding mannavanukas
shad pilkku-, täpläsilli
shallot salottisipuli
shank reisi
shell simpukankuori
shellfish äyriäinen, kuoriaiseläin, rapu, simpukka, kotilo
shepherd's pie liha- ja perunasoselaatikko: jauhelihaa, perunamuhennosta, sipulia ja porkkanoita
sherbet sorbetti, mehujäätelö
shortbread murokakku, -leivonnainen
shortcake murokakku, -leivonnainen
short pastry murotaikina
shoulder lapa
shrimp katkarapu
shrimp cocktail, shrimp salad katkarapusalaatti
silverside [of beef] reisipala, naudanpotkaviipale, luuton häränpaisti
simnel cake eräänlainen hedelmäkakku (mantelimassasta)
sirloin sisäpaisti
skate rausku
skewered vartaassa paistettu
slice viipale, pala
sloppy Joe jauhelihasämpylä tomaattikastikkeen kera
smelt kuore
smoked ham savukinkku
smoked salmon savustettu lohi
snipe kurppa
soda jäätelösooda; virvoitusjuoma
soft-boiled egg pehmeäksi keitetty muna
sole kielikampela, meriantura
soufflé kohokas
soup keitto
sour hapan
sour cream hapankerma
sour milk hapan maito; piimä
souse suolaliha, siansyltty; suolavesi
soused suola- tai mausteliemessä valmistettu
soused herring etikkaliemessä keitetty tai siihen säilötty silli, marinoitu silli
spare rib sian tai porsaan kylkipaisti
spice mauste

spinach pinaatti
spinach soup pinaattikeitto
spit varras; ***on a spit*** vartaassa
sponge cake sokerikakku
sprat kilohaili
squash [kesä]kurpitsa
squid kalmari, mustekala
steak pihvi, paisti, [kala]filee
steak and kidney pie naudanliha- ja munuaispiiras
steak pudding lihavanukas
steamed höyrytetty, höyryttäen kypsennetty
stew muhennos; [marja-, hedelmä]sose
stewed muhennettu
stewed prunes luumuhilloke
Stilton cheese stiltonjuusto
stock liha-, kasvisliemi
strawberry mansikka
strawberry ice-cream mansikkajäätelö
string bean tarhapapu
stuffed täytetty
stuffed pepper riisi- tai lihatäytteinen vihreä paprika
stuffed potatoes täytetyt perunat
stuffing täyte
sturgeon sampi
submarine sandwich patonki, jossa erilaisia täytteitä
sucking pig maitoporsas
suet ihra, rasva, munuaisrasva
sugar sokeri
sultana sulttaanirusina
sundae *(hedelmin yms. koristettu)* jäätelöannos
swede *(Br)* lanttu
sweet makea; jälkiruoka
sweetbread kateenkorva
sweet corn sokerimaissi
sweet marjoram maustemeirami
sweetmeat makeiset; sokeroitu hedelmä, makea jälkiruoka
sweet pepper paprika
sweet potato bataatti
sweets makeiset
Swiss cheese sveitsin-, tahkojuusto, emmental
Swiss roll hillotäytteinen kääretorttu
swordfish miekkakala
syrup siirappi; sokeriliemi, sakea hedelmämehu
taffy *(Am)* toffee
tangerine mandariini
tapioca tapioka[suurimot]
tarragon rakuuna
tart [hedelmä]torttu, piirakka, hilloleivos
tartar sauce tartarikastike
tartar steak tartaripihvi
T-bone steak ohut ranskanpaisti, T-luupihvi
teabread teeleipä, iso pyöreä vehnänen
tea cake, teacake teeleipä, -kakku; pikkuleipä, pieni kakkunen
teal tavi
tench suutari
tender murea
tenderloin sisäfilee
thick paksu, sakea
thick soup suurustettu keitto
thin ohut, vetelä
thyme timjami, tarha-ajuruoho
tinned meat säilykeliha
toad-in-the-hole *(Br)* taikinassa paistetut makkarat
toast paahtoleipä
toast and butter paahtoleipää ja voita

toast and jam paahtoleipää ja hilloa
toast and marmalade paahtoleipää ja [appelsiini]marmeladia
toasted cheese paahtoleipää ja sulatettua juustoa
tomato tomaatti
tomato omelet tomaattimunakas
tomato sauce tomaattikastike
tomato soup tomaattikeitto
tongue kieli
tournedos häränseläkepihvi
treacle *(tumma)* siirappi
trifle jälkiruokatorttu, valkoviinillä, sherryllä tai konjakilla kostutettu täytekakku, jossa manteleita, hilloa ja kermavaahtoa tai vaniljakastiketta
tripe häränvatsa[syltty, -höystö], sisälmykset, sisälmysmuhennos
trotter sorkka
trout taimen
truffle tryffeli
tuna, tunny tonnikala
turbot [piikki]kampela
turkey kalkkuna
turnip turnipsi, nauris
turtle kilpikonna
turtle soup kilpikonnakeitto
undercut seläke, filee
underdone raaka, verinen, vähän paistettu
vanilla vanilja
vanilla ice-cream vaniljajäätelö
veal vasikanliha, vasikka
veal chop, veal cutlet vasikankyljys
veal fillet vasikanfilee
veal fricassee vasikanviilokki, keitetty vasikanliha
vegetable vihannes
vegetable marrow kurpitsa
vegetable oil kasviöljy
vegetable soup vihanneskeitto
venison kauriin-, hirvenpaisti, hirvenliha
vichysoisse kylmä perunapurjokeitto
vinegar [viini]etikka
vol-au-vent vannike
wafer vohveli[keksi]
waffle vohveli
walnut saksanpähkinä
watercress vesikrassi
watermelon vesimeloni, arbuusi
well-done hyvin, läpi *t.* kypsäksi paistettu tai keitetty
Welsh rabbit, Welsh rarebit paahtoleipää ja kuumennetusta juustosta, maidosta tai oluesta, munista ja sinapista tehtyä tahnaa
wheat vehnä
whelk torvisimpukka
whey cheese herajuusto
whipped cream kermavaahto, vispikerma
whitebait pikkusilli
white bread valkoinen leipä, vehnäleipä
white cabbage valkokaali
white grouse kiiruna
white meat valkoinen liha
white pepper valkopippuri
white sauce valkokastike
whiting valkoturska
wholemeal bread kokojyväleipä
wholemeal flour kokojyväjauhot
wholewheat bread kokojyväleipä
wild duck sorsa
wild strawberry metsämansikka
woodcock lehtokurppa
Worcestershire sauce voimakas

etikka-soijakastike
yam jamssi
yeast hiiva
yoghurt jogurtti
York ham ohuina viipaleina tarjoiltava erityisen hieno kinkku
Yorkshire pudding paistin kanssa syötävä pannukakku
zucchini kesäkurpitsa
zwieback *(Am)* kahvikorppu

DRINKS JUOMAT

alcoholic drink alkoholijuoma
ale olut; *(light ~)* vaalea mallasolut
appetizer ruokaryyppy
applejack amerikkalainen omenaviina
appleade alkoholiton omenamehu
barley wine vahva olut
beer olut
beverage [virvoitus]juoma
bitter [beer] kitkerä t. karvas olut
bitters karvasvesi
black coffee musta kahvi, kahvi ilman kermaa
bottle pullo
bottled beer pullo-olut
bourbon *(Am)* maissi- ja mallasviski
brandy brandy; konjakki
brown ale vaaleahko olut
burgundy bourgogne[viini], burgundi
café au lait maitokahvi
champagne samppanja, kuohuviini
cherry brandy kirsikkalikööri, -viina
China tea kiinalainen tee
chocolate kaakao[-], suklaajuoma
cider siideri, omenaviini
claret [Bordeaux-]punaviini
cobbler sitruunalla, sokerilla *t.* viinillä maustettu jääjuoma
cocoa kaakao
coffee kahvi
coffee with cream kahvi kerman kanssa
cognac konjakki
cold milk kylmä maito
cup booli; kuppi, kupillinen
double tuplaviski
draft beer, draught beer tynnyriolut
drink juoma
dry wine kuiva viini
eggnog munatoti
fresh water suolaton, makea vesi
gin gini, katajanmarjaviina
gin and tonic giniä ja tonikkia
ginger ale alkoholiton inkivääri-juoma, -olut
ginger beer inkivääriolut, -juoma
glass lasi
glass of milk lasi maitoa
glass of water lasi vettä
grapefruit juice greippimehu
Guinness tumma, voimakas, makeahko dublinilainen olut
half n. 2,5 dl
highball *(Am)* viskigrogi
hot chocolate kuuma kaakao
ice coffee jääkahvi
iced coffee jääkahvi
ice tea jäätee
ice water jäävesi
Indian tea intialainen tee
Irish coffee irlantilainen kahvi

(kahvia, sokeria, viskiä ja vispikermaa)
Irish whiskey irlantilainen viski, *(sisältää ohraa, ruista, kauraa ja vehnää)*
juice mehu, tuoremehu
lager vaalea saksalaistyyppinen olut, varasto-olut, pilsneri
lemonade limonadi; sitruunajuoma, -mehu
lemon juice sitruunamehu
lemon squash sitruunajuoma
light ale erittäin vaalea olut
light beer vähähumalainen olut
lime juice limettimehu
liqueur likööri
liquor *(Am)* väkijuoma, alkoholi
malt liquor *(Am)* mallasjuoma
mead *(eräänl)* sima
mild vaalea, kevyt olut[tyyppi]
mild ale mieto, tavallista makeampi olut
mild beer mieto olut
milk maito
milk shake pirtelö
mineral water kivennäisvesi
mocha [coffee] mokkakahvi
mulled ale kuuma, maustettu olut
mulled wine kuuma, maustettu viini, glögi
neat ilman jäitä tai vettä nautittava
nightcap iltaryyppy, yömyssy
nog[g] väkevä olut, sahti
non-alcoholic drink alkoholiton juoma
on the rocks jäiden kera
orangeade appelsiinijuoma, -mehu
orange juice appelsiinimehu
orange squash appelsiinijuoma
pale ale hyvin vaalea olut
pale beer hyvin vähähumalainen olut
pineapple juice ananasmehu
pink wine rosé-viini
pint *(Br)* 0,57 l, *(Am)* 0,47 l
port [wine] portviini
porter portteri, väkevä, tumma olut
pot[h]een pontikka, kotipolttoviski
punch booli, punssi
quart *(Br)* n. 1,13 l, *(Am)* 0,95 l
red wine punaviini
rosé roséviini
rum rommi
rye [whiskey] ruisviski
Scotch ohrasta tislattu skottilainen viski
shandy *(Br)* oluesta ja inkivääri-juomasta tai limonadista sekoitettu juoma
short drink vedellä laimentamaton alkoholijuoma
shot ryyppy, naukku, tuikku, paukku
soda water soodavesi
soft drink alkoholiton juoma, virvoitusjuoma
sparkling kuohuva, poreileva
sparkling wine kuohuviini
special beer erikoisolut
spirit viina
spirits väkijuomat, alkoholijuomat, väkevät, terävät
stout [beer] väkevä, tumma, portterityyppinen olut, jossa runsaasti humaloita
straight kuivana nautittava, sekoittamaton
sweet water suolaton, makea vesi
sweet wine makea viini, jälkiruokaviini

tea tee
tea with lemon tee sitruunan kera
tea with milk tee maidon kanssa
toddy toti
tomato juice tomaattimehu
tonic [water] tonikki, kivennäisvesi, hiilihappopitoinen mineraalivesi
vermouth vermutti
vodka votka
water vesi
whiskey, whisky viski
white coffee maitokahvi
white wine valkoviini
wine viini

USA:N OSAVALTIOT

Nimi	Tavallinen lyhenne	Virallinen zip code
Alabama	Ala.	AL
Alaska	Alas.	AK
Arizona	Ariz.	AZ
Arkansas	Ark.	AR
California	Cal., Calif.	CA
Colorado	Col., Colo.	CO
Connecticut	Conn., Ct.	CT
Delaware	Del.	DE
Florida	Fla.	FL
Georgia	Ga.	GA
Hawaii	Haw.	HI
Idaho	Id., Ida.	ID
Illinois	Ill.	IL
Indiana	Ind.	IN
Iowa	Ia., Io.	IA
Kansas	Kans., Kan.	KS
Kentucky	Ken., Ky.	KY
Louisiana	La.	LA
Maine	Me.	ME
Maryland	Md.	MD
Massachusetts	Mass.	MA
Michigan	Mich.	MI
Minnesota	Minn.	MN
Mississippi	Miss.	MS
Missouri	Mo.	MO
Montana	Mont.	MT
Nebraska	Nebr., Neb.	NE
Nevada	Nev.	NV
New Hampshire	N.H.	NH
New Jersey	N.J.	NJ
New Mexico	N. Mex., N.M.	NM
New York	N.Y.	NY
North Carolina	N.C.	NC
North Dakota	N. Dak.	ND

Ohio	O.	OH
Oklahoma	Okla.	OK
Oregon	Oreg., Ore.	OR
Pennsylvania	Pa., Penn.	PA
Rhode Island	R.I.	RI
South Carolina	S.C.	SC
South Dakota	S. Dak.	SD
Tennessee	Tenn.	TN
Texas	Tex.	TX
Utah	Ut.	UT
Vermont	Vt.	VT
Virginia	Va.	VA
Washington	Wash.	WA
West Virginia	W.Va.	WV
Wisconsin	Wis., Wisc.	WI
Wyoming	Wyo., Wy.	WY

TIETOA ISOSTA-BRITANNIASTA JA YHDYSVALLOISTA

ISO-BRITANNIA (GREAT BRITAIN)

virallinen nimi: The United Kingdom of Great Britain and Northern Ireland
valtiomuoto: kuningaskunta
pinta-ala: 244 110 km^2
asukasluku: 58 600 000 (1995)
tärkeimmät kaupungit: *(Englanti)* pääkaupunki Lontoo (London) 7 007 100 as. (1995), Birmingham 1 017 000 as. (1995), Liverpool 471 000 as. (1995), Manchester 433 000 as. (1995); *(Skotlanti)* Glasgow 618 400 as. (1995), Edinburgh 447 600 as. (1995); *(Pohjois-Irlanti)* Belfast 297 000 (1995); *(Wales)* Cardiff 309 000 as. (1995)
virallinen kieli: englanti
uskonnot: pääosa protestantteja (anglikaaneja ja presbyteerejä), lisäksi katolisia n. 4,3 milj., juutalaisia n. 450 000, n. islamilaisia 300 000
kansallisuustunnus: GB, GBR, auto GB, lentokone G
kansallislaulu: "God Save The Queen (The King)"
aika: –2 h Suomen aikaan verrattuna
rahayksikkö: 1 Ison-Britannian punta (pound sterling; £, GBP) = 100 pennyä (100 p.)

Tärkeimmät juhlapäivät (national holidays):

1.1.	New Year Holiday/New Year's Day (uudenvuodenpäivä)
25.12.	Christmas Day (joulupäivä)
26.12.	Boxing Day (2. joulupäivä, tapaninpäivä)

Kansallisia/siirtyviä pyhiä ovat

Good Friday (pitkäperjantai), Easter Monday (pääsiäismaanantai), May Day Holiday (toukokuun ensimmäinen maanantai), Spring [Bank] Holiday (toukokuun neljäs maanantai) ja Late Summer Holiday t. August Bank Holiday (elokuun viimeinen maanantai)

YHDYSVALLAT (UNITED STATES)

virallinen nimi: The United States of America
valtiomuoto: liittotasavalta
pinta-ala: 9 529 063 km²
asukasluku: 293 000 000 (1995)
tärkeimmät kaupungit:
pääkaupunki Washington D.C. 543 200 as. (1996), New York 7 333 300 as. (1994), Los Angeles 3 448 600 as. (1994), Chicago 2 731 700 as. (1994), Houston 1 702 100 as. (1994), Philadelphia 1 524 200 as. (1994)
virallinen kieli: englanti
uskonnot: protestantteja n.123 milj., katolisia n. 90 milj., juutalaisia n. 6 milj., ortodokseja n. 6 milj.
kansallisuustunnus: US, USA, auto USA, lentokone N
kansallislaulu: "The Star-Spangled Banner"
rahayksikkö: 1 Yhdysvaltain dollari (dollar; US$, USD) = 100 centiä
aika: New Yorkissa –7 h ja Los Angelesissa –10 h Suomen aikaan verrattuna; yhteensä 7 aikavyöhykettä
Tärkeimmät juhlapäivät (national holidays):

1.1.	New Year Holiday, New Year's Day (uudenvuodenpäivä)
25.12.	Christmas Day (joulupäivä)
26.12.	Boxing Day (2. joulupäivä, tapaninpäivä)

Kansallisia juhlapäiviä *t.* siirtyviä pyhiä:
Martin Luther King Day (20.1.), Lincoln's Birthday (12.2.), Washington's Birthday *t.* President's Day *t.* Washington-Lincoln Day (helmikuun 3. maanantai), Memorial Day *t.* Decoration Day (toukokuun viimeinen maanantai), Independence Day (itsenäisyyspäivä, 4.7.) Labor Day (syyskuun ensimmäinen maanantai), Columbus Day *t.* Discoverers' Day *t.* Pioneers' Day (lokakuun toinen maanantai), Veterans' Day (11.11.), Thanksgiving Day (marraskuun neljäs torstai)